Pepels · Handbuch Vertrieb

Werner Pepels

Handbuch Vertrieb

HANSER

Die Deutsche Bibliothek – CIP-Einheitsaufnahme

Ein Titeldatensatz für diese Publikation
ist bei Der Deutschen Bibliothek erhältlich

Internet: http://www.hanser.de
Lektorat: Martin Janik
Umschlaggestaltung: Parzhuber & Partner GmbH, München
Umschlagrealisation: MCP · Susanne Kraus GbR, Holzkirchen
Layout und Satz: Der Buch*macher*, Arthur Lenner, München
Druck und Bindung: Kösel, Kempten
Printed in Germany

ISBN 3-446-21968-4

Inhaltsübersicht

Zum Geleit

Leistungsfähigem Vertrieb kommt in der marktorientierten Unternehmensführung eine Schlüsselrolle zu. Professionelles Vertriebsmanagement trägt mit dem Aufbau und der Gestaltung von Geschäftsbeziehungen wesentlich zur Sicherung von Wettbewerbsvorteilen bei. Trotz dieser Bedeutung werden Fragen des Vertriebs in der wissenschaftlichen Diskussion immer noch vergleichsweise stiefmütterlich behandelt. Vor diesem Hintergrund ist die umfangreiche und fundierte Bearbeitung in einem Handbuch zu begrüßen.

Die Methoden und Instrumente des Vertriebsmanagements werden von kompetenten Autoren aus Wissenschaft und Praxis in elf Kapiteln aufgegriffen. Dabei finden Grundlagen des vertrieblichen Erfolges, Verkaufspsychologie und -technik ebenso Beachtung wie Vertriebsabwicklung, Nachbearbeitung und Führung der Vertriebsmitarbeiter. Besonderes Augenmerk wird dabei auch dem Einfluss interaktiver Kommunikationstechnologien auf den Direktvertrieb als Absatzkanal gewidmet. Das Handbuch vermittelt auf diese Weise wertvolle Hilfestellung bei der Lösung von Vertriebsaufgaben.

Prof. Dr. Dr. h.c. mult. H. Meffert
Institut für Marketing, Universität Münster

Vorwort

Das vorliegende Handbuch Vertrieb ist primär interessant für verantwortliche Manager in Unternehmen und Organisationen, die ihre Kenntnisse im zunehmend wichtigen Bereich des Vertriebs aufbauen oder ergänzen/aktualisieren wollen – vor allem auch Manager ohne einschlägige marketingbezogene Ausbildung, die sich in dieser komplexen Materie sachkundig machen wollen. Sehr geeignet ist dieses Handbuch auch für Manager ohne betriebswirtschaftliche Ausbildung, z. B. aus den Bereichen Technik, Jurisprudenz, andere Geisteswissenschaften sowie für Personen mit praktischer Berufsausbildung außerhalb des Vertriebs, die nunmehr im Vertrieb tätig sind oder tätig werden wollen.

Für diese Leser soll das Handbuch Vertrieb unentbehrliches Arbeitsmittel und praktischer Ratgeber sein, der den aktuellen Wissensstand im Vertrieb in kompakter Form repräsentiert, indem die Fachkompetenz zahlreicher, spezialisierter Autoren gebündelt wird.

Angesichts bereits vorhandener Publikationen aus dem Bereich Absatz/Marketing steht jede neue Veröffentlichung vor einer Rechtfertigungsnotwendigkeit. Bei näherem Hinsehen stammen fast alle Publikationen zum Vertrieb aber bisher aus dem Bereich der unmittelbar umsetzungsbezogenen Literatur oder betreffen nur einzelne Teilbereiche des Vertriebs. In der wissenschaftlichen Literatur findet die Domäne Vertrieb hingegen nur sporadisch statt. Bei anwendungsbezogenen Darstellungen scheint jedoch häufig die Struktur und Tiefe dieser komplexen Thematik vernachlässigt, sodass der Anspruch einer umfassenden und zugleich systematisch-analytischen Darstellung bisher kaum eingelöst wird. Dieses Handbuch will dazu beitragen, diese Lücke zu schließen.

USP des Buches ist die Integration von kompetenter und fundierter Wissensvermittlung einerseits mit Beispielen praktischer Umsetzung dieser Erkenntnisse andererseits. Die differenzierte Vertriebsrealität wird dabei problembezogen durchdrungen und in ihren Zusammenhängen und Abhängigkeiten aufgezeigt. Vielfältige Beispiele aus der aktuellen Wirtschaftspraxis unterstützen diese Zielsetzung. Dabei wird eine anschauliche, didaktisch einprägsam aufbereitete Darstellung eingehalten, die jedoch an keiner Stelle zulasten des Niveaus der Inhalte geht.

Das Handbuch Vertrieb ist in elf Hauptkapitel eingeteilt. Sie beschäftigen sich mit:

- den Grundlagen des vertrieblichen Erfolgs (1.), dem Vertriebsmanagement (2.), den Elementen der Verkaufspsychologie (3.), den Elementen der Verkaufstechnik (4.), der Absatzabwicklung (5.), der Verkaufsnachbereitung (6.), der Führung der Vertriebsmitarbeiter (7.), dem Indirektvertrieb als Absatzkanal (8.), dem Direktvertrieb als Absatzkanal (9.), Spezialthemen des Vertriebs (10.) sowie Rechtsaspekten des Vertriebs (11.).

Damit ist eine umfassende und konsistente Behandlung aller Themen im Spektrum des Vertriebs gewährleistet.

Innerhalb des Hauptkapitels „Grundlagen des vertrieblichen Erfolgs" werden verschiedene Aspekte dieser Thematik beleuchtet. Werner Pepels gibt zunächst einen Überblick über den Stellenwert des Vertriebs in Literatur und Praxis. Jochen Sengpiehl und Jochen Schmahl stellen danach Ausführungen zur erfolgreichen Realisierung der kundenwertorientierten Unternehmensführung im Customer-Relationship-Management vor. Holger Dannenberg widmet sich darauf folgend dem traditionell bedeutendsten Anliegen des Vertriebs, der Neukundengewinnung. Damit sind die einführenden Betrachtungen abgeschlossen.

Es schließt sich ein Hauptkapitel zu den Grundlagen des Vertriebsmanagements an. Im Einzelnen handelt es sich dabei um den Beitrag zur Planung im Vertrieb von Susanne Czech-Winkelmann. Anschließend befasst sich Jürgen Witt mit der Vertriebssteuerung im engeren Sinne. Peter Winkelmann verschreibt sich der Bestandsaufnahme und perspektivischen Betrachtung der Vertriebsautomatisierung. Worauf Stefan Helmke anschließend die immer wichtiger werdenden Inhalte des Data-Mining und der Data-Warehouses im Vertrieb aufzeigt. Damit ist die Abdeckung aller wichtigen Aspekte des Vertriebsmanagements erreicht.

Im dritten Hauptkapitel „Elemente der Verkaufspsychologie" werden ausgesprochen interessante, qualitative Aspekte der Verkaufsdurchführung erschlossen. Als Einstieg dient die Betrachtung des Vertriebs als Beziehungsmanagement durch persönlichen Kontakt zwischen Menschen von Henning Schulze. Weiterhin stellt Hedwig Kellner in aufeinander folgenden Beiträgen zunächst die Käufer- bzw. Kaufmotive, dann die Kundentypen sowie schließlich die Verkäufermentalitäten und Verkaufsstile dar. Anschließend beschreibt Nadia Durante die zentral bedeutsame nonverbale Kommunikation im Verkauf. Christian-Rainer Weisbach gibt hier abschließend aufschlussreiche Hinweise auf die konkrete Verhandlungsführung zwischen Anbieter und Nachfrager. Dieser Beitrag leitet zugleich in das vierte Hauptkapitel über.

Es beschäftigt sich mit den „Elementen der Verkaufstechnik", also der operativen Durchführung des Verkaufs. Theres Schichta-Langhals begründet die wesentlichen Elemente der Präsentationstaktik im Verkaufsgespräch. Darauf führen Henning Fuchs und Elisabeth Fuchs-

Brüninghoff Möglichkeiten zur Einwandbehandlung und Konfliktüberwindung im Verkaufsgespräch aus. Werner Pepels stellt Elemente der häufig abschlussentscheidenden, wenngleich kritischen Preisargumentation dar. Speziell auf das wichtige Closing im Verkaufsgespräch geht der Beitrag von Herbert Namokel ein. Diese Darstellungen helfen, die konkrete Arbeit vor Kunden sicherer zu bewerkstelligen.

Das fünfte Hauptkapitel „Absatzabwicklung" gilt verkaufsbegleitenden Aktivitäten im Vertrieb. Dazu gehört entscheidend die Angebotserstellung, die besonders im komplexen Systemangebot einen hohen Schwierigkeitsgrad aufweist. Darauf geht Peter Bauditz ein. Ebenso unverzichtbar ist die Absatzfinanzierung, die gleich in zwei Beiträgen aufbereitet ist, einmal aus primärer Sicht des B-to-C-Geschäfts, dieser Beitrag stammt von Michael Bernecker, zum anderen aus primärer Sicht des B-to-B-Geschäfts, mit einem Beitrag von Manfred Schnekenburger. Immer wichtiger wird auch die Distributions- und Produktionslogistik, der sich daher ein wichtiger Beitrag von Dieter Kluck widmet. Diese Betrachtungen leiten zugleich in den Bereich der Verkaufsnachbereitung über.

Dieses sechste Hauptkapitel besteht aus besonders interessanten, aktuell intensiv diskutierten Teilthematiken. Dazu gehört die Bedeutung Produkt begleitender Dienstleistungen, mit der sich Volker Harms befasst. Als zentraler Erfolgsfaktor im Vertrieb ist zwischenzeitlich hinlänglich die Kundenzufriedenheit mit ihrer Wirkung auf die Kundenbindung identifiziert. Iris Ramme nimmt diese Zusammenhänge genauer unter die Lupe. Ein gefährlicher Stolperstein jeder Geschäftsbeziehung ist die Kundenunzufriedenheit, die eines professionellen Beschwerdemanagements bedarf, wie Klaus Chojnacki es darstellt.

Im siebten Hauptkapitel „Führung der Vertriebsmitarbeiter" steht der Mensch als Erfolgsfaktor im Vertrieb im Mittelpunkt. Dementsprechend geht es um die Motivation von Mitarbeitern im Vertrieb und deren Honorierung, zwei Aspekte, mit denen sich Reiner Bröckermann in aufeinander folgenden Beiträgen auseinander setzt. Vor allem im Profit-Center-Konzept ist die Führung und Vergütung von Vertriebsmitarbeitern relevant, was Heinz-Peter Kieser in seinem Beitrag darstellt. Reiner Bröckermann wiederum schildert abschließend wesentliche Elemente des Anforderungsprofils an Verkäufer aus der Praxis.

Im achten Hauptkapitel „Indirektvertrieb als Absatzkanal" geht es um den Vertrieb über zwischengeschaltete Absatzmittler. Diese werden herstellerseitig im Rahmen des Trademarketing betreut, wie Susanne Czech-Winkelmann in ihrem Beitrag aussagekräftig darstellt. Die organisatorische Verankerung dieser Handelspartner findet im Rahmen des Key-Account-Management statt, das Holger Dannenberg beschreibt. Hinzu tritt regelmäßig noch die Feldorganisation mit dem Einsatz von Vertriebsaußendienstmitarbeitern, wie Werner Pepels ihn detaillierter betrachtet. Jürgen Reichel stellt in seinem Beitrag anschließend ein wichtiges Instrument zur effizienten Kooperation von Industrie und Handel vor, und zwar das Efficient-Consumer-Response(ECR)-System. Absatzbegleitend sind in der Pipeline Absatzhelfer tätig, deren Aufgaben Christine Lötters aufzeigt. Sie beschäftigt sich darauf folgend weiterhin mit dem Stellenwert der Marktveranstaltungen für den Absatz.

Im Gegensatz dazu befasst sich der „Direktvertrieb im Absatzkanal" (9. Hauptkapitel) mit dem Vertrieb ohne zwischengeschaltete Absatzmittler unmittelbar vom Hersteller an Endabnehmer im Direktmarketing. Dazu bedarf es zunächst einer strategischen Planung des Direktmarketing, wie Werner Pepels aufzeigt. In diesem Zusammenhang werden Onlinemedien immer bedeutsamer. Allerdings sind hier erhebliche Unterschiede zwischen dem gewerblichen und dem privaten Kontakt zu verzeichnen, die einerseits von Markus Stolpmann („Business-to-Business-Onlinevertrieb") und andererseits von Dirk Schneider („Business-to-Consumer-Onlinevertrieb") ausgeleuchtet werden. Alternativ zum E-Commerce findet der Telefonverkauf eine ausnehmend große Verbreitung. Woran dabei im Einzelnen zu denken ist, geht aus dem Beitrag von Marc Gobbetto hervor. Als Verkaufsunterlage hat der Katalog eine zentrale Funktion, sei es in Print- wie auch in Elektronikversion, was durch den Beitrag von Werner Pepels erhärtet wird.

Das zehnte Hauptkapitel umfasst mehrere Spezialthemen des Vertriebs, die von hoher praktischer Bedeutung sind. Dazu gehören zunächst die Erkenntnisse des Gewerblichen Beschaffungsverhaltens, die Peter Godefroid ausführt. Im Zuge der Internationalisierung steigen aber auch die diffizilen Anforderungen an das Verkaufen in fremden Kulturkreisen, die Hans-Peter Rentzsch aufzeigt. Werner Schurawitzki führt anschließend aus, wie Anbieter bei der vertrieblichen Erschließung eines Auslandsmarkts vorgehen sollten. Immer stellt sich dabei die Notwendigkeit zur Sicherstellung der Rationalität der dabei ergriffenen Maßnahmen, wie sie im Rahmen des Controlling im Mittelpunkt steht. Damit beschäftigen sich die Beiträge von Gunter Dehr („Vertriebsmanagement und Controllingfunktion") sowie von Harald Ehrmann („Vertriebscontrolling und -budget").

Alle Anstrengungen im Vertrieb fruchten jedoch nichts, wenn dabei die Grenzen rechtlicher Zulässigkeit des Handelns überschritten werden. Der großen praktischen Bedeutung dieser „Rechtsaspekte des Vertriebs" wegen bearbeitet Tobias Lettl diese im elften und letzten Hauptkapitel in drei getrennten Beiträgen zum Vertriebsrecht, jeweils mit den Schwerpunkten Wettbewerbsrecht und Privatrecht, Datenschutzrecht sowie Absatzhelferrecht. Dies ersetzt naturgemäß keinesfalls die juristische Beratung, gibt aber einen Eindruck von beachtenswerten rechtlichen Randbedingungen.

Damit ein solches Handbuch entstehen kann, bedarf es vielfältiger Promotoren. An erster Stelle sind hier naturgemäß die beteiligten Co-Autoren zu nennen, ohne deren ausgesprochen fachkundige und sehr engagierte Hilfe dieses Werk undenkbar wäre. Daher sei ihnen an dieser Stelle für ihre wertvolle Unterstützung herzlich und ausdrücklich gedankt.

Ein großes Dankeschön ist auch an den Carl Hanser Verlag, München, namentlich den verantwortlichen Lektor Martin Janik, zu richten, der in stets konstruktiver wie kooperativer Weise auf hervorragende Art dieses Werk vorangetrieben hat.

Alle Anstrengungen aller Beteiligten waren dabei letztlich immer auf Sie, unsere Leser, gerichtet. Die nachfolgenden Inhalte werden Ihnen nach menschlichem Ermessen helfen, sich einen Vorsprung vor anderen zu erarbeiten und die Früchte dieser Anstrengung für sich und Ihr Unternehmen zu ernten. Dafür sei Ihnen an dieser Stelle bereits jetzt jeder erdenkliche Erfolg gewünscht.

März 2002 *Werner Pepels*

Inhaltsverzeichnis

Hauptkapitel 6 **Verkaufsnachbereitung** 409

Abkürzungsverzeichnis

EUR	Euro
TEUR	Tausend Euro
Abb.	Abbildung
Abs.	Absatz
ACD	Automatic Call Distribution
AD	Außendienst
ADM	Außendienstmitarbeiter
a.F.	alte Fassung
AGB	Allgemeine Geschäfts-Bedingungen
AKA	Ausfuhrkredit-Gesellschaft
AKD	Allgemeiner KundenDienst
Aufl.	Auflage
AZ	Aktenzeichen
B-to-B	Business to Business
B-to-C	Business to Consumer
BC	Buying Center
BetrVG	Betriebs-Verfassungs-Gesetz
BGB	Bürgerliches GesetzBuch
BGH	Bundesgerichtshof
BSC	Balanced ScoreCard
BVerf.G	Bundesverfassungsgesetz
BVS	Buyer Value Segmentation
bzw.	beziehungsweise
C+C	Cash + Carry
CAD	Computer Aided Design
CAS	Computer Aided Selling
CCG	Centrale für Co-Organisation
CD	Compact Disc
CDBM	Customer Database Management
CEO	Chief Executive Officer/Geschäftsführer
CRM	Customer Relationship Management
CSC	Customer Service Center
DAX	Deutscher Aktien-Index
DB	Deckungsbeitrag
d. h.	das heißt
DIN	Deutsche Industrie-Norm
DMU	Decision Making Unit
DPP	Direkte Produkt-Profitabilität
DPR	Direkte Produkt-Rentabilität
DRTV	Direct Response TeleVision
DV	Datenverarbeitung
EA	Efficient Assortment
EAN	Europäische Artikel-Nummerierung
ebd.	ebenda
EC	Eurocheque
ECR	Efficient Consumer Response
eCRM	Eletronic Customer Relationship Management
EDI	Electronic Data Interchange
EDIFACT	Electronik Date Interchange for Administration, Commerce and Transport

EDV	Elektronische Datenverarbeitung
EHI	Europäisches Handels-Institut
EN	Europäische Norm
erw.	erweitert
ET	Ersatzteil
et al.	und andere
etc.	et cetera
EU	Europäische Union
e.V.	Eingetragener Verein
f.	folgend
ff.	folgende
GG	Grundgesetz
ggf.	gegebenenfalls
GmbH	Gesellschaft mit beschränkter Haftung
GWB	Gesetz gegen Wettbewerbsbeschränkungen
HGB	HandelsGesetzBuch
Hrsg.	Herausgeber
IBN	Inbetriebnahme
i.d.R.	in der Regel
IP	Internet Protocol
ISO	International Organisation for Standardization
IT	Informations-Technologie
KfW	Kreditanstalt für Wiederaufbau
KPI	Key Performance Indicators
LEH	LebensmittelEinzelHandel
LkW	Lastkraftwagen
MBO	Management by Objectives
ME	Mengeneinheit
MHD	MindestHaltbarkeitsDatum
Mio.	Million
Mrd.	Milliarde
MRO	Maintenance, Repair, Operations
NCF	Netto-Cash-flow
NLP	Neurolinguistische Programmierung
Nr.	Nummer
o.a.	oben angegeben
o.ä.	oder ähnlich
OEM	Original Equipment Manufacturer
OLAP	OnLine Analytical Processing
OLG	Oberlandesgericht
o. V.	ohne Verfasser
p. a.	pro anno
PC	Personal Computer
PIN	Personal Identification Number
Pkw	Personalkraftwagen
POS	Point of Sale
REFA	Reichsausschuss für Arbeitszeitermittlung
RM	Relationship Marketing
S.	Seite
SB	Selbstbedienung
SCM	Supply Chain Management
SM	Supermarkt
s. o.	siehe oben
sog.	sogenannt
SWOT	Strengths, Weaknesses, Opportunities, Streaths
s. u.	siehe unten
Tab.	Tabelle
TKD	Technischer KundenDienst
TÜV	Technischer Überwachungs-Verein
u. a.	unter anderem
u. ä.	und ähnliches
UK	United Kingdom/Großbritannien

URL	Uniform Resource Locator
U.S.	United States
USP	Unique Selling Proposition
usw.	und so weiter
UWG	Gesetz gegen unlauteren Wettbewerb
vgl.	vergleiche
VIP	Very Important Person
WKZ	WerbeKostenZuschuss
z. B.	zum Beispiel
z. T.	zum Teil

Hauptkapitel 1

Grundlagen des vertrieblichen Erfolgs

1.1 Stellenwert des Vertriebs in Literatur und Praxis

Werner Pepels

1.1.1 Stellenwert des Vertriebs in der Literatur

In der Marketingliteratur hat die praktisch überaus hohe Bedeutung des Vertriebs erstaunlicherweise bislang nur begrenzt Niederschlag gefunden. So kommen die meisten der Standardwerke ohne eine Berücksichtigung dieser Thematik im Rahmen eines Kapitels/Unterkapitels aus. Dazu gehören etwa Nieschlag/Dichtl/Hörschgen (Marketing), Scheuch (Marketing), Hüttner/Pingel/Schwarting (Marketing-Management), Steffenhagen (Marketing), Koppelmann (Marketing), Bildingmaier (Marketing), Bänsch (Einführung in die Marketing-Lehre), Preißner/Engel (Marketing), Leitherer (Betriebliche Marktlehre), Gierl (Marketing), Tietz (Marketing), Böcker (Marketing), Poth (Grundlagen des Marketing) sowie Kotler u. a. (Grundlagen des Marketing).

Kotler/Bliemel (Marketing-Management 1992, S. 961 ff.) hingegen sehen dafür ein vergleichsweise ausführliches Kapitel »Verkaufsmanagement« (55 Seiten Umfang) vor. Gleiches gilt für *Meffert* (Marketing 1998, S. 818 ff.) mit seinem Kapitel „Verkaufsmanagement" (30 Seiten). *Hill* (Marketing, Band 2 1973, S. 179 ff.) stellt immerhin ein Unterkapitel »Verkauf« mit 12 Seiten Umfang bereit. *Weis* (Marketing) berücksichtigt zwar das Thema Vertrieb nicht, hat als einer der wenigen dazu aber die Monografien »Verkauf« (2000) und »Verkaufsgesprächsführung« (1992) verfasst, die sich ausführlich dieser Thematik widmen. *Berndt* (Marketing, Band 2 1995, S. 482 ff.) sieht wiederum ein Kapitel »Verkaufspolitik« (26 Seiten) vor. Bei *Berekoven* (Grundlagen der Absatzwirtschaft 1989, S. 113 ff.) ist diesem Thema immerhin ein Unterkapitel (»Verkaufspolitik«, fünf Seiten) gewidmet, gleiches gilt für *Scharf/Schubert* (Marketing 1995, S. 311 ff.) mit sieben Seiten im gleich bezeichneten Unterkapitel. *Hill/Rieser* (Marketing-Management 1993, S. 419 ff.) haben unter dem Titel »Der persönliche Verkauf« einschlägig immerhin 30 Seiten reserviert. *Unger* (Taschenbuch für Marketing 1994, S. 210 ff.) beschreibt in seinem Kapitel »Vertrieb« ausschließlich distributionspolitische Inhalte, Gleiches gilt für *Bruhn* (Marketing 1997, S. 247 ff.) im Kapitel »Entscheidungen der Vertriebspolitik«. Im Werk von *Busch/Dögl/Unger* (Integriertes Marketing 1997, S. 256 ff.) werden hingegen im Kapitel »Vertriebspolitik« auch spezifische Inhalte ausführlich (47 Seiten) angesprochen. *Pepels* (Marketing 1998a, S. 1145 ff.) erwähnt die Thematik im Kapitel »Die Vertriebstaktik« auf 24 Seiten. Die angegebenen Seitenumfänge sind nur als ungefährer Indikator für den Stellenwert des Vertriebsthemas im Kontext des gesamten Werks anzusehen, sie sagen naturgemäß nur sehr begrenzt etwas über das Gewicht des Inhalts aus.

Allerdings gibt es auch diverse spezialisierte Literaturquellen. Neben den beiden etablierten Werken von Weis (s.o.) ist hier vor allem das Werk von *Winkelmann* (Marketing und Vertrieb 1999) zu nennen, aber auch die Werke von *Bonart* (Industrieller Vertrieb), *Dannenberg* (Vertriebsmarketing), *Dehr/Donath* (Vertriebs-Management), *Evers* (Vertrieb), *Hoppen* (Vertriebsmanagement), *Kleinaltenkamp/Plinke* (Technischer Vertrieb) und *Rentzsch* (Technischer Vertrieb), um nur einige wichtige aufzuführen.

Zugleich wird deutlich, dass in der Literatur eine nennenswerte Uneinheitlichkeit in Bezug auf die tatsächliche Verwendung der Begriffe Vertrieb, Verkauf, Absatz und Marketing besteht. Bei Durchsicht der Literatur ergibt sich kursorisch folgender Eindruck: Marketing ist von diesen Begrifflichkeiten am ehesten eindeutig abzugrenzen. Nach moderner Auffassung versteht man darunter die **Planung, Organisation, Umsetzung und Kontrolle aller Aktivitäten mit der Absicht der Erreichung psychografischer und/oder ökonomischer Ziele bei eigenen Kunden und deren Kunden durch Aufbau, Unterhalt, Ausbau oder Wiederherstellung von Geschäftsbeziehungen mit jeweils relevanten Anspruchsgruppen in Beschaffung, Produktion, Absatz, Umfeld und Medien.**

Praktisch steht von diesen externen und internen Märkten der Absatzmarkt im Mittelpunkt (die anderen Facetten des Beziehungsmarketings sind noch mehr oder minder unzulänglich abgedeckt). Dabei soll dieser Markt in einer Art und Weise aktiv gestaltet werden, dass seine Vermarktungsbedingungen den organisationseigenen Zielsetzungen möglichst nahe kommen. Marketing bedeutet also insoweit nicht mehr die passive Anpassung an Marktgegebenheiten durch bewusste Ausrichtung aller Aktivitäten auf Kunden. Denn das weist Unternehmen nur eine reaktive Rolle im Hinterherhecheln von mutmaßlichen Nachfragerbedürfnissen zu, die weder effektiv noch effizient sein dürfte. Vielmehr geht es um eine proaktive Einflussnahme, um alle Voraussetzungen zu schaffen, unter denen eine Leistung erst Erfolg versprechend vermarktbar ist.

Als Mittel zur Beeinflussung stehen im Einzelnen die Marketinginstrumente der Produkt- und Programmpolitik, der Preis- und Konditionenpolitik, der Kommunikations- und Identitätspolitik sowie, hier relevant, der Distributions- und Verkaufspolitik (Absatz) zur Verfügung, die in einem Mix abgestimmt werden. Zu Letzterer gehört auch der Vertriebskomplex. **Absatz ist demnach derjenige Teil des Marketings, der sich mit der planvollen Verfügbarkeit und systematischen Übergabe von Leistungen an den Markt befasst.**

Der Begriff **Vertrieb** beinhaltet demgegenüber enger nurmehr das Umfeld **zur unmittelbaren Herbeiführung der Tauschakte, also der Akquisition von, der Interaktion mit und der Nachbereitung bei Kunden. Vertrieb ist damit derjenige Teil des Absatzes, der sich mit konkreten Transaktionen zur Leistungsverwertung befasst.**

Der Begriff **Verkauf** ist noch enger ausgelegt, er bezieht sich allein auf den **unmittelbaren Vollzug der ökonomischen Interaktion im Tauschakt. Ihm fehlt somit**

der Episoden übergreifende Anspruch. Allerdings darf diese Darstellung, die der Konzeption des vorliegenden Handbuchs zugrunde liegt, nicht darüber hinweg täuschen, dass die Verwendung der Begriffe ansonsten vergleichsweise unsensibel und eher wahlfrei erfolgt.

1.1.2 Stellenwert des Vertriebs in der Praxis

In den 70er-Jahren suchte man noch weithin vergeblich nach einer Marketingfunktion in Unternehmen. Abgesehen davon, dass dieser Begriff damals nur Insidern bekannt und in der betrieblichen Praxis so gut wie überhaupt nicht verbreitet war, gab es auch keine vordergründige Notwendigkeit, ein besonderes Augenmerk auf die Vermarktung zu legen. Vielmehr waren betriebliche Ressourcen weitaus besser in der Erstellung von Waren eingesetzt als in deren Absatz.

Dennoch waren naturgemäß absatzwirtschaftliche Aufgaben zu übernehmen, nur wurden diese verschiedenen Abteilungen im Unternehmen zugeordnet:

- Die Abteilung für Finanzen/Investition befasste sich z. B. mit Fragen der Absatzfinanzierung.
- Die Abteilung für Personal/Organisation übernahm z. B. die Auswahl des Verkaufspersonals.
- Die Abteilung für Produktion/Qualitätssicherung verantwortete z. B. die Produktentwicklung.
- Die Abteilung für Controlling/Planung führte z. B. regelmäßige Absatzerfolgskontrollen durch.
- Die Abteilung für Rechnungswesen/Kostenrechnung war z. B. für die Preisfindung zuständig.
- Die Abteilung für Materialwirtschaft/Logistik beinhaltete z. B. die Absatzlogistik als Teilfunktion.
- Die Abteilung für Information/EDV betrachtete sich z. B. als für Marktforschungsfragen zuständig.

Daneben vollzog sich im Vertrieb die konkrete Absatzförderung. Die verteilte Zuordnung dieser einzelnen Aufgaben indiziert den geringen Stellenwert, den man absatzwirtschaftlichen Aufgaben damals allgemein zumaß. Dass dies nicht sonderlich sinnreich war, liegt auf der Hand.

Im Zuge immer restriktiverer Vermarktungsbedingungen reagierten Unternehmen darauf mit einer Stärkung des Vertriebs, denn augenscheinlich wurde der Absatz zum Engpass des Unternehmenserfolgs. Das Augenmerk lag aber dennoch nur auf der reinen Transaktion zwischen Anbieter und Nachfrager, die vor- und erst recht alle nachbereitenden Aktivitäten, wie sie Inhalt des Marketings aus heutiger Sicht sind, wurden dabei als weniger bedeutsam eingestuft.

Folglich wurde Marketing als Hilfsfunktion des Vertriebs in Unternehmen verankert:

- Zu den Kernaufgaben des Vertriebs gehörten dabei u. a. die Absatzfinanzierung, die Verkaufspersonalauswahl, die Verkaufsförderung, die Absatzlogistik, die Werbung, die Reklamationsabwicklung, der Kundendienst etc.
- Als eine dieser Teilaufgaben wurde die Absatzvorbereitung angesehen, die sich mit Inhalten beschäftigte, die man heute typischerweise unter den Begriff Marketing subsumieren würde.

Damit war immerhin schon einmal der Bedeutung der Absatzvorbereitung (Vorkaufphase) gegenüber der Konzentration auf die reine Verkaufsabwicklung (Transaktionsphase) Rechnung getragen. Von einer ausreichenden Gewichtung der verkaufsbegleitenden Aufgaben gegenüber den rein verkaufsdurchführenden konnte allerdings noch nicht die Rede sein.

Die weitere Stagnation der Märkte führte dazu, dass bereits im Vorfeld des Kaufs eine Beeinflussung potenzieller Käufer zu eigenen Gunsten als notwendig angesehen wurde. Diese Bedeutung der Absatzvorbereitung führte konsequenterweise zu einer institutionellen Aufwertung des Marketings in Unternehmen. Marketing trat somit gleichberechtigt neben den Vertrieb und erklärte primär den vorverkaufenden, aber auch den nachverkaufenden Bereich als seine Domäne.

Die Aufbauorganisation unterteilte sich folglich in vier große Gruppen von Funktionen:

- Erstens die Gruppe der absatzmarktfernen Funktionen, z. B. in Form der Abteilungen für Beschaffung, Finanzen/Investition, Personal/Organisation, Materialwirtschaft, Bilanzen/Steuern
- Zweitens die Gruppe der eher marktfernen Funktionen, in denen dennoch Marketingaufgaben übernommen werden, z. B. in Form der Abteilung für Produktion/Qualitätssicherung in Bezug auf die Produktentwicklung, der Abteilung für Controlling/Planung in Bezug auf die Absatzerfolgskontrolle, der Abteilung für Rechnungswesen/Kostenrechnung in Bezug auf die Preisfindung oder der Abteilung Information/EDV in Bezug auf die Marktforschung
- Drittens die Vertriebsfunktion, zentral verbunden mit Aufgaben wie z. B. Verkaufspersonalauswahl, Absatzlogistik, Reklamationsabwicklung etc.
- Viertens die Marketingfunktion mit zentralen Aufgaben wie z. B. Werbung, Absatzvorbereitung, Verkaufsförderung und Kundendienst.

Dass dieses Nebeneinander von Marketing und Vertrieb einer konvergenten Arbeitsweise nicht gerade dienlich war, scheint einleuchtend. Zumal bei vielen Aufgaben substanziell fraglich ist, ob sie konzeptionell eher der einen oder eher der anderen Abteilung zuzuordnen sind. Denn tatsächlich handelt es sich um integrierte Aufgaben, deren Trennung nur künstlich vorgenommen werden kann, dann aber unter Hinnahme von Effizienz- und Effektivitätsverlusten.

Marktorientiert agierende Unternehmen reagierten darauf damit, dass sie den Vertrieb konsequenterweise als ein Instrument des Marketingmix verstanden (Distributionspolitik) und dementsprechend dem Marketingprimat unterordneten. Es kam zu einer integrierten Marketingfunktion. Diese ist heute bei allen konsumgüternahen Unternehmen unerlässlich.

So können zwei große Gruppen von Abteilungen unterschieden werden:

- Erstens die eher marktfernen Funktionen wie z. B. Finanzen/Investition, Personal/Organisation, Produktion/Qualitätssicherung, Controlling/Planung, Rechnungswesen/Kostenrechnung, Materialwirtschaft/Logistik, Information/EDV, Bilanzen/Steuern. Eine gewisse Sonderstellung nimmt hier die Beschaffungsabteilung ein, da sie zwar durchaus marktnah, aber im Lieferantenmarkt agiert. Die Marketingaufgaben sind aus diesen Bereichen herausgenommen und in der Marketingabteilung zusammengefasst.
- Zweitens die zentrale Funktion des Marketings mit Aufgaben wie z. B. Produkt- und Programmgestaltung, Preis- und Konditionenbestimmung, Kommunikations- und Identitätswahrung, Marketingforschung, Marketingstrategie, Marketingcontrolling, After Sales Service. Hinzu tritt die Teilfunktion des Vertriebs in Form des Distributions- und Verkaufsvollzugs.

Viele Unternehmen leisten sich hingegen noch heute die Abteilung Vertrieb in mehr oder minder gleicher Berechtigung neben dem Marketing (z. B. in der Automobilindustrie). Diese künstliche Trennung ist denn auch praktisch nach wie vor steter Quell für Querelen.

Es ist einleuchtend, dass es für ein schlagkräftiges Konzept der Kundenorientierung nicht ausreicht, diese nur für die Marketingabteilung zu postulieren, wenn das Konzept in den übrigen Teilen des Unternehmens nicht konsequent umgesetzt oder gar konterkariert wird. Eine, und sei es auch primäre, Konzentration auf die Marketingabteilung springt daher zu kurz. Außerdem wird aus dem Vorhandensein einer Marketingabteilung in anderen Abteilungen leicht darauf geschlossen, dass entsprechend kundenorientierte Aktivitäten sich für diese selbst erübrigen. Dies reicht aber mitnichten aus. Die strikte Kundenorientierung führt nunmehr dazu, dass die Marketingdenkweise aus dem Marketingbereich herausgelöst und auf alle betrieblichen Funktionen übertragen wird, d. h., die Kundenorientierung ist selbstverständliche Zielgröße auch für eher marktfern agierende Unternehmensbereiche geworden. Insofern ist eine verteilt vorrangige Stellung von Marketing in allen Funktionen gegeben (»Everybody's in marketing«) (siehe dazu näher *Pepels 1998b, S. 7 ff.*).

Literatur

Berekoven (1989): Berekoven, Ludwig: Grundlagen der Absatzwirtschaft, 4. Aufl., Herne–Berlin

Bernd (1995): Bernd, Ralph: Marketing, Band 2, 3. Aufl., Berlin u. a.

Bruhn (1997): Bruhn, Manfred: Marketing, 3. Aufl., Wiesbaden

Busch/Dögl/Unger (1997): Busch, Rainer/Dögl, Rudolf/Unger, Fritz: Integriertes Marketing, 2. Aufl., Wiesbaden

Hill (1973): Hill, Wilhelm: Marketing, Band 2, 3. Aufl., Bern–Stuttgart

Hill/Rieser (1993): Hill, Wilhelm/Rieser, Ignaz: Marketing-Management, 2. Aufl., Bern–Stuttgart–Wien

Kotler/Bliemel (1992): Kotler, Philip/Bliemel, Friedhelm: Marketing-Management, 7. Aufl., Stuttgart

Meffert (1998): Meffert, Heribert: Marketing, 8. Aufl., Wiesbaden

Pepels (1998a): Pepels, Werner: Marketing, 2. Aufl., München–Wien

Pepels (1998b): Pepels, Werner: Technischer Vertrieb, Berlin

Scharf/Schubert (1994): Scharf, Andreas/Schubert, Bernd: Marketing, Stuttgart

Unger (1994): Unger, Fritz: Taschenbuch für Marketing, 2. Aufl., Heidelberg

Weis (2000): Weis, Hans-Christian: Verkauf, 5. Aufl., Ludwigshafen

Weis (1992): Weis, Hans-Christian: Verkaufsgesprächsführung, Ludwigshafen

Winkelmann (1999): Winkelmann, Peter: Marketing und Vertrieb, München–Wien

1.2 Customer Relationship Management (CRM) – erfolgreiche Realisierung der kundenwertorientierten Unternehmensführung

Jochen Sengpiehl, Jochen Schmahl

1.2.1 Rahmenbedingungen

1.2.1.1 Herausforderungen

Von Jahr zu Jahr wird es in den meisten Branchen immer schwieriger, sich gegen den Wettbewerb positiv zu profilieren. In vielen Märkten ist die Sättigung erreicht und die Intensität des Wettbewerbs auf höchstem Niveau. Die Gestaltbarkeit der Marketinginstrumente scheint ausgereizt und ihre Wirksamkeit sinkt. Das steigende Angebot an Marken, Produkten und Dienstleistungen ist leistungsmäßig austauschbar, preislich auf einem Niveau, wird über die gleichen Kanäle vertrieben und mit ähnlichen Botschaften kommuniziert.

Dem steht eine nicht minder herausfordernde Nachfrage gegenüber. Der Kunde wird individueller, lässt sich nur noch selten in homogene Gruppen einordnen, schlüpft in verschiedene Rollen und wird unberechenbarer. Seine Loyalität zur Marke sinkt und seine Ansprüche an ein möglichst maßgeschneidertes Angebot steigen. Kurz: Der Kampf um Umsätze und Kunden ist härter geworden. Und es ist nicht abzusehen, dass sich die Situation in Zukunft ändern sollte. Ganz im Gegenteil: Es ist mit einer weiteren Verschärfung der Situation zu rechnen.

1.2.1.2 Lösungsansatz

In diesem umkämpften und dynamischen Umfeld hat eine bewährte Regel erfolgreicher Unternehmen nach wie vor Gültigkeit: Nur wer die Bedürfnisse des Kunden genau versteht und einen starken Nutzen und Mehrwert mittels seiner Marke ziel- und dialoggruppengerecht liefert und kommuniziert – und damit eine Beziehung aufbaut – wird vom Kunden präferiert. Diese Kundenorientierung wird erleichtert durch die revolutionäre Weiterentwicklung der Informationstechnologien. Erstmalig ist es wirtschaftlich möglich, alle Vertriebskanäle, Geschäftspartner, Stellen des Kundenkontaktes, Marketingprozesse und Wissen kundenbezogen zu koordinieren und zu steuern. Wer diese technologische Entwicklung intelligent umsetzt und den Kunden zum Zentrum des Denkens und Handelns macht und zu ihm eine enge Verbindung eingeht, differenziert sich positiv von der Konkurrenz. Marketing erreicht damit eine neue und höhere Qualitätsdimension, die »Epoche des Kunden« wird endlich Realität. Die Gewinnerdisziplin zur Umsatzgenerierung bzw. Kundenbindung und Kundengewinnung mittels eines kundenwertorientierten Unternehmens heißt Kundenbeziehungsmanagement bzw. Customer-Relationship-Management (CRM).

1.2.2 Customer-Relationship-Management (CRM)

1.2.2.1 Definition

CRM stellt als übergeordnete Managementdisziplin die holistische Beziehung zum einzelnen Kunden in den Mittelpunkt der Unternehmenshaltung und -handlungen. Ziel ist es, Umsätze und Gewinne durch Kundenbindung und Kundengewinnung zu halten bzw. auszubauen. Es umschließt die vollständige Interaktion eines Unternehmens mit Ist- und Soll-Kunden während des gesamten Entscheidungs- und Besitz- bzw. Betreuungszyklus. Auf dieser Basis werden alle Marketinginstrumente geplant, integrativ aufeinander abgestimmt und kontrolliert.

1.2.2.2 Vorteile und Zielsetzung

Im Vordergrund stehen fünf Kernvorteile/Ziele:

- Größeres Wissen über den Kunden, ergo die Chance, Kundenbedürfnisse mit dem eigenen Angebot besser abzudecken
- Erhöhte Kundenzufriedenheit, ergo eine höhere Loyalität der Ist-Kunden und durch glaubwürdige Mund-zu-Mund-Propaganda höhere Attraktivität für Soll-Kunden
- Gesteigerte Effektivität und Effizienz der Kommunikationsausgaben
- Höhere Markenbekanntheit
- Verbessertes internes (gegenüber den Mitarbeitern) und externes Markenimage.

1.2.2.3 Ziel- bzw. Dialoggruppen

Im Mittelpunkt stehen, wie der Name CRM es bereits ausdrückt, die Kunden, sowohl existierende als auch potenzielle Kunden. Sekundär ergeben sich aber auch Auswirkungen auf die anderen Interessengruppen (Stakeholder) des Unternehmens, insbesondere Mitarbeiter/potenzielle Mitarbeiter, den Kapitalmarkt und die Medien.

1.2.2.4 Organisation

Die meisten Unternehmen sind nach wie vor nach den betriebswirtschaftlichen Funktionen organisiert und die Mitarbeiter sind mit sich selbst beschäftigt und orientieren sich nach ihren eigenen Bedürfnissen (Innenorientierung). CRM dreht dieses Schema um und errichtet eine außenorientierte Prozessorganisation, die sich konsequent und flexibel an den Bedürfnissen des individuellen Kunden ausrichtet (siehe Abb. 1 der »Customer Centric Organisation«) und ihn ins Zentrum aller Denk- und Verhaltensweisen stellt. Von entscheidender Erfolgsbedeutung sind eine entsprechende Unternehmenskultur und das Umdenken in den Köpfen der Führung und aller Mitarbeiter, die mit ihren Handlungen am glaubwürdigsten und eindrucksvollsten die Kunden- und Serviceorientierung unter Beweis stellen können. Hier versteckt sich unverändert, trotz aller Diskussion rund um das Thema »Servicewüste Deutschland«, ein großes Verbesserungs- und folglich Differenzierungspotenzial. Alle externen Vertriebskanäle müssen von Anfang an intensiv in eine kundenzentrierte Organisation mit eingebunden werden, da sie über einen ausgebauten und sehr direkten und wertvollen Kontakt zum Kunden verfügen. Elementar ist die Implementierung einer leistungsfähigen Informationstechnologie um professionelles Data-Warehousing und Data-Mining von Kundeninformationen für alle Kundenkontaktpersonen zu gewährleisten.

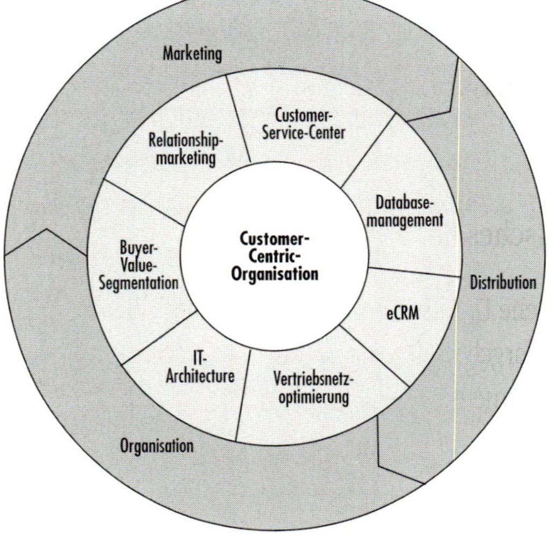

1.2 Abb. 1: ***Das kundenzentrierte Unternehmen***
Quelle: BBDO Consulting

1.2.2.5 Kundenentscheidungszyklus

Ein wichtiger Baustein des CRM ist die Analyse, in welcher Phase (siehe Abb. 2) sich der Kunde oder Interessent gerade befindet. Je nach Phase ergeben sich unterschiedliche Kundenbedürfnisse, denen mit einem entsprechenden Marketing- bzw. Kommunikationsprogramm entsprochen wird. Je nach Unternehmensziel wird dabei zwischen Akquisitionskampagnen und Loyalitätsprogrammen mit unterschiedlichen Inhalten differenziert. Nach dem Kundenwert (z. B. ABC-Klassifikation) richten sich Art, Häufigkeit und Umfang eines Dialogs (zu den Instrumenten siehe auch 1.2.2.7.2 Relationship-Marketing).

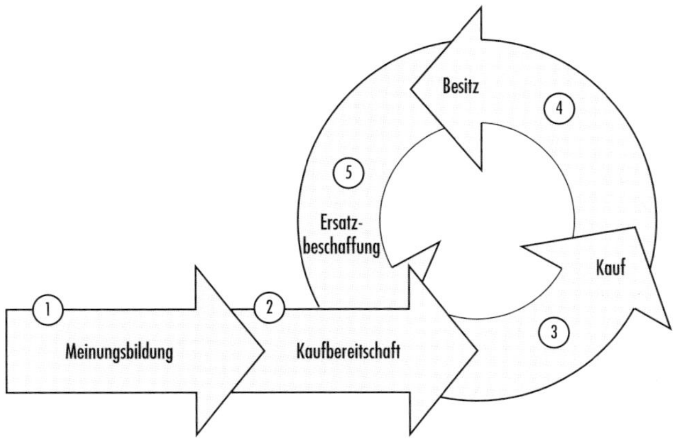

1.2 Abb. 2: ***Kundenentscheidungszyklus***
Quelle: BBDO Consulting

1.2.2.6 Strategisches Konzept

CRM ist eine ganzheitliche Unternehmensphilosophie und verändert das gesamte Unternehmen. Dementsprechend ergeben sich umfassende Auswirkungen auf die Vision, die Strategie samt Leitlinien, die Instrumente und Prozesse. Erfolgsentscheidend ist die Überzeugung und Beteiligung der Geschäftsführung, die als Vorbild die Philosophie leben und anstoßen muss. Im ersten Schritt entwickelt sie eine CRM-Vision, die im zweiten Schritt durch eine Strategie samt Leitlinien erweitert wird. In der nächsten Phase werden daraus Instrumente und eine Prozessstruktur abgeleitet (siehe Abb. 3).

1.2.2.7 Instrumente

1.2.2.7.1 Buyer-Value-Segmentation (BVS)

Ausgangssituation: Der Nukleus des Marketings ist das Verständnis der Kundenbedürfnisse. Gewinnorientierte Unternehmen richten ihr Leistungsangebot zusätzlich nach dem Kundenwert. Die zunehmende Individualisierung der Bedürfnisse erfordert eine Scharfschützenme-

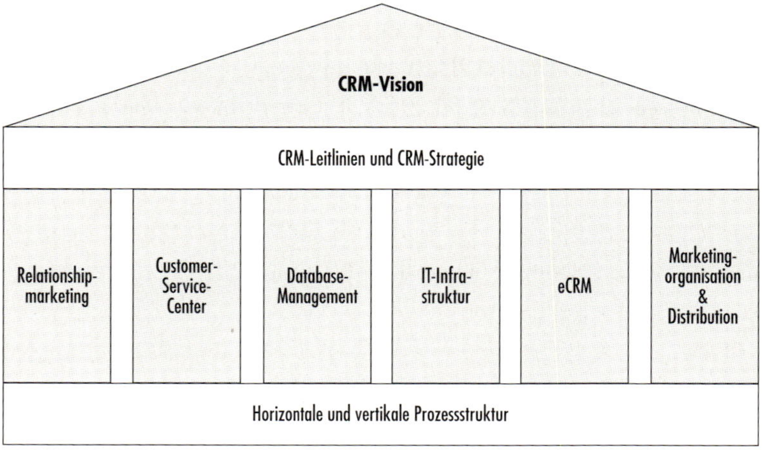

1.2 Abb. 3: ***Strategisches Konzept***
Quelle: BBDO Consulting)

thode mit sehr präziser Marktsegmentierung und Kundendifferenzierung. Als ein Beispiel von vielen könnte man die Kunden nach dem Grad ihrer Loyalität unterscheiden und hätte gleichzeitig ein Maß für ihren Kundenwert gefunden: Im Idealfall gelingt es dem Unternehmen, den Kunden auf einer »Loyalitätsleiter« vom Interessent zum sporadischen, dann regelmäßigen Kunden zu entwickeln und anschließend sogar zum Multiplikator und Freund.

Ziel: Verständnis der Kundenbedürfnisse und Definition des Kundenwertes.

Vorgehensweise: Grundsätzlich sollte bei der Segmentierung in vier Schritten vorgegangen werden. Im ersten Schritt werden die relevanten Kaufentscheidungskriterien definiert, im zweiten Schritt Hauptsegmentierungsfaktoren identifiziert, drittens Cluster gebildet und in ihrer Attraktivität bewertet. Auf dieser Basis kann im vierten Schritt ein segmentindividuelles Marketing- und Kommunikationskonzept mit konkretem Aktivitätenplan erarbeitet werden.

Zur Datenerhebung wird auf verschiedene Quellen und Methoden zurückgegriffen: Fragebogen, Interview, Fokusgruppen, bestehende Kundendatenbanken, zugekaufte Adressen, Data-Mining etc.

Die Erkenntnisse sollten in einer entsprechenden Datenbank dokumentiert und an allen Kundenkontaktstellen zur Verfügung gestellt werden.

1.2.2.7.2 Relationship-Marketing (RM)

Definition: Einsatz eines kundenbezogenen, individualisierten und dialogischen Kommunikationsinstrumentariums mit dem Ziel, eine individuelle und langfristige Beziehung mit dem Kunden aufzubauen.

Ziel: RM ergänzt die klassische Werbung durch eine zweiseitige interaktive Kommunikation mit dem Ziel, den persönlichen Dialog mit dem einzelnen Kunden zu fördern. Damit wird die Lücke zwischen der stark emotionalen, image- und bekanntheitsgradorientierten Massenkommunikation und dem persönlichen Kundenkontakt der Vertriebsorganisation sinnvoll geschlossen.

Instrumentarium: Direct Mailings, Sponsoring, Events, Kundenmagazin, Kundenkarte, Onlinemarketing, Telemarketing, Kundenclubs, Response-Print-Anzeigen. Auswahl je nach Zielsetzung und Stärken einzelner Instrumente.

Programme: Für unterschiedliche Dialoggruppen und Ziele sollten maßgeschneiderte Programme entwickelt werden (siehe Abb. 4). Zu den Dialoggruppen können im weiten Sinne nicht nur der Absatzmarkt gehören, also Kunden/potenzielle Kunden, sondern auch andere Interessengruppen, die für das Unternehmen eine wichtige Bedeutung besitzen.

RM-Programme	RM-Dialoggruppen	RM-Ziele
Akquisitionsprogramme	• Potenzielle Interessenten	– Eroberung neuer Kunden – Volle Potenzialausschöpfung – Imageaufbau
Loyalitäts- und Win-Back-Programme	• Erstkäufer • Wiederkäufer • Ehemalige Kunden	– Kundenzufriedenheit – Rückeroberung alter Kunden – Customer-Lifetime-Value – Kundenwissen ausweiten
Corporate-Communications-Programme	• Mitarbeiter und Führungskräfte • Vertriebspartner • Zulieferer und andere Geschäftspartner	– Imagetransfer nach innen – Motivation
VIP-/Shareholder-Programme	• Multiplikatoren und Opinion-leaders • Medien, Presse und Fachverbände • Banken und Aktionäre	– Imageaufbau – Aufbau von Vertrauen – Media-Coverage

1.2 Tab. 1: *Relationship-Programme*
Quelle: BBDO Consulting

Auf dem Absatzmarkt (Zeilen 1, 2) hängen Umfang, Intensität und Investition je Akquisitions- bzw. Loyalitätsprogramm grundsätzlich von vier Fragestellungen ab:

- In welcher Phase innerhalb des CRM-Zyklus befindet sich mein Kunde bzw. Interessent?

- Wie viel ist mir der Kunde oder Interessent wert,

bzw. welchen Betrag bin ich bereit zu investieren, um den Kunden oder Interessenten langfristig zu binden oder zu erobern?

- Mit welchem RM-Instrumentarium und mit welcher Kontaktfrequenz spreche ich den Kunden bzw. Interessenten am besten an?
- Welche Botschaft möchte ich kommunizieren?

Aus der Beantwortung dieser Fragestellungen und unter Berücksichtigung der BVS sowie der Kundendatenbank-Informationen können mehrstufige, aufeinander abgestimmte Akquisitions- und Loyalitätsprogramme entworfen werden.

Die Laufzeit dieser RM-Programme sollte sich nach der Dauer des Produktlebenszyklus richten. Im Automobilbereich betragen die Laufzeiten der Loyalitätsprogramme im Durchschnitt vier Jahre und die Laufzeit von Interessentenkontaktprogrammen ca. sechs Monate bis ein Jahr.

1.2.2.7.3 Customer-Service-Center (CSC)

Definition: Das CSC (nicht zu verwechseln mit einem gewöhnlichen Call-Center) integriert und koordiniert alle Kunden- und Interessentenkontakte, bildet die zentrale Säule und Kommandozentrale von CRM. Durch den unmittelbaren Kundenkontakt ist das CSC für die vollständige Qualifizierung und Pflege aller Kunden- und Interessentendaten verantwortlich. Dies ermöglicht nicht nur die Darstellung einer aktuellen und transparenten Kontakthistorie, sondern ist Basis für die zentrale Steuerung aller Relationship-Marketing- und Vertriebsaktivitäten.

Ziel: Bereitstellung von benutzerfreundlichen Schnittstellen für die Kontaktaufnahme zwischen Kunden und Hersteller sowie Informationstransparenz über alle internen organisatorischen Ebenen.

Voraussetzung: Anwendung effektiver und effizienter Kommunikationsmedien. Neben dem konventionellen Mailing, Telefon und Fax gehört auch das Internet zum festen Bestandteil der Kommunikationsinfrastruktur. Das Internet bietet nicht nur die Möglichkeit, Daten per Telefonleitung auszutauschen, sondern auch Faxe, Internet-Calls per Voice-over-IP und E-Mails miteinander zu koordinieren und in einem System standortübergreifend zu managen. Die schnelle und qualifizierte Bearbeitung der eingehenden Kundenkontakte ist entscheidend für den Erfolg und Misserfolg der Kundenbeziehung.

Vernetzung: Das CSC muss durch eine ausgebaute IT-Architektur mit allen am CRM beteiligten Schnittstellen wie z. B. unternehmensinterner IT-Abteilung, Vertriebsnetz und Außendienst, Relationshipmarketing online verbunden sein (siehe Abb. 4). Auf Grund der großen Anzahl von eingehenden (Inbound) und ausgehenden (Outbound) Transaktionen ist das CSC idealer Standort für die Zentralisierung der Customer-Database.

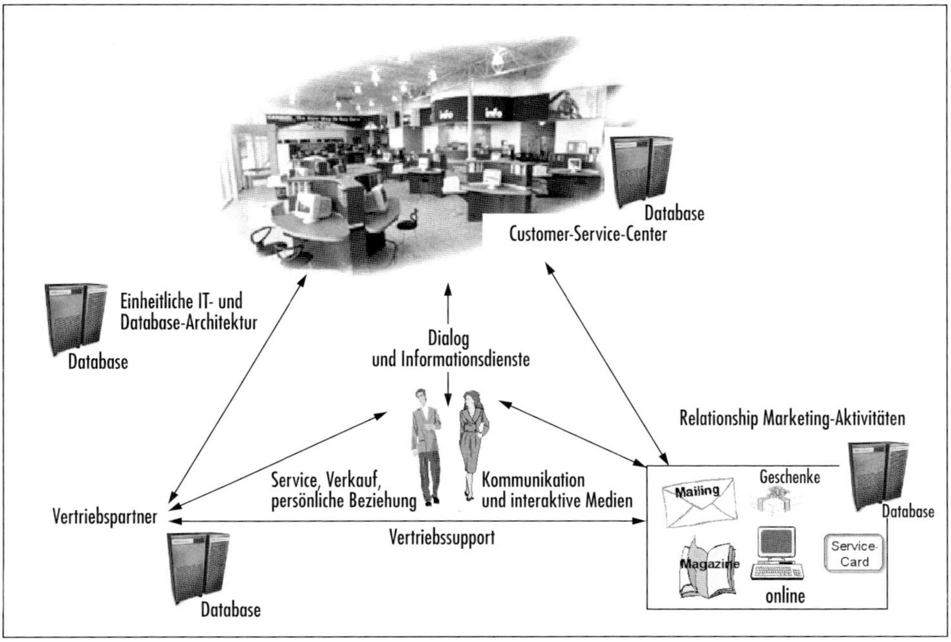

1.2 Abb. 4: ***Ganzheitliche IT- und Database-Architektur***
Quelle BBDO-Consulting

Moderne Call-Center sind in der Lage, neben der zentralen Interessenten- und Kundendatenbank eine professionelle Wissensdatenbank aufzubauen. Der strategische Wettbewerbsvorteil einer Wissensdatenbank liegt darin, dass ca. 80 % der anfallenden Fragestellungen direkt vom Mitarbeiter des Call-Centers beantwortet werden können. Dies spart nicht nur Zeit und Kosten, sondern ist Ausdruck von professionellem Kundenservice.

Abhängig vom geplanten In- und Outboundvolumen, den finanziellen Investitionen und den zukünftigen CRM-Aktivitäten muss die Entscheidung getroffen werden, ob das CSC in Form von Outsourcing, Inhouse oder als Mischform etabliert werden soll.

In Anbetracht der fortgeschrittenen Technologien kann ein CSC auch als »Multimedia Communication Center« bezeichnet werden. Die Autobranche zeigt beispielhaft, welche Dienstleistungen angeboten werden können.

1. 24-Stunden-Service-Hotline
- Pannenservice
- Technischer Notdienst
- Technischer Informationsdienst für Händler

2. Customer-Service
- Bearbeitung von Kundenanfragen und -wünschen
- Kundenbeschwerden-Management
- Bearbeitung von Kundenbestellungen

3. Customer-Promotions
- Vermittlung von Gebrauchtwagen
- Vereinbarung von Neuwagen-Probefahrten
- Follow-up-Maßnahmen (Events, Promotions etc.)
- Follow-up-Maßnahmen auf Basis Direct Response TV (DRTV)
- Infohotline für Kundenclub
- Faxhotline

4. New Services
- Bearbeitung von Prospektanforderungen durch Fulfillment und Lettershop-Service
- Beantwortung von E-Mails in Echtzeit
- Integration von Call-me-Back-Buttons auf Homepages.

1.2.2.7.4 Customer-Database-Management (CDBM)

Ausgangssituation: Vernetztes Wissen wird zum entscheidenden Motor im Wertschöpfungsprozess und als Produktionsfaktor die herkömmlichen Faktoren Kapital, Arbeit und Rohstoffe ergänzen oder teilweise ersetzen. Ganzheitliches Database-Management mit einer umfangreichen und relevanten Datenbasis über Kunden und Interessenten, Wettbewerber und Märkte wird für die Unternehmen wettbewerbsentscheidend.

Ziel: Systematische Analyse, Generierung und Bereitstellung hochwertiger und vernetzter Daten als Grundlage für effektive und effiziente Marketing- und Kommunikationsaktivitäten.

Kernmodule: Ein Data-Warehouse ist eine speziell für die Entscheidungsfindung entwickelte und organisierte Datenbank, in der historische und aktuelle Kundendaten aus vielfältigen, unternehmensweiten Datenquellen gesammelt, transformiert, konsolidiert, gefiltert und fortgeschrieben werden. Ergänzt um Reporting- und Analysewerkzeuge lässt es sich mit einem Warenhaus vergleichen, in dem aktuelle Kundeninformationen gut sortiert und schnell auffindbar auf Lager liegen.

Data-Mining basiert auf einem Data-Warehouse und ist die systematische Analyse der Kunden- und Interessentendaten. Es gibt drei Hauptanwendungsfelder und Zielsetzungen.

Mailing-expost-Analysen basieren auf der Untersuchung von vorhandenen Datenbeständen in Kombination mit Daten von Reagierern. Ziel ist es, aus dem Kreis der Antwortenden die »attraktivsten« Potenziale herauszufiltern und sie z. B. bei zukünftigen Aktionen entsprechend vorrangig zu betreuen.

In der zweiten Anwendung werden Kunden- bzw. Interessentensegmente z. B. über sozio- und psychografische Merkmale identifiziert, um Dialoggruppen z. B. für Direktmarketingaktionen zu definieren.

Die dritte Anwendung berechnet Kaufwahrscheinlichkeiten. Mittels statistischer Verfahren werden Kunden oder Interessenten anhand spezifischer Parameter in eine metrische Ordnung eingruppiert, um (Wieder-)Kaufwahrscheinlichkeiten zu ermitteln, die für eine Kundenklassifikation bzw. die Berechnung des Kundenwertes herangezogen werden.

Erfolgsvoraussetzung: Der Wert der Datenbank sollte schrittweise durch gezielte Marketingaktionen und systematisches Qualitätsmanagement erhöht werden. Wesentlich für die Datenqualität sind die vier Faktoren Aktualität, Vollständigkeit, Konsistenz (z. B. Kontakt- und Aktivitätshistorie, Schlüssel, Merkmale) und Validität (Dublettenfreiheit, postalische Korrektheit).

1.2.2.7.5 eCRM (E-Commerce)

Ausgangssituation: Keine der anderen IT-Entwicklungen der letzten 50 Jahre hatte das Einfluss- und Innovationspotenzial des Internets. Bereits heute ist abzusehen, dass das Internet zukünftig die Schlüsselplattform des modernen Vertriebs und Marketing sein wird. In den vergangenen Jahren entwickelte sich das Internet von einem anfangs statischen Informationsmedium zu einer dynamischen, universellen Transaktionsplattform.

Definitionen: Als Electronic Commerce (E-Commerce, auch E-Business) bezeichnet man die elektronische Initiierung und Abwicklung des Verkaufsprozesses von Produkten und Dienstleistungen über das Internet. Die Auslieferung und Bereitstellung des Leistungsgegenstandes kann offline und online erfolgen.

eCRM ist Kundenbeziehungsmanagement über das Internet, bildet die strategische Klammer von E-Commerce und Database-Management und basiert auf einer ganzheitlichen IT-Architektur.

Ziele/Vorteile: eCRM zielt auf weltweite Kommunikation und Angebotspräsenz. Es bindet bestehende Kunden und erschließt neue Kundenpotenziale über einen zusätzlichen Kommunikations- und Vertriebskanal, der zeitzonenübergreifend 24 Stunden und sieben Tage in der Woche allen Zielgruppen zur Verfügung steht. Zusätzlich zu traditionellen Methoden können auf elektronischem Wege Kundeninformationen für die Datenbank generiert werden.

Beispiele: Firmen wie z. B. Dell, Amazon, Hewlett Packard, Bertelsmann, Intel oder CISCO konnten durch den systematischen Aufbau von eCRM-Lösungen und die intensive Nutzung des Internets ihre Erfolgsmessgrößen bzw. Key-Performance-Indicators (siehe Kapitel 1.2.2.9) signifikant verbessern.

CISCO z. B. spart nach Unternehmensangaben durch seine E-Commerce-Strategie weltweit 260 Millionen Dollar. Allein durch den elektronischen Kundendienst werden pro Jahr ca. 70 Millionen Dollar eingespart, da 60 % der technischen Anfragen kostengünstiger beantwortet werden.

1.2.2.7.6 IT-Architektur (IT-Informationstechnologie)

Definition: moderne, flexible und unternehmensweit vernetzte Landschaft an Informationstechnologie als technische Voraussetzung und Basis für CRM.

Ziel: leistungsfähige Speicherung, Bereitstellung, Verknüpfung von Daten und komfortable aktuelle Zugriffsmöglichkeiten aller Kundenkontaktstellen (intern/extern).

Organisation: Beim Aufbau einer IT-Infrastruktur sollten nicht nur die Altsysteme berücksichtigt werden, sondern insbesondere den Anforderungen des E-Commerce entsprochen werden. Die Informationstechnologie muss sich dabei als »Enabler« der CRM-Komponenten verstehen und darf nicht zum Selbstzweck der EDV entwickelt werden. Wie bei allen Maßnahmen des Customer-Relationship-Management muss die Kundenwertorientierung im Vordergrund stehen. Im ersten Schritt sollte auf Basis der Anforderungen von Relationshipmarketing und CSC die Daten- und Prozessarchitektur definiert werden. Im zweiten Schritt wird daraus dann die Systemarchitektur entwickelt.

1.2.2.8 Umsetzung

Ein CRM-Projekt sollte in drei Phasen ablaufen, die im nachfolgenden Flussdiagramm dargestellt sind (Abb. 5).

1.2.2.9 Erfolgskontrolle

Nach den Managementphasen der Planung und Umsetzung bedarf es im Rahmen eines Regelkreislaufes der Einführung einer Erfolgsmessung zur kontinuierlichen Überwachung und optimierten Steuerung des Instrumenteneinsatzes. Stell- und Kontrollgrößen könnten zum Beispiel folgende Leistungsindikatoren bzw. Key-Performance-Indicators (KPI) sein:

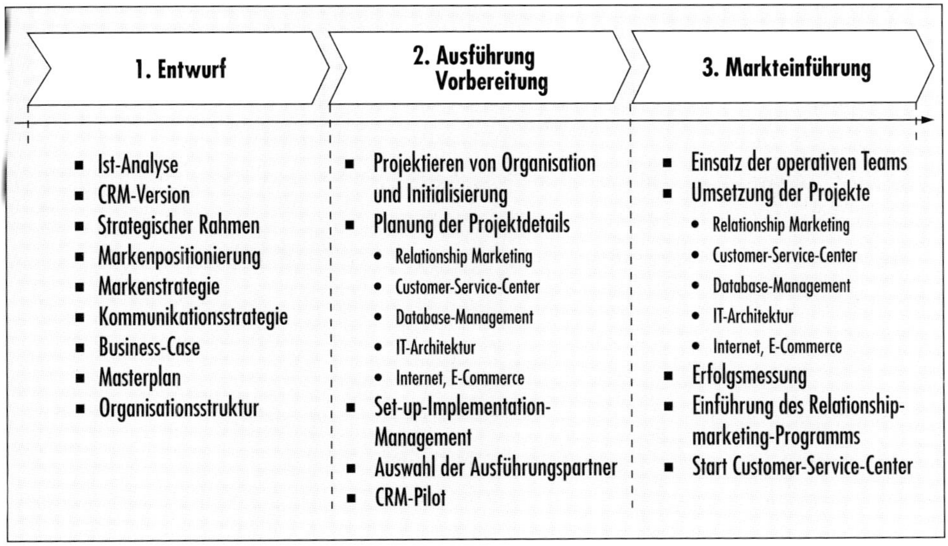

1.2 Abb. 5: ***Beispiel CRM-Projektablauf***
Quelle: BBDO Consulting

- Akquisitionsrate
- Loyalitätsrate
- Kundenverlustrate
- Kundenzufriedenheit.

In Abhängigkeit von Zielsetzung und Abweichung der Realität ergibt sich der Handlungsbedarf für eine Veränderung des Konzeptes.

1.2.3 CRM-Studie mit Erfolgsbeispielen

1.2.3.1 Ziel

Grundsätzliches Ziel der Untersuchung war es, nationale und internationale Unternehmen zu identifizieren, die ganzheitliche CRM-Konzepte oder einzelne CRM-Module geplant und erfolgreich implementiert haben. Die Ermittlung und Darstellung von CRM-Erfolgsfaktoren und CRM-Barrieren standen ebenso im Mittelpunkt wie die ausführliche Beschreibung von Best-Practice-Beispielen.

1.2.3.2 Aufbau

Um ein möglichst globales Bild zu erhalten, wurden insgesamt über 100 nationale und internationale Unternehmen aus den Branchen Automobil, Telekommunikation, Finanzdienstleistungen, Versicherungen, Energie, Handel, Fluggesellschaften und Informationstechnologie auf ihre CRM-Kompetenz untersucht.

Zur Bewertung des Unternehmenserfolgs bzw. zur Verifizierung der These »CRM- Hebel zur Steigerung von Unternehmensgewinnen und Börsenkapitalisierung« wurden folgende Indikatoren untersucht:

Entwicklung der Marktanteile im jeweiligen Kernsegment, Eroberungs- und Loyalitätsraten, allgemeine Kundenzufriedenheit, Gewinnentwicklung (nach HGB und US-GAAP) sowie die Entwicklung der Börsenkapitalisierung im Vergleich zum DAX® bzw. Dow Jones.

Die Studie wurde ausschließlich auf Basis von Sekundärmarktforschung erstellt.

1.2.3.3 Ergebnisse

Unternehmen, die ihre Haltung und Handlungen konsequent an den individuellen Kundenbedürfnissen ausrichten, erzielen mittel- bis langfristig substanziell bessere Unternehmensergebnisse und eine höhere Börsenkapitalisierung als Vergleichsunternehmen.

1.2.3.4 Erfolgsbeispiel Fluggesellschaften

American Airlines und die deutsche Lufthansa waren eine der ersten ihrer Branche, die sich mit den Themen Kundenbindungsmanagement und Lebenszeitwert eines Kunden (Customer Lifetime Value) auseinander gesetzt haben.

Laut einer Studie der Harvard Business School verliert das typisch amerikanische Unternehmen derzeit pro Jahr rund 10 – 30 % seiner Kunden. Noch dramatischer wird dieser Verlust, wenn man anstelle des jährlich entgangenen Ertrags den Lifetime-Value, d. h. den Ertrag, den ein Kunde über sein ganzes Leben generiert hätte, errechnet. Verliert eine Airline beispielsweise einen Topkunden mit einem Lifetime-Value von über 500.000 EUR im Alter von 35 Jahren, entgehen ihr mehr als 375.000 EUR, die der Fluggast im Laufe seines weiteren Lebens mit dieser Fluggesellschaft umgesetzt hätte.

American Airlines ist sich dieses Kundenwertes sehr bewusst und entwickelte eine sehr erfolgreiche Internetstrategie (eCRM) zur Steigerung der Kundenloyalität. Bei diesem auf hochwertige Kunden ausgerichteten Marketinginstrument ist nicht der kurzfristige Verkauf von

Tickets das Ziel, sondern der Aufbau einer langfristigen »Learning Relationship«, die durch kontinuierlichen und individuellen Dialog unterstützt wird. Dazu stellt American Airlines ihren Vielfliegern persönliche Customer-User-Homepages zur Verfügung, die ausschließlich Informationen und Angebote enthalten, die auf das individuelle Flugverhalten des einzelnen Kunden abgestimmt sind. Seit Einführung der eCRM-Strategie konnte die Kundenzufriedenheit deutlich ausgebaut werden. Der Umsatz pro Kunde hat sich im Segment der Vielflieger bereits im ersten Jahr um 15 % erhöht.

Lufthansa setzte sich vor einigen Jahren das Ziel, neue Interessenten für die Airline zu gewinnen und zusätzliches Geschäft von bestehenden Kunden zu generieren, um damit den Share of Wallet, also den Anteil am Gesamtpotenzial des Kunden zu steigern. Ein Data-Warehouse bildet die Basis für das Miles&More-Bonusprogramm und die individuelle Kundenansprache durch One-to-One-Marketing. Die getätigten CRM-Investitionen sowie die Umsetzung der kundenzentrierten Organisationsstruktur haben dazu beigetragen, dass es Lufthansa in den letzten fünf Jahren gelungen ist, wieder in die Gewinnzone zurückzukehren. 1998 wurden über drei Mio. Miles&More-Mitglieder registriert, die 600.000 Prämien (Flüge, Upgrades, Sachprämien) einlösten. Die Umsatzerlöse stiegen 1998 um knapp 5 % auf nahezu 8 Mrd. EUR. Das Ergebnis der betrieblichen Tätigkeit verbesserte sich auf 0,9 Mrd. EUR.

Auszeichnungen der London School of Economics sowie der Zeitschriften Manager Magazin und online today bestätigen die hohe Akzeptanz des Lufthansa-Auftritts im Internet. 15 Mio. Zugriffe verzeichnete der Lufthansa InfoFlyway allein im Monat November 1999 und generierte damit mehr Kundenkontakte als alle anderen Online-Reiseshops in Deutschland zusammen. Rund 900.000 Kunden haben sich bisher mit ihrem Profil wie Name, Anschrift, E-Mail-Adresse und Reisewünsche registrieren lassen.

1.2.3.5 Erfolgsbeispiel Lebensmittelhandel

Die britische Einzelhandelskette Tesco wurde – aufbauend auf seinem Kundenbindungsprogramm »thank you« – innerhalb von vier Jahren zur führenden Supermarktkette und zu einem der ernsthaftesten Herausforderer der britischen Finanzdienstleister. Mit Hilfe eines Kundenkartenkonzeptes konnte Tesco seine profitablen Geschäftsfelder weiter ausbauen und neue entwickeln.

Das gesamte Unternehmen wurde reorganisiert, um den Kunden in den Mittelpunkt aller Aktivitäten zu stellen, neue Kunden zu erobern, die Kundenzufriedenheit und Kundenloyalität zu verbessern, das Cross-Selling-Potenzial auszuschöpfen und den Lebenszeitwert pro Kunde zu erhöhen.

Seit Einführung der Kundenkarte 1995 und des damit verbundenen Clubkonzepts hat sich die Zahl der Kartennutzer von 1,5 Mio. auf 19 Mio. Personen erhöht, der Umsatz pro Kunde stieg um 30 % und der Aktienkurs verdoppelte sich.

Tesco expandierte in weitere profitable Dienstleistungsbereiche. Laut einer offiziellen Umfrage würden 45 % aller Briten heute von Tesco Farbfernsehgeräte und Waschmaschinen kaufen. 15 % sogar Autos. Kunden und Investoren haben Tesco im dritten Jahr in Folge zum kundenfreundlichsten und profitabelsten Unternehmen in UK gewählt.

1.2.3.6 Erfolgsbeispiel Computerhersteller

Die eindrucksvolle Erfolgsgeschichte des Unternehmens Dell verdeutlicht, welches Potenzial sich mit Hilfe von CRM erschließen lässt. Kein anderes Unternehmen weltweit hat es geschafft, innerhalb so kurzer Zeit die Unternehmensphilosophie des kundenzentrierten Unternehmens – *»Our ultimative goal is to deepen relationships with customers by providing added convenience, efficiency, cost saving and a wider array of services.« (Michael Dell, CEO Dell Inc.)* – so schnell und vor allem so erfolgreich umzusetzen. Die technischen Möglichkeiten von Dell sind mittlerweile so weit entwickelt, dass die individuellen Kundenbedürfnisse und -wünsche im Sinne eines Customized Marketing direkt in die Produktion oder Servicekette integriert werden. Durch das »Build-to-Order-Produktionssystem« wird erreicht, dass kein Computersystem älter als 30 Tage ist, wenn es beim Kunden eintrifft. Dadurch kann Dell technologische Neuheiten zu aktuellen Preisen anbieten. Alle relevanten Daten jedes Computers werden zentral erfasst und spätere Konfigurationen sowie eventuelle Reparaturen hinzugefügt. Die Hotline-Techniker, die via Fax, Telefon oder Internet immer zu erreichen sind, können mit Hilfe einer komplexen Datenbank rasch auf die benötigten Informationen zurückgreifen. Rund 90 % aller Fragen und Störungen können in wenigen Minuten am Telefon gelöst werden. Ein Vor-Ort-Service übernimmt Dienste wie Softwareinstallation, Netzwerkaufbau oder Reparaturen. Der Lohn für die konsequente Umsetzung dieser Strategie ist ein jährliches Umsatzwachstum von rund 50 % zwischen 1995 und 1998, der rasche Aufstieg zur weltweiten Nummer zwei auf dem hart umkämpften IT-Herstellermarkt und eine „Vervierzigfachung" des Aktienkurses seit 1996.

1.2.3.7 Erfolgsbeispiele Autohersteller

Dieser Markt bedingt ein besonders professionelles Kundenbeziehungsmanagement: Die Wettbewerbsintensität ist hoch, die Käufer sind auf Grund des hohen Produktwertes stark involviert, die Produktvielfalt ist groß, das Produkt und umgebende Dienstleistungen wie z. B. eine Finanzierung oder Leasing sind relativ komplex und die Phasen des Kundenzyklus vergleichsweise lang. So vergeht zum Beispiel von der ersten Überlegung, sich ein Auto zu kaufen bis zum tatsächlichen Kauf durchschnittlich ein halbes Jahr. Um den Interessenten tatsächlich in einen Käufer des eigenen Angebotes zu verwandeln und nicht an die Wettbewerbsmarke zu verlieren, bedarf es vielfältiger Kontakte vom Hersteller zum Interessenten, die gut geplant und aufeinander abgestimmt werden müssen.

Im Bereich eCRM verfügt General Motors (GM) mit seinem Onlineauftritt »GM Buy Power« wohl weltweit über die modernste Informations- und Bestellplattform in der Automobilbranche. GM Buy Power integriert neben den verschiedenen GM-Marken (Buick, Cadillac, Chevrolet, GMC, Oldsmobile, Pontiac und Saturn) vor allem GM-Lieferanten, Mietfahrzeuggesellschaften, GMAC Financial Services, Telematic Systems »OnStar« und bietet dem Interessenten/Kunden damit eine attraktive Dienstleistungspalette. Kundenanfragen und Probefahrtanforderungen werden direkt an den Customer Assistance Center und den Händler weitergeleitet. Bereits 73 % der 7800 US-Händler nutzen den Onlineservice zur Gewinnung neuer Kunden. Bereits vier Monate nach Einführung von GM Buy Power konnten fast 50 % der generierten Adressen (leads) über die Händler in Käufe umgewandelt werden.

Andere Beispiele kommen von Mercedes und Porsche: Mercedes-Benz hat mit dreistelligem Millionenaufwand ein europäisches Call-Center aufgebaut und steuert von hier europaweit umfangreiche Akquisitions- und Loyalitätsprogramme. Die Porsche AG hat seit der Einführung des Porsche-»Kundenkontaktprogramm« 1994/95 die Loyalitäts- und Kundenzufriedenheitsrate deutlich verbessert. Zur selben Zeit sind auch die Zulassungen signifikant gestiegen (+ 50 %) und der Aktienkurs versechsfachte sich (Basis 1996).

1.2.3.8 Börsenerfolge

Die erfolgreichsten nationalen und internationalen Unternehmen, die sich auf Basis der CRM-Studie durch eine besonders hohe CRM-Kompetenz auszeichneten, wurden in zwei CRM-Indizes (Abb. 6, 7; Basis 1. Quartal 1996 = 100) zusammengefasst und mit den Referenzindizes DAX® und Dow Jones im Zeitraum der letzten vier Jahre verglichen.

Der CRM-Index National umfasst ausschließlich deutsche Unternehmen wie z. B. Porsche AG, Deutsche Bank, Dresdner Bank, DaimlerChrysler, Lufthansa etc.

Der CRM-Index International umfasst ausschließlich internationale Firmen wie z. B. General Motors, Ford, Dell, IBM, Oracle, GE, American Express, etc. (Fokus US-amerikanische Unternehmen).

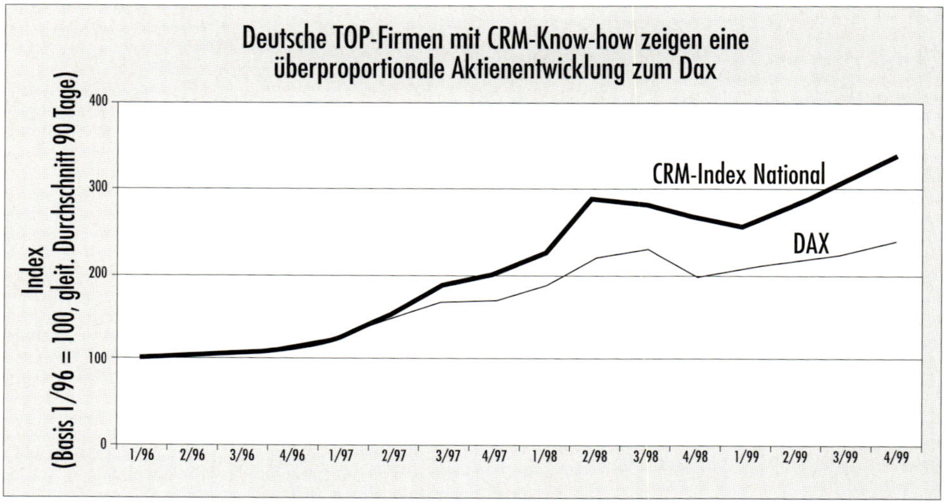

1.2 Abb. 6: ***CRM-Index National***
Quelle: BBDO Consulting

Sowohl der CRM-Index National als auch der CRM-Index International zeigen eine signifikant bessere Entwicklung als die beiden Referenzindizes DAX® und Dow Jones im Zeitraum der letzten vier Jahre.

Besonders US-Unternehmen haben erkannt, dass CRM als integriertes Gesamtkonzept den Unternehmenserfolg maßgeblich beeinflusst. Unternehmen wie z. B. Oracle, Dell, IBM oder General Motors haben gegenüber deutschen und europäischen Unternehmen einen Vorsprung bei der Realisierung von CRM-Konzepten von ca. einem Jahr. Dieser Vorsprung ist zum einen darauf zurückzuführen, dass die generelle Servicebereitschaft und Kundenorientierung in Ländern wie den USA oder Japan höher ausgeprägt ist als in Deutschland. Zum anderen verfügen viele amerikanische Firmen bedingt durch den Internet- und E-Commerce-Boom, der dort früher eingesetzt hat, über eine bessere IT-Infrastruktur.

1.2.3.9 Erfolgsfaktoren

Auf Grund der gewonnenen Erkenntnisse aus der CRM-Studie sowie praktischen Erfahrungen aus zahlreichen CRM-Projekten lassen sich für viele Unternehmen, die sich durch eine hohe CRM-Kompetenz auszeichnen, Gemeinsamkeiten definieren:

- Die Zustimmung und das Vorbild des Top-Managements in Denken, Sprechen und Handeln ist unabdingbare Voraussetzung für die erfolgreiche Umsetzung von CRM-Projekten

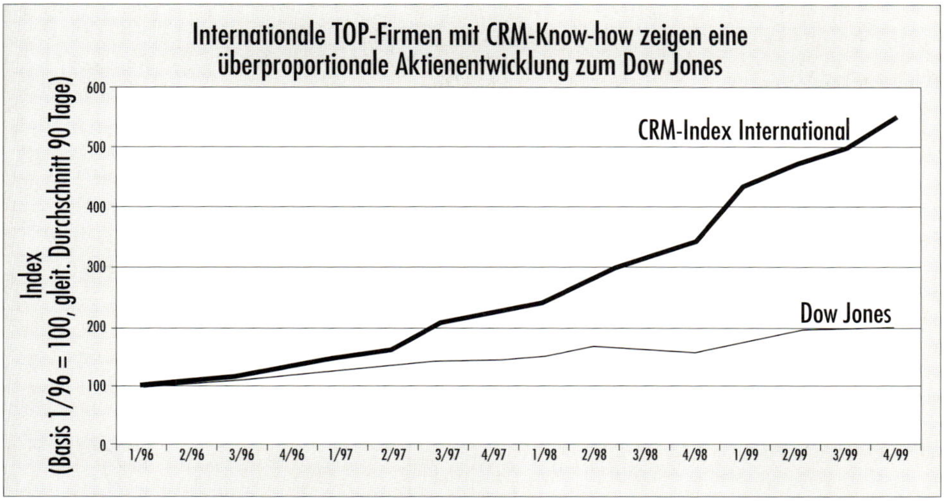

1.2 Abb. 7: *CRM-Index International*
Quelle: BBDO Consulting

- Integration aller beteiligten Abteilungen, Kundenschnittstellen und Verantwortungsbereiche von Anfang an
- Klare Definition und Festlegung von Verantwortungen, Zuständigkeiten, Ressourcen und Prozessen
- Stufenweise Transformation von der produktorientierten Organisationsform zur kundenzentrierten Organisationsform
- Penetration des CRM-Gedanken nicht nur nach außen, sondern auch nach innen (internes Informations- und Kommunikationsmanagement)
- Vor der unternehmensweiten Realisierung sollte ein CRM-Pilotprojekt durchgeführt werden
- Intensive Schulung und Coaching aller Mitarbeiter und speziell der internen/externen Mitarbeiter im Kundenkontakt.

1.3 Neukundengewinnung

Holger Dannenberg

1.3.1 Bedeutung der Neukundengewinnung für eine erfolgreiche Marktbearbeitung

Ist ein Unternehmen gerade gegründet worden, so wird sich die Frage nach der Bedeutung der Neukundengewinnung kaum stellen. Bei etablierten Unternehmen sieht das dagegen schon anders aus. Immer wieder liest man Artikel, dass es viel lukrativer sei, sich auf die bestehenden Kunden zu konzentrieren. Häufig hört man, dass es ca. neunmal mehr kostet, einen neuen Kunden zu gewinnen, als einen bestehenden Kunden zu halten. Ein Großteil der aktuellen Diskussion zu den relevanten Trends einer zukunftsorientierten Marktbearbeitung wird von den Themen Kundenbindung und dem erst in der letzten Zeit populär gewordenen Begriff CRM (Customer-Relationship-Management = Kunden-Beziehungs-Management) beherrscht. Selbst E-Commerce wird von den meisten Unternehmen vorwiegend zur Kundenbindung und -beziehungspflege eingesetzt.

Es ist natürlich grundsätzlich richtig, sich intensiv um die bestehenden Kunden zu kümmern. Doch was würde passieren, wenn ein Unternehmen tatsächlich nur noch bestehende Kunden betreuen würde?

Zunächst würde der Umsatz sicherlich steigen, denn in der Tat ist es viel weniger aufwändig, einem bestehenden Kunden etwas zu verkaufen als einem neuen. Irgendwann werden die Potenziale dieses Kunden allerdings ausgeschöpft sein und das Geschäft würde im besten Fall stagnieren. Wachstumsziele (und diese Ziele haben die meisten Unternehmen) können mit einer solchen Marktbearbeitungsstrategie langfristig nicht erreicht werden. In der Realität sieht es aber meist noch viel schlimmer aus. Es wird trotz voller Konzentration auf die bestehenden Kunden nicht zu verhindern sein, dass einige vom Wettbewerb abgeworben werden. Andere geben vielleicht ihr Geschäft auf oder ihr Volumen ist stark rückläufig. Bei einer ausschließlichen Konzentration auf bestehende Kunden wäre langfristig ein Umsatzrückgang nicht zu vermeiden.

Deshalb ist die Neukundengewinnung eine unverzichtbare Aufgabe für jede Vertriebsmannschaft. Darüber hinaus wurde bei einer Untersuchung der WHU Koblenz festgestellt, dass wirtschaftlich erfolgreiche Unternehmen auch einen deutlich höheren Anteil an Neukunden haben.

Wenn man sich nun nur auf Neukunden konzentrieren würde und die Kundenbindung völlig vernachlässigt, wäre das Ergebnis schon etwas besser. Zunächst würden zahlreiche Kunden gewonnen, von denen aber ein erheblicher Teil wegen der fehlenden Betreuung mit einer gewissen Zeitverzögerung wieder verloren wird. Da aber permanent akquiriert wird, würden dafür auch immer wieder neue Kunden nachgeschoben. Mit etwas Glück könnte bei einer solchen Vorgehensweise vielleicht ein Umsatzrückgang vermieden werden, aber mehr als eine Stagnation wäre auf Dauer sicher nicht möglich.

Deshalb liegt die Kunst der Vertriebsarbeit darin, ein ausgewogenes Gleichgewicht zwischen der Arbeit mit bestehenden und mit neuen Kunden zu erreichen. Nur so ist ein kontinuierliches Unternehmenswachstum möglich.

Kein Wunder, dass bei einer aktuellen Mercuri-Studie zum Thema Neukundengewinnung rund 90 % der Befragten die Neukundenakquisition als sehr wichtig oder wichtig bezeichnet haben.

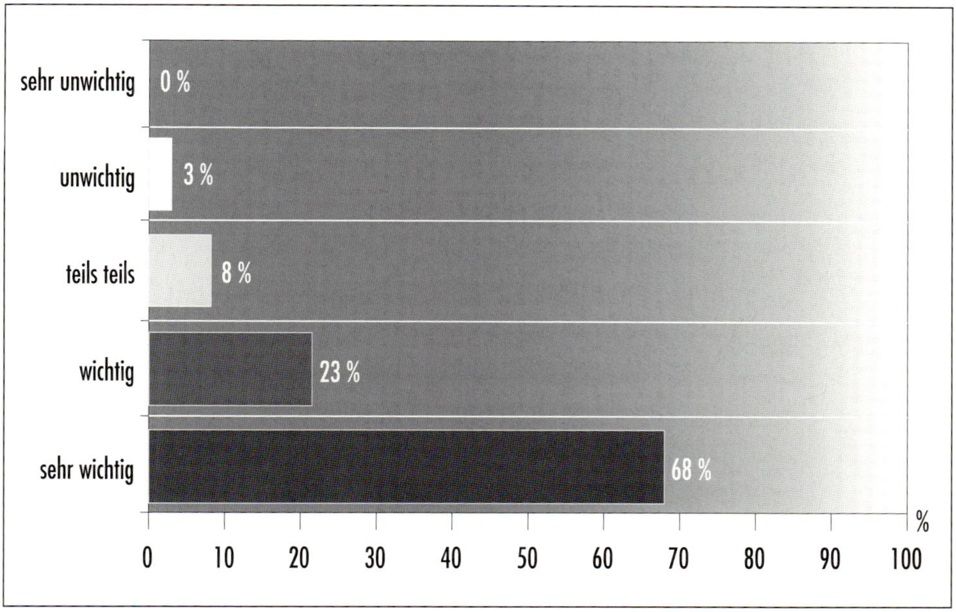

1.3 Abb. 1: ***Bedeutung der Neukundengewinnung (I)***
Quelle: Mercuri International Neukunden-Studie 2000

Bei der Zufriedenheit mit den Ergebnissen der Neukundengewinnung sieht es dagegen nicht mehr so rosig aus. Nur 29 % sind mit den Ergebnissen sehr zufrieden oder zufrieden. 71 % sind mehr oder weniger unzufrieden.

Diese auffällige Diskrepanz zwischen Wichtigkeit und Zufriedenheit zeigt, welche besondere Herausforderung die Neukundengewinnung für die meisten Unternehmen darstellt. Es ist daher sicher nicht übertrieben, wenn die Neukundengewinnung auch als Königsdisziplin des Verkaufs bezeichnet wird.

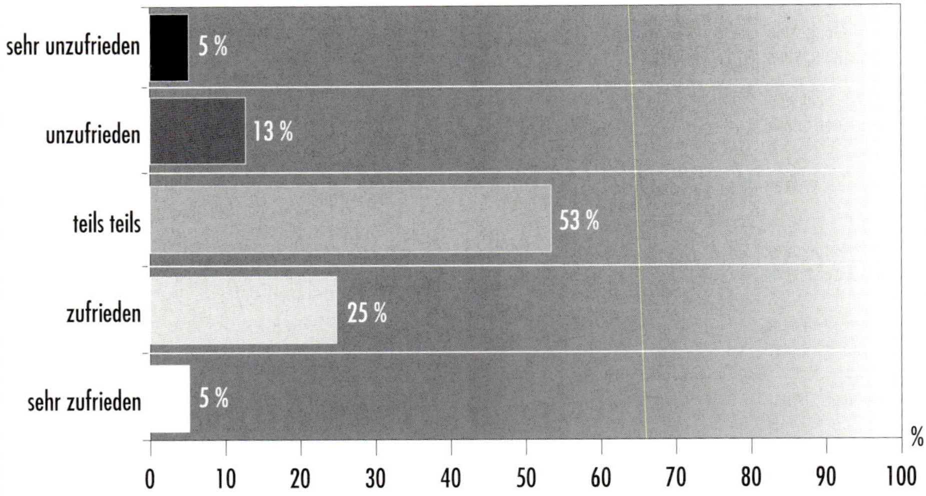

1.3 Abb. 2: ***Bedeutung der Neukundengewinnung II***
Quelle: Mercuri International Neukunden-Studie 2000

1.3.2 Welche Probleme treten bei der Neukundengewinnung auf?

Kein anderer Verkaufsprozess beinhaltet ein so großes Frustrationspotenzial wie der der Neukundengewinnung. Nirgendwo ist die Erfolgswahrscheinlichkeit so gering und nirgendwo muss für einen Verkaufserfolg so viel Vertriebskapazität eingesetzt werden. Ein Verkäufer, der versucht, neue Kunden zu gewinnen, muss mit zahlreichen Abweisungen rechnen. Bei dem heutzutage vorherrschenden Käufermarkt sind die meisten Kunden »in guten Händen«, haben eine hohe Markttransparenz und empfinden Verkäuferkontakte oft als Belästigung. Verkaufsarbeit bei Neukunden haftet daher noch immer das Image des Klinkenputzens an. Kein Wunder, dass sich die meisten Verkäufer lieber um ihre bestehenden Kunden kümmern und die Neukundengewinnung vernachlässigen. Das spiegelt sich auch bei den typischen Problemen wider, die in der Praxis bei der Neukundengewinnung auftreten.

Auch in zahlreichen Mercuri-Projekten zur Neukundengewinnung sind diese Schwierigkeiten aufgetreten. Wir haben daraus zehn Erfolgsprinzipien abgeleitet:

- Definition von konkreten, messbaren, zeitlich dimensionierten Zielen
- Definition einer wirksamen Akquisitionsstrategie
- Strukturierung von Akquisitionsprozessen

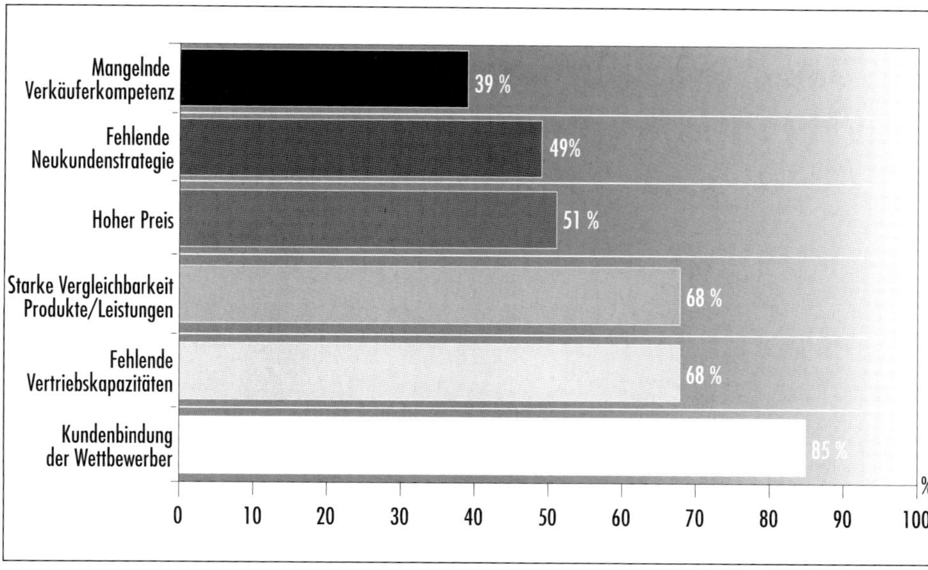

1.3 Abb. 3: ***Was sind die größten Probleme bei der Neukundengewinnung (Top Boxes)?***
Quelle: Mercuri International Neukunden-Studie 2000

- Anpassung der Organisationsstruktur
- Sicherstellung ausreichender Kapazitäten im Vertrieb
- Auswahl der richtigen Präferenzstrategie
- Anpassung der Steuerungsinstrumente
- Auswahl der passenden Vorgehensweisen und Instrumente
- Qualifizierung der Beteiligten
- Motivation der Beteiligten.

1.3.3 Zehn Erfolgsprinzipien zur Neukundengewinnung

1.3.3.1 Definition von konkreten, messbaren, zeitlich dimensionierten Zielen

Viele Vertriebsmannschaften haben ein unzureichendes Zielsystem für den Vertrieb. Es dominieren pauschale Umsatzziele, die weder nach Kundengruppen noch nach Verkaufsprozessen getrennt sind. Wenn es jedoch dem Verkäufer überlassen bleibt, ob er seine Umsatzvorgaben durch neue oder durch bestehende Kunden erreichen kann, dann ist das Ergebnis meistens klar. Die Neukundengewinnung führt ein Schattendasein.

Werden dagegen konkrete Ziele vorgegeben, ist zumindest die Basisvoraussetzung für eine erfolgreiche Neukundengewinnung geschaffen. Grundsätzlich sollte neben einem Neukunden-Umsatzziel auch ein Ziel für die Anzahl der zu gewinnenden Neukunden vereinbart werden. Dadurch wird das Umsatzziel bereits etwas operationalisiert, und der Vertrieb erkennt leichter, was er konkret zu tun hat. Oft ist es sinnvoll, auch noch zusätzlich Aktivitätsziele zu formulieren (z. B. 30 Erstgespräche bis Ende März oder fünf Erstkontakte pro Monat). Das gilt insbesondere, wenn sich der Akquisitionsprozess über einen längeren Zeitraum erstreckt (siehe auch 1.3.3.3 Strukturierung von Akquisitionsprozessen).

Damit ist auch die Basis für den Einsatz von Motivations- und Aktualisierungsmaßnahmen geschaffen, ohne die kein erfolgreiches Neukundenprojekt auskommt. Je mehr Messpunkte es gibt, desto mehr Anlässe gibt es auch, etwas zu berichten, etwas auszuwerten und etwas zu feiern.

1.3.3.2 Definition einer wirksamen Akquisitionsstrategie

Warum soll der potenzielle Kunde kaufen? Welche Vorteile bieten die Produkte im Vergleich zur Konkurrenz? Diese Fragen sind oft gar nicht so leicht zu beantworten. Viele Produkte sind vergleichbar und Unterschiede zwischen Lieferanten konzentrieren sich immer mehr auf Zusatzleistungen oder auf eine bessere Betreuung der Kunden. Beides ist potenziellen Kunden zunächst nur schwer zu vermitteln, da es eng mit der Produktnutzung verbunden ist. Speziell Betreuung kann ein kaufender Kunde wesentlich besser erleben als ein potenzieller Kunde. Darüber hinaus werden auch die Wettbewerber nicht schlafen und ihrerseits Kundenbindungsmaßnahmen einsetzen. Generell muss deshalb zwischen zwei Grundstrategien unterschieden werden.

1. Push-Strategie

Hierbei wird versucht, mit dem Kunden direkt ins Geschäft zu kommen. So schnell wie möglich wird ein konkretes Angebot unterbreitet und verhandelt. Diese Methode bietet sich immer dann an, wenn der Kunde bereits ähnliche Produkte einsetzt und das angebotene Produkt deutliche Leistungsvorteile bietet. Die persönliche Beziehung ist in diesem Fall nicht so entscheidend, der Verkäufer kann weitgehend über das Produkt verkaufen.

2. Pull-Strategie

Wenn ein Bedarf jedoch nur fallweise auftritt oder wenn keine greifbaren Leistungsvorteile vorhanden sind, muss meistens eine andere Vorgehensweise, eine Pull-Strategie gewählt werden.

Immer dann, wenn der Bedarf nur fallweise eintritt, macht es logischerweise keinen Sinn, sofort auf Abschluss zu drängen. Man kann es sich andererseits aber auch nicht leisten, bis zum nächsten Bedarfsfall einfach zu warten. Das Risiko, ihn zu verpassen, ist meistens zu groß. Es gibt nur sehr wenige Branchen, in denen ein Lieferant in der Lage ist, den Bedarfszeitpunkt bei potenziellen Kunden exakt vorherzusagen. Und selbst wenn er das kann, ist es zumindest fraglich, ob dann schnell genug eine Beziehung aufgebaut werden kann. In den meisten Fällen muss ein potenzieller Lieferant deshalb zuerst versuchen, in das »Relevant Set«, in den Kreis der grundsätzlich geeigneten Lieferanten des Kunden, zu kommen. Er muss dort präsent sein, wenn der Bedarfsfall eintritt. Dann wird er auch angefragt. Um das zu erreichen, muss beim Kunden grundsätzliche Kompetenz für den jeweiligen Produkt-/Anwendungsbereich aufgebaut werden.

Aber das alleine reicht noch nicht aus. Der potenzielle Lieferant muss zusätzlich immer wieder Aktivitäten entwickeln, um präsent zu bleiben. Finden über längere Zeit keine Kontakte statt, besteht die Gefahr, dass er im Bedarfsfall schlichtweg vergessen oder übersehen wird.

Auch wenn keine greifbaren Leistungsvorteile vorhanden sind, und nur »Soft Facts« wie Kundenorientierung/Personenpräferenzen eine kaufentscheidende Rolle spielen, kann ein potenzieller Kunde kaum auf Anhieb überzeugt werden. Um diese Leistungswerte zu erleben, muss meistens erst eine Beziehung aufgebaut werden. Das ist natürlich nicht so einfach, wenn noch keine Geschäftsbeziehung besteht. Die Kunst besteht darin, möglichst viele sinnvolle Kontaktanlässe zu kreieren, bei denen der Kunde sukzessive erlebt, dass sich der potenzielle Lieferant intensiver und besser um ihn kümmert als sein Hauslieferant. Völlig falsch wäre es, sein »Pulver« beim ersten Akquisitionsbesuch zu verschießen. Meistens ist diese Strategie auch die einzige Möglichkeit, um gegen die starke Kundenbindung eines etablierten Lieferanten anzukommen.

1.3.3.3 Strukturierung von Akquisitionsprozessen

Intuition und spontane Reaktionsfähigkeit sind sicher eine wichtige Voraussetzung für einen erfolgreichen Verkäufer. Allerdings sollte das keine Entschuldigung für das fehlende Management von Schlüsselprozessen sein. Leider gibt es bei vielen Vertriebsmitarbeitern noch immer eine tief greifende Abneigung gegen jede Art von Planung. Aber speziell die Komplexität des Neukundengewinnungsprozesses lässt sich ohne eine gewisse Strukturierung nicht erfolgreich beherrschen.

Wenn ein Akquisitionsziel planvoll und systematisch erreicht werden soll, müssen bestimmte Akquisitionsaktivitäten in einer bestimmten Reihenfolge, mit einer bestimmten Häufigkeit und zu einem bestimmten Zeitpunkt durchgeführt werden. Die Art und die Reihenfolge der Aktivitäten richten sich nach der Akquisitionssstrategie. Soll erst langsam eine Beziehung aufgebaut werden (Pull-Strategie) oder soll möglichst schnell ein konkretes Angebot platziert werden (Push-Strategie)? Die Anzahl der Kunden, mit denen man die einzelnen Schritte eines Akquisitionsprozesses durchlaufen muss, wird von den Erfolgsquoten bestimmt, mit denen sie untereinander verknüpft sind. Eine Erfolgsquote bezeichnet die Wahrscheinlichkeit, mit der auch der nächste Arbeitsschritt erreicht wird. Es ist leider eine Art Naturgesetz des Verkaufens, dass diese Erfolgsquoten deutlich kleiner als 100 % sind. Wenn man einen neuen Kunden gewinnen will, muss man also immer eine weitaus höhere Anzahl von potenziellen Kunden ansprechen, als man tatsächlich gewinnen will. Das Volumen der Aktivitätsdurchführung lässt sich am leichtesten retrograd errechnen. Ausgangspunkt ist das Neukundenziel.

- Wie viele Kunden werden mit welchem Durchschnittsumsatz benötigt, um das Neukundenziel zu erreichen?
- Mit wie vielen Kunden müssen konkrete Verhandlungen geführt werden, um einen Kunden zu gewinnen?
- Wie viele potenzielle Kunden müssen angesprochen werden, um einen Kunden zu finden, mit dem man auch in konkrete Verhandlungen kommt?

In den meisten Unternehmen sind die dafür notwendigen Daten in der Vergangenheit nicht erhoben worden, so dass man auf Schätzungen angewiesen ist. Solche Schätzungen sind aber erfahrungsgemäß zunächst eine brauchbare Größe.

Neben den Erfolgsquoten ist die so genannte Sales-Lead-Time entscheidend für die Strukturierung des Akquisitionsprozesses. Sie bezeichnet die Zeit, die durchschnittlich zwischen der ersten Kontaktaufnahme und der Kaufentscheidung vergeht. Dadurch wird der »Vorlauf« bestimmt, mit dem Aktivitäten gestartet werden müssen, damit sie auch zu einem bestimmten Zeitpunkt beendet werden können.

Eine solche strukturierte Vorgehensweise macht aber nicht nur den Kapazitätsbedarf und das Timing transparent. Sie bietet noch weitere Vorteile: Es wird dadurch ein Frühwarnsystem geschaffen. Akquisitionsprobleme können bereits lokalisiert werden, bevor erste Ergebnisse sichtbar werden. Immer dann, wenn man erkennt, dass die Anzahl der notwendigen Aktivitäten nicht rechtzeitig durchgeführt wird oder die erwarteten Erfolgsquoten ausbleiben, weiß man, dass das Akquisitionsziel bereits stark gefährdet ist. Man muss nicht erst warten, bis auch die Ergebnisse ausbleiben, und hat so weitaus bessere Chancen, rechtzeitig gegenzusteuern.

Aber auch für die Optimierung des Akquisitionsprozesses ist die Strukturierung eine wichtige Voraussetzung. Eine Schlüsselfunktion nimmt dabei die Auswahl der Zielkunden ein. Je

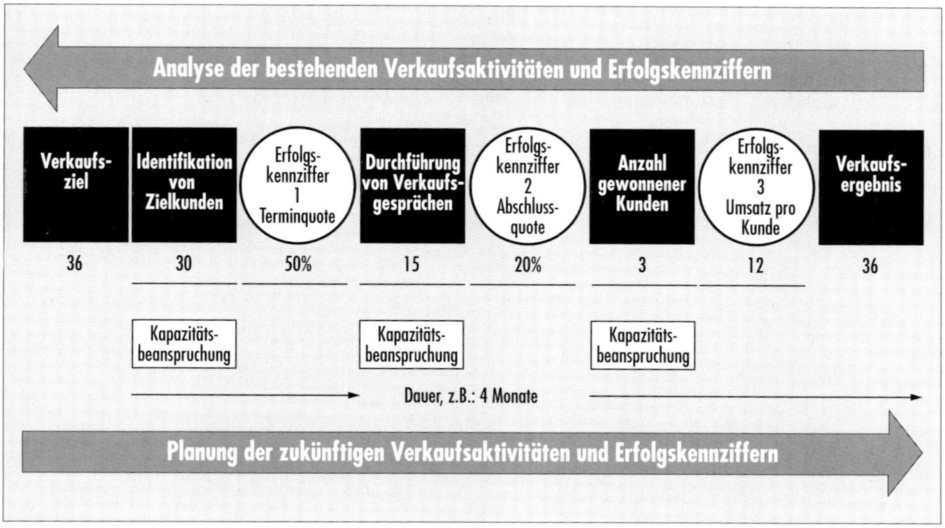

1.3 Abb. 4: ***Grobraster zum Ablauf und zur Struktur eines Akquisitionsprozesses***
Quelle: Mercuri International

besser sie geeignet sind, desto erfolgreicher werden auch die weiteren Arbeitsschritte im Akquisitionsprozess sein.

Da sich die Qualität der verkäuferischen Arbeit in den Erfolgsquoten widerspiegelt, können interne und externe Benchmarks definiert werden. Ist ein Verkäufer bei der Neukundengewinnung weniger erfolgreich als andere, so kann über die Erfolgsquoten schnell ein konkreter Ansatzpunkt für unterstützende Maßnahmen lokalisiert werden. Liegt es am Kontaktaufbau, an der Durchführung des Überzeugungsprozesses oder an der Angebotstaktik? Oder sind die Erfolgsquoten in Ordnung und es werden nur nicht genug Aktivitäten durchgeführt?

Selbst die Marketingunterstützung kann exakter geplant werden. Maßnahmen können gezielt auf die einzelnen Schritte des Akquisitionsprozesses abgestimmt werden.

1.3.3.4 Anpassung der Organisationsstruktur

Bei den großen Herausforderungen und der Konkurrenz zu der Bestandskundenbetreuung stellt sich natürlich die Frage, ob die Neukundengewinnung nicht besser von einer spezialisierten Vertriebsmannschaft durchgeführt werden soll. Wer keine bestehenden Kunden betreuen muss, kann schließlich auch nicht in die Bestandskundenbetreuung »flüchten«. Allerdings darf dieser Themenkomplex nicht losgelöst von den Gesetzmäßigkeiten der jeweiligen Branchen gesehen werden. Wenn eine Kaufentscheidung nur selten gefällt wird (lange Nutzungszyklen) und sich die Zusammenarbeit mit den Lieferanten auf den Bezug von Verbrauchsmaterialien und die technische Betreuung konzentriert, ist eine Übergabe der neu gewonnenen Kunden an ein/en Bestandskundenbetreuer/-team meist problemlos möglich. Wenn dagegen permanent neue Kaufentscheidungen getroffen werden müssen, die sich kaum von der Akquisitionsphase unterscheiden, bietet meistens eine kontinuierliche Betreuung weitaus mehr Vorteile.

1.3 Abb. 5: ***Vor- und Nachteile von Spezialvertrieben zur Neukundengewinnung***
Quelle: Mercuri International

1.3.3.5 Sicherstellung ausreichender Kapazitäten im Vertrieb

Neukundengewinnung ist auf Grund der geringen Erfolgsquoten ein sehr kapazitätsverzehrender Prozess. Viele Projekte scheitern, weil schlichtweg der Kapazitätsbedarf unterschätzt wurde. Der wird aber oft erst transparent, wenn die notwendigen Aktivitätsvolumen konkret berechnet werden (siehe auch 1.3.3.3 Strukturierung von Akquisitionsprozessen). Für die Optimierung des Kapazitätseinsatzes gibt es grundsätzlich zwei Möglichkeiten:

- Bei jeder Aktivität im Neukundenprozess sollte kritisch hinterfragt werden, ob sie nur vom Außendienst oder auch von anderen Funktionen im Haus durchgeführt werden kann. Von welchen Aufgaben kann der Außendienst entlastet werden, welche Teilaufgaben im Akquisitionsprozess können sogar von anderen Abteilungen/Funktionen übernommen werden?

- Eine zweite Optimierungsmöglichkeit bieten die Arbeitsprozesse mit bestehenden Kunden. Können hier Verantwortlichkeiten neu geordnet werden? Jeder Offizier weiß, dass zur Verteidigung weniger Soldaten benötigt werden als zum Angriff. Kundenbindung ist natürlich wichtig, aber entscheidend dafür ist meist nicht die Kontakthäufigkeit, sondern die Kontaktinhalte. Bei einer Mercuri-Einkäufer-Studie beklagten sich immerhin ein Drittel aller Einkäufer, dass sie zu häufig und ohne konkreten Besuchsgrund von den Verkäufern besucht werden.

Schließlich stecken hinter Kapazitätsproblemen oft nur Motivationsprobleme. Neukundengewinnung ist durch häufige Misserfolgserlebnisse und Unsicherheiten nicht nur kapazitäts-, sondern auch motivationsverzehrend.

1.3.3.6 Auswahl der richtigen Präferenzstrategie

Derzeit werden alle Präferenzstrategien zur Neukundengewinnung (Preis-/Leistungs-, Service-/Zusatznutzen-, Personenpräferenzen) relativ gleichmäßig eingesetzt. Nach einer aktuellen Mercuri-Umfrage halten knapp zwei Drittel aller Befragten Preise/Konditionen, Produktleistungen, Serviceangebote und Personenpräferenzen für wichtige oder sehr wichtige Argumente bei der Neukundengewinnung. Lediglich die Lieferfähigkeit wird nur von gut 40 % hervorgehoben.

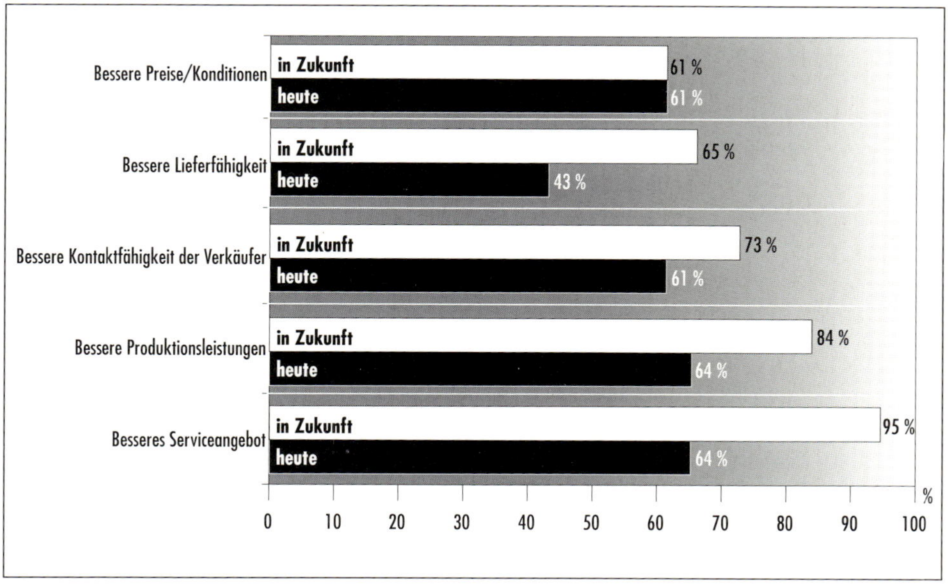

1.3 Abb. 6: ***Was ist entscheidend für die Gewinnung neuer Kunden (Top Boxes)?***
Quelle: Mercuri International Neukunden-Studie 2000

Dieses Bild ändert sich, wenn man einen Blick in die Zukunft wirft. Bis auf Preise/Konditionen werden alle Argumente noch stärker eingesetzt werden. Offensichtlich wollen die meisten den ohnehin bestehenden Preiswettbewerb nicht noch weiter anheizen. Der Einsatz von Personenreferenzen, die sich in der Kontaktfähigkeit der Verkäufer widerspiegeln, soll dagegen stärker forciert werden. Wettbewerbsvorteile sollen aber insbesondere über konkrete Zusatzvorteile, »Added Values« und allgemeine Serviceleistungen geschaffen werden, die potenzielle Kunden zu einem Wechsel des Lieferanten reizen sollen.

1.3.3.7 Anpassung der Steuerungsinstrumente

Die Bedeutung von Ergebnis- und Aktivitätszielen für den Akquisitionsprozess haben wir bereits angesprochen. Während Ergebnisziele leicht zu formulieren sind, können Aktivitätsziele nur mit Hilfe der Prozessstruktur ermittelt werden. Sicher sind Aktivitätsziele generell wichtig, aber speziell bei der Neukundengewinnung haben sie eine entscheidende Steuerungswirkung. Die eigenständige Ableitung von Aktivitäten ist in diesem Verkaufsprozess auf Grund der psychologischen Barrieren und der relativ geringen Erfolgsquoten weitaus schwieriger als in anderen Prozessen.

Sinn macht das alles aber nur, wenn der Akquisitionsprozess nicht nur strukturiert geplant, sondern auch die Durchführung genauso strukturiert erfasst wird. Das bedeutet, dass viele Reportingsysteme neu gestaltet werden müssen. Das gilt übrigens auch für die meisten CAS (Computer Aided Selling)- oder CRM-Systeme. Bei der Planung des Prozesses kann man, wie bereits gesagt, zunächst durchaus mit Schätzwerten arbeiten. Bei der Durchführung ist jedoch eine explizite Erfassung der einzelnen Aktivitäten unabdingbar. Erst dann können Erfolgsquoten ermittelt und interne Vergleiche und Analysen durchgeführt werden.

Sofern es ein variables Entlohnungssystem gibt, ist auch das zu überprüfen und ggf. anzupassen. Werden z. B. spezifische Neukundenziele gesetzt, dann sollten sie auch separat honoriert werden. Es kann nicht sein, dass nur das Erreichen eines Gesamtumsatzes belohnt wird.

Ebenso müssen das Beurteilungssystem der Vertriebsmitarbeiter und die Aus- und Weiterbildung angepasst werden. Dabei ist es nicht mit ein paar Seminaren getan. Viel entscheidender ist die Umsetzung der Seminarinhalte in der täglichen Verkaufspraxis. Ohne eine konsequente Umsetzungsbegleitung (Coaching) ist gerade bei der Neukundengewinnung der Einsatz der Trainingsinhalte mehr als fraglich. Je sicherer sich der Verkäufer fühlt, desto höher ist die Wahrscheinlichkeit, dass er sich wirklich auf die Neukundengewinnung konzentriert.

1.3.3.8 Auswahl der passenden Vorgehensweisen und Instrumente

Bereits bei der Analyse des Kapazitätsbedarfs wurde deutlich, dass es oft effektiver ist, bestimmte Arbeitsschritte nicht durch den klassischen Verkaufsaußendienst durchführen zu lassen. Insbesondere beim Kontaktaufbau, bei der Generierung von Kontakten und bei der Qualifizierung der Zielkunden können alternative Vorgehensweisen und Mitarbeiterfunktionen eingesetzt werden. In der Praxis werden diese Alternativen auch genutzt. Insgesamt wird eine Vielzahl von Vorgehensweisen und Instrumenten für die Neukundengewinnung eingesetzt.

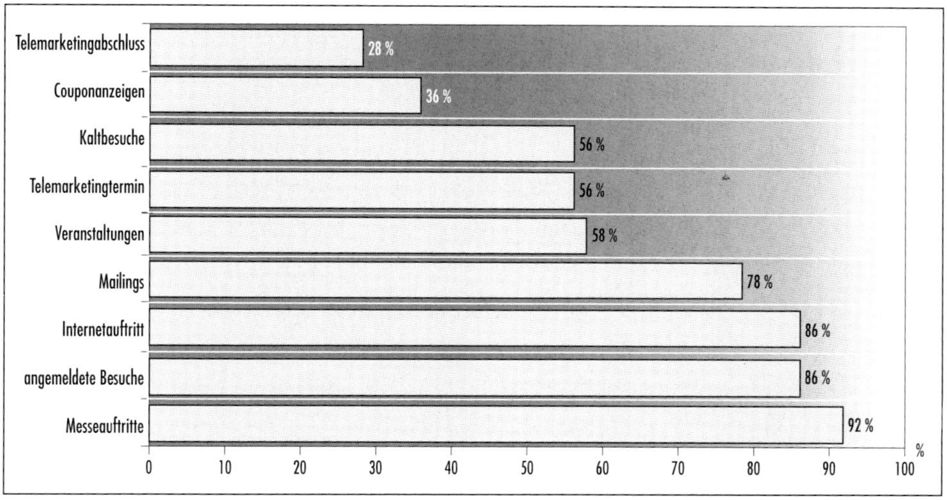

1.3 Abb. 7: ***Derzeitiger Einsatz von Methoden und Maßnahmen zur Neukundengewinnung (Mehrfachnennung möglich)***
Quelle: Mercuri International Neukunden-Studie 2000

Zur Kontaktanbahnung werden neben dem klassischen Außendienst von fast allen Unternehmen auch Messeauftritte, Internetauftritt und Mailings eingesetzt. Nur rund die Hälfte der Unternehmen setzt gezielt Veranstaltungen zur Ansprache von Neukunden ein. Mehr als 50 % führen neben den angemeldeten Besuchen noch immer Kräfte zehrende Kaltbesuche durch. Bei der Terminvereinbarung wird der Außendienst immerhin auch in 50 % der Unternehmen durch Telemarketingaktivitäten unterstützt. Klassische Couponanzeigen und die eigenständige Akquisition von Neukunden ausschließlich über Telefon werden nur in vergleichbar geringem Umfang eingesetzt.

Natürlich ist es nicht egal, was man tut. Wie sinnvoll eine Maßnahme ist, liegt an der spezifischen individuellen Akquisitionssituation. Darüber hinaus haben alle Maßnahmen typische Vor- und Nachteile, die berücksichtigt werden müssen:

1.3.3.8.1 Angemeldete Besuche

Speziell bei Push-Strategien sind Besuche durch den Außendienst ein sehr wirkungsvolles Akquisitionsmittel. Es gibt kaum Alternativen zum Verkäufer. Er hat die weitaus meisten Wirkungsdimensionen und kann Kundenreaktionen am besten aufnehmen. Bei Pull-Strategien gibt es dagegen auch alternative Möglichkeiten. Oft muss auch der Versuchung widerstanden werden, zu schnell verkaufen zu wollen. Ein Beziehungsaufbau braucht Zeit und Kontakte müssen auch aus Kundensicht sinnvoll sein. Sonst ist der Verkäufer nur ein Quälgeist, der bereits am Empfang abgewimmelt wird.

1.3.3.8.2 Internetauftritt

Das neue Medium ist für die meisten Unternehmen noch schwierig zu handhaben. Ist E-Commerce ein neuer Absatzkanal oder nur eine Vertriebsfunktion? Oder anders ausgedrückt: Sollen nur Teile des angestammten Neukundenprozesses über das Internet laufen oder sollen neue Kunden komplett online bearbeitet werden? Gilt das für alle Produkte oder nur für bestimmte? Diese Fragen können zwar letztlich nur unternehmensspezifisch beantwortet werden, allgemeine Trends sind aber vorhanden. Selbst die Pure Player, die reinen Internetunternehmen, kommen nicht ohne Offlineaktivitäten wie Anzeigen, Werbespots in TV und Rundfunk oder Call-Center aus. Erst recht wird das für traditionelle Unternehmen gelten. Das Internet wird in aller Regel als Informationsinstrument eingesetzt werden, wenn durch andere Medien eine erste Aufmerksamkeit geschaffen oder eine Ansprache hergestellt worden ist.

1.3.3.8.3 Telemarketing/Call-Center

Natürlich kann man nicht nur Termine, sondern grundsätzlich alles über das Telefon verkaufen und weder bei der Terminvereinbarung noch bei der vollständigen Akquisition über das Telefon sind die Möglichkeiten bisher ausgeschöpft. Je stärker im Rahmen des Überzeugungsprozesses aber Demonstrationen oder die Analyse spezifischer Einsatzsituationen vor Ort erforderlich sind, desto schwieriger wird der Einsatz des Telefons.

1.3.3.8.4 Couponanzeigen

Das Positive bei den Einsendern von Anzeigencoupons ist, dass offensichtlich ein Basisinteresse vorhanden ist. Ansonsten sind Sie aber völlig anonym. Die Bandbreite der Einsender reicht

– je nach Anzeigenmedium und Produkt – von gelangweilten Rentnern bis zu neugierigen Studenten. Speziell wenn diese Adressen nicht nur als Basis für Mailings, sondern auch für persönliche Kontakte des Außendienstes genutzt werden, kann die Misserfolgsquote relativ hoch sein. Bevor der Außendienst diese Kontakte nutzt, sollte daher eine vorgeschaltete Qualifizierung über das Telefon stattfinden.

Adressverlage sind manchmal durchaus eine Alternative. Ihre Datensätze sind schon mit zahlreichen Zusatzkriterien versehen, die eine weitgehend exakte Zielgruppenbestimmung erlauben. Im Vergleich zu den Coupons haben diese Adressen natürlich den Nachteil, dass noch kein Vorkontakt stattgefunden hat, und die Bedarfslage erheblich unsicherer ist.

1.3.3.8.5 Veranstaltungen/Messen

Informationsveranstaltungen werden heutzutage bereits von zahlreichen professionellen Konferenzveranstaltern angeboten. Eigene Veranstaltungen können vor diesem Hintergrund nur erfolgreich sein, wenn es sich um Themen handelt, die von diesen Veranstaltern nicht angeboten werden und eine möglichst konkrete Problemlösung anbieten. Auch Messen sind letztlich nichts anderes als Informationsveranstaltungen. Der Unterschied ist nur, dass dort nicht ein Unternehmen auftritt, sondern meist eine ganze Branche. Dadurch werden natürlich wesentlich mehr Interessenten angezogen. Bei allen Veranstaltungen zur Gewinnung von Neukunden kommt es aber zunächst nur darauf an, die potenziellen Kunden zu identifizieren, eine erste Beziehung aufzubauen und sie nur so weit zu informieren, dass ein Folgetermin vereinbart werden kann. Bis auf wenige Ausnahmen ist es nicht sinnvoll, auf diesen Veranstaltungen direkt zu verkaufen. Längere Gespräche können kaum in Ruhe geführt werden, und es ist effizienter, die Zeit für möglichst viele Kontakte zu nutzen, die dann allerdings auch entsprechend nachbearbeitet werden müssen.

1.3.3.8.6 Kaltbesuche

Auch Kaltbesuche (ohne vorherige Terminvereinbarung) haben noch heute ihre Existenzberechtigung. Allerdings dienen sie meist eher der Kontaktaufnahme und Qualifizierung von Kunden und weniger dem direkten Verkaufen. Außendienstmitarbeiter können so die Zeit zwischen vereinbarten Terminen sinnvoll nutzen, einen persönlichen Eindruck von dem Kunden/Unternehmen gewinnen (wie präsentieren sie sich, worauf wird Wert gelegt), und Sie können meistens doch bis zu einem Sekretariat vordringen sowie Ansprechpartner für spätere Kontakte identifizieren.

1.3.3.9 Qualifizierung der Beteiligten

Da die Gewinnung neuer Kunden die höchsten Ansprüche an alle Beteiligten stellt, kommt auch der Qualifizierung eine besondere Bedeutung zu. Es kommt dabei allerdings nicht nur auf reine persönliche Verhaltensaspekte an. Auch das Management des Neukundengewinnungsprozesses an sich muss trainiert werden. Das Aufbauen einer Beziehung erfordert weitaus mehr Arbeitsschritte und Taktiken als die Betreuung von bestehenden Kunden. Darüber hinaus ist Neukundengewinnung oft mit der Erschließung neuer Marktsegmente oder mit dem Verkauf neuer Produkte verbunden. In diesen Fällen kommt zu der ungewohnten Kontaktsituation noch der Umgang mit neuen Branchen und Wissensinhalten. Je besser ein Verkäufer dafür präpariert ist und je sicherer er sich dadurch fühlt, desto höher ist die Wahrscheinlichkeit, dass er die notwendigen Aktivitäten auch tatsächlich durchführt. Fühlt sich ein Verkäufer dagegen unsicher, dem Gesprächspartner von der Kompetenz her unterlegen, so wird er unbewusst diese misserfolgsträchtigen Situationen meiden. Seine bestehenden Kunden werden ihm schon gute Gründe liefern, um das vor sich selbst und vor den Vorgesetzten zu rechtfertigen.

1.3.3.10 Motivation der Beteiligten

Den meisten Menschen fällt es schwer, neue Kontakte zu knüpfen und aktiv auf andere Menschen zuzugehen. Auch Verkäufer bilden da keine Ausnahme. Jede Vertriebsmannschaft hat weitaus mehr Heger als Jäger. Zunächst kommt es deshalb darauf an, die oft unbewusste Abneigung gegen die Neukundengewinnung zu überwinden und eine entsprechende Motivation für die Akquisition aufzubauen. Dabei sollte nicht vergessen werden, dass es andererseits bei keiner anderen Verkaufstätigkeit so große Erfolgserlebnisse gibt. Es muss nur erst einmal der »innere Schweinehund« überwunden werden.

Motivationsmaßnahmen sollten sich daher, neben einer Honorierung der Ergebnisse im Entlohnungssystem, auch auf die Schaffung einer »Akquisitionskultur« konzentrieren. Spezielle Neukundenaktionen müssen kreiert werden und eine eigene Persönlichkeit (Namen, Logo) erhalten. Neukundengewinnung muss permanent im Fokus stehen und an vielen Punkten im Unternehmen spürbar sein. Dazu gehört, dass über entsprechende Ziele und Aktivitäten permanent gesprochen wird. Akquisition muss in allen Reports, Meetings und informellen Gesprächen ein Thema sein. Kleine Begleitincentives müssen stattfinden, von der Feier des Bergfestes bis zum Versand von Beißhölzern. Bei Erfolgen muss gefeiert und bei Niederlagen Mut gemacht werden.

Als Erfolg sollte dabei übrigens nicht nur die Gewinnung eines neuen Kunden definiert werden, sondern auch bereits das Erreichen von wichtigen Meilensteinen im Neukundengewinnungsprozess (siehe auch 1.3.3.1 Definition von konkreten, messbaren, zeitlich dimensionierten Zielen). Viele Akquisitionsprozesse sind sehr lang und Etappensiege sind die Tankstellen der Motivation.

Schließlich sollten sich Akquisitionsleistungen auch in den Mitarbeiterbeurteilungen widerspiegeln, so dass sie auch als Karrierebaustein angesehen werden.

1.3.4 Verhalten bei Neukundenkontakten

Im Grunde genommen läuft ein Neukunden-Verkaufsgespräch nach den gleichen Gesetzmäßigkeiten ab wie jedes andere Verkaufsgespräch auch. Der wesentliche Unterschied liegt darin, dass es noch keine Beziehung zwischen den beiden Gesprächspartnern gibt. Deshalb müssen nur einige Phasen intensiver gestaltet werden, als es sonst der Fall ist.

1.3.4.1 Terminvereinbarung

Es müssen vor allem triftige Besuchsgründe sein, die eingesetzt werden müssen. *»Ich wollte Ihnen mal unsere Produkte vorstellen«* ist sicher nicht ausreichend. Leichter ist es, wenn man sich auf ein Mailing beziehen kann und ein konkreter Kundenvorteil im Vordergrund steht, z. B.: *»Es geht um eine Reduzierung Ihrer Fertigungszeiten um bis zu 25 %.«* Bei der Terminvereinbarung gibt es nur wenige Einwände und man sollte natürlich darauf vorbereitet sein. Typisch sind: kein Bedarf, keine Zeit, schicken Sie erst einmal Prospekte.

1.3.4.2 Gesprächseinstieg

Vermeiden Sie umfangreiche Selbstvorstellungen. Lassen Sie lieber den Kunden seinen Markt, sein Unternehmen und seinen Aufgabenbereich vorstellen. Versuchen Sie ein guter Zuhörer zu sein und stellen Sie viele Zwischenfragen. Achten Sie darauf, Gemeinsamkeiten zu finden, und zeigen Sie sich beeindruckt von dem, was Ihr Gesprächspartner sagt. Sie müssen zunächst erst einmal eine Beziehung aufbauen, man muss sich aneinander gewöhnen. Bevor man sachlich überzeugen kann, muss man erst einmal emotional, in der Beziehung überzeugen.

1.3.4.3 Bedarfsanalyse

Natürlich kommt gerade bei Neukundenkontakten der Bedarfsanalyse eine besondere Bedeutung zu. Im Gegensatz zu einem bestehenden Kunden wissen Sie ja noch nichts über die Bedarfssituation des potenziellen Kunden. In der Kontaktphase erhalten Sie bereits erste Ansatzpunkte auch für das emotionale Bedarfsprofil. Jetzt geht es um das rationale. Womit ist der Kunde unzufrieden, wo wünscht er sich eine bessere Lösung, was fehlt ihm. In einigen Fällen kann es sogar sinnvoll sein, im ersten Kontakt nicht mehr als die Bedarfsanalyse durchzuführen (siehe auch Pull- und Push-Strategien).

1.3.4.4 Argumentation

Die Argumentationsphase unterscheidet sich vor allem dadurch von den bestehenden Kundengesprächen, dass der Einsatz von Referenzen eine besondere Bedeutung hat. Schließlich kennt der potenzielle Kunde Sie noch nicht aus eigenem Erleben und ist auf diese Zeugenumlastung angewiesen.

1.3.5 Vom Neukunden zum Stammkunden

Nachdem ein neuer Kunde zum ersten Mal gekauft hat, ist die Geschäftsbeziehung noch immer sehr fragil und kann schnell wieder vorbei sein. Deshalb sollte der Kunde auch nach dem ersten Kauf noch immer mit besonderer Aufmerksamkeit betreut werden. Er ist in dieser Phase besonders bemüht, seine Kaufentscheidung zu rechtfertigen, und selbst die geringste Enttäuschung wirkt sich überproportional negativ aus. Schlüsselfragen sind:

- Wie reibungslos lief die erste Lieferung?
- Was waren die ersten Erfahrungen?
- Wie wurde er beim Einsatz des Produktes unterstützt?
- Wie wurden die Erfahrungen ausgewertet?

Was ein bestehender Kunde problemlos wegsteckt, kann bei einem neuen Kunden zur Kündigung der gerade erst begonnenen Geschäftsbeziehung führen. Manche Unternehmen werten deshalb einen Kunden erst dann als gewonnen, wenn eine bestimmte Anzahl Kaufakte erfolgt ist. Kundenbindung ist ein Prozess, der auf verschiedenen Bedarfs- und Hierarchieebenen im Kundenunternehmen ansetzt, der Zeit braucht und dessen Grundlage die positiven Erfahrungen der Vergangenheit sind.

Hauptkapitel 2

Vertriebsmanagement

2.1 Planung im Vertrieb

2.2 Vertriebssteuerung

2.3 Vertriebsautomatisierung – Stand und Ausblick

2.4 Data-Mining und Data-Warehouses im Vertrieb

2.1 Planung im Vertrieb

Susanne Czech-Winkelmann

2.1.1 Vertriebsplanung als Bestandteil der Unternehmens- und Marketingplanung

Diese Ausführungen zur Planung im Vertrieb beziehen sich auf ein Unternehmen, das im Business-to-Consumer-Bereich (B-to-C-Bereich) tätig ist. Der Absatz an private Endverbraucher erfolgt überwiegend unter Einschaltung des Handels. Der Handel mit Handelskonzernen wie z. B. Metro, Edeka, Rewe oder Wal-Mart oder Drogeriemarktunternehmen wie Schlecker oder dm, um nur einige zu nennen, ist seit vielen Jahren zum Engpassfaktor auf dem Weg eines Produktes zum Kunden geworden. Bevor ein Konsument ein Produkt kaufen kann, muss erst der Handel überzeugt werden, dass er dieses Produkt führen soll.

Verantwortlich innerhalb eines Unternehmens gegenüber dem Handel ist die Vertriebsabteilung. Nur wenige Unternehmen haben Produkte mit überragendem, nicht schnell zu imitierendem USP (= Unique Selling Proposition, d. h. „ein unverwechselbares Nutzenangebot", *Kotler/Bliemel 1999, S. 446*) (wie z. B. Marlboro, Coca-Cola oder Odol), die der Handel für seine Sortimentsgestaltung benötigt, und nur wenige verfügen über die finanzielle Kraft, dauerhaft eine „Pull-Strategie" (*vgl. Kotler/Bliemel 1999, S. 963f.; vgl. Becker 1998, S. 596*) zu betreiben. Selbst für diese Unternehmen gilt, dass Erfolg beim Handel in den Händen der Vertriebsabteilung liegt.

Erfolgreiche Unternehmen zeichnen sich dadurch aus, dass sie „die Kunst der marktorientierten strategischen Planung" (*Kotler/Bliemel 1999, S. 87*) beherrschen. „Der Planungsprozess beginnt auf der obersten Führungsebene. Dort werden allgemeine Grundsätze festgelegt bezüglich Zweck, Politik und Strategie des Unternehmens, um den Rahmen zu setzen, innerhalb dessen die einzelnen Geschäftsbereiche ihre individuelle Planung durchführen können" (*Kotler/Bliemel 1999, S. 95*).

Ausgehend von einem gesamthaften strategischen Unternehmenkonzept müssen Teilpläne für z. B. Geschäftsbereiche, Produktkategorien, einzelne Produkte, einzelne Märkte oder auch einzelne Kunden erstellt werden, die die Erreichung der Unternehmsziele sicherstellen. Der Marketingplan ist der wesentliche Bestandteil der Unternehmensplanung, der sowohl strategische wie auch taktische Aspekte berücksichtigt und in dem die einzelnen Instrumente des Marketingmix Produktpolitik, Kommunikationspolitik, Preis- und Distributionspolitik zielführend und operativ aufeinander abgestimmt werden (*vgl. Kotler/Bliemel 1999, S. 247*). Es ist die Marketingabteilung, die für die Erstellung des Marketingplans federführend verantwortlich ist.

In der Praxis werden die meisten Entscheidungen in der Distributionspolitik nicht von Marketing in Gestalt der Marketingabteilung, sondern von der – hierarchisch gleichgestellten

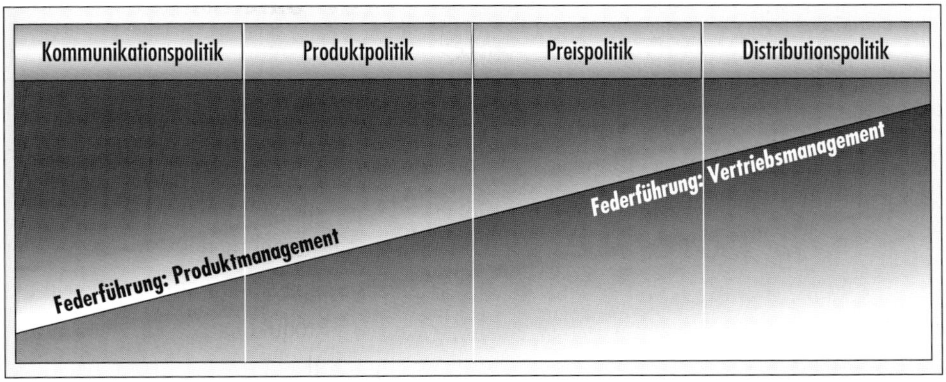

2.1 Abb. 1: ***Produktmanagement und Vertriebsmanagement sind verantwortlich für die Gestaltung der Marketing-Mix-Instrumente.***

– in vielen Fällen sogar übergeordneten und nur selten untergeordneten Vertriebsabteilung getroffen (*vgl. Bruhn 1997, S. 247*).

Das Schaubild verdeutlicht diese Situation in der Praxis: Die Marketingabteilung, oft auch (richtigerweise!) als Produktmanagement bezeichnet, ist verantwortlich für die Produktplanung und die Planung der kommunikativen Maßnahmen. Zu der Kommunikation wird sehr oft auch der „persönliche Verkauf" gerechnet (vgl. bzgl. der Abgrenzung des Verkaufs im Marketingmix *Winkelmann 1999, S. 213ff.*). Auch hier zeigt die Praxis ganz eindeutig, dass der persönliche Verkauf in den Bereich der Vertriebspolitik gehört und damit von der Vertriebsabteilung bestimmt wird.

Die Preisgestaltung eines Produktes wird oft von beiden Abteilungen gemeinsam erarbeitet. Während das Produktmanagement kosten-, nachfrage- und wettbewerbsorientierte Aspekte des Preises einbringt, trägt das Vertriebsmanagement die Erwartungen des Absatzmittler, d. h. des Handels bei. Die Konditionenpolitik wiederum wird vollständig vom Vertrieb bestimmt.

Die Entscheidungen zur Distributionspolitik liegen praktisch allein in den Händen des Vertriebs. Dieser folgt in der Absatzwegepolitik den Maßgaben, die sich aus den grundsätzlichen strategischen Entscheidungen der Marketingabteilung zur Positionierung eines Produktes ergeben. So darf der Vertrieb z. B. ein Luxusprodukt mit hoher Preislage nur ausgewählten, exklusiven Vertriebspartnern anbieten. Alle anderen vertriebsbezogenen Entscheidungen aber trifft das Vertriebsmanagement unabhängig.

Der Marketingprozess liegt also in den Verantwortlichkeiten von zwei Abteilungsbereichen, der Abteilung ein »Marketing/Produktmanagement« und der Abteilung »Vertrieb«. Dies spie-

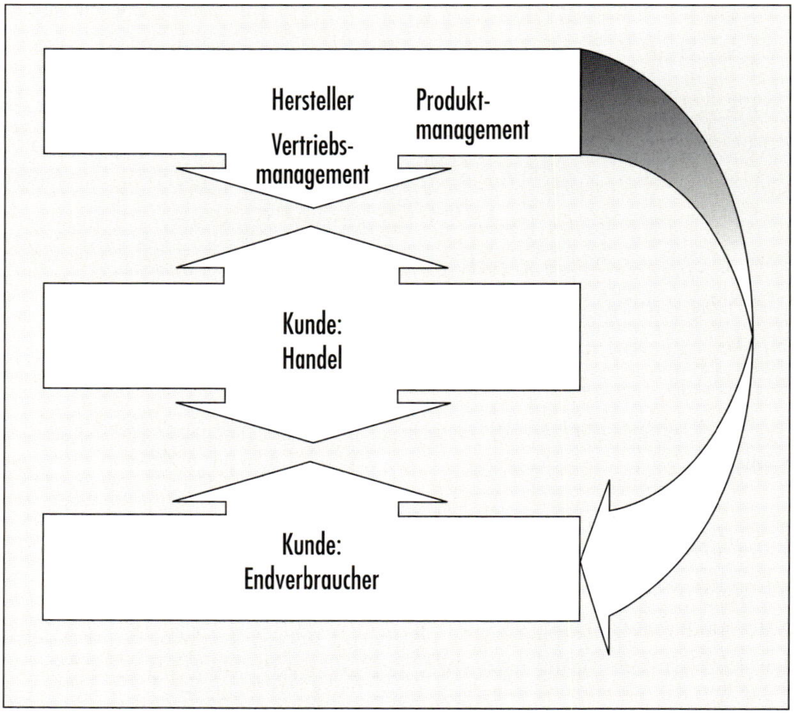

2.1 Abb. 2: *In der indirekten Distribution werden der Kunde »Handel« durch das Vertriebsmanagement und der Kunde »Endverbraucher« durch das Produktmanagement bearbeitet*

gelt sich im Marketingplan wider mit der Konsequenz, dass die Fragen der Distributionspolitik und der Konditionenpolitik, wenn überhaupt, am Rande und oberflächlich behandelt werden. Eine umfassende Marketingplanung aber benötigt eine Planung aller Marketing-Mix-Instrumente.

2.1.2 Planung im Vertrieb von heute

Planung im Vertrieb von heute ist kurzfristig. Eine mittel- oder gar eine langfristige Planung ist praktisch nicht zu finden. Zielvorgaben dienen primär der Steuerung der Feldorganisation, d. h. der Außendienstmitarbeiter.

Planung im Vertrieb von heute befasst sich im Wesentlichen mit der Planung nachfolgender Bereiche:

- Zielvorgaben für die Vertriebsmitarbeiter und damit verbundene Prämien- oder Provisionszahlungen

Üblich ist eine relativ ausführliche Planung von Zielvorgaben, die eine Prämien- oder Provisionszahlung zur Folge haben. Wichtigstes Kriterium sind Umsatzvorgaben. Zunehmend wird die Ertragskraft (Rohertrag/Deckungsbeitrag) von Verkaufsabschlüssen berücksichtigen. Bei der Einführung neuer Produkte z. B. werden Distributionsziele vorgegeben und mit Prämien honoriert. Eine sehr präzise Planung dieser Zielvorgaben ist in den Unternehmen anzutreffen, die einen Betriebsrat haben. Gemäß § 87, Abs. 10 des BetrVG hat der Betriebsrat ein Mitbestimmungsrecht bei allen Fragen der betrieblichen Lohngestaltung, weiterhin nach § 87, Abs. 11 BetrVG ein Mitbestimmungsrecht bei der Festsetzung der Akkord- und Prämiensätze und vergleichbarer leistungsbezogener Entgelte. Besonders beliebt sind auch Prämien für den Verkauf von abverkaufsfördernden Produktaufmachungen in Displays, Paletten etc.

- Erlösschmälerungen (Rabatte, Delkredere, Boni, Skonto)

Die Ermittlung des Konditionsaufkommens erfolgt meist pauschal, ohne Berücksichtigung der zu erwartenden Konditionsansprüche einzelner Kunden und orientiert sich an Vergangenheitswerten. Das Skontoaufkommen wird auf Basis des Bruttoumsatzes abgeschätzt.

- Retouren und Gutschriften

Retouren und Gutschriften werden präzise geplant, wenn der Relaunch eines Produktes ansteht oder ein Produkt vom Markt genommen wird. Für das Standardgeschäft werden Vergangenheitswerte zur Abschätzung des Retouren- bzw. Gutschriftenaufkommens zu Grunde gelegt.

- Verkaufskampagnen

Eine Verkaufskampagne ist ein begrenzter Zeitraum – oft zwei oder drei Monate –, in dem durch den Vertrieb beim Kunden verschiedene Aktivitäten durchgeführt werden sollen. Große Unternehmen haben oft eine dem Vertrieb zugeordnete Abteilung Handelsmarketing, die ebenfalls kundenbezogene Aktivitäten erarbeitet. Diese sind meist spezifisch auf die Bedürfnisse einzelner Handelskunden zugeschnitten, während die Marketingabteilung besonders an produktbezogenen Aktionen arbeitet, die im Handel direkt den Endverbraucher ansprechen. Solche Aktivitäten sind im Wesentlichen: die Einführung neuer Produkte, die Forcierung von Standardprodukten, Promotionaktionen für Neuprodukte und/oder Standardprodukte mit oder ohne POS-Aktivitäten sowie Displayangebote. Die Planung dieser Verkaufskampagnen wird zwischen der Marketingabteilung und dem Vertriebsmanagement abgestimmt.

- Verkaufsunterstützung

Unter Verkaufsunterstützung sind verschiedene Materialien zu verstehen, die Vertriebsmitarbeiter bei ihrer Arbeit beim Kunden unterstützen wie z. B. Sales-Folder, Giveaways, Produktbeschreibungen, Laptops mit Software für Regaloptimierungsprogramme und CAS/CRM. Die Planung über die Anzahl, die Aufmachung und den Einsatzzeitpunkt ist meist sehr detailliert, denn der Vertrieb erwartet durch diese Materialien positive Auswirkungen auf seine eigene Zielerreichung.

Die Planung erfolgt auf Jahresbasis und wird in den meisten Unternehmen auf eine vierteljährliche, ggf. sogar auf eine monatliche Basis heruntergebrochen. Bezugsgröße für die Planung sind die Vertriebsmitarbeiter bzw. die Produkte/Produktgruppen. In einigen wenigen Unternehmen plant die Vertriebsabteilung auch die Umsatzziele für einzelne wichtige Großkunden.

2.1.3 Planungsbereiche des Vertriebs

Die Vertriebsaufgaben können in folgende zu planende Bereiche systematisiert werden:

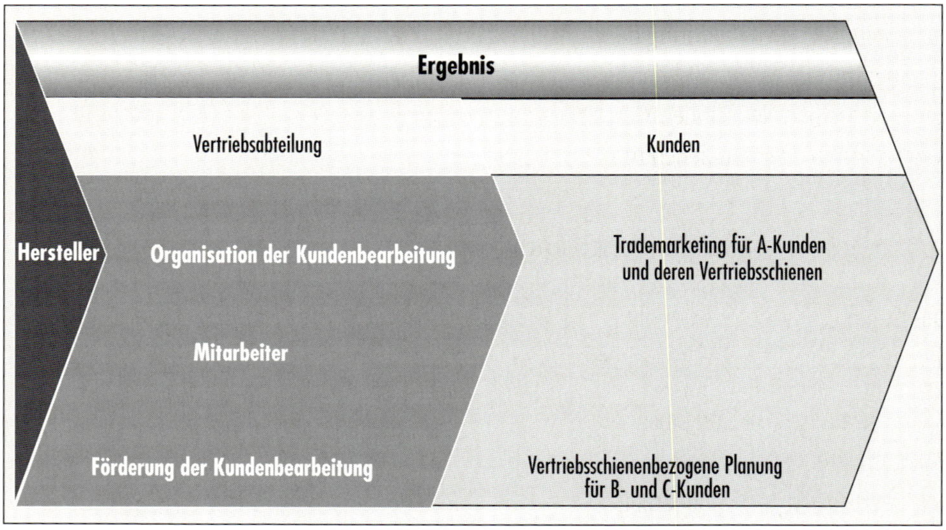

2.1 Abb. 3: ***Planungsbereiche des Vertriebs***

2.1.3.1 Planung der Kunden

Der Beschäftigung mit den Kunden, obwohl eigentlich selbstverständlich, muss in der Zukunft noch viel mehr Aufmerksamkeit zukommen (vgl. *v. Kutschenbach 1997, S. 8ff.*). Zielgerichtete Kundenorientierung beginnt mit der Bewertung der Kunden bzw. deren Vertriebsschienen im Rahmen von ABC-Analysen (vgl. *Weis 1995, S. 118f.*) oder Portfolioanalysen (vgl. *Link/Hildebrand 1993, S. 82ff.*; vgl. *Koinecke 1996, S. 76ff.*). Das ist die Grundlage für die Entwicklung von Trademarketing, d. h. der Entwicklung von Aktivitäten gegenüber dem Handel, die das Ziel haben, diesen zu beeinflussen.

Auf Grund der Struktur des Lebensmittelhandels, in dem die Top-5-Kunden 62 % aller Umsätze und die Top-10-Kunden 82 % aller Umsätze von insgesamt 176,9 Mrd. EUR auf sich vereinigen, muss ein

- individuelles Trademarketing für diese A-Kunden und deren Vertriebsschienen geplant werden.

Unter einer „Vertriebsschiene" ist eine Kategorie von Handelsbetrieben zu verstehen wie z. B. SB-Warenhaus, Verbrauchermarkt, Discounter, C+C Markt, Warenhaus, Drogeriemarkt etc. Da der Handel vertriebsschienenbezogen denkt, muss eine übergreifende

- Vertriebsschienenbezogene Trademarketing-Planung für B- und C- Kunden erfolgen.

Natürlich gehört zur Planung der Kunden auch die regelmäßige Ermittlung der Gesamtkundenanzahl bzw. der Anzahl der Verkaufsgeschäfte, die das Produkt führen, durch Festlegung der erwünschten Neukunden/Geschäfte bzw. auch der Kunden/Geschäfte, von denen man sich trennen muss oder von denen man ausgelistet wird.

2.1.3.2 Planung der Vertriebsabteilung

Die Bereiche, die die Vertriebsabteilung selbst betreffen und die einer Planung unterzogen werden müssen, können zusammengefasst werden in

- Organisation der Kundenbearbeitung
- Mitarbeiter
- Förderung der Kundenbearbeitung.

2.1.3.2.1 Planung der Organisation der Kundenbearbeitung

Eine Vertriebsabteilung setzt sich typischerweise aus der Verkaufsabteilung, die für die Außendienstorganisation zuständig ist, dem Key-Account-Management für Großkunden, dem Innendienst, oftmals einer Abteilung Trademarketing und einer Stabsstelle Vertriebscontrolling zusammen. Immer wichtiger wird die Frage nach der richtigen

• Organisation der Betreuung von Großkunden

Key-Account-Manager (vgl. *Diller 1992, S. 49ff.*) sind für einzelne Kunden verantwortlich. In großen Konzernen sind es Kundenteams, die unter der Führung eines Key-Account-Managers die verschiedenen Aufgaben bei einem Kunden wahrnehmen. Durch die Bedeutung der Vertriebsschienen ist bei einzelnen Herstellern bereits ein sog. Channel-Management eingeführt oder sog. Vertriebsschienenmanager sind eingesetzt.

• Organisation der Kundenbetreuung in der Fläche

Zu der Organisation der Kundenbetreuung zählt auch die Betreuung der Kunden in der Fläche und damit die Frage nach der richtigen Organisation der Verkaufsgebiete. Die Anzahl der Bezirke und Außendienstmitarbeiter wird z. B. durch das so genannte Arbeitslastverfahren (vgl. *o. V. 1987, S. 52f.*) festgestellt.

Besonders wenn Unternehmen Neukunden akquirieren, ist eine Überprüfung der Lage, Größe und Grenzen (vgl. *Witt 1996, S. 145ff.*) dieser Verkaufsgebiete erforderlich. Erleichtert wird dies heute durch den Einsatz von Gebietskarten-Software.

• Weiterhin ist die Struktur der Vertriebsabteilung

für eine effiziente Kundenbearbeitung festzulegen. Je nach Größe des Unternehmens, vertretbarer Kostenbelastung und weiteren Kriterien wie z. B. dem Umfang des Produktportfolios können Vertriebsorganisationen nach Funktionen, Gebieten, Produkten oder Kunden organisiert werden (vgl. *Weis 1995, S. 294ff.*).

Eine festgelegte Organisationsstruktur sollte in angemessenen Zeitabständen auf Akzeptanz bei den Kunden und optimale Ablaufprozesse überprüft werden.

2.1.3.2.2 Planung des Mitarbeitereinsatzes

Der Verkauf wird heute von Key-Account-Managern, Außendienstmitarbeitern und Mitarbeitern im Innendienst durchgeführt. Letztere haben vielfältige Kundenkontakte und übernehmen immer mehr Verkaufsaufgaben über Telefon (Call-Center) und Internet. Auch alle Fragen um die Mitarbeiter sind einer regelmäßigem Planung zu unterziehen:

- Welcher Mitarbeiterbedarf besteht
  - quantitativ/qualitativ
  - an fremden/externen, fallweise oder für mehrere Firmen tätigen Personen wie z. B. Merchandisern
- Aufgaben der Mitarbeiter

- Art der Mitarbeiterbeschaffung
- Kriterien für die Mitarbeiterauswahl
- Art des Einsatzes der neuen Mitarbeiter.

2.1.3.2.3 Planung der Förderung der Kundenbearbeitung

Die Verkaufsunterstützung für Endverbraucher beim Handel ist Bestandteil des Trademarketing-Instruments „Efficient Promotion"; klassischerweise wird auch noch eine handelsbezogene Verkaufsunterstützung unterschieden. Darunter sollen hier alle Maßnahmen verstanden werden, die im Rahmen des Trademarketing für einen Kunden anfallen. Bei der Förderung der Mitarbeiter bei der Kundenbearbeitung werden zwei Arten unterschieden.

Erstens: Fördermaßnahmen für die Mitarbeiter

- Motivationssysteme materialler Art wie Prämien und Provisionen oder Verkaufswettbewerbe, die sowohl zu materiellen als auch immateriellen „Belohnungen" führen
- Training und Schulung von Verkaufsgesprächen, Führen von Verhandlungen oder z. B. Kommunikationstechniken wie Körpersprache oder NLP (NLP oder neurolinguistisches Programmieren ist eine Methode, mit der das Ergebnis von z. B. Verkaufsverhandlungen positiv beeinflusst werden kann; vgl. *Ulsamer/Blickhan* 1995)

Zweitens: Fördermaßnahmen zur Erleichterung der Arbeit beim Kunden

- Salesfolder einschließlich Jahresgesprächsfoldern
- Preislisten
- Produkte und Produktproben
- Produkt- und Programmbroschüren, ggf. auch Firmenbroschüren
- Auch der Einsatz von CAS kann dazu gezählt werden.

2.1.3.3 Planung der Ergebnisse

Erster Schritt ist die Planung der Ergebnisse, die bei den Kunden erreicht werden sollen:

- Listungs- und Distributionsziele (numerisch und gewichtet)
- Aktionsziele
- Platzierungsziele

- Ziele bzgl. Umschlagsgeschwindigkeit
- Logistische Ziele etc.

Dazu kommen natürlich in einem zweiten Schritt

- Umsatz- und Absatzziele
- Erlösschmälerungen
- Retouren und Gutschriften
- Kosten für Versand/Transport der Waren
- Kosten von Trademarketing-Maßnahmen
- Kosten der Vertriebsmitarbeiter.

Die Kostentransparenz sowie die Steuerung und Kontrolle der Mitarbeiter in der Vertriebsorganisation und die der Kunden wird verbessert, wenn die Ergebnisse auf einzelne Produkte, einzelne Kunden, einzelne Vertriebsschienen, einzelne Verkaufsregionen sowie möglichst auch einzelne Außendienstmitarbeiter bezogen und als Deckungsbeitragsrechnung dargesetllt werden.

2.1.4 Inhalt und Aufbau eines Vertriebsplans

Es wurde dargelegt, dass ein eigenständiger Vertriebsplan in Ergänzung zum Marketingplan zu entwickeln ist. Ebenso wurden die Bereiche aufgezeigt, die einer Planung unterzogen werden müssen.

In Anbetracht der Komplexität setzt sich ein Vertriebsplan aus Einzelplänen zusammen:

- Kundenplan
- Vertriebsressourcen- und Entwicklungsplan
- Ergebnisplan

Vom inhaltlichen Aufbau muss der Vertriebsplan kongruent zum Marketingplan sein, um sich problemlos zu ergänzen (vgl. zum Aufbau und Inhalt eines Marketingplans *Kotler/Bliemel 1999, S. 144ff.*).

- Analyse der Vertriebssituation (intern/extern)
- SWOT-Analyse
- Vertriebs-Planziele

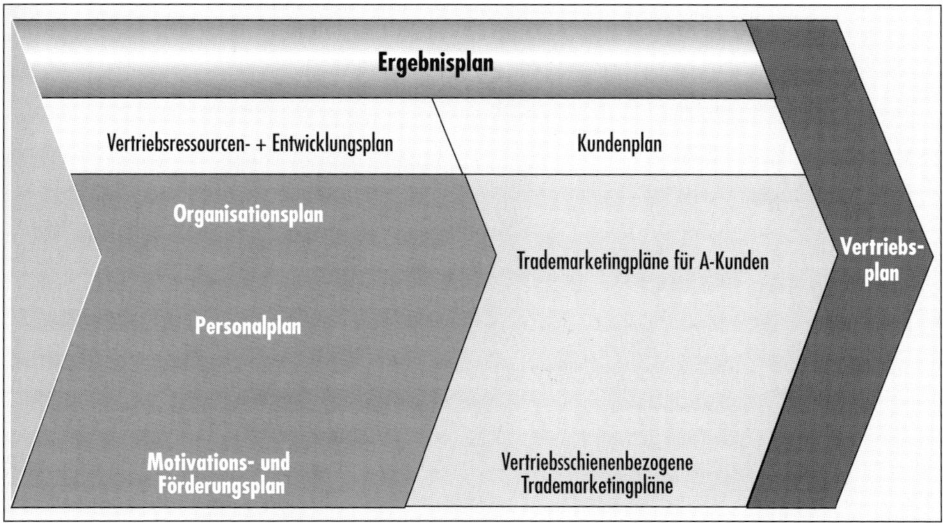

2.1 Abb. 4: *Kundenplan, Vertriebsressourcen- und Entwicklungsplan sowie Ergebnisplan sind die Bausteine eines Vertriebsplans*

- Vertriebsstrategie
- (Taktische) Maßnahmen/Projekte
- Notwendige Investitionen/Budgets einschließlich Ergebnisrechnungen
- Timing und Verantwortlichkeiten.

Die Inhalte der Situationsanalyse, Ziele im Vertrieb und mögliche Vertriebsstrategien werden nachfolgend behandelt. Ausführungen zu verschiedenen Vertriebsmaßnahmen, zu der Gestaltung der Vertriebsorganisation und zu Fragen der Budgetierung und Kontrolle im Vertrieb finden sich in den Beiträgen der Mitautoren.

2.1.4.1 Analyse der Vertriebssituation

Entscheidungen des Vertriebsmanagements bzgl. der Distributionspolitik sind abhängig von der Beurteilung der unternehmensinternen und der unternehmensexternen Faktoren. Im Rahmen einer Situationsanalyse sind sowohl für das eigene Unternehmen als auch für die wichtigsten Wettbewerber Untersuchungen anzustellen über

- die eigene interne Vertriebssituation und die Vertriebsorganisation,
- die gewählten Vertriebsschienen und die Kunden innerhalb dieser Vertriebsschienen,

- die Vertriebssituation bei dem einzelnen Kunden,
- die Vertriebslogistik,
- sonstige externe Einflussfaktoren.

Die wichtigsten Fragen hierzu zeigt nachfolgende Tabelle:

Analyse der Vertriebssituation	
Interne Vertriebssituation und -organisation	• Qualität, Motivationslage der Mitarbeiter • Kosten der Vertriebsorganisation • Prozessabläufe, Reibungspunkte, Schnittstellenprobleme zwischen den Abteilungen (besonders Marketing)/zum Kunden • Kundenorientierung der Vertriebsmitarbeiter; Akzeptanz bei den Kunden • Art und Qualität der Steuerungs- und Kontrollinstrumente • Reklamationsbearbeitung • Umfang und Qualität der EDV-Unterstützung
Vertriebsschienen und Kunden	• Art der Vertriebsschienen • Bedeutung der verschiedenen Vertriebsschienen • Bedeutung des Unternehmens in den Vertriebsschienen (Marktanteil/Lieferanteil) • Anzahl der Kunden gesamt und in den Vertriebsschienen • Qualität und Dauer der Kundenbeziehungen • Gründe für Kundenverluste und Kundengewinne • Ziele und Strategien der Kunden • Potenziale bei Kunden/Vertriebsschienen • Kunden-, Vertriebsschienen-Deckungsbeiträge • Anstehende Veränderungen bei Kunden
Vertriebssituation bei den Kunden	• Distributionsgrad • Platzierung der Waren • Umsätze/Abverkäufe gesamt und pro Verkaufsgeschäft • Art und Umfang der Listungen • Merchandising • Preisniveau
Vertriebslogistik	• Art, Kosten und Dauer der Belieferung • Integration in Warenwirtschaftssysteme des Handels
Sonstige externe Einflussfaktoren	• Neue Technologie (z. B. Einsatz von Laptops) • Rechtliche Veränderungen (z. B. Reduzierung der absetzbaren Bewirtungsspesen) • Einflüsse aus dem internationalen Bereich (ausländische Handelsgruppen wie Wal-Mart kaufen sich auf dem deutschen Markt ein) • Politische und soziokulturelle Aspekte

2.1 Tab.1: *Inhalte einer Situationsanalyse im Vertrieb, die sowohl für das eigene Unternehmen als auch für die wichtigsten Wettbewerber anzustellen ist.*

Im Anschluss an diese Situationsanalyse ist eine SWOT-Analyse möglich. Für einzelne wichtige (A-)Kunden und deren Vertriebsschienen sowie für die verschiedenen Vertriebsschienen bei den kleineren Kunden können Stärken und Schwächen des eigenen Unternehmens, sowie Chancen und Risiken aus der Umwelt- und Wettbewerbssituation ermittelt werden.

2.1.4.2 Ziele im Vertrieb

Langfristige Vertriebsziele mit strategischer Bedeutung wie z. B. Erreichung von Kundenbindung, Verbesserung der Kundendeckungsbeiträge oder Aufbau eines neuen Vertriebskanals und operative Vertriebsziele, die kurzfristig durchzusetzen sind, wie z. B. Verkürzung der Lieferzeit, Durchsetzen von Preisveränderungen, Vergrößerung der Außendienst-Mannschaft lassen sich unterscheiden.

Im Einzelnen leiten sich die Ziele im Vertrieb aus den aufgezeigten Planungsbereichen ab:

- Ergebnisbezogene Ziele
  - Marktanteilsziele
  - Umsatz/ Absatzziele
  - Deckungsbeitragsziele etc.
- Kunden- bzw. vertriebsschienenbezogene Ziele
  - Listungs- und Distributionsziele
  - Aktionsziele
  - Platzierungsziele
  - Ziele bzgl. Umschlagsgeschwindigkeit
  - Logistische Ziele etc.
- Ziele der Vertriebsabteilung
  - Ziele bzgl. der Organisation der Kundenbearbeitung
  - Mitarbeiterbezogene Ziele
  - Ziele bei der Förderung der Kundenbearbeitung.

2.1.4.3 Vertriebsstrategien

Für die operative Vertriebsarbeit müssen zielführende individuelle Strategien entwickelt werden, die sich einer hier darzustellenden Systematisierung entziehen.

Nachfolgend sind unter dem Aspekt der längerfristigen zeitlichen Verpflichtung die wichtigsten strategischen Entscheidungen in der Distributionspolitik aufgeführt:

- Art des Absatzkanals (direkt oder indirekt; nationale oder internationale Distribution)
- Art und Anzahl der Absatzmittler in der indirekten Distribution (intensive, selektive oder exklusive Distribution)
- Aufbau vertikaler Vertriebssysteme (vgl. *Kotler/Bliemel 1999, S. 846ff.*) (z. B. Franchising, Vertragshändler etc.)
- Eigener oder fremder Außendienst (d. h., Einsatz von eigenen Reisenden oder von Handelsvertretungen)

Derartige konstitutive Entscheidungen binden das Unternehmen besonders langfristig und sind schwer rückgängig zu machen. Auch die Entscheidung über die Art der Organisation der Vertriebsabteilung ist konstitutiv.

Die Strategien gegenüber dem Handel zählen zu den Entscheidungen mit mittel- bis langfristiger Reichweite. Es lassen sich folgende „absatzmittlergerichteten Strategien" unterscheiden: Umgehungsstrategie, Ausweichstrategie, Kooperationsstrategie, Konfliktstrategie und Anpassungsstrategie (vgl. *Meffert 1998, S. 586ff.*).

Unter dem Aspekt der zeitlichen Verpflichtung können auch noch folgende strategische Entscheidungen als mittel- bis langfristig eingestuft werden:

- Rabatt- und Konditionenpolitik
- Allgemeine Geschäftsbedingungen (AGB)
- Gestaltung des Entlohnungssystems
- Bestimmung der Führungsrichtlinien
- Art der Beurteilungssysteme.

2.1.5 Implementierung einer Planung im Vertrieb

Planung im Vertrieb zu etablieren und umzusetzen ist ein „Muss", um das eigene Angebot auch in der Zukunft attraktiv zu machen und von den Wettbewerbern zu differenzieren. Das Vertriebsmanagement, d. h. die Vertriebs- und Verkaufsleitung sowie das Key-Account-Management, ist für Planungsarbeiten zuständig.

Tatsächlich zeigen sich in der Praxis bei der Implementierung von Planungsprozessen und der Umsetzung der Ergebnisse der Planung in den Unternehmen eine Fülle von erheblichen Problemfeldern (vgl. *Wege/Al-Laham 1997, S. 790ff.*; vgl. auch *Weber/Hamprecht/Goeldel 1997, S. 9*). Weiterhin, dass eine mangelnde Verbindung zwischen strategischer und operativer Planung besteht. „Dadurch bekommen strategische Pläne häufig nur den Charakter theoretischer Wunschvorstellungen, die sich in der Realität des Tagesgeschäfts nicht wiederfinden lassen" (vgl. *Weber/Hamprecht/Goeldel 1997, S. 9*).

Die operative Planung wiederum konzentriert sich inhaltlich auf Kenngrößen, die sich auf Formalziele beziehen. „Der Schwerpunkt liegt bei der Planung von Umsatz, Kosten, Absatz und den entsprechenden Ergebnisgrößen ... Auf detaillierte Maßnahmeplanungen zum Erreichen der gesetzten finanziellen Ziele und auf sachzielorientierte Planungen von Qualitäts- und Servicegraden, Lieferpünktlichkeit, Auftragsbearbeitungszeiten et cetera trafen wir nur in Ausnahmefällen" (*Weber/Hamprecht/Goeldel 1997, S. 11*). Diese Situation entspricht nicht professionellem Management.

Dabei sind nur einige wenige Regeln zu beachten, die zu einer guten Planung im Vertrieb führen:

- Die Planung sollte von besonders geschulten Mitarbeitern durchgeführt werden.
- Für die Erstellung der Planung muss ausreichend Zeit eingeplant sein.
- Die Planung muss als wichtige Aufgabe erkannt werden und den notwendigen Stellenwert bei den Verantwortlichen bekommen.

Literatur

Bruhn (1997): Bruhn, Manfred: Marketing, Grundlagen für Studium und Praxis, 3. Aufl., Wiesbaden

Diller (1992): Diller, Hermann: Key-Account Management auf dem Prüfstand, in: Irrgang, Wolfgang (Hrsg.): Vertikales Marketing im Wandel, München, S. 49–80

Koinecke/Koinecke (1996): Koinecke, Jürgen/Koinecke, Jan: Mehr Profit im Vertrieb, sieben Schritte zur schlagkräftigen Verkaufsorganisation, Landsberg/Lech

Kotler/Bliemel (1999): Kotler, Philip/Bliemel, Friedhelm: Marketing Management, Analyse, Planung, Umsetzung und Steuerung, 9. Aufl., Stuttgart

Kutzschenbach (1997): Kutzschenbach, Claus von: Trendbarometer – Zwischen Wunsch und Wirklichkeit, in: Sales profi 5/97, S. 8–17

Link/Hildebrand (1993): Link, Jörg/Hildebrand Volker: Database-Marketing und Computer aided selling, München

Meffert (1998): Meffert, Heribert: Marketing, Grundlagen marktorientierter Unternehmensführung, 8. Aufl., Wiesbaden

o.V. (1987): ohne Verfasser: Neue Wege der Außendienststeuerung und Außendienstkontrolle, Marketing-Report 31, München

Ulsamer/Blickhan (1995): Ulsamer, Berthold/Blickhan, Claus: NLP für Einsteiger, 8. Aufl., Offenbach

Weber/Hamprecht/Goeldel (1997): Weber, Jürgen/Hamprecht, Markus/Goeldel, Hanns: Integrierte Planung – nur ein Mythos? In: Harvard Business manager 8/97, S. 9–13

Weis (1995): Weis, Hans Christian: Verkauf, 4. Aufl., Ludwigshafen (Rhein)

Welge/Al-Laham (1997): Welge, Martin K./Al-Laham, Andreas: Stand der strategischen Planungspraxis in der deutschen Industrie in: Zeitschrift für betriebswirtschaftliche Forschung, 9/97, S. 790–805

Winkelmann (1999): Winkelmann, Peter: Marketing und Vertrieb, Fundamente für die marktorientierte Unternehmensführung, München–Wien

Witt (1996): Witt, Jürgen: Prozessorientiertes Verkaufsmanagement: Grundlagen, Konzepte, Organisation, Wiesbaden

2.2 Vertriebssteuerung

Jürgen Witt

2.2.1 Inhalt und Stellung der Vertriebssteuerung im Managementsystem

Die **Vertriebssteuerung** ist das Kerninstrument für den systematischen Einsatz der Verkaufsorganisation. Steuerung ist zielorientiertes Einwirken auf die Organisation. Steuerung setzt also voraus, dass Ziele vorhanden sind. Ohne **Ziele** kann nicht gesteuert werden. Durch Steuerung wird erreicht, dass die Verkaufsorganisation macht, was die Verkaufsleitung will. Ohne Steuerung macht jeder Mitarbeiter, was er will.

Durch eine rationelle Steuerung soll sichergestellt werden, dass

- die geplanten Verkaufsziele erreicht werden,
- die Schwerpunktaufgaben verfolgt werden,
- die Kunden systematisch bearbeitet werden,
- die Verkäufer ausgelastet sind,
- die Verkaufskosten niedrig gehalten werden.

Steuerung ist ein zweifacher Informationsprozess, der mit der Auftragserteilung beginnt. Dabei verlangt wirkungsvolle Auftragserteilung klare Anweisungen. Zur Steuerung gehört weiterhin die Kontrolle, durch die insbesondere festgestellt wird, ob die geplanten Ziele erreicht worden sind. Wie intensiv kontrolliert wird, ist eine zweite Frage, die mit dem Führungskonzept und der Qualifikation sowie Einarbeitung des Mitarbeiters zusammenhängt.

Steuerung wird begleitet durch **Aktivierung** und **Unterstützung** der Mitarbeiter. Besonders autoritäre Verkaufsmanager neigen dazu, ihre Organisation zu sehr nach dem Grundsatz „Befehl und Gehorsam" zu dirigieren. Sie übersehen dabei, dass viele Mitarbeiter ihre berufliche Tätigkeit nicht nur unter dem Aspekt „Leistung und Entgelt" erfüllen. Erfolgreiches Arbeiten hat viel mit Motivation und Emotionen zu tun. Hinzu kommt, dass die besondere Aufgabe der Verkäufer darin besteht, Kunden für ihr Angebot zu begeistern. Wie sollen Verkäufer Begeisterung ausstrahlen und vermitteln, wenn sie selbst nicht von ihren Produkten, ihrem Unternehmen, ihrer Tätigkeit und nicht zuletzt auch von ihrer Verkaufsleitung begeistert sind?

Damit die Mitarbeiter die ihnen übertragenen Aufgaben mit voller Kraft durchführen, müssen sie nachhaltig aktiviert werden. Dies geschieht zunächst schon durch die richtige Form der Steuerung. So wirken sinnvolle und von den Mitarbeitern akzeptierte Zielvorgaben als leistungssteigernde Herausforderung. Zusätzlich sind weitere spezielle Maßnahmen der

Aktivierung zu ergreifen, zu denen auch das Vergütungssystem gehört. Damit die Mitarbeiter im Sinne der Steuerung aktiviert werden, sind die Leistungsanreize auf die Planungsziele auszurichten (Problem der Umsatzprovision!). Zum wirkungsvollen Einsatz der Verkaufsorganisation gehören weiterhin unterstützende Maßnahmen, die den Mitarbeitern helfen, ihre Verkaufsaufgabe erfolgreich durchzuführen. *„Der Erfolg von heute begründet den Erfolg von morgen!“* Auf die Aktivierung und Unterstützung der Mitarbeiter im Verkauf wird an anderer Stelle ausführlich eingegangen.

Grundlage einer fundierten Steuerung ist die **Planung**. Durch die Planung werden Ziele, Maßnahmen, Kosten und Ergebnisse festgelegt. Steuerung ist Vollzug der Planung. Pläne dürfen allerdings nicht starr umgesetzt werden. Auch die sorgfältigste Planung ist vor den Überraschungen künftiger unvorhergesehener Ereignisse nicht gefeit. Auch entstehen immer wieder Planungslücken (Vorteil von Checklisten!). Besonders problematisch ist die „die Planung am grünen Tisch“, die aus der Unkenntnis der Realität Wunschvorstellungen ohne Wirklichkeitssinn entwickelt. Diese Gefahr ist besonders in jenen Unternehmen groß, in denen eine Marketingabteilung – getrennt vom Verkauf – Vertriebspläne erarbeitet, ohne hinreichend Kontakt zu den Kunden und damit Kenntnisse über das tatsächliche Marktgeschehen zu haben.

Sinnvolle Steuerung passt die Planung (Planungslücken, Planungsfehler) den aktuellen Gegebenheiten im Sinne einer Planungskorrektur oder Feinsteuerung („flexible Planung“) an. Planung wird also mit Beginn der Steuerung nicht abgeschlossen, sondern setzt sich in der Steuerung fort. Dabei muss allerdings vermieden werden, dass die Planungsvorgaben durch die Steuerung „nach Belieben“ verändert werden. Andernfalls verliert die Planung an Ernsthaftigkeit und führt zu Zeitverschwendung.

Grundlage zunächst für die Planung und später auch für die Kontrolle im Rahmen der Steuerung ist ein aussagefähiges **Informationssystem**. Die Aufgabe des Informationssystems besteht nicht nur darin, Informationen zu sammeln und zu verwalten („Zahlenfriedhof“), sondern so zu verarbeiten, dass sie als wertvolle Entscheidungshilfen herangezogen werden können (Wissensmanagement!).

Voraussetzung für die Zusammenarbeit in einer Organisation ist eine intensive und offene **Kommunikation** sowohl zwischen der Führung und den Mitarbeitern wie auch unter den Mitarbeitern. Kommunikation ist ein Austausch von Informationen, durch die in unterschiedlicher Weise zwischenmenschliche Beziehungen entstehen. Inhalt der Information sind zunächst Anweisungen und Berichte, über die die aktuelle Steuerung erfolgt, dann jedoch auch Erfahrungen, Meinungen und Absichten, deren Austausch der Weiterentwicklung der Verkaufsorganisation dient („die lernende Organisation“).

2.2.2 Vertriebssteuerung und Führungskonzept

Die gedankliche Grundlage für den Einsatz der Verkaufsorganisation ist das Führungskonzept (zentral – dezentral), das die Entscheidungskompetenzen zwischen der Führung und den Mitarbeitern festlegt. Je nach dem, ob mehr zentral (direktiv) oder dezentral (kooperativ) geführt wird, werden den Mitarbeitern Steuerungs- und Planungsbefugnisse in unterschiedlichem Umfang übertragen. Das Führungskonzept regelt die Zusammenarbeit zwischen Führung und Mitarbeitern und beeinflusst wesentlich

- die Gestaltungsfreiheit und Arbeitsmotivation der Mitarbeiter,
- die Führungsaufgaben und die Arbeitsbelastung des Managements.

Das Führungskonzept der Zukunft bevorzugt zunehmend das Prinzip der Dezentralisierung und damit die Organisationsform der Selbststeuerung und -organisation. Dynamische Märkte, die von den Anbietern hohe Flexibilität verlangen, sowie der zunehmende Wille der (aktiven) Mitarbeiter zur Mitgestaltung sind die Ursachen für diese Tendenz.

Dezentrale Führung bringt die folgenden Vorteile:

- Bessere Einstellung auf unterschiedliche und sich schnell verändernde Bedarfssituationen (Kundenwünsche und -erwartungen)
- Beschleunigung des Entscheidungsprozesses
- Aktivierung der Arbeitsmotivation
- Entlastung der Führung.

Damit diese Vorteile der dezentralen Führung eintreten, müssen allerdings hinreichend qualifizierte Mitarbeiter und auch – was häufig übersehen wird – zur Kooperation befähigte Führungskräfte vorhanden sein. Der erfolgreiche Übergang zur dezentralen Führung setzt also eine entsprechende Personalauswahl und -schulung sowohl auf der Ebene der Führung als auch der Ausführung voraus.

Dezentrale Führung verändert die Aufgaben der Führungskraft. Aus einem Inspektor wird ein Coach. Damit verlagert sich der Schwerpunkt der Führungstätigkeit von der operativen Steuerung, insbesondere der Kontrolle, auf die Entfaltung der Erfolgspotenziale, über die die Mitarbeiter verfügen. Die operative Steuerung wird von den Mitarbeitern selbst vorgenommen.

2.2.3 Steuerungssystem

2.2.3.1 Vorgabe von Aufgaben, Zielen und Handlungsrichtlinien

Damit die Verkäufer im Sinne der Verkaufsleitung tätig werden, sind sie über ihre Aufgaben umfassend zu informieren. Dies geschieht am besten schriftlich. Tab. 1 zeigt am Beispiel des Reisenden auf, wie die Aufgaben für einen Verkäufer beschrieben werden können.

Je qualifizierter Mitarbeiter sind, desto mehr kann dadurch gesteuert werden, dass komplexe Aufgaben übertragen und konkrete Ziel vereinbart werden (Führen über Zielvereinbarungen), wobei dem Mitarbeiter mehr oder weniger freie Hand darüber gelassen wird, durch welche Maßnahmen er im Einzelnen die Aufgaben erledigen will.

Als Ziele kommen u. a. in Betracht:

- Umsatz, gesamt und differenziert nach Produkten und Kunden
- Deckungsbeitrag, gesamt und differenziert nach Produkten und Kunden
- Zahl von Neuakquisitionen
- Anzahl von Platzierungen von Verkaufsförderungsaktionen
- Marktanteil.

Wenn die Qualität der Ausführung von Tätigkeiten sehr wichtig ist, kann es sinnvoll sein, **Handlungsrichtlinien** vorzugeben.

Beispiel für Handlungsrichtlinien im Kundendienst:

- Wir leisten an Kunden bereitwillig und prompt Ersatz. Wir gewähren Umtausch und Gutschriften gemäß Bestimmungen unserer Garantieerklärung. Unsere firmenpolitische Zielsetzung ist klar: Kunden müssen voll und ganz zufriedengestellt werden.
- Wir erledigen die Korrespondenz so rasch wie möglich. Jeder Kunde muss spätestens acht Tage nach Eingang eines Schreibens im Besitz einer Antwort sein. Auf alle Anrufe muss binnen 48 Stunden per Telefon geantwortet werden, auch wenn kein endgültiger Bescheid möglich ist.
- Wir telefonieren anstatt zu schreiben bei
  - gerichtlichen Androhungen,
  - verzögerter Beantwortung von Kundenbriefen,
  - telefonischen Reklamationen,
  - kompliziertem Schriftwechsel.

Aufgaben des Reisenden im modernen Vertrieb
Beispiel: Markenartikelindustrie

Der Reisende

- plant seine Besuche und bereitet sie entsprechend den spezifischen Gegebenheiten der Kunden vor.
- besucht die Kunden gemäß Tourenplan zur Beratung und zum Verkauf (Analyse der Kundenprobleme mit dem Ziel, aus dem Verkaufsprogramm des eigenen Unternehmens ein Angebot als maßgeschneiderte Problemlösung zu erarbeiten). In besonderen Fällen besucht er die Kunden außerhalb des Tourenplans, arbeitet Angebote aus oder veranlasst deren Ausarbeitung durch die Zentrale, unterbreitet die Angebote und verhandelt darüber.
- hält sich über den Stand der Verkaufstechnik ständig informiert, bildet sich fachlich weiter und gewährleistet somit einen jeweils marktgerechten Standard der Verhandlungsführung.
- verfolgt die Auftragsabwicklung durch die einzelnen Abteilungen seines Unternehmens und schaltet beim Auftauchen von Schwierigkeiten ggf. den Gebietsverkaufsleiter ein.
- leitet Reklamationen weiter und macht Vorschläge für ihre Behebung an den Gebietsverkaufsleiter bzw. an den Spezialisten Außendienstbetreuung.
- fordert in besonderen Fällen Unterstützung durch Berater, Techniker etc. an, soweit dies in Anbetracht der Kundenbetreuung bzw. Auftragswichtigkeit sinnvoll erscheint.
- sorgt für die günstige Warenplatzierung, die Auslieferung und Aufstellung von Verkaufshilfen (soweit das nicht Aufgabe der Merchandiser ist) und unterstützt die Verkaufsförderungsmaßnahmen seiner Kollegen „Merchandiser".
- arbeitet bei der Durchführung von Tests, Marktaktionen, Neueinführungen, besonderen Veranstaltungen nach Anweisung mit.
- wirkt bei Messen, Ausstellungen, Interviews, Kontrollkäufen etc. mit, soweit sie seinen Bezirk betreffen.
- verteilt Muster, Proben, Geschenke gemäß Richtlinien und macht Vorschläge für die Empfängerlisten.
- sorgt für die Pflege von Mustern, Proben, Vorführungsmaterial etc. (insbesondere bei technischen Artikeln, z. B. Vorführgeräten).
- ist verantwortlich für das ordentliche Führen der eigenen Arbeitsunterlagen sowie für die jeweils aktuelle Ergänzung des Verkaufshandbuches, der Mustervorlagen etc.
- leitet Beobachtungen, Wünsche und Anregungen der Kunden, ggf. mit seiner Stellungnahme an den Gebietsverkaufsleiter weiter.
- berichtet laufend (nach Checkliste) an den Gebietsverkaufsleiter über Konkurrenzbeobachtungen wie z. B. Preispolitik, Verkaufsförderungsaktivitäten, Werbekampagnen, Sonderaktionen, Angebotstaktiken, Konditionen sowie über die Meinung seiner Kunden gegenüber einzelnen Wettbewerbern und ihren Angeboten.
- ist ständig bemüht, das einkaufspolitische Verhalten seiner Kunden (einzeln und gesamt) zu erkennen, und informiert darüber den Gebietsverkaufsleiter, damit die Verkaufsstrategie des eigenen Unternehmens entsprechend geändert werden kann.
- sorgt für ordentliche Pflege seines Dienstwagens. Er ist für die korrekte Abrechnung seiner Spesen verantwortlich. Er nimmt an den laufenden Besprechungen und Schulungsmaßnahmen teil, zu denen er aufgefordert wird.
- kooperiert regelmäßig mit dem Innendienst.

2.2 Tab. 1: *Aufgaben des Reisenden im modernen Vertrieb*

- Wir bestätigen sämtliche Kundenmitteilungen einschließlich:
  - Auftragsstornierungen,
  - Briefe von Kunden, die sich mit unserer Korrespondenz kreuzten,
  - Anerkennungsschreiben.
- Wir nehmen sofort eine Ersatzlieferung vor, wenn der Kunde zwei Wochen nach Versand der Ware diese nicht erhalten hat und deshalb reklamiert.
- Wir übernehmen die Frachtkosten der bei den Kunden beschädigt eingetroffenen Ware, wenn man das von uns verlangt.

2.2.3.2 Bildung von Verkaufsbezirken

Die Aufteilung des Absatzgebietes in Verkaufsbezirke, mit der im Regelfall auch die Zahl der Außendienst-Mitarbeiter festgelegt wird, ist eine der wichtigsten Steuerungsentscheidungen des Verkaufsmanagements. Dies gilt besonders, wenn der Markt durch einen Außendienst bearbeitet wird.

Mit dieser Entscheidung wird das Ausmaß

- der Ausschöpfung des Marktes und
- der Auslastung der Verkäufer

vorprogrammiert. Sind die Bezirke zu groß, ist es den Verkäufern nicht möglich, die Marktchancen umfassend zu nutzen. Sind die Bezirke zu klein, sind die Verkäufer nicht ausgelastet.

Die einmal festgelegte Bezirksgliederung sollte nicht voreilig geändert werden. Jede **Änderung** in dieser Hinsicht bringt erhebliche Unruhe in die Verkaufsorganisation. Andererseits darf dieses Problem nicht hindern, überfällige Änderungen konsequent vorzunehmen. Die heutigen Märkte sind durch häufige Veränderungen der Absatzsituation (z. B. Marktpotenzialverlagerungen) gekennzeichnet, die eine Anpassung der regionalen Gliederung in kürzeren Zeitabständen als früher erfordert.

Wird im Zusammenhang mit der Bildung von Verkaufsbezirken der Außendienst regional gegliedert, ist der Innendienst möglichst analog zu dieser Einteilung zu strukturieren. Weiterhin ist es vorteilhaft, wenn die Verkaufsbezirke mit den Auslieferungstouren abgestimmt werden.

Die Bildung von Verkaufsbezirken bringt in Verbindung mit der Zuordnung der Bezirke auf einzelne Verkäufer die folgenden **Vorteile**:

- Der regionale Einsatz von Außendienstmitarbeitern minimiert die Reisezeiten, -wege und -kosten.
- Jeder Kunde wird von einem bestimmten Verkäufer betreut. Dadurch können enge persönliche Beziehungen zwischen dem Kunden und dem Verkäufer aufgebaut werden.
- Die Doppelbearbeitung eines Kunden durch mehrere Verkäufer, die kostenintensiv und nachteilig für das Firmenimage ist, wird vermieden.
- Jeder Verkäufer erhält einen eigenen Verantwortungsbereich. Das erhöht die Einsatzbereitschaft und die Arbeitsfreude der Mitarbeiter.
- Abgegrenzte Arbeitsbereiche erleichtern die Ergebniskontrolle.

Als **Probleme**, die sich aus Bildung und Zuordnung von Bezirken ergeben, sind zu nennen:

- Der Verkäufer hat in seinem Bezirk, innerbetrieblich gesehen, eine Monopolsituation. Er braucht nicht zu befürchten, dass ihm Kunden seines Bezirks von anderen Verkäufern seines Unternehmens abgeworben werden. Der fehlende interne Wettbewerb kann zur Bequemlichkeit verführen.
- Mit zunehmender Gewöhnung an die Kunden seines Bezirks verliert der Verkäufer möglicherweise an Schwung („Visagenmüdigkeit“).
- Der Verkäufer findet auf Grund seiner persönlichen Mentalität nicht zu jedem Kunden Zugang.
- Das „Ressortdenken“ wird gefördert. Darunter leidet die überregionale Zusammenarbeit, die z. B. unerlässlich bei Kunden ist, die über ein überregionales Netz von Filialen oder Niederlassungen verfügen.
- Bei einem komplexen Verkaufsprogramm/Kundenkreis mit unterschiedlichen Anforderungen an die fachliche und persönliche Kompetenz des Verkäufers kann die regionale Gliederung den einzelnen Verkäufer überfordern, wenn er alle Produkte und Kunden in seinem Bezirk gleichermaßen gut betreuen soll.

Diese Probleme können z. T. dadurch gelöst werden, dass

- durch einen Vergleich der regionalen Ergebnisse ein innerbetrieblicher Wettbewerb angeregt wird,
- eine jährliche Rotation der Außendienstmitarbeiter in den Bezirken vorgenommen wird. Dabei kann der Bezirk insgesamt oder nur zum Teil, z. B. zu einem Drittel, ausgetauscht werden. Der Nachteil dieser Maßnahme liegt darin, dass die persönlichen Beziehungen des Außendienstmitarbeiters zu seinen Kunden durch den Austausch unterbrochen werden,

- spezielle Außendienstmitarbeiter („Zieher" im Gegensatz zu den „Haltern") gezielt auf die Kunden angesetzt werden, die vom dem zuständigen Bezirksverkäufer bisher nicht gewonnen werden konnten. Möglicherweise kann dafür auch die Urlaubsvertretung genutzt werden.

Bei der Bildung der Verkaufsbezirke sind die folgenden **Fehler** zu vermeiden:

- Die Bezirksgröße stimmt nicht. Der Bezirk ist zu groß, so dass das Absatzpotential nicht ausgeschöpft werden kann, oder er ist zu klein, so dass der Außendienstmitarbeiter nicht ausgelastet ist und damit überhöhte Fixkosten anfallen.
- Die Bezirksplanung ist zu statisch. Die regionale Aufteilung des Absatzgebietes wird den Marktveränderungen nicht angepasst. Die Veränderung von Bezirken stößt im allgemeinen auf den Widerstand der betroffenen Mitarbeiter. Sie sollte deshalb möglichst nicht vorgenommen werden, ohne dass vorher ausführliche Gespräche mit den Mitarbeitern geführt worden sind. Aus Gründen der Motivation kann es geboten sein, grundlegende Umstrukturierungen nicht in einem Zuge durchzuführen. In einer solchen Situation sollten dann zumindest Schubladenpläne für eine schrittweise Anpassung entwickelt werden.
- Es entstehen „tote Zonen" – meist sind es Randgebiete –, deren Bearbeitung im Gegensatz zu den „Schornsteingebieten" vernachlässigt wird.
- Es werden „Enklaven" zugelassen, die von einem Außendienstmitarbeiter, der nicht für den Bezirk zuständig ist, bearbeitet werden.
- Die Bezirksplanung wird nicht über die Deckungsbeitragsrechnung kontrolliert.

Bei der Aufteilung des Absatzgebietes in Verkaufsbezirke sind deren Größe, Grenzen und Lage festzulegen. Mit der Bezirksgröße wird das Absatzpotenzial festgeschrieben, das dem zuständigen Verkäufer zur Verfügung steht. Zur Ermittlung der richtigen Bezirksgröße sind die folgenden Grundsätze zu beachten:

- *Prinzip der optimalen Ausschöpfung und Auslastung:* Grundsätzlich ist eine Bezirksgröße anzustreben, die die bestmögliche Ausschöpfung des Marktes ermöglicht und die Auslastung des zuständigen Außendienstmitarbeiters sicherstellt. Die Kunden müssen mit ausreichender Intensität bearbeitet werden können. Dabei muss auch genügend Freiraum für die Gewinnung von Neukunden vorhanden sein. Verkaufsregionen mit hohem Absatzpotenzial dürfen nicht zu groß werden.
- *Prinzip der Chancengleichheit:* Außerdem ist anzustreben, die Absatzpotenziale der einzelnen Bezirke einander anzunähern. Dadurch wird der Teamgeist einer Verkaufsmannschaft gefördert. Es wird einfacher, ein „gerechtes" Vergütungssystem zu schaffen. Aus Gründen der

Chancengleichheit wäre es wünschenswert, wenn alle Bezirke über dasselbe Absatzpotenzial verfügen würden. Diese Forderung lässt sich jedoch nur dann verwirklichen, wenn alle Bezirke nicht nur dasselbe Nachfragevolumen, sondern auch dieselbe Bedarfsstruktur, Wettbewerbsverhältnisse und vor allem dieselbe Kundendichte (Reisewege!) haben. Diese Voraussetzungen sind in der Praxis meist nicht gegeben. Die Chancengleichheit lässt sich dadurch verbessern, dass die Ergebnisse, die von den Außendienstmitarbeitern in den einzelnen Bezirken erzielt werden, auf die jeweiligen regionalen Absatzmöglichkeiten bezogen werden und die auf diese Weise ermittelten Kennziffern für die prozentuale Ausschöpfung des jeweiligen Absatzpotentials miteinander verglichen werden.

- *Deckungsbeitragsprinzip*: Jeder Verkaufsbezirk sollte eine Größe ausweisen, die es ermöglicht, einen positiven Deckungsbeitrag zu erwirtschaften. Ist dies nicht der Fall, sind die Bezirke, die erfolgsschwach oder sogar verlustbringend sind, auf die anderen aufzuteilen. Die Zahl und Größe der Bezirke ist so festzulegen, dass insgesamt der größtmögliche Deckungsbeitrag erzielt wird.

Die regionale Verkaufsplanung und -kontrolle wird erleichtert, wenn der Grenzverlauf der Bezirke sich an den Verwaltungsgrenzen orientiert. Über das Absatzpotenzial der einzelnen Verwaltungsbezirke liegen häufig sekundärstatistische Daten vor, die von Marktforschungsinstituten oder auch Fachverbänden erhoben worden sind (z. B. die Absatzkennziffern der *Gesellschaft für Konsumforschung* oder *Nielsen-Zahlen*). Mit Hilfe dieser Kennziffern lassen sich die in den einzelnen Bezirken erreichten Ergebnisse vergleichen.

2.2.3.3 Kundenklassifikation

Um die Erfolgspotenziale des Marktes effizient auszuschöpfen, sind die Kunden nicht mit ein und derselben Intensität (**„Gießkannenprinzip“**) zu bearbeiten. Vielmehr ist die Bearbeitungsintensität (Besuchsfrequenzen, Besuchsdauer, zusätzliche Kontakte – Telefon, Brief etc. – sowie auch Einsatz von Verkaufsförderungsaktivitäten) entsprechend der Attraktivität des jeweiligen Kunden zu differenzieren. Zu diesem Zweck sind Kundenklassen zu bilden. Hierbei wird in der Praxis als Segmentationskriterium häufig der bisherige Ist-Umsatz verwendet. Diese Vorgehensweise ist zwar einfach, jedoch problematisch, da letztlich nicht der erzielte Umsatz, sondern Deckungsbeitrag entscheidend ist. Wenn also schon von Ist-Werten ausgegangen wird, sollte eher der erwirtschaftete Deckungsbeitrag und nicht der erreichte Ist-Umsatz herangezogen werden. Noch besser entspricht es jedoch der Potenzialbetrachtung, wenn nicht Ist-, sondern Potenzialwerte verwendet werden. In diesem Sinne ist die Kundenklassifikation am besten nach den potentiellen Deckungsbeiträgen der Kunden vorzunehmen. Dabei sollte auch die Wahrscheinlichkeit berücksichtigt werden, mit der Deckungsbeitragspotenziale in tatsächlich erzielte Deckungsbeiträge umgewandelt werden können. Hierbei spielt z. B. ein große Rolle, wie fest ein Konkurrenzkunde mit dem Wettbewerb verbunden ist.

Bei der Bildung von Kundenklassen ist wie folgt vorzugehen:

1. Zunächst wird die Zahl der zu bearbeitenden Kunden festgestellt.
2. Die Kunden werden nach ihrer Wertigkeit (Jahresumsatz, Erfolgspotenzial) bestimmten Größenklassen zugeordnet.
3. Für jede Größenklasse wird die gewünschte Besuchshäufigkeit (Zahl der Besuche eines Kunden im Jahr) festgelegt. Dabei wird die Intensität der Kundenbearbeitung entsprechend der Wertigkeit der Kunden differenziert.
4. Die Zahl der Kunden je Größenklasse wird mit der geplanten Besuchshäufigkeit multipliziert. Daraus ergibt sich die Zahl der erforderlichen Besuche je Größenklasse. Die Addition der Zahl der Besuche je Größenklasse ergibt die Gesamtzahl der erforderlichen Besuche.

Kunden-kategorie	Absatzpotenzial (Umsatz oder Deckungsbeitrag)	Besuchsfrequenz im Jahr
A	>1.000.000	10
B	500.000–1.000.000	5
C	250.000–500.000	3
D	100.000–250.000	1
E	<100.000	durch Innendienst

2.2 Tab. 2: *Besuchsfrequenz*

Die Besuchsdauer je Kunde wird von den folgenden Faktoren beeinflusst:

- Beratungsbedarf je Kunde
- Zeitliche Anforderungen aus der Produktdemonstration
- Umfang des Verkaufsprogramms
- Bekanntheit des Unternehmens und seiner Produkte
- Image des Unternehmens und seiner Produkte (Vertrauen!)

- Wert des Geschäftsabschlusses
- Serviceleistungen (z. B. Regalpflege beim Handelskunden)
- Verhandlungsgewohnheiten des Kunden (Wartezeiten!).

2.2.3.4 Tourenplanung und Besuchsvorbereitung

Die **Organisation** der Tourenplanung ist von der Marktbearbeitung abhängig zu machen. Es gibt drei unterschiedliche Systeme:

- Feste Tourenpläne, erstellt und aktualisiert durch die Zentrale in Zusammenarbeit mit den Verkäufern.
- Zentrale Einsatzplanung in Abstimmung mit den Verkäufern.
- Dezentrale Einsatzplanung durch die Verkäufer mit Überprüfung durch die Zentrale.

Je unregelmäßiger die Kunden auf Grund der Nachfragesituation besucht werden, desto mehr empfiehlt sich die dezentrale Einsatzplanung. Ergebnis der Einsatzplanung ist ein (fester) **Tourenplan** oder ein (individueller) **Besuchsplan**.

An die Gestaltung der Einsatzplanung sind die folgenden **Anforderungen** zu stellen:

- Die vorgegebenen Kunden werden termingerecht und mit ausreichendem, jedoch nicht übertriebenem Zeitaufwand bearbeitet.
- Die vorgesehenen Gesprächszeiten werden gestrafft, wenn sich dadurch die Zahl der zu besuchenden Kunden in sinnvoller Weise aufstocken lässt.
- Aus dem Einsatzplan geht hervor, welche Besuche besonders wichtig und dringlich sind, so dass sie keinen Aufschub vertragen.
- Die Reisezeiten und -strecken werden minimiert. Verkürzung der Reisestrecke ist nicht unbedingt mit Verkürzung der Reisezeit identisch. Eine kürzere Reisestrecke senkt die Fahrtkosten. Die Verkürzung der Reisezeiten hat dann eine höhere Priorität, wenn dadurch eine größere Zahl von Kunden besucht werden kann, auch wenn sich dabei die Reisestrecke verlängert.
- Zu einer praktikablen Einsatzplanung gehört im Allgemeinen, dass Reservezeiten für unvorhergesehene Kundenbesuche vorgesehen werden.

Ist das Absatzgebiet in Verkaufsbezirke aufgeteilt, kann es sich bei der Einsatzplanung empfehlen, jeden Bezirk entsprechend den Reisetagen in Abschnitte aufzuteilen. Jeder Abschnitt stellt dann das Besuchspensum eines Tages dar (vgl. Abbildung 1). Die

Besuchstour ist so festzulegen, dass der Außendienstmitarbeiter seine Reise einem Kreis annähert (**Außenrandverfahren**). „Zickzack"-Fahrten sind tunlichst zu vermeiden.

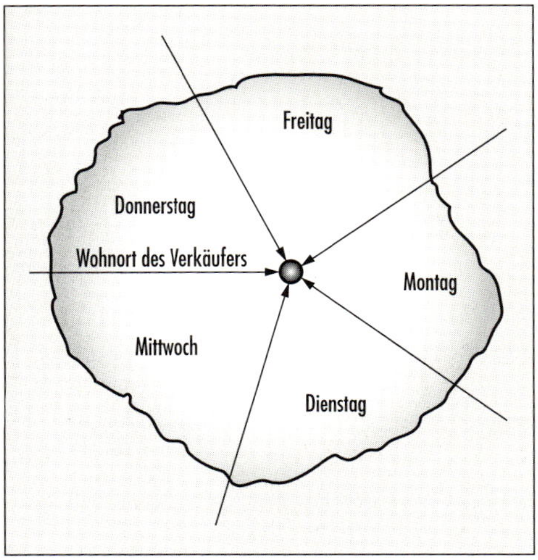

2.2 Abb. 1: ***Besuchsplanung***
Quelle: Wilson

Bei der fallweisen Besuchsplanung sind Landkarten eine nützliche Planungshilfe, auf denen der Standort der Kunden durch farbige Kopfnadeln und Fähnchen markiert wird. Die Farben geben die unterschiedliche Besuchswertigkeit oder auch Branchenzugehörigkeit der Kunden an. Mit Hilfe einer solchen Übersicht, lassen sich Pflichtbesuche durch sinnvolle Kannbesuche, die auf der Strecke liegen, aufstocken.

Zur Besuchsplanung gehört auch eine sorgfältige Besuchsvorbereitung. Hierbei legt der Verkäufer für jeden einzelnen Besuch seine Ziele und seine Vorgehensweise, insbesondere seine Argumentation, fest. Grundlage hierfür sind die Strukturdaten des Kunden und der bisherige Geschäftsverlauf. Dazu sind die entsprechenden Informationen aus der Kundendatenbank heranzuziehen.

2.2.3.5 Vertriebskontrolle

Die Kontrolle ist ein unabdingbarer Baustein jedes Steuerungssystems. Aufträge zu erteilen, ohne danach in sinnvoller Form zu überprüfen, ob und wie diese Aufträge ausgeführt worden sind, ist lückenhaftes und damit mangelhaftes Management. Durch die Kontrolle soll festgestellt werden,

- ob die vorgegebenen Ziele erreicht worden sind,
- welche positiven (Chancen erkennen!) und negativen (Probleme prüfen!) Abweichungen entstanden sind,
- welche Ursachen für die aufgetretenen Abweichungen verantwortlich sind.

Damit durch Kontrolle künftiges Handeln verbessert wird, muss auf die Analyse der Kontrollergebnisse die Erarbeitung entsprechender Konsequenzen folgen. Kontrolle ohne **Folge-**

Wichtige Informationen der Kundendatenbank
• Kunden-Stammdaten wie Branche, Betriebsart, -größe, -struktur, Vertriebsbindungen, Adresse, Telefon, Telefax, Bankverbindungen, Liefervorschriften und Lieferanschrift, Rechnungsanschrift, Besuchszeiten, Entfernungszone • Potenzieller Kunde, Interessent, kaufender Kunde, Stammkunde, kalter Kunde • Vorhandene Einrichtungen und Maschinen mit Daten • Kundenwertigkeit (A-/B-/C-Kunde), Zukunftsperspektiven und Soll-Bearbeitung • Vereinbarte Preise und Konditionen (z. B. Rabatte, Zahlungsziel) • Besondere Kundenanforderungen und -wünsche • Kontaktpersonen und Entscheider mit persönlichen Daten (Datenschutz beachten!) • Bedarfsvolumen • Bisher erzielte Umsätze und Deckungsbeiträge, differenziert nach Produkten (Produktgruppen) • Vorliegende Angebote (Mustersendungen) und Aufträge, Auftragserwartungen mit Kaufwahrscheinlichkeit • Durchgeführte und geplante Kundenkontakte (letzter Besuch), differenziert nach Kontaktart (Besuch, Telefon, Brief) • Durchgeführte Verkaufsförderungsaktivitäten wie Werbegeschenke, Warenproben, Prospekte, Einladung zur Messe etc. • Reklamationen, Serviceleistungen, Reparaturen • Mahnungen • Wettbewerber • Gründe für 0-Aufträge

2.2 Tab. 3: *Wichtige Informationen der Kundendatenbank*
Quelle: BBDO Consulting

maßnahmen ist – abgesehen vom psychologischen Effekt – wirkungslos und unwirtschaftlich. Um Fehlentwicklungen möglichst im Anbeginn zu erkennen, gehört zur Kontrolle ein **Frühwarnsystem**. Bei der Organisation der Kontrolle ist auf ein angemessenes Verhältnis zwischen Nutzen und Aufwand zu achten.

Die Kontrolle kann zentral oder dezentral organisiert werden. Bei der **zentralen Kontrolle** gehen die Kontrollinformationen ausschließlich an die Führung. Hier werden die Daten ausgewertet und die Mitarbeiter werden über die Ergebnisse nach Gutdünken der Führung in Kenntnis gesetzt. Dieses Kontrollverfahren entspricht dem autoritären Führungskonzept. Bei der **dezentralen Kontrolle** wird jeder Mitarbeiter über die Ergebnisse seines Tätigkeitsbereiches unmittelbar und umfassend informiert. Der Mitarbeiter hat – im Sinne einer (teilweisen) Selbststeuerung – die Kontrolldaten unabhängig von der Führung auszuwerten. Falls erforderlich, hat der Mitarbeiter sich zu seiner Unterstützung mit der für ihn zuständigen

Führungskraft in Verbindung zu setzen. Wird dezentral kontrolliert, beschränkt sich die Führung – zumindest im ersten Schritt – auf die Analyse von konzentrierten Globalinformationen. Erst im Bedarfsfall wird auf Detaildaten zurückgegriffen.

Die Kontrolle kann „vom Schreibtisch" (Schreibtisch-Kontrolle) und „vor Ort" (Vor-Ort- oder Feld-Kontrolle) durchgeführt werden. Beide Vorgehensweisen sind wichtig und ergänzen sich.

Die Schreibtisch-Kontrolle: Bei diesem Verfahren werden vornehmlich schriftliche Informationen ausgewertet. **Grundlage** der Schreibtisch-Kontrolle sind deshalb das Berichtswesen und die Statistik.

Statistiken dienen der Auswertung von Massenvorgängen. Sie erleichtern den Überblick und zeigen Zusammenhänge und Abhängigkeiten auf. Diesem Zweck dienen besonders Kennziffern. Statistische Daten können leicht fehlinterpretiert oder sogar bewusst zur Fehlinformation missbraucht werden. Problematisch ist z. B. der Vergleich von Prozentwerten, ohne die dazu gehörenden absoluten Größen zu kennen.

Der Einsatz der Computertechnologie erschließt heute vielfältige Analysemöglichkeiten. Allerdings erhöht die Computertechnologie die Gefahr der **Informationsüberflutung**. Um den „Information-Overkill" zu vermeiden, ist die Zahl der Kontrolldaten auf einen überschaubaren Umfang zu beschränken. Zu diesem Zweck ist das System der Kontrolldaten entsprechend den Anforderungen des einzelnen Mitarbeiters zu differenzieren.

Das Berichtswesen ist möglichst als **Frühwarnsystem** aufzubauen. Die Erfassung der aktuellen Kundenanfragen, Angebote oder Aufträge ermöglicht z. B. Aussagen über den Umsatz der nächsten Zukunft. Die Strukturierung von Globalwerten (z. B. Gliederung des Gesamtumsatzes nach Absatzbereichen) lässt vom Gesamttrend abweichende Entwicklungen in den Teilbereichen erkennen.

Wichtige Kontrolldaten im Verkauf sind:

- Marktaussschöpfung (Marktanteil, Käuferreichweite/Distributionsrate)
- Entwicklung der Umsätze und der Deckungsbeiträge
- Umsatz- und Deckungsbeitragsstrukturen
- Kostenentwicklung
  - Kosten der Kundenbearbeitung, der Auftragsabwicklung, der Verwaltung
  - Kosten je Besuch, je Auftrag
- Leistungskennziffern (Leistungsstandards)
  - Zahl der Besuche je Tag (Intensität der Marktbearbeitung)
  - Zahl der Aufträge je Besuch (Qualität der Marktbearbeitung)

– Gefahrene Kilometer

- Kundenfluktuation
- Grad der Kundenzufriedenheit.

Wie diese Daten in einer Statistik dargestellt werden können, zeigt die nachstehende Tabelle. Zur Vertriebskontrolle gehört auch die Kostenkontrolle. Hierbei spielen die Besuchskosten und die Kosten der Auftragsabwicklung eine große Rolle.

Als wichtiges Kontrollinstrument werden von vielen Verkaufsleitungen die täglichen oder wöchentlichen **Tourenberichte** der Reisenden angesehen. In diesen Berichten wird in der Reihenfolge der Besuche aufgeführt, welche Kunden vom Reisenden mit welchem Erfolg (z. B. Auftrag – Angebot – kein Interesse – Kunde nicht angetroffen) aufgesucht worden sind. Diese Tourenberichte sind früher von den Außendienstmitarbeitern in einem gesonderten Arbeitsgang erstellt worden. Heute übernimmt diese Tätigkeit zunehmend das betriebliche Rechenzentrum auf Grund von Angaben, die der Mitarbeiter im Rahmen seiner allgemeinen Berichterstattung in das computergestützte Vertriebsinformationssystem eingibt.

Gebiet: Hannover-Süd Reisender: Max Müller	2006	2007	2008	2009
Nettoumsatz Produkt A (TEUR)	2.010,4	2.025,6	2.160,0	2.104,8
Nettoumsatz Produkt B (TEUR)	3.385,6	3.513,6	4.431,2	4.495,2
Nettoumsatz insgesamt (TEUR)	5.396,0	5.539,2	6.591,2	6.600,0
Quotenerfüllung Produkt A (%)	95,6	92	88	84,7
Quotenerfüllung Produkt B (%)	120,4	122,3	134,9	130,8
Deckungsbeitrag Produkt A (TEUR)	402,08	405,12	432,00	420,96
Deckungsbeitrag Produkt B (TEUR)	338,56	351,36	443,12	449,52
Deckungsbeitrag insgesamt (TEUR)	740,64	756,48	875,12	870,48
Verkaufskosten (TEUR)	81,6	88,8	92,8	105,6
Verkaufskosten % vom Umsatz	1,5	1,6	1,4	1,6
Kundenbesuche pro Jahr	1.675	1.700	1.680	1.660
Kosten pro Besuch (EUR)	48,72	52,24	55,20	63,60
Kundenzahl (Jahresdurchschnitt)	320	324	328	334
Neu gewonnene Kunden	13	14	15	20
Verlorene Kunden	8	10	11	14
Umsatz pro Kunde (EUR)	16.864	17.096	20.096	19.760
Deckungsbeitrag pro Kunde (EUR)	2.312	2.336	2.672	2.608

2.2 Tab. 4: ***Tourenbericht***
Quelle: Kotler/Bliemel – mit geringen Änderungen

Über diese Berichte lässt sich verfolgen, ob und wie der Verkäufer seinen Arbeitstag im Außendienst verbracht hat. Voraussetzung dafür ist allerdings, dass die Berichte wahrheitsgemäß ausgefüllt worden sind. Das muss auch im notwendigen Rahmen kontrolliert werden.

In Unternehmen mit einer großen Verkaufsorganisation wird auf die regelmäßige Auswertung von Tourenberichten nicht zu verzichten sein. Haben die Reisenden je Tag eine große Zahl von Kunden aufzusuchen, lohnt sich sogar ein weiterer Schritt. Ergänzend zur Kundenzahl kann zusätzlich die Zeit kontrolliert werden, die der Reisende für die einzelnen Tätigkeiten verwendet hat, wie Reise zum Kunden, Verkaufsgespräch, Warten beim Kunden usw. In mittelständischen Unternehmen dienen Tourenberichte in erster Linie zur Information für den Reisenden bei der Planung und Vorbereitung seiner Kundenbesuche. Sofern dafür die Tourenberichte nicht benötigt werden, ist zu prüfen, ob auf diese nicht völlig verzichtet werden sollte. Tourenberichte, die nur zum Zweck der Kontrolle für die Verkaufsleitung angefertigt werden, sind Zeitverschwendung und widersprechen modernen Führungskonzepten, insbesondere dem MBO-Konzept.

Das Berichtswesen ist straff zu organisieren. Umfangreiche Berichte kosten Zeit für den, der sie zu schreiben, und den, der sie zu lesen hat. Ein straffes Berichtswesen spart also Zeit für das Verkaufspersonal und das -management. Außerdem wirkt es sich günstig auf die Arbeitsmotivation der Verkäufer aus. Verkäufer schreiben ungern Berichte. In diesem Zusammenhang ist zu bedenken, dass die Kernaufgabe des Außendienstes darin besteht, zu verkaufen und nicht Berichte zu schreiben.

Die Feld-Kontrolle: Bei der Feld-Kontrolle informiert sich die Führung „vor Ort", also in unmittelbarem Kontakt mit den Mitarbeitern oder auch den Kunden. Bei größeren Unternehmen werden hierbei nur Stichproben vorgenommen werden können. Durch Gespräche mit Mitarbeitern oder Kunden und durch Beobachtungen sollen ermittelt werden:

- die Vorgehens- und Arbeitsweise der Mitarbeiter,
- deren Arbeitsmotivation und
- die Zufriedenheit der Kunden

Die Feld-Kontrolle des Verkaufsleiters wird vornehmlich in der Form von Reisebegleitungen durchgeführt. Hierbei vermag sich der Verkaufsleiter nicht nur einen unmittelbaren Eindruck von der Vorgehensweise seiner Verkäufer zu verschaffen, sondern es können auch intensive Gespräche mit den Mitarbeitern und den Kunden über die Verkaufssituation und die Marktentwicklungen geführt werden. Beim Gespräch mit den Kunden im Rahmen solcher Reisebegleitungen hat der Verkaufsleiter darauf zu achten, den für den Kunden zuständigen Verkäufer nicht in den Hintergrund zu drängen.

Im Rahmen der Feld-Kontrolle ist auch die Arbeitsorganisation der Außendienstmitarbeiter zu überprüfen. Ein wichtiges Thema der Organisationsanalyse ist die Führung und Auswertung der Kundendatei.

Zur Systematisierung der Reisebegleitung kann ein Beurteilungsbogen eingesetzt werden, der als Prüf- und Merkliste dient. Dieser Bogen gibt eine Übersicht über die zu prüfenden Tatbestände und dient zum Eintrag der zu treffenden Verbesserungsmaßnahmen. Durch die Verwendung einer solchen Unterlage werden die vollständige Erfassung der während der Reisebegleitung zu überprüfenden Gesichtspunkte und der Vergleich mit früheren oder späteren Feststellungen erleichtert.

Die Reisebegleitung wird durch eine ausführliche Aussprache zwischen dem Verkaufsleiter und dem Vertreter abgeschlossen, die bereits punktuell während der Reisebegleitung eingeleitet wird („Bordsteinkonferenz"). In der Aussprache diskutiert der Verkaufsleiter mit seinem Mitarbeiter darüber, welche Eindrücke er über dessen Arbeitsweise gewonnen hat und welche Maßnahmen getroffen werden können, um diese zu verbessern. Die Ergebnisse dieser Unterredung sind schriftlich festzuhalten, damit die Umsetzung der vereinbarten Maßnahmen nicht in Vergessenheit gerät.

Vergleichende Bewertung der Kontrollverfahren: Je nach Mentalität bevorzugen Führungskräfte die eine oder andere Form der Kontrolle. Gegenwärtig besteht im Management – vielleicht als Folge der wissenschaftlichen Ausbildung – die Neigung, die Schreibtisch-Kontrolle zu stark zu bevorzugen. Diese Tendenz ist bedenklich. Sie birgt die Gefahr in sich, dass das Management den Marktkontakt verliert und zu einer realitätsfernen Beurteilung der Ergebnisse und der Situation kommt. Zur Korrektur dieses Verhaltens wird in der amerikanischen Managementtheorie das Konzept „Management by wandering around" empfohlen.

Literatur

Belz (1999): Belz, Ch.: Verkaufskompetenz, 2. Aufl., Wien
Bussmann (1994): Bussmann, Wolfgang F.: Lean Selling, Landsberg
Bussmann (1996): Bussmann, Wolfgang F.: Team Selling, Landsberg
Dehr (1999): Dehr, G., u. a.: Vertriebs-Management, München–Wien
Häussermann (1983): Häussermann, E. A.: Bezirkseinteilung, wirkungsvolle Kunden-Klassifizierung und Besuchsaktivität, Landsberg
Hinkelmann (1990): Hinkelmann, K. G.: Kaufen lassen statt Verkaufen, Bremen
Koinecke (1990): Koinecke, J.: Effizientes Verkaufs-Management, Landsberg

Link/Hildebrand (1993): Link, J./Hildebrand, V.: Database Marketing und Computer Aided Selling, München

Pepels (1999): Pepels, W.: Business-to-Business-Marketing, Neuwied-Kriftel

Pohl/Witt (2000): Pohl, M./Witt, J.: Innovative Teamarbeit, Heidelberg

Reichwald/Bullinger (2000): Reichwald, R./Bullinger, H.-J. (Hrsg.): Vertriebsmanagement, Stuttgart

Unger (1985): Unger, F.: Marktgerechte Außendienststeuerung durch Leistungsanreize, Heidelberg

Witt (1994): Witt, J.: Absatzmanagement, Wiesbaden

Witt (1996): Witt, J.: Prozeßorientiertes Verkaufsmanagement, Wiesbaden

Witt (1998): Witt, J.: Die erfolgreiche Führungskraft – Management mit System, Heidelberg

Witt (1999): Witt, J.: Interaktive Führung – das Netzwerkkonzept zur Mitarbeiterführung und Kundenbetreuung, Heidelberg

Witt (2000): Witt, J.: Innovatives Führen – Grundlagen und Bausteine des Innovations-Managements, Heidelberg

2.3 Vertriebsautomatisierung – Stand und Ausblick

Peter Winkelmann

„Sagen Sie mir, wie Sie Ihren Vertrieb steuern, und ich sage Ihnen, wie kompetent Sie sind."
(Leitphilosophie zu www.vertriebssteuerung.de)

2.3.1 Was treibt den Trend zur Vertriebsautomatisierung?

2.3.1.1 Antriebskräfte von Seiten der Märkte und Kunden

Vertriebsautomatisierung, des einen Freud, des anderen Leid. Den gläsernen Kunden wünschen sich die Verkaufsmitarbeiter gern; die Vorstellung vom gläsernen Verkauf treibt dem Außendienst dagegen den Schweiß auf die Stirn. In Marketing und Vertrieb geht die Sorge um, dass Verkäufer zu computergelenkten Robotern degenerieren und dass nach Locher/-innen, Fakturisten/-innen, Stenotypisten/-innen, Auftragssachbearbeiter/-innen nun eine weitere Generation von Kollegen/-innen nach Hause geschickt wird. Die Sorgen wären nicht so drückend, wenn mehr Aufklärung betrieben würde über die Chancen und Risiken der Vertriebsautomatisierung. Dies zu tun, ist Anliegen dieses Kapitels.

Ohne Zweifel drängen die Marktbedingungen Anbieter und Kunden unaufhaltsam in Richtung einer Standardisierung ihrer Vertriebsprozesse und deren Abwicklung mit Hilfe von computergestützten Systemen. In der Automobilindustrie ist es längst bewährte Praxis, die Zulieferanten mittels **EDI/EDIFACT** in die eigenen Softwareprogramme zur Waren- und Zahlungssteuerung einzubinden. **Customer-Integration** ist Ausdruck der Philosophie, die Wertschöpfungsketten der Marktpartner zu vereinen. Auch in den Konsumgütermärkten sind Handel und Hersteller interessiert, die Lagerbestände und damit die Kapitalbindung im Vertriebskanal möglichst gering zu halten. Electronic-Customer-Response-Systeme (ECR-Systeme) sind hier die Lösung: Der Kunde stößt jetzt, von der Nachfrage am Point of Sale aus, den Herstellungsprozess an.

In den klassischen Vertriebsorganisationen wird ein Generationswechsel in den Selling- und in den Buying-Center mehr und mehr spürbar. Der Nichtakademikeranteil bei den Vertriebsführungskräften ist mittlerweile auf 8 % abgesunken. Die Folgen: Die Einkäufer fordern verstärkt eine qualifizierte Kundenbetreuung. Die **Key-Account-Manager** der Hersteller verkaufen Konzeptionen statt Produkte. Bei dieser bislang schleichenden, jetzt sprunghaften Höherqualifizierung der Marktpartner spielt die Beherrschung von Computersystemen eine entscheidende Rolle. Wer gibt denn z. B. Routinebestellungen noch per Brief oder selbst per Fax auf? Der E-Mail-Verkehr wird bis 2005 fast die Hälfte der Geschäftsbriefe ersetzen. Das Bestellwesen im Rahmen des Internets (E-Commerce) wird bis 2010 so normal sein wie ein Telefonat.

Eine weitere treibende Kraft in Richtung Prozessautomatisierung entsteht im Zuge der zunehmenden Globalisierung. Wer als Zulieferant dem Siemens-Konzern nach China folgt, ist gefordert, die gleichen Kundeninformationen minutenaktuell in München und New York vorzuhalten. Unterschiedliche Lieferzeitaussagen an einen Top-Kunden wie Siemens, z. B. im Rahmen von JiT-Systemen (Just-in-Time-Belieferung), können das Ende einer Geschäftsbeziehung bedeuten. Ganz davon abgesehen, dass Innovations- und Projektmanagement in der globalisierten Welt nie ruhen. Wenn sich der Key-Accounter in Frankfurt um 23.00 Uhr zu Bett legt, dann kann sein Kollege in Tokio auf die gleichen Kundeninformationen zugreifen und seinen Kunden, den Global Player, aus einer Hand weiterbedienen. Die Automatisierung der Marketing- und Vertriebsprozesse kennt den Unterschied zwischen Tag und Nacht nicht. In der global vernetzten Welt wird 24 Stunden lang geforscht, verhandelt und verkauft.

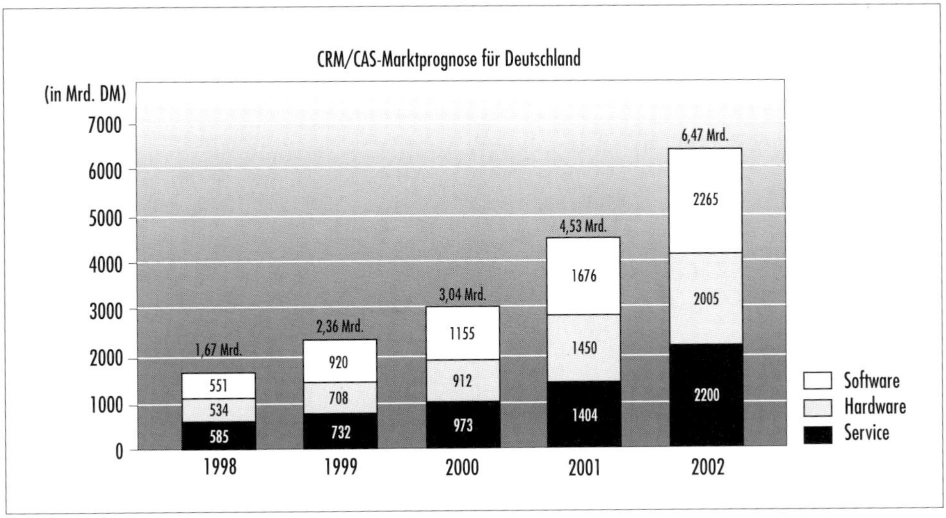

2.3 Abb. 1: ***Prognose der Marktentwicklung von CRM-/CAS-Systemen***
Quelle: nach GartnerGroup

Abb. 1 greift den für die Vertriebsautomatisierung wichtigsten Bereich heraus: die unter **Computer Aided Selling (CAS)** und **Customer-Relationship-Management (CRM)** firmierenden Systeme zur Vertriebssteuerung. Sie stellen heute ein integriertes Kundenmanagement (Vertriebsführung aus einem Guss) sicher. Die Abbildung unterstreicht: Die rund 100 bis 150 kompetenten Anbieter von CRM-/CAS-Systemen brauchen sich über Anfragen und Projekte nicht zu beklagen. Die Vertriebsautomatisierung ist das spannende Thema der großen Messen und Kongresse wie ceBIT, systems, salesTECH, CRM-expo, CRM World oder DIMA (bei der DIMA mit starkem Bezug zum Marketing). Wer mag, kann die enormen Wachstumsraten der Systeme zur Gesamtsteuerung von Unternehmen (die so genannte ERP-Systeme: betriebswirtschaftliche Standardsoftware) noch hinzuaddieren. Alle Systeme wie die von SAP oder BaaN verfügen über umfangreiche Module zur computergestützten Vertriebsabwicklung. Vollends erschlagen wird der Betrachter, wenn dann noch die astronomischen Wachstumsraten für die Internetverkäufe (E-Commerce) ins Spiel kommen. Von 0,25 Mrd. EUR in 1998 auf fast 15 Mrd. EUR bis zum Jahr 2001 – so wird das Wachstum der Internetumsätze allein für Deutschland geschätzt (s. auch Abschnitt 2.3.4.1).

Wenn Kunden heute schnelle Erreichbarkeit ihres Kundenbetreuers und schnelle Auskünfte durch die Verkaufsinnendienste erwarten, dann dürfen die vielen kleinen Helfer nicht übersehen werden, die die tägliche Arbeit der Mitarbeiter in der Kommunikation und der Sachbearbeitung erleichtern und den Kontakt zum Kunden beschleunigen. Laptop, Mobil (Handy), Fax, Palmtop sind die Werkzeuge im Verkaufsalltag, die uns täglich die Konsequenzen der Vertriebsautomatisierung vor Augen führen.

2.3.1.2 Antriebskräfte von Seiten der Informationstechnik (IT)

Ohne technologische Impulse wäre diese Automatisierungswelle nicht denkbar. Leistungsexplosionen bei deutlichen Preisrückgängen in folgenden IT-Bereichen haben den modernen Systemen zur Vertriebssteuerung zu Durchbrüchen verholfen:

- Leistungsfähige 32-Bit Betriebssysteme auf Basis MS-Windows, MS-Windows-NT, Linux
- Schnelle Prozessoren (z. B. Intel Pentium)
- Robuste Massen-Datenbanken wie Oracle, MS-SQL, Interbase, Sybase, Informix
- ISDN-Technologie und schneller Datentransfer
- Die Client-Server-Netzwerke und zukünftige Thin-Client-Architektur
- HTTP, FTTP, POP3 und SMTP als zentrale Internetdienste
- Problemlos in die Netzwerke einzubindende Peripheriegeräte.

Darüber hinaus haben natürlich auch die etablierten CRM-Anbieter hinsichtlich der Leistungsfähigkeit ihrer Programme enorme Fortschritte gemacht. Das betrifft z. B.:

- Skalierbarkeit der Software, d. h. einfache Übertragung von Software auf gängige Datenbanken und Betriebssysteme, in Verbindung mit

- Customizing, d. h. der problemlosen Erweiterung oder Eingrenzung der Programme vom einzelnen Arbeitsplatz bis hin zu Workinggroup-Netzwerken
- problemlose Updates der Programmbasis, bei der aufgesetzte Branchenspezialisierungen und firmenindividuelle Anpassungen unberührt bleiben (Mehrschichtigkeit)
- Zeit sparende Möglichkeiten der Datenreplikation, d. h. des periodischen Abgleichs der aktuellen Kunden- und Geschäftsdaten von der zentralen Datenbank in die Client-Rechner bzw. Laptops der Vertriebskollegen und umgekehrt.

Und wenn erst der Datenstrom aus der Steckdose kommt, dann steht einem weiteren Automatisierungsschub (auch der Abläufe und der Technik im privaten Haushalt) nichts mehr im Wege. Alle technologischen Optionen würden allerdings ins Leere laufen, wenn sie nicht Rükkhalt durch entsprechende Managementphilosophien bekämen.

2.3.1.3 Antriebskräfte von Seiten des Managements und Controllings

Auch aus den eigenen Reihen im Unternehmen wird der Druck auf den Vertrieb zu einer Neuausrichtung immer stärker. Mitte der 90er-Jahre haben die europäischen Unternehmen auf verschärfte Wettbewerbsbedingungen infolge von Marktsättigung und zunehmendem Kostendruck durch massive Rationalisierung ihrer Fertigungsbereiche reagiert. Reengineering, Kaizen, Lean Production oder Benchmarking waren seinerzeit die Schlagworte, die die Fertigungsoptimierung bzw. eine Fertigungsautomatisierung begleiteten. Vertrieb ist Emotion: Mit diesem Aufschrei hat es der Verkauf noch eine Zeit lang geschafft, sich dem Wandel zu modernen Vertriebsstrukturen zu widersetzen – ausgenommen die Abläufe in Warenwirtschaft, Auftragsabwicklung und Fakturierung. Mit der Automatisierung derartiger Routineprozesse hatte man ja schon in den 60er-Jahren begonnen (damals noch mittels Lochkartentechnik). Nachdem die betrieblichen Effizienzpotenziale nun weitgehend erschöpft sind, gerät der Vertrieb mit seiner Markt- und Kundenbetreuung verstärkt unter Effizienzdruck. Der Vertrieb, so die Vorgaben der Geschäftsführung, soll

- schneller,
- gezielter, d. h. mit präziserer Kunden-(Zielgruppen-)Ausrichtung und
- kostengünstiger arbeiten.

Jetzt wird auch für die absatzwirtschaftlichen Prozesse ein Zielkonflikt zwischen Kostenminimierung und Maximierung von Kundennähe, Kundenzufriedenheit und Kundenbindung evident. Der Ausweg aus diesem Zielkonflikt liegt in computergestützten Systemen, die auf der Grundlage flexibler Datenbankstrukturen ohne Zeitverzug auf Tausende von Kunden- und Artikeldaten zugreifen und dem Verkauf mit Hilfe leicht anpassbarer Bildschirmmasken die für Entscheidungen erforderlichen Daten und Hintergrundinformationen liefern.

Vor allem haben die Unternehmen erkannt, dass es nicht ausreicht, Kundenorientierung immer und immer wieder lediglich zu „predigen". *Plinke* entlarvt diesen Prediger-Approach des Marketings (Plinke 1996, S. 41–56). Den Mitarbeitern sind vielmehr Werkzeuge und Systeme an die Hand zu geben, die die zweifelsohne vorhandenen kundenorientierten Einstellungen verstärken und ihnen helfen, Massenprozesse im Verkaufsalltag standardisiert zu bewältigen.

2.3.2 Was gehört zum Themenbereich der Vertriebsautomatisierung?

2.3.2.1 Typologie der Systeme

Leider hat die Vertriebsautomatisierung zu einer Schwemme von Begriffen, zumeist Anglismen, geführt. MIS, VIS, KIS, SFA, CIS, CAS, CRM, ERP – wer kennt sich hier noch aus? Eine Grundunterscheidung der Systembegriffe bietet Tab. 1.

Die Systemrichtungen sind im Einzelnen an anderer Stelle erläutert (*Winkelmann* 2000, S. 272f.). Aufschlussreich ist eine Differenzierung in vier Grundrichtungen, wobei zahlreiche Begriffe allerdings in der Praxis synonym gebraucht werden:

1. Historisch am Anfang steht der Informationssystem-Gedanke. Das an vielen Stellen im Unternehmen verteilte und kaum zugängliche Kundenwissen soll elektronisch aufbereitet, gespeichert und verknüpft werden – im günstigen Fall integriert zu einer kompakten Datenbank (Database). Lange Zeit hat der Begriff des Management-Informationssystems (MIS) die Fachpresse beherrscht. Das Management hat sich durch ein MIS eine Führungsdatenlandschaft geschaffen, die bei Bedarf entscheidungsrelevante Daten auf Knopfdruck zur Verfügung stellt. Später hat man bemerkt, dass das Marktwissen auch in den einzelnen Ressorts zu bündeln und bzw. auf Ressortebene zur Verfügung zu stellen ist. So erhielt dann der Vertrieb sein eigenes Informationssystem – aus höherer Warte natürlich als Modul des Ganzen zu sehen. Man begann mit Kundeninformationssystemen, aus denen später die zum Zwecke des Direktmarketing optimierten Database-Datenbanken entstanden (zuerst bei den großen Versandhandelsunternehmen). Werden über Adress- und Vorgangsdaten hinaus auch Marktplanungs- und Kontrollinformationen erfasst, dann ist der Begriff eines Vertriebsinformationssystems angebracht.

Grundrichtungen der Vertriebsautomatisierung		
Zielsetzungen	**Gängige Begriffe**	**Bemerkungen**
Systematisches Erfassen und Verteilen von Informationen mit Hilfe von Datenbanken	• KIS = Kundeninformationssystem: • MAIS = Marktinformationssystem: • VIS = Vertriebsinformationssystem: • MIS = Management-Informations-system: • Data-Warehouse:	Einfachste Spielart, Insellösung Geht über Kundeninformationen hinaus Geht praktisch in SFA/CAS über Geht über das Vertriebsressort hinaus Die Unternehmung als offenes Info-System nach der Devise: Informationen sind Holschuld
Steuerung des Verkaufs (Außen- und Innendienst)	• Kundenkontakt-Management (KKM): • Sales-Force-Automation (SFA): • Computer-Aided-Selling (CAS):	Adressmanagement, Kundenhistorie Außendienststeuerung, Begriff in USA Dto., deutscher Begriff
Integration aller kundenbezogenen Prozesse	• Customer-Relationship-Marketing (CRM): • Enterprise-Relationship-Management (ERM): • Electronic CRM (eCRM): • Customer-Integration-Systems (CIS):	Siehe Erläuterungen im Text Teilweise statt CRM im Sprachgebrauch Websteuerung der Kundenprozesse Wertschöpfungsketten fließen zusammen
Steuerung der Mengen- und Wertströme der Gesamtunternehmung	• Produktionsplanungssysteme (PPS): • Warenwirtschaftssysteme (als Teil): • Betriebswirtschaftliche Standardsoftware (ERP = Enterprise-Resources-Planning):	Optimierung der Fertigung Material-, Warenwirtschaft Erfassung und Steuerung aller Güter- und Geldströme über alle Wertschöpfungsstufen

2.3 Tab. 1: *Grundrichtungen der Vertriebsautomatisierung*

2. Eine weitere Stoßrichtung möchte stärker die Computerunterstützung für Außen- und Innendienst betonen. Der Laptop wird ständiger Begleiter des Verkäufers. In den USA kam schon in den 80er-Jahren der Begriff Sales-Force-Automation (SFA) auf, der später in Deutschland als Computer Aided Selling (CAS) Furore machte. Bei einfachen Programmen wird oft nur von Kundenkontakt-Management (Kundenkontakt-Software) gesprochen. Bahnbrechend waren Veröffentlichungen von Link und Hildebrand, die bereits Anfang der 90er-Jahre den rasanten Aufschwung der computergestützten Verkaufssteuerung vorausgesagt hatten (*Link/Hildebrand* 1993, 1994, 1997).

3. Ab Ende 1999 wandelt sich der CAS-Begriff dann immer stärker in Richtung Customer-Relationship-Management (CRM). Vor allem aus dem Blickwinkel des Marketings hat es nicht ausgereicht, die Vertriebsautomatisierung nur auf die kaufvorbereitenden und -abwickelnden Vorgänge von Außen- und Innendienst zu beziehen. CRM wird zum Sammelbegriff von Systemen zur Integration aller Kundenprozesse. Dies wird im folgenden Abschnitt näher aufgezeigt. Einige amerikanische Anbieter präferieren anstelle von CRM in Anlehnung an den ERP-Begriff die Bezeichnung Enterprise-Relationship-Management (z. B. *Point, Siebel*). Um die Web-Anbindung der Kundensteuerung zu betonen, wird neuerdings noch ein kleines e (für electronic) vorangestellt. Ab 2002 werden nur noch eCRM-Systeme im Markt verfügbar sein. Das Internet wird auch die Kundensuche und -betreuung erobern. Customer-Integration-Systeme (CIS) gelten als höchste Stufe der Prozessintegration von Anbieter und Kunde. Scheinbar verliert die Vertriebsaufgabe (im Sinne von Vertrieb = Akquisition; was auch nicht ganz zutrifft, denn die Akquisition ist nur ein Aufgabengebiet des Vertriebs; *Winkelmann* 2000, S. 255) dann an Bedeutung. Der Lieferant hat sich in die Wertschöpfungskette des (Groß-)Kunden eingebracht. Es wird beraten, entwickelt, betreut, aber im althergebrachten Sinne während der Vertragslaufzeiten nicht mehr verkauft.
4. Auch die Vertriebssteuerung stellt letztlich nur einen Teil der Unternehmens-Gesamtsteuerung dar. Enterprise-Resource(s)-Planning (ERP) steht für das mächtige Softwareangebot zur vertikalen Vernetzung aller Mengen- und Werteströme der Unternehmung. Im deutschen Sprachgebrauch ist die Bezeichnung betriebswirtschaftliche Standardsoftware gängig. Weltmarktführer in diesem Bereich ist die SAP AG. Alle ERP-Programme verfügen über entsprechende Teilmodule für Marketing und Vertrieb. Es ist allerdings die Frage, ob diese unter dem Ziel der Prozessstandardisierung geschaffenen Abteilungsmodule in der horizontalen Differenzierung ausreichen, um den speziellen Wünschen und Gegebenheiten von Kunden, Branchen und Verkaufskultur einer Unternehmung gerecht zu werden. Auf diesen Konflikt zwischen ERP (vertikale Standardisierung) und CRM/CAS (horizontale Differenzierung) geht Abschnitt 2.3.5 ein.

Kaum eine Unternehmung wird die Verkaufsvorgänge heute noch gänzlich ohne Computer abwickeln. Neben diesen eben unterschiedenen, grundsätzlichen Systemrichtungen gibt es zahlreiche Facetten der Automatisierung im Vertrieb.

2.3.2.2 Evolution der Vertriebssteuerung

Eine computergestützte Vertriebssteuerung kennzeichnet das Ende eines oft langjährigen Entwicklungspfades. Es wäre für eine Unternehmung eine große Herausforderung, würde sie ihre

Kundenprozesse aus dem Stand mit einem CRM-/CAS-System steuern. Abb. 2 unterscheidet elf Automatisierungsgrade auf dem Weg zu einer ganzheitlich gesteuerten Unternehmung.

1. Bei der Zettelwirtschaft oder einer Vertriebsführung auf Zuruf *„macht jeder, was er will"*. Nur der „Vertriebskünstler" erträgt diesen Zustand.
2. Die Formularwirtschaft bemüht sich wenigstens um einen ordnenden Rahmen. Dennoch: Falschdaten, fehlende Eintragungen und 20–40 % arbeitstägiges Suchen bestimmen den Büroalltag.
3. Auf der dritten Stufe werden die Formulare in rechnergestützte Abwicklungsprozesse umgesetzt. Dies ist die Domäne der DOS-Programme und der Warenwirtschaft.
4. Auf der vierten Stufe sind rudimentäre Kundenanalysen und Sonderauswertungen fest programmiert. Jetzt gibt es Besuchslisten für den Außendienst, die berühmte Kunden-ABC-Analyse oder Mahnlisten. Die Berichte kommen regelmäßig, aber nicht aktualisiert auf Abruf (Vertriebsstatistik). Änderungen bedürfen der Gnade des Rechenzentrums bzw. der Programmierer.

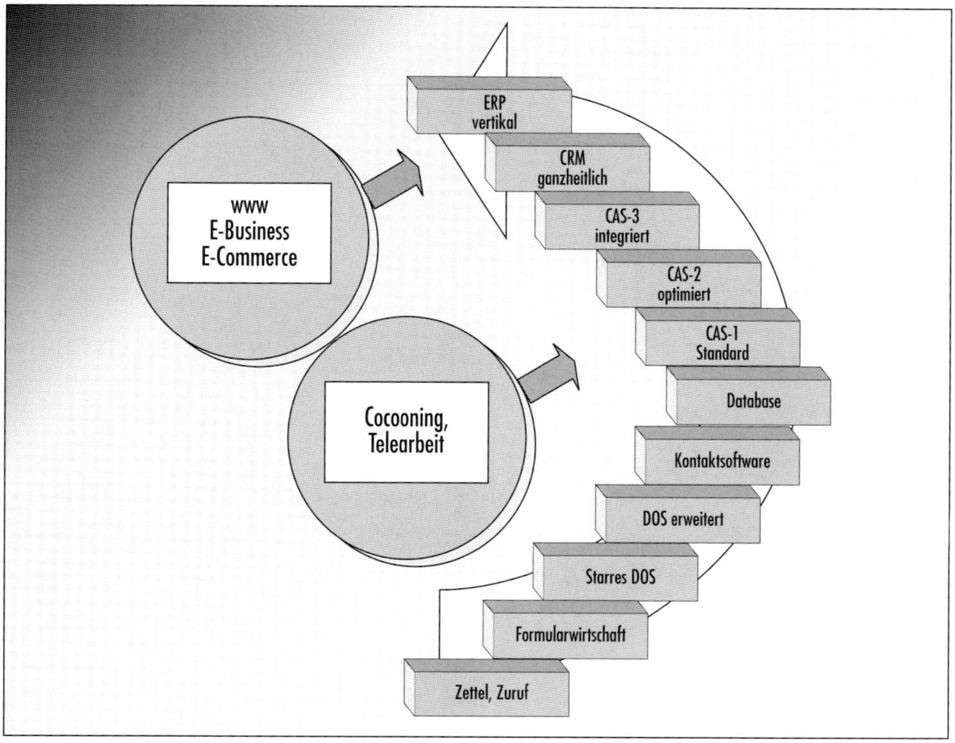

2.3 Abb. 2: *Die elf Niveaus der Vertriebsautomatisierung nach Systemkomplexität*

5. In einer Adressen-Kontaktsoftware äußert sich das Bemühen der Verkaufsleitung um mehr Systematik in der Kunden- und Marktbetreuung. Jetzt hat die Verkaufsmannschaft wenigstens Kundenadressen und Vorgangshistorie im Griff – sofern die Daten mit Sorgfalt gepflegt werden; eine Fragestellung, die auf einem anderen Blatt steht.
6. Speziell Unternehmen, die in Consumer-Massenmärkten operieren, haben mit der Kontaktsoftware einen wichtigen Schritt in Richtung Database-Marketing getan. Dahingehend werden die Basisprogramme weiter ausgebaut, um im Sinne des Database-Marketings Kaufprofile für die Kunden abzuleiten und individuelle, datenbankgesteuerte Kontaktkampagnen zu fahren.
7. CAS-Programme gehen weit über die Erfassung von Kundenadressen und Vorgängen hinaus. Sie bauen auf der Database auf und unterstützen Außen- und Innendienst (die Verkaufsprozesse) auf umfassende Weise. Zu unterscheiden sind Einzelplatzversionen (nur für Kleinbetriebe und Freiberufler sinnvoll) und netzwerkfähige Versionen. Am Anfang steht der Traum vieler Unternehmen von einer Vertriebssteuerung „von der Stange", die alles kann und nichts kostet.
8. Ist dieser Traum erst zerstört, wird das CAS-Programm in der nächsten Ausbaustufe auf die besonderen Branchenverhältnisse und speziellen Wünsche von Außendienst und Kunden hin angepasst. Auf Standardsoftware werden Customized Solutions aufgesetzt, oder es wird in einem Rundumschlag eine firmenindividuelle Softwarelösung (meist durch ein externes Softwarehaus) erstellt.
9. Ab einem bestimmten Reifegrad drängt es sich auf, dieses angepasste CAS-System mit den zentralen Daten der Materialwirtschaft und des Finanz- und Rechnungswesens zu verknüpfen. Die Vertriebssteuerung kann auch flexibel über Schnittstellen an die unternehmensumspannenden ERP-Systeme angebunden werden. Alle gängigen CAS-Programme enthalten hierfür standardisierte Schnittstellen.
10. CRM-Systeme gehen noch einen Schritt über die Außendienst-/Verkaufsarbeit hinaus und integrieren jetzt auch die vor- und nachgelagerten Kundenprozesse von Marketing, Kundendienst, Logistik u. a.
11. Würde man sich vom Blick auf den einzelnen Kunden lösen und sämtliche internen Mengen- und Werteströme der Unternehmung automatisiert erfassen und steuern wollen, dann ist die Sphäre der betriebswirtschaftlichen Standardsoftware (ERP) erreicht. Es gibt nun Stimmen, die besagen, dass es überhaupt keine Unternehmensvorgänge gibt, die nicht in irgendeiner Weise den Kunden berühren. So nehmen auch die ERP-Systeme zuweilen für sich in Anspruch, CRM-Programme zu sein (*Debus* 2000, S. 64ff.). Selbst wenn man dieser Sichtweise nicht ganz folgen will: Die ERP-Programme bieten durch ihre Verkaufsmodule ohne Zweifel vollständige Beiträge zur Vertriebsautomatisierung. Die Frage

Vertriebssteuerung durch ERP, durch CRM oder durch CRM+ERP wird in Abschnitt 2.3.5 wieder aufgegriffen.

Begünstigt durch die sich abzeichnende weitere Leistungsexplosion bei Hard- und Software und durch verbesserte Datenübertragungsmöglichkeiten werden die aufgezeigten Systemfamilien ihren Siegeszug fortsetzen. Folgende Trends zeichnen sich dabei ab:

1. Die Entwicklung wird fortschreiten, sämtliche kundenbezogenen Prozesse in die Wertschöpfungskette zu integrieren.
2. Das Zusammenschmelzen der Wertschöpfungsketten von Lieferanten und Kunden (Kundenintegration = CIS) wird sich fortsetzen.
3. Internet (E-Commerce) und Tele-Marketing (Call-Center) werden verstärkt in die Systeme integriert bzw. angeschlossen.
4. Insofern wird sich CRM/CAS über alle Vertriebskanäle ausbreiten (Multikanalvertrieb), um die Kundenansprache über alle Absatzwege und Kanalstufen zu standardisieren (den Kunden in allen Kanälen mit einer Stimme ansprechen).
5. Die Vertriebsautomatisierung wird vor Planung und Controlling nicht haltmachen. Marktforschung, Kundenqualifizierung, Angebotskonfiguration sowie die Standardroutinen von Vertriebsplanung und Controlling werden Eingang in die CRM-/CAS-Systeme finden.

2.3.2.3 Ausrüstung von Außen- und Innendienst

Nicht nur durch diese große Welt der Systeme, sondern auch durch ihre täglichen Arbeitswerkzeuge geraten die Außendienstmitarbeitern/-mitarbeiterinnen in den Griff der Vertriebsautomatisierung. Gerätschaften wie Mobil (Handy), WAP-Handy, Palmtop, Laptop, Fax, Beamer etc. begleiten die Kundenbetreuer bei ihrer täglichen Arbeit. Die Produktzyklen dieser Verkaufswerkzeuge laufen derart schnell, dass heutige Beschreibungen schon bald wieder überholt sind. Der aktuelle Stand wird in speziellen Fachzeitschriften bestens beschrieben.

2.3.3 Von CAS zu CRM

2.3.3.1 Strategische Vorüberlegungen

Im Sinne von Link und Hildebrand soll **CAS** als eine „... *informationstechnologische Unterstützung von Planungs- und Abwicklungsaufgaben im Rahmen von Verkaufsprozesen – von der pre sales-Phase über die sales-Phase bis zur after sales-Phase – verstanden werden.*

CAS-Funktionen sind damit nicht allein auf den mobilen Einsatz von Computern (für den Außendienst, Anm. des Autors) begrenzt, sondern bilden eine Gesamtheit an zentraler und dezentraler Computerunterstützung für alle am Verkaufsprozess direkt oder indirekt Beteiligten" (Link/Hildebrand 1993, S. 95).

Diese bereits hoch entwickelte Form der Vertriebssteuerung wird durch den CRM-Gedanken noch weitergeführt. **CRM** verlangt, das bewährte Konzept des Beziehungsaufbaus und der Beziehungspflege (Relationship-Marketing) computergestützt auf alle Kundenprozesse auszudehnen. CRM umfasst somit als ganzheitliche Lösung (erarbeitet auf dem CRM-Forum des DDV im Mai 2000)

1. die Philosophie einer konsequenten Kundenorientierung aller betrieblichen Bereiche (Umsetzung des Postulats der marktorientierten Unternehmensführung),
2. die Integration aller Kundenvorgänge (Prozessoptimierung über den Vertrieb hinaus), also von Marketing, Verkauf, Kundendienst,
3. und dies aufbauend auf einem definierten SalesCycle (Grundprozesse),
4. die dafür notwendige Datenbank- und Softwaresteuerung,
5. mit dem Ziel nachweisbarer Wertsteigerungen in Kunden-/Lieferantenbeziehungen zum beiderseitigen Vorteil (Fixierung von Win-win-Situationen),
6. wobei die Systeme den Menschen und Organisationen ein lebenslanges Lernen ermöglichen müssen (Feedbackprozesse).

Abb. 3 veranschaulicht, wie zahlreiche Automatisierungsroutinen zur Optimierung aller Kundenkontaktformen eingesetzt werden können. Das Schema bezieht ausdrücklich die Ressorts Marketing und Kundendienst mit in die CRM-Steuerung ein. Die CRM-Konzeption ist natürlich nur dann wirklich neu, wenn in einer Unternehmung diese beiden Abteilungen bislang noch nicht in der Zuständigkeit eines Marketing- und Vertriebsleiters lagen. Man beachte auch, dass jetzt explizit den strategischen Gestaltungsaufgaben ausreichend Raum eingeräumt wird. Das war bei der klassischen CAS-Außendienststeuerung ja nicht der Fall bzw. wurde nicht offiziell gefordert.

Zusätzlich gelten die Kriterien des systemgestützten Vertriebs (*Winkelmann 2000, S. 159*):

- Onlinevernetzung aller Mitarbeiter
- Ressortübergreifendes Arbeiten aller Mitarbeiter mit Kundenkontakt
- Team-Selling von Außendienst und Innendienst (Frontoffice und Backoffice)
- Informationsgewinnung wird Holschuld (Data-Warehouse-Idee)

- Die Mitarbeiter werden so auf berufslebenslanges Lernen ausgerichtet
- Das System verwaltet nicht Kunden und Vorgänge, sondern es optimiert Instrumente und Prozesse
- CRM kann nicht an die IT-Abteilung delegiert werden, sondern muss vom Vertrieb gelebt werden (*Winkelmann 1999, S. 32–34*).

Komponenten integrierter Kundenmanagementsysteme Customer-Relationship-Marketing (CRM)				
Funktionen ⇨		Marketing	Verkauf	Service
Strategische Funktionen		Marketingmanagement Automation/Interactive-Selling-Systems, Geomarketingsysteme	Gebietsoptimierungen, Geomarketingsysteme, Online-Frühwarnungen, Benchmarking	Servicemanagement Automation
Operative Funktionen	Besuchs-kontakte	Field Marketing Automation, CAPI-Befragungen	Sales-Force-Automation (SFA) oder Computer Aided Selling (CAS), Touren- und Routensysteme	Field-Service-Automation, Touren- und Routensysteme für Kundendiensteinsatz
	Telefon-kontakte	Telemarketing, Call-Center, Hotlines	Computer Aided Selling (CAS), Telesales Automation, Beschwerdemanagement	Teleservice-Automation, Helpdesksysteme
	Internet-Kontakte	Web based Marketing	E-Commerce = Web based Sales Automation	Web based Service Automation, Internet-Hotlines, FAQ-Systeme
Die Ansätze zu diesem Schema gehen zurück auf: *Enders/Fromme (CAS-Report 1999), S. 25*				

2.3 Abb. 3: ***Komponenten von CRM-Systemen***

Leistungsvermögen und Qualität einer modernen Vertriebssteuerung hängen davon ab,

1. welche Kundenbetreuungsaktivitäten mit einem Programm erledigt werden können (Umfang der Programmfunktionalitäten = Programmbreite),
2. in welcher Perfektion diese Funktionen zur Verfügung stehen (Programmtiefe),
3. in welchem Maß Funktionen bzw. Programmeingaben starr vorgegeben sind oder von den Mitarbeitern individuell variiert werden können,
4. welchen Zeit- und Kostenaufwand das CAS-System erfordert (vor allem auch bezüglich der Datenpflege).

Abb. 4 gibt einen Überblick über die Bausteine (Funktionalitäten) moderner CRM-/CAS-Systeme (*Winkelmann 1999, S. 254–256*). Im Mittelpunkt stehen als „Herzklappen" ① Adressenmanagement (Database, Kundenhistorie), Angebots- und Auftragsbearbeitung sowie auch das Beschwerdewesen. Die Database speichert in systematischer Form alle Kundeninformationen ab mit dem Ziel, Verkaufschancen frühzeitig aufzuspüren und durch maßgeschneiderte Kontaktstrategien auszuschöpfen (Opportunity-Management). Mit ihr verknüpft sind

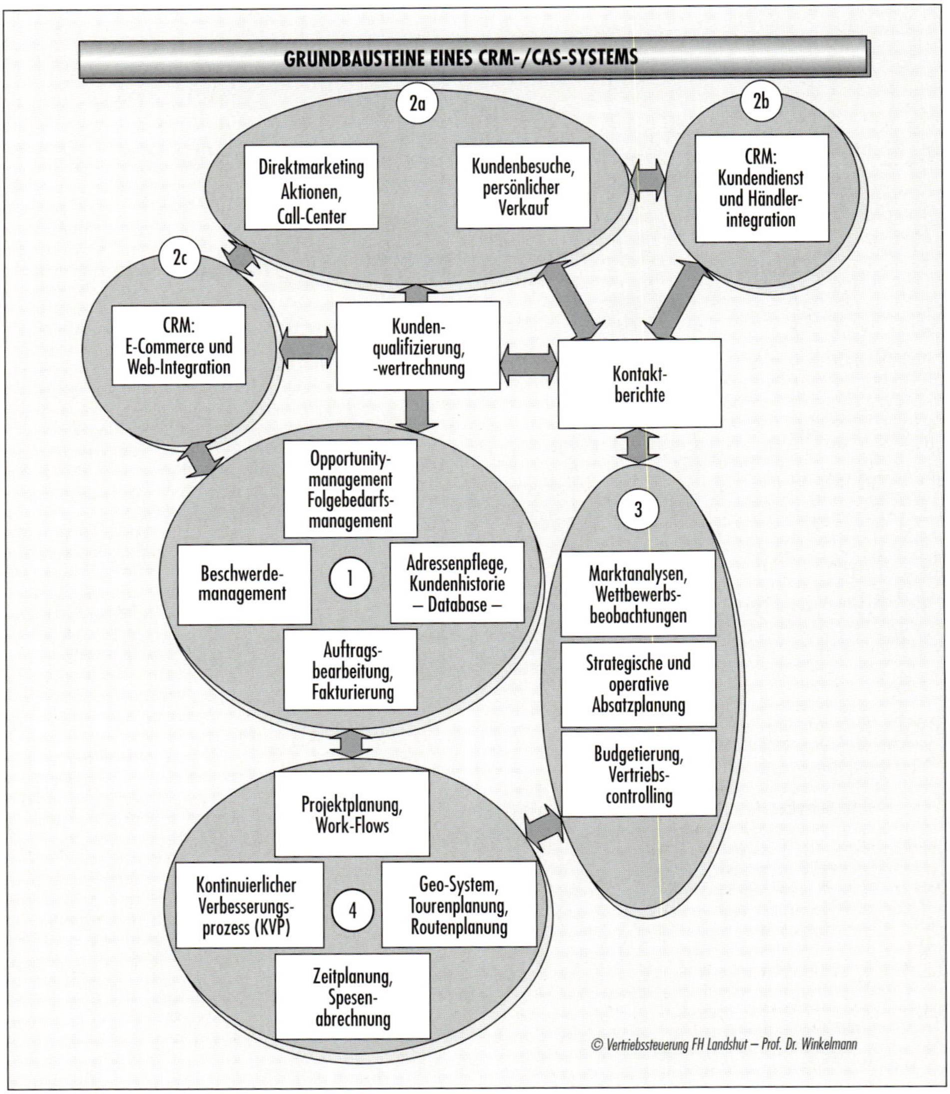

2.3 Abb. 4: ***Bausteine (Funktionalitäten) eines CRM-/CAS-Systems***

alle Abwicklungsvorgänge aus den Bereichen Angebotswesen, Auftragsabwicklung und Fakturierung. Dem Kernmodul übergeordnet sind die ② Maßnahmenmodule für die direkte Kundenansprache – zunächst für den persönlichen Verkauf wie auch für das Direktmarketing. Diesbezüglich muss auch ein externes Call-Center angebunden werden können. Gleiches gilt, im Sinne von CRM, auch für den Anschluss von Kundendienst und Händlerorganisation. In Richtung Backoffice muss der Internetvertrieb bzw. E-Commerce integriert werden können. Aus allen Marktkontakten ergeben sich Kundenqualifizierungen und das Kontaktberichtswesen (Besuchsberichte).

Ein ③ Marktforschungs-, Planungs- und Controllingmodul ist für die strategische Wettbewerbsbeobachtung, die gesamte Vertriebsplanung und für das Vertriebscontrolling zuständig. Dieser Bereich wird auch als analytisches CRM bezeichnet.

Letztlich unterstützt CAS den Verkauf durch ④ praktische Hilfsmittel wie Touren- und Routenplanung, Folgebedarfsmanagement, Projektsteuerung oder durch kontinuierliche Verbesserungsprozesse (KVP) auf der Grundlage von Stärken- und Schwächenauswertungen (Grundlage: Besuchsberichte, Außendienst- und Kundendienstinformationen). Auch Reisekosten- und KFZ-Abrechnungen gehören in diesen Werkzeugkasten.

Im CRM-/CAS-System hinterlegte Work-Flows sollen Kundenvorgänge abteilungsübergreifend nachvollziehbar machen und verbessern (z. B. Reklamationen, die vom Service erfasst und an Vertrieb, Qualitätssicherung und Entwicklung durchgereicht werden).

Abb. 5 liefert Beispiele für eine (1) **Firmenmaske**, (2) eine Maske für computergestützte **Besuchsberichte** und für eine (3) Maske zur systematischen Erfassung von **Wettbewerbsprodukten**. Ein umfassendes CAS-System kann gut bis zu 300 unterschiedliche Masken beinhalten – vor allem wenn Warenwirtschaft und Fakturierung integriert sind. Im vorliegenden Fall (System adito-columbus) ist eine Spaltung der Interessenten- bzw. Kundenmaske in die dargestellte, zentrale (1) Firmenmaske und in die mit ihr verknüpften Personenmasken charakteristisch.

Die zu betreuenden Personen im **Buying Center** können wechseln, neue hinzutreten oder bisherige Partner im Kundenunternehmen neue Funktionen übernehmen. Der Beziehungspflege wird also eine eigene Maskenfamilie gewidmet. Die in der Abb. 5 dargestellte Maske (1) zeigt nur die relativ stabilen Firmendaten. Zu ihnen gehören auch die wichtigen Daten der **Vertriebsplanung**: die Jahresplanung für den Kunden mit Erfassung von Potenzial und Jahreshochrechnungen, die monatlich mitlaufenden Soll-/Ist-Abweichungsanalysen (zum Vorjahr, zum Plan, monatlich und kumuliert) sowie die Gruppe der die Kundenpriorität bestimmenden Qualifizierungsparameter. Von besonderer betriebswirtschaftlicher Bedeutung sind in diesem Zusammenhang auch die Felder Bonität, offene Posten, Kreditlimit und Zahlungsziel. Nach allen Daten kann isoliert und kombiniert auf Knopfdruck gesucht und ausgewertet werden.

Die (2) Maske Besuchsbericht dient sowohl der **Besuchsvorbereitung** wie auch der Nachbereitung. Der Außendienstmitarbeiter wird fortlaufend mit den aktuell gültigen Attraktivitätswerten und der hinterfragten Zufriedenheit des Kunden konfrontiert. Es gibt keinen Experten, der dem Vertrieb diese Werte objektiv liefert. Die weichen Kundenbewertungen liegen vielmehr in der Verantwortung von Innen- und Außendienst. Die Besuchsberichte, Kundeninformationen (z. B. Beschwerdebriefe) und die Geschäftsvorfälle selbst müssen die Situationseinschätzungen des Verkaufs rechtfertigen.

Der Besuchsbericht verzweigt auf **Wettbewerber**, die bei dem Kunden oder Interessenten aktiv sind, sowie auf Wettbewerbsprodukte, die beim Kunden zum Einsatz kommen. Für jedes auftauchende Produkt legt der Verkäufer eine (3) **Produktmaske** an, um dann hartnäckig die relevanten technischen und kaufmännischen Konkurrenzdaten über die Jahre der Betreuungsarbeit zu erfragen. Geduld zahlt sich aus, um eines Tages die entscheidenden Hinweise zu bekommen, wo man hinsichtlich Angebotspreis und Lieferanteil im Vergleich zum Wettbewerb liegt.

2.3.3.2 Operatives, analytisches und kooperatives CRM

Für die in Abb. 4 dargestellten Funktionalitäten hat sich mittlerweile eine Teilung in drei Kompetenzbereiche durchgesetzt. Danach werden unterschieden:

1. Das **operative CRM** umfasst alle Funktionalitäten und Methoden, die für den direkten Kundenkontakt benötigt werden. Man spricht auch von Frontend-Systemen. Operative CRM-Lösungen unterstützen unmittelbar die Arbeit von Außen- und Innendienst sowie vom Kundendienst.
2. Das **analytische CRM** ist oft im Marketing angesiedelt und umfasst alle Anwendungen zur Analyse des Kundenverhaltens und zur Ableitung von Zielgruppen und Kaufprofilen. Im Mittelpunkt stehen neben den Basisbereichen von Marktforschung, Planung und Controlling vor allem die Data-Warehouse- und die Data-Mining-Lösungen. Ein **Data-Warehouse** harmonisiert die marktrelevanten Daten aus allen Abteilungen und Bereichen und stellt sie den Mitarbeitern auf Abruf online zur Verfügung. Wichtige Daten sind immer eindeutig gespeichert und werden permanent aktualisiert. **Data-Mining** setzt auf die abgeglichenen Datenbestände auf und versucht, mit Hilfe von statistischen Verfahren Gesetzmäßigkeiten des Käuferverhaltens bzw. Kaufmuster (Käuferprofile) aufzu-

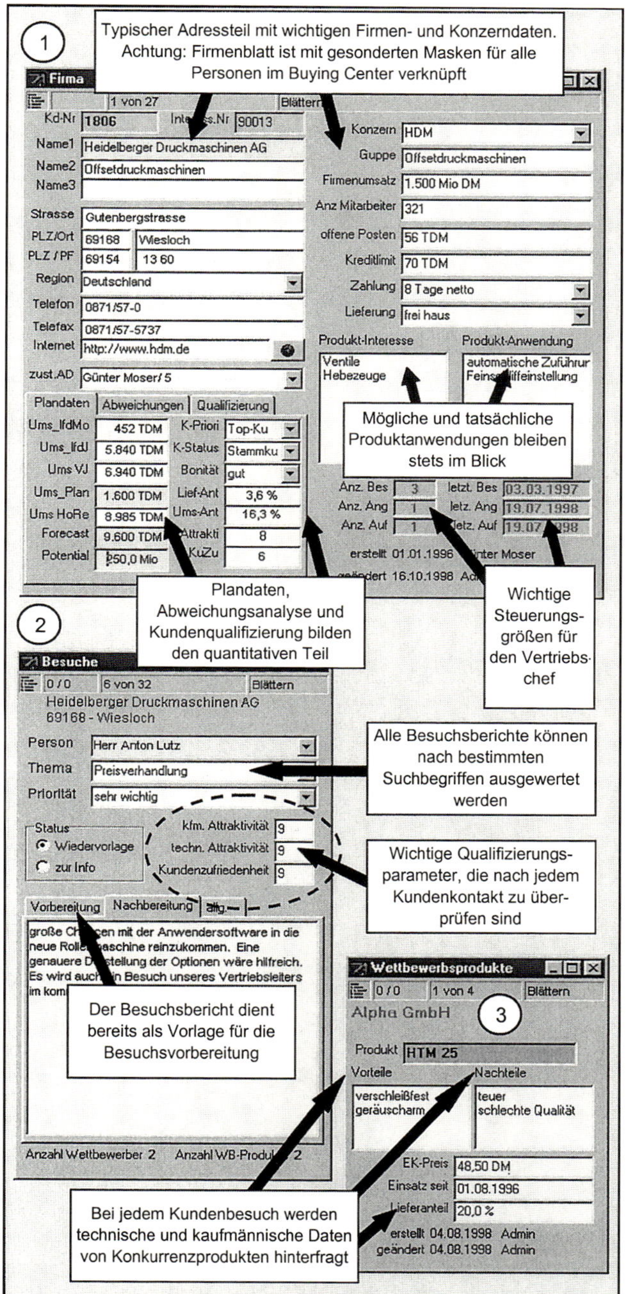

CRM-System adito-columbus von ADITO Software GmbH

2.3 Abb. 5: ***Masken eines CRM-/CAS-Systems***
Quelle: adito-columbus, adito Software GmbH

spüren, die vorher (a priori) unbekannt waren. Mit Hilfe von Data-Mining kommt man z. B. zu Aussagen der folgenden Art: *Versicherungskunden, die nach dem Rückkaufwert ihrer Lebensversicherung fragen, wollen mit 80-prozentiger Wahrscheinlichkeit kündigen; Kunden, die Produkt A kaufen, kaufen mit 90-prozentiger Wahrscheinlichkeit auch Produkt B.*

3. Das **kooperative CRM** (im Schrifttum oft auch als kollaboratives oder kommunikatives CRM bezeichnet) umfasst alle Anwendungen zur Steuerung und Abstimmung der Vertriebskanäle mit den entsprechenden Kommunikationsmedien (Brief, Call, Fax, Mail, SMS, Chat etc.) und damit auch zur Harmonisierung der Zusammenarbeit mit Vertriebspartnern. Für diesen Teilbereich kommt immer stärker der Begriff Relationware auf.

Abb. 6 ordnet wichtige Arbeitsbereiche von Marketing und Vertrieb den drei genannten CRM-Kompetenzbereichen zu.

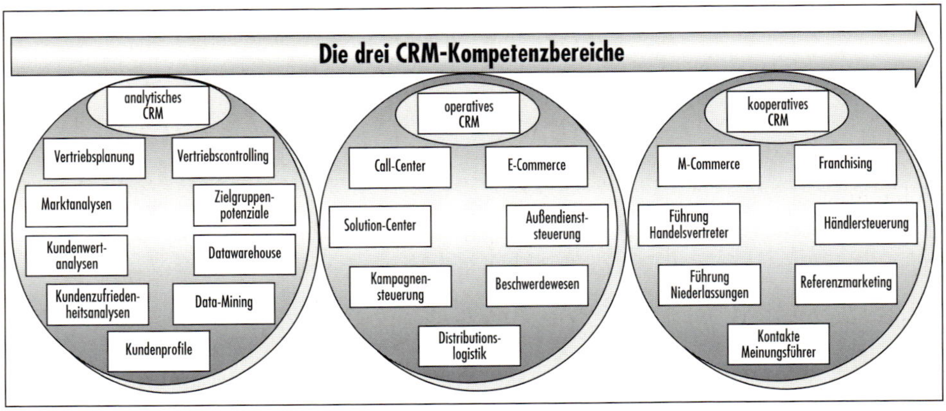

2.3 Abb. 6: *Die drei CRM-Kompetenzbereiche*

2.3.3.3 Vorteile und Kosten von CRM-/CAS-Systemen

Mit diesen Funktionalitäten eröffnen CRM-/CAS-Systeme den Anwendern ganz besondere Vorteile. Nach wie vor hat eine von Link und Hildebrand kreierte Vorteilsauflistung Gültigkeit (*Link/Hildebrand 1993, S. 141–147*):

- *Vorteile durch Individualisierung:* Mit Hilfe von CRM/CAS können Kundenwünsche individueller berücksichtigt und Produkte und Dienstleistungen auf systematische Weise maßgeschneidert werden.

- *Vorteile durch Schnelligkeit:* Vertriebsvorgänge lassen sich signifikant beschleunigen (bis zu 40 %), Verkaufschancen werden früh erkannt und genutzt.
- *Vorteile durch Lernpotenziale:* Mit Hilfe von CRM/CAS kann sich der Vertrieb systematisch weiterentwickeln und auf PC-gestützte Weise neue Verkaufsmethoden anwenden.
- *Vorteile durch Erfassung von Wiederholungskaufpotenzialen:* CRM/CAS analysiert die Bedarfsstruktur des Kunden sowie dessen Bestellverhalten. Ersatzbedarf wird aufgespürt, der Kunde zum richtigen Zeitpunkt bedürfnisgerecht akquiriert.
- *Vorteile durch Erfassung von Cross-Selling-Potenzialen:* CRM/CAS spürt Verkaufschancen programmübergreifend (sortimentsübergreifend) auf.
- *Vorteile durch Rationalisierung:* Durch CRM/CAS können signifikante Einsparungen bei den Vertriebsverwaltungs- und Kundenbetreuungskosten realisiert werden (insbesondere auch durch eine prioritätengerechte Steuerung von Kundenbesuchen und Besuchszeiten). Kosteneinsparungen zwischen 20 und 50 % sind belegt. Bei diesem Punkt ist auch die papierlose Verarbeitung als großer Vorteil zu betonen.

Zusammengenommen verwirklicht CRM/CAS die Vision von integriertem Kundenmanagement „aus einem Guss". Eine hohe Professionalität bei der Kundenbetreuung und in der Vorgangsbearbeitung sorgt für eine Wettbewerbsdifferenzierung und stärkt dadurch die Kundenbindung.

Diesen Vorteilen sind die Investitions- und Unterhaltungskosten der Automatisierungssysteme gegenüberzustellen. Leider ist es hier nicht möglich, für alle Unternehmen einen einheitlichen Nenner zu finden. Denn die Investitionen in den Bereichen

4. Hardware
5. Software
6. Anpassung (Customizing)
7. Training und
8. Support

hängen zu stark von den in einer Unternehmung vorhandenen Voraussetzungen und Erfahrungen ab. Keinesfalls darf ein Anbietervergleich nur anhand der Arbeitsplatz-Lizenzkosten vorgenommen werden. Hinsichtlich der Anteile von Hard- und Software sowie Service wird noch einmal auf Abb. 1 Bezug genommen. Vielleicht lässt sich für qualifizierte Systeme als Daumenregel für die Software inkl. Anpassung 2.500 EUR pro Arbeitsplatz (ohne Hardware) angeben. Einführungszeiträume liegen in einer Bandbreite von 0,5 bis 1,5 Jahren. Eine Vertriebsautomatisierung kann und sollte schrittweise erfolgen, beginnend mit Kundenadressen und Vorgangshistorie.

2.3.3.4 Empfehlungen zur Einführung von CRM-/CAS-Systemen

Interessiert sich ein Vertriebsmanagement für die Einführung eines CRM-/CAS-Systems, dann können folgende Empfehlungen gegeben werden:

- Bringen Sie Ihre fachlichen Kenntnisse in Marketing und Vertrieb à jour, bevor Sie sich konkret mit einem System befassen. Legen Sie im Team von Innendienst, Außendienst und Vertriebsleitung fest, mit welchen Daten und Methoden Sie zukünftig gemeinsam Ihren Verkauf steuern wollen (Pflichtenheft).
- Wenn Sie Konflikte in Ihrer Mannschaft haben: Bereinigen Sie diese vor Anschaffung eines Informationssystems, das doch für Teamarbeit konzipiert ist.
- Sehen Sie eine Vertriebssteuerung nicht als notwendiges Übel zum Verwalten des Bestehenden an, sondern als eine Chance zu mehr Kundenorientierung und Effizienz. Definieren Sie die Markt-, Geschwindigkeits- und Kostenvorteile, die Sie mit CRM/CAS erreichen wollen.
- Holen Sie sich Angebote von entsprechenden Anbietern ein, gewinnen Sie durch Demo-Versionen einen ersten Eindruck (und nicht mehr). Fragen Sie bei Referenzen nach, wie die Anwender mit dem Programm und dem Service zufrieden sind. Überbewerten Sie das Thema Referenz aber nicht.
- Berücksichtigen Sie beim Angebotsvergleich nicht nur größere, renommierte Softwarehäuser, sondern auch eventuell vorhandene, kleinere Anbieter vor der Haustür. Diese sind manchmal eher bereit und ambitioniert, Programmanpassungen schnell, individuell und kostengünstig vorzunehmen. Entscheidend ist aber eine Abschätzung, ob Ihnen ein Anbieter dauerhaft als Partner erhalten bleiben kann. In diesem Markt gibt es durchaus Fluktuation.
- Vergleichen Sie die angebotenen Programmleistungen mit den von Ihnen geforderten Funktionalitäten. Holen Sie sich Angebote für die Nachprogrammierung wichtiger, fehlender Programmteile ein.
- Überprüfen Sie, ob Ihnen die Anbieter Programmeinspielungen und Serviceleistungen über das Internet bzw. über ISDN vornehmen.
- Testen Sie die Hotlines der Anbieter. Es gibt Anbieter, die ihre Kunden gerne ausgiebig mit Musik verwöhnen. Prüfen Sie – einfach anrufen.
- Lassen Sie mindestens die drei beim Angebotsvergleich am besten abschneidenden Anbieter ihr Angebot präsentieren. Ziehen Sie dazu auf jeden Fall die Verkaufsmannschaft hinzu.
- Wenn die Entscheidung gefallen ist (hoffentlich nicht automatisch für den billigsten Anbieter), dann bilden Sie im Vertrieb eine Arbeitsgruppe, die die Einführungsphase begleitet. Auch der Schulungsbedarf sollte vom Vertriebsteam selbst bestimmt werden.

- Eine neue Vertriebssteuerung sollte in den Grundzügen nach mindestens einem halben Jahr funktionsfähig sein. Nach einem weiteren halben Jahr sollten „Kinderkrankheiten" bereinigt und individuelle Anpassungen vollzogen sein.

2.3.4 Von CRM zu eCRM (Internetvertrieb)

2.3.4.1 Strategische Vorüberlegungen

Aber nicht nur CRM verändert Märkte und vertriebliche Arbeitswelt. Eine noch viel bedeutsamere Automatisierungswelle treibt das World Wide Web an. Was 1969 als ein Pentagon-Konzept (ARPANET) zum Überleben der Computer dieser Welt bei einem Atomschlag begann, hat sich mittlerweile dank HTTP, FTTP und TCPI-Protokoll zu einem mächtigen, weltweiten Vertriebskanal ausgeweitet. Im Zentrum steht der elektronische Handel, sprich E-Commerce – die Verkaufsseite des alles umfassenden E-Business. Ende 1998 lag der Internetumsatz in Deutschland noch bei verschwindend geringen 0,25 Mrd. EUR. Laut Prognose von *Roland Berger und Partner* werden es Ende 2001 bald 15 Mrd. EUR sein (zit. in *Preissner* 1999, S. 188–195). 40 % aller deutschen Unternehmen sind schon „im Netz". 20 Mio. Deutsche nahmen im Jahr 2000 bereits am digitalen Versandhandel teil. Die entscheidenden Wachstumsimpulse kommen jedoch aus dem B-to-B-Business. Glaubte man bei den Anfängen des Internet noch an eine Dominanz des Consumergeschäftes, so werden heute die größten Wachstumspotenziale in der Geschäftsabwicklung zwischen Unternehmen gesehen (nach *eco*, Köln, zit. in *salesprofi* 7/1999, S. 42).

Die Internetautomatisierung kann folgende Unternehmensstrategien unterstützen:

1. Konsumgüterhersteller nehmen am Handel vorbei Kontakt zu Endkunden auf, schaffen sich Marktwissen und verstärken dort die Kundenbindung (Nestlé).
2. Konsumgüterhersteller schalten den Handel aus und nutzen das Internet konsequent als Vertriebsweg (Dell).
3. Banken gehen in gleicher Weise vor (Deutsche Bank24).
4. Das gilt insbesondere für Existenzgründungen (Start-ups), die von vorneherein auf Direktvertrieb setzen.
5. Hersteller binden ihre Handelspartner in eigene kommunikative Web-Konzepte ein.
6. Hersteller tun sich im Internet zu virtuellen Unternehmen zusammen.

7. Im Versandgeschäft bereits bestens etablierte Unternehmen bauen E-Commerce als neuen Vertriebskanal auf.
8. Handelskonzerne bündeln die Sortimente verschiedener Hersteller zu einem virtuellen Sortiment (*www.karstadt.de*).

Die Vorteile für Marketing und Vertrieb liegen auf mehreren Ebenen (*Winkelmann 2000, VLS Nr. 684*):

1. Nutzung des Internets für werbende Zwecke und zum Informationsaustausch (papierlose Darstellung von Katalog und Preisliste im Web),
2. Nutzung des Internets zur Verkaufsanbahnung und zur Verkaufsförderung (Verschicken von Angeboten, Direktkampagnen über das Web, Preisausschreiben etc.),
3. E-Commerce, d. h. die Nutzung des Internets für den aktiven Verkauf,
4. durch Integration vor- und nachgelagerter Wertschöpfungsstufen kommt man zum E-Business.

2.3.4.2 Funktionalitäten von E-Commerce-Systemen

Abb. 7 zeigt die Ablaufschritte eines E-Commerce-Geschäftes und deutet die Rolle an, die der Mensch dabei zukünftig noch spielen wird. Das Schema deckt die erheblichen Automatisierungsreserven auf. Im Frontoffice ist nur noch wenig Personal für die Beratung in schwierigen Fällen vorhanden. Alles andere regelt der Computer. Während der Kunde vielleicht das selige Gefühl genießt, individuell betreut zu werden und zeit- und grenzenlos mit seinem Lieferanten zu kommunizieren, herrschen im Hintergrund die standardisierten Computerroutinen. So hart es auch klingen mag: Die Internetautomatisierung läutet das Ende der Mitarbeiter mit Abwicklungsaufgaben ein.

2.3.4.3 Vorteile und Kosten von E-Business-/E-Commerce-Systemen

Eine wesentliche Ursache für den Siegeszug des Internets liegt also in der Automatisierung von Standardprozessen und in den damit verbundenen Rationalisierungpotenzialen. Neben den bekannten Vorteilen –

- Die Einkaufswelt ist 24 Stunden geöffnet.
- Wissen steht weltweit unbegrenzt zur Verfügung.
- Das Internet bietet einen schnellen und kostengünstigen Marktüberblick.

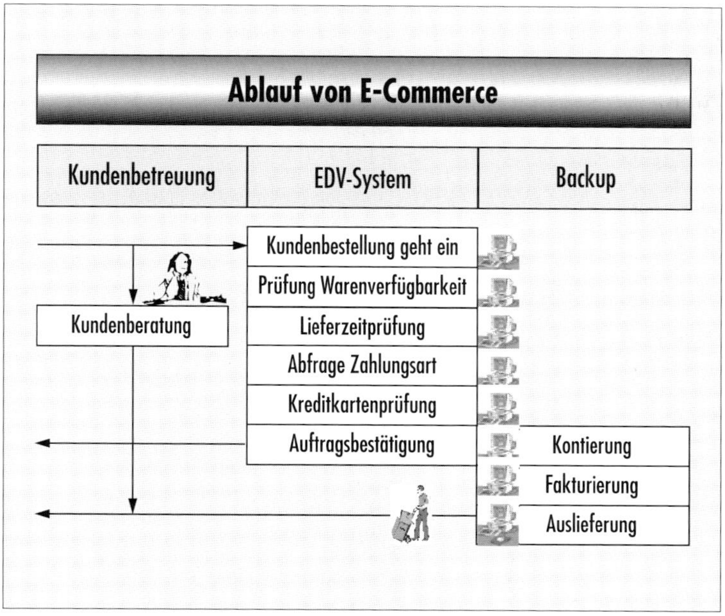

2.3 Abb. 7: *Automatisierung des E-Commerce-Prozesses*

- Zielgruppen sind schnell erreichbar.
- Kaufverhalten der Websurfer ist automatisiert nachvollziehbar.
- Unternehmen können sich für einen Marktauftritt leicht zusammenschließen.
- Markteintrittsbarrieren sind niedrig.
- Kleine Unternehmen haben im Internet keine Größennachteile.
- Hohe Marketingkraft durch Multimedialität und Interaktivität.

– sind es vor allem Kostenvorteile, die die Unternehmen in die Computervernetzung locken. Über die Verkaufsvorteile sind zwar noch keine Zahlen publik gemacht worden. In Bezug auf Kostensenkungen durch elektronischen Einkauf dagegen gibt es eine bemerkenswerte Rechnung der Frankfurter Flughafen AG, die eine Kostensenkung durch Prozessautomatisierung um 87 % nachweisen kann (*Fehr* 1999, S. 274–283). Allerdings sei angemerkt, dass sich dieses Beispiel auf Standardartikel (Büromaterial) bezieht. Generell prognostiziert Goldmann Sachs für das produzierende Gewerbe Einsparungen durch E-Commerce von 22 % (Vertriebsleiterservice Nr. 691/2000, S. 1). Folgerichtig unternimmt jetzt z. B. die BMW AG Anstrengungen, das B- und C-Teilegeschäft via Internet weltweit auszuschreiben.

2.3.4.4 Empfehlungen zur Einführung von E-Business-/E-Commerce-Systemen

Aus Platzgründen muss hier auf Quellen verwiesen werden (*Hermanns/Sauter 1999; Winkelmann 1999*). Folgende Punkte verdienen an dieser Stelle dennoch Erwähnung:

1. Kein Kunde kann zum Besuch einer Web-Page gezwungen werden. Ein Auftritt im Internet verlangt also nach einem Kreativkonzept für die Webseiten.
2. Die Stärke des Internets liegt (im Gegensatz zu den klassischen Massenmedien) in der flexiblen Responsemöglichkeit. Folglich sollte ein Webauftritt auch einen (individuellen) Dialog mit dem Kunden ermöglichen.
3. Besteht eine Außendienstorganisation, dann dürfen E-Commerce-Shops keinesfalls neben den persönlichen Verkauf gestellt werden. Der Webauftritt wird scheitern, wenn sich E-Commerce als Konkurrenz zum Außendienst erweist. Es kommt also in diesen Fällen darauf an, klassische CAS-Vertriebssteuerung mit E-Commerce intelligent zu verknüpfen (vgl. hierzu das Beispiel bei *Winkelmann* 1999).

2.3.5 Schlüsselfrage: CRM oder ERP?

„Schließlich sind die Vorteile der Integration des Vertriebs im Rahmen einer einheitlichen Standardanwendungsarchitektur wie SAP R3 unübersehbar: keine Redundanzen infolge einer gemeinsamen Datenbank, durchgängige Geschäftsprozesse vom Vertrieb über die Produktion und den Einkauf bis hin zur Verbuchung im Rechnungswesen und ein allzeit aktuelles Berichtswesen" (Hildebrand 1998, S. 23).

Statements dieser Art sind von den Verfechtern der betriebswirtschaftlichen Standardsoftware immer wieder zu vernehmen. Sie legen es nahe, CRM-Systeme für überflüssig zu erklären und gleich den Schritt in die allumfassende ERP-Software zu wagen. Knapp 22.000 Installationen von SAP in mehr als 12.000 Unternehmen sprechen für den Erfolg vertikaler Automatisierungssysteme (*Müller/Preissner 1999, S. 70*). Abb. 8 zeigt die Weltmarktanteile der weltweit führenden ERP-Anbieter im Jahr 1997.

Jedoch, es gibt fundierte Gegenpositionen: *„ERP ist das Rückgrat und bietet Ressourcen und operative Anwendung, während CRM die Rahmenbedingungen für Marketing und die besten Praktiken im Umgang mit dem Kunden schafft" (Bhatia, www.ITtoolbox.com)*. Diese Aussage kennzeichnet eher die Situation. ERP zielt als Backbone auf ein Höchstmaß an

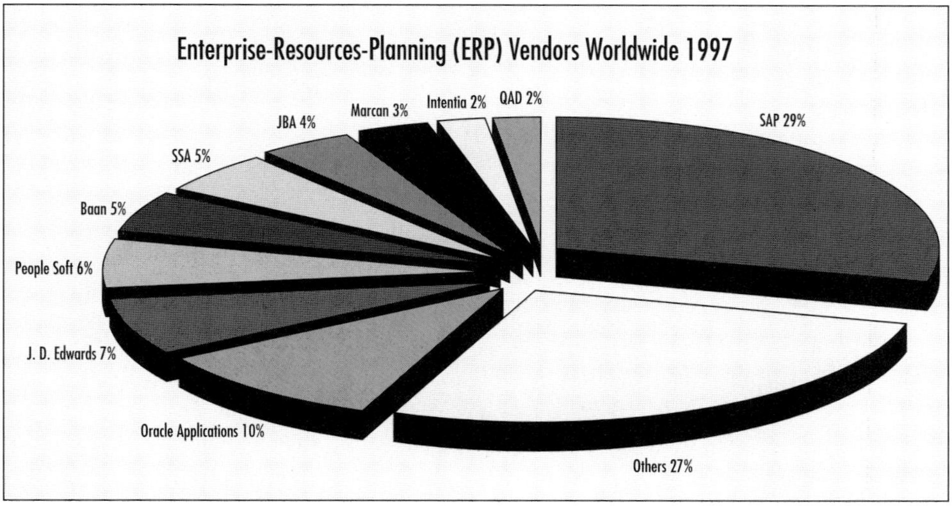

2.3 Abb. 8: ***Weltmarktanteile von ERP-Anbietern 1997***
Quelle: www.erp-outsourcing.com/main.htm 22.11.1999

Standardisierung und Kosteneffizienz. Gleichzeitig aber die Stoßrichtung Individualisierung der Vertriebssteuerung, Anpassung an spezielle Branchengegebenheiten und an besondere Kundenwünsche anzustreben, löst einen Widerspruch in sich aus. Es kommt also nicht von ungefähr, dass SAP im Frontoffice-Bereich ab Mitte 2000 teilweise auf die Software von *Clarify* zurückgegriffen hat (im Call-Center). Wie lauteten die Überschriften der Gazetten: Clarify soll CRM-Lücken von SAP schließen (*o.V., Computerwoche v. 7.4.2000*).

In fachlicher Hinsicht gibt es eine Vielzahl von Vor- und Nachteilen anzumerken, die jeweils für oder gegen ERP und CRM bzw. CRM schnittstellenverbunden mit ERP, sprechen. Eine detaillierte Auseinandersetzung mit diesen Argumenten muss an anderer Stellen erfolgen (*Winkelmann 2000*). Aus dem Blickwinkel dieser Argumente werden sich Anbieter und Nachfrager im Bereich der Vertriebsautomatisierung in den kommenden Jahren in drei Gruppen trennen:

1. die Strategen, denen es gar nicht um Automatisierung geht, sondern um eine neue Marktstrategie,
2. die Individualisierer/Best-of-Breed-Spezialisten (Tenor: Gesucht ist eine branchen- und unternehmensspezifische Marktsteuerung) und
3. die Standardisierer/Generalisten (Tenor: Ihnen geht es vorrangig um den Absatz von Standardsoftware und um kosten- und effizienzoptimierte Prozesse).

Wenn der Autor für die CRM-/CAS-Idee und für den Internet-Vertrieb einsteht und die individuellen Problemlösungen in Marketing und Vertrieb präferiert, dann freut er sich über ein treffendes Statement, das die fachliche Betrachtung der Vertriebsautomatisierung wohl in bester Weise abrundet:

„Finger weg von allem, was eine schnelle, standardisierbare Lösung verspricht. Die größte Gefahr für kundenbezogene Prozesse ist eine übertriebene Prozessstandardisierung" (Homburg 1996, S. 147).

Die Software funktioniert. Aber die Menschen ziehen nicht mit.

2.3.6 Die menschliche Seite der Vertriebsautomatisierung

2.3.6.1 Zum Konflikt zwischen Standardisierung und Individualisierung

Die Euphorie für die modernen Steuerungssysteme ist groß. Doch sie erhielt einen Dämpfer durch eine Studie der META GROUP Deutschland im Jahr 1999. Eine Ergebnis der Studie war, dass 66 % aller deutschen Unternehmen (befragt wurden 738 Firmen) auf absehbare Zeit kein CRM-Projekt planen (vgl. zur kritischen Wertung der Studie *Winkelmann* 2000, S. 36f.). Als einer der Hauptgründe wird fehlende Akzeptanz angeführt (VLS 683/2000, S. 3). Auch hat das Internet (noch) nicht auf allen Seiten Freunde gewonnen. Ohne Zweifel bestehen bei den Mitarbeitern von Marketing und Vertrieb, aber auch im Management noch vielschichtige Vorbehalte, Widerstände und Ängste gegenüber den neuen Automatisierungstechniken. Welche sind die Hauptargumente, die immer wieder vorgebracht werden und die es ernst zu nehmen gilt?

1. Zwar fordert das Marketing immer mehr Flexibilität und Individualisierung des Kundendialogs, die Prozessautomatisierung wirkt dagegen kontraproduktiv: Die Mitarbeiter sehen sich immer stärker in Schablonen gepresst. Standardisierung tötet Individualisierung.
2. Die Systeme bewegen sich nicht nur in Richtung gläserner Kunde: Sie führen auch zum gläsernen Außendienst. Unter den Schlagworten mehr Effizienz, schneller werden, Benchmarking im Vertrieb geht es nur darum, Mitarbeiter in den Vertriebsorganisationen freizusetzen und noch mehr Leistung aus dem Verkauf herauszupressen.
3. Die Menschen verlieren die persönliche Beziehung zum Vorgang. Sie sind nur noch Roboter in einer Computermaschinerie.

4. Die persönlichen Beziehungen zu den Kunden werden entmenschlicht. Es fehlen die menschliche Nähe und Echtheit einer Face-to-Face-Beziehung. Ist eine bestimmte Reaktionsweise dem Kunden gegenüber EDV-mäßig nicht vorgesehen, dann kann sie auch vom Kundenbetreuer nicht so wie gewünscht ausgeübt werden (Beispiel: Für Amazon sind schnelle Lieferzeitangaben für Bücher, die nicht über den Großhandel gehen, aus technischen Gründen nicht möglich).
5. Einmal eingeführt führen die neuen Systeme zu permanenter Unruhe durch Programmänderungen und Updates, aber auch durch die Fülle programmtechnischer Probleme. Die oft anzutreffende Hilflosigkeit der Anwender lässt sich in einem Satz ausdrücken: *Wenn der Fehler erneut auftritt, wenden Sie sich bitte an den Hersteller.* Mehr im Regen stehen lassen kann man seine Kunden kaum noch! Denn gerade für viele Freiberufler hängt die Existenz davon ab, dass ihre Bürotechnik funktioniert.
6. Unter Einbezug der Einarbeitung in eine Software und der zu erwartenden Progammänderungen (Updates, Releases) befürchten die Mitarbeiter eben keine Entlastung, sondern Mehrarbeit durch noch mehr Leistungsdruck und umfangreiche vorgeschriebene Dateneingaben. Wir kennen das bereits von zahlreichen lästigen E-Commerce-Bestellungen für Konsumgüter: Der Käufer kann seine Bestellung erst dann abschicken, wenn er gewisse private Daten zu seiner Person eingegeben hat. In Bezug auf den B-to-B-Bereich kann das der Autor allerdings nur für die Fälle bestätigen, in denen das Management die Mitarbeiter nicht unterstützt, sondern ihnen eine sie überfordernde Software aufzwingt.
7. Große menschliche Probleme treten auch immer wieder auf, wenn die Verkaufsleiter bei Einführung der Automatisierung keine Vorbildfunktion wahrnehmen (*Winkelmann 1998, S. 70–73*). Wie erkennt man diese Schwachstelle? Gehen Sie in eine Verkaufsabteilung, wo die Computer blinken, der Schreibtisch des Chefs aber computerlos vor Papier überquillt. Verlassen Sie dieses Haus. Die Tage dieser Vertriebsleitung sind gezählt. Bis zum Generationswechsel aber herrschen Unruhe und Frust an den Arbeitsplätzen.

2.3.6.2 Neue Kompetenzen für Außendienst und Innendienst

Hoffnungsfroh stimmt dagegen ein Ergebnis vom Bosch-Außendiensttag 1999: (s. S. 114)

Wessen Arbeitsplätze sind folglich durch die Automatisierungswelle gefährdet? Es sind dies die der Auftragsabholer alter Prägung, der Kundenverwalter, Einzelkämpfer und Abwickler. Wer aber wird auf der anderen Seite überleben? Wem wird die technologische Revolution in Marketing und Vertrieb neue Berufschancen eröffnen?

Bosch-Außendiensttag 1999 in Brüssel

- Auf der Außendiensttagung kam die bewegende Frage auf: *Brauchen wir angesichts von E-Commerce, CRM und Call-Center überhaupt noch einen Außendienst?*
- Die Vertriebsleitung gab folgende bemerkenswerte Antwort: *„Ja, wir brauchen einen Außendienst, und zwar einen besseren Außendienst als zuvor. Wir brauchen eine wesentlich höhere Qualifikation im Außendienst, um eine qualitative Beratung und Schulung an den Handel leisten zu können" (Hanser 1999, S. 56).*

1. Gesucht werden Vertriebsmitarbeiter, die fundiert mit den Systemen umgehen können – die vor allem auch Impulse in Richtung Ausbau und branchenorientierte Anpassung der CRM- und Internetsysteme geben können.
2. Die Vertriebsautomatisierung wird in starkem Maße Planung und Controlling in den Vertrieb zurückverlagern (Dezentralisierung). Gesucht werden also Vertriebsmitarbeiter mit betriebswirtschaftlicher Methodenkompetenz; die konzeptionell denkenden und auch rechnenden Verkäufer und Key-Account-Manager.
3. Verkaufsleiter und Vertriebsführungskräfte müssen sich mit neuen Vertriebskanälen und einer neuen Methodik, unterschiedliche Vertriebswege integriert zu steuern, auseinandersetzen. Gesucht werden Vertriebsmitarbeiter, die fit sind im Mehrkanalvertrieb.
4. Immer mehr Handelsvertreter, Vertragshändler und auch Großkunden werden in die Intranet- und Extranetkonzeptionen der Hersteller eingebunden. Gesucht werden Vertriebsmitarbeiter, die keine Produkte, sondern Webkonzeptionen verkaufen, d. h. Partner für die Mitarbeit im Multikanalvertrieb gewinnen und diese hierbei dauerhaft betreuen.
5. Gesucht werden Vertriebsmitarbeiter, die eine der wertvollsten Chancen von CRM und Internet nutzen und an die Kollegen/Kolleginnen weitergeben: die systematische, weltweite Wissensmehrung zum Wohle der eigenen Unternehmung und der eigenen Persönlichkeitsentwicklung (Knowledge-Management).

2.3.6.3 Neue Kompetenzen für die Vertriebsleitung

Die Vertriebsmitarbeiter neuer Prägung werden sich aber nur entfalten können, wenn sie die volle Unterstützung ihrer Marketing- und Vertriebsleiter erhalten. Siebel und Malone zeigen in prägnanter Weise die neuen Rollen der Verkaufschefs auf (*Siebel/Malone 1998, S. 174–177*).

2.3 Abb. 9: *Die neuen Kompetenzen der Vertriebsleiter (nach Siebel/Malone 1998)*

Chefs der Vergangenheit haben als Moralverstärker der Geschäftsführung die Mitarbeiter ständig auf mehr Leistung, Umsatz und Produktivität getrimmt, als Weihnachtsmänner die Leistungsträger gelobt und ausgezeichnet und als Scharfrichter die leistungsschwächeren Verkäufer sanktioniert. Die neuen Kompetenzen der Verkaufschefs liegen im organisatorischen und betreuerischen Bereich, wie Abb. 9 aufzeigt. Und darin, dass sie zukünftig selbst das Automatisierungsschicksal für ihre Organisation in die Hand nehmen (können). Der Vertriebschef und die Führungskräfte im Vertrieb werden zu „Werkzeugmachern". CRM/CAS und Internetvertrieb ist Sache des Vertriebs.

Literatur

Ackerschott (2000): Ackerschott, H. Th.: Strategische Vertriebssteuerung, 2. Aufl., Wiesbaden

Debus (2000): Debus, Th.: Erfolgsfaktoren für CRM-Projekte – Der Kunde steht im Mittelpunkt, in: IT-Management, Nr. 4, April 2000, S. 64–74

Enders/Fromme (1999): Enders, A./Fromme H.: Customer Relationship Management-Software – der Integration gehört die Zukunft, in: CAS-Report 1999, Wiesbaden, S. 22–26

Fehr (1999): Fehr, B.: Pioniere am Netz, Manager Magazin, Nr. 10, Oktober 1999, S. 274–283

Hanser (1999): Hanser, P.: „Netz"bindung für den Handel, in: Absatzwirtschaft, Nr. 9, September 1999, S. 54–56

Hermanns/Sauter (1999): Hermanns, A./Sauter M.: Management-Handbuch Electronic Commerce, München

Hildebrand (1998): Hildebrand, K.: Vertriebsmanagement mit SAP R/3, in: Hannig, U. (Hrsg.): Managementinformationssysteme in Marketing und Vertrieb, Stuttgart, S. 123–131

Homburg (1996): Homburg, Ch.: Weiche Wende, in: Manager Magazin, Nr. 1, Januar 1996, S. 144–151

Kleinaltenkamp/Fließ/Jacob (1996): Kleinaltenkamp, M./Fließ, S./Jacob, F. (Hrsg.): Customer Integration – Von der Kundenorientierung zur Kundenintegration, Wiesbaden

Link/Hildebrand (1993): Link, J./Hildebrand, V. G.: Database Marketing und Computer Aided Selling, München

Müller/Preissner (1999): Müller, E./Preissner, A.: SAP – Besser spät als nie, in: Manager Magazin, Nr. 11, November 1999, S. 61–73

O.V. (2000): Customer Relationship Management – Das Hauptproblem Nr. 1: Fehlende Akzeptanz, in: Vertriebsleiterservice VLS Nr. 683, München, S. 3

O.V. (2000): Clarify soll CRM-Lücken von SAP schließen, in: Computerwoche vom 7.4.2000, S. 1–2

Plinke (1996): Plinke, W.: Kundenorientierung als Voraussetzung der Customer Integration, in: Kleinaltenkamp, M./Fließ, S./Jacob, F. (Hrsg.): Customer Integration – Von der Kundenorientierung zur Kundenintegration, Wiesbaden, S. 41–56

Preissner (1999): Preissner, A..: Warten auf online.de, in: Manager Magazin, Nr. 3, März 1999, S. 188–196

Schwetz (2000): Schwetz, W.: Customer Relationship Management, Wiesbaden

Siebel/Malone (1998): Siebel, Th. M./Malone, M. S.: Die Informationsrevolution im Vertrieb, Wiesbaden

Winkelmann (1998): Winkelmann, P.: Verkaufssoftware – Endlich Durchblick im Vertrieb, in: acquisa, Nr. 2, Februar 1998, S. 36–41

Winkelmann (1998): Winkelmann, P.: Vertriebssteuerung – Der lange Marsch zum Durchbruch, in: Absatzwirtschaft, Nr. 3, März 1998, S. 70–73

Winkelmann (1999): Winkelmann, P.: Innovatives Außendienst-Management, München

Winkelmann (2000): Winkelmann, P.: CRM-Studie – Kein Grund zur Panik, in: salesprofi, Nr. 5, Mai 2000, S. 36–37

Winkelmann (2000): Winkelmann, P.: Wird das Internet auch Ihren Vertrieb erobern, in: Verkaufsleiter Service Extra, Beilage Nr. 684, München, S. 1–4

Winkelmann (2000): Winkelmann, P.: CRM braucht keine Trittbrettfahrer, Interview mit Martina Schimmel-Schloo in acquisa, Nr. 7, Juli 2000, S. 20–21

Winkelmann (2000): Winkelmann, P.: Vertriebskonzeption und Vertriebssteuerung, München

Winkelmann (2001): Winkelmann, P.: Marketing und Vertrieb, 3. Aufl., München

Winkelmann (2001): Winkelmann, P.: Vertriebsleiter müssen umdenken, in: CRM-Report, April 2001, S. 36–40

Weitere Literatur und Informationen unter *www.vertriebssteuerung.de* und *www.crm-scan.de*

2.4 Data-Mining und Data-Warehouses im Vertrieb

Stefan Helmke

2.4.1 Begriffsklärung

Auf Grund DV-technischer Entwicklungen der letzten Jahre ist im Vertrieb wie in vielen anderen Unternehmensbereichen auch, z. B. Controlling oder Produktion, eine wirtschaftliche Auswertung und Nutzung der anfallenden Daten aus einer Kundenbeziehung möglich. Mit Hilfe DV-technischer Verfahren werden die bloßen Daten zu Informationen und Wissen verdichtet, die die Aufgaben und Entscheidungen im Vertrieb unterstützen. Wesentliche Hilfsmittel sind dabei Data-Warehouses und die Verfahren des Data-Mining. Im Folgenden wird dargestellt,

- welche wesentlichen Einsatzgebiete im Vertrieb entstehen,
- welche Verfahren in welchen Einsatzgebieten Anwendung finden.

Abschließend wird ein Marktüberblick zu aktuellen Standard-DV-Tools gegeben, welche die dargestellten Aufgaben unterstützen. Durchgängig wird dabei in allen Kapiteln der Schwerpunkt auf den betriebswirtschaftlichen Nutzen für den Vertrieb gelegt. Dazu erfolgt zunächst eine Klärung der Begriffe Data-Warehouse und Data-Mining.

Data-Warehouses sind die Basis von **Führungsinformationssystemen** eines Unternehmens, im konkreten Fall des Vertriebs von **Vertriebsinformationssystemen**. In ihnen werden im Wesentlichen Daten zu Absatzmengen, Umsatz, Vertriebskosten, Aufträgen, Produktgruppen, Artikeln, Kunden, Vertriebsmitarbeitern etc. zusammengefasst. Diese Daten liegen in Unternehmen in verschiedenen Administrations- und Dispositionssystemen vor, z. B. Warenwirtschaftssystem, Kostenrechnung, Personaldatenbank. Sie sind aus diesen Systemen herauszufiltern und zu aggregieren, damit sie in einer einheitlichen Datenstruktur in mehrdimensionalen Verknüpfungen, z. B. Umsatz in Produktgruppe x bei Kunde y, aufbereitet werden können (*Stahlknecht/Hasenkamp 1999, S. 415*).

Das Data-Warehouse-Konzept lässt sich somit als eine Anwendungsstruktur kennzeichnen, welche die Unterstützung der Datenzusammenfassung aus allen Unternehmensbereichen erlaubt. Ziel ist es also, das DV-Grundproblem nahezu jedes Unternehmens – die verstreute Datenspeicherung – zu lösen. Zudem sollen die Mitarbeiter eines Unternehmens mit allen im Unternehmen vorhandenen Informationen versorgt werden, um sowohl deren Aufgaben des Tagesgeschäftes als auch strategisch-taktische Entscheidungsprozesse zu unterstützen (*Brinker 1997, S. 33*).

Data-Mining ist der Sammelbegriff für ausgewählte Verfahren der Datenanalyse, die auf den Datenbeständen eines Data-Warehouses aufsetzen und darauf abzielen, in einem mehrdimensionalen Datenbestand bisher unbekannte Zusammenhänge aufzudecken oder etwaige Annahmen zu bestätigen. Technologisch unterstützt wird das Data-Mining durch die **OLAP**

(Online Analytical Processing)-Funktionalität. Diese bietet mehreren Nutzern gleichzeitig die Möglichkeit, Daten online mehrdimensional auszuwerten.

Eng verwandt ist der Begriff des Data-Mining mit den aktuell diskutierten Begriffen **Business-Intelligence** und **Data-Knowledge-Management**, die sich im Kern auf das gleiche Ziel konzentrieren, jedoch den Anspruch erheben, über das Data-Warehouse hinausgehende Daten in die Analyse zu integrieren.

2.4.2 Einsatzgebiete von Data-Warehouses und Data-Mining im Vertrieb

Im Folgenden werden die wesentlichen Einsatzgebiete von Data-Warehouses und des Data-Mining im Vertrieb aufgezeigt. Dazu wird für jedes Einsatzgebiet die grundsätzliche vertriebsrelevante Funktion vorgestellt und der Bezug zu Abschnitt 2.4.4, der Erläuterung der Funktionsweise ausgewählter Verfahren des Data-Mining, hergestellt. Für die Einsatzgebiete wird folglich aufgezeigt, welche Verfahren eingesetzt werden können, um zum einen die **Effizienz** und zum anderen die **Effektivität** der Datenauswertung zu erhöhen. Die Erhöhung der Effizienz bezieht sich in diesem Zusammenhang auf Zeitersparnisse im Rahmen der Datenauswertung. Die Steigerung der Effektivität betrifft die Verbesserung der Qualität der generierten Aussagen. Das bedeutet, die Datenbasis dahingehend auszuwerten, um sowohl bisher unbekannte Zusammenhänge im Vertrieb aufzudecken als auch bisherige Annahmen zu bestätigen.

2.4.2.1 Kundenpotenzialanalyse

Im Rahmen der **Kundenpotenzialanalyse** wird gegenübergestellt, mit welchen Kunden ein Unternehmen derzeit welchen Erfolg realisiert und wie hoch der **Erfolg** mit diesen Kunden in Zukunft sein könnte. Aus dieser Analyse ergeben sich verschiedene Anwendungen. So kann der Einsatz der Vertriebsressourcen auf Basis der Bedeutung der einzelnen Kunden für den Unternehmenserfolg gestaltet werden.

Die Basismethode dazu ist die **ABC-Analyse**. Sie wird allerdings bisweilen hauptsächlich für Controllingzwecke, weniger für den Einsatz im Vertrieb genutzt. Die Gruppierung erfolgt dabei in die drei Gruppen A, B und C anhand des in der Vergangenheit mit diesem Kunden erzielten Umsatzes (*Nieschlag et al. 1994, S. 229*). Die Umsatzhöhe gibt zwar einen Hinweis, welche Kunden wichtig für das Unternehmen in der Vergangenheit waren. Sie deckt aber nicht auf, bei welchen Kunden Umsatzpotenziale bestehen, die das Unternehmen bisher noch nicht realisiert. Um diese Schwäche zu beheben, ist die ABC-Analyse um eine zukunftsbezogene Größe zu erweitern, welche die künftig möglichen Umsatzpotenziale abschätzt. Dies ist beispielsweise der für das nächste Quartal erwartete Umsatz.

Der Umsatz stellt für sich keine Erfolgskenngröße dar, so dass er deshalb noch mit den durch einen Kunden verursachten Kosten zu vergleichen ist. In einigen Unternehmen wird mit den umsatzstärksten Unternehmen nicht der größte Deckungsbeitrag zum Erfolg erwirtschaftet. Abhilfe schafft hier eine ABC-Analyse der Kunden auf Basis von **Deckungsbeiträgen**.

Zudem muss die Bedeutung eines Kunden für den Erfolg eines Unternehmens nicht zwangsläufig aus der Höhe einer monetären Erfolgsgröße resultieren. Vielmehr kann z. B. ein besonders renommierter Kunde, dem ein vergleichsweise geringer monetärer Erfolgsbeitrag beigemessen wird, auf weitere Kunden anziehend wirken. Insgesamt sind vielfältige Kenngrößen denkbar, welche die Bedeutung eines Kunden für den Erfolg eines Unternehmens beeinflussen können.

Letztendlich erfolgt die Zuordnung eines Kunden zu einer Bedeutungsklasse auf Basis der Ausprägungen der als für das Erfolgsbeitragspotenzial des Kunden relevant angesehenen Kenngrößen. Die Analyse und Zuordnung kann dabei grundsätzlich auch per Hand ohne DV-Unterstützung erfolgen. Dieses Vorgehen kann sogar effizient und effektiv bei einer überschaubaren Menge an Kunden sein, da zusätzlich implizites Wissen, also nicht DV-kodierte Informationen, berücksichtigt wird.

Bei einer großen Kundenmenge ist dieses Vorgehen allerdings nicht mehr effizient gestaltbar. Zudem können sich Widersprüche bei der Zuordnung ergeben, insbesondere wenn die Zuordnung mehrere Vertriebsmitarbeiter erledigen. Hier helfen Verfahren des Data-Mining, die eine kapazitative Entlastung bringen und eine einheitliche, widerspruchsfreie Zuordnung ermöglichen. So kann mit Hilfe der unten erläuterten Technik des Case Based Reasoning ein Regelwerk für die Zuordnung der Kunden zu Bedeutungsklassen auf Basis der definierten Kenngrößen gestaltet werden, das eine automatisierte Zuordnung sowohl bereits existierender als auch neuer Kunden erlaubt. Die Daten dazu liefert ebenfalls automatisiert das Data-Warehouse. Die sich ergebende Klassenzuordnung der Kunden wird wiederum im Data-Warehouse festgehalten.

Zudem können mit Hilfe von maschinellen Lernverfahren, welche weiter unten im Detail erläutert werden, die grundsätzliche Sinnhaftigkeit der Regeln zur Zuordnung der Kunden überprüft und neue, bessere Zuordnungsregeln aufgedeckt werden. Dazu ist im Zeitverlauf jeweils der erwartete Erfolgsbeitrag auf Basis der Kenngrößen mit dem Ist-Erfolgsbeitrag in Relation zu bringen. Die ggf. aufgedeckten Schwachstellen im Regelwerk sind allerdings kritisch zu hinterfragen. Es ist zu prüfen, ob die Unterschiede zwischen erwartetem und Ist-Erfolgsbeitrag auf Schwachstellen des Regelwerkes zurückzuführen sind oder auf Verbesserungsbedarf in der Kundenbearbeitung des Vertriebs hindeuten.

2.4.2.2 Kundensegmentierung

Analog zu Kundenpotenzialanalysen, die als ein Ergebnis die Kunden nach ihrer Bedeutung für den Unternehmenserfolg ordnet, erfolgt im Rahmen der Kundensegmentierung ebenfalls eine Einteilung der Kunden. Die **Kundensegmentierung** zieht jedoch nicht den Erfolgsbeitrag eines Kunden, sondern als Entscheidungskriterium für die Klasseneinteilung das **erwartete Kaufverhalten** der Kunden heran. Dabei verfolgt die Kundensegmentierung das Ziel, die Kunden in in sich möglichst einheitliche, aber untereinander möglichst unterschiedliche Gruppen zu klassifizieren, um im Rahmen des Vertriebs eine individuelle Bearbeitung zu ermöglichen. Dies dient der Erhöhung der Vertriebseffektivität. Aufbauend auf den Erklärungsansätzen des Käuferverhaltens sind im Rahmen der Marktsegmentierung verschiedene Ansätze zur Kundensegmentierung entstanden. Die Kundensegmentierung stellt letztendlich eine Verfeinerung der Marktsegmentierung dar, da sie die Kriterien der Marktsegmentierung hinsichtlich der jeweiligen Kundenbeziehung detailliert und somit Ausprägungen der Kriterien konkreten einzelnen Kunden zuordnet. Zu unterscheiden ist dabei zwischen Kriterien des Käuferverhaltens bei Privatkunden und bei Geschäftskunden (*Gordon 1998, S. 113ff., Shapiro/Bonoma 1991, S. 158*), welche die folgende Aufstellung verdeutlicht.

2.4.2.2.1 Segmentierungskriterien des Käuferverhaltens bei Privatkunden

1. Kriterien des beobachtbaren Käuferverhaltens

- Preisverhalten (Preisklasse, Kauf von Sonderangeboten)
- Mediennutzung (Art und Zahl der Medien, Nutzungsintensität)
- Produktwahl (Käufer/Nichtkäufer der Produktart; Markenwahlverhalten (Markentreue/ Markenwechsel), Kaufvolumen (Vielkäufer/Wenigkäufer)
- Einkaufsstättenwahl (Betriebsformentreue/Betriebsformenwechsel, Geschäftstreue/ Geschäftswechsel).

2. Psychografische Kriterien

- Allgemeine Persönlichkeitsmerkmale (Lebensstil, Aktivitäten, Interessen, Meinungen), grundlegende Persönlichkeitsmerkmale (soziale Orientierung, Risikoeinstellung)
- Produktspezifische Kriterien (Wahrnehmungen, Motive, Einstellungen, Präferenzen, Kaufabsichten).

3. Sozioökonomische/demografische Kriterien
- Soziale Schicht (Einkommen, Vermögen, Schulbildung, Beruf)
- Stand im Familienlebenszyklus (Geschlecht, Alter, Familienstand, Haushaltsgröße)
- Geografische Kriterien (Staat, Region, Ort).

2.4.2.2.2 Segmentierungskriterien des Käuferverhaltens bei Geschäftskunden

1. Umweltbezogene Kriterien
- Konjunktur
- Branche
- Verbandszugehörigkeit
- Staatlicher und gewerkschaftlicher Einfluss.

2. Organsisationsbezogene Kriterien
- Organisationsform
- Rechtsform
- Branche
- Stellung im Unternehmenslebensszyklus
- Internationale Ausrichtung,
- Unternehmensgröße,
- Technologische Ausstattung,
- Führungs- und Entscheidungssysteme.

3. Individualkriterien
- Informationsverhalten
- Entscheidungsverhalten.

Die Segmentierungskriterien bieten insgesamt ein Orientierungsraster für die Auswahl grundsätzlicher Konsumentenzielgruppen im Rahmen der Vertriebsarbeit (*Homburg 1999, S. 13*). Inwieweit vermutete Segmentierungskriterien auch tatsächlich Kunden in trennscharfe Gruppen klassifizieren, kann mit Hilfe des multivariaten, statistischen Verfahrens der Clusteranalyse überprüft werden (*Backhaus 1990, S. 69*). Ebenso kann die Clusteranalyse nicht nur zur Überprüfung bestehender Kundensegmentierungen genutzt werden, sondern auch zur Einteilung der Kunden in Segmente, wenn dieses in einem Unternehmen noch nicht erfolgt sein sollte.

Eine weitere Anwendungsmöglichkeit von Verfahren des Data-Mining besteht in der Zuordnung neuer Kunden zu den identifizierten Kundenzielgruppen. Dies kann zum einen über eine erneute Clusteranalyse über alle Daten erfolgen, aber auch zeiteffizienter mit Hilfe von Zuordnungsregeln. Ähnlich der Anwendung im Rahmen der Kundenpotenzialanalyse, kann wiederum ein Regelwerk auf Basis des Case Based Reasoning konstruiert werden, das neu hinzukommende Kunden den bestehenden Gruppen zuordnet.

2.4.2.3 Kaufwahrscheinlichkeitsprognose

Im Rahmen der **Kaufwahrscheinlichkeitsprognose** wird auf Basis der Eigenschaften des aktuellen Kundenstamms abgeschätzt, in welchem Umfang mit zusätzlichen Leistungen **zusätzlicher Umsatz** generiert werden kann, z. B. durch Wiederkäufer oder die Nutzung von Cross- und Up-Selling-Potenzialen. Sie geht über eine reine Marktpotenzialabschätzung hinaus, da sie auf konkreten Kundenmerkmalen aufsetzt. Ihre Basis sind demgemäß die Ergebnisse der Kundensegmentierung, da im Rahmen dieser kaufverhaltensrelevante Merkmale festgehalten und einzelnen Kunden zugeordnet werden. Zur Prognose können die Verfahren Case Based Reasoning in Verbindung mit Simulationsverfahren zur Anwendung kommen.

Ein **konkreter Anwendungsfall** ist z. B. die Entscheidung für ein Versandhandelsunternehmen, ob es eine Werbekampagne für ein bestimmtes Produkt durchführen soll. Auf Basis des Case Based Reasoning wird mit Hilfe eines Regelwerkes festgelegt, inwieweit Medienkontakte mit der Werbekampagne bestimmte Merkmalsausprägungen des Kunden zur Erhöhung der Kaufwahrscheinlichkeit für ein konkretes Produkt beitragen. Anschließend werden Medienkontakte und Merkmalsausprägungen simuliert und daraus eine Umsatzprognose hochgerechnet. Der Wert dieser ist mit der Summe der Kosten des Produktes und der Werbekampagne zu vergleichen, um die Wirtschaftlichkeit der Entscheidung zu begründen.

2.4.2.4 Kundenzufriedenheitsanalyse

Im Rahmen der **Kundenzufriedenheitsanalyse** wird die Zufriedenheit der Kunden bezüglich der Leistungen des Unternehmens und deren Einflussgrößen erhoben. Das hierbei verfolgte Ziel besteht darin, Ansatzpunkte für eine Verbesserung der Kundenzufriedenheit herauszuarbeiten und eine **Steuerung im Vertrieb** zu ermöglichen, die auf eine **Optimierung der Kundenzufriedenheit** hinsichtlich des Unternehmenserfolges abzielt.

Die Kundenzufriedenheit ist dabei das Ergebnis eines subjektiven, komplexen Informationsverarbeitungsprozesses des Konsumenten, wobei sich die Bewertung aus einem Soll-/Ist-

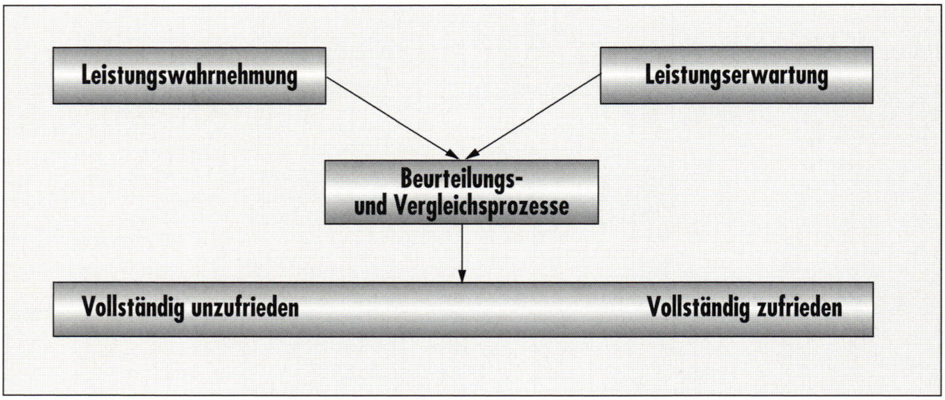

2.4 Abb. 1: *Grundprinzip der Kundenzufriedenheit*

Vergleich seiner Erwartungen und seiner subjektiv wahrgenommenen Realität einer Leistung ergibt (*Johnson 1998, S. 98*). Das Grundprinzip dieses Prozesses verdeutlicht Abb. 1.

Um die Kundenzufriedenheitssituation transparent zu machen und den Einfluss einzelner Leistungsmerkmale auf die Kundenzufriedenheit zu erheben, sind in einem ersten Schritt entsprechende Daten zu erheben. Diese Daten können über Befragungen oder stellvertretende Indikatoren wie z. B. die Anzahl an Beschwerden ermittelt werden.

Darauf aufbauend erfolgt nach Einstellung der Daten in das Data-Warehouse die Datenauswertung, zu der Verfahren des Data-Mining zum Einsatz kommen. Dabei steigt die Aussagekraft der Analysen mit der Komplexität der eingesetzten Verfahren. Ein erster Überblick zur Zufriedenheitssituation kann mit Hilfe uni-, z. B. Mittelwertanalysen, und bivariater Verfahren, z. B. Kreuztabellierungen, gegeben werden. Das multivariate Analyseverfahren der Kausalanalyse, das weiter unten detailliert erläutert wird, liefert ein umfassenderes Bild der Zufriedenheitssituation. Es liefert als wesentliche Ergebnisse jeweils ein Erklärungsmodell der Kundenzufriedenheit für den konkreten Anwendungsfall, die Basis für die Gestaltung eines Controllings der Kundenzufriedenheit sowie ein Stärken-/Schwächenportfolio, das Verbesserungsbedarf für die Kundenbearbeitung im Vertrieb konkretisiert.

2.4.2.5 Kundenerfolgsrechnung

In einer **Kundenerfolgsrechnung** werden Umsätze und Kosten einer Periode den Kunden zugeordnet, um den Gewinn pro Kunden ein- oder mehrstufig zu bestimmen. Sie bietet somit eine **Controllingfunktion für den Vertrieb**. Die Kundenerfolgsrechung ist besonders sinnvoll, wenn die Kundenstruktur eines Unternehmens besonders heterogen ist, also Kunden mit verschiedensten Umsatzvolumen und Nachfrageverhalten aufweist. Sie ermöglicht es, in strukturierter Form aufzuzeigen, an welchen Kunden ein Unternehmen verdient. Darauf aufbauend wirkt sie entscheidungsunterstützend, z. B. bei Fragen, inwieweit welchen Kunden Rabatte eingeräumt werden können.

In einer weiterführenden Ausgestaltungsvariante, der **Vertriebserfolgsrechnung**, sind die Kundengewinne den Vertriebsmitarbeitern zuzuordnen, um den **Gewinn pro Vertriebsmitarbeiter** ein- oder mehrstufig zu bestimmen. Sie ermöglicht analog zur Kundenerfolgsrechung zu ermitteln, welche Vertriebsmitarbeiter in welchem Maße zum Unternehmenserfolg beitragen. Somit kann die Vertriebserfolgsrechnung, basierend auf einer Kundenerfolgsrechnung, u. a. auch als Basis für eine leistungsgerechte Entlohnung der Vertriebsmannschaft Anwendung finden.

Für das Zusammenstellen der für die Kunden- und Vertriebserfolgsrechnung benötigten Daten ist die Anwendung des Data-Warehouse-Konzeptes notwendig. Zum einen sind die Daten aus verschiedenen Systemen des Unternehmens zusammenzutragen. Zum anderen ist eine mehrdimensionale Aufbereitung sinnvoll, z. B. Deckungsbeitrag des Vertriebsmitarbeiters x beim Kunden y, um die Aussagekraft zu erhöhen. Auf dieser Datenbasis sind verschiedenste, kontextabhängige Auswertungen mit Hilfe der Verfahren des Data-Mining denkbar, so z. B. in welcher Beziehung die Unternehmensgröße des Kunden zu dem mit ihm erzielten Gewinnbeitrag steht.

2.4.3 Verfahren des Data-Mining

Unter Data-Mining im weiteren Sinn sind sämtliche Verfahren zu verstehen, die zu Zwecke der Datenanalyse eingesetzt werden, so z. B. auch einfache Datenbankabfragen. Da der Begriff des Data-Mining der Mustererkennung, einem Arbeitsgebiet der künstlichen Intelligenz, entstammt, ist es nicht verwunderlich, dass unter den Verfahren des Data-Mining im engeren Sinn Verfahren verstanden werden, für deren Anwendung ein umfangreiches methodisches und statistisches Know-how notwendig ist. Im Folgenden werden deshalb diejenigen Verfahren erläutert, die für die Anwendung in den in Kapitel 2.4.2 dargestellten Einsatzgebieten im Vertrieb am besten geeignet sind. Dabei wird der unternehmenspraktische Nutzen der Verfahren in den Vordergrund gestellt und weniger die mathematische Herleitung thematisiert. Diese dürfte für den interessierten Anwender durchaus weniger von Bedeutung sein.

2.4.3.1 Multivariate Analyseverfahren

Im Gegensatz zu den uni- und bivariaten, die ein bzw. zwei Variablen in den Datenanalyseprozess einbeziehen, ist bei den **multivariaten Analyseverfahren** die Anzahl der betrachteten Variablen offen. Sie sind deshalb besser geeignet, die komplexen, häufig wechselseitigen Beziehungen in der Kundenbearbeitung des Vertriebs abzubilden und zu analysieren. Auf Grund der Vielzahl multivariater Verfahren, die in unterschiedlichsten Bereichen der Betriebswirtschaft und auch in anderen Wissensgebieten angewendet werden, kann hier nur eine Auswahl vorgestellt werden.

2.4.3.1.1 Faktorenanalyse

Die Faktorenanalyse ist ein Sammelbegriff für multivariate Verfahren zur **Datenverdichtung**. Demgemäß liegt ihr Hauptziel in der Prüfung, ob unter einer Vielzahl von Variablen Gruppen existieren, welche sich jeweils durch eine dahinter stehende Einflussgröße, dem so genannten Faktor erklären lassen. Durch die Reduzierung der Datenmenge auf wenige voneinander unabhängige Einflußgrößen wird eine größere **Übersichtlichkeit und Handhabbarkeit** erzielt, die eine bessere Interpretierbarkeit der Ergebnisse ermöglichen. So könnte z. B. eine Faktorenanalyse ergeben, dass die Merkmale After-Sales-Service, Beratung, Mitarbeiterfreundlichkeit und Fehleranfälligkeit auf den Faktor Servicequalität zurückgeführt werden können.

Zudem werden Ergebnisverzerrungen aus Abhängigkeiten zwischen einzelnen Variablen herausgefiltert. Häufig wird eine Faktorenanalyse auch der im nächsten Unterkapitel erläuterten Clusteranalyse vorgeschaltet, um die Komplexität der folgenden Analysen zu verringern.

2.4.3.1.2 Clusteranalyse

Das Hauptanwendungsgebiet der **Clusteranalyse** ist die Unterstützung der **Kundensegmentierung**. Ihre Anwendung im Vertrieb verfolgt somit das Ziel, im Zeitverlauf die Kunden jeweils optimal in möglichst homogene Gruppen einzuteilen, die untereinander aber möglichst heterogen erscheinen. Die kann z. B. auf Basis der Ausprägungen der kaufverhaltensrelevanten Merkmale der Kunden erfolgen.

Zu unterscheiden sind agglomerative und divisive Methoden (*Everitt 1993, S. 16ff.*). Dabei bedeutet agglomerativ, dass eine Gruppierung sequentiell erfolgt. Beginnend mit n Gruppen, die je nur aus einem Element bestehen, werden bei jedem Schritt je zwei Gruppen zu einer zusammengefasst, bis nach n-1-Schritten alle Elemente in einer Gruppe, einem Cluster, zusammengefasst sind. Umgekehrt geht die divisive Methode vor, indem eine alle Elemente enthaltende Gruppe schrittweise in Untergruppen zerlegt wird. Bei beiden Vorgehensweisen entsteht eine Hierarchie von Clustern, die in einem so genannten Dendogramm abgebildet werden kann (*Chamoni 1998, S. 307f.*).

Die Bildung der Cluster erfolgt sowohl bei der agglomerativen als auch bei der divisiven Methode auf Basis der Verschiedenheit der Objekte, die durch Distanzmaße oder Unähnlichkeitsfaktoren bestimmt werden. Die entstehenden Hierarchien an Kundenclustern muss der Anwender selbständig interpretieren und die für den Betrachtungsinhalt optimale Anzahl an Clustern auswählen.

2.4.3.1.3 Kausalanalyse

Die **Kausalanalyse**, die auch als Kovarianzstrukturanalyse bezeichnet wird und aus der von Soziologen in den 60er-Jahren entwickelten Pfadanalyse hervorgegangen ist, stellt ebenfalls ein multivariates Analyseverfahren dar (*Herrmann 1998*).

Sie zieht auf Basis von Kovarianzen zwischen beobachtbaren Variablen, den so genannten Indikatoren, Rückschlüsse auf strukturelle Beziehungen zwischen grundlegenden latenten Variablen, die unbeobachtbar sind. Latente Variablen lassen sich dabei durch mehr als einen Indikator messen, so dass Verzerrungen in einem Indikator aufgefangen werden. So kann der Einfluss mehrerer Einzelmerkmale, z. B. Serviceleistungen und Qualität der Reklamationsbearbeitung, auf eine Zielgröße, z. B. Kundenzufriedenheit, analysiert werden. Das Ziel dabei ist, sämtliche Ursache-Wirkungs-Zusammenhänge zwischen den Variablen und betrachteten Zielgrößen aufzudecken.

In der Anwendung im Rahmen der Kundenzufriedenheitsanalyse ergibt sich als konkretes Ergebnis jeweils ein **Erklärungsmodell** der Kundenzufriedenheit.

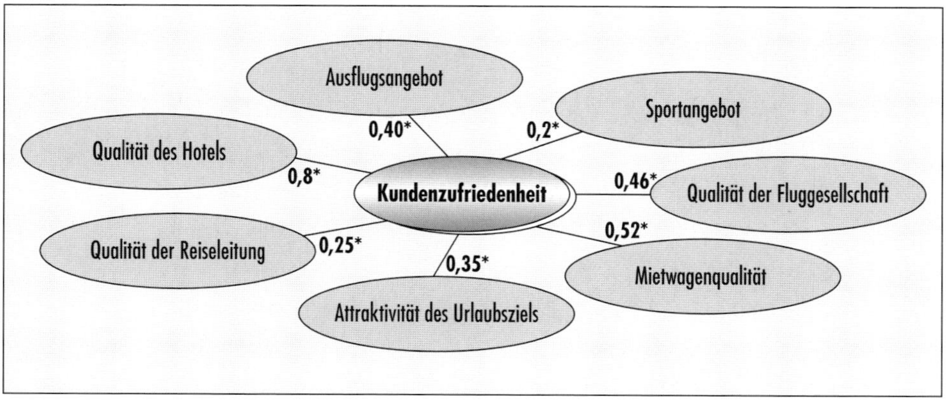

2.4 Abb. 2: *Exemplarisches Erklärungsmodell für die Zusammensetzung der Kundenzufriedenheit bei einem Reiseveranstalter*

Aus der Bedeutung der Einflussgrößen auf die Kundenzufriedenheit in Verbindung mit deren Ist-Performance ergibt sich das **Stärken-/Schwächenportfolio**, das folgende Abbildung verdeutlicht. Daraus leiten sich **strategische Ansätze** und weiterführend **konkrete Maßnahmen** ab, um die **Kundenzufriedenheitssituation zu verbessern**:

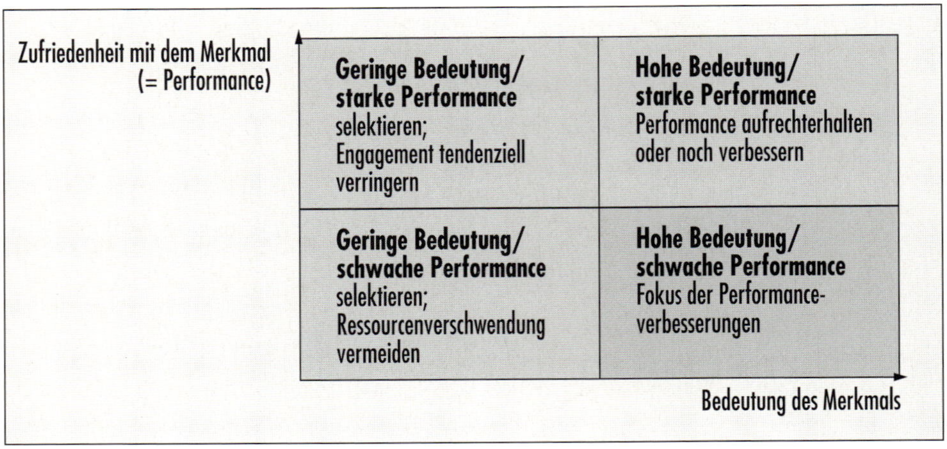

2.4 Abb. 3: ***Stärken-/Schwächenportfolio der Kundenzufriedenheit***

Diese Ergebnisse können in einem **Kundenzufriedenheitsindex** zusammengefasst werden. Für die Gestaltung ist die Multidimensionalität von Data-Warehouses von entscheidender Bedeutung, da Ist-Zufriedenheit, Bedeutung der Einflussgrößen mit den jeweiligen Kunden bzw. Kundengruppen in Zusammenhang gebracht werden müssen. Auf dieser Basis kann über Zielvereinbarungen zur Verbesserung der Indexwerte ein Entlohnungssystem für die Vertriebsteuerung gestaltet werden, das auf die Optimierung der Kundenzufriedenheit fokussiert.

2.4.3.2 Simulationsverfahren

Simulationsverfahren bzw. simulationsgestützte Verfahren liefern keine eindeutigen optimalen Ergebnisse auf analytischem Wege. Sie dienen dazu, mögliche zukünftige **Szenarien zu simulieren**, die der Unsicherheit unterliegen.

Im Vertrieb sind die meisten Entwicklungen, z. B. die Verhaltensreaktionen der Konsumenten, von starken Unsicherheiten geprägt. Deshalb eignen sich insbesondere Risiko-

und Sensitivitätsanalysen zur Entscheidungsunterstützung. Für diese Analysen wird das Verfahren der **Monte-Carlo-Simulation** angewandt, eine aus dem Bereich des Operations-Research stammende Methode, die im Folgenden anhand eines Beispiels erläutert wird.

Mit Hilfe der Monte-Carlo-Simulation können die Auswirkungen unterschiedlicher Marktsituationen auf die Erfolgssituation des Unternehmens simuliert werden. Sie führt dabei zu einer neuen Qualität von Entscheidungen, da das Risiko in ihr explizit berücksichtigt wird.

Die Monte-Carlo-Simulation beantwortet Fragestellungen z. B. bezüglich der Wahrscheinlichkeit, mit der ein Gewinn von x EUR im folgenden Geschäftsjahr bei Einsatz ausgewählter Vertriebsinstrumente realisiert wird. Das Monte-Carlo-Verfahren ist dabei ein Verfahren, bei dem die Wahrscheinlichkeitsverteilung der zu analysierenden Zielgröße mit Hilfe von Pseudozufallszahlen simuliert wird und so näherungsweise ermittelt werden kann.

Die Anwendung ist insbesondere dann sinnvoll, wenn Zahlen, die in eine Zielgröße eingehen, mit Unsicherheit behaftet sind. Dadurch erhöht sich grundsätzlich die Prozessqualität der Berechnung. Zudem sind durch Verteilungsfunktion und Risikoprofil Aussagen mit einer neuen Qualität bezüglich Sicherheit und Risiko einer Zielgröße möglich. Bei einfachen Modellstrukturen (z. B. wenn nur wenige Variablen eingehen und diese zudem alle noch normalverteilt sind) werden sich eventuell derartige Aussagen kaum von Abschätzungen „zu Fuß“ unterscheiden. So lohnt sich die Anwendung insbesondere bei komplexen Modellstrukturen, hochgradig sensitiven Größen und/oder beim Vorliegen von Variablen, die mit unterschiedlichen Wahrscheinlichkeitsverteilungen in eine Zielgröße eingehen.

2.4.3.3 Maschinelle Lernverfahren

Aus der Vielzahl an maschinellen Lernverfahren sind wiederum diejenigen ausgewählt worden, für die ein Einsatz in den in Abschnitt 2.4.2 dargestellten Einsatzgebieten im Vertrieb denkbar ist. Die im Bereich der Informatik entwickelten induktiven Lernverfahren sowie genetischen Algorithmen sind für den praktischen Einsatz in betriebswirtschaftlichen Anwendungen größtenteils noch nicht ausgereift. Auch können die dargestellten multivariaten Analyseverfahren zu Lernverfahren erweitert werden. So kann aus dem dynamischen Vergleich der Ergebnisse der Clusteranalyse im Rahmen der Kundensegmentierung gelernt werden, inwieweit die Veränderung der Größe der Kundencluster mit der verfolgten Vertriebsstrategie in Einklang steht.

Das bereits erwähnte **Case Based Reasoning** stellt ein adaptives Lernverfahren dar, das mit fallbasierten Regeln arbeitet und die Bayes-Klassifikation weiterentwickelt. So können **Regeln** vom Anwender **vorgegeben** werden oder mit Hilfe des so genannten „Reasoner" **erlernt** werden. Dieser erinnert sich an vorhergehende Situationen, die ähnlich geartet waren, und wendet deren Lösung auf neue Probleme an. Das bedeutet, dass Lösungen der Vergangenheit adaptiert werden, um neuen Fragestellungen gerecht zu werden. Dieses Vorgehen entspricht dem Prozess bei Managemententscheidungen von Personen, da diese auch u. a. auf Basis gemachter Erfahrungen getroffen werden. Deshalb sind auch die Hauptanwendungsgebiete von Case-Based-Reasoning-Systemen in Planung, Diagnose, Design und Erklärung zu finden. Case Based Reasoning optimiert das prinzipielle Vorgehen bei Entscheidungen auf Basis von Erfahrungen, indem es systematisch und vollständig die Lösungen aller vergangenen Fälle zur Lösung neuer Fälle benutzt (*Kolodner 1993, S. 82f.*).

Die Qualität von Case Based Reasoning hängt davon ab, wie umfangreich Erfahrungen in die Grundversion der Wissensbasis einbezogen werden. Daran anknüpfend ist entscheidend, in welcher Qualität neue Erfahrungen integriert werden können. Zudem ist für die Güte des Systems das Ausmaß der Fähigkeit von Bedeutung, alte und neue Situationen in Zusammenhang zu bringen und Probleme aneinander anzupassen.

2.4.3.4 Heuristische Verfahren

Im Gegensatz zu den bisher diskutierten analytischen Verfahren finden **heuristische Verfahren** nicht auf analytischem Wege zum Ergebnis. Sie stellen also nicht zwangsläufig sicher, dass die gefundene Lösung auch die optimale ist.

Lösungsheuristiken gibt es eine Vielzahl in der betriebswirtschaftlichen Anwendung, z. B. zur Gestaltung von Plänen für den Einsatz der Außendienstmitarbeiter. In vielen Fällen stellen Heuristiken eine **Vereinfachung** der bereits betrachteten Verfahren dar. Dies ist häufig auch notwendig, um eine **nutzbare Lösung** zu erhalten. Denn die Anwendung analytischer Verfahren erfordert häufig die Bereitstellung von Daten, die nicht valide oder nur zu sehr hohen Kosten erhebbar sind.

Der wesentliche **Vorteil** ist, dass sie in der Regel tendenziell **benutzerfreundlicher** auf Grund ihrer einfacheren Handhabbarkeit sind. Deshalb ist ihre Anwendung aus Effizienzgesichtspunkten sinnvoll, wenn die Qualität der Ergebnisse gleich gut ist wie bei einem analytischen Verfahren, der Aufwand für Einführung und Anwendung des Verfahrens jedoch deutlich niedriger ist. Zudem gibt es nicht für alle Probleme eine analytische Lösung, so dass man in vielen Fällen ohnehin gezwungen ist, auf heuristische Verfahren zurückzugreifen.

2.4.4 Marktüberblick und Praxiseinsatz

In vielen Anwendungsfällen sind die Analysetools und Data-Warehouses speziell auf die Bedürfnisse eines Unternehmens angepasst. **Standardsoftwarepakete**, die in der Regel eine breite Palette an Verfahren des Data-Mining unterstützen, liefern in der Regel Entwicklungsumgebungen, in denen die Verfahren des Data-Mining noch auf den konkreten, unternehmensindividuellen Anwendungsfall anzupassen sind. Dies erfordert nicht nur DV-technische Spezialkenntnisse, sondern insbesondere ein detailliertes statistisches Methodenwissen, um die zur Verfügung gestellten Verfahren fehlerfrei einsetzen zu können. Deshalb ist in der Praxis für den **Erfolg sowie die Akzeptanz des Data-Warehouses** und der eingesetzten Verfahren des Data-Mining die Qualität der Kommunikation zwischen DV-, Methoden und Vertriebsexperten entscheidend. Deshalb sind bei der Konzeption eines Data-Warehouses im Rahmen einer Informationsbedarfs- sowie einer Machbarkeitsanalyse die Informationsziele

- zu erheben,
- im Vergleich zum Erhebungsaufwand und der Komplexität der technischen Realisierbarkeit im Rahmen einer Kosten-Nutzen-Analyse zu bewerten,
- abschließend festzulegen,
- in einem Lasten-/Pflichtenheft zu dokumentieren.

Zudem sind vor Anwendung auf dem Data-Warehouse aufsetzender Verfahren des Data-Mining konkrete Analyseziele zu formulieren und erwartete Auswertungsergebnisse zu spezifizieren. Die bekanntesten Softwarepakete zur Unterstützung von Data-Mining-Verfahren sind SPSS, SAS, Cognos und Statistica, die allerdings nicht primär für den Einsatz im Vertrieb konzipiert worden sind. Sie können jedoch auch zu Analysen im Vertriebskontext angewendet werden, also auch z. B. in den in diesem Beitrag geschilderten Einsatzgebieten Anwendung finden. Ansonsten erweist sich der Markt als relativ atomisiert. Das heißt, dass am Markt eine Vielzahl von Softwarelösungen für die Umsetzung einzelner Spezialverfahren des Data-Mining existieren, die häufig entweder aus der Verallgemeinerung eines Anwendungsfalles bei einem konkreten Unternehmen oder der Umsetzung wissenschaftlicher Forschungsergebnisse in diesem Gebiet entstanden sind.

Zudem erheben in jüngster Zeit Customer-Relationship-Management-(CRM)-Systeme zum Teil den Anspruch, Funktionalitäten des Data-Mining zu integrieren. Umgesetzt sind hier zumeist verschiedene Heuristiken. Hinsichtlich der Einbindung analytischer Verfahren beläuft es sich lediglich zumeist noch auf eine Schnittstelle zu den erwähnten Standardsoftwarepaketen.

2.4.5 Zusammenfassung

Insgesamt kann mit Hilfe von Data-Warehouses der Informationslevel im Vertrieb verbessert werden. Data-Warehouses liefern die Datenbasis für die Anwendung der Verfahren des Data-Mining. Das Data-Warehouse muss dabei alle vertriebsrelevanten Daten aus den Administrations- und Dispositionssystemen des Unternehmens zusammenfassen. Dies ist häufig schon eine große Herausforderung, nicht zuletzt auf Grund in vielen Unternehmen anzutreffenden, heterogenen Systemlandschaften.

Mit Hilfe der Verfahren des Data-Mining können neue Erkenntnisse gefunden werden, die in der täglichen Vertriebsarbeit und im Rahmen von strategisch-taktischen Entscheidungen ihre Anwendung finden. Der Vertrieb wird dabei nicht nur effizienter, also kapazitativ entlastet, sondern auch effektiver, da für den Vertrieb wichtige, neue Erkenntnisse über die Kundenbeziehungen gewonnen, Steuerungshinweise gegeben oder Plan-/Ist-Vergleiche ermöglicht werden. Dabei ist eine gezielte, differenzierte Informationsweiterleitung an die Mitarbeiter entscheidend, um diese nicht mit Informationen zu überfluten. Dies würde konterkarierend wirken, da Informationsüberflutung in der Regel zur Ablehnung der eingesetzten Konzepte führt. Zudem ist bei der Gestaltung der Datenbasis, also des Data-Warehouses, und der Verfahren des Data-Mining an den Bedürfnissen des Vertriebs anzusetzen. Der Entwicklungsprozess ist mit Hilfe interdisziplinärer Teams durchzuführen, um einen permanenten Abgleich zwischen inhaltlicher Notwendigkeit und technischer Machbarkeit zu erzielen. Zudem ist höchste Priorität auf die Benutzerfreundlichkeit zu legen, um eine möglichst hohe Nutzerakzeptanz für das Data-Warehouse und die Verfahren des Data-Mining zu erreichen. Gerade in diesem Punkt besteht in den nächsten Jahren noch Entwicklungsbedarf, da die Anwendung der beschriebenen Verfahren derzeit ohne Expertenwissen kaum möglich ist.

Literatur

Backhaus (1990): Backhaus, Klaus: Multivariate Analysemethoden, 6. Aufl., Berlin u. a.

Brinker (1997): Brinker, Dörte: Untersuchung zu Einsatz und Konsequenzen von Multimediakonzepten in Geschäftsprozessen und Workflowmanagement-Systemen, Marburg

Chamoni (1998): Chamoni, Peter: Ausgewählte Verfahren des Data Mining, in: Chamoni, Peter (Hrsg.): Analytische Informationssysteme, Heidelberg, S. 301–S. 320

Everitt (1993): Everitt, Bert S.: Cluster Analysis, London

Gordon (1998): Gordon, Ian: Relationship Marketing, Toronto

Herrmann (1998): Herrmann, Andreas: Produktmanagement, München

Homburg (1999): Homburg, Christian: Kundenverständnis über die Kundenzufriedenheit hinaus: Der Ansatz des Strategic Customer Review, Mannheim

Johnson (1998): Johnson, Michael D.: Customer Orientation and Market Action, New Jersey

Kolodner (1993): Kolodner, Jane: Case-Based Reasoning, San Mateo

Nieschlag et al. (1994): Nieschlag, Robert/Dichtl, Erwin/Hörschgen, Hans: Marketing, 16. Auflage, Berlin

Shapiro/Bonoma (1991): Shapiro, Bert S./Bonoma, Ted V.: How to Segment Industrial Markets, in: Dolan, Robert J. (Hrsg.): Strategic Marketing Management, Boston, S. 156–172

Stahlknecht/Hasenkamp (1999): Stahlknecht, Peter/Hasenkamp, Ulrich: Einführung in die Wirtschaftsinformatik, 9. Aufl., Berlin u. a.

Hauptkapitel 3

Elemente der Verkaufspsychologie

3.1 Beziehungsmanagement – Vertrieb als persönlicher Kontakt zwischen Menschen

Henning Schulze

3.1.1 Einführende Gedanken zum Thema „Beziehung"

Der Beziehungsbegriff ist zu Beginn des neuen Jahrtausends „in aller Munde". In Wissenschaft und Praxis wird viel über Beziehungen diskutiert und geschrieben. Dabei wird der Begriff der „Beziehung" seit einigen Jahren geradezu inflationär verwendet. Kaum ein Manager, der nicht mit intensivem Kopfnicken in Diskussionen über die Relevanz von Beziehungen für das tägliche Geschäft einsteigt. Das Buch „Beziehungsintelligenz – Talent und Brillanz im Umgang mit Menschen" von Stefan F. Gross war zuletzt zwei Jahre auf den Wirtschafts-Bestsellerlisten.

Aber nicht nur Menschen haben Beziehungen und kämpfen mit ihren „Beziehungskisten", auch Unternehmen und sogar Staaten haben – so der allgemeine Sprachgebrauch – Beziehungen. Auch in der betriebswirtschaftlichen Literatur sind Schlagwörter wie „Beziehungs- und Relationshipmanagement" sowie „Beziehungsmarketing" in den Fokus gerückt. Die Deutsche Post AG International bietet sogar eine „Software für erfolgreiches Beziehungsmarketing" an.

Sooft über Beziehungen geschrieben wird, es unterbleibt in fast allen Fällen die Definition des Kerns, über den im Endeffekt diskutiert wird: die zwischenmenschliche Beziehung. Die Beziehung selbst und oft auch die unterschiedlichen Formen von Beziehungen bleiben ausgeklammert.

Auf wirtschaftliche Zusammenhänge gespiegelt ist die zwischenmenschliche Beziehung als kleinste Einheit marktbezogener Austauschprozesse zu verstehen. Diese Prozesse sind aus der Perspektive vieler Betrachter auf den Austausch von Waren und/oder Dienstleistungen gegen Geld ausgerichtet. Bei eingehender Betrachtung von Beziehungen und Beziehungsprozessen können wir jedoch feststellen, dass auch in Markt- und Geschäftsbeziehungen der Mensch – nicht Geld, Dienstleistungen und Waren – im Mittelpunkt steht. Eine gute Geschäftsbeziehung lebt nicht davon, dass Herr Müller Herrn Meier etwas verkauft und Herr Meier dafür bezahlt. Sie fängt erst dann an, wirklich zu funktionieren, wenn die beiden Geschäftspartner das zwischenmenschliche Miteinander positiv gestalten können. Umgangssprachlich: Eine gute Beziehung zwischen Käufer und Verkäufer besteht, wenn die „Chemie" stimmt. Erst wenn dies gewährleistet ist, ist es sinnvoll, auch kaufmännische, quantitative Größen mit in die Betrachtung und die Beurteilung von Geschäftsbeziehungen einzubeziehen.

Dieser Umstand wird deutlich, wenn wir uns die Ergebnisse einer Befragung der Beratungsgesellschaft Arthur D. Little zum Thema Bedeutung der Beziehungsqualität für die Kundenbindung anschauen (*Arthur D. Little 1998*). Hier wurde u. a. die Frage gestellt, warum Unternehmen Kunden verlieren. Aus den Ergebnissen, die in Abb. 1 wiedergegeben sind, lässt sich herauslesen, dass weder die Produkte (9%), noch der Preis (16%) die Hauptauslöser für den Lieferantenwechsel waren. Vielmehr stand mit 68 % (!) die empfundene Gleichgültigkeit der Lieferunternehmung gegenüber dem Belieferten und damit Versäumnisse in der Beziehungsgestaltung zwischen Lieferant und Beliefertem weit im Vordergrund.

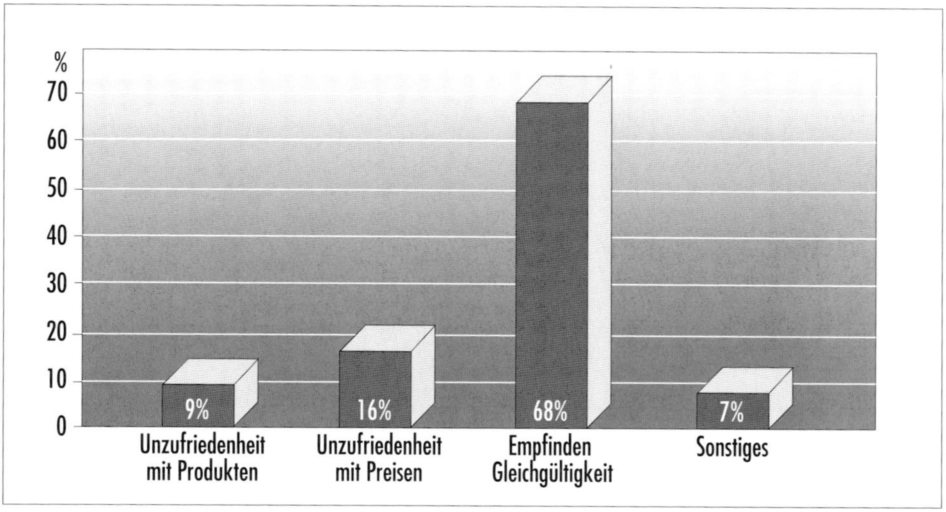

3.1 Abb. 1: ***Warum Unternehmen ihre Geschäftskunden verlieren (Arthur D. Little 1998)***

3.1.2 Vertriebsmitarbeiter im Beziehungsgeflecht der Organisation

Zur Diskussion der Beziehungen von Vertriebsmitarbeitern im Außendienst ist es notwendig, sich das Geflecht der vielen Verbindungen und Bezüge dieser Verbindungen zu vergegenwärtigen. Mitarbeiter des Außendienstes haben bei weitem nicht nur Kontakte zu Einkäufern und Entscheidern in ihren Kundenunternehmungen. Eine Auswahl der vielfältigen Beziehungen, die sich zwischen dem Außendienstmitarbeiter, Kontaktpersonen in der Kundenunternehmung sowie verschiedenen Funktionsträgern in der eigenen Unternehmung ergeben können, sind in Abb. 2 dargestellt.

Die wohl ohne Zweifel zentrale Beziehung des Vertriebsmitarbeiters ist die zum Einkaufsleiter beziehungsweise zu ausgewählten Entscheidern, die je nach Umfang des anzubahnenden und abzuschließenden Geschäftes bis in die obersten Hierarchieebenen hinein zu finden sind. Zu diesen Entscheidern gehören etwa Outlet Manager, Regional und National Manager sowie der Geschäftsführer der Kundenunternehmung. Im Handel sind Leitung und Mitarbei-

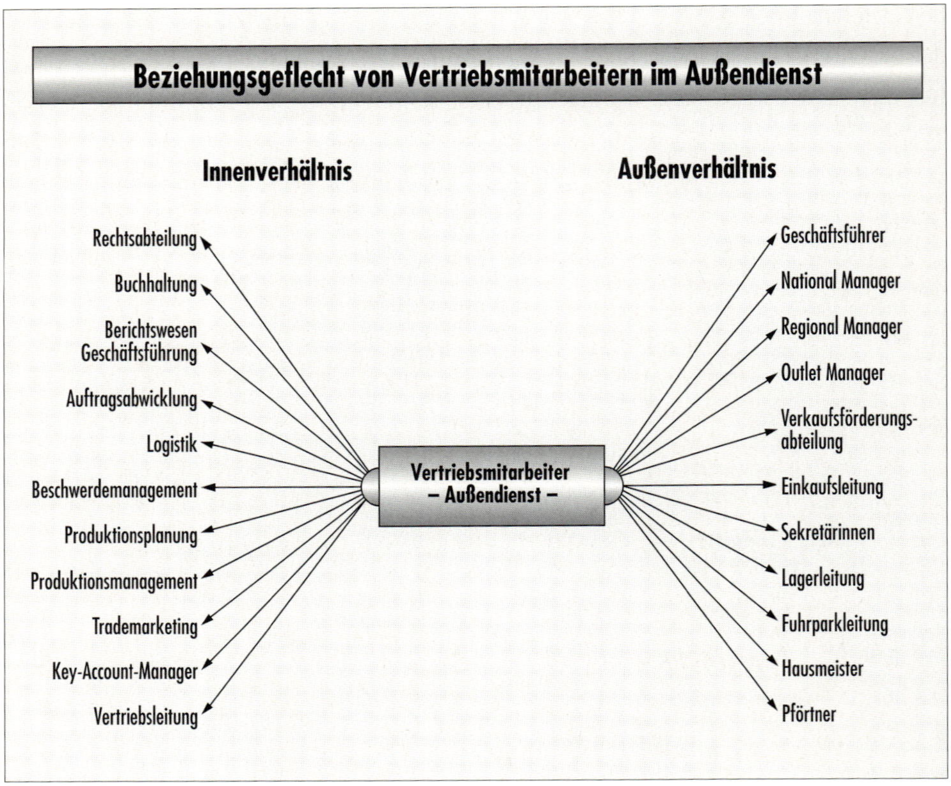

3.1 Abb. 2: ***Beziehungsgeflecht von Mitarbeitern im Außendienst***

ter der Verkaufsförderungsabteilung zu berücksichtigen. Aus der Buying-Center-Theorie (*Webster/Wind 1972, S. 77ff.*) wissen wir, dass bei Kaufentscheidungsprozessen in Organisationen auch die Gate-Keeper wie etwa Sekretärinnen, Fuhrparkleitung, Hausmeister und Pförtner eine wichtige Rolle für die Anbahnung von Kontakten und schließlich auch für die entstehenden Beziehungen spielen können.

Vertriebsmitarbeiter nehmen eine Vermittlerrolle zwischen ihrer Unternehmung und der Kundenunternehmung ein. Genauer, sie vermitteln zwischen Funktionsträgern der verkaufenden und der kaufenden Unternehmung. Für die Wahrnehmung dieser Rolle sind auch die Kontakte und Beziehungen im Innenverhältnis zu berücksichtigen. Als wohl wichtigster direkter interner Beziehungspartner des Vertriebsmitarbeiters ist der Vertriebsleiter zu nennen. Je nach Funktion und Position des betrachteten Mitarbeiters sind auch die Beziehungen zum Key-Account-Manager und zu ausgewählten Mitarbeitern des Trademarketing wichtig. Für die Bearbeitung abgeschlossener Aufträge sind Beziehungspartner aus den Bereichen Produktionsplanung und Produktionsmanagement relevant. Ohne gute Kontakte zu den Kollegen in den Bereichen Auftragsabwicklung, Buchhaltung und Logistik wäre schon mancher Vertriebsmitarbeiter nach dem Abschluss großer Aufträge verzweifelt. Für die schnelle Lösung von Problemen, die der Kunde mit den gekauften Waren und Dienstleistungen hat, ist es wichtig, dass der Außendienstmitarbeiter, der die Lieferunternehmung und damit die Produkte und Leistungen gegenüber dem Käufer vertritt, direkte gute Beziehungen zum Beschwerdemanagement pflegt. Zur juristisch einwandfreien und problemlosen Abwicklung von Geschäften sind Beziehungen zu Mitarbeitern der Rechtsabteilung wichtig.

Allein diese Auswahl aus der Vielzahl der Beziehungspartner des Vertriebsmitarbeiters im Außen- und im Innenverhältnis zeigt die Vielfältigkeit seiner möglichen Verflechtungen in seiner täglichen Arbeit.

Wie dargestellt hat das Aufbauen und Halten von möglichst langjährigen Beziehungen zu den verschiedenen Partnern für die Vertriebsmitarbeiter eine hohe Relevanz. Was ist nun unter dem viel strapazierten, aber selten definierten Begriff der Beziehung zu verstehen?

3.1.3 Beziehung als Erfolgsfaktor

Mitarbeiter des Vertriebs bauen ständig Beziehungen zu Geschäftspartnern außerhalb der eigenen Unternehmung und zu Mitarbeitern in ihren Unternehmungen auf. Sie finden zum Beispiel im Rahmen von Akquisitions-, Jahres- und Quartalsgesprächen, in Beschwerdemanagementprozessen, Mitarbeiterbesprechungen und anderen mehr statt.

In diesem Abschnitt werden spezifische Formen der Beziehungen dargestellt, die wir beobachten können, wenn Menschen miteinander in Kontakt treten. Anschließend werden sie auf ihre Angemessenheit für den Vertriebszusammenhang hin bewertet.

3.1.3.1 Formen zwischenmenschlicher Beziehungen

Aus der tiefenpsychologischen Perspektive ist der Mensch durch sein gesamtes Leben von Erlebnissen, Erfahrungen und die daran anknüpfenden Erinnerungsspuren aus den vorangegangenen Lebensabschnitten beeinflusst. Angefangen von der frühen Kindheit bis zur jüngsten Vergangenheit ist unsere individuelle lebensgeschichtliche Entwicklung ein Bestimmungsfaktor unseres Verhaltens im „Hier und Jetzt". Jeder Einzelne gestaltet sich seine Beziehungen zur Umwelt auf der Basis seiner lebensgeschichtlichen Entwicklung (*Schulze 1999a, S. 442f.*).

Auch „Geschäftsbeziehungen" sind im Kern Beziehungen zwischen den beteiligten Menschen. Zwischenmenschliche Beziehungen sind als das wechselseitig aufeinander bezogene Denken, Fühlen und Verhalten, durch das wir Menschen uns miteinander in Kontakt setzen, uns aktualisieren, zu verstehen. Sie sind eine wichtige Basis des menschlichen Lebens. Ohne Beziehungen ist das psychische Überleben des Menschen schlechterdings unmöglich (*Bauriedl 1993, 110; Buber 1994, S. 49*).

Bei eingehenderer Betrachtung von zwischenmenschlichen Beziehungen und Beziehungsprozessen können wir Unterschiede in deren Entwicklung, Aufbau und den oft verdeckten Zielsetzungen feststellen. Diese Unterschiede kommen im Verhalten, aber auch in Gefühlen und im Denken der Beziehungspartner zum Ausdruck. Eine Abgrenzung von unterschiedlichen Beziehungsformen findet sich bei *Sell* (1996). Dieser unterscheidet sieben in der psychotherapeutischen und der psychoanalytischen Literatur diskutierte, idealtypische Beziehungsformen, die im Folgenden kurz dargestellt und im Anschluss für den Vertriebszusammenhang bewertet werden (vgl. hierzu auch Abb. 3):

- Ich-Du-Beziehung
- Ich-oder-Du-Beziehung
- Ich-Ich-Beziehung
- Nicht-Beziehung
- Pseudo-Beziehung
- Ich-Es-Du-Beziehung
- Ich-und-Du-Beziehung.

Die **Ich-Du-Beziehung** ist die grundlegendste Beziehungsform. Sie entsteht aus der frühen Bindung zwischen Mutter und Kind. Diese lebendige Einheit aus Mutter und Kind vor und nach der Geburt ist der Nukleus unseres späteren Beziehungserlebens. Frühe Bindungserlebnisse stellen das „emotionale Band" (*Brisch 1999, S. 34*) dar, dessen Einfluss auf alle weiteren Lebensabschnitte ausstrahlt. Die Beziehungspartner sind ungleich: Das Kleinstkind ist noch nicht lebensreif und vital sowie emotional auf die Mutter angewiesen (*Schlegel 1995, S. 94f.*). Die frühe Beziehung ist zentrale Voraussetzung für das menschliche Sein: „Der Mensch wird am Du zum Ich" (*Buber 1994, S. 18 und S. 37*). Im Rahmen einer „gesunden" Entwicklung löst sich die Ich-Du-Beziehung zwischen Mutter und Kind über mehrere Phasen hinweg schrittweise auf (*Buber 1994, S. 34ff.*). Sie bildet die Grundlage für die Art von Beziehungen, die wir im weiteren Leben bevorzugt zu anderen aufbauen. So also auch für die Beziehungen, wie sie im Beziehungsgeflecht des Vertriebs gelebt werden.

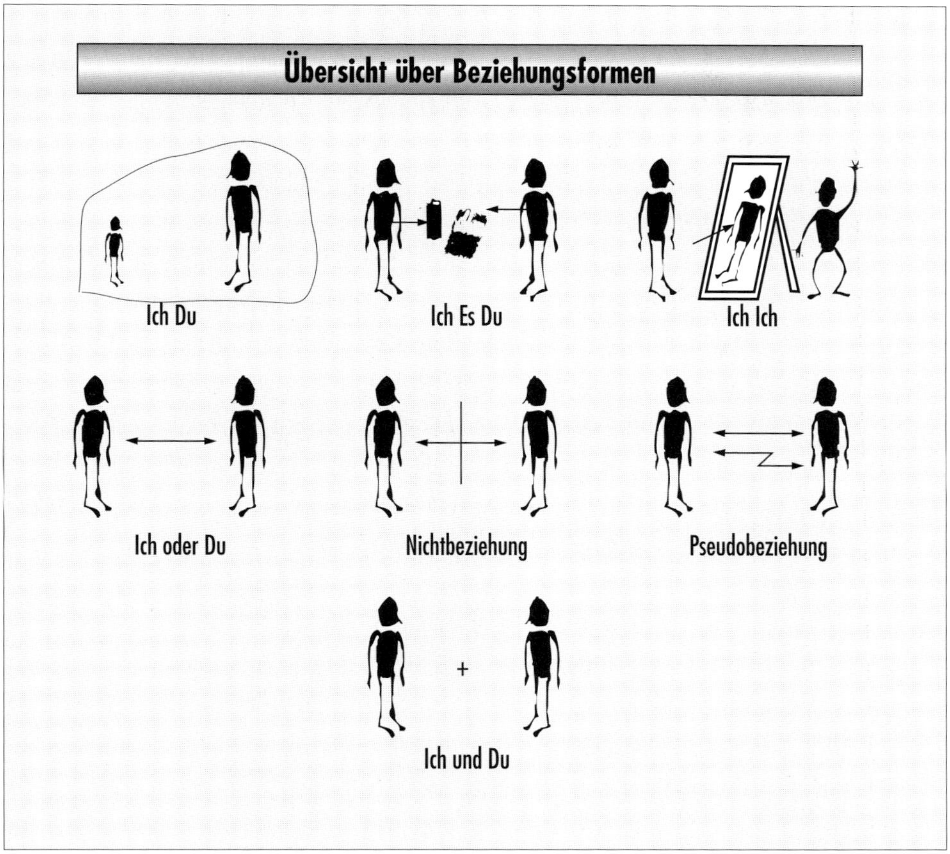

3.1 Abb. 3: *Übersicht über Beziehungsformen*

In der **Ich-Es-Du-Beziehung** (*Quitmann 1985, S. 334ff.*) bauen Vertriebsmitarbeiter die Interaktion mit ihren Geschäftspartnern über „Vehikel" auf. Dies können beispielsweise Gegenstände, Leistungen oder Leistungsmerkmale von Produkten und Dienstleistungen sein. Die in Beziehung tretenden Personen sehen nicht den anderen, sondern Gegenstände, Tätigkeiten u. a.m., über die sie sich miteinander in Beziehung setzen.

Die **Ich-Ich-Beziehung** ist dadurch bestimmt, dass die Partner nicht wirklich miteinander in Kontakt treten. Es wird keine „echte" Beziehung eingegangen. Vertriebsmitarbeiter, die mit ihren Beziehungspartnern eine Ich-Ich-Beziehung aufbauen, nutzen ihr Gegenüber nur als „Spiegel" für ihre eigene narzistische Selbstbezogenheit. Sie nehmen es nicht als Person wahr, sondern instrumentalisieren es.

Mitarbeiter, die **Ich-oder-Du-Beziehungen** aufbauen, setzen sich intensiv mit anderen in Konkurrenz (*Bauriedl 1993, S. 28f.*). Oft ist in derartigen Beziehungen der versteckte Wunsch vorhanden, die andere Person zu ersetzen, um an ihre Stelle zu treten und ihre Funktion oder Rolle einzunehmen.

In der **Nicht-Beziehung** findet vordergründig eine Kontakt- respektive Beziehungsaufnahme nicht statt. Mindestens einer der beteiligten Partner ist der Meinung, dass er den Kontakt in der Beziehung nicht bräuchte. Der Leitsatz in Nicht-Beziehungen ist „Komm mir ja nicht näher“.

Die „Vorliebe“ für den Aufbau von **Pseudo-Beziehung** entsteht aus einem Anpassungsprozess heraus: Im Rahmen von Interaktionsprozessen kommt es immer wieder zu negativen Beziehungserfahrungen. Je nach Stärke dieser negativen Erfahrungen versuchen die Betroffenen, die erlebten Erfahrungen (wie etwa Ärger, Angst oder Trauer und Schmerz) in der Zukunft abzuwenden. Dies kann durch das Errichten und Aufrechterhalten einer Fassade aus Harmonie und Frieden erfolgen. So schaffen sie sich vordergründig Sicherheit vor den mit Unmut und Angst besetzten früheren Beziehungserlebnissen (*Wynne/Singer 1965, S. 177, S. 130ff.; Bauriedl 1993, S. 38, S. 101; Boszormenyi-Nagy/Spark 1995, S. 22ff.*).

In der **Ich-und-Du-Beziehung** stellen die Interaktionspartner bewusst eine gegenseitige Abhängigkeit her, in der sie Autonomie entfalten und Verzicht üben. Beziehungsentfaltung heißt dabei, nicht übereinander, sondern miteinander zu reden. Schwächen und/oder Abhängigkeiten werden nicht ausgenutzt. Anliegen und Wünsche werden offen ausgesprochen, ohne jedoch auf deren Akzeptanz oder Erfüllung zu beharren. Der offene Dialog bildet die Basis für eine konstruktive Auseinandersetzung und sachorientierte Problemlösung (*Bauriedl 1993, S. 33f., S. 108; Schlegel 1995*).

3.1.3.2 Bewertung der Beziehungsformen für Vertriebskontakte

Eine positiv erlebte und im Rahmen der Entwicklung aufgelöste **Ich-Du-Beziehung** zwischen Kind und Mutter ist die notwendige Voraussetzung dafür, dass wir uns in späteren Entwicklungsphasen mit anderen auf Ich-und-Du-Beziehungen einlassen können. Sie ist der bestimmende Einflussfaktor für die von Mitarbeitern im Vertrieb entwickelten Vorlieben für die Beziehungsformen, die zu den Partnern in und außerhalb der Unternehmung aufgebaut werden. Diese Beziehungsform liegt also verdeckt unter der Art und Weise, wie die Vertriebsmitarbeiter ihre Beziehungen im vielfältigen Geflecht der Vertriebsbeziehungen leben. Sie ist auf der bewussten, kognitiv gesteuerten Ebene nicht beeinflussbar beziehungsweise nicht steuerbar.

Bewertung der Beziehungsformen für Beziehungen im Vertrieb

	Ich-Du-Beziehung	Ich-oder-Du-Beziehung	Ich-Ich-Beziehung	Nicht-Beziehung	Pseudo-Beziehung	Ich-Es-Du-Beziehung	Ich-und-Du-Beziehung
Annehmbarkeit im Vertriebs-zusammenhang	-	☹☹	☹	☹	😐	☺	☺☺

☹☹ = unannehmbar
☹ = problematisch
😐 = tragbar
☺ = hilfreich
☺☺ = optimal, weiterführend

3.1 Abb. 4: *Bewertung der Beziehungsformen für Beziehungen im Vertrieb*

Ich-oder-Du-Beziehungen sind hoch kompetetiv und spannungsgeladen. Sie sind für Vertriebszusammenhänge äußerst kontraproduktiv und finden u. a. Ausdruck in ablehnenden Haltungen der Beziehungspartner, abwertender Kommunikation und/oder dem Versuch, die Problemursachen, zum Beispiel für Lieferverzögerungen, Produktfehler u. Ä., einzig beim Geschäftspartner zu suchen. Die Ich-oder-Du-Beziehung ist für Vertriebszusammenhänge gefährlich. Sie birgt das Risiko für eskalierende Interaktionsverläufe und damit für Verärgerung und Unzufriedenheit bei allen Beteiligten. Die Konsequenz einer von beiden Seiten ausgelebten Ich-oder-Du-Beziehung ist der dauerhafte Kontaktabbruch und damit auch der Verlust der Kundenbeziehung.

Im Rahmen der **Ich-Ich-Beziehung** instrumentalisiert der Vertriebsmitarbeiter zum Beispiel den Kontakt zum Einkäufer oder zu einem Gate-Keeper (Sekretärin), um sich selbst und zum Beispiel die von ihm ausgeübte Macht zu spüren. Treten Vertriebsmitarbeiter über diese Beziehungsform mit anderen im Außen- und Innenverhältnis in Kontakt, bleibt die Chance für einen Dialog unter gleichwertigen Gesprächspartnern zwischen ihnen und den Kunden oft ungenutzt. Mitarbeiter, die dazu neigen, Ich-Ich-Beziehungen aufzubauen, sind für den Aufbau und die Aufrechterhaltung langfristiger Geschäftsbeziehungen eher ungeeignet.

Die Beziehungsform der **Nicht-Beziehung** finden wir im Vertriebszusammenhang bei den so genannten „Einzelkämpfern". Diese stellen sich oft als nicht teamtauglich und so exzellent dar, dass sie Freiräume ohne direkten Beziehungskontakt zuerkannt bekommen. Auch im Handel ist die Nicht-Beziehung oft anzutreffen. Sprichwörtlich können wir sie im Kontakt mit Verkaufsmitarbeitern des Einzelhandels erleben, die sich nach genauer Taxierung des Kunden anscheinend gelangweilt abwenden und ihn sich selbst überlassen.

Im Rahmen von **Pseudo-Beziehungen** scheint so eine intensive Interaktion zwischen den Geschäftspartnern zustande zu kommen. Bei genauer Betrachtung ist dies jedoch nicht der Fall. Die Pseudo-Beziehung schützt die Interaktionspartner davor, wirklich aufeinander eingehen zu müssen. Pseudo-Beziehungen werden vor allem von Mitarbeitern mit gering ausgeprägter psychosozialer Kompetenz aufgebaut und gelebt, die sich „gezwungen" sehen, mit Kunden in näheren Kontakt treten zu müssen. Die hohe emotionale Belastung der Beteiligten in Pseudo-Beziehungen kann u. a. dazu führen, dass die Weitergabe von Informationen erschwert und damit Vertriebsprozesse kompliziert und unterbrochen oder sogar ganz vermieden werden.

Die **Ich-Es-Du-Beziehung** ist in Interaktionsprozessen im Beziehungsgeflecht von Vertriebsmitarbeitern oft anzutreffen. Ich-Es-Du-Beziehungen sind aus Unternehmungssicht für den Vertrieb hilfreich, da sie eine sachorientierte Diskussion unterstützen. Dies gilt dann, wenn es der Vertriebsmitarbeiter schafft, sich im Gespräch auf die sachlichen Aspekte des gemeinsamen Geschäftes zu konzentrieren. Emotionale Aspekte und Erlebniswelten bleiben unberücksichtigt. Ein enger Kontakt zwischen den Partnern kommt somit nicht zustande.

Ich-und-Du-Beziehungen sind die Grundlage für das, was in der Literatur und der Praxis als „Geschäftsfreundschaft" (*Belz 1994, S. 44ff.*) bezeichnet wird. Für den Aufbau und das Aufrechterhalten langfristig haltbarer Geschäftsbeziehungen stellt die Ich-und-Du-Beziehung die **ideale Beziehungsform** dar.

3.1.4 Ansätze zur Verbesserung zwischenmenschlicher Beziehungen im Vertrieb

Die Zielsetzung bei allen Ansätzen zur Verbesserung zwischenmenschlicher Beziehungsprozesse im Vertrieb sollte die Stärkung der Bewusstheit der Vertriebsmitarbeiter im Innen- und Außendienst für die Relevanz zwischenmenschlicher Beziehungsprozesse sein. Dies ist die Basis für die willentliche, positive Beeinflussung der Mitarbeiter in Richtung des Aufbaus von positiven Beziehungen zu Kollegen und Geschäftspartnern. In diesem Zusammenhang ist auch die Vermeidung von negativ wirkenden Beziehungen wie der Ich-oder-Du-Beziehung, der Ich-Ich-Beziehung und der Nicht-Beziehung wichtig.

3.1.4.1 Ausgewählte Instrumente und ihr Einsatz

Im Rahmen der Arbeit an der Verbesserung zwischenmenschlicher Beziehungen ist eine Auswahl von Instrumenten zu treffen, mit denen die oben genannten Ziele (Bewusstmachung, Aufbau positiver Beziehungen etc.) erreicht werden sollen. Vor dem Hintergrund, dass die Art und Weise jedes Mitarbeiters sich mit seiner Umwelt in Beziehung zu setzen durch seine Persönlichkeitsstruktur bestimmt wird, ist es sinnvoll, Instrumente zu wählen, mit deren Hilfe sowohl die Struktur der Persönlichkeit als auch die zwischenmenschlichen Interaktionsprozesse erfasst, erklärt und im Anschluss auch verbessert werden können.

Ein solches Instrumentarium finden wir in der Transaktionsanalyse. Die Transaktionsanalyse ist ein sehr umfangreiches sozialpsychologisches und therapeutisches System, das einerseits ein Persönlichkeitskonzept und andererseits ein Interaktionskonzept beinhaltet. Mit Hilfe des Persönlichkeitskonzeptes ist es möglich, lebensgeschichtliche Hintergründe und Entwicklungen zu verdeutlichen. Das Interaktionskonzept kann im vorliegenden Zusammenhang helfen, Interaktionsprozesse zu beschreiben und zu verbessern. Die transaktionsanalytische Theorie verbindet die Klarheit und Verständlichkeit verhaltenspsychologischer Ansätze mit tiefenpsychologischem Denken im Rahmen der Werte der humanistischen Psychologien und Psychotherapien.

Durch das in der Transaktionsanalyse genutzte, eingängige Vokabular sind ihre Inhalte für Menschen unterschiedlichster Herkunft, Bildung und Altersstufen leicht zugänglich und nachvollziehbar. Gerade der eingesetzte, spezifische Wortschatz bietet Gruppen, die selbst oft mit branchen- und unternehmungsspezifischem Vokabular arbeiten, wie Vertriebsabteilungen einen relativ einfachen Zugang zu Erklärungen ihres Verhaltens und der von ihnen herbeigeführten Beziehungszusammenhänge. So ist wird ihr kurzfristiger Einsatz und schnell eintretende Erfolge begünstigt (*Schulze 1999a, S. 444f.; 1999b, S. 266*).

Im Folgenden sollen vier ausgewählte Konzepte der Transaktionsanalyse kurz dargestellt werden, anhand derer anschließend Möglichkeiten zur Verbesserung im Beziehungsgeflecht der Vertriebsmitarbeiter skizziert werden.

Zu den angesprochenen Konzepten gehören:

- die Grundhaltungen/Grundeinstellungen,
- das Drama-Dreieck,
- die Psychologischen Spiele und
- die Gruppenkultur mit dem technischen Aspekt, der Gruppenetikette und dem Gruppencharakter.

Zu **Grundhaltungen/Grundeinstellungen**: Schon in frühen Entwicklungsphasen entwickeln wir Überzeugungen über uns, über die anderen Menschen, mit denen wir uns in Beziehung setzen, sowie über die Welt, die uns umgibt. Diese Überzeugungen werden in der Transaktionsanalyse als „Grundhaltungen" oder „Grundeinstellungen" bezeichnet. Grundeinstellungen stellen die Haltung dar, die wir einnehmen, wenn es um den wahren Wert geht, den wir uns (Ich) und unseren Mitmenschen (Du) zuschreiben. Diese Zuschreibung führt ihrerseits dazu, dass wir unsere Art und Weise Beziehungen zu anderen aufzubauen entsprechend einrichten (*Ernst 1971, S. 231ff.*).

Aus dem Blick auf das „Ich" und das „Du" sowie den Zuschreibungen „Es ist alles in Ordnung – o.k." und „Es ist alles nicht in Ordnung – nicht o.k." ergeben sich in der transaktionsanalytischen Theorie vier idealtypischen Grundhaltungen:

- Ich bin o.k.-Du bist o.k. (o.k. – o.k.)
- Ich bin o.k.-Du bist nicht o.k. (o.k. – nicht-o.k.)
- Ich bin nicht o.k.-Du bist o.k. (nicht-o.k. – o.k.)
- Ich bin nicht o.k.-Du bist nicht o.k. (nicht-o.k. – nicht-o.k.)

Bis auf die erste (o.k. – o.k.) sind die anderen Grundeinstellungen problematisch für Aufbau und Pflege von Vertriebsbeziehungen. Entweder „macht sich" der Mitarbeiter klein und überhöht den Beziehungspartner (nicht-o.k. – o.k.) oder er macht sich und den Beziehungspartner klein (nicht-o.k. – nicht-o.k.). Die dritte Möglichkeit ist die abwertende Haltung gegenüber dem anderen und das Überhöhen der eigenen Person (o.k. – nicht-o.k.).

Die Grundhaltungen, die mit negativen Zuschreibungen auf sich selbst und/oder die Beziehungspartner gerichtet sind, begleiten in vielen Fällen fünf der sieben oben aufgezählten Beziehungsformen. Allein die Ich-Du-Beziehung und die Ich-und-Du-Beziehung sind durch das gegenseitige o.k.-Sein gekennzeichnet. Auch die für Vertriebszusammenhänge annehmbare Ich-Es-Du-Beziehung kann von beiden Seiten als o.k.-o.k.-Beziehung gelebt werden. Grundsätzlich ist für Vertriebsmitarbeiter eine nicht-o.k.-Grundeinstellung von vornherein kontraproduktiv, ja gefährlich für Aufbau und Pflege persönlicher Beziehungen im Beziehungsgeflecht des Vertriebs.

Mitarbeiter mit negativ ausgerichteten Grundeinstellungen neigen dazu, sich mit ihren Beziehungspartnern in verhängnisvolle Rollensituationen zu manövrieren. Diese können anhand des Drama-Dreiecks dargestellt werden.

Zu **Drama-Dreieck**: Das Drama- oder Karpman-Dreieck ist eine grafische Darstellung, mit deren Hilfe unproduktive Interaktionsverläufe skizziert und erklärt werden können (Karpman 1968, S. 39ff.). Im Rahmen der beschriebenen Interaktionsverläufe nehmen die Partner mindestens zwei von drei Rollen (Opfer-, Retter- und Verfolgerrolle) ein. Sie steuern die „Besetzung" ihrer Rolle nicht bewusst, sondern vor dem Hintergrund eines eingeschränkten Denkens, Fühlens und Verhaltens. Interaktionsverläufe im Drama-Dreieck, also zwischen den drei Rollen, führen mit Sicherheit in die interaktive Sackgasse (*Gührs/Nowak 1995, S. 108f.*).

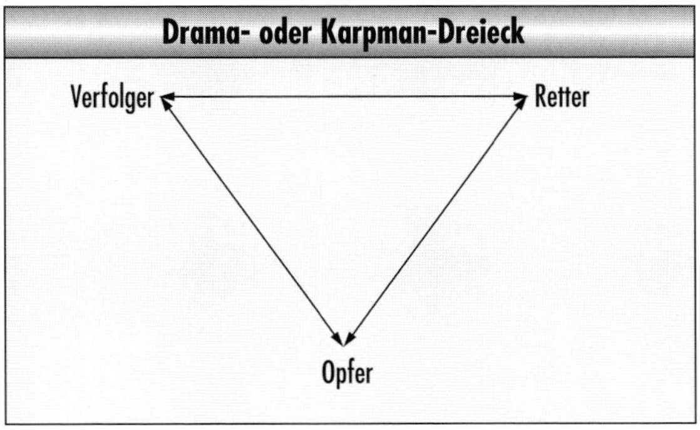

3.1 Abb. 5: ***Drama- oder Karpman-Dreieck***

In der **Opfer**rolle finden wir Menschen, die sich selbst als nicht-o.k. erleben. Sie brauchen für das Erleben ihrer Unterlegenheit andere, die sie als wertvoller, als kräftiger, besser empfinden. Solche Partner finden sie in Menschen in der Retter- und in der Verfolgerrolle. Vertriebsmitarbeiter in der Opferrolle sind ständig in Verteidigungssituationen anzutreffen: Lieferungen sind nicht pünktlich, Produkte schadhaft, der Kunde viel mächtiger als er und die Kollegen in der Auftragsabwicklung versuchen ständig, ihm Knüppel zwischen die Beine zu werfen. Auch **Retter** betrachten ihre Partner als nicht-o.k., als unterlegen. Sie leben dies aus, indem sie anderen aus ihrer überlegenen Position heraus Hilfe anbieten. Der Glaube hinter dieser Hilfe ist: Die anderen sind nicht in der Lage, sich selbst zu helfen, deshalb muss ich das tun. Die Retterrolle ist typisch für Mitarbeiter im Vertrieb: der Andere hat ein Problem, weil er mein Produkt nicht kennt! Kaufst Du mein Produkt, dann kann ich Dir helfen! Ich weiß, was Du brauchst! Dies sind einige Botschaften des Retters an seine Kunden. Auch in der **Verfolger**rolle finden wir Menschen, die die anderen als untergeordnet wahrnehmen. Entgegen dem Retter ist die Reaktion des Verfolgers allerdings, dass er die vermeintlich unter ihm stehenden Interaktionspartner runterputzt, ihnen zusetzt: „Ich habe Ihnen schon immer gesagt, dass Sie mit den Konkurrenzprodukten schlecht beraten sind! Hätten Sie mal auf mich gehört! Alle anderen Anbieter im Markt sind im Vergleich zu uns Nieten!"

Zu **Psychologische Spiele**: Wenn wir uns in eine der Rollen im Drama-Dreieck begeben haben, wechseln wir diese oft im Verlauf des Interaktionsprozesses. Für den Einstieg in Beziehungsprozesse bevorzugen die meisten Menschen eine der drei Rollen. Oftmals wird aus der Einstiegsrolle heraus sogar eine längere Beziehungssequenz gestaltet. Voraussetzung hierfür ist, dass der Beziehungspartner bereit ist, dabei mitzuspielen. Um dies zu gewährleisten, haben wir spezielle Kommunikationsmuster entwickelt, mit deren Signalcharakter unsere Beziehungspartner zum Einstieg in das Drama-Dreieck „eingeladen" werden. Sind diese Einladungen erfolgreich, so ist der Ausgang der Interaktion vorhersagbar: Wir manipulieren uns zusammen mit dem anderen in eine Situation, die wir als typisch, unerfreulich, ärgerlich und/oder missstimmend erleben. In der Transaktionsanalyse wird in diesem Zusammenhang von „Psychologischen Spielen" oder auch „Spielen" gesprochen (*Berne 1993, S. 57ff.*).

Charakteristisch für „Spiele" ist, dass sie keinen positiven Ausgang haben und trotzdem immer wieder inszeniert werden. Wir brauchen sie, um gelernte und vermeintlich sichere Beziehungszusammenhänge zu gestalten und aufrechtzuerhalten. So weigern sich Menschen mit einer Vorliebe für die Opferposition, selbstverantwortlich zu sein, Menschen mit einer Neigung für die Retterrolle tendieren dazu, andere in einem Abhängigkeitsverhältnis zu halten (*Gührs/Nowak 1995, S. 113f.; Berne 1983, S. 40; Steward/Joines 1990, S. 331ff.; Goulding/ Goulding 1981, S. 46ff.*).

Sowohl das Einnehmen von Rollen im Drama-Dreieck als auch das Initiieren von Spielen sind die interaktive Basis für Beziehungsformen, die im Vertriebszusammenhang kontraproduktiv und deshalb unerwünscht sind. Hierzu zählen zum Beispiel die Ich-oder-Du-Beziehung, die Ich-Ich-Beziehung und die Nicht-Beziehung.

Ein möglicher Ablauf eines Psychologischen Spiels kann wie folgt skizziert werden: Der Vertriebsmitarbeiter und sein Kunde tauschen sich eine Zeit lang aus ihren „Startrollen" aus. Etwa aus der Opfer- und der Retterrolle: „Wissen Sie, das geht schon seit mehreren Jahren so, immer wenn ich die Konkurrenzprodukte nehme, dann werde ich von den Produktionsleuten beschimpft." „Nun, warum versuchen Sie nicht wirklich einmal, bei unserem Produkt zu bleiben?" „Ja, das habe ich auch schon gedacht, aber wir sollen uns nicht zu abhängig von einem Lieferanten machen." „Aber überlegen Sie doch mal, was besser ist, als unser Stammkunde gute Produkte für Ihre Produktion zu kaufen, oder permanent herumzuspringen und damit die Qualität der Fertigerzeugnisse in Gefahr zu bringen." Dieses Hin und Her kann je nach Voreinstellung der beiden Verhandlungspartner sehr lange dauern. Der Einkäufer ist vermeintlich schwach und wartet insgeheim auf Lösungen (Opfer), der Vertriebsmitarbeiter ist stark und bietet Lösungen an (Retter). Bis schließlich einer von ihnen die Rolle wechselt: Einkäufer: „Ich kann es allmählich nicht mehr hören Ihr „‚Machen Sie doch mal' … Sie glauben wohl, dass Sie die Weisheit mit Löffeln gefressen haben mit Ihren Produkten, was?!" Als Reaktion ist der Vertriebsmitarbeiter erschreckt und zieht sich aus dem Gespräch zurück. Der Kontakt ist zunächst abgebrochen. Eine Alternative wäre, dass er seinerseits in die Verfolgerrolle geht und den Einkäufer beschimpft. In dieser Ich-oder-Du-Beziehungssituation würde sich dann ein Abbruch der Beziehung über längere Zeit anbahnen.

Zu **Gruppenkultur mit dem technischen Aspekt, der Gruppenetikette und dem Gruppencharakter**: Die Kultur der Unternehmung und ihrer Vertriebsabteilung ist neben den individuellen Bestimmungsfaktoren als einer der zentralen Einflussfaktoren auf die Art und Weise zu verstehen, wie sowohl die Mitarbeiter untereinander als auch im Außenkontakt Beziehungen aufbauen und gestalten.

Die Kultur von Organisationen und Organisationsteilen als System, das das Denken, Fühlen und Verhalten der Mitarbeiter zentral mitbestimmt, wird in der transaktionsanalytischen Theorie in den technischen Aspekt, die Gruppenetikette und den Gruppencharakter unterschieden. Der **technische Aspekt** oder auch die technische Kultur ist für die Definition und die Bereitstellung der zum Funktionieren der Organisation notwendigen Ausrüstungsgegenstände verantwortlich. Hierzu zählen jedoch nicht allein Werkzeuge. Auch die Techniken der Interaktion, des Lernens, der Veränderung der Organisation und der Umweltbeeinflussung gehören in diesen Bereich der Kultur. Die **Gruppenetikette** beinhaltet alle Normen und Umgangsformen, die in der Gruppe akzeptiert werden. Sie ist stark an Traditionen ausgerichtet und spiegelt die gruppeninternen Verhaltensstandards. So beispielsweise, wie Kundenunternehmungen und die verschiedenen Beziehungspartner in diesen Organisationen bewertet werden, welche Verhaltensäußerungen zugelassen sind und was zum Beispiel unter einer guten Beziehung und unter Freundlichkeit zu verstehen ist. Der **Gruppencharakter** umfasst die emotionale Komponente der Kultur. Er legt u. a. fest, wie mit Gefühlen und Gefühlsäußerungen umgegangen werden darf und inwieweit diese in den verschiedenen Beziehungszusammenhängen zum Ausdruck gebracht werden (*Berne 1986; Schulze 1992, S. 197ff.*).

Im folgenden Abschnitt werden ausgewählte Ansätze skizziert, die den Aufbau von positiven Beziehungen im Beziehungsgeflecht der Vertriebsmitarbeiter unterstützen. Ziel ist hierbei vor allem der Aufbau produktiver Beziehungen, aus denen sowohl der Vertriebsmitarbeiter als auch sein Verhandlungspartner positiv gestimmt herausgehen.

3.1.4.2 Ansätze für ein beziehungsorientiertes Vertriebsmanagement

Maßgaben für ein positives Beziehungsmanagement im Vertrieb sind:

1. *Begegne Dir selbst und dem anderen respektvoll! Lebe die Beziehung aus der Position, dass ihr beide, Du selbst und der andere, in Ordnung seid.*
   Das bedeutet nicht, dass das Verhalten und alle Äußerungen des Gegenüber immer richtig und begrüßenswert sein müssen. Die Frage ist, wie ich als Vertriebsmitarbeiter damit umgehe. Sich bewusst auf zwischenmenschliche Interaktions- und Beziehungsprozesse einzulas-

sen, sie zu beobachten und aktiv zu gestalten kann in diesem Zusammenhang heißen, sich seine eigene Grundeinstellung bewusst zu machen. Das bedeutet, dass sich der Mitarbeiter mit dem Wissen um die negativen Folgen von nicht-o.k.-Grundeinstellungen dazu entschließen kann, sich und andere als in Ordnung wahrzunehmen. *English* (*1976, S. 151ff.*) spricht in diesem Zusammenhang von der „Fünften Grundeinstellung", die sie „Ich bin o.k.–Du bist o.k. – realistisch" nennt. Diese kognitiv gesteuerte – realistische – Grundeinstellung vom Mitarbeiter zu erwarten ist angemessener als die o.k.–o.k.-Grundeinstellung, weil die Veränderung der früh aufgebauten Einstellungen zu sich und der Umwelt einen Eingriff in die Persönlichkeitsstruktur der Vertriebsmitarbeiter bedeuten würde. Derartige Eingriffe wären nicht opportun und im Rahmen von meist auf wenige Tage angelegte Trainings auch nicht realisierbar.

2. *Achte auf das mögliche Besetzen von Rollen im Drama-Dreieck! Verfolgendes, rettendes und/oder sich opferndes Verhalten führt schnell in dysfunktionale, unproduktive Beziehungsformen.*
   Sich selbst zu beobachten kann oft schon eine gute Basis für die Abkehr von Beziehungszusammenhängen im Drama-Dreieck sein. Jedoch ist das bewusste „Nichteinsteigen" in eine der drei Rollen nur eine Seite der Beziehung. Die andere wird durch den Beziehungs- oder den Verhandlungspartner bestimmt. Angemessen ist in diesem Zusammenhang, die Angebote von vermeintlichen Rettern zu konfrontieren und eigene „Rettungsangebote" direkt zu machen, indem man den anderen fragt, ob er Hilfe brauche. Verfolger sind zu stoppen, indem sie nach ihrer unter dem Verfolgerverhalten liegenden Betroffenheit gefragt werden. Potenziellen Opfern kann man mit dem Hinweis aus dem Weg gehen, dass man ihnen deutlich macht, dass sie selbst zu selbstverantwortlichem Handeln fähig sind. Auch hierbei ist es wichtig, nicht verfolgend zu sein (*Schulze 1992, S. 183f.; Gührs/Nowak 1995, S. 168*).

3. *Vermeide es, Spiele zu initiieren und/oder auf Spielangebote anderer einzugehen! Steige aus Spielverläufen aus, ohne die Situation zu eskalieren!*
   Eine der einfachsten Verhaltensregeln, nachdem man erkannt hat, dass man mit seinem Gegenüber in Spiele involviert ist, ist aus seiner Rolle im Drama-Dreieck auszusteigen und sich anders als von ihm erwartet zu verhalten. Eine zweite Möglichkeit bietet „das Gespräch über das Gespräch" bzw. den Beziehungsprozess (Metakommunikation). Im Rahmen dieser Interventionstechnik wird über den Beziehungsprozess, die aus dessen Verlauf entstandenen Gefühlen und die vermuteten bzw. befürchteten Ergebnisse gesprochen. Wichtig hierbei ist, dass sich der Partner auf das Gespräch einlässt und es von beiden Seiten sachlich geführt wird.

4. *Beachte die Wichtigkeit der emotionalen Komponente deines Geschäftes! Die Gruppenetikette sollte Gefühle nicht nur erlauben, sondern den bewussten Umgang und die Auseinandersetzung mit Gefühlsäußerungen rund um die vielen verschiedenen Aufgabenstellungen des Vertriebsmitarbeiters im Beziehungsgeflecht proaktiv fördern.*
   Der Gruppencharakter unserer „abendländischen" Kultur ist eher gefühlsfeindlich als darauf ausgerichtet, mit Gefühlen wie Freude, Trauer, Angst, Ärger und Schmerz umzugehen. Der Schmerz ist noch am ehesten zugelassen. Den anderen Gefühle werden wir schon im Kindesalter entwöhnt: „Ein Junge weint nicht!" „Ein Mädchen ist immer ruhig und bescheiden (nicht ärgerlich)!" „Freu Dich nur nicht zu früh!" und „Hochmut kommt vor dem Fall!" Auch, dass „Eigenlob stinkt!" lernen wir früh und verschließen uns damit den Zugang zur eigenen Freude über Erfolge. In Beziehungsprozessen mit sich selbst und dem anderen in einer bewussten Wachheit umgehen zu können bedeutet, dass wir uns unserer Gefühle bewusst sein müssen. Gefühle zu erkennen, zu äußern und sich mit seinen und den Gefühlen der Beziehungspartner auseinander zu setzen ist ein wichtiger Teil des Gruppencharakters von Vertriebsabteilungen und Unternehmungen, die den Begriff der Beziehungsorientierung nicht nur als modernes Schlagwort nutzen.

5. *Gestalte die Gruppenetikette offen und zukunftsgerichtet! Prüfe, was an Werten und Normen in der Unternehmung und in der Abteilung zum heute nicht mehr angemessenen Rest aus alten Tagen gehört! Positiv gestaltete Beziehungen in der Unternehmung sind eine wichtige Basis für positive und lang andauernde Beziehungen zum Kunden!*
   Die Gruppenetikette übt starken Einfluss auf die Gestaltung der Beziehungen zum Kunden und allen anderen aus, die zum Beziehungsgeflecht des Vertriebsmitarbeiters zu zählen sind. Deshalb ist es im Rahmen eines beziehungsorientierten Vertriebsmanagements wichtig, alte Zöpfe auf ihre Angemessenheit für die Gegenwart zu überprüfen. Zu diesen alten Zöpfen gehört zum Beispiel die alte „Verteilermentalität" von Vertriebsapparaten, die sich aus den 50er- und 60er-Jahren in die heutige Zeit gerettet hat. Auch das Sicherheitsdenken der Mitarbeiter gehört zu den alten Werten und Normen, die heute zu hinterfragen und neu zu definieren sind. Beziehungsorientiert zu arbeiten bedeutet in diesem Zusammenhang, dass auf Seiten der Mitarbeiter und der Unternehmung Leistung und Gegenleistung gesehen und gewürdigt werden. Es bedeutet in diesem Zusammenhang auch, dass die Mitarbeiter im Sinne eines „Internen Marketing" (*Schulze 1992; Bruhn 1999*) früh in neue Entwicklungen einbezogen und informiert werden. Nur wer von der Unternehmungsleistung und dem Leistungserstellungsprozess auch wirklich überzeugt ist, wird sie in einer für beide Seiten (Käufer und Verkäufer) zufrieden stellenden Vertriebsbeziehung „verkaufen" können.

6. *Gib den Mitarbeitern im Vertrieb die Hilfsmittel, die sie für die Aufgaben des Aufbaus, der Entwicklung und des Haltens von Beziehungen im komplexen Geflecht ihres Arbeitsfeldes brauchen!*
   Hierzu gehören die Instrumente wie zum Beispiel Marktforschung und Kundensegmentierung, die Planung der Qualität der erbrachten Leistungen und das Interne Marketing. Ebenso wichtig ist der gut geplante Einsatz von Akquisitionsinstrumenten wie zum Beispiel Messen und Verkaufsförderung, eine Standortwahl, die auch persönliche Beziehungen zulässt und in immer stärkerem Umfang auch von den neuen Medien zuzurechnen sind, wie inter- und intranetbasierte Datenbanken, vernetzte Telekommunikations- und Personalcomputersysteme u. a. mehr.

Wie sind die dargestellten Maßgaben umzusetzen?

Wichtig ist, schrittweise vorzugehen und nicht zu versuchen von heute auf morgen alte, über viele Jahre gewachsene Strukturen als Basis der Beziehungen der Vertriebsmitarbeiter in Frage zu stellen und zu zerstören. Wichtig ist auch, die Mitarbeiter vorzubereiten, indem ihnen Unterstützung durch auf Beziehungsprozesse ausgerichtete, nachhaltige Trainings angeboten werden. Aber nicht nur temporäre Trainings sind ein wichtiges Instrument. Auch Coaching und Supervision als begleitende Instrumente sind für den Aufbau von echter Beziehungsorientierung des Vertriebsmanagements wichtig. Hierbei können beide Konzepte auf einzelne Mitarbeiter und/oder auch auf das ganze Vertriebsteam ausgerichtet sein. Je nach Setting wird der Gruppe oder dem Einzelnen Unterstützung bei der Entwicklung von Problemlösungen, der Förderung der Konfliktfähigkeit und Selbstorganisation (Supervision) beziehungsweise bei der Erarbeitung von problemlösenden, strukturierten Handlungsweisen gegeben (*EAS 1999*).

3.1.5 Ausblick

Der Wettbewerb in den meisten Branchen wird durch die immer stärkere Globalisierung bestimmt und gewinnt zunehmend an Intensität. Viele Produkte und auch Dienstleistungen im Wettbewerb werden einander immer ähnlicher. Qualitäten und vor allem Qualitätsunterschiede sind oft nur noch auf der Grundlage von „Glaubensfaktoren" (*Zeithaml 1981*) auszumachen. So kommt dem **persönlichen Kontakt** zwischen dem Hersteller beziehungsweise seinem Vertriebspersonal und dem Kunden eine **immer wichtigere Funktion** zu.

Vertrieb entsteht auch in Zukunft im zwischenmenschlichen Kontakt, in und mit der Beziehung zwischen dem Vertriebsmitarbeiter und dem Kunden. Dazu wird die Arbeit im Vertrieb durch viele andere Beziehungszusammenhänge beeinflusst, die meist über den Vertriebsmitarbeiter miteinander verknüpft sind.

Modernes Vertriebsmanagement bedeutet heute und in der Zukunft verstärkt **Management zwischenmenschlicher Beziehungen**. Die damit einhergehenden Herausforderungen an die Mitarbeiter ernst zu nehmen muss bedeuten, sie bei der Entwicklung und Verfeinerung der von ihnen erwarteten Fähigkeiten und Fertigkeiten zur positiven Gestaltung der Beziehungen zu unterstützen. Es gilt nicht mehr allein die fachlichen-technischen Skills zu trainieren und sich auf den „Hunger" vor allem der jüngeren Mitarbeiter zu verlassen. Diese sind als die Pflicht zu verstehen. Die Kür beginnt bei der Arbeit an den zwischenmenschlichen Beziehungsprozessen und damit auch an sich selbst. Ein **guter Vertriebsmitarbeiter** wird mehr und mehr zum **Beziehungsmanager** zwischen den vielen Interessen in dem Geflecht, in dem er sich bewegt und erfolgreich arbeiten soll. Er muss zukünftig über die Angemessenheit und die Unangemessenheit von Beziehungsformen Klarheit haben.

Die **Voraussetzung** hierfür ist nicht nur eine gute Ausbildung, sondern auch und vor allem die **begleitende Arbeit an sich selbst, an den eigenen Vorlieben, Stärken und Fehlern** im täglichen „Beziehungsgeschäft". Hierbei ist stärkenorientiert und mit einer positiven Ausrichtung vorzugehen.

Das im vorangegangenen Kapitel kurz vorgestellte Konzept der Transaktionsanalyse kann diese Arbeit unterstützen. Ergänzt durch Erkenntnisse aus der tiefenpsychologisch orientierten Beziehungsanalyse können Vertriebsmitarbeiter verständnis- und erfahrungsorientiert aus- und weitergebildet werden.

Literatur

Bauriedl (1993): Bauriedl, Thea: Beziehungsanalyse, Das dialektisch-emanzipatorische Prinzip der Psychoanalyse und seine Konsequenzen für die psychoanalytische Familientherapie, 4. Aufl., Frankfurt am Main

Belz (1994): Belz, Christian et al.: Management von Geschäftsbeziehungen, Forschungsinstitut für Absatz und Handel an der Hochschule Sankt Gallen, Sankt Gallen

Berne (1983): Berne, Eric: Was sagen Sie, nachdem Sie „guten Tag" gesagt haben? Psychologie des menschlichen Verhaltens, Frankfurt am Main

Berne (1986): Berne, Eric: Struktur und Dynamik von Organisationen und Gruppen, Frankfurt am Main

Berne (1993): Berne, Eric: Spiele der Erwachsenen, Psychologie der menschlichen Beziehungen, Reinbek bei Hamburg

Boszormenyi-Nagy/Spark (1995): Boszormenyi-Nagy, Ivan/Spark, Geraldine: Unsichtbare Bindungen, Die Dynamik familiärer Systeme, 5. Aufl., Stuttgart

Brisch (1999): Brisch, Karl Heinz: Bindungsstörungen: Von der Bindungstheorie zur Therapie, Stuttgart

Bruhn (1999): Bruhn, Manfred: Internes Marketing als Forschungsgebiet der Marketingwissenschaft, Eine Einführung in die theoretischen und praktischen Probleme, in: Bruhn, Manfred (Hrsg.): Internes Marketing, Integration der Kunden- und Mitarbeiterorientierung, Grundlagen, Implementierung, Praxisbeispiele, 2., überarbeitete und erweiterte Auflage. Wiesbaden, S. 15–44

Buber (1994): Buber, Martin: Ich und Du, 12. Aufl., Gerlingen

EAS (1999): European Association for Supervision: Supervision und Coaching, Unveröffentlichtes Arbeitspapier, Hannover

English (1976): Petzold, Hilarion/Paula, Michael (Hrsg.): Transaktionale Analyse und Skriptanalyse, Aufsätze und Vorträge von Fanita English, Die Fünfte Position: Ich bin o.k.–Du bist o.k. – realistisch, Hamburg, S. 151–160

Ernst (1971): Ernst, F.H. jr.: The O.K. Corral, The Grid For get-on-with, in: Transactional Analysis Journal, Vol. 1, No. 4, S. 31–40

Goulding/Goulding (1981): Goulding, Mary McClure/Goulding, Robert: Neuentscheidung, Ein Modell der Psychotherapie, Stuttgart

Gührs/Nowak (1995): Gührs, Manfred/Nowak, Claus: Das konstruktive Gespräch, Ein Leitfaden für Beratung, Unterricht, Mitarbeiterführung mit Konzepten der Transaktionsanalyse, 3., erweiterte Aufl., Meezen

Karpman (1968): Karpman, Steven B.: Fairy Tale and Script Drama Analysis, in: Transactional Analysis Bulletin, Vol. 7, S. 39–43

Little (1998): Arthur D. Little: Unveröffentlichte Studie, o.O.

Quitmann (1985): Quitmann, H.: Humanistische Psychologie, zentrale Konzepte und philosophischer Hintergrund, Göttingen 1985

Schlegel (1995): Schlegel, Leonhard: Die transaktionale Analyse: eine Psychotherapie, die kognitive und tiefenpsychologische Gesichtspunkte miteinander verbindet, 4., völlig überarbeitete Aufl., Tübingen

Schulze (1992): Schulze, Henning S.: Internes Marketing von Dienstleistungsunternehmungen, Fundierungsmöglichkeiten mittels ausgewählter Konzepte der Transaktionsanalyse, Frankfurt am Main

Schulze (1999a): Schulze, Henning S.: Die Gestaltung des Internen Marketing mit Konzepten der Transaktionsanalyse, in: Bruhn, Manfred (Hrsg.): Internes Marketing, Integration der Kunden- und Mitarbeiterorientierung, Grundlagen, Implementierung, Praxisbeispiele, 2., überarbeitete und erweiterte Aufl., Wiesbaden, S. 439–468

Schulze (1999b): Schulze, Henning S.: Erhöhung der Dienstleistungsqualität durch transaktionsanalytisch orientierte Personalschulung, in: Bruhn, Manfred/Stauss, Bernd (Hrsg.): Dienstleistungsqualität: Konzepte, Methoden, Erfahrungen. 3., überarbeitete und erweiterte Aufl., Wiesbaden, S. 261–285

Sell (1996): Sell, Matthias: Psychic States, Ego States, States of Relationship, in: Ego States in Transactional Analysis, Conference Reader Advances Working Conference, Designated Conference of ITAA, March 14–16, 1998 in Amsterdam

Stauss/Schulze (1990): Stauss, Bernd/Schulze Henning S.: Internes Marketing, in: Marketing Zeitschrift für Forschung und Praxis, 12 .Jg., Heft 3, S. 149–158

Steward/Joines (1990): Steward, Ian/Joines, Vann: Die Transaktionsanalyse, Eine neue Einführung in die TA mit zahlreichen Abbildungen, Übungen und Hinweisen für die Praxis. Basel, Wien

Webster/Wind (1972): Webster, Frederic E. jr./Wind, Yoram: Organizational Buying Behavior, Englewood Cliffs, N.Y.

Wynne/Singer (1965): Wynne, Lyman C./Dinger, Margaret T.: Denkstörung und Familienbeziehung bei Schizophrenen, in: Psyche, eine Zeitschrift für psychologische und medizinische Menschenkunde, 19.Jg., Heft 2, S. 82–160

Zeithaml (1981): Zeithaml, Valerie A.: How Consumer's Evaluation Process Differ Between Goods and Services, in: Donnelly, James H./George, William R. (Eds.): Marketing of Services, Chicago

3.2 Käufermotive und Kaufmotive

Hedwig Kellner

Wir wissen aus unserem eigenen Kaufverhalten, dass Kunden nicht nur die Dinge kaufen, für die sie einen bestimmten Bedarf haben. Wie wäre sonst der zwölfte Kashmir-Pullover im Schrank zu erklären? Wir kaufen auch nicht immer das Billigste. Wie wäre sonst der Gürtel für 50 EUR zu erklären?

Trotzdem achten Kunden sehr wohl darauf, dass das, was sie kaufen, „preiswert" ist. Es muss für sie speziell seinen Preis wert sein. Oder noch deutlicher: Der persönlich wahrgenommene Wert einer Ware oder Dienstleistung wiegt stärker als der Schmerz, sich vom eigenen Geld zu trennen.

Die Frage ist: Warum kaufen Kunden bestimmte Dinge und lassen andere liegen? Eine andere wichtige Frage in diesem Zusammenhang ist auch: Warum zieht es bestimmte Kunden immer wieder zu bestimmten Anbietern, während sie andere meiden?

3.2.1 Warum kauft der Kunde Produkte und Leistungen?

Man unterscheidet drei Komponenten, die einen Kunden veranlassen, sich etwas zu kaufen.

3.2.1.1 Bedarf

Der Kunde braucht etwas. Er muss zum Beispiel Brot oder Winterreifen oder eine Fahrkarte haben. An Dienstleistungen könnte er einen Haarschnitt brauchen oder den Arbeitseinsatz einer Putzfrau.

Für fast jeden Bedarf gibt es allerdings mehrere Anbieter, die alle um die Gunst der Kunden konkurrieren. Für wen wird sich der Kunde entscheiden? Außerdem können die jeweiligen Anbieter dem Kunden unterschiedliche Produkte oder Leistungen verkaufen. Was wird der Kunde auswählen?

3.2.1.2 Wünsche

Die Wünsche entscheiden häufig darüber, welche Variante an Produkten oder Dienstleistungen der Kunde sich aussucht. Er kann zum Beispiel wünschen, dass die Putzfrau immer montags und freitags kommt. Er kann wünschen, dass man ihm vor dem Haarschnitt die Haare mit einem Pflegemittel wäscht. Der Personalchef äußert dem Personalberater gegenüber den Wunsch, doch bitte nicht den Namen des Unternehmens bei der Stellenausschreibung zu nennen. Beim Gürtelkauf wird eine Schnalle gewünscht, wie schon der Großvater eine besaß.

Im Hinblick auf die Wünsche hat sich der Kunde oft schon vor dem Kauf genau ausgemalt, wie das Produkt aussehen, die Leistung erbracht werden soll.

3.2.1.3 Motive

Die Motive werden oft als „innere Strebungen" oder „Antriebskräfte" beschrieben, die einen Menschen bewegen, etwas zu tun oder zu lassen. Wer zum Beispiel in sich das Motiv des Ehrgeizes trägt, der wird heftiger arbeiten und vielleicht auch rücksichtsloser vorgehen als ein Kollege, der bestrebt ist, sich möglichst bei jedem beliebt zu machen und Schwierigkeiten aus dem Weg zu gehen.

Ehrgeiz, beliebt sein wollen, Angst vor Gefahren, Abenteuerlust ... das sind grundlegende Motive, die einen Menschen immer wieder innerlich entscheiden lassen: Soll ich oder soll ich nicht dieses oder jenes tun oder kaufen oder sagen? Motive sind sehr viel dauerhafter beeinflussend als akute Wünsche oder konkrete Bedarfe. Die Verkaufsargumentation muss sich immer, wie in Abb. 1 dargestellt, auf alle drei Komponenten beziehen.

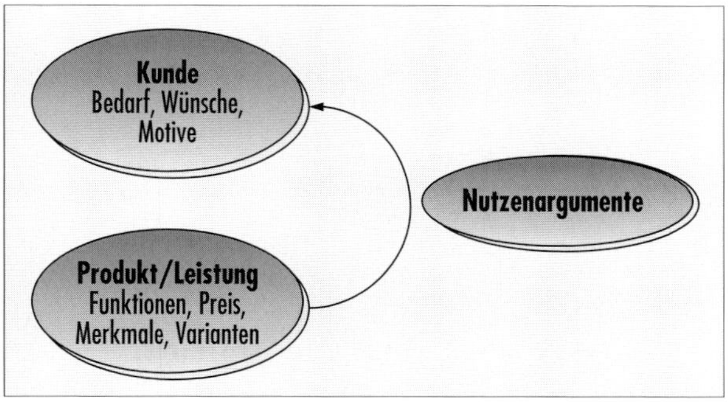

3.2 Abb. 1: ***Drei Komponenten der Kaufentscheidung***

Sie können sich das Zusammenspiel von Bedarf, Wünschen und Motiven am Uhrenkauf verdeutlichen. Der Kunde braucht eine Uhr, weil die alte kaputt ist. Das ist der Bedarf. Die Uhr soll ein zum Gürtel passendes Lederarmband haben, neben der Zeit auch den Wochentag angeben und zum Aufziehen sein. Das sind die Wünsche. Nun legt der Kunde einigen Wert auf seinen gehobenen Lebensstandard. Er möchte stolz auf seine Uhr sein, wenn er im Managermeeting unmerklich beobachten kann, wie andere ihm bewundernd auf die teure Uhr schauen. Hier kommt ein Motiv ins Spiel: Prestigestreben.

Beachten Sie bitte, dass Bedarfe und Wünsche durch geeignete Werbung, den Zeitgeist oder den Fortschritt geweckt werden können. Denken Sie an Heimcomputer oder Handys. Wer hätte vor ein paar Jahren noch vermutet, dass jemals in Privathaushalten ein Bedarf danach entstehen könnte? Ähnlich geht es Unternehmen, die irgendwann erkennen, dass sie ihre Personalauswahl unbedingt Profis einer Personalberatung überlassen sollten.

Manchmal wissen potenzielle Kunden auch gar nicht, dass sie etwas brauchen, bis jemand ihnen plausibel macht, was ihnen fehlt. Beispiele: Vitamintabletten, Sicherheitsgurte, Rechtsschutzversicherung, Spezialschuhe für das Joggen.

Motive kann man hingegen sehr viel schwerer von außen beeinflussen. Sie sind dem Kunden oft selbst nicht bewusst oder er gesteht sie sich nicht ein. Im Hinblick auf die Motive gehen Anbieter eher so vor, dass sie ihre Produkte und Leistungen so darstellen, dass die Kunden bewusst oder instinktiv feststellen: Das passt zu mir. Das will ich haben.

Die Motive eines Menschen beziehen sich fast nie nur auf einen Kauf. Sie ziehen sich in der Regel durch die gesamte Lebensführung. Wer das Motiv Sparsamkeit in sich trägt, der kauft nicht nur im Schlussverkauf, der hebt auch Geschenkpapier auf und liest Zeitungen stehend im Laden.

Wer gleichzeitig sich widersprechende Motive in sich trägt, muss damit jonglieren. Wer sowohl sparsam als auch prestigeorientiert ist, der kauft teure Ober- und billige Unterbekleidung, der füllt billigen Whisky in die leere Flasche des teureren um, der spart beim Essen und investiert in ein Prestigeauto.

Zusammenfassend bedeutet das: Ein Kunde kauft ein Produkt oder eine Leistung, weil dadurch sein Bedarf gedeckt wird, weil das spezielle Angebot seinen Wünschen besser als andere entgegenkommt und weil er damit seine ihm oft unbewussten Motive befriedigen kann. Das alles zusammen sagt dem Kunden: Das ist für mich nützlich und „preis-wert“.

3.2.2 Häufige Kaufmotive und wie Sie sie erkennen können

3.2.2.1 Gewinnstreben

„Was habe ich davon?“, fragt sich innerlich der Kunde, den das Streben nach Gewinn treibt. Meistens handelt es sich um unmittelbaren finanziellen Gewinn. Wenn zum Beispiel der Manager zu einer Marketingstrategie überzeugt werden soll, muss man ihm plausibel machen, wie sich mit dieser Strategie der Verkaufserfolg steigern lässt. Bankenberater rechnen ihren Kunden vor, welche Zinsgewinne ihnen mit den empfohlenen Anlagen ermöglicht werden.

Gewinnstreben erkennt man als Verkäufer daran, dass der Kunde sich besonders für Zahlen interessiert, vorgerechnet haben will und – wenn er vernünftig ist – auch selbst nachrechnet, in welchem Verhältnis Kaufpreis und zu erwartender Gewinn zueinander stehen.

Das Motiv Gewinnstreben kann sich bis zur Gier entwickeln. Geschulte betrügerische Finanzberater erkennen das Phänomen, stacheln es weiter an und können dann die intelligentesten Akademiker mit windigen Anlagegeschäften um ihr Geld bringen.

Merke: Extrem übersteigerte Motive wirken in Entscheidungen stärker als der rationale Verstand!

3.2.2.2 Sparsamkeit

Dieses Motiv ist dem Gewinnstreben eng verwandt. Hier geht es weniger um die Vermehrung des Eigentums als um das Bestreben, möglichst wenig hergeben zu müssen. Ein sparsamer Kunde interessiert sich besonders für den Verbrauch eines Autos, kauft gerne die billigere Großpackung Waschmittel, bevorzugt Einkaufszentren mit kostenlosen Parkplätzen, bucht All-inclusive-Urlaube und läuft gerne von Geschäft zu Geschäft, um auch wirklich da zu kaufen, wo es das angestrebte Produkt am billigsten gibt.

Sie erkennen einen Sparsamen daran, dass er zuerst immer den Preis wissen will. Beim Sparsamen muss der Verkäufer von der Grundregel, zuerst mit Nutzen zu überzeugen und dann auf den Preis zu kommen, umdrehen. Der Sparsame interessiert sich für keine Nutzenargumentation, bevor er nicht gehört hat, was es kosten soll oder welche Folgekosten zu erwarten sind. Den Sparsamen kann man mit Billigversionen, günstigen Gelegenheiten und markant ausgeschilderten Ausverkäufen locken. Er ist ein Schnäppchenjäger.

Wenn sich das Motiv Sparsamkeit bis zum Geiz entwickelt hat, dann kauft der Kunde auch billigen Ramsch. Wenn sich das Motiv Sparsamkeit mit dem des Prestiges mischt, dann zieht es den Kunden zu Factory-Outlets namhafter Modedesigner oder in die Duty-free-Shops am Flughafen. Man überzeugt einen solchen Kunden mit der suggerierten Botschaft: „Hier bekommst du ganz billig das, was andere vermuten lässt, du hättest viel Geld dafür ausgegeben."

3.2.2.3 Prestige und Luxusstreben

Vor allem in Wohlstandszeiten, wenn man eigentlich schon alles hat, was man braucht, lassen sich Kunden mit Prestige locken. Wenn sie wohlhabend sind, kaufen sie Uhren für 15.000 EUR, wenn sie arm sind, verschulden sie sich für Schrankwände. In jedem Fall überlegt der prestigeorientierte Kunde beim Kaufen immer mit: „Was werden die anderen denken, wenn sie sehen, dass ich dieses hier besitze?" Prestigeorientierte Kunden lassen sich gerne in teuren Geschäften sehen und meiden Läden mit Billigimage. Wegen der Prestigeträchtigen stellen elegante Feinkost-, Mode- und Kosmetikläden gerne schöne und haltbare Einkaufstüten bereit. Die Kunden lieben es, mit den Tüten teurer Geschäfte durch die Straßen zu bummeln. Sie werden sie auch nach dem Einkauf nicht wegwerfen, sondern noch möglichst lange benutzen.

Als Verkäufer erkennt man Kunden mit starkem Prestigemotiv daran, dass sie empfindlich auf jeden Preishinweis reagieren. Sie hassen es, wenn man ihnen vorrechnet, wie günstig der Kauf ist. Es ärgert sie, wenn sie das Gefühl haben, der Verkäufer unterstelle ihnen, sie hätten es nötig, über Geld nachzudenken. Prestigeorientierte legen oft auch großen Wert auf die deutliche Kennzeichnung des Produktes als teuer. Sie wollen Markennamen sichtbar auf der Handtasche und vorne auf dem Gürtel. Sie wollen, dass Besucher in ihrer Küche das kostbare Olivenöl als solches im offenen Regal erkennen.

In der Regel gilt jedoch auch, dass je höher der Standard eines Kunden, desto diskreter muss die Marke gekennzeichnet sein. Niemand will, dass auf dem Armani-Anzug außen der Hersteller sichtbar wird. Für die, vor denen man glänzen will, muss es allerdings deutlich genug sein.

Man überzeugt den Prestigeorientierten damit, dass sich dieses Produkt natürlich nicht jeder leisten kann, dass man damit ein wenig auffällt, dass das Produkt in den richtigen Kreisen absolut im Trend ist.

3.2.2.4 Selbstverwöhnung und Luxusstreben

Das Motiv der Selbstverwöhnung ist dem des Prestiges verwandt. Dabei geht es jedoch nicht darum, das eigene Ansehen vor anderen zu steigern, sondern sich selbst etwas Gutes zu tun. Man kauft sich ein edles Parfum, wählt den teuersten Kaffee und trägt feinste Seidenunterwäsche. Die Werbung spricht das Streben nach Selbstverwöhnung mit markanten Slogans an: „Man gönnt sich ja sonst nichts.“ „Sie haben es sich verdient.“ „Zu wissen, es ist Platin …“ Auch Schönheitsfarmen sprechen gerne das Selbstverwöhn-Motiv an. Es geht den meisten Gästen nämlich weniger um äußere Veränderungen als um das Gefühl, nichts tun zu müssen, sich nur mit sich selbst befassen zu dürfen und dabei in eleganter Umgebung von guten Geistern gepflegt zu werden.

Menschen, die nett zu sich selbst sein wollen, interessieren sich wenig für Preise. Sie wollen fühlen, riechen, schmecken, sich verwöhnen lassen. Der Verkäufer muss ihnen klar machen, wie sehr sie es lieben werden, die feine Wäsche auf der Haut und den edlen Wein am Gaumen zu spüren. Die Botschaft ist: „Mit diesem Produkt werden Sie angenehme Gefühle haben.“

3.2.2.5 Bequemlichkeit

Die meisten Menschen neigen auch ein wenig zur Faulheit. Man möchte sich unnötige Arbeit und unnötige Wege und komplizierte Probleme ersparen. Bequeme kaufen lieber im Einkaufszentrum auf der grünen Wiese, wo sie problemlos parken können, als in der Stadt, wo sie mühselig einen Parkplatz suchen, womöglich Münzen für die Parkuhr bereithalten und dann noch endlos zum Zielgeschäft laufen müssen. Bequeme wollen den PC fertig installiert mitnehmen, Bücher im Internet bestellen und sich die neuen Möbel bis ins Wohnzimmer tragen und dort aufbauen lassen. Sie hassen komplizierte Geräte mit schwer lesbaren Gebrauchsanweisungen, finden Restaurants mit Selbstbedienung lästig und kaufen möglichst nichts, was aufwändig gepflegt werden muss. Hingegen finden bügelfreie Hemden, elektrische Jalousienheber, Pizzaservice, Geldautomaten an der Tankstelle und Fertiggerichte ihre Zustimmung.

Sie erkennen einen Kunden mit Bequemlichkeitsstreben an Fragen wie: „Ist das nicht sehr umständlich?" „Muss ich dann extra ...?" „Können Sie das nicht machen?"

Bequeme kann man gut über die eigenen Serviceleistungen überzeugen. Die Botschaft muss lauten: „Sie brauchen sich um nichts zu kümmern. Wir machen das für Sie."

3.2.2.6 Tatendrang und Mitmachendürfen

Das Gegenteil zum Bequemlichkeitsstreben ist die Lust an Aktivitäten, am Mitmachen. Möbelanbieter wie Ikea, Baumärkte, Bastel- und Handarbeitsläden haben sich auf dieses Motiv spezialisiert. Brotbackmaschinen, Sportgeräte und Grills für den Garten werden mit der Botschaft verkauft: „Hier kannst du selbst etwas machen. Hieran kannst du deine Geschicklichkeit beweisen." Fast nie ist Sparsamkeit das Motiv, wenn der Kunde sich für einen Kauf entscheidet, der Eigenleistung von ihm verlangt. Selbst gestrickte Pullover sind nicht billiger als fertige. Wenn man die Werkzeugkosten des Heimwerkers zu den Materialpreisen hinzurechnet, dann ist das selbst gebaute Regal oft teurer als ein vergleichbares fertiges. Der Spaß an der Sache ist: „Ich habe es selbst gemacht."

Die Motive Tatendrang und Bequemlichkeitsstreben können gleichzeitig in einer Person ausgeprägt sein. Ein Kunde kauft sich zum Beispiel voller Tatendrang Heimwerkerprodukte im Baumarkt, er will aber bequem direkt vor der Tür parken und die schwere Ware zum Auto getragen bekommen. Der bequeme Katzenliebhaber kauft lieber Füllung für das Katzenklo, die er in der Toilette wegspülen kann und nicht zur Mülltonne tragen muss, kocht jedoch voller Tatendrang das Menü für seinen Liebling selbst.

Als Verkäufer erkennt man Tatendurstige schnell daran, dass sie sich für die Funktionalität und den Variantenreichtum der Produkte interessieren. Sie probieren es auch schon mal im Laden aus und fragen nach Zubehör. Die Kunst des Verkäufers besteht darin, die Grenze zu erkennen, bis wohin der Kunde selbst aktiv sein möchte und ab wo er sich lieber bequem auf den Service des Anbieters verlässt.

3.2.2.7 Spaß, Unterhaltung und Erlebnis

Wir Menschen hassen Langeweile ebenso wie Überforderung oder Reizüberflutung. Das Streben nach Spaß und Unterhaltung kann ebenfalls als Gegenteil vom Bequemlichkeitsstreben aufgefasst werden. Wer zum Beispiel im Berufsleben viel Stress hat, der kauft lieber eine Urlaubsreise im Pauschalangebot mit Strand vor der Tür. Wem der Sinn jedoch nach Spaß und Unterhaltung steht, der erkundigt sich nach dem Animationsprogramm und dem, was der Ort sonst noch so bietet zum Tanzen und Ausgehen

Wem der Sinn nach Unterhaltung steht, der will nicht nur Waren kaufen, dem soll der Prozess des Kaufens auch noch Spaß machen. Die Läden sollen attraktiv aufgemacht werden und zum Verweilen und Schauen einladen. Man bemüht sich heute sehr um das „Kauferlebnis“. Buchläden, die ein Café mit Leseecke einrichten, brauchen die Konkurrenz des Internets weniger zu fürchten als solche, in denen es nur Bücher gibt.

3.2.2.8 Liebe und Zuwendung

Das Streben nach Liebe und Zuwendung kann bei einsamen Menschen extrem stark ausgeprägt sein. Sie fühlen sich immer wieder in die Geschäfte oder Restaurants hingezogen, in denen man besonders intensiv und persönlich auf sie eingeht und sich möglichst ihren Namen merkt. Manche Handelsvertreter arbeiten erfolgreich mit der Methode, potenziellen Kunden gegenüber als Freund aufzutreten, dem man sich auch mit privaten Problemen anvertrauen kann. Bei den Einsamen kann es sich auch um Einkäufer großer Unternehmen handeln. Sie fühlen sich vielleicht im Unternehmen isoliert oder in der Karriere zurückgesetzt und lieben deshalb die Besuche besonders netter Verkäufer ihrer Lieferanten. Sie freuen sich über Weihnachtskarten und Erkundigungen, wie es denn im Urlaub war.

Sie erkennen einen „liebebedürftigen“ Kunden an seiner Bereitschaft, sich mit Ihnen persönlich zu unterhalten. Er will Ihnen von sich erzählen und fragt auch nach Dingen, die Sie betreffen. Das Verkaufen passiert fast wie von selbst. Das Problem mit Kunden, die sich nach Zuwendung sehnen, ist fast immer die Zeit. Der Verkäufer fühlt sich in einer „Plauderfalle“ gefangen.

Das Motiv Zuwendung und Liebe muss sich natürlich nicht immer auf den Verkäufer richten. Auch Geschenkartikel, Hautcreme und sogar Waschpulver oder Spülmittel können darüber verkauft werden. Den Kunden wird suggeriert, dass sie mit einem bestimmten Spülmittel „Streichelhände" bekommen, mit einem bestimmten Waschmittel die Liebe der Angehörigen erreichen und durch die Pflege mit einer bestimmten Hautcreme beim anderen Geschlecht begehrenswerter wirken. Die Botschaft lautet: „Kaufe dieses Produkt und du wirst geliebt werden."

3.2.2.9 Gutes tun

Viele Menschen tragen in sich den Wunsch, Gutes zu tun. Sie wollen Rücksicht auf die Umwelt nehmen und kaufen bewusst umweltfreundliche Produkte. Sie nehmen es in Kauf, dass Kaffee aus dem Transfair-Handel teurer ist, weil sie damit die Kaffeebauern unterstützen wollen. Das Bestreben, Gutes zu tun, kann Unternehmensleiter auch dazu veranlassen, ihren Mitarbeitern ergonomischere Büromöbel zu kaufen oder Seminare zu buchen.

Umgekehrt kann dieses Motiv auch davon abhalten, bestimmte Produkte zu kaufen: Eier aus quälerischer Hühnerhaltung, von Kindern geknüpfte Teppiche, Pelze, Autos mit hohem Verbrauch und entsprechender Umweltbelastung.

Das Streben nach guten Taten wird von den Kunden meistens ganz offen ausgesprochen oder durch gezielte Fragen erkennbar: „Wurden hierfür Tierversuche gemacht?"

3.2.2.10 Sicherheit und Selbsterhaltung

Wer sicherheitsorientiert ist, wird sein Geld vorsichtig anlegen, prüft bei Elektrogeräten den TÜV-Stempel, schließt Versicherungen ab und achtet beim Autokauf auf Airbags und ABS. Die Sorge eines sicherheitsorientierten Menschen ist immer: „Kann mir dabei auch nichts passieren?" Oder: „Wo ist das Risiko?"

Als Verkäufer erkennt man sicherheitsorientierte Menschen an einer manchmal etwas pessimistischen oder sehr vorsichtigen Haltung. Sie betrachten das Kaufobjekt von allen Seiten und spielen in Gedanken offensichtlich schon durch, welche möglichen Gefahren drohen könnten. Sie stellen Fragen wie: „Gibt es dafür auch Ersatzteile?" „Zahlt die Versicherung auch bei ...?" „Welche Nebenwirkungen sind zu erwarten?" „Was ist, wenn der Motor plötzlich ausfällt?" „Hält das auch noch bei Minustemperaturen?" „Sind die Strahlungen dieser Höhensonne auch nicht gefährlich?" „Ist auch immer ein Reiseleiter dabei?"

Es muss dabei nicht immer gleich um Leib und Leben gehen. Beim Porzellankauf findet der Kunde vielleicht ein Service besonders schön. Trotzdem kauft er sicherheitshalber lieber das mit der Nachkaufgarantie für 30 Jahre. Wenn man als Vertriebsbeauftragter mit einem Einkäufer eines Unternehmens verhandelt, dann ist dem vielleicht wichtig, dass er später mit seiner Kaufentscheidung keinen Ärger mit seinem Chef bekommt. Die Sorge muss man ihm nehmen: „Damit wird Ihr Chef auf jeden Fall zufrieden sein. Wir haben da Erfahrungen bei anderen Abnehmern, die ..."

Auch der Markt frei verkäuflicher Medikamente, Blutdruckgeräte etc. richtet sich gezielt an Menschen, denen die Selbsterhaltung (Gesundheit) wichtig ist.

3.2.2.11 Abenteuerlust und Risikobereitschaft

Das Gegenteil von Sicherheitsstreben ist die Lust auf Abenteuer, der Spaß am Risiko. Ein solcher Kunde legt sein Geld nicht aufs Sparkonto, er spekuliert damit. Er fährt nicht mit Gruppen in Urlaub, sondern erkundet lieber auf eigene Faust das Urlaubsland. Manchmal sind solche Kunden innerlich auch ein wenig Spielernaturen. Sie investieren in Schweinebauchhälften in Chicago, weil es vielleicht tolle Renditen gibt. Wenn nicht, dumm gelaufen. Neue Geldanlage, neues Glück!

Man erkennt risikofreudige Kunden daran, dass sie jeden Hinweis auf Sicherheiten sofort mit Verachtung von sich weisen. Sie wollen auf keinen Fall „ängstlich" wirken. Sie lassen sich gerne damit überzeugen, dass dieses Produkt natürlich nicht für jeden geeignet ist, man muss schon ein wenig Mut dazu haben.

3.2.2.12 Autonomie und Selbstbehauptung

Menschen mit starkem Autonomiestreben ist es sehr wichtig, dass sie ihre Kaufentscheidungen völlig unbeeinflusst treffen. Sie begegnen Verkäufern oft mit fast feindseliger Ablehnung. Das meinen sie nicht böse. Sie senden lediglich das Signal aus: „Ich lasse mir von Ihnen nichts aufschwatzen. Versuchen Sie gar nicht, mich zu manipulieren." Das sollten Sie ernst nehmen! Verzichten Sie darauf, autonomieorientierte Kunden überzeugen zu wollen. Sie erreichen damit nur, dass sich der Kunde ganz von Ihnen zurückzieht. Lassen Sie ihn in Ruhe nachdenken, und beantworten Sie nur Fragen, die er stellt. Vermeiden Sie alles, was der Autonome als „Verkäuferrhetorik" auffassen könnte.

Kunden, die nach Autonomie streben, nehmen gerne Prospekte mit nach Hause, um sich dort allein damit zu befassen. Wenn Sie ein Geschäft betreten, sagen sie sofort: „Ich schau mich nur mal um." Wehe dem Verkäufer, der sich ihm nun an die Fersen heftet und etwas zeigen will!

Extremes Streben nach Selbstbehauptung kann sich dem Verkäufer gegenüber auch in sehr harter Preisverhandlung äußern. Anders als dem sparsamen Feilscher geht es dem Selbstbehaupter dabei weniger um den Rabatt oder Nachlass als solchen. Ihm geht es um die erfolgreiche „Schlacht" gegen den Verkäufer. Sparsame Kunden sind froh, wenn man ihnen ohne Probleme Preisnachlässe gewährt, Selbstbehaupter sind enttäuscht, wenn man ihnen schenkt, was sie doch unbedingt erkämpfen wollten!

Es gibt noch weitere Motive, warum ein Käufer sich zu einem Produkt entschließt. Vielleicht hat er es bei Freunden gesehen und will es nun auch besitzen, vielleicht möchte er einem bestimmten Modetrend folgen, vielleicht kauft er auch nur aus Langeweile. Aber die hier beschriebenen sind die Wichtigsten. Auf sie werden Sie als Verkäufer immer wieder treffen.

3.2.3 Bereiten Sie sich auf alle zu erwartenden Kaufmotive vor

Manche Produkthersteller oder Anbieter von Dienstleistungen spezialisieren sich in ihrer Vermarktung nicht nur auf bestimmte Käuferschichten, sondern auch auf bestimmte Motive oder Kombinationen davon. Da gibt es den besonders billigen Baumarkt, der sich an Sparsame und Tatendurstige wendet. Kreuzfahrten sprechen die Selbstverwöhner und Sicherheitsbedürftigen an.

Motive	Unsere Argumente
Bequemlichkeit	Wir liefern ins Haus
Sparsamkeit	Kein Pflegeaufwand erforderlich
.	....
.	
.	

3.2. Abb. 2: *Liste der Motivargumente*

Wenn bereits das Unternehmen bestimmte Signale im Hinblick auf Motive aussendet, können Sie sich weitgehend auf die entsprechenden Motive bei Ihren Kunden einstellen. Das reicht jedoch nicht! Jeder Kunde trägt ja nicht nur ein Motiv in sich, sondern immer mehrere. Machen Sie es wie die Profis. Erstellen Sie eine Liste der möglichen Motive und notieren Sie zu jedem ein bis zwei gute Argumente zu Ihrem Angebot wie in Abb. 2 dargestellt.

3.2.4 Lassen Sie den Kunden reden

Ihre besten Verkaufsargumente nutzen nichts oder sind sogar schädlich, wenn sie nicht zur Motivstruktur des Kunden passen. Wenn Sie nicht wissen, dass Ihr Kunde risikofreudig ist, können Sie ihn ahnungslos mit Hinweisen auf die hohe Sicherheit förmlich verjagen! Wenn

Ihnen nicht klar ist, dass Ihr Kunde Wert auf Prestige legt, dann beleidigen Sie ihn ahnungslos mit Hinweisen auf Sonderangebote und günstige Gelegenheiten.

Ein guter Verkäufer brennt nicht vor Eifer, einem Kunden seine Produkte anzupreisen, er bemüht sich vielmehr darum, den Kunden zum Reden zu bringen. Üben Sie sich in der Kunst der Fragetechnik. Stellen Sie offene Fragen und lassen Sie den Kunden reden. Stellen Sie Fragen wie: „Was erwarten Sie von ...?“ „Worauf legen Sie besonderen Wert?“ „Was haben Sie mit ... vor?“ „Was interessiert Sie besonders?“ „Welche Vorstellungen haben Sie?“ In der ersten Phase des Verkaufsgesprächs, nach der Begrüßung, hält sich ein kluger Verkäufer erst einmal zurück. Er fragt und lässt reden.

Hören Sie genau zu. Beobachten Sie den Kunden. Manches Motiv können Sie auch an Kleidung und Verhalten feststellen. Versuchen Sie nicht, alle Motive zu erkennen. Es reicht, wenn Ihnen das eine für diesen Kaufvorgang wichtige auffällt.

Erst wenn Sie merken, dass der Kunde „sich leer geredet“ hat und nun etwas von Ihnen hören will, beginnen Sie mit Ihren Argumenten. Greifen Sie jetzt auf das Argument zurück, dass Sie für dieses eine erkannte Motiv vorbereitet haben.

3.2.5 Grundregeln im Umgang mit Kaufmotiven

- Sprechen Sie niemals ein Motiv offen an.

Sagen Sie nicht: „Wie ich sehe, sind Sie ein sicherheitsorientierter Mensch, deshalb empfehle ich ...“ „Da Sie Wert auf Ihr Prestige legen, sollten Sie ...“ „Für einen eher bequemen Menschen wie Sie, bieten wir ...“

Kunden hassen und fürchten offensichtlich psychologisch geschulte Verkäufer. Sie fühlen sich durchschaut, womöglich mit einem ihnen selbst peinlichen Motiv ertappt und befürchten Manipulation.

Sagen Sie lieber: „Mit diesem Produkt kann gar nichts schief gehen.“ „Unser Angebot ist natürlich sehr anspruchsvoll ...“ „Um die Details brauchen Sie sich nicht zu kümmern, das macht unser Kundendienst für Sie.“

- Schließen Sie nicht von Ihren eigenen Motiven auf die Ihrer Kunden.

Vielleicht sind Sie ein sparsamer Mensch und halten die kostengünstige Variante für die allerbeste. Das kann der Kunde ganz anders sehen.

- Verlassen Sie sich nicht auf Vorurteile.

Gehen Sie nicht grundsätzlich davon aus, dass ältere Kunden sicherheitsbedürftig, junge Zahnärzte risikofreudig und Buchhalter sparsam sind.

Sie können nichts falsch machen, wenn Sie folgenden Merksatz beherzigen: „Ich bediene keine Motive, die ich nicht deutlich beim Kunden erkannt habe."

Literatur

Scheitlin (1992): Scheitlin, Victor: „So verkaufen Sie professionell – Das große Euro-Verkaufshandbuch", Zürich

3.3 Kundentypen

Hedwig Kellner

3.3.1 Nutzen und Gefahren einer „Kundentypologie"

Marktstrategen, Verkäufer und Verkaufspsychologen arbeiten gerne mit „Typologien". Man untersucht mit verschiedenen Methoden den Markt und definiert dann zum Beispiel den Typus des „betuchten, sportlichen Rentners" oder des „gut verdienenden, jungen Karrieristen". Man kann „Typen" nach dem Alter, dem Bildungsstand, den Konsumgewohnheiten, dem Einkommen, dem Familienstand oder anderen Kriterien definieren. Der Vorteil solcher Typologien besteht darin, dass man damit bestimmte Zielgruppen vor Augen hat und speziell für diese Zielgruppen Produkte herstellen und Werbekampagnen entwickeln kann. Man untersucht, wie groß und wie kaufkräftig die jeweilige Zielgruppe ist, wo man sie mit Werbemaßnahmen erreicht und wie man sie ansprechen sollte. Das erleichtert die Arbeit und erhöht die Erfolgschancen.

Der Nachteil solcher Typologien besteht jedoch immer darin, dass man Gefahr läuft, durch „Schubladendenken" Vorurteile aufzubauen, die dann dem einzelnen Kunden, der dem Idealbild eines bestimmten Typus nicht entspricht, Unrecht tun. Zum Beispiel arbeiten Finanzdienstleister gerne mit dem Typus des „selbstständigen Zahnarztes um die vierzig". Diesen Menschen wird laut Typenmodell unterstellt, dass sie sich sehr für spekulative Anlagegeschäfte interessieren. Entsprechend gehen die Außendienstmitarbeiter an diese Zielgruppe heran. Oft mag das stimmen, aber eben auch nicht immer.

Besonders vorsichtig sollte man mit psychologischen Typologien umgehen. Sie sind einerseits eine gute Hilfe, damit man im Verkaufsgespräch auf den einzelnen Kunden so eingeht, wie es zu ihm passt, auf der anderen Seite bergen sie noch mehr Gefahr, als Vorlage für Vorurteile missbraucht zu werden.

Machen Sie sich hier kurz mit einem der vielen Modelle einer Kundentypologie vertraut. Benutzen Sie es gerne, um in den nächsten Verkaufsgesprächen aufmerksamer auf die jeweilige Kundenpersönlichkeit zu achten. Letztlich spielt es keine Rolle, ob Sie mit dem hier vorgestellten psychologischen Modell arbeiten oder mit einem anderen. Ganz allgemein kann man beobachten, dass Verkäufer, die sich überhaupt mit Verkaufspsychologie befassen, ohne dabei in Schubladendenken zu verfallen, zunehmend bessere Menschenkenner werden. Es liegt vermutlich daran, dass sie bewusster auf andere Menschen achten als solche Verkäufer, die sich nicht dafür interessieren. Diese neigen oft dazu, dem Kunden zu unterstellen, er müsse doch genauso denken und fühlen wie sie selbst.

Auch das ist ein Vorteil in der Arbeit mit psychologischen Modellen: Wir werden wacher für die unterschiedlichen Mentalitäten und können daher besser auf Kunden eingehen und mit ihnen interagieren.

3.3.2 Schichtenmodell der Persönlichkeitsstruktur

Ganz grob kann man die Persönlichkeitsstruktur eines Kunden oder Gesprächspartners nach einem Schichtenmodell wie in Abb. 1 schematisieren. Ihr überzeugendes Verkaufs- oder Beratungsgespräch muss sich an allen diesen Schichten orientieren.

3.3 Abb. 1: *Schichtenmodell der Persönlichkeitsstruktur*

Die obere Schicht macht das Denken des Kunden aus. Was hat der Kunde vor? Wozu plant er den Kauf eines Produktes? Was legt er sich vielleicht schon innerlich an Einwänden zurecht? Mit welcher Strategie wird er mit Ihnen über den Preis verhandeln?

Als zweite Schicht unter dem Denken kann man sich das Wissen und die Erfahrungen des Kunden vorstellen. Kennt er sich schon mit Produkten dieser Art aus? Sollten Sie ihm lieber noch einige Dinge erklären, damit er eine für sich vernünftige Entscheidung treffen kann? Hat der Kunde mit Ihnen oder mit Ihren Wettbewerbern bereits Erfahrungen gemacht? Wirken sich diese Erfahrungen im aktuellen Gespräch positiv und vertrauensbildend aus oder nicht? Ist er bereit, mit Ihnen offen über mögliche Zweifel und Bedenken zu sprechen?

Die beiden oberen Schichten beziehen sich auf das, was sich beim Kunden im Kopf abspielt. Die nächsten beiden Schichten beziehen sich auf das Verhalten Ihres Kunden.

Die erste dieser Schichten umfasst das vom Kunden bewusst gesteuerte Verhalten. Vielleicht versucht vor Ihnen seine Lust auf das Produkt mit gespieltem Desinteresse zu verbergen. Vielleicht tritt er auch bewusst dominant auf. Vielleicht tut er ärmlicher, als er ist, um einen Preisnachlass durchzusetzen. Vielleicht versucht er auch im Gegenteil zu verbergen, dass er sich das Produkt eigentlich nicht leisten kann.

Die nächste Schicht darunter bezieht sich auf das unbewusste oder unkontrollierte Verhalten. Geschulte Verkäufer versuchen zum Beispiel Kaufbereitschaftssignale in den Augen und den sich entspannenden Gesichtsmuskeln abzulesen. Textilverkäufer beobachten die Art, wie ein Kunde die Ware streichelt, und schließen daraus, ob der Kunde innerlich bereits ja zum Produkt gesagt hat oder nicht. Das unkontrollierte Verhalten hat auch sehr viel mit dem Temperament eines Menschen zu tun. Lebhafte Menschen bewegen sich mehr als solche mit ruhigerem Temperament, sie suchen mehr den Augenkontakt mit anderen, reagieren spontaner auf Reize und können oft sehr schlagfertig antworten.

Unter den beiden Schichten des Verhaltens kommt die Schicht, die man auch als „Persönlichkeitskern" bezeichnet. Diese Schicht umfasst die Motive des Kunden. Ist er zum Beispiel eher sparsam oder prestigeorientiert, liebt er das Risiko oder sucht er lieber nach Sicherheit, neigt er zur Bequemlichkeit oder mag er gerne aktiv werden etc.? Zu dieser Schicht gehören auch die individuellen Vorlieben oder Abneigungen. Mag der Kunde die Farbe Rot oder lieber Blau? Berührt er gerne weiches Fell oder lieber glatte Oberflächen? Fühlt er sich zu Tieren hingezogen oder mag er Tiere lieber aus der Distanz? Ist er an neuen Moden interessiert oder hält er sich lieber an beständige Trends? Hier werden auch die Werte einer Person betrachtet. Was ist dem Kunden wichtig? Es kann sich um religiöse Werte handeln, um politische oder gesellschaftliche oder um seine eigene Ehre. Ganz besonders wichtig gehört das individuelle Temperament zum Persönlichkeitskern. Ist der Kunde eher intro- oder eher extravertiert? Ist er lebhaft und temperamentvoll oder eher sehr ruhig? Trifft er seine Entscheidungen in der Regel mehr spontan und „aus dem Bauch" oder grundsätzlich nur nach reiflicher Überlegung?

Für Sie ist es im Verkaufsgespräch natürlich sehr wichtig, dass Sie niemals die Werte Ihres Kunden verletzen, dass Sie seine Motive und Vorlieben richtig ansprechen und dass Sie so mit ihm umgehen, wie es seinem Temperament entspricht. Was der eine Kunde als interessantes Verkaufsgespräch erlebt, kann dem anderen Kunden aufgrund seines Temperaments schon als unangemessener Druck des Verkäufers erscheinen. Was der eine Kunde als aufschlussreiches Beratungsgespräch erlebt, kann auf den anderen bereits wie Manipulation wirken.

Wenn Sie sich dieses Schichtenmodell, das ja nur eine Gedankenhilfe sein soll, anschauen, dann können Sie ableiten, dass das bewusst gesteuerte Verhalten eines Kunden vorwiegend durch die beiden oberen Schichten, durch das, was sich im Kopf abspielt, beeinflusst wird. Das unkontrollierte Verhalten „passiert" dem Kunden oft unbewusst oder versehentlich. Es wird im Wesentlichen durch das beeinflusst, was sich in den unteren Schichten abspielt. Zum Beispiel wird der spontane Griff nach einer bestimmten Ware durch die Vorliebe für das Material ausgelöst. Oder das sofortige Abwenden von eher teuren Produkten könnte vom inneren Motiv der Sparsamkeit ausgelöst worden sein.

In der hier nun vorgestellten „Kundentypologie" sollen nach dem Temperament vier Grundtypen von Kunden vorgestellt werden. Versuchen Sie, bei Ihren Kunden aus dem Verhalten zu beobachten, zu welchem der vier Grundtypen Ihr Kunde vermutlich gehört. Entsprechend können Sie Ihr Gesprächsverhalten optimal auf ihn einstellen.

3.3.3 Vier Grundtypen einer „Kundentypologie"

Psychologische Kundentypologien orientieren sich fast immer an Persönlichkeitsmerkmalen, die auf den Kern der Persönlichkeit, die Motive oder auf das Temperament zurückgehen. Man geht davon aus, dass diesbezüglich der Kunde ein Verhalten zeigt, das er nicht über einen längeren Zeitraum bewusst kontrollieren und somit schauspielerisch verstellen kann oder will. Die hier kurz vorgestellte Typologie unterscheidet im Hinblick auf das Temperament und seine Auswirkungen auf das Gesprächsverhalten.

Beachten Sie bitte, dass hier nur sehr kurz und fast holzschnittartig die vier „Grundtypen" unterschieden werden. Keiner Ihrer Kunden wird jemals ganz genau einem dieser „Typen" entsprechen. Gleichwohl werden Sie erkennen, dass es Ihnen leichter fällt, mit einem Kunden harmonisch zu kommunizieren, wenn Sie Rücksicht darauf nehmen, in welche Richtung die Verhaltenstendenzen bei ihm weisen.

Das Grundgerüst dieser Typologie sind zwei Paare gegensätzlicher Verhaltensmuster im Gespräch wie in Abb. 2 dargestellt.

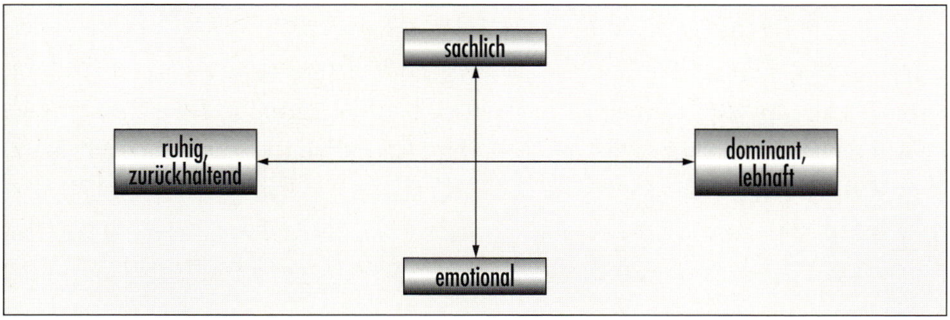

3.3 Abb. 2: *Verhaltensmuster*

Es gibt Kunden, die sich extrem sachlich bis „trocken" im Gespräch verhalten. Sie reagieren in der Regel nicht auf Small Talk, zeigen keine Gefühle und sind nur an reinen Fakten interessiert. Im Gegensatz dazu gibt es die Kunden, die auch Gefühle zeigen. Das kann freundliche

Zuwendung zum Verkäufer sein, aber auch Begeisterung über ein Produkt oder auch Freude an der Kaufsituation als solcher. Im Gegensatz zu den sehr sachlichen Kunden zeigen diese ihre Einstellungen deutlicher im Gesicht.

Das andere Gegensatzpaar unterscheidet zwischen den Kunden, die eher dominant auftreten, viel reden und auch das Gespräch in Inhalt und Verlauf bestimmen einerseits und den Kunden, die sich eher ruhiger verhalten, sich von Ihnen durch das Gespräch führen lassen oder außer eigenen Fragen nicht viel von sich geben.

Wie in Abb. 3 dargestellt, werden in dieser Typologie vier Grundtypen unterschieden:

„Analytiker" oder „Tüftler": ruhiger Typ, sachlich an Fakten orientiert
Der „Analytiker" macht sich seine Kaufentscheidung nicht leicht. Er prüft lange und gründlich und kommt erst dann zu einer Entscheidung, wenn er alle Fakten genau untersucht hat. Der Analytiker legt keinen Wert auf Small Talk. Das geht ihm höchstens als unsachliches Nebenthema auf die Nerven.

„Macher" oder „Dynamiker": dominanter Typ, sachlich an Fakten orientiert
Der „Macher" will das Gespräch bestimmen. Er sagt klar, was er will und kommt dabei sofort auf den Punkt. Seine Kaufentscheidungen trifft er sehr schnell. Manchmal kann er innerhalb eines Gesprächs auf Grund neuer Erkenntnisse plötzlich seine Meinung ändern. Er ist recht spontan, schlagfertig und spielt als „Powertyp" auch gerne seine Macht als „König Kunde" aus.

„Verbindlicher" oder „Netter": emotional und lässt sich im Gespräch führen
Der „Verbindliche" wirkt auf Anhieb sympathisch. Er lässt sich gerne auf Small Talk ein. Zum Kaufen gehört für ihn immer auch das angenehme Gespräch mit einem Berater, der ihm als Persönlichkeit entgegenkommen muss. Der „Verbindliche" lässt sich gerne beraten. Wenn er zum Verkäufer Vertrauen gefasst hat, lässt er sich von ihm in seinen Kaufentscheidungen leiten und bleibt ihm als Stammkunde treu.

„Star" oder „Selbstdarsteller": dominant und möchte sich produzieren
Der „Star" braucht ebenfalls den kleinen Small Talk zu Gesprächsbeginn. Hierbei geht es ihm jedoch weniger um den Austausch mit dem Verkäufer als viel mehr um lustvolle Selbstdarstellung. Er erzählt gerne von sich, von seinen tollen Urlauben, seinen wundervollen Kindern und sogar von seinen dramatischen Problemen. Irgendwie wirkt das immer ein wenig

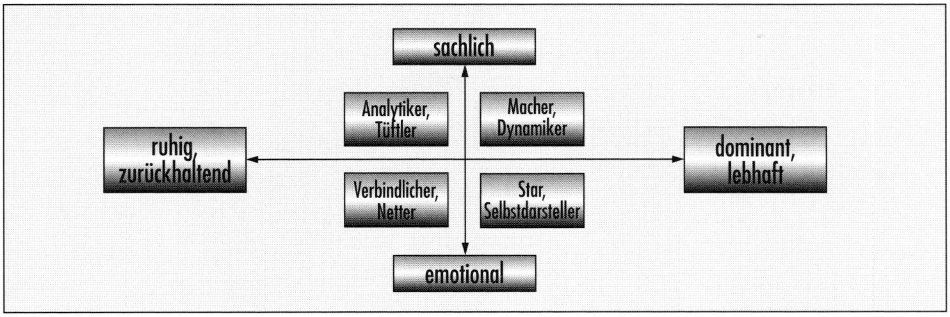

3.3 Abb. 3: ***„Kundentypen"***

interessanter als das, was andere Leute betrifft. Dem „Star" ist es wichtig, dass der Verkäufer ihn als etwas „Besonderes" wahrnimmt. Er selbst zeigt wenig Interesse an der Persönlichkeit des Verkäufers.

Da kein Kunde ausschließlich einem dieser vier Grundtypen ganz entspricht, kann man von „Mischtypen" sprechen. Ein Mischtyp ist zum Beispiel der „Charismatiker" als Mischung von „Macher" und „Verbindlicher". Bei ihm kombiniert sich das Dominanzverhalten mit der Freundlichkeit des „Netten". Ein anderer Mischtyp ist der „Exzentriker" als Kombination des eher eigenbrödlerischen Verhaltens eines „Analytikers" mit der auffälligen Selbstinszenierung des „Stars". Menschen, bei denen sich das Verhalten eines „Analytikers" mit dem des „Machers" mischt, wirken oft sehr kalt bis feindselig, abweisend. Menschen, bei denen sich die Zuwendung des „Verbindlichen" mit der Selbstdarstellung des „Stars" mischt, haben oft den Ruf, besonders charmant zu sein. Bei Kombinationen von Merkmalen des „Machers" mit denen des „Stars" entsteht eine oft überwältigende Dominanz, vor der der Verkäufer sich fast an den Rand gedrängt fühlt. Bei Kombinationen von Merkmalen des „Analytikers" mit denen des „Verbindlichen" entsteht manchmal eine Wirkung von Nachgiebigkeit. Irrigerweise geht der Verkäufer davon aus, diesen Kunden ganz leicht in seine Richtung führen zu können und muss dann am Ende feststellen, dass sich hinter der scheinbar „weichen" Haltung ein zäher Wille verbirgt.

Beachten Sie bitte, dass sich die Motive eines Kunden nicht nach dem „Typ" richten. Das bedeutet, dass es bequeme „Macher" und bequeme „Verbindliche", prestigeorientierte „Stars" und prestigeorientierte „Analytiker" gibt. Das Gleiche gilt für alle anderen Motive wie Streben nach Sparsamkeit, Sicherheitsbedürfnis, Risikobereitschaft etc. auch.

Die Motive Ihres Kunden sollten die Inhalte Ihrer Verkaufsargumente bestimmen. Der Typ des Kunden sollte die Art Ihrer Kommunikation und Ihres Umgangs mit ihm bestimmen.

Am einfachsten ist es, wenn Sie sich die vier Grundtypen merken und dann individuell bei jedem Kunden möglichst schnell erspüren, in welche Richtung er neigt und entsprechend Ihr Verhalten darauf einstellen. Je besser Ihr Verhalten zum „Typ" des Kunden passt, desto angenehmer nimmt er Ihre Beratung wahr, desto offener ist er für Ihre Nutzenargumente.

Hinweis: Wenn hier nur die männliche Form des Kunden gebraucht wird, so dient das lediglich der sprachlichen Vereinfachung. Kundinnen unterscheiden sich im Typ nicht von Kunden!

3.3.4 So sollten Sie mit Ihren Kunden umgehen

Den analytischen Kunden erkennen Sie an seiner sehr ernsten, manchmal fast abweisenden Ausstrahlung. Bitte versuchen Sie nicht, ihn durch freundlichen Small Talk „auftauen" zu wollen. Er will nicht mit Ihnen plaudern. Er will sich voll auf das Verkaufs- oder Beratungsgespräch konzentrieren. Fast immer hat er sich auch schon gut vorbereitet. Er kennt Ihr Angebot und das Ihrer Wettbewerber zumindest so weit, wie es dem Prospektmaterial zu entnehmen ist. Meiden Sie beim analytischen Kunden alles, was er als Anpreisung Ihres Angebots auffassen könnte. Das wirkt auf ihn unsachlich und abstoßend manipulativ. Für den analytischen Kunden muss das Verkaufsgespräch als reine Fakten- und Informationsvermittlung aufgebaut werden. Erklären Sie ihm gerne detailliert die Funktionen Ihres Produktes. Rechnen Sie ihm vor, wie sich der Preis zusammensetzt und was er gewinnt oder einspart. Machen Sie keinen Druck. Zeigen Sie Geduld, wenn der Kunde längere Zeit schweigt. Er braucht diese Bedenkzeit. Sollten Sie als ungeduldiger Verkäufer während seiner Denkpausen auf ihn einreden, zieht er sich zurück.

Der analytische Kunde sieht in einem guten Verkäufer oder Kundenberater einen reinen Informationsvermittler. Er will nicht überzeugt werden! Ob er das Angebot annimmt oder nicht, das entscheidet er souverän auf Grund der Fakten selbst.

Den „Macher" oder „Dynamiker" erkennen Sie gleich zu Beginn an seinem forschen Auftreten. Er übernimmt sofort die Gesprächsführung. Es hört sich oft fast wie eine Anweisung an, wenn er Sie um Informationen oder Beratung bittet. Der „Macher" hat in der Regel keine Geduld, sich ausführliche Detailerklärungen anzuhören. Kommen Sie sofort zu seinen Nutzen. Fassen Sie in sehr kurzen Sätzen zusammen, warum Sie ihm Ihr Angebot empfehlen. Beschränken Sie sich dabei jedoch nicht nur auf ein einziges Angebot. Der „Macher" wählt gerne aus. Mindestens zwei Varianten sollten Sie zeigen. Versuchen Sie jedoch nicht, ihn in eine bestimmte Richtung zu drängen. Anders als der „Analytiker" zieht sich der „Macher" bei Druck nicht zurück: Er könnte stattdessen sogar aggressiv reagieren! Ihm ist die Souveränität seiner eigenen Entscheidungen sehr wichtig. Sie als Verkäufer oder Kundenberater sollen ihm lediglich kurz (!) die notwendigen Fakten vermitteln, die er für seine schnelle Entscheidung braucht. Anders als der „Analytiker" will er in der Regel von Ihnen über die Fakten hinaus auch eine klare Empfehlung. Ob er sich daran hält, ist eine andere Sache. Aber hören will er: „Ich empfehle Ihnen ..." „Meiner Meinung nach ..."

Den verbindlichen Kunden erkennen Sie auf Anhieb an seiner liebenswürdigen Ausstrahlung. Er lächelt Sie an, fragt höflich, ob Sie einen Moment Zeit haben, ob es Ihnen auch keine Mühe macht, ihm dieses oder jenes auch noch zu erklären oder zu zeigen ... Der verbindliche Kunde lässt sich gerne von Ihnen für Ihr Angebot begeistern. Er möchte von Ihnen beraten werden und wird Sie vielleicht sogar fragen, wie Sie an seiner Stelle entscheiden würden. Der verbindliche Kunde verlässt sich auf seine Menschenkenntnis. Wenn er einmal Vertrauen zu Ihnen gefasst hat, wird er Ihnen niemals unterstellen, das Sie ihm im Interesse Ihrer Provision etwas verkaufen, was nicht gut für ihn ist. Bitte missbrauchen Sie dieses Vertrauen niemals! Ein verbindlicher Kunde, der sich einmal von Ihnen getäuscht sieht, wird nie wiederkommen und wirklich alle Bekannten und Freunde vor Ihnen warnen. Das würden Sie vermutlich nicht einmal erfahren, weil der verbindliche Kunde den offenen Konflikt mit Ihnen meidet. „Analytiker" und „Macher" würden auf Vertrauensbruch ganz anders reagieren. Der „Macher" würde Sie heftig angreifen und hart um Wiedergutmachung kämpfen, dann aber den Vorfall vergeben und vergessen. Wenn der „Analytiker" sich getäuscht fühlt, bestätigt sich ihm dadurch sein Vorurteil, dass man bei Verkäufern grundsätzlich mit jedem Trick rechnen muss. Er würde ebenfalls mit Ihnen um Wiedergutmachung kämpfen und Sie in Zukunft immer wieder mit spitzen Bemerkungen an den alten Ärger erinnern. Ein „Analytiker" vergisst nicht! Ob er über die Sache mit Dritten sprechen würde, ist eher fraglich.

Lassen Sie sich also nicht von der freundlichen Art des „Verbindlichen" dazu hinreißen, ihm etwas zu verkaufen, wenn Sie nicht selbst überzeugt sind, dass es für ihn gut ist. Mit Ihrer Vertrauenswürdigkeit bauen Sie eine oft jahrelange Stammkundenbeziehung auf. Der zufriedene „Verbindliche" kann Ihr bester „Hilfsverkäufer" werden. Er stellt Ihnen lukrative Kontakte zu Freunden und Geschäftspartnern her. Schon deshalb lohnt es sich, wenn Sie sich mit dem „Verbindlichen" die Zeit nehmen, sich auch mal über Urlaub, Hobbys, Kinder und den Lauf der Welt zu verplaudern. Achten Sie bitte darauf, dass der verbindliche Kunde in Ihrem Unternehmen mit allen seinen Belangen immer zu einem festen Ansprechpartner kommen kann. Er mag es nicht, wenn man ihm wegen interner Reorganisationen immer wieder einen anderen Kundenberater zuordnet. Wenn Sie sein Kundenberater sind, denken Sie möglichst an ein Kärtchen zu Weihnachten und zum Geburtstag. Ihr Kunde möchte in Ihnen nicht nur den Verkäufer, sondern gerne auch den Freund sehen.

Den „Star" erkennen Sie an seiner kommunikativen Art. In der Regel kommt er Ihnen sehr liebenswürdig entgegen. Er will auch gerne mit Ihnen über Themen plaudern, die nichts mit dem aktuellen Anlass zu tun haben. Er will Ihnen berichten, wie es im Urlaub war, welches Auto er sich demnächst kaufen wird, dass die Kinder sich in der Schule so gut machen ... Der „Star" braucht Sie als Zuhörer und auch als Bewunderer. Meiden Sie alles, was er als Konkurrenz für seine Person auffassen könnte! Wenn er Ihnen stolz von seinem Urlaub auf den Seychellen erzählt, dann sollten Sie nicht darauf hinweisen, dass Sie schon zweimal dort waren. Sie machen ihm stattdessen eine Freude damit, wenn Sie durch Fragen Ihr Interesse an seinen Erlebnissen bekunden. Lassen Sie sich gerne auch erklären, welches der beste Strand dort ist und ob man mit Englisch gut durchkommt. Der „Star" liebt es, anderen Tipps geben zu dürfen. Das gibt ihm ein Gefühl der Überlegenheit.

Allerdings sollten Sie nicht zu viel Zeit mit dem „Star" verplaudern. Dass er Ihnen bei Zufriedenheit eigene Bekannte und Freunde als Kunden vermittelt, ist eher unwahrscheinlich. So intensiv er auch mit Ihnen ins Plaudern kommt, so schnell hat er Sie nach Ende des Gesprächs auch schon wieder vergessen. Gehen Sie deshalb zu Beginn gerne auf ihn ein, kommen Sie dann jedoch mit konkreten Fragen, was er heute von Ihnen will, zum Thema.

3.3.5 Vorsicht! Damit sollten Sie immer rechnen

Nach Erkenntnissen der Psycholgen kann sich kein Kunde aussuchen, ob er lieber als „Analytiker", „Macher", „Verbindlicher" oder „Star" auftritt. Diese Rollen liegen im Kern der Persönlichkeit, im Temperament verankert. Dabei ist die Verteilung bei weiblichen und männlichen Kunden gleich. Allerdings werden wir Menschen alle nicht nur durch unser Temperament und somit unseren „Typ" gesteuert, sondern auch durch Erziehung, Konventionen und Lebenserfahrungen. So kann es sein, dass ein im Grunde eher analytisch orientierter Mensch die Erfahrung gemacht hat, dass es ihm mit der Maske eines „Machers" besser gelingt, seine Ziele durchzusetzen. Also wird er vielleicht bei Ihnen besonders forsch auftreten. Ein anderer Kunde hat vielleicht schon als Kind immer wieder gehört, er solle sich mit seinen „Starallüren" nicht immer so egoistisch in den Vordergrund spielen. Also könnte er versuchen, als „Verbindlicher" aufzutreten. Eine Frau mit starker Neigung zum „Macher" hat vielleicht immer wieder erfahren, dass sie mit diesem eigentlich den Männern eher zugeschriebenen Auftreten als unweiblich gilt und auf Ablehnung stößt. Sie könnte ihr eigentliches Wesen hinter einer analytischen Maske zu verbergen versuchen.

Die Maske, mit der ein Kunde bei Ihnen auftritt, wird als bewusstes Verhalten gesteuert. Hinzu kommt jedoch immer auch das unbewusste Verhalten, welches auf den wahren Kern der Persönlichkeit zurückgeht. Im Stress, im Ärger und in unbedachten Momenten kommt immer das wahre Temperament durch. Das kann dazu führen, dass Sie plötzlich vom Kunden ein ganz anderes „Gesicht" zu sehen bekommen.

Verlassen Sie sich deshalb nie nur auf den ersten Eindruck. Beobachten Sie Ihren Kunden, nehmen Sie auch die feinen Signale des ungesteuerten Verhaltens wahr. Auch wenn der Kunde sein „wahres Gesicht" hinter einer Maske verbirgt, am angenehmsten sind ihm immer die Verkäufer, die sich in ihrem Verhalten dem anpassen, was am besten zu seinem „Typ" passt: Gründlich und ruhig mit dem „Analytiker", schnell auf den Punkt kommend mit dem „Macher", entspanntes und vertrauenswürdiges Gespräch mit dem „Verbindlichen", Bewunderung für den „Star".

Manchmal werden Sie auch mit zwei oder mehr Personen gleichzeitig zu verhandeln haben. Achten Sie einmal darauf, fast immer teilen sich die Kunden dann ihre Rollen. Einer wird vielleicht als „Macher" recht hart vor Ihnen auftreten. Parallel dazu gleicht der andere die Situation durch verbindliche Nettigkeit aus. Es könnte auch ein „Star" begeistert mit Ihnen durch das Verkaufsgespräch gehen, während neben ihm fast misslaunig der „Analytiker" sitzt und immer wieder kritische Fragen stellt oder gar nichts sagt. Diese Rollen sind nur selten bewusst einstudiert. Meistens drängt sich der temperamentvolle Gesprächspartner in den Vordergrund, der andere lehnt sich fast zurück, hört zu und gleicht aus. Lassen Sie sich nicht täuschen. In fast allen Fällen wird sich der scheinbar dominantere Gesprächspartner hinterher in der Entscheidung vom anderen beeinflussen lassen. Konzentrieren Sie sich deshalb im Gespräch nie nur auf den Lebhafteren. Schließen Sie immer den Stillen mit ein. Suchen Sie den Blickkontakt zu ihm. Zeigen Sie ihm, dass Ihre Erklärungen auch ihm gelten.

Merksatz aller Verkäufer: „Der Schweiger ist fast immer der Entscheider!"

3.3.6 Reklamationsverhalten – Manche werden laut, manche sagen nichts

Bei einer Reklamation ist der Kunde im Ärger und im Stress zugleich. Der Mangel am Produkt oder der Leistung hat ihn vielleicht in Probleme gebracht, macht ihm auf jeden Fall Aufwand, den er nicht haben will. Gleichzeitig fühlt er in sich den Stress, von Ihnen vielleicht mit seiner Reklamation kalt abgewiesen zu werden und sich mit seinen Ansprüchen nicht durchsetzen zu können.

Die vier Kundentypen reagieren in der Reklamation häufig noch verstärkt nach dem Verhaltensmuster, das zu ihrem Temperament passt.

Der „Macher" ist im ersten Moment für unerfahrene Mitarbeiter am schwersten zu ertragen. Der „Macher" kann cholerisch werden. Er haut mit der Faust auf den Tisch und kann laut, pauschalierend, beleidigend und sogar ordinär werden. „Sie sind ja total unfähig!" „Hundertmal habe ich ...!" „Das ist doch Scheiße, wie Sie hier ...!"

Fangen Sie am besten gar nicht erst an, die Worte des „Machers" auf die Goldwaage zu legen. Versuchen Sie auch nicht, ihn beruhigen zu wollen. Er will sich erst einmal aufregen und braucht auch das „Dampfablassen". Wenn er sich erst einmal ausgetobt hat, kann er wieder ganz vernünftig mit Ihnen über eine Lösung reden. Wenn er spürt, dass man ihm seinen Gefühlsausbruch nicht verübelt, kann er sich hinterher auch dafür entschuldigen. Fast immer ist danach die Kundenbeziehung noch viel fester als vorher.

Der „Analytiker" wird niemals laut. Aber seine Worte können noch mehr weh tun. Leise und wohlbedacht wird er Sie mit seinen Zynismen verletzen. „Wie ich höre, ist Ihnen Ihre Frau schon weggelaufen. Das wird Ihnen mit Ihren Kunden bald nicht anders gehen. Was sagen Sie denn selbst zu ...?" „Wie lange machen Sie den Job eigentlich schon?" „Sie haben im Rahmen Ihrer Fachkompetenz sicher Ihr Möglichstes getan, aber ..."

Der „Analytiker" beschwert sich auch nicht spontan im Ärger. Verlassen Sie sich darauf, der hat sich bereits schlau gemacht, welche Rechtsansprüche er stellen kann. Auch hier gilt: Legen Sie seine Worte nicht auf die Goldwaage. Gehen Sie sofort sachlich an die Problemlösung heran. Rechnen Sie damit, dass Ihnen zum Schluss der „Analytiker" noch einen kleinen zynischen Klapps gibt: „Na bitte, warum denn nicht gleich so?" Das Kundenverhältnis zum „Analytiker" ändert sich nach einer bereinigten Reklamation weder zum Positiven noch zum Negativen.

Der „Star" wird auch laut, aber nicht ordinär oder gar beleidigend. Seine Reklamation hat immer etwas von einer Show. „Was glauben Sie denn, was ich für Probleme hatte! Ich wollte gerade ..., da geht doch plötzlich ... Was sollte ich tun?!" Er wird Ihnen wortreich das schreckliche Drama schildern, das ihm durch den Mangel an Ihrem Produkt entstanden ist. Bedauern Sie ihn. Sagen Sie, wie sehr Sie mitfühlen. Danach lässt sich mit dem „Star" über eine vernünftige Lösung reden. Das Kundenverhältnis ist bei ihm nach der bereinigten Reklamation oft enger als zuvor.

Der „Verbindliche" beschwert sich in der Regel gar nicht. Er ist menschlich zutiefst getroffen, wenn er den Eindruck hat, Sie hätten ihm mit dem Verkauf einer Mangelware einen Streich gespielt. Er will Sie niemals wiedersehen. Wenn ihm klar ist, dass auch Sie für den Mangel nichts können, wird er sich auch nicht beschweren. Er möchte Ihre Gefühle nicht verletzen. Aber er traut Ihren Produkten und Leistungen nicht mehr. Kommentarlos sucht er sich einen anderen Anbieter. Der „Verbindliche“ ist immer auch eine „Plaudertasche“. Er kann mit seinem Ärger oder seiner Enttäuschung nicht allein bleiben. Er wird schlecht über Sie und Ihr Unternehmen reden. Er wird andere vor Geschäftsbeziehungen mit Ihnen warnen.

Unterschätzen Sie deshalb niemals den „Verbindlichen“. Er scheint als Kunde so besonders nett und „pflegeleicht“ zu sein. Er ist, wenn alles gut geht, ein treuer Stammkunde. Aber Sie müssen sich auch immer wieder um ihn bemühen und sehr sensibel auf leichteste Anzeichen von Unzufriedenheit reagieren. Ein verlorener Stammkunde ist immer ein sehr großer finanzieller Verlust für Sie und ein Imageschaden.

3.4 Verkäufermentalitäten und Verkaufsstile

Hedwig Kellner

3.4.1 Die Scheu, sich selbst als „Verkäufer" zu bezeichnen

Die Marktveränderungen haben es im Laufe der letzten Jahre notwendig gemacht, dass Unternehmen sich viel engagierter im Wettbewerb zu behaupten haben als zuvor. Manche Unternehmen mussten bisher gar nicht verkäuferisch aktiv werden. Ihnen kamen die Kunden automatisch, zum Teil sogar gezwungenermaßen, entgegen. Man denke nur an die Allgemeinen Ortskrankenkassen, die Post, die Innungskassen oder an die Unternehmen in der ehemaligen DDR.

Man kann sich vorstellen, welchen „Kulturschock" es für manche der Mitarbeiter gegeben hat, als sie plötzlich von der reinen Verwaltung ihrer Kunden weg zum aktiven Verkaufen hin sollten.

Mancher Verkaufstrainer erinnert sich noch mit Schrecken an die fast feindseligen Diskussionen mit den Teilnehmern, die es als Zumutung empfanden, verkaufen zu müssen. Dabei wurde der Begriff „Verkaufen" nicht selten gleichgesetzt mit dem Kunden etwas „andrehen", als „Drücker" tätig zu werden.

In vielen Unternehmen wird die Bezeichnung „Verkäufer" wie ein Tabu gemieden. Man umschreibt es zum Beispiel bei den Banken mit „Kundenberater". Tatsächlich werden die betreffenden Mitarbeiter jedoch zunehmend daran gemessen und provisioniert, wie sie erfolgreich verkaufen!

Im Sprachgebrauch kennen wir es, dass Menschen, deren Lächeln aufgesetzt und damit unehrlich wirkt, ein „Verkäufergrinsen" nachgesagt wird. Es ist, als könne man Verkäufern grundsätzlich nicht trauen, als zeigten sie ihrer Mitwelt eine Maske, hinter der sich der wahre – schlechte! – Charakter verbirgt.

Man kennt im Sprachgebrauch auch diffamierende Ausdrücke wie „Klinkenputzer". Das klingt nach schäbiger Lauferei von Tür zu Tür, wie ein Hausierer.

Anders als in den USA, wo Verkaufen als anspruchsvolle und angesehene Tätigkeit gilt, hat der Beruf des Verkäufers bei uns oft ein schlechtes Image. Man unschreibt ihn deshalb gerne mit „Kundenberater", „Vertriebsbeauftragter", „Außendienstmitarbeiter". Und es bleibt doch immer das Gleiche: Es geht um das erfolgreiche Verkaufen! Was ist daran falsch? Nichts.

Ob ein Verkäufer fair oder unfair, selbstbewusst oder peinlich berührt an seine Arbeit geht, hängt von seiner Mentalität, seiner Einstellung zum Kunden und zum Arbeitgeber mit seinen Produkten ab.

3.4.2 Zwei Grundeinstellungen des Verkäufers

Der individuelle Stil eines Verkäufers liegt natürlich einerseits an seiner Persönlichkeit, seinem Temperament. Andererseits wird der Stil auch durch das Unternehmen, die Corporate-Identity oder Unternehmenskultur geprägt, für welches der Verkäufer tätig ist. Außerdem haben übliche Spielregeln der Branche einen großen Einfluss. Kundenberater der Bank pflegen sicherlich einen anderen Stil als Vertriebsbeauftragte der großen Modehäuser. Im Einzelfall passt jeder gute Verkäufer seinen Stil auch dem individuellen Kunden an. Er wird mit temperamentvollen Kunden anders umgehen als mit sehr ruhigen. Er wird erfahrene Kunden anders beraten als Kunden, die vom Produkt keine Ahnung haben.

Ein ganz wesentlicher Faktor für den Verkaufsstil macht jedoch auch die „Mentalität" des Verkäufers aus: Was ist ihm besonders wichtig im Prozess des Verkaufens, was sind seine persönlichen Ziele und Prioritäten?

Grob betrachtet kann man zwei Grundrichtungen, wie in Abb. 1 dargestellt, betrachten. Die eine Grundrichtung zielt darauf, unbedingt zum Abschluss zu kommen. Nichts ist so wichtig wie der erfolgreiche Verkauf. Die andere Richtung zielt darauf, unbedingt mit dem Kunden gut auszukommen. Man will auf keinen Fall den Kunden verärgern oder gegen seine Interessen handeln.

Zunächst einmal sind beide Grundrichtungen wichtig und richtig. Die Kunst des Verkaufens besteht ja darin, zum erfolgreichen Abschluss zu kommen und gleichzeitig durch Befriedigung der Kundenwünsche möglichst dauerhafte gute Geschäftsbeziehungen zu sichern.

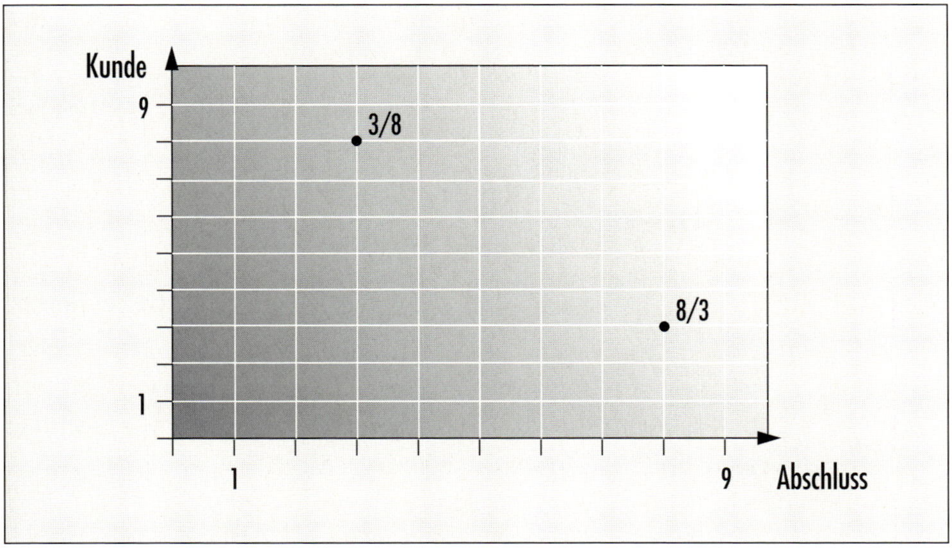

3.4 Abb. 1: ***Beziehungssystem (I)***

3.4.3 Beziehungssystem zwischen den beiden Grundeinstellungen

Wie in Abb. 2 dargestellt kann man zwischen den beiden Achsen der Grundrichtung ein Beziehungssystem wie auf einem Schachbrett herstellen. Ein Verkäufer, dessen Mentalität sich zum Beispiel auf der Position 8/3 befindet, hat eine sehr hohe Neigung, unbedingt zum erfolgreichen Verkauf zu kommen. Ob dieser Verkauf allerdings auch zum Nutzen des Kunden ist, scheint ihm nicht so wichtig zu sein. Beim Verkäufer mit einer Mentalität auf Position 3/8 ist es umgekehrt.

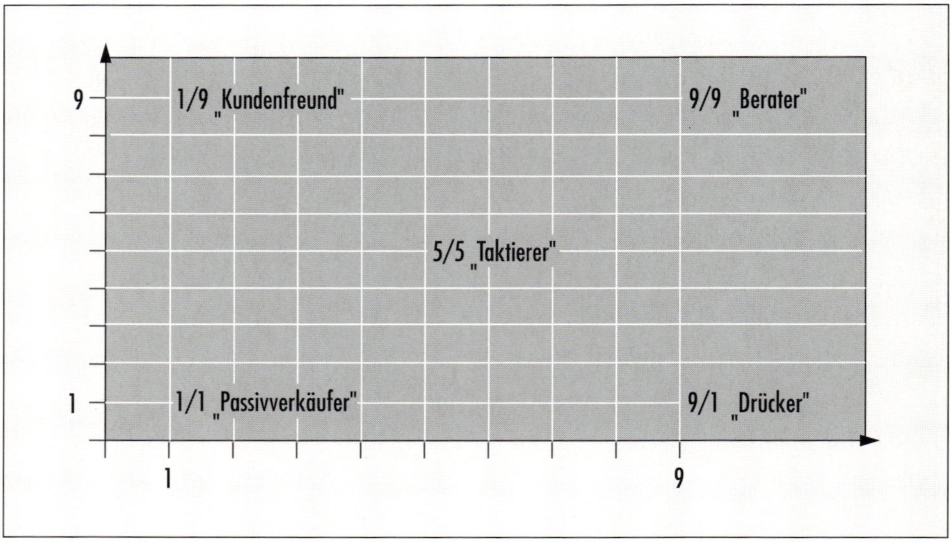

3.4 Abb. 2: ***Beziehungssystem (II)***

3.4.4 Der „Passivverkäufer"

„Passivverkäufer" verkaufen nicht aktiv. Sie nehmen vielmehr die Bestellung eines Kunden entgegen, reichen ihm die Ware und kassieren das Geld dafür. Diese Art des Verkaufens kann angebracht sein, wenn der Kunde ohnehin weiß, was er will, wenn keine Beratung erforderlich ist und wenn sich durch Aktivitäten des Verkäufers auch nicht die Umsätze steigern lassen. Ein Beispiel kann die Post sein. Der Kunde sagt, dass er drei Marken zu 50 Cent will, er bekommt sie, er bezahlt und geht. Er würde sich sehr wundern, sollte der Verkäufer ihm aktiv die neuen 30-Cent-Marken zu verkaufen versuchen. Aber schon an der Theke der Metzgerei wäre ein „Passivverkäufer" nicht mehr gut genug. Der Ladenbesitzer verlangt sehr wohl, dass seine Angestellten auch auf die neue Wurstsorte aufmerksam machen und versuchen, die Suppenknochen heute noch zu verkaufen.

Zu den „Passivverkäufern" gehören auch diejenigen, die man gerne als „Warenbewacher" bezeichnet. Hierbei handelt es sich um Verkäufer, die von einer eher feindseligen Einstellung zum Kunden geprägt sind. Sie sehen im Kunden grundsätzlich einen potenziellen Ladendieb oder Unordnungmacher. Im Buchladen erlauben sie nicht, dass man sich auch einmal etwas einliest in ein Buch. Im Textilgeschäft schrecken Sie mit Bemerkungen ab: „Ich glaube nicht, dass wir in Ihrer Größe etwas da haben." Der Kunde soll nicht auf die Idee kommen, durch Anproben Unordnung zu verbreiten! Sonderwünsche betrachten diese Verkäufer als Zumutung. Der Kunde fragt: „Können Sie mir bitte das Verfallsdatum nennen? Ich habe meine Lesebrille nicht mit." Antwort: „Ich bin hier für den Verkauf und nicht zum Vorlesen." Der Kunde fragt: „Wo finde ich die Kindermäntel?" Antwort: „Versuchen Sie es da hinten mal." Diesen Verkäufern verdanken wir den Ruf einer „Servicewüste Deutschland".

Den „Passivverkäufern" ist die Kundenzufriedenheit ebenso gleichgültig wie der wirtschaftliche Erfolg des Arbeitgebers.

Diese Einstellung, die oft einer unauffälligen Arbeitsverweigerung gleichkommt, kann auf Frust im Job beruhen. Der Verkäufer fühlt sich vom Vorgesetzten schlecht behandelt oder zu schlecht bezahlt. Um Frust abzubauen, rächt er sich am Kunden.

Deshalb ist es ganz wichtig für den Markterfolg eines Unternehmens, immer auch auf die Zufriedenheit der Verkäufer zu achten! Niemand kann gut verkaufen, der innerlich seinem Arbeitgeber grollt.

3.4.5 Der „Kundenfreund"

Der „Kundenfreund" sieht die persönlichen Belange des Kunden und seine eigene Beziehung zu ihm im Vordergrund. Manchmal vergisst er darüber sogar das Verkaufen und die Interessen seines Arbeitgebers. Unter den „Kundenfreunden" findet man häufig die Mitarbeiter, die zwar gerne ihre Kunden betreuen, diesen auf deren Wunsch auch etwas verkaufen, die jedoch für sich die Bezeichnung „Verkäufer" strikt ablehnen, als sei es ein Schimpfwort. Sie legen großen Wert darauf, dass sie niemals ihren Kunden etwas „aufschwatzen". Das ist im Grunde keine falsche Einstellung. Sie darf jedoch nicht dazu führen, dass man dem Arbeitgeber schadet.

Bei den so genannten „Kundenfreunden" unterscheidet man grob zwischen drei typischen Varianten:

- „Spesenritter“

Dieser Verkäufer geht davon aus, dass man besonders gut verkauft, wenn man die Kunden zum teuren Essen einlädt, sich mit ihnen auf dem Golfplatz trifft oder mit ihnen aufwändige Feste feiert. Das mag auch gelegentlich so sein. Es kommt jedoch zu leicht zu dem Ergebnis: „Außer Spesen nichts gewesen.“ Das passiert, wenn der „Spesenritter“ davon ausgeht, dass ein gewisser Automatismus beim Kunden zum Kauf oder Vertragsabschluss führen müsste. Motto: „Ich mache den Kunden mit einer Einladung glücklich, dann wird er anschließend sicherlich mich mit einem Auftrag glücklich machen.“ Falsch! Viele Kunden finden es vielleicht ganz nett, sich einladen zu lassen. Sie sehen das jedoch als allgemeinen Service eines Anbieters an und leiten daraus keineswegs für sich die moralische Verpflichtung ab, nun auch zu kaufen. Dem Kunden ist wegen der Einladung auch nicht unbedingt der Einladende selbst besonders sympathisch. Er weiß ja, dass der Einlader nichts aus seiner eigenen Tasche bezahlt, sondern nur das Geld seines Arbeitgebers ausgibt. Raffinierte Firmeneinkäufer lassen sich sogar gezielt von Verkäufern einladen oder beschenken und kaufen hinterher bewusst bei dessen Konkurrenten. So schlagen sie zwei Fliegen mit einer Klappe: die Wohltat des „Spesenritters“ und die Sicherheit, dass man ihnen niemals Vorteilnahme vorwerfen kann.

Manchmal spricht man auch von „Nikolausverkäufern“. Auch diese Leute verschwenden häufig viel zu viel Geld in der Hoffnung, sich damit bei den Kunden beliebt zu machen und damit die Kaufbereitschaft zu erhöhen. Sie werfen mit Werbegeschenken und Sonderangeboten nur so um sich. Während der „Spesenritter“ als geselliger Mensch gerne auch seinen Job als Vorwand nimmt, sich auf Kosten seines Arbeitgebers den Spaß teurer Restaurants und exklusiver Clubmitgliedschaften zu leisten, ist der „Nikolausverkäufer“ oft von Sehnsucht nach Liebe getrieben. Er hofft, durch seine Geschenke (die ihn selbst nichts kosten!) persönliche Beliebtheit erkaufen zu können.

- „Angstverkäufer“

Der „Angstverkäufer“ wird oft das Opfer gerissener Kunden oder Einkäufer. Diese wittern, dass der Verkäufer eine Absage befürchtet, jedoch unbedingt einen Erfolg braucht. Sie setzen ihn einfach unter Druck: „Da müssen Sie mir schon einen guten Rabatt anbieten.“ Dahinter steht die offene Drohung: „… oder ich kaufe nicht.“

Manchmal zieht bei diesem Verkäufer statt Druck auch die Mitleidsmasche: „Ich würde ja so gerne kaufen, aber den Preis kann ich nicht bezahlen. Unsere eigenen Geschäfte gehen so schlecht. Wenn Sie im Preis nachlassen könnten, dann vielleicht ja …“

Man kann fast immer feststellen, dass der „Angstverkäufer“ eigentlich nie in den Verkauf wollte. Er hasst den Job. Man kann dieses Phänomen bei solchen Unternehmen beobachten, die bisher nie Vertrieb hatten und sich durch wirtschaftliche Veränderungen plötzlich am Markt aktiv gegen den Wettbewerb behaupten müssen. Langjährige Mitarbeiter, die bisher ihre Kunden lediglich betreut oder gar nur verwaltet haben, sollen dann durch ein paar Schulungen zu Verkäufern „umgepolt" werden. Das funktioniert nur in seltenen Fällen. Am Ende steht das Unternehmen mit „Verkäufern" da, die sich mit ihrer neuen Rolle nicht identifizieren und mehr Angst vor den Kunden und seinen möglichen Absagen haben als Begeisterung für die Produkte, die sie verkaufen sollen.

- „Seelsorger"

Unter einem „Seelsorger" oder „Therapeuten" versteht man den Verkäufer, bei dem jeder Kunde sich endlos verplaudern kann. Häufig ist es Mitleid mit dem offensichtlich einsamen Menschen, das den Verkäufer treibt, sich auf diese Weise die Zeit stehlen zu lassen. Er bringt es einfach nicht übers Herz, den Kunden mit der Botschaft zu verletzen: „Ich habe die Zeit nicht!" Manchmal steckt auch soziale Hilflosigkeit dahinter. Man weiß einfach nicht, wie man das macht, einem endlos plaudernden Menschen taktvoll die Botschaft zukommen zu lassen, dass einem die Arbeitszeit wegläuft. In jedem zweiten Verkaufstraining kommt dem Trainer der verzweifelte Hilferuf entgegen: „Sagen Sie uns, wie man aus der Plauderfalle kommt!"

Zusammenfassend kann man sagen, dass Verkäufer mit starker Orientierung am sozialen Umgang mit Kunden und an dessen Forderungen unbedingt von ihren Führungskräften straff geführt werden müssen, sparsam mit Budget und Zeit umzugehen. „Angstverkäufer" sollte man ganz aus dem Verkauf herausnehmen. Auch Provisionen ändern nichts an ihrer inneren Haltung zum Job.

3.4.6 Der „Drücker"

Vom so genannten „Drücker" leitet sich das schlechte Image der Verkäufer ab. Dem Verkäufer, der sein Interesse nur auf den Verkaufsabschluss richtet, ist das Kundeninteresse völlig egal. Deshalb unterstellt man ihm ja auch böse Absichten beim Verkaufen. Oft stimmt das auch, aber nicht immer!

Bei den „Drückern" kommen oft Verkaufstechniken zum Einsatz, die den Kunden notfalls auch mit unfairen Methoden zum Kauf oder Vertragsabschluss bringen sollen.

Dabei unterscheidet man grundsätzlich vier verschiedene Arten unfairer Methoden bei „Drückern":

- Verlockung

Mit der Methode der Verlockung arbeiten gerne die Strukturvertriebe von unseriösen Finanzdienstleistern. Sie versprechen ihren Kunden Anlagemöglichkeiten mit wundervollen Renditen, fantastischen Steuersparmöglichkeiten und märchenhaften Gewinnen. Häufig gehört zu dieser Methode auch noch die Taktik des „Anfütterns". Misstrauischen Kunden wird angeboten, doch erst einmal einen kleinen Betrag zu investieren. Und siehe da! Der kleine Betrag rentiert sich auf Anhieb. Nun will der Kunde mit einem größeren Betrag noch mehr Geld verdienen und dann noch mehr und noch mehr. Die Spirale zu seinem Ruin ist in Gang gesetzt

- Aggressiver Druck

Mit aggressivem Druck arbeiten häufig die so genannten „Drückerkolonnen" unseriöser Zeitschriftenwerber. Ganze Busse solcher Verkäufer werden in Stadtteile gefahren und jeder einzelne Verkäufer muss dann einen Straßenzug abarbeiten. Häufig sind diese Kolonnen so straff und hart geführt, dass die Verkäufer selbst von Angst getrieben den Druck an hilflose Kunden weitergeben. Weger dieser „Drücker" wurden Gesetze eingeführt, die die Rücknahme von Kaufverträgen noch Tage später möglich machen.

Mit aggressivem Druck arbeiten häufig auch Veranstalter so genannter „Kaffeefahrten". Sie verlocken zunächst ihre Kunden mit Einladungen zu kostenlosen oder sehr billigen Ausflügen und versprochenen Geschenken. Wenn sie ihren Bus mit potenziellen Kunden in eine abgelegene Gegend gefahren haben, ist es aus mit dem schönen Ausflug. Stundenlang müssen die Leute sitzen und überlaute und überschnelle Wortkaskaden über sich ergehen lassen. Wer kritische Fragen stellt, wird vor allen anderen gedemütigt und manchmal sogar offen beleidigt.

- Emotionale Beeinflussung

Mit emotionaler Beeinflussung arbeiten häufig unseriöse Spendeneintreiber oder Verkäufer von Waren, mit deren Erlös armen Menschen geholfen werden soll. Es kann sich um mundgemalte Bilder, Bürsten von Blinden oder Bastelarbeiten brasilianischer Waisen handeln. Tatsächlich handelt es sich oft um Massenware aus Pakistan oder dem Osten. Dem Kunden wird suggeriert, dass er ein gutes Werk tut, wenn er kauft und ein rechter Schuft ist, wenn er nicht kauft.

Eine andere Form emotionaler Beeinflussung kennt man zum Beispiel in Spanien von Hausverkäufen an Deutsche. Der potenzielle Kunde nimmt von sich aus Kontakt mit einem Immobilienmakler auf und spricht dort über seine Wünsche, sich im Alter im angenehmen spanischen Klima niederzulassen. Ihm fällt nicht auf, dass sein Gesprächspartner ganz nebenbei auch über Dinge spricht, die nichts mit dem Hauskauf zu tun haben. Beispiel: „Von Ihrer

Sprache her, vermute ich, dass Sie aus Norddeutschland kommen?" Und schon hat ihm der Interessent erzählt, dass er seine Kindheit in Kiel verbracht hat. Vom Gesprächspartner im Büro des Maklers wird der Kunde anschließend an den persönlichen Betreuer verwiesen, der ihn zu verschiedenen Häusern oder Baustellen oder verplanten Grundstücken bringt. Und welch ein Zufall! Der persönliche Betreuer ist gebürtig aus Kiel! Nach wenigen Sätzen ist sogar klar, dass man in derselben Schule war! Man kennt sich wegen des Altersunterschieds natürlich nicht persönlich, aber die Lehrer und den Hausmeister, die kennen beide noch! Dem potenziellen Kunden fällt nicht auf, dass es immer er selbst war, der dem anderen die Namen angeblich gemeinsamer Lehrer genannt hat. Ihm ist natürlich der neue „Freund aus der Heimat" sehr sympathisch. Natürlich wird er bei ihm den Kaufvertrag unterschreiben und sich nicht mehr bei der Konkurrenz umschauen. Natürlich glaubt er ihm, dass es in Spanien üblich ist, dass schon bei Vertragsabschluss 40 % der Kaufsumme fällig werden. Natürlich glaubt er ihm, dass der Verkäufer persönlich auf die Bauqualität achten wird. Er glaubt ihm einfach alles. Manchmal geht das ja auch gut. Aber nicht immer!

- Raffinierte Taktiken

Bei den raffinierten Taktiken geht es darum, den Verstand des Kunden durch manipulative Gesprächstechniken zu umnebeln.

Mit raffinierten Taktiken arbeiten zum Beispiel unseriöse Verkäufer von Timesharing-Modellen für den Urlaub. Sie ködern häufig an Urlaubsorten bummelnde Touristen, laden sie ein, sich doch einmal bei einem netten Gespräch und kostenlosem Drink über günstige Urlaubsmöglichkeiten an diesem herrlichen Ort zu informieren. Häufig wird dann auch noch ein kleines Geschenk oder eine tolle Verlosung in Aussicht gestellt. Bei dem netten Gespräch werden dem Kunden erst einmal Fragen gestellt: „Wie oft fahren Sie in Urlaub?" „Was kostet es Sie im Durchschnitt?" „Worauf legen Sie besonders viel Wert?" Nach dieser Fragesession holt der Verkäufer ein Papier aus der Tasche und rechnet scheinbar logisch nachvollziehbar und ganz langsam vor, dass man in zehn Jahren irrsinnig viel Geld für seine Urlaube ausgibt! Und was hat man Ende davon? Nur schöne Erinnerungen, und sonst nichts! Wenn man jedoch nur einen Anteil des Timesharing-Modells kauft, dann kann man für nur ... EUR jedes Jahr zwei Wochen in den eigenen vier Wänden dieses herrlichen Urlaubsorts verbringen. Und noch besser: Man kann mit anderen auch mal tauschen. Dann stehen einem die herrlichsten Wohnanlagen überall in der Welt zur Verfügung! Und noch besser: Man kann die eigene Wohnung auch vermieten. Dann verdient man auch daran!

Die Gesprächsführung ist immer sehr angenehm, ohne jeden spürbaren Druck. Ganz langsam wird dem potenziellen Kunden klar, dass er bisher sehr dumm war, immer nur ganz normale Urlaube zu buchen. Den Pferdefuß des schließlich unterschriebenen Knebelvertrags lernt er erst später kennen.

Die hier grob vorgestellten vier Grundtechniken werden gerne auch gemischt eingesetzt. Häufig fängt der Verkäufer mit einer Verlockung an, um überhaupt erst einmal Gesprächsbereitschaft zu erreichen. Danach folgen raffinierte Taktiken oder emotionale Methoden, schließlich wird den Kunden, die immer noch zögern, Druck gemacht.

Es ist jedoch falsch, grundsätzlich davon auszugehen, dass die Verkäufer, die nur verkaufen wollen und sich nicht für die Kundenbelange interessieren, „unmoralisch" sind. In manchen Unternehmen wird der Vertrieb so strukturiert, dass Kaltakquisiteure sich voll darauf konzentrieren, den Markt nach möglichen Kunden zu „beackern". Mit rationellen Techniken wie zum Beispiel der Telefonansprache, sollen sie weiter nichts tun, als mögliche Interessenten festzustellen und denen Termine für das eigentliche Verkaufsgespräch vermitteln. Diese Kaltakquisiteure verkaufen im eigentlichen Sinne nicht das Produkt oder die Dienstleistung, sondern nur den Termin. Dazu brauchen sie sich auch nicht ausführlich mit den Belangen des Kunden zu befassen. Das ist dann die Aufgabe des Kollegen, der den Termin wahrnimmt. Der sollte dann allerdings kein „Drücker" mehr sein, sondern ein „Berater", wenn dem Unternehmen an dauerhaften Beziehungen zu zufriedenen Stammkunden gelegen ist.

3.4.7 Der „Taktierer"

Dem „Taktierer" sagt man Spaß am Prozess des Verkaufens selbst nach. Er bemüht sich gerne um die Zufriedenheit seiner Kunden und bemüht sich auch gerne um den Markterfolg seines Arbeitgebers. Aber am allerliebsten ist ihm das Vergnügen am Überzeugen, Aushandeln und sogar Feilschen. Ein Kunde, der sich dem ersten Preisangebot beugt, ist ihm eine Enttäuschung. Er möchte wie ein Schach- oder Pokerspieler um den Preis ringen! Dabei bleibt er immer fair zum Kunden, aber auch zum eigenen Unternehmen. Die Interessen beider will er unter einen Hut bringen. Der „Taktierer" studiert auch gerne neue Verkaufstechniken ein und probiert sie in der Praxis aus. Er ist ein perfekter Einwandbehandler und lustvoller Rhetoriker.

Das Unternehmen, das einen „Taktierer" als Verkäufer hat, kann sich glücklich schätzen. Er ist in der Regel ausgesprochen erfolgreich. Auch die Kunden mögen ihn. Man weiß, dass man hart mit ihm verhandeln muss, dass er jedoch nie wegen eines kurzfristigen Verkaufserfolgs eine im Grunde vertrauensvolle Beziehung gefährden würde. Stammkunden bleiben ihm treu.

Dem „Taktierer“ wird der eigentlich sehr anstrengende Job als Verkäufer auch nie zum Stress. Er nimmt es mit sportlichem Ehrgeiz. Je schwieriger der Markt, desto größer der Spaß! Unverkäufliche Produkte gibt es für ihn nicht.

3.4.8 Der „Berater"

Der „Berater“ ist mehr als ein Verkäufer. Er versteht sich im Interesse seiner Kunden als Problemlöser. Mit ganzem Herzen setzt er sich dafür ein, dem Kunden das zu bieten, was für ihn optimal ist. Er nimmt sich die Zeit, sich gründlich mit den Problemen des Kunden auseinander zu setzen. Er stellt Fragen und lässt den Kunden reden. Er vergewissert sich, dass er richtig verstanden hat und entwickelt dann gemeinsam mit seinem Kunden eine optimale Lösung. Er wird es möglichst auch nicht beim Verkauf belassen. Er wird sich später beim Kunden melden und fragen, ob sich das Produkt oder die Dienstleistung wie erwartet bewährt hat. So kann er Erfahrungen eines Kunden übertragen und damit seine Beratung des Nächsten verbessern.

Es kann durchaus vorkommen, dass der „Berater“ auch einmal von einem Kauf abrät. Lieber verzichtet er auf seine Provision, als dass er Kapital aus der Unerfahrenheit eines kaufwilligen Kunden schlägt, dem das Produkt nicht nutzen würde.

Bei allem Engagement im Interesse seines Kunden wird der „Berater“ immer ebenso engagiert für den Markterfolg seines Arbeitgebers eintreten. Er wird niemals einem Kunden zu einem für ihn schlechten Kauf raten, aber wenn er erkannt hat, was für den Kunden gut ist, dann wird er mit Feuereifer dafür kämpfen, dass der Kunde bei ihm kauft und nicht beim Konkurrenten.

Vom „Berater“ kommen die wichtigsten Impulse für Innendienst und Produktion. Durch seine enge Zusammenarbeit mit den Kunden kennt der „Berater“ deren Wünsche am besten. Er sieht Trends und sich wandelnde Anforderungen frühzeitig und kann deshalb die ständige Entwicklung des Unternehmens mit vorantreiben.

„Berater“ braucht man natürlich in besonderer Weise für erklärungsbedürftige Produkte oder Dienstleistungen. Man denke an PC-Handel, seriöse Finanzdienstleister, Unternehmensberater oder Anbieter von Maschinen für Herstellungsbetriebe.

Aber auch im Textileinzelhandel wird sich ein beratender Verkäufer nicht darauf beschränken, dem Kunden die Kleidungsstücke in der passenden Größe zur Anprobe zu überlassen. Er wird mit dem Kunden gemeinsam überlegen, was gut aussieht, was sich für bestimmte Gelegenheiten eignet und welche Einzelstücke sich gut kombinieren lassen. Ein beratender Kellner hilft seinen Gästen, die richtigen Speisen und Getränke zu kombinieren. Der beratende Anbieter eines Partyservice bespricht mit seinen Kunden die Menüfolgen, das Zwischenprogramm, die Dekorationen, die Musik ...

Der „Berater" stellt sein Fachwissen dem Kunden zu dessen Nutzen zur Verfügung.

In manchen Unternehmen herrscht bei Führungskräften die Meinung vor, Außendienstmitarbeiter müssten möglichst jung und dynamisch sein, um den Stress des Jobs auszuhalten. Vor allem Pharmavertriebe und Versicherungen stellen sich gerne auf den Standpunkt, dass Außendienstmitarbeiter nach vier bis sechs Jahren „verbraucht" sind. Das mag in diesen Branchen der Fall sein.

Für beratende Verkäufer gilt jedoch: je älter, desto erfahrener und somit besser!

Außerdem fällt es vielen Kunden leichter, von einem älteren Profi Rat anzunehmen als von einem jüngeren.

3.4.9 Streben Sie Ihr Verkäuferideal an

Es gibt kein allgemein gültiges Verkäuferideal. Wenn Sie als Verkäufer, Vertriebsbeauftragter oder Kundenberater tätig werden wollen, sollten Sie für sich überlegen, was Ihnen von Ihrem Wesen her am meisten liegt. Wenn Sie dort Ihre Stärken ausbauen, werden Sie sehr viel erfolgreicher sein, als wenn Sie sich darum bemühen, gegen eigene Schwächen anzukämpfen. Wenn Sie zum Beispiel eine Stärke im schnellen Kontakt und im sportlichen Ehrgeiz der Kaltakquise haben, dann sollten Sie sich nicht ausgerechnet einen Job suchen, wo Sie als „Berater" tätig werden müssten. Es würde Sie langweilen! Wenn Sie jedoch Freude daran haben, sich gründlich in Kundenbelange hineinzuversetzen und auch gerne jahrelange enge Beziehungen zu Kunden pflegen, dann hüten Sie sich vor dem Frust der Kaltakquise!

Was Sie auf jeden Fall für sich tun müssen, ist ständiges Training in Verkaufsrhetorik. Lesen Sie immer wieder neue Publikationen zur Einwandbehandlung, zum Telefonmarketing ... Gönnen Sie sich jedes Jahr zwei bis drei Tage Seminar möglichst mit Kollegen aus ganz anderen Branchen.

Verkaufen ist kein Routinejob, den man einmal lernt. Sehen Sie sich lieber im Vergleich mit Sportlern, Sängern oder Musikern. Deren Berufsleben ist ebenfalls ein ständiges persönliches Weitertrainieren zwischen den Auftritten.

Wenn Sie in Ihrem Unternehmen als Vorgesetzter für den Außendienst zuständig sind, sollten Sie bewusst darauf achten, wer von Ihren Mitarbeitern für welche Art des Verkaufens besonders gut geeignet ist. Ein guter „Berater", aber schlechter „Kaltakquisiteur" lässt sich auch durch die beste Schulung nicht „umdrehen". Mitarbeiter, die sich ganz gegen das Verkaufen sperren, können Sie weder durch Druck noch durch Provisionen zum Erfolg bringen. Nehmen Sie sie lieber raus aus dem Vertrieb.

Beachten Sie auch folgende Warnsignale:

- Wandern zu viele Kunden ab?

Das könnte daran liegen, dass die Kunden ihr Bedürfnis nach einem zuverlässig festen Ansprechpartner oder nach einem umfassenderen Service nicht befriedigt bekommen.

- Häufen sich die Reklamationen?

Es könnte daran liegen, dass zu wenig beraten wird.

- Wandern Stammkunden ab?

Vielleicht treiben Sie Ihre Mitarbeiter zu stark in Richtung Akquise, so dass keine Zeit zur Kontaktpflege der bestehenden Kunden bleibt?

- Bleibt Ihr Kundenstamm zu stabil?

Dann sollten Sie unbedingt mehr für die Kaltakquise tun.

Achten Sie auch darauf, dass alle Ihre Mitarbeiter am Markt einheitlich auftreten. Kunden kennen sich oft untereinander. Es spricht sich sehr schnell herum, wenn man beim „Angstverkäufer“ Müller bessere Konditionen bekommt als beim „Taktierer“ Meier!

3.5 Nonverbale Kommunikation

Nadia Durante

3.5.1 Wettbewerbsfaktor: Kommunikation

Was haben ein Zuluverkäufer in Südafrika, der seine handgeschnitzten Giraffen Gewinn bringend an die Touristen bringen möchte, ein ausländisches Kind mit schlechten Sprachkenntnissen, das sich am frühen Morgen Brötchen beim Bäcker kaufen möchte, und ein rhetorisch bestens trainierter Vertriebsbeauftragter eines Versicherungs- oder Konsumgüterunternehmens gemeinsam?

Alle drei möchten im Sinne einer erfolgreichen Kommunikation agieren. Der Zuluverkäufer möchte trotz seiner mangelnden englischen Sprachkenntnisse glaubwürdig und kompetent seine handgeschnitzten Giraffen anpreisen. Das ausländische Kind ist auf seine nicht sprachlichen Interpretationsfähigkeiten angewiesen, um die Handlungen, Gesten und Gesichtsausdrücke der Bäckereiverkäuferin richtig zu interpretieren. Um so für das vorhandene Geld, aus der großen Auswahl zu der gewünschten Anzahl frischer Brötchen zu kommen. Der Vertriebsbeauftragte versucht mit angebrachter Verhandlungstechnik, Gestik und Gesichtssprache seine sprachlich-argumentativen Produktaussagen glaubwürdig zu unterstreichen.

Alle hier beschriebenen Kommunikationspartner bedienen sich ausschließlich oder zusätzlich nicht sprachlicher, d. h. nonverbaler Kommunikationselemente, zum Gelingen einer erfolgreichen Kommunikation. Nonverbale Kommunikation kann vielfältig eingesetzt werden: zur Vermittlung von Gefühlen, zur Darstellung der eigenen Persönlichkeit, zur Unterstützung der verbalen Kommunikation allgemein und somit auch im Rahmen des Vertriebsablaufs. Die nonverbale Kommunikation ist ein wichtiger Bestandteil der menschlichen Verhaltensweisen und spielt somit eine wichtige Rolle bei der Vermittlung von Informationen. Kommunikation in diesem Zusammenhang definiert sich als der Austausch von Informationen. Durch diesen Austausch wirken Menschen aufeinander ein.

Die Kommunikation bzw. die Marketingkommunikation als eine wichtige Sozialtechnik der Unternehmen zur Steuerung des Markts kann grob in die Bereiche der Massenkommunikation und in die der persönlichen Kommunikation unterschieden werden. Diese Abhandlung betrachtet insbesondere die Besonderheiten der nonverbalen Kommunikation im Rahmen der persönlichen Kommunikation, die sich wiederum differenzieren lässt in beispielsweise Verkaufsförderung, Sponsoring, Public Relation, persönlicher Verkauf und Beratungsgespräche (*Kroeber-Riel/Weinberg 1999, S. 498*).

Insbesondere spontane und somit kaum der gedanklichen Verarbeitung unterliegende, nonverbale Kommunikationssignale genießen gegenüber verbalen Mitteilungen oftmals eine höhere Glaubwürdigkeit. Diese Erkenntnis sollten sich erfahrene Kommunikatoren bewusst zur Steuerung des Kommunikationsablaufs zunutze machen.

Die Kommunikation kann nach folgenden Kommunikationskanälen unterschieden werden:

- Auditiv – akustischer Kanal, z. B. Unterschiede der Lautstärke, Stimmfrequenz
- Visuell – optischer Kanal, z. B. Reize ausgelöst durch Mimik, Gestik oder auch durch Körpersprache
- Taktil – kinetischer Kanal, d. h. Tastsinn, z. B. Hautkontakte
- Olfaktorisch – chemischer Kanal, z. B. Körpergeruch
- Thermal – z. B. Körperwärme
- Gustatorisch – chemischer Kanal, z. B. Geschmack (*Weinberg 1986, S. 84*).

Zur Erklärung der nonverbalen Kommunikation wurden zahlreiche Gliederungssysteme entwickelt, die sich zusammenfassend in die zwei Bereiche der funktionalen Modelle und die der Sender-Empfänger-Orientierten strukturieren lassen. Bei dem erstgenannten steht die Funktion und somit die Aufgabe der nonverbalen Elemente, als Unterscheidungskriterium im Blickpunkt. Wohingegen sich Sender-Empfänger-Modelle des der nonverbalen Kommunikation zugrunde liegenden Kommunikationskanals als Abgrenzungskriterium bedienen (z. B. akustischer Kanal) (*Bekmeier 1989, S. 17*).

Die nachfolgenden Ausführungen beziehen sich fast ausschließlich auf den optischen Kanal, d. h. Sehsinn, um die Besonderheiten der Gesichts- und Körpersprache und deren emotionale Signalfähigkeiten zur erfolgreichen Verkaufsführung darzustellen. Ein gut riechender Verkäufer, und damit ist der olfaktorische Kanal gemeint, wird nicht nur in den meisten Fällen angenommen, sondern findet zudem in nur wenigen wissenschaftlichen Untersuchungen seine Bewandtnis. Die wissenschaftlichen Erkenntnisse hinsichtlich der emotionalen Wirkungen unterschiedlicher farblicher und chemischer Eindrücke bzw. Elemente (verschiedene Gerüche wie beispielsweise Meeresfrische) und deren Einsatz im Verkaufsprozess als auch die ausführliche Beschreibung nonverbaler aber vokaler Elemente (z. B. Lautstärke) sind nicht Gegenstand dieser Arbeit.

Zudem hoffe ich, dass die Leser und Leserinnen Nachsicht mit mir haben werden, dass ich aus Platzgründen auf eine ständige Wiederholung von Verkäufer/Verkäuferin verzichten werde und sich die nachfolgenden Ausführungen selbstverständlich sowohl auf Verkäufer als auch auf Verkäuferinnen beziehen.

Im Sinne einer emotionalen Kommunikation kommt dem visuellen Kommunikationskanal eine besondere Bedeutung zu. Empirischen Untersuchungen nach ist die Gesichtssprache besonders wichtig zum Ausdruck von Emotionen. Die Gestik wiederum, die eine enge Verbindung sowohl zur Sprache als auch zur Handlung hat, vereinfacht die konkrete Einordnung des gesamten nonverbalen Verhaltens zu einer konkreten Emotion.

Empirischen Befunden nach wird der nonverbalen Kommunikation häufig eine höhere Glaubwürdigkeit beigemessen als verbalen Aussagen. Insbesondere wenn sie kognitiv nicht kontrolliert und somit als spontan betrachtet wird. Neben der praktischen Ausbildung erfolgreicher Verkäufer gewinnt die Interaktion zwischen Verkäufer und Konsumenten und somit auch die Wirksamkeit nonverbaler Kommunikation immer mehr an Bedeutung. Es kommt nicht nur auf den Inhalt des Verkaufsgesprächs an. Insbesondere der Stil der Kommunikation rückt zunehmend in den Vordergrund der Betrachtung. Trainierte Kommunikationspartner können die Wirkungen der nonverbalen Kommunikation gezielt zur Verhaltenssteuerung und Beeinflussung des Kunden nutzen, um einen erfolgreichen Verkaufsprozess nonverbal zu unterstützen. Die nonverbale Kommunikation im Rahmen unseres menschlichen Verhaltensspektrums gewinnt an Bedeutung, wenn wir uns vor Augen führen, wie oft wir bewusst und insbesondere auch unbewusst ausschließlich nonverbal durch Gesichts- und Körpersprache kommunizieren. Wohingegen unsere sprachlichen Aussagen immer, selbst bei Telefonaten, in denen wir den Kommunikationspartner nicht vor Augen haben, zusätzlich durch nonverbale Reize bzw. Äußerungen unterstützt werden.

Die zunehmende Marktsättigung, begleitet durch die Zunahme ausgereifter Produkte bzw. Märkte, lässt eine zunehmende Bedeutung emotionaler Beeinflussung der Konsumenten durch Werbung, Kommunikation allgemein und somit auch durch persönliche Kommunikation erkennen. Rein sachliche Argumente zur Differenzierung von Produkten allein reichen nicht mehr aus. Die Gestaltung der Kommunikation und somit auch des Verkaufsprozesses, im Rahmen des Marketingmix, rückt nach den Erkenntnissen der nonverbalen Kommunikationsforschung immer mehr in den Vordergrund der Betrachtung. Es reicht nicht mehr aus, rein sachlich kompetente Verkäufer auszubilden. Soziale Kompetenz, inklusive kommunikationsspezifischer Fähigkeiten, rückt stärker in den Vordergrund. Der sich verschärfende Wettbewerb und daraus resultierende Konsequenzen bzw. Strategien wie beispielsweise die der Produktdifferenzierung – insbesondere die auf emotionaler Basis ausgelegte Strategie – setzt außer an die Massenkommunikation speziell an Verkäufer als die Visitenkarte eines Unternehmens hohe Anforderungen. Der Erfolg im Verkauf ist längst nicht mehr von nur persönlichen Eigenschaften, wie äußerliche Erscheinung und gesundes Selbstbewusstsein oder gar Sachkenntnissen abhängig, sondern zunehmend von sozialtechnischen Kommunikationsfähigkeiten.

Dieser Arbeit liegt nicht das Verständnis von Marketing in ihrer reduzierten Betrachtungsweise, als lineare Funktion, bezogen auf die klassischen Bereiche wie Produkt-, Gegenleistungs-, Vertriebs- und Kommunikationsmix zugrunde. Sondern vielmehr werden die kundenorientierten Prozesse um die unternehmensinternen verlängert. Jeder interne Geschäftsprozess besteht aus einem so genannten internen Kunden und Lieferanten. Die erfolgreiche Abwicklung dieser Prozesse trägt zur besseren Zufriedenstellung des externen Kunden bei. Alles in einem betrachtet kann man von einer Marketingorganisation bzw. einer marketingorientierten Unternehmensführung sprechen, die alle Unternehmensbereiche und -prozesse einschließt (mehr dazu in *Busch/Dögl/Unger 1995, S. 125 ff.*).

Im Bereich der emotionalen persönlichen Kommunikation kommt den nonverbalen Gestaltungselementen eine zentrale Präsentationsfunktion zu. Zahlreiche Studien der nonverbalen Kommunikationsforschung weisen auf die besondere Bedeutung der Gesichts- und Körpersprache bei der Vermittlung von Emotionen hin. Dabei ist zu berücksichtigen, dass die durch die nonverbalen Signale kommunizierten Emotionen mit den sprachlich übermittelten Inhalten einen konsistenten Gesamteindruck repräsentieren.

3.5.2 Allgemeine Grundlagen zur Gestaltung emotionaler Kommunikation

Dieses Kapitel wird Ihnen aufzeigen, dass heutzutage unter bestimmten Voraussetzungen, die Gestaltung der Kommunikationsbotschaft auf psychologische bzw. emotionale Produktdifferenzierung angewiesen ist, um beworbene Produkte unterscheidbar zu machen. Emotionale, erlebnisorientierte Kommunikationsstrategien werden näher erläutert, durch empirische Untersuchungen untermauert und für die praktische Anwendung operationalisiert.

3.5.2.1 Theoretische Erklärungsansätze

Nachfolgend wird die Kommunikation beim Verkauf, als sozialer Prozess, anhand den Theorien der Aktivierung, der Interaktion und der beeinflussenden Kommunikation erklärt:

1. Aktivierung kann auch als Erregung oder innere Anspannung verstanden werden, durch die der Organismus mit Energie versorgt wird. Der Organismus wird angeregt aktiv zu sein, d. h. leistungsfähig und leistungsbereit zu sein. Empirische Untersuchungen bestätigen, desto stärker Stimuli den Menschen anregen, desto größer wird dessen Reaktionsfähigkeit sein. Ab einem bestimmten Reizwert nimmt diese Bereitschaft wieder ab. Die Kommunikationspartner bzw. Käufer sollen damit gezielt im Sinne einer positiven Inhaltsverarbeitung beeinflusst werden. In der Werbung bedient man sich bereits den Erkenntnissen der Aktivierungstheorie, wohingegen die Gestaltung der Kommunikation im Rahmen des Verkaufsprozess, auf Basis der Aktivierungstheorie und somit die gezielte Steuerung nach deren Erkenntnis-

sen eher noch eine Seltenheit darstellt. Nach den Grundsätzen der Aktivierungstheorie kann durch gezielte Anwendung bestimmter Reize eine hohe Aktivierung der Konsumenten und somit eine intensivere Aufnahme und kognitive Verarbeitung der Informationen und Inhalte erreicht werden. Auf eine angemessene Darbietung solcher Reize ist zu achten, um die Gefahr der Überaktivierung und Reaktanz zu verhindern. Als Reize bieten sich generell solche mit emotionaler und kognitiver Wirkung an. Geschulte Verkäufer können durch Mimik, Gestik und auch Objekte aktivierende Reize nonverbal senden und somit glaubwürdig Beeinflussung ausüben. Ein Lächeln, Freude oder auch geschenkte Aufmerksamkeit sind mögliche Signale des Käufers an den Verkäufer dafür, ob ein angemessenes Erregungsniveau im Sinne des Verkaufserfolges erreicht wurde.

2. Auf Basis der Erkenntnisse der Lerntheorie liefern Interaktionstheorien Erklärungen für soziales Verhalten. Nach dieser Theorie steigt die Wertschätzung einer Belohnung, desto höher die Motivbefriedigung empfunden wird. Die Vielzahl der Versuche, die Verkäufer-Käufer-Kommunikation auf Basis der Interaktionstheorie zu erklären, lässt zusammenfassend den Schluss zu, dass die Wahrscheinlichkeit eines erfolgreichen Kaufabschlusses mit der zunehmenden Befriedung der Motive des Käufers wächst. Die persönlich empfundene Motivbefriedigung wird sowohl durch verbale als auch durch nonverbale Verhaltensweisen des Verkäufers bestimmt.
3. Im Rahmen der Theorien der beeinflussenden Kommunikation geht es um die besondere Aufgabe der (nonverbalen) Kommunikation, Verbraucher zum Kaufabschluss zu bewegen. Dabei kann die nonverbale Kommunikation unterschiedliche Funktionen übernehmen. Beispielsweise übernimmt sie in der unterstützenden Funktion die Aufgabe, verbale Aussagen synchron, oftmals auf emotionaler Ebene, zu bekräftigen. Zur Mitteilung emotionaler Zustände wird die nonverbale Kommunikation, im Vergleich zu verbalen Aussagen, allgemein als glaubwürdiger betrachtet und kann somit auf die kognitive Verarbeitung nachhaltig Einfluss ausüben. Somit eignen sich nonverbale Reize insbesondere zur Steuerung, Änderung und Unterstützung der Beeinflussungsstrategie (*Weinberg 1986, S. 90 ff*).

3.5.2.2 Erlebniswerte und Differenzierungsstrategie

Viele Konsumgütermärkte in hoch entwickelten Industriestaaten sind durch ausgeschöpftes, teilweise rückläufiges Nachfragepotenzial (Marktsättigung) gekennzeichnet. Die Güter sind technisch so weit ausgereift, dass Konsumenten die einzelnen Produkteigenschaften kaum noch objektiv wahrnehmen können. Informative Argumente im Sinne objektiver Produktdifferenzierung versagen bei gesättigten Märkten aufgrund fehlender Qualitätsunterschiede der konkurrierenden Marken und geringem Informationsinteresse. Dies führt zu geringerer innerer Anteilnahme der Konsumenten, d. h. zu sinkendem Involvement.

Heute ist die Gestaltung der Kommunikationsbotschaft auf psychologische, d. h. emotionale Produktdifferenzierung angewiesen, um die beworbenen Produkte unterscheidbar zu machen. Zur Abhebung müssen emotionale Zusatznutzen der angepriesenen Produkte geschaffen werden. Diesem Ziel dient die emotionale Produktdifferenzierung. Gemeint ist damit die Produktdifferenzierung im Sinne einer erlebniswertorientierten Strategie. Es geht also um Konzepte, die auf verhaltenswissenschaftlichen Erkenntnissen basieren und Produktnutzen aus Sicht der Konsumenten vermitteln. Der Schwerpunkt der Kommunikationsbotschaft liegt damit auf der Qualitätskomponente und den Zusatzleistungen des Produktes. Der Erfolg hängt davon ab, ob es gelingt, dem Konsumenten einen Zusatznutzen glaubhaft zu übermitteln. Die zentrale Frage lautet: Welcher einzigartige und unverwechselbare Erlebniswert kann vermittelt werden, um nicht der Gefahr der Austauschbarkeit zu unterliegen? Als Subfunktion des Marketings gilt diese Anforderung sowohl für die Massenkommunikation (z. B. Werbung) als auch für die persönliche Kommunikation. Es muss gelingen, den Erlebniswert des Produktes als Schlüsselreiz zu gestalten, also die Produkte in die psychischen Erlebniswelten der Konsumenten zu implementieren, wie das beispielsweise mit der Marke Marlboro erfolgreich gelungen ist (*Unger/Durante/Rose 2000, S. 129 ff.*).

Erlebniswerte sind subjektiv wahrgenommene, gefühlsmäßige Produktbeurteilungen des Konsumenten (*vgl. Konert 1986, S. 36*). Unter Differenzierungsstrategie versteht man die Abgrenzung der Produkte auf Basis der Erlebniswerte.

Bei der Differenzierung auf Grund von Erlebniswerten steht der vom Konsumenten empfundene produktspezifische Erlebniswert im Vordergrund. Mittels Sozialtechniken wird versucht, die Konsumenten so zu beeinflussen, dass sie an einen einzigartigen und unverwechselbaren Zusatznutzen glauben. Konsumrelevante Werte sind individuelle Auffassungen über wünschenswerte Zustände, die für den Konsumenten einen motivationalen Charakter besitzen und deshalb die Bedürfnisse, den Bedarf und das Konsumverhalten beeinflussen.

Die konsumrelevanten Werte unterliegen einem ständigen Wandel. Forschungsergebnisse aus der Soziologie und Psychologie bestätigen dies. Die psychologische Marktforschung hat die Aufgabe, mögliche Trends und Zukunftsvorstellungen der Konsumenten rechtzeitig zu erkennen, damit im Marketing eine ständige Anpassung der Kommunikationsbotschaft an den Wertewandel der Konsumenten erfolgen kann. Viele Konsumenten wünschen sich heute beispielsweise vor allem ein abwechslungsreiches Leben. Diesem Wunsch trägt z. B. BMW mit dem Motto: „... und was haben Sie heute schon erlebt?“ Rechnung.

3.5.2.3 Kommunikation mittels emotionaler Erlebniswerte

Die Strategie der Erlebniswertvermittlung versucht, Produkten und Marken ein eigenständiges Erlebnisprofil zu geben. Die durch Konsumenten subjektiv erlebten und durch das Produkt vermittelten Beiträge zur Lebensqualität der Konsumenten werden als sinnliche Konsumerlebnisse (Erlebniswerte) betrachtet. Die Vermittlung von Erlebniswerten sollte immer am Kundennutzen orientiert sein, um einen Beitrag zur Lebensqualität der Konsumenten zu leisten. Daher ist vor der eigentlichen Umsetzung emotionaler Erlebniswerte in Marketinginstrumenten zunächst zu klären, welche emotionalen Erlebniswerte aus der Sicht der Konsumenten relevant sind und sich aus der persönlich wahrgenommenen Lebensqualität ableiten lassen (*Konert 1986, S. 35 ff.*).

Emotionen sind Gefühle wie beispielsweise Angst, Glück, Eifersucht oder auch Sympathie. Affekte und Stimmungen zählen zu den besonderen Formen emotionaler Erlebnisse. Die Definitionen zum Begriff „Emotionen" sind so zahlreich wie die Anzahl der Forscher, die sich mit ihnen beschäftigen. Von einer Übereinstimmung kann nur selten gesprochen werden.

Nach *Izard (1994)*, einem der bekanntesten Emotionspsychologen, gibt es drei Ebenen, auf denen sich Emotionen definieren lassen:

- Das subjektive Erlebnis: Beispielsweise wird Freude subjektiv als Gefühl von Selbstvertrauen oder „liebenswert zu sein" erlebt.
- Neurophysiologische Vorgänge: Reaktionen des autonomen Nervensystems, z. B. spezifische Vorgänge der elektrischen Potenziale in der Gesichtsmuskulatur.
- Beobachtbares Ausdrucksverhalten: Gesichtsausdruck als Lachen oder Lächeln.

In der Regel lassen sich psychologische Theorien danach gliedern, ob sie die subjektive Wahrnehmung der emotionalen Erlebnisse oder eine naturwissenschaftliche Betrachtungsweise fokusieren.

Plutchik (1962) und *Izard (1994)*, Vertreter der biologischen Ansätze, gehen davon aus, dass grundlegende Emotionen wie beispielsweise Furcht oder Zorn, im Laufe der Evolution als Anpassungsverhalten von Mensch und Tier an die Umweltbedingungen entstanden sind. Diese so genannten grundlegenden Emotionen sind in den Erbanlagen des Menschen verankert und durch individuelle und soziokulturelle Einflüsse geprägt. Es wird angenommen, dass das Erlernen weiterer Emotionen auf diesen biologisch vorprogrammierten Emotionen aufsetzt. Dieser Ansatz liefert eine Erklärung dafür, warum Menschen auf emotionale Reize scheinbar weitgehend automatisch und relativ einheitlich reagieren. Die emotionalen Reaktionen laufen oft spontan und ohne kognitive Steuerung ab. Ihre Anwendung in der Kommunikation veranlasst Rezipienten zu spontanen, unkontrollierten Erregungen und emotionalen Verhaltensweisen. Furcht, Abscheu, Wut, Schmerz, Überraschung, Freude, Interesse sind Beispiele angeborener Emotionen, die nach Izard durch eine von Natur aus festgelegte neutrale Grundlage gekennzeichnet und an einem spezifischen Ausdrucksverhalten erkennbar sind.

Erlebniswerte tragen zur Lebensqualität bei. Lebensqualität kann definiert werden als subjektiv empfundene Zufriedenheit hinsichtlich der eigenen Werte, Ziele, Ansprüche und Bedürfnisse. Die zunehmende Befriedigung des Grundbedarfs in den hoch entwickelten Industrieländern hat zur Folge, dass auch die Lebensqualität in vielen Bereichen zunimmt. Für das Marketing und die Kommunikationsstrategie in gesättigten Märkten stellt sich somit die entscheidende Frage, welche Produkte und Lebensziele in Zukunft aus Sicht der Konsumenten bevorzugt werden. Neue Studien belegen, dass sich neben Selbstverwirklichung, Sicherheit, Freizeit, Familie und Umwelt verstärkt emotionale Qualitäten und purer Genuss als Lebensziele durchsetzen.

3.5.2.4 Vermittlung emotionaler Erlebnisse

Im Rahmen der theoretischen Grundlagen betrachten wir dabei zunächst die Kriterien Stärke und Qualität der Emotionen.

Die bei einem emotionalen Erlebnis ausgelöste innere Erregung kann auch als Aktivierung bezeichnet werden. Die Leistungsfähigkeit des Kommunikationspartners wird durch emotionale Erlebnisse stimuliert. d. h., Menschen, die durch emotionale Reize gezielt aktiviert werden, reagieren besser auf die Kommunikationsbotschaft. Sie nehmen mehr Informationen auf, verarbeiten sie schneller und speichern sie besser ab. Die Aktivierung von Konsumenten hat auch einen selbstständigen Wert. Jeder Mensch ist auf der Suche nach einem bestimmten Maß innerer Erregung, d. h. Aktivierung, die er als angenehm empfindet. Er ist motiviert, ständig nach erregenden Reizen zu suchen und ein für ihn optimales Erregungsniveau zu finden. Ein solches Streben nach erregenden Reizen ist ein wichtiger Ansatzpunkt der aktuell zu beobachtenden Konsumgesellschaft. Besonders beim Konsum wird nach allgemeiner Erregung und Stimulierung gesucht. Sozialforscher sehen in der zunehmenden Erlebnisorientierung den wesentlichen Wertewandel der heutigen Gesellschaft. Der moderne Mensch ist also ein Individualist, der emotionale Verwirklichung anstrebt. Die Erlebnisorientierung wird begleitet durch das Phänomen des wachsenden Gesundheits- und Umweltbewusstseins.

Die Vermittlung spezifischer und emotionaler Produkt- und Markenerlebnisse ist zu einem bedeutenden Ziel des Marketings und der Kommunikation geworden. Sie dient der Verstärkung der emotionalen Konsumentenbindung an einen Anbieter bzw. an eine Marke. Durch die

Bindungen sollen Präferenzen für den Anbieter bzw. die Marke geschaffen werden, die dann zur Entwicklung eines so genannten monopolistischen Spielraums führen. Das Erlebnismarketing strebt an, Gütern und Dienstleistungen einen erlebnishaften Symbolgehalt zu vermitteln, und verhilft der Erlebnisgesellschaft zu mehr selbst erfahrener Lebensqualität.

Die Erkenntnisse zur Gestaltung der Kommunikationsbotschaft im Sinne emotionaler Beeinflussung beschränkt sich nicht nur auf die Werbung, sondern findet im gesamten Marketingmix seine Berechtigung und Anwendung. So beispielsweise auch im Rahmen der Vertriebs- und Kommunikationsstrategie (*Kroeber-Riel/Weinberg 1996, S. 113 ff.*).

3.5.2.5 Emotionale Konditionierung

Die emotionale Konditionierung hat das Ziel, dem Konsumenten neben sachlichem Nutzen zusätzlich emotionale Erlebnisse wie Freiheit, Frische und Eleganz zu vermitteln. Es geht um die Vermittlung messbarer Erlebniswerte, die reale, oft erst durch das Marketing geschaffene Bedürfnisse befriedigen.

Aus den Ansätzen der Psychologie folgt die Annahme, dass emotionale Produktdifferenzierung durch Lernen entsteht. Das Lernen kann auf direkte Erfahrungen mit dem Produkt oder auch auf symbolische Erfahrungen, d. h. Kommunikationsbotschaft, zurückgehen. Durch die Kommunikationsbotschaft soll der Konsument lernen, stellvertretend für das beworbene Produkt die dargebotenen Symbole in emotionaler Weise zu erleben. Ziel der Kommunikationsstrategie ist es, dem Produkt- oder Markennamen eine emotionale Bedeutung zu verleihen, die wiederum als Indikator für die Einstellung zur Marke aufgefasst werden kann.

Aus der emotionalen Produktdifferenzierung durch die Kommunikation lässt sich ableiten, dass wiederholte Darbietung einer neutralen Marke zusammen mit emotionalen Reizen einen emotionalen Erlebniswert vermitteln kann. Das Involvement der Konsumenten kann beim Konditionierungslernen extrem gering sein. Daraus folgt, dass die emotionale Konditionierung eine besonders geeignete Sozialtechnik ist, um passive Konsumenten zu beeinflussen, denen Produkteigenschaften eher gleichgültig sind (*Kroeber-Riel/Weinberg 1996, S. 128 ff.*).

Zur Umsetzung der Erlebniswertstrategie können alle Marketinginstrumente genutzt werden. Eine mögliche Vorgehensweise lässt sich wie folgt beschreiben (*Konert 1986, S. 192 ff.*):

1. Analyse der Marktsituation: Untersuchungsgegenstände sind Marktpotenzial, Marktentwicklung, Marktstrukturen, Wettbewerbsprodukte, Soziodemografie, Kaufmotive und Informationsverhalten der Konsumenten und das eigene Marketing.
2, Empirische Analyse der Entscheidungsträger: Zur Umsetzung der Kommunikationsstrategie ist das Informations- und Entscheidungsverhalten einzelner Zielgruppen zu analysieren.

Dabei sind deren Emotionen, Motive und Einstellungen bei der Produktwahl und Produktverwendung von Bedeutung. Eine besondere Rolle spielt das Kaufmotiv der Konsumenten unter Berücksichtigung von Modetrends, Erlebniswelten und Ansprüchen an die Lebensqualität.

3. Konzeption einer Erlebniswertstrategie auf Basis der Ergebnisse aus Punkt 1 und 2. Auf Basis der ermittelten emotionalen Umfelder und deren Beitrag zur Lebensqualität wird die Kommunikationsstrategie entwickelt. Die zentrale Frage lautet: Welche sind die übergeordneten Erlebniswelten aus Verwendersicht, die langfristig die Erlebnislinie des Unternehmens repräsentieren können? Aus der übergeordneten Erlebnislinie erfolgt die Auswahl produktspezifischer Erlebniswerte. Beispiel: Erlebnislinie: Wohnkultur als Lebensstil und Lebensqualität. Daraus ausgewählte produktspezifische Erlebnisse: Entspannung, Wohlbehagen, Gemütlichkeit, Zufriedenheit.
4. Umsetzung in Kommunikation und Produktgestaltung.
5. Erfolgskontrolle.

3.5.2.6 Zusammenfassung

In so genannten Wohlstandsgesellschaften sind die grundlegenden Bedürfnisse weitgehend gestillt und höhere Bedürfnisse nach verfeinertem emotionalen Erleben wie Bedürfnisse nach sensualer Anregung und Selbstverwirklichung, kommen zu Tage. Unsere moderne Umwelt, geprägt durch rationalisierte und kühle Arbeitsbedingungen des Berufsalltags, oder der Naturentzug der in Städten lebenden Menschen, verstärkt das Streben nach sinnlicher und emotionaler Stimulierung. Der Konsum wird dadurch zu einer willkommenen Möglichkeit für emotionales Erleben. Dadurch verlieren funktionale Produkteigenschaften an Bedeutung. Forscher sehen in der zunehmenden Erlebnis- und Genussorientierung, in der Betonung der Freizeit, im Gesundheits- und Umweltbewusstsein den grundlegenden Wertewandel in der heutigen Gesellschaft. Aktuelle Entwicklungen lassen den Schluss zu, dass Konsumenten die angebotenen Produkte und Dienstleistungen immer weniger wegen ihres sachlichen und funktionalen Nutzens, sondern zunehmend wegen ihres immateriellen Zusatznutzens kaufen, der darin liegt, emotionale Konsumerlebnisse zu vermitteln, die einen Beitrag zur ihrer Lebensqualität leisten. Daraus ergibt sich die Forderung an die Kommunikationsbotschaft, zur Imageprofilierung verstärkt auf Erlebnisstrategien zurückzugreifen.

Auf gesättigten Märkten ausgereifter Produkte nimmt das funktional orientierte Informationsbedürfnis der Konsumenten ab. Konsumenten mit einem so genannten geringen Involvement sind in besonderer Weise der emotionalen Kommunikation zugänglich. Damit einher wächst die Bedeutung der Kommunikation, die nicht den Beschränkungen kognitiver Informationsverarbeitung unterliegt. Dabei bezieht sich das „erlebnisbetonte Marketing“ auf alle absatzpolitischen Instrumente wie persönliches Verkaufsgespräch, Produktgestaltung, Ladengestaltung, Eventmarketing und Werbung.

3.5.3 Nonverbale emotionale Stimuli

Nonverbale Reize können Indikatoren für Emotionen sein. Emotionen treten in vielfältiger Weise auf und können auf die Wahrnehmung, auf die Kognition, auf das Handeln und somit auf die Persönlichkeit des Menschen Einfluss ausüben. Um fundierte Schlüsse, für deren Anwendung im Verkaufsprozess zu ziehen, sollten Erkenntnisse solcher Emotionstheorien herangezogen werden, die nicht nur nach dem Ursprung von Emotionen, sondern zudem auch nach deren Funktion suchen.

Zu diesen neuen Forschungsansätzen zählen u. a. die evolutionären Emotionstheorien. Zu den Vertretern dieser Theorie zählen *Izard (1981)* und *Plutchik (1980)*. Nach Izard werden die qualitativ unterschiedlichen Emotionen durch das Gesicht ausgelöst. Danach werden durch nonverbale Gesichtskommunikation folgende Basisemotionen differenziert: Freude, Interesse, Überraschung, Kummer, Zorn, Ekel, Geringschätzung, Furcht, Scham und Schuldgefühl. Durch Kombinationen werden Mischungen bestimmter Emotionen angenommen. Plutchik hingegen fokusiert die Funktion der Emotionen und betrachtet diese als einen wichtigen Bestandteil des menschlichen Überlebenswillen. Seine Begründung findet er in ihrem automatischen Anpassen an alle Lebenssituationen. Eine mögliche Definition des Emotionsbegriffs im Sinne der genannten Theorievertreter wäre: Emotion als innerer Erregungszustand, der in subjektiv verbalisierbaren Reaktionen oder sichtbaren physiologischen Verhaltensweisen zum Ausdruck kommt. Emotionen können zudem nach Stärke, Richtung und Qualität unterschieden werden (*Bekmeier 1989, S. 34 ff.*).

Nach Kroeber-Riel/Weinberg werden aus pragmatischen Gründen vier Merkmale unterschieden, die sich zur Klassifizierung und Messung von Emotionen eignen und allen Emotionen gemein sind:

- Die Erregung oder auch Aktivierung zeigt die auftretende Stärke, d. h. Tiefe einer Emotion, auf.
- Die Richtung einer Emotion beschreibt ob eine Erregung angenehm oder unangenehm empfunden wird.

- Die Qualität einer Emotion. Emotionen lassen sich zudem nach der subjektiv erlebten Wahrnehmung differenzieren.
- Das Bewusstsein beschreibt die, durch die persönlich wahrgenommene emotionale Erregung, ausgelösten kognitiven Vorgänge (*Kroeber-Riel/Weinberg 1999, S. 105*).

Zahlreiche Indizien und Entwicklungen lassen erkennen, dass Erlebnisse und Gefühle zur Produktdifferenzierung eine immer größer werdende Bedeutung erhalten. Der konsumierende Mensch sucht förmlich nach emotionaler Stimulierung. Da allgemein angenommen wird, dass nonverbalen Ausdrücken eine größere Glaubwürdigkeit bzw. Vertrauenswürdigkeit als verbalen Aussagen zugesprochen wird, kommt der nonverbalen Kommunikation als Stimuli für Emotionen eine besondere Bedeutung zu. Für den Verkäufer bedeutet das, seinen Verkaufsprozess bzw. das Verkaufsgespräch unter Zuhilfenahme der Erkenntnisse und Techniken der emotionalen Kommunikation zu gestalten. Da im Verkaufsgespräch dem Käufer das sichtliche Verkaufsinteresse bewusst ist und damit einhergehend die persönlich einzuschätzende Glaubwürdigkeit, zeigt es sich für den Verkäufer von Nutzen, sein Verkaufsgespräch gezielt und routiniert durch nonverbale Kommunikationselemente, denen ein hohes Maß an Glaubwürdigkeit zugesprochen wird, zu unterstützen. Durch nonverbale Signale können Gefühle und Eindrücke vermittelt werden, die sprachlich kaum formulierbar sind. Wiederum gilt für den Verkäufer, auf Grund von geltenden nonverbalen Mitteilungen und deren Fähigkeit zur Vermittlung von Signalen und emotionalen Zuständen, die nonverbalen Reize des Käufers gut zu beobachten und richtig interpretieren zu können, um bei Bedarf gezielt entgegenzuwirken oder die Situation zu seinen Gunsten auszuschöpfen.

Empirischen Untersuchungsergebnissen nach ist es der nonverbalen Kommunikation möglich, automatisch emotionales Erleben zu übermitteln. Wonach Menschen in Situationen, in denen ihnen ein freundliches Lächeln zugesandt wird, gleichfalls mit einem Lächeln erwidern und umgekehrt bei einem erzürnten Gesicht unmittelbar mit einem unfreundlichen Ausdruck reagieren. Es wird unterstellt, dass nonverbale Stimuli emotionale Signale übermitteln können, die sodann bei Kommunikationspartnern vergleichbare Gefühle erwecken. Die Emotion kann somit nicht nur sichtbar, sondern zudem erlebbar gemacht werden (*Bekmeier 1989, S. 46ff.*). Testen Sie selbst.

Ein wesentliches Merkmal einer erfolgreichen Kommunikation ist wie bereits mehrmals erwähnt die Glaubwürdigkeit. Die Glaubwürdigkeit ist die subjektive Einschätzung des Käufers bzw. allgemein Kommunikationspartners hinsichtlich der Kommunikationsinhalte und deren Sender. Diese subjektive Beurteilung kann sich auf die gesamten Informationen oder auch auf Teile darauf beziehen und kann sich zudem im Kommunikationsverlauf ändern. Die bei-

3.5 Abb. 1: *Kinderlächeln*

gemessene Glaubwürdigkeit des Käufers bestimmt das Ausmaß und die Bereitschaft zur Wahrnehmung und kognitiven Verarbeitung mit den bereits vorhandenen Werten und Einstellungen. Wenn die Informationen aus persönlicher Sicht des Käufers mit dessen vorhandenen Strukturen und Werten übereinstimmen, werden die Informationen als glaubwürdig eingeschätzt. Die gleiche Übereinstimmung ist hinsichtlich den vermuteten Eigenschaften des Verkäufers, aus Sicht des Käufers, notwendig. Untersuchungen haben gezeigt, dass ein glaubwürdiger Kommunikator bei sichtlicher Zunahme der Beeinflussungsstärke und Unstimmigkeiten hinsichtlich den Kommunikationsinhalten und den beim Empfänger vorhandenen Einstellungen mit größerem Beeinflussungserfolg rechnen kann als ein weniger glaubwürdig eingeschätzter Sender (*Unger 1986, S. 24 ff*).

Unter Berücksichtigung der Reaktanztheorie und dessen Implikationen für den Vertrieb bzw. das Verkaufsgespräch lässt sich ein weiterer wichtiger Vorteil der nonverbalen Kommunikation erkennen:

Grundsätzlich sind Menschen motiviert, sich beeinflussen zu lassen. Zur Freiheit eines jeden Menschen zählt es, Meinungen bzw. Einstellungen frei zu definieren, sie zu erhalten oder auch ggf. auch frei zu ändern. Jede subjektiv empfundene Bedrohung dieser Entscheidungsfreiheit führt zu einer innerlichen Spannung. Die Motivation des Menschen, bei solch einer

Gefahr der Einschränkung seine Freiheit wiederherzustellen wird als so genannte psychologische Reaktanz bezeichnet. Wird der Konsument bzw. Kommunikationspartner sich durch die Aussagen und das Verhalten des Verkäufers, durch beispielsweise zu offensichtliche Verkaufsargumente und wahrgenommenen Beeinflussungsdruck, in seiner Freiheit hinsichtlich seines Verhaltens oder seiner Meinung beeinträchtigt fühlen, wird dieser ausgelöst durch die innere Anspannung mit mehr oder weniger psychologischer Reaktanz reagieren. Je wichtiger dem Kommunikationspartner die entsprechende Freiheit erscheint, und je höher er seine eigene Entscheidungskompetenz beurteilt, umso größer werden die Stärke und Effekte der Reaktanz sein. Der Kunde wird entsprechende Handlungen zur Wiederherstellung seiner Freiheit aufgreifen, sich im Sinne des Boomerangeffekts eine Einstellungsänderung entgegen der vom Verkäufer beabsichtigen Meinung bilden oder auch mit offensichtlichen Aggressionen gegenüber dem Verkäufer reagieren.

Zur gezielten Reduzierung der wahrzunehmenden Beeinflussung eignen sich somit solche Kommunikationselemente der nonverbalen Kommunikation, denen es möglich ist, durch routinierte Anwendung Sachverhalte zwar klar und angemessen zu unterstützen, und dennoch gleichzeitig ein unverbindliches Profil darzustellen. Dazu eignen sich beispielsweise gezielte Gesichtsausdrücke, Blicke und Gesten, die beispielsweise als Enemble eine sprachlich unkodierte Bedeutung haben, oder auch Gesten, die zwar glaubwürdig, aber zugleich unverbindlich Sachverhalte zu untermauern vermögen (*Busch/Dögl/Unger 1995, S. 494–496*).

3.5.4 Nonverbale Kommunikationselemente

Die nonverbale Kommunikation zwischen Verkäufer und Konsument umfasst vokale als auch nonvokale Elemente wie die der Gesichts- und Körpersprache und die der Kommunikation mittels Gegenständen.

Mögliche Unterteilung der nonverbalen Kommunikation und ihre Merkmale:

1. *Stimme*: Ein jeder kann wohl aus seinem individuellen gesellschaftlichen Leben auf zahlreiche Erfahrungen zurückgreifen, dass der Ton, der eine Aussage begleitet, für deren Rezeption maßgeblich mitverantwortlich ist. Insbesondere Betonung und Lautstärke einer Aussage sind verantwortlich für deren Anklang und emotionale Wirkung beim Kommunikationspartner. Eine Vielzahl nonverbaler vokaler Kommunikationsreize gelten Kulturen übergreifend gleich. So eignen sich bestimmte Stimmmerkmale wie Höhe, Tempo und Be-

tonung als auch Stimmfunktionen wie Lachen, Weinen und Sprechpausen unmittelbar ohne weitere Dekodierung zur Unterstreichung verbaler Aussagen oder Übermittlung spezifischer emotionaler Befindungen. Weiter lässt sich durch Sprechtempo und Stimmvolumen die Aktivierung des Kommunikationspartners beeinflussen. Durch angemessenen Einsatz dieser Elemente kann so ein ausdrucksloser, monoton wirkender Gesprächsverlauf umgangen werden. Zudem wird der Stimme der Ausdruck der Gemütslage wie Schmerz oder Angst und die Mitteilungsfunktion sozialen Gleichgewichts wie Stabilität oder Unsicherheit zugesprochen und trifft somit unmittelbar als glaubwürdige Indikatoren Aussagen über den Verkäufer bzw. Käufer.

2. *Blickkontakt*: Untersuchungen nach interagieren Kinder und Frauen meist mehr mittels Blickkontakt als etwa Jugendliche oder Männer. Ein intensiver Blickkontakt deutet oftmals auf problematische oder auch emotionale Kommunikation hin. Erkenntnisse einiger Untersuchungen lassen Empfehlungen an Verkäufer nahe, wonach das Vertrauen nach Einschätzung der Kommunikationspartner mit zunehmendem Blickkontakt steigt. Der Blickkontakt kann somit als ein Maß für Vertrauen und Verbindlichkeit betrachtet werden. Häufige Blickkontakte zur Unterstreichung eigener verbaler Aussagen oder während des Zuhörens, begleitend durch zustimmendes Nicken, können zur Bekräftigung der Aufrichtigkeit bzw. Aufmerksamkeit im Falle des Zuhörens beitragen. Zudem kann regelmäßiges Anschauen aufkommende Aggressionen abbauen bzw. wirksam vorbeugen. Blickkontakte können die Aktivierung erhöhen und somit für eine bessere Informationsaufnahme sorgen. Werden Aussagen der Kunden mit regelmäßigen Blickkontakten des Verkäufers nonverbal erwidert, spricht das für das Interesse an seiner Meinung. Somit können Blicke als eine direkte Verbindung zwischen Verkäufer und Käufer betrachtet werden. Zudem können Blicke unmittelbar, scheinbar ohne kognitive Kontrolle, als Signale für Fragen und Aufforderung zur Übernahme der Gesprächsführung betrachtet werden (*Weinberg 1986, S. 75 ff.*).
3. *Mimik*: Das Gesicht gilt als prägnantes Kommunikationsmedium, um Emotionen auszudrücken. Ihm wird somit oftmals die Quelle der Affektdarstellung zugeschrieben. Natürlich dienen nicht alle Gesichtsausdrücke diesem Zweck, sondern sind auch im Laufe der Entwicklung erlernte Steuerungsfunktionen. Dennoch eignen sie sich besonders zur Erzeugung, Verstärkung, aber auch zum Verbergen von Emotionen. Der Mimik werden wie auch anderen nonverbalen Elementen mehrere Funktionen zugewiesen. Sie kann sowohl zur besonderen Betonung verbaler Aussagen, als auch zur Ergänzung dieser eingesetzt werden. Die Muskulatur des Gesichts ermöglicht eine Vielzahl unterschiedlicher Ausdrucksmöglichkeiten und kann somit zur Mitteilung diverser emotionaler Befindlichkeiten eingesetzt werden. Die Mimik kann somit als einer der ausdruckstärksten Indikatoren für Emotionen be-

trachtet werden. Geschulte Verkäufer können durch angemessenen Einsatz mimischer Reize den Verlauf des Verkaufsgesprächs entsprechend unterstützen. Die mimischen Ausdrucksmöglichkeiten bestimmter Emotionen wie beispielsweise Glück, Überraschung, Ekel und Angst sind bei allen Menschen etwa gleich. Wobei geografische Konventionen auf kultureller Basis berücksichtigt werden müssen. Wie auch der Stimme lassen sich bestimmten mimischen Ausdrücken bestimmte Eigenschaften zuordnen. So werden einem zum Lächeln gekrümmten Mund die Attribute nett, gelassen, freundlich zugeschrieben und einem verspannten Gesichtsausdruck eher die Eigenschaften ernst und unwohl sein beigemessen. Trainierte Verkäufer können so den Ablauf des Verkaufsprozesses besser steuern.

4. Die *Gestik* umfasst das Bewegungsverhalten einzelner Körperteile. Die Hände zählen wohl zu den wichtigsten Elementen für die Ausführung von Gesten. Weitere Elemente sind der Kopf und die Füße. Zwar sind die anatomischen Grundlagen der Körpersprache biologisch vorbestimmt, dennoch wird das Potenzial menschlicher Handlungen kulturell eigenen Traditionen angepasst. Somit ist es unabdingbar, die Kultur und die Lebensart des Kommunikationspartners und somit des Käufers zu kennen, um die Bedeutung der Körpersprache richtig anzuwenden und einzuschätzen. Gesten können zur Untermauerung der Sprache eingesetzt werden, den verbalen Redefluss steuern oder sich auf den Kommunikator selbst beziehen. Letztgenannte, auch Adaptoren bezeichnet, drücken insbesondere emotionale Zustände aus. Beispielsweise deutet das Spielen mit einem Bleistift auf Unbehagen oder Erregung hin. Gesten können danach unterschieden werden, ob sie eine konkrete Bedeutung haben und unmittelbar verbal übersetzt werden könnten oder eng mit der Stimme oder auch Sprache verwendet werden, um klarer als Worte einen spezifischen Ausdruck zu schaffen. Unter Berücksichtigung der besonderen Wirkung und Aussagekraft bestimmter Gesten können trainierte Verkäufer ihr Verkaufsgespräch systematisch durch gezielte Gesten erfolgreich untermauern. Man denke beispielsweise an den freundlichen routinierten Verkäufer der Deutschen Telekom, der die Kostbarkeit seines Produktes durch gekonntes Streicheln symbolisiert oder die verbalen Produktvorteile mit nach oben gerichtete Bewegung der Hände unterstreicht (Abb. 2). Auch der Körper kann emotionale Zustände und Stimmungen zu erkennen geben. In der Rolle als so genannte Illustratoren eignen sich allerdings Gesten, im Vergleich zur Mimik, nicht in dem Maße zur Unterscheidung diverser Emotionsqualitäten. Die Beherrschung der Gesichtssprache überwiegt wohl die der Körpersprache. Körpersprache kann als eine Verlängerung von Gesten betrachtet werden. Untersuchungen nach verhält man sich körperlich mehr oder weniger entspannt, steht zum Interaktionspartner näher oder weiter entfernt und die Blickkontakte steigen mit aufkommender größerer emotionaler Zuwendung und Sympathie (*Weinberg 1986, S. 10 ff.*). In ihrer Funktion als Regulator

dienen Gesten zur Steuerung und Lenkung bestimmter Gesprächsphasen oder zur Andeutung bestimmter Abschlussphasen. So genannte Embleme beanspruchen innerhalb bestimmter geografischer Strukturen übereinstimmende und unmittelbare verbale Bedeutungen und können somit die Sprache ersetzen. Beispiele hierfür sind: Reiben der Handflächen für bestimmte Erwartungen, Zucken der Achseln für Unwissenheit oder Klopfen auf die Schulter zur Ermutigung. Wiederum andere Gesten können Gefühle ausdrücken: Verschränkte Hände hinter dem Kopf steht für Entspanntheit, vom Körper abweisende Handflächen für Ablehnung. Wohingegen so genannte Illustratoren vor allem Sprache begleitende Gesten darstellen, die verbale Aussagen unterstützen. Das Geben der Hände gehört wohl zu den wichtigsten Gesten im Rahmen des Verkaufsgesprächs. Durch Händegeben wird eine übereinstimmende Absicht, die oftmals auf gegenseitiges Vertrauen oder Zuversicht gründet, erklärt. Der Handschlag steht für Vertrauen, Akzeptanz oder auch Partnerschaft. Auf zu große oder zu kleine Abstände beim Handschlag sollte verzichtet werden, da diese als Bedrohung der Intimsphäre oder als Ablehnung empfunden werden können. Durch Nicken, freundliches Lächeln oder ruhigen Blickkontakt kann Händegeben stärker im Sinne der erwünschten Botschaft gesteuert werden. Im Vergleich zur Mimik, deren Besonderheit im Ausdruck verschiedener Emotionsarten bzw. Kategorien liegt, ist die der Gestik in der Bestärkung einer bestimmten Emotion zu sehen (*Weinberg 1986, S. 75 ff.* und *Bekmeier 1989, S. 23 ff.*).

5. Die *Körperhaltung* umfasst die Körperorientierung und -bewegung: Unter Körperorientierung kann die Position des Verkäufers zu seinem Kommunikationspartner verstanden werden. Wohingegen die Körperbewegung deren Veränderung in den Dimensionen Zeit und Raum definiert. Da die Körperhaltung ein wichtiges Signal für Verhalten darstellt und prinzipiell als gleichgerichtete Ausdrücke in Bezug auf die Gesten verstanden werden kann, ist es für Verkäufer zudem wichtig, neben Mimik und anderen Elementen, die sich zum Ausdruck emotionalen Befindens eignen, die Körperhaltung und deren Bewegung richtig zu interpretieren. Eine überzeugend ruhige und gelassene Körperhaltung des Verkäufers trägt zur Gewinnung einer positiven Einstellung von Seiten des Käufers bei. Ein erfahrener Verkäufer sollte stets die Körperhaltung des Kommunikationspartners im Auge behalten, um gegebenenfalls eine übereinstimmende Körperhaltung zu erreichen. In bestimmten Situationen in denen sich Kommunikationspartner zwangsläufig näher kommen, wie beispielsweise Verabschiedungen, begleitet durch Händegeben, Setzen an den Konferenztisch oder an den Mittagstisch bei Geschäftsessen oder auch beim gemeinsamen Einsehen von Unterlagen, sollte stets auch die Wahrung des räumlichen Verhaltens beachtet werden. Zu-nahe-Kommen oder gar durch den Käufer als unangenehm empfundene Körperberührungen können

zu Irritationen und somit zu ungewollten Störungen des Verkaufsablaufs führen (*Weinberg 1986, S. 75 ff.*).

6. *Kommunikation durch Gegenstände*: Die durch einen Verkäufer getragene Kleidung, Schmuck, Gegenstände oder auch Hilfsmittel wie Laptop, Fahrzeug, Handy und das räumliche Umfeld wie Büro, Kasino gelten im weiteren Sinne zudem zu den nonverbalen Darstellungen und somit Kommunikationselementen eines Verkäufers. Kleidung, Schmuck und vergleichbare Sachmittel, die zur persönlichen Erscheinung einer Person beitragen, drükken zudem bestimmte Assoziationen aus. In unserer heutigen Gesellschaft werden spezifischen Ausstattungen wie Kleidern, Schmuck und Sonstiges je nach persönlicher Wertschät-

3.5 Abb. 2: ***Werbekampagne Deutsche Telekom***

zung und Maßstab bestimmte Attribute beigemessen. Dadurch assoziieren bzw. signalisieren sie einen konkreten Eindruck, der inzwischen weit über die simple Beurteilung des sozialen Status hinausgeht. Hierbei ist beispielsweise der mögliche Versuch der Beurteilung der individuellen Persönlichkeit oder der möglichen Gruppenzugehörigkeit gemeint. Bereits vor der ersten verbalen Kontaktaufnahme wird sich der Käufer, bewusst oder auch unbewusst, einen Eindruck und eine Erwartungshaltung vom Verkäufer bilden. Somit erscheint es ratsam, vor der ersten Kontaktaufnahme, Informationen über die Unternehmenskultur einzuholen, um die Erwartungshaltung einzuschätzen. Der Auftritt mit einem erstklassigen Maßanzug und kostspieligem PC mag wohl einem Vorstandsvorsitzenden eines Kreditinstituts zusprechen, aber einem schwäbischen Mittelstandsunternehmen missfallen (*Weinberg 1986, S. 93 ff.*).

Beim Einsatz nonverbaler Signale, die in direktem Zusammenhang zu verbalen Aussagen stehen oder bei Verwendung so genannter Emblemen, d. h. nonverbale kulturspezifischer Signale, die eigenständige und eindeutige Bedeutungen haben und nicht verbal dekodiert werden müssen, sollte sich der Verkäufer zuvor gründlich über deren Bedeutung und Assoziationen informieren, um einen klaren, unmissverständlichen und reibungslosen Verkaufsprozess zu gewährleisten.

Wichtig ist, die Darstellungsmöglichkeiten einzelner nonverbaler Kommunikationselemente und ihre (emotionale) Wirkung bzw. Signalfunktion nicht autonom zu betrachten, sondern stets in ihrer Beziehung und insbesondere ihrer gegenseitigen Auswirkung. Die Beachtung ihrer Auswirkung im gesamten Einsatz und relative Bedeutung im Rahmen bestimmter menschlicher Verhaltensweisen lässt eine richtige Einschätzung und gezielten Einsatz für einen Erfolg versprechenden Verkaufsprozess zu (*Bekmeier 1989, S. 7 ff.*).

Im Zusammenhang mit der Beziehung zwischen verbaler und nonverbaler Kommunikation lassen sich nachfolgende Funktionen der nonverbalen Kommunikation unterscheiden:

- In der Substitutionsrolle wird der verbale Austausch durch nonverbale Kommunikation vollständig ersetzt. Beispiele: Kopf schütteln, Daumen nach oben.
- Die verbalen Aussagen können durch nonverbale untermauert, d. h. unterstützt werden. Beispiel: die Hände geben und zusätzlich Dank verbal ausdrücken.
- In der Funktion zur Modifikation werden verbale Äußerungen durch begleitende nonverbale Signale abgewertet. Beispiel: ernst gemeinte Beschuldigung mit freundlichem Gesichtsausdruck entschärfen.

- In der Rolle des Widerspruchs besteht zwischen verbaler und nonverbaler Kommunikation offensichtlich keine Übereinstimmung. Beispiel: ein verbales Dankeschön begleitet durch verärgerten Gesichtsausdruck (*Bekmeier 1989, S. 7 ff.*).
- Die Funktion der Wiederholung und die der Steuerung des Kommunikationsablaufs.

Für einen erfolgreichen Verkaufsabschluss ist nicht nur eine Konsistenz hinsichtlich des Inhalts, sondern zudem auch über den Kommunikationsstil notwendig. Ein zielstrebiger Verkäufer sollte somit versuchen, nicht nur eine für alle Beteiligten zufrieden stellende Konsistenz hinsichtlich der Produktbeurteilung zu finden, sondern zudem eine übereinstimmende Kommunikationsart anzusteuern. Insbesondere in der ersten und entscheidenden Phase eines Verkaufsprozesses, in der sich der Verkäufer einem noch unschlüssigen Kunden, in Bezug auf die Kaufentscheidung, konfrontiert sieht, steht die Gewinnung der Sympathie und Glaubwürdigkeit im Vordergrund. Aber auch das aktive Zuhören und somit das richtige Interpretieren der nonverbalen Signale des Kunden spielen in der Eröffnungsphase eine besondere Rolle und stellen somit besondere sozialtechnische Anforderungen an die Verkäufer. Geeignete verbale und nonverbale Verkaufsstrategien sollen dem Kunden das Gefühl eines unverbindlichen Gesprächs vermitteln, in deren Rahmen sich der Käufer beraten und informiert fühlt (*Weinberg 1986, S. 90 ff.*).

Literatur

Bekmeier (1989): Bekmeier, Sigrid: Nonverbale Kommunikation in der Fernsehwerbung, Heidelberg

Busch/Dögl/Unger (1995): Busch, Rainer/Dögl, Rudolf/Unger, Fritz: Integriertes Marketing, Wiesbaden

Durante/Unger/Rose (2000): Durante, Nadia/Unger, Fritz/Rose, Peter: Gestaltung der Kommunikationsbotschaft, in: Pepels, Werner (Hrsg.): Kommunikations- und Identitätspolitik, Köln, S. 129–153

Izard (1994): Izard, C.: Die Emotionen des Menschen, Weinheim

Konert (1986): Konert, F.: Vermittlung emotionaler Erlebniswerte, Heidelberg

Kroeber-Riel/Weinberg (1999): Kroeber-Riel, Werner/Weinberg, Peter: Konsumentenverhalten, 7. Aufl., München

Plutchik (1962): Plutchik, R.: The emotions: Facts, theories, and a new model, New York

Unger, F. (1986): Unger, Fritz: Konsumentenpsychologie, Heidelberg

Weinberg, P. (1986): Weinberg, Peter: Nonverbale Marktkommunikation, Heidelberg

3.6 Verhandlungsführung

Christian-Rainer Weisbach

Verhandlungserfolg (V) kann zunächst und ganz allgemein erfasst werden als Produkt aus den Faktoren Orientierung am Gegenüber (O) und Zielklarheit (Z), was zu der Formel führt:

$$V = O \cdot Z.$$

Geht einer der beiden Faktoren gegen null, wird das Ergebnis – ungeachtet des anderen Faktors – ebenfalls gegen null gehen.

3.6.1 Psycho-logie der Argumente

Entgegen weit verbreiteter Meinung spielen bei Verhandlungen die Gefühle eine weitaus größere Rolle als der Verstand. Darum geht es in diesem Kapitel zunächst neben der logischen Richtigkeit auch um die psycho-logische Gewichtigkeit von Argumenten.

In Schule und Ausbildung wird den Lernenden beigebracht, den Gesetzen der Logik zu vertrauen. Dort wird großer Wert auf die logische Begründung bzw. Widerlegung eines Sachverhalts gelegt. Naturwissenschaftlich betrachtet darf die emotionale Befindlichkeit der Beteiligten keinen Einfluss auf die Ergebnisse haben. Wer daran gewöhnt wird, ausschließlich auf die **Logik** zu vertrauen, setzt naheliegenderweise in der Auseinandersetzung mit Menschen auf die **Macht der Argumente**. Im Vertrauen auf die Qualität der eigenen Argumente gerät der Gesprächspartner allerdings aus dem Blick.

Sobald jedoch zwei oder mehr Menschen darangehen, im Gespräch ihre Ziele durchzusetzen, liegt keine naturwissenschaftliche Situation vor. Die Argumentation in Verhandlungen unterliegt völlig anderen Gesetzmäßigkeiten. Bei Verhandlungen werden vorrangig **psychologische** Anforderungen an die Argumentation gestellt. Verhandlungsargumentation setzt auf die Kraft der emotionalen Wirkung. Im Mittelpunkt steht nicht die Richtigkeit der jeweiligen Aussagen, sondern welche **emotionale Bedeutung** sie für die Beteiligten haben. In Verhandlungen wird üblicherweise etwas beschlossen, was die Beteiligten „gut" finden; wie weit es „richtig" oder „wahr" ist, steht auf einem anderen Blatt und erweist sich oftmals erst im Laufe der Zeit.

Einstellungen, Interessen und Handlungen werden viel stärker vom Gefühl als vom Verstand gesteuert. Um nicht zu überreden, sondern zu überzeugen, gilt es bei Verhandlungen, den **emotionalen Bereich** des Gesprächspartners zur Zustimmung zu bewegen. Wer andere überzeugen will, muss sie zunächst gefühlsmäßig gewinnen.

Wer erfolgreich verhandelt, prüft, wie weit Begründungen bzw. Widerlegungen auf die individuellen Bedürfnisse der Gesprächspartner abgestimmt sind. Darum beinhaltet Verhandlungsgeschick immer eine inhaltliche und emotionale Bezugnahme auf den Gesprächspartner.

Viele Menschen gestehen sich nur ungern ein, dass ihre Gefühle bei Entscheidungen eine weitaus größere Rolle spielen als ihr Verstand. Gern wird nachträglich mit verstandesmäßigen Argumenten erklärt, warum eine (emotional getroffene) Entscheidung vernünftig ist. Durch derartiges Rationalisieren soll kaschiert werden, wie eine Entscheidung im Kern höchst emotional getroffen wurde. Dahinter verbirgt sich eine verbreitete Angst vor der Unberechenbarkeit der eigenen Gefühle und eine ebenso große Sorge vor der Beeinflussbarkeit der eigenen Wünsche und Empfindungen durch andere. Um einer möglichen Manipulation zu entgehen, wird der Logik und dem Verstand ein großes Gewicht beigemessen.

Verhandlungsgeschick trägt dieser Gefühlsebene Rechnung und zeigt sich darin, sich nicht auf die „besseren Argumente" zu verlassen, sondern sich auf seinen Gesprächspartner, seine individuellen Wünsche und momentanen Probleme einzustellen.

Die Wirkung eines Arguments hängt von seinem **Überzeugungsgrad** ab. Damit wird die Wahrscheinlichkeit bezeichnet, mit der ein Argument sowohl emotional als auch rational akzeptiert wird.

Das **emotionale Gewicht** eines Arguments spiegelt sich darin wider, wie sehr es den Bedürfnissen, Interessen und Wertvorstellungen des Gesprächspartners entspricht.

Das **rationale Gewicht** eines Arguments spiegelt sich in der Wahrscheinlichkeit wider, mit der das Argument widerlegt werden kann.

Der Überzeugungsgrad (Ü) ergibt sich aus dem Produkt von emotionalem (eG) und rationalem Gewicht (rG).

$$Ü = eG \cdot rG$$

Geht eines der Gewichte gegen null, ergibt sich unabhängig von der Größe des anderen Gewichts ein Produkt nahe null. Psychologische Verhandlungstechnik berücksichtigt, dass der Gesprächspartner die Argumente sowohl **richtig** als auch emotional **gewichtig** begreift (*Dommann 1989, S 131 ff.*).

Um vorab das rationale Gewicht eines Verhandlungsziels abzuschätzen, hat sich ein paradoxes Vorgehen bewährt: Dabei werden die eigenen Argumente ernsthaft widerlegt und so viele Argumente wie möglich aufgelistet. Das emotionale Gewicht lässt sich dadurch einschätzen, ob die Argumente auch dem Gesprächspartner schmecken.

3.6.2 Orientierung am Verhandlungspartner

3.6.2.1 Idee

Das folgende Kapitel zeigt, wie der Faktor Orientierung am Verhandlungspartner den **Erfolg** einer Verhandlung bestimmt. Es wird beschrieben, zu welchen Einbußen eine fehlende Orientierung führt und welche Möglichkeiten ergriffen werden können, die Orientierung am Gegenüber als leitende Maxime zu nutzen.

„Der Wurm soll dem Fisch und nicht dem Angler schmecken." Was für den Angler selbstverständlich gilt, wird in vielen Verhandlungen sträflich vernachlässigt. Orientierung am Verhandlungspartner bedeutet: Sich im Voraus auf sein Gegenüber einzustellen und zu prüfen, ob man alles, was dem anderen wichtig ist, bereits berücksichtigt.

Wenn Einstellungen, Interessen und Handlungen viel stärker vom Gefühl als vom Verstand gesteuert werden, wird deutlich, warum es für den Verhandlungserfolg unerlässlich ist, den **emotionalen Bereich** des Gesprächspartners zur Zustimmung zu bewegen.

Auch wenn es manchem schwer fallen mag: Wer erfolgreich verhandeln will, konzentriert sich auf die **Wünsche, Bedürfnisse, Erwartungen, Interessen, Vorurteile und Kenntnisse** des Gesprächspartners und verzichtet gleichzeitig darauf, sich selbst und die eigene Überzeugung in den Mittelpunkt zu rücken. Im Gegensatz dazu neigen erfolglose Verhandler dazu, ausschließlich ihren eigenen Standpunkt voranzubringen.

So wie sich der Angler überlegt, was dem Fisch schmecken wird und sich mit entsprechenden Würmern vorab eindeckt, sichert eine ernsthafte Vorbereitung die Orientierung am Verhandlungspartner. Dazu gehört, sich mit der Situation seines Verhandlungspartners auseinander zu setzen und durch gezieltes **Nachforschen** so viel wie möglich über ihn herauszufinden. Viele Verhandler verzichten auf diese Vorbereitung, weil dieses Sich-schlau-Machen ausgesprochen zeitaufwändig ist. Die Fragen der folgenden Checkliste helfen, eine systematische Orientierung am Verhandlungspartner aufzubauen:

- Worauf legt der Gesprächspartner großen Wert?
- Was sind seine Interessengebiete, seine Vorlieben?
- Wo liegen seine Probleme?
- In welcher Lage befindet er sich?
- Welche Lösungen wurden bislang ausprobiert?
- Welche Lösungen bevorzugt der Gesprächspartner üblicherweise?
- Wie reagiert der Gesprächspartner auf Vorschläge?

- Mit welchen Einwänden reagiert er üblicherweise?
- Welche Gewohnheiten zeigt er auch in anderen Verhandlungen?
- Was sind die besonderen Merkmale seiner Verhandlungsweise?
- Wie laufen bei ihm üblicherweise Entscheidungen ab?
- Welche Entwicklung hat er hinter sich?
- Wie anständig, ehrlich und vertrauenswürdig ist er?
- Wie großzügig – wie fair?
- Wie zuverlässig?
- Wie diskret?
- Wie wird seine Zukunft aussehen?
- Wie sind seine Beziehungen zu seinem Vorgesetzten, seinen Kollegen und seinen Mitarbeitern?
- Welche Befugnisse besitzt er?
- Von welchen Personen ist er abhängig? Und welche Einstellung haben diese Personen?
- Welche Verbindungen hat er zum Wettbewerb?
- Welche Verhandlungsergebnisse strebt er an?
- Was sind die Mindestergebnisse, die er erzielen muss?
- Was muss er jetzt erreichen oder verhindern, um sich für die Zukunft abzusichern?
- Was ist aus Prestigegründen für ihn wichtig?
- Was interessiert ihn besonders?
- Was weiß er bereits – was noch nicht?
- Was glaubt er – was nicht?
- Was findet er gut – was nicht?
- Was stört ihn?
- Was fürchtet er?

3.6.2.2 Nutzen

Die wenigsten Menschen machen sich klar, dass Motivieren, Präsentieren und Interessieren nicht nur gute Verkäufer beherrschen müssen, sondern für jeglichen Überzeugungsprozess vonnöten sind. Voraussetzung ist zwar ein fundiertes Wissen um den Nutzen, den die Idee dem Gesprächspartner bietet, doch darüber hinaus bedarf es der Fähigkeit, diesen Nutzen so darzustellen, dass das Interesse beim anderen überhaupt geweckt wird, ja dass er erkennt, dass diese Idee ihn auf dem Weg zu seinen eigenen Zielen voranbringt. Dies kommt in folgendem Bonmot zum Ausdruck: „Ein Argument ohne Nutzen ist wie ein Kissen ohne Füllung."

Der erkannte Nutzen steuert die Zuhörbereitschaft. Damit diese durchgängig erhalten bleibt, muss die Information zu jedem Zeitpunkt nachvollziehbar sein. Die Bedeutung muss für den Gesprächspartner einsichtig, d. h. stimmig sein. Nur dann wird seine Aufmerksamkeit geweckt; sein Organismus gewissermaßen auf Aufnahme gestimmt und der Inhalt sinnvoll gespeichert. Die Information wird tiefer verankert, weil dann über die kognitiven Verarbeitungsregionen der Gehirnrinde hinaus auch das limbische System emotional mitbeteiligt ist. Es ist ein wesentlicher Unterschied, ob man etwas versteht oder das Gefühl hat, dass etwas richtig sei.

Je intensiver der Gesprächspartner erleben kann, welchen Wert eine Idee, ein Plan oder eine Ware für ihn hat, umso empfänglicher wird er für die weiteren Ausführungen. Denn was wertvoll ist, wird zugleich auch als angenehm und positiv empfunden. Der Wert ist aber eine subjektive Größe und kann ausschließlich vom Adressaten erlebt werden. Damit der Wert locken kann, muss er mit den inneren Bildern und Überzeugungen des Gesprächspartners übereinstimmen.

Ergibt sich beispielsweise aus dem bisherigen Gespräch als vorherrschende Motivation Sicherheit, könnte das Nutzenargument lauten: „Die vorgeschlagene Investition sichert aufgrund der verbesserten Wettbewerbsposition die Arbeitsplätze."

In einem anderen Fall zeigt sich als tragende Motivation: Prestigedenken. Hier bietet sich eine entsprechende Nutzenorientierung an: „Diese Entscheidung würde aus dem üblichen Rahmen fallen. Sie könnten damit ein Profil zeigen, das Sie deutlich von anderen unterscheidet."

Dies zeigt noch einmal von einer anderen Seite, warum es bei erfolgreichen Verhandlungen unerlässlich ist, sich in die gedankliche Welt des Gegenübers einzufühlen und stets von dessen Warte aus zu argumentieren.

3.6.2.3 Einwände und die Gefahr ihrer Behandlung

Es gibt keinen Überzeugungsversuch ohne Einwände und kritische Fragen des Gegenübers. Die einzelnen Varianten der Einwandbehandlung können sehr unterschiedlich auf den Gesprächspartner wirken. Einige können sehr leicht zum Widerspruch ermuntern, andere wirken „unehrlich" und dienen als bloßes Mittel zum Zweck, wobei zu fragen ist, zu welchem Zweck eigentlich? Ist es von vornherein das Ziel, auf Einwände des Verhandlungspartners so (d. h. taktisch, unter Verwendung bestimmter „Techniken") zu reagieren, dass man Recht behält oder „siegt"?

Das beginnt schon mit dem Wort Einwandbehandlung selbst, das tut so, als ob es Ziel sein muss, Einwände zu entkräften, ins Leere laufen zu lassen. Als „Einwandbehandler" vergisst man dabei womöglich, dass es für Überzeugungsprozesse gar nicht so wichtig ist, ob ein Einwand „objektiv“ berechtigt ist oder nicht. Nur allzu leicht wird versäumt, den „subjektiven Charakter“ vieler Einwände ernst genug zu nehmen. Das kann dazu führen, dass ein rhetorisch geschultes „Behandeln“ von Einwänden eine Haltung dem Gesprächspartner gegenüber erzeugt, in der sich der andere häufig nicht ernst genommen, sondern lediglich „behandelt“ erleben wird.

Viele Einwände sind eine spontane Reaktion auf mangelnde Wertschätzung. Bei gegensätzlichen Standpunkten geht in der Regel die Aufwertung der eigenen Meinung mit der Abwertung der gegnerischen Position Hand in Hand. Dabei kann man beobachten, dass Menschen um so vehementer die Position anderer angreifen, je wackeliger ihre eigenen Argumente sind. Manchmal entsteht der Eindruck, eine gegensätzliche Ansicht stelle geradezu einen Angriff auf die eigene Position, ja auf die eigene Integrität dar und muss darum entschieden bekämpft werden.

Die bisherigen Ausführungen machen deutlich, welchen Einfluss geringschätzendes Verhalten auf die Bereitschaft des Verhandlungspartners hat, sich einer anderen bzw. neuen Sichtweise zuzuwenden. Dies sei im Folgenden noch von einer weiteren Seite beleuchtet:

Die verbreitete Neigung, einen anderen zu beeinflussen, begegnet rasch schier unüberwindlichen Hindernissen, wenn man eine andere Vorstellung von einer zukünftigen Situation hat als der Verhandlungspartner. Dies erklärt auch, warum Menschen oft auf gut gemeinte Ratschläge, Anregungen und Empfehlungen so zurückhaltend, wenn nicht offen ablehnend reagieren. Nicht der Vorschlag an sich ist schlecht, er passt nur nicht zu dem Bild, das sich der andere bereits gemacht hat; und was nicht passt, kann auch als unpassend bezeichnet werden.

3.6.2.4 Sieger-Verlierer-Strategien

Einwände gehören zu einer Verhandlung dazu wie das Salz zur Suppe. Wer kritisiert, nachbohrt, nach Schwachstellen sucht oder einen Vorschlag abwertet, kann dies mit der Absicht tun, die eigene Position inhaltlich vom Gegenüber abzugrenzen. Das gleiche Vorgehen lässt sich aber auch als Machtkampf auffassen, bei dem es um Überlegenheit bzw. Unterlegenheit geht. Mancher glaubt, seine Autorität dadurch untermauern zu müssen, dass er Vorschlägen gegenüber grundsätzlich skeptisch eingestellt ist. Ungeschickte Verhandler legen ihr Augenmerk fast ausschließlich auf die Frage, wie der eigene Standpunkt optimal dargestellt werden kann. Den Standpunkt des Gesprächspartners zu verstehen bzw. ihm Verständnis entgegenzubringen, wird weitgehend übergangen. Wird die Aufmerksamkeit auf den fremden Standpunkt gelenkt, dann allenfalls um logische Fehler und Inkonsistenzen herauszustellen oder gar plump den anderen und seine Gedanken abzuwerten.

Doch unversehens bekommt die sachliche, also um einer Sache willen geführte Auseinandersetzung eine emotionale Komponente. Wo der eigene Standpunkt angegriffen wird, entsteht nur zu leicht Verteidigung und Gegenangriff. Auch wenn vordergründig der Verhandlungsgegenstand im Mittelpunkt stehen mag, tobt unterschwellig ein **Beziehungskampf**. Manchmal geht es nur noch darum, sein Gesicht zu wahren. So kommt es vor, dass die eigene Position auch dann noch behauptet wird, wenn man längst bemerkt hat, dass einem die Felle davonschwimmen. Die Kreativitätsforschung konnte beeindruckend belegen, wie eingeschränkt laterales und problemlösendes Denken im Zustand von Erregung bzw. Stress ist.

Darüber hinaus sind angegriffene, auf Selbstbehauptung ausgerichtete Menschen ausgesprochen schlechte Zuhörer. Darum hilft hier auch kein noch so geschickter argumentativer Aufbau, wie er noch in vielen Rhetorikseminaren gelehrt wird. Wo die Zuhörbereitschaft fehlt, helfen einfach keine Argumente. Wer erkennt, dass hinter diesem Widerstand ein gesunder Selbstschutz steckt, wird darauf verzichten, ihn zu brechen.

Viele Verhandlungen stehen unter dem Motto „Wäre ja gelacht, wenn ich mich nicht durchsetze." Mancher Machtkampf wird offen ausgetragen. Das Pochen auf die eigene Position, das Hervorheben von Status und Einfluss sind beliebte Hilfsmittel, die eigene Durchsetzungskraft zu stärken. Dahinter steckt nichts anderes als der zweifelhafte Versuch, sich über Macht- und Drohgebärden Respekt zu verschaffen.

Es kann sehr schwierig sein, eine Einigung zu erzielen, wenn es um das heftige Aufeinanderprallen zweier gleichermaßen berechtigter Interessen geht. Wenn jeder nur seine Position verteidigt und versucht, den anderen zu überzeugen, dann kommt es, statt zu einer „Verhandlung" über die Interessen, zu einer Kampfansage: Wer setzt sich durch?

Das Ergebnis ist keine Einigung: Die Beteiligten verlassen den Ort als Sieger und Verlierer. Der Verlierer hat dann das Gefühl:

- Ich bin zu kurz gekommen.
- Ich kann meine Interessen nicht durchsetzen.
- Der andere ist stärker.
- Ich fühle mich benachteiligt.

Wer Verhandlungen als Machtkampf betrachtet, übersieht die Gefahr der Eskalation. Denn Machtkämpfe sind geprägt von einer **Entweder-oder-Haltung**: Entweder setze ich mich durch oder der andere. Dann also lieber ich. Weil der Machtkampf nur einen Sieger kennt, muss es zwangsläufig einen Verlierer geben. Und dieser Verlierer fühlt sich nun seinerseits alles andere als wohl. Der Verlierer wird zur Rache provoziert. Wer auf Kosten anderer siegen will, geht darum immer das Risiko ein, am Ende selbst auf der Verliererseite zu landen.

3.6.3 Zielklarheit

Dieses Kapitel zeigt auf, welchen Einfluss die eigene Zielklarheit auf das Verhandlungsergebnis hat. Der Faktor **Orientierung am anderen** mag noch so ausgeprägt sein, wenn der Faktor **Zielklarheit** nicht ebenso ausgeprägt ist, wird das Produkt aus beiden Faktoren unbefriedigend klein ausfallen.

3.6.3.1 Zieldimensionen

Wer verhandelt, verfolgt Ziele. Doch sehr häufig werden Ziele und der **Weg zum Ziel** miteinander verwechselt. Das hat gravierende Auswirkungen auf die Verhandlung. Zur Illustration führe ich das Gespräch mit einem Verkäufer an:

Weisbach: „Welches Ziel streben Sie in Ihren Verkaufsverhandlungen an?"
Verkäufer: „Ich will zum Abschluss kommen."
W: „Welchen Nutzen bringt Ihnen das?"
V: „Das ist für mich bares Geld. Ich arbeite nach Bruttoertragsprovision."
W:"Kann ich daraus schließen, dass der Abschluss der Sicherung Ihres Lebensstandards dient?"
V: „Ja, es geht um nichts anderes, als um Existenzsicherung."
W: „Jeder gute Abschluss ist also ein Weg, Ihre Existenz zu sichern. Gibt es noch weitere Wege, um dieses Ziel zu erreichen?"
V: „Ich wüsste nicht welche, als Verkäufer lebe ich vom Verkaufen."
W: „Das hört sich so an, als ob Ihnen Kunden – vom Geld einmal abgesehen – keinen Nutzen erweisen könnten.
V: „Doch, doch! Wenn ein Kunde mit meiner Leistung zufrieden ist, dann empfiehlt er mich in der Regel weiter. Das hat Vorteile. Denn wenn sich jemand schon positiv über mich geäußert hat, komme ich viel leichter in ein gutes Verhandlungsklima."
W: „Dann wäre es denkbar, dass ein Kunde, der nicht bei Ihnen abschließt, Sie dennoch weiterempfiehlt, weil er mit Ihrer Beratung überaus zufrieden war."
V: „Da haben Sie eigentlich recht. So habe ich das noch nie betrachtet."

Es macht einen Unterschied, ob das Verhandlungsergebnis „zufriedene Kunden" lautet, oder „gute Erträge erwirtschaften". Wer den Weg bereits für das Ziel hält, schränkt seinen Handlungsspielraum unnötig ein. So wie sich dieser Verkäufer aufgrund mangelnder Zielklarheit den Weg verbaut, weiterempfohlen zu werden, enden viele Verhandlungen, in denen Weg und Ziel nicht klar auseinander gehalten werden.

Bei vielen Verhandlungen wird über unterschiedliche Vorgehensweisen so erbittert gestritten, als ginge es um gegensätzliche Zielvorstellungen. Wer jedoch die **Methode** mit dem **Ziel** verwechselt, übersieht mögliche Gemeinsamkeiten. Es lohnt sich, in der Vorbereitung gründlich über die eigenen Ziele nachzudenken, weil sie nicht nur das Ergebnis mitbestimmen, sondern auch das **Verhandlungsklima** beeinflussen. Folgendes Beispiel mag dies verdeutlichen:

> Der Mitarbeiter A möchte erreichen, dass für die Abteilung eine neue Software angeschafft wird, von der er sich eine enorme Arbeitserleichterung verspricht. Auf der Abteilungsbesprechung äußert er:
> „Ich schlage vor, dass wir die Software ‚Personata' von ‚Powersoft' anschaffen. Damit könnten wir unsere Datenverwaltung erheblich verbessern."
> Prompt entgegnet sein Kollege B: „Also, da gibt es ja nun echt was Besseres: ‚Micropoint' hat doch ‚Vision 2000'. Damit würde unsere Effektivität wirklich gesteigert."
> Bereits an dieser frühen Stelle der Verhandlung fühlt sich A angegriffen. Er verteidigt seinen Vorschlag:
> „Aber mit ‚Personata' hätten wir überhaupt keine Kompatibilitätsprobleme, es lässt sich problemlos integrieren und hält sich von den Anschaffungskosten in Grenzen."
> A übersieht bei dieser Argumentation, dass er nicht nur für seinen Vorschlag wirbt, sondern zugleich auch gegen den Vorschlag des Kollegen eifert. Weil dieser sich nun seinerseits angegriffen fühlt, kontert er:
> „Seit wann kann man Software von ‚Powersoft' problemlos integrieren, dass ich nicht lache. Wer hier spart, kann auch gleich wieder zum Bleistift und Rechenschieber greifen." Etc.

An diesem kurzen Dialog fällt auf, dass jeder der Beteiligten für sich eine klare Vorstellung hat, die jedoch der Methode und nicht dem Ziel verpflichtet ist. Hätte sich Mitarbeiter A vorab überlegt, wozu er diese Software anschaffen möchte, wäre als Ziel vielleicht Arbeitsentlastung entstanden. Bei einer gründlichen Vorbereitung geht es sogleich weiter: Weil ‚Arbeitsentlastung' keinen Selbstzweck darstellt, fragt er sich, was dadurch gewonnen wäre und findet womöglich die Antwort: Wir könnten die Bearbeitungszeit für bestimmte Vorgänge halbieren, was nicht nur kundenfreundlich wäre, sondern uns vom Wettbewerb positiv abhebt. Hätte Kollege A sein Ziel gründlich vorbereitet, hätte er den Hinweis des Kollegen B auf eine andere Variante als methodische Anregung aufnehmen können, um gleichzeitig zu erkennen, dass sie sich im Grundsatz bereits einig sind: nämlich die Effektivität durch eine andere Software zu steigern.

Wer geübt ist, das **Ziel hinter dem Ziel** zu erkennen und sauber zwischen Ziel und Methode zu unterscheiden, hat nicht nur einen größeren Verhandlungsspielraum, sondern erfasst auch messerscharf, wo sein Gesprächspartner unklare Zielvorstellungen hat, bzw. wo Weg und Ziel durcheinander gebracht werden. Folgende Fragen können dabei Routine geben:

- Wo führt das dann hin?
- Was ist dadurch anders?
- Was ergibt sich daraus?

- Welchen Nutzen versprechen Sie sich davon?
- Gibt es noch weitere Vorteile?
- Welche Ziele werden damit auch erreicht?

3.6.3.2 Ergebnisvision

Die gründliche Auseinandersetzung mit den eigenen Zielen ist darüber hinaus so wichtig, weil sonst ein Ergebnis erzielt wird, dass sich zwar oberflächlich mit dem Ziel deckt, dennoch keine Zufriedenheit auslöst.

Bei einer Gehaltsverhandlung reicht es bei weitem nicht aus, lediglich die Gehaltserhöhung als Ziel zu formulieren. Ein verhandlungsgeschickter Vorgesetzter wird vielleicht willig darauf eingehen, jedoch den Zeitpunkt der Erhöhung um etliche Monate nach hinten verschieben oder einer sofortigen, letztlich aber minimalen Erhöhung zustimmen.

Um den eigenen Spielraum optimal zu nutzen, bedarf es auch bei diesem Beispiel einer gewissenhaften Prüfung des „eigentlichen" Ziels. Bei dem einen geht es beispielsweise um Prestigegewinn: Der zukünftige Schwiegervater soll durch eine Gehaltserhöhung beeindruckt werden, bei einem anderen dient die erhoffte Gehaltserhöhung der Anschaffung eines größeren Autos, weil Nachwuchs erwartet wird.

Wer sich bewusst ist, dass es ihm eigentlich darum geht, seinen Schwiegervater zu beeindrucken, kann sich in der Verhandlung mit alternativen Lösungsmöglichkeiten kreativ auseinander setzen. Es gibt ja sehr viel mehr Möglichkeiten des sichtbaren Prestigegewinns als ausgerechnet eine Gehaltserhöhung.

Wer sich im anderen Beispiel bewusst ist, dass die Gehaltserhöhung der Lösung eines anstehenden Transportproblems dienen soll, kann ebenfalls ganz andere Vorschläge reflektieren, die das ‚Auto-Problem' lösen, ohne dass sich am Gehalt dauerhaft etwas ändern muss.

Es lohnt sich, in der Vorbereitung die eigenen **Ziele schriftlich festzulegen**:

- Was will ich erreichen?
- Mit welchem Ergebnis wäre ich auch zufrieden?
- Welches Interesse habe ich am Verhandlungsergebnis?
- Welchen langfristigen Nutzen verspreche ich mir vom Ergebnis?
- Welche Nebenziele strebe ich zusätzlich an?
- Mit welchem Gefühl möchte ich aus der Verhandlung gehen?
- Wie soll sich die andere Seite fühlen?

3.6.3.3 Lenkung

Ob man sich dessen bewusst ist oder nicht, schwingt in jeder Äußerungen auch mit, **wie** man zum Verhandlungspartner steht. Der Grad an Achtung, Anerkennung und Respekt bzw. an Missachtung oder Geringschätzung kommt nicht nur in den Worten, sondern auch durch Tonfall, Gestik und Mimik zum Ausdruck.

Je stärker man darauf hinwirkt, dass sich der Gesprächspartner der eigenen Argumentation anschließt, umso mehr wird man zum Mittel der Lenkung greifen oder umgekehrt dem anderen die Freiheit einräumen, etwas anders zu sehen, weil es einem in diesem Punkt unwichtig erscheint, eine Übereinstimmung herzustellen.

Da Lenkung und Achtung bzw. Missachtung gleichzeitig zum Ausdruck kommen, lassen sich diese beiden Dimensionen so anordnen, dass sich ein Kreuz ergibt, in dem die vier Quadranten für vier deutlich zu unterscheidende **Verhandlungsführung**sstile stehen.

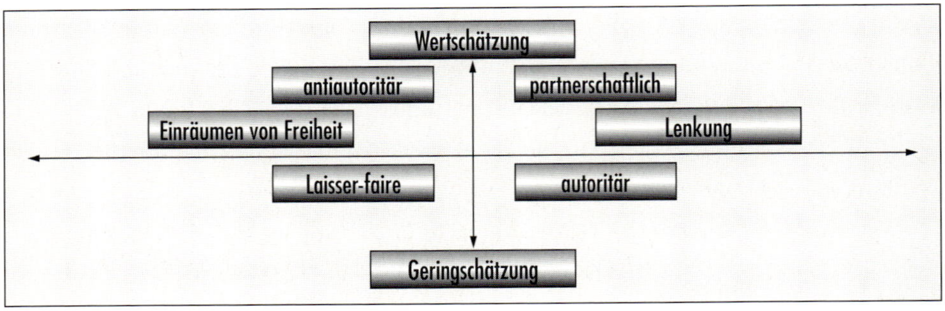

3.6 Abb. 1: *Verhandlungsführungsstile*

Wird der lenkende Einfluss mit Geringschätzung kombiniert, ergibt sich der **autoritäre** Stil.

Wenn bei gleicher Geringschätzung jedoch die Freiheit des anderen uneingeschränkt bleibt, so führt dies zu einem Verhalten, das als Gleichgültigkeit oder **Laisser-faire** bezeichnet wird.

Das Gegenteil des autoritären Verhaltens ist der Verzicht auf Lenkung, also Einräumen von Freiheit bei gleichzeitiger Wertschätzung. Dies führt in seiner reinsten Form zum **anti-autoritären** Stil, der in den vergangenen 20 Jahren zu erheblichen Missverständnissen geführt hat: Der von der antiautoritären Bewegung favorisierte Verzicht auf Lenkung entpuppt sich nur zu oft als Scheu vor Verantwortung, gepaart mit Furcht vor möglicher Zurückweisung.

Bleibt schließlich die Kombination aus Lenkung und Wertschätzung, was auch als **partnerschaftlicher** Stil bezeichnet wird. Beim partnerschaftlichen Umgang wird dem Gegenüber grundsätzlich ein anderer Standpunkt zugestanden, ohne dass darunter die Wertschätzung leidet; gleichzeitig wird der eigene Standpunkt entschieden vertreten, denn bei aller Wertschätzung darf die Fremdachtung nicht so weit führen, dass die eigene Position aufgegeben wird. Auf einen Nenner gebracht: Selbstachtung ist Voraussetzung für Fremdachtung.

3.6.3.4 Gewinner-Gewinner-Strategien

Erfolgreiche Verhandler kritisieren grundsätzlich niemals ihren Gesprächspartner. Auch in strittigen Auseinandersetzungen gilt es, den anderen als Partner zu sehen, mit dem gemeinsam ein zufrieden stellendes Verhandlungsergebnis ausgehandelt werden soll.

Verhandlungen werden nicht nur unter der Prämisse ausgetragen, dem eigenen Standpunkt Geltung zu verschaffen. Im vorangegangenen Abschnitt wurde die Orientierung am Standpunkt des Gesprächspartners besprochen. Werden diese Orientierungen senkrecht zueinander angeordnet, ergibt sich folgendes Bild:

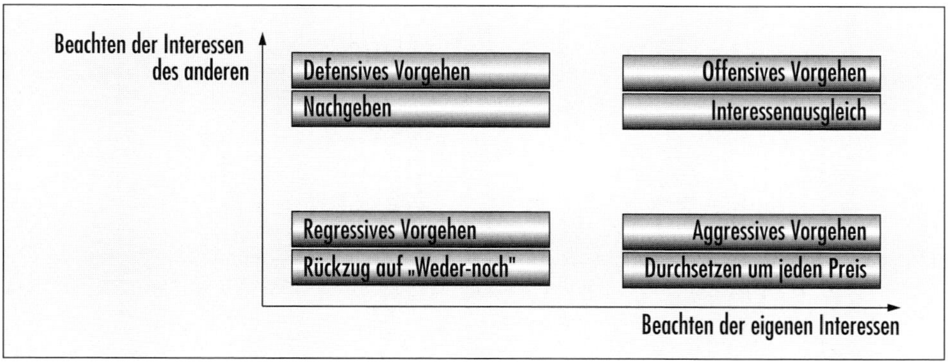

3.6 Abb. 2: *Verhandlungsstrategien*

Der aggressiven wie auch der defensiven Position liegt die gleiche „Entweder-oder"-Haltung zugrunde. Eine Haltung, die grundsätzlich ein Sieger-Verlierer-Denken erzeugt, was auf der emotionalen Ebene Folgen für den weiteren Gesprächsverlauf hat.

Während die regressive „Weder-noch"-Position Geringschätzung sowohl dem eigenen als auch dem fremden Standpunkt gegenüber zum Ausdruck bringt, führt die offensive „Sowohl-als-auch"-Position zu gegenseitiger Wertschätzung. Solange der Verhandlungspartner erlebt, dass sein Standpunkt ernst genommen wird, ja dass er ein Recht darauf hat, die Dinge so zu sehen, wie er sie sieht, befindet er sich im Zustand geistiger Entspannung. Dadurch können kreative Prozesse in Gang gesetzt werden, bei der Lösungen geprüft werden, die jenseits eines in der Regel unbefriedigenden Kompromisses sind.

Hier liegt geradezu eine Paradoxie der Gewinner-Gewinner-Strategie: Bevor man nicht den Standpunkt seines Verhandlungspartners akzeptiert, wird dieser eher zum Beharren und Verteidigen neigen, als sich mit einer ihm fremden Position tatsächlich auseinander setzen zu wollen.

Um zu einer Einigung bei Interessenkonflikten zu kommen, sind zwei Überlegungen von besonderer Bedeutung:

- Wie ist die **Beziehung** der Beteiligten?
- Welche unterschiedlichen **Interessen** stehen im Raum?
- Die Beziehung: **Wie** gehen wir miteinander um?

Wenn sich beide Seiten mit Respekt begegnen, die Meinung des anderen akzeptieren, sich gegenseitig ausreden lassen – wenn sie also partnerschaftlich miteinander umgehen –, ist die wichtigste Voraussetzung bei der Suche nach einer gemeinsamen Lösung erfüllt. Der andere wird ernst genommen, weil es darum geht, gemeinsame Ziele zu verfolgen. Wer mit „verdeckten Karten" spielt, hat dieselben Chancen wie beim Poker: Das Ergebnis ist Glücks- und Nervensache! Wer sich selbst und den anderen nicht als „Spieler" betrachtet, der benennt seine Interessen und Ziele offen.

- Die unterschiedlichen Interessen: Was wollen wir erreichen?

Um bei einem echten Interessenkonflikt eine beständige und für jede Seite zufrieden stellende Lösung zu finden, muss klar sein, auf welcher Basis beide Seiten argumentieren. Nur so ist es möglich, wirklich auf den anderen einzugehen und sich keine Scheingefechte zu liefern. Die Grundfragen lauten:

- Was sind **meine** Interessen?
- Was sind **Ihre** Interessen?

Oftmals entzündet sich ein Konflikt an der Frage des Vorgehens, obgleich beide Seiten dasselbe wollen.

Wer Wertschätzung zeigt, schafft die Grundlage für eine rationale Betrachtung unterschiedlicher Interessen, bei welcher der Gesprächspartner freiwillig auf seinen Standpunkt verzichten oder ihn verändern kann.

> Während einer Verhandlung spricht der Vorgesetzte einen seiner Mitarbeiter wie folgt an: „Sie möchten gern so schnell wie möglich Ihren Vorschlag verwirklichen und ich habe noch zusätzliche Wünsche an die weitere Projektgestaltung."

Die Wirksamkeit dieser Art von Verhandlungssteuerung liegt darin begründet, dass die jeweilige Äußerung sich bereits vom ersten Wort an **wertfrei** mit dem Anliegen des Gegenübers auseinander setzt.

Es mag auf den ersten Blick abstoßend mechanisch erscheinen, wenn die Gewinner-Gewinner-Strategie auf das sprachliche Muster reduziert wird: „**Sie wollen X und ich will Y**." Das Bindewort „**und**" gibt beiden Positionen gleiches Gewicht und macht zugleich deutlich, dass die ausstehende Entscheidung wirklich offen ist.

Ganz anders fällt die Reaktion aus, wenn das viel häufiger verwendete „**aber**" verwendet wird, mit dem bereits vorab angedeutet wird, wie die Entscheidung auszufallen hat.

> „Sie möchten gern so schnell wie möglich Ihren Vorschlag verwirklichen, **aber** ich habe noch zusätzliche Wünsche an die weitere Projektgestaltung."

Die Wahrscheinlichkeit, dass sich der Mitarbeiter mit den übergeordneten Zielen identifiziert, dürfte schwinden.

Wer das latente Bedürfnis nach **Bestätigung** befriedigt, zeigt dem anderen nicht nur, dass er bemüht ist, ihn zu verstehen, sondern veranlasst den Gesprächspartner auch zwangsläufig dazu, „Ja" zu sagen; man bringt ihn auf die **„Ja-Schiene"**.

3.6.4 Verhandlungsergebnisse als Übereinstimmung

Im abschließenden Kapitel wird gezeigt, wie eine optimale Steigerung der beiden Faktoren Orientierung am anderen und Zielklarheit automatisch zu einem für beide Seiten wünschenswerten Ergebnis führen.

Um Übereinstimmung herzustellen, gilt es, die Blickrichtung auf Gemeinsamkeiten zu lenken. Statt die Verhandlung als Problemlösungsprozess zu begreifen, der zwangsläufig etwas Belastendes und Schweres beinhaltet, kann die Aufmerksamkeit auch auf die gewünschte Zielerreichung gelenkt werden, was unweigerlich positive Kräfte mobilisiert.

Sich mit einem Problem zu beschäftigen, löst ja eine andere Gefühlsqualität aus, als sich mit einem Ziel zu befassen. Wer problemorientiert vorgeht, neigt zu folgenden Fragen:

- Was ist Ihr Problem?

- Warum haben Sie es?
- Was genau hindert Sie?
- Wo liegen die Schwierigkeiten und was sind die Ursachen dafür?

Statt sich jedoch in Verhandlungen auf die Vergangenheit zu konzentrieren, mag der Gedanke weiterhelfen, dass die Vergangenheit bereits abgeschlossen und nicht mehr zu ändern ist. Lediglich die Zukunft ist noch zu beeinflussen. Zielorientierte Verhandler stimmen ihr Gegenüber positiv ein, wenn sie fragen:

- Was ist Ihr Ziel?
- Was benötigen Sie, um das Ziel zu erreichen?
- Was wird dadurch anders, wenn Sie Ihr Ziel erreicht haben?
- Was erwarten Sie von mir, damit Sie dorthin gelangen, wohin Sie wollen?

In der Redewendung „Wer das Problem hat, hat auch die Lösung" kommt zum Ausdruck, dass uns bei Problemen spontane Lösungsbilder durch den Kopf gehen. Es ist ja allemal angenehmer, sich mit Lösungen zu beschäftigen, als auf die Unlösbarkeit eines Problems zu starren. Jeder ist fortlaufend bemüht, für sich Geschlossenheit zu erzielen, eben ein Lösungsbild zu sehen. Wem dieses Bild nicht geliefert wird, der macht sich selbst eine Vorstellung und reagiert auch auf diese eigene Vorstellung.

So betrachtet besteht überzeugendes Präsentieren und verständliches Erklären in der Fähigkeit, im anderen **Bilder** entstehen zu lassen, die dieser als seine eigenen Bilder annimmt und für erstrebenswert hält.

Dieses Vorgehen steht im krassen Kontrast zur landläufigen Verhandlungsführung, bei der versucht wird, mittels **Entscheidungsfragen** den Gesprächspartner zu lenken. Erfahrungsgemäß neigen die meisten Menschen dazu, einer ihnen plötzlich abverlangten Entscheidung auszuweichen, indem sie sich bei der **„Ja-Nein"-Frage** zunächst einmal der Verneinung zuwenden. Um jedoch ein einmal geäußertes „Nein" aufzuweichen, bedarf es ein Mehrfaches an Aufwand im Vergleich zu einer auf „Ja" zielenden Gesprächslenkung.

Als Beispiel sei der Anruf für einen gemeinsamen Kinobesuch gewählt. Vielfach hört sich das so an:

> *A:* „Heute Abend läuft XYZ, kommst Du mit?"
> Der Ausgang ist leider ungewiss. Wenn der Gesprächspartner sich nicht so schnell entscheiden kann oder mag, lauten typische Erwiderungen:
> *B:* „Ich weiß nicht ..."
> *A:* „Doch Du, der ist wirklich gut. Komm schon, raff Dich auf!"

B: „Ich bin heute in keiner guten Verfassung, habe schon den ganzen Nachmittag Kopfschmerzen und fühle mich irgendwie angeschlagen."
A: „Dann ist Kino doch genau das Richtige. Da vergisst Du ganz schnell deine Kopfschmerzen, kommst auf andere Gedanken und fühlst dich nachher wie neugeboren. Du wirst schon sehen." Etc.

Das „Nein" des anderen und seine Erklärung dafür sind ein guter Ansatzpunkt, um zu erkennen, wo andere Vorstellungen oder Ansichten verborgen liegen. Wer anfängt, die Einwände seines Gegenübers zu widerlegen und Gegenargumente vorzutragen, beschwört einen handfesten Konflikt herauf mit all den im vorangegangenen Kapitel besprochenen negativen Folgen.

Wem es gelingt, trotz Einwänden, den anderen ruhig ausreden zu lassen, ihn nicht zu unterbrechen und stattdessen lieber zuzuhören, eröffnet sich eine Chance, all die Punkte zu betonen, in denen mit dem Gesprächspartner **Übereinstimmung** besteht. Wer jedoch auf seiner Meinung beharrt und es nicht versteht, Meinungsverschiedenheiten zu überbrücken, schafft sich einen Gegner. Vordergründig mag um die Sache gekämpft werden, in Wirklichkeit geht es um die eigene Bedeutung, um das Verlangen nach Anerkennung und Bejahung des eigenen Standpunktes.

Geschickte Verhandlungspartner werden auf die Beispieläußerung mit **aktivem Zuhören** reagieren, beispielsweise:

A: „Heute Abend läuft XYZ, kommst Du mit?"
B: „Ich weiß nicht ..."
A: „Das klingt so zögerlich."
A: „Stimmt. Ich hatte mich eigentlich auf einen faulen Abend eingerichtet."
A: „Und jetzt komme ich mit meiner plötzlichen Kinoidee."
B: „Naja, ich bin ja nicht grundsätzlich gegen Kino, und dieser Film interessiert mich prinzipiell schon, aber ich habe überhaupt noch nichts gegessen."
A: „Dann kommt Dir mein Anruf jetzt gerade ungelegen und Du möchtest erst einmal essen?"
B: „Mm. Dabei kommt mir gerade der Gedanke, ob Du Lust hast, mit mir vorher zum Italiener zu gehen." Etc.

Am Ende einer Verhandlung gibt es eine Reihe von Gemeinsamkeiten, die erfolgreiche Verhandler herausstellen:

- Sie nennen die relevanten Vorteile noch einmal.
- Sie wiederholen die positiven Bemerkungen, die der Verhandlungspartner selbst gemacht hat und bitten ihn direkt um seine Zustimmung.
- Sie nennen ihm gegebenenfalls die Vorteile, die er von der Sache und vom Zeitfaktor her hat, wenn er jetzt zustimmt.

- Sie behandeln heikle Punkte am Schluss, wenn auf allen anderen Gebieten bereits Übereinstimmung erzielt worden ist und keiner die Verhandlung mehr scheitern lassen möchte.

Mutige Verhandler treiben die **Orientierung am anderen** derart auf die Spitze, dass sie zum Schluss offensiv fragen:

- „Welche Punkte sind noch offen?"
- „Was stört Sie noch?"
- „Was befürchten Sie noch?"

Natürlich setzen diese letzten Fragen eine gehörige Portion Souveränität voraus. Mancher Leser wird vielleicht kopfschüttelnd beschließen, unter gar keinen Umständen das bisher Erreichte durch derart kritisches Nachfragen in Zweifel ziehen zu lassen. Ob jedoch eine Verhandlung wirklich erfolgreich war, zeigt sich stets erst im Nachhinein, wenn das Gegenüber mit dem Ergebnis zufrieden ist.

Literatur

Bambeck (1989): Bambeck, Joern J.: Softpower. Gewinnen statt siegen, München

Bambeck/Wolters (1990): Bambeck, Joern J./Wolters, Antje: Jeder kann gewinnen. Kreatives Konflikt- und Problemmanagement, München

Bandler/Grinder (1981): Bandler, Richard/Grinder, John: Metasprache und Psychotherapie. Struktur der Magie I, Paderborn

Bodenheimer (1987): Bodenheimer, Aron R.: Verstehen heißt Antworten, Frauenfeld

Dommann (1989): Dommann, Dieter: Einer verkauft immer, Frankfurt

Grinder/Bandler (1982): Grinder, John/ Bandler, Richard: Kommunikation und Veränderung. Struktur der Magie II, Paderborn

Lasko (1993): Lasko, Wolf W.: Stammkunden-Management, Wiesbaden

Scheerer (1990): Scheerer, Harald: Den Kunden gewinnen. Beraten statt verkaufen, München

Schoenheit/Weisbach (1988): Schoenheit, Ingo/Weisbach, Christian: Einwand-frei beraten, Frankfurt am Main

Weisbach (2000): Weisbach, Christian: Professionelle Gesprächsführung. 5., völlig überarbeitete und erweiterte Aufl., München

Weisbach/Dachs (1997): Weisbach, Christian/Dachs, Ursula: Mehr Erfolg durch Emotionale Intelligenz, München

Hauptkapitel 4

Elemente der Verkaufstechnik

4.1 Präsentationstechnik

Theres Schichta-Langhals

4.1.1 Inhalte

Ein Fallbeispiel: Eduard Müller ist unruhig. Er zermartert sich den Kopf. Bei einem seiner Kunden soll er in der nächsten Woche eine Präsentation halten. Der Kontakt zu diesem A-Kunden seiner Spedition besteht schon lange. Die Zusammenarbeit klappte bisher immer gut und war eher informell. Man sprach miteinander, die Vereinbarungen wurden mit Handschlag besiegelt und den Rest machte dann der Innendienst.

Aber nun geht es um einen neuen Auftrag, ein tolles Volumen. Es wollen mehr Leute mitreden. Die Präsentation beim Kunden soll auf höchster Ebene stattfinden. Abteilungsleiter, Hauptabteilungsleiter und sogar ein Vorstand werden anwesend sein. Sein Chef wird mitkommen, aber präsentieren soll Eduard; er ist ja nun mal seit vielen Jahren der Ansprechpartner.

Eduard fühlt sich gar nicht wohl, wenn er an diese offizielle Veranstaltung denkt. Bisher hat er mit Präsentationen kaum Erfahrungen. Wie soll er vorgehen? Wie sich vorbereiten? Was für Charts und welche Technik soll er mitnehmen? Wie werden Zuhörer von Anfang an gefesselt? Wie kann er für seine Firma und sich selbst die beste Wirkung erzielen? Viele Fragen schwirren in seinem Kopf umher.

Falls es Ihnen auch so gehen würde, oder Sie Ihre Präsentationen verbessern wollen, finden Sie in diesem Beitrag interessante Möglichkeiten.

4.1.1.1 Definition einer Präsentation

Unter einer Präsentation versteht man eine strukturierte Folge von Gedanken, vorgetragen vor einem überschaubaren Kreis von Teilnehmern, mit Hilfe von Medien. Dies wird im Folgenden näher betrachtet.

Eine Präsentation steht also im Gegensatz zu einem Gespräch (hier liegt nicht unbedingt eine strukturierte Folge von Gedanken vor), einer Vorlesung (meist handelt es sich um keinen überschaubaren Kreis von Teilnehmern) und einer Rede (hier fehlen häufig die Medien).

Mit einer Präsentation haben Sie gerade in Vertriebssituationen eine gute Chance, sich und Ihr Produkt oder Ihre Dienstleistung beim Kunden ins rechte Licht zu setzen. Dabei bauen Sie außerdem eine gute Beziehung zum Kunden auf oder aus. Sie sprechen mehrere Wahrnehmungskanäle an. Das wirkt interessant und steigert den Behaltenswert der Information. Vertriebspräsentationen reichen vom schlichten Vorstellen des Produktes beim Kunden bis zu Road-Shows.

Ein altes Sprichwort besagt:

Klappern gehört zum Handwerk, und selbst für den lieben Gott läutet man die Glocken.

Also: Klappern auch Sie, aber richtig!

Aus einer Analyse der am häufigsten aufgetretenen Fehler ergab sich zuerst folgende Checkliste.

Diese Checkliste führte dann zu einer Empfehlung der folgenden Präsentationstaktik.

Checkliste:
Typische Fehler vermeiden

- Die Präsentation hat keinen eigenen Tagesordnungspunkt, sondern läuft unter „Sonstiges".
- Der reservierte Zeitpunkt liegt biorhythmisch ungünstig (direkt nach dem Mittagessen, sehr spät am Abend).
- Die Präsentation ist nicht für diesen Teilnehmerkeis ausgearbeitet, sondern es handelt sich um eine Standardpräsentation. Die Nutzenargumentation ist nicht prägnant genug, die Fragen dieser Zielgruppe sind nicht aufgegriffen.
- Das Ziel ist nicht genau und realistisch formuliert.
- Es werden falsche Vorannahmen getroffen (z.B. dass die Teilnehmer sich vorbereitet haben und die vorher versandten Unterlagen auch alle gelesen haben).
- Der Einstieg ist nicht mitreißend genug, die ersten fünf Minuten sind vergeudet.
- Es wird mehr Zeit für bekannte und allgemeine Informationen genutzt als für die Hauptpunkte der Präsentation, für Neues. (zeitliche Relevanz der Fakten)
- Die Präsentation ist langweilig. Es fehlen interessante neue Inhalte, es gibt keinen Spannungsbogen, die Aufmerksamkeit der Zuhörer wird nicht geweckt.
- Der Präsentierende beherrscht die Technik nicht. Er „kämpft" mit dem Beamer, dem Projektor oder dem Flipchart.
- Es wird Technik genutzt, die der Erwartung der Zuhörer und der Situation nicht genügt (z.B. Folien, wenn eine Beamerpräsentation üblich ist).
- Es werden schlecht lesbare oder langweilige Charts verwendet.
- Das Präsentationsverhalten ist nicht unterstützend. Mimik, Gestik und Rhetorik wirken unsicher.
- Die Kommunikation (verbal und nonverbal) mit den Zuhörern findet nicht auf der Gewinner-Gewinner-Ebene statt.
- Es wird nicht souverän mit Fragen, Einwänden und Widerständen umgegangen.
- Die Präsentationszeit wird deutlich überschritten.

4.1.1.2 Taktische Aspekte für eine erfolgreiche Präsentation

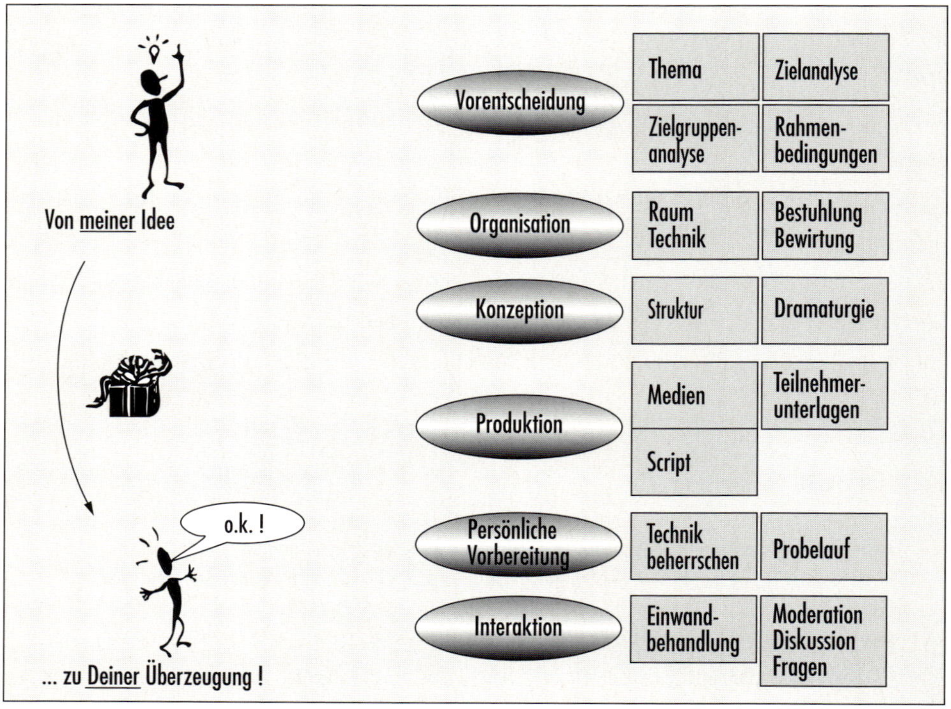

4.1 Abb. 1: *Taktische Aspekte für eine erfolgreiche Präsentation*

Bei den taktischen Aspekten für eine erfolgreiche Präsentation handelt es sich um Fragen aus unterschiedlichen Themenfeldern: **Vorentscheidung** (Welches Thema wird präsentiert? Vor welcher Zielgruppe? Mit welchem Ziel? Welche Rahmenbedingungen sind zu berüksichtigen?), **Organisation** (In welchem Raum, mit welcher Bestuhlung und Technik findet die Präsentation statt? Welche Bewirtung wird angeboten?), **Konzeption** (Welche Struktur und welche Dramaturgie soll die Präsentation haben?), **Produktion** (Welche Medien sollen gezeigt werden? Gibt es Unterlagen für die Teilnehmer? Welches Skript braucht der Präsentierende?), **persönliche Vorbereitung** (Beherrscht der Präsentierende die Technik? Kann er einen Probelauf durchführen?) und **Interaktion** (Wie soll mit Fragen umgegangen werden? Wie wird moderiert? Wie soll mit welchen Einwänden umgegangen werden?).

Alle diese Fragen tragen dazu bei, die Präsentation beim Kunden erfolgreich durchzuführen. Im Grunde genommen ist eine Präsentation nämlich eine „Verpackung“ für Ihr Produkt oder Ihre Dienstleistung. Sie macht es erst transportabel und ermöglicht dem Kunden zu kaufen.

Aus allen interessanten Fakten haben wir im Folgenden sechs taktisch besonders relevante Aspekte für Vertriebspräsentationen herausgegriffen, nämlich die Fragen zur **Zielgruppen- und Zielanalyse, zur Strukturplanung und Dramaturgie, zu den Medien und zur Interaktion**. Diese Aspekte sind in Abb. 1 grau unterlegt.

4.1.2 Vorentscheidungstaktik

Aus den Aspekten, die Sie vor einer Präsentation entscheiden sollten, sind zwei besonders wichtig. Sie sollten möglichst viel über Ihre **Teilnehmergruppe** wissen. Je mehr Ihre Präsentation auf diese Gruppe von Leuten ausgerichtet ist, desto eher erreichen Sie Ihr **Ziel**. Und das Ziel sollten Sie vor einer Präsentation ebenso gründlich überlegen. Sie müssen exakt wissen, was Sie in der 30-minütigen Präsentation erreichen wollen. Nur dann können Sie entscheiden, was Sie bei dieser Zielgruppe tun werden, um das Ziel zu erreichen.

4.1.2.1 Zielgruppenanalyse

Checkliste: Zielgruppenanalyse

Tragen Sie Informationen über Ihre Teilnehmer zusammen!

- **Wer**
- **Wissen, Erwartungen, Fragen**
- **Nutzen**
- **Einwände und Widerstände**
- **Konkretes Tun**

Wer: Versuchen Sie, so viel von den Teilnehmern zu erfahren wie irgend möglich. Wer wird anwesend sein, welche Teilnehmer, welche Teilnehmergruppen? Welche Hierarchie haben sie, welche Entscheidungskompetenz? Gibt es graue Eminenzen? Wollen und können Sie die Zusammensetzung der Gruppe beeinflussen?

Wissen, Erwartungen und Fragen: Was wissen die Teilnehmer von Ihnen, vom Thema? Was wissen Sie über die Teilnehmer? Was erwarten die Teilnehmer von Ihnen (inhaltlich, medientechnisch, persönlich ...). Welche Fragen werden die Teilnehmer haben und wie wollen Sie sie beantworten?

Nutzen: Was haben die Teilnehmer davon, Ihnen zuzuhören? An welchen Aussagen und Informationen sind Sie interessiert? Welche Nutzenargumente müssen Sie bringen? Die Klärung der Nutzenargumentation ist der wichtigste Teil beim Erstellen einer Zielgruppenanalyse.

Einwände: Welche Einwände und Widerstände könnten auftreten? Welche Interessenkonflikte sind möglich? Wie wollen Sie damit umgehen?

Ziel: Wovon müssen die Teilnehmer am Ende Ihrer Präsentation wirklich überzeugt sein? Was sollen Sie ganz konkret tun? Können Sie dazu einen Kernsatz oder Slogan formulieren?

4.1.2.2 Zielanalyse

> **Checkliste: Zielanalyse**
>
> Haben Sie ...
> - Hauptziel
> - Nebenziele
> - Persönliche Ziele
>
> schriftlich formuliert?

Hauptziel: Was ist Ihr Hauptziel?
Nebenziele: Was wollen Sie sonst noch erreichen? Können Sie ein Zielspektrum mit Minimal- und Maximalzielen definieren? Welche Zielhierarchie ergibt sich daraus (Nah- und Fernziele)?
Können Sie das Hauptziel noch konkreter definieren?
Dabei kann Ihnen die S.M.A.R.T.-Formel helfen.

S = Ziele müssen spezifisch, genau, konkret, sein.
M = Ziele müssen messbar und überprüfbar sein. Wir müssen exakt wissen, ob wir ein Ziel erreicht haben. „Einen guten Eindruck machen" ist demnach kein Ziel, sondern ein Wunsch.
A = Ziele müssen annehmbar sein, für uns und unsere Kunden o.k.
R = Ziele müssen realistisch sein. Realistisch ist alles das, was Sie für realistisch halten.
T = Timing: Jedes Ziel braucht eine exakte Zeitschiene. Verwechseln Sie an dieser Stelle nicht Nah- mit Fernzielen. Was ist wirklich in dieser Präsentation an Zielerreichung möglich? Machen Sie sich klar, ob es wirklich möglich ist, die Zusage für den Kauf am Ende der Präsentation tatsächlich zu bekommen.

Was sind Ihre „persönlichen Ziele"?
Diese Ziele veröffentlichen Sie nicht. Für Ihre Außenwirkung und Ihre Kommunikationsfähigkeit sind sie aber von entscheidender Bedeutung. Persönliche Ziele sind z. B. einen souveränen Eindruck machen, kompetent und verbindlich auftreten, Fachkompetenz zeigen, einen innovativen Eindruck zu machen etc. Denken Sie auch hier an die S.M.A.R.T.-Formel

4.1.3 Konzeptionstaktik

Hier sind zwei wesentliche Fragen wichtig: 1. Welche **Struktur** soll die Präsentation haben? 2. Wie bauen Sie die **Dramaturgie** der Argumente, den Spannungsbogen, auf?

**Checkliste:
Organisation**

Auch die Organisation muss stimmen!

- In welchem Raum wird die Präsentation stattfinden?
- Wie ist der Raum eingerichtet? Welche Sitzordnung gibt es?
- Wollen/können Sie etwas verändern? Wer macht es?
- Welche Medien sind im Raum vorhanden?
- Welche Medien möchten Sie gerne zusätzlich nutzen? Woher und wie bekommen Sie die Technik?
- Soll es Erfrischungen oder etwas zu Essen geben? Wer kümmert sich darum?
- Gibt es noch interessante Details zum Raum, die Sie wissen sollten?
- Wen können Sie dazu befragen?

Sie brauchen nicht alles selbst zu machen. Lassen Sie sich helfen, und delegieren Sie, aber überprüfen Sie danach rechtzeitig, ob Ihre Wünsche auch entsprechend realisiert worden sind.

4.1.3.1 Strukturplanung

Eine der besten Strukturplanungen ist immer noch die Dreigliederung in Einleitung – Hauptteil – Schluss. Der Hauptteil sollte dann den roten Faden Ihrer Präsentation widerspiegeln. Gehen Sie hier nicht zu sehr ins Detail. Eine Gliederung des Hauptteils in drei bis fünf Hauptpunkte reicht vollkommen aus. Dieser rote Faden sollte den Zuhörern am Anfang Ihrer Präsentation vorgestellt werden. Sie wirken dadurch kompetent und gut vorbereitet, und jeder Zuhörer weiß, was kommt.

Einen zusätzlichen Effekt erzielen Sie, wenn Sie den roten Faden während Ihrer ganzen Präsentation sichtbar halten. Dafür haben Sie mehrere Möglichkeiten. Sie können ihn auf Flipchart oder einem anderem Zusatzmedium (z. B. auf einem White Board) aufschreiben, ihn den Teilnehmern als Handout vorlegen oder schon mit der Einladung zuschicken. Sie können die Gliederung des Hauptteils (den roten Faden) aber auch in Chartform vorbereiten und ihn nach jedem Hauptpunkt wieder kurz einblenden oder auf jedem Chart einen Vermerk machen, bei welchem Gliederungspunkt Sie sich gerade befinden.

Die zeitliche Verteilung zwischen Einleitung – Hauptteil – Schluss sollte in etwa 15 % – 75 % – 10 % betragen. Bei der zeitlichen Verteilung der Punkte im Hauptteil sollte den Kernpunkten mehr Bedeutung eingeräumt werden als den Punkten, die schon bekannte Informationen nur wiederholen.

Bei der Auswahl der Punkte für den Hauptteil tun sich viele Präsentatoren schwer. Sie haben das Gefühl, alles sagen zu müssen. Das Paretoprinzip soll Sie dabei unterstützen, sich kurz

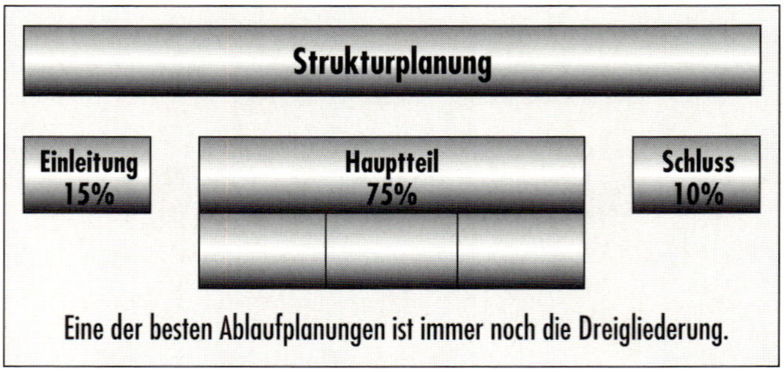

4.1 Abb. 2: *Strukturplanung*

zu fassen. Denn schon mit ca. 20 % der möglichen Informationen erreichen Sie beinahe 80 % Ihrer Ziele. Sie können auch vier Mal so lange reden, würden aber kaum mehr erreichen. Weinen Sie den Punkten des Hauptteils also reichlich „Tränen des Abschieds" nach, und streichen Sie alles, was nicht von unmittelbarem Interesse für die Teilnehmer ist.

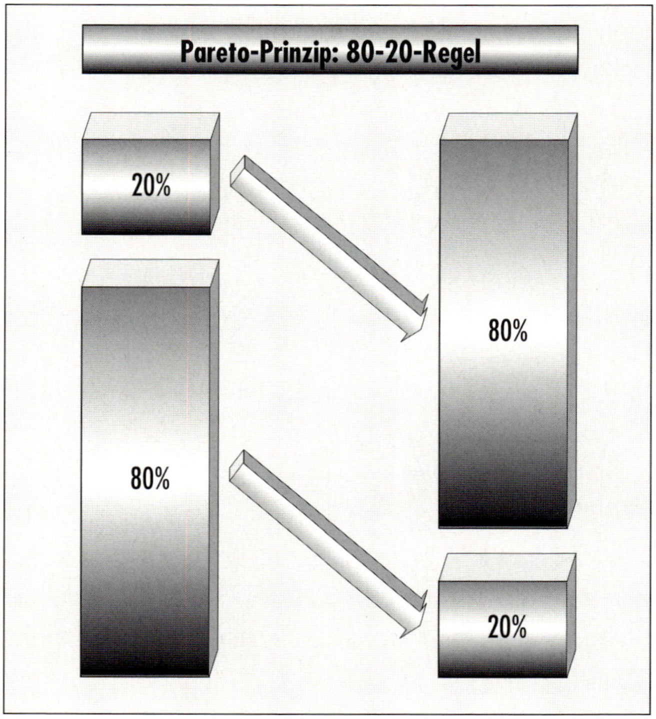

4.1 Abb. 3: *Pareto-Prinzip*

Mit 20 % der möglichen Informationen erreichen sie schon 80 % der möglichen Ziele; weniger ist also auch hier mehr!

Schon Martin Luther, ein genialer Rhetoriker, sagte:

Tritt fest auf,
mach's Maul auf,
hör bald auf.

In diesem Sinne: In der Kürze liegt die Würze, gerade bei Präsentationen. Sie als Vertriebler sind der Fachmann für Produkt und Kunde. Sie wissen genau, was wesentlich ist.

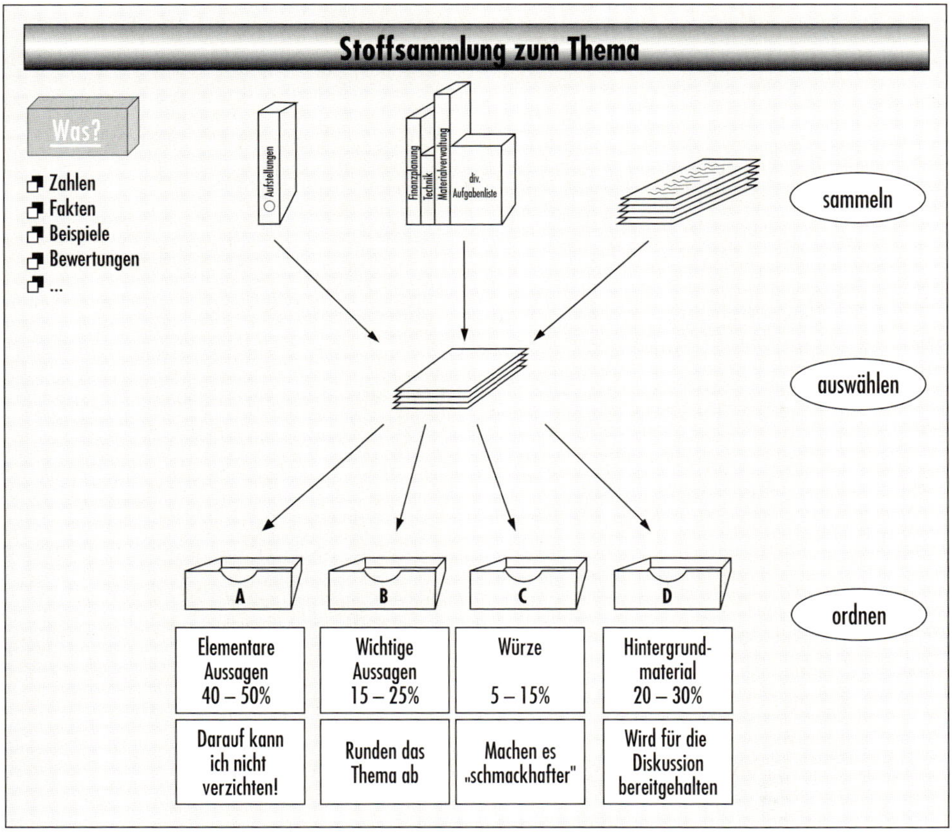

4.1 Abb. 4: *Stoffsammlung zum Thema*

Um noch besser auswählen zu können, ist die Empfehlung für die Stoffsammlung zum Thema interessant.

Zwei der drei empfohlenen Schritte gehen Sie sowieso. Jeder, der präsentiert, sammelt zuerst Material, also Zahlen, Fakten, Beispiele, Bewertungen aus unterschiedlichen Quellen (Prospekte, Listen, Dateien etc.) und wählt daraus dann aus, was er für wesentlich hält. Gehen Sie aber noch einen Schritt weiter. Ordnen Sie die Informationen, die Sie bringen wollen, in vier Körbe. Der A-Korb enthält wesentliche Informationen (40–50 %), Untertitel: Darauf kann ich nicht verzichten. Der B-Korb enthält wichtige Informationen (15–25 %), Untertitel: Runden das Thema ab. Der C-Korb enthält die Würze (5–15 %), Untertitel: Machen das Thema „schmackhafter". Der D-Korb enthält Hintergrundinformationen (ca. 20–30 %). Untertitel: Wird für die Diskussion bereitgehalten. Und hier liegt die Chance zur Reduktion. Sie bereiten vielleicht einige Backup-Charts vor, aber wenn die Teilnehmer keine entsprechenden Fragen stellen, gehen Sie auf diese Informationen gar nicht erst ein.

Wenn Sie die Ideen zur Stoffsammlung umsetzen, können Sie sich leichter auf die wesentlichen Informationen beschränken, Sie werden Ihre Zeit nicht überziehen, Sie wirken kompetent und mitreißend.

4.1.3.2 Taktik für den Spannungsbogen: Bauen Sie Ihre Argumente dramaturgisch auf

Bei der Reihung Ihrer Argumente haben Sie einige Möglichkeiten, den Spannungsbogen Ihrer Präsentation aufzubauen. Im Folgenden finden Sie vier der gebräuchlichsten Möglichkeiten.

In Abb. 5 zeigt die Höhe der Balken die Wichtigkeit des Argumentes an, die Breite der Balken zeigt, wie lange Sie über dieses Argument reden sollten.

4.1.3.2.1 Dramaturgische Reihe

Wenn Sie Ihre Argumente nach der dramaturgischen Reihe anordnen, würden Sie mit einem starken Argument beginnen, dann kurz eher schwächere Argumente nennen. Ihr Hauptargument würden Sie erst zum Schluss bringen. Der Vorteil dieser Vorgehensweise liegt auf der Hand: Sie wecken die Aufmerksamkeit Ihrer Zuhörer am Anfang. Das Beste sparen Sie sich bis zum Schluss auf, denn dieses Argument soll besonders lange im Gedächtnis bleiben.

An viele Präsentationen schließt sich eine Diskussion an. Die Überleitung macht meist der Präsentierende mit folgendem Wortlaut: Haben Sie noch Fragen? Falls wirklich Fragen kommen, greifen sie selten Aspekte auf, die den Präsentierenden unterstützen, sondern eher Dinge, bei denen der Frager selbst gegensätzlicher Meinung ist. Der Präsentierende muss also nach

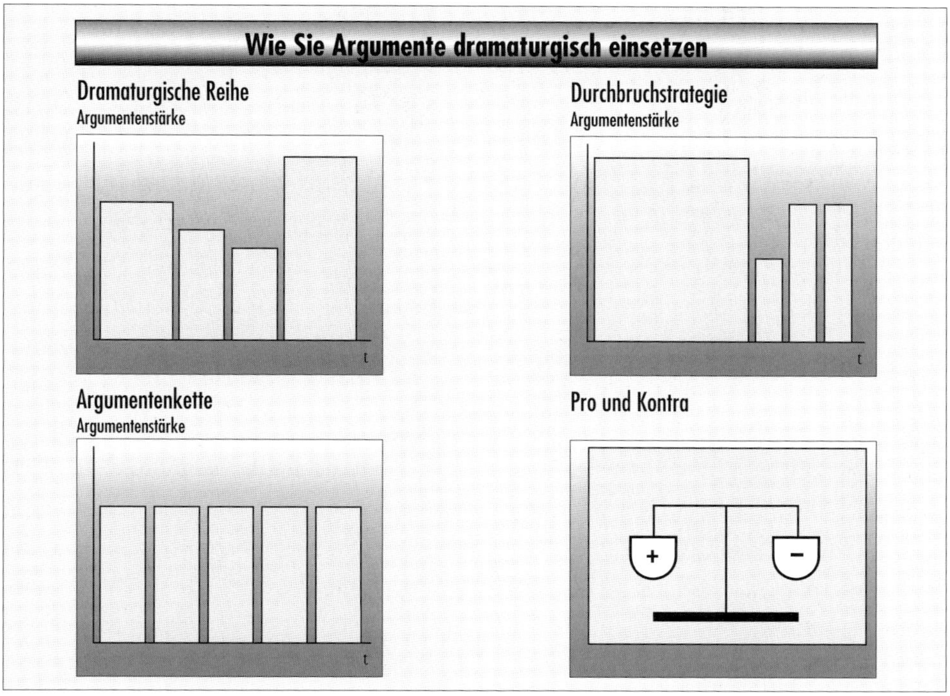

4.1 Abb. 5: *Wie Sie Argumente dramaturgisch einsetzen*

der Diskussion über kontroverse Punkte unbedingt einen positiven Abbinder finden, denn auch bei Diskussionen bleibt das Letztgenannte haften.

4.1.3.2.2 Durchbruchstrategie

Sollten Sie nach reiflicher Überlegung zu dem Schluss kommen, dass für Ihr Produkt/Ihre Dienstleistung/Ihren Vorschlag lediglich ein Hauptargument zählt, dann bringen Sie dieses Hauptargument am Anfang der Präsentation. Nehmen Sie sich viel Zeit dafür, bringen Sie die Nebenargumente danach, aber nur kurz und kommen Sie schnell zum Schluss. Der Vorteil der Durchbruchstrategie ist, dass Sie die Aufmerksamkeit Ihrer Teilnehmer am Anfang erreichen. Gefährlich wird es am Schluss. Die Leute dürfen Ihnen nicht „wegschlafen". Deshalb ist bei dieser Strategie besonders wichtig, am Ende schnell fertig zu werden.

4.1.3.2.3 Argumentenkette

Neben der Durchbruchstrategie ist auch die Argumentenkette eine sehr verbreitete Vorgehensweise. Dieses Vorgehen würden Sie wählen, wenn Sie die Argumente im Hauptteil nicht unterschiedlich anordnen können, weil die Reihenfolge feststeht. Das ist z. B. immer dann der Fall, wenn es sich um eine zeitliche oder alphabetische Reihe, um vorher festgelegte geografische Aspekte oder Produktgruppen handelt, die eben immer in einer bestimmten Reihenfolge vorgetragen werden. Falls Sie sich an ein solches Schema halten müssen, sollten Sie unbedingt die Einzelaspekte so weit zusammenfassen und gliedern, dass drei bis fünf Hauptgruppen deutlich werden. Stellen Sie sich eine Gliederung vor, in der der Präsentator Ihnen seine 23 Produkte der Reihe nach vorstellen will. Ermüdend! Aber wenn der Präsentator Ihnen die drei Produktgruppen vorstellen möchte, haben Sie schon mehr Lust, aufmerksam zuzuhören.

4.1.3.2.4 Pro und Kontra – Taktik

Neben der Dramaturgischen Reihe ist die Vorgehensweise nach der Pro- und Kontra-Taktik besonders zu empfehlen. Diese Vorgehensweise sollten Sie immer dann einsetzen, wenn Sie sowieso mit starken Gegenargumenten rechnen müssen. Der Vorteil der Pro- und Kontra-Taktik ist, dass Sie die negativen Argumente an einer Stelle in Ihrer Präsentation nennen, an der Sie selbst noch mit ihnen arbeiten und sie entkräften oder wenigstens entschärfen können. Allerdings wandeln die Profis diese Taktik in die Sandwichmethode um. Weil das Letztgenannte haften bleibt, fangen Sie mit positiven Argumenten an, nennen Gegenargumente selbst in der Mitte der Präsentation, schließen aber unbedingt mit der positiven Argumentation.

Wählen Sie also eine der vier Möglichkeiten. Dadurch gewinnen Sie das Ohr Ihrer Zuhörer vom Anfang bis zum Ende. Und Sie brauchen zuerst einmal das Ohr, um auch das Herz zu gewinnen.

4.1.3.3 Ein guter Start

Obwohl die inhaltlichen Schwerpunkte im Hauptteil bearbeitet werden, kommen dem Einstieg und dem Schluss ebenso große Bedeutung zu. Nur wenn das Gesamtbild passt, werden Sie Ihre Ziele erreichen.

Wir alle wissen, wie wichtig ein guter Start für eine erfolgreiche Präsentation ist. Gerade deshalb haben die meisten Präsentatoren auch vor den ersten zwei Minuten das größte Lampenfieber.

Ein guter Start soll den Teilnehmern Lust aufs Zuhören und auf die Präsentation machen. Weil aber die Menge an Adrenalin beim Präsentierenden gerade am Start besonders groß ist, muss der Anfang gut geprobt werden. Im Gegensatz zu einer Rede ist es bei einer Präsentation nicht nötig, sie wortwörtlich vorher auszuarbeiten. (Es sei denn, Sie sollen in einer Fremdsprache präsentieren, die Sie nicht besonders gut beherrschen.) Eine Ausnahme von dieser Regel bildet nur der Einstieg in eine Präsentation, also die ersten ein bis zwei Minuten, denn sie sind entscheidend.

Die folgende Vier-Schritte-Taktik hilft Ihnen, die Teilnehmer vom Anfang bis zum Ende zu fesseln!

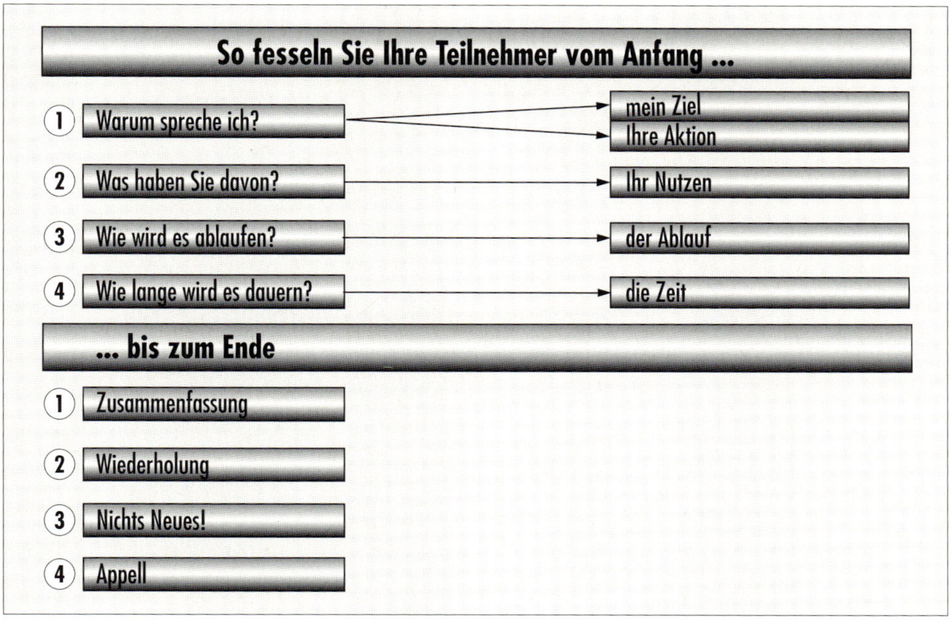

4.1 Abb. 6: *Vier-Schritte-Taktik*

Nachdem Sie das Thema der Präsentation genannt haben, sollten Sie folgende Punkte ansprechen:

1. *Warum spreche ich*? Sie geben Ihr **Ziel** bekannt und sagen Ihren Teilnehmern, was Sie von Ihnen erwarten, welche **Aktion** Sie sich wünschen. Denn es ist ein Unterschied für jeden Teilnehmer zu wissen, er soll zuhören, um in 30 Minuten eine Entscheidung zu treffen, Fragen zu stellen, oder einfach nur, um Informationen aufzunehmen.
2. *Was haben Sie davon*? Die andere Seite Ihres Ziels muss ein gutes **Nutzenargument** für die Zuhörer sein. Der Zuhörer muss jetzt schon wissen, warum er Ihnen denn sein Ohr schenken soll. Die Frage, die jeden von uns am allermeisten interessiert, ist: Was habe ich davon? An dieser Stelle sollen Sie keinesfalls die Nutzenargumentation vorwegnehmen. Die ist ein Gegenstand im Hauptteil. Aber auf Grund der vorher erstellten Zielgruppenanalyse wissen Sie, welche Aspekte gerade für diese Zuhörer von Bedeutung sind. Bereits

jetzt sollten Sie einen von diesen Punkten nennen oder zumindest andeuten. Stellen Sie sich das Nutzenargument an dieser Stelle wie den Köder an der Angelschnur vor. Sie wollen lediglich, dass die Zuhörer „anbeißen". Machen Sie deshalb ein Nutzenargument präsent!

3. *Wie wird es ablaufen?* Direkt am Start geben Sie Ihren Zuhörern den roten Faden für den **Ablauf** des Hauptteils bekannt. Der beste rote Faden ergibt sich aus den Fragen, die Sie zu dem Thema aus dem Zuhörerkreis erwarten. Sie versetzen sich in die Zuhörer hinein und schreiben in Form eines Brainstormings mit sich selbst alle Fragen auf, die Sie selbst als Zuhörer in dieser Präsentation hätten. Anschließend fassen Sie die Punkte thematisch zusammen und ordnen Sie in einer logischen Reihe. Jetzt verfügen Sie über eine zielgruppenorientierte Ablaufplanung. Hier zeigt sich also wieder die Bedeutung der Zielgruppenanalyse.
4. *Wie lange wird es dauern?* Die meisten Teilnehmer empfinden es als angenehm zu wissen, wie lange sie zuhören sollen. Es ist also sinnvoll zu sagen, dass Ihre Präsentation 20 Minuten dauern wird und Sie sich danach auf eine Diskussion freuen. Ohne Sinn wäre so eine Feststellung, wenn Sie auf einem Verkaufskongress der 18. Redner wären, und jedem Redner würden 20 Minuten zur Verfügung stehen.

Diese Einleitung enthält alle Punkte, die für die Zuhörer wichtig sind, sie erregt Interesse und Aufmerksamkeit und ermöglicht Ihnen einen souveränen Einstieg ins Thema. Und: Diese Einleitung ist kurz. Sie kostet Sie nur wenige Minuten.

Nach dieser Einleitung beginnen Sie dann mit der eigentlichen Präsentation und legen Ihr erstes „Arbeitschart" auf.

Zum Ende haben Sie wieder mehrere Möglichkeiten:

1. Sie bringen eine **Zusammenfassung** und/oder
2. Sie bringen eine **Wiederholung**.
3. Bringen Sie **nichts Neues** am Schluss. Das gehört unbedingt in den Hauptteil.
4. Der beste Schluss, den Sie machen können, ist ein **Appell**, eine konkrete Handlungsaufforderung, so dass die Teilnehmer genau wissen, was sie tun sollen.

4.1.3.4 Der allererste Satz

Für den allerersten Satz gibt es noch einige Ideen und Anregungen. Sie können die Aufmerksamkeit der Teilnehmer durch einen spannenden Einstieg wecken. Beginnen Sie deshalb nicht mit einer Entschuldigung.

1. Die ernste Einleitung
Viele Präsentationen beginnen mit der ernsten Einleitung. Es ist die einfachste und gebräuchlichste Methode. Unterscheiden Sie sich daher von den üblichen Präsentationen, indem Sie eine andere Form der Einleitung verwenden. Nur in wenigen Fällen ist die ernste Einleitung die beste Einleitung, z. B. bei einer Gedenkrede.

2. Die humorvolle Einleitung
Mit dieser Methode gelingt es Ihnen leichter, das Eis zu brechen. Selbst sachliche Reden können so etwas aufgelockert werden. Bestimmte Themen vertragen auch eine Prise schwarzen Humors. Eine Karikatur auf Flipchart, Overhead oder Beamer erfüllt den gleichen Zweck und erleichtert auch dem Präsentator den Einstieg.

3. Die Einleitung mit einem Zitat
Zu Beginn und auch während der Rede erzielen Sie mit einem Zitat meist einen hohen Aufmerksamkeitswert. Achten Sie jedoch darauf, das Zitat im Zusammenhang zu lassen, und nennen Sie die Quelle.

4. Die historische Einleitung
Diese Form erinnert an die Schulzeit. Der Aufbau beginnt mit der Einleitung der Vergangenheit (was war?), im Hauptteil die Gegenwart (was ist?) und im Schlussteil die Zukunft (was wird?). Themen werden aus der Frühgeschichte abgeleitet. Diese Art der Eröffnung wird sicher nicht so gut ankommen.

5. Die Einleitung mit einem persönlichen Erlebnis
Sie bringen ein persönliches Erlebnis, das zum Thema passt. Die Geschichte sollte jedoch unbedingt aus dem Feld der Realität stammen, sonst fühlen sich die Zuschauer mit Recht auf den Arm genommen. Somit könnten Sie im weiteren Verlauf der Präsentation an Glaubwürdigkeit verlieren.

6. Die Einleitung mit einem aktuellen Ereignis
Je aktueller Ihr Bezug bei Präsentationen ist, umso größer wird die Aufmerksamkeit der Zuhörer sein. Fast jedes Thema lässt sich durch aktuelle Informationen oder Meldungen besser einleiten. Gibt es neue Pressemitteilungen Ihrer Kunden? Was sagt das Branchenbarometer? Gibt es verwendbare Informationen in Branchen- oder branchenübergreifenden Fachquellen? Surfen Sie kurz vor Ihrer Präsentation durch die entsprechenden Internetseiten.

7. Die Einleitung mit einem Anknüpfungspunkt

Diese Form der Einleitung können Sie nicht vorher festlegen. Sie beginnen Ihre Ausführungen mit einer Tatsache oder einem Ereignis, das Ihnen direkt vor Ihrer Präsentation aufgefallen ist. Sie knüpfen also zum Beispiel an die Wahl des Ortes, an die Personenzahl, an das Wetter oder auch an die Worte Ihres Kunden aus der Begrüßung an.

8. Die Einleitung mit einer rhetorischen Frage

Sie ist eine der elegantesten und besten Möglichkeiten für den Beginn einer Präsentation. Auf eine rhetorische Frage erwarten Sie keine Antwort. Sie beantworten Ihre Frage im nächsten Satz selbst. Die rhetorische Frage ist ein hervorragendes Mittel, um die Aufmerksamkeit der Zuschauer zu wecken. Machen Sie nach der rhetorischen Frage eine kurze Pause, damit Ihre Zuschauer darüber nachdenken können.

Exkurs: Rhetorische Fragen sind auch im Hauptteil Ihrer Präsentation ein sinnvolles Stilmittel. Sie wirken hier ebenso als „Attention-Getter“ und bieten sich auch hin und wieder als Gliederungshilfe an.

9. Die Einleitung mit einer Demonstration

Checkliste: Einstiegsvarianten

- Ernst
- Humorvoll
- Zitat
- Historisch
- Persönliches Erlebnis
- Aktuelles Ereignis
- Anknüpfungspunkt
- Rhetorische Frage
- Demonstration

Sie können die Aufmerksamkeit Ihrer Zuschauer erhöhen, wenn Sie zu Beginn Ihrer Präsentation schon etwas zeigen oder demonstrieren können. Bringen Sie etwas Originelles mit, passend zum Thema. Es brauchen hier nicht immer ganze Maschinen aufgefahren zu werden, häufig tun es auch interessante Maschinenteile.

Wenn Sie diese Ideen nun auch noch in Ihre Vorbereitungsarbeit für Ihre Kundenpräsentation einbauen, sind Sie vom Themenkreis der Konzeption her bestens vorbereitet.

4.1.3.5 Körpersprache am Start einer Präsentation

Neben den verbalen Informationen sind auch die nonverbalen Informationen, die Sie am Anfang geben, von wesentlicher Bedeutung für den gesamten Verlauf. Dazu zählen neben den Charts vor allem Sie selbst. Ihre Körpersprache und Mimik gehören zu den wichtigsten nonverbalen Informationsquellen für die Teilnehmer. Abb. 7 und Abb. 8 zeigen Ihnen empfehlenswerte Startpositionen und solche, die Sie lieber vermeiden sollten.

4.1 Abb. 7: *Körpersprache (I)*

Diese drei Positionen sind für den Start geeignet. Sie stehen fest auf beiden Beinen. Ein Fuß kann auch leicht vorgestellt sein. Vermeiden Sie aber unbedingt starke „Knicke" im Körper. Die Hände können ganz am Anfang eine kurze Zeit seitlich neben dem Körper hängen, sie sollten dann aber schnell in die „positive Region" kommen, also in die Körpermitte vor dem Körper, in die Höhe der Gürtellinie.

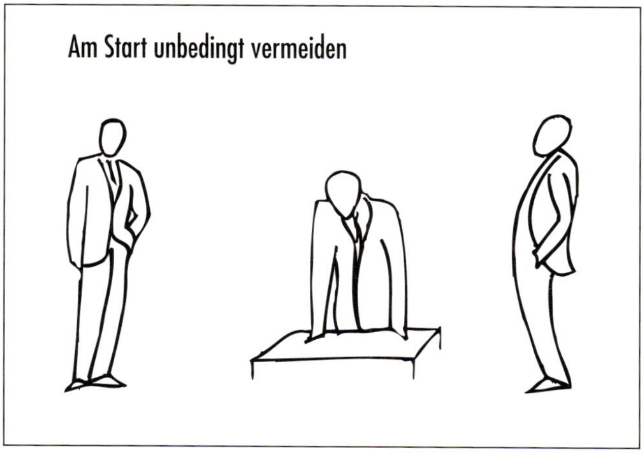

4.1 Abb. 8: *Körpersprache (II)*

Diese Positionen sollten Sie am Start unbedingt vermeiden. Eine Hand in der Hosentasche wirkt seltener lässig als überheblich.

Sich hinter einem Pult zu verstecken, sich auf dem Tisch aufzustützen oder sich von den Teilnehmern wegzudrehen und mit den eigenen Medien zu kommunizieren, all das baut am Anfang einer Präsentation keine gute Beziehung zu den Teilnehmern/Teilnehmerinnen auf.

Bis zu diesem Zeitpunkt haben Sie viele taktische Ideen zusammengetragen, Ideen regeneriert, viele Notizen und Arbeit investiert, aber Sie haben noch kein einziges Chart ausgewählt oder erstellt.

Der Schritt der Produktion sollte erst kommen, wenn die Vorarbeiten gemacht worden sind. Sonst arbeiten Sie an einem „Topf, auf den dann gar kein Deckel passt!“

4.1.4 Medientaktik

4.1.4.1 Überblick

Bei Präsentationen setzt sich die Technik mit PC und Beamer durch, sie ist innovativ. Dadurch zeigen auch Sie, dass Sie zukunftsorientiert und innovativ sind. Und das muss gleichermaßen für die Sache gelten. Leider ist diese Technik aber auch sehr störanfällig. Vorführeffekte, bei denen selbst die einfachsten Abläufe nicht mehr wie gewohnt funktionieren, sind nicht selten. Die gesamte Aufmerksamkeit der Zuhörer ist auf die Störung gebunden. Ihre momentane Unfähigkeit, die Technik zu beherrschen, wird von den Zuhörern verallgemeinert, und Sie verlieren ebenso Ihre Fachkompetenz. Machen Sie sich mit PC und Beamer also schnellstens aufs Beste vertraut.

Bei Medien sind verschiedene Aspekte zu berücksichtigen. Welche Charts sollen eingesetzt werden? Sind sie vorhanden? Müssen sie adaptiert oder ganz neu erstellt werden? Bekommen die Teilnehmer Unterlagen, Handouts, Prospekte in die Hand? Werden die Unterlagen vorher verschickt, vor, während oder nach der Präsentation verteilt? Wie soll es nach der Präsentation dann genau weitergehen? Welche Art von Skript brauchen Sie?

Mit dem Aspekt der Medien grenzen Sie sich ganz deutlich von einer Rede ab. Mit Medien haben Sie einen der größten Hebel in der Hand, die Aufmerksamkeit und das Interesse der Zuhörer zu gewinnen und zu halten. Das Auge ist unser hauptsächlicher Wahrnehmungskanal. Informationen, die wir in verbaler und visueller Form angeboten bekommen, können wir uns viel länger merken.

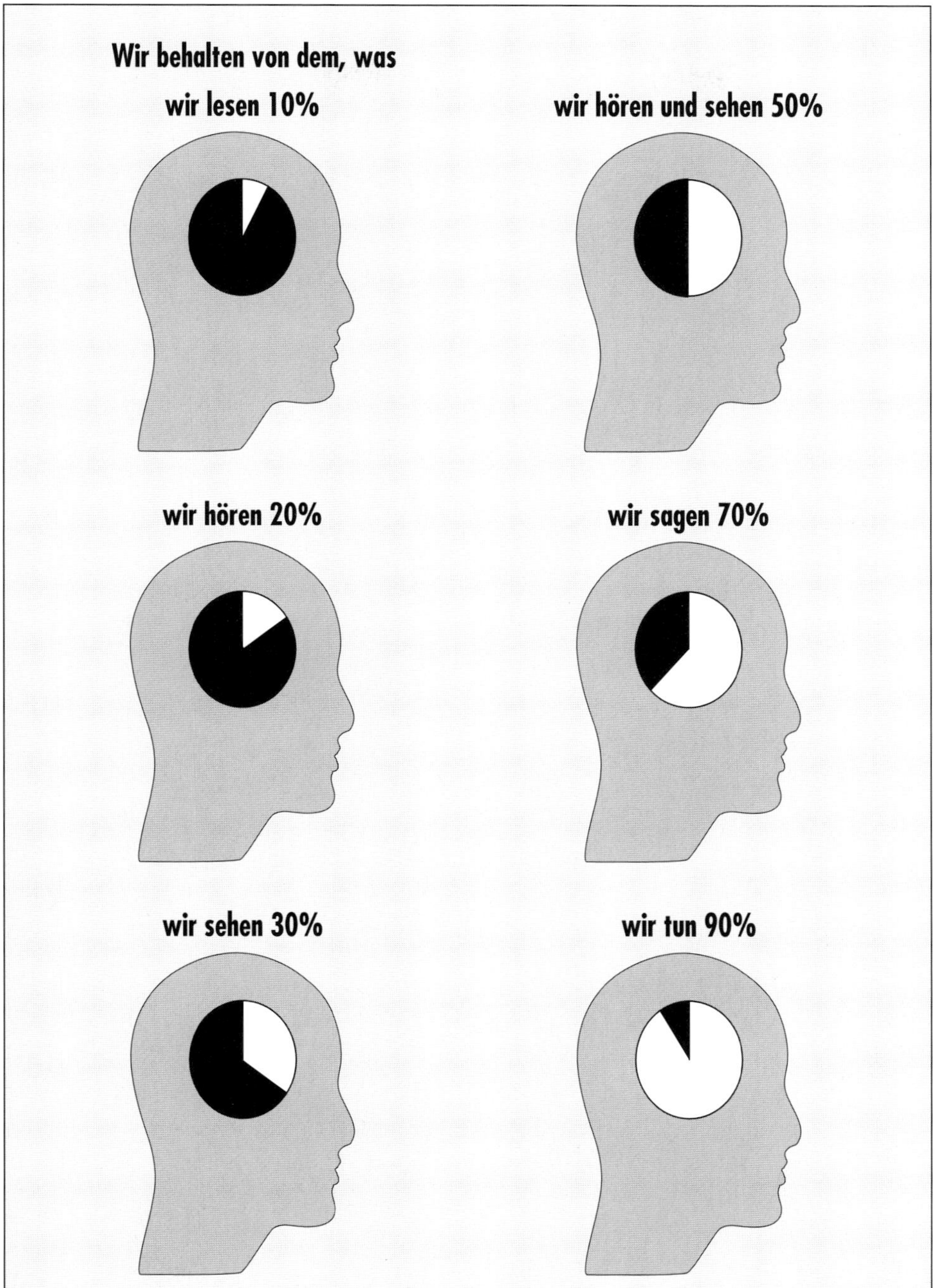

4.1 Abb. 9: *Wahrnehmungskanäle*

Bei Präsentationen können Sie noch drei andere sehr interessante Beobachtungen machen, die für den Einsatz von Medien sprechen:

1. Medien verkürzen die Zeit, die Sie brauchen, um einen Sachverhalt zu beschreiben. Sie lassen Sie Ihre Inhalte also schneller darstellen.
2. Mit Medien brauchen Sie keine Angst vor einem Black-out zu haben, denn Charts sind der beste Stichwortgeber.
3. Wenn Sie Ihre Aussagen visuell unterstützen, wirken Sie überzeugender (Messungen haben hier eine zusätzliche Wirkung von ca. 30 % ergeben.)

Außerdem erwarten Ihre Zuhörer den Einsatz von visuellen Medien. Wir sind es gewohnt zu sehen.

Das alles spricht für den Einsatz von Medien. Allerdings werden in Vertriebspräsentationen immer wieder vier Fehler gemacht:

1. Es werden keine Medien speziell für diese Teilnehmergruppe erarbeitet. Man „legt auf, was man hat!“. Der Kunde fragt sich zurecht, warum er gerade diese Information in gerade dieser Form jetzt nötig hat. Er ist frustriert.
2. Charts werden so mit Informationen bestückt, dass sie zu einem „Augengraus“ statt zu einem „Augenschmaus“ werden. Das Chart enthält zu viele Informationen in zu kleiner Schrift. Die Inhalte sind schwer zu lesen und zu erfassen. Der Teilnehmer muss viel Energie aufwenden, um sich die wesentlichen Informationen zu erarbeiten.
3. Die Liegezeit der Folien wird extrem kurz gehalten, so dass wir eher an einen Film erinnert werden. Der Präsentierende will alles zeigen, was er mitgebracht hat. Der Teilnehmer aber ist verärgert, weil er anscheinend nicht alles lesen darf oder mit unwichtigen Informationen überschüttet wird.
4. Die Folien werden zwar aufgelegt, aber nicht genutzt. Der Kunde sieht keinen Zusammenhang zwischen dem gesprochenen Wort und der visuellen Information. Er wird nicht genügend „geführt“.

Daraus ergeben sich im Zusammenhang mit den Medien vier Folgerungen:

1. Ihre Zielgruppenanalyse ermöglicht es Ihnen, immer genau passende Medien für den speziellen Teilnehmerkreis zu erstellen. Vermeiden Sie Standardmaterial. Passen Sie es zumindest an. Auch bei Charts zur „Vorstellung der Firma“ fragt sich der Teilnehmer immer wieder: Was habe ich davon? Bloße Informationen sind eher uninteressant. Interessant werden sie nur, wenn sie eine Bedeutung für den Teilnehmer haben. Formulieren Sie deshalb häu-

fig in der Sie-Sprache. (Diese Informationen sind für **Sie** besonders interessant, denn ...) Teilnehmer wollen direkt angesprochen werden.

2. Erstellen Sie einfach gute Charts. Als oberstes Prinzip gilt hier:
   Charts müssen K.I.S.S. sein. (Keep it simple and smart.) Charts können nicht alle wesentlichen Informationen enthalten, sie brauchen sich auch nicht selbst zu erklären. Aber alles, was auf dem Chart steht, muss von Interesse für den Kunden und leicht zu lesen sein.
3. Teilnehmer in Präsentationen brauchen Zeit für die Charts, immerhin sehen sie sie das erste Mal. Die Daumenregel „Zwei Minuten Liegezeit pro Chart" bewährt sich immer wieder. (Eine Ausnahme bilden hier z. B. Karikaturen. Sie brauchen nicht zwei Minuten zu sehen sein.)
4. Nutzen Sie die Chance, zweigleisig zu fahren. Senden Sie verbale Informationen und unterstützen Sie sie mit optischen Informationen. Visuelle Mittel, die ohne Bezug zum gesprochenen Wort zu sehen sind, tragen eher zur Verwirrung bei. Führen Sie Ihre Teilnehmer durch die optischen Hilfsmittel und steigern Sie dadurch das Interesse und die Aufmerksamkeit. Reden Sie aber während der Chartarbeit trotzdem nicht mit den Medien, sondern mit den Teilnehmern. Nutzen Sie das dramaturgische Element der Pause.

4.1.4.2 So führen Sie durch ein Chart

In der folgenden Grafik sehen Sie, wie Sie souverän mit den Medien umgehen können. Zwei Regeln sind dabei besonders wichtig: Die erste Regel heißt **VWLE**. Wenn Sie wollen, dürfen Sie dabei an einen schwäbischen VW denken. Sie heißt konkret: Kündigen Sie das Chart zuerst an (**V**orankündigen), werfen Sie es dann an die **W**and, lassen Sie es ein bis zwei Sekunden ohne Kommentar **l**iegen und **e**rklären Sie es erst dann.

Dabei hilft Ihnen die zweite Regel, die **3-T-Regel**: **T**ouch – **T**urn – **T**alk. Der Grundgedanke hierbei ist, dass Sie nie reden, wenn Sie nicht den Blickkontakt zum Publikum haben. Sie nutzen aber trotzdem Ihre Charts, denn Sie zeigen und führen durch das Bild. Gleichzeitig machen Sie bewusste Pausen, denn während der ersten beiden Schritte dieser Regel reden Sie nicht.

4.1.4.3 Optische Grundregeln anhand von zwei Beispielen

Anhand der folgenden zwei Beispiele möchte ich Sie auf die wichtigsten optischen Grundregeln aufmerksam machen. Auf den ersten Blick sehen die beiden Darstellungen nicht schlecht

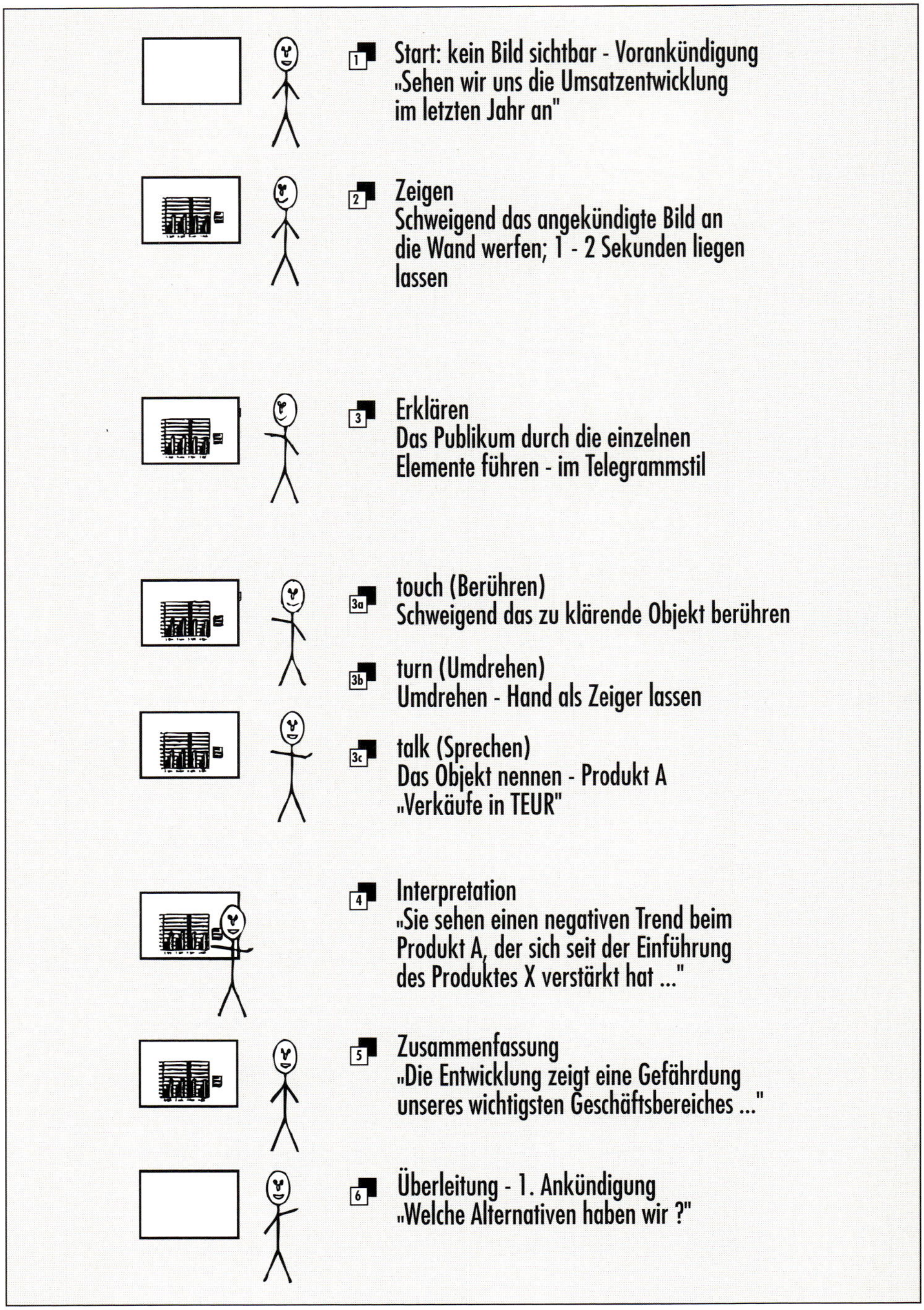

4.1 Abb. 10: *Charts präsentieren*

aus. Bei näherem Hinsehen tut sich aber sehr schnell Optimierungspotenzial auf. Eine optimierte Version finden Sie dann gleich nachfolgend. Hier sind dann wichtige optische Grundregeln eingebaut.

Beispiel 1a: Kritische Punkte hier …

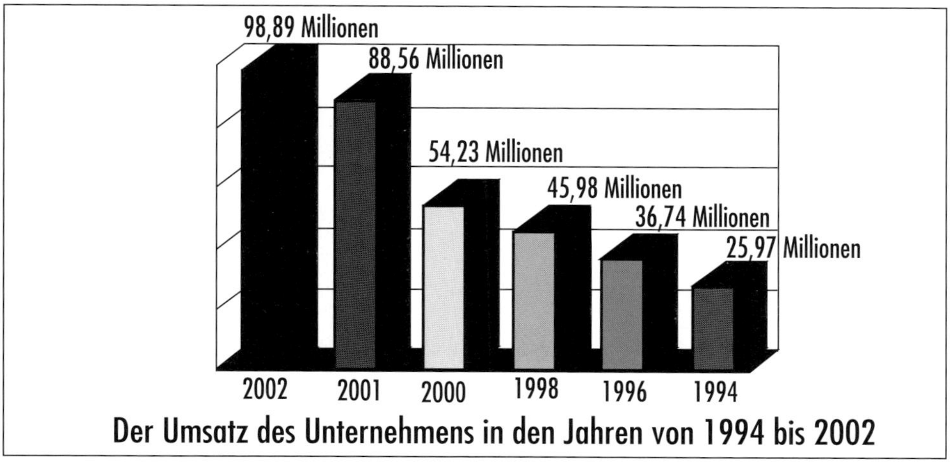

4.1 Abb. 11: *So nicht …*

1. Die Quader sind in der Schattierung (Farbe) sehr ähnlich, eine Unterscheidung ist nur schwer möglich.
2. Die Beschriftung der Quader ist lang (immer vierstellig), die Einheit (Millionen) wiederholt sich sechs Mal.
3. Die dritte Dimension (z-Achse) hat keine Aussage. (Alle Quader sind gleich dick.) Es handelt sich um eine optische Redundanz.
4. Dreidimensionale Koordinatensysteme erschweren die zweidimensionale Zuordnung, obwohl es gerade bei diesem Chart ja anscheinend auf Genauigkeit ankommt. Denn es werden sogar die zwei Stellen hinter dem Komma dargestellt.
5. Die Leserichtung der x-Achse (von 2002 bis 1994, also rückwärts) widerspricht dem, wie wir Zahlenstrahlen üblicherweise lesen.
6. Das Chart hat keine Überschrift, der Titel ist unüblicherweise unter der Grafik angebracht.
7. Die Überschrift ist langweilig und nichts sagend.
8. Die Hilfslinien wirken störend. Die angedeutete y-Achse ist unnötig.

Beispiel 1b: ... schon besser!

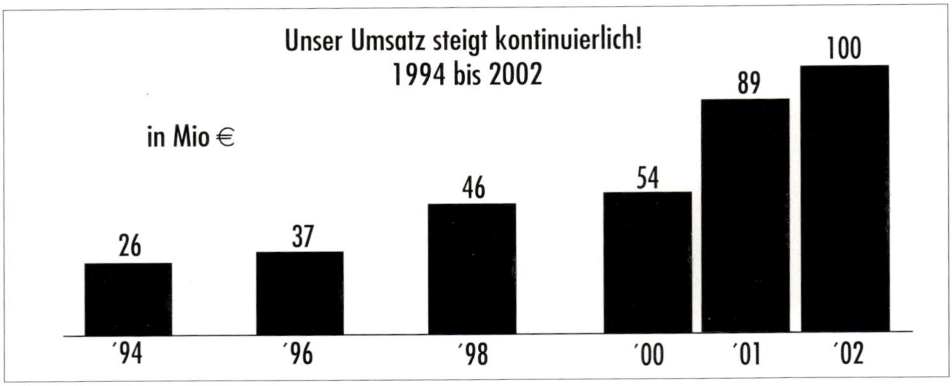

4.1 Abb. 12: *... sondern so!*

1. Die Überschrift ist kurz und prägnant über dem Bild.
2. Die Maßeinheit (in Millionen EUR) taucht nur einmal auf und ist allgemein verständlich abgekürzt.
3. Die Leserichtung des Zahlenstrahls ist wie üblich von links nach rechts angelegt.
4. Statt Quader sind Balken dargestellt, die dritte Dimension (ohne Sinn) entfällt.
5. Die Beschriftung der Säulen ist „abgespeckt", kurz und direkt an der Säule. Das Auge des Betrachters muss nicht wandern. Die y-Achse kann entfallen.
6. Der Abstand der Balken zueinander entspricht den erfassten Zeiträumen (keine Gefahr von Manipulation mehr).
7. Die Säulen haben alle die gleiche Schattierung/ Farbe.
8. Das Chart enthält alle wesentlichen Informationen, sie sind aber viel leichter zu erfassen. Die Aussagen sind prägnanter.

Beispiel 2a: Kritische Punkte hier ...

1. Die Überschrift ist sehr lang.
2. Die y-Achse hat eine unübliche Beschriftung. (Was sind 200 Minuten?)
3. Die Leserichtung auf der x-Achse ist erschwert, da wir nicht von unten nach oben lesen können.
4. Die Ordnung auf der x-Achse ist nicht erkennbar (weder alphabetisch nach Ländernamen noch nach Größe der Länder; weder geografisch noch auf- oder absteigend ...).
5. Warum werden zehn Länder ausgewählt? Warum nicht fünf oder 15? Zehn Länder sind auch nicht alle Länder in Europa.

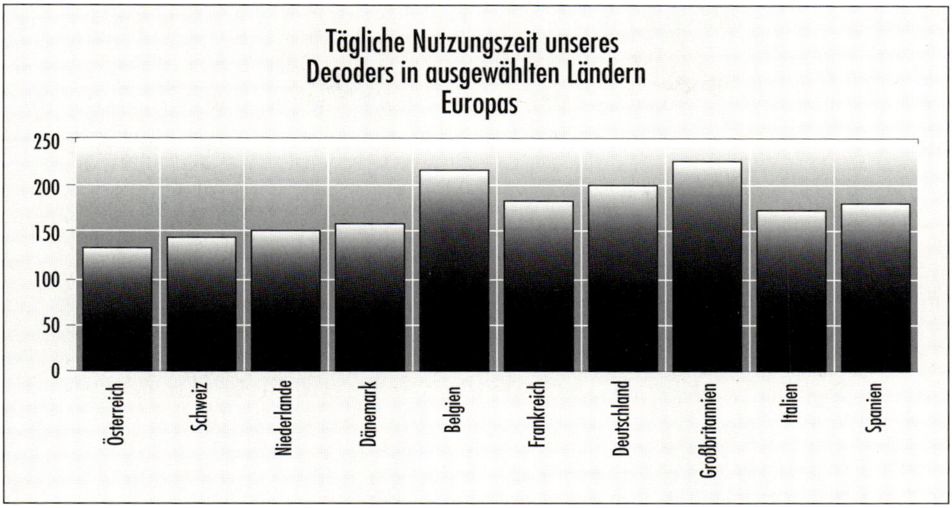

4.1 Abb. 13: *So nicht ...*

Beispiel 2b: ... schon besser!

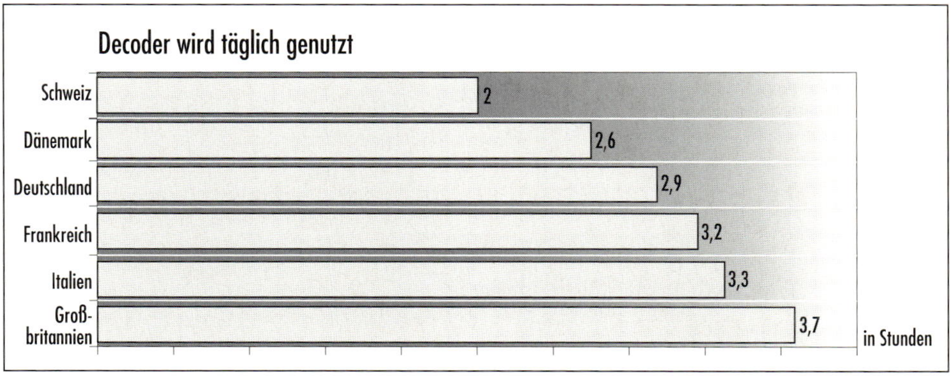

4.1 Abb. 14: *... sondern so!*

1. Die Überschrift ist kurz und prägnant.
2. Die Ländernamen sind gut zu lesen, weil die Achsen gekippt wurden. (Aus einem Säulendiagramm ist ein Balkendiagramm geworden.)
3. Die Länge der Nutzung ist direkt am Balken verzeichnet, dadurch werden alle Hilfskoordinaten wie x- und y-Achse gespart. Der Betrachter kann die Werte schnell zuordnen.
4. Die Maßeinheit in Stunden ist üblich.

4.1.4.4 Zusammenfassung

Es ist schon lange keine Entschuldigung mehr für Langeweile, nur „richtige" Informationen zu vermitteln. Die Teilnehmer wollen mehr, sie wollen Informationen aufbereitet, kurz, prägnant, auf den Punkt gebracht. Dafür sind Charts gute Hilfsmittel.

Bei der Erstellung von Charts schleichen sich oft „kleine Fehler" ein, die in der Präsentation eine verheerende Wirkung haben: Der Zuschauer muss mehr „arbeiten" (mehr Energie aufwenden), um die Kernaussagen zu erfassen. Der Präsentierende büßt einen Teil seiner (fachlichen) Kompetenz ein.

Folgende optische Grundregeln können Ihnen bei der Medienerstellung oder -anpassung helfen:

1. Erstellen Sie Charts mit **KISS**: **K**eep **I**t **S**imple and **S**mart.
2. Beachten Sie die **Lesegewohnheiten** (von links nach rechts, Groß- und Kleinbuchstaben ...)
3. Reduzieren Sie die Textmenge, indem Sie **Schlagwörter statt Sätze** schreiben.
4. Alles auf dem Chart sollte für den Zuschauer **gut** und **leicht** lesbar sein (Schriftgröße bei Arial ca. 40 Pt, bei einer Gruppengröße von ca. zehn Personen).
5. **Reduzieren** Sie die Chartmenge. Die durchschnittliche Liegezeit pro Chart sollte ca. zwei Minuten betragen.
6. Erhöhen Sie den Lustgewinn der Teilnehmer Ihrer Präsentation, indem Sie sinnvoll **Farben** (ca. drei bis vier), **Symbole** (z. B. Pfeile, Kreise ...) und **Bilder** (Cliparts) verwenden.
7. Nutzen Sie die Technik, die die Teilnehmer von Ihnen erwarten. In den meisten Fällen wird das die Präsentation mit Laptop und Beamer sein. Setzen Sie dann gezielte Animationen mit Bildern, und Text, evtl. mit Ton oder Video ein.

4.1.5 Interaktionstaktik

Bisher gingen wir davon aus, dass Ihre Teilnehmer „lieb und nett" sind. Weil Sie sich so gut auf Sie eingestellt haben, sich blendend vorbereitet haben, sitzen alle Leute aufmerksam, freundlich guckend und nickend Ihnen gegenüber. Das wird in den meisten Fällen auch so eintreffen.

Manchmal allerdings werden Sie auch andere Situationen bestehen müssen. Die Teilnehmer/Teilnehmerinnen haben Fragen und Einwände, Widerstände oder sind nicht einverstanden.

1. Fragen

Freuen Sie sich über Fragen, denn sie zeigen, dass Ihre Teilnehmer auch geistig dabei sind, nicht nur körperlich. Beantworten Sie Fragen am besten während der Präsentation. Sparen Sie sich die Bitte, mit Fragen bis zum Ende der Präsentation zu warten.

Streichen Sie das Wort Einwand aus Ihrem Wortschatz und gehen Sie neutral von „Beitrag“ aus. Es gibt einige Möglichkeiten, in Präsentationen mit Beiträgen aus dem Teilnehmerkreis harmonisierend umzugehen (*Fragen in kursiv*, **Antworten fett**).

2. Sofort beantworten

Sie können Fragen sofort beantworten. (*Haben Sie die exakten Umsatzzahlen aus dem letzten Jahr dabei?* **Ja, die exakten Zahlen lauten ...**) Diese Taktik ist weit verbreitet. Sie hat allerdings den Nachteil, dass Sie bei vielen Fragen leicht Ihren roten Faden verlieren und bei kritischen Fragen schnell in eine Verteidigungsposition geraten.

3. Zurückstellen

Deshalb sollten Sie Fragen auch zurückstellen. Anhand Ihres roten Fadens können Sie leicht deutlich machen, an welchem Punkt der Präsentation Sie genau diesen Aspekt vertiefen. (*Haben Sie die exakten Umsatzzahlen aus dem letzten Jahr dabei?*) **Ja. Ich werde in ca. fünf Minuten an dem Punkt Prognose genau auf diese Zahlen eingehen.**

4. Vorwegnehmen

Eine elegante Taktik ist es auch, erwartete Einwände vorwegzunehmen. (**Sie werden sich sicher sofort fragen, ob sich der finanzielle Aufwand lohnt. Diese Frage möchte ich Ihnen jetzt beantworten.**)

5. Auch einmal überhören

Bei einigen Beiträgen aus dem Zuhörerkreis ist es am klügsten, sie einfach einmal zu überhören. (*Ich finde diese Farbwahl völlig unangemessen.*) Ein Behandeln dieses Beitrags auf der Gewinner-Gewinner-Ebene ist durch eine Erwiderung kaum möglich.

6. Frage positiv umwandeln

Eine sehr kluge Taktik, die Sie auch aus dem Verkaufsgespräch kennen. (*Das Produkt ist zu teuer.* **Lassen Sie mich kurz darstellen, warum dieses Produkt seinen Preis absolut wert ist.**) Eine der besten Möglichkeiten, denn mit dieser Taktik sehen Sie in jedem Beitrag „das volle Glas“. Sie suchen den Aspekt, der Ihnen, dem Thema und den Teilnehmern wirklich weiterhilft.

7. Pro und Kontra

Wenn kontrovers diskutiert wird und sie befürchten, den Boden unter den Füßen zu verlieren, bietet sich die Pro-und-Kontra-Taktik an. Hier machen Sie eine Unterbrechung und listen die bisher genannten Vor- und Nachteile auf. (**Lassen Sie uns bitte kurz zusammenfassen, was bisher angesprochen worden ist. Für dieses Produkt spricht bisher … Gegen dieses Produkt spricht bisher …**)

8. Auf positive Referenz verweisen

(*Das Produkt ist ungeeignet.* **Viele Firmen in Ihrer Branche haben gerade mit diesem Produkt die besten Ergebnisse erzielt.**)

9. Wiederholen lassen

Sie müssen nicht jede Frage sofort beantworten. Geben Sie „den Ball" auch einmal zurück an den Fragesteller. Dadurch gewinnen Sie Zeit für eine gute Antwort, und Sie sind sich sicher, dass Sie genau auf das antworten, was der Fragesteller wissen will. (*Das ist doch alles Quatsch!* **Ich habe Ihre Frage nicht verstanden. Können Sie sie bitte noch einmal wiederholen?**) Wahrscheinlich wird sich der Fragesteller nun genauer und verbindlicher ausdrücken.

10. Gegenfrage/Rückfrage

Eine grundsätzlich gute Taktik. Besonders geeignet bei Killerphrasen. (*Das funktioniert doch nie!* **Wo genau befürchten Sie, dass es nicht gehen wird?**)

Falls Ihnen im Augenblick keine inhaltlich passende Gegenfrage einfällt, können Ihnen die folgenden sieben goldenen Gegenfragen weiterhelfen. Sie passen fast immer. Und ermöglichen Ihnen einen zusätzlichen Augenblick zum Nachdenken.

Wenn Sie eine dieser Gegenfragen einsetzen, geben Sie gleichzeitig positive Signale: Stimme (freundlich), Körpersprache (zugewandt), Gesichtsausdruck (offen, verbindlich). Eine aggressive Wirkung sollten Sie auf jeden Fall vermeiden.

1. Wie meinen Sie das?
2. Wie soll ich das verstehen?
3. Worauf genau zielt Ihre Frage ab?
4. Wie denken Sie selbst darüber?
5. Welche Antwort erwarten Sie von mir?
6. Aus welchen Gründen fragen Sie mich das?
7. Was verstehen Sie in diesem Zusammenhang unter …?

11. Die sieben goldenen Gegenfragen

12. Recht geben und verstärkend ergänzen

Eine Taktik, mit der Sie die Teilnehmer, die Fragen stellen, gut ins Boot ziehen, denn Sie geben Ihnen (z. T.) Recht. (*Der Zusammenhang zwischen dem Produkt und einer Motivationssteigerung ist doch noch gar nicht nachgewiesen.* **Sie haben Recht, denn der Aspekt der Motivationssteigerung ist schwer zu messen. Schauen wir uns allerdings mal die Krankenstatistik an, wird ein Zusammenhang deutlich.**)

13. In Teilaspekte dividieren

Auch mit dieser Taktik können Sie Killerphrasen gut umwandeln.
(*Das ist doch unrealistisch!* **Wo genau sind Sie von der Realisierbarkeit noch nicht überzeugt? Ist es die Zeitschiene oder die Prognose oder sind es die zu Grunde gelegten Zahlen?**)
Wenn Sie in Teilaspekte dividieren, machen Sie Einwände kleiner und konkreter. Sie wissen nun, worum es eigentlich geht und können sachlich reagieren.

Checkliste: Umgang mit Beiträgen aus dem Zuhörerkreis

Denken Sie an die Gewinner-Gewinner-Ebene!

- Sofort beantworten
- Zurückstellen
- Vorwegnehmen
- Überhören
- Positiv umwandeln
- Pro und kontra
- Auf positive Referenz verweisen
- Wiederholen lassen
- Recht geben und verstärkend ergänzen
- In Teilaspekte dividieren

Grundprinzip ist hier immer: Sie müssen auf der Gewinner-Gewinner-Ebene bleiben, d. h. der Frager ist ein Gewinner, aber Sie auch.

Falls Sie Fragen nicht sofort beantworten, schreiben Sie sie immer auf, damit sie nicht vergessen werden. Am besten auf Flipchart, damit alle, auch Sie, die offenen Fragen jederzeit sehen können.

Die Chance, erfolgreiche Präsentationen durchzuführen, wird mit den taktischen Grundaspekten der Ziel- und Zielgruppenanalyse, der Strukturplanung und der Dramaturgie, der Medientechnik und der Interaktion deutlich zunehmen. Solche Präsentationen vergrößern die Chance auf gute Kundenbeziehungen und Kundenbindungen.

Wirkungsvolle Präsentationen vorzubereiten ist sehr zeitaufwändig.

Zunehmende Übung und Routine wirken sich positiv aus. Trotz allem lohnt sich der enorme Aufwand nur, wenn er durch ein entsprechend attraktives Ziel gerechtfertigt ist.

Mit einer Präsentation haben Sie in vertrieblichen Situationen ein sehr wirkungsvolles Kommunikationsmittel an der Hand. Sie „klappern“ für Ihre Firma, für Ihr Produkt und nicht zuletzt für sich selbst. Und der Kunde schenkt Ihnen sein Ohr und, wenn Sie es gut machen, auch sein Herz. Welch fantastische Gelegenheit!

4.1.6 Zehn Ge- und Verbote für Vertriebspräsentationen

Sprechen Sie die Interessen und Bedürfnisse Ihrer Zuschauer an. Verwenden Sie statt trockenen Informationen Nutzenargumente und Sie-Sprache.	Reden Sie nicht von Ihren eigenen Anliegen und Problemen. Sparen Sie sich „nackte Informationen“.
Selektieren Sie Ihr Material und Ihre Argumente. Bringen Sie wenig und nur Wichtiges. Beachten Sie das Pareto-Prinzip.	Lassen Sie alles weg, was nicht zum Thema gehört.
Bringen Sie Bilder, gezeichnet und gesprochen.	Lassen Sie abstrakte und nicht anschauliche Argumente weg.
Halten Sie Ihre Grafik einfach und gut leserlich. Legen Sie das K.I.S.S.-Prinzip zu Grunde.	Bringen Sie nicht zu viel, besonders keinen kleinen Text.
Stehen Sie ruhig. Gebrauchen Sie Ihre Arme und Hände für belebende, bildhafte Gesten. Halten Sie Ihre Hände vor dem Körper, oberhalb der Gürtellinie.	Laufen Sie nicht unkontrolliert herum, mit verschränkten oder versteckten Händen.
Sprechen Sie **mit** Ihren Zuhörern. Ein Gedanke – ein Blickkontakt.	Lassen Sie Ihren Blick nicht über oder durch das Publikum schweifen. Reden Sie nicht mit Ihren Medien.
Zeigen Sie sich kompetent und souverän. Machen Sie häufig kurze Pausen.	Sprechen Sie nicht schnell und nicht während Ihrer Bewegungen. Entweder Sie reden, oder Sie hantieren.
Führen Sie Ihre Zuschauer durch Ihre visuellen Hilfsmittel. Nutzen Sie Ihre Charts.	Beginnen Sie nicht mit Aussagen, bevor sich das Publikum orientiert hat. Ihre Charts sind mehr als bloße Bilder im Hintergrund.
Experimentieren Sie. Gestalten Sie Ihre Präsentation interessant und lebhaft. Setzen Sie unterschiedliche „attention getter“ ein.	Vermeiden Sie gewaltsame Showeffekte und Witze.

Literatur

Anton (1995): Anton, Karl-Heinz: Mit List und Tücke argumentieren, Wiesbaden

Birkenbihl (1998): Birkenbihl, Vera, F.: Kommunikation für Könner ... schnell trainiert, 5. Aufl., Frankfurt a. M.

Hierhold (2000): Hierhold, Emil: Sicher präsentieren, wirksamer vortragen, 5. Aufl., Wien

Karriere-Seminare (1999): Karriere-Seminare: Sicher und erfolgreich präsentieren, CD-ROM

Kushner (1998): Kushner, Malcolm: Erfolgreich Präsentieren für Dummys, München

Molchow (1996): Molchow, Samy: Körpersprache im Beruf, München

Müller-Schwarz (1991): Müller-Schwarz, Uli: Weyer-Bernhard, Präsentationstechnik, Wiesbaden

Scheler (1994): Scheler, Uwe: Informationen präsentieren, Heidelberg

Seifert (2000): Seifert, Josef W.: Visualisieren, Präsentieren, Moderieren, 14. Aufl., Offenbach

Tosch (1996): Tosch, Michael: Moderation, mi-Video

Will (2000): Will, Hermann: Mini-Handbuch Vortrag und Präsentation, 3. Aufl., München

Zelazny (1999): Zelazny, Gene: Wie aus Zahlen Bilder werden, 5. Aufl., Wiesbaden

4.2 Einwandbehandlung und Konfliktüberwindung

Henning Fuchs/Elisabeth Fuchs-Brüninghoff

Kernkompetenz jedes Unternehmens muss es sein, den Markt für seine Produkte zu finden und erfolgreich zu bearbeiten. Im Allgemeinen ist dies Aufgabe von Marketing und Vertrieb. Indirekten und teilweise direkten Einfluss auf die erfolgreiche Arbeit von Marketing- und Vertriebsverantwortlichen haben nahezu alle anderen Funktionen des Unternehmens, Schwerpunkte liegen in der Produktentwicklung, Produktion und Kostenrechnung.

Märkte und Vertriebswege, auf denen sich Unternehmen bewegen, sind sehr unterschiedlich je nach Branche und haben in letzter Zeit auf Grund von Unternehmenskonzentrationen und wegen der zunehmenden Bedeutung des elektronischen Handels einen starken Wandel erfahren.

Die landläufige Vorstellung desjenigen, der als Endverbraucher das Produkt seiner Wahl kauft und zufrieden nach Hause geht, ist diese: Das Produkt wird entwickelt, irgendwo hergestellt, nach der Preisfestlegung an die Verkaufsstelle – dies kann der Einzelhandel sein, ein Großmarkt, das Autohaus etc. – geliefert und mit einem gewissen Aufschlag verkauft. Der Weg von der Idee zum Produkt erscheint von außen recht geradlinig.

Wenn man aber aus der Innensicht verschiedene Stationen genauer betrachtet, wird offensichtlich, dass es sich teilweise doch um ein recht kompliziertes Wegegeflecht handelt.

Der Vertrieb eines Produktes beinhaltet vielfältige Verhandlungen zwischen Anbieter und Kunden. Immer wieder „stehen sich unterschiedliche Interessen gegenüber, die nicht gleichzeitig durchsetzbar oder zu verwirklichen sind" (*Fuchs-Brüninghoff/Gröner 1999, S. 85*). Solche Situationen entsprechen einer allgemeinen Definition von Konflikt. **Konflikte zwischen Anbieter und Kunden gehören zum Vertriebsalltag**. Erfolg im Vertrieb ist somit in einem nicht unerheblichen Maße gekoppelt an Fähigkeiten der Konfliktbewältigung.

Um dies nachvollziehen zu können, werden wir zunächst eingehen auf

- die Spezifika des Vertriebs in unterschiedlichen Branchen und
- den Angebotsaufbau und die Bewertung.

Erst dann können

- typische Einwände und
- mögliche Konflikte

behandelt werden.

4.2.1 Spezifika des Vertriebs in unterschiedlichen Branchen

Es wäre vermessen zu glauben, dass die spezifischen Eigenarten des Vertriebs für alle Branchen in einem Beitrag und in diesem Rahmen zu behandeln wären. Je nach Branche werden ganz unterschiedliche Arten von „Produkten" vertrieben. Zur Behandlung des Themas „Einwandlung und Konfliktüberwindung" möchten wir im Wesentlichen zwei Kategorien von Produkten unterscheiden:

a) Lieferleistungen, wie sie im Automobilzuliefererbereich üblich sind. Unter Lieferleistung versteht man ein Produkt, das vom Anbieter und dem Kunden gemeinsam entwickelt bzw. definiert wird.

b) Fertige Produkte, z. B. im Konsumgüterbereich, die vom Hersteller ohne direkte Beteiligung des späteren Kunden auf den Markt gebracht werden.

Einwände und Konflikte werden entlang der Unterschiede und Gemeinsamkeiten anhand von Beispielen aus dem Automobilzulieferer- und Konsumgütermarkt, speziell Haushaltswaren und Geschenkartikel, beleuchtet.

4.2.1.1 Automobilzulieferer

Der Einstieg zu einem Auftrag für einen Automobilzulieferer für die Lieferung eines Serienteils an einen Fahrzeughersteller liegt in der Regel weit vor Serienanlauf in der Entwicklung. Während der frühen Entwicklungsphase werden die potenziellen Serienlieferanten für Teile und Baugruppen, die der Automobilhersteller nicht selbst herstellen will, bereits einbezogen. Parallel zur Entwicklung des Fahrzeugs entwickelt der Zulieferer die Komponenten, für die er spezielle Kompetenz aufweisen kann (Simultaneous Engineering). Dies sind z. B. Abgassysteme, Beleuchtungseinheiten, Fahrwerkskomponenten und Achsbaugruppen, Karosserieelemente wie komplette Türen und Motorhauben, Klima-, Heiz- und Lüftungseinheiten.

Der Entwicklungspartner hat eine große Chance, auch den Serienauftrag buchen zu können – sicher ist dies jedoch nicht. Ein **Serienauftrag** erstreckt sich im Automobilzulieferermarkt in der Regel auf die Produktlaufzeit, bei PKW-Modellen geht man von sechs bis acht Jahren aus. Kleinstserien (Nischenfahrzeuge wie exklusive Sportwagen) beginnen mit einigen tausend Fahrzeugen pro Jahr, Großserien für die Massenmodelle können die Millionenmarke pro Jahr überschreiten. Da bei diesem Volumen der Zulieferer alleine mit einer einzigen Baugruppe Umsätze in zwei- und dreistelliger Millionenhöhe buchen kann, erwarten mehr und mehr Automobilkunden eine „**gläserne Kalkulation**" und jährliche Preisreduzierungen. Aus der Kalkulation gehen Material-, Personal- und Herstellkosten sowie alle Zuschläge, Umlagen und Gewinnerwartungen deutlich hervor. Erwartungsgemäß ist dieses Kontrollinstrument bei den Zulieferern nicht unbedingt beliebt, aber auf Grund der Marktmacht der Kunden und des hohen Interesses, den Auftragszuschlag zu erhalten, akzeptieren die meisten Zulieferer die Offenlegung ihrer Angebotskalkulation.

Beliebte Methode eines Markt- und Preisvergleiches ist auch die Anfrage von **Benchmarkangeboten**. Dabei wird eine Reihe typischer Komponenten an alle Zulieferer gesandt mit der Bitte um Angebotsabgabe. Für die Zulieferer ist dies zwar mit Arbeit ohne direkte Aussicht auf einen Auftrag verbunden, allerdings auch von gewissem Interesse, sofern sie eine Rückmeldung über die eigene Position im Vergleich zu den Mitanbietern am Markt erhalten.

Die Lieferantenstruktur im Automobilzuliefererbereich ist gekennzeichnet durch so genannte **Systemlieferanten** (Tier-1-Supplier = Lieferant 1. Ordnung), die das Geschäft direkt mit den Automobilherstellern machen, und den **Unterlieferanten** (Tier-2- und Tier-3-Supplier = Lieferanten 2. und 3. Ordnung), die an die Systemlieferanten liefern. Auf diese Weise muss sich der Automobilhersteller nur mit einer limitierten Anzahl von Lieferanten befassen und kann die Kosten im Einkauf und in der Logistik optimieren. Die Systemlieferanten haben den Vorteil, dass sie komplette „Systeme“ liefern und dadurch höhere Wertschöpfung und Umsätze notieren können als bei der Lieferung von nur einzelnen Komponenten. Für die Unterlieferanten bietet diese Struktur den Vorteil, dass sie sich fertigungstechnisch und technologisch auf „ihre“ Teile konzentrieren können (z. B. Schrauben, Blechteile, Gussteile, Dichtungen) und diese auf Dauer hoch rationell und in großen Stückzahlen allen Systemlieferanten zur Verfügung stellen können.

Der Verkauf erfolgt im Automobilzuliefererbereich über einen eigenen Vertrieb des Lieferanten, indem technisch versierte Vertriebsmitarbeiter den Kontakt zum Kunden schon in der Entwicklungsphase eines Fahrzeugs aufbauen und auch bei Serienproduktion fortführen. Die Änderungsfreudigkeit der Automobilhersteller kennt auf Grund der Kreation immer neuer Modellvarianten und Facelifts nahezu keine Grenzen, so dass auch in der Serienphase eine enge Betreuung durch den technischen Kundenservice des Zulieferers erwartet wird.

Verkauft wird die Komponente oder das System auf Grund seiner technischen Funktion. Diese zu gewährleisten und den sich ändernden Anforderungen laufend anzupassen, ist Aufgabe der Zulieferer.

Typisch für diesen Markt ist auch, dass die Kosten für den ersten Satz Werkzeuge und Vorrichtungen, die formgebunden und produktspezifisch sind, vom Kunden getragen werden. Für die Instandhaltung und evtl. Beschaffung von Ersatzwerkzeugen ist der Lieferant zuständig. Ein Beispiel: Für die Herstellung von Aluminiumdruckgussteilen bezahlt der Kunde das Erstwerkzeug, der Lieferant ist für die Instandhaltung, Reparatur und evtl. Beschaffung von allen weiteren Nachfolgewerkzeugsätzen zuständig. Er tut daher gut daran, die dafür auftretenden Kosten auf die Teile umzulegen und in den Teilepreis einfließen zu lassen.

In die Maschinen zur Herstellung der Druckgussteile muss der Lieferant investieren ohne Direkterstattung durch den Kunden. Auch die für diese Investition anfallenden Kosten müssen daher durch den Teilepreis abgedeckt werden.

4.2.1.2 Haushaltswaren und Geschenkartikel

Voraussetzung für eine Grundauslastung eines Herstellers von Haushaltswaren und Geschenkartikeln ist die **Listung seiner Artikel** bei großen Abnehmern. Es gibt zwar einige Hersteller, die eine eigene Vertriebsorganisation mit eigenen Geschäften aufgebaut haben (Beispiel WMF), die allerdings auch zusätzlich andere Vertriebskanäle nutzen. Die Vertriebswege in diesem Markt sind vielfältig. Der Endverbraucher wird über Fach- und Einzelhändler erreicht, aber auch über Warenhäuser, über Selbstbedienungsmärkte (Cash-und-Carry-Märkte), über den Möbelhandel etc.

In den letzten Jahren ist ein zunehmender Absatz über Tankstellen und über den Versandhandel festzustellen. Eine rückläufige Tendenz scheint der Handel über Einkaufsverbände zu haben, während der Großhandel nach wie vor eine starke Vertriebsschiene für Haushaltswaren und Geschenkartikel darstellt.

Die Listung in einer der oben aufgeführten Verkaufsorganisationen ist nicht selten mit der **Forderung nach Sonderleistungen** verbunden. Die Abnehmer erwarten häufig eine Einmalgebühr zur Aufnahme in ihr Warensortiment. Des Weiteren ist der Hersteller für die Präsentation seiner Produkte zuständig, d. h., die Ausstattung der Verkaufsräume mit Regalen, Vitrinen, Displays sowie die Regalpflege werden als Serviceleistung erwartet. Es reicht also nicht aus, gute Produkte anzubieten, sondern diese müssen zudem interessant präsentiert werden, die Kauflust des Endverbrauchers muss geweckt werden, die Anmutung, das Lebensgefühl, das Ambiente muss der Hersteller mitliefern.

Außerdem sehen sich die Hersteller verstärkt mit der Forderung konfrontiert, die Ware bei schlechtem Abverkauf zurückzunehmen und somit das Risiko des Verkaufserfolges oder -misserfolges übernehmen zu müssen.

In diesem Markt verkaufen sich die Produkte nur zu einem begrenzten Anteil über Funktionalität und Qualität. Genauso wichtig ist **der Markenname, das Image des Produktes**, aber auch der Neuheitsgrad und die Aktualität. Wenn z. B. der exklusiv und vornehm gedeckte Tisch gerade „en vogue“ ist, so verkaufen sich edle, silber- und goldfarbene Pfeffer-

und Salzmühlen. In der Frühjahrszeit sind für das rustikale und farbenfrohe Grillerlebnis eher bunt lackierte Mühlen gefragt. Zur Zeit, als Teakholz noch „in" war, musste der Mühlenhersteller seine Produkte aus diesem Material fertigen. Mittlerweile werden fast nur noch Buche und Kiefer, aber auch Plexiglas und Metall verkauft. Bei besonderen Eigenschaften des Produktes wie ausgefallenes Design oder Seltenheit ist die Exklusivität ein starkes Verkaufsargument.

Auch kommt es in diesem Markt durch Sonderaktionen häufig zu Abverkäufen. Als Beispiel seien spezielle Weihnachtsteller aufgeführt oder das 50-jährige Jubiläum einer namhaften Kaufhauskette, die aus diesem Anlass eine Sonderserie von Pfeffer- und Salzmühlen beim Hersteller ordert.

Die gemeinsame Entwicklung von bestimmten Produkten mit einem Kunden spielt in der Haushaltswaren- und Geschenkartikelbranche im Gegensatz zur Automobilindustrie keine Rolle. Der Verkaufserfolg orientiert sich nur am fertigen Produkt, wobei dabei neben Funktion und Qualität sehr wesentlich die Präsentation, die Mode, das Design, der Kundengeschmack, nicht zu vergessen die sofortige Lieferbereitschaft Erfolgskriterien sind.

So ist es auch verständlich, dass in dieser Branche Werkzeug- und Vorrichtungskosten generell nicht vom Kunden erstattet werden und somit über den Preis abgedeckt sein müssen.

Der Vertrieb erfolgt von den Herstellern oft über Handelsvertreter oder Vertreterorganisationen. Diese haben den Vorteil, in der Regel mehrere Produkte in einem Marktsegment über die verschiedenen Vertriebsschienen zu vertreten und damit für den einzelnen Hersteller kostengünstiger operieren zu können. Da während der Laufzeit des Produktes kein (oder nur begrenzter) technischer Service für den Kunden und den Endverbraucher geleistet werden muss, rechnet sich für viele Hersteller der Aufbau einer eigenen Vertriebsorganisation wirtschaftlich nicht.

4.2.2 Angebotsaufbau und -bewertung

In beiden angesprochenen Branchen ist es grundsätzlich üblich, dass der Anbieter dem Kunden als Basis für einen möglichen Auftrag ein **Angebot unterbreitet**. In der Haushaltswaren- und Geschenkartikelbranche liegen häufig Kataloge der geführten Artikel vor. Diese Kataloge sind als Angebote oder Angebotsgrundlage zu betrachten, da die Lieferkonditionen, Rabatte, Sonderabsprachen etc. bei großen Kunden trotz Vorlage eines Katalogs einzeln verhandelt werden. Dabei ist nicht allein der Preis entscheidend, sondern das Gesamtpaket der vom Lieferanten angebotenen Leistung.

Bei der Angebotserstellung ist es ratsam, darauf zu achten, dass alle getroffenen Annahmen möglichst präzise genannt werden. Dies beugt späteren Konflikten folgender Art vor: „Ich war davon ausgegangen, dass diese Leistung im Preis inbegriffen ist!“ – „Nein, selbstverständlich nicht; außerdem ist dies nicht üblich und wäre im Angebot aufgeführt!“

Es hat sich bewährt, für die Angebotsbearbeitung mit dem Kunden ein **Kundenleistungsverzeichnis** durchzusprechen, in dem explizit alle für das Produkt notwendigen und vom Hersteller zu leistenden Arbeitsschritte, alle Qualitätsprüfungen, die Art der Verpackung, der Versand und die Durchführung der Logistik, die evtl. Vorabberstattung von Investitionen etc. aufgeführt sind. Dieses Kundenleistungsverzeichnis muss Bestandteil des Angebots sein.

Die Bewertung der Angebote durch den Kunden erfolgt in vielen Fällen in Form einer **Nutzwertanalyse**. Dabei entscheidet im Automobilbereich nicht allein der Einkäufer, sondern Fachleute aus den Bereichen Technik, Logistik, Produktion werden hinzugezogen. Es kommt vor, dass sich dabei Faktoren, die auf den ersten Blick vernachlässigbar erscheinen, als sehr wesentlich herausstellen. So ist es in der Automobilzuliefererbranche üblich, ab Werk zu liefern, da der Autohersteller Gebietsspediteure mit der Abholung und Lieferung beauftragt. Natürlich spielen bei sperrigen Teilen und großen Liefervolumina die Logistikkosten eine wichtige Rolle, so dass der Lieferant, dessen Produktionswerk einen Standort nahe dem Weiterverarbeitungswerk hat, einen Wettbewerbsvorteil genießt.

Der Kunde legt starken Wert darauf, eine gesicherte Belieferung über die Laufzeit des Produktes zu erreichen. Dazu werden bei der Angebotsbewertung auch technische Fragen erörtert, z. B. die Kompatibilität von Werkzeugen für die Herstellung von Blechformteilen oder Drukkgussteilen mit handelsüblichen Pressen, so dass im Notfall – z. B. bei Kapazitätsengpässen – zusätzliche Lieferanten gefunden und verpflichtet werden können. Häufig wiegt die Liefersicherheit den Nachteil höherer Werkzeugkosten auf.

Weitere Kriterien der Angebotsbewertung sind im Autozuliefererbereich die Kompetenz auf technischem Gebiet, die Produktionserfahrung in Bezug auf spezielle Technologien, die Größe und Potenz sowie vermehrt auch die weltweite Präsenz.

In beiden Branchen spielt die Bereitschaft zur Offenlegung der Kalkulation eine Rolle, ebenso wie die Produktinnovation und das Qualitätsniveau des Lieferanten. Auch eine bereits bestehende langjährige positive Geschäftsbeziehung ist von Vorteil. Dabei sollte der Lieferant besonders im Automobilbereich nicht dem Irrtum unterliegen, es wäre ausreichend, mit dem Einkauf des Kunden ein gutes Vertrauens- und Kooperationsverhältnis zu pflegen. Ebenso wichtig sind die Qualitätsbereiche, die Entwicklung und Technik, der Kundendienst bzw. der Ersatzteilbereich. Auch die **Kundenpflege** auf Vorstands- und Geschäftsleitungsebene ist wichtig, als alleiniges Standbein aber nicht ausreichend für die Buchung zukünftiger Aufträge.

Im Haushaltswaren- und Geschenkartikelbereich ist die Bereitschaft des Lieferanten zur Akzeptanz von Sonderkonditionen wie Regalpflege, Produktpräsentation, Warenrücknahme bei schlechtem Abverkauf, langen Zahlungszielen („Husarenvaluta", heute liefern, in einem Jahr zahlen) häufig ein wichtiges Element der Angebotsbewertung. Bei neuen Produkten ebenso wie bei Sonderaktionen ist die termingerechte, meistens sehr kurzfristige Lieferfähigkeit entscheidend.

Der **Preis** des Produktes ist **ein** Kriterium unter vielen anderen, aus denen sich für den Kunden die **Kosten** ergeben. Diese werden zudem nicht statisch, z. B. zum Termin der Angebotsabgabe oder der Serieneinführung, betrachtet, sondern dynamisch über die gesamte Laufzeit des Projektes. Nicht der Lieferant erhält den Auftrag, der das kostengünstigste Produkt anbietet, sondern derjenige, der dem Kunden das beste **Kosten-Nutzen-Verhältnis** bieten kann.

4.2.3 Typische Einwände

Während und nach der Angebotsabgabe ist zwischen dem potenziellen Lieferanten und dem Kunden ein reger Informationsaustausch zu verzeichnen, sei es über technische Fragen, über offene Probleme der Auftragsabwicklung, über Qualitätssicherung, über Verpackung, Logistik oder den Preis.

Im Verlaufe der Verhandlungen wird der Kunde immer wieder Einwände haben gegen dies und das. Sie verlängern den Verkaufsvorgang und werden manchmal als ausgesprochen lästig empfunden. Hierzu gilt es als Erstes zu sagen: **Der Kunde hat ein Recht darauf, seine Bedenken zu formulieren**. Bringt man ihm dies zum Ausdruck und bittet man den Kunden seine Einwände zu konkretisieren, so kann man meist schnell feststellen, ob sie in die Kategorie „Verhandlungstechnik" einzuordnen sind oder ob sie tiefer liegende Gründe haben. Bei Einwänden sollte man immer sehr genau hinhören. Häufig enthalten sie schon Hinweise für den Überprüfungs- bzw. Lösungsweg nach innen ins eigene Unternehmen oder nach außen zum Kunden hin. Ein ernsthaftes Beleuchten der Argumente kann dann zu neuen Handlungsspielräumen führen.

Nachfolgend einige Beispiele, die in der täglichen Verkaufspraxis sehr häufig vorkommen:

Vom Kunden werden oft **Zielpreise** (Target-Price) vorgegeben, die man als sehr ehrgeizig bezeichnen kann. Ein Regeleinwand des Kunden bei Angebotsabgabe ist dann: „**Der Preis ist zu hoch**. Er liegt über dem Target."

Hier ist erst mal genauer nachzufragen: „Im Vergleich wozu ist der Preis zu hoch?“ Ist es einzig und allein das Target des Kunden, so kann es sein, dass hier eine Marktmacht ausgespielt wird und der Kunde den Anbieter über die Maßen unter Druck setzt.

Liegt man im Vergleich zu anderen Anbietern mit dem Preis zu hoch, sollte man als Erstes mit dem Kunden den Leistungsrahmen nochmal genau durchgehen, um eventuell einzelne Leistungen zu reduzieren oder zu streichen. Es kann auch sein, dass Preisunterschiede aus abweichenden Qualitätsstandards oder unterschiedlichen Serviceleistungen resultieren.

Wenn sich keine klar benennbaren Punkte für den höheren eigenen Preis finden lassen, sollte dies für den Lieferanten auf jeden Fall eine Überprüfungsschleife der eigenen Kosten auslösen. Somit haben schwierige Vertriebs- bzw. Verkaufsgespräche nach innen den positiven Effekt, die Wettbewerbsfähigkeit der eigenen Kosten in Frage zu stellen. Werden zu hohe Kosten systematisch hinterfragt und daraufhin zielstrebig Kostensenkungsmaßnahmen eingeleitet, so wird damit die eigene Marktposition verbessert bzw. erhalten.

Im Rahmen der Preisargumentation gibt es vor allem im Konsumgüterbereich immer wieder den Einwand: „Wozu müssen Sie das in Deutschland produzieren? **Lassen Sie die Teile doch im Ausland fertigen**, dann können Sie uns einen attraktiven Preis anbieten!“ Bei geringwertigen Wirtschaftsgütern, die über den Preis verkauft werden, ist dieser Einwand nicht von der Hand zu weisen.

Für Hochtechnologieprodukte ist von Seiten der Kunden, wenn Zulieferteile aus dem Ausland kommen, durchaus der umgekehrte Einwand vernehmbar: „**Das Produkt sollte vollständig in Deutschland gefertigt werden**.“ Hier gilt der Service als sichergestellt und Fachkräfte mit guter Ausbildung zum prozesssicheren Betreiben der Produktionsanlagen sind verfügbar. Dieser Einwand kommt auch auf Grund stabiler wirtschaftlicher und gesellschaftlicher Verhältnisse in Deutschland. Immer wieder haben Streiks und militante Gewerkschaften in angrenzenden Ländern die Produktion gestoppt, so dass der Kunde kein ausreichendes Vertrauen in die Liefersicherheit mehr hat.

Aus Einwänden kann man oft die Prioritätensetzung des Kunden ablesen. Im letzten Fall: Liefersicherheit und Qualitätssicherheit stehen über dem Preis.

Bei der Lieferung von Sicherheitsteilen (Airbag, Bremsen etc.) gibt es vor der Auswahl des Lieferanten Einwände der Qualitätsfachleute, die den Lieferanten erst als geeignet freigeben müssen. Üblicherweise erfolgt dies durch **ein Qualitätsaudit durch den Kunden**. Denn bei Sicherheitsteilen reicht es in der Regel nicht aus, nach DIN-ISO-9001 oder QS 9000 zertifiziert zu sein. Hier bleibt dem Anbieter nur die Wahl: entweder das Qualitätsaudit bestehen oder als Lieferant erst gar nicht in Frage kommen.

Ein weiterer Einwand des Kunden kann lauten: „**Das Produkt ist technisch noch nicht freigegeben**.“ Vor Erteilung des Auftrags für eine Serienlieferung muss der Lieferant an Musterteilen, die in Prototypen eingebaut und getestet werden, beweisen, dass er die vorgegebenen Bauteileigenschaften, z. B. Toleranzen, Werkstoffkennwerte, Verarbeitungseigenschaften wie Schweißbarkeit oder Nietbarkeit, erfüllt. Dieser Einwand ist sehr sensibel zu behandeln, denn manchmal verbergen sich dahinter andere Punkte, die der Kunde (noch) nicht klar benennen will, z. B. eine offene Entscheidung bezüglich einer Materialverwendung (Aluminium oder Stahl), von der die Auftragsvergabe abhängt.

Einwände können zu Konflikten werden, wenn keine konstruktive Möglichkeit gefunden wird, den Einwand zu bearbeiten, d. h. die Gründe für den Einwand auszuräumen und diesen damit unerheblich werden zu lassen.

4.2.4 Konflikte und Konfliktbehandlung

Konflikte und ihre Bearbeitung sind geprägt durch die Organisationen und Personen, die auf beiden Seiten stehen und ihre Beziehung zueinander. Wir werden nachfolgend typisches Konfliktverhalten beschreiben und anhand von Beispielen aus den vorher charakterisierten Branchen erläutern.

4.2.4.1 Kunden-Lieferanten-Beziehung

Die Kunden-Lieferanten-Beziehung ist eine Geschäftsbeziehung. Dennoch gilt als Grundtatsache: Es verhandeln Menschen. Daher treffen auch die Kennzeichen zwischenmenschlicher Beziehungen auf die Kunden-Lieferanten-Beziehung zu. So gibt es immer **eine Sach- und eine Beziehungsebene**. Auf der Sachebene werden alle „sächlichen“ Themen abgehandelt wie Lieferbedingungen, Beschaffenheit des Produktes, Preis etc. Das „Wie“ der Verhandlungen wird stark bestimmt von Bedingungen, die auf der Beziehungsebene anzusiedeln sind. Das sind zum einen die Persönlichkeitsmerkmale der beteiligten Personen, die zwischen den Beteiligten zu einem bestimmten Klima führen, z. B. Herr X, der sich schnell persönlich angegriffen fühlt, oder Herr Y, der sich nicht aus der Ruhe bringen lässt, oder Frau A, die nicht mit offenen Karten spielt oder, oder …

Zum anderen ist auf der Beziehungsebene auch die gegenseitige Wertschätzung und Achtung zu verorten, ebenso wie ihr Gegenteil, z. B. das unfaire Ausnutzen von Marktmacht.

Die im Konfliktfall vorhandenen unterschiedlichen Interessen, die nicht gleichzeitig durchsetzbar sind, können auf beiden Ebenen (Sach- und Beziehungsebene) liegen. Immer wieder kommt es auch zu Vermischungen zwischen Sach- und Beziehungsebene.

Sie können aus der aktuellen Kunden-Lieferanten-Beziehung resultieren, aber auch schon eine Geschichte haben und Folge früherer Geschäftsabschlüsse sein. z. B., wenn ein Lieferant bei einem früheren Auftrag ohne Ertrag oder gar mit einem Minus abgeschlossen hat, so will er mit Sicherheit bei Folgeaufträgen einen deutlich besseren Schnitt machen.

Für die Kunden-Lieferanten-Beziehung spielen auch Klarheit bzw. Unklarheit im jeweiligen Unternehmen eine Rolle. Gibt es kunden- oder lieferantenintern Unstimmigkeiten zwischen einzelnen Geschäfts- und Produktbereichen, so erwächst daraus Konfliktpotenzial für die Kunden-Lieferanten-Beziehung.

Wenn z. B. bei einem Automobilhersteller Produktion und Entwicklung für die Lösung eines technischen Problems unterschiedliche Varianten präferieren und nun über den Einkauf versuchen, u. a. über das Preisargument, eine bestimmte Lösung durchzusetzen.

Im Konsumgüterbereich kann der Fall auftreten, dass der beim Kunden für den Einkauf zuständige Mitarbeiter seine Order nicht nur nach vorheriger Abstimmung mit den Verkäufer/Verkäuferinnen vergibt, sondern auch nach Kriterien, die auf der Beziehungsebene liegen. Die gute „Chemie" zwischen ihm und dem Vertreter eines der in Frage kommenden Lieferanten ist eventuell ausschlaggebend. Vielleicht ist er gerade mit diesem Herrn zusammen Mitglied des gleichen Berufsverbandes, woraus gegenseitige Verpflichtungen entstehen können. Dies kann beim Kunden zu internen Konflikten führen, die in diesem Fall durch eine Vermischung von Sach- und Beziehungsebene hervorgerufen wird.

Die kunden- und lieferanteninternen Konflikte wollen wir an dieser Stelle nicht weiter vertiefen, sondern uns der Konflikterkennung und -bewältigung in der Beziehung zwischen Kunde und Lieferant zuwenden.

4.2.4.2 Konfliktverhalten

Die Schwierigkeiten beginnen oft damit, dass nicht alle Interessen offen auf den Tisch kommen. Es gibt immer wieder unterschwellige Konfliktlagen, die erst einmal als solche erkannt werden und dann benannt werden müssen, um sie zu bearbeiten.

Hinweise auf **unterschwellige Konflikte** können u. a. sein:

- Terminverschiebungen
- Ausweichende Aussagen

- Ausflüchte/Ausreden
- Unklares Informationsverhalten bis hin zur Informationsverweigerung
- Widersprüche zwischen verbalen und nonverbalen Äußerungen
- Ein Auf-der-Stelle-Treten bei der Klärung nicht sonderlich komplizierter Sachfragen.

Was kann man tun, um hier eine Klärung der „Interessenlage" herbeizuführen? Man kann

- die Unklarheit offen ansprechen,
- seinen Eindruck von der Situation formulieren,
- klare Fragen stellen.

Das **ideale Verhalten im Konfliktfall** lässt sich allgemein in etwa wie folgt beschreiben:

- Beide Seiten benennen offen ihre Interessen.
- Sie verhandeln miteinander um eine für beide Seiten tragbare Lösung.
- Sie einigen sich auf einen Kompromiss oder finden gar einen Konsens oder
- Sie beenden die Verhandlungen im beiderseitigen Einvernehmen, weil keine für beide Seiten tragbare Lösung möglich ist, so dass keine Seite einen Gesichtsverlust erleidet.

In der Realität ist das Konfliktverhalten in Geschäftsbeziehungen oft weit von dieser Ideallinie entfernt. Im Grunde finden wir alle **Formen des menschlichen Konfliktverhaltens** wie in anderen Lebensbereichen auch.

- Der Konflikt wird nicht offen ausgetragen, sondern verdrängt. Es gibt keinen Gewinner, im Grunde sind alle Beteiligten Verlierer.
- Ein Partner zieht sich zurück (flieht). Es kommt zu gar keinem Geschäftsabschluss. Somit gibt es keinen eindeutigen Gewinner oder Verlierer.
- Ein Partner passt sich den Bedingungen des anderen an, er unterwirft sich und wird somit zum Verlierer, der andere wird zum Gewinner.
- Es wird gekämpft. Ein Partner gewinnt, der andere verliert.
- Die Partner einigen sich. Es kommt zum Kompromiss oder Konsens. Beide sind Gewinner, außer es handelt sich um einen Kompromiss, z. B. im Verhältnis 20:80 oder 70:30, dann handelt es sich für eine Seite nur um einen Teilgewinn.
- Die Lösung des Konflikts wird delegiert, in der Regel „nach oben" zu einer übergeordneten Institution, z. B. einem Gericht.

Ob Konflikte eskalieren oder beigelegt werden können, hängt wesentlich von drei Bedingungen bei den Beteiligten ab.

1. *Kooperationswille:* Der Kooperationswille resultiert aus Persönlichkeitsmerkmalen und organisatorischen Bedingungen. Je nach Persönlichkeitsausprägung verfügen Menschen über unterschiedliches Konfliktverhalten (*vgl. Fuchs-Brüninghoff/Gröner 1999, S 49 ff.*). Je nachdem, welche Bedingungen nun durch das zugehörige Unternehmen für die Verhandlungen gesetzt werden, können diese konfliktfördernd oder -reduzierend wirken.
2. *Verhandlungsgeschick*: Es gibt Verhandlungsmethoden, die klar auf sachbezogenes Verhandeln ausgerichtet sind und eine Bandbreite an Verhaltensmöglichkeiten bieten, die Angriffe entschärfen und dazu beitragen, „Menschen und Probleme getrennt (zu) behandeln" (*Fisher u. a. 1997, S. 31*).
3. *Kompetenzen in Konfliktmanagement*: Konflikte managen zu können ist eine Fähigkeit, die heutzutage auf immer mehr beruflichen Positionen erwartet wird. Sie umfasst Wissen über Konfliktentstehung und typische Konfliktverläufe, die Fähigkeit zur Konfliktdiagnose und das Beherrschen unterschiedlicher Strategien zur Konfliktbehandlung (*vgl. Glasl 1997*).

Im Beherrschen dieser drei Bereiche gründen sich Erfolge in schwierigen Vertriebsverhandlungen. Es geht nicht in erster Linie darum, ein harter Verhandlungspartner zu sein, was oft gedacht wird, sondern es geht darum, Differenzen zwischen Verhandlungspartnern so zu überwinden, dass beide Seiten einen Gewinn aus dem Ergebnis für sich ziehen können. Die Kompetenzen in allen drei Bereichen sind durch Selbstreflexion und Training erweiterbar.

4.2.4.3 Beispiele für Konfliktsituationen

Es gibt immer wieder Bedingungen, unter denen Konflikte unvermeidbar sind. Hierzu zählen:

- Die Vorstellungen über den **Preis und die Lieferbedingungen** liegen bei Lieferant und Kunde zu weit auseinander.
- Kunde und Lieferant bearbeiten – wenn auch nur teilweise – **den gleichen Markt**. Dabei kann es sich um den gleichen Verkaufs- oder den gleichen Einkaufsmarkt handeln.
- Kunde und Lieferant haben **unterschiedliche Ziele** für die Geschäftsbeziehung.
- Kunde und Lieferant verfügen über die gleichen Produktions- und Prozesstechniken und stehen **technologisch im Wettbewerb** zueinander.
- Ein Partner verlässt die Kooperationsebene und beginnt ein **Machtspiel**.

Häufig sind Kunden und Lieferanten **auf den gleichen Märkten** tätig. So kann es sich ergeben, dass ein Hersteller von Blechteilen auch komplette Stoßfängereinheiten zusammenbaut und verkauft, einzelne Blechteile aber an andere Stoßfängerhersteller vertreibt. Wenn dieser dann im Rahmen der Angebotsphase seine Kalkulation offen legt, so ist dies für den anfragenden Stoßfängerhersteller eine günstige Gelegenheit, seine eigene Fertigung als Benchmark zu nutzen. Der Spielraum für günstigere Margen ist dadurch deutlich eingeschränkt. Eine Möglichkeit, diesen Konflikt zu lösen, wäre es, auf Angebote gegenüber diesem Kunden zu verzichten. Eine weitere Lösungsmöglichkeit wäre eine Kooperation, eine dritte liegt in der Begrenzung auf einen Produktbereich, z. B. auf die Blech-Einzelteile-Herstellung und dessen zielgerichteten Ausbau.

Auch die **Einkaufsmarktüberschneidung** bietet Konfliktpotenzial. Der Käufer von Frühstücksbrettchen, die er dem Anbieter zum Kauf aus Thailand empfiehlt, kann diese auch direkt selbst aus Thailand einführen. Sollte er dort gute Kontakte haben oder sogar eine eigene Einkaufsorganisation aufgebaut haben, so wird es ihm nicht schwer fallen, auf diesem Markt mit seinem Anbieter in den Wettbewerb einzusteigen. Selbst wenn er sich nur Detailinformationen über Preise- und Lieferbedingungen verschafft, bietet dies bereits eine gute Basis für Preisverhandlungen. Der Anbieter könnte eine Lösung aus diesem Konflikt darin suchen, dass er seine Frühstücksbretter im Paket zusammen mit Picknickbesteck und Serviette als komplettes Picknickset anbietet, das in dieser Form am thailändischen Markt nicht erhältlich ist. Eine andere Konfliktlösung ist über Designänderung und Produktgestaltung vorstellbar.

Vorteilhaft kann sich hingegen auswirken, wenn Kunde und Lieferant auf dem gleichen Markt Investitionsgüter beschaffen. Sofern es sich dabei um Standardmaschinen zur Bearbeitung von Teilen, zur Verpackung, zum Handling (Roboter o.Ä.) handelt, können über gemeinsame Einkaufsaktionen verbesserte Lieferkonditionen erwirkt werden.

Auf **gleichen Märkten für den Investitionsgütereinkauf** bewegen sich Kunde und Lieferant auch zuweilen, wenn beide sich mit den gleichen Produktionsprozessen befassen. So haben die Automobilhersteller in der Regel eigene Presswerke zur Herstellung von Karosserieblechteilen, kaufen gleichzeitig aber eine nicht unerhebliche Menge von Blechteilen zu. Gleiches gilt für Aluminium-Gussteile. Daraus ergibt sich ein weiterer grundsätzlicher Konfliktbereich.

Jedes in der Wirtschaft tätige Industrieunternehmen trachtet danach, sich einen **Wettbewerbsvorteil durch Know-how** zu erarbeiten. Nur solange dieser Vorteil vorhanden ist, kann ein Produkt zu guten Preisen verkauft werden. Im anderen Fall muss der **Preis zum Wettbewerbsvorteil** werden, was in der Regel niedrigere Renditen und demzufolge weniger Kapital für die zukünftige, langfristige Unternehmensentwicklung zur Folge hat.

Der **Wettbewerbsvorteil**, den viele produzierende Unternehmen sich verschaffen, liegt in der **Prozesstechnik** und den speziellen Eigenschaften des Produktes. So können schweißbare, leichte und dünnwandige Aluminiumdruckgussteile für den Automobilbau nur aus speziellen Legierungen im Vakuumdruckgussverfahren hergestellt werden. Wenn der Automobilkunde derartige Teile nun in seiner Gießerei auch herstellen will und im Rahmen des Simultaneous Engineering Einzelheiten der Konstruktion und der Fertigung ausgetauscht werden, schwindet der Wettbewerbsvorteil des Lieferanten. Da Wettbewerbsvorteile selbst bei patentrechtlichem Schutz nur für eine begrenzte Zeit aufrechtzuerhalten sind, tut der Lieferant gut daran, seine Entwicklungen weiterzubetreiben und durch technische Neuerungen neue Pluspunkte für seine Produkte zu finden.

Da der Kunde immer nach dem für ihn günstigsten Kosten-Nutzen-Verhältnis trachten wird, ist es neben der Kostenbetrachtung unerlässlich für den Lieferanten, die Nutzenfaktoren des Kunden herauszufinden. Damit berühren wir die Ziele beider Partner für eine Geschäftsbeziehung. Die Ziele sind nicht gleich und bieten daher Konfliktpotenzial.

Sofern der Kunde ein neues Geschäftsfeld erschließen möchte und dazu die Produkte des Lieferanten benötigt, werden für ihn der Innovationsgrad und die Liefersicherheit zu Beginn der Geschäftsbeziehung eine übergeordnete Rolle spielen. Schließlich gilt es, das neue Produkt zunächst am Markt einzuführen und einen Durchbruch zu schaffen. In der zweiten Phase der Geschäftsbeziehung steht dann der Preis im Vordergrund, da in dieser Phase die Erträge gesteigert werden sollen, um mögliche Anlaufverluste auszugleichen. Beim Lieferanten kann die Zielsetzung genau gegenläufig sein: Er möchte eine langfristige Geschäftsbeziehung aufbauen und die jahrelangen Vorausentwicklungen und getätigten Investitionen über den Verkauf seines Produktes mit guten Erträgen wieder einspielen, so dass er Preisreduzierungen in der zweiten Hälfte der Geschäftsbeziehung nicht zustimmen kann.

Aus einem solchen Konflikt einen Ausweg zu finden ist nicht leicht, erfordert **Verhandlungsgeschick und Kooperationswillen**, zumal die **Ziele** für eine Geschäftsbeziehung von beiden Seiten nicht immer so klar feststehen müssen wie soeben skizziert. Und selbst wenn die Positionen klar sind, so werden sie oft nicht offen ausgetauscht.

Immer wieder ist zu beobachten, dass Verträge geschlossen werden, die im ersten Ansatz fair und fundiert erscheinen, aus denen sich aber **über die Laufzeit** des Projektes **Konflikte ergeben**. Sei es, dass der Lieferant seine Möglichkeiten überschätzt hat und nicht lieferfähig ist, sei es, dass der Kunde Abnehmerstückzahlen aufgezeigt hat, die er nicht einhalten kann. Beides stellt sich erst bei oder nach Serieneinführung heraus und kann weit reichende Folgen haben. So war z. B. ein Hersteller von Holzartikeln gezwungen, seinen Zulieferer für Holzkanteln zu übernehmen, um seine eigene Lieferfähigkeit aufrechtzuerhalten. Der Holzkantelhersteller hatte Preise kalkuliert, die er nicht halten konnte und ihn daher in den Konkurs geführt hätten.

Als weiteres Beispiel sei der Autozulieferer genannt, der Bleche für die Armaturentafel eines großen Fahrzeugherstellers lieferte. Für die Produktion wurde eine Spezialmaschine angeschafft, der Teilepreis wurde auf Grund der voraussichtlichen Stückzahlen unter der Annahme einer dreischichtigen Auslastung dieser Maschine kalkuliert. Da der Verkaufserfolg des Fahrzeugs stark hinter den Erwartungen zurückblieb, war die Maschine nur einschichtig ausgelastet, das Blechteil wurde für den Zulieferer zum Verlustbringer.

Um derartigen Konflikten vorzubeugen, sollte man bei Vertragsabschluss gemeinsam festlegen, ab welcher Abweichung in positiver wie negativer Richtung man miteinander neu verhandelt.

Das gegenseitige **Verhältnis vom Kunden zum Lieferanten** sollte ein partnerschaftliches sein, das unter dem Motto steht „leben und leben lassen". Es gibt Situationen, in denen eine solche Partnerschaft von einer Seite nicht aufrechterhalten wird oder von beiden Seiten nicht aufrechterhalten werden kann. In diesen Fällen ist es sinnvoll, die Zusammenarbeit möglichst rechtzeitig zu beenden.

Die Einkaufspolitik des Herrn Lopez während seiner Zeit als Einkaufsvorstand bei General Motors und später bei VW ist vielfältig beschrieben worden und daher allgemein bekannt. Durch weltweite Preisvergleiche und gnadenlos niedrige Targetpreise hat er manchen Automobilzulieferer zu dauerhaft nicht haltbaren Preisen gezwungen. Die **Marktmacht** der Automobilkonzerne, gestützt auf riesige Stückzahlen und Umsatzvolumina, führt dazu, dass Zulieferer durch den Verlust eines einzigen Auftrags so schwer getroffen wären, dass sie erpressbar sind. Auf der anderen Seite hat es auch schon Alleinlieferanten gegeben, die durch Liefereinstellungen ihren Kunden zum Zugeständnis höherer Preise zwingen wollten.

Die aus der jeweiligen Position anvisierten finanziellen Erfolge brachten nur sehr kurzfristig für eine Seite eine Bedürfnisbefriedigung. Langfristig gesehen waren es vermeintliche Erfolge, denn Druck und Erpressung wirken auf Geschäftsbeziehungen zerstörerisch.

Solche Aktionen wirken sich nachhaltig negativ auf alle Bereiche des Kunden und Lieferanten aus, die miteinander Kontakt haben. Sie führen zu einer grundlegenden Beziehungsstörung. Die Entwickler wissen nicht mehr, ob sie miteinander über zukünftige Projekte sprechen dürfen, die Qualitätsabteilungen achten verstärkt auf Toleranzeinhaltung und reklamieren beim geringfügigsten Anlass, der Einkauf erfragt keine Angebote mehr und die Geschäftsführungen verhandeln über ihre Rechtsanwälte miteinander. Wenn erst einmal so viel „Sand im Getriebe" ist, gibt es im Grunde nur noch eine Konflikt*lösungs*möglichkeit: das „Auf*lösen*" der Geschäftsbeziehung. Konkret bedeutet dies: Der Kunde sucht sich einen anderen Lieferanten, der Lieferant sucht sich neue Kunden. Dies sollte möglichst ohne Gesichtsverlust für beide Seiten erfolgen, denn nur dadurch bleibt die Tür offen für zukünftige Kontakte und Gespräche über neue, andere Projekte.

4.2.5 Fazit

Konflikte zwischen Kunden und Lieferanten sind normal, sie sind möglicherweise sogar geschäftsfördernd, solange sie nicht zu Feindschaften ausarten, sondern von beiden Seiten als Chance für Entwicklungen gesehen werden. Die Interessen beider Seiten sind nur in einem gewissen Rahmen gegensätzlich, sie basieren auf einem gleichen Ziel. Der Kunde braucht den Lieferanten, der Lieferant braucht den Kunden, denn beide wollen in ihrem Markt bestehen und d. h. Geschäfte miteinander machen.

In der konkreten täglichen Zusammenarbeit und in den oft auftretenden Verhandlungen geht es darum, zunächst zu erkennen, dass ein Konflikt vorliegt, dann seine Ursache zu ergründen, um ihn schließlich zu überwinden. Neben dem Wissen um Konfliktentstehung und -bearbeitung benötigen die Beteiligten Verhandlungsgeschick und Kooperationswillen.

Bei einer gewissen Bereitschaft des Kunden, sich in die Lage des Lieferanten zu versetzen, und des Lieferanten, sich in die Lage des Kunden hineinzudenken, ist das Potenzial für eine „Win-Win-Lösung" des Konflikts gegeben. Sollte sich abzeichnen, dass diese nicht möglich ist, so empfiehlt es sich, eine Eskalation des Konflikts zu verhindern, denn nur so kann man zu einem späteren Zeitpunkt in einer anderen Sache wieder zueinander finden. Diese grundsätzlichen Überlegungen treffen sowohl auf zwei einzelne Menschen zu, die einen Konflikt miteinander austragen, als auch auf Gruppen, die miteinander in Konflikt stehen. Somit ist es nicht verwunderlich, dass sie auch für Unternehmen gelten, die bezeichnender Weise Unternehmen heißen, weil sie durch Menschen geformt werden, die etwas unternehmen.

Literatur

Fisher/Ury/Patton (1997): Fisher, R./Ury, W./Patton, B.: Das Harvard-Konzept, Frankfurt, New York

Fuchs-Brüninghoff/Gröner (1999): Fuchs-Brüninghoff, E./Gröner, H.: Zusammenarbeit erfolgreich gestalten, München

Glasl (1997): Glasl, F.: Konfliktmanagement, 5., erw. Aufl., Bern

4.3 Preisargumentation

Werner Pepels

4.3.1 Strategische Argumentationsebene

Die Preisargumentation ist eine gefährliche Klippe in jedem Verkaufsgespräch. Viele Verkäufer sehen sich daher veranlasst, die vorgeleistete Aufbauarbeit durch proaktive Preiszugeständnisse retten zu wollen, bevor sie noch überhaupt verloren gegangen ist. Dabei setzen sie zutreffenderweise voraus, dass ihr Preis, gleich welcher Höhe, vom Gegenüber ohnehin nicht akzeptiert wird. Dieses Verhalten führt jedoch geradewegs ins kaufmännische Verderben, denn vermeidbare Preiszugeständnisse ohne Gegenleistung provozieren den Gegenüber geradezu dazu, noch im gleichen oder bestenfalls im nächsten Gespräch weitere Zugeständnisse zu verlangen. Denn zum einen lockt der uralte Trieb zur Gier und zum anderen ist dafür nicht einmal zusätzlicher Aufwand erforderlich. Der Gesprächspartner hat also nichts zu verlieren, aber alles zu gewinnen.

Dies ist augenscheinlich eine denkbar schlechte Ausgangssituation für Preisverhandlungen. Daher kommt es darauf an, den sowieso als zu hoch empfundenen Preis strategisch souverän zu behandeln. Entscheidender Schlüssel dafür ist ein Wechsel der Perspektive von einer absoluten zu einer relativen Preisbetrachtung. Denn ist ein Preis zu hoch, als dass ein Nachfrager ihn sich leisten könnte, steht jede Verkaufschance ohnehin auf schwachen Füßen. Liegt aber die absolute Preishöhe innerhalb der Budgetlimitation des Nachfragers, muss sein Blick unbedingt auf den Leistungsgegenwert für dieses Preisopfer gelenkt werden.

Dem liegt die gedankliche Betrachtung eines Preis-Leistungs-Quotienten zugrunde, d. h., modellhaft steht jeder Preis in Relation zu der für dessen Preisopfer gebotenen Leistung. Man beurteilt somit vielmehr die (relative) Preiswürdigkeit als die (absolute) Preisgünstigkeit. Ein Angebot, das als zu teuer empfunden wird, obgleich es von seiner absoluten Höhe her innerhalb der Budgetlimitation liegt, ist daher nicht absolut zu teuer, sondern wird vom potenziellen Nachfrager als zu teuer im Vergleich zur dafür gebotenen Leistung betrachtet. Und das ist ein großer Unterschied. Dieser empfundene Preis-Leistungs-Quotient muss daher verbessert werden. Dafür bietet es sich aber an, statt beim Preis bei der Leistung anzusetzen. Denn die Preiswürdigkeit steigt nicht nur, wenn bei gleich bleibender Leistung der Preis ermäßigt, sondern gerade auch, wenn bei gleich bleibendem Preis die Leistung erhöht wird.

Damit wird die Preisargumentation eigentlich zu einer strategischen Argumentation des Leistungsgegenwerts. Insofern sollte man im Preisgespräch unbedingt über die Gegenleistung argumentieren. Dafür gibt es zwei Ansatzpunkte. Zum einen den Ansatzpunkt der faktischen Produktleistung. Dieser ist in der Praxis allerdings nur sehr begrenzt ergiebig, weil die Leistungen konkurrierender Angebote heute in der Regel auf hohem Niveau untereinander austauschbar sind, Preisnachteile dadurch also nicht, zumindest nicht dauerhaft, wirksam wegargumentiert werden können. Daher bietet es sich alternativ an, über die durch Kunden/Interessenten subjektiv wahrgenommene Produktleistung zu argumentieren. Diese weicht, selbst bei vermeintlich rationalem Entscheiden, durchaus von der faktischen Leistung ab. Sie kann niedriger liegen als diese, etwa wenn Imagenachteile vorliegen, welche die Nachhaltigkeit von Leistungsvorteilen in Zweifel ziehen lassen, oder, natürlich besser, höher als diese, wenn Imagevorteile gegeben sind, die sich zur Förderung der Preisakzeptanz ausspielen lassen.

Im Preisgespräch ist damit nicht die Faktenebene ausschlaggebend für den Erfolg, sondern die Wahrnehmungsebene. Diese addiert zu den Fakten weitere Werte hinzu (oder zieht diese auch davon ab). Durch Verringerung eines Negativsaldos bzw. Ausbau eines Positivsaldos steigt damit automatisch die (relative) Preiswürdigkeit. Da jeder Preis aber insoweit relativ ist, nämlich gemessen an einer Referenz, ist nur eine Leistungsargumentation im Stande, einen a priori sowieso als zu hoch empfundenen Preis wegzuargumentieren, keinesfalls aber eine reine Preisargumentation, bei der man als Verkäufer immer schon vorher verloren hat, sei es, weil man die Gier des anderen weckt, oder sei es, weil es nach diesem Maßstab immer einen noch billigeren Konkurrenten gibt, der zum Zuge kommt.

Es kann sinnvoll sein, in die Verhandlung mit einer möglichst hohen Preisforderung einzusteigen. Das eröffnet bei wohl unvermeidlichem Preisdruck zumindest einen möglichst großen Verhandlungsspielraum. Allerdings darf die Preisforderung keinesfalls unrealistisch hoch sein, da es ihr dann an Glaubwürdigkeit mangelt. Verschiedene Preisbestandteile können dabei verschieden stark ausgereizt sein, z. B. kann ein Preisausgleich zwischen einzelnen Angebotsbestandteilen angestrebt werden. Dabei sollte man sich für jedes Element des Angebots unbedingt ein unteres Preislimit setzen. Günstig ist in diesem Zusammenhang die Offerte von Preisbundles, so dass die Vergleichbarkeit der Einzelpositionen erschwert oder sogar verunmöglicht wird.

Forderungen nach Preiszugeständnissen müssen mit Leistungszugeständnissen des Gegenübers verbunden sein (s.o.). Preiszugeständnisse kehren die Machtrelation im Verkaufsgespräch um, der potenzielle Käufer fordert nunmehr seinerseits ein Entgegenkommen. Das gibt dem Verkäufer die Chance zur Übernahme der Führung des Gesprächs zurück. Außerdem stellen Preiszugeständnisse ohne Gegenleistung die ursprüngliche Preisforderung als unglaubwürdig dar. Um zweckmäßige Gegenleistungen formulieren zu können, muss man diese vorab konzeptionell durchplanen. Dabei sind solche Elemente besonders sinnvoll, die den Gegenüber monetär/organisational kaum belasten, für die eigene Seite aber einen erheblichen Nutzen (Kostenvermeidung) bieten.

Wenn Preiszugeständnisse unvermeidbar sind, und das sind sie bei verbreitet anzutreffender Nachfragemacht, dann dürfen diese nur in kleinen Schritten konzidiert werden. Auf keinen Fall soll man ohne konkrete Aufforderung Zugeständnisse machen. Probeweise kann die Forderung des Gegenübers zunächst auch abgelehnt werden (immer verbindlich im Ton, aber hart in der Sache). Vielleicht gelingt es auf diese Weise, die Forderung abzuwenden. Wenn nicht, soll man der Forderung mit einem kleinen Entgegenkommen entsprechen, das ist dann die neue Verhandlungsbasis, auf der eine Einigung erzielbar ist. Denkbar ist auch die Unterbrechung des Gesprächs, um das Preisgebot (und sei es auch nur vorgeblich) intensiv zu überprüfen. Das vermittelt dem Gegenüber, selbst bei Ablehnung, das Gefühl, dass er den Preisspielraum bis an die Grenze ausgereizt hat.

Im fortschreitenden Zeitablauf wird die Position des Verkäufers immer mächtiger, weil der potenzielle Käufer bereits viel Zeit und Energie in die Verhandlungen investiert und sich dabei seinen Vorstellungen weit angenähert hat, wohingegen er bei einem anderen Verhandlungspartner notwendigerweise wieder von vorn beginnen muss. Daher sollten Preiszugeständnisse im Zeitablauf immer geringer ausfallen. Dabei empfiehlt es sich als Verkäufer, sich Zeit zu nehmen, denn schließlich hat man gerade seinen Auftritt vor dem Kunden, und solange dieser die Verhandlung fortsetzt, kommt zumindest schon einmal kein Konkurrent zum Zuge. Unzufriedenheitsäußerungen des Gegenübers sollte man dabei als das nehmen, was sie sind, nämlich (meist professionelle) Schau. Meist bewirkt die Zeit eine sukzessive Annäherung der Positionen, arbeitet also für den Verkäufer.

Diese strategische Argumentationsebene vorausgesetzt ergeben sich nunmehr eine ganze Reihe taktischer Argumentationen, die im Preisgespräch eingesetzt werden können.

4.3.2 Taktische Argumentationsebene

4.3.2.1 Gesprächstechniken

Auf der taktischen Ebene der Verkaufsgesprächsführung steht eine Vielzahl von Gesprächstechniken bereit, um die Preisargumentation zu eigenen Gunsten voranzutreiben. Häufig eingesetzte Techniken sind dabei die folgenden.

1. Verzögerungstaktik
Sie besagt, dass zunächst immer die Produktvorteile genannt werden sollen und danach erst der Preis. Dies muss im Übrigen in jedem Fall die Regel der Vorgehensweise sein. Denn der Preis ist ja immer relativ, und je wertiger das Angebot, desto mehr Gegenleistung ist es berechtigterweise wert. Dies vermeidet auch einen ansonsten vielleicht drohenden Preisschock.

„Dieses Fahrzeug ist ausgesprochen hochwertig verarbeitet und hat einen überragend spritzigen, seidenweich laufenden Motor, und das alles schon in der Preisregion unter 15.000 EUR."

2. Sandwichtaktik

Dabei geht man derart vor, dass der Preis vor und nach der Nennung von Produktvorteilen eingerahmt wird. Dadurch bekommen diese ein argumentatives Übergewicht gegenüber dem zu leistenden Preisopfer und werden somit stärker wahrgenommen als die Preisnennung selbst.

„Dieser Wagen ist sehr sparsam im Benzinverbrauch, für 14.990 EUR erhalten Sie zudem ein Fahrzeug mit sehr stabilem Wiederverkaufswert. Darin steckt insgesamt ein hohes Sparpotenzial."

3. Relativierungstaktik

Dabei wird der Preis durch Vergleich mit anderen, eher gewöhnten, vielleicht alltäglichen Ausgaben abgeschwächt und dadurch verkleinert. Damit kann die Akzeptanz der Preisforderung in vielen Fällen entscheidend erhöht werden.

„In diesem Preis ist sogar schon das elektrische Faltschiebedach enthalten. Für das allein zahlen Sie bei anderen Herstellern mindestens noch einmal 300 EUR extra."

4. Differenztaktik

Dabei wird nur die Zuzahlung als Mehrpreis zwischen einem Standard- und einem Individualangebot genannt oder auch die Differenz zwischen zwei konkurrierenden Angeboten. Gemessen am absoluten Preis ist der relative Mehrpreis dann leichter zu verkraften. Dies bietet sich vor allem bei Kompensationsgeschäften (Inzahlungnahme) an.

„Die XL-Version dieses Wagentyps kostet gerade einmal 400 EUR mehr als die Grundversion, und dafür erhalten Sie jede Menge Extras, wie sie üblicherweise nur in weitaus teureren Fahrzeugen vorzufinden sind."

5. Verkleinerungstaktik

Der Preis wird hierbei auf Einzeleinheiten bezogen. Dies bietet sich allerdings eher für Mengenprodukte an, die nur einen optisch niedrigen Stückwert haben (Divisionsargumentation).
„Für die Sporträder, bestehend aus Leichtmetallfelgen und sportlichen Niederquerschnittreifen, werden nur knapp 500 EUR berechnet, das ist weniger als 100 EUR pro Rad, denn auch das Reserverad ist bei diesem Typ natürlich ein vollwertiges Sportrad."

6. Vergrößerungstaktik

Der Preis wird auf die darin beinhaltete Stückzahl oder Ausstattung bezogen und wirkt insofern optisch günstiger. Dies bietet sich in erster Linie bei Sammelangeboten an (Multiplikationsargumentation).

„Für die Sporträder, bestehend aus Leichtmetallfelgen und Niederquerschnittreifen, werden nur 490 EUR berechnet, und das ist ein hochwertiges Set aus je vier dreiarmigen Felgen und vier Ganzjahresreifen."

7. Appelltaktik

Dabei wird das Sicherheitsbedürfnis des potenziellen Kunden angesprochen. Ihm wird suggeriert, dass er bei seiner Investition kein Risiko eingehen und eher das bessere Angebot wählen sollte, das allerdings naturgemäß auch seinen (höheren) Preis hat.

„Gerade wenn man auf sein Auto beruflich angewiesen ist, sollte man kein Risiko mit irgendwelchen Billigmarken eingehen. Der Ärger, den man sich damit später einhandelt, ist die Geldersparnis wahrhaftig nicht Wert."

8. Nachteilstaktik

Dabei werden die Produktnachteile einer billigeren Kaufalternative im Vergleich zu einer besseren aufgezeigt. Dies ist allerdings nicht ohne Gefahr, denn zwischen zwei schlechte Alternativen gestellt, die eine zu teuer und die andere nicht gut genug, kann der Abnehmer den Kauf leicht verweigern. Daher ist diese Taktik mit Bedacht einzusetzen und sollte nicht vorschnell angewendet werden.

„Wenn Sie ein Auto primär für den Stadtverkehr brauchen, ist dieser Typ hier natürlich völlig ausreichend. Bedenken Sie aber auch, dass Sie vielleicht einmal längere Touren absolvieren wollen, etwa in den Urlaub, da fahren Sie mit jenem Typ hier in jeder Beziehung wesentlich besser."

9. Zerlegungstaktik

Sie besagt, dass die Gesamtleistung eines Angebots auf dessen Einzelleistungen zurückgeführt wird, deren Preise jeweils optisch niedrig erscheinen und damit mutmaßlich auf weniger Kaufwiderstand stoßen als bei einem Gesamtpreis.

„Dieses Sondermodell enthält bereits eine umfangreiche Winterausstattung, so unter anderem Zusatzscheinwerfer, Nebelschlussleuchte, stärkere Batterie, Sitzheizung und beheizbare Heckscheibe, und das alles für nur 14.990 EUR. Na, wenn Sie damit nicht gut durch den Winter kommen?"

10. Zugabetaktik

In diesem Fall werden zum puren Produkt weitere geldwerte Vorteile gewährt. Dies ist allerdings eine recht aufwändige Taktik, welche die Rentabilität unmittelbar verringert. Daher sollte sie nur als Ultima Ratio eingesetzt werden.

„Beim Kauf dieses Wagens biete ich Ihnen an, die Kosten für die erste Inspektion und eine Garantie auf alle Verschleißteile während der ersten drei Jahre oder 100.000 km zu übernehmen. Diese werden Ihnen also nicht mehr gesondert berechnet."

11. Do-ut-des-Taktik

Dabei werden etwaige Preiszugeständnisse von einer gleichzeitigen Gegenleistung des Abnehmers abhängig gemacht. Das bedeutet, es geht Zugeständnis für Zugeständnis zu, was betriebswirtschaftlich sehr sinnvoll ist. Diese Taktik ist eine ausgesprochen sinnvolle und sollte daher die generelle Grundlage für Preisgespräche darstellen.

„Na gut, weil ich überzeugt bin, dass dieses Fahrzeug genau das richtige für Sie ist, mache ich Ihnen die Entscheidung noch leichter, mit einem unschlagbaren Hauspreis von 14.500 EUR. Der gilt aber nur hier und jetzt, weil mir dieses Angebot später sicher schon wieder Leid getan haben wird."

12. Nutzentaktik

Dabei wird dem Abnehmer vor Augen geführt, welche Anforderungen er selbst an die Qualität eines Angebots stellt und dass diese mit billigeren, weniger leistungsfähigen Angeboten nun einmal nicht realistisch zu befriedigen ist.

„Sie haben mir Ihre Wünsche in Bezug auf ein sicheres, geräumiges und hochwertig verarbeitetes Fahrzeug geschildert. Das ist alles sehr berechtigt, aber diese Anforderungen verlangen einen gewissen konstruktiven Aufwand, der aber erst in einer höheren Fahrzeugklasse zu leisten ist."

13. Nutzenentgangstaktik

Sie besagt, dass der Abnehmer mit der Konsequenz eines Nichtkaufs konfrontiert wird, nämlich auf den mit dem Kauf verbundenen Nutzen zu verzichten. Dieser Hebel hilft, vorsichtig angesetzt, zaudernden Kunden, die schon halb entschlossen sind, über die Kaufschwelle hinweg.

„Stellen Sie sich nur einmal vor, wie toll das wird, wenn Sie bei den ersten warmen Sonnenstrahlen das Verdeck Ihres Cabrios zurückklappen und sich den Frühlingswind um die Nase wehen lassen können, während die anderen Autofahrer in ihren Blechkabinen schwitzen.

4.3.2.2 Preiseinwände

Häufig wird die Forcierung des Gesprächs durch das Vorbringen von Preiseinwänden seitens des potenziellen Kunden behindert. Dafür stehen wiederum verschiedene Gesprächstechniken bereit.

1. Papageientaktik
Dabei wird der Preiseinwand des potenziellen Kunden zunächst einmal als Frage wiederholt. Dadurch bestätigt man einerseits, dass man den Aspekt verstanden hat, andererseits gewinnt man Zeit zu überlegen, wie man diesem Aspekt am besten in der Argumentation Rechnung trägt.

„Sie sagen also, das Auto sei Ihnen zu teuer. Seien Sie doch bitte so freundlich, mir kurz zu erläutern, worauf Ihre Einschätzung beruht. Welchen Vergleich zu Preisen anderer Angebote ziehen Sie dabei"

2. Vorwegnahmetaktik
Dabei wird ein möglicher Preiseinwand, der vom Abnehmer noch gar nicht gekommen ist, vorweggenommen und präventiv entkräftet, indem man gleich Gegenargumente nennt. Auf diese Weise kann man dem Preisaspekt viel von seinem Gewicht nehmen. Allerdings besteht auch die Gefahr, dass man damit mühsam gegen Einwände anargumentiert, die der potenzielle Kunde ursprünglich gar nicht vorzubringen vorhatte.

„An dieser Stelle wird von Kunden häufig der geringfügig höhere Neuwagenpreis gegenüber japanischen Fabrikaten angeführt, aber bedenken Sie bitte, dass diese vermeintliche Ersparnis durch deren weitaus höheren Wertverlust beim Gebrauchtwagenverkauf mehr als wieder aufgezehrt wird."

3. Zurückstellungstaktik
Dies bedeutet, dass man die Antwort auf den Preiseinwand auf einen vorgeblich günstigeren, späteren Gesprächszeitpunkt verschiebt. Dabei schwingt die Hoffnung mit, dass der Preis gegenüber den bis dahin genannten Angebotsvorteilen in seiner Bedeutung in den Hintergrund getreten ist und sich eine Gegenargumentation weitgehend erübrigt.

„Über den genauen Preis können wir später detailliert sprechen, machen Sie doch zunächst erst einmal eine Probefahrt, und schauen Sie, ob das Auto zu Ihnen passt."

4. Umformulierungstaktik
Dabei wird eine rhetorische Umformulierung des Preiseinwandes in milderen Worten vorgenommen. Damit kann dem Gespräch bereits im Ansatz die Schärfe genommen werden. Da Zu-

hörer sprachliche Ungenauigkeiten meist nicht sofort abmahnen, wird die Bedeutung des Preises damit de facto gemildert.

„Sie meinen also, der Preis sei durch die Qualität des Fahrzeugs nicht gerechtfertigt. Da bitte ich Sie aber zu bedenken, dass sie quasi gratis noch eine Garantie gegen Durchrostung für immerhin zehn Jahre erhalten. Das zeigt schon, dass der Hersteller nichts zu verbergen hat."

5. Kompensationstaktik

In diesem Fall wird ein Preisnachteil bewusst eingestanden, aber nur, um sofort größere Leistungsvorteile dagegenstellen zu können. Dies gilt vor allem bei ansonsten nicht wegzudiskutierenden, vordergründigen Preisnachteilen, wobei sogar der Eindruck einer gewissen Objektivität in der Argumentation entstehen kann.

„Nun gut, der Preis dieses Modells liegt vielleicht optisch etwas über dem anderer Fahrzeuge seiner Klasse, aber auch die Leistung liegt tatsächlich erheblich über dem Niveau der Klasse, was aktuell auch der neutrale und kritische AMS-Test bestätigt."

6. Entlastungstaktik

Dabei wird der Preiseinwand dadurch entkräftet, dass man den potenziellen Kunden von den damit verbundenen Problemen entlastet. Das kann etwa ein Hinweis auf vorhandene Budgetmittel oder auf die Amortisation einer Investitionssumme sein. Allerdings ist dabei Zurückhaltung angezeigt, da leicht dessen Geltungsbedürfnis verletzt werden kann. Deshalb bietet sich die Verbindung mit einer Bestätigung seiner Wichtigkeit als Gesprächspartner an.

„Wegen der Finanzierung des Kaufpreises brauchen Sie sich keine Sorgen zu machen, da finden wir gemeinsam bestimmt ein maßgeschneidertes Angebot in den aktuellen Finanzierungskonditionen, das für Sie problemlos verkraftbar ist."

7. Transformationstaktik

Dabei geht es um die Aufforderung an den Gegenüber, seinen Preiseinwand näher zu begründen, um dadurch mehr über dessen Ursache zu erfahren. Denn meist steckt hinter dem Preisargument ein anderes, eigentlich ursächliches Argument, das ansonsten nicht verkaufstechnisch behandelt werden kann. Vor allem stößt man auf Tabuthemen, die der Gegenüber von sich aus ansonsten nicht vorgebracht hätte, die seine Entscheidung aber blockieren.

„Ich habe noch nicht verstanden, warum Sie dieses Auto für überteuert halten. Können Sie mir da bitte helfen, das nachzuvollziehen?"

8. Ja-aber-Taktik
Hier wird dem Preiseinwand zunächst zugestimmt, dies dann aber sofort erheblich derart eingeschränkt, dass die Aussage des Abnehmers sich am Ende ins Gegenteil verkehrt. Dadurch vermeidet man, dem potenziellen Kunden offen zu widersprechen, denn eine gewonnene Diskussion ist meist ein verlorener Kunde.

„Ja, auf den ersten Blick scheint die Aufpreisliste in der Tat sehr lang, aber wenn man genauer hinschaut, stellt sich heraus, dass die Ausstattung des Grundmodells bereits rundum so komplett ist, dass Zusatzausstattungen nur bei ausgefallenen Ansprüchen überhaupt erforderlich werden."

9. Umkehrungstaktik
Dabei wird ein vorgeblicher Preisnachteil in einen Vorteil umgewidmet. Dies kann vor allem bei hochpreisigen und Luxusartikeln funktionieren (Prestige) sowie kleinpreisigen und Low Involvement-Artikeln (Risikobegrenzung).

„Der Preis dieses Fahrzeugtyps liegt zwar zugegebenermaßen über dem Durchschnitt, das sorgt aber gerade dafür, dass man in der Öffentlichkeit sofort erkennt, dass der Fahrer es sich leisten kann, höhere Ansprüche an ein Auto zu stellen."

10. Isolierungstaktik
Damit kann abgeklärt werden, ob der Preiseinwand wirklich der letzte Hinderungsgrund für einen Abschluss ist, und dass, wenn es gelingt, dieses Bedenken auszuräumen, die Verhandlung abgeschlossen werden kann. Damit wird zumindest verhindert, dass immer wieder neue Einwände, oder aber gleiche in anderer Formulierung, nachgeschoben werden.

„Wenn ich Ihnen schlüssig aufzeigen kann, wie Sie sich diesen Wagen für max. 250 EUR pro Monat leisten können, sind wir uns dann mit dem Kaufabschluss einig?"

4.3.3 Operative Argumentationsebene

4.3.3.1 Closing

Ist der Preis akzeptabel argumentiert, gilt es, sofort den „Sack zuzumachen". Vertriebstechnisch wird dies als Closing bezeichnet. Hier werden von potenziellen Kunden oft in letzter Sekunde Vorwände eingebracht, die aus Angst um die Endgültigkeit des Abschlusses entstehen. Solche Vorwände darf man im Vertrieb nicht gelten lassen.

Allerdings fehlt es hierzulande häufig an der notwendigen Härte, einen Abnehmer, den man im Gespräch bis unmittelbar vor dem Vertragsabschluss begleitet hat, nun auch tatsächlich zum Abschluss zu bringen. Solche Bedenken stellen jedoch den bislang getriebenen Aufwand dramatisch in Frage. Meist ist es in späteren Phasen dramaturgisch nicht mehr möglich, den Kunden genügend einzubinden, als dass ein Abschluss noch zustande kommen kann.

In einer Phase jedoch, in der alle bisherigen Hürden des Verkaufsgesprächs überwunden worden sind, ist der potenzielle Kunde so nahe am Abschluss wie vorher und nachher nicht mehr. Ein gewisses Zögern auf Abnehmerseite ist dabei meist ganz menschlich und normal. Umso wichtiger ist es, dem ein Forcieren auf Anbieterseite entgegenzustellen.

Häufige Vorwände, die in diesem Zusammenhang gebraucht werden, sind etwa die folgenden (siehe dazu detailliert Beitrag 4.4):

1. **Vertrösten** („Ich rufe Sie dieser Tage wieder an, dann können wir alles perfekt machen.").

Hier muss man hinterfragen, welche Informationen zur Entscheidung noch fehlen. Denn offensichtlich ist die Abschlussreife noch nicht erreicht. Lässt man sich auf ein Vertrösten ein, muss man den potenziellen Kunden beim nächsten Mal erst wieder bis zur Abschlussreife bringen, da Zweifel an der Richtigkeit seiner Entscheidung und die Attraktivität anderer Kaufalternativen ihn zwischenzeitlich wieder ein ganzes Stück vom Kaufentscheid haben abrücken lassen. Wenn es nicht anders geht, sollte man auf jeden Fall einen Termin für den Nachfass ausmachen. Dabei ist mit alternativen Terminangeboten zu arbeiten.

2. **Entscheidungsflucht** („Ich habe keine Zeit, mich damit jetzt abschließend zu beschäftigen.")

Der Verkäufer sollte unbedingt anbieten, gerade wegen des offensichtlichen Zeitmangels Entscheidungshilfen zu liefern, die den Abnehmer entlasten. Man kann z. B. abfragen, welche Informationen noch fehlen, um eine Entscheidung herbeizuführen. Auch ist die vorsichtige Frage möglich, ob das Gegenüber es sich erlauben kann, ein leistungsfähiges Angebot nicht umgehend zu prüfen und qualifiziert zu beschließen. Schließlich kann man daran erinnern, dass, je früher man agiert, desto weniger man später unter Zeitdruck geraten wird.

3. **Alternativeneinholung** („Ich will erst noch andere Angebote prüfen.")

In diesem Fall sollte man zumindest Einfluss auf die Beurteilungskriterien der Angebote zu nehmen versuchen. So kann man dem potenziellen Kunden anbieten, mit ihm die Kernpunkte für einen Angebotsvergleich durchzugehen, damit nachher nicht verzerrte Ergebnisse zustande kommen. Dabei wiederum kann man diejenigen Kriterien besonders betonen, in denen das eigene Angebot mutmaßlich komparative Konkurrenzvorteile besitzt, d. h. das eigene Angebot besonders gut oder konkurrierende Angebote gleichzeitig besonders schlecht abschneiden.

4. **Vorwand** („Ich kann mir diese Anschaffung im Moment gar nicht leisten, habe kein Budget dafür frei.")
Hier muss der Verkäufer unbedingt vorteilhafte Möglichkeiten der Absatzfinanzierung aufzeigen. Denn Verkaufen beginnt eigentlich erst bei dem Nein des potenziellen Kunden, alles andere ist einfach. Nunmehr gilt es, ihm nachzuweisen, dass er sich die Anschaffung, die er emotional zu tätigen wünscht, tatsächlich real auch leisten kann. Instrumente dazu sind etwa die Einräumung längerer Zahlungsziele, Kreditierungsangebote, Teilzahlungsvereinbarungen etc.

5. **Kompetenzmangel** („Ich will das Angebot erst mit meinem Mann/meinem Controller besprechen.")
Hier sollte der Verkäufer unbedingt auf einen gemeinsamen Termin hinwirken und diesen auch fest vereinbaren. Dabei können etwaige Unklarheiten aufgelöst werden. Ansonsten wirken diese Dritten außerhalb des Einflussbereichs des Verkäufers auf die Entscheidung ein und vermindern dadurch die Abschlusschancen. Auf keinen Fall sollte man Berührungsängste in diesem Punkt zeigen, weil das auch so interpretiert werden könnte, dass man schon seine Gründe haben wird, dieser Diskussion auszuweichen.

6. **Unsicherheit** („Sie sind der erste Anbieter, mit dem ich in dieser Angelegenheit gesprochen habe.")
Es kommt aber nicht darauf an, das wie vielte Angebot es ist, für das man sich entscheidet, sondern es kommt ausschließlich darauf an, ob es ein gutes Angebot ist, das man wählt, weil es im Leistungsprofil zu den gegebenen Anforderungen passt. Wenn das gleich beim ersten Angebot der Fall ist, umso besser. Es kommt also auf den Fit an, nicht auf den puren Fleiß in der Sammlung von Angeboten. Der Kunde soll vielmehr froh sein, dass der Kontakt so reibungslos vonstatten gegangen ist.

4.3.3.2 Abschlusshindernisse

Vor allem im Bereich der gewerblichen Beschaffung sind zahlreiche Techniken zum Herausschlagen von Preisvorteilen bekannt, die großenteils unfairer Natur sind. Dazu im Folgenden einige Beispiele.

1. Wartetrick

Der Einkäufer lässt den Verkäufer zwischen Vorverhandlungs- und Abschlussphase warten.

Hier ist es berechtigt, sich nach einiger Zeit in Erinnerung zu bringen, erst recht, wenn es sich um einen angemeldeten Termin handelt. Damit geht der moralische Druck auf den Gesprächspartner über. Auf jeden Fall sollte man Beharrungsvermögen zeigen, denn jeder Kundentermin ist wertvoll. In ähnlicher Weise ist der Fall zu werten, dass der Einkäufer in der Abschlussphase mehrfach und häufig unmotiviert das Zimmer verlässt. Damit wird jedes Mal der Spannungsbogen zum Closing unterlaufen. Hier sollte der Verkäufer höflich nachfragen, ob nicht eine Konzentration auf ein gemeinsames Projekt zurzeit der Effizienz dienlicher ist.

2. Zeitdrucktrick

Der Einkäufer setzt den Verkäufer unter Zeitdruck.

Meist wird dies mit ultimativ vorgebrachten Preisobergrenzen verbunden, zu denen der Verkäufer sich dann zu äußern hat. Hier ist es wichtig, eine differenzierte, dem Kaufobjekt angemessene Behandlung vorzubringen. Hilfreich ist auch der Hinweis auf einen vorab vereinbarten Zeitrahmen für das Gespräch, sofern dieser noch nicht ausgeschöpft ist. Will der Einkäufer sich an diese Vereinbarung nicht halten, kann man dies hinterfragen, und er muss sich erklären, will er sein Gesicht nicht verlieren.

3. Schweigetrick

Der Einkäufer äußert sich nicht zu seiner Abschlussabsicht.

Hier sollte der Verkäufer mit offenen Fragen agieren, die den Gegenüber veranlassen, seine Meinung kundzutun. Notfalls kann man auch mit nahe liegenden Annahmen operieren, die der Einkäufer schon zurückweisen wird, wenn sie nicht in seinem Sinne sind. Immerhin hat man dann aber einen Ansatzpunkt zum Dialog. Keinesfalls darf man die Zeit mit Monologen vertun. Ähnlich problematisch ist es, wenn man auf notorische Nein-Sager trifft. Hier muss man durch offene Fragen die Gründe für die pauschale Negation erfragen und diese einzeln als unzutreffend oder zumindest übertrieben wegargumentieren. Das Nein-Sagen ist meist nur ein Vorwand für dahinter stehende Probleme, die den Abschluss blockieren.

4. Blufftrick

Der Einkäufer verzögert den Abschluss mit Hinweis auf frühere Abwicklungsprobleme.

Hier ist es unerlässlich, vor dem Termin bereits ein gründliches Aktenstudium betrieben zu haben. Denn wenn man die Transaktionshistorie eines Kunden möglichst genau kennt, kann man weitaus besser argumentieren. Wichtig ist es vorzubringen, welche konkreten Vorkehrungen getroffen worden sind, damit aufgetretene Abwicklungsprobleme nunmehr nicht mehr vorkommen. Häufig sind die Abwicklungsprobleme auch nur konstruiert oder zumindest nicht so eindeutig nachzuweisen wie vorgebracht. Sofern diese Probleme bereinigt worden sind, gibt es keinen Grund, diese nicht ruhen zu lassen. Keinesfalls darf man die Schuld auf Mitarbeiter schieben, weder eigene oder fremde, oder eigene Fehler gegen Fehler des Gegenübers aufrechnen.

5. Gremientrick

Der Einkäufer zieht plötzlich andere Gesprächsteilnehmer hinzu.

Um eine unangenehme Gesprächsatmosphäre zu vermeiden, ist es unerlässlich, sich vorab zu erkundigen, ob mit der Anwesenheit weiterer Teilnehmer im Gespräch zu rechnen ist. Dann sollte man auf Parität achten und eigene Kollegen zum Gespräch dazubitten. Ist ein Gremium nicht verabredet, kann man die Notwendigkeit beim Gegenüber vor Hinzuziehung Dritter hinterfragen und ihn damit veranlassen, sich zu erklären. Falls es um Fachthemen geht, sollte man anbieten, diese zum nächsten Termin zu klären oder eigene Fachleute dazu mitzubringen, um eine Klärung herbeizuführen.

6. Bestechungstrick

Der Einkäufer spekuliert durch einschlägige Äußerungen auf Bestechung.

Einkäufern ist jedwede Vorteilsnahme vertraglich oder durch Betriebsvereinbarung strikt verboten. Ein Einkäufer würde sich in die Hand jedes Verkäufers begeben, ließe er sich dennoch darauf ein. Das wird kein vernünftiger Mensch, jedenfalls nicht so offensichtlich, tun. Näher liegt es daher, dass es sich dabei um eine Falle handelt, in die kein Verkäufer tappen sollte, denn schon Bestechungsversuche reichen aus. Zumal damit im Zweifel nur eine Aufwärtsspirale an Forderungen in Gang gesetzt wird, die beiden beteiligten Seiten das Leben schwer macht.

7. Rabattjägertrick

Der Einkäufer fordert undifferenziert Rabatte.

Zunächst einmal spricht nichts gegen die Gewährung von Rabatten, sofern diesen Gegenleistungen des Einkäufers gegenüberstehen (Quid pro quo). Das Verschleudern von Rabatten macht hingegen keinen Sinn, sondern untergräbt nur den Anspruch einer seriösen Kalkulationsbasis und macht begierig auf weitere Preisnachlässe. Hilfreich ist es daher, wieder auf die Leistungen zu sprechen zu kommen, die den Preis relativieren. Häufig wird diese Forderung mit großartigen Auftragsgrößen verknüpft, die in Aussicht gestellt werden. Das reicht aber nicht aus, vielmehr muss ein konkretes Commitment für diese Aufträge vorliegen, dann sind auch die entsprechenden Rabatte gerechtfertigt. Verhängnisvoll ist das Hochhangeln von kleinen Auftragsgrößen zu höheren mit immer neuen Rabatten, die kumulieren. Basis sollte hier immer die gültige Rabattstaffel sein. Alles, was danach gerechtfertigt ist, kann mit Freuden gewährt werden, aber auch nicht mehr. Sachliche Erwägungen müssen dominieren, keinesfalls darf es zu einer Feilscherei kommen.

8. Überraschungstrick

Der Einkäufer präsentiert in letzter Minute billigere Wettbewerbsangebote.

Dabei sollte man unbedingt sorgfältig prüfen, ob diese wirklich vergleichbar sind, denn meist stellt sich heraus, dass das vermeintlich billigere Angebot tatsächlich eine schlechtere Leistung impliziert. Außerdem ist zu prüfen, inwieweit es sich überhaupt um echte oder vielmehr um fingierte Angebote handelt. Wenn die Angebote wirklich echt sind, kann man immer noch überlegen, ob und inwieweit man auf die günstigeren Konditionen der Mitbewerber einsteigt. Bei Leistungsüberlegenheit hat man hingegen gute Argumente auch für einen höheren Preis.

9. Fälschertrick

Der Einkäufer präsentiert eine schriftliche Gesprächsbestätigung mit so tatsächlich nicht verabredeten Inhalten.

Zunächst sollte man sich vom Einkäufer Absender, Datum und Inhalt der Bestätigung zeigen lassen. Wenn der Einkäufer dies verweigert, kann man darauf hinweisen, dass man ansonsten schlecht Stellung zu deren Inhalten nehmen kann. Bei Abweichung von den tatsächlichen Vereinbarungen sollte der Einkäufer nach den Ursachen für diese Abweichungen befragt werden. Dabei darf er auf keinen Fall als Fälscher dargestellt werden. Aber meist lassen sich gemeinsam vergleichsweise harmlose Ursachen für das Missverständnis herausfinden, bei denen beide Seiten ihr Gesicht wahren.

10. Erpressertrick

Der Einkäufer droht mit Auftragsvergabe an die Konkurrenz, wenn seine Forderungen nicht erfüllt werden.

Zunächst sollte man hier hinterfragen, welche Inhaltspunkte ihn genau bewegen, das Angebot der Konkurrenz dem eigenen so eindeutig vorzuziehen. Danach können die jeweils genannten Punkte einzeln gegenargumentiert werden. Hilfreich ist auch, falls möglich, zu erkunden, welcher Mitbewerber konkret auf die genannten Konditionen eingestiegen ist, dann kann man mit den eigenen spezifischen komparativen Angebotsvorteilen dagegen argumentieren. Es auf einen Auftragsentgang ankommen zu lassen, ist hingegen immer ein Vabanquespiel, das man sich nur bei sehr sicherer Angebotsposition leisten kann.

11. Einschüchterungstrick

Der Einkäufer lädt mehrere/alle Mitbewerber zeitgleich zu Preisverhandlungen am gleichen Ort ein.

Für den Verkäufer ändert sich an der Verhandlungssituation dadurch zunächst einmal gar nichts, denn dem Konkurrenzvergleich muss er sich ohnehin stellen, ob nun an Ort und Stelle oder an anderem Ort und zu anderer Zeit. Daher darf man sich dadurch keineswegs nervös machen lassen. Vor allem dürfen aus falsch verstandenem Zugzwang keine übereilten Zusagen gemacht werden, von denen man später nicht mehr herunter kann. Eigentlich ist es sogar ein Vorteil, dass die Verhandlungen parallel geführt werden, so kann man schneller auf Mitbewerberaktionen reagieren.

4.4 Closing

Herbert Namokel

Verkaufsgespräche laufen immer in bestimmten Phasen ab. Im direkten Kontakt mit dem Kunden beginnt das Gespräch mit der Eröffnung, bei der der Verkäufer den potenziellen Kunden einstimmt und positiven Kontakt herstellt. Dem schließt sich die Phase der Bedarfsermittlung an. Hier werden die rationalen und emotionalen Bedürfnisse des Kunden ausgelotet. Wenn der Verkäufer weiß, was der Kunde braucht, kann er damit beginnen zu argumentieren, um so den Nutzen seines Angebots darzustellen.

Wenn das Gespräch einen positiven Verlauf nimmt, wird der Kunde Einwände bringen und so weitere Chancen zur Argumentation bieten. Diese Phase geht nahtlos in die Abschlussphase über und ist erkennbar an den Kaufsignalen, die der Kunde sendet. Im Sinne der weiteren Ausführungen in diesem Kapitel ist dies der Zeitpunkt, zu dem der Kunde zur endgültigen Kaufentscheidung geführt wird.

Zur Abgrenzung soll hier deutlich werden, dass Verkaufsgespräche nicht immer im Rahmen eines einzigen Gespräches zur Kaufentscheidung führen. Jeder, der beruflich oder privat etwas zu verkaufen sucht, weiß, wie oft vermeintliche Kunden sich gegen und nicht für den Kauf entscheiden und so gar nicht zum Kunden werden. Je nach Branche, Produkt oder zu verkaufender Dienstleistung gibt es hier große Unterschiede in Dauer und Intensität des Verkaufsprozesses insgesamt.

Nachfolgend geht es immer um den Teil des Gespräches, in dem der Verkäufer versucht, gemeinsam mit dem Kunden zur endgültigen Kaufentscheidung zu kommen. Unabhängig davon, ob der Kunde bereits Kunde ist oder erst werden soll, ist immer vom Kunden die Rede.

Der Abschluss wird von vielen Verkäufern als besonders schwierig empfunden, weil er über Erfolg oder Misserfolg aller vorangegangenen Bemühungen entscheidet. Ändern Sie einfach Ihren Blickwinkel, und gehen Sie davon aus, der Abschluss ist ganz einfach, wenn vorher alle Phasen gut verlaufen sind. Das heißt aber auch, dass Sie die Chance zur Kaufentscheidung nutzen müssen. Kommen Sie auf den Punkt, reden Sie nicht länger drumherum, haben Sie den Mut, die Entscheidung des Kunden einzufordern. Erfolgreiche Verkäufer unterscheiden sich von „Kundenberatern“ oder „Vertriebsbeauftragten“, die den Begriff Verkäufer schon meiden, durch konsequente Führung des Kunden zum Abschluss.

4.4.1 Kontakt

Grundlage für das Vertrauen des Kunden in Sie und Ihr Angebot ist guter Kontakt. Im Sinne der Neurolinguistischen Programmierung (NLP) ist hier Kontakt auf allen Wahrnehmungsebenen gemeint. Dieser Kontakt wird bei der Eröffnung aufgebaut und über das gesamte Gespräch gehalten.

Die besondere Situation des Abschlusses darf nicht dazu führen, dass dieser Kontakt abreißt. Bedenken Sie, diese Phase ist für den Kunden ebenso schwer wie für Sie. Er muss sich bei Ihnen persönlich gut aufgehoben fühlen.

Das Bild vom Eisberg macht die beiden Bereiche deutlich, auf denen Sie Ihren Kunden erreichen und überzeugen müssen. Einerseits Daten, Fakten, Termine und Zeiten auf der rationalen Ebene und andererseits Gefühle, Wünsche, Motive auf der emotionalen Ebene.

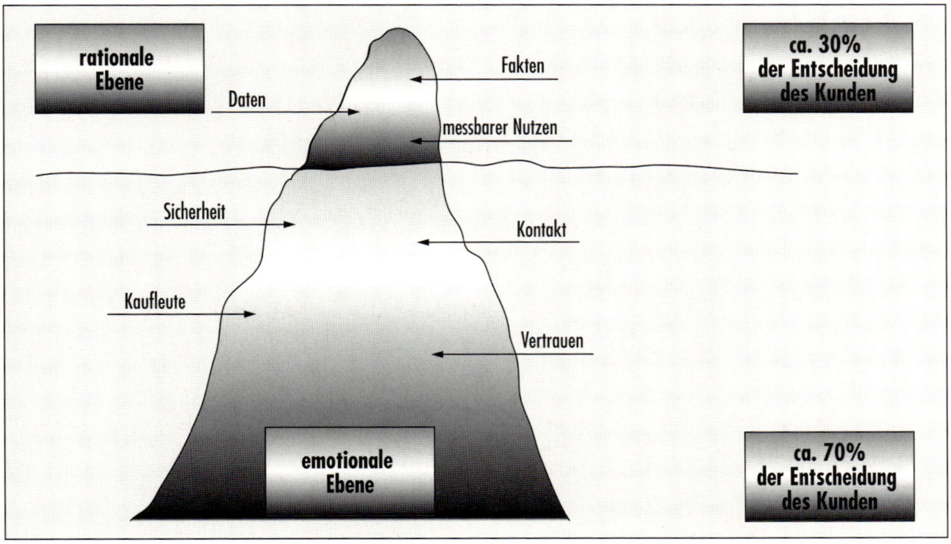

4.4 Abb. 1: *Eisbergmodell*

Die beschriebenen Abschlusstechniken sind immer dann wirkungsvoll, wenn sie den Kunden sowohl rational als auch emotional erreichen. Ein messbarer Nutzen kann als Zahl den Verstand des Kunden erreichen, er muss aber auch die Befriedigung eines Bedürfnisses in Aussicht stellen. „Die neue Maschine füllt 2000 Einheiten pro Stunde ab (rational), damit haben Sie auf Jahre hinaus Ruhe mit diesen leidigen Lieferengpässen (emotional)."

4.4.2 Kaufsignale

Die Wahrnehmung des Verkäufers richtet sich in der Abschlussphase ganz stark auf die Körpersprache des Kunden mit all ihren Facetten. Auf der nonverbalen Ebene sind die Botschaften unverfälscht, weil sie unbewusst gesendet werden. Vielleicht kennen Sie diese Situation, Ihr

Gefühl sagt Ihnen, es ist alles klar, aber der Inhalt der verbalen Aussagen signalisiert Bedenken. Dann sollten Sie Ihrem Gefühl trauen, denn die geäußerten Bedenken sind oft nur noch taktische Varianten.

4.4.3 Nonverbale Signale

Der Gesprächspartner sendet seine Signale der Kaufbereitschaft eindeutig und unverfälscht mit seiner Körpersprache. Die Augen spielen hier eine ganz besondere Rolle. Im Gegensatz zu allen anderen körpersprachlichen Signalen können wir die Botschaft unserer Augen nicht bewusst beeinflussen. Die Größe der Pupille verändert sich in Abhängigkeit von unserer emotionalen Verfassung. Sehen wir etwas Angenehmes, was uns interessiert oder freudig erregt, weitet sich die Pupille. Sehen wir dagegen etwas Unangenehmes, was uns ärgert, verunsichert oder abstößt, zieht sich die Pupille zusammen, sie wird punktförmig. Der Volksmund spricht auch vom stechenden Blick, der nichts Gutes verheißt.

Als Verkäufer sollten Sie zu Ihrem Kunden also immer Blickkontakt halten, um diese möglichen Veränderungen zu beobachten und richtig zu deuten. Die Edelsteinhändler im alten China hatten schon Kenntnis von diesem Phänomen. Sie haben ihren Kunden beim Betrachten der Steine sehr genau in die Augen geschaut und wussten so, für welchen Stein sich der Kunde wirklich interessierte.

Wie aber können Sie im Blickkontakt mit Ihrem Kunden bleiben, ohne ihn ständig in unangenehmer Weise zu fixieren? Das so genannte fokussierte Sehen wird von unseren Mitmenschen als abschätzend und abwertend empfunden. Es ist ausgelegt auf detaillierte Informationssammlung und war in grauer Vorzeit notwendig für die Entscheidung über Angriff oder Flucht.

Peripheres Sehen ist angesagt. Probieren Sie Folgendes aus: Nehmen Sie beide Hände nebeneinander vor Ihre Augen, so dass sie gut zu sehen sind. Nun wackeln Sie etwas mit den Händen, und führen Sie sie langsam seitwärts, bis Sie Ihre Hände nur noch in den Augenwinkeln (peripher) sehen. Dabei sind Ihre Augen auf die gesamte Fläche vor Ihnen gerichtet. Mit diesem so genannten peripheren Blick können Sie Ihren Kunden stundenlang anschauen.

„Schau mir in die Augen, Kleines!", sagt Humphrey Bogart zu Ingrid Bergman in dem Film „Casablanca". Dieser Blick der Verliebten ist peripheres Sehen in stärkster Ausprägung. Er sagt dem anderen, hier bist du gut aufgehoben, ich vertraue dir, wir werden dein Problem lösen. „Der Blick für Verliebte! Warum nicht auch für unsere Kunden?" (*Schott 1992, S. 159*)

Die Stimme ist eine andere wichtige Informationsquelle. Sie verändert sich auch in Abhängigkeit von der seelischen Verfassung. In entspannter Haltung ist die Stimmlage tief, stehen wir unter Stress wird sie höher und kann in extremen Situationen schrill und hysterisch klingen. Hören Sie genau hin, und Sie werden herausfinden, ob sich Ihr Kunde schon auf das freut, was er von Ihnen bekommt oder ob ihn noch Zweifel plagen.

Die ganze restliche Körpersprache läuft synchron mit Augen und Stimme ab und gibt oft zusätzliche oder auch verstärkende Signale über die Kaufbereitschaft des Kunden. Zustimmendes Kopfnicken, Lächeln, Sich-nach-vorn-Beugen, um genauer sehen zu können, das Produkt in die Hand nehmen, all das sind mögliche nonverbale Kaufsignale. Betrachten Sie diese Merkmale nicht isoliert, sondern immer im Gesamtbild der Kundenpersönlichkeit. Verlassen Sie sich auf Ihre natürliche Wahrnehmungsfähigkeit. Die unbewusste Interpretation der Körpersprache ist in den allermeisten Fällen richtig.

4.4.4 Verbale Signale

Auf der verbalen Ebene sendet der Kunde ebenfalls Kaufsignale. Er formuliert Bedingungen im Falle eines Kaufs: „Wenn wir gleich 100 Stück bestellen, erwarten wir Lieferung frei Haus und ein Zahlungsziel von sechs Monaten!"

„Die Frage der Gewährleistung müsste so geregelt werden, dass uns für mindestens 18 Monate keine Kosten entstehen!" Auf der Metaebene der Kommunikation heißen solche Botschaften: Wenn Du, Verkäufer, mir diesen letzten Wunsch erfüllst, dann hast Du mein Vertrauen und damit auch den Auftrag."

Lassen Sie diese Gelegenheiten nicht ungenutzt verstreichen. Führen Sie eine Entscheidung herbei, indem Sie sagen: „Sie verlangen da eine Menge von mir. Wenn ich Ihnen noch einmal dieses Stück entgegenkomme, sind wir uns dann handelseinig?"

Eine andere Form verbaler Kaufsignale sind Fragen:

- „Können Sie liefern, wenn wir innerhalb der nächsten zwei Wochen bestellen würden?"
- „Wie würde sich der Preis verändern, wenn wir gleich einen Jahresbedarf ordern?"
- „Wären die Montagekosten in dem Preis enthalten, den Sie jetzt genannt haben?"

Fragen dieser Art signalisieren, dass der Kunde sich gedanklich bereits in einer Situation nach der Kaufentscheidung befindet. Helfen Sie ihm, sich mit dieser Entscheidung und ihren Folgen vertraut zu machen. Erfüllen Sie ihm die kleinen Wünsche, die er noch so hat, und geben Sie ihm das Gefühl der Sicherheit, eine gute Entscheidung getroffen zu haben.

Vermeiden Sie unnötigen Druck. Fragen wie: „Haben Sie sich nun endlich durchgerungen zu einer Entscheidung?“ sind unangemessen und werden dem Kunden nicht gerecht. Führen Sie keine neuen Argumente mehr ins Feld, mit denen Sie auch wieder neue Fragen aufwerfen und den Abschluss vielleicht zerreden. Übertragen Sie Ihre eigene Ungeduld und Unsicherheit nicht auf den Kunden. Nebensächlichkeiten, über die man jetzt noch reden könnte, halten zwar das Gespräch in Gang, lenken den Kunden aber immer wieder von der endgültigen Entscheidung ab.

4.4.5 Abschlusstechniken

Die nachfolgend beschriebenen Techniken sollen den Kunden dabei unterstützen, eine Entscheidung zu treffen, die sowohl für ihn als auch für den Verkäufer positiv ist. Der kochrezeptartige Charakter soll nicht darüber hinwegtäuschen, wie sehr der Erfolg von der situativ richtigen Anwendung abhängig ist. Die zentrale Botschaft lautet: Es gibt mehr Möglichkeiten eines Abschlusses als auf den ersten Blick erkennbar.

Die Spannung, die Sie als Verkäufer in der Abschlussphase spüren, engt die Fähigkeit, flexibel zu handeln, ein. Deshalb ist es gut zu wissen, wie viele Alternativen es in dieser Situation gibt.

4.4.5.1 Alternativtechnik

Sie bieten dem Kunden zwei Alternativen an, zwischen denen er sich entscheiden kann. Sie unterstützen den Entscheidungsprozess durch die Vorauswahl, die Sie treffen, lassen dem Kunden aber die Wahl zwischen zwei Möglichkeiten: „Möchten Sie die Lieferung noch im Dezember oder erst im Januar?“ Mit dieser Technik reduzieren Sie für den Kunden die Komplexität einer Gesamtentscheidung.

Mit vielen kleinen Entscheidungen helfen Sie dem zaghaften Kunden, schrittweise zur Kaufentscheidung zu kommen. Gute Automobilverkäufer, die durch die Ausstattungsvarianten eine Vielfalt von Alternativen zur Wahl stellen können, wenden diese Technik häufig an:

- „Kombi oder Limousine?“
- „Vierzylinder oder Sechszylinder?“
- „Diesel oder Benziner?“
- „Ledersitze oder Stoffbezug?“

Und der kleine Aufpreis, der hier und da zu zahlen ist, summiert sich zu einer Endsumme, die akzeptabel erscheint. Der Kunde hat sich „frei" entschieden und gesehen, was er für sein Geld bekommt.

4.4.5.2 Projektionstechnik

Durch die Formulierungen, die Sie im Gespräch benutzen, versetzen Sie den Kunden in die Zeit nach der bereits erfolgten Kaufentscheidung und Lieferung.

„Angenommen, Sie würden mit der neuen Software arbeiten, auf wie vielen PCs müsste sie denn installiert werden?" Als Verkäufer tun sie mal so, als hätte sich der Kunde bereits entschieden, und verknüpfen diese Zukunftsprojektion mit einer Frage. Die Frage veranlasst den Kunden zur konkreten Auseinandersetzung mit der neuen Situation. Sie darf ruhig schwierig sein, umso vertrauter wird die Entscheidung.

4.4.5.3 Zustimmungstechnik

Offensichtlicher Nutzen, der mit der Kaufentscheidung verbunden ist, wird benannt und die Zustimmung dazu wird abgefragt: „Ist die Personaleinsparung, die mit der neuen Technik möglich ist, für Sie wichtig?"

„Wirken sich die mit der neuen Anlage verbundenen kürzeren Durchlaufzeiten positiv aus?"

Der Kunde sagt mehrfach „Ja" und wird mit dieser Kette von Zustimmungen zu einem „Ja" für den gesamten Auftrag geführt. Diese Technik wiederholt in der Abschlussphase die wichtigsten Argumente aus dem vorangegangenen Verkaufsgespräch. Emotional erfährt der Kunde Bestätigung für die bereits erkannte Richtigkeit seiner Kaufentscheidung.

4.4.5.4 Referenztechnik

Entscheidungen anderer werden hier benannt, um die Entscheidung dieses Kunden herbei zu führen. Die einfachste Form ist eine allgemeine Referenz, bei der keine konkreten Namen oder Firmen genannt werden: „Dieses Verfahren hat sich in Ihrer Branche durchgesetzt und wird von über 50 % aller Unternehmen eingesetzt."

Eine persönliche Referenz ist immer dann sinnvoll, wenn der Referenzgeber ein gutes Ansehen genießt und nicht als direkter Mitbewerber empfunden wird: „Die Muster KG in Frankfurt arbeitet seit sechs Monaten mit dieser Oberflächenveredelung und hat den Ausschuss um 60 % reduziert."

Bei solchen Referenzen müssen Sie damit rechnen, dass der Kunde Ihre Angaben prüft und sich mit dem Referenzgeber in Verbindung setzt. Es muss eine echte Referenz sein, die dieser Überprüfung standhält.

Für den innovativen Kunden, der immer das Neueste haben will und nach Einzigartigkeit strebt, ist diese Technik in modifizierter Form anwendbar: „Dieses Produkt ist brandneu und wird bisher nur von einem einzigen Unternehmen eingesetzt, und das sitzt in Italien."

Wenn Sie diesen Kundentyp vor sich haben, wird oft Exklusivität bei der Belieferung verlangt. Denken Sie vorher daran, ob Sie das zusagen können.

Die Referenztechnik muss differenziert eingesetzt werden, sonst kann sie den Kunden auch verprellen.

4.4.5.5 Aktivtechnik

Der Kundentyp, der durch eigenes aktives Handeln Klarheit in seinem Kopf und in seinen Gefühlen bekommt, wird auf diese Technik ansprechen. Gemeinsam mit dem Kunden nehmen Sie Maß, begehen die Baustelle und ermitteln den Bedarf bezogen auf ihr unterbreitetes Angebot:

- „Wo würden Sie denn das neue Fotokopiersystem aufstellen? Könnten wir uns das mal gemeinsam ansehen?"
- „Könnten Sie bitte mal rechnen, welcher Gesamtpreis jetzt zusammen gekommen ist. Ich sage Ihnen die einzelnen Positionen an und Sie sind so nett und addieren mal."

Pragmatische Menschen, die Entscheidungen und ihre Folgen „begreifen" wollen, sprechen positiv auf diese Technik an.

4.4.5.6 Pro-und-Kontra-Technik

Der Kunde wird mit Vor- und Nachteilen der Kaufentscheidung konfrontiert: „Herr Kunde, Sie sollten die Vorteile und die Nachteile meines Vorschlags gegeneinander abwägen. Die Vorteile überwiegen, aber ich will nicht verschweigen, dass es auch ein paar Einschränkungen gibt."

Um das Problem der selektiven Wahrnehmung einzugrenzen, ist bei dieser Technik unterstützende Visualisierung notwendig. Sie benennen viele Vorteile und einige Nachteile und schreiben beides auf ein Blatt Papier oder ein Flipchart. So entsteht der Eindruck einer objektiven Betrachtung, bei der der Verkäufer große Ehrlichkeit zeigt. Keine Schönfärberei, kein Zurückhalten von Informationen. Mit dieser Technik sprechen Sie die misstrauischen Kunden an, denen eine Ideallösung suspekt erscheint.

Die Schlaumeier, die sowieso alles wissen und nicht hinters Licht zu führen sind, bewerten das Nennen von Nachteilen als positiv, sie wären ja sowieso dahinter gekommen.

4.4.5.7 Probekauf

Der Kunde ist per Gespräch allein nicht zu überzeugen, er braucht handfeste Beweise. Hier ist eine Probebestellung auf begrenzte Zeit eine Möglichkeit für einen vorläufigen Abschluss: „Bevor Sie sich endgültig entscheiden, sollten Sie in der Praxis erproben, ob diese neue Waage Ihren Anforderungen entspricht. Sie können für vier Wochen ausprobieren, wie die Leistung zu Ihrem Betrieb passt."

Achtung, lassen Sie sich nicht ausbeuten. Es gibt Kunden, die reisen auf diese Tour und haben keine echten Kaufabsichten. Vorbeugend können Sie vereinbaren, dass die Probebestellung bei Nichtkauf in Rechnung gestellt wird, ähnlich einer Miete. Bei anschließendem Kauf ist die Probezeit Verhandlungsmasse, wenn es um den Preis geht.

Der Probekauf als vorletztes Argument ist nur dann zu empfehlen, wenn das Produkt sehr überzeugend ist und bei ungeübter Bedienung keine großen Fehler auftreten können.

Ein weiterer Gesichtspunkt ist der leichte Auf- und Abbau zu vertretbaren Kosten. Gute Produkte, die von selbst überzeugen, eignen sich hervorragend. Der Kunde will sie oft nicht wieder hergeben, weil sie sich nach kurzer Zeit bewährt haben und zu einer Arbeitserleichterung führen.

4.4.5.8 Verpflichtungstechnik

Für den Kunden direkt nachvollziehbar, engagieren Sie sich für ihn und die Lösung seines Problems: „Gut, Herr Kunde. Ich werde versuchen, diese Sonderanfertigung für Sie zu bekommen. Unsere Konstruktion wird verrückt, wenn ich das verlange, aber gut, ich versuche es. Darf ich gleich hier mal telefonieren?"

Nun folgt ein dramatisches Telefongespräch im Beisein des Kunden. Der Verkäufer erkämpft eine Lösung für diesen Kunden und verpflichtet den Kunden damit moralisch zum Kauf.

Eine Technik, die bei harmoniebedürftigen Kunden Wirkung zeigt, aber auch mit Vorsicht zu verwenden ist. Vorgetäuschte Schwierigkeiten zu beseitigen ist unlauter und zerstört das Vertrauen, wenn es auffällt.

4.4.5.9 Zusammenfassungstechnik

Bei dieser Technik fasst der Verkäufer alle Argumente zusammen, die bei diesem Kunden besondere Wirkung gezeigt haben. Er fragt, ob dem Abschluss noch etwas im Wege steht und wartet auf eine Antwort. „Herr Kunde, die neue Software vereinfacht die Arbeitsabläufe, reduziert die Personalkosten um mindestens 30 % und hat eine sehr komfortable Benutzeroberfläche, die Ihnen viel Ärger mit den Mitarbeitern ersparen wird. Spricht noch irgendetwas dagegen, dass Sie uns den Auftrag erteilen?"

Und nun müssen Sie warten, bis der Kunde antwortet, auch wenn es Ihnen wie eine Ewigkeit vorkommt. Da müssen Sie beide durch. Der Kunde muss sich entscheiden, so oder so. Und Sie als Verkäufer müssen es aushalten, in stillem Kontakt mit dem Kunden zu bleiben, ohne ihm eine Ausweichmöglichkeit zu geben.

Dieser sanfte Druck ist bei Kunden angesagt, die entscheidungsschwach sind. Mit einer Entscheidung, auch wenn sie vorläufig „Nein" heißt, sind beide Seiten ein Stück weiter.

4.4.5.10 Notbremse

Wie der Name schon sagt: nur in Notsituation angesagt. Wenn der Auftrag eigentlich schon verloren scheint, oder wenn der Kunde sich absolut nicht entscheiden kann, wird ein letztes Angebot ins Feld geführt. „Wenn Sie sich jetzt entscheiden, könnte ich Ihnen noch den Messerabatt von 10 % einräumen, obwohl die Messe bereits zu Ende ist." Nur eine Notlösung, aber manchmal funktioniert sie gut.

In den Fällen, in denen heute sowieso nichts zu machen ist, könnten Sie es mal versuchen. Weniger als keinen Auftrag gibt es für einen Verkäufer nicht. Allerdings darf keine der Techniken Ihr Ansehen und Ihren guten Namen als Repräsentant Ihres Unternehmens beschädigen. Das Vertrauen unserer Kunden ist unser größtes Kapital.

4.4.5.11 Kaufreue

War meine Entscheidung wirklich wohl überlegt und richtig? Diese Frage stellen sich viele Kunden nach der Kaufentscheidung. Jeder von uns ist auch irgendwann Kunde und kennt dieses Gefühl des Zweifels. Es entsteht immer dann, wenn wir den Kunden mit seiner Entscheidung alleine lassen und nichts für die Absicherung des Kundenentschlusses tun. Der Wunsch nach Rücktritt von der Entscheidung entsteht bei einem Missverhältnis von Preis und Gegenwert.

Die beiden Säulen des Preises und des Wertes bzw. Kundennutzens sollten die gleiche Höhe haben. Die Wertsäule darf auch etwas höher sein als die Preissäule, dann entsteht das Gefühl beim Kunden, einen sehr guten Kauf gemacht zu haben. Ist die Wertsäule deutlich höher als die Preissäule, entsteht Misstrauen: „Da kann was nicht stimmen, entweder die Qualität stimmt nicht oder der Laden ist bald pleite."

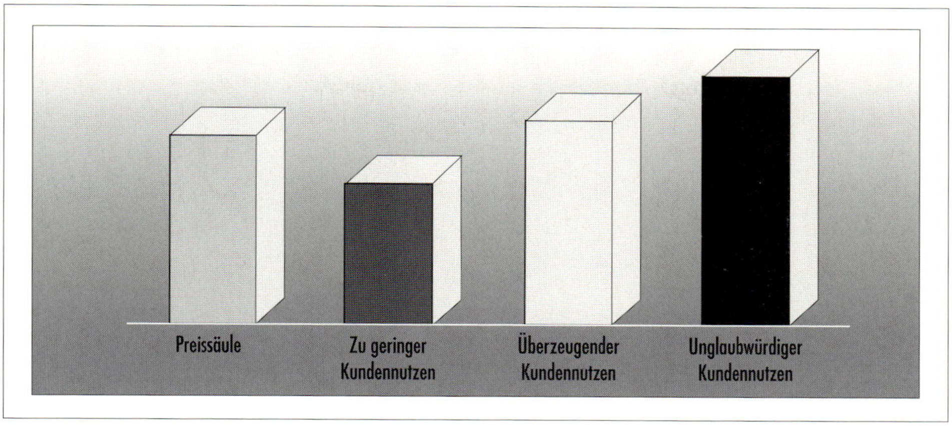

4.4 Abb. 2: *Balance von Preissäule und Wertsäule*

Solche und ähnliche Gedanken gehen dem Kunden durch den Kopf, wenn diese Balance fehlt. Bestätigende Aussagen, die dem Kunden Sicherheit geben, ihn stolz machen, seinen Mut und eine angenehme Perspektive aufzeigen, vermeiden die Kaufreue: „Herr Kunde, Sie haben wirklich alle wichtigen Fragen geklärt und eine fundierte Entscheidung getroffen. Ihre Entschlossenheit, das Problem jetzt anzugehen, wird sich in Zukunft auszahlen. Ich freue mich auf die weitere gemeinsame Arbeit und danke Ihnen für den Auftrag."

Literatur

Allessandra/Barrera (1993): Allessandra, Tony/Barrera, Rick: Collaborative Selling, New York
Bagley (1987): Bagley, Dan S./Reese Edward J.: Beyound selling, Cupertino
Bandler/Grinder (1989): Bandler Richard/Grinder, John: Struktur der Magie II, 5. Aufl., Paderborn
Fisher/Ury (1990): Fisher, Roger/Ury, William: Das Harvard Konzept, Frankfurt/Main
Hawes et al. (1996): Hawes, Strong u. a.: Do Closing Techniques Diminish Prospect Trust?
Morris (1985): Morris, Desmond: Bodywatching. A Field Guide To The Human Species, Oxford
Rentsch (1998): Rentsch, Hans-Peter: Kundenorientiert verkaufen im Technischen Vertrieb, Wiesbaden
Schott (1992): Schott, Barbara: Lust statt Frust, oder endlich entspannt verkaufen, Paderborn
Weis (1998): Weis, Hans-Christian: Verkaufsgesprächsführung, 3. Aufl., Ludwigshafen

Hauptkapitel 5

Absatzabwicklung

5.1 Angebotserstellung im komplexen Systemgeschäft

Peter Bauditz

5.1.1 Merkmale des Systemgeschäfts unter Vertriebsaspekten

Das Systemgeschäft ist komplex. Es besteht aus mehreren Teilkomponenten und setzt sich fast immer aus Hardware, Software und Dienstleistungen zusammen. Die Gewichtung dabei kann sehr unterschiedlich sein. Dementsprechend ist das Systemgeschäft äußerst erklärungsbedürftig und kann oft nicht mehr von einer Person akquisitorisch bearbeitet werden. Für kreative Entfaltung und das Innovationsmanagement gibt es viele Ansatzpunkte und Entwicklungsmöglichkeiten.

5.1.1.1 Positionierung des Systemgeschäfts im Investitionsgütermarkt

Das Systemgeschäft wird als eine Weiterentwicklung des Produktgeschäftes angesehen. Die Komplexität entsteht zunächst durch Konfigurierung mehrerer Hardwarebausteine. Die Entwicklung ging in der Vergangenheit dann dahin, dass immer mehr Produktfunktionen (Hardware) durch Programmfunktionen (Software) ersetzt wurden. Die so genannten Logikbausteine in Form von Chips enthalten z. B. solche anforderungsbezogenen Funktionen. Das Anlagengeschäft als weitere Stufe setzt sich in der Regel wieder aus mehreren gekoppelten Systemen zusammen.

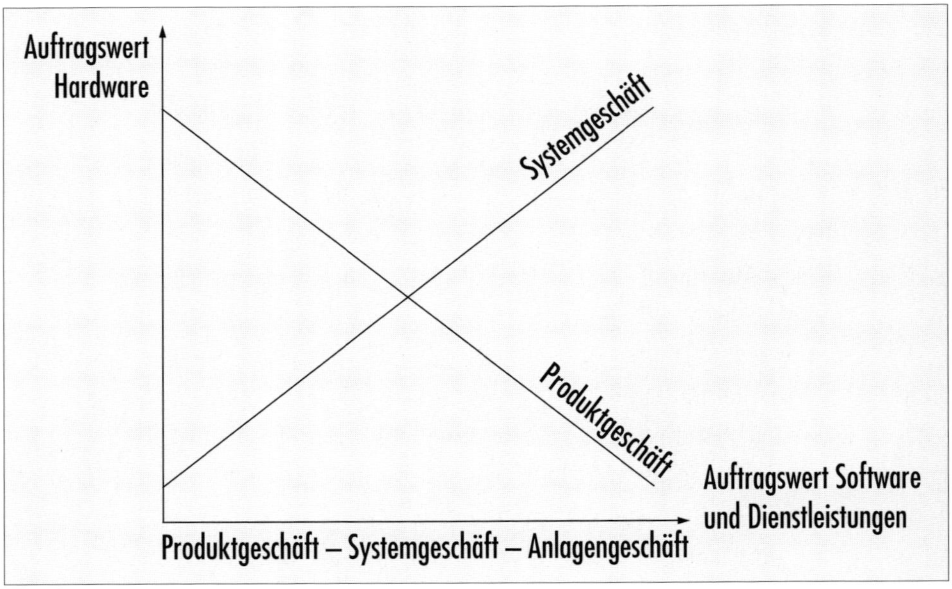

5.1 Abb. 1: *Produktgeschäft – Systemgeschäft – Anlagengeschäft*

Die Abbildung soll zeigen, dass beim Produktgeschäft der Hardwareanteil hoch und der Soft- und Dienstleistungsanteil beim Auftragswert relativ gering ist. Beim System- und Anlagengeschäft ist es umgekehrt; der Hardwareanteil ist gegenüber dem Software- und Dienstleistungsgeschäft geringer bei Betrachtung des Auftragswertes.

5.1.1.2 Gründe für die strategische Ausrichtung auf das Systemgeschäft

Von den mittleren und großen Unternehmen wurde schon vor einigen Jahren erkannt, dass das Systemgeschäft ein wachsender Markt ist. Woran liegt das? Das Systemgeschäft bietet die besten Chancen, die eigene Wettbewerbsposition zu verbessern. Reines Produktgeschäft ist sehr krisenanfällig geworden. Dafür gibt es mehrere Gründe, aber zwei wesentliche Hinweise verdeutlichen das. Hohe Lohn- und Lohnnebenkosten haben die Produkte oft so verteuert, dass auch mit den Mitteln der Variantensteigerung, Qualitätssteigerung und Zubehörerweiterung oft nicht mehr die notwendigen Renditen erzielt werden konnten. Eine weitere Veränderung war für die Industrie in den Hochlohnländern eingetreten. Viele neue Wettbewerber aus Schwellenländern oder sogar Entwicklungsländern sind in die Märkte des reinen Produktgeschäftes eingedrungen.

Daher lautet eine Unternehmensstrategie: Weg vom Produktgeschäft hin zum Systemgeschäft, wobei erkennbar ist, dass der Software- und Dienstleistungsanteil nach Möglichkeit immer mehr gesteigert werden soll.

5.1.1.3 Bedeutung der Teilkomponenten des Systemgeschäfts

Für den Anbieter im Systemgeschäft kommt es darauf an, eine ausgewogene Produkt- und Leistungsstrategie zu verfolgen und möglichst in allen Teilkomponenten des Systemgeschäfts bei Hard- und Software sowie bei den Dienstleistungen Kompetenz zu zeigen, um im Wettbewerb an vorderster Stelle zu stehen.

Die in den Systemen enthaltenen Hardwareprodukte müssen quasi als Basisbausteine hohe Qualität und Funktionalität besitzen. Es wäre gefährlich, durch größere Toleranzen, minderwertigere Werkstoffe oder betriebsdauermindernde Konstruktion Kosten zu sparen. Der verstärkte Einsatz von Softwareprodukten in Systemen führt nachweisbar zu immer höherer Leistungssteigerung und Funktionalität. Dabei wird auch menschliche Arbeitsleistung immer mehr automatisiert. Die hohe Komplexität der Systeme bedingt schließlich einen höheren Anteil von Dienstleistungen in den Bereichen Installation, Inbetriebnahme, Betriebsführung und Schulung. Ohne das Angebot einer leistungsstarken Dienstleistung wird ein Systemanbieter auf Dauer nicht erfolgreich bestehen können.

Die Kundenorientierung ist im Systemvertrieb besonders ausgeprägt, weil durch den Einsatz von Systemen im Investitionsgütergeschäft in den meisten Fällen auch Ablauf und Arbeitsprozesse verändert werden.

5.1.2 Chancen für die Stärkung der Wettbewerbsposition durch das Systemgeschäft

Das Systemgeschäft ermöglicht eher leichter, sich durch Differenzierungen von Wettbewerbern zu unterscheiden.

Allerdings sind auch umfangreiche Markt- und Kundenanalysen nötig, um den Kundenanforderungen zu entsprechen. Das Preis-Leistungs-Denken oder das Nutzendenken ist bei Kunden im Systemgeschäft noch ausgeprägter als im reinen Produktgeschäft. Natürlich spielt der Preis auch im Systemgeschäft eine Rolle, aber andere Merkmale wie die Lösung unternehmensspezifischer Aufgaben werden von den Kunden im Systemgeschäft noch höher bewertet. Jeder Anbieter im Investitionsgütermarkt hat die große Chance, wenn seine Margen im Produktgeschäft sinken, über den strategischen Weg zum Systemlieferanten wieder bessere Marktanteile und Gewinne zu erzielen.

5.1.2.1 Aufbau der vertriebsfördernden Infrastruktur

Der Aufbau eines Systemgeschäftes ist ein großes Projekt, was die Zeitdauer und die Investitionen betrifft. Vorstand oder Geschäftsführung müssen prüfen, ob das im Unternehmen vorhandene Mitarbeiter-Know-how ausreicht, um ein erfolgreiches Systemgeschäft zu betreiben. Wenn erhebliche Defizite in Teilbereichen vorhanden sind, müssen Alternativen der Zusammenarbeit mit anderen Unternehmen als Partner geprüft werden. Eventuell ist es sinnvoll, externe Berater in das Projekt hineinzunehmen. Bei bisherigen Produktherstellern (Hardware) fehlen naturgemäß Kenntnisse und Erfahrungen im Softwarebereich, aber auch im Dienstleistungsbereich für den Systemvertrieb.

Das Benchmarkingverfahren (Vergleich mit den Besten) ermöglicht es, bevor Misserfolge eintreten, die erforderlichen Infrastrukturmaßnahmen zu planen und anschließend umzusetzen. Einige Infrastrukturmaßnahmen sollen verdeutlichen, dass ein erfolgreiches Systemgeschäft nur betrieben werden kann, wenn im Unternehmen Veränderungen initiiert werden.

- Änderung des Unternehmensleitbildes hin zum Image eines Systemanbieters.
- Umfangreiche Schulungen für nahezu alle Mitarbeiter in allen Ebenen in Richtung lösungs- und kundenorientiertes Denken.
- Veränderung von vielen betrieblichen Ablaufprozessen durch die steigende Produkt- und Leistungskomplexität, z. B., wenn sich Einkaufs-, Dispositions-, Fertigungs-, Entwicklungs-, und Vertriebsprozesse erheblich verändern.
- Veränderung von Marketing und Vertrieb durch Neuorientierung auf den Märkten und bei den Kunden.
- Veränderung der internen und externen Logistikprozesse unter Einbeziehung von Kunden und Lieferanten.

5.1.2.2 Erforderliche Personal- und Sachressourcen im Systemgeschäft

Gegenüber dem reinen Produktgeschäft gibt es im Systemgeschäft neue Schwerpunkte. Es muss bezüglich der Personalressourcen Kompetenz und Know-how in viel größerem Umfang bereitgehalten werden. Schwerpunktaufgaben sind z. B. Anforderungs- und Systemanalysen, Systemintegrationsanforderungen, Kapazitätsberechnungen, Engpassanalysen und Konfigurationsaufgaben. Die Aufgabenvielfalt zeigt, dass bei Systemanbietern die Teamorientierung unabdingbar ist, weil das Know-how vieler Mitarbeiter für das lösungsorientierte Geschäft zusammengeführt werden muss. Um Engpässe bei der Durchführung von Projekten und in der Geschäftsabwicklung zu vermeiden, sind jährlich in Planungsrunden immer wieder die Mitarbeiterkapazitäten, nicht in erster Linie für Bereiche und Abteilungen, sondern aufgabenbezogen zu planen. Man kann davon ausgehen, dass besonders im Systemgeschäft in Zukunft überwiegend mit „virtuellen" Teams (d. h. aufgabenbezogener Zusammenstellung der Mitarbeiter für ein Projekt) gearbeitet wird.

Für das Systemgeschäft sind im Sachbereich auf Grund der Schnelligkeit von Veränderungen immer wieder erhebliche Investitionen zu planen. In diesem Bereich kann ein Unternehmen schnell den Anschluss verlieren. So sind etwa für kundenbezogene Leistungs- und Integrationstests von Systemen immer neue Installationen von Steuer-, Regel-, Mess- und Kontrollsystemen erforderlich. Ein einzelnes Produkt ist schnell austauschbar, aber wenn ein ganzes System nach Auslieferung nicht vertragsgemäß läuft, dann verursachen Fehlerbehebungen vor Ort hohe Kosten. Um das zu vermeiden, sind bestmögliche Endprüfungen vor den Systemlieferungen im eigenen Hause nötig. Das bedeutet aber auch bestmögliche Ausstattung für Entwicklungs- und Prüfingenieure.

5.1.3 Angebotserstellung im Systemgeschäft

Die Angebotserstellung im Systemgeschäft erfordert mehr Know-how, Erfahrung und Sorgfalt als im Produktgeschäft. Es eröffnen sich große Chancen zu hohen Umsätzen, guten Erträgen, langfristigen Kundenbindungen, aber auch die Risiken, großen Aufwand ohne Erfolg getrieben zu haben, sind hoch. Beim Systemangebot kommt es nicht nur darauf an, technische Funktionen und Produktmerkmale mit den entsprechenden Preisen darzustellen, sondern die Zweck- und Nutzenerfüllung des Systemeinsatzes beim Kunden stehen im Vordergrund.

5.1.3.1 Angebotserstellung als Projekt

Die Angebotserstellung kann wie folgt definiert werden: Ein Prozess, der bei vorliegender Anfrage eines (potenziellen) Kunden zur Erstellung eines vollständigen, individuellen Angebots innerhalb eines Unternehmens oder einer Angebotskoalition führt.

Die Angebotserstellung ist ein Teilprozess des akquisitorischen Vertriebsprozesses zwischen der Aufnahme einer Kundenproblemstellung und der Nachauftragsbetreuung.

Als Grundlage muss gelten: Die Angebotsausarbeitung ist ein Projekt!

Es gelten die gleichen Grundsätze und Regeln wie für andere Projekte. Daraus folgt, ohne Mitarbeiter mit Projekterfahrung kann es kein Erfolg versprechendes Angebot im komplexen Systemgeschäft geben, und das gilt insbesondere für die Projektleitung.

Als ein Grundrahmen für das Projekt Angebotserstellung im Systemgeschäft kann der folgende Leitfaden dienen:

- Definition des Zieles
- Bestimmung der Projektleitung
- Bildung des Arbeitsteams, ggf. auch mit externen Mitarbeitern
- Analyse der Anforderungen und Beschreibung der Anforderungskriterien
- Beurteilung der technischen und wirtschaftlichen Machbarkeit
- Erarbeitung der Entscheidung zum Angebotsvollzug mit Ermittlung von Zeitdauer und Kosten
- Bei Entscheidung zur Angebotsabgabe Festlegung der Angebotsinhalte und des Layouts
- Verteilung der Aufgaben, evtl. mit Aufstockung des Projektteams, sowie Bestimmung von Checkpunkten für die Angebotsphasen
- Erarbeitung von Lösungen für die verschiedenen Systemkomponenten Produkte, Baugruppen, Progamme, Netzteile, technische Dienstleistungen u. a.

- Erarbeitung der Realisierungsschritte bis zur Betriebsbereitschaft des gesamten Systems
- Erstellung der Angebotskalkulation für die Teilkomponenten und Darstellung der Gesamtkonditionen
- Vereinbarung der Angebotsübergabe und der Präsentationsmodalitäten.

5.1.3.2 Teambildung zur Bearbeitung

Zur Wahrnehmung der Angebotserfolgschancen kommt der Teambildung entscheidende Bedeutung zu. In der Praxis gibt es fast in keinem Unternehmen „frei herumsitzende" Spezialisten. Sie sind in den verschiedensten Projekten und mit laufenden Aufgaben in Entwicklung, Vertrieb und Service engagiert. Demnach gilt es, für die Zeit der Angebotserstellung ein hoch qualifiziertes Team zu bilden. Sehr kritisch muss von Fall zu Fall geprüft werden, ob es notwendig und richtig ist, auch externe Spezialisten mit Aufgaben zu betrauen. Das ist von vornherein gegeben, wenn im Angebot auch Produkte, Systemkomponenten und Leistungen von Zulieferanten oder Partnern einbezogen werden. Hier sind die Verantwortlichkeiten für Eigenschafts- und Leistungszusagen klar festzulegen. So kann der Systemlieferant die Gesamtverantwortung haben, oder es kann vereinbart werden, dass jeder Hersteller oder Leistungserbringer für seinen Lieferanteil die Verantwortung trägt. Später wird das dann auch Vertragsbestandteil dem Kunden gegenüber. Wichtig ist, daß alle erforderlichen Know-how-Träger im Arbeitsteam vertreten sind, also z. B. Hardware-, Software- und Servicespezialisten, aber auch Mitarbeiter der kaufmännischen Bereiche für Angebotskalkulation und Lieferterminsicherstellung.

5.1.3.3 Bewertung der Anfrage

Der Bewertung einer Anfrage kommt im Systemgeschäft ganz hohe Bedeutung zu. Häufig wird dieser Aktionsschritt mit zu wenig Engagement betrieben.

Zu berücksichtigen sind mindestens:

a) Die Wichtigkeit des nachfragenden (potenziellen) Kunden und die Wirkung auf das Kunden-Beziehungs-Management
b) Die wirtschaftliche und strategische Bedeutung des Angebots, d. h. Umsatz- und Ertragschancen, sowie z. B. die Referenzwirkung für den Vertrieb
c) Die Auftragschancen.

Das Ergebnis der Anfragebewertung liefert dann Vorgaben für

- die Angebotsinhalte,
- die Angebotsform,
- den Angebotsaufwand.

Unter Kostengesichtspunkten ist es wichtig, den Angebotserstellungsaufwand von der Erfolgswahrscheinlichkeit abhängig zu machen, obwohl das ein sehr kritisches Unterfangen ist. In den meisten Fällen ist es aber so, dass der vom Vertrieb gewünschte Detaillierungsgrad und der minimalste Erstellungsaufwand der „Kaufleute" konkurrieren.

Deshalb sollte ein Systemanbieter auch für die Angebotsbewertung, möglichst objektiv – von persönlichen Verkaufsinteressen unabhängige – Bewertungsmaßstäbe schaffen und diese immer weiter verbessern.

Das Systemgeschäft wird immer komplexer, und es ist zu vermeiden, dass die Angebotserstellungskosten dabei ins Unermessliche steigen.

Auf Seiten des Lieferanten kommen weitere, interne Kriterien hinzu:

a) Technische Machbarkeit
b) Nutzbare Kapazitäten zur Leistungserbringung und Lieferfähigkeit-, (Fertigungs- und Erstellungskapazitäten)
c) Wirtschaftliche Machbarkeit (Leistungserbringung mit positivem Ergebnis).

Auf Grund der relativ hohen Angebotserstellungskosten im Systemgeschäft ist die Kundenanforderung ganz besonders auf „K.-o.-Kriterien" hin zu prüfen. Etwaige Leistungslücken auf Seiten des Lieferanten sind dann schnellstens durch Einbindung von Unterlieferanten bzw. Partnern zu schließen. Ganz wichtig ist, im komplexen Systemgeschäft Auslegungsmissverständnisse bei Angebotsanfragen durch Kundenrückfragen zu vermeiden. Es kommt in der Praxis häufig vor, dass gerade beim Analysieren von Pflichtenheften des Kunden der eigentliche Kundenwunsch nicht richtig erkannt wird.

5.1.3.4 Anforderungsanalyse

Die gesamte Kundenanforderung in Form einer Angebotsaufforderung oder Ausschreibung muss anhand eines Kriterienkataloges analysiert werden. Es ist hilfreich, wenn z. B. eine Controllingabteilung eines Unternehmens dazu als Analyserahmen diesen Kriterienkatalog entwickelt und von Zeit zu Zeit aktualisiert.

Kundenanforderungen beinhalten

- sachlich, funktionale Anforderungen wie Leistungsdaten, Konfigurationsdaten, Schnittstellen, Abmessungen u. Ä.,
- organisatorische Anforderungen wie Lieferzeiten und -orte, Installations- und Inbetriebnahmezeiten, Einarbeitungs-Maßnahmen, Versandvorschriften etc.
- Anforderungen, z. B. neben dem Standard-Leistungsvertrag die Erfüllung so genannter vertraglicher Nebenleistungen wie Dauer und Umfang von Projektunterstützungen, Systemtests, Leistungsnachweise, diverse Dienstleistungen,
- konditionelle Anforderungen, z. B. Preisstaffeln, Rabatte, unentgeltliche Leistungen.

5.1.3.5 Lösungsfindung für das Angebot

Das Angebotsprojektteam hat die Aufgabe, sowohl technische wie auch wirtschaftliche Lösungsmöglichkeiten für die Kundenanfrage zu finden. Jetzt zeigt sich, wie gut Daten- und Informationsquellen im Unternehmen gepflegt, verwaltet und zugänglich gemacht werden. Die Qualität der EDV-systemtechnischen Ausstattung und Unterstützung wirkt sich hierbei direkt auf die technische, formale und wirtschaftliche Qualität des Angebots aus.

Die technische Lösungsfindung wird erleichtert durch:

- Recherchieren vorhandener Lösungen, auch Teillösungen
- Verwendungsmöglichkeiten von Standards
- Zukauf von Systemkomponenten und Produkten
- Variantenentwicklung
- Strategische Neukonstruktion
- Kreativitätsmeetings.

Für wirtschaftliche Lösungsfindungen kommen in Frage:

- Kalkulationsunterlagen
- Preislisten (mit Spannenhinweisen)
- Lieferantenangebote
- Neukalkulation (Vollkostenrechnung)
- Neukalkulation (variable Kosten)
- Eventuell Vorgaben von Eckwerten im Sinne von Target-Costing.

Für die technische Lösungsfindung gibt es durchaus ein methodisches Vorgehen:

- Baukastensysteme
- Klassifizierungssysteme (Wiederverwendbarkeit vorhandener Lösungen)
- Konfigurationssysteme (Hardware, Software, Netzteile werden in Bezug auf die Problemstellung geprüft)
- Datenbank- und Expertensysteme und Internetquellen
- Sublieferanteninformationen.

Auf Grund spezieller Anforderungen, die die eigenen Kapazitätsmöglichkeiten überschreiten, kann es zweckmäßigerweise zu einer Projektkooperation oder auch Anbieterkoalition kommen, um einen Rückzug beim nachfragenden Kunden zu vermeiden. Für die Angebotserstellung sind dann auf Basis der Lösungsfindung die Zusammenarbeit fachlich-inhaltlich und auch in besonderen Fällen vertraglich (z. B. Generalunternehmerschaft, Unterlieferantenverhältnis oder selbstständiger Auftragnehmer) zu vereinbaren.

5.1.3.6 Angebotskalkulation und Preisfindung

Im Systemgeschäftswettbewerb gibt es meistens nur wenige, aber marktstarke Wettbewerber. Ziel ist es, den Angebotspreis so zu ermitteln, dass der Auftrag nicht durch überhöhte Preisforderung verloren geht, andererseits aber die Vollkosten gedeckt werden und noch ein Gewinn erzielt wird. Natürlich kann aus strategischen Gründen auch mit einer Preisuntergrenze operiert werden, bei der die variablen Kosten und möglichst noch ein Deckungsbeitrag erreicht werden.

Im Systemgeschäft entscheidet mehr als der reine Endpreis das Preis-Leistungs-Verhältnis. Das bedeutet, dass bei komplexen Systemangeboten die Preise für einzelne Systemkomponenten und Leistungen transparent zu ermittelt und aufgeschlüsselt dargestellt werden müssen. Die Teilpreise oder Zwischensummen sind dann erklärbar mit den entsprechenden Leistungen in Beziehung zu setzen.

Bei komplexen Systemangeboten besteht die Kalkulation und Preisfindung aus mehreren Schritten, z. B.

1. Kalkulationsstufe
Produkte, Baugruppen, Hardwarekomponenten
2. Kalkulationsstufe
Software u. a. Standardprogramme, Branchenprogramme, Softwareanpassungen auf Pflichtenheftbasis

3. Kalkulationsstufe
Dienstleistungen, z. B. Systemintegration, Benutzerschulungen, Montage- und Inbetriebnahmeleistungen.

Da die Produkt- und Leistungserstellung zunehmend in neu organisierten Prozessen stattfindet, ersetzt entsprechend die Prozesskostenkalkulation frühere, traditionelle Kalkulationsverfahren.

In der Praxis gibt es generell zwei wesentliche Unterschiede bei Systemangeboten (siehe Tab. 1):

Preisermittlung nach Aufwand	Nicht immer durchsetzbar, Risiko mehr beim Kunden
Preisermittlung zum Festpreis	Möglichst genaue Kalkulation erforderlich, Risiken mehr beim Lieferanten (eventuell Sicherheitszuschlag kalkulieren!)

5.1 Tab. 1: *Angebotspreis*

Auf Grund der unterschiedlichen Risikoverteilung wird der Kunde lieber eine Preisermittlung zum Festpreis wünschen, während der Lieferant eher eine Preisermittlung nach Aufwand anstreben sollte. Die Hauptrisiken für den Systemanbieter liegen in den kundenspezifischen Anforderungen im Pflichtenheft oder in der Leistungsbeschreibung. Bei der erstmaligen Entwicklung und Planung von Systemlösungen ist u.U. wegen des enormen Erfolgsrisikos von Festpreisangeboten strikt abzuraten.

Da bei Systemangeboten die Kalkulationsarbeit aufwändig ist, müssen Zeit sparende Mittel eingesetzt werden.

Wichtige Informationsquellen können sein:

- Bereits entwickelte und gefertigte gleiche oder ähnliche Systeme, deren Kostenstrukturen bereits bekannt sind
- Kostenelemente aus der Betriebsabrechnung
- Kosten aus der Nachkalkulation früherer Systeme oder Projekte.

5.1.3.7 Aufbau und Inhalte eines Systemangebots

Ein Grundsatz lautet: Das Angebot muss

- formalen (rechtlichen)
- technischen (funktionalen)
- kaufmännischen (wirtschaftlichen)

Anforderungen genügen.

Oberstes Ziel für alle Teammitglieder des Projekts „Angebotserstellung“ ist: Das Angebot soll zum Auftrag und zur Vertragsunterzeichnung führen!

Der Lieferant muss also das beste Angebot abgeben. Das klingt banal, aber während der Bearbeitungszeit wird allzu häufig von diesem Ziel abgewichen. Jedes Teammitglied, und besonders natürlich der Projektleiter, muss sich immer wieder die Frage stellen. Würde ich als Kunde dieses Angebot hervorragend finden?

Als kurzer grober Leitfaden für das Angebot sollen mindestens folgende Punkte gelten:

1. Ausgangssituation und Anforderungen
2. Das Konzept (Lösungsfindung) mit Nutzendarstellung
3. Produkt-/System-/Leistungsbeschreibungen
4. Aktionsschritte bis zur Inbetriebnahme
5. Konditionen und Termine
6. Vertragliche Hinweise
7. Management-Summary

Anlagen zum Angebot sind:

- Geräte- oder Systemscheine
- Technische Datenblätter
- Angebotszeichnungen
- Prospekte
- Vertragsentwürfe
- Bedienungsanleitungen
- Referenzlisten
- Sonstige Benutzerinformationen (z. B. TÜV-Bestätigungen).

Ein individuelles Begleitschreiben zum Systemangebot hat folgenden Zweck. Es stellt den Bezug des nachfolgenden Angebots zur Kundensituation und Kundenanfrage her. Der Text beinhaltet:

- Hinweise zum Anlass des Angebots
- Besonderheiten der Aufgabenstellung
- Zusammenhang zwischen Kundensituation und der angebotenen Lösung (Konzept)
- Beginn oder Fortsetzung der vertrauensvollen Zusammenarbeit.

Einige Inhaltshinweise zu den Angebotspunkten:

Zu 1) Bezugnahme auf angebotsbezogene Interessenten-/Kundengespräche während der Akquisitionsvorphase:

- Spezielle Bezugnahme auf den Grund bzw. den Anlass des Angebots
- Eingehen auf kunden- und problembezogene Anforderungen gemäß Ausschreibung, Ist-Analyse u. a.
- Darstellung der Ist-Situation mit Defiziten, aber auch Vorteilen
- Darstellung strategischer Aspekte
- Hinweise auf interne oder externe unternehmerische Veränderungen auf Grund der neuen Systeminstallation beim Kunden.

Zu 2) Erläuterung der Ziele einer Neukonzeption:

- Darstellung der technischen Systemlösung mit transparenter Erklärung des Nutzens für den Kunden
- Erläuterung von Schnittstellen und Integration von, beim Kunden vorhandenen, Produkten und Systemen.

Zu 3) Technische Daten:

- Bei Software, Angabe von Systemvoraussetzungen
- Schnittstellenbeschreibungen
- Infrastruktur, z. B. Netzwerke
- Sicherheitsangaben
- Installationshinweise und Betriebsführung.

Zu 4) Phasen des Projektes (Realisierung und Machbarkeit):

- Projektleitung, Verantwortlichkeiten
- Personaleinsatz, Dienstleistungen

- Projektbegleitende Maßnahmen (EDV-Unterstützung, Tests)
- Systemintegration.

Zu 5) Preise:

- Einzel-, Gruppen-, Gesamtpreise
- Rabatte und Nachlässe
- Stundensätze je Qualifizierung (z. B. Projektleiter, Systemingenieur, Programmierer u. a.)
- Organisatorische Infrastrukturkosten (Lager- und Raumkosten, Maschinen- und Informations- und Kommunikationszeiten
- Termine
  - Liefertermine, ggf. auch für Teillieferungen
  - Projektphasentermine
  - Termine für Zulieferungen
  - Infrastruktur-Vorleistungstermine, z. B. wenn der Kunde vor Anlieferung bestimmte bauliche Maßnahmen oder Energieanschlüsse vorzunehmen hat
- Konditionen
- Lieferbereitschaft
- Gewährleistungszeiten, Garantien
- Zahlungsmodalitäten
- Versandarten
- Rücktrittsrechte
- Konventionalstrafe.

Zu 6) Zum Vertrag gehören:

- das Angebot,
- Systemscheine mit Preisinformationen, z. B. Kauf-, Leasing-, Miet-, Wartungspreise,
- der gedruckte Standard-Grundvertrag,
- Lieferbedingungen,
- vertragliche Nebenabreden.

Vertragliche Nebenabreden enthalten z. B. unentgeltliche oder geltliche Personalleistungen, Schulungs- und Einarbeitungsleistungen, Produkt-/Systemüber- bzw. Abnahmemodalitäten, besondere Garantieleistungen, Veränderungen an Standardprodukten, Vermarktungsrechte bei Neuentwicklung auf Grund von Vorgaben, vom Kunden zu erbringende Leistungen, z. B. Zurverfügungstellung von Testdaten.

Zu 7) Das Management-Summary sollte kurz gefasst sein und folgende Abschluss-Highlights enthalten:

- Ziele, die mit dem Konzept erreicht werden sollen
- Nutzen und Vorteile der Lösung
- Realisierungsschritte bis zur betriebsbereiten Lieferung oder Übergabe
- Wirtschaftlichkeit der Investition
- Vertiefung der Partnerschaft Kunde/Lieferant.

5.1.3.8 Angebotsabgabe und Präsentation

Auf Grund der Erklärungsbedürftigkeit ist es ratsam, Systemangebote persönlich zu übergeben. Damit diese Übergabe wirkungsvoll und effektiv erfolgen kann, sind durch den Vertriebsverantwortlichen Termin, Zeitdauer und die Gesprächspartner auf beiden Seiten abzustimmen. Häufig findet die Übergabe im Rahmen einer Angebotspräsentation statt. Dann muss die organisatorische inhaltliche Planung noch sorgsamer erfolgen. Es ist unbedingt zu vermeiden, dass ein gutes Angebot durch eine schlechte Präsentation beim Kunden eine negative Wirkung hinterlässt.

In zunehmendem Maße erfolgten solche Angebotspräsentationen vor einem Buying Center, in dem auf Kundenseite alle wesentlichen Entscheidungs- und Fachkompetenzen vertreten sind. Das bedeutet, dass auch auf der Lieferantenseite zur Präsentation die entsprechend vergleichbaren Kompetenzen anwesend sein sollten.

Der Angebots- bzw. Präsentationstermin bietet die große Chance, direkt beim Kunden alle herausragenden Merkmale eines Angebots direkt persönlich zu erläutern. Hierbei können Pluspunkte bei der Auftragsvergabe errungen werden, deren Bedeutung nicht hoch genug eingeschätzt werden kann.

5.1.4 Angebotsverfolgung bis zur Entscheidung

Auch nach Abgabe des Systemangebots ist der regelmäßige Kontakt zum Kunden, aber auch zur Sicherstellung der im Angebot gemachten Zusagen, die Kommunikation innerbetrieblich für den Fall des Auftrags wichtig.

Die Kommunikation kann z. B. folgende Zwecke verfolgen (siehe Tab. 2):

Extern	Intern
Kontakt zum Kunden in regelmäßigen Abständen Fragen nach: • fehlenden Informationen • fehlenden Anlagen • Auftragschancen • Defiziten • Wettbewerbern Notfalls: nachbessern, ergänzen	Zu informieren sind: • Innenkaufmann • Disponent • (Unterlieferanten/Partner) • Montageabteilung • Wartungsdienst • Schulungsbereich

5.1 Tab. 2: *Zwecke der Kommunikation*

5.1.4.1 Aktionsschritte

Ziel muss sein, die Spanne zwischen Angebotsabgabe und Auftragsvergabe positiv zu gestalten.

Mögliche Aktionsschritte sind:

- Weiterhin regelmäßige Kundenbesuchstermine (notfalls Anlässe suchen und finden)
- Referenzbesuche bei anderen Kunden (weiteres Vertrauen gewinnen lassen)
- Einladung zu besonderen Anlässen, z. B. Hausmesse (Beziehungen enger knüpfen).

Auf jeden Fall ist auf Hinweise des Interessenten/Kunden schnell und kompetent zu reagieren. Kontinuität ist bei der Angebotsverfolgung sicherzustellen. Das bedeutet:

- Möglichst kein Zuständigkeitswechsel für den Kunden/Interessenten (das ist der häufigste Fehler auf der akquisitorischen Fachseite)
- Gute Personalvertretung für den Bedarfsfall
- Vorgesetzte und Beteiligte auf dem Laufenden halten
- Gegebene Kundenzusagen (Nachlieferung von Angebotsergänzungen, Referenzbesuche u. a.) einhalten.

5.1.4.2 Ermittlung der Auftragschancen

Bei vielen Lieferanten ist mit der Angebotsabgabe die akquisitorische Haupttätigkeit getan, und weil im Vertrieb meist Zeitmangel herrscht, wendet man sich umgehend anderen Angeboten zu, das bedeutet aber Verzettelung bei der Vertriebsarbeit. Zur Ermittlung der Auftragschancen wird z. B. vorgeschlagen:

- Nicht endlos passiv abwarten
- Nach angemessener Zeit mutig nachfragen
- Oder adhoc bei günstiger Gelegenheit Chancen abfragen
- Möglichst bereits bei Angebotsabgabe Nachfragetermin vereinbaren
- Ggf. bei Routinebesuch bekannte Mitarbeiter/Mitarbeiterinnen) beim Kunden ansprechen, ob bereits „Entscheidungsnachrichten“ verbreitet werden
- Eventuell Servicekollegen, die häufiger im Hause des Kunden tätig sind, als Informationslieferanten nutzen

5.1.4.3 Nicht nur den Auftrag, sondern auch den Kunden gewinnen

Im Investitionsgütergeschäft und insbesondere im Systemgeschäft muss langfristig gedacht und gehandelt werden.

Die Worte der langfristigen Partnerschaft und ein von allen gelebtes Kundenbeziehungsmanagement gelten hier besonders.

Wenn der Auftrag gewonnen wird, geht die Arbeit erst richtig los, heißt es bei Vertriebsprofis ganz richtig. In den meisten Fällen haben Kunden nach Erteilung der Vertragsunterschrift noch eine Menge Bedenken, manchmal sogar Ängste, ob alles so klappt, wie es im Angebot steht. Der Kunde wird erst nach dem Auftrag nochmals gefestigt oder er wird durch unser Verhalten verunsichert. Auf der Lieferantenseite sind deshalb alle notwendigen Personal- und Sachressourcen frei zu machen, um alle im Angebot zugesagten Leistungen termingerecht zu erbringen, wobei Leistungserbringung bedeutet, dass auch die vom Kunden geforderten Ergebnisse erzielt werden.

Wenn das gelingt, ist ein weiterer Referenzkunde gewonnen oder behalten worden!

5.2 Absatzfinanzierung im Konsumgüterbereich

Michael Bernecker

5.2.1 Grundlagen und Einordnung

Im zunehmenden Wettbewerb stehen immer mehr Unternehmen vor der Frage, wie sie sich gegenüber Konkurrenten differenzieren können. Im Rahmen der Leistungspolitik greifen viele Unternehmen auf Serviceinstrumente zurück. Kommunikativ kann dieser Zusatznutzen sehr gut vermittelt werden, während die preisliche Umsetzung in der Regel scheitert. Der angestrebte Preisvorteil besteht dann oftmals nur auf dem Papier. Bedingt durch den inflatorischen Einsatz von Rabatten, Sonderangeboten und individuellen Preisnachlässen lassen sich die zusätzlichen Serviceleistungen nicht mehr refinanzieren. Eine Möglichkeit dieser Tendenz zu entgehen ist das Angebot einer Absatzfinanzierung.

Unter Absatzfinanzierung versteht man alle Maßnahmen, die den Zweck haben, durch Finanzierungserleichterungen, die ein Unternehmen selbst oder mit Hilfe Dritter seinen Kunden gewährt, den Absatz zu fördern (*Bittmann/Kirstein 1991, S. 4*).

Mit diesem Verständnis kann die Absatzfinanzierung in den Bereich der Kontrahierungspolitik eingeordnet werden. Neben der eigentlichen Preisbildung und dem Entscheidungsbereich der Konditionen hat der Anbieter einer Leistung zusätzlich den Entscheidungsbereich der Absatzfinanzierung (vgl. Abb. 1).

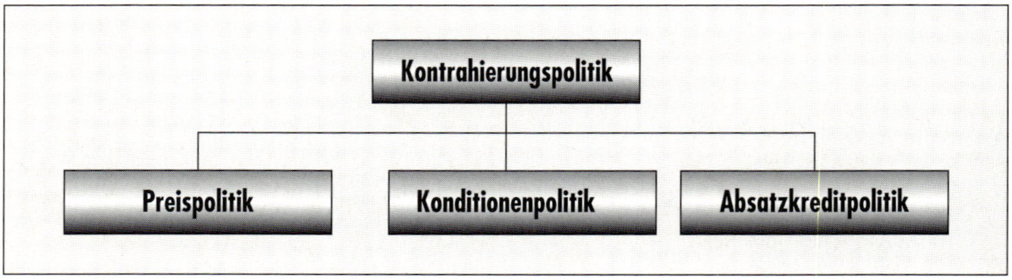

5.2 Abb. 1: *Einordnung der Absatzfinanzierung*

Je nachdem, ob fremde Organe in den Finanzierungsprozess integriert sind, spricht man von einer direkten oder indirekten Absatzfinanzierung. Eine direkte Absatzfinanzierung liegt vor, wenn ein Finanzierungsinstitut in den Leistungsprozess eingeschaltet ist. Dabei vermittelt der Händler in der Regel nur den Kontakt zwischen dem Leistungsnachfrager und dem Finanzierungsinstitut. Der eigentliche Finanzierungskontrakt wird zwischen Kreditinstitut und Käufer abgeschlossen. Bei der indirekten Absatzfinanzierung finanziert der Hersteller mit alternativen Instrumenten den Verkauf der Waren und Dienstleistungen selbst. Die nachfolgende Abb. 2 zeigt diese Konstellationen.

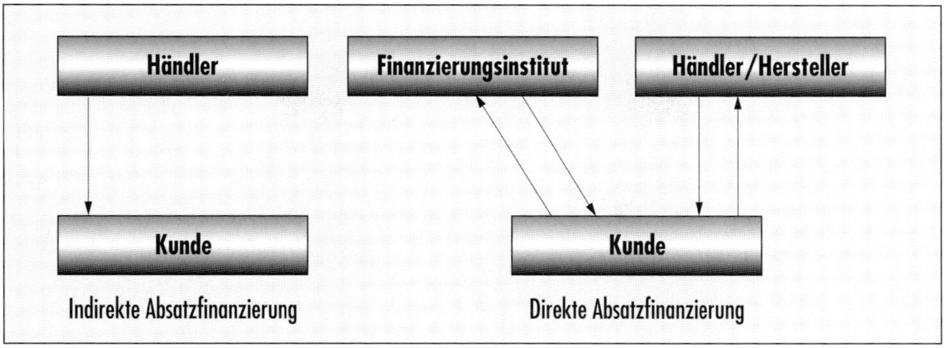

5.2 Abb. 2: *Formen der Absatzfinanzierung*

Die Absatzfinanzierung weist bereits eine lange Tradition auf. Bereits um 1800 hat die amerikanische Firma Cowperthwait & Sons in New York Teilzahlungsfinanzierungen beim Verkauf von Möbeln eingeführt. Auch in Deutschland ist dieses Instrument bereits seit 1849 durch das Hamburger Kaufhaus Alex Friedländer bekannt. Dabei erstreckte sich die Finanzierung auf Shopping-Goods wie Textilien, Möbel und sonstige Einrichtungsgegenstände (*Bittmann/Kirstein 1991, S. 6*).

Aber nicht nur im letzten Jahrhundert, sondern auch in den letzten Jahren hat die Anwendung dieses Marketinginstrumentes deutlich zugenommen. Sowohl im Business-to-Business

Vorteile für den Hersteller/Händler	Vorteile für den Kunden
• Hochwertiges Produkt und maßgeschneiderte Finanzierung aus einer Hand • Erleichterung der Kaufentscheidung des Kunden • Stärkung der Position in der Preisverhandlung • Herausstellung der Wirtschaftlichkeit des Produktes durch ein attraktives Finanzierungsangebot • Festigung der Kundenbindung • Günstiger Service ohne Bindung der Liquidität und ohne Belastung der Bilanz • Sofortige Gewinnrealisierung und weitgehender Schutz vor Forderungsausfällen • Höheres Kaufvolumen	• Gleichzeitige Lösung des Investitions- und Finanzierungsproblems • Schnelle Entscheidungsmöglichkeit und einfache, bequeme Abwicklung • Feste Konditionen • Erweiterung des Finanzierungsspielraumes bei gleichzeitiger Schonung der Eigenmittel • Niedrige Belastung durch nutzungskonforme Laufzeiten • Individuelle Tilgungspläne • Konsummöglichkeiten, ohne die Liquidität zu gefährden

5.2 Tab. 1: *Vorteile der Absatzfinanzierung*
Quelle: Bittmann/Kirstein 1991, S. 2

als auch in dem hier relevanten Business-to-Consumer (B-to-C)-Bereich lässt sich eine steigende Bedeutung der Absatzfinanzierung feststellen.

Dieses Instrument zur Absatzförderung weist einige systematische Vor- und Nachteile auf (vgl. Tab. 1).

Die Realisierung der Absatzfinanzierung kann auf unterschiedlichen Wegen erfolgen. In Tab. 2 sind diese Alternativen übersichtsartig zusammengefasst.

Die einfachste Realisierung erfolgt mit Hilfe der Einzelfalllösung. Dabei kommt es nur in einzelnen Fällen zu einer Kooperation eines Kreditinstitutes und des Verkäufers. Beim Full Service übernimmt des Kreditinstitut wesentliche Teile der Leistungserstellung. Unter Umständen wird die gesamte Kundenbuchhaltung ausgelagert. Insbesondere Instrumente wie das Factoring sind in diese Kategorie einzuordnen. Einen Schritt weiter geht das Joint-Venture. Das Kreditinstitut und der Vendor gründen eine gemeinsame Finanzierungsgesellschaft. Bei einem größeren Kapitalbedarf kann schließlich auch eine unabhängige Finanzgesellschaft interessant sein. Sie weist den Vorteil auf, dass auch strategische Zielsetzungen vom Verkäufer verfolgt werden können. Die meisten Automobilhersteller verfügen mittlerweile über eigene Kreditinstitute, die den Finanzierungsbedarf abwickeln.

Realisierungsmöglichkeiten der Absatzfinanzierung			
Einzelfalllösung	**Full Service**	**Joint-Venture**	**Unabhängige Gesellschaft**
Zweckgebundene Einzelfallzusammenarbeit von Kreditinstitut und Verkäufer Keine Programmvereinbarung Einzelfallanforderung falls ein geeignetes Objekt vorliegt	Komplettes Outsourcing der Kundenbuchhaltung Programmvereinbarung zwischen Kreditinstitut und Verkäufer Volles Produktangebot Marketingunterstützung durch das Kreditinstitut Verkaufstraining durch das Kreditinstitut	Gemeinsame Anteilsrechte Teilung von Gewinn und Verlust Gemeinsame Kontrolle Mitarbeiterstab vom Kreditinstitut abgestellt J-V-Vereinbarung Kündigungsoption	Eigene Finanzgesellschaft Eigene Auszahlung 100 % Risiko/Gewinn Profit-Center Eigenes Personal Strategische Ausrichtung
Taktisch ←			**→ Strategisch**

5.2 Tab. 2: *Realisierungsmöglichkeiten der Absatzfinanzierung*
Quelle: General Electric 2000

5.2.2 Finanzierungsinstrumente im Konsumgüterbereich

5.2.2.1 Überblick

Die Instrumente der Absatzfinanzierung sind sehr vielfältig und bieten – je nach Einsatzmöglichkeit – spezifische Vor- und Nachteile. Im hier betrachteten Business-to-Consumer-Bereich stehen dem Händler bzw. Hersteller je nach Gut und Kaufverhalten unterschiedliche Instrumente zur Verfügung.

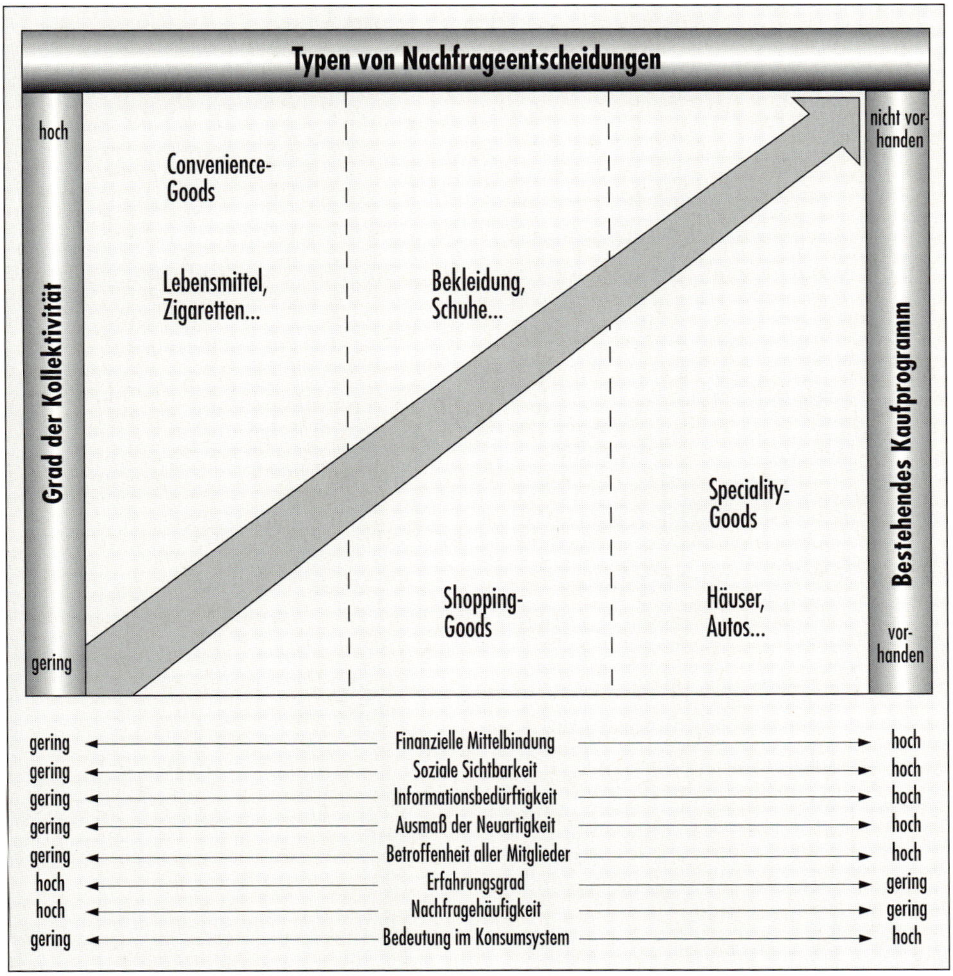

5.2 Abb. 3: *Typen von Nachfrageentscheidungen*
Quelle: Ruhfus 1976, S. 2

Zur Systematisierung der Instrumente wird eine Typologie von Kaufentscheidungen herangezogen, die sich bereits vielfach bewährt hat. Bei der Bildung der Kaufentscheidungstypen wird auf den Grad der Kollektivität der Entscheidungsfindung und die Ausprägung des Kaufprogrammes abgestellt. Zusätzlich werden Eigenschaften des Kaufgegenstandes berücksichtigt, die in Zusammenhang mit der Kaufentscheidung stehen. Berücksichtigt man insbesondere die Merkmale Finanzielle Mittelbindung, Kaufhäufigkeit, Soziale Sichtbarkeit und Bedeutung im Konsumsystem, dann findet sich eine Systematisierungsmöglichkeit für alternative Finanzierungsinstrumente.

5.2.2.2 Finanzierung von Gütern des täglichen Bedarfs

Convenience-Goods sind Güter, die in der Regel von Einzelindividuen erworben werden, zum aktuellen Kaufprogramm gehören, über eine geringe finanzielle Mittelbindung und eine hohe Kaufhäufigkeit verfügen und eine geringe Bedeutung im Konsumsystem aufweisen. Diese „Güter des mühelosen Kaufs“ sind Waren, die ein habitualisiertes Kaufverhalten aufweisen. Sie werden oftmals ohne Planungs- und Suchaufwand als Spontankäufe erworben (*Kotler/Bliemel 1999, S. 674*).

Die Instrumente der Absatzfinanzierung können dieses Kaufverhalten stützen und im akquisitorischen Sinne nutzen. Analysen von GfK haben gezeigt, dass das durchschnittliche Kaufvolumen beim Einsatz von Finanzierungsinstrumenten wie dem Lastschriftverfahren oder der Kreditkarte fast doppelt so hoch ist wie bei Barzahlung (*www.visa.de*).

5.2.2.2.1 Lieferantenkredit

Der Lieferantenkredit ist als Handelswarenkredit zu klassifizieren und entsteht nicht durch die Vergabe von Finanzmitteln, sondern durch die Gewährung von Zahlungszielen, so dass der Kunde den Rechnungsbetrag erst nach einer bestimmten Frist wie z. B. 30 oder 60 Tage begleichen muss (*vgl. Bernecker/Seethaler 1998, S. 47*). Umgangssprachlich wird diese Finanzierungsform mit dem Begriff „Anschreiben“ gekennzeichnet. Insbesondere wenn längerfristige Kunden-Lieferantenbeziehungen bestehen, ist der Verkäufer bereit, dem Kunden bei einem Liquiditätsengpass ein Zahlungsziel zu gewähren (*vgl. Ramme 2000, S. 160*).

Da der Verkäufer aber seinerseits die Position der Lieferantenkreditgewährung zu finanzieren hat und darüber hinaus aus Gründen der Zahlungssicherung an einer schnellen Zahlung interessiert ist, wird durch Skontogewährungen ein Anreiz zur Nichtinanspruchnahme der Lieferantenkredite gegeben.

Eine in der Praxis weit verbreitete Konditionengestaltung beinhaltet ein eingeräumtes Zahlungsziel von 30 Tagen oder alternativ bei sofortiger Zahlung einen zugestandenen Skontosatz von 3 %. Somit sind bei sofortiger Zahlung nur 97 % der Rechnungssumme zu zahlen. Bei sofortiger Zahlung ist die Inanspruchnahme des Lieferantenkredits also kostenlos, wohingegen der Kredit jenseits der Skontierungsfrist, in diesem Fall 0 Tage, für die Tage vom ersten bis zum dreißigsten Tag nach Rechnungserhalt 3 % der Rechnungssumme kostet. Hierbei ist darauf hinzuweisen, dass dies ein p.r.t.-(pro rata temporis)-Zinssatz für 20 Tage ist. Ohne Berücksichtigung einer unterjährigen Verzinsung ergibt sich somit für 360 Zinstage ein p.a.-(pro anno)-Zinssatz von

$$I = \frac{\text{Skontosatz}}{\text{Zahlungsfrist–Skontofrist}} \cdot 360 = \frac{0{,}03 \cdot 360}{30-0} = 3{,}6\,\%$$

Somit kann festgestellt werden, dass es sich beim Lieferantenkredit jenseits der Skontierungsfrist um den teuersten Kredit für den Kunden handelt. Für den Händler weist dieses Instrument allerdings den Vorteil auf, dass er bei Preisverhandlungen eine Argumentation für eine Gegenleistung erhält. Zahlt der Kunde sofort, dann kann er einen Nachlass erhalten, ansonsten wird kein Nachlass gewährt. Allerdings sollte der akquisitorische Effekt dieses Finanzierungsinstrumentes nicht überbewertet werden.

5.2.2.2.2 Electronic-Cash-Systeme

In den letzten Jahren sind automatisierte Kassensysteme weiterentwickelt worden. Mit Hilfe einer ec-Karte kann der Kunde direkt am Point of Sale bezahlen. In der Ausgestaltung existieren zwei Varianten.

Der Kunde zahlt mit seiner ec-Karte und bestätigt den Kauf durch Eingabe seiner Geheimzahl. Durch die Verifizierung der Transaktion mit der persönlichen Personal-Identification-Number-(PIN)-Nummer, übernimmt die ausgebende Bank eine begrenzte Zahlungsgarantie. Der Händler setzt sich nicht dem Risiko aus, Forderungsausfälle durch gestohlene Karten hinnehmen zu müssen.

Die zweite Variante ist, dass der Kunde die ec-Karte einsetzt und den Kauf mit seiner Unterschrift bestätigt. Er unterschreibt dem Verkäufer in diesem Fall eine Einzugsermächtigung. Diese Variante hat für den Käufer den Vorteil, dass er seine ec-Karte auch dann einsetzen kann, wenn er die PIN-Nummer nicht kennt. Es besteht nicht Gefahr, dass er beim Eingeben der Geheimnummer durch andere Kunden beobachtet wird. Für den Verkäufer hat diese Variante den Vorteil, dass keine Gebühren zu zahlen sind. Zudem ist die Abwicklung insbesondere in den kritischen Zeiten mit hohem Kundenaufkommen deutlich schneller.

Die Kosten für ein Electronic-Cash-System betragen bis zu 1.500 EUR für ein Händlerterminal. Zusätzlich sind noch 0,3 % des Umsatzes, mindestens jedoch 0,01 EUR je Transaktion zu entrichten.

Die Bedeutung des bargeldlosen Zahlungsverkehrs nimmt, auch durch Einführung der Geldkarte, deutlich zu.

5.2.2.3 Finanzierung bei Shopping-Goods

Shopping-Goods sind Waren und Dienstleistungen, bei deren Kauf der Kunde Such-, Vergleichs- und Auswahlprozesse durchläuft und Kriterien wie Eignung, Qualität, Design und Preis anlegt. Beispiele sind Möbel, Bekleidung oder Schuhe. Da diese Waren einen deutlich höheren Wert repräsentieren als die zuvor betrachteten Convenience-Goods kann man nicht immer davon ausgehen, dass der Konsument die notwendige Liquidität aufweist, um die Käufe zu tätigen. Daher haben Instrumente der Absatzfinanzierung auch in diesem Bereich eine große Bedeutung.

5.2.2.3.1 Schecks

Beim Scheck handelt es sich um eine unbedingte Anweisung eines Ausstellers an sein Kreditinstitut bzw. seine Bank, einem Dritten gegen Vorlage des Schecks einen bestimmten Betrag zu seinen Lasten auszuzahlen (vgl. *Olfert 1997, S. 142*).

Ein Scheck ist ein streng förmliches Wertpapier, dass den Vorschriften des Scheckgesetzes (SchG) entsprechen muss. Diese Vorschriften werden durch die kaufmännischen Bestandteile ergänzt, die seitens der Kreditinstitute gefordert werden, um eine sichere und rationelle Bearbeitung zuzulassen (vgl. Tab. 3).

Bestandteile eines Schecks	
Gesetzliche Bestandteile	**Kaufmännische Bestandteile**
• Bezeichnung „Scheck" im Text der Urkunde	• Schecknummer
• Unbedingte Anweisung, eine bestimmte Geldsumme zu zahlen	• Kontonummer
• Name des Bezogenen, der zahlen soll	• Bankleitzahl
• Angabe des Zahlungsortes	• Schecksumme in Ziffern
• Angabe des Tages und des Ortes der Ausstellung	• Guthabenklausel
• Unterschrift des Ausstellers als Verfügungsberechtigter des Kontos	• Zahlungsempfänger
	• Kodierzeile

5.2 Tab. 3: *Bestandteile eines Schecks*

In dem hier betrachteten Kontext sind Bar-/Verrechnungsschecks und Euroschecks von Bedeutung. Da der Scheck kein Kreditinstrument ist, sondern ein Zahlungsmittel, sind die Vorlegefristen zu beachten. Ein Scheck ist im Inland innerhalb von acht Tagen nach Ausstellungsdatum einzureichen. Überschrittene Schecks werden zwar eingelöst, allerdings besteht beim bezogenen Institut keine Pflicht dazu. Im europäischen Ausland beträgt die Frist zur Einlösung 20 Tage und auf anderen Kontinenten 70 Tage (vgl. *Olfert 1997, S. 144*).

Der Zahlungsverkehr mit Hilfe eines Schecks erfolgt in den folgenden Schritten (vgl. Abb. 4). Der Kunde (Zahlungspflichtige) stellt einen Scheck aus, den der Händler (Zahlungsempfänger) annimmt. Diesen Scheck kann der Händler beim bezogenen oder bei einem anderen Bankinstitut einlösen oder an einen anderen Gläubiger als Zahlungsmittel übertragen. Der Scheck kann in allen drei Fällen eingelöst oder abgelehnt werden.

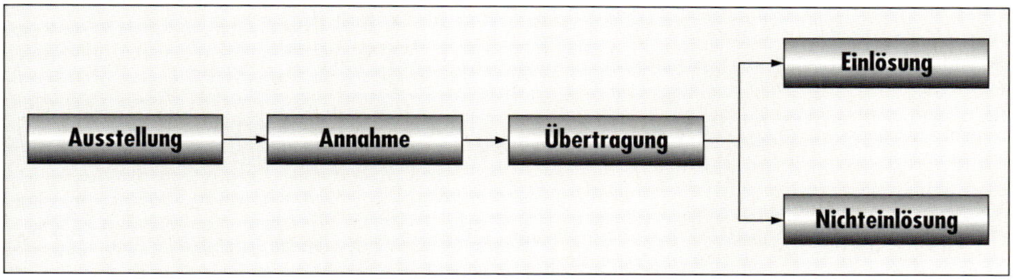

5.2 Abb. 4: ***Ablauf eines Scheckgeschäftes***
Quelle: Olfert 1997, S. 150

Im Wesentlichen können drei Arten von Schecks unterschieden werden:

Bei Vorlage eines Barschecks zahlt das Kreditinstitut an den Überbringer den angewiesenen Betrag aus. Dabei ist zu beachten, dass keine Überprüfungspflicht bei der Bank vorliegt. Sollte ein Barscheck verloren gehen, kann der Finder diesen jederzeit einlösen.

Ein Verrechnungsscheck weist zusätzlich zu den gesetzlichen und kaufmännischen Merkmalen den Vermerk „Nur zur Verrechnung" auf. In der Regel reicht auch ein doppelter Strich in der oberen linken Ecke des Schecks aus, um ihn als Verrechnungsscheck zu kennzeichnen. Ein Verrechnungsscheck wird grundsätzlich nicht bar ausgezahlt, sondern der Auszahlungsbetrag wird einem Konto gutgeschrieben. Sollte ein Scheck einmal verloren gehen, dann kann ein „unehrlicher" Finder diesen nur auf sein Konto gutschreiben lassen.

Euroschecks sind bei Vorlage der Euroscheckkarte mit einem Auszahlungsbetrag von maximal 200 EUR abgesichert. Sollte das Konto des Ausstellers keine Deckung aufweisen, muss das bezogene Kreditinstitut den ausgewiesenen Betrag anweisen. Euroschecks können in den meisten europäischen Ländern in der jeweiligen Landeswährung ausgestellt werden.

Die Annahme von Schecks erlaubt es dem Händler eine gewisse Flexibilität gegenüber Kunden aufzuweisen, die nicht über die notwendige Liquidität verfügen. Das Risiko ist zumindest bei Euroschecks relativ begrenzt. Schecks werden daher in der Regel für Zahlungen zwischen 25 und 200 EUR angenommen. Einige Händler verweigern die Annahme von Schecks. Übliche Gründe sind der entstehende Verwaltungsaufwand oder die zusätzliche Dauer beim Kassiervorgang im Vergleich zur Bargeldzahlung. Die Zahlung mit Scheck verliert im Konsumgüterbereich immer mehr an Bedeutung.

5.2.2.3.2 Kreditkarten

Ein weiteres Instrument der Absatzfinanzierung stellt die Akzeptanz von Kreditkarten dar. Kreditkarten weisen auch in Deutschland eine immer größere Verbreitung auf. Mittlerweile sind 13 Mio. Kreditkarten in Umlauf. Die bekanntesten Kreditkartenanbieter sind Master-/Eurocard, Visa, American Express und Diners Club.

Der Konsument erwirbt eine Kreditkarte. Dies geschieht zum Beispiel über die Hausbank. Der Händler wiederum bewirbt sich als Akzeptanzstelle bei einer Kreditkartenorganisation. Der Inhaber einer Kreditkarte kann dann bargeldlos Waren und Dienstleistungen bei der Akzeptanzstelle der Kreditkartenorganisation erwerben, indem er die Karte vorweist und den Buchungsbeleg unterschreibt. Im Onlineverfahren wird die Karte direkt verifiziert und im Falle einer gesperrten Karte wird diese direkt eingezogen. Der Händler reicht die Rechnungsdaten bei der Kreditkartenorganisation ein und erhält eine Wertstellung des Betrages. Der Kreditkarteninhaber erhält daraufhin eine Sammelabrechnung seiner getätigten Umsätze, die in der Regel monatlich erfolgt.

Es können unterschiedliche Kreditkartenarten unterschieden werden:

Affinity-Karten: Mitgliedsbanken bzw. Sparkassen geben Affinity-Karten zusammen mit Vereinen und nicht gewinnorientierten Organisationen wie beispielsweise der deutschen AIDS-Hilfe aus. Deren Symbol erscheint dann zusammen mit dem Zeichen der Bank auf der Karte und wirbt so für deren Anliegen.

Co-Branding (Markenpartnerschaft). Bei der Co-Branding-Karte kooperieren ein Unternehmen und eine oder mehrere Banken oder Geldinstitute und geben zusammen eine Kreditkarte aus, auf der in den meisten Fällen beide Markenlogos abgebildet sind.

Partnerkarten: Für Ehepartner oder Lebensgefährten kann bei verschiedenen Kreditkarteninstituten und Mitgliedsbanken die Partnerkarte zu in der Regel sehr günstigen Konditionen angefordert werden.

Gründe des Käufers für den Einsatz einer Karte:

- Unabhängigkeit vom mitgeführten Bargeld und damit erhöhte Flexibilität im Kaufverhalten
- Einfaches und sicheres Zahlen mit der Unterschrift, kein Umgang mehr mit Wechselgeld und Fremdwährungen
- Verzögerte Kontoabbuchung des Einkaufsbetrages, was ein freieres und individuelleres Ausgabenmanagement ermöglicht
- Mehr Sicherheit durch weniger Bargeld und begrenzte Haftung.

Gründe für den Verkäufer, Karten zu akzeptieren (*vgl. www.visa.de*):

- Die Mehrheit der deutschen Kreditkarteninhaber ist laut GfK zwischen 30 und 49 Jahre alt und hat ein monatliches Nettoeinkommen zwischen 1.000 und 2.000 EUR; 16 Prozent der deutschen Kreditkarteninhaber verfügen über ein Nettoeinkommen zwischen 2.000 und 3.000 EUR.
- Kunden mit einem hohen Nachfragevolumen setzen Kreditkarten gezielt ein, um Liquiditätsvorteile zu erhalten.
- Internationale Reisende verlassen sich oft auf die Kreditkarte. Fast ein Viertel aller Kartenumsätze in Deutschland werden mit internationalen Karten getätigt.
- Kreditkarteninhaber kaufen anders ein. Die durchschnittliche Transaktionshöhe eines Einkaufs mit Kreditkarte liegt laut Europäischem Handelsinstitut (EHI) mit 85 EUR deutlich über dem Durchschnittsbon mit ec-Karte (55 EUR), Lastschriftverfahren (45 EUR) und Bargeld (22,50 EUR).
- Kreditkarten werden zudem für höherwertige bzw. höherpreisige Einkäufe und Dienstleistungen eingesetzt.
- 97 % aller Karteninhaber neigen zu Spontankäufen.
- Der Kreditkarten akzeptierende Einzelhändler oder Dienstleister hat eine Zahlungsgarantie für jede Transaktion, wenn er einige wenige einfache Regeln befolgt (wie zum Beispiel das Überprüfen von Gültigkeitsdatum und Unterschrift).
- Das Risiko von ungedeckten Schecks, Falschgeld oder Diebstahl ist bei Zahlung mit Kreditkarte ausgeschlossen. Verringerte Bargeldbestände helfen auch, das Risiko eines Überfalls zu minimieren.

Die Akzeptanz von Kreditkarten ist in vielen Branchen ein unverzichtbares Instrument der Absatzfinanzierung geworden. Dies gilt besonders für Tankstellen, Bekleidungsgeschäfte, Einrichtungshäuser, Hotels und Gaststätten.

5.2.2.4 Finanzierung bei Speciality-Goods

Speciality-Goods sind Güter und Leistungen, die für den Nachfrager eine besondere Bedeutung haben, da sie nicht zu seinem üblichen Kaufprogramm gehören. Typische Güter dieses Kauftyps sind der Kauf eines Hauses, eines Neuwagens oder einer Weltreise. Diese Güter und Dienstleistungen haben eine hohe Bedeutung im Konsumsystem des Nachfragers und weisen neben der sozialen Sichtbarkeit eine hohe finanzielle Mittelbindung auf.

5.2.2.4.1 Inzahlungnahmen

Ein weit verbreitetes Instrument der Verkaufsförderung sind Inzahlungnahmen von Altgeräten beim Kauf eines neuen Produktes. Die Inzahlungnahme verringert den Kaufpreis optisch und hat den Vorteil für den Kunden, dass er sich um die Entsorgung des Altgutes nicht kümmern muss. Das Hauptproblem entsteht durch die Bewertung des Altgerätes und die Einschätzung über die mögliche Absetzbarkeit. Bei Standardprodukten, für die ein institutionalisierter Zweitmarkt existiert, ist die Inzahlungnahme nicht so problematisch wie bei Spezialgütern.

5.2.2.4.2 Leasing

Unter Leasing versteht man die Vermietung von Anlagegegenständen durch Finanzierungsinstitute und andere Unternehmen, die dieses Vermietungsgeschäft gewerbsmäßig betreiben (vgl. *Bernecker/Seethaler 1998, S. 49ff.*).

Im Hinblick auf die Dauer des Leasingvertrages differenziert man zwischen zwei Formen des Leasings, dem Operating-Leasing und dem Financial-Leasing.

Im Rahmen des **Operating-Leasing** erwirbt der Mieter ein kurzfristiges, in der Regel jederzeit kündbares Nutzungsrecht an dem Mietobjekt. Infolgedessen übernimmt der Leasinggeber das gesamte Investitionsrisiko, so dass eine volle Amortisation bei Kündigung vor Ablauf der Nutzungsdauer nur durch eine oder mehrere Anschlussmieten erzielt werden kann. Die Gefahren des zufälligen Untergangs und der wirtschaftlichen Entwertung sowie die Aufwendungen für Versicherung, Wartung und Reparaturen trägt der Leasinggeber.

Als **Financial-Leasing** wird die Beschaffung von Vermögensgegenständen auf mittelbis langfristige Sicht verstanden, wobei der übliche Vertragsinhalt vorsieht, dass das Eigentum beim Leasinggeber verbleibt und der Leasingnehmer das Nutzungsrecht für die Vertragslaufzeit erhält. Er zahlt dafür monatlich, quartalsmäßig oder jährlich Leasingraten an den Leasinggeber. Nach Ablauf der Grundmietzeit, die gemäß einem Urteil des Bundesfinanzhofes in aller Regel mindestens 40 % und höchstens 90 % der betriebsgewöhnlichen Nutzungsdauer betragen darf, wird der Vermögensgegenstand grundsätzlich an den Leasinggeber zurückgegeben. Die Financial-Leasing-Verträge sind während der vereinbarten Grundmietzeit prinzipiell unkündbar. Sie können in Bezug auf das Leasingobjekt nach Ablauf der Grundmietzeit je nach Vertragsinhalt ein Kaufoptionsrecht oder ein Verlängerungsoptionsrecht enthalten. Die Mietraten werden so bemessen, dass das vermietete Objekt sich nach Ablauf der Grundmietzeit einschließlich aller Nebenkosten voll amortisiert und der Leasinggeber einen einkalkulierten Gewinn erzielt hat. Im Gegensatz zum Operating-Leasing trägt beim Financial-Leasing der Leasingnehmer das volle Investitionsrisiko. In der Regel hat dieser neben den Versicherungs-, Wartungs- und Reparaturaufwendungen auch das Risiko des zufälligen Untergangs des Mietobjekts zu tragen, da in diesem Falle die Zahlungsverpflichtung der noch fälligen Mietraten bestehen bleibt. Das Investitionsrisiko wird häufig dadurch verringert, dass Leasinggesellschaften gegen eine Pauschalgebühr Wartungs- und Reparaturarbeiten vornehmen. Im Rahmen des Spezial-Leasing werden Verträge über die Vermietung von Vermögensgegenständen geschlossen, die nach den besonderen Wünschen des Leasingnehmers gestaltet werden. Für den Leasingnehmer ist das Financial-Leasing in der Regel als eine Form der Fremdfinanzierung anzusehen, da der Leasingnehmer vom Leasinggeber faktisch einen Festbetragskredit in Höhe der Anschaffungs- oder Herstellungskosten des Vermögensgegenstandes erhält.

Im B-to-C-Bereich steigt die Bedeutung des Mobilienleasing kontinuierlich an. Bei einigen Automobilherstellern beträgt die Leasingquote mittlerweile 30 % aller Neuzulassungen. Die Leasingquote lag 1997 in Deutschland bei 25,3 %. Dies entspricht ca. 970.000 Fahrzeugen. Fast 90 % dieses Leasinggeschäftes erfolgt durch Tochtergesellschaften der Automobilhersteller (vgl. *ifo 1998, S. 7*).

5.2.2.4.3 Teilzahlungskredite

Teilzahlungskredite sind Ratenkredite zur Finanzierung langlebiger Gebrauchsgüter, die in Raten zurückgezahlt werden (vgl. *Bittmann/Kirstein 1990, S. 22*).

Die Literatur unterscheidet zwischen einem direkten und einem indirekten Finanzierungsgeschäft (vgl. *Hagenmüller/Diepen* 1982, S. 130). Bei der direkten Verbraucherfinanzierung (A-Geschäft) kann der Verbraucher über einen bei einem Kreditinstitut eingeräumten Kredit frei verfügen. Die hier interessierende, indirekte Verbraucherfinanzierung (B- und C-Geschäft) liegt vor, wenn der Kauf der Ware in der Weise finanziert wird, dass der Verbraucher einen Kredit verwendet, den ein Kreditinstitut mittelbar durch Einschaltung des Verkäufers zur Verfügung stellt.

Als B-Geschäft wird die klassische Form des Abzahlungsgeschäftes bezeichnet. Charakteristisch für das B-Geschäft – auch Berlin-System genannt – ist die Aufteilung des an sich einheitlichen Kaufvertrages in zwei rechtlich selbstständige Verträge (vgl. *Hagenmüller/Diepen*

1982, S. 451f.). Auf der einen Seite existiert ein Kaufvertrag zwischen einem Kunden und einem Verkäufer, und auf der anderen Seite ein Kreditvertrag zwischen dem Kunden und dem Kreditinstitut. Daneben schließt ein Kreditinstitut mit dem Verkäufer einen Rahmenfinanzierungsvertrag ab, in welchem dem Verkäufer ein Kreditkontingent eingeräumt wird, das von ihm im Namen und für Rechnung des Kreditinstitutes zur Finanzierung von Konsumentenverkäufen verwendet werden kann. Die Abtretung erfolgt in der Regel offen und unter gleichzeitiger Sicherungsübereignung auf das Kreditinstitut. Der Verkäufer muss allerdings zusätzlich den Nachweis einer Anzahlung (ca. 20 %–30 %) des Kunden auf den Kaufgegenstand erbringen.

In der Praxis reicht der Verkäufer die Kreditanträge beim Kreditinstitut ein, wonach das Institut die Kreditfähigkeit und Kreditwürdigkeit des Kunden prüft. Bei einem positiven Entscheid wird der kreditierte Kaufpreis direkt an den Verkäufer gezahlt und der Kunde muss die Kreditraten an das Kreditinstitut leisten.

Der Teilzahlungskredit ist durch gleich bleibende Monatsraten und einen festen Zinssatz für die gesamte Laufzeit gekennzeichnet. Zwischen Kreditnehmer und Kreditgeber wird ein festes Kapital- und Zinsanteilsverhältnis vereinbart. Bei einem Ratenkredit werden die Kreditkosten dem Darlehensbetrag zugeschlagen und der sich daraus ergebende Endbetrag wird von dem Kreditnehmer in gleichbleibenden Raten getilgt. Teilzahlungs- oder Ratenkredite werden über Beträge zwischen 1.000 EUR und 25.000 EUR mit Kreditlaufzeiten zwischen 12 und 72 Monaten gewährt.

Im Rahmen des C-Geschäftes werden häufig Kraftfahrzeuge oder andere höherwertige Gebrauchsgüter finanziert. Die Abgrenzung zum B-Geschäft liegt in der Krediteinräumung durch Wechsel. Bei einem C-Geschäft zieht der Verkäufer in Höhe der monatlichen Raten Wechsel an die Order des Kreditinstituts, welche der Kunde akzeptiert. Das Kreditinstitut kauft diese Wechsel an und schreibt dem Verkäufer den Gegenwert abzüglich dem Diskont gut. Wegen der zusätzlichen Wechselhaftung des Verkäufers kann dieser normalerweise über den gutgeschriebenen Betrag verfügen. Analog zum B-Geschäft lässt sich das Kreditinstitut die Kaufsache sicherungsübereignen. Das C-Geschäft verliert aufgrund des Wegfalls des Diskontsatzes und der damit einhergegangenen Verteuerung des Finanzierungsinstrumentes deutlich an Bedeutung.

Die Summe der Ratenkredite, Kontoüberziehungen und Konsumentenkredite wird in Deutschland auf mittlerweile 200 Mrd. EUR taxiert (vgl. *Pfeiffer 1998, S. 20*).

Die Finanzierungsinstitute der Fahrzeughersteller bieten neben dem oben behandelten Leasing auch Kredite an. Die Präferenz für eines der beiden Produkte ist an der Konditionengestaltung zu erkennen und wechselt gelegentlich. Der strategische Aspekt für die stärkere Betonung des Teilzahlungskredites oder für das Leasing leitet sich u. a. aus der Tatsache ab, dass beim Teilzahlungskredit der Kunde Eigentümer des Fahrzeuges ist, während beim Leasing der Hersteller Eigentümer bleibt (vgl. *ifo 1998, S. 8*).

5.2.2.4.4 Factoring

Unter Factoring versteht man den Ankauf von Forderungen aus Lieferungen und Leistungen vor Fälligkeit durch einen Factor (spezielles Finanzierungs- oder Kreditinstitut) unter Übernahme bestimmter Service- bzw. Dienstleistungsfunktionen und häufig auch des Delkredererisikos (Ausfallrisikos) (vgl. *Bernecker/Seethaler 1998, S. 56f.*).

Der Ablauf des Factoring kann mit Hilfe der nachfolgenden Abbildung erläutert werden:

Der Factoringkunde liefert und fakturiert an seinen Kunden (1.). Gleichzeitig übermittelt er die Rechnungsdaten an den Factorer (2.). Dieser zahlt in der Regel max. 90 % der Forderung direkt aus (3.). Bei Fälligkeit zahlt der Abnehmer den Forderungsbetrag an den Factorer (4.). Nach Zahlungseingang zahlt der Factorer den Restbetrag an den Factoringkunden (5.).

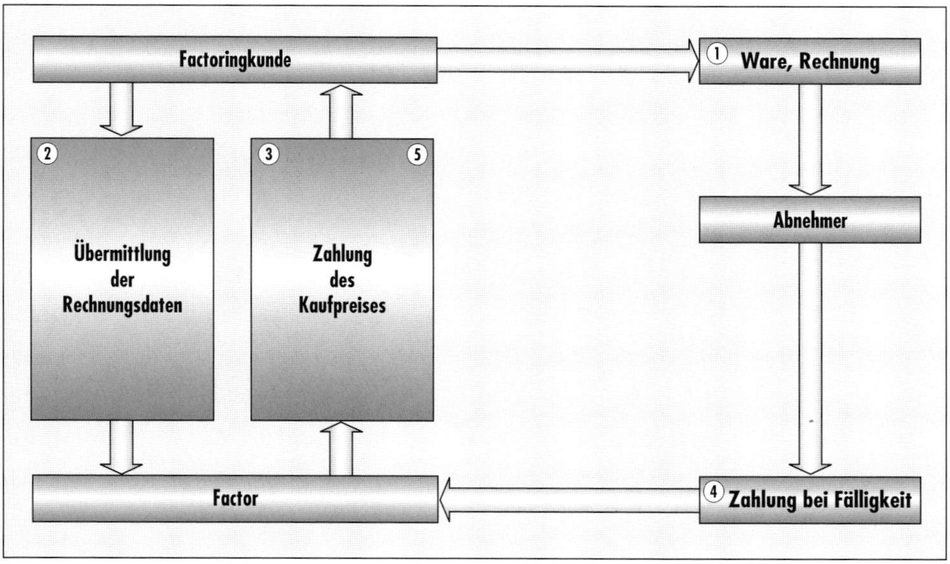

5.2 Abb. 5: *Ablauf des Factoring*

Im Rahmen der **Dienstleistungsfunktion** übernimmt die Factoringgesellschaft je nach Vertragsgestaltung z. B.

- die Debitorenbuchhaltung,
- die Fakturierung

- das Mahnwesen
- die Bonitätskontrolle oder
- sonstige Beratungsfunktionen.

In Bezug auf die Beteiligung des Factor am Inkassowesen ist zwischen dem **offenen** und dem **stillen** (verdeckten) Factoring zu unterscheiden.

Beim offenen System enthalten die Rechnungen des Vertragspartners den Hinweis, dass die Forderung im Rahmen eines Factoringvertrages abgetreten wird und dass somit die Zahlungen an den Factor zu tätigen sind. Dieser Fall erfolgt traditionell bei vielen Ärzten, die Privatpatienten über eine Abrechnungsgesellschaft fakturieren.

Das stille System ist dadurch gekennzeichnet, dass der Kunde des Vertragspartners nicht über den Factoringvertrag unterrichtet wird. Insofern erfolgen die Zahlungen der Kunden an das Unternehmen, das seinerseits diese an die Factoringgesellschaft weiterleitet.

Zu beachten ist, dass gerade im Konsumgüterbereich die Regelung des Zahlungsverkehrs mit den Kunden eine erfolgsbestimmende Angelegenheit sein kann. Auf kurzfristige Liquiditätsengpässe der Kunden sollte nicht durch ein unsensibles Mahnwesen und eine rigorose Zahlungseinzugspolitik des Factor reagiert werden. Hierbei sollte im Interesse langjähriger Geschäftsverbindungen und einer historischen Umsatzbetrachtung in Bezug auf den sich in Zahlungsschwierigkeiten befindlichen Kunden das Ausfallrisiko individuell kalkuliert und temporäre Zahlungsschwierigkeiten toleriert werden.

Im Hinblick auf die **Delkrederefunktion** übernimmt die Factoringgesellschaft das wirtschaftliche Risiko der Zahlungsunfähigkeit des Kunden. Bei voller Risikoübernahme hat der Factor die Forderung des Vertragspartners nicht nur bevorschusst, sondern diese endgültig erworben. Es erfolgt eine 100 %ige Auszahlung des Forderungsbetrages.

Im Rahmen der **Finanzierungsfunktion** wird der Lieferant in die Lage versetzt, seinen Abnehmern ein Zahlungsziel einzuräumen, ohne dass ihn diese Kreditgewährung im Hinblick auf die Liquidität belastet und ohne dass er ein Kreditrisiko tragen muss. Hierbei erfolgt die Auszahlung des Gegenwertes durch den Factor binnen weniger Tage nach Einreichung der Rechnungsdurchschriften unter Abzug eines Kürzungsbetrages von etwa 10 %. Hinsichtlich der Finanzierungsfunktion ergibt sich eine formale Ähnlichkeit mit dem Diskontkredit. Bei beiden Finanzierungsinstrumenten erfolgt eine Beschleunigung des Geldumwandlungsprozesses, die beim Factoring auf Grund der teureren Refinanzierung des Factor mit erheblich höheren Finanzierungskosten verbunden ist. Im Unterschied zum Wechseldiskontkredit (Teilzahlungskredit) kann beim Factoring nicht über den Verkauf jeder einzelnen Forderung entschieden werden, sondern Factoringverträge gelten mittelfristig für alle nach eindeutigen

Kriterien abgrenzbaren Forderungen. Damit fließt dem Verkäufer unabhängig vom konkreten Finanzmittelbedarf Liquidität zu hohen Finanzierungskosten zu, während Finanzmittelüberschüsse kurzfristig zu niedrigeren Zinsen angelegt werden müssen. Insofern ist Factoring unter reinen Finanzierungsgesichtspunkten als relativ teuer und unflexibel einzustufen. Der wesentliche Vorteil ergibt sich durch die Gewährung von Zahlungszielen.

Die Kosten des Factoring ergeben sich je nach Vertragsvereinbarungen aus bis zu drei Elementen.

Die stets anfallenden **Kreditzinsen** für die Finanzierung der Forderungen vor Fälligkeit liegen geringfügig über den banküblichen Zinsen, da der Factor sich bei den Banken refinanzieren muss.

Zusätzlich wird bei der eventuellen Übernahme von Dienstleistungen eine **Factoringgebühr** erhoben, die in Abhängigkeit von Art und Umfang der Dienstleistungen sowie vom Forderungsvolumen der durchschnittlichen Rechnungshöhe ca. 0,5–3 % des Umsatzes beträgt.

Die von der Bonität der Abnehmer sowie von den Zahlungsbedingungen und Zahlungsusancen abhängige **Delkrederegebühr** für das übernommene Forderungsausfallrisiko beträgt in der Regel zwischen 0,1 % und 1 % des Umsatzes. Die Vorteile des Factorings bestehen in der Rentabilitätserhöhung infolge schnelleren Umschlags der Forderungen und der hieraus möglichen Ablösung teurer Kredite. Des Weiteren werden die Kosten der Debitorenbuchhaltung gesenkt und die Verluste aus Insolvenzen von Kunden verringert. Ob dies in Relation zu den hohen Kosten und der geringen Flexibilität des Factoring steht, muss im Einzelfall geprüft werden.

Der Deutsche Factoring-Verband e.V. repräsentiert die 13 größten Factoring-Gesellschaften in Deutschland, die den Factoringmarkt fast vollständig repräsentieren (*www.factoring.de*).

5.2.3 Zusammenfassende Gegenüberstellung

Die dargestellten Finanzierungsmethoden weisen Vor- und Nachteile auf, so dass nicht davon ausgegangen werden kann, dass alle Instrumente in den spezifischen Situationen, in denen sich das einzelne Unternehmen befindet, angewendet werden sollten.

Für den Vergleich sind die folgenden Bewertungskriterien heranzuziehen (vgl. Tab. 4): Kosten für den Verkäufer, Kosten für den Käufer, akquisitorischer Effekt, Liquiditätsvorteil für den Kunden.

Die Finanzierungsinstrumente weisen Kosten sowohl für den Käufer als auch für den Verkäufer auf. Der Verkäufer erhält allerdings durch die Instrumente einen Nutzen, wenn er zusätzlichen Absatz generieren kann. Der Käufer erhält in der Regel einen Liquiditätsvorteil, der den Vorteil aufweist, dass er zu einem Zeitpunkt seine Nachfrage tätigen kann, zu dem er eigentlich über keine finanziellen Mittel verfügt.

Finanzierungsinstrumente zur Absatzförderung				
Instrumente	**Kosten für Verkäufer**	**Kosten für Käufer**	**Akquisitorischer Effekt**	**Liquiditätsvorteil für Käufer**
Lieferantenkredit	Abhängig von der Refinanzierung	hoch	positiv	~30 Tage
Electronic-Cash-Systeme	Terminal/Gebühr	gering	positiv	nicht vorhanden
Scheck	gering	gering	vorhanden	~5 Tage
Kreditkarten	Terminal/z. T. hohe Gebühr	gering/ Jahresgebühr	sehr groß	~1 Monat
Inzahlungnahme	u. U. hoch	keine	positiv	–
Leasing	keine	hoch	positiv	abhängig von Laufzeit ~3 Jahre
Teilzahlungskredit	keine	hoch	positiv	
Factoring	hoch	keine	nicht vorhanden	nicht vorhanden

5.2 Tab. 4: *Vergleich der Finanzierungsinstrumente*

Literatur

Backhaus (1997): Backhaus, K.: Industriegütermarketing, 5. Aufl., München

Bernecker/Seethaler (1998): Bernecker, M./Seethaler, P.: Grundlagen der Finanzierung, München

Bittmann/Kirstein (1990): Bittmann, H./Kirstein, G.: Absatzfinanzierung, Landsberg

DG Bank (1999): DG Bank (Hrsg.): Informationsmaterial Dynamische Absatzfinanzierung, Frankfurt

General Electric (2000): General Electric (Hrsg.): Informationsmaterial Lease & Finance Services, Köln

Hagenmüller/Diepen (1982): Hagenmüller/Diepen: Der Bankbetrieb, 9. Aufl., Wiesbaden

Ifo Institut (1998): Ifo Institut (Hrsg.): Leasing in Deutschland: Wachstum zu Lande, zu Wasser und in der Luft. Sonderdruck aus ifo Schnelldienst Nr. 36/1998, München

Olfert (1997): Olfert, K.: Finanzierung, 9. Aufl., Ludwigshafen

Perridon/Steiner (1997): Perridon, L./Steiner, M.: Finanzwirtschaft der Unternehmung, 9. Aufl., München

Pfeiffer (1998): Pfeiffer, H.: Kunden in der Klemme. Immer mehr Bundesbürger können ihre Bankschulden nicht zurückzuzahlen, in: Die ZEIT v. 30.07.1998, S. 20

Preißner/Engel (1997): Preißner A., Engel S.: Marketing, 3. Aufl., München

Ramme (2000): Ramme, I.: Marketing, Stuttgart

Ruhfus (1976): Ruhfus, R.: Kaufentscheidungen von Familien, Wiesbaden

Scharf/Schubert (1997): Scharf, A./ Schubert, B.: Marketing, 2. Aufl., Stuttgart

Webadressen

www.bdl-leasing-verband.de

www.eurokarten-systeme.de

www.factoring.de

www.visa.de

5.3 Absatzfinanzierung im Investitionsgüterbereich

Manfred Schnekenburger

5.3.1 Begriff und Bedeutung der Absatzfinanzierung im Investitionsgüterbereich

Ein **Investitionsgut** ist eine Leistungserstellung (Hard- und Software) eines Unternehmens, welche von anderen Unternehmen zur Anlage nachgefragt und beschafft wird. Der Investitionsgütermarkt umfasst Bereiche wie den Maschinen- und Anlagenbau, die Luft- und Raumfahrttechnik, die Elektrotechnik mit der angekoppelten IT-Industrie, die Feinmechanik- und Optikbranchen, den Schiffsbau und die Metall verarbeitende Industrie. Die Produktpalette reicht somit von Massengütern wie Schrauben über Werkzeugmaschinen aller Art, Laserkabel, den Bau von Flugzeugen bis hin zur Bereitstellung von Satellitenkapazitäten als Dienstleistungsfunktion. Die Investitionsgüter produzierende Industrie ist der bedeutendste exportorientierte industrielle Sektor der Volkswirtschaft.

So breit gestreut wie die Produktpalette, so heterogen sind die Betriebsstrukturen der Investitionsgüter produzierenden Industrie. Vom Kleinbetrieb als Nischenanbieter mit hohem technologischen Spezialisierungsgrad bis hin zum großvolumigen Massenhersteller mit internationaler Präsenz erstreckt sich das Betriebsgrößenspektrum.

Darüber hinaus prägen weitere Besonderheiten den Investitionsgütermarkt, die einen unmittelbaren Einfluss auf die Absatzfinanzierung ausüben:

- Hohe Nachfrageschwankungen auf Grund konjunktureller Einflüsse oder technologiebedingter Strukturverschiebungen erfordern eine ausgefeilte Liquiditätsplanung
- Ausgeprägte Exportorientiertheit (bis zu 80 % des Produktionsvolumens des einzelnen Unternehmens bzw. 50 % der deutschen Exporte) bei hoher Werthaltigkeit der Produkte erfordern eine sorgfältige Abwägung der Absatzfinanzierung zur Begrenzung der Ausfallrisiken
- Organisationales Beschaffungsverhalten bedingt langwierige Entscheidungsprozesse beim Abnehmer und kostentreibende Vorarbeiten seitens des Lieferanten
- Die hohe internationale Wettbewerbsintensität im Investitionsgütermarkt erfordert das Anbieten umfassender Problemlösungspakete, die Package-Deals, insbesondere bei komplexen Systemgeschäften. So ist die Abgabe einer Finanzierungsofferte in einzelnen Fällen sogar Voraussetzung für die Berücksichtigung des Angebots.

Im Investitionsgütermarketing ist daher, im Rahmen der Kontrahierungspolitik, dem Instrument der **Absatzfinanzierung** als absatzpolitischer Leistung eine besondere Bedeutung beizumessen. Denn gerade bei Großprojekten ist es oftmals schwierig, ausreichende Finanzmittel zu beschaffen, bzw. sind die Kosten der Finanzierung unmittelbar preiswirksam (vgl. *Backhaus 1996, S. 494*).

Die Absatzfinanzierung ist die Deckung des Kapitalbedarfs, im Zusammenhang mit dem Absatz von Betriebsleistungen (Lieferant) an den Abnehmer (Besteller). Sie umfasst die **Finanzierungsfunktion** einer Kreditgewährung an den Besteller und einer **Refinanzierungsfunktion**, die sich auf alle Maßnahmen der Kapitalbeschaffung und der Kapitaldisposition, die mit der Absatzfinanzierung verbunden sind, bezieht (vgl. *Jahrmann 1995, S. 26 f.*).

Der Finanzbedarf entsteht durch Auszahlungsüberhänge, die verschiedene Ursachen haben können (vgl. *Backhaus 1996, S. 496*):

- Die Zielfinanzierung, d. h. der Ausgleich sämtlicher Forderungen nach Projektabschluss, kann sich über mehrere Jahre erstrecken.
- Die z. T. erheblichen planerischen und kalkulatorischen Vorleistungen sind i.d.R. ausgabenwirksam vom Lieferanten zu finanzieren.
- Die An- und Zwischenzahlungen reichen meist nicht aus, die Auszahlungen des Lieferanten bei Leistungserstellung zu decken.
- Die Risiken der Absatzfinanzierung, insbesondere im Exportgeschäft (z. B. Russland), wirken unmittelbar auf die Liquidität und Rentabilität der exportierenden Unternehmen. Folgende Risiken bestehen:
  - Markt- bzw. Preisrisiko, Kreditrisiko,
  - Transport-, Lieferungs- und Annahmerisiko,
  - Kursrisiko außerhalb des Binnenmarkts,
  - Länderrisiko, politische Risiken im Exportgeschäft.

Refinanzierende Absatzinstitutionen fordern daher, soweit möglich, die Absicherung der Risiken als Voraussetzung zur Kapitalbereitstellung für die Absatzfinanzierung. Insgesamt sind die Anforderungen an die Absatzfinanzierung im Investitionsgüterbereich, unter Berücksichtigung der dargelegten Kombinationsmöglichkeiten zwischen Massenproduktion/Einzelfertigung versus Export/Binnenabsatz bzw. dem kurz-/langfristigen zeitlichen Bezug der Finanzierung, sehr vielfältig und im Export z. T. auch als komplex einzustufen.

In den nachfolgenden Ausführungen werden zuerst die Grundformen der Absatzfinanzierung im Investitionsgüterbereich vorgestellt, danach werden die potenziellen Quellen der Finanzmittelbereitstellung im Überblick dargestellt und anschließend einige ausgewählte, moderne Finanzierungskonzeptionen des Financial Engineering präsentiert. Abschließend wird die erhebliche Bedeutung der Investitionsgüter im Exportgeschäft durch Beschreibung der relevanten banktechnischen Sicherungsinstrumente hervorgehoben. Die Darstellung der wichtigsten Finanzierungs- und Versicherungsorganisationen der Absatzfinanzierung von Investitionsgütern bilden den Abschluss des Beitrags.

5.3.2 Elemente, Quellen und Grundformen der Absatzfinanzierung im Investitionsgüterbereich

5.3.2.1 Elemente der Absatzfinanzierung

Absatzfinanzierungen sind Finanzentscheidungen, bei denen i.d.R. zwei Vertragsparteien beteiligt sind der Lieferant und der Besteller. Beide können zur Sicherung der Absatzfinanzierung bzw. Refinanzierung, Vermögen bzw. Kapital bereitstellen oder in Anspruch nehmen. Beide Elemente werden daher nachfolgend erläutert.

5.3.2.1.1 Lieferantenkredit

Dem Besteller wird ein Kredit vom Lieferanten eingeräumt. Die Rückzahlung erfolgt nach fest vereinbarten Raten und Terminen. Der Lieferant refinanziert seinen Absatz meist bei einem Kreditinstitut, wobei der Kreditvertrag ausschließlich zwischen dem Lieferanten und dem Kreditinstitut abgeschlossen wird. Bei Zahlungsschwierigkeiten des Bestellers bleiben die Zahlungsverpflichtungen des Lieferanten gegenüber der Bank unverändert bestehen, das Ausfallrisiko trägt also der Lieferant.

5.3.2.1.2 Bestellerkredit

Der Kredit wird dem Besteller nicht vom Lieferanten, sondern durch ein Kreditinstitut gewährt. Die Auszahlung erfolgt z. T. direkt an den Lieferanten, oft nach Maßgabe des Geschäftsverlaufs bzw. des Projektstatus. Der Lieferant erreicht so eine bedarfsnahe Finanzierung und eine Entspannung der Liquidität. Ein weiterer Vorteil für den Lieferanten liegt in der Entlastung der Bilanz und der Kreditlinien, während beim Besteller die Verbindlichkeiten steigen. Das Ausfallrisiko trägt der Besteller.

Das Volumen der Absatzfinanzierung kann innerhalb des Unternehmens erhebliche Ausmaße annehmen, weshalb nachfolgend eine Darstellung der Finanzierungsquellen erfolgt.

5.3.2.2 Quellen der Absatzfinanzierung im Investitionsgüterbereich

Ähnlich vielfältig wie das Produktsortiment der Investitionsgüterindustrie sind die Finanzierungsanforderungen an die Absatzfinanzierung von Investitionsgütern. Vom einfachen Lieferantenkredit mit kurzer Laufzeit bei Investitionsgütern mit geringer Werthaltigkeit bis hin zu großvolumigen Beteiligungsprojekten im Anlagenbau, mit mehrjähriger Mittel- und Vertragsbindung reichen die Finanzierungserfordernisse. Insbesondere im Anlagenbau wird von Lieferanten im Rahmen der Ausschreibung ein bindendes Finanzierungskonzept, z. T. mit Beteiligungscharakter, verlangt. Daher sollten im Rahmen der Absatzfinanzierung alle potenziellen Finanzierungsquellen in Betracht gezogen werden.

Grundsätzlich kann ein Unternehmen, unabhängig ob ein Lieferanten- oder ein Bestellerkredit aufgenommen wird, auf folgende Finanzierungsquellen zurückgreifen (vgl. Abb. 1).

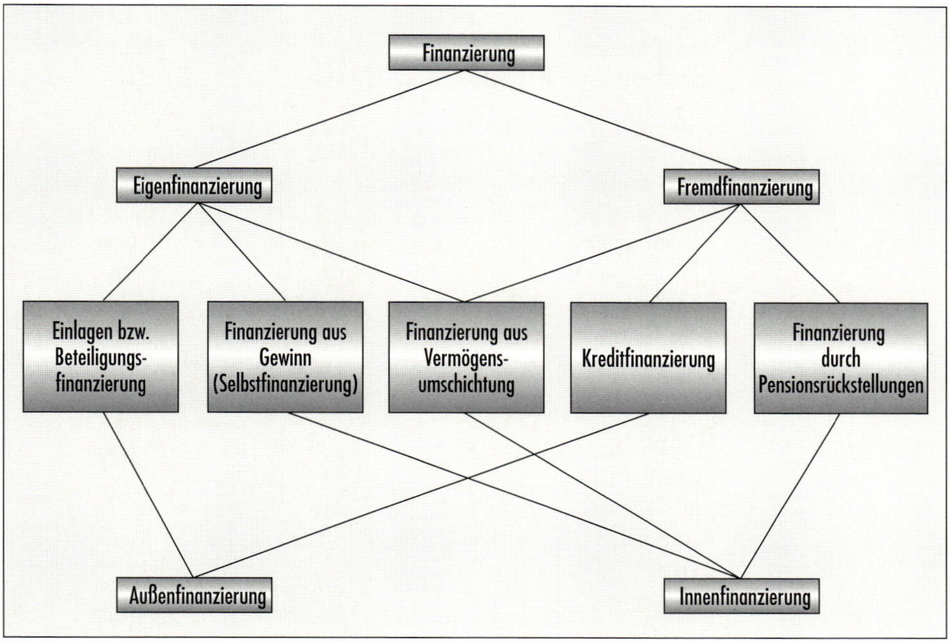

5.3 Abb. 1: ***Finanzierungsquellen nach Kapitalherkunft und Rechtsstellung der Kapitalgeber***
Quelle: Wöhe 1993, S. 788

Nachfolgend werden die verschiedenen Möglichkeiten der Eigenkapital- bzw. Fremdkapitalbeschaffung zur Absatzfinanzierung vorgestellt.

5.3.2.2.1 Eigenkapitalbeschaffung

Die Beteiligungsfinanzierung führt dem Unternehmen Eigenkapital über neue Eigentümer zu und wird in den formalen und rechtlichen Abläufen weitgehend von der Rechtsform des Unternehmens bestimmt. Verbreitung findet die Beteiligungsfinanzierung im Rahmen der Projektfinanzierung, wobei ein Projektinitiator (Projektierungsgesellschaft) auf Basis eines zeitlich und wirtschaftlich fest umrissenen Rahmens über die Projektverwertung (Betreibergesellschaft) eine bestimmte Zielrendite in Aussicht stellt (Beispiel: Eurotunnel-, Windparkprojekte).

Absatzfinanzierung	Abwicklung	Merkmale	Kosten	Sicherung
Lieferantenkredit	Lieferant gewährt Kredit	einfache Kreditgewährung ohne Kreditwürdigkeitsprüfung	sehr hoch, 20–30 % p. a. Effektivverzinsung	Eigentumsvorbehalt
Kundenkredit	Kunde leistet Vorauszahlung	Vorfinanzierung, Sicherung der Endabnahme	kalkulatorische Zinsen	Bankbürgschaft
Kontokorrentkredit	Kreditnehmer darf Bankkonto bis zu einem Maximalbetrag überziehen	hohe Flexibilität, einfache Handhabung	hoch, Soll-Zinsen 5–7 %-Punkte über langfristigem Bankdarlehen	Bürgschaft, Pfandrecht, Grundpfandrecht, Zession, Sicherungsübereignung
Avalkredit*	Haftungsübernahme durch Kreditinstitut	Eventualkredit der Bank gegenüber einem Dritten	Abhängig von der Bonität des Kreditnehmers; 0,5–3,5 % der Garantiesumme	Bürgschaft, Garantie
Lombardkredit	Kreditgewährung gegen Verpfändung von Wertpapieren, Waren oder Forderungen	einsetzbar bei ausgeschöpften Kreditlinien, geringe Bedeutung	Lombardsatz (ca. 1 % über Diskontsatz)	Pfandrecht
Rembourskredit*), Wechseldiskontkredit	Wechselkredit auf Basis von Dokumentenakkreditiven, Warenkredit	wichtiger Außenhandelskredit, Kreditgewährung durch Zahlungsaufschub (Akzeptkredit)	Dienstleistungsgebühren, Zinsen	hohe Sicherheit durch Wechselstrenge
Leasing*; **	Leasingnehmer zahlt Leasingrate an Hersteller oder L.-Bank (L.-Geber)	kreditähnliche Wirkung durch Miet-Pacht-Vertrag mit Hersteller o. L-Bank	Gegenüber Darlehen ist L. meist nur unter Nutzung von Steuervorteilen vorteilhaft	Sicherungsübereignung
Factoring*; **	Verkauf von Forderungen an ein Kreditinstitut	einfaches Handling, sofortige Liquidität, kein Überwachungsaufwand	Zinsen für Bevorschussung, Dienstleistungsgebühr, Risikoabschlag (80–95 %)	abgetretene Forderungen, Globalabtretung

* = auch für Exportkredite

** = ausführliche Darstellung zum Leasing, Factoring vgl. Bernecker, Michael: „Absatzfinanzierung im Konsumgüterbereich"

5.3 Tab. 1: *Merkmale der kurzfristigen Fremdkapitalarten zur Absatzfinanzierung*

Oft gründen die Hersteller komplexer Investitionsgüter selbst solche Projektbeteiligungsgesellschaften oder sind mit ihnen wirtschaftlich und /oder rechtlich liiert.

Die Absatzfinanzierung aus einbehaltenen Gewinnen (Selbstfinanzierung, Gewinnthesaurierung) lohnt sich dann, wenn die Verzinsung der zusätzlichen Eigenfinanzierung mindestens der bisher erzielten Eigenkapitalrendite entspricht. Das Risiko der Absatzfinanzierung aus eigenen Mitteln liegt in seiner Haftungsfunktion und Abhängigkeit vom Projekterfolg. Exportversicherer bzw. die refinanzierenden Institutionen (s.u.) fordern oft eine Selbstbeteiligungsvariante, die aus der Eigenfinanzierung erbracht wird.

5.3.2.2.2 Fremdkapitalbeschaffung

Meistens erfolgt die Absatzfinanzierung über die Aufnahme von Krediten (Fremdkapital). Bei der Darstellung der Absatzfinanzierungsmöglichkeiten über die Aufnahme von Fremdkapital ist es sinnvoll, die einzelnen Fremdkapitalarten nach deren Fristigkeit zu unterscheiden:

a) **Kurz- und mittelfristige Fremdkapitalarten** (Laufzeit bis vier Jahre):

Der Einsatz des kurzfristigen Fremdkapitals dient hauptsächlich der Zwischenfinanzierung von Güterbewegungen (Handelskredite) zwischen Besteller und Lieferanten (Ausnahme Leasing). Ist der Liefervorgang abgeschlossen, erfolgt über den Forderungseinzug des Lieferanten bzw. über den Weiterverkauf der Ware durch den Besteller, die Tilgung des Kredites (vgl. Tab. 1).

b) **Langfristige Fremdkapitalarten** (Laufzeiten über 4 Jahre):

Langfristiges Fremdkapital (vgl. Tab. 2) dient Investitionen. Im Zusammenhang mit der Absatzfinanzierung handelt es sich um gebundene Finanzkredite oder Projektfinanzierungen und somit auch um strategische, unternehmensgebundene Entscheidungsprozesse. Dies können beispielsweise sein:

- Gründung/Ausbau des Niederlassungsnetzes im In- und Ausland
- Unternehmensbeteiligungen/Fusionen/Aufkauf
- Joint-Venture
- Aufbau einer E-Commerce-Infrastruktur für wenig erklärungsbedürftige Investitionsgüter
- Projektfinanzierung (Kofinanzierung) im Anlagenbau.

Aus Unternehmenssicht ist die Fremdkapitalfinanzierung zur strategischen Absatzsicherung nicht unproblematisch. Denn damit verbunden sind i.d.R. Kontrollrechte oder Negativklauseln, worin z.B. bestimmte Bilanzrelationen und Entnahmerechte festgeschrieben sein können. Es stellt sich daher auch die Frage nach der optimalen Relation von Eigenkapital/

Absatzfinanzierung				
	Abwicklung	**Merkmale**	**Kosten**	**Sicherung**
Darlehen	Kreditinstitut, Bausparkasse, AKA*	sorgfältige Bonitätsprüfung	Schätzkosten, Beurkundungs-, Grundbucheintragungs- und Löschungsgebühren	Grundpfandrecht
Anleihe	Ausgabe von Teilschuldverschreibungen	Gesamtsumme > 2,5 Mio. Euro, Laufzeit 10–20 Jahre, publizitätspflichtig	Emissionskosten	Negativklausel, Grundpfandrecht
Schuldscheindarlehen	Darlehensgeber sind Kapitalsammelstellen (Lebensversicherungen, Sozialversicherungsträger)	Flexibilität der Kreditbedingungen, hohe Bonitätsanforderungen an Kreditnehmer, keine Publizitätspflicht	geringere Transaktionskosten als Anleihen, niedrigere Zinssätze als banküblich	Deckungsstockfähigkeit, Grundpfandrecht, Negativklausel

AKA = Ausfuhrkreditgesellschaft (s.u.)

5.3 Tab. 2: ***Merkmale der langfristigen Fremdkapitalarten zur Absatzfinanzierung***
Quelle: in Anlehnung an Specht (1988); eigene Darstellung

Fremdkapital (Mischfinanzierung) bei der strategischen Positionierung im Absatzbereich (Leverageeffekt). Er besagt, dass der Fremdkapitalanteil so lange erhöht werden kann, wie die Gesamtkapitalrentabilität über den Fremdkapitalzinsen liegt und somit die Eigenkapitalrentabilität steigt, bis die Grenzrendite der Gesamtkapitalrentabilität der Fremdkapitalrentabilität entspricht (*Manz/Dahmen 1993, S. 62*).

5.3.3 Instrumenten-Mix der Absatzfinanzierung (Financial Engineering) im Investitionsgüterbereich

Unter Financial Engineering wird der maßgeschneiderte, kundenbezogene Einsatz von umfassenden Finanzierungs-, Betreuungs- und Beratungsleistungen im Anlagenbau verstanden. Triebfeder dieser jüngeren Entwicklung im Anlagenmarketing ist der scharfe internationale

Wettbewerb sowie die Forderung der Besteller, Finanzierungsofferten mit langfristigen Zahlungszielen in der Angebotserstellung zu berücksichtigen.

5.3.3.1 Projektfinanzierung

Die Projektfinanzierung ist eine Form der Absatzfinanzierung, bei der die Verzinsung und die Tilgung der gewährten Mittel weitgehend oder ausschließlich aus dem Cash-Flow des Investitionsprojektes (vgl. Abb. 2) finanziert wird.

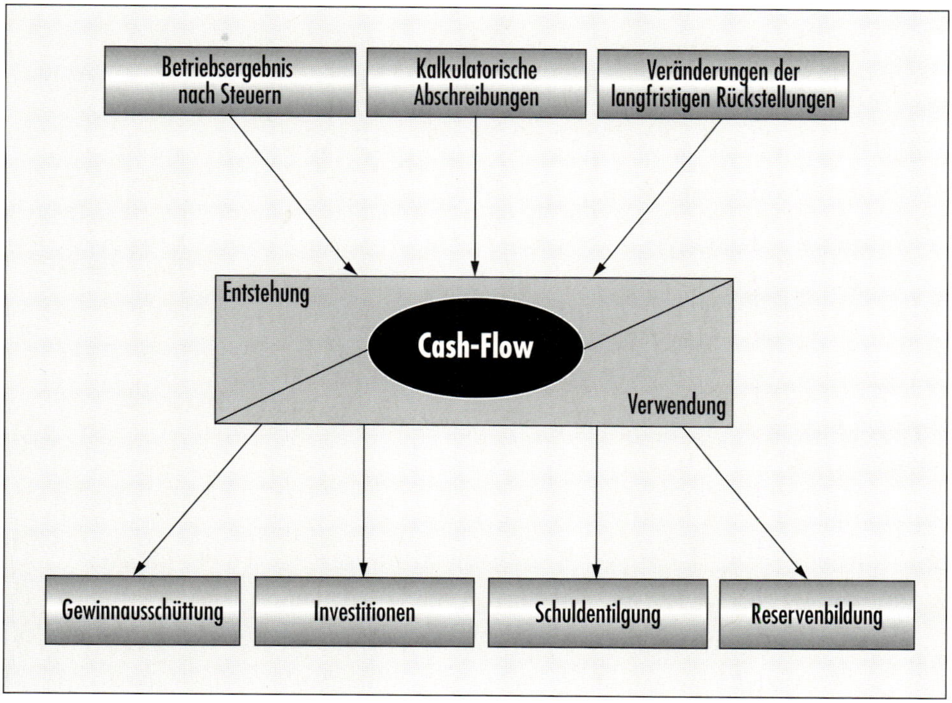

5.3 Abb. 2: ***Entstehung und Verwendung des Cash-Flow***
Quelle: Ziegenbein 1995, S. 348f.

Anhand einer Lebenszyklusanalyse und unter Ausnutzung potenzieller Finanzierungsalternativen wird eine sorgfältige Wirtschaftlichkeitsanalyse und Sensitivitätsanalyse aus Betreibersicht (Besteller) erstellt und der wirtschaftliche Nutzen für den Kunden ermittelt. Als Sicherheiten dienen den Investoren auch die durch den Kapitaleinsatz geschaffenen Aktiva wie Anlagen, Rohstoffreserven und Verkaufserlöse. Die Kreditwürdigkeit ist aber weniger auf die mehr historisch orientierten Substanzwerte oder Bilanzwerte als vielmehr auf die zukünftigen Er-

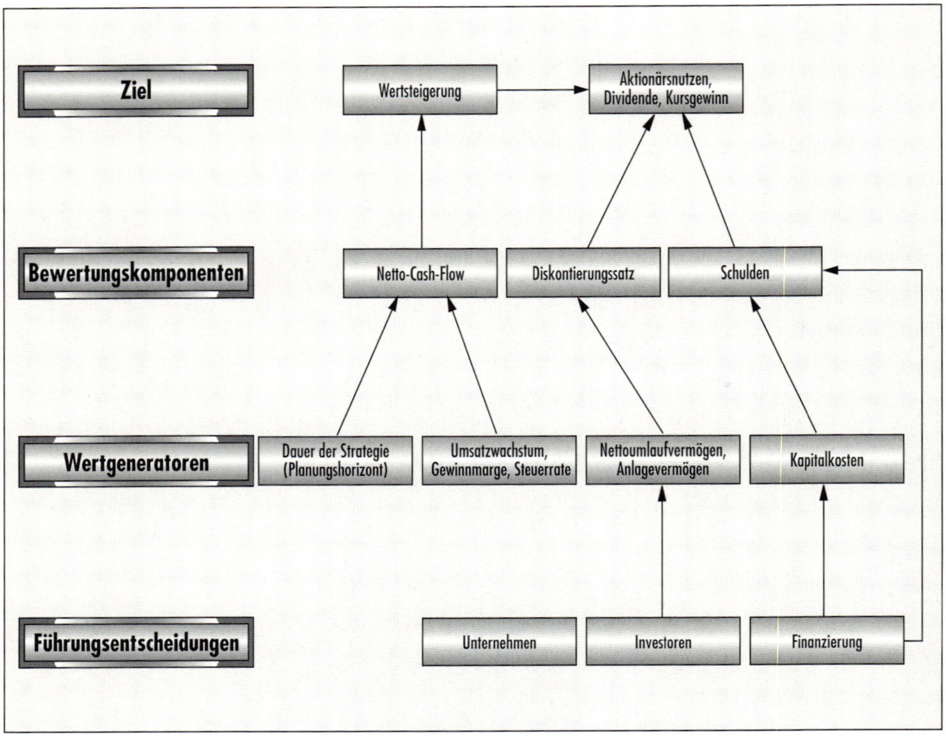

5.3 Abb. 3: ***Wertsteigerungsgefüge bei der Projektfinanzierung***
Quelle: Gomez 1988, S. 36

tragswerte abgestimmt. Die zukünftigen Auszahlungsüberschüsse aus der Investition sowie deren Wertgeneratoren stehen im Mittelpunkt der Entscheidungsfindung (vgl. Abb. 3).

Mittels des mit dem Zinssatz (i) diskontierten Netto-Cash-Flow (NCF) wird der Kapitalwert (K) des Projektes mit dem Gegenwartswert (Investitionsvolumen A) der Investition verglichen. Der Zinssatz kann dabei entweder als alternativer Zinssatz auf dem freien Kapitalmarkt oder als Mindestrenditevorgabe der Financiers des Projektes interpretiert werden.

$$K_0 = -A_0 + \sum \frac{NCF}{(1+i)^t}$$

Ist der Kapitalwert positiv, so ist die Durchführung des Projektes vorteilhafter als die alternative Anlage zum Diskontsatz i. Ist der Kapitalwert null, so entspricht der Kapitalwert des Projektes genau dem Diskontsatz. Ist der Kapitalwert negativ, so ist die alternative Anlage des Kapitals zu empfehlen, das Projekt wird nicht durchgeführt.

Projektfinanzierungen werden weltweit zur Exploration von Rohstoffvorkommen, in jüngerer Zeit auch zur Finanzierung kapitalintensiver Anlagegüter und Produktionsanlagen oder Infrastrukturvorhaben eingesetzt.

5.3.3.2 Leasing

Seit Ende des Zweiten Weltkrieges hat das Leasen von Investitionsgütern in Deutschland eine rasante Entwicklung erfahren. Heute sind in Deutschland rund 600 Leasingfirmen aktiv (vgl. *Wöhe 1993, S. 884*). Vorherrschend im Investitionsgüterbereich sind die Finance-Leasing-Verträge, bei denen die vereinbarte Grundmietzeit unkündbar ist. Im Gegensatz zu den Operate-Leasing-Verträgen mit sofortigen Kündigungsfristen ist bei den Finance-Leasing-Verträgen daher die Auslastung des Leasingobjektes für den Leasinggeber eine relativ sichere Kalkulationsgröße. Erst so ist es überhaupt möglich, die im Investitionsgütermarkt geforderten kundenspezifischen Anfertigungen mit geringer Marktgängigkeit zu verleasen. Durch die Vertragsbindung trägt der Leasingnehmer das volle Investitionsrisiko.

Im Investitionsgüterbereich werden zwei Grundformen des Leasings unterschieden:

- *Equipment-Leasing*: Bewegliche Gegenstände wie Werkzeug-, Bau-, Transportfahrzeuge (LKW, Gabelstapler, Flugzeuge etc.) werden verleast.

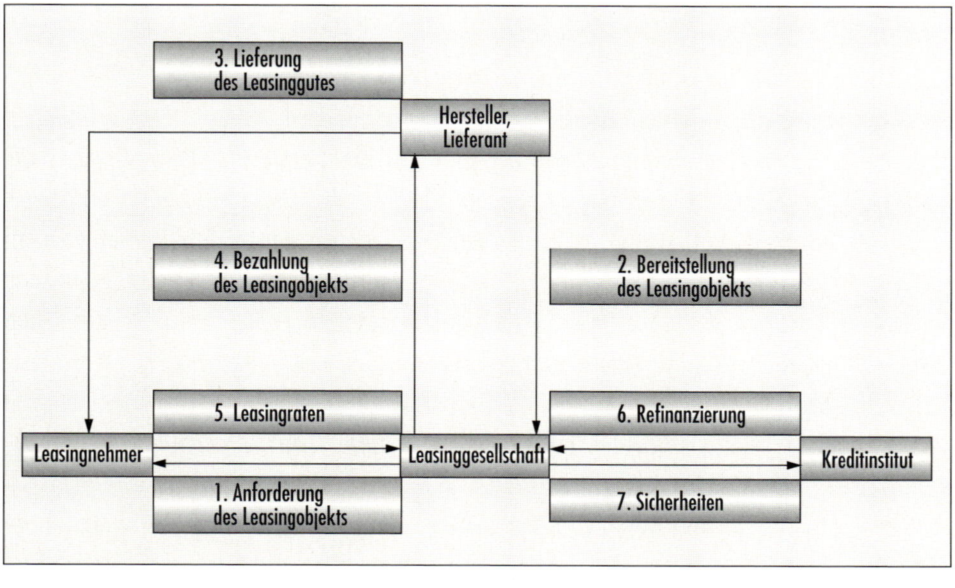

5.3 Abb. 4: ***Ablauf des Sale-and-lease-back-Verfahrens***
Quelle: Specht 1996, S. 331

Eine besondere Leasingform beim Equipment-Leasing und von Bedeutung ist das sogenannte **Sale-and-lease-back**-Verfahren, bei dem das Leasingobjekt an eine Leasinggesellschaft verkauft und von dieser an den Leasingnehmer vermietet bzw. verpachtet wird (vgl. Abb. 4). Die Leasinggesellschaft refinanziert sich bei einem Kreditinstitut, während der Leasingnehmer über die Ratenzahlung die Forderung der Leasinggesellschft begleicht.

- *Immobilienleasing*: Vermietung von unbeweglichem Anlagevermögen, Industrieanlagen, Raffinerien etc.

Nach der Wartungsvereinbarung zwischen dem Leasinggeber und dem Leasingnehmer werden unterschieden:

- *Reines Finanzierungsleasing*: Nur das Leasingobjekt wird finanziert, das Wartungs- und das Instandhaltungsrisiko liegt beim Leasingnehmer. Diese Finanzierungsform ist in ihrer reinen Form bei Investitionsgütern mit geringem Erklärungsbedarf bzw. geringer technischer Komplexität anzutreffen.
- *Maintenance-Leasing* ist die Wartungsübernahme des Leasingobjektes durch den Leasinggeber. Beim Full-Service-Vertrag übernimmt z. B. der Leasinggeber gegen eine wohl kalkulierte Pauschale und für einen fest vereinbarten Zeitraum einen definierten Wartungsumfang mit der Auflage, das Ausfallrisiko der Anlage möglichst gering zu halten.

Ein Vergleich von Barkauf, Leasing und einem Kreditkauf zeigt, dass Leasing nicht unbedingt die rentabelste Form einer Investition darstellt (vgl. Tab. 3).

Da die Leasingraten wegen der stets kleineren Grundmietzeit zur betriebsgewöhnlichen Nutzungsdauer über den Abschreibungen liegen, welche über den Umsatzprozess erwirtschaftet werden (verdiente Abschreibungen), entsteht bei jedem Leasingobjekt mit zunehmender Leasingdauer eine Finanzierungslücke, die es aus anderen Quellen zu finanzieren gilt (vgl. Tab. 3).

Dennoch kann Leasing für den Leasingnehmer vorteilhalt sein, wenn die steuerliche Abzugsfähigkeit der Leasingraten berücksichtigt wird. Dabei ist entscheidend, ob das Leasingobjekt beim Leasinggeber oder beim Leasingnehmer bilanziert werden muss. Für die bilanzielle Behandlung ist wiederum die Relation zwischen Grundmietzeit und betriebsgewöhnlicher Nutzungsdauer von Bedeutung (vgl. *Wöhe 1993, S. 886*). Liegt die Grundmietzeit zwischen 40 und 90 %, wird das Leasingobjekt beim Leasinggeber bilanziert. Je kürzer nun die Grundmietzeit zur betriebsgewöhnlichen Nutzungsdauer ist, desto höher liegen die Leasingraten über den linearen Abschreibungswerten. Das Leasing nehmende Unternehmen erhält so durch die steuerliche Absetzbarkeit der Leasingraten einen zinslo-

	Ausgaben			Einnahmen	Kumulierte Überschüsse		
Jahr	Bar	Kredit	Leasing*	Einnahmen	Bar	Kredit	Leasing*
0	800	0	0	0	–800	0	0,0
1	0	164	321,6	190	–610	26	–131,6
2	0	156	249,6	190	–420	60	–191,2
3	0	148	249,6	190	–230	102	–250,8
4	0	140	249,6	190	–40	152	–310,4
5	0	132	249,6	190	150	210	–370,0
6	0	124	25	190	340	276	–205,0
7	0	116	25	190	530	350	–40,0
8	0	108	25	190	720	432	125,0
Summe	800	1088	1395,0	1520			

* = ohne Steuereffekt

5.3 Tab. 3: ***Wirtschaftlichkeitsvergleich zwischen Leasing, Barkauf und Kreditfinanzierung (Anschaffungswert der Maschine 400 TEUR; Nutzungsdauer acht Jahre; Einnahmen 95 TEUR p.a.; Leasing: Grundmietzeit fünf Jahre; Abschlussgebühr 9 %; Leasingraten 2,6 % p.m.; Verlängerungsmiete 12,5 TEUR p.a.; Kreditkauf: Laufzeit acht Jahre; Zinsen 8 % p.a.; Tilgung acht gleiche Jahresraten)***
Quelle: Specht 1996, S. 331

sen „Steuerkredit", während die Abschreibungen beim Leasinggeber verrechnet werden. Gewinnsteuerzahlungen des Leasingnehmers werden auf spätere Perioden verschoben, ein rentabilitätswirksamer Vorteil entsteht, der die höheren Kosten des Leasings überkompensieren kann.

Auch die Leasingfinanzierung gegenüber der Finanzierung mit Fremdkapital erbringt steuerliche Vorteile, wenn das Leasingobjekt beim Leasinggeber bilanziert wird. Während bei der Fremdfinanzierung die langfristigen Verbindlichkeiten und somit das Gewerbekapital sowie die darauf zu zahlenden Zinsen zu 50 % dem Gewerbeertag zugerechnet werden, bleibt beim Leasing die Basis der Gewerbekapitalsteuer sowie der Gewerbesteuerertrag davon unberührt.

Gegenüber dem Barkauf verringert das Leasing die sonst auftretende Liquiditätsanspannung, und es tritt eine relative Zinsersparnis gegenüber dem Barkauf ein, da die Leasingraten über die Zeit verteilt sind, während die Barzahlung als Einmalzahlung erfolgt.

Es ist ersichtlich, dass eine Vielzahl von Variablen auf die relative Vorzüglichkeit des Leasings einwirken. Eine einzelfallbezogene Prüfung der Wirtschaftlichkeit dieses Finanzierungsinstrumentes ist daher immer erforderlich.

5.3.3.3 Barter- und Kompensationsgeschäfte

Kompensationsgeschäfte sind dadurch gekennzeichnet, dass zwischen den Wirtschaftsteilnehmern Realgüter ausgetauscht werden, unabhängig davon, ob zusätzliche Zahlungen erfolgen oder nicht (vgl. *Backhaus 1997, S. 522*).

Die Bedeutung von Gegengeschäften hat im Rahmen der Absatzfinanzierung von Investitionsgütern stark zugenommen, dies ist überwiegend in der Verschuldungskrise und der daraus resultierenden Liquiditätsschwäche der nachfragenden Länder (Kompensation statt Devisen) begründet. Auch die gewachsene internationale Rechts- und Finanzsicherheit (s.u.) haben die Geschäftswürdigkeit von Kompensationsgeschäften erheblich verbessert. In der Praxis haben sich verschiedene Formen von Gegengeschäften herausgebildet:

- *Einfache Kompensation*: Der Austausch der Leistungen erfolgt durch zwei Parteien. Erfolgen dabei keinerlei Finanztransaktionen, spricht man von dem klassischen Barter.
- *Parallelgeschäft*: Häufigste Form des Kompensationsgeschäftes. Die gegenseitige Warenlieferung wird in zwei getrennten Verträgen geregelt, die jeweils auch durch separate Zahlungsvorgänge abgegolten werden. Diese Vorgehensweise vereinfacht die rein technische Abwicklung gegenüber der einfachen Kompensation, oft wird ein Handelshaus eingeschaltet, um den Absatz der im Gegenzug bezogenen Ware zu erleichtern (vgl. Abb. 5).

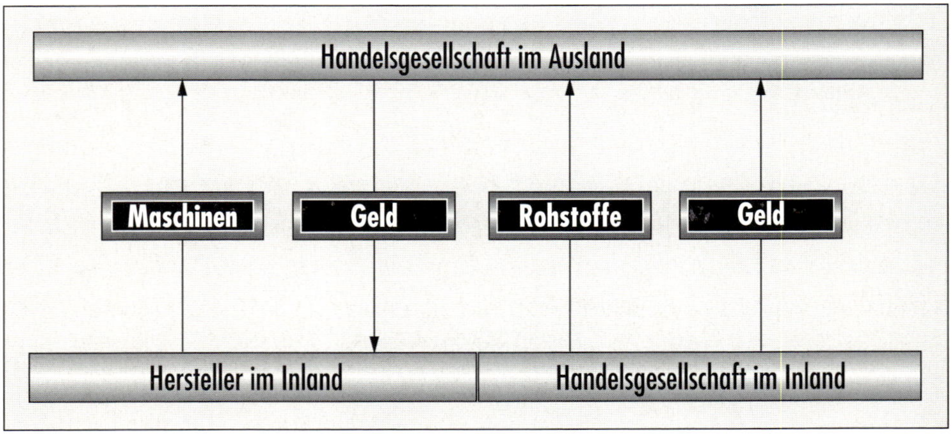

5.3 Abb. 5: ***Parallelgeschäfte im Kompensationshandel***

- *Dreiecksgeschäft*: Der Austausch der Leistungen erfolgt durch drei Parteien, wobei jede Partei sowohl Zulieferer als auch Lieferant der anderen Partei ist.
- *„Moderne" Kompensationsgeschäfte* wie Rückkaufgeschäft (Buy-back-Geschäfte), bei denen der Lieferant mit den auf diesen Anlagen erstellten Produkten bezahlt wird.

Kompensationsgeschäfte sind oft im Tausch Rohstoffe gegen Investitionsgüter anzutreffen. Besondere Bedeutung haben die Kompensationsgeschäfte im Osthandel erlangt.

5.3.4 Zahlungssicherung in der Absatzfinanzierung

5.3.4.1 Dokumentärer Zahlungsverkehr im Exportgeschäft

Beim dokumentären Zahlungsverkehr handelt es sich um banktechnische Instrumente zur Sicherung der Kapitalforderungen aus dem Exportgeschäft. Bilaterale Grundverträge zwischen der Bundesrepublik Deutschland und den betroffenen Importländern erleichtern zwar die Formalitäten, grundsätzlich ist der mit der Lieferung verbundene Dokumententransfer zur Zahlungssicherung jedoch erheblich.

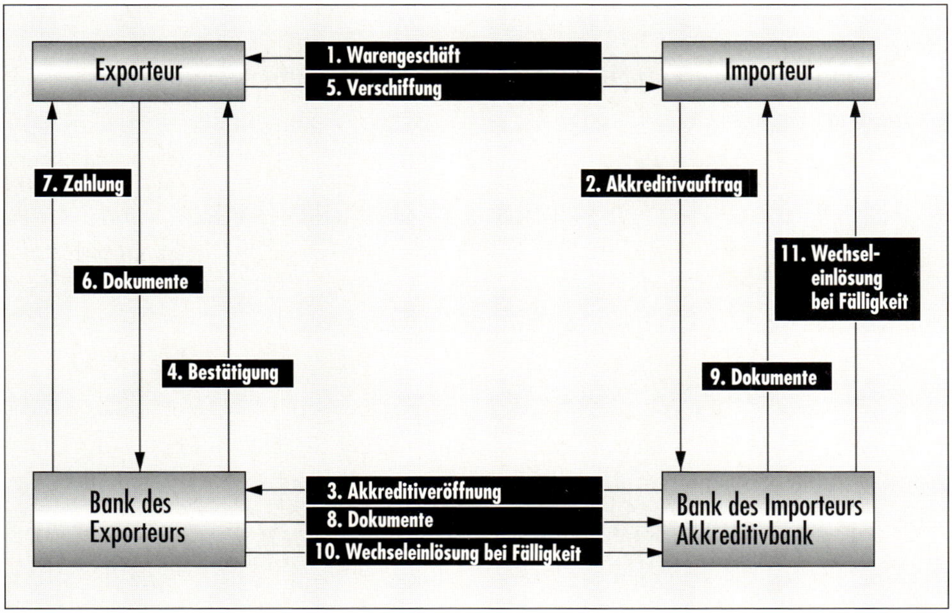

5.3 Abb. 6: *Ablauf eines Dokumentenakkreditivs*

5.3.4.1.1 Dokumentenakkreditiv

Das Akkreditiv ist ein Zahlungsversprechen eines Kreditinstitutes an den Exporteur unter der Voraussetzung, dass die im Akkreditiv genannten Bedingungen bei Vorlage erfüllt sind. Bei einem Dokumentenakkreditiv oder auch Warenakkreditiv erfolgt die Auszahlung erst dann, wenn bestimmte Dokumente (Konossamente, Frachtbriefe, Versicherungsscheine etc.), die das Recht an der Ware dokumentieren, vorgelegt werden können. Ein unwiderruflich bestätigtes Akkreditiv ist eine gute Sicherheit gegen das Fabrikations- und Zahlungsausfallrisiko.

5.3.4.1.2 Dokumenteninkasso

Das Inkassogeschäft umfasst im Bankwesen die Einziehung von Schecks, Wechseln, Lastschriften, Dividendenscheinen etc. Bei dem Dokumenteninkasso beauftragt i.d.R. der Exporteur die Bank, gegen Zahlung des Inkassobetrages die Warendokumente auszuhändigen (vgl. Abb. 6).

5.3.4.1.3 Forfaitierung

Die Forfaitierung ist eine Form der mittel- bis langfristigen Außenhandelsfinanzierung, bei dem Wechsel oder Forderungen bei Vorliegen guter Sicherheiten ohne Rückgriff auf den Exporteur in Bausch und Bogen (à forfait) aufgekauft werden. Als Forfaiteure treten Banken und Forfaitierungsgesellschaften auf. Ein Hauptmotiv für die Inanspruchnahme der Forfaitierung durch den Lieferanten bzw. Exporteur ist, dass er von allen rechtlichen und wirtschaftlichen Risiken befreit wird. Er haftet lediglich für die Qualität der Ware und den rechtlichen Bestand der Forderungen. „Eine Mithaftung des Exporteurs, wie beispielsweise bei der Hermes-Deckung und die privaten Exportkreditversicherungen bei der Indeckungnahme von Lieferantenkrediten vorsehen, belastet den Exporteur weder bezüglich der Zielforderung noch der Abnehmerzinsen ... Die Forfaitierung trägt damit entscheidend zur betrieblichen Rentabilitäts- und Liquiditätssicherung bei" (*Winkelmann 1989, S. 10/52*).

Die Vorteile der Forfaitierung liegen hauptsächlich in der einfachen Abwicklung für den Lieferanten, da das Risiko auf den Forderungskäufer übergeht. Weiterhin verfügt der Exporteur über sofortige Liquidität, die Bilanz wird entlastet und es ist kein Eigenfinanzierungsanteil wie bei anderen Finanzierungsinstrumenten erforderlich. Jedoch sind die Kosten der Forfaitierung hoch, die Abschlagsätze variieren erheblich und sind in ihrer Höhe abhängig von den Refinanzierungssätzen des Forfaiteurs sowie von der Bonität des Schuldners, des Garanten und des Schuldnerlandes.

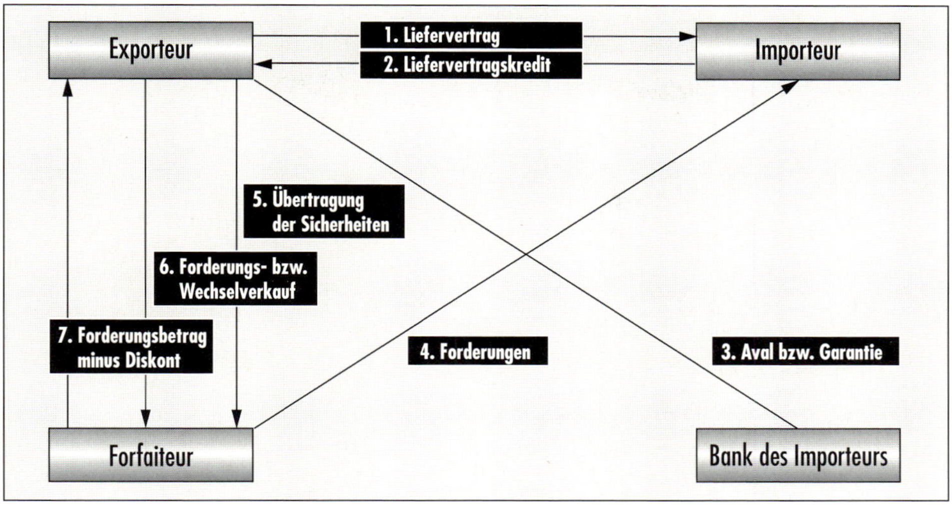

5.3 Abb. 7: *Schema der Forfaitierung*
Quelle: Winkelmann 1988, S. 10/51

5.3.4.2 Institutionen zur Absatzrefinanzierung/Deckung der Absatzrisiken

5.3.4.2.1 Ausfuhrkredit-Gesellschaft mbH (AKA)

Die Ausfuhrkredit-Gesellschaft mbH mit Sitz in Frankfurt ist ein Konsortium aus derzeit 36 Banken, das seit 1952 Finanzierungen für deutsche Exportgeschäfte bereitstellt. Zu ihrem Aufgabenbereich zählt die Refinanzierung von Lieferantenkrediten zur Deckung der Aufwendungen während der Produktionszeit und auch zur Refinanzierung des Zahlungszieles (vgl. Tab. 4).

Weiterhin gewährt die AKA gebundene Finanzkredite an ausländische Besteller oder Banken, die durch Bundesgewährleistungen abgesichert sein sollten. Eine große Bedeutung haben Finanzkredite mit vereinfachter Dokumentation auf der Basis abgeschlossener Grundverträge (ohne Betragslimit) oder Rahmenverträge (mit Betragslimit) erlangt (vgl. *http://www.akabank.de*). Die beiden Vertragsarten enthalten standardisierte Regelungen für alle darunter abzuschließenden Einzelkreditverträge, mit denen insbesondere kleineren und mittelständischen Exporteuren die Möglichkeit eröffnet werden soll, die Vorteile eines Finanzkredites auch bei niedrigen Auftragswerten nutzen zu können. Auch Projektfinanzierungen können auf Antrag der Hausbank abgewickelt werden. Unterstützt wird diese Entwicklung durch die mögliche Hermes-Deckung des Bundes für gebundene Finanzkredite auf Projektfinanzierungsbasis.

Monate ab Kreditgenehmigung	1	2	6	9	12	18	24	30	36	42	48	54	60	66	72
Aufwendungen	300	200	300	100	100										
–Zahlungseingänge	50				100	85	85	85	85	85	85	85	85	85	85
=	250	200	300	100											
–10 % Selbstfinanzierungsquote	25	20	30	10											
= Kredit	225	180	270	90											
Tilgung (90 % der Exporterlöse)						76	77	76	77	76	77	76	77	76	77
kumulativer Kreditbetrag	225	405	675	765	765	689	612	536	459	383	306	230	153	77	–

Gesamtauftragswert EUR 1.000.000, Zahlungsbedingungen: 5 % Anzahlung bei Vertragsabschluss, 10 % gegen Verschiffungsdokumente, 85 % in 10 gleichen Jahresraten, deren erste 6 Monate nach Lieferung fällig wird.

5.3 Tab. 4: *Finanzierungsplan für einen Kredit des Plafond A (Lieferantenkredit)*
Quelle: Ausfuhrkredit-Gesellschaft

Außerdem kauft die AKA bundesgedeckte Exportforderungen deutscher Exporteure auf, der Exporteur haftet insbesondere für den rechtlichen Bestand der angekauften Exportförderung. Die AKA verfügt über den Plafond A für die Gewährung von Lieferantenkrediten sowie über die Plafonds C, D und E für die gebundenen Finanzkredite bzw. Forderungsaufkäufe.

5.3.4.2.2 Kreditanstalt für Wiederaufbau (KfW)

Die Kreditanstalt für Wiederaufbau mit Sitz in Frankfurt a.M., wurde 1948 als Körperschaft des öffentlichen Rechts mit der Zielsetzung gegründet, als Förderbank der deutschen Wirtschaft und Entwicklungsbank für die Entwicklungsländer tätig zu werden. Mit einer Bilanzsumme von 197 Mrd. EUR gehört sie zu den großen Banken der Branche.

Im Bereich der Absatzfinanzierung werden die Exportfinanzierung und die Projektfinanzierung speziell in den Schwellenländern unterstützt. Die Exportfinanzierungen bedürfen der Hermes-Deckung (s.u.).

Projektfinanzierungen zur Entwicklung der Infrastruktur werden zunehmend auf privater Basis von staatlichen Entscheidungsträgern in den Schwellenländern gefördert, um die staatlichen Haushalte zu entlasten und den Ausbau der Infrastruktur zügig zu gestalten. Der Kreditentscheidung geht eine sorgfältige Prüfung der technischen und wirtschaftlichen Tragfähigkeit des Projektes (Cash-flow) voraus. Die Projektfinanzierung der KfW umfasst die Geschäftsbereiche Industrie- und Umwelttechnologie, Energiewirtschaft, Telekommunikation, Rohstoffgewinnung, Schifffahrt, Luft- und Raumfahrt und Landverkehr.

Nur Vorhaben, deren technische Durchführbarkeit und Rentabilität nach einer umfassenden Projektprüfung nicht im Zweifel stehen, haben eine Realisierungschance (vgl. *http://www.kfw.de*).

Ausfuhr-Finanzierungshilfen, d. h. die Bezuschussung von Exporten, werden von der KfW über den KfW-ERP Exportfonds und den Sonderprogrammen zur Finanzierung von Schiffs- und Flugzeugexporten wahrgenommen. Diese Art von Finanzierungshilfen sind wegen der befürchteten „versteckten Subventionierung" von Exportleistungen, sowohl politisch als auch in ihrer volkswirtschaftlichen Auswirkung, umstritten. Sie unterliegen daher dem OECD-Konsensus, einer Übereinkunft, um liefergebundene Entwicklungshilfe auf solche Projekte zu konzentrieren, die unter rein kommerziellen Aspekten keine Realisierungschance hätten.

5.3.4.2.3 Hermes Kreditversicherungs-AG

Die Hermes Kreditversicherungs-AG mit Sitz in Hamburg und Berlin ist ein Mandatarkonsortium und vom Bund beauftragt und ermächtigt, alle die Ausfuhrgewährleistungen (Garantien und Bürgschaften) betreffenden Erklärungen namens, im Auftrag und für Rechnung der Bundesrepublik Deutschland abzugeben und entgegenzunehmen (vgl. *http://www.hermes.de*).

Risiken	Absicherungsinstrumente
Fabrikationsrisiko	• Hermes-Deckung • Unwiderruflich bestätigtes Akkreditiv • Anzahlung
Zahlungsausfallrisiko	• Hermes-Deckung • Unwiderruflich bestätigtes Akkreditiv • Zahlungsgarantie einer Bank • Forfaitierung
Wechselkursrisiko	• Hermes-Deckung • Devisenoptions-, Devisentermingeschäfte • Fremdwährungskredite • Forfaitierung • Innerbetriebliche Kompensation bei Fremdwährung
Zinsänderungsrisiko	• Zinsswap-Geschäft • Weitergabe an Unterlieferanten

5.3 Tab. 5: ***Risikoabsicherung im langfristigen Exportgeschäft***
Quelle: Backhaus 1997, S. 509

Ausfuhrgarantien werden insolvenzfähigen, privatrechtlich organisierten Firmen gewährt, Ausfuhrbürgschaften übernimmt der Bund, wenn der ausländische Vertragspartner ein voll haftender Garant wie ein Staat, eine Gebietskörperschaft oder eine ähnliche Institution ist. Der Bund entscheidet nach Maßgabe festgesetzter haushaltsrechtlicher Ermächtigungen über die Vergabe der Ausfuhrgewährleistungen. Einen Überblick über die im Exportgeschäft vorherrschenden Risiken und deren Absicherungsmöglichkeiten wird in Tab. 5 ersichtlich.

Mit Ausnahme des Zinsänderungsrisikos können sowohl die Risiken vor dem Versand (Fabrikationsrisiko) als auch nach dem Versand (Ausfuhrdeckung, Delkredere) abgesichert werden. Auch werden eine Reihe von Sonderdeckungen, – z. B. für Leasinggeschäfte, angeboten. I.d.R. ist der Deckungsnehmer im Schadensfall mit einer Selbstbeteiligungsquote am Ausfall beteiligt. Sie liegt je nach der Art der Risikodeckung zwischen 5 % und 15 % des Schadensfalles.

5.3.5 Zusammenfassung

Der Absatzfinanzierung ist im Rahmen der Absatzsicherung eine erhebliche, zunehmende Bedeutung beizumessen. Scharfer nationaler und internationaler Wettbewerb zwingt die Lieferanten bereits in der Angebotsphase auch Absatzfinanzierungsmöglichkeiten, z. T. auch mit mehrjähriger Laufzeit, aufzuzeigen. Die damit verbundenen Risiken für die Unternehmen sind, besonders im Exportgeschäft, beträchtlich. Dies auch deshalb, weil es sich bei den Investitionsgüter produzierenden Unternehmen i.d.R. um Technologieunternehmen mit einem hohen Fixkostenblock handelt, sie also sehr sensibel auf ertragsrelevante Störgrößen reagieren.

Im vorliegenden Beitrag werden die wesentlichen Bestimmungsgrößen und Instrumente der kurz- und mittelfristigen Absatzfinanzierung dargelegt. Auch modernere Ansätze wie Projektfinanzierung und Sonderleasingverfahren werden berücksichtigt. Abschließend werden die banktechnischen Sicherungsinstrumente sowie die absatzfördernden Institutionen bzw. Banken vorgestellt.

Zwar wurden durch die Einführung des Euro wesentliche Risiken (Währungsrisiko, Zinsänderungsrisiko) im Binnenmarkt der EU reduziert bzw. der dokumentäre Zahlungsverkehr erheblich vereinfacht oder sogar überflüssig. Für die potenziellen Absatzerfolge der deutschen Investitionsgüterindustrie in den Zukunftsmärkten Osteuropa und Asien wird jedoch von entscheidender Bedeutung sein, inwieweit es gelingt, die Verschuldung dieser Länder mit den Absatzfinanzierungserfordernissen der exportierenden Unternehmen in Einklang zu bringen.

Literatur

Backhaus (1997): Backhaus, K.: Industriegütermarketing, 5. Aufl. München

Gomez (1988): Gomez, P.: Akquisitions- u. Wertsteigerungsstrategien für Unternehmen, Skript, Sankt Gallen

Jahrmann (1995): Jahrmann, F.-U.: Aussenhandel, Ludwigshafen

Manz, Dahmen (1993): Manz, D./Dahmen, M.: Finanzierungstheorie, München

Specht (1996): Specht, O.: Betriebswirtschaft für Ingenieure und Informatiker, Köln

Winkelmann (1989): Winkelmann, T.: Die Forfaitierung als betriebliche Finanzierungsquelle, Freiburg i. Br.

Wöhe (1993): Wöhe, G.: Einführung in die Allgemeine Betriebswirtschaftslehre, 18. Aufl., München

Ziegenbein (1995): Ziegenbein K.: Controlling, Ludwigshafen

Webadressen

www.akabank.de

www.hermes.de

www.Info.deutsche-bank.de

www.kfw.de

5.4 Auftragsabwicklung als Teil der Distributions- und Produktionslogistik

Dieter Kluck

5.4.1 Einführung

Die Auftragsabwicklung ist als Teil der Distributions- und Produktionslogistik zu sehen. Ein Auftrag löst eine Vielzahl logistischer Aufgaben in einem Unternehmen aus, die sich von der Auftragsannahme und -aufbereitung über die Fertigungsplanung und -steuerung bis hin zur Beschaffung der auftragsbezogenen Güter entwickeln kann und letztlich in der Auslieferung der bestellten Artikel einschliesslich Rechnungstellung seinen Abschluss findet.

Nach Pfohl kann die Auftragsabwicklung als der zentrale Aufgabenbereich zur Erfüllung der Leistungsverpflichtung innerhalb der industriellen Produktion gesehen werden. Sie ist das Bindeglied zwischen den externen Informationen und deren interner Umset-

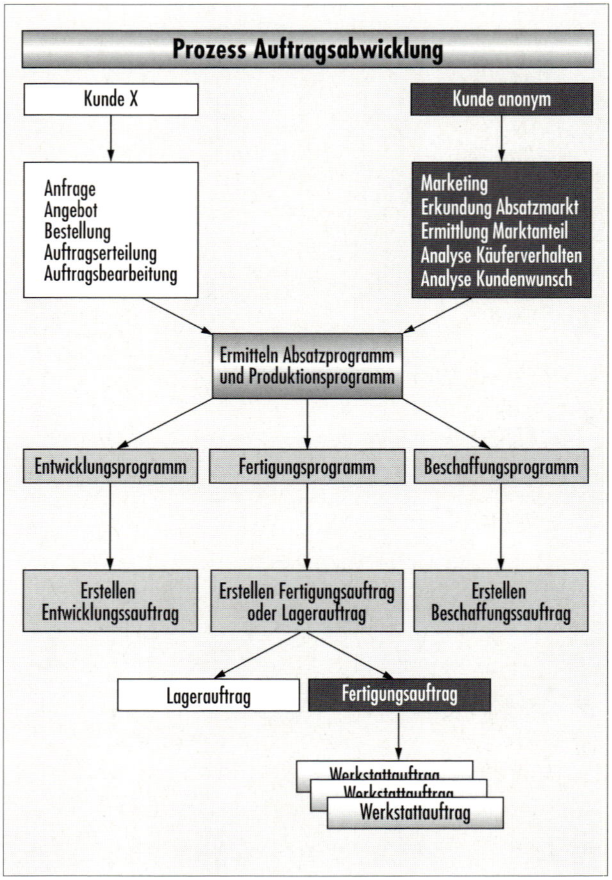

5.4 Abb. 1: *Prozess Auftragsabwicklung*

zung, indem sie die vom Markt induzierten Anfragen und Aufträge in konkrete innerbetriebliche Vorgaben und Handlungsweisen umwandelt. Folglich berührt die Auftragsabwicklung nahezu sämtliche Unternehmensbereiche, die entweder mit der direkten Leistungserstellung (Fertigung und Montage) befasst sind oder für die, als angrenzende administrative Bereiche (Disposition, Planung), entsprechend Daten und Kontrollfunktionen bereitzustellen sind.

Durch die Erteilung eines Auftrags wird eine Vielzahl weiterer Aktivitäten im Unternehmen notwendig. Die folgende Darstellung zeigt grob die wichtigsten Abläufe, die als Auftrags- und Termindisposition umschrieben werden können:

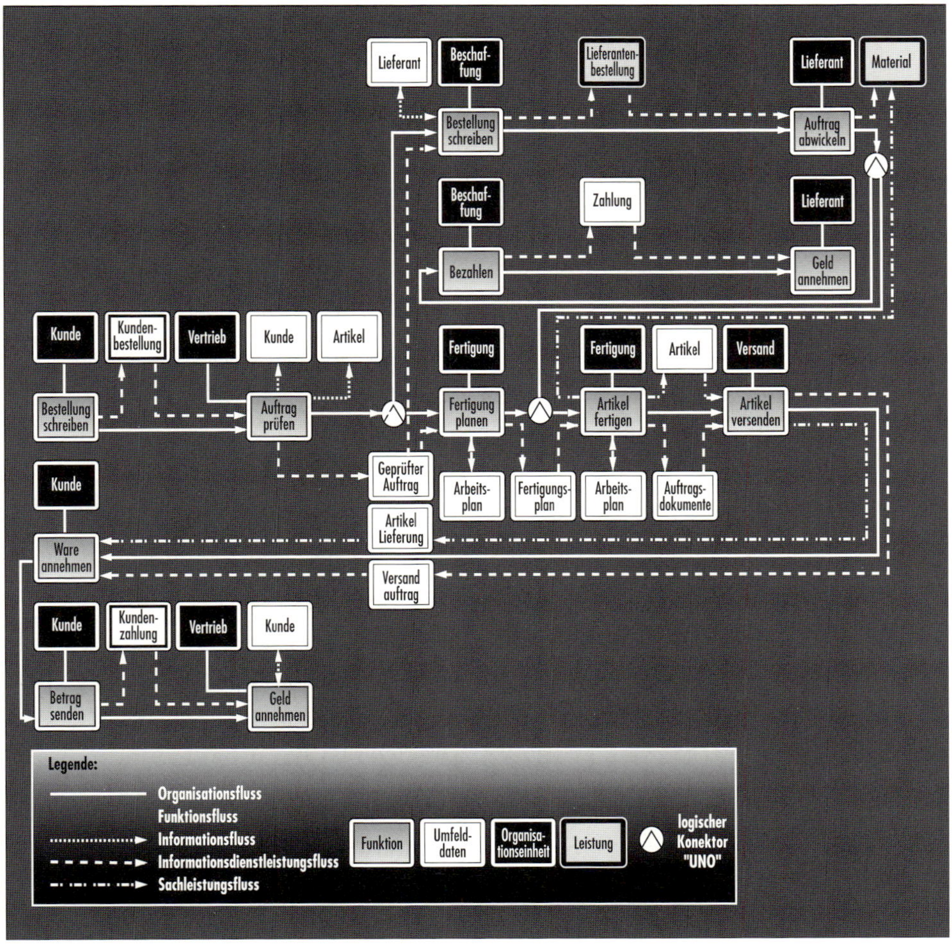

5.4 Abb. 2: *Der Prozess der Auftragsbearbeitung (nach Scheer)*

5.4.2 Aufgaben der Auftragsabwicklung

- Übermittlung des Auftrags

Ausgangspunkt ist die Auftragserteilung. Auf der Basis von Vorabinformationen wie Angebot, Werbematerial, Internetinformationen etc. wird ein Auftrag erteilt. Das Medium kann postalisch, per Fax, per Internet oder telefonisch erfolgen. Die Adressaten, an die der Auftrag gerichtet werden kann, sind z. B. Außendienstmitarbeiter oder zunehmend die so genannten Call-Center oder Customer-Cares. Dabei sind bei schriftlichem oder bei Auftragserteilung per Internet bestimmte Auftragsformulare einzuhalten.

5.4 Abb. 3: ***Internet-Bestellformular***

- Aufbereitung und Umsetzung

Die Auftragsannahme hat zunächst die Richtigkeit und Vollständigkeit der Auftragserteilung zu prüfen. Die Daten des Auftrags werden EDV-technisch erfasst. Dazu stehen BWL-orientierte

Unternehmensplanungssoftwaretools, die so genannten Enterprise Resource Plannings (ERP) zur Verfügung.

Dabei werden zunächst die Kundendaten geprüft. Ist der Kunde registriert? Ist er überhaupt berechtigt zu bestellen? Welche Vereinbarungen über Menge, Preise etc. bestehen? Welche Waren hat er bisher bezogen? Liegt ein Rahmenvertrag vor? Wie sind die Zahlungsbedingungen? Welche besonderen Vereinbarungen gelten für den Kunden? Auch sind Liefertermin und Auftragsgröße und damit Kapazitätsbedarf zu prüfen und durch Rücksprache zu klären. d. h. kann der Auftrag den Kundenvorgaben entsprechend auch gefertigt und ausgeliefert werden? Die Aufträge werden gesammelt und nach Kriterien wie Bündelung von Produktaufträgen nach Kunden oder nach Terminvorgaben zusammengefasst. Zum Abschluss muss entschieden werden, ob der Auftrag als Lagerauftrag oder als Fertigungsauftrag zu sehen ist.

- Lagerauftrag

Wenn ein Lagerauftrag vorliegt, wird die Bestellung an den Versand (Vertriebslogistik) weitergeleitet. Der Versand kommissioniert die Ware aus dem Lager. Dabei gibt es unterschiedliche Arten der Kommissionierung. In der Regel werden im Moment der Auftragsaufbereitung die Menge, die Lagerkoordinaten und die optimale Entnahmestrategie mit ausgegeben.

- Fertigungsauftrag

Wenn der Gegenstand des Auftrags nicht aus dem Lager entnommen werden kann, sondern erst hergestellt werden muss, ergibt sich ein weitaus komplizierterer Ablauf. Jetzt wird das bestellte Produkt nach Stücklisten oder Teileverwendungsnachweisen in seine Baugruppen und Komponenten aufgelöst. Dann ist auf Grund der Fertigungstiefe zu entscheiden, welche Baugruppen hergestellt oder fremdbezogen werden müssen. Der Ablauf ergibt sich dann stichwortartig wie folgt:

– Stücklistenauflösung entsprechend dem Fertigungsprogramm
– Erstellung des Beschaffungsprogramms (optimale Bestellmenge)
– Auftragsplanung und Auftragsfreigabe
– Auftragssteuerung
– Auftragsüberwachung
– Auftragsabschluss
– Auslieferung und Abschluss des Auftrags.

- Fakturierung

Unabhängig, ob ein Lager- oder Fertigungsauftrag vorliegt, erfolgt nach Auslieferung der Produkte die Fakturierung (Rechnungslegung). Die Fakturierung kann mit dem Versenden der Ware oder erst nach Auslieferung erfolgen. Die Fakturierung kann aber auch unabhängig von der physischen Behandlung erfolgen. Immer mehr setzt sich durch, dass der Lieferant nicht für jede Warenlieferung eine Rechnung aufsetzt, sondern verschiedene Lieferungen zusammenfasst und somit beispielsweise nur monatlich eine Rechnung an den Kunden stellt. Damit reduziert sich der administrative Aufwand der Rechnungsstellung, allerdings kann die Transparenz Ware – Rechnung verloren gehen. Die Rechnungslegung beinhaltet auch den Zahlungszeitpunkt. Dieses Zahlungsziel liegt beispielsweise in der Automobilindustrie bei ca. 90 Tagen, d. h. der Lieferant erhält 90 Tage nach Auslieferung der Ware die Rechnungssumme bezahlt. Wenn man demgegenüber die Montagezeit eines PKWs von zwei bis drei Tagen annimmt, den Motorenbau mit vier Wochen veranschlagt und damit eine gesamte Durchlaufzeit des Auftrags von ca. sechs Wochen erreicht, bleibt eine Finanzierungslücke für den Lieferanten.

Wie oben dargestellt ergeben sich für die Auftragsabwicklung zwei unterschiedliche Prozesse, der Prozess Lagerauftrag oder/und der Prozess Fertigungsauftrag. Daher sind beide Arten der Auftragsabwicklung genauer zu betrachten.

5.4.3 Lagerauftrag

Lageraufträge definieren, welche Menge eines Gutes ein- oder auszulagern ist. Die Auftragsinformation kann direkt an das Lager gestellt werden oder in der Regel an eine Auftragsannahme, die die Aufträge sammelt und dann die Daten/Aufträge an das Lager weitergibt. Dabei sind die Weitergabezeiten festgelegt, je nachdem in welchem Zeitraum die Ware ausgeliefert werden soll. Bei einer 24-Stunden-Auslieferung ist der Weitergabezeitpunkt sehr viel enger gelegt (z. B. bis 12 oder 17 Uhr) als bei einer nicht direkt zeitgebundenen Warenlieferung.

Bei Behandlung von Lageraufträgen sind vor allem folgende Gesichtspunkte zu beachten:

- Arten der Zusammenstellung des Auftrags
- Wie wird ein Lager geführt
- Das Unterschreiten des Meldebestandes löst einen Fertigungsauftrag aus.

5.4.3.1 Kommissionierung

Als Teil der Auftragsvorbereitung sind die Lageraufträge entsprechend den Anforderungen des Lagerwesens umzugestalten und kommissionierbar zu machen. Nach Ehrmann wird unter Kommissionieren das Zusammenstellen von bestimmten Teilmengen (Artikeln) aus einer bereitgestellten Gesamtmenge (Sortiment) auf Grund von Bedarfsinformationen (Auftrag) ver-

Bereitstellung	Vorteile	Nachteile	Eignungskriterien
Statisch „Mann-zur-Ware"	• Alle Artikel direkt im Zugriff • Flexibel gegenüber stark schwankenden Anforderungen • Kürzere mittlere Auftragsdurchlaufzeiten • Abwicklung von Eilaufträgen möglich • Mit geringem Investitionsaufwand realisierbar	• Geringe Kommissionierleistungen pro Kommissionierer bei Aufträgen mit wenig Zeilen wegen großer Wegzeitanteile • Keine optimale Gestaltung des Arbeitsplatzes möglich • Nachschubprobleme größer • Erschwerter Abtransport leerer Ladehilfsmittel	• Mittlere Entnahmemengen pro Position sind ein kleiner Bruchteil der bereitgestellten Menge (x > 5) • Entnahmen sind ohne Hilfsmittel möglich • Viele Zeilen pro Auftrag (n > 10) • Kurze Auftragsdurchlaufzeiten gefordert • Abwicklung von Eilaufträgen gefordert • Geringer Investitionsaufwand wichtiger als Personaleinsparungen
Dynamisch „Ware-zu-Mann"	• Hohe Kommissionierleistungen pro Kommissionierer wegen fast ganz entfallender Wegzeiten • Optimale Gestaltung der Entnahmeplätze möglich • Einsatz von Entnahmehilfsmitteln (z. B. Kran) sowie Bearbeitungen (Wiegen, Abmessen, Schneiden etc.) möglich • Abtransport leerer Ladehilfsmittel leicht möglich	• Jeweils nur wenige Artikel im direkten Zugriff • Wenig flexibel gegenüber stark schwankenden Anforderungen • Längere mittlere Auftragsdurchlaufzeiten • Nur mit hohem Investitionsaufwand für Förderer und Steuerung realisierbar	• Mittlere Entnahmemengen pro Position sind ein großer Bruchteil der bereitgestellten Menge (x < 3) • Entnahme nur mit Hilfsmitteln möglich • Wenig Zeilen pro Auftrag (n < 10) • Lange Durchlaufzeiten bis zu mehreren Stunden zulässig • Keine Eilaufträge • Gleichmäßig hohe Auslastung • Personaleinsparungen rechtfertigen hohen Investitionsaufwand

5.4 Tab. 1: ***Statische und dynamische Bereitstellung***
Quelle: Ehrmann 1997

standen. Beim Kommissionieren ist die Art der Bereitstellung der Ware die vordringlichste Aufgabe.

Die Bereitstellung kann statisch (Mann zur Ware; der Kommissionierer bewegt sich hin zur Ware) oder dynamisch (Ware zum Mann; die Waren werden aus einem automatisierten Lager mittels Kommissionierhilfen transportiert) erfolgen. Die Aufstellung von Gudehus zeigt die wichtigsten Kriterien der unterschiedlichen Bereitstellung.

Die Kommissionierung kann dabei auf verschiedene Art erfolgen. Es werden folgende Ausprägungen unterschieden:

- *Die einstufige Kommissionierung:* Die Artikel eines jeden Auftrags werden einzeln am Lagerplatz entnommen und bereitgestellt.
- *Die mehrstufige Kommissionierung*: Die Artikel für mehrere Aufträge werden gemeinsam am Lagerplatz entnommen und zum Packplatz gebracht. Auf diesem Platz werden die Artikel nach Auftrag getrennt.
- *Die serielle Kommissionierung*: Die Aufträge werden der Reihe nach mit ihren Positionen abgearbeitet. Der serielle Ablauf bedeutet lange Wege für den Kommissionierer und lange Bearbeitungszeiten.
- *Die parallele Kommissionierung*: Der Auftrag wird durch den Lagerverwaltungsrechner in mehrere Kommissionierbereiche aufgeteilt und kann dadurch gleichzeitig an verschiedenen Lagerplätzen bearbeitet werden. Der Kommissionierer ist nur noch für einen bestimmten Bereich des Lagers zuständig, die Kommissionierzeit wird durch den parallelen Vorgang stark verkürzt.
- *Die Pick-und-Pack-Kommissionierung*: Der Lagerverwaltungsrechner ermittelt auf Grund des Auftrags die Verpackungseinheit, so dass der Kommissionierer die Artikel des Auftrags direkt in die Verpackungseinheit sammeln kann. Der Vorgang kann auch automatisiert werden (Kommisioniereinrichtungen, Kommissionierroboter).

5.4.3.2 Arten der Dispositionsverfahren

Die Abwicklung von Lageraufträgen macht es erforderlich, die Art und Weise der Lagerführung festzulegen. Dies wird durch die Lagerpolitiken und Lagerstrategien festgelegt. Diese bestimmen den Zeitpunkt der Materialbestellung und sind damit ursächlich verantwortlich für die Lagerbestände und geforderte Reaktionsfähigkeit der Fertigung. Ferner sind damit auch die Lieferfähigkeit und die Lagerkosten verbunden.

Die Lagerhaltungsstrategien geben Modelle vor, wie die Nutzung eines Lagers wirtschaftlicher zu betreiben ist. Dabei stehen die Fragen, welche Materialmengen zu welchen

Zeitpunkten (siehe Andler-Ansatz) ins Lager eingestellt werden sollen und welche Kriterien zu einer Materialbestellung führen, im Vordergrund. Die Festlegung auf eine Lagerhaltungsstrategie hängt von einer Vielzahl von Faktoren ab. Die Faktoren können auf Grund der Materialart, der produktionstechnischen Gegebenheiten, dem administrativen Aufwand, dem Vorhandensein einer leistungsfähigen Datenverarbeitungsanlage, dem Abrufverhalten der internen und externen Kunden oder aber auch durch betriebsinterne Vorschriften (Bestandsmanagement, Lieferanten) gegeben sein. Der Zielkonflikt zwischen hoher Lieferbereitschaft und geringen Lagerhaltungskosten (geringe Bestände, wenig Lagertechnik) soll durch die Lagerhaltungsmodelle transparenter gemacht und damit auch umsetzungsrelevant gestaltbar werden. So werden aus dem Verhalten der Lagerartikel (Leittypen) bezüglich der Verbrauchsverläufe, den Lagerkosten und den Beschaffungskosten bestimmte Strategien (Lagermodelle) entwickelt. Diese Lagermodelle berücksichtigen die Größen

- maximaler Lagerbestand (Höchstbestand),
- Beschaffungsintervall (Zeitraum),
- Beschaffungsmenge (Mengengröße),
- Sicherheitsbestände.

Die wichtigsten Lagermodelle unterscheiden sich vor allem im Verhalten der beiden Größen: Beschaffungsintervall t und Beschaffungsmenge q. Bezüglich der Größe t werden zwei Hauptgruppen unterschieden, nämlich konstantes Beschaffungsintervall und variables Beschaffungsintervall. Bei konstantem Beschaffungsintervall spricht man von zyklischer Methode, bei variablem Beschaffungsintervall von Mindestbestandsmethode. Der Zeitraum von Bestellung zu Bestellung ist bei der zyklischen Methode konstant. Die Menge, die dann bestellt wird, kann der ermittelten Losgröße q (optimale Bestellmenge) entsprechen oder einer variablen Menge qi , wenn das Lager bis zu einem vorgegebenen Höchstbestand S maximal aufgefüllt werden soll. Bei der Mindestbestandsmethode ist der Zeitraum von Bestellung zu Bestellung unterschiedlich, weil erst bestellt wird, wenn ein Bestellpunkt (Meldebestand, also Mengengröße) erreicht oder unterschritten ist. Auch hier gibt es prinzipiell die Möglichkeit, die Losgröße q zu bestellen oder eine variable Menge q_i , um auf den Höchstbestand S aufzufüllen. Darüber hinaus gibt es kombinierte Verfahren, bei denen die zyklische Methode und die Mindestbestandsmethode kombiniert werden, d. h. nach festen Zeiträumen wird der Bestand überprüft und erst bestellt, wenn der Bestellpunkt (Meldebestand) erreicht oder unterschritten ist. Die Menge, die dann bestellt wird, um auf den Höchstbestand aufzufüllen, ist entweder die Losgröße q oder die Menge q_i.

Die Kombination der Parameter ergibt folgende Lagerhaltungsstrategien (siehe Tab. 2):

	Bestellniveau S, qi	Losgröße q	Bemerkungen
Bestellzyklus t	t, S Lagerpolitik	t, q Lagerpolitik	Bestellrhythmusverfahren
Bestellpunkt s	s, S Lagerpolitik	s, q Lagerpolitik	Bestellpunktverfahren
Kombinierte Methode t, s	t, s, S Lagerpolitik	t, s, q Lagerpolitik	Kontrollrhythmusverfahren

5.4 Tab. 2: *Lagerhaltungsmodelle*

Durch die Lagerhaltungsmodelle sollen folgende Kostenvariablen beeinflusst werden:

Gesamtkosten der Beschaffung		
Gesamtkosten der Beschaffung	Beschaffungskosten	Unmittelbare Beschaffungskosten: Menge x Einstandspreis Mittelbare Beschaffungskosten: Personal- und Sachmittelkosten
	Lagerkosten	Raumkosten Vorratserhaltungskosten Zinskosten Sonstige Kosten (Wertminderung, Verschrottung)
	Fehlmengenkosten	Preisdifferenzen Konventionalstrafen Stillstandskosten Sonstige Fehlmengenkosten (Image, Auftragsverlust)

5.4 Tab. 3: *Gesamtkosten der Beschaffung*

Nachfolgend sollen die beiden wichtigsten Lagerhaltungsstrategien/-politiken im Einzelnen dargestellt und die Vor- und Nachteile aufgezeigt werden.

5.4.3.2.1 s-q-Lagerpolitik

Dieses Verfahren gehört zu den Bestellpunktverfahren. Bei Erreichen oder Unterschreiten des Bestellpunktes (= Meldebestand) wird eine Bestellung ausgelöst. Der Bestellumfang umfasst die optimale Bestellmenge q. Um zu ermitteln, ob der Bestellpunkt erreicht ist, ist es notwendig, nach jeder Entnahme den Lagerbestand zu überprüfen.

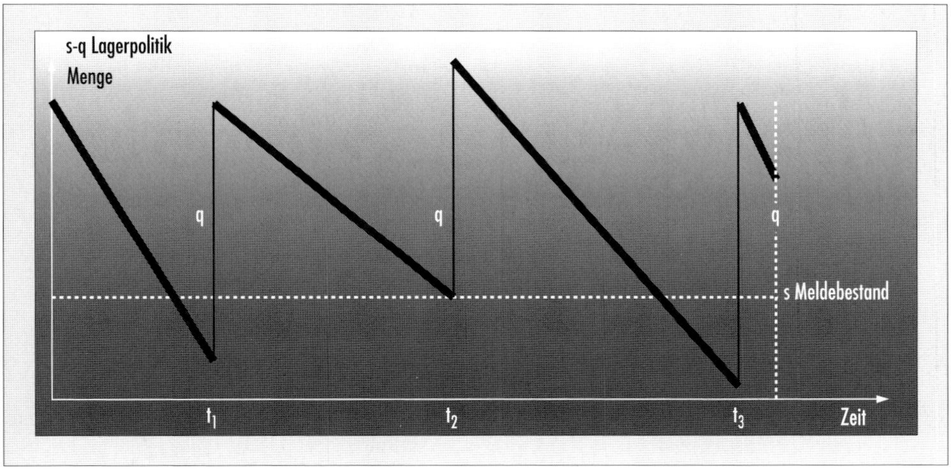

5.4 Abb. 4: ***Lagerverlauf bei s-q-Lagerpolitik***
Quelle: Kluck 1998

Bewertung der s-q-Lagerpolitik:

- Bestellung erfolgt erst bei Erreichen des Bestellpunktes (= Meldebestand)
- Zeitraum zwischen zwei Bestellungen ist veränderlich
- Nach jeder Entnahme ist der Lagerbestand zu überprüfen
- Großer Vewaltungsaufwand, EDV-Unterstützung notwendig
- Einfache Ermittlung der Bestellmenge, da Bestellmenge = optimale Bestellmenge
- Berücksichtigung der optimalen Bestellmenge ermöglicht Kostenminimum von Lagerkosten und Beschaffungskosten
- Lagerniveau schwankend, Lagerbestand unruhiger als bei s-S-Politik, durchschnittlicher Lagerbestand schwankend
- Geringe Gefahr von Fehlmengen, wenn der Meldebestand den Wiederbeschaffungszeitraum ausreichend abbildet

- Bestellrhythmus passt sich dem Bedarf an (Automatismus, keine Überprüfung der Bestellzeitintervalle notwendig).

Die s-q-Lagerpolitik ist für A- und B-Material gerechtfertigt, für Materialien mit Bedarfsschwankungen und langen Lieferzeiten. Das s-q-Verfahren ist kostengünstiger (Lagerhaltungs-/Beschaffungs-/Informationskosten) als die Bestellzyklusverfahren.

5.4.3.2.2 s-S-Lagerpolitik

Diese Methode gehört ebenfalls zu den Bestellpunktverfahren. Bei Erreichen oder Unterschreiten des Bestellpunktes (= Meldebestand) wird eine Bestellung ausgelöst. Die Bestellung umfasst eine variable Bestellmenge, die sich aus der Differenz des aktuellen Lagerbestandes und der Lager-Höchstmenge ergibt. Um zu ermitteln, ob der Bestellpunkt erreicht ist, ist es notwendig, nach jeder Entnahme den Lagerbestand zu überprüfen.

Bewertung der s-S-Lagerpolitik:

- Bestellung erfolgt erst bei Erreichen des Bestellpunktes (= Meldebestand)
- Zeitraum zwischen zwei Bestellungen ist veränderlich
- Nach jeder Entnahme ist der Lagerbestand zu überprüfen
- Großer Verwaltungsaufwand, EDV-Unterstützung notwendig
- Bestellmenge gleich Differenz zwischen aktuellem Bestand (= Erreichen oder Unterschreiten des Meldebestands) und Lager-Höchstbestand
- Durch Höchstbestand wird übermäßiger Lageraufbau verhindert
- Geringe Gefahr von Fehlmengen, wenn der Meldebestand den Wiederbeschaffungszeitraum ausreichend abbildet
- Lagerbestandsschwankung gegenüber anderen Verfahren gering, durchschnittlicher Lagerbestand konstant
- Bestellrhythmus passt sich dem Bedarf an (Automatismus, keine Überprüfung der Bestellzeitintervalle notwendig).

Die s-S-Lagerpolitik ist trotz des hohen Verwaltungsaufwands für A- und B-Material gerechtfertigt, geeignet für Materialien mit Bedarfsschwankungen und langen Lieferzeiten. Sie ist kostengünstiger als das Bestellzyklusverfahren.

5.4.3.3 Meldebestand und Sicherheitsbestand

Der Meldebestand, der auch Bestellpunkt genannt wird, ist der Lagerbestand, der bei Erreichen oder Unterschreiten einen Bestellvorgang auslöst.

Dabei hat der Meldebestand zwei Funktionen. Er soll:

1. den Verbrauch während der Beschaffungszeit mengenmäßig gewährleisten. Die während der Beschaffungszeit benötigten Materialien müssen aus dem Lager bereitgestellt werden können. Der Meldebestand muss so hoch sein, dass er diesen Zeitraum mengenmäßig überbrücken kann. Die Beschaffungszeit setzt sich zusammen aus:

- Bedarfsermittlung
- Durchführung der Bestellung
- Fertigungszeit beim Lieferanten
- Transportzeit Lieferant – Kunde
- Wareneingang (Kontrollzeit)
- Einlagerungszeit/Kommissionierzeit
- Transportzeit innerbetrieblich.

2. durch den Sicherheitsbestand auch nicht planbare und unvorhergesehene Störeinflüsse (Verbrauchsschwankungen, Lieferzeitüberschreitungen, Qualitätsabweichungen) abfangen.

Der Meldebestand s wird formelmäßig wie folgt ermittelt:

$$s = v \cdot t + e$$

s = der Meldebestand
v = der durchschnittliche Verbrauch je Zeiteinheit
t = die Beschaffungszeit (interne Beschaffungszeit + Lieferzeit + Kontrollzeit + interne Lager- /Transportzeit)
$t = t_{best} + t_{fert} + t_{trans} + t_{kontr} + t_{lager/trans}$
e = der Sicherheitsbestand.

Der Sicherheitsbestand hat seine Berechtigung in Störgrößen, die auf das System „Beschaffung und Produktion“ wirken.

Folgende Unsicherheiten muss der Sicherheitsbestand abdecken:

- *Verbrauchsabweichungen*, wenn der tatsächliche Verbrauch größer als der durchschnittliche Verbrauch ist. Gründe können sein: erhöhte Nachfrage an Produkten, geringe Ausbeute, die bei festgesetzter Liefermenge guter Produkte zu entsprechend hohem Materialeinsatz führt.
- *Zunahme der Beschaffungszeit.* Gründe können sein: große Fertigungs-Losgrößen, die beim Lieferanten zu längeren Duchlaufzeiten in der Produktion und damit zu längeren Fertigungszeiten führen; längere Transportzeiten durch Unfall oder Kapazitätsengpass; Bestellung bleibt liegen wegen Urlaub oder Krankheit.
- *Lieferunsicherheit.* Gründe können sein: zu wenig gelieferte Teile oder Teile von minderer Qualität. Wenn die Lieferung den Qualitätsanforderungen nicht genügt, wird es sehr schwierig, dieses Risiko über den Sicherheitsbestand abzudecken. Hier ist es sinnvoll, Strukturen zu haben, die in der Lage sind, entweder Teile mit schlechter Qualität verwendungsfähig zu machen oder den Lieferanten in den Zustand zu versetzen, schnell eine Ersatzlieferung durchführen zu können (Lieferantenauswahl, Produktgestaltung, Zweitlieferant).
- *Bestandsunsicherheit.* Die ausgewiesenen Bestände (EDV-System, Karteikasten) entsprechen nicht den tatsächlichen Beständen. Der Auftrag wird freigegeben, weil laut Bestand ausreichend Material zur Bearbeitung des Auftrags vorhanden ist. Bei Materialentnahme zeigt sich, dass Material körperlich nicht ausreichend verfügbar ist. Gründe können sein: falsche Verbuchung, Diebstahl, Schwund.

Beispielhaft soll ein Ansatz dargestellt werden, der auf Basis der analytisch ermittelten Abweichungen der relevanten Einflussgrößen basiert. Daraus ergibt sich für die Ermittlung des Sicherheitsbestands:

$$e = (t + \Delta t) \cdot \Delta v + \Delta t \cdot v + \Delta b + t \cdot \Delta m + m \cdot f$$

e = Sicherheitsbestand
t = durchschnittliche Beschaffungszeit in Zeiteinheiten
Δt = Überziehung der durchschnittlichen Beschaffungszeit
v = durchschnittlicher Verbrauch je Zeiteinheit
Δv = Mehrverbrauch je Zeiteinheit
Δb = Abweichung vom durchschnittlichen Bestand in Mengeneinheiten
m = Bestellmenge
Δm = Minderlieferungen in Mengeneinheiten
f = Prozentsatz Fehlteile (auf Grund mangelnder Qualität)

5.4.4 Fertigungsauftrag

Fertigungsaufträge können auf Grund einer Kundenbestellung von nicht lagerhaltigen Gütern entstehen oder auf Grund eines Lagerauftrags, wenn der Meldebestand unterschritten ist. Nicht lagerhaltige Güter sind insbesondere die Investitionsgüter (Maschinenbau, Automobilbau Anlagenbau). Auch andere Industriebereiche (Verarbeitende Industrie, Ge- und Verbrauchsgüterindustrie) versuchen verstärkt auftragsbezogen auf Kundenwünsche zu reagieren und damit Vorleistungen und Bestände zu senken.

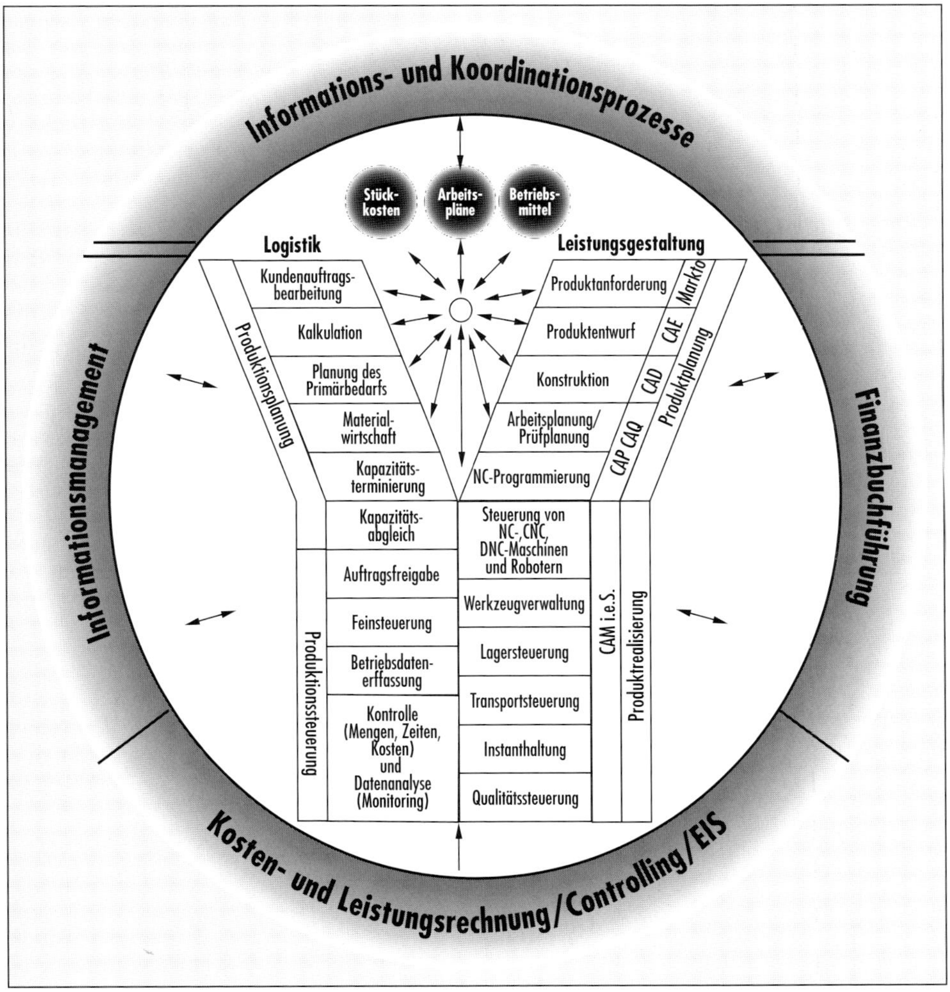

5.4 Abb. 5: *Y-Modell von Scheer*

Für den Ablauf bei Fertigungsaufträgen ist das Y-Modell von Scheer wegweisend. Durch den Fertigungsauftrag werden eine Reihe von Aktivitäten ausgelöst, um die Materialbereitstellung, die Fertigung von Baugruppen bis zur Montage der Güter zu ermöglichen. Am Ende der Prozedur werden die Güter dem Kunden ausgeliefert oder ins Lager überstellt. Am Beispiel des Y-Modells soll der Weg eines Fertigungsauftrags skizziert werden.

5.4.4.1 Materialbedarfsrechnung

Der zur Fertigung benötigte Materialbedarf wird laufend ermittelt. Anhand der Erzeugnisstruktur (Zuordnung der Teile und Komponenten eines Erzeugnisses aufgrund der Produktionsstufen) wird der Primär-, Sekundär- und Tertiärbedarf ermittelt.

Die Materialbedarfsarten sind im Einzelnen:

- Primärbedarf: Bedarf an verkaufsfähigen Produkten
- Sekundärbedarf: Bedarf an Rohstoffen, Teilen und Gruppen zur Fertigung des Primärbedarfs
- Tertiärbedarf: Bedarf an Betriebs- und Hilfsstoffen.

Zur Mengenplanung wird der vorliegende zu fertigende Primärbedarf über Stücklisten in seinen Sekundärbedarf aufgelöst. Der Abgleich zwischen dem Lagerbestand an Roh-, Hilfs-, Betriebsstoffen und Halbzeugen ergibt den zu beschaffenden Bedarf (Nettobedarfsrechnung). Die Beschaffungsrechnung ergibt den verfügbaren Bestand, mit dem die Fertigung disponieren kann und die zu bestellende Menge, die die Beschaffungslogistik beschaffen muss. Neben dem Mengengerüst sind auch die Bestellzeitpunkte zu bestimmen, denn die verschiedenen Materialmengen werden entsprechend dem Einsatz in verschiedenen Produktionsstufen zu unterschiedlichen Zeitpunkten benötigt. Darüber hinaus werden durch die Bestimmung der optimalen Bestellmenge verschiedene Bedarfe zusammengefasst. Das heißt, nicht nur die Mengen, sondern auch die Bestellzeitpunkte unter Beachtung der Vorlaufverschiebung sind zu planen. Die Vorlaufverschiebung berücksichtigt neben der zeitlichen Verfügbarkeit auf Grund der Produktionsstufen auch die Beschaffungszeit (Fertigungszeit beim Lieferanten, Transportzeit etc.) und die internen Durchlaufzeiten (Wareneingang, Lagervorgang, innerbetrieblicher Transport).

Der Sekundärbedarf, der auch Bruttobedarf genannt wird, ist der Ausgangspunkt zur Berechnung des Nettobedarfs. Vom Bruttobedarf werden der Lagerbestand, die reservierten Bestände und die Bestellbestände (schwimmende Bestände) abgezogen sowie der Sicherheitsbestand dazuaddiert. Der so ermittelte Nettobedarf wird unter Berücksichtigung der optimalen Bestellmenge in Bestellaufträge umgewandelt.

Man unterscheidet die Bedarfsermittlung nach Vorlage der Informationen in verbrauchsorientierte oder programmorientierte Bedarfsermittlung:

- *Verbrauchsorientiert*: Orientiert sich an Verbrauchswerten von Rohstoffen, Teilen und Gruppen der Vergangenheit (dem Sekundärbedarf). Zur Ermittlung werden Prognoseverfahren eingesetzt. Die wichtigsten Prognoseverfahren sind die Mittelwertbildung, die exponenzielle Glättung und die Regressionsanalyse.
- *Programmorientiert*: auftragsgebundene Ermittlung, es liegen geplante Aufträge (Primärbedarf) vor. Auch Güter, deren Bedarf noch unbekannt ist, die aber eine längere Bearbeitungszeit haben, werden mit Hilfe von Prognoseverfahren programmorientiert geplant. Dies erfolgt, indem so genannte nicht spezifizierte Aufträge (Dummys) ausgewiesen werden, für die zuächst kein Kundenauftrag vorliegt, die aber irgendwann benötigt werden. Diese Dummys werden erst ab einer bestimmten Fertigungsstufe zu kundenspezifischen Gütern. Anwendung vorwiegend für A- und B-Produkte.

5.4.4.2 Kapazitätsplanung

Kapazität ist die Arbeitsfähigkeit, bestimmte Dinge (z. B. Aufträge) zu tun. Die Kapazität wird gemessen in Stunden/Periode. Dabei werden zwei Arten der Kapazität unterschieden: Kapazitätsbedarf und Kapazitätsbestand.

Der Kapazitätsbedarf entspricht den vorliegenden Aufträgen. Dabei wird für die Aufträge die so genannte Auftragszeit ermittelt und für alle Aufträge zusammengefasst. Der Kapazitätsbedarf ist eine Zeitgröße (z. B. im Monat, in KW 45).

Der Kapazitätsbestand beschreibt die vorhandenen Ressourcen, das Arbeitspotenzial an Mitarbeitern, Maschinen und Transportmitteln. Mit dieser Kapazität können Aufträge abgearbeitet werden.

5.4.4.3 Terminplanung

Für die vorliegenden Fertigungsaufträge wird entsprechend den Terminwünschen der Kunden eine Terminplanung durchgeführt. Die *Terminplanung* ermittelt Zeitpunkte, wie den Produktionsbeginn des Auftrags und den Liefertermin. Sie benötigt dazu Angaben über Durchlaufzeiten aus den Arbeitsplänen, die für den Ablauf einzelner Prozessschritte veranschlagt werden. Die Terminplanung hat als Ergebnis beispielsweise den frühestmöglichen Starttermin für die Fertigung des Auftrags oder/und den spätesten Fertigstellungstermin für den Auftrag.

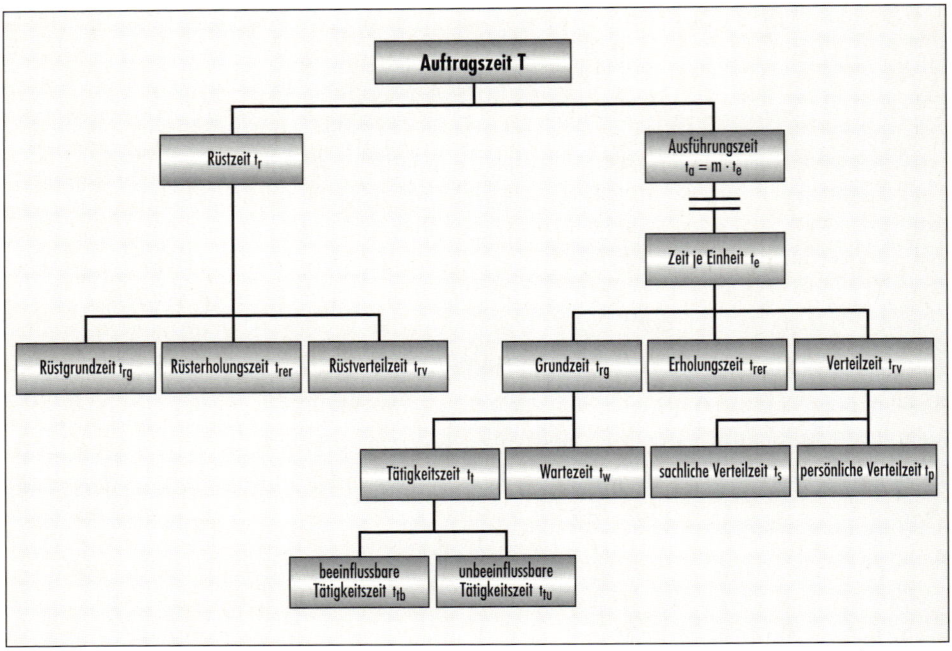

5.4 Abb. 6: ***Darstellung der Auftragszeiten nach REFA***

Daraus ergeben sich Pufferzeiten, die als Zeitreserven zwischen Start- und Fertigstellung verbleiben, um beispielsweise Ablaufverzögerungen oder Lieferterminabweichungen abfangen zu können. Daneben können auch so genannte kritische Pfade ermittelt werden, bei denen die Pufferzeiten gleich null sind, so dass jede Verzögerung im Fertigungsablauf zu einer Überziehung des Kundenterminwunsches führt. Verzögerungen und dadurch die Gefahr des Nichteinhaltens von Fertigstellungsterminen (Vorgabe durch den Kunden) machen es notwendig, Möglichkeiten zu finden, um die verbleibende Durchlaufzeit des Auftrags zu verkürzen. Die verbleibende Restbearbeitungszeit eines Auftrags oder die gesamte Fertigungsdurchlaufzeit eines noch nicht angearbeiteten Auftrags können beispielsweise durch folgende Maßnahmen verkürzt werden:

- Losteilung
- Arbeitsgangsplitting
- Überlappung
- Übergangszeitverkürzung (Transportvorgänge)
- Familienfertigung
- Indirekt durch kurzfristige Kapazitätserweiterung.

5.4.4.4 Kapazitätsterminierung

Die Kapazitätsterminierung hat die Aufgabe, die vorhandenen Kapazitätsbedarfe mit dem Kapazitätsbestand unter Beachtung der Terminvorgaben in Einklang zu bringen. Das Problem dabei ist, dass die Auftragslage mit dem Angebot an Kapazität nicht übereinstimmen muss. Wenn in den Ferienmonaten Heizöl gekauft wird, um in der nachfrageschwachen Zeit den Kostenvorteil auszunutzen, geht das nur, wenn auch genügend Kapazitätsbestand an Transportkapazität vorhanden ist, um das Öl liefern zu können. Da dies nicht gegeben ist, kann auch der Ölpreis nicht fallen. Der Abgleich von Kapazitätsbedarf und -bestand ergibt sich auf Grund folgender Ansätze:

- Netzplantechnik
- Flexibles Arbeitszeitmodell
- Kapazitätsanpassung
- Terminanpassung
- Verfahrensanpassung.

5.4.4.5 Auftragssteuerung

Die Feinterminierung und Feinsteuerung von Aufträgen hat die Aufgabe, die Grobterminierung aus der Kapazitätsterminierung zu detaillieren. d. h., die Aufträge werden im Rahmen der Auftragssteuerung innerhalb eines sehr engen Zeitfensters (Stunde, Tag, Woche) den einzelnen Arbeitsgängen zugeordnet.

Die Auftragssteuerung beschäftigt sich mit der Vorgabe, welcher Auftrag auf welcher Maschine zu welcher Zeit gestartet wird. Die Maschinensteuerung ist eine kurzfristige Planung, da vielfältige Änderungen der Randbedingungen (Materialmangel, Vorziehen von Aufträgen, Maschinenstörungen etc.) die ständige Anpassung der Auftragsreihenfolge notwendig machen.

Für die Auftragssteuerung haben sich folgende Verfahren bewährt:

1. Priorisierung
2. Belastungsorientierte Auftragsfreigabe (BoA)
3. Fortschrittszahlenkonzept (FZ)
4. KANBAN.

Mit der Auftragsveranlassung und -überwachung geht die Produktionsplanung und -steuerung in die Steuerungsphase über. Diese findet in den Werkstätten statt und damit an jenen Orten, wo die eigentliche wertschöpfende Leistungserstellung erfolgt.

Zu einer logistikgerechten Prozessstruktur mit dem Schwerpunkt einer flussorientierten Auftragsabwicklung in den Produktionsbereichen gehört beispielsweise der Einsatz flexibler Technologien innerhalb einer rechnerintegrierten Fertigung. Weiterer Bestandteil ist die Automatisierung von Bearbeitungs-, Handhabungs- und Transportfunktionen mit dem Ziel der Komplettbearbeitung. Die Komplettbearbeitung wiederum erfolgt in Fertigungszellen oder auch bedingt in der Fließfertigung. Die Bildung kleiner, produktbezogener autonomer Produktionsbereiche gestaltet die Arbeit auf operativer Ebene noch flexibler. Modular aufgebaute Produktgliederungen (nach fertigungs- und montagegerechten Gesichtspunkten) unterstützen den erzeugten flussorientierten Auftragsdurchlauf. Die konsequente Anwendung der Variantenkonstruktion mit Standardisierung, Normierung und Typisierung ermöglicht weitere Rationalisierungspotenziale, um die Auftragsdurchlaufzeit zu verringern und die Kundenorientierung (u. a. kurzfristige Lieferung) zu erhöhen.

a) Priorisierung

Wenn mehrere Aufträge zur Bearbeitung an einem Arbeitsplatz anstehen, ist es erforderlich, eine Entscheidung über die Reihenfolge der Bearbeitung zu treffen. Diese Entscheidung wird üblicherweise auf Grund der zu ermittelnden Priorität der Aufträge getroffen. Dabei werden eindimensionale und mehrdimensionale Prioritätsregeln unterschieden. Bei eindimensionalen Prioritätsregeln, die in der Praxis auch die größte Verbreitung haben, wird ein Kriterium zur Ermittlung der Priorität festgelegt. Diese Kriterien können verschiedene Ziele verfolgen wie z. B. kurze Durchlaufzeit, hohe Kapazitätsauslastung, Fertigstellung von Aufträgen mit bereits großem Produktionsfortschritt etc.). Die wichtigsten Prioritätsregeln sind:

- First in First out (FIFO): Die Aufträge, die zuerst eintreffen werden zuerst bearbeitet.
- Kürzeste Operationszeit (KOZ): Die Aufträge, die die kürzeste Bearbeitungszeit auf dem aktuellen Arbeitsgang benötigen, werden zuerst bearbeitet.
- Größte Restbearbeitungszeit (GRB): Die Aufträge, die die größte gesamte Bearbeitungszeit bis zur Fertigstellung benötigen, werden bevorzugt.
- Schlupfzeitregel (SZ): Die Aufträge, die die kleinste Differenz zwischen Liefertermin und gesamter Restbearbeitungszeit haben, werden zuerst abgearbeitet.

Bei mehrdimensionalen Prioritätsregeln werden mehrere Kriterien zur Ermittlung der zu bearbeitenden Auftragsreihenfolge eingesetzt. Der Vorteil ist, dass mehrere Ziele gleichzeitig verfolgt werden können. Nur ist letztlich nicht nachvollziehbar, welches Kriterium die Auftragsreihenfolge bestimmt hat. Die additive und multiplikative Verknüpfung sind hierbei die wichtigsten Verfahren.

Priorität = $K_1 + K_2 + K_3 + K_4$

Priorität = K_1 x K_2 x K_3 x K^4

z. B. lauten die Kriterien: K_1 Termindringlichkeit, K_2 Auftragsgröße in EUR, K_3 Bedeutung des Kunden, K_4 Auftragsstand.

b) Belastungsorientierte Auftragsfreigabe

Die belastungsorientierte Auftragsfreigabe (Wiendahl, Specht) löst sich vom Denken, so viele Aufträge wie möglich im Betrieb zu starten, um alle Abteilungen auszulasten. Heute herrscht die Einsicht vor, dass eine zu große Belastung des Betriebes mit Aufträgen die Systematik und Sorgfalt der Auftragserfüllung negativ beeinträchtigt. Die belastungsorientierte Auftragsfreigabe stellt daher die dosierte Belastung der einzelnen Abteilungen und die Reduzierung der Durchlaufzeit in den Vordergrund. Dabei wird jeder einzelne Arbeitsplatz als Trichter betrachtet. Der Inhalt des Trichters ist der Bestand vor einem Arbeitssystem, der Zulauf sind weitere Aufträge, der Ablauf ergibt sich aus der Kapazität des Arbeitsplatzes. Der Arbeitsplatz wird damit zur Auftragsbilanz, ausgedrückt in Kapazitätsbedarf (h/Periode).

Um den Bestand an einem Arbeitsplatz (und damit die Durchlaufzeit der Aufträge an einem Arbeitsplatz) sowie die Abläufe einer ganzen Werkstatt zu steuern, gibt es einen Planungsablauf, der folgende Schritte vorsieht:

- Festlegung Terminschranke, Aufträge werden nach Dringlichkeit sortiert
- Festlegung der Belastungsschranke je Trichter (Arbeitsplatz)
- Abwertung der Aufträge (um auch Kapazität für spätere Arbeitsgänge zu reservieren, damit eine rasche Abarbeitung einmal gestarteter Aufträge möglich ist)
- Einlasten der Aufträge auf die Arbeitsplätze bis Belastungsschranke
- Nach Ablauf der Periode den Restbestand ermitteln und Beginn der Planung für die nächste Periode.

c) Fortschrittszahlenkonzept

Unter einer Fortschrittszahl wird eine auf ein Bauteil oder ein Produkt bezogene kumulierte Mengengröße verstanden. Wird eine Fortschrittszahl auf Planungsgrößen bezogen (z. B. Anzahl zu montierende 2.0-Liter-Motoren in KW 45), spricht man von Soll-Fortschrittszahl. Entspricht das Datum dem realisierten Ist-Wert, so spricht man von Ist-Fortschrittszahlen (z. B. tatsächlich montierte 2.0-Liter-Motoren in KW 45). Aus der Gegenüberstellung von Soll- und Ist-Fortschrittszahlen kann abgelesen werden, welche Abweichung in

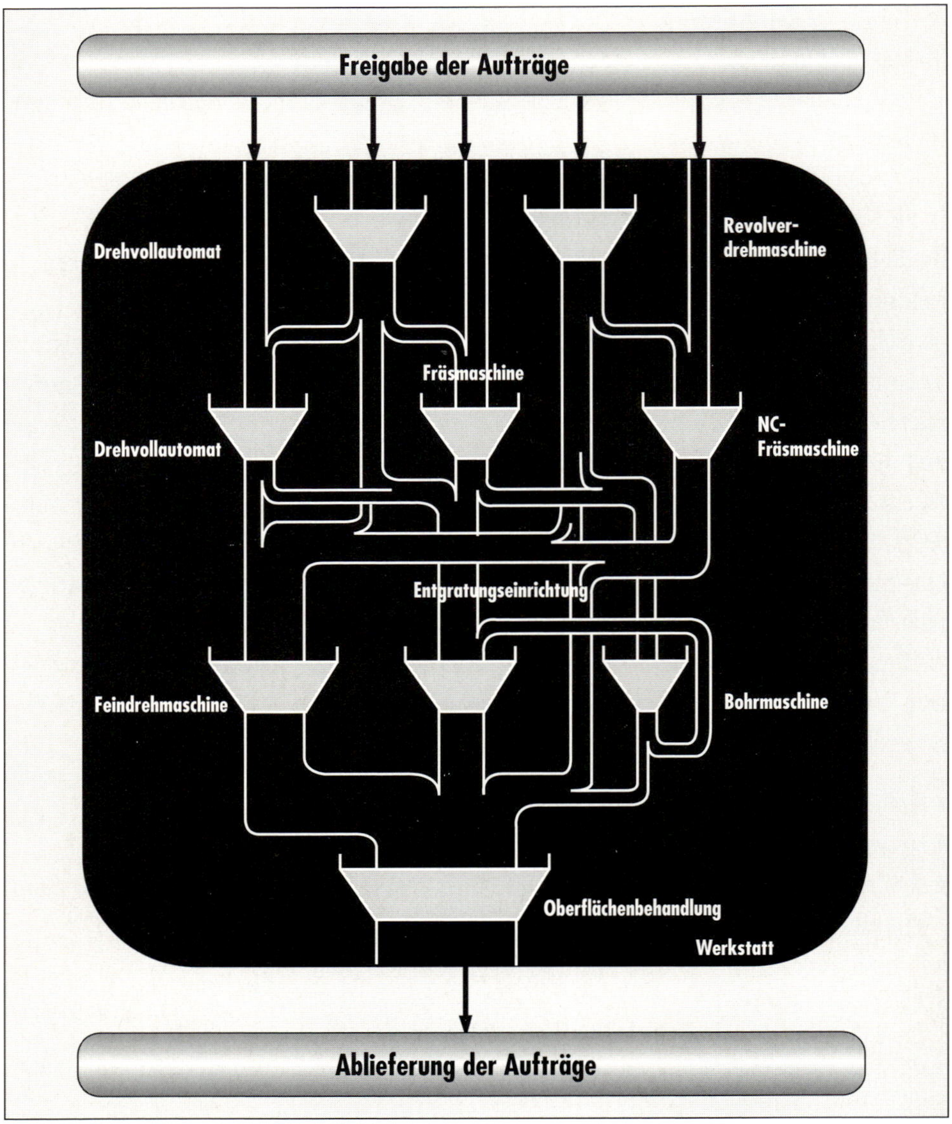

5.4 Abb. 7: *BoA-Trichtermodell*
Quelle: Specht/Ahrens/Wolter 1994

Mengengrößen oder Zeitgrößen vorliegt. Eine Auswertung kann z. B. ergeben, dass der Ist-Wert mit 30 Stück über dem Soll-Wert liegt, und dies einem zeitlichen Produktionsvorlauf von zwei Arbeitstagen entspricht. Entsprechend der Produktionshierarchie kann der gesamte Produktionsprozess mittels Fortschrittszahlen in Kontrollblöcke gegliedert werden.

Auch die Beschränkung auf nur kritische Prozessabschnitte ist möglich, so dass das Fortschrittszahlenkonzept dezentral als Steuerungssystem verwendet wird. So werden durch die Informationen aus dem Fortschrittszahlenkonzept Abweichungen mengenmäßig und zeitmäßig sichtbar und es können gezielte Aktivitäten gestartet werden, um diese Abweichungen auszugleichen. Das Fortschrittszahlenkonzept hat große Verbreitung in der Automobilindustrie und bei deren Zulieferern gefunden. Es ist insbesondere geeignet, kritische Produktionsprozesse transparenter zu planen und damit die rechtzeitige Fertigstellung der Aufträge zu unterstützen.

d) KANBAN

Das KANBAN-Prinzip (Wildemann) ist eine Produktion auf Abruf (Teil eines Just-in-Time-Konzepts). Hierdurch sollen Lagerbestände gering gehalten, Kundenwünsche durch kurze Reaktionszeiten erfüllt und der Steuerungsaufwand in die operative Ebene verlegt werden. Beim KANBAN-Prinzip werden erst dann Teile oder Produkte gefertigt, wenn der Bestand durch Verbrauch auf ein bestimmtes Niveau abgesunken ist. Ferner geht das KANBAN-Prinzip von einem Produktionsablauf als Fließprinzip aus. Bei hintereinander folgenden Produktionsstellen wird immer dann ein Produktionsauftrag ausgelöst, wenn die nachgelagerte Stelle einen Bedarf (untere Niveaugrenze erreicht) signalisiert. KANBAN ist keine bestandslose Fertigung. Entscheidend und wegweisend ist aber der Umstand, dass der Informationsfluss und der Materialfluss gegenläufig sind.

Abb. 8 gibt einen Überblick über die herkömmliche Produktionssteuerung und Steuerung nach KANBAN.

KANBAN ist eine Methode der Produktionssteuerung nach dem Pull-Prinzip (ziehende Fertigung), während die Priorisierung und BoA nach dem Push-Prinzip (drückende Fertigung) arbeitet. Dadurch werden permanente Eingriffe einer zentralen Steuerung in den Produktionsablauf überflüssig. KANBAN orientiert sich ausschließlich am Kundenbedarf/vorliegenden Auftrag. Die Steuerung erfolgt bei KANBAN über Behälter oder Karten oder beides. Prinzipiell entnimmt der Kunde (Arbeitsgang n) die Vorprodukte aus dem Behälter. Ist ein bestimmtes Behälterniveau erreicht, gibt er den KANBAN (Zettel) an eine Steuertafel. Hier wird für den Lieferanten (Arbeitsgang n-1) sichtbar, dass der nachgelagerte Arbeitsgang mit einem vollen Behälter beliefert werden soll. Der Lieferant beginnt, Teile zu fertigen, um einen Behälter zu füllen. Dazu entnimmt er Vorprodukte aus dem Behälter seines Lieferanten (Arbeitsgang n-2). Auf diese Weise setzt sich die Fertigungssteuerung entgegen dem Material- und Produktionsfluss fort. Entscheidend ist dabei, die KANBAN-Regeln einzuhalten:

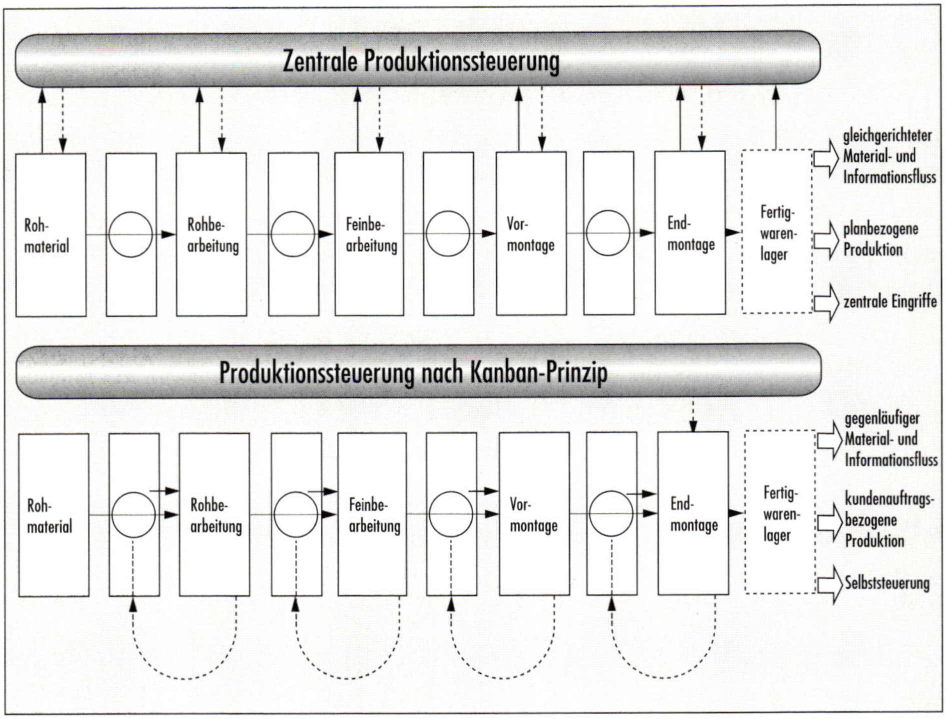

5.4 Abb. 8: ***Steuerungsprinzip im Vergleich: herkömmliche Produktionssteuerung und Steuerung nach KANBAN***
Quelle: Wildemann 1990

- Jede KANBAN-Karte auf einer Steuertafel gilt als Auftrag, d. h. ohne Karte keine Fertigung.
- Zu jedem gefüllten Behälter gehört eine KANBAN-Karte.
- Jeder Behälter enthält die vorgegebene Menge in 100 % Qualität.
- KANBAN-Behälter dürfen nur an bezeichneten Plätzen stehen.
- Die Anzahl der KANBAN-Behälter und -Karten darf nicht geändert werden.

Die Wirkung von KANBAN auf wichtige Kostenfaktoren schwankt je nach vorgefundenem Ist-Zustand. Wildemann nennt dazu einige Daten aus Unternehmensumfragen, die Bestandssenkungen zwischen 12 und 95 %, Durchlaufzeitreduzierung zwischen 16 und 90 %, Reduzierung des Steuerungsaufwands zwischen 10 und 26 % und Liefertreueerhöhung zwischen 2 und 21 % realisieren konnten. In der Praxis wird in Abhängigkeit von der vorliegenden Ausgangssituation, in der sich das Unternehmen befindet, und von den bereits erbrachten Vorarbeiten bei der Durchlaufzeitreduzierung beim Steuerungsaufwand und der Liefertreue eher der obere Bereich als realistisch anzusehen sein.

5.4.5 Fazit

Die Auftragsabwicklung ist als einer der wichtigsten logistischen Leistungsprozesse sehr vielschichtig und stark kundenorientiert. Durch die Fokussierung auf Kundenwünsche wie Einhaltung von Terminen, Transparenz der Abläufe und Sicherstellung der bestellten Mengen ist die Auftragsplanung im Mittelpunkt der Planung von Unternehmensabläufen. Die Planung ist abhängig davon, ob Lager- oder Fertigungsaufträge gestartet werden. Darüber hinaus wird die Auftragsabwicklung künftig eine bedeutende Rolle bei der Umsetzung des Supply-Chain-Managements übernehmen.

Literatur

Bichler/Schröter (1995): Bichler, K./Schröter N.: Praxisorientierte Logistik, Stuttgart
Ehrmann (1997): Ehrmann, H.: Logistik, Ludwigshafen
Gudehus (2000): Gudehus, Th.: Logistik, VDI, Berlin
Hartmann (1992): Hartmann, H.: Materialdisposition in der Praxis, Gernsbach
Kluck (1998): Kluck, D.: Materialwirtschaft und Logistik, Stuttgart
Oeldorf/Olfert (1999a): Oeldorf, G./Olfert, K.: Materialwirtschaft, Ludwigshafen
Oeldorf/Olfert (1999b): Oeldorf, G./Olfert, K.: Fertigungswirtschaft, Ludwigshafen
Pfohl (1995): Pfohl, H.-Ch.: Logistiksysteme. Betriebswirtschaftliche Grundlagen, Berlin
REFA-Verband (1985): REFA-Verband:Methodenlehre der Planung und Steuerung, Band 1 und 2, München
Scheer (1998): Scheer, A.-W.: ARIS-Modellierungsmethoden, Metamodelle-Anwendungen, Berlin
Scheer (1998): Scheer, A.-W.: ARIS – Vom Geschäftsprozeß zum Anwendungssystem, Berlin
Scheer (1990): Scheer, A.-W.: CIM – Computer Integrated Manufacturing. Der computergesteuerte Industriebetrieb, Berlin
Scheer (1994): Scheer, A.-W.: Wirtschaftsinformatik, Referenzmodelle für industrielle Geschäftsprozesse, Heidelberg
Schulte (1995): Schulte, Ch.: Logistik, München
Specht/Ahrens/Wolter (1994): Specht, O./Ahrens, D./Wolter, B.: Material- und Fertigungswirtschaft, Ludwigshafen
Wildemann (1990): Wildemann, H.: Das Just-in-Time-Konzept, München
Wildemann (1998): Wildemann, H.: Die modulare Fabrik, München

Hauptkapitel 6

Verkaufsnachbereitung

6.1 Angebot von Kundendienstleistungen

6.2 Kundenzufriedenheit und Kundenbindung

6.3 Beschwerdemanagement

6.1 Angebot von Kundendienstleistungen

Volker Harms

6.1.1 Bedeutung des Kundendienstes

Die Vielzahl und der Variantenreichtum der industriell hergestellten Güter steigt ständig, weil die Kundenbedürfnisse immer individueller werden und die Anbieter versuchen, den Kunden mit immer neuen Lösungen entgegenzukommen. Der Kundenwunsch betrifft häufig nicht nur das Produkt, sondern der Kundennutzen und die Problemlösung stehen im Mittelpunkt der Verkaufsgespräche. Produktbegleitende oder produktintegrierte Dienstleistungen gewinnen an Bedeutung und werden als neue Geschäftsfelder entdeckt. Vor allem die technischen Dienstleistungen entwickeln sich von der notwendigen Pflichtaufgabe zum erfolgreichen Verkaufsinstrument und schließlich zum wichtigen Serviceprodukt.

Bei einem einfach zu bedienenden Konsum- oder Gebrauchsgut kann die Kundendienstleistung in kleinen Maßnahmen der Produktpräsentation und der Erleichterung des Kaufvorganges bestehen. Bei großen Anlagen sind schon lange vor der Herstellung umfassende Beratungs-, Planungs- und Projektierungsaufgaben zu erbringen. Während der Nutzung der Anlagen durch die Kunden müssen sie gewartet werden, an andere Aufgaben angepasst bzw. technisch auf den neuesten Stand gebracht (Updating) und schließlich repariert werden. Im Extremfall wird der Lieferant sogar anbieten, als Dienstleistung für den Kunden den Betrieb der Anlage zu übernehmen (Betreiberservice), damit der Kunde sich auf seine Kernaufgaben konzentrieren kann. Werden technische Produkte und Dienstleistungen als Paket angeboten, spricht man auch von hybriden Produkten. Es werden Synergien zwischen Gerät/Anlage und Dienstleistung generiert (vgl. *Bullinger 1997, S. 32f.*). Die Kundendienstleistung wird damit wesentlicher Bestandteil der Leistung für den Kunden.

Generell werden betriebliche Leistungen, die dem Kunden den Erwerb eines Sachgutes oder einer Dienstleistung erleichtern oder die Nutzung eines Produktes ermöglichen oder vereinfachen, als Kundendienst bezeichnet. Für den Kunden wird ein bestimmter zusätzlicher Nutzen geschaffen. Die Kundendienstleistung schafft eine Kundenbindung, die für Nachkäufe oder den Kauf anderer Produkte und Leistungen genutzt werden kann. Technische Kundendienst-leistungen können von Herstellerkundendiensten, Händlerkundendiensten oder freien Servicebetrieben erbracht werden. Dies kann mit eigenen Mitarbeitern (Eigenservice) oder Vertragskundendiensten (Subunternehmern) realisiert werden, wobei sich selbstverständlich Leistungsunterschiede und Unterschiede im Servicegrad ergeben.

Leistungsunterschiede gibt es auch zwischen dem Privatkundenservice für den Konsumgütermarkt (Business-to-Consumer-Markt) und dem Geschäftskundenservice für den gewerblichen Kunden im Business-to-Business-Markt für gewerblich genutzte Gebrauchs- und Investitionsgüter sowie Dienstleistungen. Weiterhin ist zwischen dem Allgemeinen Kundendienst

(AKD) mit allgemeinen Leistungen für alle Produkte und Dienstleistungen und dem Technischen Kundendienst (TKD) mit besonderen Dienstleistungen für technische Produkte zu unterscheiden. Der AKD umfasst ein breites Paket meist einfacher Dienstleistungen. Er wird deshalb nur kurz erläutert. Anspruchsvoller ist der TKD, der überwiegend nach dem Kauf tätig wird. Der TKD erbringt Dienstleistungen in Verbindung mit einem technischen Produkt. Er führt als Kernleistung die Inbetriebnahme, Inspektion, Wartung und Reparatur technischer Geräte sowie Anlagen durch und bietet zusätzliche Dienstleistungen vor und nach dem Kauf an. Häufig wird auch der englische Begriff After Sales Service (ASS) benutzt, der allerdings streng genommen keine Kundendienstleistungen vor dem Kauf erfasst.

Im gesamten Dienstleistungsmarkt, in dem heute die Mehrheit aller Erwerbstätigen beschäftigt ist, ist der Kundendienst eine begrenzte, produkt- und kundenbezogene Teilleistung. Für den Dachbegriff Dienstleistung wird synonym auch der Begriff Service benutzt (vgl. *Meffert/Bruhn 1995, S. 23 ff.*).

6.1.2 Serviceprodukte des Kundendienstes

6.1.2.1 Non-Sales-Service

Definitionsgemäß müssen Kundendienstleistungen mit dem Kauf zusammenhängen, sich also der Angebotsphase (Pre-Sales-Phase), dem eigentlichen Kaufabschluss oder der Auslieferungs- und Nutzungsphase (After-Sales-Phase) zuordnen lassen (vgl. Abb. 1). Eine Ausnahme bilden lediglich einige Leistungen des TKD, die losgelöst von einem bereits erkennbaren Kaufvorgang als Non-Sales-Service bezeichnet werden können. Sie werden in der Entwicklungs- und Produktionsphase eines Produktes erbracht.

Als Non-Sales-Service bietet der TKD bei technischen Produkten unterstützende Leistungen (Support-Service) für die Entwicklung, Erprobung und Produktion eines Produktes an. Unabhängig vom eigentlichen Verkaufsgeschehen wirkt er bereits in der Entwicklungsphase an der Entwicklung neuer Geräte, Anlagen und Systeme mit und beeinflusst auch die Produktion. Als Kernaufgabe betreut der Technische Kundendienst ein technisches Produkt nach dem Kauf bis zu seinem Nutzungsende. Er ist länger als jede andere betriebliche Funktion mit einem Gerät oder einer Anlage befasst. Er beeinflusst damit das Produkt, die Nutzung und den Kunden ganz wesentlich und ist ein Know-how-Träger ersten Ranges. Zusätzlich zu seinen herkömmlichen Serviceprodukten liefert er zunehmend Informationen und Ideen zum Produkt, zur Qualität als auch zu Kundenwünschen und Marktentwicklungen.

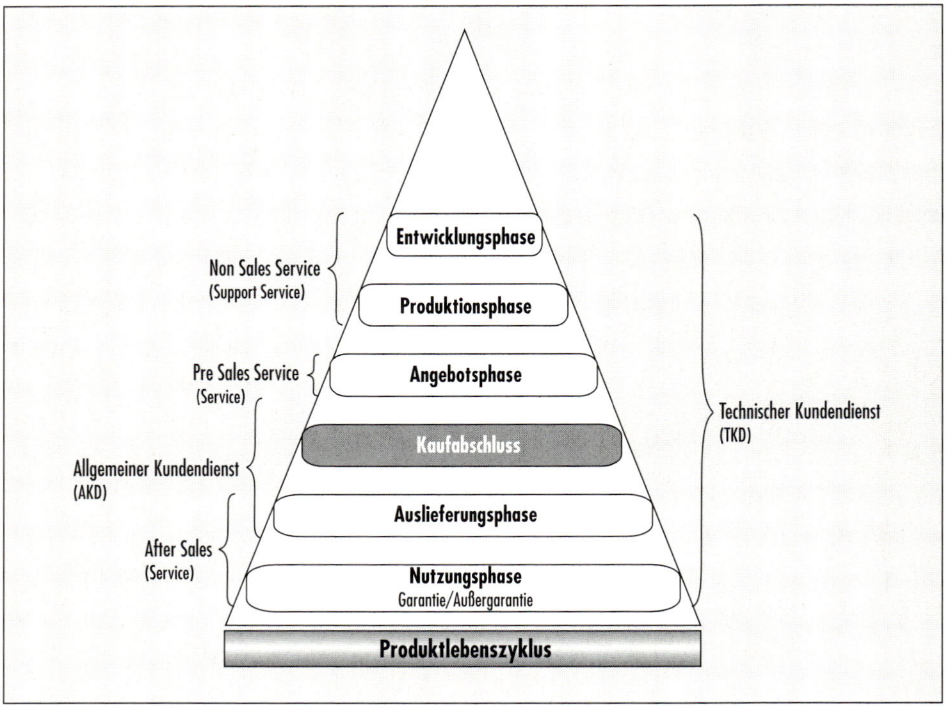

6.1 Abb. 1: *Kundendienstphasen*

Er wird also immer stärker zum Brückenglied zwischen dem Kunden und den technischen und kaufmännischen Funktionen. Für den Vertrieb bleibt er ein wichtiges Marketinginstrument.

6.1.2.2 Pre-Sales-Leistungen

In der direkt vor dem Kaufabschluss liegenden Angebotsphase können durch den AKD Dienstleistungen erbracht werden, die den Kunden bei seinem Kaufentschluss unterstützen und Bedingungen schaffen, die das Kaufen erleichtern (vgl. *Harms 1999, S. 37ff.*). Dazu gehören alle Dienstleistungen, die dem Kunden die Wahl erleichtern, ihn mit Informationen versorgen und das gesamte Umfeld kauffreundlich gestalten. Dies fängt an mit dem Kundenparkplatz, dem Spielparadies für die Kinder, der Cafeteria und geht über das Verteilen von Prospekten und Katalogen mit Sachinformationen bis hin zur persönlichen Beratung und der Lieferung von Mustern. Diese Leistungen werden sowohl für technische als auch nicht technische Produkte angeboten. Pre-Sales-Leistungen werden sowohl für den Geschäftskunden als auch den Privatkunden erbracht.

Bei technischen Produkten kann in der Angebotsphase zusätzlich der TKD tätig werden. Obwohl er seinen Aufgabenschwerpunkt in der After-Sales-Phase hat, wird er zunehmend bereits vor dem Verkauf eingesetzt. Der TKD betreut ausschließlich technische Produkte. In der vor dem Kauf liegenden Angebotsphase setzt das Serviceteam seine Erfahrungen und sein technisches Wissen ein, das ihm für seine Kernaufgaben in der Nutzungsphase zur Verfügung steht. Der Kunde und der Vertrieb werden unter dem Gesichtspunkt der Verkaufsunterstützung technisch beraten. Zur technischen Beratung und Betreuung vor dem Kauf gehören Serviceinformationen, der Besuch von Referenzkunden, die Vorführung und der Test von Geräten und Anlagen und die Einrichtung von Probeinstallationen. Es können Einbau- und Aufbaubedingungen überprüft und projektiert sowie Berechnungen, Layoutplanungen, Systemplanungen und jede Art von technischen Problemlösungen übernommen werden. Diese Aufgaben brauchen nicht zwingend kostenlos für den Kunden bzw. zu Lasten des Vertriebs erbracht werden, sondern sie können auch teilweise dem Kunden berechnet werden.

6.1.2.3 After-Sales-Leistungen

Im Zeitraum nach dem Kauf können, noch eng mit dem eigentlichen Kaufvorgang verbunden, Leistungen des **AKD** erbracht werden. Dies gilt sowohl für technische als auch nicht technische Güter. In der Auslieferungsphase stellt das Einpacken eines Produktes eine besondere Dienstleistung dar. Bei Textilien ist das Angebot einer Änderungsschneiderei häufig kaufentscheidend. Für viele Güter erwartet der Kunde einen Auslieferservice oder Zustelldienst, der inzwischen auch die Transportverpackung zurücknehmen muss. Zur Auslieferung des neuen Kraftfahrzeuges gehört häufig das Anmelden oder Ummelden bei der Zulassungsstelle, das Beschaffen und Anbringen der Nummernschilder sowie das Versichern des Wagens.

Bei Dienstleistungen fallen häufig die Ausliefer- und Nutzungsphase zusammen. Hier gibt es gängige Leistungen des AKD wie der Versicherungsschutz bei einer Kreditkarte, der Snack im Flugzeug, der Regenschirm im Mietauto, die Scheibenreinigung an der Tankstelle oder der Begrüßungssekt im Hotelzimmer.

Der Kreativität des einzelnen Unternehmens sind kaum Grenzen gesetzt, zusätzliche absatzfördernde allgemeine Kundendienstleistungen zu entwickeln und anzubieten, die überwiegend eine direkte Wirkung auf den Kauf und das Wiederholungskaufverhalten des Kunden haben. Die entstehenden Kosten müssen in der Kalkulation berücksichtigt werden und über Umsatzausweitung, zusätzliche Deckungsbeiträge und Sondererlöse gedeckt werden.

In der darauf folgenden Nutzungsphase eines Produktes, also in der Gewährleistungs- bzw. Garantiezeit und in der darauf folgenden Nachgarantiephase, sind allgemeine Kundendienstleistungen selten. Sie beschränken sich auf Umtausch- und Kulanzregelungen sowie auf Befragungen zur Kundenzufriedenheit und auf eine allgemeine Pflege des Kundenkontaktes. Im Gegensatz dazu ist der TKD in dieser Phase besonders aktiv tätig. Seine klassischen After-Sales-Leistungen werden im Mittelpunkt der folgenden Betrachtungen stehen.

Der **TKD** ist ausschließlich für technische Produkte zuständig. Es kann sich dabei um Investitionsgüter wie komplette Produktionsanlagen, Datenverarbeitungsanlagen, Funktelefone oder medizinisch-technische Geräte handeln. Bei den Gebrauchsgütern benötigen z. B. die Unterhaltungselektronik oder die Haushaltsgeräte technischen Service. Der TKD erbringt seine Kernleistungen in der Auslieferungs- und Nutzungsphase eines Produktes (*vgl. Meffert 1987, S. 94*). Letztere beginnt mit der Garantiezeit und mündet in die Nachgarantiephase. Diese wird erst mit dem Nutzungsende des Produktes, in den meisten Fällen erst nach mehreren Jahren abgeschlossen.

Zu den Kernleistungen des TKD nach dem Kauf gehören die Montage und der Aufstelldienst. Der Aufbau großer Anlagen im Bereich der Investitionsgüter wird als **Montage** bezeichnet (vgl. Abb. 2). Große Telefonvermittlungsanlagen, Datenverarbeitungssysteme, Produktionsanlagen, Fahrstühle, Radaranlagen, Abfüllanlagen, Lagertransportsysteme etc. werden teilweise vor Ort in Baustellenfertigung aus vorgefertigten Komponenten zusammengebaut. Neben dieser Vollendung des Herstellungsprozesses müssen derartige Anlagen eingebaut und installiert werden. Nach dem Abschluss der Montage werden die Inbetriebnahme, der Probelauf und die Einweisung der Anlagebetreiber durchgeführt.

Bei kleineren Anlagen und im Gerätebereich haben diese Arbeiten den Charakter eines **Aufstell- und Anschlussdienstes**. Beispiele sind die Montage einer Satellitenantenne oder das Anbringen eines Zeiterfassungsgerätes. Die genannten Montage- und Aufstellleistungen müssen vom Kunden bezahlt werden. In vielen Fällen werden sie jedoch vom Verkauf in Form von Komplettpreisen übernommen.

Der Aufstelldienst für kleinere Geräte und Anlagen beinhaltet bereits eine Inbetriebnahme (**IBN**), die aus einem Probelauf und einer Einweisung in die Bedienung und Benutzung besteht. Im Großgeräte- und Anlagensektor, überwiegend im Investitionsgüterbereich, ist die Inbetriebnahme ein umfassender Arbeitsschritt nach Abschluss der Montage. Nach einer zuvor erstellten Inbetriebnahmeanleitung werden in einzelnen Prüfschritten die verschiedenen Anlagenteile und die komplette Anlage durchgeprüft. Nach erfolgreichem Abschluss der notwendigen Einstellungen und Justagen können erste Probeläufe stattfinden und schrittweise ein Testbetrieb aufgenommen werden. Vor der Übergabe der

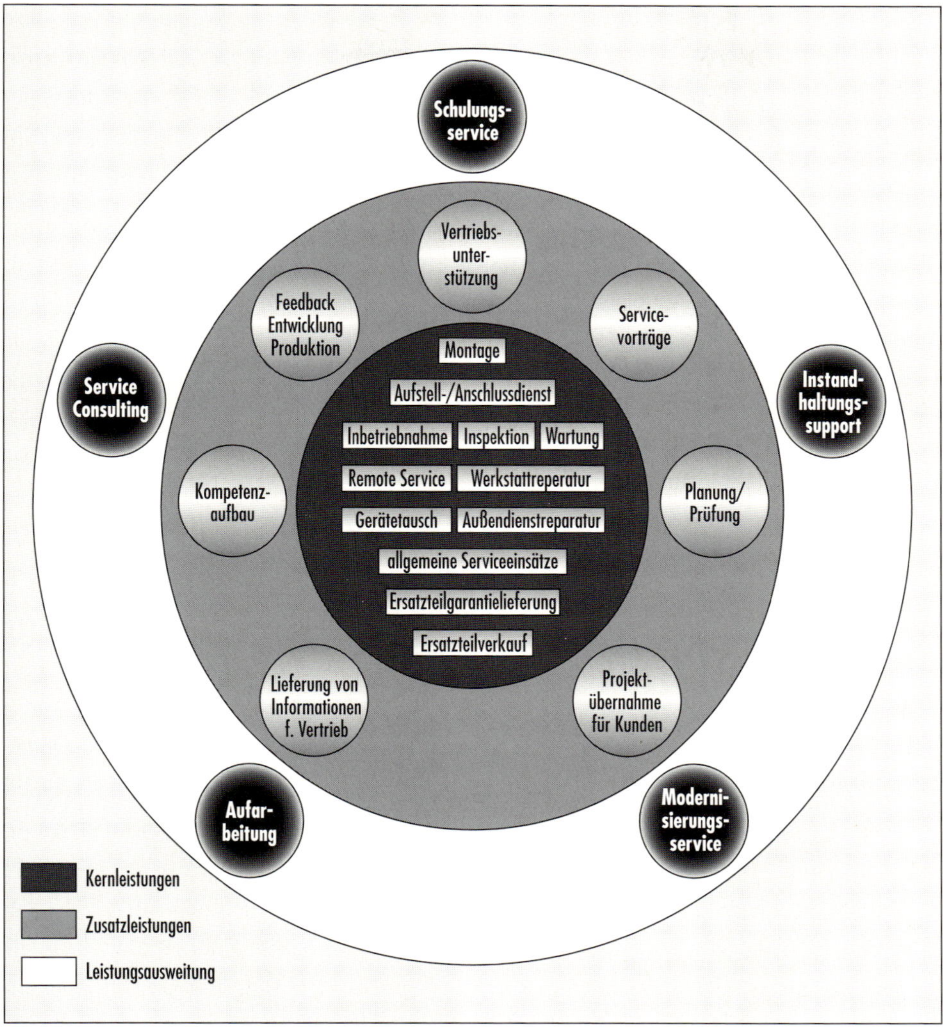

6.1 Abb. 2: *Serviceprodukte des TKD*

Anlage an den Kunden und damit der Aufnahme des Praxisbetriebes sind die Mitarbeiter des Kunden, die diese Anlage betreiben und nutzen, zu schulen und einzuweisen. Einschließlich der aus der Praxis kommenden Nutzungshinweise und Tipps sind dies klassische Aufgaben des TKD. Er betreut die Anlage in der nachfolgenden Garantiezeit und häufig auch in der anschließenden Nachgarantiephase. Auch wenn der Kunde seine Anlagen über seine betriebseigene Instandhaltungsabteilung betreut, bleibt der Kundendienst weiterhin der Ansprechpartner.

Während der gesamten Nutzungsdauer eines Gerätes oder einer Anlage fallen Servicearbeiten an, die im gewerblichen Bereich mit dem Begriff **Instandhaltung** bezeichnet werden. Sie werden vom TKD oder, bei gewerblichem Einsatz, von den Instandhaltungsabteilungen der Betriebe ausgeführt. Dies gilt sowohl für die Garantie- als auch für die Nachgarantiephase. Ein geringer Teil dieser Arbeiten wird im Rahmen der Gewährleistungsverpflichtungen und Garantiezusagen für den Kunden kostenlos erbracht. Der Begriff Instandhaltung umfasst als genormter Fachbegriff (DIN 31 051) die Inspektion, Wartung und Instandsetzung bzw. Reparatur, wobei noch zwischen einer geplanten und einer ungeplanten Reparatur unterschieden werden kann.

Bei der **Inspektion** wird der Zustand einer Anlage, eines Gerätes oder von Teilen desselben festgestellt und beurteilt, um Ausfällen oder Sicherheitsrisiken vorzubeugen (vgl. *VDI 1991, S. 154–157*). Das Ergebnis ist lediglich ein Prüfbericht bzw. Testat. Die **Wartung** enthält Arbeiten zur Erhaltung des Soll-Zustandes. Diese müssen in bestimmten Intervallen, also nach bestimmten Betriebszeiten, Laufleistungen oder Zeiten durchgeführt werden, um die vorgesehene Nutzbarkeit und Lebensdauer der Anlage oder des Gerätes zu erhalten. Neben den klassischen Wartungsarbeiten wie Schmieren, Reinigen und Nachfüllen wird zunehmend der Austausch bestimmter Teile und Baugruppen präventiv vorgenommen. Trotz eines technologischen Trends zu weniger Wartung gibt es moderne Geräte, die ohne regelmäßige Wartung nicht zuverlässig funktionieren würden. Dies betrifft beispielsweise Kopiergeräte, Laserdrucke und Heizungsanlagen sowie viele Anlagen, die gewerblich genutzt werden. Die Wartung bleibt daher auch zukünftig eine wichtige Aufgabe der Kundendienste. Die **Instandsetzung** oder **Reparatur** eines technischen Produktes ist primär eine Maßnahme zur Wiederherstellung des Soll-Zustandes. In zunehmendem Maße ist es möglich, durch den Austausch von Baugruppen, Veränderungen der Elektronik und Updating der Betriebssoftware Veränderungen in den Leistungsmerkmalen der Geräte und Anlagen vorzunehmen. Dies sind Zusatzleistungen, die über die eigentliche Reparatur hinausgehen. Der Zeitpunkt einer Instandsetzung ist teilweise planbar, z. B. nach Inspektionen. Ansonsten fallen Reparaturen schadensbedingt ungeplant an. Dies betrifft vor allem den großen Bereich der technischen Gebrauchsgüter in privaten Haushalten und im gewerblichen Bereich. Weder der Fehlerzeitpunkt noch die Fehlerart oder -ursache sind dann planbar. Diese Bedarfsinstandsetzung stellt besonders hohe fachliche und organisatorische Ansprüche an den TKD.

Für transportable Kleingeräte und bei allen Fällen, bei denen eine Reparatur direkt beim Kunden aus technischen oder wirtschaftlichen Gründen nicht sinnvoll ist, wird eine **Werkstattreparatur** durchgeführt. Großgeräte und Anlagen werden meistens als **Außendienstreparatur** beim Kunden erledigt. Der Kundenbesuch des Technikers macht eine aufwändige Ablauforganisation erforderlich. Ein solcher Service ist zwangsläufig kostenintensiv, wird in den meisten Fällen jedoch vom Kunden als positiv empfunden, weil er sich betreut fühlt und in den meisten Fällen direkt nach der Reparatur seine Anlage wieder nutzen kann. Die Lösung des Problems über einen **Remote Service** ist in den meisten Branchen eine noch junge Serviceform. Über geeignete Datenschnittstellen und Übertragungsmedien wird eine Ferndiagnose und Fernentstörung durchgeführt. Die Verbindung zwischen Kunde und TKD wird meist über spezielle Datenleitungen, Telefonleitungen oder Funk/Satellit hergestellt. Der betreuende Kundendienst kann sich über definierte Protokolle mit Einverständnis des Kunden in die Anlage einwählen und dort durch Diagnoseabfragen, Veränderung von Einstellungen, Einspielen von Updates etc. den Fehler beheben oder einen Notbetrieb bis zum Eintreffen eines Technikers ermöglichen. Die Entfernung zwischen der Kundenanlage und dem Technischen Kundendienst spielt in diesem Fall praktisch keine Rolle mehr. Remote Maintenance wird praktisch ausschließlich im B-to-B-Geschäft verwendet.

Bei Kleingeräten kann die Kundendienstleistung durch einen **Gerätetausch** erbracht werden. Dabei wird ein durchorganisiertes Tauschverfahren eingesetzt, bei dem der Kunde im Garantiefall grundsätzlich ein Neugerät, nach der Garantiezeit ein Tauschgerät erhält. Das defekte Gerät wird in einem festgelegten Verfahren (Transportlogistik) in eine Werkstatt transportiert und dort repariert. Bei Großgeräten oder Anlagen ist der Gerätetausch ein aufwändiges Verfahren, das sehr kostenintensiv und deshalb möglichst zu vermeiden ist.

Allgemeine Einsätze sind vom technischen Service durchzuführen, wenn der Kunde mit der Bedienung seines Gerätes Probleme hat. Da in diesen Fällen kein technischer Fehler vorliegt, wird häufig der irritierende Begriff „kaufmännischer Einsatz“ benutzt. Tatsächlich werden hier keine kaufmännischen Leistungen erbracht, sondern Bedienungshilfen, Einweisungen oder sogar Schulungen, die eindeutig zum Leistungsspektrum des Technischen Kundendienstes gehören. Da der Kunde ohne diese Dienstleistung sein technisches Gerät nicht oder nur teilweise nutzen kann, ist der Einsatz sogar dringend erforderlich und eilig. Er hat, so ist es bei einer kundenorientierten Marketingsicht zu sehen, den Nutzen des Gerätes gekauft, und nicht nur die Hard- und Software. Es ist für ihn eine notwendige Kaufbedingung, das Gerät bedienen zu können. Die allgemeinen Einsätze, vor allem in der Garantiezeit, haben in den letzten Jahren an Bedeutung und Umfang zugenommen. Die Gründe sind meistens durch die technologischen Veränderungen und die Vielfalt der Leistungsmerkmale eines Produktes bedingt. Auf Grund einer sehr hohen Produktqualität werden technische Fehler seltener und die allgemeinen Anwenderprobleme treten stärker in den Vordergrund. Die Bedienungseinsätze werden verstärkt gefordert und der gebotene Service wird umfassend in Anspruch genommen.

Eine **Ersatzteil-Garantie-Lieferung** ist eine Leistungsvariante in der Garantiezeit. Sie ist nicht bei gravierenden technischen Defekten möglich, da ein Eingriff ins Gerät dem privaten Kunden nicht zugemutet und aus Sicherheitsgründen nicht zugelassen werden kann. Möglich ist ein Garantieversand von Ersatzteilen bei einfachen Gehäuseteilen, z. B. bei schadhaften Bedienungselementen, die nur aufgesteckt werden müssen, Zierleisten, Abdeckhauben von Plattenspielern oder schadhaften Fernbedienungen. Eine Garantielieferung von Funktionsteilen ist möglich, falls sichergestellt ist, dass eine fachgerechte Reparatur durchge-führt wird. Dies kann vorausgesetzt werden, wenn ein Kunde das Gerät von einem anderen Servicebetrieb reparieren lässt oder selbst über eine qualifizierte Instandhaltungsabteilung verfügt. Er er-hält das Ersatzteil kostenfrei, muss allerdings alle übrigen Kosten selbst übernehmen.

Der **Ersatzteilverkauf** sowie der Verkauf von Verbrauchsmaterialien und Zubehör ist ein Kernbereich der Materialwirtschaft im Technischen Kundendienst. Zu den Aufgaben gehört neben der Versorgung der eigenen Techniker mit Ersatzteilen für Garantie- und Außergarantiereparaturen sowie der Ersatzteilgarantielieferung die Aufgabe, die Kunden bzw. die kundeneigenen Service- und Instandhaltungsabteilungen mit Ersatzteilen zu versorgen. Das Handelsgeschäft kann als eine geschlossene Geschäftsaktivität gesehen und organisiert werden und stellt damit eine interessante Zusatzaktivität dar. Eine Ausweitung der Geschäftstätigkeit ist die Aufnahme allgemeiner Teile in den Ersatzteilverkauf, die keine Verbindung zu den betreuten Geräten und Anlagen haben. Dies ist mit „kundendienstnahen" Sortimenten möglich, von denen der Kunde erwartet, sie bei einem Technischen Kundendienst kaufen zu können. Vielleicht übernimmt dieser auch als Spezialistenaufgabe den Beschaffungsservice für Teile, die im Handel nur schwer zu beziehen sind. Dieser zusätzliche Geschäftszweig kann durch eine gezielte Sortiments-, Absatz- und Umsatzausweitung über das an die Reparatur gebundene Geschäft hinaus weiterentwickelt werden und sogar in einer eigenen Organisation als Profitcenter betrieben werden.

Leistungen des TKD, die nicht zu den Kernaufgaben gehören, werden als **Zusatzleistungen** definiert. Auch wenn die Kernaufgaben des TKD in der Auslieferungs- und Nutzungsphase, damit also in der After-Sales-Phase, liegen, wird sein Leistungspotenzial im steigenden Maße in dem zeitlich vor dem Kauf liegenden Zeitraum genutzt. Dies gilt nicht nur für die Pre-Sales-Phase mit der Verkaufsberatung und -vorbereitung, sondern insbesondere für die Entwicklungsphase und teilweise Produktionsphase, in der häufig der spätere Kunde noch nicht namentlich bekannt ist (anonyme Produktion).

Der TKD ist ein wichtiger **Lieferant von Informationen**. Er sichert den **Kompetenzaufbau** für neue Produkte ab, indem einzelne Mitar-beiter über einen längeren Zeitraum in der Entwicklung und Fertigung mitarbeiten, und das Wissen danach bei internen

Schulungen im „Schneeballsystem" weitergeben. Es können auch **Teilverantwortungen im Projekt** übernommen werden. In der Zeit der laufenden Fertigung gibt die Serviceorganisation **Feedback** von der Anlieferungsqualität und von dem Verhalten der Produkte im Feld. In der Angebotsphase leistet der TKD **Vertriebsunterstützung**. In das Vorfeld des Verkaufs größerer Anlagen und Systeme fallen auch **Planungs- und Prüfaufgaben**.

Häufig als kaufmännische Dienstleistung des TKD wird der Verkauf von **Serviceverträgen** bezeichnet, soweit dies nicht durch die Verkaufsabteilung des Herstellers bzw. durch den Händler wahrgenommen wird. Der TKD ist in jedem Falle auch zuständig für die Erfüllung der Verträge. Der Kunde ist an den jeweiligen Servicebetrieb gebunden. Er hat keine Wahlmöglichkeit, wer die Arbeiten durchführen soll. Im Servicevertrag kann das komplette Leistungsspektrum eines Kundendienstunternehmens angeboten wer-den. Daraus ergeben sich unterschiedliche Arten von Serviceverträgen (vgl. Abb. 3): der Inspektionsvertrag, der Wartungsvertrag, der Instandhaltungsvertrag, der Full-Service-Vertrag und der Betreibervertrag.

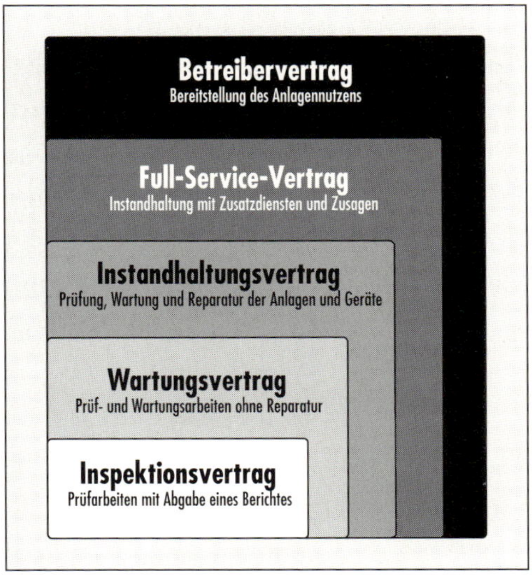

6.1 Abb. 3: *Serviceverträge im TKD*

Der Wartungsvertrag schließt die Inspektionsleistung mit ein und enthält zusätzlich genau definierte Wartungsarbeiten. Im Instandhaltungsvertrag wird die Leistung auf die Reparatur der Anlagen und Geräte ausgedehnt, teilweise mit Sonderabsprachen zu den benötigten Ersatzteilen. Der Full-Service-Vertrag schließt alle Instandhaltungsleistungen ein, verbunden mit besonderen Zusagen zur Einsatzbereitschaft (24-Stunden-Service) und zur Verfügbarkeit der Anlagen. Der Betreibervertrag ist noch sehr selten, wobei der TKD alle Serviceleistungen nach eigenem Ermessen durchführt und gleichzeitig die Anlage vor Ort betreibt. Er stellt dem Kunden die permanente Nutzbarkeit der Anlage zur Verfügung. Die Ansprüche an die Serviceorganisation sind extrem hoch.

Darüber hinaus können noch Zusatzleistungen wie das **Updating** der Betriebssoftware oder das **Upgrading** der Anlagen auf den neuesten technologischen Stand enthalten sein.

Generell herrscht hier Vertragsfreiheit. Immer häufiger werden kundenspezifische Verträge über einen individuellen Leistungsumfang geschlossen, die auch in vorhandene Vertragstypen eingebunden werden können.

In **Supportverträgen** können beispielsweise Unterstützungsleistungen eines Herstellerkundendienstes für den Anwender geregelt sein. Serviceverträge werden überwiegend im gewerblichen Bereich des Investitionsgüterservices, also im B-to-B-Markt, eingesetzt. Serviceverträge stellen für den Kunden und den TKD ein interessantes Leistungsangebot dar, das breite Gestaltungsspielräume bietet. Praktische Hinweise, Checklisten und Verkaufsstrategien können der einschlägigen Literatur entnommen werden (vgl. z. B. *Lenfers 1992; Weber/Fiedler 1991, S. 174–195*).

Über die Kern- und Zusatzleistungen hinaus werden inzwischen von vielen Kundendiensten zusätzliche Leistungsausweitungen gegen Berechnung angeboten, die sich weit von dem ursprünglichen Leistungsspektrum entfernen. Dem Marketinggedanken folgend, dass der Kunde einen möglichst hohen Nutzen kaufen möchte, erweitern diese Leistungen den Nutzen des Produktes oder verbessern oder erleichtern die Nutzbarkeit. Zu den nutzenerhöhenden Leistungen gehören der **Modernisierungsservice**, der **Instandhaltungssupport** im B-to-B-Geschäft, das Projektmanagement für **Serviceprojekte** des Kunden bzw. das **Serviceconsulting** für unterschiedliche Planungsvorhaben des Kunden. Im **Prozessservice** werden neben den Anlagen und Geräten komplette Produktions- oder Dienstleistungsprozesse betreut. Die **Aufarbeitung (Refurbishment)** wird im Gerätebereich benutzt, um einen schnellen Tauschservice für Kleingeräte realisieren zu können. Es können auch Geräte zweiter Wahl entstehen, die über besondere Absatzkanäle vermarktet werden können. Der **Schulungsservice für Kunden** nutzt die vorhandenen Schulungs- und Trainingsressourcen des Kundendienstes.

Ergänzend sei darauf hingewiesen, dass eine Unterscheidung der Serviceleistungen des TKD auch nach Garantie- und Außergarantieleistungen vorgenommen werden kann. Die *Garantieleistungen* stehen im engen Zusammenhang mit der Gewährleistung. Im Rahmen der gesetzlichen **Gewährleistung** haftet der Verkäufer für den ordnungsgemäßen Zustand und die Funktion des technischen Produktes. In der Praxis erhält der Kunde eine Garantiezusage, welche die Gewährleistung einschließt und zusätzliche Leistungen beinhaltet. Die Kosten für diese Leistungen übernimmt der Hersteller des Produktes oder der Händler.

Allerdings sind nicht automatisch alle Leistungen in der Garantiezeit für den Kunden kostenlos. Kostenpflichtig sind alle Reparaturen von Fehlern, die durch den Kunden bzw. durch eine normale Abnutzung verursacht werden. Dazu gehören ebenfalls Anpassungsmaßnahmen und Veränderungen, die auf Grund besonderer Betriebsbedingungen beim Kunden erforderlich sind, normaler Verschleiß und die gemäß Betriebsanleitung vorgeschriebenen Inspektionen und Wartungen.

Die **Außergarantiesituation**, in welcher der Kunde keinen Garantieanspruch mehr hat, kann als Nachgarantiephase bezeichnet werden. In diesem Zeitraum, der bis zum Nutzungsende des Produktes reicht, entscheidet der Kunde selbst, zu welchem Zeitpunkt und in welchem Umfang er ein Serviceunternehmen in Anspruch nimmt. Dies gilt allerdings auch für alle kostenpflichtigen Kundendienstleistungen, die innerhalb oder vor der Garantiezeit auftreten. Sie sollen deshalb durch den breiteren Begriff Außergarantieleistungen mit erfasst werden. Im Außergarantiebereich werden vom TKD prinzipiell die gleichen Leistungen wie in der Garantiezeit angeboten, allerdings gegen Berechnung. Im Mittelpunkt stehen vor allem die Kernleistungen Inspektion, Wartung und Reparatur, die auch unter dem Begriff Instandhaltung zusammengefasst werden können.

Die Garantiezusage kann prinzipiell vom Händler oder Hersteller kommen. Hier gibt es Branchenunterschiede. Im Konsumgütersektor, z. B. bei Geräten der Unterhaltungselektronik, übernimmt häufig der Händlerkundendienst des Fachhändlers, des Kauf- oder Versandhauses, d. h. der Absatzmittler zwischen Hersteller und Kunden, den Service und damit die Erfüllung der Garantiezusage. Er setzt dafür seinen eigenen TKD ein oder beauftragt eine Serviceorganisation seiner Wahl, welche die Rolle des Händlerkundendienstes übernimmt. Da auch sein

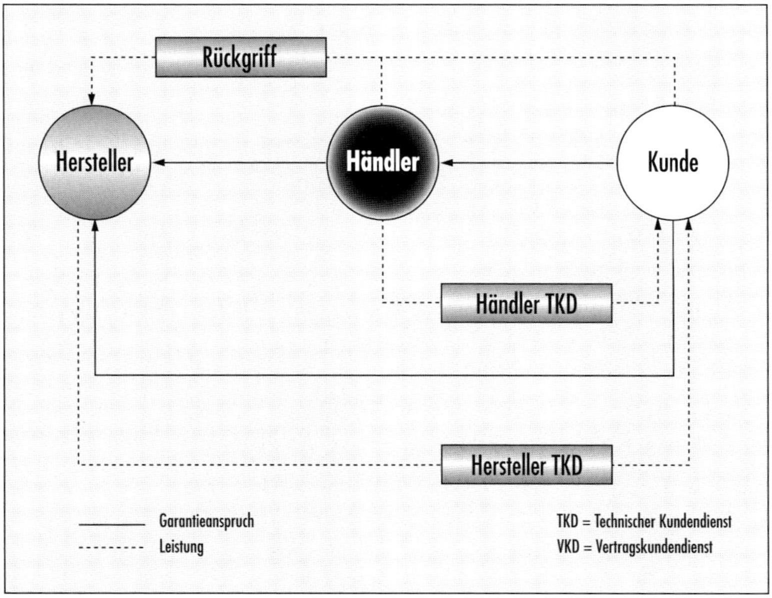

6.1 Abb. 4: *Kundendienstbeziehungen Hersteller – Händler – Kunde*

Lieferant bzw. der Hersteller eine Gewährleistungspflicht gegenüber dem Handel hat, kann sich der Händler seinen Aufwand für die Garantiearbeiten ganz oder teilweise ersetzen lassen. Dies kann durch eine pauschale Abgeltung geschehen, die als Garantieablösung bezeichnet wird. Sie wird als ein Prozentsatz vom Händler-Einkaufspreis berechnet (z. B. 1,5 %) und von diesem abgezogen. Häufig geht dieser Wert jedoch in den Einkaufskonditionen unter, wird also nicht getrennt ausgewiesen (vgl. auch Abb. 4).

Bei bestimmten Produktgruppen, z. B. den Elektro-Haushaltsgeräten (weiße Ware) oder Elektro-Kleingeräten, zu einem Teil auch bei der Unterhaltungselektronik und Kommunikationstechnik, übernimmt nicht der Händler, sondern der Herstellerkundendienst die Garantiearbeiten. Dies gilt auch für viele Geräte, Anlagen und Maschinen, die gewerblich eingesetzt werden, auch wenn sie über Händler verkauft werden. Beim Direktvertrieb der Hersteller ist die eigene Übernahme der Serviceaufgabe fast eine Selbstverständlichkeit. Sie wird häufig sogar zu einem eigenständigen Geschäftsfeld. Im Rahmen des vereinten Europas weiten viele Herstellerkundendienste ihre Dienstleistung für ihre immer mobileren Käufer auf andere Länder aus. Sie bieten eine „Europagarantie“ oder eine internationale Garantie an.

6.1.3 Servicekonzept

6.1.3.1 Marketinginstrument Technischer Kundendienst

Es ist unbestritten, dass der TKD beim Absatz technischer Güter immer mehr zu einem wichtigen Marketinginstrument geworden ist. So steht die Servicepolitik gleichrangig neben den klassischen Bausteinen der Produktpolitik, der Kontrahierungspolitik, der Kommunikationspolitik und der Distributionspolitik als absatzpolitisches Instrument für technische Produkte (vgl. Abb. 5, vgl. *Töpfer 1992, S. 14 ff.*).

Die Marketingbausteine sind abhängig voneinander und müssen für ein bestimmtes Produkt individuell kombiniert werden. Sie können in einer Konkurrenzbeziehung zueinander stehen oder sich gegenseitig ergänzen und verstärken. Die Marketingbausteine getrennt darzustellen ist letztlich nur ein Trick, um sie besser begreifbar zu machen. In Wirklichkeit sind sie über unterschiedliche Abhängigkeiten miteinander verknüpft. Man kann Interdependenzen, Synergieeffekte, Spill-Over-Effekte und Carry-Over-Effekte unterscheiden (vgl. *Töpfer 1992, S. 17*).

Obwohl die **Servicepolitik** zwingend beim Absatz technischer Produkte einzusetzen ist, sind der Umfang und die Ausprägung doch sehr unterschiedlich. Für ein einfaches Gebrauchsgut, das zu einem niedrigen Preis über den Ladentisch verkauft wird, wie beispielsweise eine einfache

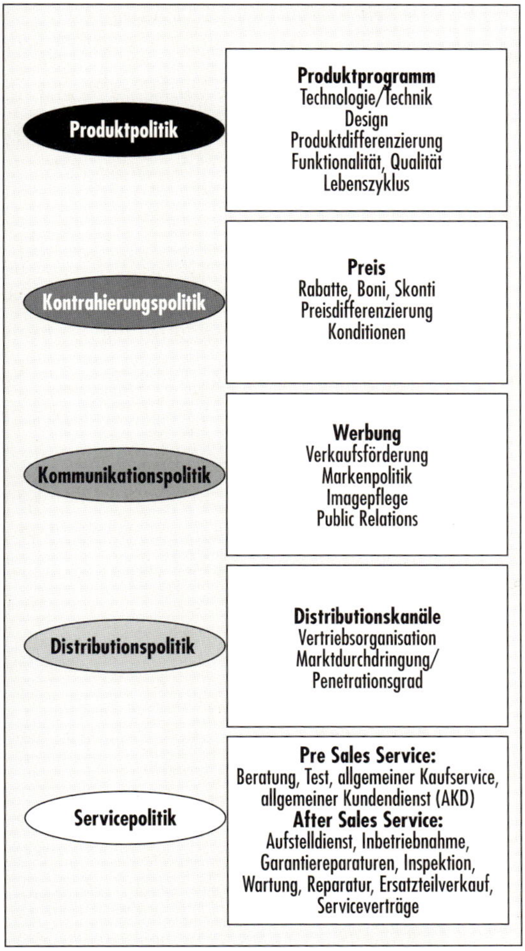

6.1 Abb. 5: *Marketinginstrumente für technische Güter*

Heimwerkerbohrmaschine, kann nur eine Basisleistung im Service erbracht werden, z.B. eine Garantiereparatur oder ein Garantietausch. Wesentlich umfangreicher ist die Servicepolitik für kundenbezogen erstellte Betriebsmittel, die in einen Produktionsprozess eingebunden sind. Hier sind vor dem Kaufabschluss bereits Beratungsleistungen und nach der Inbetriebnahme über die ganze Nutzungsdauer hinweg umfassende Leistungen zu erbringen.

Der technische Service kann in Verbindung mit den übrigen Marketinginstrumenten den Verkaufs- und Geschäftserfolg nachhaltig unterstützen und absichern. Insbesondere wenn die Produkte und ihre Leistungsmerkmale immer ähnlicher und die Preisspielräume immer enger werden, kann ein guter technischer Service den Ausschlag bei der Kaufentscheidung geben. Serviceleistungen, die für den Kunden einen hohen Nutzen beim Betrieb der Anlagen und Geräte ergeben, verbunden mit einem hohen Servicegrad, können zu einer deutlichen Differenzierung vom Wettbewerb führen. Gleichzeitig können eine hohe Kundenbindung und ein guter Deckungsbeitrag aus dem Servicegeschäft erzielt werden.

6.1.3.2 Servicekonzept für den Technischen Kundendienst

Das Servicekonzept eines TKD besteht aus zwei Elementen: dem Marketingkonzept und dem operativen Konzept. Das Marketingkonzept basiert auf den Visionen und Strategien zum Einsatz des Services, die wiederum über das Zusammenspiel der einzelnen Marketingbausteine konkretisiert werden. Die klassischen vier Marketinginstrumente (Produktpolitik, Kontrahierungspolitik, Kommunikationspolitik, Distributionspolitik) werden um zwei weitere Bausteine ergänzt: das Konzept für das Servicepersonal und der Service im Service.

Das **Service-Leistungspaket** enthält die Serviceprodukte, die dem Kunden angeboten und individuell realisiert werden.

Die **Servicekonditionen** enthalten alle vertraglichen Vereinbarungen mit dem Kunden, insbesondere die Preise (Preispolitik) (vgl. *Biermann 1999, S. 116ff.*).

In der **Servicedistribution** werden die Absatzkanäle für den TKD, also die Kundengruppen und Einzelkunden und die Vertriebsorganisation festgelegt.

Die **Servicekommunikation** stellt die Verbindung zum Kunden, zu den Auftraggebern und den Lieferanten her. Die Darstellung nach innen und außen (z. B. Werbung) gehört dazu (zur Kommunikationspolitik von Dienstleistungen vgl. *Bruhn 1998, S. 583ff.*).

Im **Konzept für das Servicepersonal** (Personalkonzept) wird der Tatsache Rechnung getragen, dass die Leistung im TKD mitarbeiterbasiert ist, also 70%–80% der Wertschöpfung von Mitarbeitern erbracht wird.

Der **Service im Service** beschreibt die besonderen Serviceleistungen, welche die Dienstleistungen eines TKD auszeichnen und ihn unverwechselbar machen. Es ist das „Sahnehäubchen" auf dem Service, das streng genommen in das Service-Leistungs-Paket gehört, dort aber erfahrungsgemäß untergeht, wie z. B. das Leihgerät bei der Fernseherreparatur.

Im **operativen Konzept** geht es um die Umsetzung der im Marketingkonzept festgelegten Leistungen. Erst die professionelle Ausgestaltung der Serviceorganisation führt zu dem angestrebten Erfolg. Eine große Abhängigkeit der Umsetzung ergibt sich durch den **Servicetyp** des jeweiligen Kundendienstes. Allgemeine Einflussgrößen wie die betreuten Produkte und Technologien, Betriebs- und Einsatzbedingungen sowie Kunden- und Benutzerprofile spielen hier eine Rolle. Die Größe des Produktes (Kleingeräteservice, Anlagenservice), der Träger der Serviceorganisation (Hersteller-, Händlerkundendienst) sowie die Realisierung mit eigenen Mitarbeitern oder Subunternehmern beeinflussen das operative Konzept entscheidend. Die Gestaltung der **Prozessketten** entscheidet darüber, in welcher Qualität, wie zuverlässig, kundenfreundlich und rationell die Serviceprodukte erstellt werden. Die Planungs- und Kontrollsysteme sowie die Informations- und Kommunikationsverarbeitung beeinflussen die Ergebnisse gravierend. Die Abläufe in den Prozessketten werden unterstützt durch passende **Servicefunktionen** in der Aufbauorganisation. Dazu gehören die sachgerechte Unterstellung der Serviceorganisation im Unternehmen, das Organigramm und die Aufteilung in sinnvolle Funktionsbereiche.

6.1.3.3 Besonderheiten der Dienstleistung Kundendienst

Die Leistungen des TKD sind immaterielle Güter, die unter Beteiligung des Kunden in enger Kopplung von Herstellprozess und Absatz überwiegend von Mitarbeitern erbracht werden. Damit unterscheidet sich die Erstellung von Kundendienstleistungen deutlich von der Herstellung von Sachgütern. Werden diese Besonderheiten nicht erkannt und bei der Leistungserstellung berücksichtigt, entstehen Serviceprobleme, die von den Kunden reklamiert und den Medien immer wieder angeprangert werden. Die folgenden vier Basismerkmale sind zu beachten:

1. Beteiligung des Kunden
Der Kunde und ggf. ein Kundenobjekt (z. B. sein Gerät) werden als so genannte externe Faktoren am Dienstleistungsprozess beteiligt (vgl. Pepels 1998, S. 67). Es besteht ein synchroner Kontakt zwischen Kundendienst und Kunden. Die Leistung ist kundenindividuell. Zusätzlich ist die **„line of visibility“** zu beachten, die den für den Kunden sichtbaren oder unsichtbaren Bereich der Leistungserstellung voneinander trennt.

2. Immaterialität
Die Leistung ist nicht anfassbar (vgl. *Maleri 1994, S. 79 ff.*). Daraus ergibt sich u. a. ein Leistungs-Preis-Problem, weil der Wert der Leistung nicht erkennbar oder direkt messbar ist. In der Akquisitionsphase besteht das Produkt nur aus einem **Leistungsversprechen**.

3. Uno-actu-Prinzip
Die Kopplung von Produktion und Absatz wird als Uno-actu-Prinzip bezeichnet. Die Leistung geht unmittelbar an den Nachfrager bzw. Kunden. Das Dienstleistungsprodukt hat Prozescharakter, d. h. der Prozess ist bereits das Produkt. Die Leistung ist nicht transportierbar, nicht auf Vorrat produzierbar und nicht lagerfähig. Es kann nicht ein fertiges Produkt, sondern nur eine Leistungsbereitschaft vorgehalten werden.

4. Mitarbeiterdominanz
Die menschliche Arbeitskraft dominiert. Sie ist der vorherrschende Produktionsfaktor. Eine Serviceorientierung ist nur über eine umfassende Mitarbeiterorientierung möglich. Serviceleistung ist Mitarbeiterleistung.

6.1.3.4 Servicestrukturen und Serviceagenten

Ähnlich wie bei der Produktion von Sachgütern und bei anderen Dienstleistungen wird bei der Leistungserstellung im Kundendienst zunehmend auf Spezialisten zurückgegriffen. Die Leistungskette wird nicht mehr vollständig von der eigenen Organisation erbracht, sondern Teilleistungen werden an andere Dienstleister ausgelagert. Es kommen vermehrt Outsourcingstrategien zum Tragen, die davon ausgehen, dass Kernleistungen selbst erbracht und Randleistungen an andere Spezialunternehmen vergeben werden können. Dabei ist die Kernkompetenz teilweise nur noch ein sehr enger Bereich. Typische Beispiele sind die Vergabe von Werbemaßnahmen an Werbeagenturen, der Transport von Ersatzteilen durch Paketdienste, die Annahme von Kundenreklamationen durch Call-Center und die Erstellung von Servicemanuals durch Unterlagendienste. Entlang der Prozesskette entstehen neue gestalterische Aufgaben, da die Teilleistungen über definierte und kontrollierte Schnittstellen nahtlos eingefügt werden müssen, ohne dass der Kunde etwas davon merkt oder sogar Einbußen an Leistung oder Servicegrad hinnehmen muss.

Die konsequente Fortsetzung derartiger Strategien führt dazu, dass der Servicebetreiber keine eigene operative Organisation mit eigenen Mitarbeitern unterhält, sondern als Serviceagent auftritt. Er kauft von den Anbietern im Markt (Leistungsagenten) einzelne Serviceleistungen ein und kombiniert diese zu den Serviceprodukten, die er anbieten möchte. Sofern diese zusammengesetzte Leistung durch eine gute Informations- und Kommunikationsverarbeitung (z. B. Vernetzung über Internet) unterstützt wird, kann sie als ein Leistungspaket von Spezialisten eine hohe Servicequalität erreichen und dabei sogar kostengünstig sein. Letztlich entsteht ein virtuelles Serviceunternehmen, das seine Leistungen in einem Verbund unabhängiger Unternehmen erbringt (vgl. *Bullinger 1999, S. 90*).

6.1.4 Organisation des Technischen Kundendienstes

6.1.4.1 Dienstleistungsnetz

Um einen flächendeckenden Service in Deutschland, Europa oder weltweit anbieten zu können, wird ein Dienstleistungsnetz benötigt, das im Allgemeinen eine Zentrale, regionale Untergliederungen und Kundendienstniederlassungen (Kundendienstcenter und -stützpunkte) vorsieht. Der organisatorische Kern eines Technischen Kundendienstes mit einer Außendienstorganisation ist die Servicezentrale.

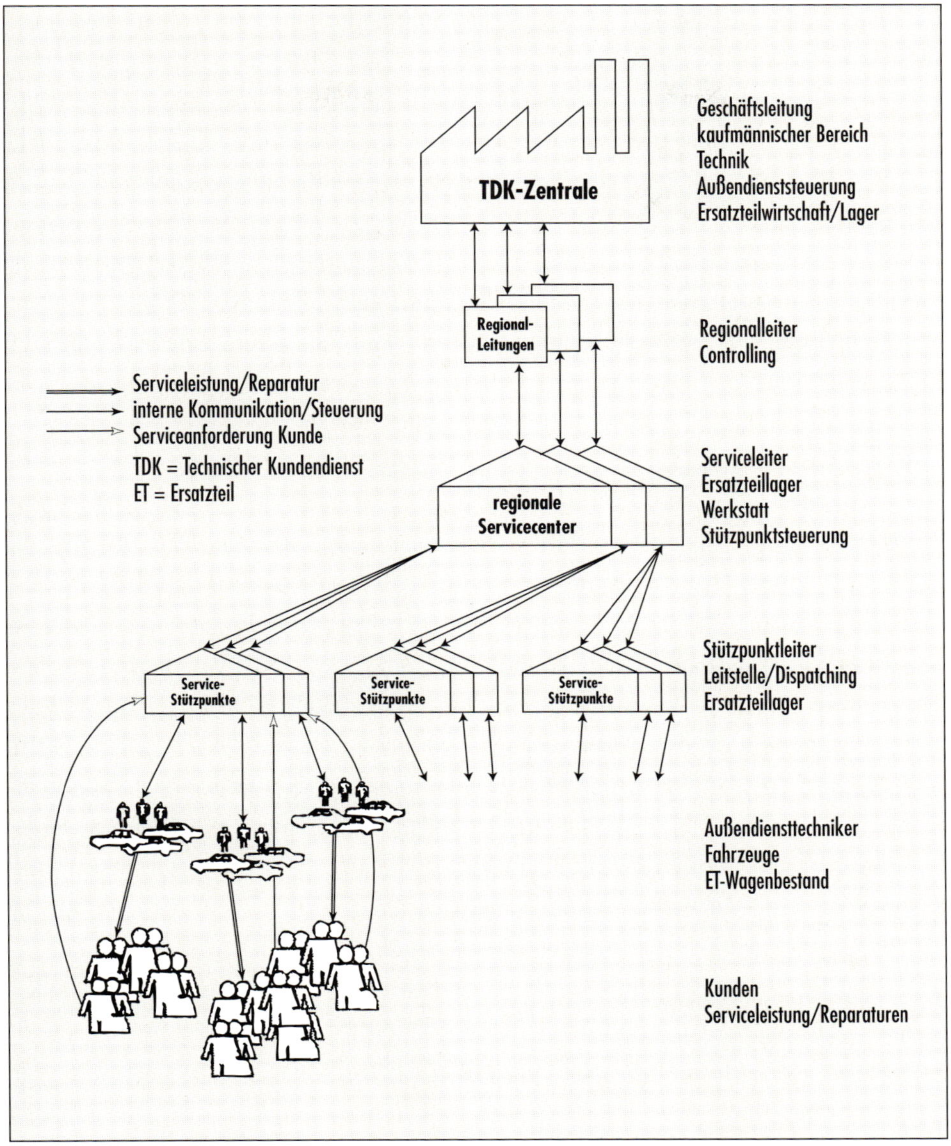

6.1 Abb. 6: ***Dienstleistungsnetz***

Die Kundendienstzentrale stellt bestimmte Dienstleistungen wie Ersatzteilversorgung und Administration zur Verfügung und nimmt die zentralen Steuerungsaufgaben für das Außendienstnetz war. Es findet eine Aufgabenteilung zwischen der Zentrale, den steuernden Regionalleitern, den regionalen Kundendienstcentern, den daran angeschlossenen Stützpunkten und den Außendienst-Fahr-Technikern statt. Eine solche hierarchisch in mehrere Ebenen gegliederte, klassische Serviceorganisation ist in Abb. 6 dargestellt. Bei einer derartig umfangreichen Organisation werden in den dezentralen Kundendienstcentern in dem zugehörigen Kundendienstgebiet koordinierende, zusammenfassende und steuernde Aufgaben sowie Führungsverantwortung wahrgenommen. Das Kundendienstcenter einer Kundendienstregion hat eine gewisse, genau zu definierende Selbstständigkeit gegenüber den Kunden und Mitarbeitern und damit teilweise den Status einer eigenen Kundendienstorganisation. Neben den Serviceleistungen für den Kunden können in einem Center auch Teilaufgaben in der Personalarbeit, Buchhaltung, Ersatzteilversorgung und bei der Akquisition von Kundendienstaufträgen durchgeführt werden.

6.1.4.2 Leistungsprozesse im Kundendienst

Die Leistungserstellung im Kundendienst lässt sich durch einzelne Teilprozesse darstellen, die miteinander vernetzt sind (zu Geschäftsprozessen im Service vgl. *Kallenberg 1999, 169 ff.*). Einzelne Teilprozesse sind beispielsweise die Auftragsannahme, die Prüfung und Qualifizierung eines Auftrages, der Werkstattablauf, der Außendienstablauf sowie Einlagerungs- und Auslagerungsvorgänge im Ersatzteillager. Die Prozesse lassen sich besonders gut mit Ablaufdiagrammen (Flow-Charts) darstellen. Der Detaillierungsgrad eines Ablaufdiagramms kann von sehr grob bis sehr fein variiert werden. Ein grober Ablauf eines Außendiensteinsatzes ist als Beispiel in Abb. 7 dargestellt. Werden die anderen möglichen Auftragsarten weggelassen, so beginnt der Grobablauf mit dem Anruf des Kunden und der anschließenden Abfrage der Kundendaten, der Gerätedaten sowie der Problemabfrage. Sofern der Fall durch eine telefonische Klärung, unter Umständen auch unter Zuhilfenahme der Datenkommunikation, gelöst werden kann (Remotelösung), wird der Auftrag mit dem Reporting abgeschlossen. Ist eine Remotelösung nicht möglich, muss über die Tourenplanung ein Außendiensteinsatz beim Kunden durchgeführt werden. Kann das Problem gelöst werden, wird der Auftrag abgeschlossen. Kann das Problem nicht gelöst werden, muss die Reparatur wiederholt werden, was durch eine Schleife im Ablaufdiagramm festgehalten wird.

6.1.4.3 Servicefunktionen

Die detaillierte Gestaltung aller Prozessketten im TKD stellt sicher, dass die Serviceprodukte kundengerecht und wirtschaftlich erbracht werden können. Unterstützt wird diese Ablauforganisation durch eine passende Aufbauorganisation, in der für bestimmte Aufgaben bzw. Teile

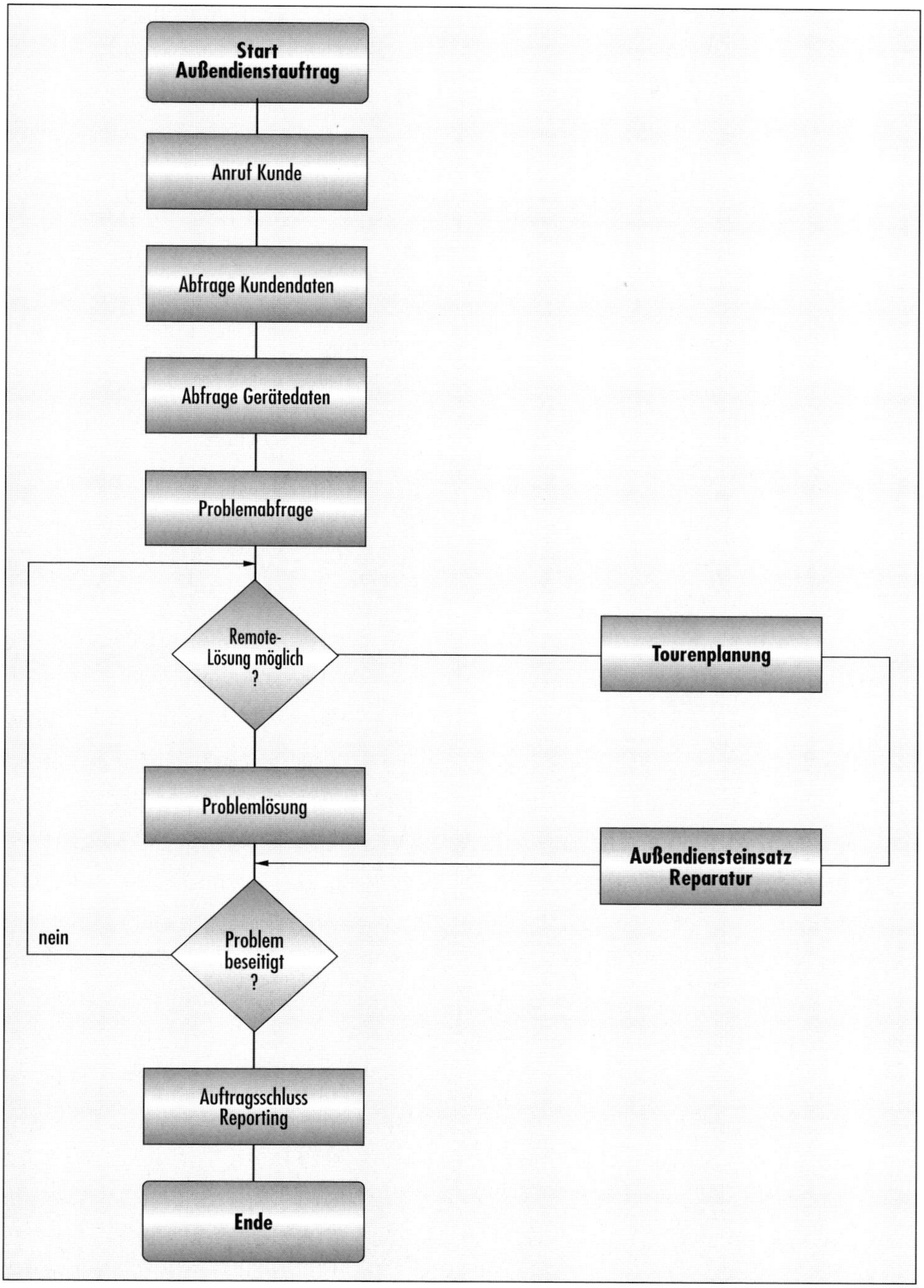

6.1 Abb. 7: *Grobablauf Außendienstauftrag*

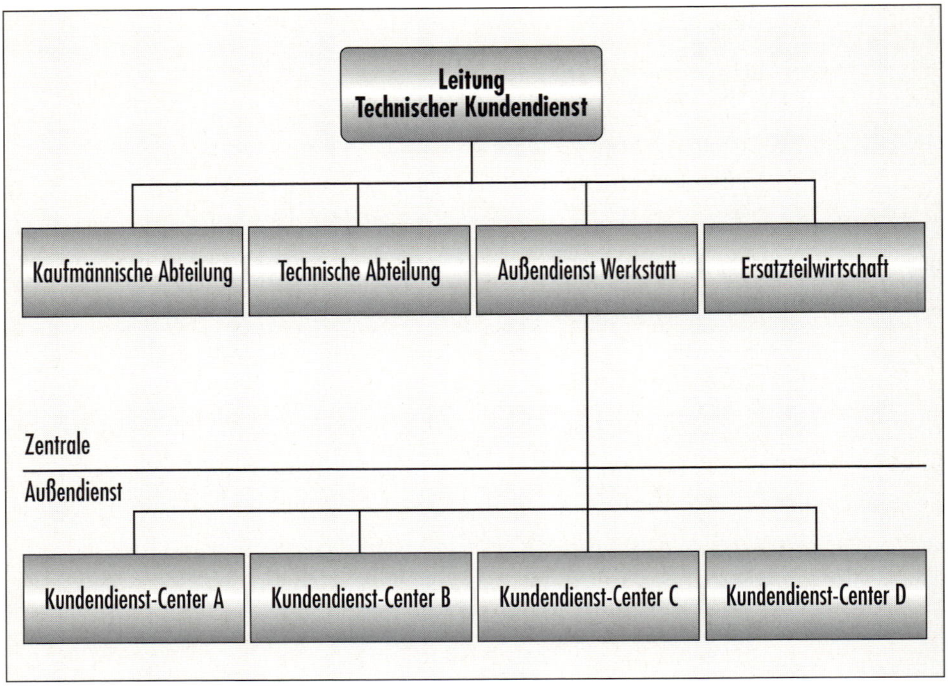

6.1 Abb. 8: *Organigramm TKD*

von Leistungsketten Funktionen gebildet werden. Diese leiten sich aus der Aufgabenstellung und den Rahmenbedingungen ab, die durch das Produkt, die Kunden, die Produktnutzung sowie die eigenen Vorstellungen geprägt werden. Es muss über kleine und kleinste Funktionsbausteine, aber auch über große Makrofunktionen (z. B. komplette Ersatzteillogistik) nachgedacht werden. Die gestalterischen Freiheitsgrade sind groß. Eine Übersicht mit allen Abhängigkeiten und hierarchischen Gliederungen der Funktionen zeigt die Aufbauorganisation, die sich in einem Organigramm darstellen lässt.

Anhand des Organigramms eines mittelständischen TKD sollen die üblichen Kundendienstfunktionen erklärt werden (vgl. Abb. 8). Neben der Zentrale verfügt es über eine flächendeckende Außendienstorganisation und eine Zentralwerkstatt.

In der Zentrale ist die Geschäftsführung des TKD bzw. die Kundendienstleitung angesiedelt, der die technischen und kaufmännischen Bereiche direkt unterstehen. Dazu gehört die kaufmännische Abteilung mit den Basisfunktionen Finanzwesen/ Buchhaltung sowie die betriebswirtschaftliche Planung und Steuerung. Einen besonders hohen Stellenwert hat das Personalwesen, da der TKD eine personalintensive Dienstleistung ist. Neben der administrativen

Abwicklung der Aufträge gehören allgemeine Dienste sowie die Betreuung der Informationsverarbeitung (EDV) zu diesem Bereich. Sofern sich dieser Kundendienst auf dem freien Markt betätigt, benötigt er auch eine kleine Vertriebsfunktion, welche die Dienstleistung vermarktet und neue Auftraggeber und Kunden akquiriert.

Ein wichtiger Zentralbereich einer Serviceorganisation ist der Technikbereich, der das „technische Gewissen“ des Kundendienstes darstellt. Zu den Aufgaben gehören die Servicevorbereitung, die technische Hotline und die Schulung. Hier ist das Top-Know-how zu den Technologien und Produkten angesiedelt. Auch das Qualitätsmanagement (Qualitätsbeauftragter) kann in diesem Bereich angesiedelt sein.

Eine mitarbeiterintensive operative Funktion ist die Außendienst- und Werkstattleitung. Über diese zentrale Funktion werden alle dezentralen Kundendienstcenter, an welche die Außendiensttechniker angebunden sind, und die Zentralwerkstatt gesteuert. In den Kundendienstcentern werden Leitstellen unterhalten, welche die Kundenanrufe und -aufträge annehmen und den Einsatz der Techniker organisieren und kontrollieren. Teilweise wird aber auch mit einem zentralen Call-Center gearbeitet.

Eine klassische zentrale Kundendienstfunktion ist die Materialwirtschaft, welche die Techniker und Kunden mit Ersatzteilen versorgt. Sie verfügt über die typischen Aufgabenbereiche Planung/Disposition, Einkauf, Ersatzteilversorgung und -verkauf (Belieferung der Techniker, Kundenanforderungen) sowie Verpackung und Versand.

6.1.5 Ausblick

Der After-Sales-Service gehört zu den Dienstleistungen, die sich in den letzten 30 Jahren permanent weiterentwickelt haben. Er hat einen Entwicklungsprozess von der technischen Reparaturabteilung zu einem selbstständig und aktiv agierenden Dienstleister durchgemacht. Der Entwicklungsprozess ist noch nicht zu Ende.

Neue Produkte in neuen Technologien werden zu einer Verringerung der traditionellen Serviceaufgaben, z. B. zu weniger Wartung und weniger Reparaturen, führen. Trotzdem müssen diese Basisdienstleistungen in erstklassiger Qualität mit einem hohen Servicegrad (kundenfreundlich, zeitgerecht) erbracht werden. Hinzu kommen neue Serviceprodukte, die von den Serviceorganisationen fachgerecht entwickelt und angeboten werden können (z. B. Remote-Service, Updating von Software) sowie Dienstleistungen, für die ein Bedarf beim Kunden neu entsteht (z. B. Betreiberservice). Der zusätzliche Nutzen für den Kunden (Added Value) steht im Mittelpunkt der Serviceproduktentwicklung.

Globale und liberalisierte Märkte beeinflussen fast jeden TKD. Service global zu realisieren erfordert neue Konzepte für unterschiedliche Märkte, aber auch ein gemeinsames zentrales Konzept. Auch für die Ersatzteillogistik sind in ähnlicher Weise modulare Lösungen zu erarbeiten, die höhere Anforderungen erfüllen müssen als die traditionelle Ersatzteilversorgung. Sowohl auf dem heimischen Markt als auch auf den internationalen Märkten ist mit **mehr Wettbewerb** zu rechnen. Dies betrifft sowohl die betreute Produktpalette als auch die Serviceleistungen. Der Wettbewerb auf heimischen Märkten schließt dabei nicht die Kooperation auf bestimmten Auslandsmärkten oder zu bestimmten Teilaufgaben aus.

Neue Unternehmensstrukturen im Servicemarkt werden erkennbar. Die Serviceorganisationen entwickeln sich zu **Serviceprovidern**. Leistungen verschiedener Leistungsträger werden zu einheitlichen Serviceprodukten verbunden. Für den Kunden kommen sie weiterhin aus einer Hand. Dabei entstehen neue Spezialfirmen für Teilleistungen, die professionell, schnell und kostengünstig ausgeführt werden. Beispiele gibt es bereits heute im Bereich der Paketdienste, Ersatzteillogistiker, Aufarbeitungsbetriebe für Komponenten sowie Provider von Informations- und Kommunikationsdienstleistungen.

Auch die Serviceunternehmen werden sich weiter strukturieren und sich vermehrt in selbstständige Teilunternehmen aufgliedern, die in sich marktfähig sind. Verselbstständigte Einheiten können als eigenständige Gesellschaft (GmbH) zu **Spezialisten für Teilaufgaben** im Technischen Kundendienst werden. Dafür kommen beispielsweise die Auftragsannahme und Hot Line (Call-Center), die Materialwirtschaft, der Unterlagendienst, die Schulungsabteilung sowie Außendienst und Werkstätten in Frage.

Im **Serviceengineering** und -reengineering müssen bei der Gestaltung der Prozessketten die vernetzten Leistungsstrukturen berücksichtigt werden. Es werden zunehmend anspruchsvolle Werkzeuge zur Prozessgestaltung eingesetzt, um die Komplexität besser beherrschen zu können. Als Gestaltungswerkzeug kann der Aris Toolset eingesetzt werden. Aber auch die im Jahr 2000 überarbeitete Qualitätsnorm DIN EN ISO 9000 bietet gute prozessorientierte Ansätze. Die größte Hilfe geht von der modernen **Informations- und Kommunikationstechnik** aus, die in der Dienstleistung und vor allem im After-Sales-Service eine hervorragende Bedeutung hat. Die Informations- und Kommunikationstechnik überwindet Distanzen, verknüpft, speichert, informiert und beschleunigt die Prozesse. Die Prozessqualität wird gesichert.

Einen besonderen Stellenwert werden Lösungen über **Internet** und Intranet bekommen. Mit dieser Technologie werden nicht nur Werkzeuge zur Gestaltung der Prozessketten bereitgestellt, sondern es entstehen auch neue Serviceprodukte, bei denen der Kunde noch viel stärker in die Leistungskette einbezogen wird. Über Internetportale werden Kunden und Mitarbeiter einen schnellen und einfachen Zugriff auf Unternehmensinformationen, Dienstleistungen und den aktuellen Auftragsstatus bekommen. Räumliche Entfernungen und nationale Grenzen verlieren an Bedeutung.

Literatur

Biermann (1999): Biermann, T.: Dienstleistungsmanagement, München-Wien

Bullinger (1997): Bullinger, H.-J.: Dienstleistungen für das 21. Jahrhundert – Trends, Visionen, und Perspektiven, in: Bullinger, H.-J. (Hrsg.): Dienstleistungen für das 21. Jahrhundert, Stuttgart, S. 27–64

Bullinger (1999): Bullinger, H.-J./Murmann, H.: Dienstleistungen – Der dynamische Sektor, Wiesbaden

Bruhn (1998): Bruhn, M.: Kommunikationspolitik von Dienstleistungsunternehmen, in: Bruhn, M./Meffert, H. (Hrsg.): Handbuch Dienstleistungsmanagement, Wiesbaden, S. 581–612

Harms (1999): Harms, V.: Kundendienstmanagement, Herne-Berlin

Kallenberg (1999): Kallenberg, R.: Gestaltung von Geschäftsprozessen im Service, in: Luczak, H. (Hrsg.): Servicemanagement mit System – Erfolgreiche Methoden für die Investitionsgüterindustrie, Berlin-Heidelberg-New York, S. 169–190

Lenfers (1992): Lenfers, H.: Der Verkauf von Wartungs- und Reparaturverträgen, in : Service Management (Loseblattsammlung), 3. Nachlieferung, Landsberg am Lech, 3/1992

Maleri (1994): Maleri, R.: Grundlagen der Dienstleistungsproduktion, 2. Aufl., Berlin-Heidelberg

Meffert (1987): Meffert, H.: Kundendienstpolitik. Eine Bestandsaufnahme zu einem komplexen Marketinginstrument, in: Marketing, Zeitschrift für Forschung und Praxis, Heft 2, 1987, S. 93–102

Meffert/Bruhn (1995): Meffert, H./Bruhn, M.: Dienstleistungsmarketing, Grundlagen – Konzepte – Methoden, Wiesbaden

Pepels (1998): Pepels, W.: Kompaktlexikon Servicemanagement, Köln

Töpfer (1992): Töpfer, A.: Service als strategischer Erfolgsfaktor, in: Weber, René (Hrsg.): Servicemanagement (Loseblattsammlung), 3. Nachlieferung, Landsberg

VDI (1991): VDI (Hrsg.): Kundendienst aus einem Guß, Düsseldorf

Weber/Fiedler (1991): Weber, M. R./Fiedler, R.: Serviceverträge als Marketinginstrument. Befragung – Bewertung – Umsetzung, Landsberg am Lech

6.2 Kundenzufriedenheit und Kundenbindung

Iris Ramme

6.2.1 Begriffe Kundenzufriedenheit und Kundenbindung

Was man exakt unter Kundenbindung versteht, ist in der Literatur nicht einheitlich definiert (vgl. z. B. *Diller 1996, S. 81, Bliemel/Eggert 1998, S. 38*). „Unter Kundenbindung versteht man die Schaffung und Intensivierung einer dauerhaften Beziehung zwischen Abnehmer und Kunde und den Aufbau einer Geschäftstreue oder Markentreue beim Kunden" (*Zentes 1996, S. 230*). Dies basiert auf einer rein systematischen Sichtweise der Geschäftsbeziehung zwischen Anbieter und Kunde, wobei die Art des Gutes zunächst keine Rolle spielt. Nach Diller liegt Kundenbindung vor, „wenn innerhalb eines als zweckmäßig definierten Zeitraums wiederholte Informations-, Güter- oder Finanztransaktionen zwischen zwei Geschäftspartnern stattgefunden haben (ex post-Betrachtung) bzw. geplant sind (ex ante-Betrachtung)" (*Diller 1996, S. 84*). Die Bindung des Kunden an den Anbieter ist also umso höher, je öfter er seine Leistung in Anspruch genommen hat und/oder nehmen will. Die Bindung eines Kunden an ein Unternehmen ist sehr unterschiedlich und kundenindividuell. Unterschiede bestehen vor allem hinsichtlich Grad, Qualität und Zustandekommen der Bindung.

So kann Kundenbindung auf verschiedene Arten zustande kommen (vgl. *Meyer/Oevermann 1995, S. 1341*):

- Situativ

Kundenbindung kommt durch äußere Einflussfaktoren zustande wie z. B. günstige Erreichbarkeit des Anbieters.

- Psychologisch

Die Bindung beruht auf Vertrauen. Der Kunde ist davon überzeugt, dass die Leistung des Anbieters seine Bedürfnisse am besten befriedigt.

- Vertraglich

Der Kunde hat einen langfristigen Vertrag mit dem Anbieter abgeschlossen und kann daher den Anbieter nicht wechseln.

- Technologisch

Der Kunde kann aus Kompatibilitätsgründen nur Produkte und Dienstleistungen des einmal gewählten Anbieters nutzen. Dies kommt im Business-to-Business-(B-to-B)-Bereich, insbesondere beim Erwerb von Systemgütern, oft vor.

- Ökonomisch

Die Kundenbindung entsteht, weil es für den Kunden finanziell günstiger ist, beim bisherigen Anbieter zu bleiben. Treueboni sind als Beispiel zu nennen. Streng genommen können alle hier geschilderten Entstehungsgründe unter diese Ursache subsumiert werden, da durch entsprechend hohe finanzielle Aufwendungen alle Restriktionen geheilt werden können.

Die klassische Definition der Kundenzufriedenheit besagt, dass Kundenzufriedenheit dann vorliegt, wenn die subjektiv beim Kunden bestehenden Erwartungen erfüllt oder übererfüllt sind (vgl. *Kuhnert/Ramme 1998, S. 29* oder *Kunz 1996, S. 22*). Dies impliziert jedoch, dass Erwartungsspiralen – sowohl nach unten als auch nach oben – in Gang gesetzt werden können und so die Kundenzufriedenheit beeinflussen. Ein Kunde, der auf Grund seiner bisher gemachten negativen Erfahrungen mit einem Anbieter sehr niedrige Erwartungen hat und eine dementsprechende Leistung erhält, ist nach dieser Definition zufrieden. Ebenso ist ein durch seine bisher erfüllten Erwartungen inzwischen anspruchsvoll gewordener Kunde schnell unzufrieden, da er auf Grund der bisher positiven Erfahrungen noch mehr erwartet.

Dies berücksichtigt die Definition von Gündling: „Kundenzufriedenheit ist der Grad der Übereinstimmung der individuellen Erwartungen (E) der (potenziellen) Kunden mit den Nutzen stiftenden Leistungen (NL), unter der Bedingung, dass die Nutzen stiftenden Leistun-

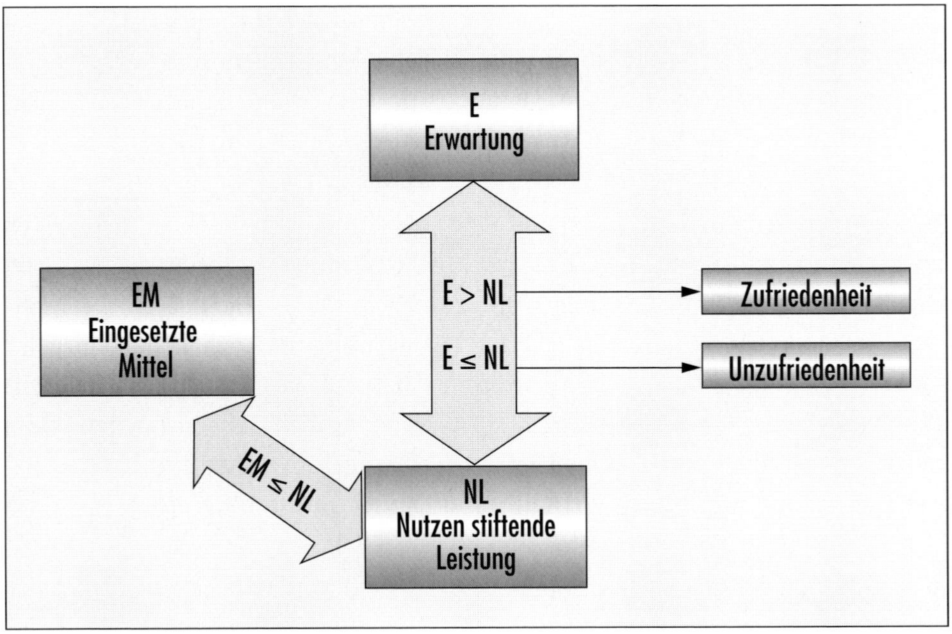

6.2 Abb. 1: *Kundenzufriedenheit*

gen (NL) mindestens so groß sind wie die eingesetzten Mittel (EM)" (*Gündling 1999, S. 58,* siehe Abb. 1). Dabei sind die eingesetzten Mittel neben dem Kaufpreis die Kosten des Kunden wie Parkplatzsuche, Informationsbeschaffung oder Unbequemlichkeiten. Nutzen stiftende Leistungen sind solche Leistungen des Anbieters, die der Kunde wahrnimmt, unabhängig davon, ob er sie in Anspruch nimmt (z. B. Beratung durch das Verkaufspersonal).

6.2.2 Bedeutung von Kundenzufriedenheit und Kundenbindung

6.2.2.1 Bedeutung im Zielsystem der Unternehmung

Als Ziel wird ein zukünftiger Zustand bezeichnet, der auf Grund einer Präferenzordnung des Entscheiders angestrebt wird und auf Grund von unternehmerischen Maßnahmen erreicht werden soll (vgl. *Becker 1998, S. 14*, der eine ausführliche Beschreibung von Marketingzielen liefert). Marketingziele leiten sich aus den Unternehmenszielen ab und stehen dabei neben den anderen Teilzielen des Unternehmens wie den Beschaffungs-, Produktions- oder Finanzzielen.

Im Rahmen des Marketings gelten Neukundengewinnung und Kundenbindung als fundamentale Optionen (vgl. *Bliemel/Eggert 1998, S. 37*). Dabei findet Kundenbindung seit den 90er-Jahren zunehmende Beachtung (vgl. *Bliemel/Eggert 1998, S. 37f.*). Dies geschieht nicht ohne Grund, da viele Märkte gesättigt sind und Wachstum dann nur noch auf Kosten anderer Wettbewerber möglich ist (vgl. *Ramme 2000, S. 10)*. Zudem geht man davon aus, dass es einfacher und folglich kostengünstiger ist, einen bestehenden Kunden zu halten bzw. zu binden, als einen neuen zu gewinnen. Dies hat mehrere Gründe. Zum einen muss ein potenzieller neuer Kunde zuerst einmal kontaktiert und dann von den Vorteilen des Anbieters überzeugt werden. Der Bestandskunde dagegen hat bereits (hoffentlich positive) Erfahrungen mit dem Anbieter gemacht und muss nicht mehr über die Vorzüge aufgeklärt werden. Die Akquisitionskosten entfallen daher. Je länger die Kundenbeziehung dauert, desto stärker steigen zudem noch die Erträge. Ein Bestandskunde kauft öfter und hat meist höhere Rechnungen. Er kauft noch weitere Produkte (Cross-Selling oder Cross-Buying), empfiehlt das Unternehmen weiter und ist gegenüber Preisaufschlägen weniger sensibel. Außerdem ergeben sich niedrigere Betriebskosten, wenn Kostendegressionseffekte zum Tragen kommen (vgl. *Reichheld/Sasser 1991, S. 109–111* sowie *Kuhnert/Ramme 1998, S. 126f.*).

Folglich wäre es nur konsequent, die Anstrengungen auf die Kundenbindung zu konzentrieren und die Neukundengewinnung so zu gestalten, dass lediglich unvermeidbare Kundenabgänge durch Neukunden ersetzt werden. Diese unvermeidbaren Kundenverluste hat z. B. ein

Anbieter von Babywindeln oder Kinderwagen zu verkraften, sobald für das Kleinkind keine Windeln mehr erforderlich sind bzw. es laufen gelernt hat. Ebenso gilt dies für einen Verleger einer regionalen Tageszeitung, dessen Kunden aus der Region wegziehen und sich nicht mehr für Nachrichten aus der alten Region interessieren. Auch gibt es Unternehmen wie etwa Fahrschulen, die in der Regel nur „Einmalkunden" haben.

Als Voraussetzung für eine erfolgreiche Kundenbindung gilt üblicherweise die Kundenzufriedenheit. Ebenso wie das Phänomen Kundenbindung ist Kundenzufriedenheit zu einem Modethema geworden. Ähnlich wie Theorien der Arbeitszufriedenheit zu Anfang der 70er-Jahre in einer Zeit des Arbeitskräftemangels die wissenschaftliche Diskussion befruchtet haben, ist es jetzt der „Kundenmangel", der die Erforschung der Kundenzufriedenheit anregt (vgl. *Kuhnert/Ramme 1998, S. 96ff.*). So wird das nachlassende Bemühen um den Kunden in den USA darauf zurückgeführt, dass die Binnennachfrage wieder gestiegen ist und der Zwang zum Wettbewerb um den Kunden zurückgegangen ist (vgl. *Baumann/Hohensee 1999, S. 55*). Wie wichtig Kundenzufriedenheit gerade für wettbewerbsintensive Branchen ist, zeigen einige Binsenweisheiten (vgl. z. B. *Kotler/Bliemel 1999, S. 28*):

- Ein zufriedener Kunde kauft wieder und bleibt dem Unternehmen länger treu.
- Ein zufriedener Kunde kauft weitere Produkte des Unternehmens.
- Ein zufriedener Kunde beachtet Marken und Werbung der Wettbewerber weniger.
- Ein zufriedener Kunde empfiehlt das Unternehmen weiter.
- Ein zufriedener Kunde liefert dem Unternehmen gern Ideen für neue Produkte oder Produktverbesserungen.
- Ein zufriedener Kunde ist kostengünstiger zu betreuen, da Geschäfte mit ihm zur Routine werden.

Kundenzufriedenheit und Kundenbindung sind insofern wichtige Größen für den Unternehmenserfolg. Jedoch dürfen beide Größen nicht zum Selbstzweck werden: Bei allen Maßnahmen zur Steigerung von Bindung und/oder Zufriedenheit sind die Oberziele des Unternehmens – zumeist die Maximierung des Gewinns – im Auge zu behalten (vgl. *Ramme 2000, S. 20*).

6.2.2.2 Zusammenhang zwischen Kundenzufriedenheit und Kundenbindung

Die Phänomene Kundenzufriedenheit und Kundenbindung sind nicht gleichzusetzen (siehe Abb. 2 und vgl. *Homburg/Rudolph 1997, S. 48*). Auch zufriedene Kunden können hinsichtlich eines Wiederkaufs Vorbehalte hegen, z. B. weil sie einmal einen anderen Anbieter auspro-

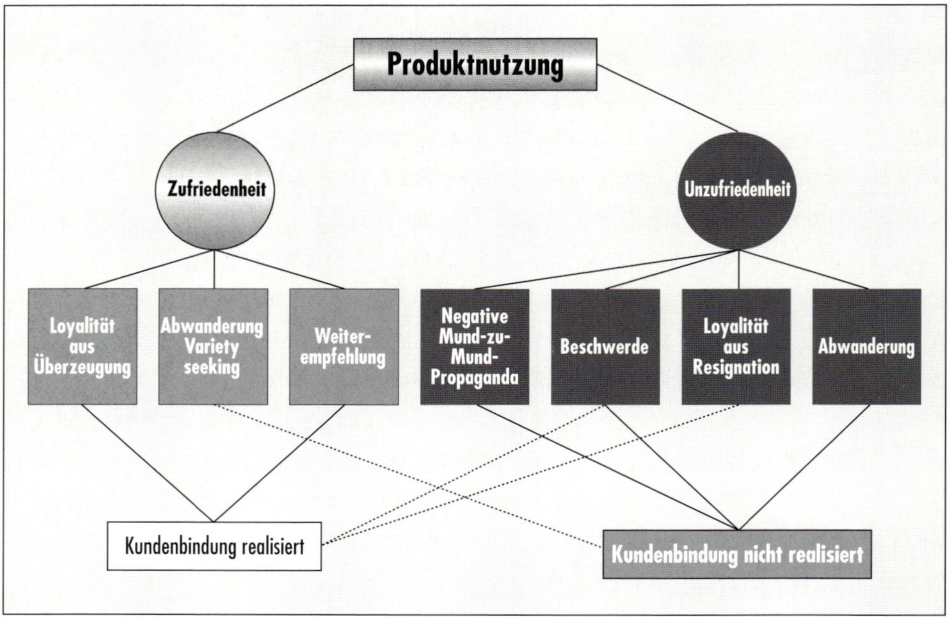

6.2 Abb. 2: *Zusammenhang zwischen Kundenzufriedenheit und Kundenbindung*

bieren wollen (so genannte Variety-Seeker) oder weil kein Bedarf mehr für das Produkt besteht. So geben 90 % aller Automobilkäufer an, mit der gewählten Marke zufrieden zu sein. Der Anteil der tatsächlichen Wiederkäufer liegt aber Ergebnissen einer GfK-Studie zufolge oft bei nur 40 % (vgl. *Groothuis 1998, S. 162*). Auch andere Untersuchungen kommen auf Wiederkaufraten zwischen 30 und 60 % (vgl. *Bauer/Dichtl/Herrmann 1996, S. 119*) bzw. Wiederkaufabsichten, die zwischen 23 und 74 % liegen (vgl. *Korte 1995, S. 11*) und liegen damit weit unter dem Anteil zufriedener Kunden von 90 %.

Im B-to-B-Bereich gibt es auf Grund der meist stärkeren Beziehungen zwischen Anbieter und Nachfrager (z. B. Kooperationen oder Just-in-Time-Verträge) und dem geringeren Anteil der Impulskäufe (vgl. *Ramme 2000, S. 104f.*) weniger Variety-Seeker und damit einen engeren Zusammenhang zwischen Kundenzufriedenheit und Kundenbindung.

Umgekehrt gibt es auch unzufriedene Kunden, die dem Unternehmen trotzdem treu bleiben. Doch auch dies darf nicht zu der Fehlinterpretation führen, dass der Unzufriedenheit nicht begegnet werden müsse. Denn der Anteil unzufriedener, aber trotzdem treuer Kunden ist eher gering; er variiert je nach Wettbewerbsintensität und Kundenerfahrungen von Branche zu Branche. So gibt es gerade im B-to-B-Bereich oft technologische oder vertragliche Bindungen, die unabhängig vom Grad der (Un-)Zufriedenheit aufrechterhalten werden (müssen).

Grundsätzlich gilt jedoch ein positiver Zusammenhang zwischen Kundenzufriedenheit und Kundenbindung (vgl. *Homburg/Giering/Hentschel 1999, S. 184*). Dabei ist Kundenzufriedenheit in den meisten Fällen eine notwendige Bedingung für Kundenbindung (vgl. *Homburg/Giering/Hentschel 1999, S. 175*). Der Zusammenhang zwischen Kundenzufriedenheit und Kundenbindung wird wiederum durch diverse moderierende Größen beeinflusst. Dies sind Eigenschaften des Kunden wie Alter oder Involvement, das Wettbewerbsumfeld, die Aktivitäten des Anbieters und die Produkteigenschaften (vgl. *Homburg/Giering/Hentschel 1999, S. 186ff.*).

6.2.3 Messung der Kundenzufriedenheit

6.2.3.1 Zur Notwendigkeit der Messung

Weil Kundenzufriedenheit eine entscheidende Bedeutung hat, muss ein Unternehmen auch über diese Erfolgsgröße informiert sein. Zum Controlling im Sinne eines Soll-Ist-Vergleichs von Erfolgsgrößen gehört damit auch die Messung der Kundenzufriedenheit. Mit ihrer Hilfe können Aussagen darüber gewonnen werden, wo das Unternehmen steht, wie die Anstrengungen des Unternehmens nach Kundenzufriedenheit vom Kunden gesehen werden und wo es Verbesserungspotenziale gibt. Das Zufriedenheitscontrolling ermöglicht auch einen Vergleich innerhalb des Betriebes oder mit anderen Unternehmen, seien es Mitbewerber oder Unternehmen anderer Branchen. Ein solches Benchmarking kann zu wertvollen Erkenntnissen hinsichtlich der Stärken und Schwächen eines Unternehmens beitragen und Möglichkeiten der Verbesserung durch den direkten Vergleich mit anderen aufzeigen. Unter Benchmarking versteht man den Vergleich verschiedener Einheiten wie Unternehmen oder Abteilungen. Ziel ist es, die kritischen Erfolgsfaktoren des jeweils besten zu kopieren (vgl. z. B. *Kotler/Bliemel 1999, S. 406ff.*).

Im Folgenden werden kurz einige Ansätze zur Messung der Kundenzufriedenheit vorgestellt. Dabei wird unterschieden, ob die Kundenzufriedenheit aus der Sicht des Kunden (siehe Abschnitt 6.2.3.2) oder des Unternehmens (siehe Abschnitt 6.2.3.3) gemessen wird.

6.2.3.2 Ansätze aus Kundensicht

Bei der Messung der Kundenzufriedenheit gibt es kein allgemein gültiges Rezept oder gar einen universell einsetzbaren Fragebogen. In einem ersten Schritt kann man sich aber dem Ziel annähern, indem sich ein Unternehmen z. B. über die Frage nach einem besonders positiven oder besonders negativen Erlebnis des Kunden mit dem Unternehmen (Critical Incident Technique) einen ersten Eindruck über die Erfahrungen des Kunden mit dem Unternehmen verschafft. Dieses Verfahren gehört zu den so genannten ereignisorientierten Methoden (vgl. ausführlich *Kuhnert/Ramme 1998, S. 78ff.* oder *Töpfer 1999b, S. 302ff.*).

Des Weiteren gibt es merkmalsorientierte Ansätze, um Kundenzufriedenheit zu erheben (vgl. ausführlich *Kuhnert/Ramme 1998*, S. 82ff. oder *Töpfer 1999b, S. 307ff.*). Hier geht man davon aus, dass ein Globalurteil über die Zufriedenheit aus vielen (multi) Einzelurteilen (Merkmale) zusammengesetzt ist.

Die größte deutsche Studie zum Thema Kundenzufriedenheit dürfte wohl das Deutsche Kundenbarometer sein. Die von der Deutschen Marketing-Vereinigung e. V. und der Deutschen Post AG unter der wissenschaftlichen Leitung von Prof. Dr. Anton Meyer herausgegebene Studie befragt seit 1992 jährlich etwa 32.000 Kunden verschiedener Branchen hinsichtlich ihrer globalen Zufriedenheit und ihrer Zufriedenheit mit einzelnen Merkmalen (vgl. zum Aufbau des Deutschen Kundenbarometers *Meyer/Dornach 1997, S. 173ff.* oder auch *Bruhn 1999, S. 393ff., Töpfer 1999a, S. 25*).

Auch in anderen Ländern werden Kundenbarometer eingesetzt, um ein Benchmarking hinsichtlich der Kundenzufriedenheit zu ermöglichen (vgl. *Bruhn 1998, S. 94ff.* sowie *Bruhn 1999, S. 385ff.*).

Das Deutsche Kundenbarometer bezieht sich allerdings nur auf den Business-to-Consumer-(B-to-C)-Bereich. Zum Thema Kundenzufriedenheit im B-to-B-Bereich finden sich weniger Studien (vgl. grundsätzlich z. B. *Rudolph 1998*. Eine empirische Untersuchung mit Bezug auf Rudolph hat *Schürle 1999* durchgeführt).

Eines darf im Zusammenhang mit der Diskussion um Kundenzufriedenheit nicht übersehen werden: Für zufriedene Kunden zu sorgen, ist nicht nur Aufgabe der Mitarbeiter mit Kundenkontakt, sondern aller Mitarbeiter. Dieser Gedanke muss insbesondere beim Topmanagement noch stärker verankert werden, denn es ist hiervon genauso wenig ausgenommen wie die Angehörigen betrieblicher Servicebereiche. Die Mitarbeiter und Führungskräfte müssen lernen, mit Kritiken des Kunden umzugehen und diese als Chance für Veränderungen zu begreifen.

6.2.3.3 Ansätze aus Unternehmenssicht

Neben den Ansätzen aus Kundensicht (oft auch subjektive Verfahren genannt) gibt es auch so genannte objektive Verfahren, die die Kundenzufriedenheit aus Unternehmenssicht messen. Dies geschieht durch Kennzahlen oder Testkäufe. Als Kennzahlen werden Indikatoren für Kundenzufriedenheit wie Umsatz, Marktanteil, Beschwerdezahlen, Folgekauf- oder Abwanderungsraten verwendet. Diese Indikatoren gelten jedoch nicht als valide (vgl. *Töpfer 1999b, S. 301*).

Testkäufe, auch Mystery-Shopping oder Silent Shopping genannt, werden insbesondere zur Beurteilung des Verhaltens von Verkäufern oder Beratern mit Kundenkontakt durchgeführt (vgl. ausführlich *Platzek 1997, S. 364 ff.*). Platzek nennt auch die Ermittlung der Kundenzufriedenheit als Einsatzgebiet von Testkäufen. Dies ist jedoch nur dann zulässig, wenn die ausgewählten Testkäufer, die im Anschluss an die Aktion nach ihrer Zufriedenheit gefragt werden, den typischen Kunden repräsentieren. Die Testkäufer oder Mystery-Shopper kaufen nach einheitlichen Vorgaben ein Produkt oder nehmen eine Dienstleistung in Anspruch bzw. treten als Interessenten in Erscheinung.

Die Beobachtung ist für die Messung von Kundenzufriedenheit im Rahmen von Testkäufen insofern relevant, als es auf Seiten des Kundenkontaktpersonals objektiv wahrnehmbare oder erwünschte Verhaltensweisen gibt (z. B. Aufmerksamkeit, Wartezeiten, Kontaktsicherung wie etwa Erfragen des Namens und der Adresse), die auf diese Weise erhoben werden können und Rückschlüsse auf die Kundenzufriedenheit „echter Kunden“ zulassen.

Zur Vergleichbarkeit der Testkaufergebnisse verschiedener Personen ergibt sich die Notwendigkeit, die Testkaufsituation genau vorzustrukturieren und zu standardisieren. Dies geschieht am besten mit einem ausführlichen Erinnerungsprotokoll, das im Aufbau einem Fragebogen ähnelt und im Anschluss an das Testkaufgespräch ausgefüllt wird. Die so erhobenen Daten über die Kundenzufriedenheit können miteinander verglichen werden, sei es auf Filialebene oder zwischen verschiedenen Dienstleistungsunternehmen.

Als traditionelle Aufgabe von Testkäufen gilt neben der Ermittlung von Schwachstellen im Verhalten des Kundenkontaktpersonals die Überprüfung von Qualitätsstandards. Hat ein Unternehmen verbindliche Qualitätsstandards formuliert, können sie in Testkaufaktionen im Hinblick auf die Einhaltung geprüft werden. Dazu müssen solche Situationen simuliert werden, in denen die gewünschten Standards gut abprüfbar sind. Diese Situationen zu finden, die auch nicht zu künstlich oder aufgesetzt wirken sollten, ist eine langwierige und kreative Aufgabe, die möglicherweise in Zusammenarbeit zwischen dem Unternehmen und einem Marktforschungsinstitut erfolgen sollte (vgl. auch *Kuhnert/Ramme 1998, S. 67ff.*).

6.2.4 Messung der Kundenbindung

Grundlage für die Analyse des Kundenbestandes und folglich der Kundenbindung ist eine Database. Um langfristig erfolgreich auf dem Markt agieren zu können, muss ein Unternehmen die Kunden als seine wertvollste Quelle für zukünftige Geschäfte bewerten können (*vgl. Ramme 2000, S. 61*). Der Grad der Kundenbindung kann über verschiedene in Tab. 1 dargestellte

Kennzahlen ermittelt werden (vgl. *Töpfer 1999b, S. 341ff.*). Im Beispiel wurde von 100 Kunden zu Jahresbeginn, 150 zum Jahresende, 70 neuen und 20 abgewanderten Kunden ausgegangen.

Kennzahl	Erklärung	Formel	Beispielquotient	Ergebnis
Kundenbindungsquotient	Anteil der Kunden, die über einen bestimmten Zeitraum dem Unternehmen treu geblieben sind	$\frac{\text{\# Kunden PE} - \text{\# Neukunden}}{\text{\# Kunden PB}}$	$\frac{150-70}{100}$	= 80 %
Nettokundenveränderungsrate	Anteil der Differenz zwischen neu hinzugewonnenen und abgewanderten Kunden am Bestand zu Periodenbeginn	$\frac{\text{\# Kunden PE} - \text{\# Kunden PB}}{\text{\# Kunden PB}}$	$\frac{150-100}{100}$	= 50 %
Kundenabwanderungsrate	Anteil abgewanderter Kunden am Bestand zu Periodenbeginn	$\frac{\text{\# abgewanderte Kunden}}{\text{\# Kunden PB}}$	$\frac{20}{100}$	= 20 %
Bruttokundenzuwachsrate	Anteil neuer Kunden am Bestand zu Periodenbeginn	$\frac{\text{\# Neukunden}}{\text{\# Kunden PB}}$	$\frac{70}{100}$	= 70 %
Neukundenrate	Anteil von neu hinzugewonnenen Kunden am Bestand zum Periodenende	$\frac{\text{\# Neukunden}}{\text{\# Kunden PE}}$	$\frac{70}{150}$	= 47 %

6.2 Tab. 1: *Kennzahlen zur Messung der Kundenbindung*

Die Länge der zu wählenden Periode hängt insbesondere von den Wiederkaufzyklen ab (vgl. *Töpfer 1999b, S. 343*). Je länger sich Ersatzbeschaffungen hinziehen, desto länger sollte der zu betrachtende Zeitraum sein. Damit sind jedoch nur Informationen über die tatsächliche Bindung, nicht aber über die Bindungsabsicht vorhanden. Diese können nur über Befragungen nach den weiteren Kaufabsichten und nach der Weiterempfehlungsbereitschaft erhoben werden. Ferner handelt es sich nur um aggregierte Größen, so dass eine Vertriebssteuerung im Sinne der Investitionswürdigkeit noch nicht möglich ist. Auf diese soll im Abschnitt 6.2.6 eingegangen werden.

6.2.5 Maßnahmen zur Erhöhung von Kundenzufriedenheit und Kundenbindung

Vor dem Hintergrund eines fehlenden Marktwachstums und des zunehmenden Wettbewerbsdrucks ist die Bedeutung von Kundenzufriedenheit und -bindung gestiegen. Dies äußert sich in Themen wie Beschwerdemanagement, Stabilisierung gefährdeter Kundenbeziehungen (Customer- Retention), Stornomanagement, Kundenclubs, Verbrauchertelefone bzw. Hotlines oder Rückgewinnung von Kunden (Regainmanagement – vgl. dazu z. B. *Stauss 1997*). Die genannten Maßnahmen basieren alle darauf, Kontakte zu generieren, zu verlängern oder zu intensivieren (daher auch Keep-In-Touch-Programme genannt) oder in schwierigen Situationen wie Kündigung oder Beschwerde den Kontakt entsprechend positiv zu gestalten. In diesen Bereich fällt auch das Konzept des Recoverymanagements, d. h. für eventuelle Störfälle Maßnahmen im Vorfeld vorzubereiten (vgl. *Auerbach/Bednarczuk/Büttgen 1997, S. 78ff.*).

Bei allen diesen Themen geht es im wesentlichen darum, eine individuelle Beziehung zum Kunden herzustellen und ggf. zu verbessern. Daher spricht man auch vom Beziehungsmarketing oder Relationshipmarketing (vgl. *Ramme 2000, S. 15*).

Da persönliche Bindungen zu den stärksten Bindungsmechanismen gehören (vgl. *Tomczak/Dittrich 1997, S. 36*), ist eine individuelle Kommunikation mit dem Kunden von besonderer Wichtigkeit für die Kundenbindung. Weiterhin gilt es, durch Nachkaufbetreuung eine Beziehungsverlängerung und durch häufigere Kontaktaufnahme eine Beziehungsintensivierung herbeizuführen. Weiterhin sollte ein Unternehmen am Management der Kundenzufriedenheit durch eine konsequente Ausrichtung des Angebots auf die Kundenerwartungen ansetzen (vgl. *Müller/Bauer 1994, S. 201*).

So ist Kundenzufriedenheit immer noch die beste Voraussetzung für Kundenbindung und Neukundengewinnung und damit gleichzeitig auch für den Erfolg eines Unternehmens. Allerdings kann ein Unternehmen, das beispielsweise seine Kosten nicht im Griff hat oder die zukünftigen Marktchancen und -risiken nicht berücksichtigt, trotz zufriedener Kunden langfristig nicht überleben. Insofern ist Kundenzufriedenheit ein abgeleitetes Unternehmensziel (vgl. *Ramme 2000, S. 20*).

6.2.6 Analysemöglichkeiten von Kundenzufriedenheit und Kundenbindung im Rahmen der Vertriebssteuerung

Gerade im Vertrieb ist auf Grund der Kundennähe das Wissen über die Zufriedenheit und die Bindung der zu betreuenden Kunden eine wichtige Größe. Die meisten Messansätze liefern jedoch Daten auf aggregierter Ebene, so dass eine Vertriebssteuerung damit nicht möglich ist. Daher ist es notwendig, dass die im Zusammenhang mit Kundenzufriedenheit und Kundenbindung gesteckten Ziele auch auf Kundenebene überprüft werden können. Nur dann können Vertriebsmitarbeiter Maßnahmen zur Erhöhung von Zufriedenheit und Bindung der ihnen zugeordneten Kunden ergreifen.

Jedoch sollten die einzuleitenden Maßnahmen nicht nach dem Gießkannenprinzip alle Kunden gleich betreffen. Es gibt Kunden, in die sich eine Investition eher lohnt als in andere. Allerdings muss an dieser Stelle betont werden, dass dies nicht heißt, dass weniger investitionswürdige Kunden unfreundlich behandelt werden können. Auch hier müssen Mindeststandards eingehalten werden. Will man jedoch eine intensive Kundenpflege betreiben, müssen die Ressourcen auch so verteilt werden, dass sie dem zukünftig zu erwartenden Gewinn entsprechen.

Voraussetzung für eine effektive Vertriebssteuerung ist eine Differenzierungsmöglichkeit nach wertvollen und weniger wertvollen Kunden. In der Regel geschieht dies mit einer so genannten ABC-Analyse. Bei einer ABC-Analyse werden die Kunden in A-, B- und C-Kunden klassifiziert. Kriterien für diese Einteilung sind Umsatz, Deckungsbeitrag, Kundentreue oder andere Kennziffern. Die Ergebnisse einer solchen Kundenstrukturanalyse wer-

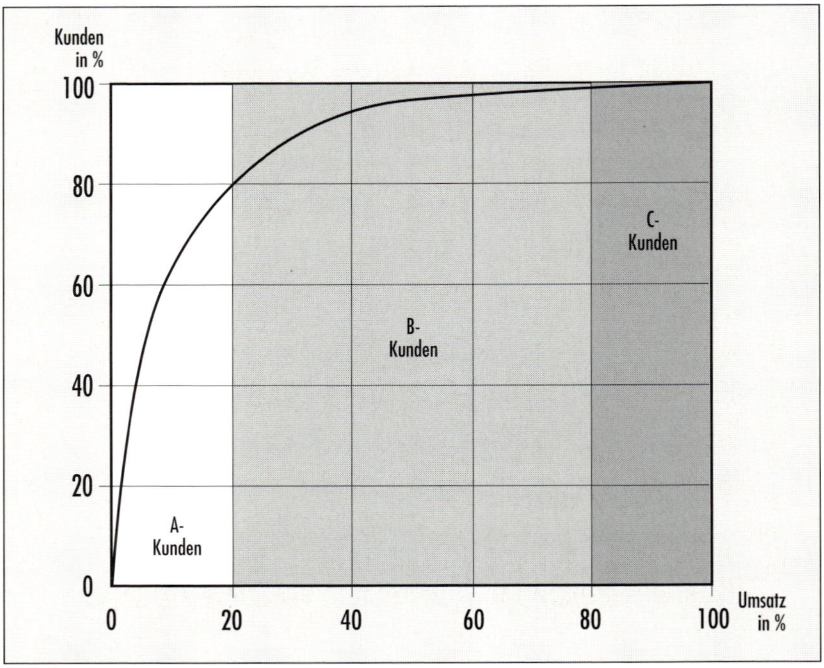

6.2 Abb. 3: *Beispiel für eine ABC-Kunden-Analyse*

den oft in Form von Lorenzkurven veranschaulicht. In einer Lorenzkurve werden zwei Merkmale wie etwa Anzahl der Kunden und Umsatz pro Kunde dargestellt. Die beiden Merkmale werden sortiert, danach kumuliert und dann auf den Achsen eines XY-Diagramms abgetragen (siehe Abb. 3). Oft machen z. B. 20 % der Kunden 80 % des Umsatzes (80-20-Regel oder Pareto-Regel) (vgl. *Stüdeli 1997, S. 240, Becker 1998, S. 888*). Der Vertriebsmitarbeiter wird den größten Teil seiner Zeit in die A-Kunden investieren und den geringsten in die C-Kunden.

Eine weitere Möglichkeit der Vertriebssteuerung bietet der RFMR-Ansatz. Dieser beruht auf der Annahme, dass ein Kunde, der erst kürzlich gekauft hat (R = Recency), der schon häufig gekauft hat (F = Frequency) und der einen hohen Umsatz gebracht hat (MR = Monetary Ratio), mit einer großen Wahrscheinlichkeit wieder kauft. Hiermit kann also die Kundenbindung im Sinne des Wiederkaufs prognostiziert werden. Je nach Aktivität des Kunden wird ein Punkt vergeben. Ein Beispiel dafür liefert Tab. 2. Auf diese Weise können verschiedene Kundengruppen gebildet werden (vgl. *Ramme 2000, S. 67*).

Kunde	Letzter Kauf	Punkte	Gesamtzahl Käufe	Punkte (Käufe gewichtet mit Faktor 3)	Gesamtumsatz	Punkte (0,05 pro Euro, max. 20)	Gesamtpunktzahl
1	Vor 3 Monaten	20	5	15	50 Euro	5	40
2	Vor 6 Monaten	15	4	12	250 Euro	20	47
3	Vor 9 Monaten	10	6	18	100 Euro	10	38
4	Vor 12 Monaten	5	3	9	50 Euro	5	19
5	Vor mehr als 1 Jahr	0	2	6	150 Euro	15	21

6.2 Tab. 2: ***Beispiel für ein RFMR-Modell***

Für den Vertrieb letztlich interessant ist der Kundenwert. Unter einem Kunden mit einem hohen Kundenwert soll jedoch nicht ein Kunde verstanden werden, bei dem die Wahrscheinlichkeit eines kurzfristig zu erreichenden Vertragsabschlusses hoch ist. Vielmehr ist der Kundenwert der Wert eines Kunden, der in kumulierten Deckungsbeiträgen über die gesamte Kundenhistorie gemessen wird. Damit erhalten insbesondere die Kunden mit einer hohen Kundentreue eine hohe Bewertung. Um auch neuere Kunden mit in die Analyse einzubeziehen, muss der mögliche zukünftige Wert dieser Kunden prognostiziert werden. Dies geschieht mit dem Konzept des Ertragswertes. Als Ertragswert der Kundenbeziehung wird die Differenz von Aufwendungen und Erlösen des Leistungsaustausches und der Dialogprozesse zwischen Kunden und Unternehmen angesehen. Über eine prozessorientierte Ergebnisrechnung werden die Leistungen und Aufwendungen zur Gestaltung des Beziehungs- und Dialogprozesses fortlaufend erfasst und dem gegenwärtigen und zukünftigen Ertragspotenzial gegenübergestellt. Das Ertragspotenzial wird wiederum zu den erzielbaren Deckungsbeiträgen und Leistungsergebnissen ins Verhältnis gesetzt. Hieraus resultiert eine Differenzierung der Kunden nach ihrem langfristigen Wert für das Unternehmen. Es genügt daher nicht, lediglich die gegenwärtige Umsatzbedeutung zu erfassen. Die Typologisierung dient auch der Beurteilung künftiger Ertragsaussichten solcher Kunden, die derzeit noch nicht bedient werden (vgl. *Ramme 2000, S. 71*).

Kundenbindung und Kundenzufriedenheit als wichtige Subziele beeinflussen das Unternehmensergebnis nicht unerheblich. Daher ist es auch für den Vertrieb, der durch eine noch größere Nähe zum Kunden gekennzeichnet ist, ein unabdingbares Muss, für die Zufriedenheit und eine hohe Bindung der Kunden an das Unternehmen zu sorgen.

Literatur

Auerbach/Bednarczuk/Büttgen (1997): Auerbach, S./Bednarczuk, P./Büttgen M.: Ausnahmesituationen beherrschen, in: Absatzwirtschaft, 40. Jg., 12/1997, S. 78–85

Bauer/Dichtl/Herrmann (1996): Bauer, H./Dichtl, E./Herrmann, A.: Automobilmarktforschung, Nutzenorientierung von Pkw-Herstellern, München

Baumann/Hohensee (1999): Baumann, M./Hohensee, M.: Dienstleistungen: Tiefer in die Tasche, in: Wirtschaftswoche, 8/1999, S. 54–55

Becker (1998): Becker, J.: Marketing-Konzeption, 6. Aufl., München

Bliemel/Eggert (1998): Bliemel, W. F./Eggert, A.: Kundenbindung – die neue Sollstrategie?, in: Marketing ZFP, 20. Jg., 1/1998, S. 37–46

Bruhn (1999): Bruhn, M.: Messung von Kundenzufriedenheit im Rahmen Nationaler Kundenbarometer: Konzeptionen und Nutzungspotential unterschiedlicher Customer Satisfaction Indizes, in: Töpfer, A. (Hrsg.): Kundenzufriedenheit – messen und steigern, 2. Aufl., Neuwied, S. 385–407

Bruhn (1998): Bruhn, M.: Schweizer Kundenbarometer: Hohes Zufriedenheitsniveau, in: Absatzwirtschaft, 41. Jg., 11/1998, S. 94–100

Dallmer (1989): Dallmer, H.: Direct-Marketing, in: Bruhn, M. (Hrsg.): Handbuch des Marketing, München, S. 535–562

Diller (1996): Diller, H.: Kundenbindung als Marketingziel, in: Marketing ZFP, 18. Jg., 2/1996, S. 81–94

Groothuis (1998): Groothuis, U.: Kundenbindung: Unbekanntes Wesen, in: Wirtschaftswoche, 41/1998, S. 162

Gündling (1999): Gündling, C.: Wer den Kunden nicht ehrt: mit effizientem Service zu mehr Kundenbindung und Kundenzufriedenheit, Stuttgart

Homburg/Giering/Hentschel (1999): Homburg, C./Giering, A./Hentschel, F.: Der Zusammenhang zwischen Kundenzufriedenheit und Kundenbindung, in: die Betriebswirtschaft, Heft 2/1999, S. 171–188

Homburg/Rudolph (1997): Homburg, C./Rudolph, B.: Theoretische Perspektiven zur Kundenzufriedenheit, in: Simon, H./Homburg, C. (Hrsg.): Kundenzufriedenheit – Konzepte, Methoden, Erfahrungen, 2. Aufl., Wiesbaden, S. 33–55

Korte (1995): Korte, C.: Customer Satisfaction Measurement. Frankfurt am Main

Kotler/Bliemel (1999): Kotler, P./Bliemel, F.: Marketing Management, 9. Aufl., Stuttgart

Kuhnert/Ramme (1998): Kuhnert, B./Ramme, I.: So managen Sie Ihre Servicequalität, Frankfurt am Main

Kunz (1996): Kunz, H.: Beziehungsmanagement: Kunden binden, nicht nur finden, Zürich

Meyer/Dornach (1997): Meyer, A./Dornach, F.: Das Deutsche Kundenbarometer – Qualität und Zufriedenheit, in: Simon, H./Homburg, C. (Hrsg.): Kundenzufriedenheit: Konzepte – Methoden – Erfahrungen. 2. Aufl., Wiesbaden, S. 163–184

Meyer/Oevermann (1995): Meyer, A./Oevermann, D.: Kundenbindung, in: Köhler, R./Tietz, B./Zentes, J. (Hrsg.): Handwörterbuch des Marketing, 2. Aufl., Stuttgart, S. 1340–1351

Meyer/Bauer (1994): Meyer, W./Bauer, H.: Wettbewerbsvorteile erkennen und sichern: Erfahrungsberichte aus der Marketingpraxis, Neuwied, Berlin

Platzek (1997): Platzek, T.: Mystery Shopping, in: Wirtschaftswissenschaftliches Studium, 26. Jg., 7/1997, S. 364–366

Ramme (2000): Ramme, I.: Marketing. Einführung mit Fallbeispielen, Aufgaben und Lösungen, Stuttgart

Reichheld/Sasser (1991): Reichheld, F./Sasser, W. E.: Zero-Migration: Dienstleister im Sog der Qualitätsrevolution, in: Harvardmanager 13. Jg., 4/1991, S. 108–116

Rudolph (1998): Rudolph, B.: Kundenzufriedenheit im Industriegüterbereich, Wiesbaden

Schürle (1999): Schürle, C.: Servicequalität im Investitionsgüterbereich am Beispiel der Borries Markier-Systeme GmbH. Unveröffentlichte Diplomarbeit an der Fachhochschule Nürtingen

Stauss (1997): Stauss, B.: Regaining Service Customers – Costs and Benefits of Regain Management. Diskussionsbeiträge der Wirtschaftswissenschaftlichen Fakultät Ingolstadt Nr. 86

Stüdeli (1997): Stüdeli, W.: 1:1-Marketing, in: Marketing Journal, 30. Jg., 4/1997, S. 240–241

Tomczak/Dittrich (1997): Tomczak, T./Dittrich, S.: Erfolgreich Kunden binden, Zürich

Töpfer (1999b): Töpfer, A.: Die Analyseverfahren zur Messung der Kundenzufriedenheit und Kundenbindung, in: Töpfer, A. (Hrsg.): Kundenzufriedenheit – messen und steigern. 2. Aufl., Neuwied, S. 299–370

Töpfer (1999a): Töpfer, A.: Kundenzufriedenheit: Die Brücke zwischen Kundenerwartung und Kundenbindung, in: Töpfer, A. (Hrsg.): Kundenzufriedenheit – messen und steigern. 2. Aufl., Neuwied, 1999a, S. 3–41

Zentes (1996): Zentes, J.: Grundbegriffe des Marketing. 4. Aufl., Stuttgart

6.3 Beschwerdemanagement

Klaus Chojnacki

6.3.1 Beschwerden sind ein Geschenk

Auf den ersten Blick kann diese Überschrift sehr übertrieben oder gar philosophisch klingen. Betrachtet man die Aussage aber aus Sicht des Kunden, und dies sollte man im Rahmen eines erfolgreichen Beschwerdemanagements immer tun, dann gewinnt diese Formulierung die Bedeutung, die ihr zusteht.

Denn der Kunde hat uns – nachdem eine Interaktion mit uns *nicht* zu seiner Zufriedenheit verlaufen ist – erneut sein Vertrauen geschenkt, in dem er sich beschwert und uns damit die Chance gibt, seine Reklamation aufzugreifen und zu bearbeiten.

6.3.1.1 Umsetzungskonzept für das Beschwerdemanagement

In einem Umsetzungskonzept für ein erfolgreiches Beschwerdemanagement in die Praxis dürfen folgende Komponenten nicht fehlen:

- Mit dem Kommitment der Geschäftsleitung, in dem der Wille zur Umsetzung des Beschwerdemanagementkonzeptes klar definiert wird, erfolgt der Start.
- Festlegen der Kompetenzen der Mitarbeiter in der Beschwerdebearbeitung.
- Beschreibung der Arbeitsweisen und Prozesse.
- Bestimmen der Berichtswege.

Einmal begonnen gibt es keinen geordneten Rückzug mehr!

Das heißt: Hat der Kunde erst einmal erkannt, dass seine Beschwerde entgegengenommen und zu seiner Zufriedenheit erledigt wird, dann erinnert er sich daran, spricht darüber und kommt immer wieder gern zurück. Mit der Zeit nicht nur mit Beschwerden, sondern mit Anfragen aller Art. So wird der Mitarbeiter im Beschwerdemanagement zum Berater des Kunden.

Hier bestätigt sich sehr eindrucksvoll, dass ein unzufriedener Kunde, der seine Beschwerde äußert, eigentlich ein loyaler Kunde ist. Mehr noch: Er sagt uns mit seiner Beschwerde zuerst, ich will Kunde bleiben!

Beim Aufbau der Kundenbetreuung oder des Beschwerdemanagements im Unternehmen muss sich die Organisation der Vertriebsstruktur anpassen. Es muss entschieden werden, ob eine zentrale oder eine dezentrale Bearbeitung der Beschwerden erfolgen soll. Da dies in der Regel nicht immer klar zu trennen ist, wird in der Praxis sehr häufig eine verteilte Bearbeitung stattfinden. Die Vorteile für eine zentrale Bearbeitung von Anfragen und Beschwerden liegen eindeutig in der größeren Kompetenz durch die Bündelung der Spezialisierung und die Vorteile einer dezentralen Betreuung liegen in der größeren Kundennähe.

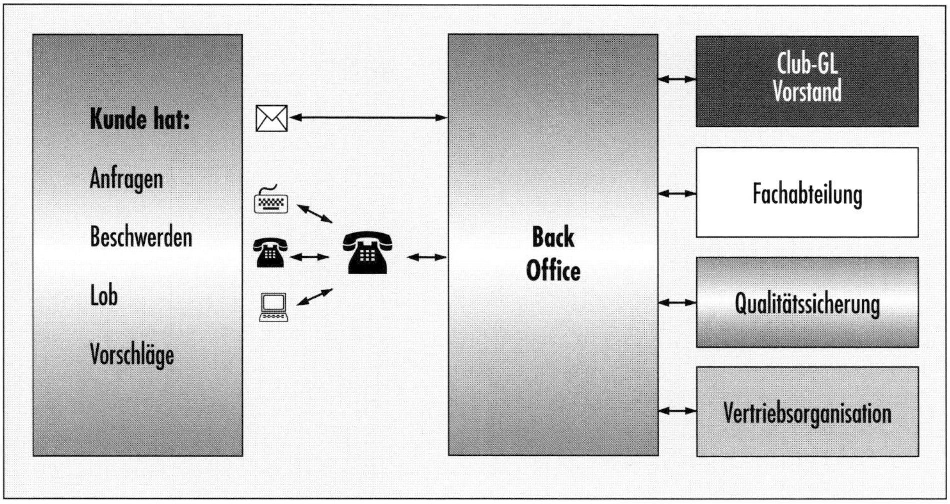

6.3 Abb. 1: *Grobkonzept für die Umsetzung des Beschwerdemanagements*

Damit der Kunde es leicht hat, den richtigen Ansprechpartner auf dem für ihn kürzesten Weg zu erreichen, gilt es von Unternehmensseite, alle Beschwerdehürden aus Sicht des Kunden abzubauen. Welche Möglichkeiten es dazu gibt, und was dabei zu beachten ist, ist unter den „Augenblicken der Wahrheit" in Abschnitt 6.3.5 näher erläutert.

Das Umsetzungskonzept für das Beschwerdemanagement muss von Anfang an

- die Struktur des Unternehmens,
- die Vertriebsstufen und
- die Vertriebsorganisation

als Work-Flow abbilden. Alle Prozesse und Schnittstellen sind zu definieren und in Verfahrensanweisungen und/oder Arbeitsanleitungen zu beschreiben. Über den Einsatz geeigneter Software für das Beschwerdemanagement und das Database-Management muss zum frühest möglichen Termin eine Entscheidung herbeigeführt werden.

6.3.1.2 Verhaltensalternativen eines unzufriedenen Kunden

Dass eine vom Kunden geäußerte Beschwerde ganz einfach als Geschenk betrachtet werden muss, zeigt die hohe Dunkelziffer an Kunden, die zwar einen Grund hatten sich zu beschweren, die sich aber nie tatsächlich beschwert haben.

Eigene Untersuchungen bei Volkswagen haben je nach dem Beschwerdegrund ein erschreckendes Ergebnis widergespiegelt. So gaben zwischen 18 und 22 Kunden an, dass, obwohl sie einen Grund hatten, sich zu beschweren, diese Beschwerde nie geäußert wurde. Als Begründung dafür wurden folgende Angaben gemacht:

- Ich wusste nicht, an wen ich mich wenden soll.
- Ich sehe den Aufwand, mich zu beschweren, als überhöht oder nicht gerechtfertigt an.
- Ich habe Probleme, meine Beschwerde zu artikulieren.
- Ich habe Angst davor, mich zu beschweren.
- Ich glaube nicht, dass meine Beschwerde Erfolg haben wird.
- Ich glaube nicht, dass es jemanden gibt, der meine Beschwerde ernst nimmt.

Getrieben durch diese Begründungen und Befürchtungen sucht der Kunde nun zuerst im persönlichen Umfeld und bei Kollegen oder am Stammtisch und im Verein Gehör für seine Probleme. Er erzählt also seine Erlebnisse weiter und gelangt so in seiner Empfindung in die nächste Eskalationsstufe.

Hat er in der Diskussion das Gefühl gewonnen, dass er im Recht ist, und wird er von seinen Gesprächspartnern noch zusätzlich motiviert, dann wendet er sich im günstigsten Fall für das Unternehmen, an die Geschäftsleitung oder an den Vorstand. Der Grund dafür liegt sehr häufig darin, dass sich der Kunde so größere Chancen für eine erfolgreiche Bearbeitung verspricht, da aus seiner Sicht so die Beschwerde ein höheres Gewicht bekommt. Dies setzt in den meisten Fällen voraus, dass die Geschäftsführung oder der Vorstand öffentlich bekannt sind und in den Augen des Kunden Vertrauen genießen. Wenn man die Kunden befragt, warum sie diese Vorgehensweise gewählt haben, dann wurden von ihnen folgende Gründe genannt:

- Um dem Ganzen mehr Nachdruck zu verleihen.
- „Ich gehe nicht zu Hänschen, ich gehe gleich zu Hans."
- Damit meine Beschwerde nicht in der Masse untergeht.
- Ich wollte grundsätzlich auf dieses Problem aufmerksam machen, damit die Geschäftsführung oder der Vorstand auch weiß, was alles so passiert.

Ist der Kunde der Meinung, dieser Weg ist nicht ausreichend, so wendet er sich parallel an die Medien wie beispielsweise im Automobilbereich an „auto, motor und sport", AUTO BILD oder andere Printmedien. Er wendet sich an Verbraucherschutzverbände oder an den ADAC und andere Automobilclubs und an Fernsehanstalten wie RTL mit der Sendung „Wie bitte".

Darüber hinaus gibt es Kunden, die sich sofort, ohne vorherigen Kontakt zur Vertriebsorganisation und zum Hersteller, an die Schiedsstellen oder einen Rechtsanwalt wenden.

So unangenehm diese geschilderten Handlungsalternativen auf den ersten Blick sein mögen, auch sie bieten die Möglichkeit, die Beschwerde aufzugreifen und nachhaltig im Sinne des Kunden zu beseitigen.

Obwohl in diesen hohen Eskalationsstufen die Wiederherstellung der Kundenzufriedenheit immer schwieriger wird, lohnt es sich umso mehr, eine für den Kunden und das Unternehmen akzeptable Lösung zu erarbeiten. Denn so lange es gelingt, mit dem Kunden im direkten Kontakt zu stehen, besteht die Möglichkeit, ihn vom Gegenteil des bis dahin Erlebten zu überzeugen.

Die Wiederherstellung der Kundenzufriedenheit – gerade nach dem Durchschreiten mehrerer Eskalationsstufen – bildet somit die Basis für den Aufbau einer neuen „gesunden" Geschäftsbeziehung und bei besonders positivem Verlauf sogar die Basis für Loyalität und Weiterempfehlung.

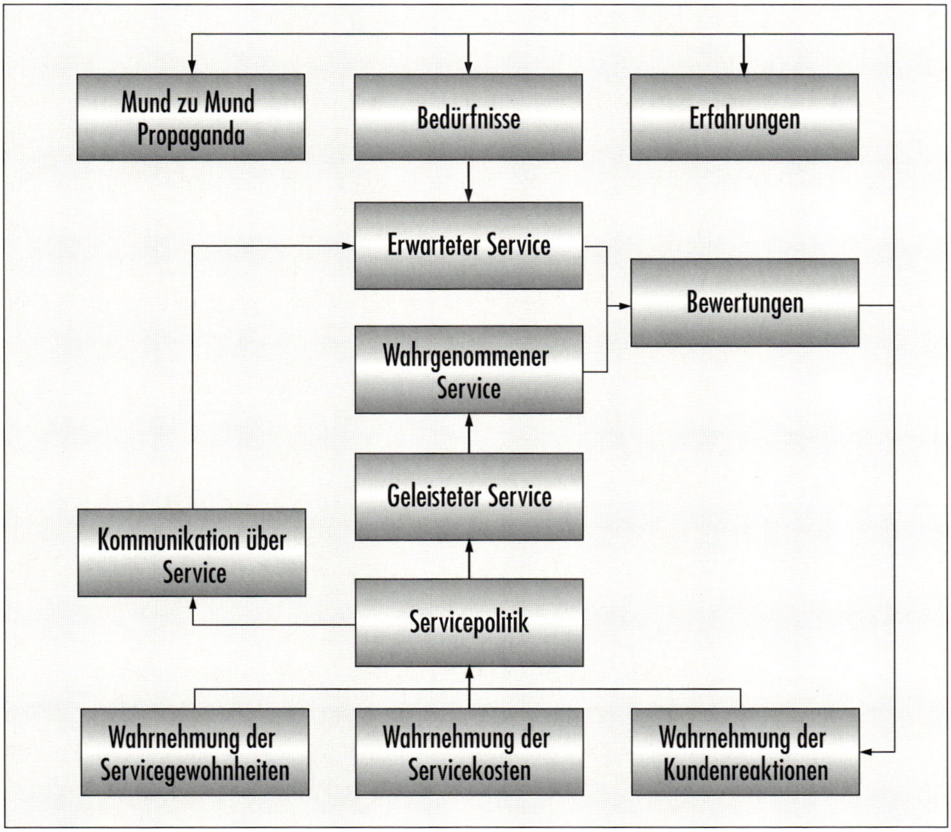

6.3 Abb. 2: *Service-Interaktionsmodel*

Die für den weiteren Geschäftsverlauf unangenehmste Verhaltensalternative eines unzufriedenen Kunden ist es, wenn dieser Kunde seine Beschwerde nicht äußert. Erinnern wir uns daran, bei jedem 20. Kunden ist dies der Fall!

Diese Kunden behalten ihre Erfahrung nicht für sich, sie berichten, wann immer sie gefragt werden, von ihren unangenehmen Erlebnissen. Es entsteht eine negative Mund-zu-Mund-Propaganda, die das Image entscheidend beeinflussen kann.

Wenn der Frust und die Verärgerung des Kunden kein Ventil mehr finden, droht danach die schlimmste Eskalationsstufe, die Abwanderung oder Kündigung. Der Kunde wendet sich also einem anderen Anbieter oder einer anderen Handelsorganisation zu.

Der Verlust eines einzigen Kunden kann dabei eine wahre Kettenreaktion auslösen, gerade wenn es sich bei diesem Kunden um einen Meinungsbildner gehandelt hat.

6.3.2 Wahres und Falsches über Beschwerden

6.3.2.1 Wenig Beschwerden = zufriedene Kunden?

Bedeuten wenige Beschwerden gleichzeitig, dass man als Unternehmen nur wenige unzufriedene Kunden hat? Keineswegs!

Hier gilt wie in nahezu allen Bereichen des täglichen Lebens: Wo gearbeitet wird, da passieren ganz einfach auch Fehler. Gut, wenn es jemanden gibt, der nach durchgeführter Arbeit darauf aufmerksam macht, wenn etwas nicht geklappt hat.

Wenn der Kunde dies nicht von sich aus tut, empfiehlt es sich, ihn regelmäßig danach zu fragen.

Wir setzen im Volkswagen Club die unterschiedlichsten Befragungsmethoden ein, um die Meinung unserer Kunden und ihre Zufriedenheit als Basis für die Weiterentwicklung unserer Kundenbeziehungsprozesse zu nutzen:

- Zufriedenheitsbefragungen in schriftlicher Form über Fragebogen
- Telefonreports
- Kundenforen.

Eines der Hauptziele ist es dabei, Risiken frühzeitig zu erkennen und die Gründe für die Unzufriedenheit abzuleiten. So suchen wir immer wieder nach neuen Wegen, das Beschwerdeverhalten unserer Kunden genau zu analysieren. Die Zukunft bringt hier sicherlich – gerade unter Berücksichtigung der weiteren Entwicklungen im Internet – völlig neue Kommunikationsformen und Kommunikationsmöglichkeiten.

Gefahren, die durch die Geschwindigkeit des Internets entstehen, werden bereits überdeutlich. Es wird künftig nicht mehr so sein, dass die geäußerte Beschwerde nicht nur dem Unternehmen vorliegt, nein, sie geht per Mausklick in Echtzeit um die ganze Welt. Und so kann ein Unternehmen plötzlich – obwohl vorher nie eine einzige Beschwerde bekannt war – vor riesigen Problemen mit der Zufriedenheit seiner Kunden stehen.

Darum ist es nicht nur falsch, sondern sogar gefährlich zu glauben, dass man als Unternehmen nur zufriedene Kunden hat, nur weil sich niemand beschwert hat.

6.3.2.2 Beschwerdeführer sind Nörgler oder Querulanten? Keineswegs!

Kein Kunde bezeichnet sich selbst als Nörgler oder Querulanten, und bitte machen wir nicht den Fehler, nur weil sich der Kunde nicht so einfach mit einer schnellen Erklärung im Beschwerdefall „abspeisen" lässt, ihn als solchen zu bezeichnen.

Wenn zu Beginn darüber gesprochen wurde, dass ein Kunde sich schwer tut, seine Beschwerde überhaupt zu äußern und zu formulieren, dann lässt sich hieraus seine Hartnäckigkeit ableiten, mit der er seiner Forderung Nachdruck verleihen will.

Ein Kunde fühlt sich in der Praxis sehr häufig von unseren rationellen Abwicklungsformen in der Beschwerdebearbeitung nicht ernst genommen, mehr noch, er ist zum Teil regelrecht beleidigt.

Dazu ein Beispiel: Der Kunde ringt sich durch, sein Problem dem Unternehmen schriftlich mitzuteilen. Er ist sich unsicher, da Schreiben noch nie seine Stärke war. Also setzt er sich am Wochenende hin und beschreibt die Situation, mit der er nicht einverstanden war, sehr ausführlich. Eigentlich hatte er an diesem Wochenende etwas anderes vor, aber die Sache brennt ihm unter den Nägeln und er möchte seinem Zorn nun endlich Luft machen.

Um seiner Forderung mehr Nachdruck zu verleihen, wendet er sich im Anschreiben direkt an den Vorstand, denn dieser hat ja in der vergangenen Woche in einem Zeitungsartikel sehr deutlich gesagt, wie wichtig für ihn die Kundenmeinung ist.

Der Brief geht im Unternehmen ein und wird zur Bearbeitung an die zuständige Fachabteilung weitergeleitet. Aus Sicht des Sachbearbeiters ist der geschilderte Fall nichts Besonderes sondern eher Tagesgeschäft, da bereits mehrere Kunden mit dem gleichen Problem geschrieben haben und eine Lösung bereits erarbeitet wurde.

Der Sachbearbeiter schreibt nun als Antwort einen individualisierten Formbrief, in dem die Lösung des Problems beschrieben wird.

Diese Antwort verärgert den Kunden, da man aus seiner Sicht weder auf die geschilderten Probleme im Detail eingegangen ist und die Beantwortung nicht durch den Vorstand selbst erfolgte.

6.3.3 Ökonomische Konsequenzen im Beschwerdemanagement

6.3.3.1 Unzufriedene Kunden = abgewanderte Kunden

Es ist seit langem kein Geheimnis mehr, dass der Hauptgrund für den Wechsel von einem Anbieter zu einem anderen Anbieter die Unzufriedenheit der Kunden ist. In verschiedenen eigenen Studien stellten wir darüber hinaus immer wieder fest, dass der Kunde seine Abwanderung eigentlich ankündigt. Denn einem Markenwechsel geht in nahezu allen Fällen ein Händlerwechsel voraus.

Da der Hersteller im Normalfall erst sehr spät von dieser ausgeprägten Unzufriedenheit erfährt, ist bei solchen Vorgängen immer allergrößte Eile geboten, um Schaden vom Unternehmen abzuwenden.

Gut für das Unternehmen, wenn es andere Bindungsfaktoren gibt, die den Kunden selbst bei Unzufriedenheit mit dem Wechsel zögern lassen.

In diesem Zusammenhang spielt der Volkswagen Club eine wichtige Rolle, denn durch „Added Values“ also Mehrwerte für den Kunden entstehen Wechselkosten oder „Switching Costs“, die den Kunden hindern, sofort zum Markenwechsler zu werden.

Bonus Punkte
- Bonus Punkte für Service
- Bonus Punkte von Kooperationspartnern
- Kundenfreundliche Rückvergütung
- Punkte herstellerfinanziert

Kooperationspartner
- Hapag Lloyd
- Euromobil
- Europcar
- Eurocamp
- Themenparks

Deutsche Bahn
Deutsche Telecom
Volkswagen Bank
VVD
VW Motorsport

Mailings
- KKP-Mailings
- Kontoauszüge
- Special mailings

Service Center
- Lotsendienst
- Reiseplanung
- Verkehrsinformationen
- Ticket Hotline
- Infoservice über Städte/Ferienregionen

Club Shop
- Beetle Artikel
- Modelautos
- Accessories
- Spezielle Club Angebote

Volkswagen Magazin
- Exklusives Magazin
- Intensivierung Dialogorientierung
- Starker Kunden – Auto Bezug

6.3 Abb. 3: *Volkswagen-Club-Programm*

6.3.3.2 Zufriedene Beschwerdeführer = gebundene Kunden

Betrachtet man nun einmal die Chancen und Risiken, die entstehen können bei der Bearbeitung von Beschwerden, dann werden die finanziellen Auswirkungen besonders deutlich.

Seit Ende der 80er-Jahre hinterfragen wir die Beschwerdezufriedenheit unserer Kunden und wissen aus diesen Untersuchungen, dass ein Beschwerdeführer, der in vollem Umfang wieder zufrieden gestellt wurde, zufriedener und vor allen Dingen loyaler ist als ein Kunde, der nie einen Grund hatte, sich zu beschweren.

Aus einer ganz aktuellen Untersuchung des Lehrstuhls für Dienstleistungsmanagement der Universität Eichstätt wissen wir, dass die Bindungswirkung des Volkswagen Clubs bei Clubmitgliedern um rund 20 % höher ist als bei Nichtmitgliedern. Die Bindungswirkung war am ausgeprägtesten, wenn der Kunde mit den clubbezogenen Leistungen und den Händlerleistungen gleichermaßen zufrieden war.

Wenn man sich jetzt einmal den Wert eines Kunden vor Augen führt, dann werden die Chancen, die in einem funktionierenden Zufriedenheitsmanagement und Rückgewinnungsmanagement liegen, besonders deutlich.

Der Wert eines einzelnen Kunden kann mit 4250 EUR Umsatz pro Jahr im unteren bis mittleren Fahrzeugsegment angesetzt werden. Das entspricht etwa einem Ergebnisbeitrag für Volkswagen von 1378 EUR pro Jahr.

Wenn es also durch mehr Kundenorientierung gelingt, nur einen abwanderungsgefährdeten Kunden pro Betrieb zu halten und ihn als loyalen Kunden bis zum nächsten Fahrzeugwechsel zu behalten, dann könnten wir mit ihm einen Ergebnisbeitrag für Volkswagen von 3 996 200 EUR auf Basis von 2.900 Händlern realisieren.

Wenn es gelingen würde, 950.000 Kunden ein Jahr länger zu betreuen und loyal zu halten, dann könnten wir mit ihnen einen Umsatz von 4 037 500 000 EUR realisieren, dies würde einem Ergebnisbeitrag von 1 309 100 000 EUR entsprechen.

Wenn es gelingt, pro Arbeitstag einen Kunden – also 250 im Jahr –, der Grund hatte, sich zu beschweren, durch kundenorientierte Behandlung der Beschwerde zum zufriedenen Kunden zu machen, dann könnten wir mit all diesen Kunden einen Lifetime-Umsatz von 21 250 000 EUR erzielen. In diesem Beispiel wurde ein Durchschnittsalter von 46 Jahren und eine Verweildauer als Kunde von 20 Jahren angenommen.

Die Zahlen belegen eindrucksvoll die ökonomischen Konsequenzen eines funktionierenden Beschwerdemanagements und machen deutlich, welch großer Nutzen den vergleichsweise geringen Investitionen gegenübersteht.

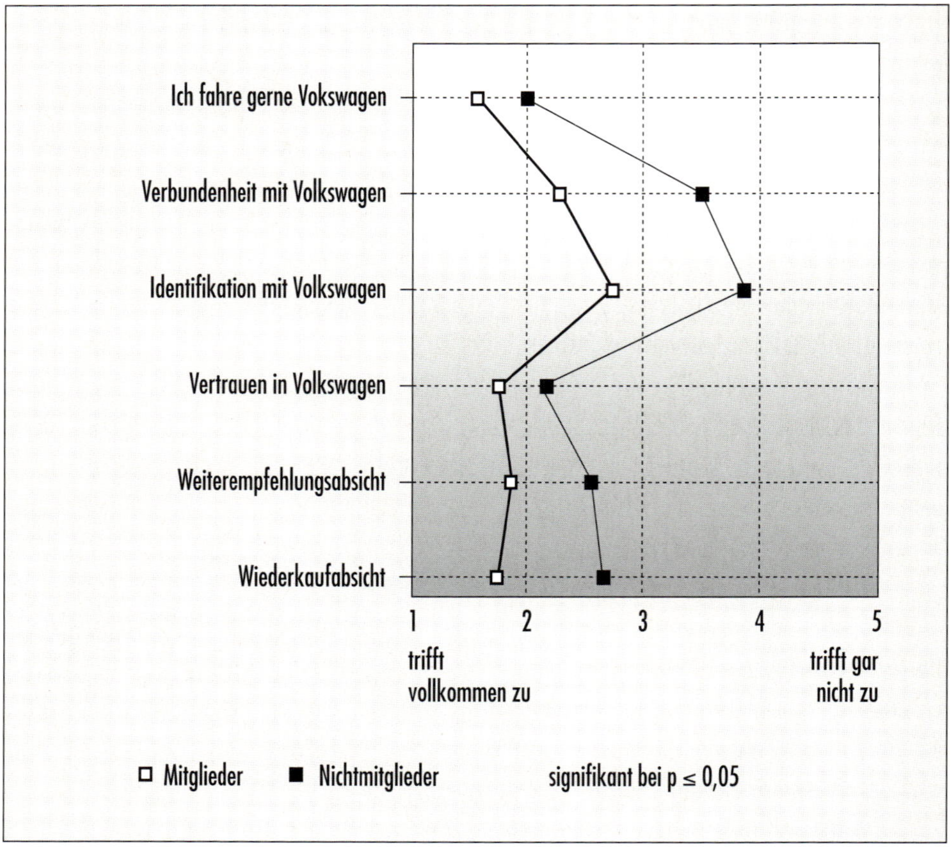

6.3 Abb. 4: *Kundenbindung von Volkswagen-Club-Mitgliedern/-Nichtmitgliedern*

6.3.4 Mitarbeiter als Erfolgsfaktoren im Beschwerdemanagement

6.3.4.1 Kompetenzen

Dem Mitarbeiter oder der Mitarbeiterin, die mit der Bearbeitung der Beschwerden betraut werden, kommt allergrößte Bedeutung zu. Denn sie sind es, die die Weichen für die künftige Entwicklung bei der Bearbeitung und Lösung des Problems stellen, und zwar vom ersten Augenblick an.

Die Mitarbeiter können nur **einen guten ersten Eindruck** beim Kunden hinterlassen, und sie tun sich bei der späteren Bearbeitung leichter, wenn dieser Eindruck positiv war.

Damit von Unternehmensseite alles getan wird, um die Mitarbeiter in eine gute Ausgangsposition zu versetzen, ist es ganz einfach erforderlich, dass die Mitarbeiter entsprechende Kompetenzen haben.

Das Unternehmen muss einen klar beschriebenen Rahmen vorgeben, in dem sich der Mitarbeiter ohne Rücksprachen bewegen kann.

Dieser Rahmen darf auf keinen Fall zu eng bemessen sein und den Mitarbeiter in seiner Entscheidungsfindung behindern. Denn der Kunde merkt sonst sehr schnell, dass er es nicht mit einem kompetenten Gesprächspartner zu tun hat, und verlangt nach dem Vorgesetzten.

Auf der anderen Seite kann man bei entsprechender Kompetenz im finanziellen Bereich feststellen, wie sorgfältig die Mitarbeiter mit dem Budget umgehen. In der täglichen Praxis haben wir Mitarbeiter und Mitarbeiterinnen regelrecht animieren müssen, etwas großzügiger zu sein.

6.3.4.2 Auswahl der Mitarbeiter

Bei der Auswahl der Mitarbeiter oder Mitarbeiterinnen haben wir immer darauf geachtet, dass von Beginn an sehr offen über die künftige Aufgabe gesprochen wurde. Denn eines muss den Mitarbeitern im Beschwerdemanagement klar sein, sie bearbeiten fast immer negative Dinge und ein gewisses Frustrationspotenzial ist schon sehr nahe liegend.

Darum zeichnen sich besonders gute Beschwerdemanager oder Kundenbetreuer aus durch:

- eine absolute Kundenorientierung,
- eine Kritikfähigkeit,
- eine Dialogfähigkeit,
- Argumentationssicherheit,
- gute Umgangsformen und
- eine überdurchschnittliche Leistungsbereitschaft.

Dabei haben wir festgestellt, dass nicht in erster Linie die Ausbildung von Bedeutung war, sondern einzig und allein der feste Wille, mit dem Kunden zusammenzuarbeiten und der Wille, gemeinsam mit dem Kunden eine Lösung zu erarbeiten.

Die besten Erfahrungen haben wir mit Mitarbeiterinnen gemacht, da die Damen stets die besondere emotionale Eigenschaft hatten, sehr einfühlsam auf die hoch verärgerten Kunden zuzugehen und damit das Eis zu brechen.

Beste Ergebnisse in der Interaktion zwischen Mitarbeitern und Kunden wurden immer dann erzielt, wenn die Mitarbeiter und Mitarbeiterinnen den Dienst am Kunden so definiert haben, wie man es bei Ritz Carlton nachlesen und erleben kann: We are ladies and gentlemen, serving ladies and gentlemen.

6.3.4.3 Empowerment

In mehrstufigen Vertriebsorganisationen und in größeren Betrieben ist es sehr wichtig, Empowerment zu betreiben. Aus Unternehmenssicht bedeutet dies, dass jeder Mitarbeiter die Arbeitsweisen des Beschwerdemanagements kennt und danach lebt.

Das bedeutet, dass jeder Mitarbeiter, der mit einer Beschwerde eines Kunden direkt konfrontiert wird, sich diese Beschwerde zu Eigen macht und damit die Kraft der Beschwerde minimiert, in dem er dem Kunden zu verstehen gibt: Ich kümmere mich darum, Ihre Beschwerde ist in guten Händen!

Denn je länger ein Kunde seine Unzufriedenheit mit sich herum trägt, umso schwieriger wird es, die Unzufriedenheit zu beseitigen, und die Gefahr, dass der Kunde seine Unzufriedenheit anderen mitteilt, wächst ständig.

6.3.5 „Augenblicke der Wahrheit" im Beschwerdemanagement

6.3.5.1 Beschwerdestimulierung

Unter Beschwerdestimulierung oder auch „Complaint Fishing" verstehen wir Einrichtungen und Arbeitsweisen, die es den Hilfe suchenden Kunden besonders leicht machen, ihren Unmut zu äußern, wie:

- eine kostenlose Hotline, die an 365 Tagen im Jahr rund um die Uhr zu erreichen ist.
- verantwortliche und kompetente Mitarbeiter sowie deren Anschrift (Post, Fax, Internet) und ihre direkte Durchwahl per Telefon.
- Broschüren und Informationsmittel, die den Kunden regelrecht einladen, im Bedarfsfall seine Anfragen und Beschwerden zu äußern.
- die Möglichkeit, über die Homepage im Internet einen Link zu finden, über den der Kunde seine Wünsche niederschreiben kann und so dem Unternehmen auf dem kürzesten Weg mitteilt.

Beschwerdestimulierung bedeutet aber auch, entsprechende Ressourcen bereitzustellen, damit der Kunde in für ihn angemessener Zeit seinen Ansprechpartner findet.

Die Beschwerdestimulierung beginnt mit der Kommunikation des Unternehmens über die Bedeutung der Kundenorientierung und den Stellenwert, den das Unternehmen der Kundenorientierung zubilligt.

Wenn das Unternehmen den Kunden in den Mittelpunkt stellt und in allen Veröffentlichungen den Dialog zu seinen Kunden sucht und fördert, dann ist der Kunde bereit, in diesen Dialog einzutreten.

Als wir vor gut zehn Jahren unser Service-Call-Center gründeten, war am Anfang die große Unsicherheit, wie sich das Volumen der Anrufe entwickeln wird, und die Sorge der Handelsorganisation, dass sich zu viele Kunden über Händler beschweren würden.

Die Zahlen in der Entwicklung zeigten uns dann aber ein ganz anderes Bild. Der Kunde hat das Servicetelefon in erster Linie als Kommunikationsmittel erkannt und angenommen. Lediglich 12 % aller eingehenden Anrufe sind Beschwerden und von den Beschwerdeführern äußern sich nur 2 % negativ über ihren Händler.

6.3.5.2 Beschwerdeannahme

Die Beschwerdeannahme ist der Schlüssel zum Erfolg. Mit einer guten Annahme kann der gesamte folgende Prozess positiv gestaltet werden. Dabei ist es nahezu unbedeutend, auf welche Art die Annahme erfolgt.

Die erfolgreiche telefonische Annahme einer Beschwerde beginnt mit der Ansprache des Kunden (Anrufers). Zuerst meldet sich der Mitarbeiter oder die Mitarbeiterin mit Vornamen und Namen und nennt dann die Abteilung und das Unternehmen.

Danach werden die Daten des Kunden aufgenommen. Dabei ist es wichtig, dass der Name richtig verstanden wurde und notiert oder in ein entsprechendes EDV-System eingegeben wird. Wann immer der Mitarbeiter rückfragt, wird der Kunde mit seinem Namen angesprochen.

Nachdem der Kunde sein Problem geschildert hat, wird ihm ein kurzes Feedback gegeben, in dem sich der Mitarbeiter rückversichert, dass er alles richtig verstanden hat und nun weiß, worum es dem Kunden geht.

Der Mitarbeiter bestätigt dem Kunden, dass seine Beschwerde an der richtigen Stelle platziert wurde und er oder sie sich darum kümmern und eine Lösung erarbeiten wird.

Darüber hinaus bietet der Mitarbeiter seine Telefonnummer als direkte Durchwahl an, damit der Kunde, wann immer er weitere Fragen oder Wünsche hat, diese sofort direkt und umfassend kompetent beantwortet bekommt.

Bei der Annahme von Beschwerden über Fax, Brief oder Internet gelten im Prinzip gleiche Regeln. Wichtig ist aus Kundensicht, wenn der Vorgang nicht sofort abschließend bearbeitet werden kann, dem Kunden einen Zwischenbescheid zu geben, in dem ihm mitgeteilt wird, dass seine Brief-, Fax- oder Internetanfrage oder -beschwerde an der richtigen Stelle im Unternehmen angekommen ist. Dazu werden dem Kunden Vorschläge für die weitere Vorgehensweise gemacht und es wird ihm nach Möglichkeit ein Lösungsvorschlag unterbreitet.

6.3.5.3 Beschwerdebearbeitung

Bei der Beschwerdebearbeitung spielt der Zeitfaktor aus Kundensicht eine immer größere Rolle. Dies ist sicherlich mit der Entwicklung der Kommunikationsmöglichkeiten im allgemeinen und der Entwicklung der neuen Medien im Besonderen verbunden.

Über viele Jahre haben wir die Erwartungen der Kunden an das Antwortverhalten und die Erarbeitung einer Lösung durch unser Unternehmen beobachtet. Danach lassen sich folgende Faustregeln aufstellen.

6.3.5.3.1 Brief

Auf einen Brief erwartet der Kunde nach 48 Stunden einen qualifizierten Zwischenbescheid, der ihm ankündigt, der Brief ist an der richtigen Stelle angekommen und die Lösung wird erarbeitet.

Danach erwartet der Kunde den Abschluss des gesamten Vorgangs innerhalb von fünf Arbeitstagen. Insgesamt gesteht der Kunde dem Unternehmen also 14 Tage Bearbeitung bis zur Lösung des Problems zu.

Dies ist in der Praxis nicht immer möglich, gerade wenn mehrere Vertriebsstufen oder Partnerunternehmen beteiligt sind und eine Lösung von aufwändigen Abstimmungsprozessen begleitet wird.

In solchen Fällen ist es von ausschlaggebender Bedeutung, dass der Kunde ständig von der Unternehmensseite auf dem Laufenden gehalten wird. Sobald der Kontakt abreißt oder der Kunde ständig von sich aus nachfragen muss, gibt es Strafpunkte und die Unzufriedenheit beim Kunden wächst.

Damit steigt wiederum automatisch der Aufwand, den man betreiben muss, um den Kunden rundherum zufrieden zu stellen oder gar zu begeistern.

6.3.5.3.2 Fax

Auf ein Fax erwartet der Kunde nach ca. zwei Stunden eine Antwort.

In vielen Fällen wird von Unternehmensseite aber ein Fax wie ein ganz normaler Brief behandelt, der nur einen anderen Weg genommen hat. Das heißt, es wird auf dem Postweg geantwortet.

Das ist aus Sicht des Kunden völlig falsch. Denn in dem uns der Kunde ein Fax sendet, macht er uns eigentlich deutlich, dass er auf dem gleichen, schnellen Weg eine Antwort erwartet.

Während der Kunde, wenn er in Briefen Fristen setzt, der Lösung der Beschwerde eine Frist von ein bis zwei Wochen einräumt, so sind dies in einem Fax nur zwei bis drei Tage.

Bei handgeschriebenen Faxen akzeptieren die Kunden auch in hohem Maße eine handgeschriebene Rückantwort, wenn so die Bearbeitungszeit reduziert werden kann.

6.3.5.3.3 Telefon

Das Telefon ist im Rahmen des Beschwerdemanagements eigentlich das Medium mit den größten Chancen, einen Vorgang gemeinsam mit dem Kunden auf dem kürzesten und schnellsten Weg zu erledigen.

Während der Kunde bei der Artikulation seiner Beschwerde per Brief, Fax oder Internet eher zu Übertreibung, Überakzentuierung und Polemisierung neigt, so hat der Mitarbeiter am Telefon von Anfang an die Möglichkeit zu hinterfragen und im Rahmen einer positiven, zielführenden Diskussion mit dem Kunden gemeinsam eine Lösung zu erarbeiten.

Geschulte und erfahrene Mitarbeiter erkennen am Telefon den Zustand, in dem sich ein Kunde befindet, und können, gerade bei extremer Unzufriedenheit, eher die Wogen glätten, als dies über die anderen Medien möglich ist, da während des Gesprächs erkannt werden kann, ob sich das Verhalten und die Einstellung des Kunden am Telefon verändert. Der Mitarbeiter merkt, ob er Zugang zum Kunden findet.

Bei der Lösung anfangs sehr komplizierter Beschwerdevorgänge über das Telefon haben wir festgestellt, dass im Anschluss daran der Kunde immer wieder von sich aus den Kontakt zu den Mitarbeitern und Mitarbeiterinnen suchte, weil durch das positive Erlebnis der unkomplizierten Bearbeitung ein besonderes Vertrauensverhältnis aufgebaut wurde.

Diese Kontakte werden über Jahre aufrechtgehalten und ausgebaut und der Kunde nutzt diesen Kanal nicht mehr, um seinen Unmut zu äußern, sondern um Informationen zu bekommen und lässt sich auch gern zum nächsten Autokauf beraten.

6.3.5.3.4 Internet

Das Internet entwickelt sich als Beschwerdekanal genauso rasant wie die Verbreitung der Personal Computer und die Nutzung des Internets in den privaten Haushalten.

Die Entwicklung des Internets wird aus unserer Unternehmenssicht – im Rahmen des Beschwerdemanagements – sehr kritisch beurteilt und zurzeit natürlich genauestens beobachtet und analysiert. Denn die Gefahren, die entstehen können, liegen ganz einfach auf der Hand.

Per Mausklick ist die Beschwerde des Kunden rund um die Welt gegangen, und es passiert nicht selten, dass der Kunde auf diesem Weg „gleichgesinnte" Kunden, denen Ähnliches widerfahren ist, aufspürt und so seiner Forderung mehr Gewicht verleiht.

Daher ist es von Bedeutung, das Internet ständig proaktiv zu beobachten, ob negative Informationen auftauchen. Dazu dienen Suchbegriffe, die in die bekannten Suchmaschinen eingegeben werden, um User-Groups und Homepages zu durchsuchen.

Im Idealfall meldet sich der Kunde über die vielen Kontaktmöglichkeiten, die wir ihm heute schon auf unserer Volkswagen-Homepage oder der Volkswagen-Club-Homepage bieten. Entweder nutzt er die Club-Hotline oder wendet sich per E-Mail an das Club-Service-Center. Darüber hinaus bieten wir unseren Kunden einen direkten Link zu ihrem Volkswagen-Partner an.

Egal wo der Kunde letztendlich ankommt, er erwartet in jedem Fall sofort eine Antwort. Wichtig ist es in der Vorbereitung der Bearbeitungsprozesse, von der Unternehmensseite zu entscheiden, wie und in welcher Form die Antwort erfolgt. Dabei ist die Frage zu klären, ob die Antwort überhaupt per E-Mail erfolgen soll.

Wir haben uns auf unserer Volkswagen-Homepage dazu entschieden, dem Kunden einen Hinweis zu geben, dass technische Anfragen nur per Brief auf dem üblichen Postweg beantwortet werden, und wir bitten den Kunden gleichzeitig um etwas Geduld, wenn die Bearbeitung so etwas länger dauert.

Grundsätzlich müssen wir alle aber davon ausgehen, dass die Zahl der Anfragen und Beschwerden über das Internet explosionsartig ansteigen wird, und jeder gut beraten ist, bereits jetzt die entsprechenden Vorbereitungen zu treffen, um dieser nicht mehr aufzuhaltenden Entwicklung gut gerüstet zu begegnen.

6.3.6 Logischer Ausgangspunkt für eine kundeninduzierte Qualitätsverbesserung

6.3.6.1 Beschwerdemanagement-Controlling

Beschwerdemanagement-Controlling beschreibt die wesentlichen Prozesse, die erforderlich sind, um die Informationen und Chancen, die in der Beschwerde enthalten sind, für das Unternehmen nutzbar zu machen.

Der Kunde und im Besonderen der Beschwerdeführer ist der günstigste Consultant, den ein Unternehmen haben kann. Darum gilt es, der Stimme des Kunden entsprechendes Gehör zu verschaffen.

Wichtig ist die Erkenntnis, dass der Prozess des Beschwerdemanagement-Controllings nie abgeschlossen sein wird, sondern wir bewegen uns in einer rasanten Entwicklung mit ständig wechselnden Rahmenbedingungen. Darum können Veränderungen nur erfolgreich sein, wenn sie gemeinsam mit dem Kunden entwickelt werden und während der Entwicklung bereits wieder beim Kunden hinterfragt werden.

Die drei Hauptprozesse beim Beschwerdemanagement-Controlling sind im Volkswagen Club die Auswertung der Beschwerden, das Aufgaben-Controlling und die Erfolgskontrolle.

6.3.6.2 Kennzahlen des Beschwerdemanagements

Am Ende der Prozesskette im Beschwerdemanagement steht das Reporting der wesentlichen Kennzahlen des Beschwerdemanagements. Alle Daten werden monatlich, unterteilt in Kalenderwochen, ausgewertet und analysiert und direkt an die Geschäftsleitung des Volkswagen Club berichtet.

Zu den wichtigsten Kennzahlen gehört für uns die Häufigkeitsauswertung, also eine Auswertung darüber, was die Gründe waren, die aus Kunden- oder Händlersicht zur Beschwerde geführt haben. Die Daten werden sowohl quantitativ als auch qualitativ bewertet.

Hintergründe der qualitativen Auswertung, zum Beispiel ein Anstieg der Kunden, die sich über die verspätete Zustellung der Clubkarte beschweren, führt in der Regel dazu, den Prozess der Kartenzusteuerung beim Dienstleister näher zu durchleuchten.

Besonders sorgfältig wird Beschwerden über nicht erhaltene Informationen oder Zusagen nachgegangen, da hier ein sehr hohes Unzufriedenheitspotenzial verborgen liegt.

Beim Aufgaben-Controlling steht, die Auswertung der genutzten Beschwerdekanäle und die jeweiligen Reaktionszeiten im Inbound- und Outbound-Beschwerdemanagement im Vordergrund. Unter Inbound-Beschwerdemanagement verstehen wir den Weg, wenn der Kunde sich an das Unternehmen wendet, und von Outbound-Beschwerdemanagement sprechen wir, wenn das Unternehmen aktiv wird.

Die Erfolgskontrolle zeigt auf, ob die Kunden, also die Endverbraucher und unsere Handelsorganisation, mit der Bearbeitung der Beschwerde zufrieden waren und ob die Unzufriedenheit nachhaltig beseitigt werden konnte.

6.3.6.3 Kontinuierlicher Qualitätsverbesserungsprozess

Nach der Analyse der gesamten Daten aus dem Beschwerdemanagement-Controlling geht es um die aktive Nutzung der Informationen im Rahmen des Qualitätsmanagements. Die Entwicklung von Maßnahmen für den kontinuierlichen Verbesserungsprozess war bei uns immer dann besonders erfolgreich, wenn die Kunden von Anfang an, also bereits bei der Entwicklun der Maßnahmen, beteiligt waren.

Die Stimme des Kunden sollte nicht nur das Maß aller Dinge sein, sie sollte auch die Triebfeder sein. So bleibt Kundenorientierung nicht nur ein Lippenbekenntnis.

Das setzt von Unternehmensseite voraus, dass diese Stimme des Kunden auch rückhaltlose Akzeptanz findet und sogar in der Lage ist, dass andere organisatorische Zwänge, Budget- und Sachzwänge, eine untergeordnete Bedeutung bekommen.

Es steht dabei außer Frage, dass die Wiederherstellung von Kundenzufriedenheit Geld kostet und Investitionen in Personal und EDV-Ausstattung zu tätigen sind. Der Nutzen durch den Aufbau und die Steigerung der Kundenloyalität übersteigt diesen Betrag aber bei weitem.

Jeder, der einen kontinuierlichen Verbesserungsprozess startet, muss sich von Anfang an darüber im Klaren sein, dass dieser Prozess und die daraus resultierenden Aufgaben nie abgeschlossen sein werden, da die Erwartungen der Kunden mit dem Anstieg von Qualität und Image wachsen. Ein Stillstand in der Entwicklung immer kundenorientierterer Maßnahmen wird aus Kundensicht als Rückschritt bewertet.

6.3.7 Software- und datenbankgestütztes Beschwerdemanagement

Dem software- und datenbankgestützten Beschwerdemanagement gehört die Zukunft. War es zu Beginn der 90er-Jahre kaum möglich, geeignete Software am Markt zu finden, so überbieten sich die Softwarehäuser jetzt beinahe täglich.

Jeder Softwareanbieter, der etwas auf sich hält, hat unter dem Dach des Customer- Relationship-Management die Integration eines Beschwerdemanagementtools auf dem Papier bereits vollzogen.

Bei näherer Betrachtung wird dann aber meistens zugegeben, dass gerade in diesem Bereich ein umfangreiches Customizing erforderlich ist, da häufig nicht einmal die Grundfunktionen für ein erfolgreiches Beschwerdemanagement vorhanden sind.

Wir haben, als wir unser Beschwerdemanagementsystem eingeführt haben, auf folgende Funktionen geachtet:

- Das Adressmanagement beinhaltete einen Dublettenabgleich und den phonetischen Abgleich. Alle Eingabefelder wie Name, Vorname, Ort, Postleitzahl, Straße, Telefonnummer und Faxnummer konnten als Suchfelder genutzt werden.
- Die Art des Kontaktes wurde festgehalten und es wurde registriert, wer die Anfrage oder Beschwerde entgegengenommen hat.
- Es wurde nach dem Prinzip der „Complaint Ownership" gearbeitet und es gab in dem System einen Eskalationsmechanismus.
- Die Beschwerde des Kunden wurde vom Mitarbeiter als Klartext eingegeben und es erfolgte eine Konkretisierung nach strukturierten Attributen.
- Der Wunsch des Kunden konnte genau so erfasst werden wie die vom Kunden erwartete Lösung.
- Es gab die Aufforderung, die Handlungsabsicht des Kunden zu beschreiben.
- Nach Eingabe der Kategorisierung der Anfrage oder Beschwerde wurden mögliche Lösungsalternativen aufgezeigt und der Mitarbeiter musste die Entscheidung zur Lösung treffen.
- Nach der Eingabe aller Daten wurde der Bearbeitungsprozess festgelegt und das System hat eine Vorgabe für die einzuleitenden Bearbeitungsschritte aufgezeigt.
- Durch Verzweigen in das Briefprogramm wurden automatisch Formbriefe initiiert oder der Mitarbeiter konnte individuelle Briefe verfassen.
- Wurde die Zeitvorgabe zur Bearbeitung und zum Abschluss des Vorgangs überschritten, wurde der Vorgang in die nächste Eskalationsstufe überstellt. Insgesamt gab es drei Eskalationsstufen bis zum Abteilungsleiter.
- Das System muss manipulationssicher sein, d. h., eine einmal gemachte Eingabe, die abgespeichert war, konnte nur vom Supervisor gelöscht oder verändert werden.
- Unterschiedlichste Reportings waren jederzeit sofort möglich.

Bei der Auswahl eines heutigen Systems sollte darauf geachtet werden, dass im Umfang der Standardsoftware Internet- und Telefonintegration enthalten sind sowie eine Call-Center-Applikation möglich ist.

6.3.8 Was kommt nach aktivem Beschwerdemanagement?

Nach der erfolgreichen Umsetzung eines aktiven Beschwerdemanagements ist der weitere Weg eigentlich vorgezeichnet, denn es gibt eigentlich nur eine logische Entscheidung: die Einführung eines ganzheitlichen Kundenbeziehungsmanagements.

Der Kunde wird künftig nur noch ganzheitlich betrachtet und jede zu treffende Entscheidung setzt immer die Bewertung des Nutzen für jeden am Gesamtprozess Beteiligten voraus.

Die Vision für ein solches ganzheitliches System berücksichtigt dabei, dass alle Informationen, die aus Geschäftsprozessen und Interaktionen entstehen, in einer zentralen Datenbank gesammelt und allen beteiligten Mitarbeitern über alle Vertriebsebenen hinweg zur Verfügung stehen werden.

Es wird so ein Netzwerk aus Wissen, Informationen und Erfahrungen entstehen, das unter Einbeziehung des Kunden Dienstleistungsprodukte entwickelt, die dem Kunden zum richtigen Zeitpunkt, nach Wahl des richtigen Mediums, angeboten werden und bei denen der Kunde das Gefühl entwickelt, Teil des Gesamtprozesses zu sein.

Hauptkapitel 7

Führung der Vertriebsmitarbeiter

7.1 Motivation der Vertriebsmitarbeiter

Reiner Bröckermann

7.1.1 Management by Motivation im Vertrieb

Peter Schmitt (*1998, S. 17*) der Präsident des Bundes Deutscher Verkaufsförderer und Trainer, verlangt eine „sensible Motivationskultur", damit sich „kundenorientierte Mitarbeiter und keine cheforientierten Untergebenen" entwickeln. Damit setzt er, wie viele andere aus Theorie und Praxis, auf das **Management by Motivation**, d. h. die Übertragung der Erkenntnisse der Motivationsforschung auf den Bereich der Ar-beitswelt.

In ihrem Bemühen, eine derartige Übertragung zu ermöglichen, hat die Motivationsforschung zunächst ergründet, was Motivation denn eigentlich ist. Die Forschungsergebnisse sind recht vielgestaltig und deshalb nahezu un-überschaubar. Ein wenig Klarheit kann man sich verschaffen, wenn man dem Hinweis folgt, den *Wunderer* und *Grunwald* (*1980, S. 170*) unter Berufung auf *Steers* und *Porter* (*1975*) machen. Ein vereinfachtes Modell des Motivationsprozesses beinhaltet demnach folgende grundlegende Komponenten:

- Bedürfnisse oder, besser gesagt, **Motive**, tief in uns schlummernde Verhaltens- oder Handlungsbereitschaften.
- **Anreize**, alle nur erdenklichen Gegebenheiten, die man gerade im Vertriebskontext häufig als **Incentives** bezeichnet.
- **Ziele**, denn die Anreize beziehen sich auf etwas, sie sind zielgerichtet.
- Verhalten oder **Handlungen**, der zielgerichtete Anreiz weckt nämlich ein oder mehrere Motive und stößt eine Handlung an, die geeignet ist, das Ziel zu verwirklichen.
- Feedbacks, also Rückkopplungen und **Anpassungen**. Nicht jeder dieser Prozesse führt dazu, dass das Ziel tatsächlich erreicht wird. Aus Erfolgen und Misserfolgen, den so genannten Frustrationen, ziehen wir Erfahrungen (*Bisani 1995, S. 650*), die wir in eine Anpassung ummünzen. Die Anpassung formt Motive oder sie verändert Motive. Sie sagt uns aber auch, welche Ziele für uns erstrebenswert und erreichbar sind.

Demnach kann man, wie *Hentze* und *Brose* (*1990, S. 40 ff.*) **Motivation als Prozess** charakterisieren, der eine Abfolge von Anreizen, Motiven, Handlungen, Zielen und Anpassung beinhaltet (Abb. 1).

Angesichts dieser Zusammenhänge fordert *Schmitt* (*1998, S. 17*) „mehr Raum für Eigenmotivation ... Neue Formen betrieblicher Prozessarbeit und stringenter Ausrichtung auf den Kunden erfordern flexibel kommunikationsfähige und vor allem motivierte Teams in den Betrieben. Und überall dort wird die Effizienz der Betriebe zunehmen, wo Eigenmotivation wächst, wo Arbeitsplätze Freiraum für Selbstverwirklichung bieten." In dem gleichen Sinne postuliert Wagner (*1997, S. 101 f.*) die Selbstmotivation. Mitarbeiterinnen und Mitarbeiter

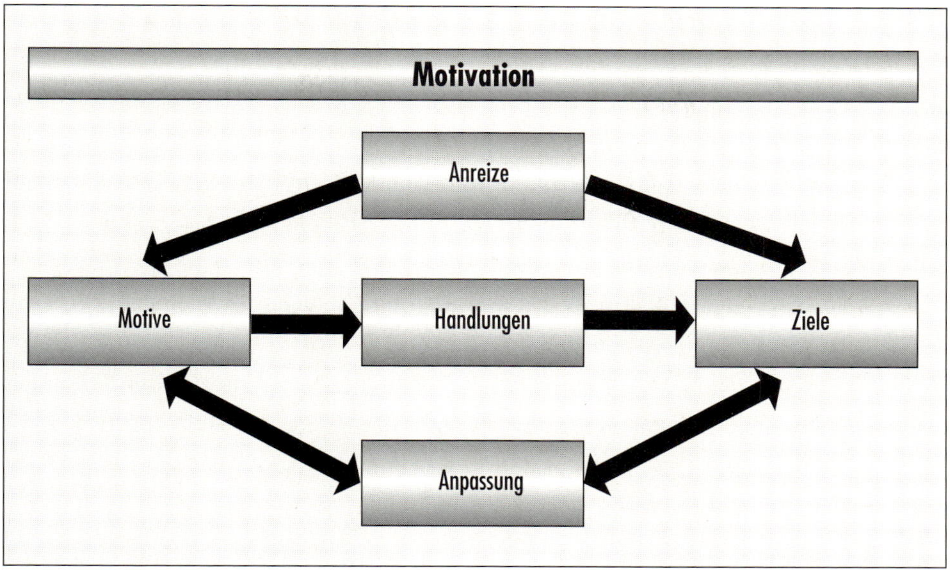

7.1 Abb. 1: *Motivation als Prozess*
Quelle: Bröckermann 2000, S. 103, ähnlich Hentze/Brose 1990, S. 42

müssen und wollen sich selbst ein zutreffendes Urteil über ihre Leistungen bilden, ihre Erfolge und Misserfolge selbst anhand von Fakten wahrnehmen und interpretieren. Der von innen kommende Anspruch an sich selbst ist laut *Wagner* (*1997, S. 101 f.*) die Triebfeder für Höchstleistungen.

Mit diesen Forderungen geben sich *Schmitt* (*1998*) und *Wagner* (*1997*) als Vertreter der Ansicht zu erkennen, dass Menschen wirkungsvoll sich nur selbst motivieren können. Man muss jedem einzelnen Menschen seine eigenen Ansätze und Versuche zugestehen, sich selbst und seine Welt zu definieren. Andere können diese **Eigen- oder Selbstmotivation** durch das Management von Aufgaben, Grenzen und Resourcen eines Unternehmens nur in einem indirekten und eher beschränkten Maße beeinflussen (*Sievers 1994*).

7.1.2 Motive der Vertriebsmitarbeiter

Wenn sich Menschen nur selbst motivieren können, ist es sicherlich von großem Nutzen, wenn der Arbeitgeber und die Vorgesetzten die Motive der Beschäftigten einschätzen können. Grundsätzlich kann man Motive wie folgt einteilen (*Jung 1995, S. 361 f., Withauer 1992, S. 43*):

- Physische, psychische und soziale Motive
  - Zu den physischen Motiven zählen biologische Bedürfnisse wie Hunger und Durst.
  - Psychische Motive können beispielsweise Unabhängigkeit, Selbstverwirklichung und Selbstentfaltung sein.
  - Soziale Motive sind auf die Anerkennung durch andere Menschen ausgerichtet. Hier können Freundschaft und Zugehörigkeit zu bestimmten Gruppen genannt werden.
- Primäre und sekundäre Motive
  - Primäre Motive wie beispielsweise Hunger und Durst sind Motive, die jeder Mensch von Geburt an instinktiv in sich trägt.
  - Die sekundären Motive sind Mittel zur Befriedigung anderer Motive. Zum Beispiel das Geldmotiv ist ein sekundäres Motiv, da sich mit Geld viele primäre Motive befriedigen lassen.
- Intrinsische und extrinsische Motive
  - Die intrinsischen Motive finden ihre Befriedigung in der Tätigkeit selbst. Je mehr einer Per-son eine Verrichtung Spaß macht, desto produktiver ist sie.
  - Die extrinsischen Motive können nicht durch die Tätigkeit alleine, sondern durch deren Folgen oder Begleitumstände befriedigt werden. Die Tätigkeit ist somit nur Mittel zur Verfolgung anderer Motive. Als extrinsische Motive können das Geld-, Sicherheits- und Prestigemotiv genannt werden.

Die Praxis zieht aus diesem Raster und aus weit detaillierteren Theorien, beispielsweise der von *Maslow* (*1954*), den wichtigen Schluss, dass man nur dann **Anreize** setzen kann, **die auf das Interesse der Mitarbeiterinnen und Mitarbeiter** auch **im Vertrieb stoßen**, wenn man sich ihre Motive verdeutlicht.

Um das zu ermöglichen, ist es vonnöten, die Motive des Vertriebspersonals genauer einzugrenzen. Obwohl sich die meisten Menschen über ihre eigenen Motive selbst wenig klar sind, will *Rischar* (*1986, S. 65 ff., 153 ff.*) mit so genannten **Motiverforschungsgesprächen** die **speziellen Motive des Verkäufers bei seiner Arbeit** ausmachen:

- Ein wesentliches Motiv für die Entscheidung zu einem verkäuferischen Beruf ist demnach sowohl im Außendienst als auch im Ladengeschäft, ja sogar im Innendienst, das **soziale Motiv**, im **abwechslungsreichen Umgang mit verschiedenen Menschen** Erfüllung zu finden. Im Umkehrschluss wird dadurch klar, warum viele Beschäftigte im Vertrieb Schreibarbeit als bürokratisch empfinden und mehr oder weniger lustlos erledigen und warum sich Konflikte zwischen Verkauf und Verwaltung ergeben können.

- Gerade Verkaufspersonal strebt nicht selten danach, sich vor Kunden wirkungsvoll in Szene zu setzen. Dieser **Drang zur Selbstdarstellung** ist ein **soziales Motiv**, das auf die Anerkennung durch andere Menschen gerichtet ist. Verkäufer, die sich selbst darstellen, sehen es aber auch als selbstverständlich an, dass der Kunde auf sie warten muss, bis sie wieder zurück aus dem Urlaub oder von einem anderen Kunden sind. Deshalb gibt es in vielen Unternehmen keine Vertretung für Außendienstmitarbeiter. Zudem verstehen die Selbstdarsteller negative Kritik leicht als persönlichen Angriff. Sie neigen dann zur Aggression.
- Vertriebsmitarbeiterinnen und -mitarbeiter verfügen oft über ein starkes intrinsisches Motiv, das *Rischar* (*1986, S. 66 f.*) als missionarischen Eifer bezeichnet. Sie bieten dann die Produkte und Dienstleistungen überall energisch an. Zuweilen wenden sie sich aber ganz und gar einigen von ihnen geliebten Leistungen zu oder sie fegen auch ernsthafte Einwände gegen die angebotene Leistung radikal vom Tisch.
- *Rischar* (*1986, S. 67 f.*) weist ferner auf ein psychisches Motiv der Selbstverwirklichung und Selbstentfaltung hin, nämlich das **Streben** der Verkäuferinnen und Verkäufer **nach sichtbarem Erfolg**. Sie können am Ende eines Arbeitstages genau sehen, wie erfolgreich, aber auch wie erfolglos sie im Vergleich zum Vortag waren.
- Und schließlich schildert *Rischar* (*1986, S. 68*) das **extrinsische, sekundäre Geldmotiv** als die **Erwartung** des Verkaufspersonals **an den finanziellen Aufstieg**. Man weiß, dass man im Außendienst viel schneller viel mehr Geld verdienen kann als im Innendienst. Geld ist zwar in erster Linie das Mittel, um sich andere Motive zu erfüllen, aber im Außendienst und im Verkauf ist es generell als äußeres Symbol für Erfolg wichtig.

7.1.3 Motivation zum Handeln im Vertrieb

Erklärungsansätze dafür, wie Motive zu Handlungen führen, findet man in den **Lerntheorien**. Sie beruhen durchweg auf der Annahme, dass Menschen immer wieder Abläufe vollziehen, wie sie in Abb. 2 wiedergegeben sind.

Durch diese Abfolgen soll der Mensch im Verlaufe seines Lebens lernen, d. h. sich auf seine Umwelt einstellen und Verhaltensweisen erwerben, die für seine Person charakteristisch sind (*Balzereit 1988, S. 30 ff., Brandstätter/Schuler/Stocker-Kreichgauer 1974, S. 127 ff., Roth 1974, S. 52 ff., Wiswede 1995, S. 67 ff.*). In der Tat konnte jene Lehrmeinung weitge-hend durch breit angelegte Untersuchungen belegt werden.

Der Ansatz belegt gleichfalls die **Bedeutsamkeit von Anreizen**, die über die Aktivierung von Motiven der Vertriebsmitarbeiter direkt zu Handlungen führen.

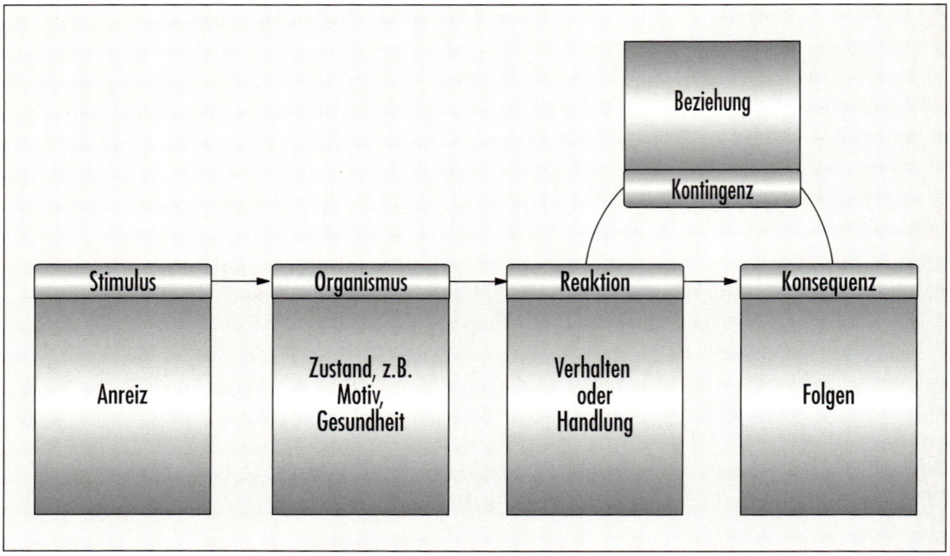

7.1 Abb. 2: *Grundannahme der Lerntheorien*
Quellen: Balzereit 1988, S. 30, Bröckermann 2000, S. 122)

7.1.4 Anpassungsprozesse im Vertrieb

In seiner Gleichheits-, Equity- oder Balancetheorie beschreibt *Adams* (*1963*) den Prozess der Anpassung von Zielen und Motiven. Er geht von der Annahme aus, dass Beschäftigte stets ein aus ihrer Sicht **gerechtes Verhältnis**

- **zwischen ihrem** Einsatz oder **Aufwand**, das sind beispielsweise Leistungen, Erfahrungen, Intelligenz, Ausbildung, Alter sowie soziale Klassenzugehörigkeit, **und**
- **dem dafür erhaltenen** Ergebnis oder **Ertrag**, also dem Arbeitsentgelt, der Arbeitsfreude, der Sicherheit, den Sozialleistungen und Statussymbolen,

anstreben. Zu diesem Zweck vergleicht jede Arbeitskraft ihr Verhältnis von Arbeitsaufwand und Arbeitsertrag, um bei einem Missverhältnis durch Leistungskorrekturen bis hin zur inneren oder gar tatsächlichen Kündigung zu reagieren (*Echterhoff/Poweleit/Schindler/Krenz 1997, S. 33 ff., Raidt 1993, S. 74 ff., Sprenger 1995, S. 22 ff.*). **Führungskräfte** im Vertrieb sind dann zum Eingreifen aufgefordert.

- Sie müssen **ergründen, ob ein Missverhältnis besteht**.

- Ist das so, sollten sie es nach Möglichkeit **durch Anreize bereinigen**.
- Besteht jedoch kein Missverhältnis, müssen sie mit den Mitteln der Kommunikation **Überzeugungsarbeit leisten**, um so den Anpassungsprozess des Betreffenden erneut anzuregen.

7.1.5 Unternehmens- und Mitarbeiterziele im Vertrieb

Georgopoulus, Mahoney und *Jones* (*1957*) gehen davon aus, dass Beschäftigte zur Arbeit motiviert sind, wenn sie in ihrer Arbeitsleistung einen **Weg** sehen, der ihnen die Erreichung persönlicher **Ziele** ermöglicht. Jeder, der einmal diesen Zusammenhang im Arbeitsprozess erlebt habe, werde sich an diesen Erfahrungen orientieren und versuchen, den einmal erlernten Prozess immer wieder ablaufen zu lassen. Andererseits könne man von Beschäftigten, die erleben mussten, dass sie mit ihrer Arbeitsleistung ihre persönlichen Ziele nicht erreichen konnten, nur eine geringe Arbeitsleistung erwarten (*Jung 1995, S. 390 f.*).

Wenn daran auch nur ein Körnchen Wahrheit ist, dann sollten Führungskräfte mit den Mitar-beiterinnen und Mitarbeitern im Vertrieb realistische Sachziele erarbeiten, die nicht im Widerspruch zu Mitarbeiterzielen stehen. *Schmitt* (*1998, S. 17*) fordert demzufolge, die Führungskräfte sollten klare Ziele vereinbaren, Mittel sowie Methoden bereitstellen und den Beschäftigten vertrauensvoll den Lösungsweg überlassen. Das ist, so *Schmitt* (*1998, S. 17*) und *Rischar* (*1986, S. 97*), zu Beginn sicherlich für viele Vorgesetzte kein leichter Weg. Aber nur so geben sie den Beschäftigten die Möglichkeit, sich in der Arbeit zu verwirklichen und persönliche Herausforderungen zu bewältigen.

7.1.6 Vertriebsanreize

7.1.6.1 Motivatoren und Kontextfaktoren

Aussagen zu Anreizen im Arbeitsprozess finden sich in der Anreiz-Beitrags-Theorie von *March* und *Simon* (*1958*). **Demnach setzen die Beschäftigten aus ihrer subjektiven Sicht die Anreize des Unternehmens zu ihren eigenen Beiträgen ins Verhältnis**. Bietet ihnen das Unternehmen nur wenige oder mangelhafte Anreize, so werden sie ihre Beiträge nach erfolglosen Anstrengungen ebenso gering ansetzen.

Damit machen *March* und *Simon* (*1958*) Appetit auf mehr, denn sie weisen unmissverständlich auf den vermuteten Zusammenhang von Anreizen und den anderen im Motivationsprozess wesentlichen Faktoren hin. Diesen Zusammenhang versuchten *Herzberg, Mausner* und *Snyderman* schon 1959 zu klären. Sie erhielten in einem Unternehmen in Pittsburgh die Chance, mit 203 Ingenieuren und Büroangestellten strukturierte Interviews zu führen. Die Interviewten wurden gebeten, sich an Situationen in ihrem Arbeitsleben zu erinnern, die sie positiv erlebt hatten, in denen sie mithin zufrieden waren, und an Situationen, die sie negativ erlebt hatten, in denen sie also unzufrieden waren. Ferner sollten sie angeben, worauf sie ihre jeweiligen Einstellungen zurückführten, d. h., welche Anreize ausschlaggebend für ihre Motivation waren. Bei dieser Studie blieb es nicht. Insgesamt wurden zwölf Befragungen durchgeführt. So ergab sich eine Stichprobe von 1.685 Beschäftigten mit diversen Aufgabenfeldern.

Es stellte sich heraus, dass die Interviewten Arbeitszufriedenheit nicht als das Gegenteil von Arbeitsunzufriedenheit ansahen, sondern Arbeitszufriedenheit und -unzufriedenheit als vollkommen verschiedenartige Erscheinungen wahrnahmen. So kamen die Forscher zu dem Ergebnis, dass **Arbeitszufriedenheit und -unzufriedenheit zwei unterschiedliche, unabhängige Dimensionen** sind. **Die eine Dimension werde durch die Extremwerte Unzufriedenheit und Nichtunzufriedenheit, die andere durch Zufriedenheit und Nichtzufriedenheit begrenzt.** Theoretisch könnten Beschäftigte also zum selben Zeitpunkt mit ihrer Arbeit sowohl sehr zufrieden sein, zum Beispiel auf Grund mustergültiger Anerkennung, als auch sehr unzufrieden, etwa wegen schlechter Arbeitsbedingungen.

Ferner ergab die Auswertung, dass die Befragten **gänzlich andere Ursachen für Arbeitszufriedenheit als für Arbeitsunzufriedenheit** nannten. Die Forscher fassten die unterschiedlichen Ursachen zu zwei Faktoren zusammen. Deshalb sind die Thesen als **Zwei-Faktoren-Theorie** bekannt geworden (Abb. 3, *Bröckermann 1997, S. 270 f., Drumm 1995, S. 377 ff., Hentze/Kammel/Lindert 1997, S. 128 ff., Herzberg 1966, Jung 1995, S. 382 ff., Wunderer/Grunwald 1980, S. 188 ff.*).

1. (Dissatisfiers, Maintenance-, Hygiene- oder) **Kontextfaktoren** hängen nicht unmittelbar mit der Arbeit selbst zusammen, sondern stellen **positive oder negative Anreize des Arbeitsvollzugs** dar. Die Arbeit
   - verspricht ein hervorragendes oder armseliges **Arbeitsentgelt**,
   - einen guten oder schlechten **Status**,
   - wird von einer guten oder mangelhaften **Unternehmenspolitik und -organisation** getragen sowie einem achtbaren oder unzulänglichen **Führungsverhalten der Vorgesetzten**,

- ist von guten oder schlechten **Beziehungen zu Mitarbeitern, Vorgesetzten und Kollegen** begleitet,
- findet unter angenehmen oder unbefriedigenden **Arbeitsbedingungen** statt,
- kann oder muss angesichts eines positiven oder negativen **Privatlebens** erledigt werden und
- bietet **Arbeitsplatzsicherheit** oder eben nicht.

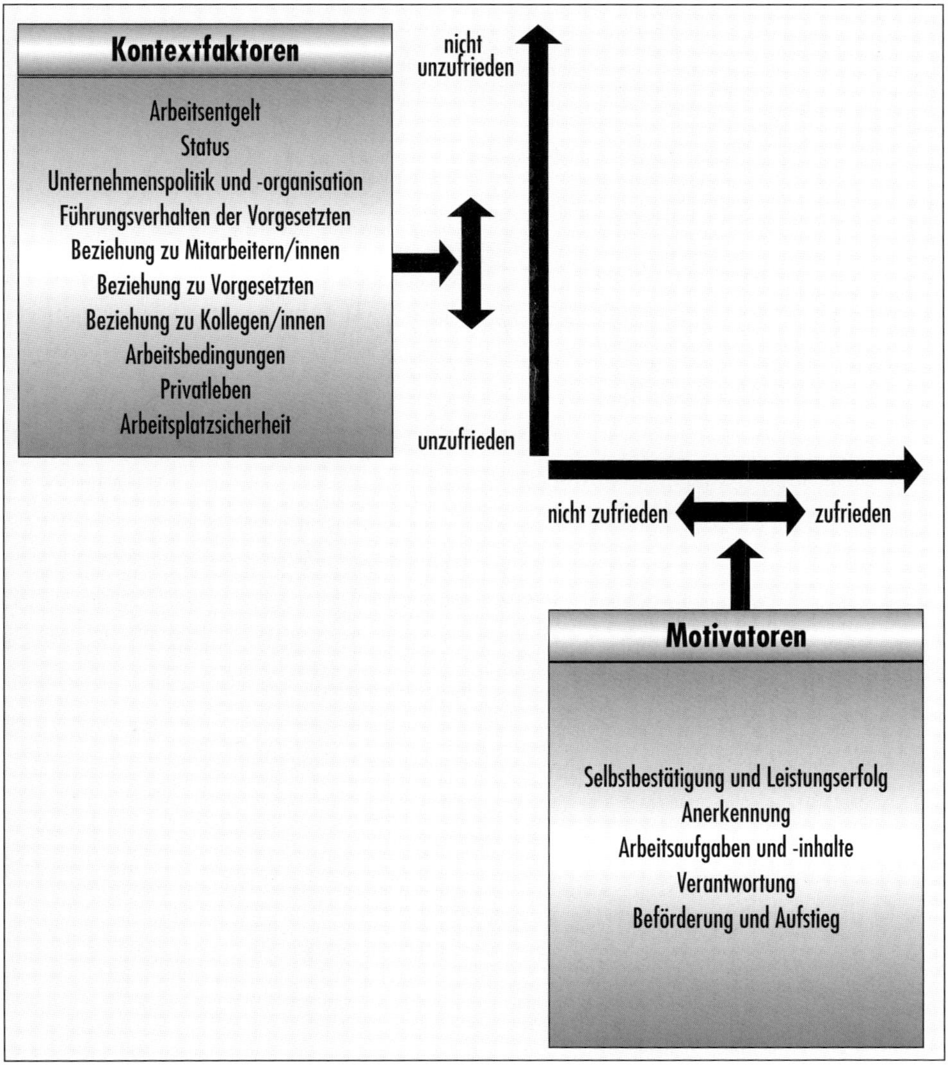

7.1 Abb. 3: *Zwei-Faktoren-Theorie*

Quelle: Bröckermann 2000, S. 132

Von diesen Kontext- oder Hygienefaktoren geht zwar keine Motivationswirkung aus, denn in ihrer positiven Ausprägung werden sie als Selbstverständlichkeit angesehen. Liegen sie jedoch in ihrer negativen Ausprägung vor, ergibt sich Arbeitsunzufriedenheit, so wie sich bei mangelhafter Hygiene Krankheiten einstellen.

2. (Satisfiers, Kontentfaktoren oder) **Motivatoren** sind Anreize, die sich unmittelbar aus dem Arbeitsvollzug ergeben. Durch sie kann eine positive Wirkung, nämlich Arbeitszufriedenheit, erreicht werden. Ihre negative Ausprägung führt jedoch nicht zur Arbeitsunzufriedenheit, sondern lediglich zur Nichtzufriedenheit. Die Arbeit

- verspricht oder versagt **Selbstbestätigung und Leistungserfolg** sowie
- **Anerkennung**,
- sie bietet ansprechende oder lausige **Arbeitsaufgaben und -inhalte**,
- viel oder wenig **Verantwortung**,
- unweigerlich oder kaum die Chance zu **Beförderung und Aufstieg**.

Soll keine starke Arbeitsunzufriedenheit aufkommen, müssen die Kontextfaktoren für die Mit-arbeiter im üblichen Maße gegeben sein, während Motivatoren als **Anreize dienen, die die Arbeitszufriedenheit erhöhen**.

Diese Behauptung erscheint auf den ersten Blick provokativ. Und doch belegen auch neuere Untersuchungen, dass das Arbeitsentgelt für die Motivation der Beschäftigten in der Tat nicht die überragende Bedeutung hat, die man ihm gemeinhin zubilligen will.

Grabl und *Pagel* (*1996, S. 172*) zufolge zeigen Untersuchungen über die Arbeitszufriedenheit von Sparkassenmitarbeitern, dass das Unternehmen Sparkasse für viele deshalb so attraktiv ist, weil sie dort einen **sicheren Arbeitsplatz**, ein **regelmäßiges Einkommen** und eine **geregelte Arbeitszeit** vorfinden. Bei Erfüllung dieser Bedingungen sind sie sogar bereit, auf ein höheres Arbeitsentgelt bei einem anderen Arbeitgeber zu verzichten. Wenn aber das Arbeitsentgelt nicht so wichtig ist, müssen Versuche, mit geldlichen Anreizen eine Leistungssteigerung herbeizuführen, ins Leere gehen. Dieser Gedanke konsequent zu Ende geführt würde bedeuten, dass leistungsabhängige Vergütungsbestandteile kein Instrument zur Erhöhung der Arbeitszufriedenheit der Mitarbeiterinnen und Mitarbeiter sind. Und tatsächlich kommen *Grabl* und *Pagel* (*1996, S. 172*) auf Grund umfangreicher Erfahrungen mit leistungsbezogenen Arbeitsentgelten zu der Erkenntnis, dass die unbaren und ideellen Leistungsanreize zumindest genauso wichtig, wenn nicht sogar wichtiger als die geldlichen Anreize sind, die im folgenden Kapitel thematisiert werden.

Schmitt (*1998, S. 17*) geht noch weiter. Er behauptet, Verkäufer, die nur über Kontextfaktoren angesprochen werden, würden beim Kunden genauso vorgehen, also mehr in die Richtung von Preisen und Konditionen argumentieren als in die Richtung von Lösungsansätzen für Kundenprobleme. Deshalb könnten solche Verkäufer beim Kunden kaum erfolgreich sein. Wenn die Verkäufer aber Spaß an ihrer Aufgabe hätten, weil sie über Motivatoren angesprochen werden, orientierten sie sich am Kunden und dessen Motiven. **Ihre Zufriedenheit steige mit dem Grad der Gestaltungsmöglichkeit, Eigenverantwortung und der Sinnhaftigkeit der Tätigkeit.**

Und *Korf* (*1992, S. 28 ff.*) stellt in seiner Außendienststudie fest, das Selbstbewusstsein, Selbstvertrauen und in der Folge auch die Leistungsmotivation und Arbeitszufriedenheit der Außendienstler werde durch Kontrollen, Reglementierung, Ballung von Vorgaben, Geschenke, Prämien, Provisionen usw. nicht aufgebaut, sondern indirekt immer weiter untergraben. Der Kunde nehme derart behandelte Außendienstler als „in Abwicklungssysteme eingefangene ‚Marionette(n)'„, als „Handlanger" oder „Musterlieferanten" wahr, die „in geschäftlicher Hinsicht nur noch ‚Briefträgerfunktion'„ ausüben (*Korf 1992, S. 29*). Er rät, die Mitarbeiter wieder zu Repräsentanten des Unternehmens zu entwickeln. Dabei helfe es nicht, Reisende zu Beratern umzubenennen und ansonsten alles beim Alten zu lassen. *Korf* (*1992, S. 31*) empfiehlt, ein Motivationskonzept zu entwickeln, das sich auf wenige, vorwiegend unbare und ideelle Anreize (Abb. 4) stützt.

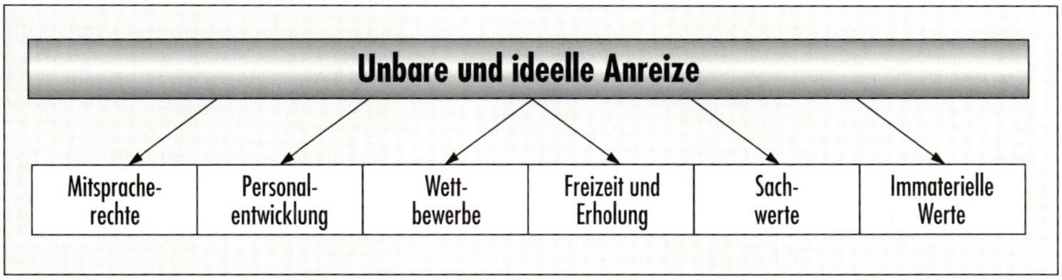

7.1 Abb. 4: ***Unbare und ideelle Anreize für den Vertrieb***
Quelle: eigene Darstellung

7.1.6.2 Mitspracherechte

Korf (*1992, S. 36*) ermittelt im Spitzenfeld der Beliebtheitsskala von Anreizen die **Beteiligung an Entscheidungen** und die so genannte „**offene Tür**" bei der Unternehmensleitung. Vertriebsmitarbeiterinnen und -mitarbeiter schätzen es demnach ungemein, wenn sie in die Dispositionen eingebunden oder doch zumindest angehört werden.

Im gleichen Sinne plädiert *Weis* (*1995, S. 258 f.*) für eine **verantwortungsvolle Verkaufstätigkeit**:

- Demnach werden sich Verkäuferinnen und Verkäufer nur dann für den Verkauf engagieren, wenn sie **voll verantwortlich** im Hinblick auf Umsatz und Ergebnis, also das sichtbare Ergebnis ihres Verkaufsgebietes sind. Nur dann stellen die wahrzunehmenden Aufgaben Sinn im Hinblick auf das Ergebnis ihrer Tätigkeit dar.
- Und wenn intrinsische Motive angesprochen werden sollen, kommt es darauf an, dem Verkaufspersonal etwa durch **Stellenbeschreibungen und Sollvorgaben** zu verdeutlichen, dass die Tätigkeit nicht nur Kreativität, Engagement und Eigeninitiative fordert, sondern zudem einen wichtigen Beitrag für das gesamte Unternehmen leistet.
- Ein **Feedback** für ihre Bemühungen erhalten Verkäuferinnen und Verkäufer in hervorragender Weise nicht nur durch ihre **Verkaufsabschlüsse**, sondern auch in **Sales Meetings**, Monatstreffen oder Verkäufertreffen, also Zusammenkünften zwischen dem Verkaufspersonal und der jeweiligen Verkaufsleitung. Dadurch wird versucht, den Kontakt zu halten, zu verbessern und gegebenenfalls zu erneuern, der sich bei Beschäftigten mit anderen Aufgabenfeldern oft schon zwangsläufig und täglich ergibt. Gleichzeitig hat die Verkaufsleitung die Möglichkeit, Verkäuferinnen und Verkäufer nicht nur im Zweiergespräch oder bei der Verkaufsbegleitung, sondern auch in der Gruppe kennen zu lernen. Die wiederum können im Rahmen derartiger Treffen auf ihre Probleme aufmerksam machen und, ganz im Sinne ihrer sozialen Motive, gemeinsam mit Kollegen und Vorgesetzten Lösungen finden. Die Frage, wie oft Sales-Meetings stattfinden sollen, muss individuell beantwortet werden. In der Praxis findet man Tagesmeetings, Wochenmeetings, Monats-, Quartals- und Jahrestreffen als Partner- und Teamgespräche, wie *Wagner* (*1997, S. 119ff.*) sie nennt.

Rischar (*1986, S. 128f.*) regt ferner die Bildung von **Qualitätszirkeln im Verkaufsbereich** an. Problemlösungsgruppen von maximal acht Personen sollen sich sowohl im Innen- als auch im Außendienst freiwillig treffen, um gemeinsam die Probleme zu lösen, die sie besonders bedrängen.

7.1.6.3 Personalentwicklung

Laut *Korf* (*1992, S. 36f.*) stehen Maßnahmen der Personalentwicklung, genauer

- die Teilnahme an Fortbildungskursen, wenn es sich nicht gerade um Wochenendseminare handelt, und
- Aufstiegschancen

gleichfalls im Spitzenfeld der Beliebtheitsskala von Anreizen. Oft betrachtet man die **Personalentwicklung** jedoch eher **unter dem Blickwinkel** der betrieblichen Notwendigkeit und weniger unter dem **der Motivation**, obwohl sicherlich beide Aspekte ihre Berechtigung haben.

Weis (*1995, S. 260*) vermerkt, die Personalentwicklung könne einen wichtigen Beitrag zur individuellen Motivation leisten. Dabei verweist er vor allem auf **Laufbahnpläne**, die der Selbstverwirklichung dienen und dadurch zu einer guten Leistung anspornen. Im Verkaufsinnendienst, z. B. in den Waren- und Verkaufshäusern, wäre eine Karriere vom Erstverkäufer über den Assistenten und Substitut bis zum Abteilungsleiter und darüber hinaus möglich. Im Außendienst sind diese Karrierechancen so nicht gegeben, denn dort ist die Karriereleiter steil und kurz. Die Beschäftigten im Außendienst berichten meist direkt an die Gebietsverkaufsleitung und die wiederum an die Vertriebsleitung. Und ein erfolgreicher Verkäufer muss keineswegs auch ein guter Verkaufsleiter sein. Andererseits interessieren sich Außendienstler viel weniger für Karriere und hierarchischen Aufstieg, sondern eher für den Grad der Selbstständigkeit, mit dem sie beim Kunden auftreten können (*Rischar 1986, S. 116*). Viele Unternehmen haben deshalb neben der Führungslaufbahn eine Fachlaufbahn geschaffen, die über ebenbürtige Personalentwicklungsmöglichkeiten verfügt.

7.1.6.4 Wettbewerbe

Wettbewerbe sollen vor allem dem Außendienst **Anreize für außergewöhnliche Leistungen** bieten und helfen, klar umrissene Zielsetzungen des Unternehmens zu realisieren, die nicht zwangsläufig zum Tagesgeschäft gehören. Die Schwerpunkte, etwa

- die Einführung neuer Produkte,
- das Gewinnen strategisch wichtiger Kunden,
- die Steigerung von Absatz und Marktanteil,
- die Erhöhung des Umsatzes pro Auftrag,
- der Ausgleich saisonaler Schwankungen oder
- die Verringerung von Reklamationen,

können mehrmals im Jahr wechseln (*Näser 1994, S. 408, Weis 1995, S. 281*).

Häufig wird jedoch übersehen, dass Wettbewerbe **an sich schon Anreize bieten, sich mit Kolleginnen und Kollegen zu messen sowie die Anerkennung des Kollegenkreises und der Vorgesetzten zu erlangen**. *Weis* (*1995, S. 282*) arbeitet heraus, dass sich Verkaufswettbewerbe eingedenk dessen nach verschiedenen Gesichtspunkten aufstellen lassen:

- Wettbewerbe, bei denen jeder gewinnt, der seine Umsatzvorgaben erzielt oder überschreitet,
- Wettbewerbe, bei denen das Verkaufspersonal untereinander konkurriert und nur die gewinnen, welche die vergleichbar besten Leistungen erzielt haben,
- Wettbewerbe sowohl zwischen einzelnen Verkäuferinnen und Verkäufern als auch zwischen Verkaufsteams (*Rischar 1986, S. 114*).

In diesem Zusammenhang ist eine wichtige Frage auch die, wie viel Prozent der Teilnehmer an Verkaufswettbewerben gewinnen können. Grundsätzlich sollte jeder Wettbewerbsteilnehmer eine Chance haben, aber nicht jeder gewinnen. Es empfiehlt sich wohl zumeist, einen ersten, zweiten und dritten Platz zu nominieren.

Verkaufswettbewerbe müssen in schriftlicher Form vor Beginn allen Teilnehmern klar und eindeutig bekannt sein. Sie dürfen, laut *Weis* (*1995, S. 284*), weder zu kurzfristig noch zu langfristig angekündigt werden, weil in beiden Fällen nicht die bestmögliche motivierende Wirkung erreicht wird. Daneben sollte durch die Bekanntgabe von Zwischenergebnissen der Anreiz aufrechterhalten werden.

Im Durchschnitt veranstalten die Unternehmen 2,5 Wettbewerbe pro Jahr, die sich jeweils über eine Dauer von durchschnittlich 15 Wochen erstrecken. Die mit Außendienstwettbewerben erzielten Umsatzsteigerungen liegen im Durchschnitt bei 12 %. Hier werden in der Regel 4,5 % vom erzielten Mehrumsatz ausgeschüttet (*o. V. 1986, S. 7 ff.*).

7.1.6.5 Freizeit und Erholung

Motivatoren setzt u. a. die vielfach kaum erwähnte, aber umso mehr geschätzte Personalbetreuung. **Personalbetreuung** ist eine Aufgabe des Personalwesens und der Vorgesetzten. Sie erbringen oder organisieren im Rahmen der Personalbetreuung Leistungen, die über das vereinbarte Entgelt hinaus gewährt werden (*Bisani 1995, S. 262 ff., 317 f., Bröckermann 1997, S. 293 ff., Heinze 1992, S. 327 ff., Hoppe 1992, S. 383 ff.*). Leistungen, die mit „Freizeit und Erholung“ traditionell dem Gesundheitswesen zugerechnet werden, haben im Rahmen der Motivation von Vertriebsmitarbeitern eine beachtenswerte und aktuelle Bedeutung erlangt.

Korf (*1992, S. 36*) ermittelt im Rahmen seiner Außendienststudie, dass **zusätzliche, individuell gestaltete Urlaubstage** die attraktivsten Anreize sind.

Wochenendflugreisen für zwei Personen in eine europäische Hauptstadt zählt er hingegen zu den lediglich in einem gewissen Maße attraktiven Anreizen. **Reisen** sind nach Bargeld die häufigsten Prämien im Rahmen der weiter oben angesprochenen **Wettbewerbe**.

Der durchschnittliche Wert einer Wettbewerbsreise betrug bereits 1986 über 1.000 EUR (*o. V. 1986, S. 7 ff.*). Eine **Reise bietet** gewöhnlich einen **Erlebniswert**. Zudem besitzt sie eine Langzeitwirkung, einen **Erinnerungswert**, wie sie auf anderen Wegen kaum zu erreichen ist. Professionell arrangierte und richtig inszenierte Reisen setzen nachhaltige Anreize. Das gilt umso mehr, wenn die Lebenspartner der Beschäftigten an der jeweiligen Reise teilnehmen können, wie es in rund der Hälfte aller Fälle ist. Die Attraktivität einer Reise etabliert sich jedoch nicht dadurch, dass der Zielort am anderen Ende der Welt liegt. So ist das Ziel der Wettbewerbsreisen deutscher Unternehmen in erster Linie das europäische Ausland. Reisen bieten zudem die ungeheure Chance, sich menschlich näher zu kommen und **Barrieren** zwischen Vorgesetzten und Mitarbeitern **abzubauen**, ohne dass ein Nivellierungseffekt eintritt. Umgekehrt bieten Reisen die Möglichkeit, Mitarbeiter besser kennen zu lernen, insbesondere wenn die Lebenspartner einbezogen werden. Und schließlich bieten Reisen für die Gewinner den Vorteil, dass man darüber sprechen kann. **Nachteile** sind der hohe Aufwand und die schwierige Auswahl der Reiseziele (*Ziegler/Büttner 1997, S. 242*).

7.1.6.6 Sachwerte

Ähnliches gilt für spezielle Vergünstigungen, die sich im Rahmen der Personalbetreuung hinter den überkommenen Begriffen Belegschaftsverkauf und Deputate verbergen, die **Sachwerte**.

Sachwerte finden sich ebenfalls in den genannten Wettbewerben, allerdings durchschnittlich mit weniger als einem Drittel des Wertes von Bargeldprämien und erst an dritter Stelle hinter dem Bargeld und den Reisen, obwohl Unternehmen, die Sachwertprämien einsetzen, die höchsten durchschnittlichen Umsatzsteigerungen erzielen (*o. V. 1986, S. 7 ff.*).

Korf (*1992, S. 36 ff.*) macht

- als attraktive Sachwerte die **Privatnutzung des Firmenfahrzeuges** und **zusätzliche Spesenpauschalen** aus,
- als weniger attraktive Sachwerte bestimmte **Zusatzausstattungen am Kraftfahrzeug** und die Möglichkeit, ein **Hotel einer besseren Kategorie** zu benutzen.
- Abgelehnt werden **Fitnesskuren** und **Buchprämien**.

Manche Firmen bieten Sachwerte an, die sie mit einer bestimmten Punktzahl versehen. Wer diese Punktzahl erreicht, kann unter einer Auswahl von Sachwerten das heraussuchen, was er haben möchte (*Rischar 1986, S. 114*).

Weis (*1995, S. 260 f.*) sieht die Sachwerte in erster Linie aus dem Blickwinkel der **Statussymbole**, mit denen man auf Grund von erbrachten Leistungen das Selbstwertgefühl der Beschäftigten steigern, aber auch das Motiv, Wertschätzung zu erlangen, ansprechen kann. Solche Sachwerte sind

- die Größe und Marke des **Firmenfahrzeuges**, denn im Vertriebsaußendienst liegt der Anteil derer, die ein Firmenfahrzeug zur Verfügung haben, bei 80 % und bei Vertriebsführungskräften zwischen 37 % im Produktmanagement und 88 % in Vertriebsdirektionen, wobei *Näser* (*1994, S. 408*) darauf hinweist, dass sie wieder häufiger ausschließlich nach dienstlichen Notwendigkeiten vergeben werden, und
- vielleicht auch Armbanduhren, Siegernadeln oder Siegerpokale (*Weis 1995, S. 284*).

Weis (*1995, S. 261*) warnt allerdings, die mit einem Statussymbol verbundene Statusdifferenz zum Kollegenkreis dürfe nicht dazu führen, dass damit die Kooperation und das Betriebsklima negativ beeinflusst werden. **Nachteilig** kann sich zudem eine begrenzte Artikelauswahl auswirken. Andererseits haben Sachwerte mit Qualität und Niveau, richtig ausgewählt, den Vorteil, einen bleibenden **Erinnerungswert** – unter Umständen sogar für die ganze Familie – darzustellen (*Ziegler/Büttner 1997, S. 241, Weis 1995, S. 284*).

7.1.6.7 Immaterielle Werte

Schließlich werden in Wettbewerben, aber auch ohne jeglichen Wettbewerb, zuweilen **immaterielle Werte** eingesetzt (*Korf 1992, S. 37, o. V. 1986, S. 8*). *Weis* (*1995, S. 262, 284*) bezeichnet sie als **Verkäuferauszeichnungen** und zählt dazu

- **Titel** und Ehrenbezeugungen, etwa als „Verkäufer des Jahres“,
- Belobigungsschreiben und **Urkunden** für hervorragende Arbeit,
- einen reservierten **Parkplatz**,
- die Arbeitsplatzgestaltung und **Raumausstattung**,
- ein eigenes **Sekretariat** sowie
- Mitgliedschaften in **Gremien**, Ausschüssen, Vereinen und Clubs, wie beispielsweise einem „100 %-Club“ sowie
- Einladungen zur Verkaufsleitung.

Sie sind in der Regel mit der Erreichung bestimmter Leistungen verbunden. Auch diese immateriellen Werte können einen **Erinnerungs- oder Prestigewert** haben. Sie zeigen den

Bedachten darüber hinaus die Anteilnahme der Vorgesetzten an ihrer Arbeit, was zu einer stärkeren Identifikation mit der Tätigkeit führen kann.

Korf (1992, S. 36 ff.) ermittelt in seiner Studie dagegen, dass immaterielle Werte wie etwa Clubmitgliedschaften u. Ä., als Äußerlichkeiten empfundene Auszeichnungen zumeist abgelehnt werden.

Literatur

Adams (1963): Adams, J. S.: „Towards an Understanding of Inequity", in: Journal of Abnormal and Social Psychology, Volume 67/1963, S. 422–436

Balzereit (1988): Balzereit, B.: Personalwirtschaft, 2. Auflage, München

Bisani (1995): Bisani, F.: Personalwesen und Personalführung, 4. Aufl., Wiesbaden

Brandstätter/Schuler/Stocker-Kreichgauer (1974): Brandstätter, H./Schuler, H./Stocker-Kreichgauer, G.: Psychologie der Person, Stuttgart–Berlin–Köln–Mainz

Bröckermann (1997): Bröckermann, R.: Personalwirtschaft: Arbeitsbuch für das praxisorientierte Studium, Köln

Bröckermann (2000): Bröckermann, R.: Personalführung: Arbeitsbuch für Studium und Praxis, Köln

Drumm (1995): Drumm, H. J.: Personalwirtschaftslehre, 3. Aufl., Berlin-Heidelberg-New York-Tokio

Echterhoff/Poweleit/Schindler/Krenz (1997): Echterhoff, W./Poweleit, D./Schindler, U./Krenz, A.: „Innere Kündigung: Überwindung von Motivationsblockaden in Wirtschaft und Verwaltung", in: Zeitschrift Führung + Organisation, Heft 1/1997, S. 33–37

Georgopoulus/Mahoney/Jones (1957): Georgopoulus, B. S./Mahoney, G. M./Jones, N. W.: „A Path-Goal Approach to Productivity", in: Journal of Applied Psychology, Volume 41/1957, S. 345–353

Grabl/Pagel (1996): Grabl, H./Pagel, U.: „Kluft zwischen ‚Nasenprämie' und Steuerungssystem", in: Betriebswirtschaftliche Blätter, Heft 6/1996, S. 171–172

Heinze (1992): Heinze, M.: „Betriebliche Sozialeinrichtungen und betriebliche Sozialmaßnahmen", in: Wagner, D./Zander, E./Hauke, C. (Hrsg.): Handbuch der Personalleitung, München 1992, S. 309–345

Hentze/Brose (1990): Hentze, J./Brose, P.: Personalführungslehre, 2. Aufl., Bern-Stuttgart-Wien

Hentze/Kammel/Lindert (1997): Hentze, J./Kammel, A./Lindert, K.: Personalführungslehre, 3. Aufl., Bern-Stuttgart-Wien

Herzberg/Mausner/Snyderman (1959): Herzberg, F./Mausner, B. M./Snyderman, B. B.: The Motivation to Work, New York

Herzberg (1966): Herzberg, F.: Work and the Nature of Men, Cleveland

Hoppe (1992): Hoppe, K.: „Nebenleistungen/Sozialleistungen", in: Wagner, D./Zander, E./Hauke, C. (Hrsg.): Handbuch der Personalleitung, München, S. 376–418

Jung (1995): Jung, H.: Personalwirtschaft, München–Wien

Korf (1992): Korf, C.-D.: Neue Leistungsanreize zur Motivation von Außendienst-Mitarbeitern: Ergebnisse einer Gruppendiskussion mit vertriebsrelevanter Interpretation und Realisierungsvorschlägen, Pinneberg

March/Simon (1958): March, J. G./Simon, H. A.: Organizations, New York

Maslow (1954): Maslow, A. H.: Motivation and Personality, New York

Näser (1994): Näser, C.: „Gehälter in Marketing + Verkauf 1994: Zwei Kienbaum-Studien zur aktuellen Vergütungs-Situation", in: Marketing Journal, Heft 5/1994, S. 404–408

O. V. (1986): Ohne Verfasser: Vertriebsaktivierung durch Außendienstwettbewerbe: Ergebnisse einer Umfrage bei 220 Unternehmen mit 16.400 Außendienstmitarbeitern, München

Raidt (1993): Raidt, F.: „Innere Kündigung", in: Strutz, H. (Hrsg.): Handbuch Personalmarketing, 2. Auflage, Wiesbaden, S. 74–87

Rischar (1986): Rischar, K.: Mitarbeiter im Vertrieb erfolgreich führen: Strategien und Techniken, Köln

Roth (1974): Roth, E.: Persönlichkeitspsychologie, 4. Aufl., Stuttgart–Berlin–Köln–Mainz

Schmitt (1998): Schmitt, P.: „Für eine sensible Motivationsstruktur", in: sales profi, Heft 7/1998, S. 16–17

Sievers (1994): Sievers, B.: Work, Death and Life Itself, Berlin, New York

Sprenger (1995): Sprenger, R. K.: Mythos Motivation: Wege aus einer Sackgasse, 8. Aufl., Frankfurt am Main-New York

Steers/Porter (1975): Steers, R. M/Porter, L. W. (Ed.): Motivation and Work Behavior, New York

Wagner (1997): Wagner, P.: Unser Lohn kommt vom Kunden: Kundenorientierung, Mitarbeiterbeurteilung, Erfolgsbeteiligung, Stuttgart

Weis (1995): Weis, H. C.: Verkauf, 4. Aufl., Ludwigshafen

Wiswede (1995): Wiswede, G.: Einführung in die Wirtschaftspsychologie, 2. Aufl., München-Basel

Withauer (1992): Withauer, K. F.: Menschen führen: Mit praxisnahen Führungsaufgaben und Lösungswegen, 6. Aufl., Ehningen-Stuttgart-Zürich

Wunderer/Grunwald (1980): Wunderer, R./Grunwald, W.: Führungslehre, Band I: Grundlagen der Führung, Berlin-New York

Ziegler/Büttner (1997): Ziegler, G./Büttner, H. L.: Geheimnisse des erfolgreichen Vertriebsaufbaus, Idstein

7.2 Entgelte für Vertriebsmitarbeiter

Reiner Bröckermann

7.2.1 Entgeltanreize und Entgeltmotive im Vertrieb

Unter der Überschrift „Motivation der Vertriebsmitarbeiter“ kommen in Kapitel 7.1 Motivationstheorien zum Zuge, aus denen man schließen kann, dass der **Entgeltanreiz nicht der entscheidende Motivationsanreiz** und das **Entgeltmotiv nicht das entscheidende Motiv** im Arbeitsprozess ist.

In der Tat ist das Entgeltmotiv ein so genanntes **extrinsisches Motiv**. Es wird nämlich nicht durch die Tätigkeit selbst, wohl aber durch ihre Folgen, eben das Entgelt, befriedigt. Zudem ist das Entgeltmotiv zweifellos ein **sekundäres Motiv**, denn es dient zur Befriedigung anderer Motive.

Gleichwohl gilt das Entgelt dem Broterwerb, also physiologischen Grundbedürfnissen, und ein ausreichendes Entgelt vermittelt Sicherheit. **Ein unzureichendes Entgelt führt zu einer Arbeitsunzufriedenheit**, die mit keinem anderen Anreiz wettgemacht werden kann (*Herzberg 1966, Staudinger/Markl 1998, S. 399*). Deshalb wird in den Tarifverhandlungen und erst recht in der täglichen Praxis um jeden Promillesatz des Entgelts heftig gestritten. Außerdem kann man das Entgelt in gewissem Sinne recht unkompliziert für die Motivation einsetzen, denn

- die Palette der Möglichkeiten, das Entgelt zu variieren, ist vielfarbig,
- die Beschäftigten halten sich mit einem höheren Entgelt alle Optionen für die Verwendung offen und
- das Entgelt repräsentiert eine Qualität, die sich sehr genau beurteilen lässt, da Geld in seiner Wertigkeit exakt und wirklich bis auf den letzten Pfennig eingeschätzt werden kann (*Ziegler/Büttner 1997, S. 240*).

Zu guter Letzt hat das Entgelt gerade dort, wo Motivatoren wie Beförderung und Aufstieg kaum zu verwirklichen sind und wo der Leistungserfolg sich vor allem in geldlichen Größen ausdrückt, eine andere Bedeutung. Gerade hier ist das Entgelt eng mit anderen Anreizen verknüpft, da mit dem Entgelt der Leistungserfolg anerkannt, Wertschätzung ausgedrückt und Selbstbestätigung möglich wird. Deshalb betont *Weis* (*1995, S. 258*), die – in Beitrag 7.1 angesprochenen – **unbaren und ideellen Anreize** sollten gerade im Vertrieb **stets in Verbindung zu den geldlichen Anreizen** betrachtet werden, um so ein möglichst breites Spektrum von Motiven der Beschäftigten abzudecken.

Dennoch sollte man sich hüten, den Beschäftigten **mit Entgeltanreizsystemen jene vom Arbeitgeber erwünschten Handlungsergebnisse schmackhaft zu machen, die im Widerspruch zu den persönlichen Zielen der Beschäftigten ste-**

hen. Handlungsergebnisse und persönliche Ziele sollten vielmehr aufeinander abgestimmt werden, um den Beschäftigten die Möglichkeit zu geben, sich in der Arbeit zu verwirklichen und persönliche Herausforderungen zu bewältigen. Die dadurch entstehende Motivation ist dann ohne jeden Zweifel zum Nutzen der Unternehmen (*Sievers 1987, Georgopoulus/Mahoney/Jones 1957, Porter/Lawler 1968, Vroom 1964*).

7.2.2 Entgeltgerechtigkeit im Vertrieb

7.2.2.1 Zielvorgaben und Instrumente der Entgeltgerechtigkeit

Allein schon um **Arbeitsunzufriedenheit zu vermeiden**, muss ein Entgelt gerecht sein. Wie diese Arbeitsunzufriedenheit entsteht und wozu sie führt, belegen die Anreiz-Beitrags-Theorie von *March* und *Simon* (*1958*) sowie die Gleichheitstheorie von *Adams* (*1963*). Die Beschäftigten setzen aus ihrer subjektiven Sicht die Anreize des Unternehmens zu ihren eigenen Beiträgen ins Verhältnis. Sie suchen ein aus ihrer Sicht gerechtes Verhältnis zwischen ihrem Aufwand und ihrem Ertrag. Bietet ihnen das Unternehmen nur wenige oder mangelhafte Anreize, so werden sie ihre Beiträge ebenso gering ansetzen (*Oechsler 1994, S. 298, Schanz 1993, S. 480 f., Staudinger/Markl 1998, S. 398*). Und ergibt der Vergleich mit anderen eine Benachteiligung, entwickelt sich eine Arbeitsunzufriedenheit, die zu einer inneren oder gar tatsächlichen Kündigung führen kann.

In der Praxis geht man mit der Problematik, wie viel eine Arbeit gerechterweise wert ist und in welchem Verhältnis die Entgelte für verschiedene Tätigkeiten zueinander stehen müs-

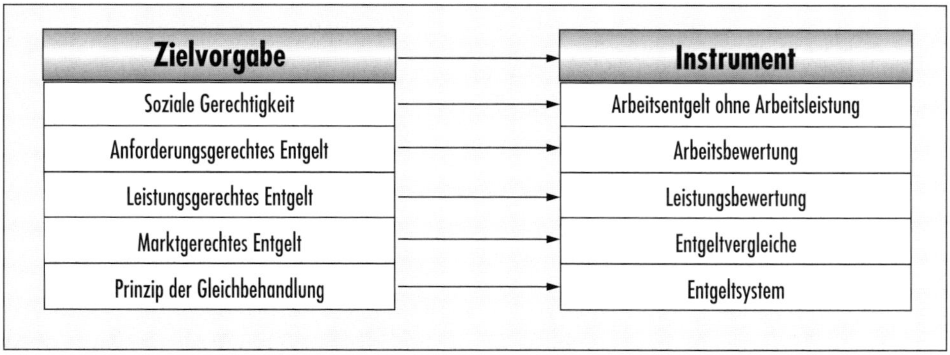

7.2 Abb. 1: ***Zielvorgaben und Instrumente für ein gerechtes Entgelt***
Quelle: ähnlich Bröckermann 1997, S. 187, Weis 1995, S. 269 f.

sen, eher **pragmatisch** um. Da es keinen objektiven Maßstab für ein gerechtes Entgelt gibt, akzeptiert man die Ergebnisse der Entgeltverhandlungen (*Bröckermann 1997, S. 187, Keller/Kurth 1991, S. 5*). Neben den Verhandlungen um Tarifverträge, Dienst- und Betriebsvereinbarungen sind nicht nur beim Abschluss eines Arbeitsvertrages im Spannungsfeld der Interessen laufend **Entscheidungen über die Höhe des Entgelts** zu treffen. Dabei sind die Arbeitgeber bemüht, ein anforderungs-, leistungs- und marktgerechtes Entgelt zu finden und allen Betroffenen die gleichen Chancen zu sichern. Zudem will man auch soziale Gerechtigkeit gewährleisten. Zu diesem Zweck kommen fünf Instrumente zum Einsatz (Abb. 1).

7.2.2.2 Soziale Gerechtigkeit per Gesetz oder Vereinbarung

Gesetze, Tarifverträge, Betriebs- und Dienstvereinbarungen sowie Arbeitsverträge beinhalten eine Vielzahl von Regelungen, die den Beschäftigten aus Gründen der sozialen Gerechtigkeit auch dann ein Arbeitsentgelt zusichern, wenn sie gar keine Arbeitsleistung erbracht haben (*Bröckermann 1997, S. 225 ff., Olfert/Steinbuch 1998, S. 382 ff.*).

Weist ein Arbeitgeber seinen Arbeitnehmerinnen und Arbeitnehmern **keine Arbeit** zu, so muss er ihnen grundsätzlich weiterhin das Arbeitsentgelt zahlen. Der Arbeitgeber ist immer in der Pflicht, wenn die Ursachen in seiner Sphäre liegen. Um unnötige Streitigkeiten zu verhindern, nehmen sich die Tarifpartner dieser Problematik häufig an.

Das Bürgerliche Gesetzbuch und viele Tarifverträge beinhalten Regelungen, unter welchen Voraussetzungen und in welchem Umfang ein Anspruch auf Zahlung der Vergütung bei **persönlicher Verhinderung** der Arbeitnehmerinnen und Arbeitnehmer besteht, etwa bei Hochzeiten, Geburten und Sterbefällen.

Nach dem Bundesurlaubsgesetz beträgt der Mindesturlaub vier Wochen, d. h. für Arbeitnehmerinnen und Arbeitnehmer mit einer Sechstagewoche 24 Arbeitstage, für Beschäftigte mit einer Fünftagewoche 20 Arbeitstage. Für diese Tage des Erholungsurlaubs wird das Arbeitsentgelt weitergezahlt. Das **Urlaubsentgelt** bemisst sich nach dem durchschnittlichen Arbeitsverdienst der letzten 13 Wochen vor dem Beginn des Urlaubs.

Das Entgeltfortzahlungsgesetz regelt die Zahlung des Arbeitsentgelts an gesetzlichen Feierta-gen und im Krankheitsfall sowie bei einer Arbeitsverhinderung infolge einer Maßnahme der medizinischen Vorsorge, d. h. einer Kur oder der Rehabilitation. Bei Krankheit, stationären Kuren und Rehabilitationsmaßnahmen zahlt der Arbeitgeber für die Dauer von bis zu sechs Wochen das Arbeitsentgelt weiter. Unter dem Arbeitsentgelt, das fortgezahlt wird, ist das Entgelt zu verstehen, das dem Beschäftigten bei der für ihn maßgebenden regelmäßigen Arbeitszeit zugestanden hätte, wobei Überstunden nicht eingerechnet werden. Ein Anspruch auf

Entgeltfortzahlung besteht nur, wenn man ohne eigenes Verschulden an der Arbeitsleistung gehindert wird.

Nach dem **Mutterschutzgesetz** können werdende Mütter in den letzten sechs Wochen vor der Entbindung nicht beschäftigt werden, es sei denn, dass sie sich zur Arbeitsleistung ausdrücklich bereit erklären. Acht Wochen nach der Geburt dürfen sie nicht beschäftigt werden. Sie erhalten für diese Zeiten das Mutterschaftsgeld, das in der Hauptsache vom Arbeitgeber getragen wird und dem regelmäßigen Arbeitsentgelt entspricht. Laut Mutterschutzgesetz muss man stillenden Müttern auf ihr Verlangen für die zum Stillen erforderliche Zeit freigeben. Durch die Gewährung der Stillzeit darf kein Verdienstausfall eintreten.

Zudem hat der Gesetzgeber in der Steuer- und Sozialgesetzgebung Regelungen vorgesehen, die der sozialen Gerechtigkeit dienen sollen.

So beruht die **Besteuerung der Einkommen** auf einem Tarif, der eine Progression vorsieht. Für höhere Einkommen muss deshalb eine nicht nur der Summe nach, sondern sogar prozentual höhere Steuer abgeführt werden.

Die Mitglieder der gesetzlichen **Sozialversicherungen** zahlen **Beiträge**, die sich nicht nach den Leistungen bestimmen, die sie abfordern, sondern auf ihr Einkommen bezogen sind. Die Einnahmen werden dann solidarisch auf alle Leistungsempfänger verteilt.

7.2.2.3 Anforderungsgerechte Entgelte für das Vertriebspersonal

Unterschiedliche Aufgaben sind regelmäßig auch durch einen unterschiedlichen Schwierigkeitsgrad, d. h. unterschiedliche Anforderungen gekennzeichnet. Diese Anforderungen kann man **Anforderungsprofilen für den Vertrieb** entnehmen. Sie müssen sich im Entgelt niederschlagen (*Keller/Kurth 1991, S. 5, 8 ff.*).

Um das zu gewährleisten, bedient man sich der **Arbeitsbewertung**, die auch unter Begriffen wie Stellen-, Funktions- oder Positionsbewertung bekannt ist. Dabei wird ausschließlich die Arbeitsverrichtung als solche beurteilt, ohne Berücksichtigung des jeweiligen Stelleninhabers und seiner Leistung. Die ermittelten Kennzahlen, die in Entgeltgruppen, Arbeitswerten, Wertzahlsummen oder ähnlichen Daten ausgedrückt werden, beschreiben den Schwierigkeitsgrad der verschiedenen Tätigkeiten. Entsprechend diesem Schwierigkeitsgrad kann man Wertrelationen zwischen den Tätigkeiten definieren. Auf der Grundlage der ermittelten Werte muss dann über die Anzahl und die Spannbreite der Entgeltgruppen entschieden werden (*Bröckermann 1997, S. 195 ff., Cisek 1997, S. 202 ff., Jung 1995, S. 556 ff., Knebel/Zander 1989, S. 18 ff., Zander 1994, S. 62 ff.*). Dazu verwendet man die in Abb. 2 aufgezeigten **Verfahren**.

	Methode der qualitativen Analyse	
Methode der Quantifizierung	***Summarisch:*** **Arbeitsanforderungen werden in ihrer Gesamtheit erfasst**	***Analytisch:*** **Arbeitsanforderungen werden in Anforderungsarten zerlegt, die einzeln bewertet werden**
Reihung: **Bildung einer Rangordnung, -folge oder -reihe**	*Rangfolgeverfahren:* Arbeitsplätze mit gleichen Anforderungskriterien werden in Gruppen durch Paarvergleiche in eine Rangfolge gebracht	*Rangreihenverfahren:* Man nimmt, für jedes Anforderungskriterium einer Tätigkeit getrennt, eine Einordnung nach dem Schwierigkeitsgrad vor
Stufung: **Skalierung oder Einstufung**	*Katalogverfahren:* Anhand von Erfahrungswerten werden Entgeltgruppen definiert, die unterschiedliche Schwierigkeitsgrade repräsentieren	*Stufenwertzahlenverfahren:* Für jedes Anforderungskriterium werden Anforderungsstufen festgelegt, denen Zahlenwerte zugeordnet sind

7.2 Abb. 2: *Methoden der Arbeitsbewertung*
Quellen: Bröckermann 1997, S. 196, Keller/Kurth 1991, S. 8

7.2.2.4 Leistungsgerechte Entgelte im Vertrieb

Näser (*1994, S. 406 f.*) kommt in den zwei von ihm angeführten Vergütungsstudien der Unternehmens-beratung Kienbaum zu dem Ergebnis, dass die Entgelte von Außendienstlern stark von den erzielten Berufserfolgen abhängen. Demnach wurden 1994 im Durchschnitt aller Branchen folgende Jahresbruttoentgelte erzielt:

- Verkaufsanfänger 37.000 EUR,
- durchschnittliches Verkaufspersonal 48.000 EUR und
- Spitzenkräfte 56.500 EUR.

Die Auswertung zeigt, dass die höheren Entgelte der Spitzenkräfte durch ein Mehr an **Leistung bestimmt** wurden. Die Grundvergütungen des durchschnittlichen Verkaufspersonals und der Spitzenkräfte lagen nämlich mit 36.000 EUR in gleicher Höhe. Hier sieht *Näser* (*1994, S. 406 f.*) die **große Chance des Außendienstes**. Leistungsorientierte Entgelte eröffnen fähigen Beschäftigten auch beim Verbleiben auf der Verkäuferstufe durchaus attraktive finanzielle Perspektiven. Das ist von den Arbeitgebern durchaus so gewollt. Daneben wollen sie durch leistungsgerechte Entgelte dazu anspornen, dass das Vertriebspersonal

- neue Kunden findet und somit hohe Umsätze erreicht,
- das gesamte Verkaufsprogramm erfolgreich verkauft,
- den Absatz von Gewinn bringenden Produkten steigert und
- im Team kooperiert (*Weis 1995, S. 269*).

Leistungsgerechte Entgelte kann man aber nur dann sicherstellen, wenn man eine **Leistungsbewertung** durchführt. Grundlage der Leistungsbewertung ist die Ermittlung geeigneter leistungsabhängiger Kennzahlen. Die Kennzahlen sind immer dann geeignet, wenn die Beschäftigten sie beeinflussen können und diese Beeinflussung zu einer Veränderung des Leistungsergebnisses führt. Für die Leistungsbewertung werden grundsätzlich zwei Formen von Kennzahlen verwendet: **Leistungsziffern und Leistungswerte** (*Bröckermann 1997, S. 204ff., Keller/Kurth 1991, S. 6, 14ff., Zander 1994, S. 109ff.*).

Leistungsziffern sind Kennzahlen, die durch Messen oder Zählen gewonnen werden. Die individuelle Leistung wird mittels eines Vergleichs von Sollvorgaben für Zeiten, Mengen und Qualitäten mit den aktuell ermittelten Zeiten, Mengen und Qualitäten eingeschätzt. Zumeist wird das für Akkordlöhne bewährte **REFA-System** angewandt, benannt nach dem ehemaligen Reichsausschuss für Arbeitszeitermittlung (Abb. 3, *REFA 1984, 1991a, 1991b, 1992*). Dabei ist konventionell eine Abteilung für die Arbeitszeitermittlung federführend.

Kann der Beitrag des Menschen zum Arbeitsergebnis nicht gemessen oder gezählt werden, greift man auf die Leistungsbeurteilung zurück. Das Ergebnis der Leistungsbeurteilung ist eine Bewertung des Arbeitsergebnisses und des Arbeitsverhaltens der einzelnen Beschäftigten nach einheitlichen Kriterien. Diese Bewertung wird in Kennzahlen übersetzt, die so genannten **Leistungswerte**. Die Leistungswerte bilden die Grundlage für die Bestimmung von Leistungszulagen. Mit diesen Leistungszulagen erkennt man den Fleiß, die Sorgfalt, die Aufmerksamkeit, die Zuverlässigkeit, flexible Einsatzmöglichkeiten und dergleichen mehr an (*Cisek 1997, S. 214ff.*).

7.2.2.5 Marktgerechte Entgelte für das Vertriebspersonal

Weis (*1995, S. 269*) hebt hervor, dass sich die Entgelte im Vertrieb nicht zuletzt daran orientieren müssen, ob sie geeignet sind, gutes Verkaufspersonal zu gewinnen und zu halten.

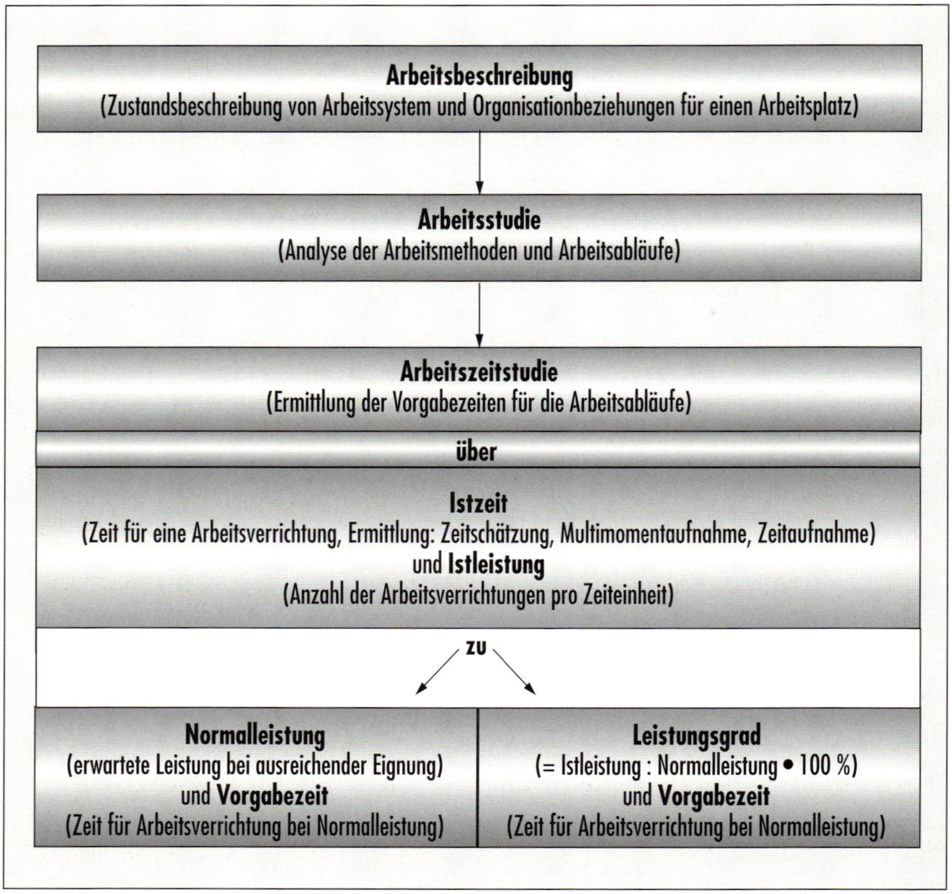

7.2 Abb. 3: *REFA-System*
Quelle: Bröckermann 2000, S. 145

Die Beschäftigten erwarten also ein marktgerechtes Entgelt. Für die Entscheidung, in eben diesem Unternehmen zu arbeiten und zu verbleiben, ist neben anderen Überlegungen ein Entgeltvergleich entscheidend. Man vergleicht das Entgeltniveau des Beschäftigungsunternehmens mit dem anderer Unternehmen. Es gilt heute als gesicherte Erkenntnis, dass für die Beschäftigten dabei die absolute Höhe ihres Entgelts von wesentlich geringerer Bedeutung ist als die für sie erkennbaren Relationen. Ein Arbeitgeber ist deshalb gut beraten, seinerseits **Entgeltvergleiche** anzustellen, um **konkurrenzfähige Entgelte sicherzustellen**. Gegebenenfalls sind Konjunktur- und Marktzuschläge angebracht (*Bröckermann 1997, S. 188, Olfert/Steinbuch 1998, S. 345 f., Schmalen 1996, S. 194 f.*).

7.2.2.6 Prinzip der Gleichbehandlung durch Entgeltsysteme im Vertrieb

Der angeführte Entgeltvergleich der Beschäftigten bezieht sich aber nicht nur auf das Entgeltniveau anderer Unternehmen. Das eigene Entgelt wird auch mit dem der Kolleginnen und Kollegen im „eigenen" Unternehmen verglichen. Unternehmen müssen allein schon aus diesem Grunde konsequent das Prinzip der Gleichbehandlung verwirklichen (*Bröckermann 1997, S. 188*).

Das ist nur möglich, wenn das betreffende Unternehmen die Arbeitsbewertung sowie gegebenenfalls eine Leistungsbewertung und Marktzuschläge zu einem transparenten Entgeltsystem verbindet. In diesem **Entgeltsystem** müssen für die genannten Zielvorgaben einheitliche Grundsätze, Verfahren und Werte, also Entgeltmethoden definiert werden. Dadurch schließt man Willkür weitestgehend aus. Zugleich stellt man so vernünftige und einsichtige Relationen zwischen den Entgelten sicher.

Herzberg (*1966*) rät den Unternehmen dazu, ihre **Entgeltsysteme unkompliziert** zu **gestalten**, um nicht neue Ursachen für Arbeitsunzufriedenheit zu schaffen. Diese Forderung wird im Übrigen durch aktuelle Untersuchungen unterstrichen. *Grabl* und *Pagel* (*1996, S. 171*) etwa weisen darauf hin, geldliche Anreizsysteme müssten transparent sein, so dass im Ergebnis nachvollziehbare Zuwendungen ausgeschüttet werden.

Die allermeisten Unternehmen sind bemüht, diesen Forderungen dadurch zu entsprechen, dass sie für die anliegenden **Tätigkeiten geeignete Grundvergütungen und zusätzliche Vergütungen auswählen, über eine Arbeits- und Leistungsbewer-**

Zeitlohn	
Beschreibung	Der Zeitlohn bestimmt sich nach der Formel: Bruttozeitlohn = (Lohnsatz je Zeiteinheit) · (Anzahl der Zeiteinheiten). Der Lohnsatz je Zeiteinheit, meist pro Stunde, neuerdings pro Monat, beruht auf einer Arbeitsbewertung. Vergütet wird die Anwesenheitszeit in der regelmäßigen Arbeitszeit oder im Rahmen genehmigter Überstunden, abzüglich der unbezahlten Pausen. Es besteht kein unmittelbarer Zusammenhang zwischen Lohnhöhe und Leistung.
Nachteile	Das Unternehmen trägt das Risiko geringer Arbeistleistung. Deshalb wird die Leistung bisweilen überwacht, was neben zusätzlichen Kosten zu Missstimmung in der Belegschaft führt. Bei Beschäftigten mit überdurchschnittlicher Leistung kann sich Unzufriedenheit einstellen, weil sich der Arbeitseinsatz nicht in höherem Verdienst widerspiegelt.
Vorteile	Beim Zeitlohn ergibt sich eine einfache, gut verständliche Abrechnung. Die Arbeit kann ohne besonderen Sach- und Zeitzwang bewältigt werden und führt oft zu guter Qualität, schonendem Umgang mit Betriebsmitteln und nur sehr wenigen Gesundheits- und Unfallgefahren.

7.1 Tab. 1: *Zeitlohn*

Honorar	
Beschreibung	Das Honorar ist das vertraglich vereinbarte Entgelt für die Leistungen der freien Mitarbeiter/-innen. Für die Honorarhöhe ist die vertraglich vereinbarte Leistung maßgeblich, nur selten die Anwesenheits- oder Arbeitszeit. Zumeist werden Honorare als Bruttoentgelte ausgezahlt. Um steuer- und sozialversicherungsrechtliche Belange müssen sich die Empfänger ebenso selbst kümmern wie um eine Absicherung für Krankheitsfälle.
Nachteile	Das Qualitätsrisiko trägt der Kunde, der sich bei Qualitätsmängeln mit den freien Mitarbeitern/-innen auseinander setzen muss.
Vorteile	Das Honorar hat regelmäßig einen starken Leistungsbezug.

7.2 Tab. 2: *Honorar*

Gehalt	
Beschreibung	Das Bruttogehalt entnimmt man, abgesehen von Mehrarbeit und Fehlzeiten, dem Arbeitsvertrag. Maßgeblich ist die vereinbarte, i. d. R. tarifkonforme Arbeitszeit, meist pro Monat, abzüglich unbezahlter Pausen, zuzüglich etwaiger genehmigter Überstunden. Es besteht kein unmittelbarer Zusammenhang zwischen Gehaltshöhe und erbrachter Leistung.
Nachteile	Das Unternehmen trägt das Risiko geringer Arbeitsleistung. Deshalb wird die Leistung bisweilen überwacht, was neben zusätzlichen Kosten zu Missstimmung in der Belegschaft führt. Bei Beschäftigten mit überdurchschnittlicher Leistung kann sich Unzufriedenheit einstellen, weil sich der Arbeitseinsatz nicht in höherem Verdienst widerspiegelt.
Vorteile	Auch beim Gehalt ergibt sich eine einfache, gut verständliche Abrechnung. Die Arbeit kann ohne besonderen Sach- und Zeitzwang bewältigt werden und führt oft zu guter Qualität, schonendem Umgang mit Betriebsmitteln und nur sehr wenigen Gesundheits- und Unfallgefahren. Zudem hat das Gehalt im Vergleich zum Lohn einen hohen Prestigewert.

7.3 Tab. 3: *Gehalt*

tung bestimmen und nach festen Regeln kombinieren (*Harlander/Heidack/Köpfler/Müller 1994, S. 333 ff.*).

Bei den **Grundvergütungen** handelt es sich um die in Tab. 1 bis Tab. 3 dargestellten Typen (*Bröckermann 2000, S. 147 f.*).

Dazu kommen die in diesem Zusammenhang kaum relevante Ausbildungsvergütung und der Akkordlohn, der aber für Beschäftigte im Vertrieb kaum Bedeutung hat (*Bröckermann 1997, S. 193 ff.*).

Wenn eine dieser Grundvergütungen alleine das Entgelt bestimmt, spricht man von einer Festvergütung. Die **Festvergütung** bietet unbestreitbare Vorteile, nämlich ein sicheres, beständiges Einkommen, eine einfache, übersichtliche Berechnung und genau festgelegte Verkaufskosten. Folgerichtig ist die Festvergütung in der Praxis überall dort vorzufinden,

- wo der Anteil der Beratung im Rahmen der Verkaufstätigkeit überwiegt, also bei komplexen Produkten und Innovationen,
- wo der Verkaufsprozess lange dauert wie bei Investitionsgütern und Dienstleistungen,
- wo sich bei der Zuordnung der Verkaufsleistung auf die am Verkauf Beteiligten Probleme ergeben, etwa beim Teamverkauf, und
- wo der Absatz saisonal sehr schwankt, d. h. bei Saisonartikeln.

Ansonsten will man beim Entgelt für Verkaufspersonal zumeist nicht auf einen Kausalzusammenhang mit der erbrachten Verkaufsleistung verzichten. Die Festvergütung ist nämlich unflexibel und sie begrenzt die Einkommensmöglichkeiten. Zudem mangelt es der Festvergütung angeblich auch an der Motivation zur Leistung. Es sei dahingestellt, ob das so stimmt. Zumindest vergisst man dabei aber die Vertriebsanreize, auf die in Beitrag 7.1 eingegangen wurde (*Weis 1995, S. 271 f.*).

So **kombiniert man die Grundvergütungen vielfach mit zusätzlichen Vergütungen. Eine zusätzliche Vergütung** (*Bröckermann 1997, S. 211 ff., Olfert/Steinbuch 1998, S. 373 ff.*) ist einerseits oft zwingend, da Gesetze, Tarifverträge und Betriebs- oder Dienstvereinbarungen sie zum Teil vorschreiben, andererseits freiwillig als Ausgleich für Härten, als Leistungsanreiz oder als Wettbewerbsfaktor am Arbeitsmarkt. *Näser* (*1994, S. 407*) weiß zu berichten, dass **gerade im Vertrieb zusätzliche variable und erfolgsabhängige Vergütungen weit verbreitet** sind:

- 1994 erhielten je nach Position 40–80 % der Führungskräfte im Vertrieb eine zusätzliche variable und erfolgsabhängige Vergütung in Höhe von durchschnittlich 5.500 EUR bis zu über 24.000 EUR.
- Auch im Außendienst kommt der variablen Vergütung eine wesentliche Rolle zu: 72 % aller von der Unternehmensberatung Kienbaum 1994 erfassten Außendienstler erhielten eine zusätzliche variable und erfolgsabhängige Vergütung, die im Durchschnitt 26 % des Jahresbruttoentgelts ausmachte, bei den Spitzenkräften sogar 36 %.

Zu den zusätzlichen Vergütungen zählen die in Tab. 4 bis Tab. 10 genannten (*Bröckermann 2000, S. 145 f.*). Jedes Unternehmen muss unter Berücksichtigung des relevanten Marktes, der Wettbewerbssituation sowie der Zielsetzung das Entgeltsystem entwickeln, das für

Zuschläge	Anspruchsgrundlagen sind Gesetze, Tarifverträge, Betriebs- oder Dienstvereinbarungen und Arbeitsverträge.
Zuschläge im Vertrieb	Bekannt sind Überstundenzuschläge, außertarifliche Zuschläge, Nacht-, Sonn- und Feiertagszuschläge, Schichtzuschläge, Erschwerniszuschläge, Springerzuschläge, Orts- und Kinderzuschläge.

7.2 Tab. 4: *Zuschläge*

Sonder zahlungen	Anspruchsgrundlage sind ebenfalls Gesetze, Tarifverträge, Betriebs- oder Dienstvereinbarungen und Arbeitsverträge. Von der Grundvergütung unterscheidet sie lediglich der Auszahlungszeitpunkt, der im Sinne der jeweiligen Sonderzahlung begründet ist.
Sonderzahlungen im Vertrieb	Häufig findet man ein tarifliches Weihnachtsgeld, ein 13. Monatsgehalt, ein zusätzliches Urlaubsgeld und Trennungsentschädigungen vor.

7.2 Tab. 5: *Sonderzahlungen*

Gratifikationen	Gratifikationen werden aus besonderen Anlässen freiwillig bezahlt. Der Arbeitgeber kann die Gewährung davon abhängig machen, dass die Bedachten zum Auszahlungszeitpunkt nicht gekündigt haben. Falls sie mehrfach in derselben Höhe mit derselben Begründung und ohne den ausdrücklichen Vorbehalt der Einmaligkeit und Freiwilligkeit zugestanden werden, entsteht die so genannte betriebliche Übung, eine Art Gewohnheitsrecht.
Gratifikationen im Vertrieb	Gratifikationen sind beispielsweise die betriebliche Altersversorgung, Zuschüsse zu den vermögenswirksamen Leistungen, Verpflegungszuschüsse, verbilligte Arbeitgeberdarlehen, die private Nutzung eines Dienstwagens, Mietzuschüsse und die Stellung von Werkswohnungen.

7.2 Tab. 6: *Gratifikationen*

den spezifischen Fall am besten geeignet ist. Wie sich das in der **Praxis** darstellt, veranschaulicht Weis (*1995, S. 277*) anhand des Ergebnisses einer Vergütungsstudien der Unternehmensberatung Kienbaum. Danach

- zahlen lediglich 22 % der Unternehmen ihren Verkäufern **nur** ein **Festgehalt**,
- 29 % zahlen **Festgehalt und Provision** und
- 17 % zahlen **zum Festgehalt eine Prämie**,
- während alle übrigen Unternehmen **mehrere Vergütungskomponenten** einsetzen.

Prämien	**Prämien sind nicht ausschließlich auf die Mengenleistung ausgelegt, sondern auf eine optimale Leistung im Schnittpunkt einer Vielzahl von quantitativen und qualitativen Kriterien.**
Prämien im Vertrieb	Im Zusammenhang mit der „Motivation der Vertriebsmitarbeiter" war im vorigen Kapitel bereits von Wettbewerben die Rede, in deren Genuss vor allem der Außendienst kommt. Der am häufigsten gewählte Wettbewerbspreis ist die Bargeldprämie. In der Regel werden 4,5 % vom erzielten Mehrumsatz ausgeschüttet. Der durchschnittliche Wert von Bargeldprämien lag schon 1986 nahe an 1.500 EUR *(o. V. 1986, S. 7ff.)*. Auch ohne eine Verknüpfung mit Wettbewerben verwendet rund die Hälfte aller Unternehmen Prämien, manchmal sogar ergänzend zur Provision. Für die Bemessung sind regelmäßig zwei bis drei Zielgrößen ausschlaggebend. Prämien werden, im Unterschied zu Provisionen, auch für kurzfristige Ziele eingesetzt *(Näser 1994, S. 408, Weis 1995, S. 279f.)*: • Aktionsprämien wollen den Umsatz in einer bestimmten Zeit, einer Aktionsrunde, steigern. • Neuproduktprämien sollen den Umsatz neuer Produkte fördern. • Mit Auftragsprämien bietet man die Möglichkeit, für eine bestimmte Anzahl von Aufträgen pro Tag, Woche oder Aktion eine zusätzliche Vergütung zu bekommen. • Neukundenprämien haben die Gewinnung neuer Kunden zum Ziel, was in der Regel schwieriger ist als der Verkauf an Altkunden. Mit Prämien, die längerfristig wirken, werden folgende Ziele angestrebt *(Weis 1995, S. 280)*: • Produktprämien werden zur Erzielung bestimmter Umsatzziele pro Jahr eingesetzt. • Distributionsprämien haben das Ziel, die Distribution in einem bestimmten Verkaufsgebiet zu erhöhen. • Besuchsanzahlprämien versuchen die durchschnittliche Anzahl der Besuche des Verkäufers pro Tag, pro Monat oder pro Jahr zu steigern. • Inkassoprämien können gezahlt werden, wenn Verkaufspersonal zum Einzug der ausstehenden Forderungen eingesetzt wird. • Planerfüllungsprämien sollen als Daueranreiz über den Planungszeitraum, ein Jahr oder einen Monat, die Beschäftigten zur Erreichung des Planes bewegen. Die Bargeldprämie wird von den Mitarbeiterinnen und Mitarbeitern im Vertrieb bevorzugt. Das ist auch ihr größter Vorteil. Der größte Nachteil ist ihr geringer Erinnerungs- und Erlebniswert, da sich Bargeldprämien nicht vom übrigen Einkommen unterscheiden *(o. V. 1986, S. 7ff., Weis 1995, S. 283)*.

7.2 Tab. 7: *Prämien*

Dabei haben sich einige **Kombinationen von Grundvergütungen und zusätzlichen Vergütungen** eingebürgert, zum Beispiel **Gehälter mit zusätzlicher Erfolgsbeteiligung**. Insbesondere die grundsätzlich anforderungsbezogenen Gehälter werden häu-

Provisionen	Für gewöhnlich werden Provisionen an Reisende und Handelsvertreter neben einem Fixum gezahlt. Provisionen errechnet man auf der Grundlage von Leistungsziffern, oft als Prozentsatz vom erzielten Umsatz, da die auf dieser Basis ermittelten Provisionen einfach zu berechnen und für alle transparent sind. Wenn im Unternehmen eine Deckungsbeitragsrechnung vorliegt, werden schon einmal Deckungsbeiträge als Bemessungsgrundlage gewählt, sofern die Betreffenden Einfluss auf den erzielbaren Preis nehmen können. Schließlich kann man Provisionen als Festbetrag pro erreichter Mengeneinheit ermitteln *(Weis 1995, S. 273).*
Provisionen im Vertrieb	Laut Näser *(1994, S. 407f.)* hatten 1994 fast 60 % der Außendienstler neben ihrem Festgehalt einen Provisionsanspruch. Die Provisionshöhe kann man innerhalb oder oberhalb einer Zielvorgabe, linear, degressiv oder progressiv bemessen, und man kann sogar eine Mindestprovision garantieren. Bei der Bemessung operiert man durchwegs mit zwei, drei oder mehr fest definierten Zielgrößen. Meist nimmt man auf den Umsatz Bezug, und zwar den Gesamtumsatz des Betreffenden, seltener auch den Umsatz einzelner Produkte oder gar die Umsatzzuwächse gegenüber dem Vorjahr. Andere Ziele wie die Gewinnung von Neukunden oder Deckungsbeiträge spielen häufig keine Rolle. Der Deckungsbeitrag ergibt sich als Differenz zwischen dem Stückpreis und den variablen Stückkosten *(Näser, 1994, S. 407f., Rischar 1986, S. 111f., Weis 1995, S. 274f.).* Provisionen sind in der Regel einfach zu errechnen sowie transparent, voraussehbar und damit planbar. Andererseits kann es für den Fall, dass Provisionen die überwiegende Vergütungskomponente sind, zu einem Hard Selling kommen. Dann werden verkaufsfördernde und beratende Aufgaben, Kundendienst und Marktberichterstattung vernachlässigt. Bei einer linearen Provision vom Umsatz besteht die Gefahr, dass Verkäufer zu große Preiszugeständnisse machen. Und bei unterschiedlichen Provisionen für verschiedene Produkte werden die Produkte mit hohen Provisionssätzen bevorzugt verkauft. Das Einkommen kann bei den einzelnen Verkäufern wegen eines unterschiedlichen Absatzpotenzials stark in den einzelnen Verkaufsgebieten variieren. Schließlich ist das durch Provision erzielte Einkommen nicht nur leistungsabhängig, sondern auch konjunkturabhängig *(Rischar 1986, S. 112, Weis 1995, S. 273).*

7.2 Tab. 8: *Provisionen*

Leistungszulagen	Leistungszulagen basieren auf Leistungswerten, die mit einer Leistungsbeurteilung ermittelt werden.
Leistungszulagen im Vertrieb	Mit Leistungszulagen vergütet man etwa Fleiß, Sorgfalt, Aufmerksamkeit, Zuverlässigkeit und flexiblen Einsatzmöglichkeiten.

7.2 Tab. 9: *Leistungszulagen*

Erfolgsbeteiligung (= Tantieme)

Erfolgsbeteiligungen sind streng genommen keine Entgelte. Das Entgelt ist ein Kostenbestandteil und beeinflusst die Gewinnerzielung. Die Erfolgsbeteiligung ist dagegen ein Ertragsbestandteil und stellt eine Gewinnverwendung dar. Erfolgsbeteiligungen sind nicht auf die eigene Leistung bezogen, sondern auf den Erfolg des gesamten Beschäftigungsunternehmens. In Anlehnung an die verschiedenen betrieblichen Erfolgsgrößen unterscheidet man:

Leistungsbeteiligung	**Ertragsbeteiligung**	**Gewinnbeteiligung**
• Produktionsbeteiligung • Produktivitätsbeteiligung • Kostenersparnisbeteiligung	• Umsatzbeteiligung • Rohertragsbeteiligung • Wertschöpfungsbeteiligung • Nettoertragsbeteiligung	• Unternehmensgewinnbeteiligung • Betriebsgewinnbeteiligung • Ausschüttungsgewinnbeteiligung • Substanzgewinnbeteiligung

Formen der Erfolgsbeteiligung (Wöhe 1996, S. 301ff., ähnlich Jung 1995, S. 596)

Erfolgsbeteiligungen bewirken eine erhöhte Verantwortlichkeit und Arbeitsproduktivität der Beschäftigten, eine Verminderung der Fluktuation sowie ein partnerschaftliches Verhältnis zwischen Arbeitnehmerschaft und Management im Sinne eines gemeinsamen Einsatzes für eine möglichst Gewinn bringende Unternehmensführung. Sie bergen Vorteile für die Rechnungslegung und Besteuerung.

Erfolgsbeteiligung im Vertrieb

Wagner (1997, S. 129) streicht den Grundgedanken von Erfolgsbeteiligungen heraus, der besagt, dass Leistung nicht die individuelle Bewältigung der Schwierigkeit einer Aufgabe ist, sondern der Erfüllungsgrad des Gesamterfolges eines Unternehmens. Es geht also darum, mit welchem Grad von Qualität alle anstehenden Aufgaben bewältigt werden. Aus diesen Gründen empfiehlt er Erfolgsbeteiligungen für den Vertrieb, ganz speziell für den Vertrieb von Kreditinstituten. Allerdings stößt Wagner damit nicht überall auf offene Ohren. Er hofft aber auf den Strukturwandel der deutschen Wirtschaft, der ein anderes Rollenverständnis der Beschäftigten mit sich bringt: Alle Beschäftigten handeln als Unternehmer.

7.2 Tab. 10: *Erfolgsbeteiligung*

fig um **marktgerechte**, so genannte außertarifliche **Zulagen** erweitert. Bei Gehältern außerhalb des tarifvertraglichen Rahmens, so genannten **außertariflichen Gehältern**, orientiert sich die Grundvergütung ohnehin an den Gegebenheiten des Arbeitsmarktes. Ein gehöriger Anteil dieser Arbeitsentgelte ist jedoch rein leistungs- oder erfolgsabhängig. Rein **leistungsbezogene Gehälter** für Tarifangestellte sind selten. Wenn überhaupt, so betreffen sie fast nur Tätigkeiten, die mess- und zählbar sind wie z. B. die zentralen Schreibdienste. Hie und da werden aber leistungsorientierte zusätzliche Vergütungen auf das anforderungsbezogene Grundgehalt aufgeschlagen. Damit kann wohl methodisch eine direkt proportionale Beziehung zwischen Leistung und Entgelt erreicht werden. Man lehnt diese direkt proportionale Beziehung jedoch weitgehend ab, da sie vielfach zu ungerechten Ergebnissen führt. Die meist umfangreichen Ausbildungsvoraussetzungen der Angestellten werden so nicht ausreichend berücksichtigt, und im Einzelfall kommt man zu unvertretbar hohen oder niedrigen Arbeitsentgelten (*Bröckermann 1997, S. 211 ff., Olfert/Steinbuch 1998, S. 373 ff.*).

Überhaupt ist generell **Vorsicht bei freiwilligen, leistungsbezogenen zusätzlichen Vergütungen** angebracht. Abgesehen davon, dass ihre motivatorische Wirkung ohnehin fragwürdig ist, gewöhnen sich die Beschäftigten recht schnell an dieses Entgelt. Sie verstehen es dann als Bestandteil ihrer Grundvergütung. Damit geht der Leistungsbezug verloren. Wenn einmal die Zahlung ausbleibt, weil die erforderliche Leistung nicht vorliegt, führt das bei den Beschäftigten zu so großer Verärgerung, als sei ihnen ihre Grundvergütung mutwillig gekürzt worden (*ähnlich Sprenger 1995, S. 65*).

Als besonders attraktiv, aber auch aufwändig hat sich das so genannte **Cafeteriasystem** erwiesen. Hier haben Mitarbeiterinnen und Mitarbeiter die Möglichkeit, innerhalb eines bestimmten Budgets zwischen verschiedenen Vergütungsangeboten zu wählen. Hie und da wird dabei sogar der Rahmen der zusätzlichen Vergütungen gesprengt. Dann bezieht sich das Cafeteriasystem auch auf Anteile der Grundvergütung und Urlaubsansprüche. Interessant ist das System vor allem für höhere Einkommensgruppen. Die Sozialabgaben und vor allem die Steuern machen hier für jede zusätzliche Mark an Bruttoentgelt einen derart hohen Anteil aus, dass ein zusätzlicher Urlaub, ein privat nutzbarer Dienstwagen oder eine Alterssicherung eine attraktive Alternative mit regelmäßig geringerer Abgabenlast darstellen (*Bröckermann 1999, Staudinger/Markl 1998, S. 401*).

Literatur

Adams (1963): Adams, J. S.: „Towards an Understanding of Inequity", in: Journal of Abnormal and Social Psychology, Volume 67/1963, S. 422–436

Bröckermann (1997): Bröckermann, R.: Personalwirtschaft: Arbeitsbuch für das praxisorientierte Studium, Köln

Bröckermann (1999): Bröckermann, R.: „Leistungsanreize durch Cafeteria-Systeme", in: CoPers: HR Personalarbeit und computergestütztes Personalmanagement, Heft 1/1999, S. 36–39

Bröckermann (2000): Bröckermann, R.: Personalführung: Arbeitsbuch für Studium und Praxis, Köln

Cisek (1997): Cisek, G.: „Entgelt-Politik“, in: Schneider, H. J. (Hrsg.): Mensch und Arbeit, 10. Auflage, Köln, S. 197–254

Georgopoulus/Mahoney/Jones (1957): Georgopoulus, B. S., Mahoney, G. M. and Jones, N. W.: „A Path-Goal Approach to Productivity“, in: Journal of Applied Psychology, Volume 41/1957, S. 345–353

Grabl/Pagel (1996): Grabl, H./Pagel, U.: „Kluft zwischen ‚Nasenprämie‘ und Steuerungssystem“: in Betriebswirtschaftliche Blätter, Heft 6/1996, S. 171–172

Harlander/Heidack/Köpfler/Müller (1994): Harlander, N./Heidack, C./Köpfler, F./Müller, K. - D.: Personalwirtschaft, 3. Aufl., Landsberg am Lech

Herzberg (1966): Herzberg, F.: Work and the Nature of Men, Cleveland

Jung (1995): Jung, H.: Personalwirtschaft, München–Wien

Keller/Kurth (1991): Keller, K./Kurth, G.: „Grundlagen der Entlohnung“, in: Bundesvereinigung der Deutschen Arbeitgeberverbände (Hrsg.): Leistung und Lohn, Nr. 235/236/237, Bergisch Gladbach, S. 1–30

Knebel/Zander (1989): Knebel, H./Zander, E.: Arbeitsbewertung und Eingruppierung, 2. Aufl., Heidelberg

March/Simon (1958): March, J. G./Simon, H. A.: Organizations, New York

Näser (1994): Näser, C.: „Gehälter in Marketing + Verkauf 1994: Zwei Kienbaum-Studien zur aktuellen Vergütungs-Situation“, in: Marketing Journal, Heft 5/1994, S. 404–408

Oechsler (1994): Oechsler, W. A.: Personal und Arbeit: Einführung in die Personalwirtschaft unter Einbeziehung des Arbeitsrechts, 5. Aufl., München-Wien

Olfert/Steinbuch (1998): Olfert, K./Steinbuch, P.: Personalwirtschaft, 7. Aufl., Ludwigshafen

O. V. (1986): Ohne Verfasser: Vertriebsaktivierung durch Außendienstwettbewerbe: Ergebnisse einer Umfrage bei 220 Unternehmen mit 16.400 Außendienstmitarbeitern, München

Porter/Lawler (1968): Porter, L. W./Lawler III, E. E.: Managerial Attitudes and Performance, Homewood

REFA (1984): REFA, Verband für Arbeitsstudien und Betriebsorganisation e. V. (Hrsg.): Methodenlehre des Arbeitsstudiums, Teil 1: Grundlagen, 7. Auflage, München

REFA (1991a): REFA, Verband für Arbeitsstudien und Betriebsorganisation e. V. (Hrsg.): Methodenlehre des Arbeitsstudiums: Anforderungsermittlung, 2. Auflage, München

REFA (1991b): REFA, Verband für Arbeitsstudien und Betriebsorganisation e. V. (Hrsg.): Methodenlehre des Arbeitsstudiums: Entgeltdifferenzierung, 3. Auflage, München

REFA (1992): REFA, Verband für Arbeitsstudien und Betriebsorganisation e. V. (Hrsg.): Methodenlehre des Arbeitsstudiums, Teil 2: Datenermittlung, 7. Auflage, München

Rischar (1986): Rischar, K.: Mitarbeiter im Vertrieb erfolgreich führen: Strategien und Techniken, Köln

Schanz (1993): Schanz, G.: Personalwirtschaftslehre: Lebendige Arbeit in verhaltenswissenschaftlicher Perspektive, 2. Aufl., München

Schmalen (1996): Schmalen, H.: Grundlagen und Probleme der Betriebswirtschaft, 10. Aufl., Köln

Sievers (1987): Sievers, B.: „Motivation als Sinnersatz“, in: Gruppendynamik, Heft 2/1987, S. 159 – 178, Heft 3/1987, S. 269–295

Sprenger (1995): Sprenger, R. K.: Mythos Motivation: Wege aus einer Sackgasse, 8. Aufl., Frankfurt am Main-New York

Staudinger/Markl (1998): Staudinger, R./Markl, W.: „Vergütungsmanagement als strategischer Erfolgsfaktor", in: Personal, Heft 8/1998, S. 398–401

Vroom (1964): Vroom, V. H.: Work and Motivation, New York-London-Sydney

Wagner (1997): Wagner, P.: Unser Lohn kommt vom Kunden: Kundenorientierung, Mitarbeiterbeurteilung, Erfolgsbeteiligung, Stuttgart

Weis (1995): Weis, H. C.: Verkauf, 4. Aufl., Ludwigshafen

Wöhe (1996): Wöhe, G.: Einführung in die Allgemeine Betriebswirtschaftslehre, 19. Aufl., München

Zander (1994): Zander, E.: Lohn- und Gehaltsfestsetzung in Klein- und Mittelbetrieben, 10. Auflage, Freiburg im Breisgau

Ziegler/Büttner (1997): Ziegler, G./Büttner, H. L.: Geheimnisse des erfolgreichen Vertriebsaufbaus, Idstein

7.3 Führung und Vergütung von Vertriebsmitarbeitern im Profit-Center-Konzept

Heinz-Peter Kieser

7.3.1 Profit-Center als Basis einer ertragsorientierten Vertriebssteuerung

7.3.1.1 Überblick

Die meisten Unternehmen steuern und vergüten ihre Mitarbeiter im Vertrieb (Außendienst wie Innendienst) noch immer umsatzorientiert. Dies entspricht einer traditionellen „Denke", die ursprünglich einmal sehr erfolgreich war: In einfach strukturierten Märkten, die nicht von übermäßig starkem Wettbewerb und damit verbundenen Preiskämpfen gekennzeichnet sind, hat die Umsatzsteuerung und -vergütung durchaus ihre Vorteile: Das System ist einfach, überschaubar und für alle Beteiligten nachvollziehbar.

Nun hat sich seit Einführung der umsatzorientierten Vertriebssteuerung und -vergütung die wirtschaftliche Umwelt erheblich gewandelt: Nahezu sämtliche Unternehmen befinden sich in „reifen" Märkten, die durch mehr oder minder austauschbare Produkte und nur noch minimales Marktwachstum gekennzeichnet sind. Die Wettbewerbssituation wird heute oft mit dem Begriff „Hyperwettbewerb" gekennzeichnet, entsprechende Preis- und Verdrängungskämpfe sind an der Tagesordnung. Es gibt dementsprechend heute kaum mehr ein Unternehmen, das von sich behaupten könnte, nur noch ertragreiche Produkte/Leistungen im Sortiment zu haben bzw. nur noch ertragreiche Kunden zu beliefern. In nahezu allen Unternehmen besteht ein vielfältiges Mix aus ertragsreichen wie ertragsarmen Produkten bzw. Kunden.

Vor diesem Hintergrund muss eine Vertriebssteuerung und -vergütung, die nur an Umsätzen festmacht, scheitern. Sie ist zu undifferenziert und begünstigt ertragreiche Umsätze gleichermaßen wie die ertragsarmen Umsätze. Die Instrumente der Vertriebssteuerung und Vertriebsvergütung müssen sich natürlich der wachsenden Komplexität unserer Märkte anpassen. Insofern fallen der modernen Vertriebssteuerung drei Aufgaben zu:

1. eine Führungsfunktion
2. eine Steuerungsfunktion
3. eine Vergütungsfunktion.

Die **Führungsidee** in der modernen Vertriebssteuerung strebt die „lange Leine" an: Der Mitarbeiter wird in ein klares Leistungskonzept eingebunden, jedoch steht ihm der Weg weitgehend offen, wie er diese Leistungen erreicht. Vereinbart wird die Leistung (das „Was") und nicht der Weg (das „Wie").

Die **Steuerungsfunktion** der modernen Vertriebssteuerung zeigt sich in der Einbindung des Mitarbeiters in Deckungsbeiträge. Weniger das Controlling steht im Mittelpunkt als vielmehr das Selfcontrolling der Mitarbeiter. Über die Beteiligung am konkreten Deckungsbeitrag des einzelnen Profitcenters sollen zum einen das Interesse und zum anderen die Mittel geschaffen werden, damit sich die Mitarbeiter im Unternehmen an der Führung des Unternehmens „hin zum Ertrag" beteiligen.

Was die **Entlohnungsfunktion** anbetrifft, so wird folgender Gedanke verfolgt: Ein Entlohnungssystem kann nur dann effizient sein, wenn es in Übereinstimmung steht mit der vorherrschenden „Denke" im Unternehmen. Die Vergütung der Mitarbeiter über Deckungsbeiträge soll gleichzeitig die Führung der Mitarbeiter hin zu den „richtigen" Zielen bewirken.

Basis der modernen Vertriebssteuerung und -vergütung ist also der **Profit-Center-Ansatz**. Der einzelne Mitarbeiter (Außendienst, Innendienst, Vorgesetzter) bzw. das Team aus mehreren Mitarbeitern wird als Profit-Center aufgefasst und abgerechnet. Es ergeben sich damit Deckungsbeiträge, die sowohl zur Analyse der geleisteten Arbeit dienen als auch die Basis zur ertragsorientierten Vergütung darstellen.

7.3.1.2 Profit-Center im Vertrieb

Profit-Center stellen heute die bewährteste Methode einer ertragsorientierten Vertriebsführung und -entlohnung dar. Sie geben Auskunft darüber, welche Unternehmensfelder (Reisegebiete, Filialen, Gesamtvertrieb, Unternehmensabteilungen etc.) mehr oder weniger Ertrag abwerfen. Diese Auskunft kann durch das Profit-Center exakt gegeben werden und ersetzt die meist nur ungefähren Ahnungen über gewonnene oder verlorene Erträge in den einzelnen Geschäftsbereichen und Unternehmensfeldern.

Der tragende Gedanke eines Profit-Center-Konzepts ist die Absicht, zunächst einmal eine größere **Transparenz durch die Ertragslage des Unternehmens** zu erhalten. Nach dieser Erkenntnis sollen dann die ertragreichen Produkte, Kunden, Verkaufsgebiete etc. gefördert werden, die weniger ertragreichen sollen dagegen eher weniger Aufmerksamkeit erhalten.

Folgender Gedanke schließt sich weiter an: Wenn nachhaltig ein anspruchsvoller Unternehmensgewinn erreicht werden soll, so müssen möglichst alle Mitarbeiter im Innen- und Außendienst in dieses gewinnorientierte System eingeschlossen werden. Gewissermaßen sollte jeder Mitarbeiter im Vertrieb eine klare Vorstellung besitzen, welchen Beitrag er zum Ertrag des Unternehmens leisten muss.

Typische Profit-Center im Vertrieb sind demnach:

1. der einzelne Außendienstmitarbeiter (Reisende als auch Handelsvertreter)
2. die Gebietsverkaufsleitung
3. der Innendienstmitarbeiter oder das Innendienstteam
4. das Produktmanagement
5. die Filiale/Niederlassung
6. der Telefonverkauf
7. der Produktmanager
8. die leitenden Mitarbeiter im Vertrieb.

7.3.1.3 Profit-Center nach Verkäufern

Profit-Center werden in stufenweisen Deckungsbeiträgen dargestellt. Unter dem Deckungsbeitrag versteht man ganz allgemein den Überschuss, der vom Umsatz nach Abzug der variablen Kosten übrig bleibt und der zur Deckung der fixen Kosten im Unternehmen und zur Deckung des Gewinnanspruchs des Unternehmens verwendet wird.

Profit-Center nach Absatzgebieten

	Bezeichnung	Gesamt TEUR	Gebiet Nord	Gebiet Mitte	Gebiet Süd
	Bruttoumsatz	15.000	3.000	7.500	4.500
./.	Rabatte, Skonti, Boni und sonstige Erlösschmälerungen	1.500	100	1.250	150
=	Nettoumsatz	13.500	2.900	6.250	4.350
./.	Wareneinsatz und variable Kosten	8.100	1.700	3.750	2.650
=	Deckungsbeitrag I	5.400	1.200	2.500	1.700
	in %	40,0	41,4	40,0	39,1
./.	direkte Fixkosten der Gebiete	500	50	350	100
=	Deckungsbeitrag II	4.900	1.150	2.150	1.600
	Gebietsergebnis in %	36,3	39,7	34,4	36,8
./.	Unternehmens-Fixkosten	3.500	–	–	–
	Betriebsergebnis	1.400	–	–	–

7.3 Tab. 1: *Profit-Center-Abrechnungen nach Absatzgebieten*

Tab. 1 zeigt drei typische Profit-Center von drei Außendienstmitarbeitern. Diese Außendienstmitarbeiter betreuen jeweils das Gebiet „Nord", „Mitte" und „Süd". Nun werden die stufenweisen Deckungsbeiträge für jedes einzelne Gebiet ermittelt. So erwirtschaftet z. B. das Gebiet „Nord" einen Bruttoumsatz von 3 Mio. EUR. Nach Abzug der Rabatte, Skonti und sonstigen Erlösschmälerungen ergibt sich in diesem Reisegebiet ein Nettoumsatz von 2,9 Mio. EUR. Nun werden die variablen Kosten, die mit dem Umsatz in unmittelbarem Zusammenhang stehen, in Abzug gebracht.

Zunächst muss der Bruttoumsatz bereinigt werden um sämtliche Erlösschmälerungen, die dem Kunden von Seiten des Verkaufs eingeräumt wurden. Hierzu zählen nicht nur die Rabatte, Skonti und Boni, sondern natürlich auch alle weiteren Konditionen wie z. B. Naturalrabatte, Delkredereprovisionen, Werbekostenzuschüsse etc. Es ist besonders wichtig, die Erlösschmälerungen in die Betrachtung einzubringen, da sich diese sehr nachhaltig auf den Ertrag des Unternehmens auswirken.

Vom Nettoumsatz werden zunächst die eigentlichen Kosten der Produkte abgezogen, die der einzelne Verkäufer verkauft hat: Wareneinsatz und variable Herstellkosten sowie variable Vertriebskosten des Artikels. Der Deckungsbeitrag I (DB I) stellt demnach den Überschuss des Nettoumsatzes über die „nackten" Produktkosten dar. In diesem DB I drückt sich natürlich schon die Leistung des Mitarbeiters aus, da dieser Deckungsbeitrag von folgenden Kriterien beeinflusst wird:

1. Absolute Umsatzhöhe
2. Preis- und Konditionengefüge
3. Produktmix
4. Kundenmix.

Unter Produktmix versteht man die Zusammensetzung der Produkte und Leistungen, die der Verkäufer im Betrachtungszeitraum vertrieben hat. Hat er es verstanden, die ertragreichen Produkte und Leistungen stärker auszubauen und zu forcieren oder hat er seine Umsätze vornehmlich mit ertragsschwachen Produkten und Leistungen vollzogen? Ebenso zeigt analog das Kundenmix, inwieweit es der Verkäufer verstanden hat, die ertragreichen Kunden stärker auszubauen als die ertragsschwachen.

Das Beispiel der Tab. 1 zeigt, dass das Gebiet „Mitte" das deckungsbeitragsstärkste Gebiet ist, da es einen DB I von 2,5 Mio. EUR abliefert. Die Prozentzahlen unter den DB I zeigen aber, dass die Umsätze im Gebiet „Nord" ertragreicher strukturiert sind: Das Gebiet „Nord" erwirtschaftet einen prozentualen DB I von 41,4 %, während das Gebiet „Mitte" nur noch einen DB I von 40,0 % erwirtschaftet. Der DB I von Gebiet „Süd" liegt sogar bei 39,1 %.

Allein dieser Sachverhalt muss natürlich gründlich analysiert werden: Zunächst könnte man zu der Annahme neigen, dass das Gebiet „Mitte" besser ausgeschöpft wird, so dass sich zwangsläufig Umsätze zu niedrigeren Preisen und schlechteren Konditionen ergeben. Dies muss aber nicht sein. So wäre auch denkbar, dass es sich bei dem Gebiet „Mitte" um ein ausgesprochen potenzialstarkes Gebiet handelt, während die Gebiete „Nord" und „Süd" deutlich potenzialschwächer sind. In diesem Fall müsste geprüft werden, ob der Außendienstmitarbeiter „Mitte" über eine Verbesserung seiner Preise und Konditionen, seines Produktmix oder seines Kundenmix ebenfalls einen Anstieg seines prozentualen Deckungsbeitrags auf das Niveau des Gebietes „Nord" erreichen kann. Dies würde dem Unternehmen einen Mehr-Ertrag in Höhe von 87500 EUR bescheren.

Auf jeden Fall wird deutlich, dass das Gebiet „Süd" ertragsmäßig recht „angeschlagen" ist: Es wird nicht nur ein unterdurchschnittlicher Deckungsbeitrag im Vergleich zum Gesamtunternehmen (40,0 %) erreicht, sondern das Gebiet stellt sich als das ertragsschwächste von allen Außendienstgebieten dar. Auch hier ist zu hinterfragen, ob und inwieweit durch eine Verbesserung der Preise und Konditionen bzw. des Produktmixs und des Kundenmixs eine Anhebung des Deckungsbeitrags erreicht werden kann.

7.3.1.4 Gebietsergebnis

Nun endet die Betrachtung aber keineswegs beim DB I, denn jeder Profit-Center-Leiter ist natürlich auch verantwortlich für die Kosten, die er persönlich verursacht. Im Verkaufsgebiet können dies sein:

- die Personalkosten des Verkäufers (inkl. Personalfolgekosten),
- sämtliche Kfz-Kosten,
- Reisespesen,
- Telefonkosten etc.,
- Bewirtungen und Präsente für Kunden,
- Kosten für Verkaufsförderung,
- Kosten für regionale Messen und Hausausstellungen bei Kunden,
- gebietsspezifische Werbekosten,
- anteilige Kosten für Unterstützung durch andere Abteilungen (z. B. Einsatz technischer Berater etc.),
- etc.

Es ist wichtig, dem Außendienstmitarbeiter nur diejenigen Kosten ins Profit-Center einzustellen, die er **selbst** auch zu **verantworten** hat. Alle anderen Kosten sollen dabei keine Berücksichtigung finden. Bei der Beantwortung der Frage, welche Kostenarten dem Außendienstmitarbeiter definitiv zuzurechnen sind, muss nicht akribischer vorgegangen werden als notwendig. Es sollten nur diejenigen Kosten in das Profit-Center eingestellt werden, die wirklich von Bedeutung sind und die der Mitarbeiter auch tatsächlich beeinflussen kann. Würde man z. B. befürchten, dass durch Einbringung der Kosten für Werbematerial dieses nicht mehr angemessen an die Kunden verteilt würde, so wäre es evtl. ratsamer, diese Kostenart unberücksichtigt zu lassen.

Andererseits können aber auch Kosten berücksichtigt werden, die der Außendienstmitarbeiter nicht unmittelbar, sondern nur mittelbar beeinflussen kann, wie z. B. Zinsen für Außenstände seiner Kunden oder auch im Extremfall Forderungsverluste, die sich im Kundenkreis des Außendienstmitarbeiters ereignen. Schließlich besteht die Aufgabe des Verkäufers nicht nur darin, Produkte und Leistungen zu verkaufen, sondern er muss natürlich auch die Bonität des Kunden angemessen berücksichtigen.

Nach Kürzung der DB I um diese persönlichen Kosten der Gebiete (genannt: direkt zurechenbare Fixkosten) ergibt sich der DB II der Gebiete oder das so genannte „Gebietsergebnis“. Dieses Gebietsergebnis zeigt letztlich, welchen Beitrag jeder Verkäufer zum Gesamtertrag des Unternehmens abgeliefert hat.

Analog hierzu lassen sich Profit-Center der Innendienstverkäufer (Telefonverkäufer, Kundenbearbeiter etc.) aufbauen, wobei dann deren spezifische Kosten Berücksichtigung finden.

7.3.1.5 Beeinflussungsmöglichkeiten des Deckungsbeitrags

Das Gebietsergebnis (DB II) ist der Betrag, für den der einzelne Verkäufer bzw. Außendienstmitarbeiter verantwortlich zeichnet. Bei der Entlohnung nach Deckungsbeiträgen geht man nun davon aus, dass die Verkäufer ihr variables, leistungsorientiertes Einkommen nicht mehr vom Umsatz erhalten, sondern vom abgelieferten DB II der einzelnen Gebiete. Dies soll bewirken, dass die Verkäufer in das Ertragsdenken des Unternehmens einbezogen werden und nicht nur einfach in der Größenordnung von Umsätzen denken.

Was kann der einzelne Verkäufer aber nun unternehmen, um höhere Deckungsbeiträge zu erwirtschaften und damit auch sein eigenes Einkommen zu steigern? Im wesentlichen hat er folgende fünf Möglichkeiten:

1. Umsatzsteigerung:

Zunächst kann der Verkäufer seinen Deckungsbeitrag natürlich dadurch steigern, dass er den Umsatz erhöht, möglichst aber mit renditefähigen Artikeln und bei renditefähigen Kunden.

2. Preisdurchsetzung und Konditionensteuerung:
Jetzt zahlt sich Festigkeit bei der Preisverteidigung im besonderen Maße aus. Die Argumentation des Verkäufers zu Gunsten angemessener Preise und Konditionen und die Entschlossenheit bei der Durchsetzung von Preiserhöhungen schlagen sich unmittelbar auf die Deckungsbeiträge und damit sein Einkommen nieder.

3. Verbesserung des Produktmix:
Durch die Forcierung der rentierlichen Artikel im Verkauf kann eine Verbesserung des Produktmix erreicht werden. Damit steigt automatisch der Deckungsbeitrag im Verkaufsgebiet. Abb. 1 verdeutlicht dies: Die bisherige Umsatzstruktur zeigt die Verteilung der Produkte in Ertragskategorien, wie sie in den meisten Unternehmen üblich ist. Die ertragreichen Produkte

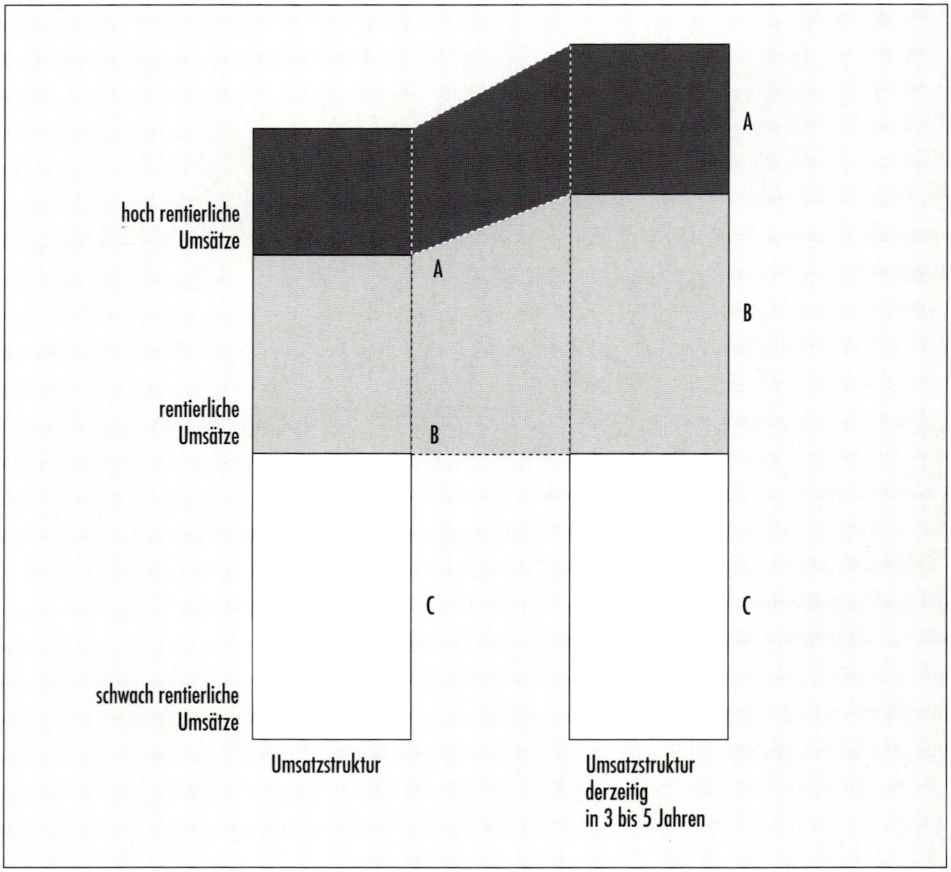

7.3 Abb. 1: *„Verschiebung" des Produktmix im Zeitablauf*

(A) nehmen einen relativ kleinen Umsatzanteil ein. Die mittelmäßig ertragreichen Produkte (B) nehmen bereits einen größeren Umsatzanteil ein. Die ertragsarmen Produkte (C) nehmen dagegen den höchsten Umsatzanteil ein. Eine Einführung von Profitcentern und die ertragsorientierte Vergütung bewirken, dass auf die A- und B-Produkte im zukünftigen Verkauf mehr Wert gelegt wird. Sie werden in den Verkaufsgesprächen „forciert". Ziel sollte sein, die C-Produkte auf dem Umsatzniveau zu halten, auf dem sie sich bisher befanden, und das weitere Wachstum des Unternehmens mit A- und B-Produkten anzustreben.

4. Verbesserung des Kundenmix:
Ähnlich wie bei der Verbesserung des Produktmixs bringt auch die Verlagerung von Umsätzen auf ertragreichere Kunden (A-Kunden und B-Kunden) eine Verbesserung der Deckungsbeiträge.

5. Kostensenkung:
Durch Senkung der direkten Fixkosten im Verkaufsgebiet (beim Innendienstmitarbeiter im Innendienstbereich) verbessert sich ebenfalls unmittelbar der DB II. Dies wird bewirkt z. B. durch eine sinnvollere Reiseplanung durch den Verkäufer, eine bessere Beachtung der Zahlungsmoral der Kunden oder beim Innendienstmitarbeiter durch eine Verhinderung der personellen Aufblähung der Abteilung.

7.3.1.6 Informationen für den Verkäufer

Der Verkäufer als Leiter seines eigenen Profit-Centers hat eine größere Verantwortung als bisher: Er ist nun nicht mehr nur alleine für den Umsatz verantwortlich, sondern auch für den Ertrag, der von diesem Umsatz übrig bleibt. Mitarbeiter, die nach Deckungsbeiträgen vergütet werden, haben erfahrungsgemäß ein großes Interesse daran, diese Deckungsbeiträge positiv zu entwickeln. Dies wird ihnen aber nur gelingen, wenn sie über entsprechende Informationen verfügen, die ihnen die Ansatzpunkte für eine Verbesserung der Deckungsbeiträge zeigen.

Die folgenden Ausführungen befassen sich demnach mit den Aspekten des Vertriebscontrollings. Das moderne Vertriebscontrolling baut heute zu wesentlichen Teilen auf den Deckungsbeiträgen auf, die der Mitarbeiter in seinem Profit-Center erzielt. Damit er diese Deckungsbeiträge maximieren kann, benötigt er Informationen, die ihm eine **Selbststeuerung** erlauben. Diese Selbststeuerung hin zu den „richtigen" Zielen ist einer der tragenden Gedanken auch der ertragsorientierten Vertriebsvergütung. Ziel des Vertriebscontrollings ist gewissermaßen der Aufbau eines „**Navigationssystems**" für die Mitarbeiter im Vertrieb, welches ihnen helfen soll, ihre Deckungsbeiträge allmählich auszubauen.

Diese Steuerung besteht zum einen darin, diejenigen Produkte/Produktgruppen und Kunden/Kundengruppen zu fördern und zu forcieren, die überdurchschnittliche Deckungsbeiträge abwerfen. Ebenso soll der Verkäufer dazu angehalten werden, zu möglichst hohen Preisen zu verkaufen. Zum anderen dient die Steuerung über Profit-Center dazu, die Verkäufer zu einem wirtschaftlichen Umgang mit den eigenen Kosten anzuhalten. Dementsprechend sind Profit-Center-Ergebnisse zu analysieren, um zielgerichtete Aussagen treffen zu können.

Oft wird in diesem Zusammenhang befürchtet, dass die Mitarbeiter zu tiefen Einblick in die Ertragsstruktur der Produkte und Kunden gewinnen. Zweifellos muss der Mitarbeiter einen gewissen Informationsstand erhalten, um die Deckungsbeiträge seines Profit-Centers entsprechend entwickeln zu können. Deshalb besteht dennoch nicht die Notwendigkeit, eine totale Offenlegung sämtlicher Informationen zu betreiben.

Welche Informationen sollen aber nun an den Mitarbeiter gegeben werden? Folgende Informationen sind besonders wichtig:

1. Mitteilung über A-, B-, C-Produkte:
Der Mitarbeiter benötigt eine Information, welche Produkte in die Gruppe der hoch rentierlichen fallen (A-Produkte) oder in die Gruppe der mittelmäßig rentierlichen (B-Produkte) oder in die Gruppe der schlecht rentierlichen (C-Produkte). In diesem Zusammenhang sei auf die Ausführungen in Verbindung mit Abb. 1 verwiesen. Diese Information sollte einmal pro Jahr gegeben werden.

2. „Hitliste" der Produkte:
Ebenfalls einmal im Jahr soll dem Mitarbeiter eine EDV-Liste ausgehändigt werden, die alle seine verkauften Produkte (oder in verdichteter Form: Produktgruppen) in der Reihenfolge abfallender absoluter DB I auflistet. Der Mitarbeiter soll so erkennen, welche Produkte ihm den höchsten Deckungsbeitrag eingebracht haben und welche Produkte nur einen relativ kleinen Deckungsbeitrag eingebracht haben.

3. „Hitliste" nach Kunden:
Ebenfalls einmal im Jahr soll der Verkäufer eine EDV-Liste erhalten, in der seine Kunden in der Reihenfolge abfallender absoluter DB I aufgelistet werden. Diese Liste ist ganz besonders wichtig: Der Verkäufer erkennt so, welche Kunden ihm unerwartet viel Deckungsbeitrag einge-

bracht haben. Diese Kunden kann er zukünftig in seinem Verkaufsgespräch noch forcieren und ausbauen. Andererseits kann er Kunden evtl. weniger forcieren, die ihm „nur Zeit gekostet" haben, aber kaum Deckungsbeiträge eingebracht haben. Diese Liste ist besonders wichtig, um das richtige „Kundenmix" durch den Verkäufer zu gewährleisten.

4. Profit-Center-Abrechnung:
Selbstverständlich muss der Mitarbeiter monatlich seine Profit-Center-Abrechnung erhalten, wie sie z. B. in Tab. 1 dargestellt wurde. Diese Information sollte monatlich zur Verfügung gestellt werden, mindestens aber quartalsweise.

5. Profit-Center des Verkäufers nach Produktgruppen:
Tab. 2 zeigt dem Mitarbeiter, wie die Ertragsstruktur seiner Produktgruppen/Leistungen aussieht (sein Produktmix). Hier werden seine persönlichen Profit-Center-Zahlen differenziert nach einzelnen Produktgruppen dargelegt. So erkennt man anhand der Tab. 2, dass dieser Verkäufer seinen größten Umsatz mit der Produktgruppe 2 erzielt, die ihm den schlechtesten prozentualen DB I einbringt (29,9 %). Seinen niedrigsten Umsatz tätigt er mit Produktgruppe 1, die ihm aber den höchsten prozentualen Deckungsbeitrag einbringt (39,8 %). Man erkennt hier ein deutliches Ungleichgewicht in der Produktstruktur des Mitarbeiters, der offenbar die wenig ertragreichen Produkte stärker forciert hat als die ertragreichen. Ein Blick in die „Steuerungszahlen" am unteren Ende der Tab. 2 zeigt, dass die Produktstruktur/Leistungsstruktur des betrachteten Mitarbeiters atypisch ist im Vergleich zu seinen Kollegen. Der betrachtete Mitarbeiter tätigt z. B. mit der ertragreichen Produktgruppe 1 nur 25 % seines gesamten Umsatzes, während seine Kollegen hier 60 % ihres Umsatzes abwickeln. Dagegen tätigt der betrachtete Mitarbeiter mit der ertragschwachen Produktgruppe 2 40 % seines Umsatzes, während seine Kollegen hier bei nur 10 % liegen.

Natürlich kann diese Abweichung gebietsbedingt sein und könnte dadurch nicht verbessert werden. Andererseits wäre es aber auch möglich, dass der betrachtete Mitarbeiter ohne Kenntnis des Sachverhalts die falschen Produkte forciert hat und dadurch Ertrag verschenkt hat.

Die nächsten Steuerungszahlen (DB I) verdeutlichen, welche prozentualen Deckungsbeiträge der Mitarbeiter pro Produktbereich/Leistungsbereich erwirtschaftet, wobei diese Zahlen mit den prozentualen Deckungsbeiträgen des Unternehmens verglichen werden. Man erkennt, dass der betrachtete Mitarbeiter in der Produktgruppe 1 leicht unterdurchschnittlich arbeitet, bei den Produktgruppen 2 und 3 aber deutlich über dem Durchschnitt des Unternehmens liegt.

		Gesamt TEUR	Produkt-gruppe 1 TEUR	Produkt-gruppe 2 TEUR	Produkt-gruppe 3 TEUR	etc. EUR
	Bruttoumsatz	5.800	1.450	2.320	2.030	
./.	Rabatte, Boni etc.	1.170	295	465	410	
	Nettoumsatz	4.630	1.155	1.855	1.620	
./.	Wareneinsatz variable Kosten	3.100	695	1.300	1.105	
	DB I	1.530	460	555	515	
	%	33,0	39,8	29,9	31,8	
./.	direkte Fixkosten des VADM	95				
	DB II	1.435				
	%	31,0				
	Steuerungszahlen:					
	Umsatzanteil Verkäufer	100 %	25 %	40 %	35 %	
	Umsatzanteil Unternehmen	100 %	60 %	10 %	30 %	
	DB I des Mitarbeiters	33 %	39,8 %	29,9 %	31,8 %	
	DB I Unternehmen	31 %	40 %	7 %	21 %	

7.3 Tab. 2: *Profit-Center des Verkäufers nach Produktgruppen*

Auch diese Information sollte monatlich gegeben werden, mindestens jedoch quartalsweise.

6. Profit-Center des Verkäufers nach Kundengruppen:
Um neben dem Produktmix auch das Kundenmix zu optimieren, benötigt der Verkäufer einen Einblick in die Ertragsstruktur seiner Kundengruppen bzw. Branchen. Tab. 3 zeigt, wie dieser Einblick in die Kundengruppen-struktur erfolgen kann.

Auch hier wird dem einzelnen Verkäufer aufgezeigt, auf welche Kundengruppen sich seine Umsätze zu welchen Anteilen verteilen, ob diese Verteilung dem Unternehmensdurchschnitt entspricht oder ob seine persönliche Kundengruppenstruktur ertragreicher (bzw. ertragsärmer) ist als die seiner Kollegen. Ferner wird auch hier wieder aufgezeigt, welchen prozentualen Deckungsbeitrag der betrachtete Verkäufer pro Kundengruppe erwirtschaftet und wie sich dazu die Durchschnittswerte des Unternehmens verhalten. Hieraus kann der Mitarbeiter erkennen, wo er Ansatzpunkte findet, um seine Deckungsbeiträge zu verbessern.

		Gesamt TEUR	Kunden-gruppe 1 TEUR	Kunden-gruppe 2 TEUR	Kunden-gruppe 3 TEUR	Kunden-gruppe 4 TEUR	etc. EUR
	Bruttoumsatz	5.800	3.480	1.740	290	290	
./.	Rabatte, Boni etc.	1.170	700	350	60	60	
	Nettoumsatz	4.630	2.780	1.390	230	230	
./.	Wareneinsatz variable Kosten	3.100	1.765	960	180	180	
	DB I	1.530	1.015	430	50	35	
	%	33,0	36,5	30,9	21,7	15,2	
./.	direkte Fixkosten des VADM	95					
	DB II	1.435					
	%	31,0					
	Steuerungszahlen:						
	Umsatzanteil Verkäufer	100 %	60 %	30 %	5 %	5 %	
	Umsatzanteil Unternehmen	100 %	55 %	10 %	5 %	30 %	
	DB I des Mitarbeiters	33,0 %	36,5 %	30,9 %	21,7 %	15,2 %	
	DB I Unternehmen	31,0 %	35,5 %	28,7 %	22 %	24 %	

7.3 Tab. 3: ***Profit-Center des Verkäufers nach Kundengruppen***

Auch diese Information sollte monatlich gegeben werden, mindestens jedoch quartalsweise.

7. Einzelkunden-Abrechnung:
Ebenfalls monatlich sollte der Mitarbeiter eine Einzelkundenabrechnung erhalten, die ihm klare Auskunft gibt über die Deckungsbeiträge, die im vergangenen Monat mit den einzelnen Kunden erwirtschaftet wurden.

8. Planung und Soll-/Ist-Vergleich:
Natürlich lädt das Profit-Center im Verkauf dazu ein, bisherige Umsatzplanungen zukünftig zu Deckungsbeitragsplanungen auszubauen. Hier soll also der Mitarbeiter „sein" Profit-Center zukünftig nicht nur umsatzorientiert, sondern deckungsbeitragsorientiert planen. Ziel ist ein bestimmter DB II, den er in der Planungsperiode zu erwirtschaften hat. Dies stellt zweifels-

ohne eine anspruchsvollere Planungsarbeit dar als eine reine Umsatzplanung. Neben der Umsatzquantität muss jetzt auch die Umsatzqualität geplant werden, die sich z. B. aus dem Produktmix und aus dem Kundenmix ergibt. Ferner müssen die eigenverursachten Kosten in der Planung berücksichtigt werden, um einen DB II zu errechnen.

7.3.2 Vergütung auf Basis von Profit-Center und Deckungsbeiträgen

7.3.2.1 Neue Trends der Vergütung im Vertrieb

In vielen Bereichen der Wirtschaft ist derzeit eine erhebliche Unzufriedenheit mit den vorhandenen Vergütungssystemen für die Mitarbeiter im Verkaufsaußendienst und -innendienst festzustellen. Die meisten Vergütungssysteme sind heute noch umsatzorientiert und basieren auf einem anachronistischen Konzept. Die Vergütung nach Umsätzen unterscheidet zu wenig zwischen ertragsstarken bzw. ertragsschwachen Produkten bzw. Kunden. Ebenso wird das Preis- und Kostendenken der Mitarbeiter nicht gefördert.

Man muss generell festhalten, dass bei der gebräuchlichsten Vergütungsmethode, der Umsatzprovision, die wirklich preisbewusst und ertragsbewusst verkaufenden Mitarbeiter nicht motiviert werden. Umsatz ist in diesem Falle gleich Umsatz, gleichgültig welche Rendite sich aus dem einzelnen Artikel für das Unternehmen ergeben mag. Wichtig wäre es doch, eine Einkommensregelung zu finden, bei der der Verkäufer für besonders ertragreiche Umsätze durch das Einkommensmodell belohnt würde.

Gegenwärtig ist sowohl im Handel als auch in der Industrie bzgl. der Verkäufervergütung eine Trendwende festzustellen: In Anbetracht „enger" werdender Märkte wächst die Erkenntnis, dass der Gewinn des Unternehmens bereits „am Ort des Geschehens" sichergestellt werden muss. Die größten Ertragspotenziale, die im Unternehmen noch geweckt werden können, liegen bei den meisten Unternehmen im Vertrieb. Deshalb sind hier entsprechende Vergütungssysteme besonders dringlich.

Demnach lassen sich einige aktuelle Trends der Mitarbeitervergütung im Vertrieb feststellen, die sich wie folgt zusammenfassen lassen:

1. Ertragsorientierung:
Der modern geführte Verkäufer (im Außen- und Innendienst) versteht sich zunehmend als Manager seines Verkaufsbezirks. Dies betrifft vor allen Dingen zwei Aspekte: einerseits die Aus-

schöpfung des vorhandenen mengenmäßigen Gebietspotenzials, zum anderen die Ausschöpfung des Ertragspotenzials, welches im Verkaufsgebiet „steckt". Der modern geführte Verkäufer versteht sich demnach als „Chef" seines eigenen Profit-Centers und legt Rechenschaft ab über die Erträge, die er erwirtschaftet hat.

2. Konzentration auf den Leistungsbereich:
Klassische Vergütungssysteme wie z. B. die Umsatzprovision vergüten die Gesamtheit der Umsätze, für die der Mitarbeiter verantwortlich zeichnet. Diese Gesamtheit der Umsätze stellt aber in aller Regel nicht die konkrete Leistung dar, um die es im laufenden Jahr geht. Ein Großteil der Umsätze würde auch erwirtschaftet werden, wenn der Mitarbeiter z. B. krankheitsbedingt für eine gewisse Zeit ausfallen würde. Man könnte demnach die „Basisleistung" unterscheiden von der „Leistungsspitze", die den eigentlichen Leistungsbereich des Mitarbeiters darstellt, um den es im laufenden Jahr geht. Moderne Vergütungssysteme konzentrieren sich auf eben diese Leistungsspitze und belohnen weniger die Leistungen der Vergangenheit.

3. Einbeziehung der gesamten Mannschaft:
Moderne Vergütungssysteme gehen zusehends dazu über, nicht nur den Außendienst, sondern auch den Innendienst und die Vorgesetzten leistungs- und ertragsorientiert zu vergüten. Durch ein gemeinsames Vergütungssystem soll das Teamdenken im Vertrieb des Unternehmens gefördert und bewirkt werden, dass sich Innendienst und Außendienst „die Bälle zuspielen", statt sich gegenseitig zu behindern.

4. Mehrere Vergütungskomponenten:
Ebenso lässt sich feststellen, dass in modernen Vergütungssystemen der variable (leistungsabhängige) Vergütungsteil oft aus mehreren Komponenten besteht, z. B. aus Provision und Zielprämien. Damit kann eine feinere und differenziertere Steuerung des Mitarbeiters erfolgen.

7.3.2.2 Von der Umsatzprovision zur Deckungsbeitragsvergütung

Es ist erstaunlich, dass in der betrieblichen Praxis noch immer viele Unternehmen ihre Verkäufer nach Umsatzprovision bezahlen. Die Zahl derer, die deckungsbeitragsorientiert entlohnen, ist aber stark im Wachsen begriffen, da viele Unternehmen erkannt haben, dass der Umsatz als alleiniges Motivationsinstrument des Innen- und Außendienstes keine Zukunft mehr hat. Es kann davon ausgegangen werden, dass gegenwärtig bereits 25% aller bundesdeutschen Unternehmen ihre Außendienstmitarbeiter nach Deckungsbeiträgen oder ähnlichen Ertragskomponenten vergüten. Die Zahl der Unternehmen, die eine ertragsorientierte Vergütung anstreben, ist ausgesprochen hoch.

Arbeitet ein Verkäufer nämlich auf Basis der Umsatzprovision, dann ist es nur zu verständlich, dass für ihn der erzielte Umsatz im Vordergrund steht und nicht die Rentabilität der Aufträge. Wenn jedoch die Rentabilität (als DB II des persönlichen Profit-Centers) als Messgröße für eine Vergütung herangezogen wird, ändert sich auch seine Verhaltensweise. Unternehmensziele, die die Gewinnerhaltung und -steigerung anstreben, werden durch die Umsatzprovisionsvergütung sträflich vernachlässigt. Ersetzt man diese durch eine Deckungsbeitragsvergütung, sind Unternehmens- und Verkäuferziele synchronisiert.

Bei der Installierung eines neuen Vergütungssystems im Vertrieb muss beachtet werden, dass zwei Gestaltungsmerkmale zur Verfügung stehen:

1. die Vergütungsbasis,
2. das Vergütungsinstrument.

Die typische Vergütungsbasis der modernen Vergütung im Vertrieb ist natürlich deckungsbeitragsorientiert. Über die Vergütung nach Deckungsbeiträgen soll bewirkt werden, dass der Unternehmensgewinn gewissermaßen bereits „an der Front“ des Unternehmens sichergestellt wird.

Nun lässt sich der Deckungsbeitrag des persönlichen Profitcenters über völlig unterschiedliche Vergütungsinstrumente vergüten. Diese können tendenziell eher „langweilig“ sein und nur eine geringe Motivationswirkung entfalten oder sie können „spannend“ gestaltet sein und eine entsprechend hohe Motivationswirkung zur Folge haben.

7.3.3 Vergütungsinstrumente

Während sich der vorliegende Beitrag bislang schwerpunktmäßig mit der Frage auseinander gesetzt hat, wie der Deckungsbeitrag des einzelnen Verkäufers zu ermitteln ist und wie die Informationen aussehen, mit Hilfe derer der Mitarbeiter sein Profit-Center steuert, soll sich der nun folgende Teil der Frage widmen, wie nun im Einzelnen die Vergütungsinstrumente aussehen können, um den Mitarbeiter deckungsbeitragsorientiert zu vergüten.

Zunächst ist dabei festzuhalten, dass eine Vielzahl von Vergütungsinstrumenten existiert und dass es sicherlich nicht damit getan ist, irgendein System im eigenen Unternehmen zu installieren, und zwar nach dem Motto: Hauptsache wir vergüten den Deckungsbeitrag!

Gute Vergütungssysteme sind erfahrungsgemäß immer unternehmensbezogen entwickelt und berücksichtigen die spezifischen Eigenheiten des Unternehmens. Auch kann ein und dasselbe Vergütungssystem oft nicht für den Außendienst und zugleich auch für den Innendienst angewandt werden: Hier führen die unterschiedlichen Aufgaben fast zwangsläufig auch zu **unterschiedlichen Vergütungsinstrumenten**. Generell gilt, dass bei der Auswahl der Vergütungsinstrumente sehr sorgfältig vorgegangen werden muss, damit die eingesetzten Vergütungssysteme ihre bestmögliche Motivationswirkung entfalten.

Ferner kann festgehalten werden, dass eine Vergütungsumstellung generell ein ausgesprochen **sensibles Thema** darstellt. Daraus folgt, dass die Umstellung fehlerfrei sein muss und vor allen Dingen den vorhandenen Besitzstand des Mitarbeiters nicht antasten darf. Zusätzlich sollte eine Risikominimierung für den Mitarbeiter berücksichtigt werden, und zwar in der Art, dass für eine bestimmte Übergangszeit der Mitarbeiter nicht weniger verdienen kann, als er nach seinem alten Entlohnungssystem (z. B. Umsatzprovision) verdient hätte. So wird Sorge dafür getragen, dass der Mitarbeiter das neue Vergütungssystem auch akzeptiert und kein allzu großes Risiko verspürt, wenn er auf das neue Vergütungssystem eingeht.

7.3.3.1 Provision vom Deckungsbeitrag

Gegenstand einer ertragsorientierten Vergütung ist bei diesem System die Provision auf den DB II des Profit-Centers. Diese errechnet sich vom ersten Euro Deckungsbeitrag an, den der betreffende Mitarbeiter in seinem Profitc-Center erwirtschaftet. Über einen festen Provisionssatz erhält der Mitarbeiter sein variables Einkommen.

Die grafische Darstellung des Systems erfolgt in Abb. 2:

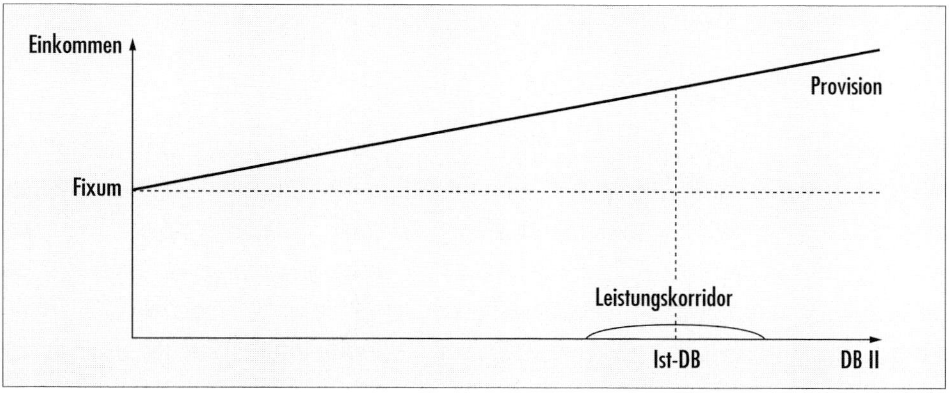

7.3 Abb. 2: ***DB-Provision***

Man erkennt anhand der Abb. 2, dass sich das Mitarbeitereinkommen aus Fixum und Provision zusammensetzt. Die Provision beginnt ab dem ersten Euro Deckungsbeitrag im Profit-Center und steigt kontinuierlich mit der Leistung an.

Bei diesem System handelt es sich um das einfachste System, welches auf Deckungsbeitragsbasis aufbaut. Als Vorteil ist zu nennen, dass nun eine leistungsorientierte Vergütung besteht, die nicht etwa am Umsatz festmacht, sondern an einer Ertragsgröße.

Das besondere Problem dieser Art von Vergütungssystemen liegt darin, dass der nennenswerte Teil des variablen Einkommens aus einer vergangenheitsorientierten Basisleistung erzielt wird. Im Profit-Center wurden bereits in der Vergangenheit Deckungsbeiträge aufgebaut, die zum heutigen Niveau der Deckungsbeiträge geführt haben. Das heißt, dass das Profit-Center ein bestimmtes Niveau an Deckungsbeiträgen im Laufe der Jahre erarbeitet hat. Der eigentliche „Leistungskorridor" des Mitarbeiters schwankt erfahrungsgemäß um sein derzeitiges Leistungsniveau. Er wird in aller Regel seinen bisherigen Leistungsstand im kommenden Jahr nicht verdoppeln oder halbieren, höchstens in extremen Ausnahmefällen.

Dieser „engere Leistungskorridor" des Mitarbeiters wird bei der Deckungsbeitragsprovision aber relativ wenig bedacht, da die Provision ja auch auf die gesamten Deckungsbeiträge gewährt wird, die außerhalb dieses Leistungskorridors liegen und in der Vergangenheit bereits erwirtschaftet wurden. Dies führt zu einem insgesamt relativ flachen Einkommens-Kurvenverlauf, wobei sich die Vergütung innerhalb des Leistungskorridors des Mitarbeiters erfahrungsgemäß **wenig „spannend"** gestaltet. Andererseits besteht bei nachhaltigem Wachstum des Unternehmens über einen langen Zeitraum (z. B. Jahrzehnt) hinweg die Gefahr, dass die lineare Provision „explodiert" und zu Einkommen führt, die das Einkommensgefüge im Unternehmen sprengen.

7.3.3.2 Zielprämien

Neben der reinen Provision auf den Deckungsbeitrag halten Zielprämien wachsenden Einzug in ertragsorientierte Vergütungssysteme. Dabei werden Ziel-Deckungsbeiträge für die Mitarbeiter für eine bestimmte Zeitperiode (Quartal, Halbjahr oder Jahr) vereinbart, die die Mitarbeiter erreichen sollten. Diese Ziele müssen in Anbetracht der jeweiligen konjunkturellen Lage und der Reserven vereinbart werden, die im jeweiligen Verkaufsbereich noch zu mobilisieren sind. Erreicht der Mitarbeiter im vereinbarten Zeitraum das Deckungsbeitragsziel, so erhält er zusätzlich zu seiner Provision oder an Stelle der Provision die ausgesetzte Zielprämie.

Die grafische Darstellung des Zielprämien-Vergütungssystems führt zur Abb. 3.

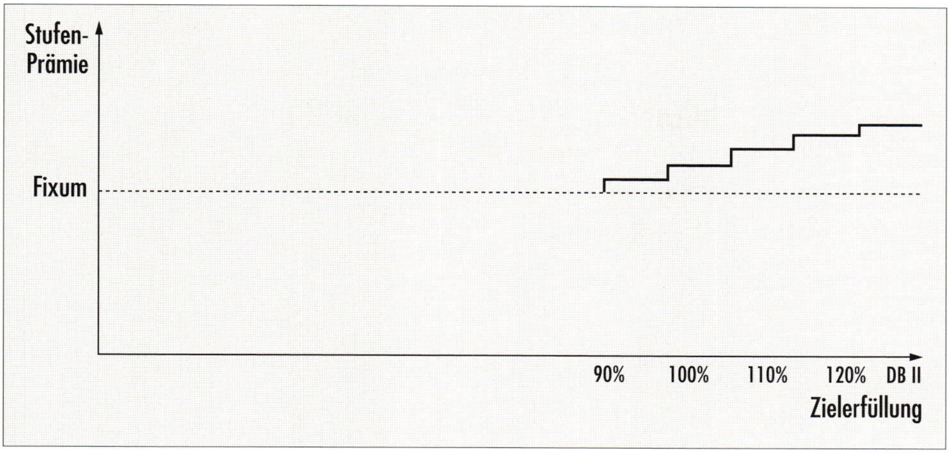

7.3 Abb. 3: *Grafische Darstellung des Zielprämiensystems*

Man erkennt, dass der Mitarbeiter bei einer Zielerfüllung von 100 % eine bestimmte Prämie erhält. Die Prämie wird aber nicht allein auf diese Zielerreichung ausgelegt, sondern der Mitarbeiter erhält auch dann schon einen Teil der Prämie, wenn er z. B. nur eine Leistung von 90 % erbringt. Die Prämie kann sich noch mal steigern, wenn der Mitarbeiter eine Leistung von über 100 % erbringt. Die Prämie steigt allerdings nur bis zu einem Zielerfüllungsgrad von 120 % und bleibt dann auf diesem Niveau erhalten.

In diesem Zusammenhang spricht man von „Spreizung der Prämie“. Die zahlenmäßige Darstellung könnte z. B. wie folgt aussehen:

Ziel:	DB-II-Steigerung um 5 % = Gesamt-DB-II in Höhe von 0,75 Mio. EUR = 100 % Zielerreichung						
Zielerreichung	90 %	95 %	100 %	105 %	110 %	115 %	120%
Prämie in EUR	1.000	1.500	2.500	3.250	4.000	4.500	5.000

7.3 Tab. 4: *Spreizung der Prämie*

In diesem Zusammenhang ist zu erwähnen, dass solche Prämiensysteme natürlich nicht nur auf den Deckungsbeitrag des Profit-Centers ausgelegt werden müssen, sondern dass ganz andere Zielgrößen mit Prämien belegt werden können. So lässt sich dieses System genauso auf Umsätze anwenden, auf Neukunden-Gewinnungsziele, auf Gebietsausschöpfungsziele, auf Ziele zur Forcierung bestimmter Produkte oder Kunden etc.

Der **Vorteil** eines Prämiensystems ist wie folgt darzustellen:

1. **Zielprämien vermeiden „Sattheitserscheinungen"** beim Verkäufer. Der typisch satte Verkäufer wird durch eine Zielprämie in nennenswerter Höhe wieder mobilisiert. Vor allem, wenn ein spürbarer Teil des Einkommens von der Erreichung eines bestimmten Zieles abhängig gemacht wird, kann sich der Mitarbeiter „Sattheit" (z. B. in Form von lascher Gebietsbearbeitung) nicht mehr erlauben.
2. **Reisegebiete sind von ihrem Verkaufspotenzial unterschiedlich strukturiert** (z. B. unterschiedliche Gebietsgröße oder Kaufkraft). Der Verkäufer, der nur Provision erhält, verdient viel, wenn er zufällig in einem Gebiet mit großem Marktpotenzial arbeitet und umgekehrt. Über Zielprämien lassen sich derartige Unterschiede im Einkommen besser ausgleichen. Die Zielprämie belohnt den fleißigen Verkäufer und weniger den, der zufällig ein großes Verkaufsgebiet hat.
3. Mit Hilfe von Zielprämien ist es möglich, den **Einkommensaufbau stärker in die Progression** hineinwachsen zu lassen. Wenn zusätzliche Deckungsbeitragssteigerungen als sehr schwierig erachtet werden, reicht evtl. die Provision als alleiniges Vergütungsinstrument nicht mehr aus.
4. Provisionen werden üblicherweise für alle Deckungsbeiträge gezahlt, auch für die, für die der Verkäufer unmittelbar nichts unternommen hat. Prämien dagegen kann der Mitarbeiter nur erreichen, wenn er eine **Spitzenleistung** erzielt. Hierfür ist der volle persönliche Einsatz notwendig. Insofern motivieren Zielprämien zur Erreichung der Leistungsspitze.

Prämiensysteme können sowohl in Ergänzung zur Deckungsbeitragsprovision installiert werden als auch an Stelle einer Deckungsbeitragsprovision. Im letzteren Fall würde sich das leistungsorientierte, variable Einkommen des Mitarbeiters ausschließlich aus Zielprämien ergeben. Allerdings wäre es dann natürlich denkbar, Zielprämien für verschiedene Ziele zu installieren. Werden Zielprämien für unterschiedliche Ziele gezahlt, kann auf diesem Weg eine sehr differenzierte Steuerung des Verkäufers bewirkt werden: Um sein Einkommen zu maximieren, muss er jetzt auf unterschiedlichste Aspekte achten, die alle für das Unternehmen eine große Bedeutung besitzen, wie z. B. Deckungsbeitrag, Umsatz, Neukunden, Auftragsstruktur etc.

7.3.3.3 Zielübernahmeprämien

Der übliche Fall einer Prämienvereinbarung ist die so genannte Budgeterfüllungsprämie. Hier einigt sich der Mitarbeiter mit seinem Vorgesetzten auf ein bestimmtes Ziel (z. B. Steigerung des DB II um 5 %). Für die Erreichung dieses Zieles wird eine Prämie ausgesetzt. So wäre es

z. B. denkbar, dass der Verkäufer bei Erreichung dieses Zieles (DB-II-Steigerung von 5 %) eine Prämie in Höhe von 2.500 EUR erhält. Diese Prämie kann nach unterschiedlichen Zielerfüllungsgraden „gespreizt" werden, wie dies weiter oben bereits dargestellt wurde.

Ein zur Budgeterfüllungsprämie abweichendes Konzept stellt die Zielübernahmeprämie dar, die in letzter Zeit immer häufiger Eingang in Vergütungsmethoden findet. Den Mitarbeitern würden in diesem Fall bei der Budgetplanung z. B. fünf alternative Deckungsbeitragsziele angeboten, die sukzessive anspruchsvoller sind. Mit jedem Ziel ist eine Prämie verbunden, wobei die Höhe der Prämien exponenziell steigt.

Der Mitarbeiter kann nun selbst entscheiden, welches Ziel er akzeptiert. Er ist dann aber auch verpflichtet, dieses Ziel zu erreichen, um in den Genuss der Prämie zu gelangen. Entscheidet er sich z. B. für das anspruchsvollste Ziel (Nr. 5) und erreicht er nur das Ziel Nr. 4, so kann keine Prämie ausgezahlt werden. Entscheidet er sich für das Ziel Nr. 3 und erreicht dann aber doch das Ziel Nr. 4, so erfolgt nur Auszahlung der Prämie, die mit dem Ziel Nr. 3 verbunden ist.

Ziel:	DB-Steigerung um	Prämie
1.	+ 3 %	1.000
2.	+ 5 %	2.500
3.	+ 7 %	4.000
4.	+ 9 %	6.000
5.	+ 11 %	8.500

7.3 Tab. 5: ***Zielübernahmeprämie***

Auf den ersten Blick wirkt das Konzept der Zielübernahme etwas „rüde". Jedoch lassen sich die Vorteile dieses Systems nicht übersehen:

1. Zeitersparnis:

Ausgedehnte Zielverhandlungen müssen nicht mehr stattfinden, sondern der Verkäufer erhält ein Zielangebot, wobei er sich das Ziel aussuchen kann, welches er für realistisch hält.

2. Wegfall von wechselseitigen Manipulationen:

Im System der klassischen Zielvereinbarung besteht eine sehr große Gefahr, dass der Mitarbeiter bei der Zielvereinbarung manipuliert: Er hat verständlicherweise ein großes Interesse, die Zielformulierung so niedrig wie möglich anzusetzen. Umso leichter kann er dann das vereinbarte Ziel übertreffen und kommt dadurch in den Genuss eines exponenziell steigenden variablen Einkommens.

Oftmals wissen die Vorgesetzten um diese Problematik und steigen in die Verhandlungen mit entsprechend überhöhten Zielformulierungen ein, um im Rahmen eines Kompromisses das von vornherein „gewünschte" Ziel beim Mitarbeiter durchsetzen zu können. Manipulation führt also zur Gegenmanipulation, was nicht unbedingt immer als wünschenswert betrachtet werden muss.

3. Stimmigkeit der Unternehmensplanung:
Bei dem System der Zielübernahmeprämie kann davon ausgegangen werden, dass die Verkäufer dasjenige Ziel übernehmen, welches sie für realistisch bzw. realisierbar halten. Dies wirkt sich natürlich auch positiv auf die gesamte Unternehmensplanung aus: Erfahrungsgemäß wird auch sie realistischer als bei der klassischen Zielvereinbarung auf dem Verhandlungsweg.

4. Anspruchsvolle Ziele:
Bei dem System der Zielübernahmeprämie wird der Verkäufer dazu angehalten, sich ein anspruchsvolles Ziel zu wählen, was durch die exponenzial steigenden Prämienbeträge bewirkt wird. Wählt er ein zu bescheidenes Ziel (auf der „sicheren Seite"), so „schneidet er sich ins eigene Fleisch". Erfahrungsgemäß kommen mit dem System der Zielübernahmeprämie recht anspruchsvolle Zielübernahmen zustande.

5. Identifikation mit dem eigenen Ziel:
Mehr als bei der klassischen Zielvereinbarung auf dem Verhandlungsweg identifiziert sich der Mitarbeiter bei dem System der Zielübernahmeprämie mit seinem Ziel. Es handelt sich dabei um „sein" Ziel, welches er sich selbst gegeben hat. Dieses Ziel wurde ihm nicht von seinem Vorgesetzten aufgezwungen, sondern er hat es sich selbst freiwillig ausgewählt. Dabei ist ein hohes Maß an Identifikation mit dem eigenen Ziel gegeben und eine entsprechende Motivation, dieses Ziel auch zu realisieren.

Ein genereller Nachteil von Zielprämien liegt darin begründet, dass ihre Auszahlung nicht unmittelbar auf den erlebten Erfolg des Mitarbeiters anfällt. Dies ist insbesondere bei der Vereinbarung von Jahresprämien für Jahresziele der Fall. In diesem Zusammenhang sei darauf hingewiesen, dass heute immer häufiger **Halbjahresziele** oder **Quartalsziele** bzw. Halbjahresprämien oder Quartalsprämien vereinbart werden, um Erfolg bzw. Misserfolg und Vergütung in einen unmittelbaren Erlebniszusammenhang zu bringen. Diese Vorgehensweise bietet einen weiteren Vorteil: Durch kurzfristigere Planungsperioden kann die Planung/Zielvereinbarung exakter gestaltet werden, da kürzere Perioden besser vorhersehbar sind als lange Planungsperioden.

Natürlich muss in jedem Fall bei Zielprämien mit **Abschlagszahlungen** gearbeitet werden, um dem Mitarbeiter ein gleichmäßiges Einkommen zu gewährleisten. Diese Abschlagszahlungen können pauschal erfolgen oder sich an der tatsächlichen (z. B. monatlichen) Leistung orientieren, die der Mitarbeiter abgeliefert hat (z. B. auf der Basis eines monatlichen Soll-/Ist-Vergleichs).

7.3.3.4 Sockelprovision

Bei dem Konzept der Sockelprovision geht man (ebenso wie bei der Zielprämie) davon aus, dass nicht der gesamte Deckungsbeitrag des Verkäufers verprovisioniert wird, sondern nur der Teil, der vom Mitarbeiter aktiv eingebracht wurde. Auch hier erfolgt also eine Konzentration auf den eigentlichen „Leistungskorridor" des Mitarbeiters. Dabei wird unterstellt, dass auf Grund der Marktposition des Unternehmens ein Deckungsbeitragssockel „sowieso" zustande kommt und dieser Sockel nicht vergütet werden muss. Die Mitarbeiterleistung setzt gewissermaßen erst ab diesem Sockel ein. Erst die danach erfolgte Leistung soll vergütet werden.

Die Darstellung der Abb. 4 soll dieses Prinzip verdeutlichen:

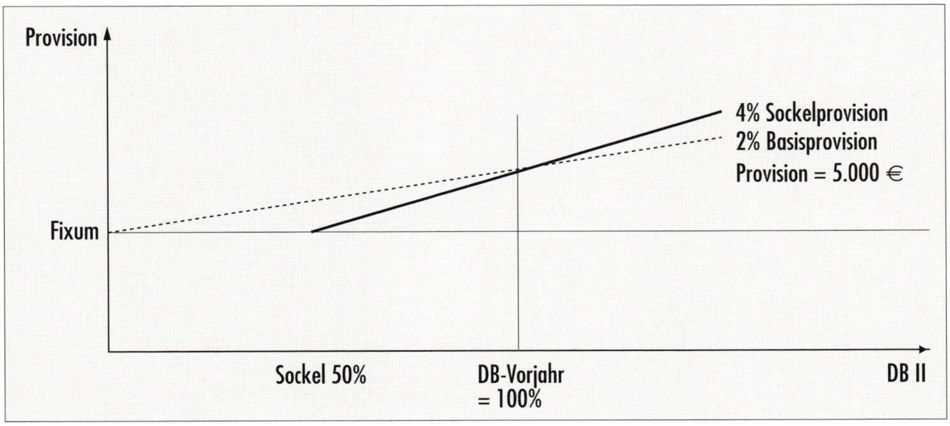

7.3 Abb. 4: *Sockelprovision*

Die Abb. 4 zeigt, dass die Deckungsbeitragsleistung des Vorjahres gleich 100 % gesetzt wird. Man hat nun die Alternative, anstelle einer z. B. zweiprozentigen DB-Provision, die von Beginn an gezahlt wird, eine vierprozentige Provision zu bezahlen, die erst ab der Hälfte des alten Deckungsbeitrages zustande kommt. Der Sockel wurde also bewusst gleich 50 % gesetzt. Bei einer doppelt hohen Provision (4 % statt 2 %) erreicht der Mitarbeiter bei gleichem Deckungsbeitrag wie im Vorjahr das gleiche Provisionseinkommen (5.000 EUR).

Allerdings erkennt man daraus, dass Mehrleistungen besonders belohnt werden: Die Kurve der Sockelprovision hat einen wesentlich steileren Anstieg. Mehrleistungen über den DB des Vorjahrs hinaus werden wesentlich stärker belohnt als mit der bisherigen Provision in Höhe von 2 %. Bei einem Sockel in Höhe von 50 % bedeutet dies, dass die Belohnung des zusätzlichen Deckungsbeitrages, der den Deckungsbeitrag des Vorjahres übertrifft, doppelt so hoch ist wie bei einer Provision, die bereits auf den ersten Euro Deckungsbeitrag gezahlt wird.

Natürlich „wandert" der Sockel mit der jeweiligen Leistung des Mitarbeiters mit. Verbessert der Mitarbeiter z. B. von Jahr zu Jahr seine DB-Leistung, so wandert der Sockel, der z. B. immer bei 50 % der Vorjahresleistung liegt, auf der DB-II-Achse nach rechts. Bei Verschlechterungen der DB-Leistung des Mitarbeiters würde der Sockel entsprechend nach links wandern.

Eine Planung von Zielen findet hier nicht statt, was einerseits als Arbeitserleichterung betrachtet werden kann, andererseits aber auch einen gewissen Nachteil darstellt: Das Einkommen des Mitarbeiters ist teilweise abhängig von Zufälligkeiten des Marktes wie z. B. konjunktureller Entwicklung etc., die bei der Zielprämie entsprechend Berücksichtigung finden können. Allerdings ist dieses System sehr einfach handhabbar und bedarf keiner aufwändigen Zielgespräche bzw. Planungen.

7.3.3.5 Weitere Vergütungsansätze

Die Darstellung von Vergütungsinstrumenten ließe sich nahezu beliebig fortsetzen, wobei es darauf ankommt, diejenige Vergütungslösung für ein Unternehmen herauszuarbeiten, die der Eigenart des Unternehmens am meisten entspricht. Erst dann kann ein Vergütungssystem als „gut" bezeichnet werden, wenn es die Motivation der Mitarbeiter in genau die Richtung lenkt, die das Unternehmen verfolgt.

In diesem Zusammenhang sei lediglich erwähnt, dass heute vielfach Vergütungssysteme Anwendung finden, die an der **Potenzialausschöpfung der Gebiete** festmachen. Bei diesen Vergütungsinstrumenten wird nicht nur der absolute Deckungsbeitrag vergütet, den der Verkäufer erbracht hat, sondern zum Faktor der Vergütung wird gleichermaßen der Grad der Ausschöpfung des Gebietspotenzials. Dadurch wird sichergestellt, dass sowohl die dominante Marketinggröße des Marktanteils Berücksichtigung findet als auch die betriebswirtschaftliche Größe der Ertragssicherung.

In diesem Zusammenhang sei auch erwähnt, dass sich natürlich **verschiedene Vergütungsinstrumente zu einem Vergütungssystem** kombinieren lassen. Oftmals werden darüber hinaus für unterschiedliche Mitarbeiter in ein und demselben Unternehmen **unterschiedliche Vergütungsinstrumente** angewandt, obwohl alle eingesetzten Vergütungsinstrumente am Deckungsbeitrag orientiert sind. So ist es oft sinnvoll, für Vertriebsleiter andere Vergütungsinstrumente anzuwenden, als sie für Außendienstmitarbeiter im Einsatz sind, um z. B. kontraproduktive Wirkungen auszuschließen, die bei Anwendung ein und desselben Vergütungsinstruments fast zwangsläufig auftreten würden.

Darüber hinaus wird es immer üblicher, auch die **Innendienstmitarbeiter** in ein leistungs- und ertragsorientiertes Vergütungskonzept einzubinden. Erst dadurch kann sichergestellt werden, dass die Deckungsbeiträge nachhaltig verbessert werden. Nicht selten kommen dabei Teamlösungen zum Einsatz, indem z. B. alle Innendienstmitarbeiter zu einem Leistungsteam zusammengefasst und entsprechend vergütet werden. Oder Tandemlösungen aus einem Innendienstmitarbeiter und einem Außendienstmitarbeiter kommen zur Anwendung, sofern eine entsprechende Vertriebsstruktur vorliegt.

7.3.3.6 Erfahrung mit deckungsbeitragsorientierten Vergütungssystemen

In der Bundesrepublik wird die ertragsorientierte Vergütung im Vertrieb mittlerweile von schätzungsweise 25 % aller Unternehmen angewendet. Erfahrungsgemäß führen die Vergütungsmodelle auf der Basis von Deckungsbeiträgen zu **nachhaltigen Ertragsverbesserungen** der Unternehmen. Diese Ertragsverbesserungen ergeben sich durch die Steigerungen der DB II der Innen- und Außendienstverkäufer. Damit steigen aber auch die Einkommen der Mitarbeiter, die in die ertragsorientierte Vergütung eingebunden sind. Dies erklärt, dass diese Vergütungskonzepte von den Verkäufern durchweg positiv aufgenommen werden.

Weiter oben wurde bereits darauf hingewiesen, dass bei Vergütungsumstellungen die Mitarbeiter für eine Übergangszeit abgesichert werden müssen. Dies betrifft zum einen die **Besitzstandswahrung** und zum anderen die **Besitzstandsgarantie**. Die Besitzstandswahrung besagt, dass der Mitarbeiter mit dem neuen Vergütungssystem nicht schlechter gestellt werden darf als mit seinem alten Vergütungssystem. Die Besitzstandsgarantie besagt, dass der Mitarbeiter für eine Übergangszeit abgesichert wird auf der Basis seines alten Einkommenssystems: Er wird bereits nach dem neuen Vergütungssystem vergütet und darf ein Mehreinkommen, das er mit Hilfe des neuen Vergütungssystems erzielt, behalten. „Nach unten" wird er aber abgesichert über das alte Vergütungssystem: Dieses wird parallel weitergerechnet und stellt die Absicherung des Mitarbeiters gegen Einkommenseinbrüche dar. Er erhält mindestens seine Bezüge nach dem alten Vergütungssystem, so dass er für eine Übergangszeit nicht weniger verdienen kann als mit dem alten System, die Mehrbezüge durch das neue System aber schon realisieren kann.

Dies stellt für die Mitarbeiter üblicherweise eine ausreichende Sicherung dar, die die Mitarbeiter veranlasst, das neue Vergütungssystem zu akzeptieren. Natürlich muss beachtet werden, dass Tarifgrenzen nicht unterschritten werden dürfen (Tarifgarantie).

Der rechtliche Aspekt der Vergütungsumstellung sei kurz beleuchtet: Generell sind Vergütungsumstellungen seitens des **Betriebsrates** zustimmungspflichtig. Üblicherweise werden die neuen Vergütungssysteme umgestellt auf der Basis des gegenseitigen Einvernehmens, so dass Änderungskündigungen nicht erforderlich werden. Natürlich sollte die Vergütungsumstellung durch eine entsprechende Betriebsvereinbarung abgesichert werden, die mit dem Betriebsrat geschlossen wird.

7.3.3.7 Vorgehensweise bei Vergütungsumstellungen

Nach wie vor hat der Faktor Einkommen als Motivator eine hohe Wirkungskraft. Dies gilt, wie Untersuchungen immer wieder zeigen, vor allen Dingen für Außendienstmitarbeiter im Vertrieb. Gerade in Anbetracht dieses Sachverhalts kommt der „richtigen" Ausgestaltung von Vergütungssystemen im Vertrieb eine besondere Bedeutung zu. Wenn bewirkt werden soll, dass sich die Verkäufer zukünftig mehr auf die ertragreichen Produkte und Kunden konzentrieren, Preise besser durchsetzen und mit den eigenen Kosten sparsamer umgehen, ist der Profit-Center-Ansatz die richtige Lösung. Es handelt sich dabei um das Vergütungssystem, welches geeignet ist, die Unternehmensziele am besten durchzusetzen.

Bei der Umstellung auf Profit-Center und die ertragsorientierte Vergütung geht man dabei am besten wie folgt vor:

1. Überprüfung des bestehenden Steuerungs- und Vergütungssystems auf Schwachpunkte, insbesondere darauf, inwieweit dieses System die derzeitigen Ziele unterstützt.
2. Ermittlung von Deckungsbeiträgen zur Erlangung einer besseren Transparenz darüber, welche Geschäftsfelder die besseren Erträge übrig lassen und welche Verkäufer ertragreicher bzw. ertragsärmer arbeiten.
3. Installierung von Profit-Centern und Einbeziehung der Mitarbeiter in die Ertragsverantwortung.
4. Überprüfung der verschiedenen in Frage kommenden Vergütungskomponenten, soweit sie am Deckungsbeitrag festmachen.
5. Verknüpfung der geeigneten Vergütungskomponenten wie Deckungsbeitragsprovision, Deckungsbeitragsprämien etc. zu einem Einkommenskonzept.
6. Festlegung der Einkommensbandbreiten für die einzelnen Mitarbeiter.

7. Durchführung geeigneter Tests zur Gewinnung von Vergütungssicherheit.
8. Präsentation des Systems vor den Mitarbeitern.

Die Erfahrungen zeigen, dass nach Einführung von Profitcentern im Vertrieb und der ertragsorientierten Vergütung deutliche Ertragsverbesserungen im Unternehmen zu erzielen sind. Nicht selten kann die Umsatzrendite im Laufe von drei bis fünf Jahren um 2 % bis 3 % gesteigert werden.

7.4 Anforderungsprofile für den Vertrieb

Reiner Bröckermann

7.4.1 Sinn und Zweck von Anforderungsprofilen

In aller Regel ist weder der rein zahlenmäßige Personalbedarf noch der rein zahlenmäßige Personalüberhang, in der Regel ist vielmehr der **Vergleich zwischen den Anforderungen** einer Stelle im Vertrieb **und der Eignung** der Beschäftigten im Vertrieb – und unter Umständen auch darüber hinaus – dafür ausschlaggebend, wer welche Vertriebsposition ausfüllen kann und wird, wer sich fortbildet und wer das Unternehmen verlassen muss (*Bröckermann 1997, S. 38 ff., Bröckermann 1998, S. 16 f.*).

7.4.2 Aufgaben des Vertriebs

Wenn man die besagten Anforderungen der Stellen im Vertrieb ermitteln will, muss man sich zunächst die generellen Aufgaben des Vertriebs vergegenwärtigen. Dabei handelt es sich um folgende:

- Der Vertrieb wird mitunter ausschließlich als die **technische Seite der Leistungsverwertung** angesehen. Dann besteht die Aufgabe des Vertriebs aber immerhin in der Steuerung der Außendienstorganisation.
- **In der Praxis versteht man unter Vertrieb jedoch meistenteils dasselbe wie unter Absatz**, nämlich alle Aktivitäten des Unternehmens, die darauf gerichtet sind, den Abnehmern die betrieblichen Leistungen zuzuleiten. Diese Aktivitäten bilden die letzte Phase des güterwirtschaftlichen Prozesses. Sie umfassen nicht nur den Verkauf als Ergebnis der Absatzaktivitäten, sondern auch davor und danach liegende Tätigkeiten, die sich auf Absatzwege, Absatzplan, Absatzmittler und Absatzorgane beziehen. Alle modernen Formen des Absatzes bezeichnet man im Übrigen als **Marketing** (*Olfert/Rahn 1996, Ziffer 012*).
- Ein wichtiger Bestandteil des so umschriebenen Vertriebs ist der persönliche **Verkauf**. Es handelt sich um einen zwischenmenschlichen Prozess, in dem potenzielle Käufer über ein Angebot informiert, von seiner Qualität überzeugt und hinsichtlich der Verwendung und Auswahl beraten werden. Der persönliche Verkauf beruht auf dem unmittelbaren Kontakt zwischen Verkäufer und Käufer und kann sowohl über den Innendienst als auch über den Außendienst erfolgen, ist aber auch als Telefonverkauf möglich. Persönliche Verkaufsanstrengungen werden von Herstellern, Handel und Dienstleistungsunternehmen vorgenommen (*Olfert/Rahn 1996, Ziffer 937*).

7.4.3 Informationen aus Stellenbeschreibungen

Diese generellen Aufgaben des Vertriebs sollen aber nicht von allen dort tätigen Personen gleichzeitig und mit denselben Schwerpunkten gelöst werden. Man braucht also genaue Informationen über die Aufgaben, die innerhalb jeder einzelnen, konkreten Stelle wahrgenommen werden. Diese Informationen liefern **Stellenbeschreibungen** (*Bröckermann 1997, S. 38ff., Mentzel 1997, S. 57ff.*).

Die erstmalige Einführung von Stellenbeschreibungen erfordert einen großen Arbeitsumfang. Deshalb beschränkt man sich hin und wieder auf Schlüsselpositionen.

Grundsätzlich beginnt man mit der **Ermittlung der derzeitigen Situation** durch Gespräche mit Stelleninhabern, die Selbstaufschreibung seitens der Betroffenen oder Fragebogen. Nach einer Anayse der Ergebnisse werden Überschneidungen bei den Aufgaben und Befugnissen, unklare Aufgabenabgrenzungen, unzweckmäßige Arbeitsabläufe und weitere **Ungereimtheiten** in Abstimmung mit den Beteiligten **beseitigt**. Schließlich wird die Stellenbeschreibung meist **durch Unterschriften in Kraft gesetzt**.

In manchen Unternehmen sind die Stellenbeschreibungen auf Grund des großen Informationsbedürfnisses sehr voluminös geworden. Davon kann nur abgeraten werden, weil einerseits zu viele Informationen eher verwirren und andererseits der unbedingt notwendige Änderungsdienst zu aufwändig wird. Stellenbeschreibungen sollten nämlich regelmäßig überarbeitet werden, damit sie stets den aktuellen Stand abbilden.

Wenn man die Erfahrungen einiger vertriebserprobter Autoren und Praktiker in die übliche Gliederung einer Stellenbeschreibung einbringt, entsteht eine Aufstellung, wie sie in Abb. 1 wiedergegeben ist.

7.4.4 Anforderungsanalyse im Vertrieb

Die Stellenbeschreibung selbst gibt noch keine Auskunft über das Anforderungsprofil, dem der Stelleninhaber genügen muss, d. h. über die erforderlichen Qualifikationen. Die Stellenbeschreibung ist aber die Grundlage für die Ermittlung des Anforderungsprofils, denn sie enthält neben Hinweisen auf die Einordnung der Stelle in die Organisationsstruktur und neben einer Dokumentation der Rechte und Pflichten vor allem die für die Erstellung eines Anforderungsprofils unverzichtbaren umfassenden Angaben über die **Stellenziele** und **Aufgaben** des Stelleninhabers (*Abb. 1, Bisani 1993, S. 344ff., Bröckermann 1997, S. 40ff., Bröckermann 1998, S. 16, Mentzel 1997, S. 64ff.*).

Stellenbeschreibung	
Stellenbezeichnung: *Vertrieb*	Rangstufe: *Mitarbeiter/-in*
Ziel der Stelle beziehungsweise Kurzbeschreibung des Aufgabengebietes: Die/Der Stelleninhaber/-in ist für die Abwicklung aller Aufgaben in dem ihr/ihm zugeteilten Aufgabenfeld des Vertriebs zuständig. Dabei hält sie/er sich an die Grundsätze des Unternehmens und trägt Sorge für den Ausbau des Unternehmensimages.	
Stellenbezeichnung des direkten Vorgesetzten: *Vertriebsleitung*	Stelleninhaber erhält zusätzlich fachliche Weisungen von: *Geschäftsführung*
Stellenbezeichnung und Anzahl der direkt unterstellten Mitarbeiter: *keine Mitarbeiter*	Der Stelleninhaber gibt zusätzlich fachliche Weisungen an: *keine Weisungen*
Der Stelleninhaber vertritt: *Kollegen/Kolleginnen nach Weisung der Vertriebsleitung*	Der Stelleninhaber wird vertreten von: *Kollegen/Kolleginnen nach Weisung der Vertriebsleitung*
Spezielle Vollmachten und Befugnisse, die nicht in allgemeinen Regelungen festgehalten sind: *keine speziellen Vollmachten und Berechtigungen*	
Beschreibung der Tätigkeiten, die der Stelleninhaber selbstständig durchführt: – Informationsbeschaffung, zum Beispiel über persönliche Käuferdaten, – Verkaufsvorbereitung, etwa Besuchsplanung bei Berücksichtigung der Beratungszeit, – Kundenkontakte, beispielsweise im Verkaufsgespräch, – Auftragsabwicklung einschließlich der verständnisvollen Reklamationsbearbeitung – Bemühungen, Käufer zum Abschluss von Kaufverträgen zu veranlassen	
Die dargestellten Tätigkeiten werden – soweit nicht schon geschehen – spätestens nach nach zwölf Monaten seit Einführung der Stellenbeschreibung übernommen.	
Datum, Unterschrift Stelleninhaber .... Datum, Unterschrift unmittelbarer Vorgesetzter .... Datum, Unterschrift nächsthöherer Vorgesetzter .... Datum, Unterschrift einführende Stelle	
Änderungsvermerke: *bislang keine*	

7.4 Abb. 1: *Stellenbeschreibung*

Quellen: nach Bröckermann 1997, S. 3, Bröckermann 1999b, S. 529, Mentzel 1997, S. 60, Olfert/Rahn 1996, Ziffer 937

7.4.4.1 Technische und organisatorische Änderungen im Vertrieb

Zuweilen ist der Anlass für die Erstellung eines Anforderungsprofils aber gerade die Tatsache, dass sich diese Ziele und Aufgaben wandeln, dass also technische oder organisatorische Änderungen anstehen (*Bröckermann 1997, S. 337 f.*).

Immer dann reicht der Blick in die Stellenbeschreibung nicht aus, wenn man sich Klarheit über die Aufgaben verschaffen will. Vielmehr muss man sich dann über die geplanten Änderungen mit den in Tab. 1 aufgezeigten **Fragen** informieren, die man an den Unternehmer, den Vorstand, die Geschäftsführung oder -leitung und die Abteilungsleitungen richtet. Das erledigt in der Regel das Personalwesen zentral für alle Unternehmensbereiche.

Fragen zu technischen und organisatorischen Änderungen
Wie werden sich die Absatzmärkte entwickeln?
Welche Schwerpunkte werden gesetzt, um zukünftige Ziele und Aufgaben zu erfüllen?
Welche Entwicklungen werden Auswirkungen auf die Belegschaft haben?
Sind Veränderungen der Produktionskapazitäten oder des Dienstleistungsangebots geplant?
Werden neue Produkte und Dienstleistungen eingeführt?
Werden bisherige Aufgabenbereiche wegfallen?
Welche Veränderungen sind in der Organisation der Entscheidungsprozesse zu erwarten?
Werden neue Produktions- und Fertigungsverfahren eingeführt?
Welche Veränderungen werden sich in der Arbeitsorganisation ergeben?
Ist mit dem Abbau, der Aufstockung oder der Umstrukturierung der Belegschaft zu rechnen?
Welche Unternehmensbereiche werden von diesen Veränderungen betroffen?
Können die zukünftigen Aufgaben mit der vorhandenen Mitarbeiterstruktur erfüllt werden?
Welche neuen Anforderungen an die Technik sind zu erwarten?
Entstehen dadurch Defizite bei Kenntnissen, Fertigkeiten und Verhaltensweisen?
Welche Qualifikationen müssen in welchen Abteilungen vorhanden sein?

7.4 Tab. 1: *Fragen zu technischen und organisatorischen Änderungen*
Quelle: nach Bröckermann 1997, S. 337

Zum Zwecke der Ziel- und Aufgabenermittlung kann man daneben **geplante Investitionen analysieren**. Dabei sollte man sich frühzeitig über jedes Investitionsvorhaben und

Investitionsvorhaben	Termin	Notwendige Qualifikation

7.4 Tab. 2: *Investitionsanalyse*
Quelle: Bröckermann 1997, S. 338

die dadurch notwendigen Qualifikationen informieren (Tab. 2). Hier wird ebenfalls regelmäßig das Personalwesen tätig.

7.4.4.2 Anforderungskriterien im Vertrieb

Diese Investitionsanalyse, die Antworten auf die besagten Fragen sowie die Ziele und die Tätigkeitsbeschreibung aus den betreffenden Stellenbeschreibungen sind Grundlagen der nun folgenden Anforderungsanalyse. Man ermittelt, welche Faktoren und Verhaltensweisen bei der Aufgabenerfüllung mehr oder weniger Erfolg versprechend sind.

Für die Anforderungsanalyse müssen **Anforderungskriterien** definiert werden. Grundsätzlich sind hier zwei Verfahren denkbar: Entweder wird für alle oder zumindest für übereinstimmende Gruppen von Stellen – beispielsweise im Vertrieb – ein fester, gleich bleibender Katalog von Anforderungskriterien festgelegt, oder es werden für jede Stelle die jeweils typischen Kriterien bestimmt. Die benötigten Informationen werden in der Regel vom Personalwesen in Zusammenarbeit mit den Fachvorgesetzten ermittelt, und zwar in Form von Beobachtungen oder mündlichen respektive schriftlichen Befragungen. Die Aussagefähigkeit der

	Können	Belastung
Geistige Anforderungen	• Fachkenntnisse • Berufserfahrung • Befähigung, fachlich zu denken und zu urteilen	• Nachdenken • Aufmerksamkeit • Angestrengtes Beobachten
Körperliche Anforderungen	• Geschicklichkeit • Handfertigkeit	• Überwindung von Arbeitswiderständen (dynamische Belastung der Muskeln) • Arbeitshaltung (statische Belastung der Muskeln)
Verantwortung		• Verantwortungsbewusstes Arbeiten, um persönliche und sachliche Schäden zu vermeiden
Arbeitsbedingungen		• Anforderungen, die den Organismus zusätzlich belasten und denen er passiv entspricht (Temperatur, Nässe, Lärm etc.)

7.4 Tab. 3: *Anforderungsarten nach dem Genfer Schema*
Quelle: Jung 1995, S. 566 in Anlehnung an Gehle 1950, S. 33

Ergebnisse hängt in hohem Maße von der Bereitschaft der Betroffenen zur Mitwirkung ab, also der ehemaligen oder derzeitigen Stelleninhaber, der Kolleginnen und Kollegen und der Führungskräfte, hie und da auch der Kunden und Lieferanten, mit denen der Stelleninhaber Kontakt halten muss.

In aller Regel wählt man aus der schier unüberschaubaren Vielfalt von Anforderungskriterien in unterschiedlichen Formulierungen und Varianten jene aus, die unter der Bezeichnung Anforderungsarten 1950 auf einer Konferenz für Arbeitsbewertung in Genf erarbeitet wurden (Tab. 3).

7.4.4.3 Anforderungsmerkmale für Vertriebsstellen

Es ist üblich, jedes Anforderungskriterium durch mindestens drei bis sechs Merkmale zu charakterisieren. Dadurch entsteht ein Anforderungskatalog, der – als eine Variante des oben erwähnten Genfer Schemas – in Anlehnung an ein Beispiel von *Mentzel* (*1997, S. 63*) typischerweise wie in Tab. 4 aussehen könnte. *Ashauer* (*1997, S. 701 f.*), *Bruhn* und *Stauss* (*1995, S. 28*), *Rischar* (*1986, S. 20 ff.*), *Stein* (*1997, S. 28*), *Wage* (*1977, S. 30 ff.*) sowie *Ziegler* und *Büttner* (*1997, S. 177 ff.*), machen speziell für Vertriebsmitarbeiter Anforderungsmerkmale aus, die sich nahtlos in diesen Anforderungskatalog einfügen (Tab. 4).

Identifizierende Merkmale
Stellennummer und -bezeichnung: *Nr. ..., Mitarbeiter/-in im Vertrieb*
Abteilung und Kostenstelle: *Vertrieb*
Vergütungsgruppe: *Gruppe ...*

Allgemeine Anforderungen
Alter: *je nach Stelle*
Geschlecht: *meist ohne Belang*

Kenntnismerkmale
Schule und Studium: *Allgemeinbildung, Weiterbildungsmotivation*
Berufliche Bildung: *Weiterbildungsmotivation*
Sprachen: *je nach Vertriebsgebiet*
Fachwissen: *Verkaufstechniken, produktspezifisches Know-how, Angebots- und Kundenkenntnisse*
Berufs-, Branchen- und Firmenerfahrung: *Erfahrung*

Körperliche Anforderungen
Muskelbelastung: *zumeist ohne Belang*
Körperhaltung: *saubere, ordentliche, gute Erscheinung, positiver Eindruck*
Manuelle Geschicklichkeit: *zumeist ohne Belang*
Belastung der Sinne und Nerven: *Fähigkeit, Probleme und Arbeitsdruck auszuhalten, Frustrationstoleranz*
Umgebungseinflüsse: *oft ohne Belang*

Geistige Anforderungen
Auffassungsvermögen: *Sammlung und logische Analyse von wichtigen Informationen, geistige Beweglichkeit*
Analytisches Denkvermögen: *kritische Selbstorientierung*
Gedächtnis: *Erinnerungsvermögen*
Urteilsfähigkeit: *Fähigkeit, Informationen zu beurteilen und für Problemlösungen zu nutzen, Urteilsvermögen*
Kreativität und Fantasie: *Einfallsreichtum und Einbildungskraft*
Lernbereitschaft: *Wissensbegierde*
Sprachliches Ausdrucksvermögen: *Ausdrucksfähigkeit, Sprache des Gegenübers sprechen*
Technisches Verständnis: *verkaufsförderndes Fachwissen*
Rechnerisches Denken: *Ertragsorientierung*

Arbeitsverhalten
Konzentration: *Konzentrationsfähigkeit, Wachheit und Aufmerksamkeit*
Einsatzbereitschaft: *Erfolgswille, Perfektionsstreben*
Sorgfalt: *Verlässlichkeit, zeitgerechte und adäquate Leistung entsprechend gemachter Zusagen*
Problembewusstsein: *Geradlinigkeit, Bereitschaft und Fähigkeit zur Eigenorganisation*
Entscheidungsvermögen: *Entscheidungsfreude, Bereitschaft, Kundenwünsche zu erfüllen, Mut zum Risiko*
Vielseitigkeit: *Flexibilität*
Zuverlässigkeit: *Ehrlichkeit, Einhaltung sozialer und ethischer Standards, Loyalität*
Selbstständigkeit: *Eigenständigkeit, sicheres Auftreten*
Ergebnisverantwortung: *Integrität*
Verhandlungsgeschick: *emotionaler Kontakt*
Verantwortungsbereitschaft: *Fairness, Diskretion*

Sozialverhalten
Anpassungsvermögen: *Fähigkeit, den eigenen Servicestil zu variieren, Unverstelltheit*
Kontaktfähigkeit: *Natürlichkeit, Echtheit, Fähigkeit, Akzeptanz zu finden und zu überzeugen*
Kooperationsbereitschaft: *Aktivitäten, um Kundenerwartungen zu erfüllen, Kundenorientierung, Kooperationsfähigkeit*
Teamorientierung: *Teamfähigkeit, Integrationsvermögen*
Durchsetzungsvermögen: *Zielsicherheit, Direktheit, Dynamik*
Kommunikationsbereitschaft: *gute Umgangsformen, klarer Ausdruck, Zusammenarbeit*
Hilfsbereitschaft: *Ehrlichkeit*
Toleranz: *Fähigkeit, auf den Kundenstandpunkt einzugehen, Konfliktfähigkeit, Flexibilität*

Führungsqualifikationen
Zielsetzung: *hohe Ziele und ständige Bemühung, diese Ziele zu erreichen*
Planung: *Fähigkeit, die kundenbezogene Arbeit zeitlich und sachlich richtig vorzubereiten*
Organisation: *Organisationsvermögen*
Kontrolle: *Überwachung*
Informationsbereitschaft: *Informationsverarbeitung*
Delegation: *Abordnung*
Administrative Befähigung: *Eignung für Verwaltungsaufgaben*
Befähigung zum Motivieren: *Begeisterung, Arbeitszufriedenheit aus dem Umgang mit anderen*

7.4 Tab. 4: *Anforderungskatalog*
Quelle: Mentzel 1997, S. 63, ergänzt um die Anforderungsmerkmale laut Ashauer 1997, S. 701 f., Bruhn/Stauss 1995, S. 28, Rischar 1986, S. 20 ff., Stein 1997, S. 28, Wage 1977, S. 30 ff. sowie Ziegler/Büttner 1997, S. 177 ff.

7.4.4.4 Profilerstellung für Vertriebsstellen

Nach der Erstellung des Anforderungskataloges und der Festlegung der einzelnen Merkmale ist es wichtig, die **Merkmale** entsprechend ihrer Bedeutung zu **gewichten**. Man muss festlegen, in welcher Ausprägung das jeweilige Anforderungsmerkmal vorhanden sein sollte. Nur durch eine eindeutige Gewichtung wird der Maßstab für den späteren Vergleich mit der Eignung der Beschäftigten geschaffen. Die Ausprägung eines Merkmals sollte der durchschnittlichen Berufsgruppe in dieser Funktion entsprechen und mit den spezifischen Erfahrungswerten des Unternehmens abgeglichen werden.

Die Ausprägung eines Anforderungsmerkmals wird entweder in Form einer Notenskala, in abgestuften Verbalinformationen oder in Plus- und Minuszeichen festgehalten, wie in dem Anforderungsprofil in Tab. 5.

In einem **allgemeinen Anforderungsprofil** für **Mitarbeiter/Mitarbeiterinnen im Vertrieb** werden sich erwartungsgemäß die weiter oben genannten Anforderungsmerkmale finden, die sich weitgehend mit jenen decken, die *Bieberstein* (*1995, S. 340 ff.*) für Stellen im Dienstleistungsmarketing ausmacht.

Man kann die Anforderungen noch differenzieren in

- notwendige, die also für die Aufgabenerfüllung unabdingbar sind, und
- wünschenswerte.

7.4.5 Profilabgleich im Vertrieb

Das Anforderungsprofil wird später mit dem Eignungsprofil abgeglichen. Einen ersten derartigen Abgleich vollzieht man im Rahmen der Personalbeschaffung nach der Analyse der Bewerbungsunterlagen, einen weiteren für Bewerberinnen und Bewerber der engeren Wahl im Anschluss an die Personalauswahlverfahren. In dieser Hinsicht ist der Profilabgleich ein Bestandteil der Personalbeschaffung.

Für alle anderen Aufgabenfelder ist der Profilabgleich aber bereits ein Bestandteil der Personalplanung, da hier, anders als bei der Personalbeschaffung, immer Beschäftigte betroffen sind, deren Eignungsprofile sich seit ihrer Einstellung weiterentwickelt haben und mit den Anforderungsprofilen jener Stellen verglichen werden, für die sie in der Diskussion sind.

Stelle	Mitarbeiter/-in im Vertrieb
Schul- und Berufsausbildung	Je nach der konkreten Stelle, etwa kaufmännische Berufsausbildung
Berufliche Fortbildung	Je nach der konkreten Stelle, etwa Verkaufsgesprächführung und EDV
Fachwissen	++ Verkaufstechniken ++ Produktkenntnisse ++ Angebotskenntnisse + Kaufmännische Kenntnisse + Kundenkenntnisse
Berufserfahrung	Fach- und Branchenkenntnisse je nach der konkreten Stelle
Geistige Anforderungen	+ Auffassungsvermögen + Analytisches Denkvermögen + Urteilsfähigkeit + Kreativität und Fantasie + Lernbereitschaft + Sprachlicher Ausdruck + Technisches Verständnis + Rechnerisches Denken
Verhaltensmerkmale	+ Konzentration ++ Einsatzbereitschaft + Sorgfalt + Problembewusstsein + Entscheidungsvermögen + Vielseitigkeit + Zuverlässigkeit + Selbstständigkeit ++ Ergebnisverantwortung ++ Verhandlungsgeschick + Verantwortungsbereitschaft + Anpassungsvermögen ++ Kontaktfähigkeit + Kooperationsbereitschaft + Teamorientierung + Durchsetzungsvermögen ++ Kommunikationsbereitschaft + Hilfsbereitschaft + Toleranz

7.4 Tab. 5: *Anforderungsprofil mit der Skala: – -, -, *, +, ++*

Quelle: analog Bieberstein 1995, S. 340 ff., ähnlich Bröckermann 1997, S. 42, Bröckermann 1999a, S. 594, Bröckermann 1999b, S. 526, Mentzel 1997, S. 69

Stelle:	Mitarbeiter/-in im Vertrieb					
Bewerber/-in		Peter Schmitz				
Kriterium	**Merkmal**	**Ausprägungsgrad**				
Schul- und Berufsbildung	Kaufmännische Berufsausbildung	o.k.: Einzelhandelskaufmann				
Berufliche Fortbildung	Verkaufsgesprächsführung, EDV	o.k.: vorhanden				
Berufserfahrung	Möglichst Berufserfahrung	o.k.: vorhanden				
		– –	–	±	+	+ +
Fachwissen	Verkaufstechniken					
	Produktkenntnisse					
	Angebotskenntnisse					
	Kaufmännische Kenntnisse					
	Kundenkenntnisse					
Geistige Faktoren	Auffassungsvermögen					
	Analytisches Denkvermögen					
	Urteilsfähigkeit					
	Kreativität und Fantasie					
	Lernbereitschaft					
	Sprachlicher Ausdruck					
	Technisches Verständnis					
	Rechnerisches Denken					
Verhaltensmerkmale	Konzentration					
	Einsatzbereitschaft					
	Sorgfalt					
	Problembewusstsein					
	Entscheidungsvermögen					
	Vielseitigkeit					
	Zuverlässigkeit					
	Selbstständigkeit					
	Ergebnisverantwortung					
	Verhandlungsgeschick					
	Verantwortungsbereitschaft					
	Anpassungsvermögen					
	Kontaktfähigkeit					
	Kooperationsbereitschaft					
	Teamorientierung					
	Durchsetzungsvermögen					
	Kommunikationsbereitschaft					
	Hilfsbereitschaft					
	Toleranz					
Motivation	Die Bewerbung lässt auf eine starke Motivation für die angestrebte Aufgabe schließen					

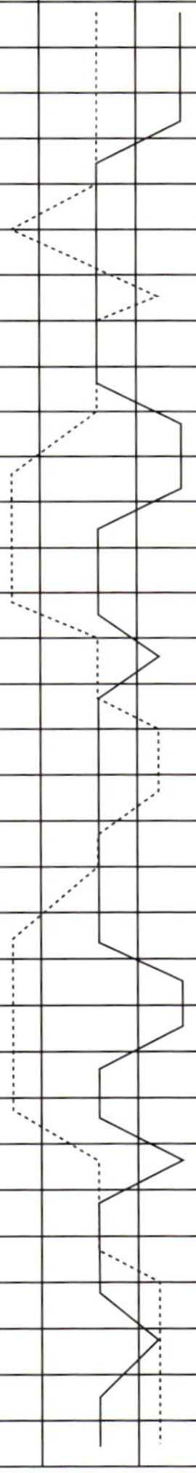

7.4 Abb. 2: ***Profilabgleich: Anforderungen Eignung***
Quelle: Bröckermann 2000, S. 222, ähnlich Mentzel 1997, S. 70 f.

Insofern gipfelt die qualitative Personalplanung in einem Abgleich des Anforderungs- mit dem Eignungsprofil unter Berücksichtigung der Motivation der Betroffenen (*Bröckermann 1997, S. 106, Mentzel 1997, S. 70 ff.*). Ein derartiger Profilabgleich findet sich in Abb. 2. Dort sind

- neben den Anforderungskriterien und -merkmalen in der gewünschten Ausprägung
- die entsprechenden Eignungskriterien und -merkmale eines fiktiven Stellenanwärters in der konkreten Ausprägung

aufgeführt. Allerdings handelt es sich um einen Profilabgleich auf der Grundlage einer Bewerbung, der logischerweise keine Veränderungen im Laufe einer Betriebszugehörigkeit berücksichtigen kann.

Die **Motivation** ist nur schwerlich in Tabellenform zu erfassen. Man sollte besser eine **freie verbale Beschreibung** verwenden.

Literatur

Ashauer (1997): Ashauer, G.: „Wandlungen im Vertriebssystem der deutschen Kreditinstitute – Auswirkungen auf die Personalstruktur und Personalentwicklung", in: Hummel, D./Müller, W./ Schuster, L. (Hrsg.), Banken in globalen und regionalen Umbruchsituationen, Stuttgart, S. 689–705

Bieberstein (1995): Bieberstein, I.: Dienstleistungs-Marketing, Ludwigshafen

Bisani (1993): Bisani, F.: „Anforderungs- und Qualifikationsprofil", in: Strutz, H. (Hrsg.): Handbuch Personalmarketing, 2. Aufl., Wiesbaden, S. 344–357

Bröckermann (1997): Bröckermann, R.: Personalwirtschaft: Arbeitsbuch für das praxisorientierte Studium, Köln

Bröckermann (1998): Bröckermann, R.: „Stiefkind Personaleinsatzplanung: Dynamische Arbeitszeit-organisation", in: CoPers: Computergestützte und operative Personalarbeit, Heft 5/1998, S. 14–19

Bröckermann (1999a): Bröckermann, R.: Personalwirtschaft im Business-to-Business-Marketing, in: Pepels, W. (Hrsg.): Business-to-Business-Marketing, Neuwied-Kriftel, S. 589–609

Bröckermann (1999b): Bröckermann, R.: „Personal und Organisation", in: Pepels, W. (Hrsg.): Betriebswirtschaftslehre im Nebenfach, Stuttgart, S. 301–336

Bröckermann (2000): Bröckermann, R.: Personalführung: Arbeitsbuch für Studium und Praxis, Köln

Bruhn/Stauss (1995): Bruhn, M./Stauss, B.: Dienstleistungsqualität, 2. Aufl., Wiesbaden.

Gehle (1950): Gehle, F.: „Internationale Tagung über Arbeitsbewertung in Genf", in: REFA-Nachrichten, Heft 3/1950, S. 32–34

Jung (1995): Jung, H.: Personalwirtschaft, München-Wien

Mentzel (1997): Mentzel, W.: Unternehmenssicherung durch Personalentwicklung, 7. Aufl., Freiburg im Breisgau

Olfert/Rahn (1996): Olfert, K./Rahn, H.-J.: Lexikon der Betriebswirtschaftslehre, Ludwigshafen

Rischar (1986): Rischar, K.: Mitarbeiter im Vertrieb erfolgreich führen: Strategien und Techniken, Köln

Stein (1997): Stein, J. H. von: „Neue Führung: von der Kontrolle zur Motivation“, in: bank und markt, Heft 8/1997, S. 26–30.

Wage (1977): Wage, J. L.: Psychologie und Technik der Verkäuferführung, München

Ziegler/Büttner (1997): Ziegler, G./Büttner, H. L.: Geheimnisse des erfolgreichen Vertriebsaufbaus, Idstein

Hauptkapitel 8

Indirektvertrieb als Absatzkanal

8.1 Trademarketing für Konsumgüter

8.2 Key-Account-Management

8.3 Einsatz von Verkaufsaußendienstmitarbeitern (VADM)

8.4 Effiziente Kooperation von Industrie und Handel durch ECR

8.5 Absatz über Absatzhelfer

8.6 Absatz über Marktveranstaltungen

8.1 Trademarketing für Konsumgüter

Susanne Czech-Winkelmann

8.1.1 Trademarketing: Definition und Abgrenzung

„Trademarketing" und „Handelsmarketing", zwei unterschiedliche Begriffe, die in Praxis und Theorie zum Standardrepertoire gehören und dennoch einer begrifflichen Klärung benötigen. Werden doch u. a. die Abteilungen, die überwiegend mit „Trademarketing-Aufgaben" beschäftigt sind, in vielen Unternehmen als Abteilung Handelsmarketing bezeichnet. Unter „Trademarketing" sollen an dieser Stelle die Aktivitäten eines Herstellers gegenüber dem Handel verstanden werden, die das Ziel haben, den Handel zu beeinflussen. „Handelsmarketing" dagegen ist hier das Marketing von Handelsunternehmen gegenüber seinen Kunden, den Endverbrauchern.

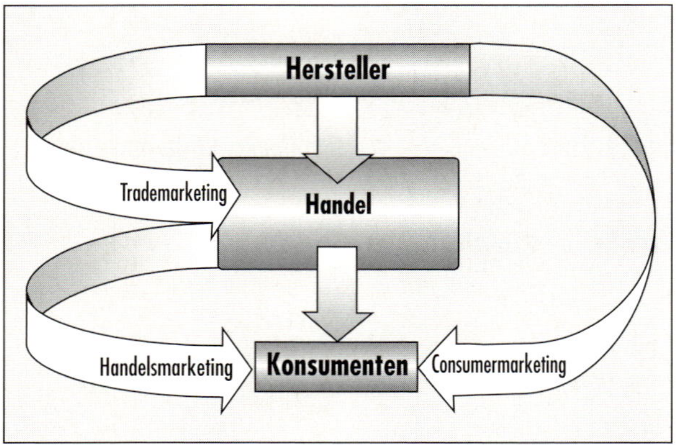

8.1 Abb. 1: *Zielgruppen von Trademarketing, Handelsmarketing und Consumermarketing*

Die Ausführungen behandeln das Trademarketing von Herstellern gegenüber dem Lebensmittelhandel (LEH). Mit einem Volumen von mehr als 185 Mrd. EUR (vgl. *www.lz.net.de*: Die Größten des Handels 1999) ist der LEH, verglichen mit anderen Handelsbranchen, der bedeutendste Absatzkanal in der indirekten Distribution. Mehr als ein Drittel des gesamten Umsatzes im Einzelhandel werden im LEH getätigt (vgl. *EHI 1998, S. 63*).

Die Industrie verwendet erhebliche finanzielle und technische Ressourcen darauf, Kenntnisse über den Verbraucher ihrer Produkte, den privaten Konsumenten, zu erlangen und dieses Wissen in den Marketingprozess einzubringen. Der Kunde im Trademarketing ist der Handel. Marketing bedeutet Kundenorientierung. Es setzt voraus, auch umfassende Kenntnis über diesen gewerblichen Kunden und sein „anderes" Denken zu besitzen und Trademarketing daran auszurichten. Das Denken von Handel und Industrie unterscheidet sich nämlich grundsätzlich: Beim Handel ist es vertriebsschienen- und sortimentsbezogen, beim Hersteller ist es produktbezogen (vgl. *Jauschowetz 1995, S. 15*; vgl. *Haller 1997, S. 415*).

8.1.2 Entwicklung und Situation des Lebensmittelhandels

Die Situation des LEH ist geprägt durch den hohen, stetig wachsenden Konzentrationsgrad seit Mitte der 70er-Jahre. Mehr als die Hälfte des Umsatzes in Deutschland ist seit Anfang der 90er-Jahre in den Händen von fünf Handelsunternehmen:

Jahr	1992 (vgl. LZ (o. J.), S. 51)	1995 (vgl. LZ (1995), S. 12)	1999 (vgl. www.mm-euro-data.de/presse/0032102.html)
TOP 5	52 %	59 %	62 %
TOP 10	70 %	78 %	82 %
TOP 20	81 %	88 %	93 %
TOP 30	87 %	93 %	98 %

8.1 Tab. 1: *Entwicklung des Konzentrationsgrades des Lebensmittelhandels in Deutschland 1992–1999*

Die Umsätze, die von den größten Handelsunternehmen getätigt werden, nehmen auch im internationalen Vergleich eine Spitzenstellung ein. Die Metro-Gruppe ist mit etwa 44 Mrd. EUR Umsatz das viertgrößte Handelsunternehmen nach Walmart Inc. Mit 168,2 Mrd. EUR, Carrefour mit 51,9 Mrd. EUR und The Kroger Co. Mit 45,1 Mrd. EUR Umsatz weltweit in 1999.

Die zehn größten Organisationen des Lebensmittelhandels in Deutschland zeigt nachfolgende Tab. 2.

Neben Konzentrationsgrad und absoluter Größe ist die Situation des LEH durch eine extrem niedrige Gewinnspanne gekennzeichnet. Im positiven Fall liegt sie um ca. 1 % des Umsatzes. Das ist absolut gesehen zu niedrig und auch im internationalen Vergleich sehr wenig.

Die den LEH beliefernden Industrieunternehmen haben wesentlich geringere Umsätze mit einer höheren Gewinnspanne. Die größten Unternehmen der Nahrungs- und Genussmittelindustrie, die den LEH beliefern, sind die Henkel-Gruppe mit 10,65 Mrd. EUR, die Tchibo Holding AG mit 9,3 Mrd. EUR und Philip Morris mit 6,2 Mrd. EUR Gesamtumsatz 1998/99.

Diese Umsatz-Größenverhältnisse führen zu einer Dominanz der Handelsunternehmen gegenüber den Lieferanten auf Industrieseite und prägen die Aktivitäten im vertikalen Marketing der Industrie.

Handels-unternehmen	Umsatz in Mrd. EUR 1999	Food-Umsatz in %	Gesamtmarktanteil
Metro-Gruppe	29,8	44,9	16,9 %
Rewe-Gruppe	24,95	75,7	14,1 %
Edeka/AVA-Gruppe	22,5	84,5	12,9 %
Aldi-Gruppe	18,15	84,0	10,2 %
Tengelmann-Gruppe	13,45	66,8	8,1 %
Lidl & Schwarz	11,15	80,8	6,3 %
Karstadt	8,35	16,0	4,7 %
Spar-Gruppe	7,85	90,0	4,4 %
Lekkerland-Tobaccoland	5,5	96,0	3,1 %
Schlecker	3,85	95,0	2,2 %

8.1 Tab. 2: *Top-10-Unternehmen des Lebensmittelhandels in Deutschland 1999 (vgl. www.lz-net.de)*

Zusätzliche Aspekte beeinflussen das Verhalten des Handels nachhaltig:

- Die Auswahl der Einkaufsstätte der Konsumenten wird immer unübersichtlicher. Die so genannten Einkaufsstättentreue verliert zu Gunsten eines „Smart Shopping".
- Internationale Wettbewerber dringen in den deutschen Markt ein und etablieren sich durch Aufkauf deutscher Unternehmen (so Wal-Mart 1998/99 mit der Übernahme von neun Wertkauf-Häusern und 72 Interspar-Märkten. Aktuell wird über mögliche Veränderungen bei Metro gesprochen, vgl. *Kalthoff 1999, S. 1*). Sie beunruhigen durch andersartige Marketingmaßnahmen, wobei auch bei ihnen der spektakuläre Preis im Mittelpunkt steht.
- Die Umsetzung wertschöpfender Maßnahmen, allen voran die verschiedenen Bausteine im Rahmen von ECR, sind bei weitem noch nicht abgeschlossen.
- Die Differenzierung durch Handelsmarken, die aber in ihrer Ertragssituation für den Handel offensichtlich hinter den Herstellermarken herhinken (vgl. *Vogel 1999, S. 18ff.*).
- Alle Handelsunternehmen arbeiten an geeigneten Handelsmarketingstrategien, besonders an geeigneten Positionierungen, zur Unterscheidung gegenüber den Wettbewerbern.
- Der Wettbewerb um das Etablieren virtueller Einkaufsstätten für E-Commerce, einschließlich der Lösung der Frage, wie die physische Distribution der Ware erfolgen soll, kostet den Handel erhebliche Anstrengungen in Personalkapazität, Organisation und Finanzen.

- Die Internationalisierung fordert, dass die Auslandsaktivitäten unvermindert vorangetrieben und bei schlechter Gewinnsituation kontinuierlich finanziert werden (zu dem internationalen Engagement der Top-Händler Deutschlands: *Wolfskeil 1999, S. 36*).
- Die Gewinnsituation zwingt Handelsunternehmen zur Bereinigung nicht effizienter Bereiche mit der Folge von Marktanteilseinbußen und damit zu erheblichen finanziellen und organisatorischen Veränderungen.

8.1.3 Vertriebsschienen: die Marken des Lebensmittelhandels

Unter einer Vertriebsschiene ist eine Kategorie von Handelsbetrieben zu verstehen, die sich durch eine Kombination von bestimmten Merkmalen auszeichnen, die über einen längeren Zeitraum beibehalten werden (vgl. *Jauschowetz 1995, S. 41*; „Vertriebsschiene ist ein Begriff, der sich mittlerweile im Sprachgebrauch des LEH eingebürgert hat und synonym zu dem Begriff des „Betriebstyps" zu sehen ist.). Vertriebsschienen des Lebensmittelhandels sind u. a. das SB-Warenhaus, der Verbrauchermarkt, der Supermarkt, das Diskountgeschäft, das Warenhaus oder z. B. ein Fachmarkt und zukünftig der virtuelle Marktplatz.

Merkmale zur Kennzeichnung einer Vertriebsschiene sind (vgl. *Jauschowetz 1995, S. 41*):

- Standort (Lage des Geschäftes und Zugänglichkeit)
- Verkaufsfläche (Größe des Geschäftes)
- Sortiment (in Anzahl Produktlinien = Kategorien, Umfang der Kategorien = Breite und Zusammensetzung = Tiefe)
- Art des Kundenkontaktes (Bedienung, Selbstbedienung, Kombination von beidem; virtuell im Internet)
- Preisstellung (hoch, mittel, diskontierend)
- Serviceangebote (in Verbindung mit der Preislage; auch die Ladengestaltung kann zu den Serviceangeboten gerechnet werden oder die Heimlieferung)
- Zielgruppe (gewerbliche oder private Kunden).

Vertriebsschienen können auf Grund ihrer Umsatzgröße, ihrer unverwechselbaren Merkmalskombination und ihrer eigenständigen Marktaufgabe als Geschäftsbereiche dieser Handelsunternehmen gesehen werden. Durch die zunehmende Konzentration haben die großen Unternehmen des LEH verschiedene Vertriebsschienen (siehe Tab. 3) in ihrem Unternehmensportfolio.

Die Namen, unter denen die Vertriebsschienen geführt werden, sind die „Marken" des Handels: z. B. ist „Minimal" die Marke, unter der die Vertriebsschiene Supermarkt von Rewe geführt

Vertriebslinien / Vertriebsschiene/ Geschäftsbereich	Vertriebslinien von Metro	Vertriebslinien von Rewe	Vertriebslinien von Edeka/AVA	Vertriebslinien von Lidl & Schwarz
Supermarkt (Große SM/SM/SB-G)		Minimal, Kafu, Löb, HL, Mess, FBL, Rewe, Stüssgen (Total: 1.971)	E-neukauf, SB-Halle, Comet, Reichelt, E-aktiv, Edeka, allfrisch, Nanz, Helco, V-Markt (Total: 1.796)	
Verbrauchermarkt	Extra, Comet, Multi-Markt (Total: 521)	Globus, Kaufpark, Groka, Eins A, Rewe Center (Total: 133)	Dixi, E-center, E-neukauf, EZB, Herkules, V-Markt, Delta (Total: 313)	Kaufland, Kaufmarkt (Total: 177)
Discounter		Penny, Netto (Total: 2.497)	NP, Diska, Treff, Kondi (Total: 480)	
Baumarkt	Praktiker, Wirichs (Total: 310)	Toom, Götzen, Stinnes (Total: 265)	Marktkauf, dixi, Herkules, Cercek (Total: 110)	Häuser (Total: 30)

8.1 Tab. 3: ***Ausgewählte strategische Geschäftsfelder von Handelsunternehmen mit ihren verschiedenen Vertriebslinien (vgl.*** **LZ (1999))**

wird. Durch Aufkäufe von (regionalen) Handelsorganisationen haben viele Handelsgruppen innerhalb der Vertriebsschienen sogar mehrere „Vertriebslinien" oder Marken (siehe Tab. 3). Zur Systematisierung der Situation im Handel sollen unter den „Vertriebsschienen" die verschiedenen Betriebstypen verstanden werden, unter „Vertriebslinien" Geschäfte, die innerhalb einer Vertriebsschiene unter einer bestimmten Bezeichnung/Marke geführt werden, so z. B. der Karstadt-Konzern mit den Warenhausmarken Karstadt, Hertie, KaDeWe, Alsterhaus und Wertheim.

Alle Handelsunternehmen sind kontinuierlich dabei, ihre Portfolios durch Käufe und Verkäufe weiterhin zu optimieren. Gleichzeitig unternehmen sie intensive Anstrengungen, besonders attraktive und wettbewerbsfähige Vertriebsschienen und Vertriebslinien mit einem Markencharakter zu versehen.

„Die Vertriebslinien brauchen zukünftig ein stärkeres, unverwechselbares Profil, eine klare Identität. Eine Marke, die dem Kunden ein Qualitätsversprechen gibt und dies in jeder Hinsicht einhält" (*Ziegelmeier 1999, S. 14*).

Die Vertriebslinien sind das Pendant zum Markenartikel der Industrie (vgl. *Haller 1997, S. 415*). Sie bieten die Chance einer klaren Markenführung und einer eindeutigen Positionierung und Differenzierung gegenüber Wettbewerbern. Das einzelne Geschäft innerhalb einer Vertriebslinie ist dann das „Produkt“, das der Handel seinen Konsumenten „verkaufen“ will. Das Produkt des Herstellers fließt wie ein „Rohstoff“ (vgl. *Jauschowetz 1995, S. 36*) in die Sortimentsgestaltung für eine Vertriebslinie ein.

8.1.4 Trademarketing: Lösung der Zielkonflikte zwischen Industrie und Handel?

Mit Zunahme des Konzentrationsgrades im Handel und der Dominanz des Handels im vertikalen Marketing entwickelten sich Zielkonflikte zwischen Industrie und Handel. Sie weiteten sich aus, als der Handel aus Wettbewerbsgründen seine Anstrengungen verstärkte, sich bei seinen Kunden zu profilieren. Die Ziele im Handelsmarketing entfernten sich immer weiter von den Zielen der Industrie im Consumermarketing.

Die Tab. 4 zeigt Ziele des Handels in verschiedenen Marketing-Mix-Instrumenten und Ziele der Industrie, die diese bei zielführendem „Channelmanagement“ durchsetzen würde (vgl. *Thies 1976, S. 41*).

Trademarketing wurde von den ersten Unternehmen vor mehr als 20 Jahren eingeführt. Die Zielkonflikte waren damals vergleichsweise gering. Es ging darum, „adäquate Rein- und Rausverkaufsinstrumente zu entwickeln, um beim Einzelhandel wirtschaftliche und dauerhafte Produktpräsentationen zu erreichen (*Fuchs/Unger 1999, S. 118*).

Mit Zunahme der Probleme wurde Trademarketing von den internationalen Großkonzernen wie Procter & Gamble, Kraft Jacobs Suchard, Nestlé, Unilever oder Henkel weiterentwickelt, um eine Abschwächung der Zielkonflikte durchzusetzen. Zu einer endgültigen Lösung wird es durch das systemimmanente Konfliktpotenzial (vgl. *Staudacher 1993, S. 36*) auch mit Trademarketing nicht kommen.

8.1.5 Trademarketing ist Business-to-Business-Marketing

Trademarketing der Industrie muss die Vorstellung vom Handel als „Absatzmittler“ verlassen. Die Unternehmen im Handel sind wie jedes andere Unternehmen in der Wertschöpfungskette zu sehen. Es sind gewerblich tätige Organisationen, die zur Erreichung ihrer eigenen Unter-

Ziele des Handels	Ziele der Industrie
Sortimentspolitik/Category-Management	
• Klares Image der Vertriebsschiene/Vertriebslinie über Sortimentsschwerpunkte (Category-Management) • Sortimentsprofilierung durch Schlüsselmarken der Hersteller (Nivea, Persil, Pampers ...) oder Handelsmarken • Produkt- und sortimentsbezogene Aktivitäten • Neue Produkte im Sortiment nur bei hoher Spanne und Aussicht auf Zusatzumsatz (ECR: Efficient Product Introduction)	• Aufbau von Produkt- und Markenimage • Listung des gesamten Sortiments • Produktbezogene verkaufsfördernde Aktivitäten • Kontinuierliche Innovationen • Nur Herstellermarken
Preispolitik	
• Profilierung gegenüber den Wettbewerbern im Handel durch immer günstigeres Preis-Leistungs-Verhältnis • Lockangebote, Sonderpreise ... • Einkaufspreise so niedrig wie möglich • Angebot verschiedener Preislagen innerhalb eines Sortiments mittels konkurrierender Hersteller- und Handelsmarken	• Festsetzung des Endverbraucherpreises im Rahmen der Positionierung des Produktes/der Marke • Durchsetzung eines stabilen Endverbraucher-Preisniveaus • Aufhalten/Bremsen kontinuierlich steigender Konditionsforderungen
Distributionspolitik	
• Listung von Artikeln berücksichtigt die Größe der Geschäfte • Reduzierung bzw. Optimierung der Logistikkosten (ECR: Efficient Replenishment) • Regalplatz und -breite nach Preislage, Rohertrag und Umschlaggeschwindigkeit • Mehrfachplatzierung nur bei besonders hohen Ertragsaussichten • Platz sparende Produktverpackungen	• Hohe (gewichtete) Distribution möglichst für das gesamte Sortiment • Reduzierung bzw. Optimierung der Logistikkosten • Bevorzugte Regalplatzierung möglichst mit mehreren Facings in Augenhöhe • Dauerhafte Mehrfachplatzierungen
Kommunikationspolitik	
• Herstellerwerbung in den Medien des Handelsunternehmens • Abverkaufsunterstützende POS-Aktivitäten individuell auf das Handelsunternehmen abgestimmt (ECR: Efficient Promotion)	• Produktwerbung möglichst in Massenmedien • Werbewirksame Verpackung • Herstellerindividuelle abverkaufsunterstützende Aktivitäten am POS

8.1 Tab. 4: *Ziele des Handels und der Industrie im Vergleich* nehmensziele Produkte von anderen Unternehmen kaufen und in ihr Sortiment aufnehmen. Der Verkauf von Produkten an Handelsorganisationen ist also Business-to-Business-(B-to-B)-Marketing. Diese Sichtweise erschließt neue Wege für die Zusammenarbeit mit dem Handel.

Bei der Distribution durch den Handel muss der Hersteller beide Marketingansätze beherrschen:

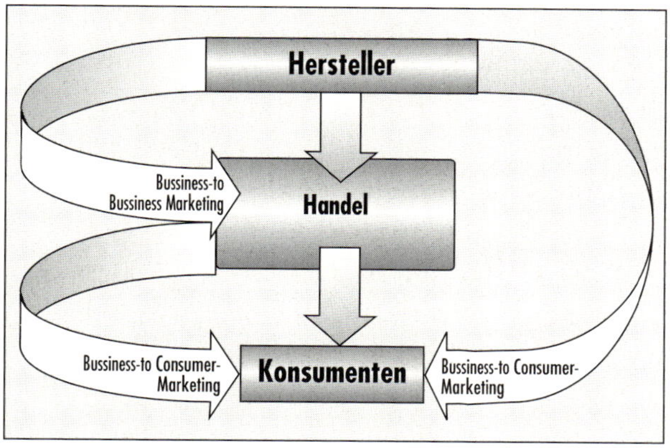

8.1 Abb. 2: *In der Beziehung Hersteller Handel gelten die Regeln des Business-to-Business-(B-to-B)-Marketings. Der Konsument wird sowohl vom Handel als auch von der Industrie durch Business-to-Consumer-(B-to-C)-Marketingaktivitäten zum Kauf aufgefordert*

Trademarketing hat die gleichen charakteristischen Besonderheiten auf der Anbieter- und Nachfragerseite wie das Marketing für Industriegüter (vgl. *Backhaus 1997, S. 3f.*).

Besonderheiten auf der Nachfrageseite:

- *Abgeleitete Nachfrage*: Die Nachfrage des Handels resultiert aus der Nachfrage seiner Kunden, den Konsumenten/"Shoppern"
- *Organisationen als Nachfrager*.
- *Buying Center, d. h. multipersonaler Beschaffungsprozess*: Im LEH gehören dazu der Category-Manager mit seinem Team bzw. der Einkäufer und Kollegen aus den Bereichen Vertrieb, Finanz und Warenwirtschaft
- *Formalisierter Beschaffungsprozess*.
- *Art der Kaufentscheidung (Erstkauf oder Wiederholungskauf)*: Im LEH ist der Erstkauf mit der Listung eines Produktes gleichzusetzen; Wiederkäufe erfolgen über das Zentrallager automatisch oder dezentral durch Auftragseinholung von einem Außendienstmitarbeiter der Industrie im einzelnen Geschäft/in der einzelnen Filiale.
- *Hoher Bedarf an zusätzlichen Dienstleistungen in allen Kaufphasen*: z. B. Markt/Verbraucherdaten, Informationen für Data-Warehouse etc.
- *Nationale und internationale Ausschreibungen*: Es ist üblich, dass sich Handelsorganisationen insbesondere für Handelsmarken auf den internationalen Märkten Produkte anbieten lassen und auch dort kaufen.

Besonderheiten auf der Anbieterseite:

- *Hohe Bedeutung des persönlichen Verkaufs (Personal Selling)*: sowohl in den Zentralen des Handels, die durch Key-Account-Manager besucht werden, als auch „im Feld", d. h. vor Ort in den Geschäften, durch Einsatz von Außendienstmitarbeitern.
- *Bildung von so genannten „Selling-Centern"*: In einigen wenigen großen Unternehmen sind bereits solche Selling-Center („Customer-Teams") etabliert. Sie werden von einem Key-Account-Manager geführt und setzen sich aus Mitarbeitern von z. B. Marketing, Warenwirtschaft, Produktion und Finanzen zusammen.
- *Gute Marktkenntnis*: Soll förderlich für den Kunden eingesetzt werden, z. B. bei Produktentwicklungen, Promotionmaßnahmen etc.

Besonderheiten in der gemeinsamen Beziehung der Marktpartner:

- *Dauerhafte, langjährige Geschäftsbeziehungen*: Auch dies zeichnet die Beziehung der Beteiligten in Handel und Industrie aus. Als „Neuer" ist es schwierig, wenn nicht ausgeschlossen, in Kontakt mit den Entscheidern des Handels zu kommen. Die Kontakte entwickeln sich im Lauf von Jahren über eine Tätigkeit im Vertrieb.
- *Einflussnahme des Kunden auf die Leistungsprogrammgestaltung der Anbieter („Customer-Integration")*: z. B. bei der Packungsgestaltung, Gebindegrößen, endverbraucherbezogene Preisgestaltung.
- *Umfassender gegenseitiger Informationsfluss und -austausch*: Dieser Aspekt ist zwischen dem Lebensmittelhandel und der Industrie bislang eher zögerlich und rudimentär.

Trademarketing der Industrie muss aber auch die Vorstellung vom „Kunden" revidieren. Es ist heute weniger der Kunde als Ganzes (Key-Account), der bearbeitet wird, sondern die Vertriebsschienen des Kunden stehen im Zentrum.

Professionelles Trademarketing, baut auf einem „Marketingprozess" auf (vgl. *Kotler 1999, S. 129ff.*):

- Analyse der Trademarketing-Chancen, die möglichst in der Formulierung der eigenen Stärken und Schwächen und der Chancen und Risiken bei den verschiedenen Handelspartnern mündet (SWOT-Analyse).
- Auswahl der Kunden/Vertriebsschienen, die bearbeitet werden sollen.
- Festlegung von Strategien für die Kunden/Vertriebsschienen.
- Entwicklung kunden- und vertriebsschienenindividueller Trademarketing-Programme.
- Organisation, Durchführung, Steuerung und Kontrolle der Trademarketing-Aktivitäten.

Das Ergebnis mündet in individuellen Trademarketing-Plänen für die großen Handelskunden, die auf die Vertriebsschienen, ggf. unter Berücksichtigung unterschiedlicher Positionierung, von Vertriebslinien und Besonderheiten einzelner Geschäfte zugeschnitten sind. Für kleinere Handelskunden kann ein gemeinsamer Trademarketing-Plan erarbeitet werden, der aber ebenfalls nach Vertriebsschienen differenziert werden muss.

8.1.6 Strategien im Trademarketing

Welche strategische Stoßrichtung ein Unternehmen einschlägt, hängt von seiner „Machtposition" ab. Die Machtposition wird bestimmt durch die Marktposition der Produkte, das Image der Marken eines Herstellers in einem Marktsegment und die Bindung, die Konsumenten an diese Marke haben, d. h. die Markentreue.

Folgende strategische Ansätze lassen sich bei der Auswahl und Bearbeitung von Handelskunden unterscheiden (vgl. *Staudacher 1993, S. 36ff.*):

- Ausweichstrategie

Diese Strategie wählen oft kleinere Industriefirmen, mit Nischenprodukten oder Firmen mit Produkten, die in der Marktbedeutung eher einen mittleren Platz einnehmen. Der Verkauf erfolgt über kleinere Handelsorganisationen und den Fachhandel sowie oft auch im Ausland. In der Zusammenarbeit mit ebenfalls kleinen Organisationen auf Handelsebene kann ein Gleichgewicht der Kräfte erzielt werden, ggf. erreicht der Hersteller sogar eine Vormachtstellung. Für viele Unternehmen in der Kosmetikindustrie z. B. ist dies ein valider Ansatz.

- Kooperationsstrategie

Bei dieser Strategie wird eine Zusammenarbeit mit dem Handel angestrebt. Voraussetzung sind starke Marken, die für die Sortimentsgestaltung des Handels unabkömmlich sind. Auch kleinere nationale Hersteller können diese Strategie anstreben, wenn sie Marken haben, die in ihrem Segment oder ihrer Nische führend sind (z. B. Hipp). Wichtig ist, dass Hersteller wirklich den Willen zu einer echten Kooperation haben. So ist Kooperation z. B., wenn der Hersteller die technischen Voraussetzungen schafft, damit der Handel die Einführung von effizienten Warenwirtschaftssystemen durchsetzen kann (in diesem Zusammenhang sind die Ereignisse zum Stand der Umsetzung von ECR-Maßnahmen interessant; vgl. www.lz-net.de). Erfolgreiche Kooperationsstrategien bringen beide Partner in eine Win-Win-Situation.

- Konfliktstrategie

Hier versucht ein Unternehmen, einseitig Ziele gegenüber dem Handel durchzusetzen. Ein bekannter, in der Branche spektakulärer Fall war die Konfrontation von Procter & Gamble bei der Durchsetzung der neuen Preisstrategie. Gegenüber allen Handelspartnern wurde das neue Konzept durchgesetzt, auch unter Inkaufnahme von Auslistungen. Während ein Konflikt mit kleineren Handelspartnern für große Hersteller tragbar ist, können sich das kleinere Hersteller kaum leisten. Selbst für Großkonzerne ist diese Strategie gegenüber den Großkonzernen des Handels nur begrenzt durchführbar. Konfliktstrategie ist also grundsätzlich möglich, bleibt aber für die meisten Unternehmen eher ein theoretischer Ansatz.

- Anpassungsstrategie

Wie der Name sagt, passt sich der Hersteller an den Handel an und akzeptiert dessen Forderungen. Die Strategie führt dazu, dass der Hersteller eigene Marketingziele mehr oder weniger aufgibt. Schlussendlich kann diese Strategie in völlige Abhängigkeit münden und der Hersteller wird zu einem reinen Lohnhersteller des Handels. Mittlere und kleine Unternehmen mit schwachen Marken sind zur Anpassung gezwungen, um einer Ablehnung des Handels in Form der Auslistung entgegenzuwirken. Aber auch große Hersteller, die in ihrem Portfolio schwache Marken haben, müssen sich bei diese Marken den Forderungen des Handels anpassen. Trademarketing kann bei dieser Strategie nur begrenzt aktiv ausgeführt werden.

Es ist nicht gesagt, dass Hersteller gegenüber allen ihren Handelspartner immer die gleiche Strategie einsetzen. Auch eine Mischung der Strategieformen, je nach Stellung bei den Handelskunden bzw. in den Vertriebsschienen kann sich ergeben. Beispielsweise muss sich ein mittleres Unternehmen mit schwachen Produkten gegenüber großen Handelskunden anpassen, gegenüber kleinen Kunden sind aber Kooperationsmöglichkeiten gegeben. Oder: Große Hersteller mit starken Marken müssen sich ggf. in bestimmten Vertriebsschienen anpassen, während sie in anderen Vertriebsschienen aktiv kooperativ agieren können.

8.1.7 Trademarketing-Instrumente

Zur Erreichung der Trademarketing-Ziele in den Vertriebsschienen muss ein Trademarketing-Programm erstellt werden, d. h. ein Mix aus den Trademarketing-Instrumenten.

Die Instrumente, die dem Trademarketing zur Verfügung stehen, zeigt Abb. 3:

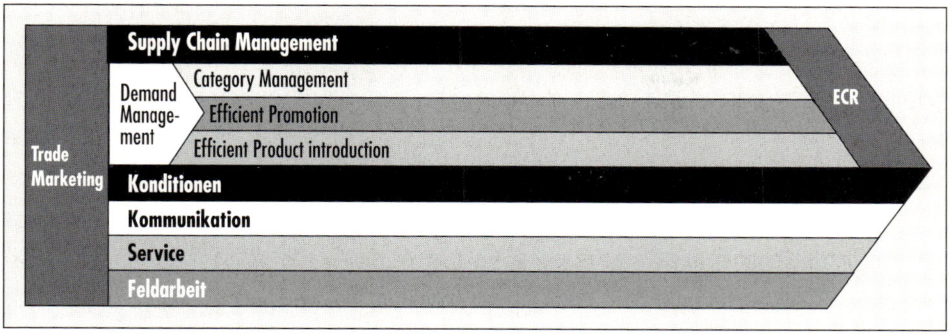

8.1 Abb. 3: ***Instrumente des Trademarketings für Konsumgüter***

Nachfolgend eine Skizzierung der wesentlichen Inhalte dieser Instrumente:

- Konditionen

In der Praxis sind die Konditionen (bislang) das wichtigste Instrument im Trademarketing. Besonders fordert der Handel permanent höhere Rabatte, um sein wichtigstes Marketingmix Instrument, den niedrigen Preis, immer weiter einzusetzen, d. h. nach unten zu korrigieren. Die „Bedingungen" der Zusammenarbeit sind aber wesentlich umfangreicher und ziehen sich über den gesamten gemeinsamen Wertschöpfungsprozess. Einige der wichtigsten Konditionen sind:

– *Hineinverkaufskonditionen*: Listungsgelder, Rabatte, Boni etc.
– *Herausverkaufskonditionen*: Werbekostenzuschüsse (WKZ), Aktionsrabatte etc.
– *Konditionen zur Logistikoptimierung*: z. B. sortenreine Paletten, Integration in Warenwirtschaftssysteme etc.

- Supply-Chain-Management

Supply-Chain-Management (SCM) oder auch „Efficient Replenishment", zielt darauf ab. „Effizienzen des Waren- und Informationsflusses entlang der Versorgungskette zu optimieren, indem das herkömmliche Belieferungssystem (vom Handel gemachte Bestellungen) durch einen sich an der tatsächlichen bzw. prognostizierten Nachfrage der Konsumenten orientierenden, abgestimmten Prozess ersetzt wird, wobei sich der Hersteller im Idealfall selbst für die Bestellungen des Händlers verantwortlich zeichnet" (*von der Heydt 1998, S. 74*). Durch SCM werden Umsatzsteigerungen durch eine verbesserte Warenbereitstellung am Point of Sale (POS) und Kosteneinsparungen durch die Optimierung der logistischen und der Informationsprozesse möglich (vgl. *Biehl 1995, S. 38f.*):

• Demand-Management

Hierunter ist das Management der Nachfrage am POS zu verstehen. Wichtigster Baustein im Demand-Management ist das „Category-Management" oder „Warengruppenmanagement". Trademarketing führt u. a. zu einer Sortimentsplanung des Herstellers, die optimal auf die Warengruppenziele einer Vertriebsschiene passt. Category-Management ist in einigen Handelskonzernen für ausgewählte Vertriebsschienen und Kategorien umgesetzt und wird kontinuierlich weitergeführt.

Weitere Bausteine im Demand-Management sind „Efficient Product Introduction" und „Efficient Promotion". „Efficient Promotion" stellt auf eine Erhöhung der Effizienz von Kommunikations- und Verkaufsförderungsmaßnahmen der Industrie im Handel gegenüber den Konsumenten ab und „Efficient Product Introduction" auf eine stärkere Kooperation bei der Entwicklung und Einführung neuer Produkte.

• Kommunikation

Kommunikation umfasst sämtliche kommunikative Maßnahmen des Herstellers gegenüber dem Handel. Dazu zählen z. B.:

- persönliche Gespräche mit den verschiedensten Inhalten auf allen Ebenen (z. B. Konditionengespräche anlässlich der Jahresgespräche oder Verkaufsgespräche vor Ort durch Außendienstmitarbeiter etc.),
- gemeinsame Kommunikationsaktionen z. B. im sozialen/gesellschaftlichen Bereich,
- Salesfolder, Preislisten, Produkt- und Programmbroschüren, Firmenbroschüren, usw., die die Kommunikation zu den Mitarbeitern des Handels unterstützen sollen,
- Werbung in Fachzeitschriften (z. B. in der Lebensmittelzeitung),
- Direktmails.

• Service

Zu Service gehören Leistungen, die der Hersteller zusätzlich übernimmt, um die Kundenbindung zu fördern. Diese Serviceleistungen sehr vielfältig und können sich auf die verschiedensten Bereiche beziehen. So zählen dazu z. B.:

- Information des Handels über Daten zu Produktzielgruppen, Trends und Märkten etc. Für die Zukunft ganz bedeutend wird die Information über „Shopperprofile", d. h. über die Profile der Kunden, die ein einzelnes Geschäft aufsuchen.
- Unterstützung in politischer Arbeit wie z. B. anlässlich der Verpackungsverordnung/„Grüner Punkt"

- Schulung und Training der Mitarbeiter des Handels
- Einsatz einer Innendienstorganisation zur Abwicklung der administrativen und organisatorische Aufgaben zwischen Hersteller und Handel.

- Feldarbeit

Hierunter sind die Aufgaben zu verstehen, die in den Geschäften der Handelskunden durchgeführt werden müssen, um die Absprachen und Vereinbarungen, die das Key-Account-Management mit der Handelszentrale getroffen hat, umzusetzen. Die Durchführung kann vor Ort erfolgen, aber auch telefonisch oder zukünftig per Internet. Die Aufgaben können z. B. sein:

- Auftragseinholung
- Einzelhandelsdurchgänge
- Listungsüberprüfungen
- MHD-Überwachung
- Regalservice
- Aktionsdurchgänge (Zweitplatzierungen)
- Abverkaufsförderung.

8.1.8 Ausblick

Das Denken und Handeln im Handel gegenüber der Industrie wird geprägt von einer Determinante: dem Preis. In keinem anderen Land steht der Preis – und zwar der niedrige Preis – so im Vordergrund wie in Deutschland. „Das Preisniveau hier zu Lande ist das niedrigste in ganz Europa. Nirgends wird die Tafel Schokolade, das Pfund Kaffee so billig verkauft wie in Deutschland" (*Hirn 2000, S. 160*). Die Folgen sind mittlerweile verheerend: „In erbarmungslosen Preiskriegen ruinieren sich die Lebensmittelhändler gegenseitig. Eine Branche mit über einer Million Beschäftigten begeht – so scheint es – kollektiven Selbstmord ... Sind die deutschen Unternehmen ein gefundenes Fressen für Ausländer, die hinter den Grenzen (wie die französische Carrefour) und auch hier zu Lande (wie der US-Gigant Wal-Mart) auf Schnäppchen lauern?" (*Hirn 2000, S. 158*) Die Ursachen für diese Misere liegen insbesondere in der Macht der Einkäufer im Handel: hier hat „eine ganze Branche kollektives Missmanagement betrieben ... Dass die deutschen Händler die billigen Jakobs sind, liegt auch an der Vorherrschaft der Einkäufertypen...Dort regieren die Pfennigfuchser ... Sie sehen den Hersteller als Feind, anders als der US-Riese Wal-Mart, der die Industrie als Partner betrachtet und mit ihr zum beiderseitigen Vorteil kooperiert" (*Hirn 2000, S. 164 und S. 166*).

Wie wird sich der Handel in der Zukunft verhalten? Es ist unklar und damit ist die Zukunft der deutschen Unternehmen im Lebensmittelhandel ungewiss.

Vielleicht ändert sich die Situation aber auch. Sei es, dass die deutschen Handelsunternehmen Wettbewerb ernst nehmen und Marketingfachleute und Strategen einsetzen (vgl. *Hirn 2000, S. 164*), um ein effizienteres und profitableres Handelsmarketing einzuläuten. Sei es auch, dass vermehrt ausländische Handelsunternehmen in den deutschen Markt eindringen. Und diesen wird – bislang – professionelleres, auf alle Fälle profitableres Marketing attestiert. Auf diesen Fall sollten sich die Hersteller vorbereiten; denn jetzt würde professionelles Trademarketing zum Zug kommen müssen.

Literatur

Backhaus (1997): Backhaus, Klaus: Industriegütermarketing, 5. Aufl., München

Becker (1998): Becker, Jochen: Marketing-Konzeption: Grundlagen des strategischen und operativen Marketing-Managements, 6. Aufl., München

Biehl (1995): Biehl, Bernd: Die Entdeckung des einfachen Weges, in: LZ 43 v. 27.10.1955, S. 38–40

Fuchs/Unger (1999): Fuchs, Wolfgang/Unger, Fritz: Verkaufsförderung, Konzepte und Instrumente im Marketing-Mix, Wiesbaden

Haller (1997): Haller, Sabine: Handels-Marketing, Ludwigshafen (Rhein)

Hirn (2000): Hirn, Wolfgang: Um jeden Preis, in: Manager Magazin 5/2000, S. 158–169

Heydt (1998): Heydt, Andreas von der: Efficient Consumer Response (ECR), 3. Aufl., Frankfurt am Main et al.

Jauschowetz (1995): Jauschowetz, Dieter: Marketing im Lebensmittelhandel, Industrie und Handel zwischen Kooperation und Konfrontation, Wien

Kalthoff (1999), Kalthoff, Marliese: Edeka schockt Tengelmann, in: LZ 49 v. 10.12.1999, S. 1 und S. 4

Kotler/Bliemel (1999): Kotler, Philip/Bliemel, Friedhelm: Marketing Management, Analyse, Planung, Umsetzung und Steuerung, 9. Aufl., Stuttgart

LZ (1995): Lebensmittelzeitung: Die marktbedeutenden Handelsunternehmen 1995, Frankfurt

LZ (1999): Lebensmittelzeitung: Die marktbedeutenden Handelsunternehmen 1999, Frankfurt

LZ (o.J.): Lebensmittelzeitung: Wirtschafts- und Handelsstrukturen, Frankfurt

Meffert (1998) Meffert, Heribert: Marketing, 8. Aufl., Wiesbaden

o.V. (2000a), o.V.: TOP 30, die größten Handelsunternehmen der Branche 1999, in: LZ 11 v. 17.3.2000, S. 4

o.V. (2000b), o.V.: Geht Praktiker an Kingfisher? In: LZ 13 v. 31.3.2000, S. 1

Staudacher (1993): Staudacher, Frank: Auswirkungen der Herstellerkonzentration auf das vertikale

Marketing, in: Wolfgang Irrgang (Hrsg.): Vertikales Marketing im Wandel, München, S. 25–48

Thies (1976): Thies, G.: Vertikales Marketing, Marktstrategische Partnerschaft zwischen Industrie und Handel, Berlin–New York

Vogel (1999): Vogel, Matthias: Ohne Rücksicht auf Verluste, in: LZ Spezial: Alles Umsonst, 4/99, S. 18–22

Wolfskeil (1999), Wolfskeil, Jürgen: Fachthema Waschmittel, Arbeiten am „Preiskorridor", in: LZ 26 v. 2.7.1999

Ziegelmeier (1999): Ziegelmeier, Gert: Näher an den Kunden, in: Lebensmittel Praxis, 51. Jahrgang, Nr. 17, S. 14–16

Webadressen

www.lz-net.de

www.mm-eurodata.de

8.2 Key-Account-Management

Holger Dannenberg

8.2.1 Warum Key-Account-Management?

Für die meisten Unternehmen gilt das so genannte Paretoprinzip, nach dem mit ca. 20 % der Kunden rund 80 % des Umsatzes gemacht werden. Einige wenige Schlüsselkunden, genannt Key-Accounts, haben also oft eine überproportional große Bedeutung für den Umsatz und meistens auch für den Gesamtertrag eines Unternehmens. Im Lebensmitteleinzelhandel bestimmen schon seit Jahren einige wenige Zentralen über mehr als 80 % des Geschäftsvolumens. Die Automobilbranche war schon immer ein reines Key-Account-Geschäft (deswegen können andere Branchen viel davon lernen) und auch in neuen Märkten wie z. B. in der Telekommunikation entstehen in kurzer Zeit Großunternehmen. In den letzten Jahren verstärkt sich dieser Trend sogar noch. Um im Wettbewerb bestehen und dem zunehmenden Kostendruck begegnen zu können, gibt es immer mehr Fusionen von Unternehmen. Allein in Deutschland gab es 1999 mehr als 2000 Unternehmenszusammenschlüsse.

Dabei geht es natürlich nicht nur um die Abrundung der Angebotspalette oder die gemeinsame Nutzung von Forschungseinrichtungen. Eines der wichtigsten Ziele bei Fusionen ist die Nutzung von Synergieeffekten und dazu zählt auch die Verbesserung der Einkaufskonditionen. Einkauf wird mehr denn je zu einem systematischen Managementprozess und durch das Internet wird es eine weitere Revolution im Einkaufsverhalten geben (E-Procurement). Kein Wunder, dass mittlerweile 70 % aller Neueinstellungen der Einkaufsabteilungen in Deutschland Akademiker sind.

Große Kunden fordern aber nicht nur mehr Aufmerksamkeit und Rabatte, sondern sie wollen darüber hinaus meistens auch noch maßgeschneiderte Produkte oder Angebote (Service oder Leistungen). Die kleineren Kunden akzeptieren, dass sie nur standardisierte Produkte oder Konditionen/Lieferbedingungen etc. erhalten. Die Großen haben dagegen die Nachfragemacht, um Lieferanten zu zwingen, auf ihre individuellen Bedürfnisse und Anforderungen einzugehen. Einige gehen sogar schon einen Schritt weiter und suchen nicht nur leistungsfähige Lieferanten, sondern Wertschöpfungspartner, die ganze Arbeitsschritte bzw. Wertschöpfungsschritte des Kunden übernehmen können.

Häufig haben Key-Accounts andere Entscheidungsstrukturen als „normale" Kunden. Unternehmen werden immer internationaler – Stichwort Globalisierung – und konzentrieren ihre Entscheidungsstellen. So hat erst jüngst Procter and Gamble sein gesamtes Marketing für Europa in Belgien zusammengefasst und Kraft Jacobs Suchard arbeitet mit so genannten European Purchase Center, die für ganz Europa einkaufen. d. h. andererseits aber nicht, dass vor Ort keine Entscheidungen mehr getroffen werden. Häufig müssen –

neben den Entscheidungszentralen – auch noch die regionalen Ansprechpartner betreut werden. Entweder weil sie Beeinflusser sind, weil sie direkt in den Entscheidungsgremien der Zentralen vertreten sind, oder weil sie in Teilbereichen noch individuell entscheiden können.

Traditionelle Vertriebsmannschaften sind auf diese Aufgaben häufig nicht vorbereitet. Die Großkundenbetreuung reduziert sich auf eine undifferenzierte, rein quantitative Erhöhung der Betreuungsintensität und des Services. Das ist sicher gut gemeint, aber nicht immer das Richtige, um den Anforderungen der Großkunden gerecht zu werden und deren Potenziale wirklich auszuschöpfen. Manchmal wird vor lauter Sorge um die Großkunden sogar ein übertriebener Service angeboten, der fast alle Kapazitäten des Verkäufers oder einer ganzen Vertriebsregion beansprucht. Die Folge ist, dass alle anderen Vertriebsaufgaben sträflich vernachlässigt werden. Die kleineren, aber ertragreicheren Kunden werden nicht mehr ausreichend betreut und die Neukundengewinnung wird praktisch eingestellt. Die veränderten Entscheidungsstrukturen und Bedarfe der Großkunden werden dagegen nicht bemerkt und dem direkten Verhandlungsdruck begegnet man ausschließlich mit der Gewährung zusätzlicher Rabatte. Das hat meistens fatale Folgen für den Deckungsbeitrag (die Key-Accounts sind meistens ohnehin nicht besonders profitable Kunden) und die wirklich interessanten Potenziale werden den Wettbewerbern überlassen.

Mit einem speziellen Key-Account-Management können diese Nachteile ausgeglichen und die sich ergebenden neuen Potenziale besser ausgeschöpft werden.

8.2.2 Welche Kunden sollen Key-Accounts werden?

Meistens werden natürlich die großen Kunden ausgewählt, die einen spürbaren Einfluss auf das Unternehmensergebnis haben. Viele Unternehmen beschränken den Kreis der Key-Accounts allerdings nicht nur auf die bestehenden Großkunden, sondern ordnen auch die potenziellen Großkunden dem Key-Account-Management zu. Weitere häufige Auswahlkriterien sind z. B. das Image des Kunden oder eine mögliche Vorbildfunktion für eine bestimmte Branche oder einen bestimmten Produkteinsatz.

Es macht aber meistens keinen Sinn, Kunden nur wegen Ihrer Bedeutung zu Key-Accounts zu machen. Wenn nicht auch gleichzeitig besondere Anforderungen an die Betreuung hinzukommen, kann man in den meisten Fällen ruhig bei der traditionellen Betreuung bleiben. Auch ohne gesondertes Key-Account-Management werden wichtige Kunden (A-Kunden) aufmerksamer betreut als normale.

8.2.3 Organisatorische Eingliederung eines Key-Account-Managements

Key-Account-Management ist grundsätzlich zunächst nur eine spezielle Form der Kundenbearbeitung und kann unabhängig von der Organisationsform des Vertriebs praktiziert werden. Auf Grund der oben beschriebenen Auswirkungen empfiehlt es sich jedoch meistens, das Key-Account-Management auch als eigenständige Vertriebsfunktion organisatorisch einzuordnen. Hier lassen sich Aufwand und Nutzen viel besser im Griff behalten. Es gibt Unternehmen, die ein Key-Account-Management nicht eingeführt haben, um Großkunden besser zu betreuen. Die normale Verkaufsmannschaft sollte vielmehr Freiräume erhalten, um endlich die kleinen, profitablen Kunden richtig zu bearbeiten, und um systematisch Neukunden zu gewinnen.

Key-Account-Management ist im Rahmen einer reinen Feldorganisation allerdings schwierig zu praktizieren. Auf Grund der vielen Sonderregelungen, die für Key-Accounts gelten, ist der Abstimmungsaufwand enorm. Es müssen sehr intensive Kontakte zu Fachleuten in der Zentrale unterhalten werden und auch die Kompetenzen der Feldmannschaft für diverse Zusagen sind meistens nicht ausreichend. Ein separates, zentrales Key Account Management hat dabei allein aus abwicklungstechnischen Gründen schon enorme Vorteile.

Aber auch auf Grund des Aufgabenbildes bietet sich häufig eine separate Mannschaft an. Die geforderten persönlichen und fachlichen Fähigkeiten dürften die meisten der traditionellen Verkäufer nicht besitzen. Wenn der Key-Account-Manager nicht passiv abwarten will, was der Kunde von ihm fordert, dann muss er selbst initiativ werden. Er muss beim Kunden Marktforschung betreiben. Er muss Kundenbedürfnisse in Produktanforderungen und -ideen umsetzen. Er muss mit Produktion und Lager klären, was möglich ist und was nicht. Kurzum, er wird nicht nur Verkäufer sein, sondern zumindest teilweise auch Produktmanager. Ein Key-Account-Manager muss Kernkompetenzen vergleichen und Effizienzsteigerungspotenziale identifizieren. Aber auch das reicht noch nicht. Um einem Key-Account ein wirklich maßgeschneidertes Angebot zu machen, muss ein Key-Account-Manager auch noch die Kompetenz und das Know-how eines Projektmanagers besitzen. Viele Lösungen, speziell wenn es um komplexe Partnerschaften geht, lassen sich nur finden, wenn Spezialisten aus beiden Unternehmen mitarbeiten. Von solchen Key-Account-Teams werden viele Verkaufsaufgaben übernommen werden. Die Aufgabe des Key-Account-Managers liegt dann weniger im persönlichen Verkauf/Kundenkontakt als vielmehr in der Einsatzsteuerung, Koordination und Moderation der Teams.

Kunden-/Marktsituation	Kein Key-Account-Management notwendig	Key-Account-Management als Arbeitsinstrument	Key-Account-Management als separate Vertriebsabteilung
Kundenstruktur ist relativ gleichmäßig, alle Kunden haben vergleichbare Bedeutung für Absatz und Ertrag	■		
Auch wichtige Kunden haben vergleichbare Strukturen und Entscheidungskriterien	■		
Große Kunden haben andere Strukturen und entscheiden anders als kleine Kunden		■	
Große Kunden binden erhebliche Teile der Vertriebskapazitäten			■
Große Kunden erwarten einen Gesprächspartner mit anderen sozialen oder fachlichen Fähigkeiten			■
Große Kunden erwarten maßgeschneiderte Produkte oder Leistungen			■
Große Kunden können mittelfristig nur durch Wertschöpfungspartnerschaften gebunden werden			■

8.2 Abb. 1: *Wann welche Form von Key-Account-Management?*
Quelle: Mercuri International

8.2.4 Einführung eines Key-Account-Management-Systems

Wenn die Kunden nur anders bearbeitet werden und keine separate Key-Account-Mannschaft installiert wird, wird es in den meisten Fällen vielleicht nicht nötig sein, den Verkäufer zu wechseln. So kann auf der bestehenden Kundenbeziehung aufgebaut und die neuen Vorgehensweisen ohne Zeitverlust umgesetzt werden. Wenn dagegen andere Verkäufer als bisher eingesetzt werden (entweder weil die bisherigen Verkäufer nicht für die neuen Vorgehensweisen geeignet sind oder sie z. B. nicht zur Zentrale umziehen wollen) wird es einige Zeit dauern, bis die Key-Account-Mannschaft voll aktionsfähig ist. Weder der bisherige Verkäufer noch der Key-Account selbst werden von einem Verkäuferwechsel begeistert sein. Es kann daher vorkommen, dass einige Key-Accounts versuchen – nicht ganz unbeeinflusst von den bisherigen Verkäufern – die angestammte Situation beizubehalten (bis zur Androhung von Umsatzverlusten). Das sollte allerdings auf keinen Fall zugelassen werden. Es würde zu unerwünschten Lerneffekten in Ihrer Vertriebsmannschaft führen (man weiß dann, wie Umorganisationen verhindert werden können) und die Zielsetzung einer besseren Betreuung von wichtigen Kunden unterlaufen. Auf jeden Fall wird es aber einige unerfreuliche Diskussionen mit Kunden und Verkäufern geben.

8.2.5 Wie viele Kunden sollten als Key-Accounts definiert werden?

Auf jeden Fall nicht viele. Dafür gibt es aber keine Regel. Entscheidend ist letztlich der Arbeitsaufwand. Allerdings ist damit nicht nur der direkte Aufwand gemeint, der für Kundenkontakte eingesetzt werden muss, sondern auch die Belastung der gesamten Organisation. Insbesondere wenn für einzelne Key-Accounts plötzlich maßgeschneiderte Produkte hergestellt werden oder bei der Ausgestaltung von Wertschöpfungspartnerschaften ein hoher Abstimmungsaufwand für zahlreiche Abteilungen entsteht.

In der Praxis findet man Unternehmen mit drei und auch mit mehr als 50 Key-Accounts. Manchmal wird für einen Key-Account ein ganzes Team von Mitarbeitern eingesetzt und manchmal betreut ein Key-Account-Manager zwei oder drei Key-Accounts parallel.

8.2.6 Was sind die Inhalte der Key-Account-Bearbeitung?

Meistens können sich die angehenden Key-Account-Manager zunächst nicht vorstellen, mit welchen Tätigkeiten sie die Zeit ausfüllen sollen, die ihnen jetzt pro Kunde zur Verfügung steht. In der Tat ist es auch einer der häufigsten Fehler, die wir beobachten, dass man als Key-

Account-Manager genauso weiterarbeitet, wie man es früher als normaler Verkäufer getan hat. Das ändert sich allerdings schnell, wenn erst einmal genau festgelegt wird, welche Informationen über die Key-Accounts beschafft werden müssen und welche Analysearbeiten durchzuführen sind. Key-Accounts sind so wichtig, dass man sie als eigenständiges Marktsegment ansehen, und auch genauso analysieren kann.

1. Basisinformationen

Hierzu gehören alle Anschriften der Zentrale, ggf. der Niederlassungen und aller Personen, die man kennt, von der Post- bis zur E-Mail-Adresse, von der Funktionsbezeichnung bis zur Telefondurchwahl.

2. Geschäftsentwicklung/Markt des Kunden

Je mehr Sie über das Geschäft des Kunden verstehen, desto besser können Sie agieren. Sie können sich bereits im Vorfeld der Bedarfsentstehung richtig positionieren und den Nutzen Ihrer Produkte umfassender darstellen. Sie können dem Kunden vielleicht sogar direkt helfen, sich auf seinem Markt erfolgreicher zu bewegen. Die typischen Analysefragen dazu sind:

- Wie hat sich das Geschäft des Kunden in der Vergangenheit entwickelt?
- Wo wurden Ziele erreicht, wo nicht?
- Wie entwickelt sich der Markt des Kunden (Volumen, Anforderungen)?
- Was sind seine Stärken und Schwächen und die seiner Wettbewerber?
- Welche Produkte sind heute seine Ertragsbringer, welche werden es morgen sein?
- Was sind die Ziele des Kunden für die Zukunft?
- Was sind seine Strategien, mit welchen Vorgehensweisen will er die Ziele erreichen?

3. Entscheidungsabläufe

Erst wenn die Entscheidungsabläufe bekannt sind, können sie auch systematisch und gezielt beeinflusst werden. Für jeden relevanten Entscheidungsprozess sollte dokumentiert sein:

- Wer sind Entscheider und Beeinflusser?
- Wie viel Einfluss haben sie?
- Was sind ihre rationalen und emotionalen Entscheidungskriterien?
- Wer von uns hat zu welchen Kundenmitarbeitern welche Kontakte zu welchen Themen?
- Wie ist jeweils ihr Verhältnis zu uns, sehen sie uns mehr als austauschbare Lieferanten oder als Partner, mit dem man Probleme diskutiert?

4. Arbeitsprozesse des Kunden
Auch die Arbeitsprozesse des Kunden bieten zahlreiche Möglichkeiten zur Potenzialausschöpfung. Häufig ist der Produkteinsatz bzw. die -anforderungen von der Art des Produktionsprozesses und der eingesetzten Maschinen abhängig. Darüber hinaus lassen sich an vor- und nachgelagerten Arbeitsstufen auch am besten die Potenziale für mögliche Wertschöpfungspartnerschaften identifizieren.

5. Analyse der eigenen Stärken und Schwächen/Chancen und Risiken
Wie steht man selbst im Vergleich zu den Wettbewerbsleistungen und den Kundenanforderungen da? Wo haben wir Chancen und wo wird unsere Position bedroht?

6. Langfristiger Kundenentwicklungsplan
Wie soll sich unsere Zusammenarbeit mit dem Kunden in den nächsten Jahren entwickeln?

Welche Produkte und Leistungen sollen in welchem Ausmaß und für welche Einsatzzwecke forciert werden? Wie sollen die Beziehungen zum Kunden ausgebaut werden?

7. Kurzfristiger Kundenentwicklungsplan
Was soll im nächsten Jahr erreicht werden? Was sind die konkreten Ziele für Umsatz, Optimierung der operativen Abläufe und die persönliche Kundenbeziehung?

8. Kundenbearbeitungsstrategie
Wie sollen die Ziele erreicht werden? Wer soll wen ansprechen? Mit welchen Themen zu welchem Zeitpunkt? Welche Informationen muss der Kunde noch von uns erhalten? Wen sollen wir zusätzlich kennen lernen? Wer soll wodurch seine Einstellung zu uns ändern? Was sind wichtige Meilensteine, die erreicht werden müssen?

Die hier aufgeführten Punkte sind das Minimum einer Key-Account-Bearbeitung. Ob bei der Formulierung der Kundenbearbeitungsstrategie auch weitere Stufen der Leistungspyramide (Abb. 2) erklommen werden können, hängt von vielen Einflussfaktoren ab (Art der Produkte/Leistungen, interne Ressourcen, branchenspezifische Besonderheiten etc.):

9. Individuelle Angebotspakete
Hier wird nicht das Produkt selbst für den Key-Account verändert, aber alle Rahmenbedingungen wie Konditionen, Verpackung, Lieferservice. Würde das für jeden Kunden gemacht, wäre die Komplexität nicht mehr handzuhaben.

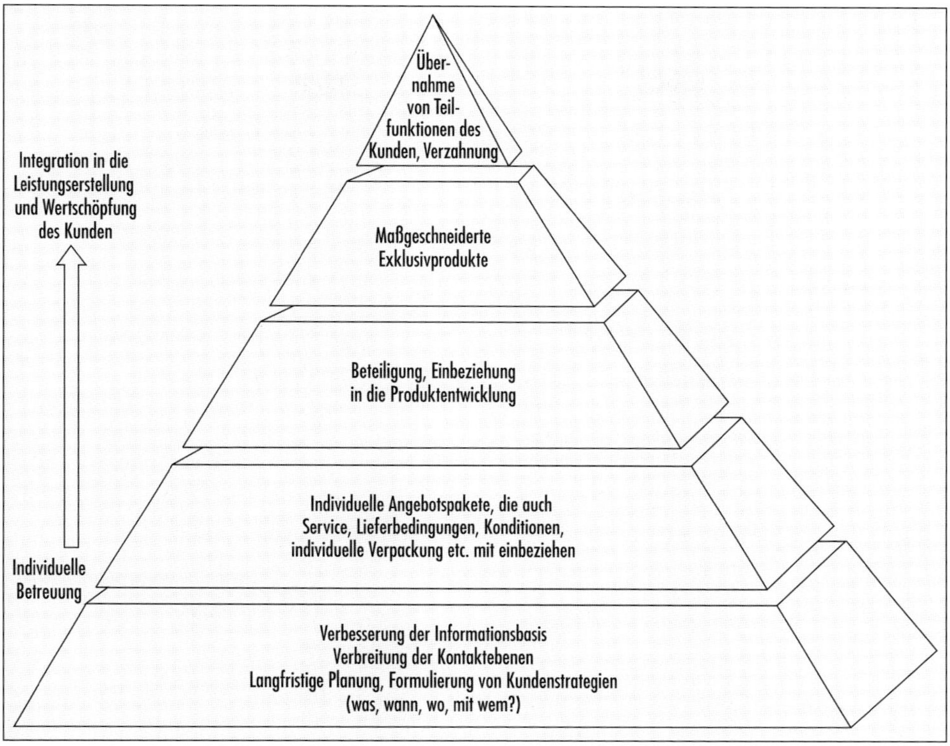

8.2 Abb. 2: ***Verschiedene Leistungsebenen des Key-Account-Managements***
Quelle: Mercuri International

10. Maßgeschneiderte Produkte

Allein die Beteiligung an der Produktentwicklung billigt einem Kunden schon einen so großen Einfluss auf das Produkt zu, dass indirekt eine Art maßgeschneidertes Produkt entsteht. Es kann bei Key-Accounts aber auch sinnvoll sein, komplette Maßanfertigungen zu erstellen. Sie haben oft Abnahmemengen, die einen solchen Aufwand rechtfertigen, und dadurch kann zusätzlich eine sehr effektive Kundenbindung erreicht werden.

11. Wertschöpfungspartnerschaften

Jetzt steht nicht mehr der Produktnutzen im Vordergrund, sondern der Gesamterfolg des Kunden. Dazu gibt es drei grundsätzlich verschiedene Ansatzpunkte:

- Modifikation der Produkte, so dass sich bei der Weiterverarbeitung in nachfolgenden Prozessstufen Vorteile ergeben

- Harmonisierung von Schnittstellen zwischen Lieferant und Kunde (z. B. Onlinezugriff auf Absatzdaten des Kunden und Übernahme der Bestell-/Lagerhoheit)
- Übernahme von mehreren Arbeitsschritten des Kunden, die nicht zu seinen Kernkompetenzen gehören und die der Lieferant günstiger abwickeln kann (Komponenten- und Systempartner).

8.2.7 Welche Risiken sind mit einem Key-Account-Management verbunden?

Einige Risiken treten bereits bei der Einführung eines Key-Account-Managements auf. Wenn Sie einige Kunden zum Key-Account erklären, sagen Sie damit indirekt zu allen anderen, dass sie Kunden zweiter Klasse sind. Nutzen Sie den Begriff Key-Account deshalb ggf. nur intern oder nennen Sie es nicht Key-Account-Management, sondern z. B. zentrale Kundenbetreuung. Dann ist der Klassenunterschied zumindest nicht so offensichtlich. Das ist kein Thema, wenn Key-Account-Management in einem mehrstufigen Vertrieb praktiziert wird und eine komplette Vertriebsstufe als Key-Account definiert ist (wie es z. B. die Konsumgüterhersteller mit den Zentralen des deutschen Lebensmitteleinzelhandels machen oder in den Fällen, in denen Entscheidungen in Zentralen gefällt, aber vor Ort umgesetzt werden müssen).

Andere Probleme entstehen intern. Oft war vor der Einführung ein Regionalverkäufer für den zukünftigen Key-Account zuständig und der wird natürlich nicht begeistert sein, wenn das jetzt jemand anders macht. Auch Kunden sind nicht immer begeistert von einem Wechsel des Ansprechpartners und zusammen mit dem ehemaligen Betreuer können sie ein Unternehmen schon spürbar unter Druck setzen.

Ein separates Key-Account-Management sorgt fast automatisch auch für eine Zweiklassengesellschaft bei den Verkäufern. Wirken Sie dem entgegen, indem Sie deutlich machen, wie wichtig die kleineren Kunden für den Gewinn sind, und indem Sie besondere Leistungen der Feldmannschaften oder regionalen Verkäufer wie z. B. die Neukundengewinnung, herausstellen.

Ein separates Key-Account-Management gewährt den Großkunden unter Umständen noch mehr Vorteile, als es bereits die regionalen Betreuer getan haben. Sie sind häufig in der Zentrale angesiedelt und können die Kundenforderungen intern besser durchsetzen als Mitarbeiter aus der Region. Einziges Mittel dagegen ist die Einführung einer Kunden-Deckungsbeitragsrechnung.

8.2.8 Persönliche Anforderungen an Key-Account-Manager

Entsprechend den Inhalten der Key-Account-Bearbeitung muss der Key-Account-Manager auch verschiedene Aufgaben beherrschen und mehrere der klassischen Berufsbilder in sich vereinen. Die wesentlichen Unterschiede im Vergleich zu einem traditionellen Verkäufer sind:

Er muss natürlich Verkäufer sein, aber gleichzeitig auch das analytische Instrumentarium eines Produkt- und Projektmanagers beherrschen (Tab. 1). Wenn möglich soll-

Kompetenzbereich	Prüfkriterien zur Auswahl von Key-Account-Managern
Verkäuferische Fähigkeiten	• Verkauft er nicht nur über Ausstrahlung, sondern vor allem über Fachkompetenz und Problemlösung? • Konnte er den Umsatz oder Deckungsbeitrag eines Kunden über einen längeren Zeitraum kontinuierlich steigern? • Ist er nicht nur bei einigen wenigen Kunden erfolgreich, sondern auch in der Breite?
Soziale Kompetenz	• Hat er nicht nur Kontakt zu den direkten Entscheidern, sondern auch zu Beeinflussern der Kunden? • Kennt er die private/persönliche Situation seines Gesprächspartners? • Trifft er sich auch schon mal privat mit Kunden? • Wird er vom Kunden auch zu internen Festen, Besprechungen etc. eingeladen?
Analytische/strategische Kompetenz	• Kennt er die wirklichen Kennziffern seines Bezirks und seiner Kunden (Umsätze, durchschnittliche Auftragshöhe, Anzahl Besuche, Entwicklung einzelner Sortimente oder Produktgruppen)? • Hat er kurz- und langfristige Ziele für seine Kunden? Überlegt er, in welchen Schritten er vorgehen will, um sein Ziel zu erreichen? • Sind die wichtigen Analysen und Kundeninfos dokumentiert? • Liegen auch Planungen und Kundenstrategien schriftlich vor? • Kennt er nicht nur den direkten Bedarf seiner Kunden, sondern hat er auch Hintergrundinformationen zur Gesamtsituation und zu den Strategien des Kunden?
Projekthandling	• Hat er schon mal Arbeitsgruppen geleitet? • Wie waren die Ergebnisse? • Wie akzeptiert ist er bei Kollegen, wie gut arbeitet er mit ihnen zusammen?

8.2 Tab. 1: *Anforderungsprofil für einen Key-Account-Manager*
Quelle: Mercuri International

ten Sie deshalb auch Kandidaten bevorzugen, die bereits in beiden Funktionen ihre Erfahrungen gesammelt haben. Falls der Key-Account-Manager aus dem Kreis der Verkäufer rekrutiert wird, sollten zunächst die Verkäufer in die engere Wahl kommen, die bereits erfolgreich mit Großkunden zusammenarbeiten. Bei den persönlichen Eigenschaften muss zudem die Kontaktfähigkeit durch eine Menge Analytik ergänzt werden (Abb. 4). Gerade die etwas leiseren Verkäufer sind oft die besseren Key-Accounter. Es kommt nicht darauf an, einen Kunden im Sturm zu erobern, sondern sein Geschäft und seine Probleme zu verstehen. Wie systematisch hat der Kandidat in der Vergangenheit gearbeitet? Konnte er Kundensituationen treffend analysieren? Hat er sich eigene Ziele für die Bearbeitung seiner Kunden gesetzt? Hat er Analysen und Planungen schriftlich erstellt? Ist er hartnäckig und kann ein Ziel über einen längeren Zeitraum verfolgen? Passt er von seinem persönlichen Auftreten her zu den Kunden, wird er als gleichwertiger Gesprächspartner akzeptiert werden? Wie ist sein Verhältnis zu den Kollegen im Feld und in der Zentrale? Key-Account-Manager dürfen keine Einzelkämpfer sein. Hat er Rat und Unter-

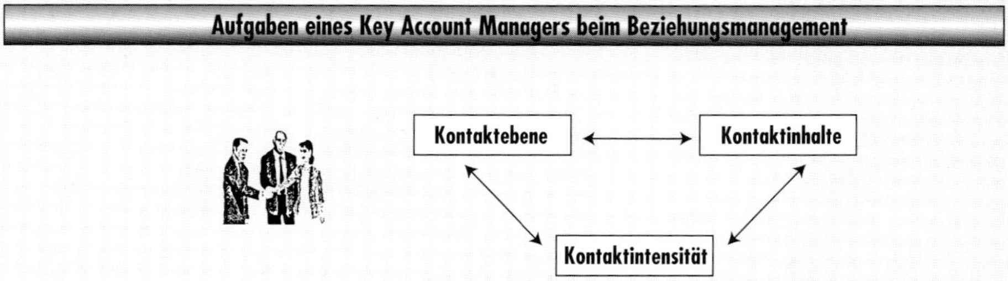

- Er kennt kennt alle Entscheider auf den unterschiedlichen Funktions- und Hierarchieebenen. ☐
- Er kennt auch alle Beeinflusser auf den unterschiedlichen Funktions- und Hierarchieebenen. ☐
- Er betrachtet die Beziehung als eigenständiges Arbeitsfeld, bewertet sie und definiert Ziele. ☐
- Er führt Kundenkontakte auch unabhängig von aktuellen Projekten durch. ☐
- Er sorgt dafür, dass der Kunde die spezielle und bereichsübergreifende Leistungsfähigkeit des Unternehmens kennt. ☐
- Er kennt nicht nur die Sachanforderungen der Kontaktpartner, sondern auch die emotionalen, persönlichen Anforderungen, hat teilweise sogar private Kontakte. ☐
- Er setzt andere Unternehmensmitarbeiter gezielt für Kontakte ein. ☐
- Er sogt dafür, dass ein ausreichendes Kontaktvolumen realisiert wird, ohne dass sich der Kunde belästigt fühlt (soziale Kompetenz). ☐

8.2 Abb. 3: *Aufgaben des Key-Account-Managers beim Beziehungsmanagement*
Quelle: Mercuri International

Aufgaben eines Key-Account-Managers bei der Kundenanalyse

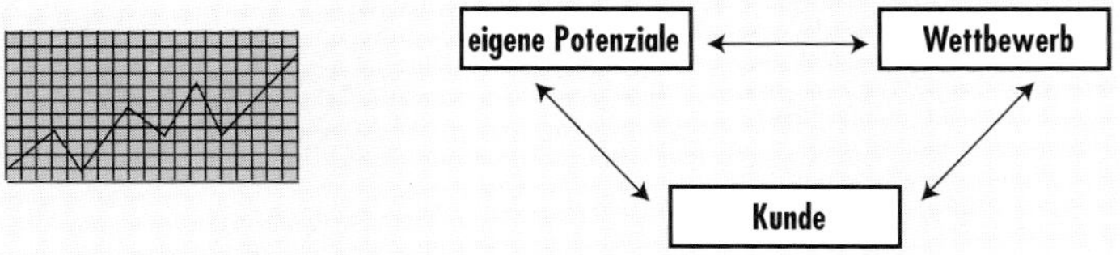

- Er kennt die Prozesse, in denen ein Kunde denkt, arbeitet und entscheidet. ☐
- Er kennt die einzelnen Wertschöpfungsstufen bei der Leistungserstellung des Kunden. ☐
- Er kennt die unterschiedlichen Anforderungen aller Entscheider und Beeinflusser und die dahinterstehenden Problemeinstellungen. ☐
- Er kennt die Potenziale und Ressourcen des eigenen Unternehmens. ☐
- Er kennt die Stärken und Schwächen der Wettbewerber. ☐
- Er kennt die Positionierung, den Etablierungsgrad und die Sponsoren der Wettbewerber. ☐
- Er denkt und plant langfristig, über den aktuellen Entwicklungsfall hinaus. ☐
- Er denkt und plant über die eigene Leistungserstellung und die Kundenanforderungen hinaus und ist Wertschöpfungspartner des Kunden, nicht nur Lieferant. ☐
- Er kann Potenziale identifizieren und Impulse für die zukünftige strategische Ausrichtung des eigenen Unternehmens geben. ☐

8.2 Abb. 4: *Aufgaben des Key-Account-Managers bei der Kundenanalyse*
Quelle: Mercuri International

stützung bei den Kollegen gesucht? Hat er schon mal eine kleine Projektgruppe geleitet und dabei ein gutes Ergebnis erreicht? Je akzeptierter und anerkannter er bei den Kollegen ist, desto geringer werden die internen Widerstände bei der zukünftigen Zusammenarbeit sein.

Aber auch die eher traditionelle Eigenschaft eines Verkäufers, die Fähigkeit Beziehungen aufbauen zu können, ist für den Key-Accounter wichtig. Dabei erschöpft sich der Begriff Beziehung nicht nur im sporadischen Aufbau von Sympathiefeldern bei gelegentlichen Besuchen. Bei einem Key-Account müssen nicht nur geschäftliche, sondern auch persönliche Beziehungen gemanaged und systematisch geplant werden.

In Tab. 1 sind die entsprechenden Beobachtungsfelder aufgeführt.

Viele Unternehmen setzen auch ehemalige Produktmanager erfolgreich als Key-Accounter ein. Voraussetzung ist dann natürlich ein Know-how-Aufbau über Vertrieb/Verkauf und einige Monate Praxiserfahrung im Feld, möglichst in einer eigenverantwortlichen Funktion.

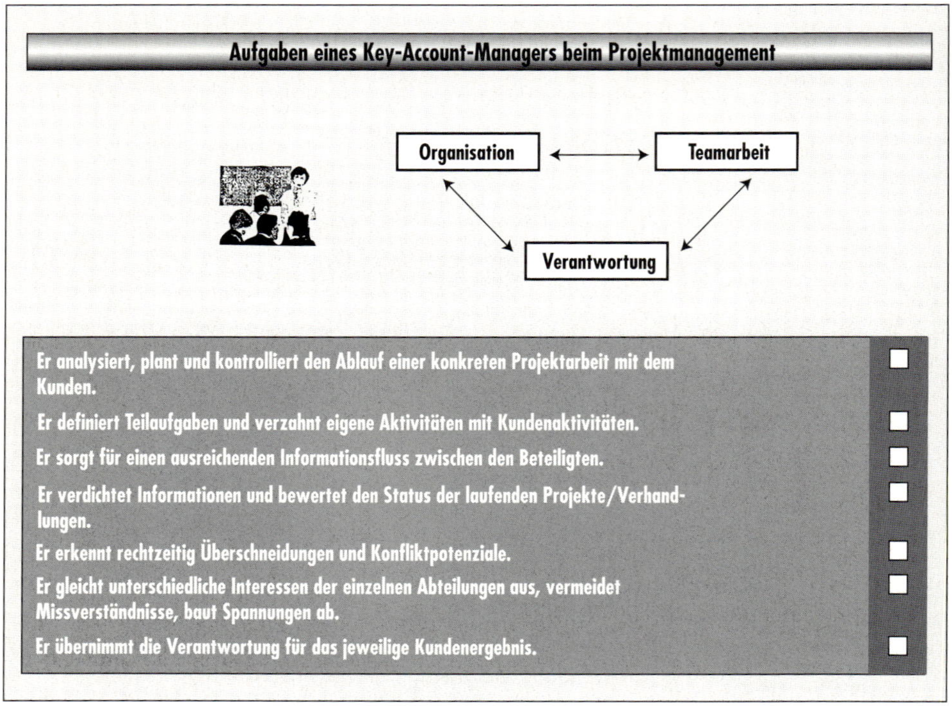

8.2 Abb. 5: *Aufgaben des Key-Account-Managers beim Projektmanagement*
Quelle: Mercuri International

8.2.9 Zusammenarbeit zwischen Key-Account-Management und Feldmannschaft

Die Zusammenarbeit hängt im Wesentlichen von der Absatzstruktur des jeweiligen Unternehmens ab. Dabei können wir grundsätzlich zwei Fälle unterscheiden.

- Fall 1:

Mehrstufiger Vertrieb bzw. mehrere Vertriebsstufen werden parallel betreut (z. B. Verkauf über den Großhandel und gleichzeitige Betreuung des Einzelhandels/weitere Verarbeitungsstufen).

Hier werden meistens alle (wichtigen) Großhändler oder Einkaufsgenossenschaften/Verbände zu Key-Accounts erklärt. Andere Händler haben praktisch kaum eine Bedeutung. Die Feldmannschaft betreut dann den Einzelhandel oder die anderen Verarbeitungsstufen (z. B. Handwerker). In diesem Fall muss eine Matrixorganisation (Abb. 6) gewählt werden. Die Key-Account-Manager geben für ihre Großhändler oder Organisationen bestimmte Ziele, Aktivitäten oder Betreuungsprogramme vor, die von der Feldmannschaft durchgeführt werden. Die operative Steuerung der Verkäufer liegt jedoch nicht bei den Key-Account-Managern, sondern bei den Gebietsverkaufsleitern der Feldmannschaft.

	GVL 1	GVL 2	GVL 3
KAM 1	Verkäufer 1.1	Verkäufer 2.1	Verkäufer 3.1
KAM 2	Verkäufer 1.2	Verkäufer 2.2	Verkäufer 3.2
KAM 3	Verkäufer 1.3	Verkäufer 2.3	Verkäufer 3.3

8.2 Abb. 6: ***Organisatorische Einordnung des Key-Account-Managements bei mehrstufigem Vertrieb***
Quelle: Mercuri International

Key-Account-Manager und Gebietsverkaufsleiter sind dabei von der hierarchischen Einordnung her gleichgestellt. Das größte Problem bei dieser Organisationsform ist der Informationsaustausch. Während die Informationen vom Key-Account-Management an die Feldmannschaften meistens relativ strukturiert erfolgen, gibt es umgekehrt zahlreiche Lücken. Erschwerend kommt hinzu, dass die Key-Account-Manager, die ja früher oft selbst Verkäufer waren, kaum Rückkopplung von der Feldmannschaft suchen. Sie glauben, dass sie alles wissen, was im Feld passiert. Zu Beginn ihrer Tätigkeit mag das auch richtig sein, aber nach einigen Monaten oder Jahren ist die Distanz zur Basis doch schon recht groß. Bei der Vorbereitung von Key-Account-Gesprächen sollten daher auch die Erfahrungen der Feldmannschaft berücksichtigt werden.

- Fall 2:

Einstufiger Vertrieb bzw. Key-Accounts und Nicht-Key-Accounts stammen aus einer Vertriebsstufe. Neben den Key-Accounts gibt es noch zahlreiche andere Kunden.

Hier stehen Key-Account-Management und Feldmannschaft parallel nebeneinander und haben meist nicht viele Berührungspunkte (Abb. 7). Trotzdem sollte ein regelmäßiger Informationsaustausch gepflegt werden, da die Key-Account-Manager Branchenentwicklungen oft viel früher bemerken als die Betreuer der kleineren Kunden. Zusätzlich können viele Erkenntnisse aus den Key-Account-Analysen natürlich auch auf die Kunden der Feldmannschaft übertragen werden.

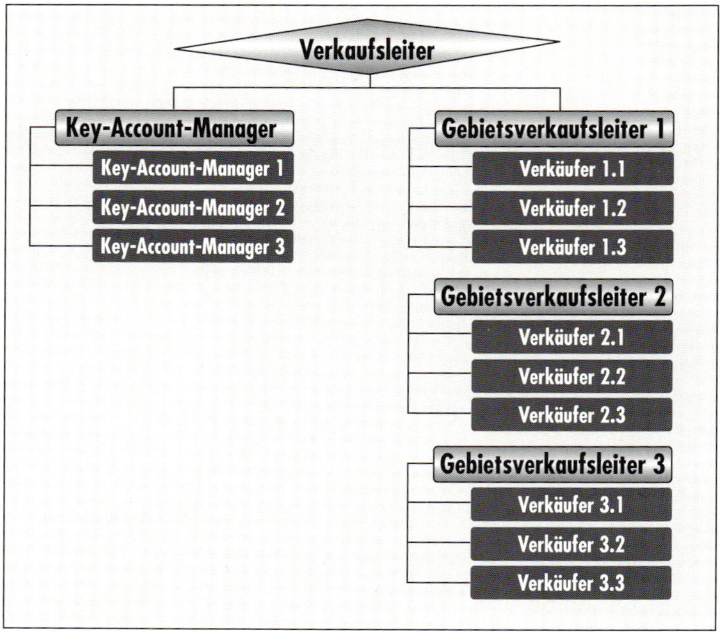

8.2 Abb. 7: ***Organisatorische Einordnung des Key-Account-Managements bei einstufigem Vertrieb***
Quelle: Mercuri International

Das größte Problem bei dieser Organisationsform sind die vermeintlichen Rangunterschiede zwischen Key-Account-Kunden und Kunden der Feldmannschaft und analog zwischen Key-Account-Managern und Feld-Verkäufern. Es kommt entscheidend auf das Fingerspitzengefühl und die Führungskompetenz des Verkaufsleiters an, damit keine Konkurrenz, sondern ein leistungsfähiges Team zur optimalen Ausschöpfung der Marktpotenziale entsteht.

8.2.10 Ist Key-Account-Management eine Lösung für alle Vertriebsprobleme?

Das ist Key-Account-Management sicher nicht. Es gibt allerdings immer mehr Märkte mit einer sehr heterogenen Kundenstruktur. Wenn verschiedene Kundengruppen auch ganz unterschiedlich bearbeitet werden müssen, bietet die Etablierung eines Key-Account-Managements – wenn es richtig konzipiert und umgesetzt wird – deutliche Vorteile. Beim Key-Account-Management verschmelzen die strategische Kompetenz des Marketings mit der Betreuungskompetenz des Verkaufs zu einer neuen schlagkräftigen Form der Marktbearbeitung.

8.3 Einsatz von Verkaufsaußendienstmitarbeitern (VADM)

Werner Pepels

8.3.1 Aufgaben im Verkauf

Zu den wichtigsten Aufgaben des Verkaufsaußendienstes gehören seine Besuchsaktivitäten. Dabei geht es um Besuche bei den verschiedenen Mitgliedern des gewerblichen Buying Center, die Initiierung von Besuchen durch andere Mitarbeiter des anbietenden Unternehmens (z. B. Spezialisten, Geschäftsleitung) beim Nachfrager sowie Besuche kooperierender Anbieter (z. B. in Konsortien).

Daneben stehen die Kommunikationsaktivitäten des Außendienstes, also vor allem die inhaltliche Gestaltung der direkten Kommunikation zwischen Anbieter und Nachfrager, die gemeinsame Entwicklung von Problemlösungsvorschlägen mittels Kunden individueller Angebote sowie das Durchsetzen von Preisforderungen und das Aushandeln von Konditionen im Vordergrund.

Hinzu treten interne Aufgaben wie die Ausarbeitung von Angeboten, die Verfolgung dieser Angebote, die Überwachung der damit verbundenen administrativen Prozesse (Auftragsbearbeitung, Rechnungslegung, Zahlung, Garantieabwicklung) und auch die eigenständige Fortbildung. Für die Koordinierung und Auswertung dieser Aktivitäten stehen Informationssysteme des Database-Marketing und des Computer Aided Selling bereit.

Weiterhin liegen der Vertriebstätigkeit meist Besuchsnormen zu Grunde, die standardisiert oder kundengruppenindividuell ausgelegt sein können. Basis dieser Regelung ist eine Sales-Response-Funktion, also eine mutmaßliche funktionale Beziehung über alle Kombinationen zwischen der Anzahl der Besuche und dem Verkaufsergebnis bei den entsprechenden Abnehmern.

Damit kann z. B. vermieden werden, dass Außendienstmitarbeiter Besuche bei unangenehmen, aber Ertrag bringenden Kunden nur ungern angehen und stattdessen Kunden mit besserem Arbeitsklima vorziehen, die aber betriebswirtschaftlich wenig attraktiv sind. Die Besuchsaktivitäten sollen auch unter Kostenaspekten geplant werden. Gerade in geografisch großen Verkaufsgebieten ist eine Optimierung der Reisekosten und -zeiten erforderlich.

Die Steuerung der Außendienstaktivitäten kann anhand verschiedener Parameter erfolgen. Dabei ist eine Gratwanderung erforderlich, denn eine zu enge Vorgabe von Standards kann zur Inflexibilität und Demotivation der Außendienstmitarbeiter führen. Dennoch ist eine beabsichtigte Einflussnahme auf das Verhalten der Außendienstmitarbeiter zum Erreichen der von der Vertriebsleitung vorgegebenen Ziele unerlässlich.

Die Aufgaben im Verkauf betreffen somit je nach Lage der Dinge vielfältige Dimensionen (*Weis 2000, S. 36 ff.*). Dazu gehören

- die Verkaufsvorbereitung, die Anmeldung bei Besuchskunden, die Fahrten zum Kundenstandort, die Eröffnung des Verkaufsgesprächs, die Qualifizierung des Kunden durch Informationssammlung, das Angebot von Problemlösung und Beratung, die Leistungsdemonstration und Produktvorführung, die Einwandbehandlung, die Konditionenverhandlung sowie der eigentliche Verkaufsabschluss, die Bestätigung des Kaufentscheids, die Verabschiedung und Rückfahrt zur „Basis", die Abfassung eines Besuchsberichts, die Veranlassung der Auftragsabwicklung, die Erledigung von Sonderwünschen, die Reklamationsbearbeitung, die Werbemittelbevorratung und -anbringung, die Handlagerführung, die Neuproduktbemusterung und die Warenplatzierung.

Die Aufgaben lassen sich wie folgt systematisieren:

- *Zielsetzung*: Ausschöpfung der Marktpotenziale bzw. Realisierung der Verkaufsvorgaben im Bezirk, planvolle und rationelle Akquisition, Steigerung des Verkaufs pro Kunde/des Deckungsbeitrags im Bezirk, Kommunikation des Unternehmens- und/oder Produktkonzepts zu Absatzmittlern und Endverwendern.
- *Hauptfunktionen*: Planvolle und rationelle Durchführung der Kundenbesuche und Beratungen, Kontaktpflege, Marktbeobachtung, Berichterstattung nach Vorgabe und über spezielle Bezirksgegebenheiten.
- *Funktionen*: Sorgfältige Besuchsplanung und -vorbereitung, abgestimmt auf die Gegebenheiten der einzelnen Kunden. Bereithaltung des benötigten Verkaufsmaterials ständig komplett, aktuell, geordnet, einwandfrei funktionierend und sauber. Zweckgerechter Einsatz moderner Kommunikationstechnologien, um den Kunden optimal zu informieren/motivieren und zugleich den Informationskontakt zum Betrieb so rationell wie möglich zu gestalten. Besuch der Kunden gemäß Tourenplanung zur Beratung und zum Verkauf, dabei Identifizierung der Problemlösung des Kunden mit dem Angebot des eigenen Betriebs. In besonderen Fällen Besuch der Kunden auch außerhalb des Tourenplans. Akquisition neuer Kunden nach Vorgabe bzw. in Absprache mit Vorgesetzten. Ausarbeitung von Angeboten bzw. Veranlassung der Angebotsausarbeitung durch die Zentrale, Unterbreitung von Angeboten, Verhandlung darüber bzw. Verfolgung der Entwicklung, sofern die Angebotsverfolgung durch andere Stellen erfolgt. Verfolgung der Auftragsabwicklung durch die einzelnen Abteilungen des Betriebs und Einschaltung von Vorgesetzten bei Auftauchen von Schwierigkeiten. Kooperative Zusammenarbeit mit den zuständigen Innendienstkollegen, um auftretende Probleme, Störungen unmittelbar zu klären und entsprechende Organisationsverbesserungen zu bewirken. Weiterleitung von Reklamationen und Vorschlägen

für ihre Behebung an Vorgesetzte bzw. an Spezialisten für Außendienstbetreuung oder Innendienstkollegen. In besonderen Fällen Anforderung von Unterstützung durch Spezialberater, Techniker, Kundendienstler etc., soweit dies in Anbetracht der Kundenbetreuung bzw. Auftragsbedeutung sinnvoll erscheint. Unterstützung (ggf. mit Merchandiser) günstigster Warenplatzierungen, Auslieferung und Aufstellung von Verkaufshilfen. Verteilung von Mustern, Proben, Geschenken gemäß Richtlinien mit Vorschlägen für die Empfängerlisten. Sorgfalt bei der ordnungsgemäßen Verwendung, Aufstellung und Pflege von Mustern, Proben, Vorführmaterialien etc. beim Kunden. Mitarbeit bei der Durchführung von Tests, Marktaktionen, Neueinführungen und besonderen Veranstaltungen. Mitwirkung bei Messen, Ausstellungen, Kundeninterviews, Kontrollkäufen etc., soweit sie den eigenen Bezirk betreffen. Verantwortlichkeit für das ordentliche Führen der eigenen Arbeits- und Berichtsunterlagen sowie für die jeweils aktuelle Ergänzung. Weiterleitung von Beobachtungen, Wünschen, Anregungen von Kunden mit Ergänzung durch eigene subjektive kundenspezifische Eindrücke. Laufende Berichterstattung über Konkurrenzbeobachtung und Änderungen der Kundenmeinung zu einzelnen Wettbewerbern und ihren Angeboten an Vorgesetzte. Erkennung des einkaufspolitischen Verhaltens der Kunden und Information bei besonderen Beobachtungen zur Anpassung der Verkaufstaktik des eigenen Betriebs. Verbesserungsvorschläge zur Organisation, zur Kundenbetreuung, zur Platzierung, zur Gebietseinteilung und zu wichtigen Aufgaben, die den eigenen Bezirk und das Arbeitsfeld betreffen. Nach Absprache vorübergehende Übernahme von Aufgaben der Distribution, die nicht unmittelbar mit der Außendiensttätigkeit in Zusammenhang stehen. Ständige Information über den Stand der Verkaufstechnik, fachliche Weiterbildung aus eigener Initiative und somit Gewährleistung eines jeweils marktgerechten Standards der Verhandlungsführung. Teilnahme an laufenden Besprechungen und Schulungsmaßnahmen. Sorge um ordentliche Pflege des Dienstwagens und sonstiger Arbeitsmittel. Verantwortlichkeit für die korrekte Abrechnung der Spesen und termingerechte Abgabe vollständiger Berichte. Entscheidung über den Ablauf der Arbeit innerhalb des Bezirks im Rahmen der Vorgaben. Beratung bei der Durchführung lokaler Verkaufsförderungsaktionen, Touren- und Besuchsplanänderungen und weiterer Verbesserung der Arbeitstechnik. Kooperation mit allen Stellen des Betriebs, die den eigenen Arbeitsbereich berühren. Recht, nach Absprache mit Vorgesetzten bei allen Stellen des Betriebs Informationen einzuholen, Einsicht in Unterlagen zu nehmen und alle benötigten Daten abzurufen, die für die Arbeit über die regelmäßig ohnehin zur Verfügung gestellten Daten hinaus benötigt werden. Verkaufsrelevante Information an alle Stellen, Information über die laufenden Berichte hinaus, wenn gewünscht.

8.3.2 Einteilung des Arbeitsfelds

Als Abgrenzungskriterien für die Zuweisung des Arbeitsfelds der Verkaufsaußendienstmitarbeiter kommen Verwenderbranchen, bearbeitete Verkaufsgebiete oder besuchte Kundenwertigkeiten in Betracht, jeweils ausschließlich oder kombiniert. Eine eindeutige Zuweisung des Arbeitsfelds ist erforderlich, um sicherzustellen, dass für jeden Nachfrager eine zurechenbare Verantwortung im persönlichen Verkauf gegeben ist. So darf es nicht vorkommen, dass mehrere Mitarbeiter dem gleichen Nachfrager dasselbe Produkt andienen, wohingegen ein anderer Nachfrager von allen vernachlässigt wird, weil jeder denkt, dass der jeweils Andere sich schon um ihn kümmern wird (zu Details *Pepels 2001*).

8.3.2.1 Verwenderbranchen

Bei der verwenderbranchenorientierten Arbeitsfeldeinteilung bilden abgrenzbare Branchen oder Subbranchen die Basis. Den Nachfragern dieser Branchen werden, gebietsübergreifend und unabhängig von der jeweiligen Kundenwertigkeit, die eigenen Produkte angeboten. Daraus resultieren wichtige Vorteile:

- Dies ermöglicht eine weitgehende Anpassung der Vermarktungsaktivitäten an Branchenbesonderheiten. Dadurch wird der Verkäufer zum Branchenspezialisten, was ihm eine hohe Akzeptanz bei Nachfragern dieser Branche verleiht. Durch die große Nähe zur Branche können Branchentrends und daraus abzuleitende Bedarfsveränderungen von ihm frühzeitig erkannt werden.

Allerdings gibt es auch eine Reihe von Nachteilen:

- So entstehen bei räumlich weit verteiltem Bedarf lange Wegstrecken zwischen den einzelnen Nachfragern. Es ist keine Spezialisierung des Verkäufers auf einzelne Produkte möglich, so dass in vielen Fällen der Support von Spezialisten hinzugezogen werden muss, was störende Interaktionseffekte bewirken kann. Da Nachfragern bekannt ist, dass der Branchenverkäufer nicht nur das eigene Unternehmen, sondern auch dessen unmittelbare Konkurrenten in der Branche betreut, ist ein immanentes Vertrauensproblem gegeben. Dies betrifft vor allem die kooperative Entwicklung neuer Produkte oder Anwendungen, die einem Abnehmer einen Wettbewerbsvorsprung verschaffen sollen, von dem dieser aber nicht weiß, ob und inwiefern dieses Know-how auch seinen Mitbewerbern zugute kommt. Auch ist eine starke Abhängigkeit von der Branchenkonjunktur gegeben. Dies verursacht schwankende Einkommen bei

Verkaufsaußendienstmitarbeitern. Der Verkäufer ist regelmäßig nur innerhalb einer Branche einsetzbar, woraus eine gewisse Inflexibilität entsteht, vor allem wenn es sich um Branchen am Ende ihres Lebenszyklus handelt (man denke ehedem an Verkäufer von Setzmaschinen in der reprografischen Branche oder von Schreibmaschinen in der Bürowarenbranche). Dem Unternehmen entsteht auf Grund der Branchenspezialisierung seiner Mitarbeiter die große Gefahr der Abwerbung, vor allem wenn es sich um aufstrebende Branchen handelt (z. B. für individualisierbare BWL-Software).

8.3.2.2 Verkaufsgebiete

Nahe liegend ist die Arbeitsfeldeinteilung nach bearbeiteten Verkaufsgebieten, wobei jeweils verschiedene Branchen und abweichende Kundenwertigkeiten angesprochen werden. Dabei dienen meist Bundesländer, Postleitzahlzonen, Nielsen-Gebiete und deren Unterteilungen o.Ä. als Basis. Daraus ergeben sich eine Reihe von Vorteilen:

- Am vordergründigsten leuchtet sicherlich der Vorteil der kurzen Wegstrecken ein, so dass Reisezeiten und damit -kosten eingespart werden können. Auch ist eine klare Zuständigkeit gegeben, da der Standort des Kunden klare Auskunft über die Verantwortlichkeit im Verkauf gibt. Allerdings ergeben sich bereits Probleme bei Unternehmen mit verschiedenen Betriebsstandorten oder Holdings mit verschiedenen Unternehmensstandorten. Da in einem Gebiet meist Abnehmer aus verschiedenen Branchen vertreten sind, kommt es zu einem guten Risikoausgleich zwischen den Branchenentwicklungen und damit zu einer Stabilisierung des Einkommens der Mitarbeiter. Die Neukundenakquisition wird begünstigt, da von einem Erfahrungsaustausch von Abnehmern innerhalb einer Region auszugehen ist, welche die Identifizierung und Erschließung neuer Nachfrager erleichtert. Zugleich wird auch die Nachbetreuung erleichtert, da am Reiseweg liegende Bestandskunden anlassbezogen mitbesucht werden können.

Allerdings gibt es auch eine Reihe von Nachteilen:

- So ist zumindest a priori keine Spezialisierung der Verkäufer auf einzelne Branchen oder Kundenwertigkeiten möglich. Dies erschwert die Argumentation und Betreuung und kann auch durch fallweises Hinzuziehen von Branchenspezialisten oder Großkundenbetreuern meist nicht kompensiert werden. Die Produktsteuerung ist schwierig, da auf Grund der abweichenden Abnehmerstrukturen in verschiedenen Gebieten individuelle Bevorzugungen oder Benachteiligungen von Verkäufern entstehen, die durch komplizierte Vorgabesysteme wieder ausgeglichen werden müssen. Der Verkäufer trägt ein erhebliches Einkommensrisiko aus der wirtschaftlichen Entwicklung des von ihm bearbeiteten Gebiets. Dies gilt nicht nur für strukturschwache Gebiete, deren Effekt durch Absatzpotenzialberechnungen ausgeglichen werden kann, sondern auch für Monostrukturen nach Branchen.

Im Zuge der zunehmenden Internationalisierung der Abnehmer wird auch der Vertrieb zunehmend internationalisiert. Dies bedeutet, dass heute z. B. globale Zuständigkeiten (Verticals) für einen Großabnehmer üblich sind (z. B. in der Automobilzulieferindustrie). Probleme entstehen dabei im Verhältnis zur nationalen Vertriebsorganisation, die dann ihre größten Umsatzträger an einen Global-Key-Account abtreten muss. Wenn man noch bedenkt, dass es sowohl Spannungen zwischen Landesgesellschaften und Konzernführung bei Abnehmern als auch solche bei Lieferanten gibt, entsteht ein Bild der Komplexität der Vertriebsbezüge, obgleich gute Beziehungen doch im People-Business Verkauf von alles entscheidender Bedeutung sind.

8.3.2.3 Kundenwertigkeiten

Die Einteilung des Arbeitsfelds nach Kundenwertigkeiten ist eine sehr nahe liegende, denn es kann vereinfachend unterstellt werden, dass 20 % der Kunden (die A-Kunden/Preferred Accounts) für 80 % der Erlöse stehen (nicht unbedingt der Erträge, da nachfragemächtige Großkunden bessere Konditionen herausholen und damit je Absatzeinheit weniger profitabel sind). Dabei werden Kunden über alle Verwenderbranchen und Verkaufsgebiete hinweg einheitlich angesprochen.

Dafür sprechen noch weitere Vorteile:

- Wenn eine hohe wirtschaftliche Abhängigkeit von wenigen großen Abnehmern gegeben ist, ist es nahe liegend, diese durch besonders qualifizierte Mitarbeiter (Key-Account-Manager) betreuen zu lassen und nicht durch mehr oder minder zufällig zugeordnete Verkäufer. Großabnehmer haben oft über ihre reine Umsatzbedeutung hinaus auch einen Multiplikatoreffekt als Referenzkunden oder können in die Entwicklung neuer Produkte als Lead User eingebunden werden, was eine kenntnisreiche Betreuung erfordert.

Dagegen sprechen jedoch folgende Aspekte:

- Häufig entwickelt sich unter den Verkaufsaußendienstmitarbeitern ein Neid der „normalen“ Verkäufer auf die Schlüsselkundenbetreuer, die zumeist deutlich besser bezahlt werden und vermeintlich leicht akquirierte Aufträge erzeugen. Bei Wachstum oder Schrumpfung eines Kundenunternehmens ist zumeist ein Wechsel des betreuenden Verkäufers erforderlich, wodurch die Kundenbindung nicht unbedingt erhöht wird. Gerade im Bereich um die Größenordnungsgrenze (die zudem dynamisch ist und häufig in ihrer Setzung einer gewissen Willkür nicht entbehrt) sind Zuständigkeitsprobleme gegeben. Schlüsselkundenbetreuer sind von der wirtschaftlichen Entwicklung meist eines oder weniger Großabnehmer abhängig, so dass ihr individuelles Arbeitsplatz- und Einkommensrisiko deutlich erhöht ist, weil ein Risikostreuungseffekt fehlt. Es ist schwierig, Verkäufer mit gutem Standing bei wichtigen Kunden auszutauschen, da dabei die Geschäftsbasis in Gefahr gerät. Zugleich sind solche Mitarbeiter vom Mitbewerb stark gesucht, so dass eine hohe Abwerbungsgefahr besteht.

8.3.2.4 Mischstruktur

Da jede dieser Arbeitsfeldeinteilungen ernst zu nehmende Nachteile birgt, wird in der Praxis meist eine Overlaystruktur (mehrstufige Arbeitsfeldeinteilung) umgesetzt. Dabei handelt es sich typischerweise um eine Kombination der Ausrichtung nach Verwenderbranchen, Verkaufsgebieten und Kundenwertigkeiten. Denkbar sind dabei zwei Prinzipien:

- Ausrichtung nach Verkaufsgebieten auf der obersten Ebene (z. B. internationale Vertriebsleitung, kontinentale Vertriebsleitung, nationale Vertriebsleitung, regionale Vertriebsleitung). Innerhalb dieser Ausrichtung ist dann eine Spezialisierung nach Verwenderbranchen möglich (z. B. nationale Vertriebsleitung für die Finanzdienstleistungsbranche). Meist werden Key-Accounts als Besonderheit getrennt davon organisiert.
- Ausrichtung nach Verwenderbranchen auf der obersten Ebene (z. B. direkt belieferter Einzelhandel, Großhandel, Versender/C&C, industrielle Abnehmer). Innerhalb dieser Ausrichtung wird dann eine Spezialisierung nach Verkaufsgebieten vorgenommen (z. B. industrielle Abnehmer in Nielsen IV). Meist werden auch hier die Key-Accounts getrennt organisiert.

Eine reine Einteilung nach Kundenwertigkeiten ist praktisch kaum anzutreffen. Aus den genannten Beispielen wird bereits deutlich, dass die Verantwortung der Verkaufsaußendienstmitarbeiter für einen Kunden schwierig zu organisieren ist. Dies gilt erst recht, wenn ein Unternehmen in einem belieferten Produktbereich ein Großabnehmer ist, daher durch den

Key-Account-Manager betreut wird, in einem anderen belieferten Produktbereich aber Kleinabnehmer ist. Zu fragen ist dann, ob dieser Kunde in beiden Produktbereichen durch den Key-Account-Manager betreut wird, obgleich der eine Produktbereich dies nicht rechtfertigt, oder ob der Kunde durch zwei Verkäufer betreut wird, einen Key-Accounter und einen „normalen" Verkäufer, was womöglich zu Friktionen führt.

Ein anderer Problemfall entsteht, wenn ein Unternehmen in vielen belieferten Produktbereichen nur Kleinabnehmer ist, in der Summe dieser Lieferungen aber einen Großabnehmer des Lieferanten darstellt. Dann können produktspezialisierte Verkäufer eingesetzt werden oder aber ein „kundenspezialisierter" Key-Accounter.

Hinzu kommt, dass die Beschaffungsstruktur des Abnehmerunternehmens von Bedeutung ist. Werden alle Aufträge dort gebündelt erteilt, macht es wenig Sinn, beim Einkäufer verschiedene Verkaufsmitarbeiter für ihre jeweiligen Produkte auftreten zu lassen. Werden die Aufträge hingegen dezentral, vielleicht sogar international in einem Konzern vergeben, ist ein Key-Accounter rasch überfordert.

Zumal die Einkaufsentscheidung in aller Regel in einem Buying Center fällt, das aus mehreren Beteiligten besteht, die einzeln, wenn bekannt, akquisitorisch bearbeitet werden müssen, und von denen der Einkäufer häufig nur das nach Kollektiventscheid ausführende Organ ist.

8.3.3 Inhalte des Arbeitsfelds

8.3.3. Verkaufsbezirk

Der Außendienst bedingt zu seiner effektiven Steuerung einer zweckmäßigen Aufteilung der Verkaufsbezirke. Dazu dienen vor allem zwei Verfahren.

Das **Absatzpotenzialverfahren** geht davon aus, dass die Produktivität jedes Verkäufers gleich hoch, er also in der Lage ist, in einem bestimmten Zeitraum die gleichen Umsätze zu erzielen wie jeder seiner Kollegen. Es geht wie folgt vor: Zunächst wird das Marktpotenzial ermittelt. Daraus ergibt sich das Absatzpotenzial als Marktanteil. Insofern lässt sich der Arbeitsumfang jedes einzelnen Mitarbeiters ermitteln. Dividiert man das Absatzpotenzial durch den Arbeitsumfang, ergibt sich daraus die Anzahl der Verkaufsbezirke. Vorteile des Absatzpotenzialverfahrens sind vor allem der direkte Wettbewerb zwischen den Außendienstmitarbeitern, da jeder von ihnen a priori gleiche Chancen hat, sowie die einfache und verständliche Provisionsregelung. Nachteile liegen in der ungleichen Gebietsgröße und damit im unterschiedlichen Reiseaufwand und in der unterschiedlichen Arbeitslast. Vor allem aber liegt ein logischer Zirkelschluss vor, wenn die Zahl einzusetzender Verkäufer aus einem geschätzten Abschlussvolumen hergeleitet wird. Gerade dieses soll ja durch den Einsatz der Verkäufer erst beeinflusst werden.

Das **Arbeitslastverfahren** basiert hingegen auf der Grundidee, dass jeder Verkäufer dieselbe Arbeitslast bewältigen soll. Zur Ermittlung der Anzahl ist es nötig, den gesamten Arbeitsaufwand zu ermitteln, der für die Bearbeitung des anvisierten Markts notwendig ist. Dazu geht es wie folgt vor: Potenzielle Kunden werden nach ihrem Umsatzpotenzial eingeteilt. Dann wird die Besuchshäufigkeit pro Zeiteinheit je nach Bedeutung der Kunden festgelegt. Daraus ergibt sich das Produkt aus Kundenzahl und Besuchshäufigkeit. Dagegen werden die Arbeitstage je Verkäufer gestellt. Dividiert man die Bruttobesuchstage durch diese Arbeitstage, ergibt sich die Anzahl der erforderlichen Verkäufer. Vorteile des Arbeitslastverfahrens sind vor allem die faire Verteilung des Betreuungsaufwands sowie seine Einfachheit und Verständlichkeit. Nachteile liegen in den unterschiedlichen Umsatzpotenzialen, die in der Provisionsregelung zu berücksichtigen sind. Zudem müssen auch neue Kunden akquiriert werden.

Jedem Verkaufsaußendienstmitarbeiter (VADM) wird danach ein Bezirk zugewiesen. Es empfiehlt sich, diese Aufteilung nur in Abstimmung mit den betroffenen Mitarbeitern vorzunehmen und mittelfristig beizubehalten.

8.3.3.2 Besuchsnormen

Unter Besuchsnormen versteht man allgemein Standards hinsichtlich der Betreuung von Kunden. Dazu gehören vor allem folgende:

- **Anzahl der Kundenbesuche** innerhalb eines bestimmten Zeitraums. Diese Zahl variiert je nach Bedeutung der zu besuchenden Kunden. A-Kunden (Key-Accounts) werden häufiger besucht als B- und C-Kunden. Evtl. wird auf den Besuch der C-Kunden auch ganz verzichtet und deren Betreuung von der persönlichen Kommunikation auf die mediale Kommunikation (Direktansprache) umgestellt. Oder vom Push-Prinzip auf das Pull-Prinzip des E-Commerce. Einfluss auf die Besuchshäufigkeit haben weiterhin Bestellrhythmen und Mitarbeiterkapazitäten.
- **Interessentenkontakte** sind in ausgewogenem Verhältnis zur Bestandskundenbetreuung erforderlich. Zwar hat die Betreuung der Bestandskunden unbedingten Vorrang, da sie ertragreicher ist als jede Akquisition, dennoch ist zur Auffüllung des unvermeidlichen Abwachses an Kunden und zur Induzierung zusätzlicher Wachstumseffekte immer auch der

Kontakt zu Prospects erforderlich, den Reisende häufig scheuen, weil er vergleichsweise selten zu unmittelbaren Abschlüssen führt.

- Zahl der **Präsentationen** bei Bestandskunden und/oder Interessenten. Diese führen allerdings selten zu unmittelbaren Abschlüssen und sind daher im Vertrieb unbeliebt. Dennoch sind sie unerlässlich, um Bestandskunden über neue Produkte im Programm angemessen zu informieren und Interessenten von den Vorteilen des Eingehens einer Geschäftsbeziehung mit dem Anbieter zu überzeugen.
- Anzahl und Qualität der zu initiierenden **Anfragen**. Anfragen sollten sich idealerweise auf die Erfolg versprechendsten Produkte mit der höchsten Profitabilität konzentrieren. Damit es dazu kommt, ist ein entsprechender Vorverkauf dieser Leistungen erforderlich, statt auf die am leichtesten anzudienenden Leistungen zu reflektieren.
- Qualität der **Angebote**. Selbst Routineaufträge innerhalb bestehender Geschäftsbeziehungen werden kaum mehr ohne formale Angebotseinholung erteilt. Insofern hat die Vernachlässigung des Angebotswesens einen entscheidenden Sperrklinkeneffekt. Vor allem kommt es darauf an, diese Angebote so auszugestalten, dass sie eine realistische Chance auf Erfolg haben (ablesbar an der Hit-Rate).
- Anlage von **Verkaufsaktivitäten** auch bei Servicekontakten. Gerade Kunden mit zufriedenstellend behobenen Reklamationen und Kunden, die aktuell den guten Service eines Anbieters erleben, müssen über diesen Service hinaus für Verkaufsabschlüsse angegangen werden. Dies kann sich auf Nachverkäufe (Zubehör), Ersatz- oder Erweiterungsanschaffungen oder weitere Nachkaufservices beziehen.

8.3.3.3 Zeitbudget

Ein wichtiger Block des Zeitbudgets ist die **Tourenplanung**. Sie betrifft die Besuchsreihenfolge der verschiedenen Abnehmer, die meist computergestützt in Abhängigkeit von Entfernungen zwischen zu besuchenden Kunden, Arbeitszeiten der Mitarbeiter, Reise- und Verweilzeiten bei den einzelnen Kontakten etc. ermittelt wird. Dazu dienen komplexe mathematische Verfahren, die um so schwieriger beherrschbar sind, je mehr Parameter einbezogen werden. Zumindest ansatzweise ist somit eine Optimierung möglich.

Stattdessen können auch heuristische (Praktiker-)Verfahren eingesetzt werden. Am Häufigsten geht man dabei wie folgt vor. Um den Sitz jedes Außendienstlers herum wird anhand einer Landkarte konzentrisch sein Verkaufsbezirk abgegrenzt. Dieser Verkaufsbezirk wird wiederum in fünf Abschnitte („Kuchensegmente“) unterteilt, wobei jeder Abschnitt für einen Arbeitstag der Woche steht. Analog können mehr oder weniger Abschnitte bestimmt werden, in Abhängigkeit von der jeweils festgelegten (hier als gleichmäßig unterstellten) Besuchshäufigkeit. Innerhalb jedes Abschnittes werden die Standorte der Besuchsadressen als Kette verbunden, jeweils startend und endend mit dem Sitz des Außendienstlers (bei größeren Gebieten mit Zwischenstopp). So ergibt sich für ihn für jeden Wochentag sein Tourenplan. Dabei werden sinnvollerweise Zeitreserven eingeplant, um unvorhergesehene oder unvermeidliche Ausfälle zu kompensieren.

Da Leistung Arbeit in der Zeit ist, geht es im zweiten Bereich um die verschiedenen **Leistungsarten**, die unterschieden werden können:

- Nutzleistung ist die dem eigentlichen Verkauf dienende Zeit, d. h. die Situation „vor Kunde", gleich ob diese erfolgreich verläuft oder nicht. Dies ist der „Auftritt" des Verkaufsaußendienstmitarbeiters, jede Minute hier ist daher bestens angelegt.
- Stützleistung ist die für vor- und nachbereitende Arbeiten anfallende Zeit, die zwar nicht unmittelbar dem Verkauf dient, aber erforderlich ist, um erfolgreich verkaufen zu können (z. B. Fahrtzeiten, Vorgabe- und Ergebniswesen). Mit wachsender Komplexität im Verkauf werden diese Aktivitäten immer bedeutsamer.
- Blindleistung ist die Zeit, die weder der Vor- oder Nachbereitung noch der eigentlichen Durchführung des Verkaufs dient, aber unvermeidlich ist (z. B. Krankheitstage, Urlaubstage, Fortbildungszeiten). Diese Zeiten sind meist tarif- oder einzelvertraglich festgelegt und machen einen erheblichen Teil des Zeitbudgets aus.
- Fehlleistung ist die Zeit, die vermeidbar ineffizient ist und daher minimiert werden muss (z. B. Stauzeiten, Pannen, Wartezeiten beim Kunden, ausfallende Termine). Mit zunehmender Hektik im Umfeld nehmen auch diese Zeitanteile immer mehr zu.

8.3.3.4 Berichtswesen

Von hoher Bedeutung ist auch das Vorgabe- und Ergebniswesen, also die Informationierung seitens des Betriebs vor jedem Besuch und seitens der Verkaufsmitarbeiter nach jedem Besuch. Wichtig ist dabei eine Orientierung an den Erfordernissen des Kundenmanagements. Informationen sind daher so anzulegen, dass sie in Bezug auf diese Orientierung aussagefähig sind. Dabei werden im Zeitablauf grob vier Phasen unterschieden:

- Die Phase der **Kundenakquisition**: Dabei kommt es darauf an, erstens die bestgeeigneten potenziellen Kunden (Prospects) zu identifizieren und zweitens, diese überzeugend anzusprechen, um sie vom Interessentenstatus in den Neukundenstatus zu überführen.

- Die Phase der **Kundenpflege**: Dabei kommt es darauf an, erstens die Beziehung zu einmal gewonnenen Neukunden zu festigen, damit diese zu Bestandskunden werden, und zweitens die Geschäftsbasis mit ertragreichen Kunden auszubauen (Erhöhung des Lieferanteils).
- Die Phase der **Kundennutzung**: Dabei kommt es darauf an, erstens vorhandene Kunden als Referenzbasis für die Gewinnung von oder den Geschäftsausbau mit anderen Kunden zu nutzen und zweitens die aktive Weiterempfehlung durch meinungsführende Kunden zu gewinnen.
- Die Phase der **Kundenerhaltung**: Dabei kommt es darauf an, erstens proaktiv Anzeichen für Kündigungsabsichten zu erkennen und korrigierend einzugreifen sowie zweitens bereits verloren gegangene ehemalige Kunden zurückzugewinnen, um die Geschäftsbasis wiederherzustellen.

Ein modernes Berichtswesen muss daher so ausgestaltet sein, dass es zweckdienliche Erkenntnisse dafür liefert. Dazu gehören z. B. Informationen über Kundenunzufriedenheiten (die Anzeichen einer bevorstehenden Kündigung sein können), Begründungen zur Ablehnung von Angeboten, Informationen über die Aufnahme neuer Lieferanten oder Anhebung anderer Lieferanten in den Status eines „Preferred Supplier“. Über diese routinemäßigen Informationen hinaus sind zusätzliche Informationen bedeutsam, z. B. über die Eröffnung neuer Geschäftsfelder beim Kunden, über bevorstehende Akquisitionen, über Personal- oder Zuständigkeitsveränderungen.

8.3.4 Leistungsbasis

8.3.4.1 Größen der Steuerung

Für die Steuerung ergeben sich vor allem zwei Stellgrößen, die Erlöse und die Kosten. Auf die wesentlichen Kosten des Unternehmens hat der Vertrieb jedoch kaum unmittelbaren Einfluss, wenngleich sie, angesichts der Durchrationalisierung im produktiven Bereich, zunehmend als lohnendes internes Untersuchungsobjekt angesehen werden (z. B. Automobilindustrie).

Der Vertrieb kann seinen Beitrag demnach vor allem auf der Erlösseite leisten. Da eine isolierte Steigerung von Umsätzen ohne Berücksichtigung der Kosten wenig sinnvoll ist, ist es besser, den Gewinn als Summe der Deckungsbeiträge abzgl. der Fixkosten zu definieren. Da die Fixkosten wiederum nur gering beeinflussbar sind, bleibt als hauptsächliche Zielgröße der Deckungsbeitrag.

Der Gesamtdeckungsbeitrag bestimmt sich wiederum aus dem Produkt von Einzeldeckungsbeiträgen (Deckungsspannen) und Absatzmengen. Dies sind zugleich die beiden Einfallstore zur Optimierung, wobei Nebenbedingungen durch Einsatzfaktorkapazitäten gegeben sind. Es geht also, vereinfacht, um die Maximierung der Deckungsspannen (Differenz zwischen Erlös und zurechenbaren Kosten) und der Absatzmengen unter Restriktionen, zu denen etwa die Arbeitszufriedenheit der Vertriebsmitarbeiter gehört, denn diese ist wichtig zur Motivation und zur Gewährleistung einer möglichst geringen Fluktuationsrate erwünschter Mitarbeiter dort.

Der **Deckungsbeitrag** als Vorgabegröße hat eine Reihe von immanenten Vorteilen:

- Deckungsbeitragsziele führen zu einer starken Orientierung des Außendienstes an der Rentabilität; damit werden die stärksten Verkaufsaktivitäten auf die rentabelsten Produkte gelenkt. Ein deckungsbeitragsorientiert arbeitender Mitarbeiter wird versuchen, hohe Erlösschmälerungen zu vermeiden, da diese überproportional auf den Deckungsbeitrag durchschlagen (bei einem Deckungsbeitragsanteil am Umsatz von 30 % führt z. B. ein 6 %iger Rabatt zu einer Deckungsbeitragseinbuße von 20 %, mithin zu einer Verringerung der Einkommensbemessungsbasis um ein Fünftel). Insofern kommt es zu ertragsbewusstem Handeln.

Allerdings stehen der praktischen Realisierung einer deckungsbeitragsorientierten Zielvorgabe einige Probleme entgegen:

- Es ist schwierig, den Deckungsbeitrag korrekt auszuweisen, weil sich die tatsächlichen Kosten (etwa gegenüber einer Vorkalkulation) ändern. Daher werden meist Verrechnungssätze angewendet, die mit Normalkosten arbeiten, aber mehr oder minder weit vom realen Deckungsbeitrag abweichen können. Zudem besteht bei offenem Ausweis der Deckungsbeiträge die Gefahr, dass Mitbewerber oder Kunden vermeidbaren Einblick in die Ertragslage des Unternehmens bzw. eines spezifischen Auftrags erhalten. Denn es ist nicht auszuschließen, dass entsprechende Unterlagen in fremde Hände geraten. Von einer solchen Vorgabe müssen außerdem strategisch wichtige, aber aktuell noch wenig rentable Produkte/Aufträge ausgenommen werden (Question-Marks der Portfolioanalyse). Hier sind ersatzweise Verrechnungswerte anzuwenden.

Alternativ ist denkbar, als Steuergröße ein an Deckungsbeiträgen orientiertes Punktesystem einzusetzen. Werden diese Punktwerte im Markt bekannt, ist der Schaden weitaus geringer, als wenn die dahinter stehenden realen Deckungsbeitragswerte bekannt würden. Zudem besteht die Flexibilität, in der Steuerung auch abweichend von Deckungsbeitragswerten vorzugehen. Dabei sind diese Punktwerte jederzeit veränderbar, auch unabhängig von konkreten Erfolgsgrößen. Außerdem entgeht man der durchaus nicht fern liegenden Gefahr, dass Verkäufer Deckungsbeitragswerte mit Gewinn verwechseln und eine gefährliche Preisnachgiebigkeit an den Tag legen.

Allerdings ändern sich bei Preisänderungen die Punktwerte nicht unbedingt automatisch mit, so dass diese immer wieder nachzujustieren sind. Gleiches gilt bei Erlösschmälerungen. Außerdem leidet die Transparenz des Ansatzes durch Administrationsaufwand.

Weiterhin ist die Ausrichtung an **Umsatzwerten** üblich. Denn der Umsatzwert ist einfach zu messen und weder Kunden noch Mitbewerber oder Mitarbeiter erhalten dadurch ungewollt Einblick in die Ertragssituation des Unternehmens. Bei Preisänderungen erfolgt weiterhin eine automatische Anpassung ohne administrativen Aufwand.

Jedoch besteht die Gefahr, dass Umsätze um jeden Preis gemacht werden, wobei Erlösschmälerungen überproportional auf den Gewinn/Deckungsbeitrag durchschlagen. Ebenso ist eine Steuerung auf spezielle Produkte/Kunden/Gebiete schwierig. Die Vertriebskosten gehen in den Umsatzwert erst gar nicht ein, so dass eine Kostensteuerung dort problematisch ist. Außerdem sagt der Umsatz nichts über die Profitabilität eines Abschlusses.

Häufig wird anstelle der Wertgröße Umsatz auch die Mengengröße **Absatz** zur Steuerung eingesetzt. Diese bietet den Vorteil, dass sie sehr leicht messbar ist und auf die Verrechnung im Vertrieb ohnehin schwer erfassbarer Kostengrößen verzichtet. Außerdem kann bei üblicherweise hohen Fixkostenanteilen unterstellt werden, dass Aktivitäten um so rentabler sind, je mehr Menge sie repräsentieren (Kostendegressionseffekt). Ebenso werden inflationäre Effekte neutralisiert.

Allerdings bedeutet eine solche Leistungsbasis auch, dass auf jegliche Profitabilitätsüberlegungen als Steuergröße des Verkaufs verzichtet wird.

Die zentrale Steuergröße ist zweifellos der **Gewinn**. Im Verkauf erfordert der Gewinn als Leistungsbasis jedoch eine ausdifferenzierte Kosten- und Leistungsrechnung. Über die Anforderungen, die daran hinsichtlich des Deckungsbeitrags gestellt werden, hinaus müssen hier alle Kostenbestandteile berücksichtigt werden. Da die Mehrzahl der Kosten typischerweise aber nicht im Vertriebs-, sondern in anderen Unternehmensbereichen verursacht wird, stellt sich die Frage der Sinnhaftigkeit dieser Steuergröße.

Die Leistungsbasis kann sich dabei jeweils auf Gesamtgrößen, Teilgrößen oder Veränderungsgrößen beziehen:

- Bezogen auf die Gesamtgrößen ergeben sich entsprechend der Gesamtumsatz, der Gesamtabsatz, der Gesamtdeckungsbeitrag und der Gesamtgewinn als mögliche Leistungsbasis.

- Bezogen auf die Teilgröße Kunden(gruppe) ergeben sich entsprechend der Kundenumsatz, der Kundenabsatz, der Kundendeckungsbeitrag und der Kundengewinn als mögliche Leistungsbasis.
- Bezogen auf die Teilgröße Produkt(gruppe) ergeben sich entsprechend der Produktumsatz, der Produktabsatz, der Produktdeckungsbeitrag und der Produktgewinn als mögliche Leistungsbasis.
- Bezogen auf die Teilgröße Gebiet ergeben sich entsprechend der Gebietsumsatz, der Gebietsabsatz, der Gebietsdeckungsbeitrag und der Gebietsgewinn als mögliche Leistungsbasis.
- Bezogen auf die Veränderungsgrößen ergeben sich entsprechend der Umsatzzuwachs, der Absatzzuwachs, der Deckungsbeitragszuwachs und der Gewinnzuwachs als mögliche Leistungsbasis.

Zur Detailsteuerung treten zu diesen Größen häufig Sondergrößen wie Forderungsausfall, Kundenbeurteilung etc. in Kombination hinzu. Grundsätzlich ist die Steuerung um so feinteiliger möglich, je differenzierter die Leistungsbasis definiert ist. Zugleich wird dabei jedoch die Transparenz der Leistungsbasis immer geringer. Die interne Leistungsbasis kann sich auch in der Leistungshonorierung der Verkaufsaußendienstmitarbeiter widerspiegeln.

8.3.4.2 Einfluss auf die Vergütung

Materielle Formen der Honorierung betreffen Fixum, Provision und Prämie. Die variablen Anteile Provision und Prämie machen dabei im Allgemeinen max. ca. 20 % des Gesamtentgelts aus. Das **Fixum** bietet eine finanzielle Sicherheit für den Mitarbeiter, ist einfach und übersichtlich in der Handhabung und unterliegt einem Kostendegressionseffekt bei steigenden Umsätzen. Außerdem wird dem „Verkaufen um jeden Preis" vorgebeugt. Jedoch besteht wenig Leistungsanreiz und damit Ungerechtigkeit gegenüber tüchtigen Mitarbeitern. Bei fallenden Umsätzen schlägt die progressive Kostenwirkung des Fixums für den Betrieb voll durch. Die Feinsteuerung muss durch zusätzliche Anweisungen oder Anreize erfolgen. Außerdem besteht die Gefahr der Abwanderung aktiver Kräfte und des Verbleibs der Passiven bei Fluktuation.

Daher sind variable Vergütungsbestandteile in vertretbarem Umfang sinnvoll. Mit einer **Provision** ist ein starker Leistungsanreiz verbunden, der zwar gezielt steuerbar ist und sich parallel zur Umsatzentwicklung bewegt, jedoch entsteht leicht eine gewisse Unübersichtlichkeit im Provisionssystem. Als Folge werden evtl. wichtige indirekte Verkaufsaufgaben vernachlässigt oder gar unfaire Verkaufspraktiken eingesetzt. Außerdem besteht die Gefahr von Preiszugeständnissen an Kunden, und neue Mitarbeiter sind nicht immer nahtlos zu integrieren. Vor allem wandern in schlechten Zeiten die guten Verkäufer zuerst ab.

Wegen dieser Nachteile dominieren **Prämien** als variabler Vergütungsanteil im Verkauf. Sie sind flexibel zu handhaben sowie schnell wirksam und erfordern bei richtigem Einsatz kein aufwändiges Handling. Sie sind besonders geeignet, sachlich, zeitlich und räumlich begrenzt stattfindende Verkaufsaufgaben zu steuern.

Ideelle Anreize stellen Maßnahmen dar, die den Verkäufer im Betrieb hervorheben, wie Karrieregespräch, Lob/Auszeichnung, Ernennung/Vollmacht, Mitgliedschaft im Topverkäufer-Club etc. Hinzu kommen Schulungs- und Trainingsmaßnahmen als Anreiz, die zugleich zur Gewährleistung eines hohen Informationsstandards beitragen. Denkbar sind auch geldwerte Sachleistungen, die Verkäufern unentgeltlich oder subventioniert zur Verfügung gestellt werden (z. B. Geschäftswagen auch zur privaten Nutzung). Für alle Maßnahmen bestehen jedoch Wear-Out-Effekte. Außerdem wird deren Attraktivität interpersonell stark unterschiedlich bewertet. Zudem besteht die Gefahr, dass die Anreize als fester Vergütungsbestandteil angesehen werden und weder abbaubar noch mehr sonderlich leistungsfördernd sind.

Die Vergütung hat im Einzelnen dreierlei Anforderungen zu genügen, betrieblichen, mitarbeiterbezogenen und rechtlichen. Betriebsspezifisch sind vor allem die Berücksichtigung aller relevanten Ziele, ein angemessener Flexibilitätsgrad, hohe Wirtschaftlichkeit, weitgehende Leistungsorientierung, geeignete Führungs- und Steuerungsfähigkeit, sinnvolle Einkommensrelationen und eine gewisse Dauerhaftigkeit der Geltung zu nennen. Mitarbeiterspezifisch sind vor allem die Sicherung einer Mindestentlohnung, ein attraktives Gesamtniveau, gute Übersichtlichkeit und Nachprüfbarkeit, strikte Gerechtigkeit und ein nachvollziehbares Kausalitätserlebnis zu nennen. Rechtliche Anforderungen betreffen vor allem die Einhaltung von gesetzlichen und tariflichen Normen in Betriebsvereinbarungen, Mitwirkungs- und Mitbestimmungsrechten sowie die Berücksichtigung des Gleichstellungsgrundsatzes.

Auch die Behandlung des zeitlichen Aspekts der variablen Vergütungsanteile während eines lang laufenden Projektes, wie es etwa im Anlagenbau häufig gegeben ist, muss geregelt werden. Üblich sind hier Prämien- oder Provisionszahlungen nach Projektfortschritt, z. B. ein Drittel bei Vertragsabschluss, ein Drittel bei Auslieferung der Anlage und ein Drittel bei planmäßigem Zahlungseingang.

Die Höhe der Erfolgsvorgaben und die Festlegung der Gebietszuweisung stehen zumeist in enger Wechselwirkung, weil mit einer Gebietsänderung immer auch eine Potenzialveränderung gegeben ist, die ihrerseits wiederum eine Änderung der Erfolgsvorgaben erforderlich werden lässt.

Das Basiseinkommen jedes Mitarbeiters ist, meist in Abhängigkeit von Lebensalter, Betriebszugehörigkeit, Qualifikation etc. festzulegen. Dieses Einkommen ergibt sich als Summe aus fixem und variablem Anteil, wenn die Vorgaben für den variablen Anteil zu 100 % erfüllt werden, und ist damit Ausgangspunkt der Entlohnungsstaffel.

Üblich ist dabei eine Zoneneinteilung im Verlauf mit einem Mindesteinkommen, d. h. dem fixen Anteil, der dem Mitarbeiter eine auskömmliche Existenz auch dann sichert, wenn Erfolge vorübergehend ausbleiben, sowie einem Höchsteinkommen, das den variablen Anteil deckelt, weil bei auffällig hoher Übererfüllung der Leistungsstandards daran zu zweifeln ist, ob die Vorgabewerte realistisch sind. Für den Fall, dass das komplette Einkommen variabel ist, wird meist eine Untergrenze als Einkommenssicherung eingezogen.

Denkbar ist es auch, die Mitarbeiter selbst über die Aufteilung von fixen und variablen Einkommensbestandteilen entscheiden zu lassen. Dies ermöglicht nicht nur eine stärkere Identifikation mit den Vorgabewert, sondern offenbart zugleich auch die Leistungserwartung jedes Mitarbeiters (Principal-Agent-Problem). Verzerrend wirkt dabei, dass exogene Ereignisse, auf die der Mitarbeiter selbst keinen Einfluss hat, dennoch auf sein Einkommen durchschlagen (wie er allerdings umgekehrt auch an Mitnahmeeffekten/Windfall-Profits partizipiert).

Üblicherweise ist im Vertrieb neben dem Verkaufsaußendienst, also den Mitarbeitern, welche die unmittelbare Kundenverantwortung haben und überwiegend nach ergebnisbezogenen Modellen bezahlt werden, der Einsatz des Vertriebsinnendienstes erforderlich, der den Außendienst bei administrativen Aufgaben entlastet. Diese Mitarbeiter werden überwiegend fest honoriert, obgleich sie zum Gelingen oder Ausbleiben von Abschlüssen ebenso beitragen wie die Mitarbeiter „an der Kundenfront". Daraus resultieren häufig gravierende Einkommensunterschiede mit der Gefahr von Friktionen. Häufig werden erfolgreiche Innendienstmitarbeiter auch zu Außendienstmitarbeitern befördert, was nicht unbedingt adäquat sein muss, da die Anforderungsprofile der Stellen doch erheblich voneinander abweichen, oder es werden ältere oder vermeintlich erfolglose Außendienstmitarbeiter in den Innendienst versetzt.

Um die Bezahlungsstruktur unproblematisch zu halten, wird häufig auf eine Teamhonorierung abgestellt, bei der alle beteiligten Mitarbeiter am Ertrag eines Kunden partizipieren. Allerdings stellt sich dann die Frage nach einem gerechten Verteilungsschlüssel. Bei Änderungen der Vergütung ist zudem regelmäßig die Zustimmung des Betriebsrats (auch bei außertariflich angestellten) einzuholen. Dabei kann tendenziell davon ausgegangen werden, dass Mitarbeiter in größeren Unternehmen und in aufstrebenden Branchen eine höhere Vergütung erzielen.

8.3.5 Vergleichende Bewertung des VADM-Einsatzes

Der Verkauf über Außendienstmitarbeiter (VADM) bietet allgemein mehrere Vorteile aus der Sicht des Lieferanten. Dazu gehören vor allem

- eine hohe Produktkompetenz der Vertriebsmitarbeiter, hohe Anpassungsflexibilität der Vertriebsmitarbeiter an Kundenbedürfnisse, meist gute Möglichkeiten zur Zielgruppenansprache, gute Voraussetzungen für den Aufbau einer Stammkundschaft, gute Bedingungen für eine starke Marktbesetzung und -durchdringung, hohe Flexibilität durch rasche und zuverlässige Rückkopplung vom Markt, gute Abschätzbarkeit des Kundenbedarfs, meist gute Kundenbonitätskenntnisse, gute Bedingungen zur Kontaktverstetigung, hohe Potenziale für innovative Produkte, intensive Marktbearbeitung und Erschließung von Marktpotenzialen.

Nachteile aus der Sicht des Lieferanten liegen in den Aspekten

- hohe Kosten der Kommunikation, hohe Kosten der Kundengewinnung, hohe Kosten für persönliche Kundenberatung, hohe Kosten für Messebeschickung und Unterhalt von Niederlassungen, schwierige Steuerung der Vertriebsmitarbeiter, hoher Aufwand der Gewinnung und Schulung der Mitarbeiter, hohe Fluktuationsraten der Mitarbeiter, hohe Abhängigkeit von der kommerziellen und persönlichen Kompetenz der Mitarbeiter.

Vorteile des Vertriebs über Außendienstmitarbeiter aus der Sicht des **Abnehmers** entstehen durch

- hohe Bequemlichkeit, intensive und individuelle Betreuung, oft Verfügbarkeit von Problemlösungssystemen, bedarfsspezifische umfassende Angebotsprogramme, frühzeitige Berührung mit interessanten Innovationen, Vorführung, Demonstration oder Verprobung an Ort und Stelle, Einräumung von Absatzfinanzierungsmöglichkeiten.

Nachteile aus der Sicht des Abnehmers sind

- die teils aggressive Überforderung in der Akquisition, die meist begrenzten oder fehlenden Vergleichsmöglichkeiten, anfangs oft die Begrenzung in den Auswahlmöglichkeiten, Vertrauensprobleme in der Zusammenarbeit.

Meist wird weitergehend der Vergleich zwischen (selbstständigen) Handelsvertretern und (unselbstständigen) Reisenden im Außenverkauf gezogen. Für die Präferenz zwischen beiden sind sowohl qualitative wie quantitative Aspekte bedeutsam. Zunächst zu den **qualitativen**. Der **Reisende** hat folgende komparative **Vorteile** auf seiner Seite.

Es ist eine Detailsteuerung durch den Auftraggeber wegen strikter Weisungsgebundenheit als Angestellter möglich. Besuchsnormen und Reiserouten können vorgegeben werden, deren Kontrolle im Berichtswesen jederzeit nachvollziehbar ist. Ein Motivationsschub durch Zulagen oder ähnliche Anreize ist jederzeit möglich. Die Spezialisierung auf das Angebot eines Hersteller- oder Handelsbetriebs führt zu hoher Identifikation und Überzeugungskraft für diesen. Es besteht eine Interessenidentität mit dem eigenen Betrieb. Ein Ausgleichsanspruch bei Beendigung des Beschäftigungsverhältnisses besteht nicht. Gebietskorrekturen sind leicht und ohne Abfindung oder Änderungskündigung machbar. Ein direkter Kontakt zwischen Kunde und Betrieb bleibt erhalten.

Komparative Vorteile des **Handelsvertreters** sind hingegen folgende. Es entstehen nur oder weit überwiegend erfolgsabhängige variable Kosten, die bei Umsatzrückgang die Rentabilität nicht belasten. Intensive Verkaufsbemühungen aus originärer Unternehmerinitiative führen mutmaßlich zu erhöhter Effizienz. Vielseitige vorhandene Kundenkontakte schaffen in der Aufbauphase eine schnelle und kostengünstige Akquisition. Die Reklamationsabwicklung ist wegen der Neutralität unproblematischer. Es besteht nur ein geringer organisatorischer Aufwand durch eigenverantwortliche Arbeitsplanung, -durchführung und -nachbereitung. Bei eigener Lagerhaltung ist eine hohe Lieferbereitschaft für Ad-hoc-Abschlüsse gegeben.

Quantitativ liegen mit steigendem Absatz die Kosten angestellter Reisender, die Fixum und Prämie erhalten, unter denen selbstständiger Handelsvertreter, die auf Provisionsbasis arbeiten. Entsprechend ist zu Beginn der Geschäftstätigkeit eher der Einsatz von Handelsvertretern empfehlenswert, auch wegen der qualitativen Aspekte, mit zunehmendem Geschäftserfolg aber ab einem Break-Even-Punkt (Kostengleichheit) der Umstieg auf Reisende ratsam. Die Trennung von Handelsvertretern ist trotz des Ausgleichsanspruchs nicht schwierig, denn die Ausgleichszahlung wird meist vom Handelsvertreternachfolger übernommen, da ihm Provisionen zufließen, für die er nicht hat arbeiten müssen. Die Trennung von Reisenden ist hingegen nicht jederzeit möglich, da der Betriebsrat dabei entscheidend mitzureden hat. Handelsvertreter übernehmen auch Zusatzaufgaben, zwar gegen Entgelt, aber ebenso wie ansonsten Reisende. Reisende sind durchaus nicht problemlos steuerbar, dazu bedarf es vielmehr ausgefeilter Steuerungs- und Kontrollmechanismen.

Insgesamt ergibt sich folgende Bewertung für den Einsatz von Verkaufsaußendienstmitarbeitern. Engagierte und ambitionierte Verkaufsaußendienstmitarbeiter können sich hochgradig für das Unternehmen einsetzen und die Marketingkonzeption eines Anbieters nachhaltig umsetzen. Dabei besteht die Möglichkeit zur konsequenten Ausschöpfung des kumulierten Wissens über Kunden im Unternehmen. Somit kann eine starke Kundenbindung aufgebaut werden, die neben den aktuellen Umsätzen auch die zukünftigen Umsätze sicherer macht. Dadurch kann auch der Austauschbarkeit im Zuge virtueller Marktplätze entgangen werden, indem Kunden bereits im Vorfeld, bei Bedarfserkennung oder sogar bei Bedarfsgenerierung, maßgeschneiderte Problemlösungen aus der Kenntnis um die Vermarktungssituation des Kunden angeboten werden können, die nicht standardisierbar sind oder ihn von einer weiteren Ausschreibung absehen lassen, weil sie gut kalkuliert sind.

Durch Qualität im persönlichen Verkauf dokumentiert ein Anbieter zudem die allgemeine Qualität seiner Leistungserstellung, d. h., fähige Mitarbeiter bauen bei Abnehmern eine Vertrauensbasis auf, die auf die angebotenen, oftmals im Vorhinein unbekannten Produkte (Credence-Goods) übertragen wird und damit ein Alleinstellungsmerkmal werden kann. Dies macht allerdings die Qualifizierung im Außendienst dramatisch bedeutsam. Über eigene Mitarbeiter können die Distributions- und Verkaufsstrategien bestmöglich umgesetzt werden, da eine feinteilige Ausrichtung und reibungsarme Umsetzung möglich sind. Das vermindert Ineffizienzen und erlaubt eine hohe Aktionsfähigkeit, angesichts des Zeitwettbewerbs ein immer wichtigeres Argument. Neben der Akquisitions- und Transaktionsphase wird die Nachbetreuungsphase immer wichtiger, da dort die Basis für erfolgreiche Wiederkäufe gelegt wird. Eine solche Nachbetreuung ist am besten im persönlichen Verkauf möglich.

Verkaufsaußendienstmitarbeiter verursachen allerdings höhere Kosten als Formen des unpersönlichen Verkaufs, die dazu im Wesentlichen noch Fixkostencharakter haben, was eine flexible Anpassung der Aktivitätslevels an Marktschwankungen kaum möglich macht. Für das Wachstum stellt sich zudem die Qualität der Mitarbeiter als erheblicher Engpass heraus. Denn der Einsatz geeigneter Mitarbeiter bedingt neben deren Beschaffung auch ihre Qualifizierung, weniger in Bezug auf allgemeine Leistungsmerkmale als vielmehr in Bezug auf den Fit mit der Unternehmenskultur, das Wissen um die spezifischen Angebotsvorteile und die Vermittlung von Kunden- und Produktkenntnissen. Ein Problem liegt häufig in der Abstimmung mit den Programminhalten. So tragen einzelne Programminhalte keine teuren, qualifizierten Außendienstmitarbeiter, oder Kunden erwarten eine Problemlösung, die aus mehr als dem Angebot des eigenen Programms besteht.

Der Verkaufsaußendienstmitarbeiter gilt dem Nachfrager zudem nicht als neutraler Gesprächspartner, sondern als eigeninteressengeleitet. Das erschwert den Aufbau einer tragfähigen Vertrauensbasis zwischen Verkäufer und Abnehmer. Gelegentlich werden zu diesem Zweck vermeintlich neutrale Mittler (z. B. Makler) zwischengeschaltet, die jedoch bei näherem Hinsehen ebenso wenig als „vertrauenswürdig" zu gelten haben. In zunehmendem Maße wird der persönliche Verkauf durch mediale Kontakte, insbesondere Internettransaktionen, obsolet. Dort greifen auch die vertrauensbildenden Maßnahmen der Verkäufer nicht mehr, stattdessen werden bei weithin standardisierten Beschaffungsobjekten rein sachliche Parameter wie Preis und Lieferfähigkeit dominant.

Der Einsatz im persönlichen Verkauf bietet sich daher vor allem für folgende Marktsituationen an. Es ist eine hohe Kundenkonzentration gegeben, d. h., die Kunden sind gebiets- oder branchenbezogen stark konzentriert, so dass eine effiziente Betreuung ohne lange „Rüstzeiten" möglich ist. Die Geschäfte mit den einzelnen Kunden erreichen eine Größenordnung (Kundenwert), die eine gezielte Betreuung wirtschaftlich sinnvoll macht und auch die Übernahme von Lager- und Kreditrisiken rechtfertigt. Die angebotenen Produkte sind so komplex, dass eine kompetente Beratung erforderlich ist, die durch Dritte oder andere Medien nur unvollkommen geleistet werden kann. Dies ist bei der Komplizierung selbst alltäglicher Produkte und dem Trend zur Bündelung verschiedener Produkte zur Lösung komplexer Probleme häufig anzutreffen. Daher wollen Kunden zunehmend Problemlösungen bei Anbietern abrufen, die notwendigerweise aus verschiedenartigen Produkten bestehen (z. B. Small Office Solutions in der Computerbranche, die Eingabe-, Ausgabe-, Speicher- und Übertragungsgeräte abdecken).

Literatur:

(Pepels 2001): Pepels, Werner (Hrsg.): Organisationsgestaltung in marktorientierten Unternehmen, Heidelberg

(Weis 2000): Weis, Hans Christian: Verkauf, 5. Aufl., Ludwigshafen

8.4 Effiziente Kooperation von Industrie und Handel durch ECR

Jürgen Reichel

8.4.1 Beziehungsprobleme im Distributionskanal

Der Kunde soll, so das derzeitige Marketingverständnis, Ausgangspunkt jeglicher innerbetrieblicher Überlegungen sein. Ein zufriedener Kunde garantiert immer den Gewinn. Für die Akteure des vertikalen Distributionskanals wird es jedoch immer schwieriger, dieser Maxime zu folgen. Die Gründe sind vielschichtig. Einer der Hauptgründe sind die Beziehungsprobleme zwischen den Akteuren der einzelnen Stufen im Distributionskanal.

Beziehungsprobleme zwischen Einzelhandel und Verbraucher haben ihren Hauptgrund in einem, für den Handel nicht immer eindeutig erkennbaren Einkaufsverhalten der Verbraucher. Einerseits sind die Ansprüche der Verbraucher höher geworden. Sich schnell verändernde Einkaufserlebnisse sind nicht nur eine Möglichkeit für den Handel, um das Interesse der Verbraucher zu wecken, sondern oftmals auch eine Voraussetzung, um Waren absetzen zu können. Andererseits ist das disponible Realeinkommen der Verbraucher stagnierend, welches sich negativ auf das Konsumverhalten auswirkt. Der Wunsch zur „Schnäppchenjagd" ist deshalb stark ausgeprägt. In Deutschland versuchen, wie in kaum einem anderen europäischen Land, immer mehr Handelsunternehmen (Discounter) durch eine Fixierung auf Tiefstpreise (über Flächenexpansion und Personalabbau) Kunden zu halten bzw. zu gewinnen. Trotzdem schneiden die deutschen Handelsunternehmen in der Beurteilung durch die Kunden im europäischen Vergleich am schlechtesten ab (*Friggen 1999, S. 181–193*).

Der Druck auf Preise und Kosten wird immer stärker. Der qualitätsorientierte (Fach-)Handel bleibt infolgedessen auf der Strecke. Durch den Einzug neuer Medien ist es den Verbrauchern außerdem möglich geworden, problemlos Preis-Leistungs-Vergleiche zwischen den einzelnen Angeboten durchzuführen.

Beziehungsprobleme zwischen Hersteller und Verbraucher haben ihre Ursache in der für die Hersteller immer schlechter werdenden Möglichkeit, gezielt mit den Verbrauchern kommunizieren zu können. Die Rolle der „Brand-Leader" nimmt ab. Der Markt wird mit Markenartikeln überschwemmt (Angebotsdifferenzierung), welches zu einer immer größer werdenden Markenuntreue führt. Um freie Produktionskapazitäten auslasten zu können, sind immer größere Marketingaufwendungen notwendig. Außerdem fehlt den Herstellern oftmals für die Gestaltung kundengerechter Angebote adäquate Verbraucherinformation vom Point of Sale (POS). Handelsunternehmen sind nicht ohne weiteres bereit, Abverkaufsdaten vom POS an die Hersteller weiterzureichen.

Beziehungsprobleme zwischen Hersteller und Handel haben ihre Ursache in der durch Konzentration entstandenen Macht des Handels, welche sich in der Rolle des Handels als „Gate-Keeper" des Distributionskanals widerspiegelt. Sie haben durch den direkten Kontakt mit den Kunden am POS und eingesetzter Informations- und Kommunikationstechnologie einen entscheidenden Wissensvorsprung gegenüber den Herstellern. Diese haben kaum noch direkten Kontakt mit den Käufern ihrer Produkte. Mächtige Handelsblöcke diktieren heutzutage den Herstellern nicht nur mehr oder weniger die Konditionen, sondern auch die Vertriebsformen und steuern den Informationsfluss vom POS an die Hersteller. Nur durch immer neue Zugeständnisse seitens der Hersteller im Preis-Leistungs-Verhältnis können die durch eine immer größer werdende Produktvielfalt knapp werdenden Regalplätze überhaupt behauptet werden. Der Handel überträgt den Preis-/Kostendruck auf die schon mit Überkapazitäten kämpfenden Hersteller. Trotz der hohen Rabatte der Industrie erzielt der Handel im Vergleich mit z. B. England bedeutend geringere Gewinnspannen (*Friggen 1999, S. 181–193*). Diese Situation verschärft sich außerdem noch weiter dadurch, dass immer mehr Handelsunternehmen eigene, mit den Herstellern konkurrierende Warenmarken führen und sich mit konkurrierenden Unternehmen in internationalen Beschaffungsallianzen zusammenschließen (das zentrale Nein).

8.4.2 Effizienzsteigerung dient ECR

Maßnahmen zur Geschäftsprozessoptimierung sind vor diesem Hintergrund somit zwingend notwendig. Schon seit geraumer Zeit haben Unternehmen auch schon versucht, solche Maßnahmen vorzunehmen. Diese beschränkten sich bis jetzt hauptsächlich auf innerbetriebliche Anpassungen. Seit den 60er-Jahren werden z. B. die Sortimente im Einzelhandel mit der Hilfe von DPR- und DPP-Analysen gestaltet und die Regalflächen durch Space-Management-Konzepte optimiert. Eine stufenübergreifende Gesamtoptimierung, d. h. die Einbeziehung sämtlicher Schnittstellen zwischen den an einer Versorgungskette beteiligten Unternehmen, wurde lange Zeit außer Acht gelassen oder wie beispielsweise im Textilbereich (Quick Response) nur vereinzelt angewendet. Im Quick-Response-Konzept werden nach einem gemeinsamen Plan Artikel und Artikelmengen von Hersteller und Handel festgelegt. Mit Hilfe der von der Kasse, dem noch vorhandenen Bestand und einer Prognose zukünftiger Nachfrage geht die Auftragserstellung an den Hersteller.

Innerbetriebliche Rationalisierungen reichen aber nicht mehr aus. Sollen Rationalisierungen sinnvoll sein, müssen diese überbetrieblich sein, d. h. die gesamte Wertschöpfungskette muss mit einbezogen werden. Ein Umdenken, hauptsächlich im Lebensmittelbereich und bei den Herstellern von Markenartikeln, ist seit einigen Jahren zu erkennen. Slogans wie „Wettbewerbsvorteile durch Wertschöpfungspartnerschaft" zeigen den Wunsch, durch Kooperationen den Absatzkanal zu dynamisieren. Insbesondere zwischen der Konsumgüterindustrie und dem Einzelhandel haben sich Kooperationen mit dem Ziel angebahnt, durch einen gezielten Informationsaustausch effizienter auf Kundenwünsche reagieren zu können.

Dazu beigetragen hat auch der internationale Ausbau der informationstechnologischen Struktur (IT-Struktur) und die Erarbeitung weltweit akzeptierter Standards für die Datenerhebung und Überführung wie die Einführung der europaeinheitlichen Artikelnummerierung EAN, die Scannertechnik, die EDI-Standards (Electronic-Data Interchange) und das EDIFACT-(Electronic Data-Interchange of Administration, Commerce and Transport)-Protokoll.

Genau in dieser Phase ist die Diskussion über das Efficient-Consumer-Response-(ECR)-Konzept aufgekommen. Das ECR-Konzept, welches wörtlich übersetzt, effiziente Reaktion auf Kundenwünsche bedeutet, zielt auf eine enge Kooperation zwischen Hersteller und Handel ab, damit von den Wünschen der Konsumenten ausgehend die gesamte Versorgungskette an diesen konsequent ausgerichtet werden kann. Hierbei handelt es sich somit um einen überbetrieblichen Ansatz, mit einer internationalen, über Branchen hinausgehenden Betrachtungsweise, der es ermöglicht, durch den Austausch sensibler Daten in Bezug auf Logistik, Marketing und Organisation gemeinsam besser und gezielter vorgehen zu können. Die Folge ist eine Harmonisierung der Wertschöpfungskette zum Wohle der Verbraucher, weil Konsumentenwünsche nun besser, schneller, kostengünstiger, also effizienter als von der Konkurrenz erfüllt werden können (*Heinemann 1997, S. 186–191*). Das bedeutet, dass anstatt der früher vorherrschenden Push-Strategie, bei der Waren durch den Distributionskanal gedrückt wurden, jetzt die Pull-Strategie, bei der Waren durch den Distributionskanal gezogen werden, zum Tragen kommt.

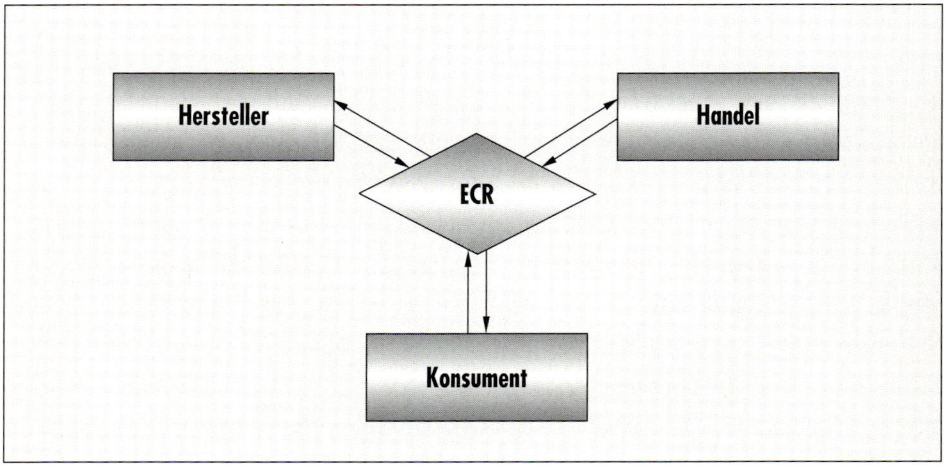

8.4 Abb. 1: ***ECR in der Schnittstelle Hersteller, Handel, Konsument***

Erste theoretische Analysen der für ECR-Konzepte typischen Phänomene, nämlich interpersonelle bzw. interorganisatorische Beziehungen und ganzheitliche Betrachtungsweisen, gibt es teilweise schon recht lange. Schon in den 70er-Jahren haben Forscher, insbesondere die „skandinavische Schule", einen dieser Betrachtungsweise entsprechenden Ansatz, den Relationshipansatz (Relationship-Approach) entwickelt, welcher die Bedeutung der physischen Distanz und die sich daraus entwickelnde Geschäftsatmosphäre, berücksichtigte, sowie den Netzwerkansatz (Network-Approach), der auf eine ganzheitliche Betrachtungsweise abzielt, wie sie z. B. bei der Betrachtung von Verzahnungen in Wertschöpfungsketten erforderlich ist (*Ford 1990*). Aber auch andere theoretische Konstrukte wie die Principal-Agent-Theorie, die Transaktionskostentheorie, das Value-Marketing-Konzept, das ganzheitliche Qualitätsmanagements und das Wissensmanagement tragen zur theoretischen Analyse dieses Gebietes bei (*Töpfer 1999, S. 362–375*).

8.4.3 Internationale Entwicklung des ECR-Gedankens

Im Jahr 1992 wurde die erste ECR-Arbeitsgruppe mit den in den USA ansässigen Unternehmen, dem Lebensmittelhersteller Procter & Gamble, dem Handelsunternehmen Wal Mart und der Unternehmensberatung Kurt Salomon Associaties, ins Leben gerufen. Ziel war es den Beweis der Effizienzsteigerung, durch engere, interorganisatorische Zusammenarbeit im Informationsbereich zu erbringen. Nach erfolgreichem Abschluss bildeten sich in den USA in der Mitte der 90er-Jahre eine Vielzahl von ECR-Kooperationsprojekten.

Aufbauend auf den positiven Erfahrungen aus den USA entwickelte sich auch in Europa ein ECR-Bewusstsein. Nach nordamerikanischem Vorbild wurde 1994 das European Executive Board gegründet, in welchem Vertreter europäischer Hersteller und Handelsunternehmen vertreten sind. Das Ziel dieser Initiative ist es, gemeinsame Grundsätze, Standards, Definitionen und Techniken zu schaffen. Es sollen aber gemeinsame Projekte, welche die Basis nationaler ECR-Initiativen ausmachen können, initiiert werden. Schwerpunktmäßig beschäftigt man sich mit der Möglichkeit einer effizienteren Gestaltung des Warenbestandes und der Belieferung (dem Continuous Replenishment bzw. dem Efficient Replenishment). Darüber hinaus setzt man sich auch mit einer einheitlichen Kommunikationsstruktur auf EDI-Basis auseinander und arbeitet an der Schaffung eines europäischen Standards für physische Warendistribution (dem Efficient Unit Load). Darüber hinaus soll den Unternehmen die Einschätzung monetärer Konsequenzen durch die Implementierung des ECR-Konzeptes mittels der Value-Chain-Analyse erleichtert werden. Dazu gehören das Erstellen einer

Prioritätenliste und eines Leitfadens für die Selbsteinschätzung und Implementierung des ECR-Konzeptes.

Durch die den europäischen Markt kennzeichnenden, sehr unterschiedlichen Rahmenbedingungen, die in den USA in dieser Form nicht vorhanden sind, wie z. B. in der Kultur, unterschiedlich weit vorangetriebener Ausbau der IT-Struktur sowie unterschiedliche Konzentration und Konkurrenzsituationen in den einzelnen Ländern etc., hat der ECR-Gedanke noch nicht die Durchschlagskraft wie in den USA erreicht. Dabei hat der europäische Markt gegenüber den USA aus ECR-Sicht durchaus auch Vorteile vorzuzeigen, so beispielsweise die oftmals kürzere räumliche Entfernung und höhere Bevölkerungs- und Handelsdichte Zentraleuropas.

Italien und England gehören zu den europäischen ECR-Vorreiterländern. Schon recht frühzeitig haben die Vertreter der Wirtschaft in diesen Ländern das Entwicklungspotenzial des ECR-Gedankens erkannt. Trotz seiner oftmals mittelständischen Wirtschaft war Italien das erste europäische Land, in dem eine nationale ECR-Initiative ins Leben gerufen wurde (1991). In England wurde 1996 durch die Initiative des Institute of Grocery Distribution ECR-Großbritannien gegründet. Aber auch in Ländern wie Dänemark, Deutschland, Österreich, Schweden, der Schweiz und Griechenland sind nationale ECR-Initiativen ins Leben gerufen worden. In Deutschland wurde 1991 ein Lenkungsausschuss, bestehend aus Vertretern von Industrie und Handel, mit organisatorischer Anbindung an die CCG (Centrale für Coorganisation GmbH) gegründet. 1997 löste sich der Lenkungsausschuss auf, der Aufsichtsrat des CCG übernahm die Aufgaben. Seitdem wird dieser als die Basis für ECR-Arbeit in Deutschland verstanden.

8.4.4 Inhalte des ECR-Konzepts

8.4.4.1 Überblick

Die Potenziale des ECR sind in der Verzahnung der Akteure des Distributionskanals zu suchen. Dies geschieht durch drei zusammenwirkende Prozesse: durch die Integration des Warennachschubprozesses in die Versorgungskette für die Befriedigung der Kundennachfrage mit Unterstützung des elektronischen Informationsaustausches.

Die Gestaltung der Versorgungskette wird dabei durch die Bedürfnisse und die Erwartungen der Kunden, also durch die Nachfrage beeinflusst und hat deshalb eine Marketingfokussierung. Im Kontext dieser Fokussierung steht neuzeitlich das Bestreben, die Versorgungskette nicht länger an Funktionen zu orientieren, sondern Warengruppen (Kategorien) als Ausgangspunkt zu haben. Die Versorgungskette wird durch den Managementprozess für Kate-

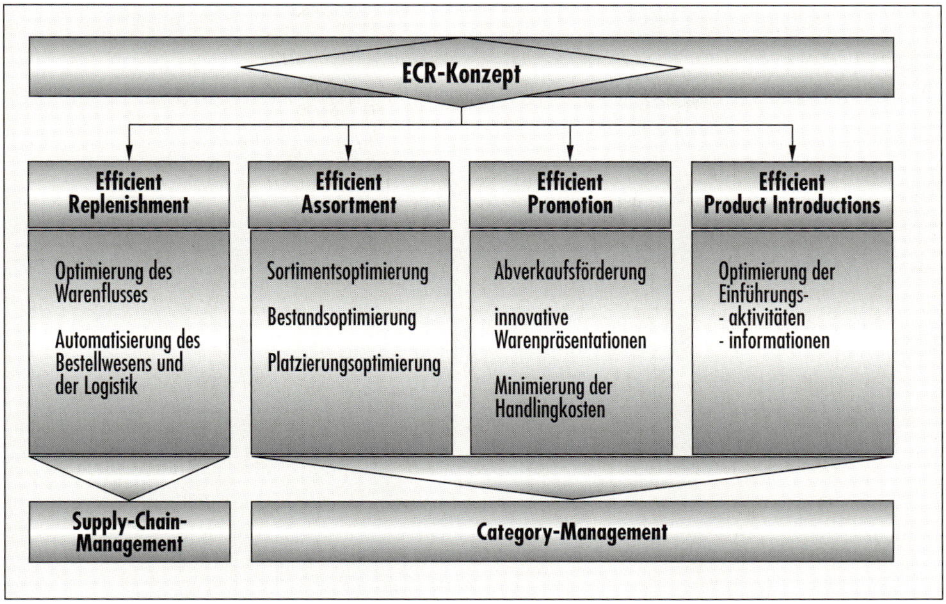

8.4 Abb. 2: *ECR-unterstützende Prozesse*

gorien (Category-Management-Prozess) gesteuert mit dem Ziel, eine noch größere Anzahl von Kunden zum öfteren und teureren Einkaufen zu veranlassen. Hierfür sind entsprechende operative Maßnahmen notwendig, insbesondere die Optimierung der Produktentwicklung/-einführung, die Sortimentstrategie und die Verkaufsförderung. Diese sind somit auch die operativen Bausteine des Category-Managements (*Spalink/Wagner 1997, S. 24–27*).

Der Warennachschub beschäftigt sich mit der Organisation bzw. dem optimalen Einsatz von Information und Logistik und wird somit durch den Supply-Chain-Managementprozess beeinflusst.

Warennachschub und Versorgungskette, d. h., das Supply-Chain-Management und das Management der einzelnen Kategorien eines Unternehmens beeinflussen einander. Somit ergänzen sich diese beiden Teilbereiche im Versuch, die Kostenfaktoren zu reduzieren bzw. die wert-/leistungssteigernden Faktoren hervorzuheben und sollten somit zentrale Bestandteile im ECR-Konzept sein (*Günther 1997, S. 62–65*).

Das ECR-Konzept besteht demnach aus mehreren Bausteinen, wobei die Zusammengehörigkeit und Reihenfolge dieser Bausteine in der Literatur unterschiedlich interpretiert wird.

Vereinzelt wird die Auffassung vertreten, dass das Category-Management ein Teil der ECR-Basisstrategie Efficient Assortment (EA) ist. Der Großteil der Fachwelt ist sich aber doch darüber einig, dass Category-Management und Supply-Chain-Management die eigentlichen Basisstrategien des ECR-Konzeptes sind. Efficient Assortment, Efficient Promotion und Efficient Product Introduction werden als Substrategien des Category-Managements bzw. Efficient Replenishment als Substrategie des Supply-Chain-Managements verstanden (Abb. 3).

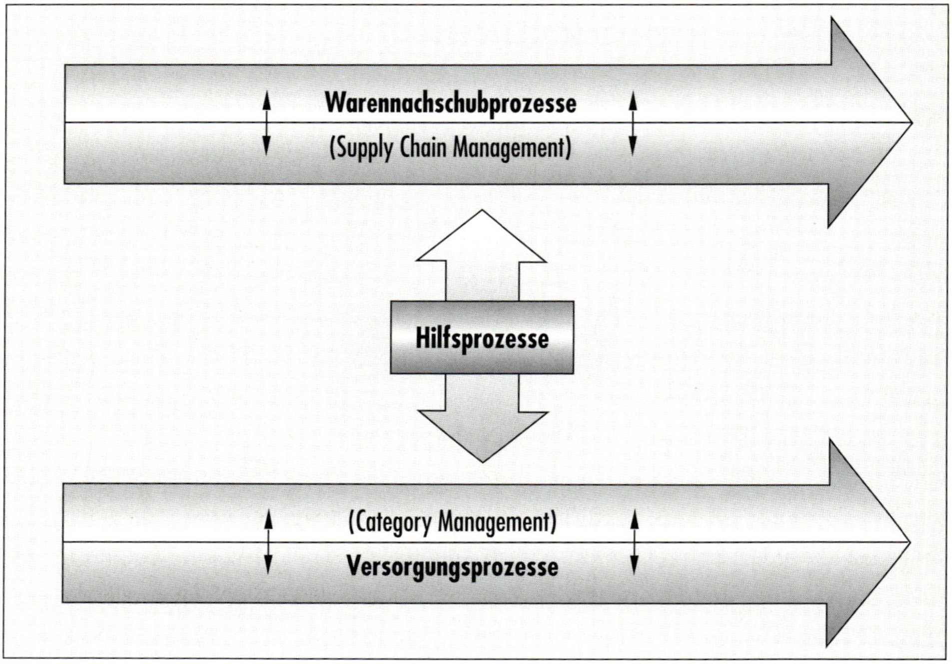

8.4 Abb 3: *Zuordnung von Basis- und Substrategien im ECR-Konzept*

8.4.4.2 Category-Management

8.4.4.2.1 Herkunft

In den USA wurde schon seit Ende der 80er- und in Deutschland seit Mitte der 90er-Jahre eine neue Managementtechnik mit der Bezeichnung „Category-Management" eingeführt. Der Grund für die zeitlich unterschiedliche Implementierung lag hauptsächlich in der in den einzelnen Ländern unterschiedlich weit vorangeschrittenen Anwendung der Scannertechnik, eine Voraussetzung zur systematischen Informationserfassung am POS.

Im Category-Management-Konzept werden Warengruppen als strategische Geschäftseinheiten verstanden, für die Hersteller und Handel durch eine kooperative Zusammenarbeit unter Berücksichtigung der Wünsche und Bedürfnisse der Kunden solche Strategien entwickeln sollen, die in einer Verbesserung der gesamten Leistung einer Warengruppe, d. h. einer „Category" resultieren (*von der Heydt 1998, S. 105*). Wenn Warengruppen im Sinne von strategischen Einheiten verstanden werden, müssen diese vom Category-Manager demzufolge auch ganzheitlich gesteuert werden. Er muss dann auch bereichsübergreifend für sämtliche Funktionen einer Warengruppe zuständig sein, „alles muss in einer Hand liegen". Er ist nicht nur für die besten am Markt erzielbaren Konditionen zuständig, sondern auch für den anfallenden Ertrag und die Kosten, d. h., ein „Spannen- und Umsatzdenken" wird mit einem „Ertragsdenken" zusammengeführt (*Kettern/Heim 1999, S. 159–169*).

Das bedeutet aber auch, dass die Organisation nicht, wie üblich, an den einzelnen Funktionen ausgerichtet sein darf, sondern der neuen Situation angepasst werden muss. Sie muss an den Warengruppen orientiert sein. Funktionsübergreifende Teams müssen zum Einsatz kommen (*von der Heydt 1998, S. 105*). Diese „multifunktionalen" Teams müssen dann aber auch in der Lage sein, sämtliche intra- und interorganisatorischen Aufgaben einer Warengruppe wie z. B. Beschaffung, Absatz, Logistik, Finanzen, EDV, Marketing etc. zu meistern. Die Aufgaben des Category-Managers sind nicht nur auf eine Optimierung der Artikel-Sortiment-Politik begrenzt, sondern sind weiter gefasst und beschäftigen sich auch mit der Integration einzelner ECR-Komponenten in einem inter- und intraorganisatorischen Gesamtkonzept. Dazu gehören beispielsweise die Optimierung von Serviceleistung und Verkaufsförderung, die Präsentation unter Berücksichtigung des Einflusses der Zweitplatzierung und die Optimierung der Logistik, Produktgestaltung und Markteinführung etc. In der Aufgabenstellung des Category-Managers spiegelt sich auch das funktionsübergreifende „Prozessmanagement" dieses Ansatzes wieder. Es besteht zum ersten Mal die Möglichkeit, Marketing integrativ und prozessorientiert von der Produktentwicklung hin zum eigentlichen Vermarktungskonzept des Einzelhandels umzusetzen (*Speer 1999, S. 222–234*). Wenn aber Warengruppen Ausgangspunkt sein sollen, stellt sich die Frage nach der Warengruppenzugehörigkeit.

Die **Warengruppenzugehörigkeit** soll, so der Category-Management-Ansatz, auf den Wünschen der Kunden aufbauen. Die Literatur kennt aber noch keine einheitlichen Kriterien zur Abgrenzung von Warengruppen, weshalb die Antwort individuell ausfallen muss. Bisher waren distributionspolitische Überlegungen oder Daten von Dritten Ausgangspunkt bei der Bestimmung von Warengruppen. Nun soll die Einteilung unter Berücksichtigung der Zusammengehörigkeit aus Verbrauchersicht geschehen, z. B. alles fürs Tier, alle Männerpflegeprodukte o. Ä.

Die Steuerung und Optimierung der Warenversorgung für eine solche Kategorie bezieht sich, wie schon anfangs angesprochen, hauptsächlich auf die Bereiche Produktentwicklung/-einführung (Efficient Product Introduction), Sortimentsgestaltung (Efficient Store Assortment) und Verkaufsförderung (Efficient Promotion).

8.4.4.2.2 Efficient Store Assortment

Die Sortimentgestaltung wurde lange Zeit vom Handel übernommen oder durch die Hersteller den Händlern vorgegeben. Eine immer größer werdende Flut von Produkteinführungen, aber auch die große Floprate neu eingeführter Produkte machten es notwendig, neue Wege zu beschreiten. Unternehmen, vor allem in der Konsumgüterindustrie, strebten deshalb zusammen mit ihren Abnehmern, die kooperative Überarbeitung der Sortimentstrategien an. Mit Hilfe des Efficient-Assortment-Konzepts als Teil der Category-Management-Strategie, wird versucht, durch eine gemeinsam getragene Strategie die Effizienz zu steigern. Damit ist natürlich nicht das Verkleinern von Sortimenten gemeint, sondern es ist als eine systematische und zugleich kooperative Überarbeitung der Warengruppen zu verstehen, in welcher die optimale Sortimentgestaltung (Breite/Tiefe) genau so ein Teil ist wie die Optimierung von Regalplatz (abverkaufsgerechte Platzierung), Produktfläche/-platzierung (verkaufswirksames Regalbild), Kontaktstrecke und präzise Preisfindung (*von der Heydt 1998, S. 105*).

8.4.4.2.3 Efficient Promotion

Vermarktungen von Produkten sind am aussichtsreichsten von Erfolg gekrönt, wenn eine Abstimmung zwischen den Akteuren eines Distributionskanals stattgefunden hat. Auf eine solche Abstimmung zielt das Efficient-Promotions-Konzept (effiziente Verkaufsförderung) ab. Durch eine partnerschaftliche Verkaufsförderung zwischen Hersteller bzw. Lieferanten und Handel sollen Synergieeffekte bei den Absatzorganisationen erreicht werden. Doppelarbeit und falsches „Timing", doppelt ausgeführte Test- und Ergebnisanalysen, aber auch zu große Mengen bei Aktionswaren und die dadurch beim Hersteller entstehenden Kosten bzw. zu große Bestandsmengen und eine unnötig hohe Kapitalbindung beim Handel sollen so vermieden werden.

Darüber hinaus erwartet man, dass Produkte gemeinsam besser positioniert werden können, die Medienwerbung mit den Absatzpartnern erfolgreicher harmonisiert bzw. deren Abstimmung mit anderen Promotionsaktivitäten effizienter gestaltet werden kann. Dies würde letztendlich auch den Konsumenten zugute kommen.

8.4.4.2.4 Efficient Product Introduction

Analog zu den schon genannten Aktivitäten verhält es sich auch bei der Entwicklung und der Einführung von Produkten bzw. von Handelsmarken. Es wird erwartet, dass durch kooperative Zusammenarbeit zwischen Lieferant und Händler Strategien besser aufeinander abgestimmt werden können. Insbesondere wird angenommen, so Reibungsverluste durch Informationsdefizite, Markenartikelkonkurrenz bzw. Listungsprobleme und falsche Produktgestaltung zu vermeiden.

Hersteller hoffen durch die Teilnahme an einem Efficient-Product-Introduction-Konzept leichter auf die oft für Produktgestaltung und Markteinführung notwendigen Informationen vom POS zugreifen zu können. War es früher für die Hersteller sehr schwierig, die für sie so wichtige Information über Kundenpräferenzen und -verhalten problemlos vom Handel zu bekommen, verspricht man sich nun, ohne erst eine eigene, umfassende Marktforschung durchführen zu müssen, leichter an sensible Information herankommen zu können, die unabdingbar für eine erfolgreiche Gestaltung neuer Produkte, die Markteinführung bzw. für die Entwicklung von Strategien ist. Dadurch würden dann die nicht so sehr gefragten Produkte, die so genannten „Langsamdreher", die nur über Listungspreise ihren Platz im Regal haben, leichter durch neue, der Nachfrage besser angepasste Produkte, ersetzt werden können. Auch dies käme letztendlich dem Handel zugute.

8.4.4.3 Supply-Chain-Management

8.4.4.3.1 Herkunft

Zwei divergente Ziele bei der Warenversorgung sind Kapitalbindung und Serviceniveau. Einerseits soll die Kapitalbindung durch entsprechende Maßnahmen bei Lieferung, Umschlag und Lagerung etc. so gering wie möglich sein, andererseits soll das Serviceniveau gegenüber den Kunden, wie z. B. Verfügbarkeit der Ware, Liefertermintreue, Zuverlässigkeit und Schnelligkeit, konkurrenzkräftig sein.

An dieser Schnittstelle zwischen Kosteneinsparung und ausgewogenem Serviceniveau kommt das Supply-Chain-Management-Konzept zum Tragen. Das Supply-Chain-Management-Konzept ist als eine aufgabenorientierte Kooperation der Logistik zwischen Hersteller und Handel zu verstehen mit dem Ziel, durch die effiziente Gestaltung des Waren- und Informationsflusses vom Hersteller zum POS, über die einzelnen Lagerstufen der Hersteller und des Handels Kosten bei Lieferung, Umschlag, Lagerung etc. zu reduzieren sowie die Geschwindigkeit und Flexibilität zu steigern. Im Einzelnen bedeutet dies, dass Aufgaben, die nicht zur Wertschöpfung beitragen, optimiert oder, falls erforderlich, eliminiert werden müssen.

8.4.4.3.2 Efficient Replenishment

Eine effiziente Warenversorgung (Efficient Replenishment) soll sicherstellen, dass dem Konsumenten die richtige Ware zum richtigen Zeitpunkt am richtigen Ort in der richtigen Menge und Qualität zu niedrigsten Kosten zur Verfügung gestellt wird. Hierbei stehen insbesondere die operative Logistik und das Informationswesen zwischen den Akteuren des Distributionskanals im Fokus. In die Kooperation einbezogen werden sollten möglichst alle Akteure im vertikalen Distributionskanal, d. h. sowohl Hersteller als auch Großhandel, Speditionsunternehmen, Einzelhandel und Verbraucher.

Für die konzeptionelle Umsetzung stehen innerhalb des Efficient-Replenishment-Konzeptes verschiedene elementare Techniken zur Verfügung. Die wichtigsten sind z. B. das Cross-Docking-Konzept zur Verringerung der Lagerbestände, das Continuous-Replenishment-Konzept zur Automatisierung der Wiederbestellung, das Efficient-Unit-Load-Konzept zur Standardisierung einheitlicher Transportverpackungen und Ladungsträger und das Quick-Response-Konzept zur Beschleunigung des Warenflusses.

Mit Hilfe des **Cross-Docking**-Konzeptes werden unverderbliche Waren im Non-Food-Bereich mit hoher Umsatzgeschwindigkeit, so genannte „Schnelldreher", ohne zwischenzulagern direkt vom Hersteller an die Filialen des Einzelhandels geliefert oder im Zentrallager nach Anlieferung nicht mehr eingelagert, sondern nach Eingang filialgerecht kommissioniert und direkt zur Auslieferung bereitgestellt. Dadurch sollen Lagerkapazitäten eingespart, Zeitgewinne erzielt und Kapitalbindungen gesenkt bzw. die Liquidität erhöht werden. Das Cross-Docking-Konzept dient somit der effizienteren Abwicklung von Umschlagvorgängen. Mit Unterstützung des Efficient-Unit-Load-Konzeptes, welches die Erarbeitung einheitlicher Standards wie einheitliche Transportverpackungen (Primär-, Sekundärverpackung, Mehrwegverpackungen) und Ladungsträger (Paletten/Höhe, Rollcontainer), Ladenhöhen und den Einsatz modularisierter Ladeeinheiten mit einheitlichen und übersichtlichen Kennzeichnungen vom Hersteller bis in die Regale des Einzelhandels beinhaltet, können Umsätze noch weiter gesteigert werden.

Durch die Implementierung des Cross-Docking-Konzeptes und den Einsatz von Rollcontainern ist es möglich, Bestellvorlaufszeiten von zehn auf zwei Tage zu reduzieren und die Vertriebskosten um 30 % zu senken. Dies setzt aber voraus, dass der Lieferant in der Lage ist, häufiger als sonst kleinere Mengen mit kurzem Zeitvorlauf zu liefern. Hierfür muss er auf Abverkaufsdaten und Absatzprognosen des Einzelhandels zurückgreifen können.

Das **Continuous-Replenishment**-Konzept stellt eine weitere Form der Warenflusssteuerung dar. Das Lagerbestandmanagement steht hier im Mittelpunkt. Bestellrhythmus und Bestellmenge werden neu und jetzt der „tatsächlichen" Nachfrage entsprechend zwischen Hersteller und Handel abgestimmt, wobei der Handel nicht länger der auslösende Faktor bei einer Bestellung/Lieferung sein soll, sondern der Hersteller anhand von Prognosen über die „wirkliche" Nachfrage bzw. durch entsprechende Information vom POS selbst diesen Vorgang initiieren bzw. durchführen kann. Ihm obliegt somit die Verantwortung für einen automatischen Nachschub, so dass Angebot- und Nachfragerhythmus kontinuierlich ausgeglichen sind (*Steffen 1999, S. 76*).

Eine Analyse der Wertschöpfungskette der nordamerikanischen Textilindustrie hat gezeigt, dass eine hochgradige Ineffizienz für gewisse Teilbereiche der Branche vorlag (Kurt Salomon Associates). Wenn das Kaufverhalten schwer zu prognostizieren ist, insbesondere bei saisonabhängigen Waren und einer Variantenvielfalt wie z. B. in der Textilbranche, müssen Handel und Industrie kurzfristig reagieren können. Dies war der Ausgangspunkt für das Quick-Response-Konzept.

Das **Quick-Response**-Konzept ist entwickelt worden, um die nachfragesynchrone Belieferung einzelner Filialen über die Lager durch einen permanenten Datenaustausch von Bestands-/Verbrauchsdaten sicherzustellen, d. h. eine schnelle Reaktion auf Marktveränderungen möglich zu machen und die Sicherstellung von Güterverfügbarkeit mit deutlich reduzierten Lagerbeständen auf allen Stufen zu garantieren (*Kotzab 1997, S. 149*). Dazu müssen Abverkaufsdaten der Einzelhandelsfilialen an die Einzelhandelszentralen übermittelt werden. Von diesen Zentralen werden aktuelle Bestandsmeldungen und Warenbestellungen an die Hersteller weitergeleitet, welche wiederum die Zentrallager der Handelsunternehmen beliefern. Von den Zentrallagern werden die Aufträge der Filialen bearbeitet und die Distribution zu den Filialen durchgeführt. Durch die Implementierung des Quick-Response-Konzeptes konnte laut einer Studie des leitenden Handelsunternehmen Wal-Mart der Lagerumschlag um 30 % und der Umsatz um 31 % gesteigert werden (*Kotzab 1997, S. 136*). Das Quick-Response-Konzept soll aber nicht nur als ein „Just-in-Time"-Konzept zur Effizienzsteigerung, sondern auch als eine Möglichkeit der distributionslogistischen Kundenbindung gesehen werden.

8.4.5 Begrenzungen im ECR-Konzept

Das ECR-Konzept und seine Bausteine sind keine Vision, sondern schon Realität, die an Bedeutung weiter zunehmen wird. Die Digitalisierung des Marktes und die Konzentration bei Handel und Herstellern begünstigen diese Entwicklung. Vereinzelt gab es sie auch schon früher. Neu ist hingegen die strategische, konzeptuelle Gesamtbetrachtung der Wertschöpfungskette in Bezug auf eine langfristige Gewinnmaximierung. Dieser „Konzeptmix" gilt schwerpunktmäßig für die Bereiche Logistik, Marketing, Organisation und Information. Dabei sind Vor- und Nachteile nicht immer eindeutig auszumachen. Ziele können zu hoch gesteckt oder zu firmenspezifisch sein. Markt und unternehmensspezifische Gegebenheiten beeinflussen somit die mit dem ECR einhergehende Möglichkeit, Wirkungspotenziale zu differenzieren.

Eine kritische Analyse – auch in Bezug auf die Grenzen – ist somit notwendig. Nicht alle Bausteine können überall implementiert werden. Viele Lösungen müssen betriebsspezifisch nach Lieferanten oder selektiv und differenziert nach Sortimenten geprüft werden. Aus diesem Grund sollen anschließend zentrale Einschränkungen des POS und der intra- und interorganisatorischen Ebene angesprochen werden.

8.4.6 POS-Situation

Die **Wünsche des Kunden** sind Ausgangspunkt des ECR-Gedankens. Diese können aber recht unterschiedlich sein. ECR-Konzepte beziehen sich hauptsächlich auf eine begrenzte Art von Sortimenten, nämlich auf versorgungsorientierte Sortimente, so genannte „Schnelldreher" in lebensmittelnahen Bereichen. Nur durch ein ausgewogenes Preis-Leistungs-Verhältnis können sich Unternehmen oftmals erfolgreich positionieren. d. h. es müssen auch Kundenwünsche berücksichtigt werden, die sich auf Waren beziehen, die nicht so häufig gekauft werden, so genannte „Langsamdreher". Das ECR-Konzept berücksichtigt solche Waren nicht. Die Gefahr besteht, dass Sortimente, die nur anhand ihrer Umsatzgeschwindigkeit zusammengestellt werden, zu stromlinienförmigen Sortimenten führen. Die durch ECR-Konzepte erhofften verbesserten Produktangebote bleiben dann auf der Strecke oder begrenzen sich auf einige wenige Bereiche.

Der **Trend zur Erlebnisorientierung** breitet sich immer weiter aus. Die Gestaltung einer speziellen Atmosphäre, Bedienung/Beratung und andere Zusatzleistungen sind kostenintensive Leistungen, die über den Preis weitergereicht werden müssen, aber nicht entsprechend im Rahmen eines ECR-Konzeptes berücksichtigt werden.

Eine notwendige Informationsgrundlage über Verbraucherverhalten kann nur durch die exakte Erfassung der Abverkaufsdaten geschaffen werden. Das Bestreben vielerorts, diese Informationsgrundlage mit Informationen über das Kaufverhalten spezifischer Zielgruppen zu verdichten, z. B. mit Angaben von den sich schnell verbreitenden Kundenkarten, hat schon jetzt negative Reaktionen bei Verbrauchern hervorgerufen. Man ist heutzutage nicht mehr bereit, „des guten Zweckes wegen" seine persönlichen Daten preiszugeben. Dies führt unweigerlich zu Schwierigkeiten bei der Informationsbeschaffung zwecks genauer Planung.

8.4.7 Intraorganisatorische Begrenzungen

Organisationsstrukturen sind den Aufgaben entsprechend gestaltet und spiegeln in sich oftmals die Philosophie eines Unternehmens wider (z. B. extrem flache Organisation). Die Implementierung vom ECR-Konzept setzt aber immer vor dem Hintergrund einer neuen Aufgabenverteilung, z. B. im Rahmen des Category-Managements, auch eine strukturelle Neugestaltung bzw. Anpassung der Organisation voraus. Solche Veränderungen beinhalten neue Aufgaben und Machtzuteilungen und können deshalb oftmals nicht ohne Konflikte umgesetzt werden. Bei einer unzufriedenen Lösung kann sich ein Widerstand unter den Betroffenen bilden, der sich nicht nur auf die Implementierung des ECR-Konzeptes bezieht, sondern jegliche Erneuerung innerhalb der Organisation betrifft. Erfahrungen im Change-Management sind deshalb unabdingbar. Aber nur wenige Unternehmen beherrschen dieses Instrumentarium und wissen deshalb auch recht wenig über typische Change-Projekte, Charakteristika bzw. Kennzeichen der jeweiligen Unternehmenskultur und haben es nicht gelernt, mit Widerständen in Veränderungsprozessen umzugehen.

Ziele und Konzepte sollen als Wege zukünftigen Handelns verstanden werden. Eine sehr wichtige konzeptuelle Entscheidung bezieht sich auf die Marktbearbeitung. Zu unterscheiden ist dabei zwischen einer zentralen versus einer dezentralen bzw. einer standardisierten oder einer differenzierten Bearbeitung. Um den Markt effizienter bearbeiten zu können, muss ein Unternehmen, der jeweiligen Situation entsprechend, schnell reagieren können. Dies kann am besten durch eine dezentrale Marktbearbeitung geschehen. Um Kosten zu sparen, werden Märkte standardisiert bearbeitet. Wünsche von dem Umsatz nach weniger bedeutungsvollen Zielgruppen werden explizit nicht berücksichtigt. Sollen neue Zielgruppen des Markts angesprochen werden, ist hierfür i. d. R. eine differenziertere Marktbearbeitung erforderlich. Sowohl bei einer dezentralen als auch bei einer differenzierten Marktbearbeitung stoßen ECR-Konzepte an ihre Grenzen. Die Implementierung muss kritisch überprüft werden. ECR-Konzepte sind in erster Linie für Massenmärkte mit einer standardisierten Bearbeitung konzipiert.

Sortiments- und Markenstrategien sollen dazu beitragen, dass Positionen erreicht und gehalten werden können. Der Handel neigt dazu, in immer größerem Ausmaß eigene, mit den Herstellern konkurrierende Marken auf dem Markt zu lancieren. Dies beinhaltet Konfliktpotenzial, welches im Rahmen eines Category-Managements keine Lösung finden wird. Sind Eigenmarkenziele zwischen Herstellern und Handel divergent, sollten ECR-Konzepte diesbezüglich nochmals kritisch überprüft werden.

Die Bildung von Warengruppen ist i. d. R. recht schwierig, wenn nicht sogar die schwierigste Aufgabe des Category-Managers (*Stefanescu 1999, S. 225–266*). Einige dieser Gründe sind folgende:

- Die Beschaffungsstrukturen des Handels müssen mit der Warengruppe übereinstimmen. Da dies oftmals nicht der Fall ist, müssen umfassende organisatorische Anpassungen erst vorgenommen werden (*Spalink/Heiner 1999, S. 293–301*).

- Da Anforderungen der Kunden an das Preis-Leistungs-Verhältnis eines Sortimentes unterschiedlich sein können, gibt es außerdem eine Vielzahl von möglichen Warengruppendefinitionen.
- Breite und Tiefe von Sortimenten können außerdem abhängig von Betriebstypen in den einzelnen Aggregationsebenen der Sortimentspyramide unterschiedlich ausfallen. Eine entsprechende Anpassung in der Form von Trading-up- bzw. Trading-down-Strategien ist somit unumgänglich.
- Verbundeffekte durch Sortimentsprofilierung und Rentabilität werden außerdem kaum beachtet.

8.4.8 Interorganisatorische Begrenzungen

Vertrauen dem Partner gegenüber ist grundlegend Voraussetzung bei der Umsetzung von ECR-Konzepten. Die Sorge, dass andere einen zu großen Einblick in die eigenen Geschäftsabläufe bekommen könnten, bremst aber den Willen zur offenen Kommunikation. Ein gläserner Handel kann leicht übersprungen werden. Sensible Information/Daten werden deshalb nicht oder nur teilweise ausgetauscht. Dies ist einer der Hauptgründe, weshalb ECR-Konzepte es so schwer haben, in der Wirtschaft Fuß zu fassen.

Gerechte Verteilung der Gewinnsteigerung durch Effizienzsteigerung und/oder Kosteneinsparung soll für alle Teilnehmer der Versorgungskette sichergestellt sein. Aus gutem Grund kann man doch vermuten, dass nur bei gleich starken Unternehmen Gewinne durch Einsparpotenziale auch wirklich gleichmäßig verteilt werden.

Inflexibilität gegenüber anderen Systemen kann mit Einführung von ECR-Konzepten zunehmen. Um eventuellen Lieferengpässen entgegensteuern zu können, wählen viele Handelsunternehmen zwei oder mehrere Lieferanten für ein Produkt, wobei einer oder einige wenige die Rolle des Hauptlieferanten bekommen. Bei Lieferausfällen kann der Schaden so leichter begrenzt werden. Das Kooperationsbestreben im Rahmen eines ECR-Konzeptes begrenzt sich dann hauptsächlich auf den oder die wichtigsten Lieferanten. Mit ihnen werden Routinen und Regeln, d. h. Strukturen im Rahmen eines Category-Management abgestimmt und angepasst. Eine Fokussierung auf einen oder einige wenige Lieferanten bzw. Abnehmer kann aber bei einer weit vorangetriebenen Anpassung zur Inkompatibilität bzw. zur Inflexibilität gegenüber anderen Systemen und damit zur Abhängigkeit von bestehenden Lieferanten-Abnehmerrelationen führen. Falls es erforderlich ist, Kontakte mit anderen Akteuren des

Markts herzustellen, können dann Probleme auftreten. Dies kann sich z. B. als notwendig zeigen, wenn die Nachfrage Saisonschwankungen unterworfen ist. Das ECR-Konzept baut auf der Annahme eines kontinuierlichen Waren- und Informationsflusses ohne Zwischenlager für die Nachfrage und einer entsprechenden synchronen Produktion. Bei einer zeitweise extragroßen Nachfrage, z. B. bei ausgesprochenen Winter- oder Sommerartikeln und einer gleich bleibenden Lieferkapazität seitens des Herstellers, kann die Nachfrage wegen fehlender Zwischenlager nicht erfüllt werden. Produkte müssen dann kurzfristig auch von anderen Lieferanten beschafft werden, sonst sind Lieferengpässe vorprogrammiert. Dies ist aber bei inkompatiblen Systemen dann nicht möglich oder erschwert.

8.4.9 Ist Efficient Consumer Response in Wirklichkeit Efficient Competitor Response?

Schon seit geraumer Zeit gibt es Konzepte zur Effizienzsteigerung. DPP, DPR, Space-Management, Quick Response sind nur einige, die schon seit langem angewendet werden. Neu ist hingegen die konzeptionelle Gesamtbetrachtung der Wertschöpfungskette. Ausgangspunkt sind die Wünsche und Bedürfnisse der Kunden. Die sollen durch die Implementierung des ECR-Konzeptes besser, schneller und kostengünstiger erfüllt werden können.

Effizienzsteigerung bedeutet also, noch schneller bzw. schneller als die Konkurrenz auf Kundenwünsche reagieren zu können. Deren Einkaufsverhalten ist der Maßstab, mit dem das Angebot gemessen wird. Bei Unzufriedenheit ist ein Wechsel zur Konkurrenz vorprogrammiert. Effizienzsteigerung in diesem Sinne bedeutet nicht notwendigerweise, sich Kundenwünschen noch weiter zu beugen, sondern so weit wie möglich erfolgreiche Akteure zu kopieren, um bei einem Vergleich als die bessere bzw. als gleichwertige Alternative aufzutreten. Die Implementierung neuer Kommunikationstechnologien schafft die erforderliche Transparenz.

Da Kunden nur vorhandene Angebote vergleichen können – nur das ihnen bekannte wählen können –, sind nicht ins Sortiment aufgenommene Artikel auch nicht bekannt und können nicht gewählt werden. ECR bedeutet somit schnelle Reaktion auf die Bedingungen am POS, aber lange noch nicht schnelles Reagieren in Bezug auf notwendige Innovationen, um noch besser auf die Bedürfnisse der Kunden eingehen zu können. Wettbewerbsorientierung wird einfach mit Kundenorientierung verwechselt (*Hinterhuber/Freidrich 1999, 332–346*).

In diesem Sinne ist die Bezeichnung Efficient Consumer Response gegen Efficient Competitor Response auszutauschen. Bei diesem Konzept, egal um welche Form es sich handelt, werden schon der begrenzten Regalfläche wegen bei allen Akteuren Langsamdreher gegen

Schnelldreher ausgetauscht. Das Wettbewerbsverhalten wird immer ähnlicher und dies führt zu einem noch härteren Wettbewerb. Identische, stromlinienförmige Sortimente zum Tiefstpreis, unabhängig von den Akteuren, sind das Resultat. Aber ist es wirklich nur das, was Kunden wollen? Kann man von Kundenzufriedenheit sprechen, wenn z. B. Angebotsvielfalt und Erlebnisorientierung auf der Strecke bleiben?

Literatur

Ford (1990): Ford, David (Ed.): Understanding Business Markets: Interactions, Relationships and Networks, London

Friggen (1999): Friggen, Berthold: Category Management und Efficient Promotions – Der Verbraucher steht im Mittelpunkt, in: von der Heydt, Andreas (Hrsg.): Handbuch Efficient Consumer Response, München

Günther (1997): Günther, Andreas R.: Marktpotentiale über ECR nutzen, in: Dynamik im Handel, 41. Jg., S. 12

Heinemann (1997): Heinemann, Gerrit: Dynamisierung im Absatzkanal: ECR – ein Allheilmittel?, in: Absatzwirtschaft, 40. Jg., Sondernummer 10/97

Hinterhuber/Freidrich (1999): Hinterhuber, Hans H./Freidrich, Stephan, A: Quo Vadis ECR? – Vom Effizienzstreben zur Kundenorientierung, in: von der Heydt, Andreas (Hrsg.): Handbuch Efficient Consumer Response, München

Von der Heydt (1998): von der Heydt, Andreas: Efficient Consumer Response (ECR), 3. Aufl., Frankfurt/Main

Von der Heydt (1999): von der Heydt, Andreas: Efficient Consumer Response – So einfach und so schwer, in: von der Heydt, Andreas (Hrsg.): Handbuch Efficient Consumer Response, München

Kettem/Heim (1999): Kettem, Alois/Heim, Eugen: Category Management als zentrales Element zur Implementierung von ECR im LEH, in: von der Heydt, Andreas (Hrsg.): Handbuch Efficient Consumer Response, München

Kotzab (1997): Kotzab, Herbert: Neue Konzepte der Distributionslogistik von Handelsunternehmen, Wiesbaden

Speer (1999): Speer, Franz: Category Management: Organisatorische Ansätze eines integrierten Marketing- und Vertriebskonzeptes, in: von der Heydt, Andreas (Hrsg.): Handbuch Efficient Consumer Response, München

Stefanescu (1999): Stefanescu, Michael: Prozeßoptimierung und Category Management – Zwei Seiten einer Münze, in: von der Heydt, Andreas (Hrsg.): Handbuch Efficient Consumer Response, München

Steffen (1999): Steffen, Hans Jürgen: Die Großhandelslagerdisposition bleibt auch im Continuous Replenishment Handelsfunktion, in: von der Heydt, Andreas (Hrsg.): Handbuch Efficient Consumer Response, München

Spalink/Wagner (1997): Spalink, Heiner/Wagner, Wolfgang: Category-Management erfordert Integrationsleistung, in: Thexis, Nr. 8, 4. Jg.

Tochtermann Lange (1998): Tochtermann, Th./Lange, E.: Analyse kommt vor den Profit, in: Lebensmittelzeitung, Nr. 21 vom 22.05.1998, S. 40–42

Töpfer (1999): Töpfer, Armin: Das ECR-Konzept als Anforderung an Theorie und Praxis, in: von der Heydt, Andreas (Hrsg.): Handbuch Efficient Consumer Response, München

8.5 Absatz über Absatzhelfer

Christine Lötters

8.5.1 Absatzhelfer versus Absatzmittler

Während Absatzhelfer die Ware auf ihrem Weg vom Hersteller zum Kunden begleiten, ohne dass sie dabei Eigentümer der Ware werden, werden Absatzmittler selbst Eigentümer der Ware. Absatzhelfer sind rechtlich und wirtschaftlich selbstständig Tätige, die gegen Entgelt für ihre Auftraggeber, Hersteller, Absatzmittler und Verbraucher bestimmte Distributionsfunktionen (*Ammann 2000, S. 151*) übernehmen. Dies können akquisitorische, logistische oder leistungsergänzende Aufgaben sein. Zu denen, die akquisitorische Aufgaben übernehmen, gehören Handelsvertreter, Handelsmakler, Handelsagenten, Kommissionäre und Internetbroker. Sie sollen den Geschäftskontakt zwischen Kunde und Hersteller anbahnen. Logistische Absatzhelfer übernehmen den Transport und die Lagerung der Ware. Sie werden dabei ebenfalls nicht Eigentümer der Ware. Zu ihnen gehören Spediteure, Paketdienste sowie Verkehrs- und Depotbetriebe.

8.5.2 Akquisitorische Absatzhelfer

8.5.2.1 Handelsvertreter

8.5.2.2.1 Charakteristika des Handelsvertreters

Handelsvertreter ist, wer als selbstständiger Gewerbetreibender ständig damit betraut ist, für einen anderen Unternehmer Geschäfte zu vermitteln oder in dessen Namen abzuschließen. Er ist Kaufmann kraft Grundhandelsgewerbe. Der Handelsvertreter ist in fremdem Namen und auf fremde Rechnung tätig. Er arbeitet in der Regel auf Basis einer umsatzabhängigen Provision. Um jedoch gute Handelsvertreter an das Unternehmen zu binden, vereinbaren einige Auftraggeber zusätzlich ein umsatzunabhängiges Fixum. Dieses steht dem Handelsvertreter auch dann zu, wenn er keine Umsätze tätigt. Durch das Fixum werden diese zugleich in ihrem Auftreten beeinflusst. Sie müssen nicht um jeden Preis Umsätze tätigen, da ihnen ein Mindesteinkommen garantiert ist.

8.5.2.1.2 Rechte und Pflichten des Handelsvertreters

Die Beziehung zwischen Handelsvertreter und Auftraggeber ist durch umfangreiche Rechte und Pflichten gekennzeichnet. Hierzu gehört, dass der Handelsvertreter seine Tätigkeit frei gestalten und seine Arbeitszeit eigenständig bestimmen kann. Er hat Anrecht auf regelmäßige Information durch seine Auftraggeber. Ihm steht die fristgerechte Zahlung seiner Provision für getätigte Abschlüsse, sowie für sich daraus ergebende Folgegeschäfte zu. Dies kann er durch Bucheinsicht beim Auftraggeber nachprüfen. Die Provisionszahlung ist normalerweise unabhängig davon, ob die Lieferung mangelfrei und pünktlich erfolgte. Geschäfte mit so genannten „faulen" Kunden bringen jedoch keine Provision. Die Abrechnung erfolgt i. d. R. zum Ende des Folgemonats des Abschlussmonats. Die Provisionierungspflicht gilt auch für Nachbestellungen bis zum Ende des Folgemonats des Abschlussmonats (*Pepels 1998, S. 534*). Ist der Handelsvertreter gleichzeitig mit dem Einziehen der Provision beauftragt (Inkassovollmacht), hat er ein Anrecht auf Zahlung der Inkassoprovision. Haftet er darüber hinaus noch schriftlich für den Zahlungseingang, steht ihm eine Delkredereprovision zu. Der Handelsvertreter kann über alle für den Verkauf notwendigen Unterlagen disponieren. Ihm stehen Produktmuster, Preislisten, Prospekte etc. zu. Er hat das Recht auf umgehende Information von Seiten seines Auftraggebers, ob von ihm vermittelte Geschäfte zustande gekommen sind oder nicht. Nach Beendigung des Vertragsverhältnisses steht ihm eine angemessene finanzielle Abfindung, eine so genannte Ausgleichszahlung für ihm entgehende Geschäfte, zu. Diese berechnet sich nach einer feststehenden Formel, die i. d. R. vorher vertraglich festgelegt wird.

Demgegenüber muss der Handelsvertreter die Interessen des Unternehmens vertreten, für das er tätig ist. Er darf keine Geschäftsgeheimnisse preisgeben, auch nach Beendigung des Vertragsverhältnisses, und muss regelmäßig Bericht über seine Arbeit erstatten. Er muss aktuelle Daten des Marktes zusammentragen und diese dem Auftraggeber zur Verfügung stellen. Der Auftraggeber ist unverzüglich von jedem Auftrag zu informieren. Darüber hinaus besteht ein Wettbewerbsverbot für gleiche oder gleichartige Vertretungen. Grundsätzlich muss der Handelsvertreter die Sorgfalt eines ordentlichen Kaufmanns in allen geschäftlichen Belangen walten lassen (*Pepels 1994, S. 238*).

8.5.2.1.3 Arten der Handelsvertreter

Sind die Handelsvertreter für das von ihnen vertretene Unternehmen in einem Bezirk ausschließlich tätig, spricht man von **Alleinvertretern**. Hierbei dürfen selbstverständlich Kundenanfragen aus Kollegenbezirken bearbeitet werden. Haben die Handelsvertreter Anspruch auf Provision aus allen Geschäften, die mit Kunden ihres Bezirkes getätigt wurden, unabhängig davon, ob sie selbst aktiv an diesem Geschäft beteiligt waren, so handelt es sich um **Bezirksvertreter**. Von **Generalvertretern** spricht man, wenn diesen Untervertreter unterstellt sind, die für sie das Vermittlungsgeschäft übernehmen. Generalvertreter sind i. d. R. Alleinvertreter.

Unterschiede lassen sich ebenso bezüglich der Anzahl der Auftraggeber formulieren. Arbeitet ein Handelsvertreter ausschließlich für ein Unternehmen, so spricht man von einem **Ein-**

firmenvertreter. Diese Ausschließlichkeit ist vertraglich geregelt. Hierdurch sollen Interessenkonflikte bei der Vermittlungstätigkeit vermieden werden. In der Praxis ist dies jedoch eher selten der Fall. Ist ein Handelsvertreter gleichzeitig für mehrere Firmen tätig, spricht man von einem **Mehrfirmenvertreter**. Dieser betreut gleichzeitig mehrere Unternehmen, deren Angebot sich zumeist zu einem Sortiment ergänzt. Konkurrenz unter den Auftraggebern wird vermieden. Diese Form ist der Regelfall. Interessant ist es, einen Mehrfirmenvertreter einzuschalten, wenn ein Produkt vertrieben wird, welches sich durch die Einbindung in ein Sortiment besser verkaufen lässt. So werden nicht nur die Kosten, die ein Handelsvertreter verursacht, gesenkt, sondern auch die Absatzchancen erhöht, wie z. B. bei Damenoberbekleidung und Accessoires.

Ist der Handelsvertreter zum Verkaufsabschluss ermächtigt, spricht man von einem **Abschlussvertreter**. Dieser hat Handlungsvollmacht und kann für den Auftraggeber zu dessen Konditionen verbindlich Geschäfte tätigen. Demgegenüber kann der **Vermittlungsvertreter** keine Geschäftsabschlüsse tätigen, sondern nur die Nachfrage sondieren und Erklärungen mit Wirkung für und gegen den Vertretenen entgegennehmen und zur Entscheidung an das vertretene Unternehmen weiterleiten. Er ist nur Empfangsbote, der Vertrag kommt erst durch Annahme durch den Auftraggeber zwischen ihm und dem Antragsteller zu Stande.

8.5.2.2 Kommissionär

8.5.2.2.1 Charakteristika der Kommissionäre

Kommissionäre arbeiten in eigenem Namen und auf fremde Rechnung. Kommissionär ist, wer gewerbsmäßig im eigenen Namen für Rechnung eines anderen Waren oder Anrechte kauft bzw. verkauft. Er ist Kaufmann kraft Grundhandelsgewerbe und kann sowohl dauerhaft als auch fallweise für einen Auftraggeber tätig sein. In der Regel sind jedoch die klassischen Geschäftsbesorgungsverträge nicht auf Dauer ausgelegt.

Kommissionäre werden häufig im Außenhandel eingesetzt. So kann der ausländische Markt schrittweise bearbeitet werden, ohne langfristige Verpflichtungen einzugehen.

8.5.2.2.2 Rechte und Pflichten des Kommissionärs

Der Kommissionär nimmt das Interesse des Kommittenten wahr und folgt dessen Weisungen, ansonsten ist er zu Schadenersatz verpflichtet. Die Entlohnung erfolgt über eine Provision für ausgeführte Geschäfte und Auslagenersatz für alle Fremdkosten durch den Auftraggeber. Überschüssige Ware und Geld ist exakt herauszugeben. Der Kommissionär kann in das Geschäft auch selbst eintreten, d. h. aus seinem Eigentum kaufen bzw. verkaufen. Ebenso kann er Ware als Pfand für unbefriedigte, fällige Ansprüche einbehalten. Er haftet für Verlust und Beschädigung von Ware in seinem Besitz. Nach Ausführung des Geschäftes ist er zur unverzüglichen Benachrichtigung seines Auftraggebers verpflichtet.

Bei der Einschaltung von Kommissionären muss der Auftraggeber kein eigenes Lager unterhalten, denn Kommissionäre betreiben zumeist ein solches. So sind sie in der Lage, die Ware in der Nähe potenzieller Kunden bereitzuhalten (kurze Transportwege) und die Lieferzeiten zu verkürzen. Sie sind hierdurch kurzfristig lieferfähig. In einem solchen Kommissionslager werden Waren unterschiedlicher Auftraggeber gelagert. Daneben existieren so genannte Konsignationslager, in denen ausschließlich die Waren eines Auftraggebers gelagert werden. Dieser ist dann auch Eigentümer des Konsignationslager und mithin für alle Kosten und Risiken verantwortlich. Konsignationslager kennt man überwiegend im Außenhandel.

8.5.2.2.3 Arten der Kommissionäre

Der **Kommissionsagenturhandel** ist in der Regel auf Dauer ausgelegt und prinzipiell mit einem Lager verbunden. Man spricht hier von so genannten Depotverträgen, um das Preisniveau der Waren zu garantieren. Dies ist beispielsweise bei Zeitschriften der Fall, die dem Handel in Kommission zur Verfügung gestellt werden. Der Händler ist in diesem Fall als Kommissionär tätig. Hier soll eine entsprechende Bevorratung des Kommissionärs mit Zeitschriften erreicht werden, was ansonsten schwierig wäre. Ebenso sind Kaffeeröstbetriebe (im klassischen Sinne) Kommissionshändler. Hier wird zwischen dem Hersteller und seinen Absatzmittlern ein so genannter Depotvertrag geschlossen.

Der **Einkaufskommissionär** kauft im Auftrag eines anderen Waren ein. Er erwirbt an diesen Waren Eigentum solange, bis er es an den Kommittenten übereignet. In der Regel gibt der Auftraggeber dem Einkaufskommissionär einen Preis vor, den dieser nicht überschreiten darf. Ist es dem Kommissionär nicht möglich, die Ware zu dem vorgegebenen Preis zu beschaffen, muss Rücksprache mit dem Auftraggeber gehalten werden. Nur dann sind Preisabweichungen bei der Order möglich. Wird der Preis unterschritten, so steht dem Auftraggeber die Ersparnis zu.

Der **Verkaufskommissionär** erwirbt kein Eigentum an der Ware, jedoch an der Forderung aus dem Verkauf, da er in eigenem Namen handelt, die er an den Kommittenten abtritt. Einem solchen Geschäft liegen zwei Verträge zu Grunde. Einer zwischen dem Kommittenten und dem Kommissionär. In diesem verpflichtet sich der Kommissionär, sich um den Verkauf zu bemühen. Der zweite Vertrag besteht zwischen Kommissionär und Käufer. Hierin verpflichtet sich der Kommissionär, alle Pflichten und Rechte des Verkäufers einzunehmen. Damit ist allein der Kommissionär Vertragspartner des Käufers, somit steht ihm auch die Kaufpreisforderung zu.

8.5.2.2.4 Vor- und Nachteile des Kommissionsgeschäfts

Beim Kommissionsagenturhandel wie dem Verkauf von Kaffee in Bäckereien erfolgt der Absatz in eigenem Namen und auf fremde Rechnung, was wiederum bedeutet, dass der Kaffeeröster Eigentümer (nicht Besitzer) der Ware bleibt und weit reichenden Einfluss auf diese und ihre Vermarktung nehmen kann. So kann er dem Handel feste Preise vorgeben, die dieser einhalten muss. Er verfügt über eine straffe Organisation, die schnell aktionsfähig ist. Zudem ist der Informationsfluss vom Kommissionär an den Hersteller direkt. Hier ist kein verzerrender Filter zwischengeschaltet. Ebenso kann er dem Händler, die von ihm präferierten Artikel ins Regal stellen. Nachteilig ist jedoch, dass er die Ware vorfinanzieren muss und einen entsprechend hohen Vorfinanzierungsbedarf hat. Zugleich trägt er das Absatzrisiko. Dies ist insbesondere bei der Einbindung in preisaggressive, moderne Betriebsformen recht problematisch. Hinzu kommt die wettbewerbsrechtliche Problematik. Demgegenüber hat der Kommissionär kein Absatzrisiko und muss entsprechende Kommissionswaren nicht vorfinanzieren. Einige akquisitorische Tätigkeiten werden zumeist vom Hersteller übernommen, so dass diesbezügliche Anstrengungen unterbleiben können. Nachteilig wirkt sich für ihn jedoch aus, dass die Differenzierung zum Wettbewerber durch die Kommissionsware kaum möglich ist. Die Vorgaben des Kommittenten sind hier zumeist recht streng und schränken den Kommissionär ein. Eigene Absatzstrategien lassen sich oftmals durch derartige Vorgaben kaum oder nur bedingt realisieren. Hier hinein wirkt auch die wirtschaftliche Abhängigkeit. Ebenso beeinflussen Erfolg und Image des Kommittenten den Geschäftserfolg des Kommissionärs (*vgl. Pepels 1998, S. 534f.*)

8.5.2.3 Handelsagent

Handelsagenten sind eine Mischform aus Handelsvertretern, Kommissionären und Handelsmaklern. Ein Handelsagent nimmt selbstständig Handelsvertretergeschäfte wahr. Er arbeitet auf fremde Rechnung, Namen und nur nach Auftrag. Er trägt somit kein Risiko und ist auf Grund dessen in straffe Verträge eingebunden. Es lassen sich Vermittlungsagenten (in Maklerfunktion), Abschlussagenten, Einfirmenvertreter, Mehrfirmenvertreter (im Regelfall), Gesamtprogrammagenten (exklusiv) oder Teilprogrammagenten unterscheiden. Allerdings kann der Agent auch Eigentümer der Ware zum Zweck der Weiterleitung an den Auftraggeber werden. Der Agent betreibt in der Regel eine Agentur (vgl. *Pepels 1998, S. 535*).

Ebenso können selbstständige Händler als Agenten arbeiten. Ein Teil des Geschäfts ist dann ein Agenturvertrieb. Die Händler genießen als Vertriebsagenten einen Gebietsschutz und können auf ein einheitliches Präsentationskonzept zurückgreifen. Allerdings sind sie in allen Fragen des Verkaufs der Produkte weisungsgebunden, da der Händler hier als Absatzhelfer und nicht eigenständig agiert. Der Hersteller kann eine hohe Distributionsdichte erreichen, indem er mit vielen kleinen Händlern zusammenarbeitet. Ebenso wird die Kommunikation für ihn leichter. Die Händler bekommen feste Preise vorgegeben, die diese einhalten müssen. Eine bevorzugte Platzierung beim Handel erreicht der Hersteller durch gezielte kommunikative/werbliche Maßnahmen, was auch durch preisliche Feinsteuerung (differenzierte Provisionssätze) noch verstärkt werden kann. Ein weiterer Vorteil für den Hersteller ist, dass er den Bekanntheitsgrad des Händlers nutzen kann. Demgegenüber ergeben sich für den Hersteller jedoch auch einige Nachteile. So verbleibt bei ihm das Finanzierungs- und Umsatzrisiko. Der Absatzhelfer hat volles Rückgaberecht für nicht verkaufte Waren. Darüber hinaus besteht die Gefahr, dass die Flexibilität des Wettbewerbs durch starre Preisvorgaben eingeschränkt ist. Durch die festen Preisvorgaben sind oftmals größere Händler und Ketten nicht zur Aufnahme der Artikel im Agenturgeschäft bereit, da sie keinen Einfluss auf das in ihren Augen wichtigste Instrument im Wettbewerb – den Preis – haben (vgl. *Pepels 1998, S. 523f.*).

Die Absatzhelfer müssen bei den Agenturwaren keinen Preiswettbewerb fürchten. Ihnen wird eine feste Provision für jedes vermittelte Geschäft garantiert. Die Anzahl der Wettbewerber im jeweiligen Einzugsgebiet ist begrenzt und sie können auf eine intensive Unterstützung durch den Hersteller bei allen akquisitorischen Bemühungen zählen. Nachteilig wirkt sich für ihn die Vergleichbarkeit des Sortiments aus. Dies insbesondere, da er in der preislichen Gestaltung eingeschränkt ist. Preisaktionen etc. kann er nicht ohne Vorgabe des Herstellers durchführen. Dieser wird Preisaktionen dann jedoch einheitlich in allen Agenturen durchführen. Die bevorzugte Präsentation der Agenturware geht häufig zu Lasten des anderen Sortiments. Der Händler ist in hohem Maße vom Hersteller und dessen Geschäftspolitik abhängig. Er ist zudem auch gezwungen, in die Warenpräsentation (Regale, Informationssystem etc.) nach Vorstellung des Herstellers zu investieren.

Agenturen sind bei Reiseunternehmen wie der Lufthansa und Mineralölgesellschaften mit den entsprechenden Tankstellen durchaus üblich (*Steffenhagen 1994, S. 33*). Tankstellen können jedoch ebenso als Kommissionäre auftreten. Hier ist die Gestaltung des Vertrages entscheidend (*Böcker 1994, S. 318*). Ebenso arbeiten Versandhandelshäuser (z. B. Quelle und Neckermann) mit derartigen Agenturen. Dort können Kunden Sammelbestellungen aufgeben, diese in Empfang nehmen, anprobieren und auch wieder zurückgeben. Die Kunden kommen so in den Genuss des lokalen Geschäftes und der Versandhändler baut Kundenbeziehungen auf.

8.5.2.4 Handelsmakler

8.5.2.4.1 Charakteristika des Handelsmaklers

Handelsmakler arbeiten in fremdem Namen und auf fremde Rechnung. Sie sind in der Regel nur mit der fallweisen Vermittlung von Abschlüssen betraut. Sie sind nicht selbst in den Warenfluss eingeschaltet. Handelsmakler sind Kaufleute kraft Grundhandelsgewerbe. Sie unterhalten Kontakt zu mehreren potenziellen Interessenten auf beiden Seiten (Kauf und Verkauf). Für die Anbahnung des Geschäftsabschlusses erhält der Makler eine Courtage, die normalerweise von beiden Seiten je zur Hälfte zu zahlen ist. Der Handelsmakler ist zur Interessenwahrung beider Seiten verpflichtet und haftet auch beiden Vertragspartnern gegenüber für verursachte Schäden. Über das von ihm vermittelte Geschäft erstellt er eine Schlussnote an jede Partei. Zum Nachweis seiner Tätigkeit muss er ein Tagebuch anfertigen und ordnungsgemäß führen. Es dient als Voraussetzung für die Entlohnung. Auf Verlangen ist er verpflichtet, den Parteien Auskunft über seine Geschäftsanbahnungsaktivitäten zu geben. Der Handelsmakler bewahrt Warenmuster beim Kauf nach Probe auf und kann bei fehlendem Beauftragungsnachweis einer Partei selbst in das Geschäft eintreten.

8.5.2.4.2 Arten der Handelsmakler

Handelsmakler findet man beispielsweise im **Wertpapierhandel**. Hier werden sie von Kunden (z. B. Banken) beauftragt, an der Börse Wertpapiere zu kaufen oder zu verkaufen. **Effektenmakler** sind vereidigte Kursmakler und von der Landesregierung ernannt. Sie unterstehen der Börsenordnung.

Schiffsmakler besorgen Frachträume für Spediteure oder Exporteure. Diese benötigen z. B. Frachträume für den Versand von Waren nach Übersee. Hiermit beauftragen sie den Schiffsraummakler. Dieser nimmt Kontakt zu verschiedenen Anbietern (Trampschiffern oder auch Reedern) auf, um mögliche Angebote einzuholen. Geht es um die Vermittlung von Frachtverträgen zwischen Absender und Frachtführer, so wird der **Frachtenmakler** tätig.

Der **Versicherungsmakler** arbeitet für verschiedene Versicherungsgesellschaften und wird bei Anfrage eines Kunden dort entsprechende Angebote einholen und diese dem Kunden unterbreiten. Bei Vertragsabschluss wird er direkt von der Versicherungsgesellschaft entlohnt und zwar zumeist in Abhängigkeit von den Beiträgen der Kunden.

Nicht zu diesen Maklern gehört der Zivilmakler, der Verträge vermittelt, denen keine Gegenstände des Handelsverkehrs zugrunde liegen, wie z. B. Immobilien, Ehen, Festivals und Konzerte. Da er nicht Kaufmann im Sinne des § 1 HGB ist, gelten für ihn auch nicht die Vorschriften des HGBs.

8.5.2.5 Strukturvertrieb

Beim Strukturvertrieb spricht man auch vom so genannten Multi-Level-Marketing, da hier mehrere Stufen von Absatzhelfern eng miteinander verzahnt sind. Absatzhelfer auf oberen Stufen partizipieren von Abschlüssen durch Absatzhelfer auf unteren Stufen. Diese können bei zunehmendem Erfolg selbst eine höhere Stufe erreichen. Hier wird ein engmaschiges Netz von Vertrieblern geschaffen, bei denen eine unmittelbare Abhängigkeit der unteren Ebenen zu den oberen Ebenen besteht. Der Aufstieg in die nächsthöhere Ebene ist nur durch entsprechenden Vertriebserfolg möglich. Bekannt sind derartige Vertriebsstrukturen bei Versicherungen, Finanzdienstleistungen, Immobilien, Kosmetika, Putzartikeln, Haushaltswaren, Anzeigen, Dessous, Büchern, Clubs etc.

8.5.2.6 Handelsversteigerer

Handelsversteigerer sind an eine feste Marktveranstaltung gebunden. Hier versteigern sie in eigenem oder in fremdem Namen bzw. auf eigene oder fremde Rechnung nicht fungible Güter im Wege eines Bieteverfahrens an denjenigen, der den höchsten Preis dafür zu zahlen bereit ist.

8.5.2.7 Internetbroker

Neben den klassischen Distributionswegen kommt dem Internet als neuem Vertriebsweg eine immer größere Bedeutung zu. Daher sei an dieser Stelle kurz ein Ausblick auf mögliche Absatzhelfer – z. T. aus Sicht der Beschaffer – im Internet gegeben. Die genaue Einordnung in den Bereich der Absatzmittler ist auf Grund der angegebenen Definition – Tätigkeit gegen Entgelt – wissenschaftlich nicht ganz exakt. Sie wird dennoch aus pragmatischen Gründen vorgenommen.

Als Agenten werden Dienste im Internet bezeichnet, die als lernfähige Suchsysteme dem Nutzer bzw. dem Suchenden die Recherche vereinfachen. Sie sparen dem Anwender sowohl Zeit als auch Geld, indem sie ihn schneller an die gesuchte Adresse bzw. Lösung heranführen. Dabei existieren verschiedene Arten von Suchsystemen, die dem Beschaffer die Recherche vereinfachen und daher für den Anbieter von Interesse sind (*Kortus-Schultes 2000, S. 270f.*).

Der Anbieter gibt in diesen Suchdiensten Stichworte vor, unter denen er zu finden ist. Diese Stichworte sollten so beschaffen sein, dass sie auch den ahnungslosen Suchenden zum Unternehmen führen. Bei der Zusammenstellung dieser Begriffe sollte also immer aus Sicht des

Kunden gedacht werden. Man sollte sich die Frage stellen, wie der Kunde denkt. Sie sollten also möglichst breit gefächert sein und nicht nur das engste Angebot begrifflich beinhalten. Je zielgerichteter diese Zusammenstellung erfolgt, desto größer ist die Chance tatsächlich auch gefunden zu werden.

Agentensysteme sind **Informationsbutler**. Diese jüngste Generation von Suchdiensten durchforstet selbstständig auf der Basis persönlicher Interessenprofile das Angebot des Webs. Sie passen ihr Suchverhalten dem jeweiligen Internetsurfer an bzw. lernen von diesem. Für den Anbieter sind hierbei verschiedene Punkte von Interesse. Zum einen ist es wichtig, dass der Informationsbutler den Anbieter kennt und ihn ermittelt. Zum anderen kann der Anbieter wiederum das erstellte Surferprofil für seine Interessen nutzen.

Open Sesame ist ein lernfähiger Agent, der die jeweiligen Aktivitäten im Netz der Nutzer registriert und auswertet. Im Fokus seiner Beobachtung stehen sich wiederholende Aufgaben und Suchaktivitäten. Diese werden dann nach einiger Zeit selbstständig und automatisch durchgeführt. Für die Anbieter gilt das Gleiche wie für die Nutzung des Informationsbutlers. Der Open Sesame ist auf die genannten Weisen zu nutzen.

Der elektronische Meldeläufer **Newsrover** sucht das Netz nach Beiträgen ab, die sich nach dem vom Interessenten eingegebenen Profil richten. Die Anbieter können sich dieses Wissen für ihren Vertrieb ebenso gezielt zu Nutze machen (*Kortus-Schultes 2000, S. 271*).

8.5.3 Logistische Absatzhelfer

8.5.3.1 Spediteur

8.5.3.1.1 Charakteristika des Spediteurs

Spediteur ist, wer gewerbsmäßig im eigenen Namen und für fremde Rechnung die Versendung von Gütern besorgt. Dabei kann der tatsächliche – physische – Transport der Güter durchaus auch von anderen (Frachtführern, Verfrachtern) übernommen werden. Der Spediteur hat den Transport lediglich zu besorgen, d. h. er ist für die ordnungsgemäße Zustellung der Ware verantwortlich. Der Spediteur schließt Frachtverträge ab und erscheint daher in den Frachtbriefen als Absender. Er besorgt die Transportvermittlung, kümmert sich um die Zusammenstellung und Besorgung entsprechender Frachtdokumente, Zollpapiere, Versicherungen etc. Ebenso kümmert er sich um die Lagerung der Ware, deren sachgerechte Vorbereitung und Abfertigung. Er wählt den Reiseweg, das Transportmittel und den Frachtführer aus. In der Praxis ist der Spediteur meist zugleich auch Frachtführer und Lagerhalter.

8.5.3.1.2 Arten des Spediteurs

Entsprechend ihrer rechtlichen Stellung lassen sich verschiedene Arten von Spediteuren unterscheiden. Der **Hauptspediteur** übernimmt einen Auftrag vom Versender. Er trägt diesem gegenüber die Verantwortung bis zur Ablieferung der Ware beim Empfänger. Der **Zwischenspediteur** wird im Auftrag des Hauptspediteurs als selbstständiger Spediteur tätig. Er besorgt die Beförderung auf Teilstrecken, veranlasst den Umschlag von einem Beförderungsmittel auf ein anderes und erledigt Zollformalitäten bei der Warenein- und -ausfuhr.

Eine weitere Unterscheidung kann nach der Funktion bei der Abwicklung des Beförderungsauftrags getroffen werden. Der **Versandspediteur** ist in der Regel Hauptspediteur am Versandort und wird für den Versender tätig. Der **Empfangsspediteur** hat entweder die Weisungen des Versenders oder des Empfängers zu befolgen. Er wird auch als Adressbuchspediteur bezeichnet, wenn die Sendung an ihn adressiert ist.

Spediteure gibt es bei Bahn-, Kraftwagen-, Binnenschiffs- und Luftfrachtverkehr. Sie sind im Binnenhandel, im Grenzverkehr, im internationalen Verkehr oder im Seehafen tätig.

Der Spediteur kennt auf Grund seiner Marktübersicht die günstigsten Frachtsätze und die schnellsten Verkehrsverbindungen. Er koordiniert den Einsatz von Frachtführern im gebrochenen Verkehr, organisiert Transportketten und besorgt Zubringer und Abholdienste als Speditionsrollfuhr.

8.5.3.2 Lagerhalter

Lagerhalter ist, wer gewerbsmäßig die Einlagerung und Aufbewahrung von Gütern für andere übernimmt. Als Lagergut kommen alle beweglichen Sachen in Frage, die ihrer Natur nach für die Einlagerung geeignet sind. Ausgenommen sind lebende Tiere sowie Geld und Wertpapiere. Der Lagerhalter trägt für die Einhaltung der Qualität und Quantität der Ware während der Einlagerung Sorge. Er ist zumeist identisch mit dem Spediteur und/oder Frachtführer. Abgeschlossen wird ein Lagervertrag, der die Grundlage des Geschäftes darstellt. Es lassen sich grundsätzlich verschiedene Lagerarten unterscheiden. Bei der **Einzel- oder Sonderlagerung** werden die Güter getrennt gelagert. Man erhält am Ende der Einlagerung dasselbe Gut zurück, dass man eingelagert hat. Bei der **Sammel-, Vermengungs- oder Vermischungslagerung** werden vertretbare Güter eingelagert. Diese Einlagerung setzt großes Vertrauen in den Lagerhalter voraus, da die eingelagerte Ware mit anderer vermischt wird und man am Ende nicht unbedingt die abgegebenen Waren zurückerhält. Bei der **Mietlagerung** werden festgelegte Lagerräume an den Einlagerer vermietet, die dieser nach Belieben nutzen kann, d. h. er ist für die Ein- und Auslagerung selbst verantwortlich und muss sich auch um die Pflege der Waren kümmern. Wartung und Verwaltung des eingelagerten Gutes können je nach vertraglicher Übereinkunft dem Lagerhalter oder Mieter obliegen.

Der Lagerhalter hat ebenso wie der Spediteur und Frachtführer verschiedene Rechte und Pflichten. Er muss die Ware bei der Übernahme auf ihre Qualität prüfen, sie sorgfältig einlagern und vor Beschädigung schützen. Bei einer drohenden Qualitätsverschlechterung der Ware muss er den Einlagerer verständigen. Ebenso haftet er für Verderb und Minderung, wenn er die Sorgfalts- und Benachrichtigungspflicht verletzt. Dem entgegen hat er ein Recht auf Entschädigung, ihm steht das vereinbarte Lagergeld und der Ersatz der Auslagen zu. Hinzu kommt ein gesetzliches Pfandrecht, mit dem er seine Forderungen absichern kann.

8.5.3.3 Frachtführer

Der Frachtführer übernimmt die gewerbsmäßige Beförderung von Gütern zu Lande und auf Binnengewässern. Häufig sind Frachtführer auf bestimmte Transportwege und Transportmittel spezialisiert. Hierdurch können sie oftmals besser und schneller als andere Anbieter arbeiten. Zwischen dem Absender einer Sendung und dem Frachtführer wird ein Frachtvertrag abgeschlossen. Dies ist ein Werkvertrag, aus dem sich verschiedenen Rechte und Pflichten für die Vertragspartner ergeben. So muss der Frachtführer beispielsweise den Frachtbrief ausstellen, erhält alle Transportkosten erstattet und hat ein gesetzliches Pfandrecht an den in seinem Gewahrsam befindlichen Gütern in Höhe seiner Forderung aus dem Frachtvertrag. Dem entgegen ist er zum sorgfältigen Umgang mit den ihm anvertrauten Gütern verpflichtet, muss diese vertragsgemäß transportieren und unversehrt beim Empfänger abliefern. Er haftet bei Verlust der Ware ebenso wie bei Terminüberschreitung, Beschädigung und Nichtbefolgung von Absendervorausverfügungen. Der Frachtvertrag ist erfüllt, wenn Gut und Frachtbrief dem Empfänger übergeben sind. Sichtbare Mängel am Gut sind vom Empfänger unmittelbar beim Frachtführer anzuzeigen und in einer Tatbestandsaufnahme festzulegen. Versteckte Mängel können innerhalb einer Woche nach der Annahme noch geltend gemacht werden.

8.5.4 Sonstige Absatzhelfer

Hierzu gehören z. B. Banken und Versicherungen, die durch ihre Funktionen (Absicherung und Finanzierung) den Absatz unterstützen. Sie sind allerdings nicht selbstständig in den Absatz eingebunden. Auf keinen Fall werden sie Eigentümer der Ware.

Dies gilt in gleichem Maße auch für Marktforschungsinstitute, Auskunfteien, Werbeagenturen und Unternehmensberatungen. Diese beraten die am Absatz beteiligten Unternehmen, übernehmen jedoch keine unmittelbare Absatzfunktion (*Pepels 1993, S. 484f.*).

Literatur

Ammann (2000): Ammann, Paul: Externe Distributionsorgane des indirekten Absatzes, in: Pepels, Werner (Hrsg.): Distributions- und Verkaufspolitik, Köln

Böcker (1994): Böcker, Franz: Marketing, 5. Aufl., Stuttgart

Kortus-Schultes (2000): Kortus-Schultes, Doris: Der Absatz im Internet (E-Commerce), in: Pepels, Werner (Hrsg.): Marketing-Management, Köln

Pepels (1993): Pepels, Werner: Handbuch Moderne Marketingpraxis, Band 1, Düsseldorf

Pepels (1995): Pepels, Werner: Handelsmarketing und Distributionspolitik, Stuttgart

Pepels (1994): Pepels, Werner: Marketing, Baden-Baden

Pepels (1998): Pepels, Werner: Marketing, 2., bearbeitete Aufl., München

Steffenhagen (1994): Steffenhagen, Hartwig: Marketing, 3., überarbeitete Aufl., Stuttgart

8.6 Absatz über Marktveranstaltungen

Christine Lötters

Auf Marktveranstaltungen werden Angebot und Nachfrage an einem Ort zusammengeführt. In erster Linie werden dort Informationen über die jeweilige Marktlage gesammelt, Kontakte zu Herstellern/Lieferanten sowie Abnehmern aufgebaut und vorhandene Kontakte gepflegt. Vorrangiges Ziel ist die Anbahnung von Geschäften, wobei natürlich auch Geschäfte abgeschlossen werden.

Marktveranstaltungen lassen sich nach ihren Schwerpunkten in zwei Gruppen, die Abschluss- und Repräsentationsmärkte unterscheiden.

8.6.1 Repräsentationsmärkte

Die Repräsentationsmärkte dienen der Darstellung und Repräsentation der Unternehmen/Aussteller.

8.6.1.1 Ausstellung

8.6.1.1.1 Kennzeichen

Ausstellungen wenden sich an Verbraucher/Wiederverkäufer. Sie sind zeitlich begrenzt und durch eine Vielzahl von Ausstellern und ein repräsentatives Angebot gekennzeichnet. Die Aussteller wollen hier potenziellen Kunden ihr Angebot/ihr Leistungsspektrum präsentieren. Der Besucher hat die Möglichkeit, bestimmte Produkte/Neuheiten auszuprobieren und diese kennen zu lernen. Auf Ausstellungen werden in der Regel keine Produkte verkauft bzw. Kaufverträge abgeschlossen. Dies geschieht im Anschluss an eine solche Veranstaltung. Der Aussteller kann somit quasi zwanglos Kundenkontakte aufbauen. Die Vorführung und Darbietung der Produkte steht im Vordergrund. Synonym wird oftmals auch der Begriff Messe verwendet, wenngleich dies sachlich falsch ist. Aus diesem Grund werden die Einsatzmöglichkeiten sowie die Vor- und Nachteile auch für beide gemeinsam dargelegt.

Neben Ausstellungen an einem festen Ort gibt es so genannten Road-Shows. Hier werden an wechselnden Orten wie in Hotels oder auf LKW die Waren präsentiert. So erreicht man die räumliche Nähe zu den Kunden, diese müssen keine längeren Distanzen überwinden. Die Aussteller können bei einem solchen Vorgehen auf die Teilnahme an Ausstellungen verzichten. Dieser Weg ist aus Kostensicht durchaus interessant.

8.6.1.1.2 Einsatzmöglichkeiten

Viele Unternehmen nutzen Messen und Ausstellungen als festen Bestandteil des Marketingmix, da sie multifunktional einsetzbar sind. Zum einen lassen sich dort durch die umfangreichen Möglichkeiten der Unternehmenspräsentation interessante Kundenkontakte anbahnen, die im Nachhinein bearbeitet werden können. Zum anderen erhält das Unternehmen so entsprechendes Feedback vom Markt, seinen Kunden und Wettbewerbern. Dieser direkte Response versetzt das Unternehmen in die Lage, seine Handlungen kurzfristig den entsprechenden Anforderungen anpassen zu können. Der persönliche Kontakt zum Kunden ist im nationalen und internationalen Wettbewerb ein wichtiger Erfolgsfaktor.

8.6.1.1.3 Vor- und Nachteile

Messen und Ausstellungen sind für die Unternehmen besonders effizient, da an einem Ort zahlreiche kompetente Fachleute aufeinander treffen. Hier versammeln sich zugleich zahlreiche potenzielle Kunden und interessante Wettbewerber. Bestehende lose Kontakte lassen sich dort auffrischen und intensivieren.

Messen und Ausstellungen weisen einen hohen Erlebnischarakter auf. Sie sprechen zugleich alle menschlichen Sinne an und fördern den Kontakt zu potenziellen Kunden.

Ebenso fördern sie die Markttransparenz, da sie sowohl Kunden als auch Wettbewerbern eine aussagefähige Marktübersicht gewähren. Einkäufern ermöglichen Messen und Ausstellungen direkte Preis-Leistungs-Vergleiche, da sie sich direkt vor Ort bei den einzelnen Anbietern überzeugen können.

Durch die Teilnahme an Messen und Ausstellungen ist der Anbieter zunehmend in der Lage, seine eigene Stellung am Markt besser einzuschätzen. Dies lässt sich insbesondere auf den intensiven Austausch von Informationen zurückführen, der auf Messen innerhalb kurzer Zeit möglich ist. Hierdurch können sich die Unternehmen Veränderungen am Markt schneller anpassen, sie lernen aus dem Verhalten ihrer Wettbewerber.

Des Weiteren kann der Aussteller auf Messen und Ausstellungen seinen Kunden Neuheiten viel besser nahe bringen, da er alle Sinne seiner Besucher ansprechen kann. Er kann den Messeauftritt für seine Besucher zu einer Art Erlebnisveranstaltung machen, die diese nicht so schnell vergessen. Ebenso lassen sich auch Sachinformationen zielgerichteter vermitteln, da die Besucher i. d. R. aufnahmebereiter sind und in direkten Gesprächen genauer und individueller informiert werden können. Produkte können im Detail vorgeführt und entsprechend begutachtet werden.

Problematisch ist jedoch die Institutionalisierung der Messen und Ausstellungen (feste Orte, feste Zeiten, lange Anmeldefristen, Beschränkung der Teilnahme für neue Anbieter etc.), die diese recht unflexibel macht.

Hinzu kommt, dass der einmalige Auftritt auf einer Messe/einer Ausstellung nicht sinnvoll ist. Erst die Belegung von drei aufeinander folgenden Messeterminen lässt eine Aussage über den Erfolg/Nichterfolg zu.

8.6.1.2 Leistungsschau

Bei Leistungsschauen stellt sich ein ganzer Wirtschaftszweig, eine Branche dar. Hier steht nicht die Präsentation eines einzelnen Ausstellers im Vordergrund, sondern die Leistungskraft des gesamten Segments. Oftmals sind Leistungsschauen mit Lehrschauen verbunden. Man findet diese häufig im landwirtschaftlichen Bereich. Hier werden dann beispielsweise Tierzuchterfolge etc. vorgestellt.

8.6.2 Abschlussmärkte

Abschlussmärkte unterscheiden sich von Repräsentationsmärkte insofern, als dass ihnen verfahrensmäßig organisierte Bewerberrivalisationen zugrunde liegen. Sie lassen sich in organisierte und freie Märkte unterscheiden. Zu den organisierten Formen gehören Auktionen, Tender und Einschreibung bei Nachfragerkonkurrenz sowie die Lizitation und Submission bei Anbieterkonkurrenz. Freie Formen sind Börsen, Messen, Märkte, Musterung und Trade-Mart.

8.6.2.1 Auktion

Auktionen sind öffentliche Bieteverfahren mit Zuschlag für Höchstgebot und Barzahlungspflicht für physisch vorhandene Güter, die nicht standardisierbar sind. Die Anpassung an den Preis erfolgt in der Regel von unten nach oben, also als Aufstrich. Hier wird ein Markt – eine Auktion – für ein bestimmtes Angebot organisiert. Interessenten werden für den festgesetzten Zeitpunkt an den festgelegten Ort der Auktion gebeten. Dort oder in der Nähe sind die Auktionsobjekte physisch präsent und können in Augenschein genommen werden. Während der Auktionsveranstaltung können die Interessenten einzelne Kaufangebote (Preisgebote) abgeben, wobei sie sich i. d. R. gegenseitig überbieten. Den Zuschlag erhält i. d. R. der Höchstbietende. Auktionen findet man beispielsweise beim Verkauf von Kunstgegenständen, Schmuck, Möbeln und Teppichen. Sie sind besonders geeignet für den schnellen und problemlosen Verkauf von Gütern, die nicht fungibel sind und für die keine feste Preisvorstellung existiert. Ein Preis muss sich hier bei der Auktion durch die entsprechende Nachfrage erst bilden. Die Verkäufer ordnen dem ihr Preisinteresse unter, wobei sie durchaus auch ein Mindestgebot formulieren können, unterhalb dessen sie die Ware nicht verkaufen. Wird dieses Mindestgebot nicht erreicht, findet kein Verkauf statt.

8.6.2.2 Internetauktionen

In der letzten Zeit finden sich diverse Auktionen auch im Internet. Diese sind jedoch von den Auktionen im klassischen Sinne zu unterscheiden. Diese Auktionen bieten Nachfragern die Möglichkeit, bestimmte Produkte zu selbst bestimmten Preisvorstellungen zu erwerben. Diese Auktionen sind im Vergleich zu physischen Auktionen sehr schnelllebig und nahezu weltweit von Anbietern zu erreichen, z. B. *www.letsbuyit.com*, *www.powershopping.com*. Den Zuschlag erhält derjenige, der kurzfristig das günstigste Angebot abgibt. Interessant ist daher nicht die Dauer der Angebotsabgabe (Zeitraum), sondern der Zeitpunkt des Endes der Auktion.

8.6.2.3 Einschreibung bei Nachfragerkonkurrenz

Dies ist eine Auktionsart, bei der potenzielle Käufer ihr Gebot für jedes Einzelobjekt bzw. Los bis zu einem bestimmten Zeitpunkt schriftlich und in einem verschlossenen Umschlag abgeben. Aufgefordert werden sie hierzu durch einen öffentlich verbreiteten Aufruf. Durch diese Art des Vorgehens sollen Absprachen unter den Nachfragern (so genannte Ringbildungen) vermieden werden. Die Höhe der Gebote der Nachfrager ist nur dem Auktionator bekannt. Nach Ablauf der Frist werden von ihm alle Gebote geöffnet und der Nachfrager mit dem höchsten Preisangebot erhält den Zuschlag.

8.6.2.4 Lizitation

Die Lizitation ist eine eher seltene Form der Marktveranstaltung mit offener Bieterkonkurrenz. Hier unterbieten sich die Anbieter einer Leistung bei einem Nachfrager gegenseitig so lange, bis der Anbieter mit dem niedrigsten Preis den Zuschlag erhält. Voraussetzung für die Lizitation ist ein extremer Käufermarkt. Eine solche Situation herrscht beispielsweise auf dem Öltankermarkt. Hier sind enorme Überkapazitäten vorhanden, die es den Mineralölkonzernen erlauben, die Frachtraten zu drücken.

8.6.2.5 Musterung

Musterungen dienen der Präsentation von Prototypen. Anhand dieser Muster können die Kunden ihre Order erteilen. Dies findet man sehr häufig bei Modeartikeln. Hier wird eine Musterkollektion produziert, die dann präsentiert wird und als Bestellgrundlage dient (Kauf nach

Muster). Dies ist beispielsweise zweimal jährlich in Paris der Fall, wo die großen Modehäuser ihre Kollektionen präsentieren. Bei einer organisierten Musterung spricht man von Mustermesse, die ausschließlich für Fachbesucher zugänglich ist. Findet sie mit inländischen Anbietern im Ausland statt, spricht man von einer Exportmusterschau. Bei einem Musterlager ist die Musterung institutionalisiert. Die Muster sind hier ständig verfügbar und permanent zugänglich. Solche Musterlager dienen darüber hinaus der Vermittlung zwischen industriellen und handwerklichen Erzeugern sowie deren potenziellen Abnehmern. Musterungen werden oftmals auch genutzt, um entsprechend der Nachfrage zu produzieren. Sie ermöglichen dem Anbieter eine gezieltere Produktion und dem Nachfrager, seine Wünsche dem Produzenten mitzuteilen. Aus diesem Grund handelt es sich um eine Art Markttest, der die Produktion und das Angebotsprogramm steuert.

8.6.2.6 Submission bei Anbieterkonkurrenz/Ausschreibung

Hier richtet der Nachfrager an potenzielle Anbieter eine Aufforderung, ein schriftliches Angebot für genau spezifizierte Leistungen (Lasten-/Pflichtenheft) abzugeben. Diese Anfrage kann beschränkt, nur an ausgewählte Anbieter, oder unbeschränkt, d. h. öffentlich, erfolgen. Die abgegebenen Angebote werden dann nach spezifischen Verfahrensregeln hinsichtlich Ort und Zeit der Öffnung der Angebote behandelt. Das jeweils günstigste Angebot – unter Einbeziehung aller Aspekte – erhält hier den Zuschlag. Wichtig ist, dass eine Anbietungsfrist eingehalten werden muss. Nachbesserungsmöglichkeiten bestehen nicht. Der Anbieter hat jedoch die Möglichkeit, hilfsweise ein von der Ausschreibung abweichendes, begründetes Angebot zu machen. Submissionen findet man bei der Vergabe von Projekten der öffentlichen Hand.

Bei Ausschreibungen sind also rivalisierende Bewerber aufgefordert, ein Angebot abzugeben. Ein Ausschreiber (der Submissionar) schafft somit eine Konkurrenzsituation unter einer Vielzahl von Anbietern (der Submittenten) von Produkten/Dienstleistungen. Ausschreibungen findet man hauptsächlich bei der Beschaffung der öffentlichen Hand. Die Auftragsvergabe soll hierdurch möglichst wirtschaftlich und ohne Präferenzen gestaltet werden. Problematisch ist für beide Seiten jedoch die Gefahr der Absprache unter den Anbietern. Ebenso bleibt für die Anbieter die Unsicherheit der Zuschlagserteilung die abhängig vom Angebotspreis ist. Sie müssen mit der Erteilung des Auftrags kalkulieren und diesen in ihrer Planung berücksichtigen, auch wenn sie dann letztendlich den Zuschlag nicht erhalten und möglicherweise Kapazitäten unnötig freigehalten haben. Dies hat betriebswirtschaftlich nicht selten einschneidende Konsequenzen.

8.6.2.7 Börse

Börsen sind regelmäßig stattfindende, korporativ organisierte Marktveranstaltungen, an der bestimmte Teilnehmer (Kaufleute) nach festliegenden normierten Bedingungen und Verfahren Geschäfte mit Objekten abschließen, die nicht physisch vorhanden sein müssen. Voraussetzung ist die Fungibilität der Güter. Diese müssen gleichartig und untereinander austauschbar sein. Jedes Einzelexemplar kann insofern andere Exemplare der Ware vertreten. Auf Muster kann dann verzichtet werden, wenn es sich um normierte Waren handelt, die allgemein bekannt sind. Daneben sind auch die Bestandteile des Geschäftsabschlusses standardisiert. Dies gilt z. B. für die abschließbare Menge, Liefertermin, Andienungsplatz, Zahlungsweise, Streitregelung etc. Damit sind auch die zustande gekommenen Verträge fungibel. Übersichtlich gehalten werden die Märkte durch den beschränkten Zugang, straffe Organisation und räumliche, zeitliche Konzentration. Alleine der Preis ist hier kaufentscheidendes Kriterium. Im Zeitalter der internationalen Vernetzung und des Internets mit zeitgleichem Zugriff aus unterschiedlichen Ländern und Regionen ist sogar die Existenz eines Handelsplatzes und dort anwesender Händler nicht mehr erforderlich. Der Börsenplatz ist ein virtueller Raum auf den international nahezu rund um die Uhr zugegriffen werden kann. Häufigste Erscheinungsform ist die Effekten- und Warenbörse.

8.6.2.8 Tender

Beim Tender geben Nachfrager ihre Gebote ab und erhalten den Zuschlag in der zeitlichen Reihenfolge ihrer Gebotsabgabe bei feststehenden Konditionen (z. B. Aktienemissionen, Bauprojekte etc.). Dieses Vergabeverfahren wird daher auch als Windhundverfahren (first come, first serve) bezeichnet. Oftmals werden hier Kaufwünsche gesammelt, bis die Tendergrenze erreicht ist: Je nach Attraktivität des Angebots kann es zu Überzeichnungen kommen. Die überzählige Nachfrage wird dann nicht akzeptiert, wie dies Anfang 2000 bei zahlreichen Neuemissionen auf dem Neuen Markt der Fall war. Sollte die Nachfrage nicht an das Angebot heranreichen, wird die fehlende Nachfrage beim Anbieter „geparkt", wobei oftmals das Angebot bei Aktienneuemissionen auch zurückgezogen wird. Der Anbieter wartet dann eine bessere Stimmung auf dem Markt ab und wiederholt sein Angebot.

Bei Repartierungen wird das Angebot anteilig zugeteilt. Berücksichtigt werden hierbei unterschiedliche Kriterien, wie Anfrage des Einzelnen und Gesamtnachfrage auf dem Markt.

8.6.2.9 Messe

Die Messe ist eine Marktveranstaltung, auf der nach Bestellmustern verkauft wird. Hierbei sind einige Grundmerkmale der Messe definiert. Die Messe hat den Charakter einer organisierten Marktveranstaltung, auf der gezielt Anbieter und Nachfrager in großer Zahl zusammengeführt werden. In der Regel wird ein umfassendes Angebot aus einem oder mehreren Wirtschaftszweigen gezeigt, je nachdem, ob es sich um eine Spezial- oder Universalmesse handelt. Messen finden in regelmäßigen Abständen am gleichen Ort statt, d. h., sie sind weder dauerhaft präsent – wie Musterlager – noch einzeln veranlasst – wie Sonderschauen – und im Standort wechselnd – wie Wanderschauen. Gekauft wird in der Regel auf Grund von Mustern, die den Verkauf bewirken sollen. Der Absatz erfolgt somit im Wege eines Lieferungsgeschäftes nach dem Kaufabschluss. Messen richten sich in erster Linie an Wiederverkäufer, Weiterverarbeiter, gewerbliche Nutzer sowie Großabnehmer und nicht an Endabnehmer, wobei größere Mengen umgeschlagen werden. Der Zutritt ist in der Regel nur Fachbesuchern gestattet.

8.6.2.10 Märkte

Jahr-, Wochen- und Großmärkte unterliegen weniger strengen Reglementierungen. Hier wird nicht nach festgelegten Normen gehandelt. Anbieter und Nachfrager treffen hier zu bestimmten Zeiten, an festen Orten aufeinander, um Waren zu kaufen oder verkaufen. Die jeweiligen Geschäfte sind frei aushandelbar. Der Verkäufer macht sein Angebot entweder durch die Beschriftung der Waren oder Zurufen des Angebotspreises. Der Nachfrager handelt entsprechend konkludent, indem er das Angebot annimmt und kauft, oder nicht. Sowohl die Waren als auch das Geld werden zumeist physisch übergeben.

8.6.2.11 Elektronische Marktplätze

Durch die zunehmende Bedeutung der weltweiten Vernetzung durch das Internet sind so genannte elektronische Marktplätze entstanden, die nach unterschiedlichen Prinzipien ablaufen. Im Folgenden werden einige Möglichkeiten exemplarisch skizziert. Dabei soll die Thematik Marktveranstaltungen im Internet jedoch lediglich angerissen werden. Es wird insbesondere kein Anspruch auf Vollständigkeit erhoben, da täglich neue Anbieter mit immer neuen Angeboten auf den Markt kommen. Gerade in Bezug auf Marktveranstaltungen ist das Internet mit seinen zahlreichen Möglichkeiten nicht mehr wegzudenken und wird zukünftig weiter exponenziell an Bedeutung gewinnen.

So haben z. B. namhafte Reifenhersteller einen globalen Internet-Marktplatz gegründet, der die Wirtschaftlichkeit erhöht und Einsparungen ermöglicht. Diese Plattform steht allen Herstellern und Zulieferern zur Verfügung. Diese können dort entsprechende Aufträge ins Netz stellen und von der Möglichkeit des Vergleichs profitieren (*Handelsblatt Nr. 77, 18.4.2000, S. 27*).

Etwas Ähnliches bieten auch verschiedene Anbieter für Endkunden an. Sie verstehen sich als Einkaufsgemeinschaften, d. h. als Vermittler zwischen Endkunde und Hersteller bzw. Händler. Die entsprechenden Anbieter stellen ein Angebot zu interessanten Preisen zusammen. Wie auf einem tatsächlichen Marktplatz kann der Kunde hier auswählen und sein Wunschprodukt zu seinem Wunschpreis ordern. Dieser Auftrag wird an einen interessierten Händler weitergegeben. Dieser entscheidet dann, ob er den Auftrag zu dem entsprechenden Preis annimmt oder nicht oder ob er ein alternatives Angebot unterbreitet (*Handelsblatt Nr. 71, 10.4.2000, S. 27*).

Daneben haben verschiedene Konsumgüterhersteller einen elektronischen Marktplatz gegründet, den sie als börsenartige Internetplattform bezeichnen. Ziel ist es hier, die Transparenz des Marktes zu erhöhen, den Handel zu automatisieren und die Kosten zu reduzieren. Die beteiligten Lebensmittelhersteller fragen hier in einer Art Börse Vorprodukte nach. Alle Zulieferer können dann entsprechende Angebote abgeben. Dies erhöht die Transparenz des Beschaffungsmarkts und verbessert die Wettbewerbssituation. Sammelbestellungen will diese Plattform nicht ermöglichen, um nicht gegen kartellrechtliche Vorschriften zu verstoßen (*Handelsblatt Nr. 118, 21.6.2000, S. 28*).

Hauptkapitel 9

Direktvertrieb als Absatzkanal

9.1 Strategie und Planung von Direktmarketingkonzeptionen

Werner Pepels

Strategie ist ganz allgemein der Weg vom Ist zum Soll. Dies setzt die Analyse der Ist-Situation einerseits und die Bestimmung der Zielsituation andererseits voraus. Ohne diese Fixpunkte kann keine Strategie entwickelt werden, geschweige denn, dass sie erfolgreich sein könnte.

Planung ist ein Entwurf zur gedanklichen Vorwegnahme von gewünschten Zuständen der Zukunft. Um diese im Marketing zu erreichen, ist die Einleitung und Durchsetzung geeigneter Marketingmaßnahmen erforderlich.

Diese laufen in einer **Konzeption** als institutionalisiertem Handlungsleitfaden für die Realisierung von Strategie und Planung mit Hilfe von Direktmarketingaktivitäten zusammen.

Unter **Direktmarketing** versteht man sowohl die Direktwerbung als auch den Direktverkauf. Im Folgenden erfolgt eine Konzentration auf die direkt werbenden Aspekte der Konzeption, da der Direktvertrieb bereits hinreichend anderweitig abgedeckt ist.

9.1.1 Analyse des Vermarktungsumfelds

Diese erste Stufe der Direktmarketingkonzeption beinhaltet die Auswertung folgender Themenbereiche:

- **Markt**, d.h. Abgrenzung, Charakterisierung hinsichtlich Entwicklungen, Eigenheiten, Schwerpunkten, Segmenten, Einflussfaktoren wie Konjunktur- oder Saisonzyklen, aktuelles Marktvolumen, Marktpotenzial, Angebotsbreite/-tiefe am Markt, Trends, Innovationen etc.,
- **Wettbewerb**, d.h. Marktanteile aktuell und als Entwicklung im Zeitablauf, Marktanteile nach Menge und Wert, Anzahl der Mitbewerber und deren Gewichtung, Mitbewerberprofile nach Stärken und Schwächen, Marketingeinstellung und Profilierung der Mitbewerber, Angebotskenntnis und -vertrautheit, Imagedimensionen und Kompe tenzen, Parametereinsatz, Markenpolitik, Wettbewerbsbeschränkungen, Außenwirtschaftsbeitrag etc.,

Stufen zur Erarbeitung einer Direktmarketingkonzeption

1. Analyse des Vermarktungsumfelds
2. Festlegung des Direktwerbeziels
3. Festlegung der Direktwerbeobjekte
4. Festlegung des Direktwerbebudgetrahmens
5. Bestimmung der Absatzquelle
6. Bestimmung der Zielpersonengruppe
7. Bestimmung der Angebotspositionierung
8. Bestimmung des Kommuniqué

9.1 Tab. 1: *Stufen zur Erarbeitung einer Direktmarketingkonzeption*

- **Absatz**, d. h. Anzahl und Merkmal der Absatzmittler (sofern vorhanden), Autonomie der Handelsstufe, Betriebsformen des Handels, Distribution, regionale Verteilung des Absatzes, Organisationsform, Einkaufsstättenwahl, Platzierung etc.,
- **Verbraucher**, d. h. Angebotskenntnis und -einstellung, Informations- und Entscheidungsverhalten, Qualitätserwartung und -bedarf, Markenakzeptanz und -treue, Käufer- und Verwenderstruktur, Soziodemografie, Entscheidungskriterien, Lifestylemerkmale etc.,
- **Kommunikation**, d. h. Medienstruktur und -nutzung, Mediastrategie und -selektion, Werbeaufwendungen, Contentanalyse, weitere nicht klassische Werbemaßnahmen, Medieneinsatz, zeitliche Verteilung etc.,
- **eigenes Angebot**, d. h. Physis nach Eigenschaften und Anwendungen, Programmverbund, Packung/Ausstattung, Produktbeurteilung und komparative Vorteile, Lebenszyklusstadium, Marketing-Mix-Einsatz, Preis-Leistungs-Relation etc.,
- **Randbedingungen**, z. B. Marktforschungserkenntnisse, politische Vorgaben, rechtliche Restriktionen, Timing, Unternehmensziele etc.

Im Ergebnis muss jeder Anbieter seinen Markt und alles, was damit zusammenhängt, besser als jeder seiner Mitbewerber kennen. Dabei kommt es nicht auf enzyklopädische Vollständigkeit aller Fakten an, sondern auf deren **aussagefähige Verdichtung**. Sinn ist dabei die Pointierung der Aussagen zur Herausarbeitung lösungsrelevanter Tatbestände. Dadurch werden zugleich erste Strategieperspektiven aufgezeigt sowie die Fundamente für konzeptionelle Erkenntnisse gelegt. Dennoch kommt es zunächst auf reine Fleißarbeit an, denn eine Fokussierung der Informationen ist umso besser möglich, je kompletter die Ursprungsdaten die Vermarktungsrealität darstellen.

Als Datenquellen kommen umfangreich sekundär statistische Analysen in Betracht. Vor allem sind in diesem Zusammenhang Markt-Media-Analysen zu nennen:

- Die **Mediaanalyse** (MA) liegt in Form einer Gemeinschaftsuntersuchung von Werbung Durchführenden, Werbung Treibenden und Werbungsmittlern im klassischen Bereich vor. Sie wird mit einer Fallzahl von über 20.000 Personen alle zwei Jahre durch standardisierte, mündliche Interviews erhoben. Inhalte sind neben der **Demografie Mediennutzung**, in geringerem Umfang auch **Interessen/Meinungen** zur Konsumhaltung.
- Weitere **Gemeinschaftsuntersuchungen** liegen in Form der Verbraucheranalyse (**VA**) oder der Leseranalyse Entscheidungsträgern in Wirtschaft und Verwaltung (**LAE**) vor. Sie werden von mehreren Verlagen **syndikalisiert** durchgeführt und umfassen, jährlich in

hoher Fallzahl erhoben, neben der **Demografie** in verstärktem Maße **Interessen/Meinungen** zur Konsumhaltung, in geringerem Umfang auch **Mediennutzung**. Die Allensbacher Werbeträgeranalyse (**AWA**) gleicht diesen Gemeinschaftsuntersuchungen in den Inhalten, wird jedoch in neutraler Alleinerhebung durchgeführt.

- Die Werbung treibende Wirtschaft stellt darüber hinaus **Marktanalysen** als Untersuchungen in kleinerer Fallzahl und inhaltlich auf bestimmte Themenschwerpunkte abgestimmt zur Verfügung. Erhoben werden neben **Demografie** und **Interessen/Meinungen** zur Konsumhaltung vor allem Einstellungen zu Marken, in geringerem Maße auch die **Mediennutzung**. Die Ergebnisse unterliegen allerdings der Gefahr der Interessenverzerrung und sind daher nicht unumstritten.

Gemeinschafts- und Marktanalysen sind, da repräsentativ erhoben, in der Mediennutzung zur Mediaanalyse kompatibel. So können Interessen/Meinungen zur Konsumhaltung und Markeneinstellungen aus verschiedenen Quellen ermittelt und über den Verbund der sich daraus ergebenden Demografie in der Mediaanalyse hinsichtlich der Mediennutzung ausführlich ausgewertet werden. Dann stammen allerdings die Daten nicht mehr aus einer Quelle (**Single Source**), sondern aus verschiedenen Quellen, was verzerrungsanfällig ist.

Darüber hinaus gibt es vielfältige weitere Informationsquellen:

- Bevölkerungsdaten, Wirtschaftswachstum, Zahl der Haushalte, privates Einkommen, Export/Import, Investitionen, Preisindex etc. sind beim **Statistischen Bundesamt** und den Statistischen Landesämtern abzufragen.
- Markt- und Branchendaten, Pro-Kopf-Verbräuche, Handelsstruktur, Werte und Wertewandel, Firmeninformationen, Produktinformationen, Marktanteile, Bekanntheitsgrad etc. ergeben sich aus Quellen der **Fachzeitschriften** und **Werbeinstitutionen** (wie ZAW-Service).
- Informationen über Verbraucher und Warengattungen, Handelsdaten, Paneldaten, Ergebnisse von Markttests sind, freilich gegen Entgelt, bei den **Marktforschungsinstituten** verfügbar.
- Kommunikationsaufwendungen nach Märkten, Warengattungen, Medien etc. werden von **Nielsen**/Schmidt & Pohlmann gegen Entgelt geliefert.
- Produktmuster, Preislisten, Verkaufsförderungs- und Werbematerial, Konditionen, Handelsinformationen, Produktinformationen etc. sind durch eigene Recherche (**Store-Check**) oder aus dem direktwerbenden Unternehmen zu erheben.

9.1.2 Festlegung des Direktwerbeziels

Man unterscheidet allgemein ökonomische und kommunikative Direktwerbeziele. Als **ökonomische** Direktwerbeziele sind anzusehen:

- **Umsatzexpansion** durch Einführungs- oder Fortführungswerbung, Letztere bei bisherigen Nachfragern im bestehenden Marktfeld, bei neuen Nachfragern im bestehenden Marktfeld oder bei neuen Nachfragern in einem neuen Marktfeld.
  Einführungswerbung soll als bedarfskreative Werbung die Nachfrage nach dem direkt beworbenen Produkt wecken. **Fortführungswerbung** soll als bedarfsexpansive Werbung bestehende Nachfrage ausweiten bzw. diese als bedarfspartizipative Werbung vom Mitbewerb weglocken. Fortführungswerbung richtet sich an bisherige Nachfrager im bestehenden Marktfeld durch Steigerung der Absatzmenge oder des Absatzpreises je Einheit und kann jeweils in allen oder nur in einzelnen Teilmärkten erfolgen. Es können aber auch neue Nachfrager im bestehenden Marktfeld oder neue Nachfrager in neuen Marktfeldern, z. B. im Ausland, angesprochen werden. Basis dieser Optionen ist dabei immer das vorhandene Produktangebot.
- **Umsatzerhaltung** durch Kompensation von Zuwächsen und Abgängen innerhalb der bisherigen Abnehmergruppe sowie durch ausgleichende Erschließung neuer Abnehmergruppen oder Märkte und Reaktivierung früherer Kunden an Stelle abwandernder Nachfrager.
  Umsatzerhaltung richtet sich auf den Ausgleich von Umsatzverlusten durch selektive Umsatzausweitungen. Dies kann sich auf die bisherige Abnehmergruppe beziehen, indem deren Verhaltensweisen stabilisiert werden oder Nachfragerückgang in einem Segment dieser Abnehmergruppe durch Nachfragesteigerung in einem/mehreren anderen Teilsegment(en) ausgeglichen wird. Außerhalb dieser Gruppe kann eine Kompensation durch Erschließung neuer Abnehmergruppen oder neuer Absatzregionen angestrebt werden.
- **Kostenersparnis** durch Lenkung der Nachfrage zur Kontinuierung im Zeitablauf, zur **Synchronisierung** mit dem Angebot oder zur **Emanzipierung** in Nachfragesenken sowie durch **Absatzrationalisierung** über Großbestellungen, Einhaltung der Kosten durch günstige Beschaffungstechniken oder Zahlungsmodalitäten.
  Kostenersparnis soll also durch Direktwerbung den Bedarf gemäß der eigenen Absatzvoraussetzungen formen und beeinflussen. Dies geschieht durch Lenkung der Nachfrage im Zeitablauf sowie werbebedingte Absatzrationalisierung. Nachfragelenkung bezieht sich auf die gleichmäßige Verteilung der Nachfrage, die Anpassung der Nachfrage an Angebotszyklen, die zeitliche Verschiebung von Nachfrage und die Rationalisierung des Absatzes.

Neuerdings ist neben diese traditionellen Ziele auch das Ziel der (selektiven) **Umsatzreduktion** getreten. Dies betrifft Marktbereiche, die eine bewusste Schrumpfung erfahren sollen (De- oder Counter-Marketing).

Kommunikative Direktwerbeziele stellen auf kognitive, affektive und konative Wirkungen ab. Kognitive Ziele sind etwa **Markenvertrautheit, Bekanntheitsgraderhöhung** etc., affektive Ziele sind etwa **Markenimageaufwertung**, **Goodwillaufbau**, konative Ziele sind etwa **Präferenz**, **Kaufabsicht** etc. Daneben gibt es sachliche, personale, temporäre und lokale Sonderziele der Direktwerbung:

- **Kognitive** Wirkungen beziehen sich auf die Kenntnis und das Verständnis von Angeboten. Direktwerbung soll hier zu einer Bekanntmachung auf neuen Märkten bzw. zu einer Erhöhung oder Haltung des Bekanntheitsgrads auf bestehenden Märkten führen. Bekanntheit ist notwendige Voraussetzung für Absatz, da nur die im **Awareness-Set** verankerten Produkte/Marken konkret in die Kaufentscheidung einbezogen werden und damit wählbar sind.
- **Affektive** Wirkungen beziehen sich auf die Sympathie zu einem Angebot/Anbieter. Hier sollen weniger harte Fakten als vielmehr emotionale Elemente übermittelt werden, welche die Einstellung zu einer Marke und die Interessen/Meinungen der Zielpersonen darüber positiv beeinflussen. Denn bei zunehmender objektiver Gleichartigkeit und Komplexität der Angebote setzt der „Kopf" aus und der „Bauch" übernimmt die Evaluierung. Und zwar nicht nach rationalen Gesichtspunkten, sondern auf der Basis von **Sympathieerwägungen**.
- **Konative** Wirkungen beziehen sich auf Handlungen im Vorfeld des Kaufs wie z. B. Informationseinholung und -vertiefung. Das kann über Direktwerbung z. B. durch **Anforderung von Prospekten**, durch **Aufforderung zur Händlerberatung**, durch **Angebot fernmündlicher Kontaktaufnahme** initiiert werden. Die Wirkungen bestehen in der Konditionierung der Interessenten und der Chance zur Nachverfolgung generierter Adressen.

Sonderziele betreffen die Durchsetzung der Unternehmensphilosophie, die Erläuterung des Unternehmensverhaltens, die Verdeutlichung der sozialen Verantwortung des Unternehmens, von Macht oder Prestige.

Die kommunikativen Direktwerbeziele sind den ökonomischen vorgelagert (prämissiv), d. h. die Erreichung der kommunikativen Direktwerbeziele trägt dazu bei, die ökonomischen Ziele zu erreichen. Direktwerbung kann aber nur ausnahmsweise die ökonomischen Ziele unmittelbar ansteuern, obgleich diese für gewöhnlich im Zentrum des Interesses der Anbieter stehen. Die kommunikativen Direktwerbeziele sind also nicht Selbstzweck, sondern sollen helfen, die dahinter stehenden ökonomischen Ziele zu realisieren.

9.1.3 Festlegung der Direktwerbeobjekte

Für die Direktwerbung ergeben sich als Objekt mehrere Ansatzpunkte. Als **Einzelprodukt** betrifft es den Fall, dass jede Produktlinie im Programm eines Anbieters eigenständig markiert wird. Dies bedeutet zugleich, jedes dieser Angebote muss auch isoliert beworben werden. Dieser Ansatz ist weit verbreitet. Fast alle großen Markenartikler arbeiten damit.

Die **Produktgruppe** als Objekt erbringt womöglich bessere Ergebnisse. Sie liegt dann vor, wenn ein bestimmter, relativ homogener Programmausschnitt eines Anbieters unter einheitlicher Markierung beworben wird. Das bedeutet zugleich, mehrere Produktlinien können gemeinsam beworben werden, soweit sie einer Familie zugehörig sind. Auf Grund von Proliferation besteht die Tendenz, ein erfolgreiches Einzelprodukt zur Produktgruppe auszubauen.

- Aus der **gleichmäßigen Verteilung** der Mittel auf alle Produkte folgt, dass selbst große Etatvolumina fraktioniert werden und bei jedem Teilziel eine wirksame positive Differenzierung vermissen lassen. Im Übrigen wird damit auch der unterschiedlichen Bedeutung der Produkte im Programm in keiner Weise Rechnung getragen.
- Denkbar ist auch die Zuweisung der Finanzmittel zu **ausgewählten Einzelprodukten** solange, bis die Budgetgrenze vollständig ausgeschöpft ist. Dabei stellt sich allerdings die Frage, nach welchen Kriterien die derart dotierten Werbeobjekte selektiert werden, und ob man es sich leisten kann, die nun nicht berücksichtigten gänzlich zu vernachlässigen. Bildet man eine Priorität zu Gunsten der **Erfolgsprodukte** im Programm, so werden alle übrigen Produkte, welche die kommunikative Stützung im Zweifel weitaus eher benötigen, vernachlässigt und drohen, in der Bedeutung weiter abzufallen. Wählt man hingegen gerade die **Problemprodukte** zur werblichen Unterstützung aus, ist dies wiederum leichtfertig, da die Erfolgssäulen nicht mehr bedacht werden und abzufallen drohen.
- Bei der **Konzentration auf Produktereignisse** kann es sich um Neueinführungen, Modellaufwertungen, Relaunches etc. handeln. Direktwerbung ist hier erforderlich, um diese Ereignisse angemessen bekannt zu machen und zu profilieren. Dies geht allerdings zu Lasten des regulären Angebots. Produkte ohne Ereignisse drohen zugleich, sang- und klanglos im Wettbewerb unterzugehen.

Bei der **Programmbewerbung** steht nicht das einzelne Produkt, sondern die Gesamtleistung im Vordergrund der Direktwerbung. Dies ist häufig der Fall, wenn Angebote individuell, unüberschaubar zahlreich oder nur gewerblich beschaffbar sind. Dabei ergeben sich drei Umsetzungsalternativen für die qualitative Anpassung der Werbung:

- Zunächst die des **Leitproduktes**. Dabei wird aus dem gesamten Angebot ein Produkt von immenser Bedeutung nach Menge, Image, Neuheitsgrad etc. werblich herausgestellt, an dem sich stellvertretend die Leistungsfähigkeit des Anbieters demonstrieren lässt.
- Eine nächste Möglichkeit ist die der **Beispielprodukte**. Hier werden verschiedene Produkte aus dem gesamten Angebot jeweils einzeln, aber wechselweise hervorgehoben, um an ihnen repräsentativ die Leistungsfähigkeit des Anbieters zu veranschaulichen.
- Ferner kann das gesamte Angebot im Rahmen einer **Bündelungswerbung** ins Blickfeld gestellt werden, um die vollständige Leistungsfähigkeit zu zeigen.

Eine Programmwerbung bedeutet, dass **alle Produkte gemeinsam ausgelobt** werden, was eine relativ hohe Homogenität im Programm voraussetzt. Damit eignet sich diese Variante nicht für spitz positionierte Angebote. Im Übrigen wird auch die kreative Umsetzung leicht unübersichtlich, worunter die Eindrucksqualität aller Produkte wiederum leidet.

Schließlich ist denkbar, an Stelle von Teilen oder des gesamten Angebots ausschließlich die **Organisation** zu prononcieren, indem auf die deduktive Abstrahlung der Imageaufwertung des Absenders auf alle diesen Markennamen tragenden Produkte gesetzt wird. Bei der **Dachwerbung** an Stelle von Produktauslobung werden nicht mehr die einzelnen Produkte beworben, sondern vielmehr der Herstellerabsender (nicht unbedingt die Firma), der diese Leistungen bereitstellt. Es wird auf die deduktive Abstrahlung der Imagewirkung des Markendachs auf alle diesen Markennamen tragenden Produkte gesetzt. Damit gelingt es zwar, alle Produkte im Programm indirekt an der Kampagne partizipieren zu lassen. Allerdings scheint diese Version für heterogene Programme und High-Involvement-Produkte weniger geeignet.

9.1.4 Festlegung des Direktwerbebudgetrahmens

Das Direktwerbebudget kann sich nach unterschiedlichen Maßgaben bemessen:

- **Fortschreibung**/Anpassung aus dem Vorperiodenbudget, was allerdings einer prozyklischen Wirkung entspricht. Hierbei wird ein wie immer auch zu Stande gekommenes Budget der Vorperiode weitergeführt.
- **Anteilssatz** von Umsatz/Gewinn/Deckungsbeitrag/ROI, wodurch die Dynamik der Märkte aber unberücksichtigt bleibt. Auch aus dieser Ableitung folgt als Ergebnisanteil im Übrigen ein prozyklischer Werbeverlauf.

- **Betrag je Absatzeinheit**, wobei dieser Betrag wiederum bestimmt werden muss. Dabei bleibt allerdings die Kostentragfähigkeit außer Acht, es kann allenfalls ein Durchschnittsbetrag festgelegt werden.
- **Ziel-Mittel-Maßstab**, der allerdings wenig operational ist und zudem die individuelle Liquiditätssituation nicht berücksichtigt. Vor allem wird ein zuverlässig quantifizierbarer Zusammenhang zwischen Mitteleinsatz und Marktergebnis vorausgesetzt, der so leider nicht gegeben ist.
- **Fixbetrag** als absolute Summe oder pro Absatzeinheit, der in der Budgetplanung reserviert wird. Auch dieser Maßstab entbehrt einer operationalen Grundlage.
- **Wettbewerbsmaßstab** als Relation aus Werbeanteil an der Branche und Marktanteil in der Branche. Als Basis wird hier der Anteil der Werbeaufwendungen (Share of Advertising), der Anteil der Werbekontakte (Share of Voice) oder der Anteil der Werbeerinnerung (Share of Mind) zu Grunde gelegt. Notwendig ist dazu die Entscheidung zwischen Overspending und Underspending sowie die Quantifizierbarkeit der Mitbewerberbudgets. Allerdings ist die Quantifizierung der Beträge im Below-the-Line-Bereich schwierig.
- Anpassung gemäß **überbetrieblichen** (gesamtwirtschaftlichen) Größen wie Branchenwachstum, Einkommensentwicklung etc. Damit können jedoch keine einzelbetrieblichen Vorsprünge am Markt realisiert werden.
- **Restbetrag** als verfügbare finanzielle Mittel. Dabei wird nach Verplanung aller verfügbaren Finanzmittel ein evtl. noch verbleibender Residualbetrag für Direktwerbemaßnahmen zur Verfügung gestellt.

Bei diesen Daten ist weiterhin zu unterscheiden, welcher Betrag des Budgets „streufähig", also potenziell nachfrage-wahrnehmbar, ist und welcher Betrag an Vorkosten für die Produktion der Werbemittel anfällt, also nicht nachfrage-wahrnehmbar ist bzw. für die Nachbereitung anfällt und die Rentabilität der Bewerbung schmälert.

9.1.5 Bestimmung der Absatzquelle

Die Absatzquelle (Source of Potential Demand) definiert, wo die Kaufkraft am Markt ist, von der ein Angebot leben soll. Bei den Absatzquellen können folgende Optionen unterschieden werden, wobei es durchaus zu einer Veränderung der Angebotsmerkmale kommen kann, wenn dadurch eine ertragreiche Absatzquelle erschließbar scheint.

Alternativen der Absatzquellenbestimmung

Eigene Kunden/gleiches (bestehendes) Produkt:
- Kundenbindung (9.1.5.1)
- Intensitätssteigerung: Verkürzung der Kaufabstände (9.1.5.2)
- Zeitliche Präsenzstreckung (9.1.5.3)

Eigene Kunden/anderes (bestehendes) Produkt:
- Up Selling (9.1.5.4)
- Zusatzverkauf (9.1.5.5)
- Cross Selling (9.1.5.6)

Fremde Käufer/gleiches (bestehendes) Produkt:
- Konkurrenzverdrängung (9.1.5.7)
- Kundenrückgewinnung (9.1.5.8)
- Setalternative (9.1.5.9)

Fremde Käufer/anderes (bestehendes) Produkt:
- Systemwechsel (9.1.5.10)
- Bundling (9.1.5.11)
- Unbundling (9.1.5.12)

Bisherige Nichtkäufer/bestehendes (gleiches oder anderes) Produkt:
- Räumliche Gebietsausweitung (9.1.5.13)
- Produktwandel (9.1.5.14)
- Eroberung (9.1.5.15)

Bisherige Nichtkäufer/neues Produkt:
- Problemweckung (9.1.5.16)
- Marktwachstum (9.1.5.17)
- Marktschaffung (9.1.5.18)

9.1 Tab. 2: *Alternativen der Absatzquellenbestimmung*

9.1.5.1 Kundenbindung

Kundenbindung zeichnet eine eher defensive Absicht und drückt die Loyalität vorhandener Nachfrager zum eigenen Angebot aus. Entscheidend ist dafür, in der konkreten Wahlsituation präsent und profiliert zu sein. Entscheidend dafür wiederum ist die Kundenzufriedenheit, die durch Herstellung einer dialogischen Kontaktbrücke gefördert wird. Die eigenen Abnehmer werden dadurch hinsichtlich der Richtigkeit ihrer Nachfrageentscheidung bestärkt. Denn entscheidend für den Absatzerfolg ist nicht der erstmalige Kauf eines Produktes, sondern die Gewährleistung einer hohen Wiederkaufrate. Diese soll unabhängig von Einwendungen der Konkurrenz zum eigenen Angebot führen.

So beschicken die großen Automobilhersteller ihre Kunden nach dem Kauf im Rahmen von Kundenkontaktprogrammen/KKPs mit Aussendungen, die den Kontakt zum Absender erhalten. Als Absender fungiert sinnvollerweise der Verkäufer des Händlers, bei dem das Fahrzeug gekauft wurde. In dessen Namen und unter Kostenbeteiligung des Händlerpartners werden Anlässe gefunden, mit Kunden in Verbindung zu bleiben (z. B. Gratulation zum Kauf, Erinnerung an die erste Inspektion, Garantieablaufzeit, Wintercheck zur Sicherheit, Urlaubscheck, Erinnerung an die ASU). Kundenbindung wird in der Praxis aber häufig auch auf anderem Weg erreicht, nämlich durch bewusste Inkompatibilität von Systemen. So werden

Nutzer gezwungen, systemtreu zu bleiben, sollen einmal getätigte Investitionen nicht entwertet werden.

Zu diesem Bereich gehören auch die verbreiteten Kundenclubs, häufig verbunden mit Karten (Cards&Clubs).

9.1.5.2 Intensitätssteigerung

Intensitätssteigerung beabsichtigt die Verkürzung der Kaufabstände. Dafür gibt es zwei Ansatzpunkte:

- Erstens eine **engere zeitliche Abfolge** der Verwendung mit der Konsequenz höheren Verbrauchs und früherer Ersatzbeschaffung. Man denke an das Postulat der Zahncremehersteller, dreimal täglich die Zähne zu putzen. Gelingt es, diesen Anspruch durchzusetzen, zieht dies einen um 50 % steigenden Zahncremeverbrauch nach sich.
- Zweitens durch **stärkeren Einsatz des Produktes**, z. B. mittels direkten Auftrags des Flüssigwaschmittels auf verschmutzte Gewebestellen zusätzlich zur normalen Beigabedosierung in der Waschtrommel. Einmalige Effekte nutzen zudem das Gewohnheitsverhalten der Konsumenten. So wurde bei der amerikanischen Zahncreme Crest (von P&G) der Öffnungsquerschnitt der Tube vergrößert, worauf so lange überschüssig viel Zahnpasta auf die Zahnbürste gelangte, bis sich die Verbraucher an eine vorsichtigere Dosierung gewöhnt hatten.

Manipulative Intensitätssteigerung ist auch durch **künstliche Veralterung** (Planned Obsolescense) nach objektivem oder subjektivem Maßstab möglich. Objektiv bedeutet den Einbau von **Sollbruchstellen**, die im Rahmen der Wertanalyse als Einsparpotenziale eingeplant werden und die gesamte Produktlebensdauer auf die kürzeste Teillebensdauer begrenzen. Subjektiv bedeutet, dass an sich noch völlig gebrauchsfähige Produkte durch Sozialtechniken (z. B. **Modediktat**) gesellschaftlich inakzeptabel gemacht und durch neue, zeitgemäße ersetzt werden.

Eine Intensitätssteigerung kann auch dadurch erzielt werden, dass Käufer, die zwei (Dualloyalität) oder mehr Angebote (Multiloyalität) wechselweise kaufen, zum **Exklusivkauf** für das eigene Angebot gewonnen werden.

9.1.5.3 Zeitliche Präsenzstreckung

Präsenzstreckung betrifft die zeitliche Streckung des Angebots und beabsichtigt, unterjährige, saisonale Märkte in ganzjährige zu überführen. Gelingt es, diese zeitliche Restriktion aufzulösen, öffnet sich de facto ein neuer Markt.

So schaffen es die niederländischen Obst- und Gemüseproduzenten durch perfektionierte Treibhaustechnik, selbst im Winter frische Ware anzubieten. Kinderüberraschung von Ferrero ist zwischenzeitlich von einem Saisonartikel (gestartet als Osterei) zu einem ganzjährigen Angebot umgestellt worden. Die Speiseeishersteller propagieren den Verzehr von portioniertem Eis auch außerhalb der warmen Jahreszeit. Vor allem Langnese ist es mit Magnum gelungen, aus dem engen Korsett der zudem noch witterungsanfälligen Sommerzeit auszuscheren und Eis zum Selbstverzehr als Lebensstilmerkmal zu etablieren (was im Übrigen bei Eispackungen als Nachtisch schon vorher gelungen war).

9.1.5.4 Up Selling

Strukturbeeinflussung erfolgt durch Erhöhung des Wertes je Kaufakt. Dies wird infolge Aufstieg zu einem höher wertigen Angebot erreicht. Hierbei liegt das primäre Ziel also nicht in einer Erhöhung der quantitativen Kaufrate. Wenn es gelingt, Kunden zum Kaufentscheid ein höher wertiges Produkt anzudienen, resultiert daraus meist auch höherer Ertrag. Dadurch wird dem Kunden eine markentreue Produktkarriere ermöglicht. Dabei darf allerdings seine finanzielle Leistungsfähigkeit nicht überzogen werden (wie z. B. in der Automobilindustrie).

Zu denken ist in diesem Zusammenhang an die Einführung von Kontoführungspaketen durch die Kreditinstitute. Hier wird von Sparkassen etwa in die Gruppen Girokonto, Girokonto EC, Girokonto Classic und Girokonto Gold unterteilt. Die einzelnen Pakete unterscheiden sich durch den Umfang der Serviceleistungen und dementsprechend auch den Preis. Es bleibt aber naturgemäß bei einem Girokonto je Auftraggeber. Nur wird angestrebt, aus diesem Girokonto ein Mehr an Umsatz herauszuholen. Gelingt es, Kunden vom Umsteigen auf das höher wertige Paket zu überzeugen, kann damit als Folge ein höherer Betrag berechnet werden. Mithin liegt Strukturbeeinflussung vor.

Ein anderes Beispiel sind die Credit-Card-Unternehmen, die durch das abgestufte Angebot verschieden werthaltiger Credit-Cards eine Marken treue Produktkarriere ermöglichen wollen, wobei sich die Leistungsumfänge in der Kartenhierarchie praktisch nur marginal, die Preisunterschiede aber erheblich darstellen.

9.1.5.5 Zusatzverkauf

Zusatzverkäufe beabsichtigen eine Absatzsteigerung, indem das Ausgangsprodukt durch zahlreiche Aufwertungen in seinem Gebrauchswert gesteigert wird. Der dadurch mögliche, optisch attraktive Preis dient nur als Einstieg und ist oftmals intern subventioniert (Ausgleichsnehmer). Das Folgegeschäft jedoch wird zu Preisen abgewickelt, die nicht nur einen angemessenen Gewinn erwirtschaften, sondern darüber hinaus auch die entgangenen Deckungsbeiträge des Ausgangsproduktes (Ausgleichsgeber).

Als Beispiel dient etwa der Markt für Videospiele. Die Gerätekonsole als Basis wird vergleichsweise preisgünstig offeriert und suggeriert ein lohnendes Angebot. Deren volle Leistungsfähigkeit ist jedoch erst nutzbar, wenn Spielemodule dazu gekauft werden. Da sich jedes Spiel emotional schnell abnutzt, steigt im Zeitablauf die Nachfrage nach Spielemodulen, und deren Wert übertrifft schnell den Anschaffungspreis der Konsole. Ähnliches gilt für Sofortbildkameras. Die Hardware wird zu extrem niedrigen Preisen in den Markt gebracht. Schnell wird jedoch klar, dass sich die verbrauchten Filme zu erheblichen laufenden Kosten hochaddieren. Somit ist das Folgegeschäft das eigentlich interessante. Derzeit ist die Entwicklung auch bei Mobilfunkanbietern zu beobachten. Die Endgeräte (Handys) werden zu extrem niedrigen Preisen angeboten, weil die Netzbetreiber diese in Kombinationsangeboten über Einnahmen aus daran gekoppeltem Gesprächsaufkommen (Telefonie) subventionieren.

9.1.5.6 Cross-Selling

Unter Cross-Selling-Angebot ist die Aktivierung von Kunden, die bereits ein anderes Produkt des eigenen Programmes kaufen, zu verstehen. Dem liegt die Erkenntnis zu Grunde, wonach die Marktrealität durch Mehrproduktunternehmen geprägt ist. Damit besteht ein mehrfacher Zugriff auf Nachfrager. So liegt es nahe, diese Zugriffsmöglichkeit zu nutzen, um diesen nachdrücklich gleich mehrere Angebote zu unterbreiten.

Als Beispiel kann das Allfinanzangebot der Banken, Versicherungen, Bausparkassen gelten. Personen, die bereits in einem dieser Bereiche Kunde sind, sollen durch Direktwerbung somit gleichfalls für die anderen gewonnen werden. Der Erfolg ist zumindest bis zur Assimilation der Systeme noch bescheiden. Auch die Mediengruppe Kirch verfolgt diesen Ansatz, da sie eine Verkettung von Zeitungen (Bild/Welt u. a.), Programmzeitschriften (HörZu/Funkuhr u. a.), Privatfernsehen (SAT.1/Pro 7 u. a.), Privathörfunk, Pay-TV-Kanal (Premiere), Kaufvideos (Taurus) und Leihvideos anstrebt. Dabei können sich die einzelnen Angebote gegenseitig im Absatz wirkungsvoll unterstützen. Weitere Beispiele sind die Gaststätte im Warenhaus, die als Frequenzbringer vor allem zur Mittagszeit zum längeren Verweilen animiert, oder die Tankstelle am Verbrauchermarkt, die ebenfalls als Traffic-Builder dient und Zeit sparende Bequemlichkeit bietet. Bei beiden kann im Wege der Mischkalkulation ein optimal akquisitorisch wirkendes Angebot erreicht werden.

9.1.5.7 Konkurrenzverdrängung

Für die Konkurrenzverdrängung bestehen mehrere Möglichkeiten:

- **relativ** bei Marktexpansion durch schnelleres Wachstum als der Mitbewerb bzw. bei Marktkontraktion durch langsameres Schrumpfen als dieser;
- **indirekt** durch Wachstum des eigenen Marktanteils bei Marktstagnation gegen den Misserfolg des Mitbewerbs (dies ist für heutige Märkte charakteristisch),
- **absolut** bei Marktexpansion durch schnelleres Wachstum als der Markt, bei Marktkontraktion durch langsameres Schrumpfen als der Markt (auch dies geht nur zu Lasten des Mitbewerbs),
- **direkt** bei stagnierenden, wachsenden oder schrumpfenden Märkten zu Lasten eines bestimmten Mitbewerbers als frontaler Angriff auf einzelne Konkurrenten (Marketing-Warfare).

Dies erfordert die Aufweichung vorhandener Kundenbindung und Markenloyalität, was gewiss das schwierigste Unterfangen darstellt. Immerhin hält der Mitbewerb dagegen. Von daher ist diese an sich naheliegendste Möglichkeit zwar die spannendste, aber auch die gefahrenträchtigste. Beim „Angriff" kann dann noch zwischen ausweichendem Vorgehen, z. B. durch Besetzung latenter Marktnischen, oder frontalem Vorgehen unterschieden werden.

Als Beispiel kann der Erfolg der Dr. Best-Zahnbürsten (SmithKline Beecham) gelten. Der Zahnbürstenmarkt ist ausgesprochen gering involvierend, die Produkte sind weitgehend homogen, und der Wettbewerb wurde daher im Wesentlichen über den Preis geführt. Dr. Best gelang jedoch eine Konkurrenzverdrängung bis zur Erreichung der Marktführerschaft durch eine überlegene Leistungspositionierung. Dazu wurde die Bedeutung einer „intelligenten" Zahnbürste für die Pflege von Zähnen und Zahnfleisch betont. Durch spezielle Ausstattungen wurde die Zahnbürste so verändert, dass diese Intelligenz im Produkt offensichtlich und nachvollziehbar wurde (rutschfester Griff, Schwingkopfelement zum Druckausgleich, unterschiedlich lange Borsten, verwindbarer Bürstenkopf, Sensorgelenk im Bürstenkopf etc.). Zugleich wurde dieser Anspruch durch ein überzeugendes Key-Visual (Tomate und Zahnbürstendruck), durch ein glaubwürdiges Testimonial (Prof. Dr. James Best) und einen merkfähigen Slogan (Die klügere Zahnbürste gibt nach) penetriert.

9.1.5.8 Kundenrückgewinnung

Angesichts stagnierender oder gar rückläufiger Märkte ist die einseitige Postulierung von Umsatzzuwächsen freilich umstritten. Nicht selten wären Anbieter bereits völlig zufrieden, gelänge es ihnen, ihren bestehenden Umsatz auch nur zu halten. Dabei ist es von zentraler Bedeutung, ehemalige Kunden, die zur Konkurrenz abgewandert sind oder nicht mehr kaufen, zurückzugewinnen. Zur Kundenrückgewinnung (Customer-Recovery) ist zunächst eine Analyse dahingehend notwendig, welche Gründe diese Kunden veranlasst haben, den Anbieter zu wechseln bzw. den Kauf einzustellen. Als problematisch erweist sich dabei die Tatsache, dass der Zugriff auf bestehende Kunden zwar hinlänglich vorhanden, der Zugriff auf ehemalige Kunden aber durchaus schwierig ist. Selbst wenn Kontaktmöglichkeiten bestehen, gilt es immer noch, einen plausiblen Anlass für die neuerliche Kontaktierung zu finden, besonders wenn Unzufriedenheit zum Kundenverlust geführt hat. Denn dann sehen ehemalige Kunden subjektiv berechtigterweise wenig Anlass, sich erneut im Rahmen der Direktwerbung mit einem früheren Anbieter zu beschäftigen. Zumal sie wahrscheinlich anderweitig bestens bedient werden. Chancenreicher ist die Situation jedoch, wenn ein Kundenverlust auf den Wunsch nach Abwechslung (**Variety-Seeking**) zurückzuführen ist. Diese ehemaligen Kunden können durch ein verändertes Angebot (**Produktdifferenzierung**) durchaus aus den gleichen Gründen wieder zurückgewonnen werden, aus denen sie ehemals verloren gegangen sind. Allerdings ist ihre Bindungsfähigkeit begrenzt. Unzufriedene Kunden sind allenfalls durch ein neuerliches Testangebot, evtl. versehen mit Garantiezusagen, zum Kauf zu bewegen.

9.1.5.9 Setalternative

Es ist ein Zeichen der Zeit, dass die Anbieter-/Markentreue der Nachfrager erodiert. Stattdessen wechseln sie zwischen verschiedenen Anbietern/Marken. Und dies durchaus nicht deshalb, weil sie mit ihrem ursprünglichen Angebot unzufrieden wären, sondern selbst bei Zufriedenheit auf Grund der Suche nach Abwechslung. Angesichts dieses unvermeidlichen Trends ist ein Erfolg auch denkbar als Alternative zu einem bisherigen Angebot, also im Wechsel mit dem Stammangebot. Dabei besteht immer noch die Chance, Nachfrager zu gewinnen, die nicht bereit wären, ausschließlich ein Angebot zu nutzen, dies aber sehr wohl im Wechsel tun. Dies setzt freilich voraus, dass das eigene Angebot sich im Set der akzeptierten Kaufalternativen befindet.

Als klassisches Beispiel kann das alkoholfreie Clausthaler-Bier gelten. Da nicht zu erwarten ist, dass Konsumenten ausschließlich alkoholfreies Bier trinken, denn der Anreiz besteht häufig gerade im Alkoholanteil des Bieres, wurde es als gute Lösung angesehen, Clausthaler als Alternative zu normalem (alkoholhaltigem) Bier auszuloben, etwa, wenn man einen klaren Kopf behalten muss oder noch Auto fahren will. Der Slogan (Angebotsanspruch) „Nicht immer, aber immer öfter" suggerierte gerade diesen Wechselkonsum und schaffte damit den Einbruch in den traditionellen Biermarkt. Der Slogan ist zwischenzeitlich sogar zum geflügelten Wort geworden.

9.1.5.10 Systemwechsel

Systemwechsel meint den Wechsel zwischen substitutiven Produktgruppen. Denn meist sind zwei oder mehr Systeme am Markt ähnlich gut zur Problemlösung geeignet. Vor der Markenentscheidung hat daher die Systementscheidung zu erfolgen. Dies bietet sich vor allem an, wenn innerhalb eines gemeinsamen Marktes zwei qualitativ unterschiedliche Produktgruppen vorhanden sind und Kaufkraft von der einen in die andere Kategorie abgezogen werden soll (**Out of Category**). Dies kann aufwärts oder abwärts gerichtet erfolgen. Wird hier die Weiche falsch gestellt, läuft die Nachfrage am eigenen Angebot vorbei.

Ein weiteres Beispiel ist der Erfolg von Punica/P&G. Punica ist innerhalb der Kategorie Fruchtsäfte/Nektare ein eher unterlegenes Produkt, dies wegen seines geringen Fruchtanteils. Insofern kommt Konkurrenzverdrängung, trotz eines Preisvorteils, kaum in Betracht. Innerhalb des Markts für alkoholfreie Erfrischungsgetränke (AFG) gibt es jedoch weitere Kategorien, vor allem Limonaden kommen der Nutzung von Fruchtsäften recht nahe. Die Idee von Punica bestand nun darin, statt Kaufkraft von notwendigerweise leistungsüberlegenen Fruchtsäften abzuziehen, was gerade wegen des gesundheitssensiblen Charakters schwierig ist, eher Kaufkraft von der unterlegenen Kategorie Limonade abzuziehen. Dies gelingt allerdings nur dann, wenn man den hohen Zuckeranteil von Limonaden als potenziellen Gefährdungsfaktor ausmacht. Dies spricht vor allem Mütter an, die latente Bedenken gegen den Genuss von Limonade durch ihre Kinder haben, diesen aber doch, vor allem mangels preisgünstiger Alternative, dulden. Im Vergleich zu diesen „bedenklichen" Limonaden ist aber selbst der einfachste Fruchtsaft das vorteilhaftere Produkt, bei vergleichbarem Preisniveau. Also kommt es zum Überwechseln aus der Kategorie Limonade in die Kategorie Fruchtsaft innerhalb des Erfrischungsgetränkemarkts.

9.1.5.11 Bundling

Bundling betrifft die Zusammenfügung von seither selbstständigen Angeboten zu einem neuen Gesamtangebot, das ein neuartiges Erlebnis hervorbringt. Der daraus resultierende Vorteil kann ein Leistungsnutzen sein, indem das synergetische Zusammenwirken von Einzelkomponenten zu mehr Leistung bei gleichem Preis führt, oder es stellt sich ein Preisnutzen ein, wo die insgesamt höhere Abnahmemenge eine Realisierung der gleichen Leistung zu einem geringeren Preis zeitigt. Dies betrifft sowohl Produkte als auch Produkt-Dienstleistungs-Kombinationen (**Systems-Selling**).

Als Beispiel dient die Bündelung von Einzelgeräten als Paketangebot bei Computern, wobei PC, Drucker, Bildschirm(karte), Maussteuerung, Betriebssystem-/Anwendungssoftware etc. gemeinsam mit Preisersparnis abgegeben werden. Weit verbreitet ist diese Anwendung auch bei Industriegütern. Hier geht es bei den **Turn-Key-Projects** vor allem darum, eine betriebsfertige Anlage zu erstellen, weshalb sich wegen der Verschiedenartigkeit der dazu benötigten Teile meist mehrere Hersteller in Konsortien zusammenschließen, um als Sublieferanten je ein individuelles Produkt abzuliefern. Dadurch lassen sich bedeutsame Wettbewerbsvorteile erzielen.

9.1.5.12 Unbundling

Das Unbundling bedeutet die Auflösung von bisher gemeinsam angebotenen Produkten zu Einzelangeboten. So besteht nicht immer Bedarf nach einer Komplettlösung, vielmehr reichen Teillösungen als Ersatz oder Einstieg völlig aus. Zerlegt man ein Komplettangebot nun in solche selbstständigen Teilangebote, kann dadurch neue Nachfrage generiert werden.

Als Beispiel sei die Auftrennung eines Hi-Fi-Turms in Einzelkomponenten und deren separates Angebot genannt. So besteht immer dann, wenn schon einzelne taugliche Hi-Fi-Komponenten vorhanden sind, kein Bedarf nach einer anderen vollständigen Gerätelösung, sondern vielmehr eher nach deren Ergänzung. Damit kann ein Anbieter, der bisher nur Hi-Fi-Türme angeboten hat, ein neues Programm attraktiver Einzelangebote offerieren.

9.1.5.13 Räumliche Gebietsausweitung

Gebietsausweitung erfolgt durch Nutzung neuer Märkte im In- und Ausland. Dabei sind die Fragen der **Marktwahl**, des **Marktzugangs** und der **Marktführung** zu klären. Dabei geht es um das Bestreben, durch Ausweitung des Absatzgebiets einer größeren Zahl von Nachfragern Zugang zum Produkt zu verschaffen und dadurch zusätzliche Kaufkraft zu mobilisieren. Die Gebietsausdehnung vollzieht sich intranational oder supranational, Ersteres innerhalb des Hoheitsgebiets eines Staates, Letzteres ländergrenzenübergreifend. Intranational kann die Gebietsausdehnung vor sich gehen, indem ein lokaler Anbieter seinen Absatzraum auf regionaler Ebene ausweitet oder ein regionaler Anbieter seinen Absatzraum auf nationaler Ebene vergrößert. Supranational geschieht die Gebietsausdehnung, wenn ein nationaler Anbieter seinen Absatzraum auf internationaler Ebene ausdehnt.

Als Beispiel kann das Eindringen des größten amerikanischen Handelskonzerns, Wal-Mart, in den europäischen Markt angeführt werden. Durch Übernahme der Wertkauf-Kette konnte so auf dem hoch kompetitiven deutschen Markt ein Standbein geschaffen werden. Zugleich wird nunmehr die Wal-Mart-typische Positionierung der totalen Kundenorientierung (Total Customer Care) dort umgesetzt. Dazu gehören z. B. der Greeter, meist ein pensionierter Mitarbeiter, der die Kunden am Eingang freundlich im Laden willkommen heißt, oder die 10-Feet-Regel, die besagt, dass jeder Mitarbeiter auf einen Kunden zugehen und ihn fragen soll, womit man ihm helfen kann, sobald er sich in weniger als zehn Fuß Entfernung (etwa drei Meter) befindet. Ob damit allerdings eine Kopie der Erfolgsgeschichte im Heimatmarkt bei abweichender Konsumkultur hier zu Lande möglich ist, bleibt abzuwarten.

9.1.5.14 Produktwandel

Dies bedeutet, **neue Einsatzmöglichkeiten** bei Gewinnung neuer Angebotsnutzer aufzuzeigen. Als Beispiel mag der Ausbau herkömmlicher Textverarbeitungsprogramme um DTP-Funktionen gelten. Dadurch werden neue Anwendungen erschlossen wie etwa Seitengestaltung, die diese Software auch für Personen interessant macht, für die reines Word-Processing irrelevant ist. Dadurch werden neue Marktpotenziale erschlossen. Ein ähnliches Ziel verfolgt Jägermeister mit seiner Etablierung als Longdrink (Jägermeister Tonic), wie dies in Südeuropa vielfach üblich ist. An die Stelle des gesunden, aber doch betulichen Kräuterlikörs soll damit das moderne, lifestylige Mixgetränk treten. Ein erster Anlauf zur Verhaltensänderung ist hierzulande allerdings kläglich gescheitert, was bei näherem Hinsehen auch nicht weiter verwundert. Weitere gescheiterte Beispiele sind z. B. Stofftiere zum Verschenken unter Erwachsenen (Steiff) und Kräuterjoghurt als Brotaufstrich (Lünebest). Mit durchschlagendem Erfolg werden hingegen für gesundheits- und kalorienbewusste Konsumenten Lightversionen aller möglichen Produkte lanciert (Zigaretten, Softdrinks, Kaffees, Wurstwaren etc.). Oft dient das Lightargument auch als Alibi zur Überwindung kognitiver Dissonanzen beim Kaufentscheid.

Zu denken ist auch an Eierlikör, dem als Getränk, wohl unberechtigterweise, unterstellt wird, dass es eher von ältlichen Damen mit spitzen Fingern zum nachmittäglichen Nostalgieplausch eingenommen wird. All jenen, die sich nicht dazuzählen, eröffnet sich eine ganz neue Produktperspektive im Einsatz als exquisite Zugabe zu Desserts wie Gebäck, Pudding oder Eiscreme. Dadurch werden Modernität und Akzeptanz gefördert, was in Kaufneigung resultiert (ähnlich bei Klosterfrau Melissengeist, das nunmehr als Stärkungsmittel auch für junge Leute ausgelobt wird).

9.1.5.15 Eroberung

Bei der Aktivierung seitheriger Nichtkäufer („Eroberung") handelt es sich um generische Direktwerbemaßnahmen an Abnehmer, die auf Grund ihrer objektiven Merkmale zwar als Käufer in Frage kommen, ein entsprechendes Angebot aber dankend ablehnen, um ihnen die Attraktivität des Ge- oder Verbrauchs nahe zu bringen. Die Ablehnung kann im Mangel an Bekanntheit oder Interesse liegen. Gelingt es, dieses Nachfragepotenzial zu aktivieren, kann der Markt besser ausgeschöpft werden (Rationalisierung/Hebelwirkung).

Als Beispiel kann das Produkt Milchschnitte (Ferrero) dienen. Früher wurde es als gesunde Aufbaunahrung für Kinder (z. B. in den Schulpausen) ausgelobt. Durch die geburtenschwachen Jahrgänge erodiert diese Zielgruppe jedoch. Daher war es erforderlich, neue Nachfrager für dieses Produkt zu interessieren. So wird Milchschnitte heute als moderne, gesunde Zwischenmahlzeit für junge, sportliche Erwachsene ausgelobt. Damit wird einerseits gewohnter Konsum fortgeschrieben, andererseits die stigmatisierende Aura des Kinderproduktes beseitigt.

Als Beispiel kann auch das von Duplo als der „wahrscheinlich längsten Praline der Welt" gelten. Ursprünglich war Duplo ein normaler Schokoriegel, vorwiegend zum Selbstverzehr und für Kinder gedacht. Die neue Einsatzmöglichkeit liegt im Anbietprodukt, was durch die Analogie zur Praline als ebenfalls typischem Anbietprodukt dramatisiert wird. Als Verbraucher werden dabei nunmehr junge Erwachsene angepeilt. Das Gleiche gilt auch für andere Ferrero-Produkte wie Kinder-Schokolade oder Kinder-Country, die nun auch von Erwachsenen verzehrt werden sollen.

9.1.5.16 Problemweckung

Die Problemweckung zielt auf potenzielle Nachfrager, die ein Angebot zwar kennen, aber nicht als relevant empfinden, weil sie glauben, es nicht zu benötigen bzw. sie etwas brauchen, was das Angebot vorgeblich nicht zu leisten im Stande ist. Diese sollen für ihr Problem und die sich ergebende Problemlösungsmöglichkeit sensibilisiert werden. Dies enthält zugleich einen ernst zu nehmenden Vorwurf gegen das Marketing, wonach dieses eine Komplizierung des Umfelds hervorruft, indem es Probleme überhaupt erst generiert oder zumindest bewusst macht, um sie dann durch in ihrem Absatz zu fördernde Produkte, deren Berechtigung ansonsten schwer einsehbar ist, aufzulösen.

Bezeichnend sind in dieser Hinsicht so schwer wiegende Probleme wie, Schokodrops, die nicht in der Hand schmilzen (M & M's), und Boden und Möbel, die in der Küche frühlingsfrisch duften (Der General). Ähnliches gilt für das Tiefbrühen von Kaffee oder die Vermeidung von Gefrierbrand (beide Melitta).

Dies führt allerdings zu einer verbreitet kritisierten Komplizierung des Einkaufs durch Vermarktungsaktivitäten der Hersteller.

9.1.5.17 Marktwachstum

Bei Marktwachstum wird auf kompetitive Aktivitäten gegenüber dem direkten Mitbewerb verzichtet und stattdessen darauf gesetzt, am Zuwachs des Markts mindestens proportional, möglichst aber überproportional zu partizipieren. Dies wird durch **generische** Aktivitäten erreicht, die für eine allgemeine Potenzialsteigerung sorgen. Damit müssen oft marktmächtige Mitbewerber nicht durch Frontalangriff provoziert werden. Nachteilig ist jedoch, dass Märkte mit originärem Wachstum kaum mehr anzutreffen sind. Vielmehr ist die Realität durch stagnierende oder gar schrumpfende Märkte gekennzeichnet. Daher bleibt der Einsatz dieser Alternative letztlich eng begrenzt.

Als Beispiele können die Positionierungen der diversen Onlinedienste gelten. Sie betonen in der Direktwerbung jeweils gattungsmäßige Vorteile des Internets und wollen damit Interessenten zu ihrem Providerservice ziehen. Auf komparative Vorteile des eigenen Angebots wird hingegen kaum eingegangen. Zumal als wohl einziger Differenzierungspunkt die Tarife in Betracht kommen, denn die technische Vermittlungsleistung ist bei allen Onlinediensten gleich. Allerdings handelt es sich um einen stark wachsenden Markt, in dem es noch reicht, eher holzschnittartig die allgemeinen Nutzen des „Onlineseins“ zu dramatisieren und im Übrigen einen möglichst großen Anteil am Werbevolumen (Share of Voice) einzunehmen. Denn wer im Bewusstsein der Zielpersonen am präsentesten ist (Share of Mind), hat die Chance, am Marktwachstum am meisten zu partizipieren.

Ein historisches Beispiel ist die Propagierung der Vorteile des Leasings gegenüber dem Kauf von Autos durch die V.A.G.-Leasing. Dabei wurden lange Zeit die gattungstypischen Vorteile des Leasing ausgelobt, ohne auf besondere Vorteile des V.A.G.-Leasings gegenüber dem Leasing anderer Marken einzugehen. Als Marktführer ging Volkswagen davon aus, vom Trend zum Leasing ohnehin am meisten zu profitieren.

Derartige Maßnahmen bieten sich auch in Monopolmärkten an. So versuchte die damalige Bundespost mit Erfolg jahrelang, die Anzahl der Telefonanschlüsse voranzutreiben. Und so unternehmen Bundesbahn und öffentliche Personennahverkehrsbetriebe starke Anstrengungen, notorische Autofahrer zum Umsteigen auf ihre Verkehrsmittel zu bewegen.

9.1.5.18 Marktschaffung

Marktschaffung erfolgt durch das Angebot völlig neuartiger Problemlösungen. Dies ist allerdings äußerst selten der Fall. Denn meist ersetzen neue Produkte lediglich alte. Zum Beispiel CD-Player, die Analogplattenspieler ablösen, Camcorder, die an die Stelle von Super-8-Kameras treten, Telefaxtechnik, die Telextechnik folgt usw. Viel seltener gelingt es, originär neue Märkte zu etablieren, die Angebotsmerkmale aufweisen, die es bis dato noch nicht gab, beispielsweise PCs, Videorecorder oder portionierte Joghurts, aber auch Post-it-Zettel (3 M). Nur im Hinblick auf derartige Produktkategorien liegt wirklich ein neuer Markt vor, der in der Lage ist, zusätzliche Kaufkraft hervorzubringen. Leider sind solche Quantensprünge recht selten.

Ein anderes Beispiel ist der Mobilfunkmarkt. Hier wird in der Tat seit einiger Zeit ein Nutzen geboten, der in dieser Form vorher in keiner Weise verfügbar war. Dieses Angebot wird aber erstaunlicherweise nicht nur durch Telekommunikationsunternehmen vertreten, sondern auch von vordem völlig branchenfremden Anbietern wie dem Metallkonzern Mannesmann oder den Energiekonzernen Veba und RWE, bei Letzteren allerdings mit wechselndem Erfolg.

9.1.6 Bestimmung der Zielpersonengruppe

Die Zielpersonengruppe beantwortet die Frage, welche Personen die in der Absatzquelle bestimmte Nachfrage verkörpern. Dafür gibt es mehrere Alternativen.

Demografische Daten ergeben sich durch statistische Auswertungen nach

- **Geschlecht**,
- **Altersklasse**, normalerweise zur Vereinfachung in 5-Jahres-Schritte eingeteilt, beginnend mit 14 Jahren, endend mit über 70 Jahren,
- **Haushaltsführung/Kaufentscheid** (bedeutsam für Produktwahl und Auftragskäufe),
- **Einkommen** (Haushaltsnettoeinkommen, persönliches Einkommen, frei verfügbares Einkommen), HHNE normalerweise in 250-EUR-Schritten rubriziert, beginnend mit unter 750 EUR, endend mit über 2.500 EUR, jeweils pro Monat, das durchschnittliche HHNE liegt derzeit bei ca. 2.200 EUR (ABL), eigenes Einkommen normalerweise in 250-EUR-Schritten rubriziert, beginnend mit unter 500 EUR, endend mit über 1.250 EUR, das durchschnittliche eigene Einkommen liegt derzeit bei ca. 1.400 EUR (ABL),
- **Familienstand**,

- **Ausbildung** (Schule/Lehre), normalerweise unterteilt in Volksschule/Grund- und Hauptschule ohne Lehre, Volksschule/Grund- und Hauptschule mit Lehre, weiterführende Schule ohne Abitur, Abitur, Hochschule/Universität,
- **Tätigkeitsgruppe**, erfasst werden zumeist Inhaber/Leiter/freie Berufe, kleine und mittlere Selbstständige/Landwirte, leitende Angestellte/Beamte, sonstige Angestellte/Beamte/nicht berufstätig gewesen, Facharbeiter/sonstige Arbeiter, außerdem in Ausbildung befindlich, berufstätig, nicht berufstätig, Rentner,
- **Haushaltsgröße/Kinderzahl**, normalerweise unterteilt in ein, zwei, drei, vier, fünf und über fünf Personen im Haushalt, Kindesalter in 4-Jahres-Schritten, beginnend mit unter sechs Jahren, endend mit 14 Jahren,
- **Wohnortgröße** (Bundesland/Nielsen-Gebiet), normalerweise in Schritten zu unter 5.000, unter 20.000, unter 100.000, unter 500.000, über 500.000 Einwohner.
- **sonstigen Merkmalen** wie Konfession, Jahr der Eheschließung, Stockwerk/Parteien im Wohnhaus, Wohndauer, Zeit außer Haus etc.,
- **Besitzstatus**, etwa von Immobilien, Automobile, Gärten, Haustiere etc. Innerhalb der Merkmale kann wiederum abgestuft werden, z. B. Rasenmäher für Besitzer kleiner Gärten und großer Gärten.

Denkbar ist auch, bei **objektiven** Kriterien anzusetzen, soweit diese im Datenstamm erfasst und aus diesem sichtbar sind. Dabei sind vor allem folgende zu nennen:

- Die **Preisbedeutung** bezieht sich z. B. auf die Bevorzugung bestimmter Preisklassen beim Kauf oder auf den Kauf von Sonderangeboten nach Preis-Leistungs-Verhältnis.
- Die **Einkaufsstättenwahl** bezieht sich z. B. auf die Präferenz für bestimmte Betriebstypen des (Einzel-)Handels oder einzelne Geschäftsstätten.
- Der **Einkaufszeitpunkt** bezieht sich z. B. auf Saisonschlussverkäufe als bevorzugte Termine für Modeartikel. Zu denken ist auch an die Wahl der Vorsaison für Urlaubsreisen oder Subskriptionen bei Verlagsprodukten.
- Die **Produktartenwahl** bezieht sich z. B. auf den Kauf bzw. Nichtkauf bestimmter Produktgruppen. So werden Cabrios naturgemäß von anderen Käufern bevorzugt als Jeeps oder Großraumlimousinen.
- Das **Produktvolumen** bezieht sich z. B. auf das Kauf- und Verbrauchsvolumen. So werden Großpackungen vorwiegend von Intensivverwendern und Großverbrauchern, Kleinpackungen hingegen von Extensivverwendern gekauft.

Denkbar ist weiterhin der Ansatz bei **psychografischen** Kriterien, soweit diese im Datenstamm erfasst sind. Dabei sind vor allem folgende zu nennen:

- **Subkulturen** sind geschlossene Segmente innerhalb der Gesellschaft, die sich nach z. B. ethnischen (Rasse, Religion, Nationalität etc.), altersbezogenen (Kinder, Jugendliche, Senioren etc.) oder räumlichen Gesichtspunkten (Stadt, Vorort, Land etc.) abgrenzen.
- **Soziale Schichten** zeichnen sich durch die Gleichartigkeit ihrer Lebensumstände aus und weisen damit den gleichen Status auf (meist durch Ausbildung/Einkommen differenziert). Daraus folgt gleichartiges Kaufverhalten, das die Zusammengehörigkeit unterstützt.
- Die **Meinungsführer** stellen eine wichtige Zielgruppe dar, weil sie für einen Multiplikationseffekt von Botschaften in ihrem sozialen Umfeld sorgen. Außerdem sind sie häufig Heavy Users. Allerdings ist ihre Identifikation schwierig. Dazu werden Merkmalskataloge der Persönlichkeit zugrunde gelegt (vor allem in Bezug auf Kommunikation).
- **Innovatoren** sind Personen mit geringer Risikoscheu, die im Zeitablauf Neuerungen als erste adoptieren. Sie bringen damit Diffusionsprozesse erst in Gang und unterscheiden sich hinsichtlich ihrer Persönlichkeitsmerkmale signifikant von den später aktivierten Adopterkategorien. Sie sind meist durch geringeres Alter, höheres Einkommen, höheren Berufsstand, höheres Bildungsniveau, besseres Produktwissen und größeres Produktinteresse als der Durchschnitt gekennzeichnet.

Typologische Daten entsprechen der Kombination psychologischer und soziologischer Merkmale zu artifiziellen Typen etwa in Form der **Lifestyletypologie** (M.C.&Leo Burnett), der **Typologie Sozialer Milieus** (Sinus) oder der Typologie der Familienlebenszyklusstadien. Typologien bündeln die vielfältigen Aspekte soziologischer und psychologischer Art, die Zielgruppen charakterisieren. Dabei entsteht eine sehr große Bildhaftigkeit durch Reduktion der Informationen auf wenige Typen, die stellvertretend für ein Segment von Personen mit sehr ähnlichen Persönlichkeitsmerkmalen stehen. Allerdings wird diese Prägnanz durch eine gewisse Holzschnittartigkeit erkauft, die zu vergröbernden Charakterisierungen bis hin zur Überzeichnung führen. Dennoch sind Typologien vor allem für kreativ arbeitende Menschen eine große Arbeitshilfe.

9.1.7 Bestimmung der Angebotspositionierung

9.1.7.1 Begriffsinhalte

Der Begriff Positionierung wird als Wechselvokabel für zwei verschiedene Tatbestände verwendet. Erstens versteht man unter Positionierung ein grafisches Verfahren (Mapping) durch statistische Datenerhebung und -auswer-

tung, zweitens versteht man darunter das Ergebnis der Konzeptdefinitionen im Marketing (Positioning) mit Angebotsanspruch und Anspruchsbegründung.

Als **grafisches Verfahren** bedeutet Positionierung allgemein die **Anordnung von Objekten in einem mehrdimensionalen, möglichst niedrig dimensionierten Positionierungsraum**, um darin Koordinaten für Objekte festzulegen. Dabei werden mehrere Objekte derart in einem meist zwei- oder dreidimensionalen Marktraum topologisch abgebildet, dass diese umso näher beieinander liegen, je ähnlicher sie objektiv sind bzw. als je ähnlicher sie wahrgenommen werden. Als Objekte kommen allgemein Anbieter, Nachfrager, Absatzmittler, Produkte, Bedürfnisse, Werbeaussagen, Personen, Organisationen etc. in Betracht.

Dadurch wird die relative Position eines Objekts im Umfeld konkurrierender Objekte bestimmt. Der **Positionierungsraum wird durch Achsen gebildet**, die Eigenschaften darstellen. Sind die Eigenschaften **objektiv messbar**, handelt es sich um einen Eigenschaftsraum. Sind sie **subjektiv erlebbar**, handelt es sich um einen **Wahrnehmungsraum**. Da subjektiv erlebte Eigenschaften auf eine oder mehrere objektiv messbare Eigenschaften zurückgehen, ist der Wahrnehmungsraum meist geringer dimensioniert als der Eigenschaftsraum. Eine Übertragung zwischen beiden ist jedoch nicht vom geringer in den höher dimensionierten Raum möglich.

Im Positionierungsraum können sowohl nur **reale** (**Ähnlichkeitsraum**) als auch nur **ideale** Objekte (**Präferenzraum**) oder aber **beide gemeinsam** abgebildet werden (**Joint-Space**). Basis sind dabei jeweils individuelle Urteile von Auskunftspersonen. Die Darstellung ist rein deskriptiv, normativ wird sie erst, wenn die optimale Positionierung bestimmt werden soll. Man spricht dann von Positionierungsmodellen.

Dabei muss über Verfahren sichergestellt werden, dass als Ideal nicht utopische Merkmalskombinationen (z. B. besonders gut und gleichzeitig besonders billig) angegeben werden. Außerdem ist die Gewichtung von Merkmalen zu bedenken. Ursprünglich war die räumliche Darstellung von ferner liegenden und näher stehenden Objekten nur metaphorisch, also im symbolischen Sinn, gemeint, später wurden daraus mathematisch-geometrische Modelle zur Abbildung der realen Gegebenheiten.

Positionierung ist also die Anordnung marktrelevanter Meinungsobjekte in einem mehrdimensionalen Positionierungsraum derart, wie sie von Zielpersonen subjektiv wahrgenommen werden. **Die Distanzen zwischen den Objekten im Raum sollen eine möglichst hohe Übereinstimmung mit der Metrik oder Rangordnung** (je nach Skalierungsniveau) **der Objekte hinsichtlich des zu Grunde gelegten ganzheit-**

lichen Vergleichskriteriums haben. Ähnlichkeitsdaten können auch durch Feststellung der **Verwechslungsfähigkeit** von Objekten ermittelt werden, Präferenzdaten durch individuelle **relative Gewichtung von Eigenschaften**.

Man kann danach unterscheiden, ob das Modell vorsieht, dass Nachfrager ausschließlich dasjenige Produkt erwerben, das ihrer Idealvorstellung am Nächsten kommt (**Single-Choice-Modelle**) oder ob jede Objektpositionierung eine von Null verschiedene Kaufwahrscheinlichkeit hat, die vom Abstand dieses Objekts zur Idealvorstellung relativ zur Summe der Abstände aller Objekte zu dieser Idealvorstellung eines Nachfragers abhängt (**Wahlaxiom-Modelle**).

Die Positionierung kann zwei Ansätze verfolgen:

- die Anpassung der angebotenen Leistungen an die Nutzenerwartungen der Kunden (**Outside in**); dies entspricht der klassischen Marketingsichtweise,
- die Anpassung der Nutzenerwartungen der Kunden an die angebotenen Leistungen (**Inside out**); dabei sind die Kernkompetenzen des Unternehmens Ausgangspunkt.

Die **normative** Komponente einer optimalen Positionierung wird erst durch Positionierungsmodelle angestrebt.

9.1.7.2 Positionsentwicklung

Elemente der Positionsentwicklung
• Abgrenzung des relevanten Markts • Angebotsmerkmale auf diesem Markt • Wahrnehmungs- und Beurteilungsdimensionen des Angebots • Auswahl der strategischen Mitbewerber • Wahrnehmungs- und Präferenzurteile über Angebote • Ausfüllung des Produktmarktraums • Interpretation der Erhebungsergebnisse • Marktsegmentierung • Schätzung der Segmentpotenziale • Entwicklung der Positionierungsstrategie

9.1 Tab. 3: *Positionsentwicklung*

Im Unterschied zur analytischen (durch Positionierungsmodelle) ist auch eine deskriptive, praxeologische Positionsentwicklung möglich. Folgende Arbeitsschritte sind dabei chronologisch angebracht:

- **Abgrenzung des relevanten Markts**. Die Hypothese der totalen Konkurrenz, d. h., alles steht mit jedem in Wettbewerb um die Verwendung knapper Finanzmittel, führt zu keiner wünschenswerten Einengung des Marktumfelds. Dabei kommt es weniger auf die objektive Ähnlichkeit von Angeboten an (= Angebotskonkurrenz) als vielmehr auf ihre Eignung, ähnliche Bedarfe zu befriedigen (= **Bedarfskonkurrenz**). Das ist meist aber alles andere als eindeutig. So kann etwa der Bedarf Pausensnack durch so verschiedenartige Produkte wie Schokoriegel, Joghurt/Quark, Obst/Gemüse, Gebäck etc. gleichermaßen gedeckt werden. Nachlässigkeiten bei der Marktabgrenzung wirken sich aber schädlich aus. So werden Sachbuchverlage, die ihren Markt als durch die Darbietungsform Buch abgegrenzt definieren, in dem Maße Probleme erleben, wie neue Medienformen (etwa Diskette, CD-ROM, CD-I, Online) an Boden gewinnen. Zutreffend ist vielmehr die Abgrenzung durch Wissensvermittlung gleich in welcher Form. Im Zweifel ist eher eine weite Marktabgrenzung zu fassen, als von vornherein Marktchancen auszugrenzen. Theoretisch ist dieses Problem ungelöst. Praktisch werden relevante Märkte zumeist nach räumlichen, zeitlichen, sachlichen oder persönlichen Kriterien abgegrenzt.

- **Angebotsmerkmale auf diesem Markt**. Dabei geht es nicht nur um eine bloße deskriptive Fleißarbeit, sondern vor allem um die Darlegung der Anbieterqualität. Allerdings sollte die Betrachtung auf aktuelle Anbieter beschränkt bleiben, da ansonsten leicht die Übersicht verloren geht. Dazu steht auch umfangreiches, sekundär statistisches Material zur Verfügung (z. B. Verbandsverzeichnisse, Messekataloge). In gut organisierten Unternehmen liegt für diese Fälle ein **Brand-Fact-Book** bereit, das die zur Analyse erforderlichen Informationen vollständig und aktuell enthält, so dass Hektik und Stress beim Zusammentragen der Datengrundlage gänzlich entfallen. Freilich verlangt dieses Hilfsmittel eine kontinuierliche Pflege.
- Aus diesen Daten erwächst die Erkenntnis über die **Wahrnehmungs- und Beurteilungsdimensionen**, hinsichtlich derer Zielpersonen ein Objekt einschätzen. Nach der Festlegung dieser Dimensionen wird zumeist versucht, **die beiden als kaufbestimmend erscheinenden Produktdimensionen** festzulegen, um diese grafisch darstellen zu können. Sie bilden dann die Achsen eines Koordinatensystems. Dabei repräsentiert meist die eine Dimension **Preis bzw. Wert** und die andere **Leistung bzw. Funktion**. So können als für die Beurteilung einer Sportcoupémarke entscheidend die Dimensionen Motorleistung und Überholprestige angesehen werden, für die Beurteilung einer Porzellanmarke Design und Preis, für die Beurteilung einer Seifenmarke Pflege und Duft, für die Beurteilung von Zigaretten Geschmack und Image etc. Sinnvollerweise werden in einer Vorstudie zunächst alle in Frage kommenden Dimensionen bei Zielpersonen abgefragt. Diejenigen Dimensionen, die häufiger genannt werden, werden dann bei einer größeren Zahl von Zielpersonen nach ihrer Relevanz abgefragt.
- **Auswahl der strategischen Mitbewerber**. Naturgemäß sind nicht alle Anbieter gleichermaßen interessant, sondern nur wenige ausgewählte von ihnen. Meist handelt es

sich um die größten Anbieter (Leverageeffekte) oder solche, die Arbitrageeffekte aus anderen Märkten nutzen können, oder die man für das eigene Angebot sehr gefährlich werdend hält. Dabei ist im Zuge der Internationalisierung der Märkte auch das ausländische Angebot einzubeziehen. Die weitere Analyse konzentriert sich auf diese relevanten Mitbewerber.

Die Positionierung von Realobjektpositionen kann in Clustern (Segmenten) nach Nachfragerpräferenzen derart ausgewiesen werden, dass Positionierungen innerhalb eines Clusters untereinander eine höhere Austauschbarkeit haben als zu Positionierungen anderer Cluster. Dadurch entsteht ein **Gruppenwettbewerb**. Die Konkurrenz zwischen den Segmenten gibt dabei die Intensität der Wettbewerbsbeziehungen eines Markts auf Grund der Analyse der Überschneidungen der Angebotspräferenzen unter den Segmenten an (Intersegmentkonkurrenz). Die Konkurrenz innerhalb eines Segments gibt die Intensität der Wettbewerbsbeziehungen auf Grund der Analyse der Überschneidungen der Angebotspräferenzen innerhalb eines Segments an (Intrasegmentkonkurrenz).

- Die einzelnen Angebote am Markt werden dann hinsichtlich ihrer **Wahrnehmungs- und Präferenzurteile** erhoben. Aus dieser Bewertung ergibt sich die relative Position im Koordinatensystem. Dabei kommt es in der Praxis nicht so sehr auf Feinheiten an, vielmehr werden die Beurteilungen verschiedener Entscheider voneinander abweichen. Solange es dabei gelingt, die wesentlichen Dimensionen und Positionen herauszuarbeiten, ist die Aussage aber durchaus brauchbar.
- Bei der **Ausfüllung des Produktmarktraums** handelt es sich um das Kernstück der Positionsentwicklung durch Erhebung der als Nachfrage wirksam angesehenen, voneinander unabhängigen Entscheidungsdimensionen (z. B. durch Ranking). Die Erhebung erfolgt am besten durch Ratingskalen für jede Dimension einzeln, da ansonsten eine Überforderung der Befragten vorliegen kann (Profildarstellung). Zugleich werden diese Zielpersonen dahingehend befragt, wie sie die Position konkurrierender Angebote relativ zum eigenen einordnen. Schließlich werden die Zielpersonen auch dahingehend abgefragt, wie ein aus ihrer Sicht ideales Angebot hinsichtlich der zu Grunde gelegten Dimensionen einzuordnen wäre. Es wird unterstellt, dass diese Idealposition die Position der Kunden im Markt wiedergibt. Anders als diese kompositionelle Methode könnte auch dekompositionell (Verbundmessung) versucht werden, aus der subjektiven Mitbewerberwahrnehmung die Eigenschaftsdimensionen und deren Anteile am Gesamteindruck abzuleiten. Allerdings ist auf diese Weise keine Idealposition konstruierbar.
- Bei der **Interpretation** der Erhebungsergebnisse wird wie folgt vorgegangen. Die Elemente der Positionierung, also die bestimmenden Eigenschaftsdimensionen, die eigene Realpo-

sition des Angebots, die Realpositionen konkurrierender Angebote und die Idealposition der Kunden, werden in einem möglichst gering dimensionierten Merkmalsraum, meist einem zwei- oder dreidimensionalen Koordinatensystem, gemeinsam so abgetragen, dass ihre Koordinaten den Ausprägungen wesentlicher Merkmale entsprechen. Dazu dienen multivariate statistische Verfahren. Danach wird überprüft, ob die eigene Ist-Position und die Zielposition bereits hinlänglich übereinstimmen. Danach erfolgt die Prüfung der Abstände konkurrierender und eigener Ist-Positionen relativ zur Idealposition. Allerdings kann sich mit Einführung eines neuen Angebots die Kaufwahrscheinlichkeit aller vorhandenen Angebote verändern, obgleich die Rangordnung der Wahrscheinlichkeiten erhalten bleibt. Schließlich erfolgt eine **Prüfung der Abstände der eigenen Position von denen konkurrierender Angebote** (Interdistanzen). Dies kann als Maß für die jeweilige Wettbewerbsintensität am Markt angenommen werden.

- **Marktsegmentierung**. Für gewöhnlich ergeben sich nunmehr Produktmarkträume, die dichter besetzt, und solche, die weniger dicht besetzt sind. Es liegt nahe, sich für die weitere Arbeit letzteren zuzuwenden. Vorher aber sollte geprüft werden, ob diese freien Marktnischen/-felder nicht nur deshalb nicht besetzt sind, weil dort kein sinnvolles Angebot zu machen ist. So ergeben sich freie Marktfelder gewöhnlich aus der **Kombination aus hohem Preis/Wert bei niedriger Leistung/Funktion** und umgekehrt, was offensichtlich wenig Erfolgspotenzial birgt. Andererseits kann es sinnvoll sein, sich in Marktfeldern zu positionieren, die von anderen Anbietern bereits vorbereitet worden sind und genügend Potenzial zur parallelen Bearbeitung hergeben.
- **Schätzung der Segmentpotenziale**. Für die praktische Umsetzung ist entscheidend, die die Marktnischen/-felder repräsentierende Kaufkraft zu bestimmen. Basis ist entweder eine qualifizierte (Experten-)Schätzung oder statistische Erhebung, ökoskopisch, wenn die Umsatzzahlen der in einem Segment versammelten Angebote bekannt sind, demoskopisch, wenn es sich um ein innovatives Angebot handelt. Entscheidendes Kriterium ist dabei weiterhin der Ausschöpfungsgrad dieser Segmente, der freilich schwerlich zu bestimmen ist und dem man sich nur durch Vermutung annähern kann.
- **Entwicklung der Positionierungsstrategie**. Aus den vorangegangenen Fakten und Daten kann nun beurteilt werden, welche Positionierungen in einem Produktmarktraum realistisch in Betracht kommen und welche von diesen wiederum am erfolgversprechendsten scheint. Doch dabei ist keineswegs nur der Intellekt gefordert, vielmehr kommt es ganz entscheidend auf die Intuition an. Denn selbst perfekt konstruierte Positionierungen haben sich am Markt als Fehlschlag herausgestellt, wenn es am Feeling für die Bedürfnisse der Zielgruppe mangelt.

9.1.7.3 Positionierungsanlass

Für Positionierungsstrategien bestehen grundsätzlich vier Ansatzpunkte.

Bei der **Erstpositionierung** (Launch) besteht die Möglichkeit, erstmalig und frei von historischen Zwängen eine Positionierung zu bestimmen. Daraus folgt insofern eine hohe Verantwortung, als später erforderlich werdende Änderungen nurmehr mit größerem Aufwand zu bewerkstelligen sind. Die Positionierung neuer Produkte in meist dicht besetzten Märkten ist eine große Herausforderung, denn in aller Regel handelt es sich eben nicht um das reißerische Angebot, auf das jedermann schon immer gewartet hat, sondern viel eher um eine weitere, mehr oder minder austauschbare Variante, der erst aufwändig eine emotionale Alleinstellung zu verschaffen ist.

Bei der **Aktualisierung** steht das Bemühen im Vordergrund, die einmal gewonnene Position zu nutzen und offensiv auszubauen. Dabei geht es um die Kapitalisierung von Markenbekanntheit und -goodwill. Meist geschieht dies durch Produktdifferenzierung. In **horizontaler** Richtung wird dabei etwa eine Einzelmarke zur Range ausgebaut, indem neue Präsentationsformen (z. B. Lightversion) oder Konsistenzen (z. B. Geschmacksrichtung) angeboten werden. In **vertikaler** Richtung folgt daraus die Diversifikation in andere Produktbereiche. Selbst wenn dies durch Lizenzvergabe an Dritte erfolgt, entsteht bei hinreichender konnotativer Verwandtschaft im Rückbezug eine Aktualisierung für die Stammmarke.

Bei der **Umpositionierung** soll ein bestehendes Angebot neu erlebbar werden, indem die gegebene Positionierung aufgegeben wird. Dies geschieht meist, mangels großer Neuerungsmöglichkeiten, durch marginale Änderungen am Produkt bei Produktaufwertungen und Face-Lifts. Ein Relaunch wird vor allem in der Saturationsphase eines Markts erforderlich und wenn ein erster Anlauf im Markt geflopped ist. Ziel ist die Etablierung eines neuen Lebenszyklus, von dessen Dynamik man profitieren kann. Dazu muss das Angebot als hinlänglich neu empfunden werden. Die Variation kann in Richtung Leistungsvorteil gehen (**Up Grading**) oder in Richtung Preisvorteil (**Down Grading**). Ein Relaunch darf aber nicht zu häufig angestrebt werden, weil es dann zu Abnutzungserscheinungen kommt, die von Nachfragern nicht mehr als Durchstarten erkannt werden. Er muss zudem rechtzeitig eingeleitet werden, um nicht in die Abschwungphase des Lebenszyklus' zu geraten.

Bei der **Positionsverstärkung** steht die defensiv orientierte Absicherung der einmal gewonnenen Position gegen Konkurrenten, die oft genug Erfolgsrezepte nur kopieren, im Vordergrund. Ein Produkt muss ständig gehegt und gepflegt werden, damit seine Profilierung erhalten bleibt. Denn nur dies sichert seinen Erfolg. Dabei geht es letztlich darum, kommunikativ die gleiche Geschichte immer wieder abwechslungsreich zu inszenieren. Dadurch können Angriffe auf die eigene Position wirksam abgewehrt werden (z. B. Me-too-Produkte). Dies ist im Übrigen eine wesentliche Aufgabe des Produktmanagements. Denn die großen Aufgaben des Launch oder Relaunch sind eher selten.

9.1.7.4 Positionsfestlegung

Unter Zielpositionierung (Positioning Statement) versteht man die Formulierung von Angebotsanspruch (Claim) und Anspruchsbegründung (Reason Why).

Der *Angebotsanspruch* formuliert, was ein Angebot behauptet, besser zu können als jedes andere.

Die Behauptung ist bereits ausreichend, vorausgesetzt, sie ist plausibel. Außerdem handelt es sich hier nur um eine **Konzeptaussage**, nicht jedoch um Direktwerbetext, so dass auch eine Alleinstellungsformulierung möglich wird, die später in der werblichen Umsetzung dann so nicht mehr erlaubt ist. Der Angebotsanspruch findet sich oft in Form des Abbinders (Slogan) als eine einem bestimmten Absender fest zugeordnete, standardisierte Leistungsaussage wieder, die in jedem Werbemittel, meist in Kombination mit dem Logo, vorkommt und auf einen Satz verknappt ist.

Die *Anspruchsbegründung* beinhaltet die rein sachliche Argumentation zur Glaubwürdigkeit des Claims.

Dies ist erforderlich, weil das Publikum geneigt ist, werblichen Produktaussagen nur begrenzt Glauben zu schenken. Daher hilft die Angabe von Ursachekomplexen, meist technischer Natur (Input-, Prozess- oder Outputfaktoren), die getroffene Behauptung zu stützen. Dies hat sich gerade für Low-Interest-Produkte als bedeutsam erwiesen, die ansonsten kaum in den High-Interest-Bereich zu transferieren sind.

Beispiele finden sich im TAED-System bei Waschmitteln (Sunil), Dry Weave-Vlies bei Windeln (Pampers), Plantareen-Extrakt bei Spülmitteln (Pril) etc. Diese Aussagen eignen sich zwar nicht als Blickfang, bieten jedoch Stoff zur Beschäftigung und rationalisieren ansonsten eher emotional oder unreflektiert getroffene Entscheidungen.

Genauer muss in diesem Zusammenhang noch zwischen der **Ist-Positionierung**, d. h. der aktuellen Wahrnehmung des eigenen Angebots durch Zielpersonen, und der **Zielpositionierung**, d. h. der gewünschten Wahrnehmung des Angebots, unterschieden werden. Dazu ist modelltheoretisch eine Verschiebung im Positionierungsraum näher hin zum Idealpunkt (bei Unterstellung von **Idealpunktmodellen**) bzw. weiter entfernt auf dem Vektor (bei Unterstellung von **Idealvektormodellen**) notwendig. Dabei handelt es sich um eine

Vergrößerung des Aufforderungsgradienten, d. h. eine höhere (Wahlaxiommodell) oder die alleinige Kaufchance (Single-Choice-Modell). Dafür gibt es im Wesentlichen drei Ansatzpunkte:

- Man kann versuchen, dafür zu sorgen, dass der **Grundaufforderungswert** des Angebots steigt. Dies betrifft die **gattungstypischen Leistungen**. Davon profitieren jedoch gleichermaßen alle Angebote, die ebenfalls diese generischen Leistungen bieten. Das schafft aber keinen individuellen Konkurrenzvorsprung mehr, so dass solche Aktivitäten immer auch den Wettbewerb unterstützen. Das ist nur dann einzusehen, wenn es sich um ein völlig neuartiges, wachsendes Angebot handelt, ein Angebotsmonopol vorliegt oder ein Anbieter überragender Marktführer ist.
- Man kann versuchen, dafür zu sorgen, dass der **Zusatzaufforderungswert** des Angebots steigt. Dies betrifft die **angebotsspezifischen Leistungen**. Dabei kommt es allerdings auf die Präferenzen der Zielpersonen an, ob dieser positiv wirkt, also die Kaufchancen verbessert, oder negativ, also die Kaufchancen verschlechtert. Die Basisleistungen werden dabei immer als gegeben unterstellt. Die Zusatzleistungen werden ein oder mehrere Marktsegmente anziehen und gleichzeitig andere abstoßen. Die Aktivität ist immer sinnvoll, wenn dieser Saldo positiv ist (z. B. Dieselmotor in Kfz).
- Man kann versuchen, den (feldtheoretischen) Standort der Zielpersonen in die Richtung des eigenen Angebots zu verändern. Man spricht dann von einer **Präferenzumwertung**. Dies ist der anspruchsvollste Versuch, denn die Wertvorstellungen (Einstellungen) der Nachfrager sind zumeist gewachsen und verfestigt und daher schwer zu bewegen. Ziel ist dabei, das Anforderungsprofil der Zielpersonen mit dem Leistungsprofil des Angebots möglichst weitgehend in Übereinstimmung zu bringen (z. B. Direktwerbung für soziale Anliegen).

9.1.7.5 Positionierungsstrategie

Für die Festlegung der Position bestehen verschiedene Optionen. Diese lassen sich unter den Gesichtspunkten von Positionsart, Positionsumfang, Positionszustand und Positionsrichtung analysieren.

9.1.7.5.1 Positionsart

Bei der Positionierung wird zumeist die Forderung eines **USP** (Unique Selling Proposition/ UMP) erhoben. Dies meint, dass eine Positionierung auf Basis **faktischer** Fundierung unbedingt allein stellend sein soll. Der Ursprung dieser zunächst einleuchtend erscheinenden Forderung liegt freilich in den 50er-Jahren begründet, als sich die Märkte noch als so lückenhaft darstellten, dass es möglich wurde, für ein Angebot eine allein stellende Positionierung zu finden. Dadurch konnte dann eine teilmonopolartige Stellung aufgebaut werden, die die Nachfrage unausweichlich auf die Marke zutrieb (= akquisitorisches Potenzial). Dies mag zu Zeiten der Erfindung begründet gewesen sein, als die Märkte noch offen waren. Die Realität sieht heute leider anders aus. Praktisch alle Märkte sind dicht besetzt und damit alle USPs hinlänglich vergeben. Deshalb gelingt es kaum mehr, eine solche allein stellende Positionierung durchzusetzen. Die Suche nach USPs führt heute sogar zu gefährlichen Konsequenzen. Nämlich zur Besetzung von Positionen, die zwar unique sein mögen, gleichzeitig aber auch so wenig relevant sind, dass ihr Erfolg fraglich wird, weil ihre Marktberechtigung nicht ohne weiteres einleuchtet. Außerdem impliziert die USP-Denkhaltung, dass man sich von der Konkurrenz vorgeben lässt, in welchen Feldern des Markts man zu suchen hat und in welchen nicht. Doch das ist ganz und gar nicht einsichtig. Hinzu kommt, dass faktisch fundierte Alleinstellungen von Neuprodukten auf Grund der kurzen Innovationszyklen sehr anfällig gegen Imitation durch Nachfolger sind, die über niedrigeren Preis durch ersparte Investitionskosten die Alleinstellung aushöhlen und damit zu immer wieder geänderten, weil nur vorübergehend allein stellenden Auslobungen zwingen.

Davon abgesehen ist es aber empfehlenswerter, auf den **UAP** (Unique Advertising Proposition/UCP) zu setzen. Dabei handelt es sich um eine rein **kommunikative** Technik, die unabhängig davon, ob ein Produkt nun faktisch unique ist oder nicht, und meistens ist es das eben nicht, eine erlebte Alleinstellung in der Meinung der Nachfrager behauptet. Dadurch wird es möglich, eine einmal eingenommene Position gegen alle Anfechtungen des Mitbewerbs zu behaupten, denn ein UAP kann, anders als ein USP, nicht imitiert werden, weil sich dann der Nachahmer als Imitator entlarvt und damit auf der Verliererstraße befindet. Auch ist ein UAP unanfällig gegen technischen Fortschritt und kann somit lange genug durchgehalten werden, um sich im Gedächtnis der Nachfrager zu verankern. Schließlich kann man einen solchen UAP wählen, der interessant genug ist, dass er eine emotionalisierte Umsetzung in der Direktwerbung zulässt. Solche UAPs sind vor allem bei Produkten wichtig, die wenig spektakulär sind, z. B. Zigaretten (Marlboro Country, Eskapismus bei Camel) oder Zahncreme (Weißkittelkompetenz bei Blend-a-med).

9.1.7.5.2 Positionsumfang

Jede Positionierung beinhaltet immer einen Kompromiss zwischen möglichst breiter Anlage einerseits, um keine Nachfragerpotenziale vermeidbar von der Wahrnehmung eines Angebots auszuschließen, und möglichst prägnanter **Zuspitzung** andererseits, um die Profilierung des Angebots zu unterstützen. Eine spitze Profilierung grenzt meist Nachfragerpotenziale aus, eine breite Positionierung führt meist zur Diffusität des Profils. Insofern besteht ein latenter Konflikt. Bei der prägnanten **Angebotsfokussierung** entschließt man sich zur bewussten Einengung des Geltungsbereichs des Angebots. Dies bedeutet zunächst den Ausschluss von Nachfragern. Daher will der latente Konflikt zwischen Marktpotenzial und Profil wohl abgewogen sein. Überwiegt der Zugewinn an emotionaler Prägnanz einen Verlust an Zielgruppenbreite, ist eine Fokussierung der Position sinnvoll. Da die Positionierung aber immer über den eigentlichen Kern ihres Anspruchs hinaus automatisch angrenzende Segmente mit einsammelt, ist im Zweifel eine prägnante Fokussierung generell vorzuziehen. Durch die damit bewirkte Prägnanz wird im Übrigen im Umfeld der Auslobung eine Vielzahl von Nachfragern ebenso angesprochen.

Bei gestreuter Bedarfsabdeckung entschließt man sich, ein Angebot von vornherein so **breit angelegt** zu positionieren, dass es unterschiedlichste Bedarfe abzudecken vermag. Die Option besteht eigentlich darin, keine spezielle Position zu haben, sondern für alles und jeden omnipotent präsent zu sein. Dieses Konzept ist jedoch in den dicht besetzten Märkten von heute kaum mehr erfolgreich durchsetzbar. Aber es gibt Marken, die ihr Profil zu Zeiten geschaffen haben, als die Märkte noch hinreichend große Freiräume boten und dieses durch geschickte Vermarktung in die Gegenwart hinüberretten konnten. Interessant ist, dass diese Marken teilweise als Gattungsbegriffe verwendet werden (z. B. Uhu-Klebstoff, Tesa-Film, Tempo, Brandt, Maggi). Wichtig ist dabei, dass das Produkt durch arrondierende Erweiterung um verwandte Derivate stetig aktualisiert wird und keine Patina ansetzt. Ein Beispiel ist der Erfolg von Odol Med 3 als Zahncreme mit überlegener Leistung hinsichtlich aller Leistungsparameter, die sich damit gegen Spezifika wie Zahncremes gegen Karies (z. B. Signal/Unilever), Parodontose (z. B. Blend-a-med/P&G) und Zahnbelag (z. B. Anti-Belag/P&G) durchsetzen konnte.

9.1.7.5.3 Positionszustand

Man kann sich entschließen, ein neues Angebot an die **Schnittstelle** zweier (oder auch mehr) Segmente zu positionieren. Damit vermeidet man einerseits, in vergleichsweise kleine Marktnischen abgedrängt zu werden, und andererseits, potenten Konkurrenten frontal entgegentreten zu müssen. Denn die neuartige Zusammenführung von Angebotsmerkmalen zweier unterschiedlicher Märkte konstituiert wiederum ein neues Angebot. Beispiele dafür finden sich zunehmend häufiger. Dadurch kann angesichts allseits überbesetzter Märkte noch am ehesten eine Alleinstellung erreicht werden. Dadurch, dass sich das Angebot keinem der Einzelmärkte zugehörig rechnet, ist es auch zu keinem der dort bereits vorhandenen Angebote wirklich vergleichbar. Zugleich ist es diesen Angeboten jedoch insofern überlegen, als es Features bietet, die diese so nicht bieten. Gelegentlich gelingt es auf diese Weise sogar, einen neuen Markt zu etablieren (z. B. den für Großraumlimousinen oder den für Lifestylekombis bei

Autos). Dann hat der Pionier zumindest die Chance, seine Alleinstellung gegen nachrückende Wettbewerber zu verteidigen und diese zu Umgehungsstrategien zu zwingen. Weitere Beispeile sind Knusperriegel an der Schnittstelle zwischen Riegel- und Keksmärkten oder Rinpoos an der Schnittstelle zwischen Shampoo und Spülung.

Bei der **Dominanz** des bestehenden Angebots entschließt man sich, in einem bereits durch Mitbewerber belegten Segment anzubieten. Dabei spekuliert man darauf, diese durch eine geschicktere Umsetzung der Positionierung in der Direktwerbung, durch quantitativ überlegenen Aktivitäteneinsatz oder schlicht durch bessere Angebotsleistung zu übertreffen. Dies setzt freilich Machtmittel voraus oder zumindest überlegenen Budgeteinsatz. Procter& Gamble hat hier bereits mehrfach Erfolge produziert, so mit Fairy Ultra im besetzten Spülmittelmarkt oder Always im bis dato rückläufigen Bindenmarkt. Diesem Ansatz verhilft in der Realität weniger eine innovative Marketingdenkleistung als vielmehr Angebotsmacht zum Erfolg. Insofern wird er vor allem von Anbietern verfolgt, die überlegenes Know-how und/oder Geldmittel einbringen können. Sofern dies gelingt, steht diesem Ansatz aber ein großes Erfolgspotenzial offen (z. B. IBM bei Personal Computern oder Microsoft bei grafischen Benutzeroberflächen im Elektronikbereich).

9.1.7.5.4 Positionsrichtung

Hier entschließt man sich in der einen Ausprägung, eine **Marktnische** zu besetzen. Dabei kann es sich um eine **manifeste** Nische handeln, d. h. die dort repräsentierten Nachfrager verweigern mangels geeigneter Kaufobjekte den Kauf, oder um eine **latente** Nische, d. h., Nachfrager dort weichen widerwillig auf andere Angebote aus, ohne dass diese ihren Anforderungen voll entsprechen. Durch das Nischenangebot hofft man, diese Kaufkraft aktivieren zu können. Ein Marktnischenangebot hat, wenn es geschickt angelegt ist, immer den Vorteil der Konkurrenzvermeidung (Evitation). Dies scheint zunächst ein Erfolg versprechender Ansatz zu sein. Dabei besteht jedoch die Gefahr der **Übersegmentation**, d. h. angesichts bereits dicht besetzter Märkte muss eine Nische so eng zugeschnitten werden, dass sie keine ausreichende Tragfähigkeit mehr bietet. Dort können dann nur Unternehmen mit überschaubarem absoluten Kostenapparat oder solche mit nachfragerorientierten, modularen Angebotskonzepten (Mass-Customization) ertragreich arbeiten. Für alle anderen Anbieter ist das Marktpotenzial zu begrenzt. Vorsicht ist auch bei noch freien Marktnischen geboten, denn diese Tatsache mag weniger darauf hinweisen, dass Wettbewerber diese Chance bisher übersehen haben, sondern eher darauf, dass der Wettbewerb zu dem Schluss gekommen ist, dass dort kein sinnvolles Angebot möglich ist. Ob dies dann gerade dem eigenen Unternehmen gelingen kann, muss zumindest kritisch hinterfragt werden.

Partizipation am bestehenden Angebot als die andere Ausprägung liegt vor, wenn man versucht, an der Sogwirkung erfolgreicher, bestehender Angebote teilzuhaben, indem man ein modifiziertes Angebot der gleichen Gattung positioniert. Dabei geht es nicht um eine Kopie, sondern um die differenzierte Nachahmung. So kann man von der Pionierarbeit des Mitbewerbs profitieren, sich eigene Lernarbeit ebenso wie Investitionsmittel ersparen und die dadurch frei werdenden Geldbeträge in die Markenprofilierung investieren. Dies ist eine geschickte Strategie, sofern es dem „Originalhersteller" nicht gelingt, sein Angebot hinreichend gewerblich zu schützen. Dies ist immer dann der Fall, wenn es sich um generische Angebote oder Dienstleistungen handelt, oder wenn ein Anbieter Schutzmöglichkeiten übersehen oder bewusst nicht ausgeschöpft hat. Solche Freiräume ergeben sich vor allem im internationalen Marketing, wo ein umfassender Rechtsschutz kaum bezahlbar und noch weniger durchsetzbar ist. Oft reichen aber auch Detailveränderungen aus, um sich entscheidend abzusetzen. So überlegte Sharp Anfang der 90er-Jahre, wie auf dem Camcorder-Markt eine Partizipation möglich ist (ausgehend von 2 % Marktanteil). Man ging so vor, zunächst festzustellen, welche Personengruppen im Camcorderbesitz unterrepräsentiert waren, da man berechtigterweise davon ausgehen kann, dass dort ein noch unerschlossenes Potenzial liegt. Dabei stellte man fest, dass ältere Personen und Frauen unter den Gerätebesitzern erheblich unterrepräsentiert waren. Daraufhin eruierte man die Gründe und stellte weiterhin fest, dass ältere Personen wegen nachlassender Sehschärfe Probleme mit dem kleinen Sucherokkular am Camcorder hatten und deshalb fürchteten, den falschen Bildausschnitt aufzunehmen. Frauen bemängelten, dass bei notwendigem engen Kontakt zwischen Gesicht und Sucher das Augen-Make-up leiden kann. Sharp zog daraus den Schluss, dass ein größerer Sucher notwendig ist, der es einerseits älteren Personen erlaubt, ein deutlicheres Kontrollbild zu erhalten, und andererseits speziell Frauen, den Camcorder bei der Aufnahme vom Gesicht entfernt zu halten. Das war die Idee des Sharp Viewcam, eines Camcorders mit großem, schwenkbarem LCD-Farbdisplay am Gerät. Der Marktanteil beträgt heute 20 % und praktisch kein Anbieter verzichtet mehr auf ein solches Display, das zudem technisch leicht zu realisieren ist.

9.1.7.6 Anforderungen an die Positionierung

Es stellen sich eine Reihe von Anforderungen an eine funktionsfähige Positionierung. Dabei sind vor allem die folgenden zu nennen:

- Ein **Mindestpotenzial des anvisierten Markts** muss gegeben sein, da ansonsten die Position wirtschaftlich unvertretbar ist. Zumindest Volumenanbieter sind darauf angewiesen, die breite Mehrheit des Markts anzusprechen. Denn nur damit kann das erforderliche Absatzniveau geschaffen bzw. gehalten werden. Aber selbst kleinere Anbieter können von Nischen immer weniger leben, da diese zwischenzeitlich meist überbesetzt sind und kaum Erfahrungskurvenvorteile zulassen, sondern müssen ihr Produkt breit anlegen, um verschiedenste in Betracht kommende Käufergruppen zu integrieren und sich für möglichst wenige von ihnen auf Grund deren Selbstverständnis auszuschließen.

- Die Position muss **zum Imagehintergrund der Marke passen**, da ihr ansonsten die Glaubwürdigkeit abgeht. Dabei sollten möglichst vorhandene Imagestärken aufgegriffen und nur begrenzt neue Gewichte erforderlich werden. Dies erleichtert eine schnelle und damit kostengünstige Durchsetzung am Markt. Außerdem sind Imageschwächen ausgesprochen remanent, und man sollte besser versuchen, sie durch komparative Stärken zu überstrahlen, als sie revidieren zu wollen.
- Eine **Unterscheidbarkeit des eigenen Angebots von Mitbewerbern** muss möglich sein. Keine Marke sollte versuchen, sich in Bereichen anzusiedeln, die historisch bereits von anderen Anbietern kompetent und nachhaltig besetzt sind. Es sei denn, man verfügt über erheblich mehr Marketingkapazität als diese und stellt sich zudem auf eine beträchtliche Frist bis zur Marktwirksamwerdung eingeleiteter Maßnahmen ein. Dann artet die Positionierung aber oft in eine reine Materialschlacht aus.
- Immer wichtiger wird, dass die Position **raumübergreifend und zukünftig tragfähig** erscheint, denn die Märkte wachsen näher zusammen, und damit überlappen sich die Kompetenzfelder von Angeboten, die bisher in keinerlei enger Austauschbeziehung zueinander standen. Zukunftssicherheit muss gegeben sein, da es viel Aufwand kostet, eine Positionierung am Markt durchzusetzen und diese auch nicht kurzfristig verändert werden sollte. Die Position muss sich flexibel dem Wandel der Vermarktungsbedingungen anpassen lassen, ohne dabei an Vitalität, Aussagefähigkeit und Attraktivität einzubüßen. Dies scheint schwierig, da Änderungen der Zukunft notwendigerweise im Voraus unbekannt bleiben müssen, kann aber im Wege der Markenpflege, wie sie im Produktmanagement geleistet wird, gelöst werden.
- Die **Nutzenrelevanz für potenzielle Abnehmer** muss im Sinne hoher Attraktivität der Position gegeben sein, d. h. es reicht nicht aus, eine nur marginal interessante Nutzenfacette auszuwählen und zu besetzen, auch wenn sie ein Alleinstellungsmerkmal darstellt. Vielmehr muss es sich um einen zentralen, entscheidungsbedeutsamen Aspekt handeln, der demnach Wirkung hinterlassen kann. Nur wenn der Nutzen größer ist als das Preisopfer, sind Nachfrager bereit zu kaufen. Ansonsten werden ihre Geldmittel anderweitig eingesetzt oder gespart.

9.1.8 Bestimmung des Kommuniqués

9.1.8.1 Nutzenversprechen

Das Nutzenversprechen (Benefit) ist das Angebot an prospektive Kunden im Sinne subjektiver Vorteilswirkung aus der Inanspruchnahme des Angebots.

Der Benefit ist deshalb von zentraler Bedeutung in der Umsetzung, weil er das vordergründige Äquivalent für den zu opfernden Geldbetrag bei der Bestellung eines Produkts darstellt, wobei nachrangige Argumente keine Chance haben, aufgenommen zu werden, wenn es beim Benefit bereits hapert. Bei der hoch stehenden generellen Qualität des Marktangebots kommen zudem nur Zusatznutzen als relevant in Betracht, denn Grundnutzen werden ohnehin als durchgängig erfüllt vorausgesetzt. Gute (Direkt-)Werbung zeichnet sich vor allem dadurch aus, dass sie immer jenen Benefit in den Mittelpunkt stellt und ebenso ausdrucksvoll wie impressiv umsetzt. Schlechte (Direkt-)Werbung hingegen lässt den Stolz ihrer Macher auf die Produktleistung (Angebotsanspruch) in der Umsetzung spüren und wirkt damit deutlich an der Nutzenorientierung der Zielpersonen vorbei. Der Benefit ist also Ausdruck der adressatenorientierten Konzipierung der Kommunikation, der aus dem absenderorientierten Angebotsanspruch abgeleitet wird, der so nicht kommunikationsfähig ist. **Er entsteht aus der Umsetzung des Angebotsvorteils in Kundennutzen**. Dieser entscheidende Positionswechsel von der Absenderperspektive in der Entwicklung des Werbekonzepts hin zur Adressatenperspektive in der werblichen Gestaltung ist entscheidend.

9.1.8.2 Nutzendarlegung

Der Nutzenbeweis ist die Dramatisierung des Nutzenversprechens durch unterstützende Überzeugung. Ein solcher **Proof** ist nicht obligatorisch, macht werbliche Aussagen jedoch spektakulärer. Denn selten ist ein Angebot aus sich heraus spektakulär genug, um nachhaltig wahrgenommen zu werden. Dies gilt leider nicht für die Mehrzahl der Low-Interest-Produkte, deren Aufwertung dann im Rahmen des Nutzenbeweises stattfindet.

Zur werblichen Umsetzung werden die Inhalte des Werbekonzepts im **Kampagnenformat** zusammengefasst. In der Praxis handelt es sich dabei meist um ein einseitiges Formular, das die Inhalte der Voraussetzungen der Kommunikationsarbeit und der Konzipierung der

Kampagnen abfragt. Einseitig deshalb, weil es darauf ankommt, Managementinformationen zu erhalten, die auf dem Punkt sitzen, und es angesichts einer Raumbegrenzung gar nicht so einfach ist, die treffenden Aussagen zu machen. Die Formularform wird gewählt, weil dieser Aufbau als eine Art Checklist vermeidet, dass wichtige Inhaltspunkte vergessen oder vernachlässigt werden.

Die werbliche Umsetzung ist in gar keiner Weise standardisierbar. Jede werbliche Aussage muss vielmehr immer wieder von neuem originär entwickelt werden. Deshalb führen auch alle Patentrezepte für verkaufende Werbung in die Irre. Als einzige Aussage gilt wohl, dass gute (Direkt-)Werbung immer über eine Dramatisierung (auch Verfremdung) normaler Situationen arbeitet. Denn das Alltägliche ist langweilig und stößt eher ab, als dass es zur Identifikation dient. Dennoch gibt es häufig angewandte **Umsetzungstechniken**:

- Der **Systemvergleich** ergibt sich in den Ausprägungen **Side by Side** und **Before and After**. Im ersten Fall werden anonyme Angebote parallel miteinander verglichen, um dadurch die Überlegenheit des eigenen, meist neuen Produktes zu beweisen. Gleichzeitig führt dies zu einer prägnanten Zuspitzung der Werbebotschaft. Allerdings sind dabei wettbewerbsrechtliche Grenzen nach wie vor zu beachten. Im zweiten Fall handelt es sich um Vorher-Nachher-Situationen, die den Nutzen der Leistung dramatisieren. Basis ist dabei meist ein Problem, welches das beworbene Angebot überzeugend löst.
- Beim **Härtetest** wird das Produkt extremen Anforderungen ausgesetzt, um zu beweisen, dass es sich, falls es diesen Stand hält, auch der ihm eigentlich zugedachten Situation gewachsen zeigt (Erst-recht-Argumentation). Auch dadurch ergibt sich eine willkommene Überhöhung der Werbebotschaft.
- Bei der **Beispieltechnik** wird stellvertretend für den behaupteten Nutzen ein Produkt aus dem Sortiment hervorgehoben, an dem die Eigenschaften, die für das gesamte Sortiment behauptet werden, exemplarisch beweisbar sind. Durch Überstrahlung wird diese Beweiskraft auch auf die anderen, gerade nicht angeführten Produkte übertragen.
- Bei der **Product-in-Use-Technik** wird gezeigt, was ein Produkt alles leisten kann. Allerdings erfordert dies nicht selten eine überzogene Darstellung, die häufig nicht ohne gewisse Peinlichkeiten bleibt.
- Bei der **Symbolic Demonstration** wird daher ein Produkt im übertragenen Sinne dramatisiert, also nicht in einer realitätsnahen, sondern in einer analogen, bewusst verfremdeten Situation (z. B. die Tomate im Dr. Best-Spot oder die blaue Flüssigkeit bei Windeln und Binden).
- **Bigger than Life** betrifft das bewusste Überziehen des Angebotsnutzens zur Dramatisie-

rung. Da werbliche Übertreibung weithin bekannt und auf die zumutbare Vernunft normalisiert wird, kann ein wirksamer Botschaftstransfer erreicht werden. Außerdem wirkt die groteske Überziehung nicht mehr peinlich, sondern eher witzig.

- Beim **Slice of Life** (Ausschnitt aus dem wirklichen Leben) wird ein Produkt in einem alltäglichen, glaubwürdigen Zusammenhang präsentiert. Dazu werden (kurze) Szenen aus dem Alltag, welche die Zielpersonen nachvollziehen können, gezeigt. Dabei gibt es meist einen Zweifler, der durch einen anderen erst vom Produkt überzeugt wird. Die Zielpersonen identifizieren sich intuitiv mit diesem Zweifler und werden ebenso wie er überzeugt. Wichtig ist dabei, dass die Sprache der Zielpersonen gesprochen wird und die Konfliktsituation authentisch ist, woran es leider häufig mangelt.
- Beim **Testimonial** bekennen sich typische (reale/Dr. Best oder artifizielle/Herr Kaiser) Referenzgeber zum beworbenen Produkt. Denkbar sind etwa Verbraucherzeugen, Experten oder Verwender. Alles hängt dabei von der Kompetenz und der Sympathie für die Testimonialperson ab.
- Bei der **Erzählung** (Tell a Story/Narrative) berichtet jemand über sein Produkterlebnis und die Reaktionen seiner Umgebung darauf. Wichtig ist auch hier, dass dies authentisch und ungekünstelt wirkt. Dabei können vor allem stigmatisierte oder tabuisierte Produkte entkrampft und natürlich inszeniert werden (z. B. Inkontinenzpräparate oder Prothesenhaftmittel). Allerdings ist das selten so überzeugend hinzubekommen wie in der Kampagne der Hörgeräteakustiker.
- Bei der **Celebritytechnik** setzen sich Prominente als Testimonial für ein Angebot ein (z. B. Gottschalk/Haribo). Dies ist nur sinnvoll, wenn man ihnen die Beurteilungsfähigkeit für das Produkt auch wirklich abnimmt. Ansonsten wird nur viel Geld ausgegeben, ohne dass dafür eine angemessene Gegenleistung zu erwarten ist.
- Bei der **Präsentertechnik** (Spokesman) preist ein „Verkäufer“ das Produkt an. Damit bietet sich ihm ganz selbstverständlich die Möglichkeit, alle Vorteile der Leistung auszuloben. Entscheidend ist dabei der Sympathiefaktor, da der Ansatz ansonsten leicht penetrant wirkt. Als Demonstrator zeigt eine Person den Angebotsnutzen, indem die Wirkung bzw. Anwendung des Produkts in einer realitätsnahen Situation vorgestellt wird.
- Bei der **Lifestyletechnik** wird gezeigt, wer das Produkt nutzt. Dies ist sinnvoll, wenn das Produkt selbst zu wenig Aufmerksamkeit auf sich zu ziehen vermag und die anvisierte Zielgruppe sich deutlich in ihrer Lebenseinstellung von der Mehrheit abhebt. Dies gilt vor allem auch, wenn die Produktverwendung eher gesellschaftlicher als funktioneller Art ist (z. B. bei Mode oder Düften). Oft ist eine Kombination mit gefälliger Optik und ansprechender Musik gegeben.

- Bei der **Wissenschaftstechnik** (Scientifics) ist die Tonalität der Werbung bewusst distanziert und technokratisch, um den Zielpersonen Respekt vor der Leistungsfähigkeit des Anbieters einzuflößen und seine Produkte damit besonders zu qualifizieren. Dies funktioniert allerdings nur bei einer genügenden sachlichen Fundierung, ansonsten wirkt es eher lächerlich.
- **Humor** erregt immer Aufmerksamkeit, fördert das Versehen der Werbebotschaft und die Sympathie mit dem Absender. Allerdings darf er nicht zum Selbstzweck werden, dann überstrahlt er die Botschaft (Vampire-effekt) und wird geradezu zum Bumerang für den Anbieter (z. B. die sprechenden Tiere in der Toyota-Werbung oder Claudia Schiffer im Citroën-Spot).
- Das Gleiche gilt für die immer wieder gern bemühte **Erotik** in der Werbung. Zweifellos handelt es sich dabei um einen Hingucker, bei männlichen Zielgruppen sowieso. Allerdings schrammt man dabei nicht selten an den Grenzen guten Geschmacks vorbei und überlagert die eigentliche Werbebotschaft durch Primärreflexe.

Die Definition dieser Elemente ist unter Rücksicht auf Gestaltungsinteressen nur als strategischer Rahmen zu sehen und keinesfalls als konkrete Gestaltungsfestlegung. Allerdings kann daraus nicht geschlossen werden, dass auf solche Definitionen zu verzichten sei. Ganz im Gegenteil. Denn gerade die Copy-Platform hilft, die Unmenge möglicher Inszenierungen von Werbebotschaften auf eine bewältigbare sinnvolle Teilmenge zu konzentrieren. Damit aber stellt sie eben keine Einengung der Kreativität dar, sondern ganz im Gegenteil deren Effektivitätssteigerung durch Vorgabe Erfolg versprechender Suchfelder. Nicht mehr das Universum aller Möglichkeiten ist damit Ausgangspunkt kreativer Überlegungen, sondern ein selektierter chancenreicher Zielkanal. Zwischen Angebotspositionierung und Kampagnenformat ergibt sich zugleich die **Schnittstelle** zwischen Marketing und Kreation in der Werbung bzw. zwischen Kunde (Auftraggeber) und Agentur (Auftragnehmer).

9.1.9 Direktwerbeergebnis

Zur Ergebnisbeurteilung ist die Ex-ante-Festlegung von Ergebnisgrößen (Benchmarks) erforderlich. Diese können sich, von Ausnahmen abgesehen, nur auf kommunikative Dimensionen beziehen. Denn Direktmarketingziele können nur durch den Einsatz aller Marketing-Mix-Parameter erreicht werden. Insofern ist die Werbung nur ein einziger Indikator unter mehreren anderen. Gemeinhin wird nach kognitiven, affektiven und konativen Wirkungen unterschieden:

- Die **kognitive** Wirkung bezieht sich auf Dimensionen wie **Bekanntheit**, d. h. Wissen um die Werbung/Marke (Messgröße), und **Kenntnis**, d. h. Vertrautheit mit Angebotseigenschaften (Messgröße).
- Die **affektive** Wirkung bezieht sich auf Dimensionen wie **Akzeptanz**, d. h. positive Einstellung oder emotionale Zuwendung zum Angebot (Messgröße), und **Sympathie**, d. h. Goodwill eines Angebots bzw. Anbieters.
- Die **konative** Wirkung bezieht sich auf Dimensionen wie **Überzeugung**, d. h. Kaufabsicht oder Aktivierungserfolg (Messgröße), und **Präferenz**, d. h. Bevorzugung eines Angebots vor anderen durch hohe individuelle Attraktivität (Messgröße).

Häufig werden **Stufenwirkungen** als Ergebnisindikatoren zu Grunde gelegt. Bei diesen handelt es sich etwa um folgende:

- **Berührungserfolg**, d. h. Aufmerksamkeit aus dem Werbemittelkontakt, die Messung erfolgt z. B. durch Recalltest,
- **Beeindruckungserfolg**, d. h. Bewusstseinsänderung aus der Werbebotschaft, die Messung erfolgt z. B. durch Skalierung,
- **Interesseweckungserfolg**, d. h. Reflexion auf die Werbebotschaft, die Messung erfolgt z. B. durch Informationsanforderung,
- **Assoziationserfolg**, d. h. Hinstimmungswirkung auf Werbeerfüllung, die Messung erfolgt z. B. durch verbale/figurale projektive Methoden,
- **Informationsaufnahmeerfolg**, d. h. Übernahme von Werbeinhalten, die Messung erfolgt z. B. durch aktualgenetische Verfahren,
- **Aktivierungserfolg**, d. h. Gefühlswirkung durch Werbung, die Messung erfolgt z. B. durch physiologische Methoden wie Hautwiderstandsmessung,
- **Glaubwürdigkeitserfolg**, d. h. Überzeugung infolge Werbung, die Messung erfolgt z. B. durch Recognitiontest,
- **Verständlichkeitserfolg**, d. h. Wissenstransfer über eine werbliche Lernsituation, die Messung erfolgt z. B. durch Lückentest,
- **Einstellungserfolg**, d. h. Imagerevision bzw. -verfestigung durch Werbung, die Messung erfolgt z. B. durch explorative Methoden,
- **Willenswirkungserfolg**, d. h. Besitzwunsch infolge Werbung, die Messung erfolgt z. B. durch Direktbefragung.

Literatur

Becker (1998): Becker, Jochen: Marketing-Konzeption, 6. Aufl., München
Pepels (1999): Pepels, Werner: Kommunikations-Management, 3. Aufl., Stuttgart

9.2 Business-to-Business-Onlinevertrieb

Markus Stolpmann

Electronic Commerce (E-Commerce), also der Vertrieb von Waren und Dienstleistungen über elektronische Kanäle und insbesondere das Internet, ist in aller Munde. Doch während sich viele bekannte und augenfällige Beispiele für den Onlinevertrieb an den Endkunden richten, wie Amazon, eBay, CDnow etc., werden die größten Erfolge im direkten Geschäftsverkehr zwischen Unternehmen erzielt. Beispiele hierfür sind die IT-Anbieter Dell und Cisco. Im Vergleich zum Endkundenbereich sind die meisten B-to-B-Angebote allerdings weitgehend unbekannt. Hier geht es weniger darum, eine weithin bekannte Marke aufzubauen, sondern substanzielle finanzielle, organisatorische und qualitative Vorteile für ein eng umrissenes Marktsegment anzubieten. So gibt es kaum eine Branche, die nicht ihren eigenen virtuellen Marktplatz bietet, und viele Unternehmen wären ohne ein Extranet, über das Zulieferer, Großkunden und Vertriebspartner mit aktuellen, individuellen Informationen versorgt werden, kaum mehr wettbewerbsfähig.

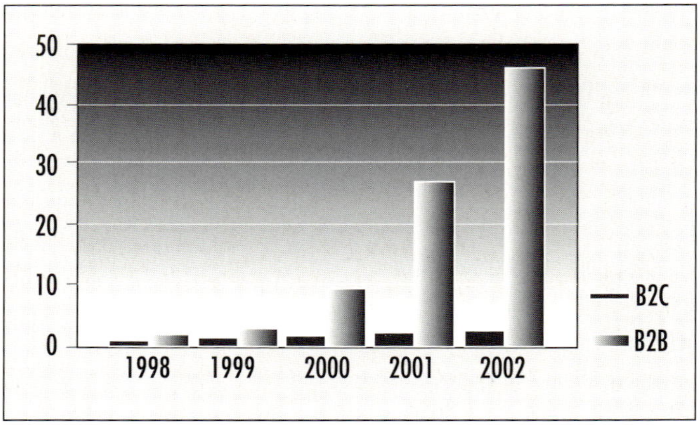

9.2 Abb. 1: *E-Commerce-Handelsvolumen in Deutschland in Mrd. EUR*
Quelle: META Group

Dass Electronic Commerce ein wesentliches Geschäftsfeld für Unternehmen darstellt, gilt mittlerweile weithin als unstrittig. In zahlreichen Untersuchungen wird die Bedeutung der entstehenden Internetökonomie belegt. Für Deutschland sagt die META Group ein Handelsvolumen im Business-to-Customer-(B-to-C)-Bereich von 3 Mrd. EUR im Jahr 2002 voraus, für den B-to-B-Sektor gar 45 Mrd. EUR. Zurzeit entfallen etwa 80 % des elektronischen Handels auf B2B-Transaktionen. Und hieran wird sich auch in den nächsten Jahren wenig ändern. Auch wenn sich die Zahlen bei anderen Studien unterscheiden: Der Erfolg von B-to-B-Lösungen ist unstrittig. Es geht nicht nur darum, neue Wettbewerbsvorteile zu entwickeln –

das Medium Internet zu ignorieren bedeutet in zahlreichen Branchen bereits, Wettbewerbsnachteile in Kauf zu nehmen und die erreichte Marktposition zu gefährden. So steht die eigene Web- und E-Mail-Adresse in ihrer Bedeutung der Telefon- und Faxnummer kaum mehr nach. Und welches Unternehmen würde es sich noch erlauben, ohne Fax auszukommen?

Während der Vertrieb an Endkunden einen weithin sichtbaren Anwendungsbereich der neuen Medien darstellt, sind die Möglichkeiten im B-to-B-Umfeld vielleicht weniger offensichtlich, eröffnen dafür aber ganz neue Perspektiven zur:

- Rationalisierung des Einkaufsverhaltens,
- Optimierung der Lagerhaltung,
- Steuerung und Kontrolle des Lieferantenmanagements,
- Flexibilisierung der Vertriebsformen samt dynamischer Preisfindung und
- der effizienteren Abwicklung von Handelstransaktionen und der notwendigen Kommunikation.

Effektives Supply-Chain-Management (SCM) wird von vielen Verantwortlichen als die zentrale Herausforderung im E-Business für die kommenden Jahre definiert: Nachfrager wählen die passenden Zulieferer, spielen sie gegeneinander aus, um den günstigsten Preis und den besten Service zu erzielen – aber sie wissen auch um die Bedeutung von langfristig zuverlässigen Beziehungen. Auf der anderen Seite sind die Anbieter von ihrer Dominanz überzeugt – sie kontrollieren die Produkte und können effektiver globale Märkte bedienen. Hier bietet das Internet hervorragende Möglichkeiten, beide Seiten unmittelbar sowie ohne zeitliche, technologische oder räumliche Barrieren zusammenzuführen.

Gegenüber dem B-to-C-Segment bietet der B-to-B-Sektor viele Vorteile:

- Transaktionen erfolgen in der Regel zwischen bekannten Partnern.
- Bestehende, langjährige Geschäftsbeziehungen können online fortgeführt werden.
- Häufig besteht bereits ein Vertrauensverhältnis.
- Geringere Notwendigkeit der Neukundengewinnung.
- Höhere Kundentreue.
- Keine Notwendigkeit, unterschiedliche Zahlungsformen anzubieten, da die Lieferung in der Regel auf Rechnung erfolgt.
- Nutzer geben bereitwilliger ihre Daten und Vorlieben an, die Angst vor dem „gläsernen Kunden“ ist geringer
- Die durchschnittlich getätigten Umsätze pro Transaktion sind bedeutend höher.

9.2.1 E-Sales – der vierte Vertriebskanal

Der Vertrieb über elektronische Kanäle verändert bestehende Branchen- und Marktstrukturen. Die Verfügbarkeit des Mediums Internet jederzeit und überall führt unmittelbar zu einem globalen Marktplatz, auf dem Verlässlichkeit und Selbstbedienung Trumpf sind. Neben den drei klassischen Vertriebskanälen der persönlichen Ansprache (Außendienst), der schriftlichen (Brief/Fax) und fernmündlichen (Telefon/Telesales) Kommunikation bieten die elektronischen Medien einen ganz neuen Kommunikationsweg zwischen Anbietern und Nachfragern. Dabei gilt es, neue Regeln und Verhaltensmuster zu berücksichtigen. Der elektronische Verkauf hat mit veränderten Kommunikationsstrukturen zu kämpfen, die dem Nachfrager eine aktivere Rolle ermöglichen und ihn so mit einer größeren Marktmacht durch bessere Transparenz und globalen Wettbewerb ausstatten.

Zugleich aber bedeutet dies mehr Selbstbedienung, und damit besteht die Gefahr, dass Beratungsleistungen nicht mehr im gewohnten Umfang zur Verfügung stehen und nur der fachlich und technisch versierte Nachfrager von den Vorteilen der elektronischen Beschaffung profitiert. E-Sales muss zudem gerade im B-to-B-Bereich unterschiedliche Rollen auf der Beschaffungsseite unterscheiden und individuell bedienen. Die Beschaffung erfolgt nicht selten über ein Buying-Center, vielfach ist der Besteller nicht auch der Nutzer, oftmals kennt er nicht einmal dessen Bedürfnisse. Unterschiedliche Funktionen im Beschaffungsprozess benötigen daher unterschiedliche Informationen und wollen individuell angesprochen und behandelt werden!

Damit eröffnet der Online-Vertriebskanal Möglichkeiten, um neue Märkte zu erschließen und Best-Practice-Lösungen global und für jeden Interessenten verfügbar zu machen. Problematisch kann das Nebeneinander verschiedener Vertriebskanäle jedoch sein, wenn die Vertriebsmitarbeiter und -partner nicht über dessen Ziele informiert sind, das neue System als Konkurrenz verstehen und ihre eigene Position plötzlich unterminiert sehen. Diese Gefahren gilt es, im Vorfeld zu adressieren. Häufig zeigt sich dann, dass ein Online-Vertriebssysteme auch für die bestehenden Vertriebskanäle eine wertvolle Unterstützung und Ergänzung darstellen kann.

Moderne Internettechnologien machen E-Sales erst möglich, da sie eine einheitliche technologische Plattform bereitstellen, die weltweit ohne zeitliche Restriktionen und Verzögerungen den Zugriff auf komplexe Informations-, Kommunikations- und Transaktionssysteme ermöglicht. Dabei besitzen E-Commerce-Lösungen eine hohe Skalierbarkeit und Flexibilität. E-Sales-Anwendungen integrieren so verschiedene Funktionen und stellen sie gezielt dem Nachfrager zur Verfügung:

- Multimedialer Produktkatalog
- Warenkorbmanagement
- Preis- und Verfügbarkeitsinformationen
- Kundenregistrierung
- Zahlungsverfahren
- Statusinformationen.

9.2.2 Onlinebeschaffung und Onlinevertrieb: zwei Seiten einer Medaille mit gemeinsamen Zielen

Während beim Onlineshopping für Endverbraucher klare und einfache Prozesse ablaufen, ist der Onlinevertrieb für das Geschäftskundensegment komplexer. Im B-to-C wird in der Regel ein kaum personalisiertes Angebot unterbreitet und die potenziellen Kunden müssen selbst dafür sorgen, dass sie dieses finden, entscheiden, ob es für sie attraktiv ist, und es gegebenenfalls annehmen. Die Kommunikation zwischen Anbieter und Nachfrager ist hier recht eingeschränkt, Anreizsysteme müssen aufgebaut werden, um immer wieder neuen Bedarf zu wekken und Bestellungen zu initiieren. Im Gegensatz dazu besteht im B-to-B-Segment häufig bereits ein Bedarf; dieser kann oft nur gedeckt werden, wenn der Anbieter einen Auswahlprozess durchlaufen und gegebenenfalls an einer Ausschreibung teilgenommen hat. Anreizsysteme sind hier weniger entscheidend, vielmehr aber die Kommunikation unter den Geschäftspartnern und der Aufbau einer Win-Win-Situation für alle Beteiligten. Zuverlässigkeit und Flexibilität im Reagieren auf Kundenanforderungen sind daher im B-to-B-E-Commerce wichtig, aber auch Personalisierung von Angeboten und die Automatisierung beispielsweise von Nachbestellungen.

Im B-to-B-Bereich sind die beteiligten Parteien daher viel stärker gleichberechtigte Partner als im B-to-C. So müssen zwei Prozesse miteinander verzahnt und in Einklang gebracht werden – sie bilden quasi die zwei Seiten der Handelstransaktionsmedaille:

1. Das Beschaffungswesen des Nachfragers
2. Der (Online-)Vertrieb des Anbieters.

Beide Aufgaben sind zueinander komplementär. Da der Anbieter nur in die engere Auswahl kommt, wenn er den Erwartungen des Nachfragers genügt, muss für ihn im Mittelpunkt stehen, genau diese Erwartungen zu erfüllen und zu übertreffen. Wo also liegen die Probleme für den Nachfrager? Für den Nachfrager verursacht das übliche Beschaffungswesen hohe Prozesskosten durch

- manuelle Informationsbeschaffung
- unerlässliche Medien- und Systembrüche
- manuelle Abklärungen und Genehmigung
- duplizierte Geschäftsfunktionen
- Überfrachtung des Einkaufs mit Routinearbeiten
- geringe Transparenz (Status, Lagerbestände ...)
- etc.

Gerade bei der Beschaffung so genannter C- oder MRO-Güter, also nicht fertigungsbezogenen Gütern, Hilfs- und Betriebsstoffen wie beispielsweise Büromaterialien, Maschinen- und Ersatzteilen, Hard- und Software, Hygienematerialien, Betriebsausstattungen, Zeitschriften und Büchern oder auch Schulungen entstehen überproportional hohe Beschaffungskosten bei dem bisherigen Verfahren. In diesem Bereich fallen durchschnittlich 70 % aller Beschaffungsvorgänge an, diese machen jedoch nur 30 % des Bestellvolumens aus! In der Realität sind diese Beschaffungen oft zeitaufwändig, fehleranfällig, zum großen Teil noch papierbasiert und erfordern viele manuelle Schritte. Die Kommunikation per Telefon, Fax oder Mensch zu Mensch bedingt häufig, dass Bestellungen mehrfach erfasst werden müssen und sich Genehmigungsprozesse langwierig gestalten. Eine KPMG-Studie errechnete 1997 durchschnittliche Prozesskosten von 88 EUR pro Bestellvorgang, ohne eine Korrelation zur Bestellhöhe feststellen zu können. Die Studie konstatiert, dass die internen Prozesskosten damit deutlich zu hoch, die Wiederbeschaffungszeiten zu lang und Systemunterstützungen ineffizient sowie Prozessabläufe nicht transparent genug sind.

Auch Untersuchungen von Forrester Research, der Gartner Group sowie SAP belegen dies. So sind die Gesamtkosten für die Beschaffung eines $ 5-Artikels identisch mit denen eines $ 4.000-Artikels. Weiterhin erhöhen sich die Kosten vielfach dadurch, dass in untersuchten Unternehmen trotz aller Vorgaben bis zu einem Drittel aller Güter außerhalb des formalen Beschaffungsprozesses bezogen wurden. Nur 30 % aller täglichen Einkaufsprozesse sind demnach strategischer Natur! Wünschenswert aus Sicht des Nachfragers ist daher, vor allem für die Beschaffung von C-Gütern, die Senkung der Prozesskosten und somit unter anderem

- die Bündelung des Einkaufsvolumens
- die Verwirklichung eines strategischen Einkaufsverhaltens

- eine Vermeidung von Anwenderdemotivation durch verkürzte Durchlaufzeiten
- ein höherer Servicegrad durch Beratungsfunktionalität
- die Vereinfachung der internen Bedarfsabwicklung von der Informationsbeschaffung über die Bestellung bis hin zu Rechnungsprüfung und Zahlung.

E-Procurement als Gegenpart zum E-Sales hat dementsprechend zum Ziel, die Prozesskosten durch Standardisierung und Automatisierung zu senken, die Prozesszyklen und Durchlaufzeiten zu verkürzen und einen hohen Qualitätsstandard durch Lieferantenvorselektion im Einkauf zu erzielen. Laut KPMG lassen sich Kosten und Dauer von Beschaffungsvorgängen im B-to-B durch den gezielten Einsatz von Electronic Commerce um bis zu 60 % senken! Weniger als 40 % der Prozesseinsparungen lassen sich nach Killen & Associates jedoch durch Personalreduktion realisieren. Bei 60 % geht man davon aus, dass eingesparte Zeit bzw. Ressourcen durch effizientere Beschaffungsprozesse als „weiche" Einsparungen einer höheren Wertschöpfung im Unternehmen zugeführt werden. Diese effizienteren Beschaffungsprozesse verkürzen die Durchlaufzeit und fördern die Transparenz des Prozesses für den Benutzer, indem beispielsweise Lagerverfügbarkeiten abfragbar sind. Dies führt letztlich zu einer Reduktion und Optimierung der Lagerbestände und damit einer Reduzierung des so gebundenen Unternehmenskapitals – entscheidende Vorteile einer E-Sales-Strategie für alle Beteiligten.

Zugleich lassen sich günstigere Preise durch die Beschaffung über Volumenkontrakte realisieren. So wird durch den gezielten Einsatz von E-Procurement die Bestellanforderung für die Mitarbeiter einfacher und komfortabler, die Kanalisierung des Ausgabevolumens lässt sich mittels eines elektronischen Produktkatalogs verbessern, die Beschaffung außerhalb von Kontrakten (Maverick Buying) vermindert sich dadurch. Weiterhin verstreichen häufig Wochen und Monate zwischen der Verhandlung günstigerer Einkaufskonditionen und der tatsächlichen konzernweiten Beschaffung über den neuen Vertrag. E-Procurement erleichtert hier eine Zentralisierung des taktischen Einkaufs und minimiert den Zeitraum zwischen dem Abschluss von Volumenverträgen und deren Wirksamkeit bzw. Verfügbarkeit. Zusammenfassend umfasst das E-Procurement aus Sicht des Einkäufers somit folgende in einer Prozesskette zwischen Anbietern und Nachfragern verzahnten Funktionen:

- Bedarfserfassung
- Warenkorbmanagement für Materialien und Services
- Externe Kataloganbindung bevorzugter Lieferanten

- Abbildung und Automatisierung von Genehmigungsprozessen
- Lokale oder zentrale Bestellung unter Berücksichtigung von Volumenkontrakten
- Statusprüfung
- Wareneingangsfunktionen.

9.2.3 Erfolgsfaktoren des B-to-B-Onlinevertriebs

E-Sales, E-Procurement und E-Catalogues müssen somit ineinander greifen, um gemeinsam für alle Beteiligten zu Prozessverbesserungen zu führen. Im Mittelpunkt der Bemühungen steht dabei die Optimierung der Kommunikationsprozesse und Geschäftstransaktionen, nicht einseitig ausgerichtetes Profitstreben.

„2001 wird 30 % der Beschaffung über das Internet abgewickelt", so das Fazit einer Forrester-Research-Studie. Hierauf müssen sich die B-to-B-Anbieter ebenso einstellen wie die Nachfrager und geeignete Systeme und Schnittstellen bereitstellen, bevor andere sie hierbei überholen und selbst massive Wettbewerbsvorteile für sich erzielen. Dabei stehen Automatisierung und Selbstbedienung im Vordergrund: Die Systeme müssen eine durchgängige Prozessgestaltung ohne Medienbrüche ermöglichen und mit geringstem Trainingsaufwand von unterschiedlichsten Personenkreisen nutzbar sein. Der zunehmende Druck, Geschäftsprozesse zu optimieren, zwingt immer mehr Unternehmen zur effektiveren Kommunikation mit ihren Partnern. Im verschärften globalen Wettbewerb geht es darum herauszufinden, was die Nachfrager wirklich brauchen und was die Anbieter tatsächlich liefern können. Die in der intensivierten Kommunikation erzielte Transparenz bildet die Basis für radikal geänderte Beziehungen der Handelspartner – und häufig bereits für ganz neue Geschäftsmodelle.

Wie werden die Effizienzsteigerungen im Informationsaustausch, im Einkauf, in der Beschaffung und im Absatz realisiert? Wie werden interne und externe Prozesse optimiert und neue Umsatzquellen erschlossen? B-to-B-Lösungen der zweiten Generation beziehen sich auf verbesserte Informationsflüsse, aber auch auf erweiterte Zusammenarbeit und Services, die Unternehmen neue Wege des Handels gemeinsam mit den sie umgebenden Netzwerken von Zulieferern und Abnehmern ermöglichen. Die Durlacher Research LTD fasst es in einfache Worte: Zukunftsträchtige B-to-B-Angebote geben Antwort darauf, was Unternehmen kaufen sollten, von wem und zu welchem Preis, wann und wo!

Doch wo liegen die entscheidenden Wettbewerbsvorteile des Onlinevertriebs?

9.2.3.1 Verbesserte Verfügbarkeit – 24/7

Internet- und Intranetangebote stehen den Nutzern unabhängig von Öffnungszeiten, Personalverfügbarkeit oder Feiertagen jederzeit zur Verfügung: 24 Stunden am Tag, sieben Tage in der Woche. Und das ohne räumliche Grenzen oder Zeitverluste. Der Kunde also entscheidet, wann und von wo er auf das Online-Angebot zugreifen will.

Am meisten profitieren heute die Nachfrager im B-to-B-Bereich von der zunehmenden Informationsverfügbarkeit. Ihnen ermöglicht die gestiegene Transparenz den einfachen und effizienten Produkt- und Preisvergleich, die Anbietersuche und die elektronische Durchführung von Ausschreibungen und Bestellungen. Die Beschaffungsfunktionen stehen direkt am Arbeitsplatz der Mitarbeiter zur Verfügung – entweder als webbasierte Extranetlösung des Anbieters mit persönlichem Zugang für Stammkunden oder als unternehmensinterne Intranetlösung beim Nachfrager, die die Kataloge mehrerer Anbieter zusammenfasst und Bestellvorgänge direkt mit den Backofficesystemen koppelt und Workflowprozesse (wie Genehmigungsverfahren) abbildet.

Aber auch die Anbieter profitieren von der verbesserten Verfügbarkeit: Durch das Internet können Zielmärkte adressiert werden, die ganz neue Absatzchancen eröffnen. Zugleich aber bedeutet die globale, ständige Verfügbarkeit auch, sich einem globalen Wettbewerb mit weitgehender Markttransparenz zu stellen.

9.2.3.2 Kostenreduktion und Qualitätssteigerung durch Selbstbedienung

Durch die Verlagerung des operativen Geschäfts an den Bedarfsträger können sowohl Nachfrager als auch Anbieter durch den Onlinevertrieb ihre entstehenden Kosten reduzieren. Der „Self-Service"-Ansatz ermöglicht zunächst dem Anbieter, Personal-, Raum- und Druckkosten einzusparen. So lassen sich die für ihn entstehenden Transaktionskosten drastisch reduzieren, da mit einer einzigen Webpräsenz eine globale Marktpräsenz verwirklicht werden kann.

Aber auch für den Nachfrager bietet die Selbstbedienung neue Möglichkeiten: Er kann unverbindlicher verschiedene Varianten durchspielen, Produkte vergleichen und sich umfassend informieren. Und dies alles in Ruhe, ohne auf einen vielleicht drängenden und unkooperativen Vertriebsmitarbeiter angewiesen zu sein. So führt ein gut durchdachtes Online-Vertriebsangebot auch zu einer Steigerung der Servicequalität: Das Internetangebot liefert jederzeit und überall Best-Practice-Lösungen.

Allerdings – ein Self-Service-Angebot muss auch die vom Nachfrager benötigten Informationen und Funktionalitäten bereitstellen. Viel zu viele E-Catalogues haben große Mängel bei der Produktauswahl, der Suche nach geeigneten Alternativen und den Beratungskomponenten. In solchen Fällen ist die Enttäuschung und Frustration des Anwenders vorprogrammiert. Ein Onlineangebot sollte für alle Routineanfragen die Daten und Werkzeuge bereitstellen, die ein guter Verkäufer ebenfalls anbieten und nutzen würde. Darüber hinaus sollte es immer die Möglichkeit geben, im Zweifel oder für Sonderfälle rasch einen persönlichen Ansprechpartner beim Anbieter zu erreichen.

9.2.3.3 Höhere Automatisierung

Der automatisierten Abwicklung des gesamten Beschaffungsprozesses von der Bedarfsanmeldung über die Bestellung bis zur Zahlung auf elektronischem Wege steht auf Anbieterseite ein komplementärer Prozess von der Produktpräsentation und -selektion über Bestelleingang und Auslieferung bis hin zur Rechnungsstellung und Kontrolle des Zahlungseingangs gegenüber. Die Automatisierung dieser Prozesse wirkt sich nicht nur Kosten sparend aus, indem manuelle Eingriffe minimiert werden, sondern vermeidet auch die fehleranfälligen Medienbrüche und kann die Durchlaufzeiten drastisch reduzieren. So bedeutet die Automatisierung der Vertriebsfunktionen unter anderem

- Verwendung von Katalogen/Warenkörben,
- elektronischer Auftragseingang bei Lieferanten für „Jedermann",
- elektronische Rechnungsstellung durch den Lieferanten.

Doch zugleich müssen Backendsysteme wie Lagerhaltung, Warenwirtschaft und Auftragserfassung mit dem Online-System verknüpft werden. So existieren für SAP-Lösungen längst geeignete Module sowohl auf der Seite des E-Procurement (Nachfragerseite) wie auch Schnittstellen zu E-Sales-Lösungen (Anbieterseite) für den B-to-B-Bereich. Gerade den Schnittstellen zwischen Nachfrager- und Anbietersystemen ist große Bedeutung beizumessen. Hier muss für eine erfolgreiche, weitgehende Automatisierung auf Standards wie EDI aufgesetzt werden.

9.2.3.4 Serviceoptimierung und Kundenbindung

Anbieter können über elektronische Medien effizient zusätzliche potenzielle Kunden erreichen, sehr einfach detaillierte Kundeninformationen über diese sammeln und Nachfrager differenziert ansprechen und bedienen. Personalisierung und gezieltes Customer-Relationship-Management (CRM) werden auch für den B-to-C-Sektor immer wichtiger, im B-to-B sind sie jedoch unabdingbar! Der Onlinevertrieb darf daher nicht eine billige Variante zum personalintensiven persönlichen Verkauf darstellen, sondern sollte die Möglichkeiten der persönlichen Beratung über das Internet, beispielsweise durch den Einsatz wissensbasierter Systeme und intelligenter Such- und Beratungskomponenten, optimieren.

Aus diesem Grund arbeiten viele B-to-B-Systeme auf der Basis von Extranets, bei denen nur registrierten Kunden nach Eingabe einer persönlichen Kennung umfassende und individuell abgestimmte Services bereitgestellt werden. „Massenindividualisierung" nennen einige Experten die Verfahren, die Online-Angebote automatisch für bestimmte Zielgruppen anhand der gesammelten Profildaten anpassen. So können maßgeschneiderte Angebote unterbreitet, regionale Bezüge (z. B. bzgl. Lieferoptionen, Normen ...) berücksichtigt, individuelle Rabatte eingerechnet und Sonderwünsche (wie Farbgestaltung, Liefertermine etc.) einkalkuliert werden. Unabdingbar sind zudem Onlinekonfigurations- und Kalkulationsmodule, gerade bei komplexeren Produkten.

Neben den Anbietern selbst können jedoch auch Dritte als Vermittler auftreten und durch geeignete Serviceangebote erfolgreich die bestehenden Geschäftsmodelle im B-to-B-Sektor aufbrechen. Innovative Intermediäre, die virtuelle Märkte veranstalten, können Transaktionskommissionen oder Gebühren für elektronische Dienstleistungen wie beispielsweise Informationsaufbereitung und -analyse, Zahlungsabwicklung, Vermittlung oder Beratung verlangen.

Je besser und individueller der gebotene Service, umso stärker die Kundenbindung. Vielfach orientiert sich der Aktienkurs von Unternehmen, die sich im E-Commerce bewegen, dementsprechend nicht an den aktuellen Umsatzzahlen, sondern vor allem an der Zahl der gebundenen Kunden. Besonderer Wert wird den Kundenprofilen zugemessen, die Serviceoptimierung und Individualisierung erst ermöglichen. Sie bilden das Fundament für eine erfolgreiche geschäftliche Zukunft.

9.2.3.5 Supply-Chain-Management

Die Optimierung der Wertschöpfungskette durch die Integration unterschiedlicher Beteiligter wie Anbieter, Zulieferer und Nachfrager ist der zentrale Aspekt des SCM. Allgemein hat SCM zum Ziel, firmen- und standortübergreifend den gesamten Herstellprozess eines Produktes mit allen Schnittstellen zwischen den beteiligten Geschäftspartnern zu optimieren. Es gewinnt an Bedeutung, da Unternehmen sich heute auf ihre Kernkompetenzen konzentrieren und sich der Zulieferanteil in der Produktion erhöht. Der Wettbewerb findet so heute weniger zwischen einzelnen Firmen als vielmehr zwischen Lieferketten statt: Lagerkapazitäten werden abgebaut und eine koordinierte Disposition entlang der Lieferkette wird erforderlich.

Die Optimierung der Logistikkette ist für Unternehmen, die ihre Marktanteile und Rentabilität erhöhen wollen, eine entscheidende Grundlage. Das Zusammenspiel aller am Wertschöpfungsprozess beteiligten Unternehmen und Geschäftsbereiche wird durch E-Business-Anwendungen enorm verbessert. Das SCM garantiert den verzögerungsfreien Informationsfluss zwischen allen Beteiligten, die Transparenz der Logistikkette, schnelle Plananpassung, gute Kapazitätsauslastung und Reaktionsfähigkeit mit minimalen Beständen. Selbst komplexe Fertigungsprozesse, gleich ob Serien- oder Einzelfertigung, können damit rationell, flexibel und kostengünstig organisiert werden.

Das Internet als technologische Basis von B-to-B-E-Commerce-Anwendungen bietet vielfältige Chancen zur elektronischen Geschäftsabwicklung insbesondere auch in den zwischenbetrieblichen Abläufen. In den Beschaffungsprozessen lassen sich für Unternehmen z. B. bedeutende Kosten- und Zeiteinsparungen dadurch erzielen, dass zwischen Lieferant und anfordernder Fachabteilung die operativen Vorgänge direkt abgewickelt werden. Die Einkaufsabteilung ist nur noch für die Gestaltung der Rahmenbedingungen (Lieferantenauswahl und -bewertung, Warenkörbe und Konditionen) verantwortlich. Die Zielsetzung des SCM besteht also im Ausbau der Kostenführerschaft durch:

- Bündelung des Einkaufsvolumens
- Strategische Partnerschaften
- Optimierung des Logistik-Mengengerüsts
- Automatisierung der administrativen Prozesse.

9.2.4 Neue Geschäftsmodelle und Trends im B-to-B-Vertrieb

Der Gesamtnutzen des Onlinevertriebs ergibt sich somit aus der Kombination verschiedener Aspekte wie der Reduzierung des gebundenen Anlagevermögens, Prozesskostensenkung im Vertrieb und der Supply-Chain, der Fokussierung auf die Kernkompetenzen, einer erhöhten Geschwindigkeit und Flexibilität, auf Kunden zu reagieren und der Erschließung neuen Umsatzpotenzials mittels neuer Geschäftsfelder und Marktsegmente.

B-to-B-E-Commerce verändert jedoch auch die bestehenden Geschäftsformen und führt zum Entstehen ganz neuer Geschäftsmodelle. Neue Mittler sind aufgetaucht, neue Marktplätze etablieren sich, ungeahnte Partnerschaften entstehen und für Anbieter wie Nachfrager ergeben sich innovative Möglichkeiten, die eigene Marktposition zu stärken. So können Anbieter plötzlich auch Überproduktionen noch Gewinn bringend auf dem Markt platzieren, aber auch Nachfrager verbünden sich und schließen sich zu Einkaufsgemeinschaften zusammen. Kaum eine Branche, die mittlerweile nicht mindestens ein eigenes Informationsportal, einen virtuellen Marktplatz, eine Auktionsplattform oder eine geschlossene Community hat!

9.2.4.1 Erschließung neuer Märkte: virtuelle Marktplätze und Portale

Den B-to-B-Onlinevertrieb nur auf ein einzelnes Unternehmen zu reduzieren, das seine Produkte selbst vertreibt, wäre zu kurz gegriffen. Das Internet unterscheidet nicht nur verkaufsorientierte Ansätze (Sell-Side-Solutions) von beschaffungsorientierten (Buy-Side-Solutions) Einkaufslösungen. Vielmehr führt es zu ganz neuen B-to-B-Geschäftsmodellen, die sich in Deutschland erst in den letzten Jahren zu etablieren beginnen. Diese neue Form des

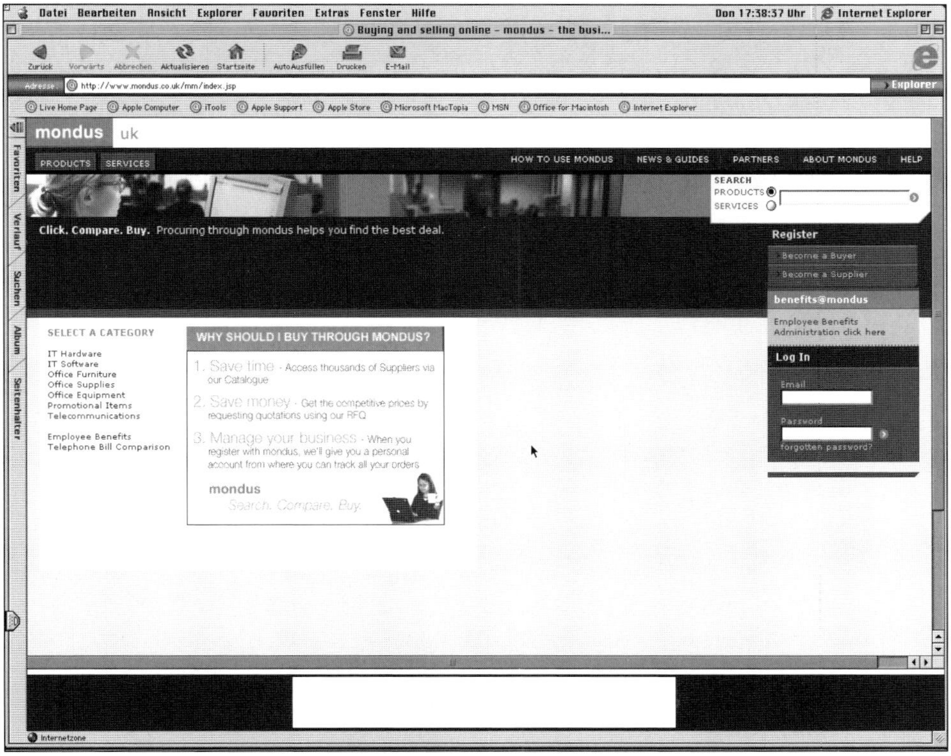

9.2 Abb. 2: ***Mondus, ein virtueller europäischer Marktplatz für KMU***

E-Commerce bringt unterschiedliche Anbieter und Nachfrager zusammen und sorgt so für den effizienten Kauf und Verkauf von Gütern über virtuelle B-to-B-Marktplätze. Es handelt sind um virtuelle Vermittler, die entweder über vertikale (Angebotstiefe) oder horizontale (Angebotsbreite) Vielfalt eine große Zahl verschiedener Teilnehmer adressieren und so für Käufer und Verkäufer gleichermaßen Vorteile bei der Erschließung neuer Märkte versprechen.

Neben Portalen, die vor allem der Informationsbeschaffung und dem Meinungsaustausch dienen, existieren verschiedene Marktplatzvarianten für den B-to-B-Sektor. Das klassische Aggregatorenmodell hat eine Zusammenführung verschiedener Anbieter zum Ziel. So wird vor allem der Zeit- und Suchaufwand für den Käufer reduziert und eine hohe Markttransparenz hergestellt. Auktionsmodelle hingegen funktionieren nach dem Prinzip der Warenbörsenmodelle. Das Ziel ist der Abgleich von Angebot und Nachfrage zwischen mehreren Anbietern und Abnehmern mit einer dynamischen Preisfindungskomponente. Dies eröffnet für die Anbieter

9.2 Abb. 3: *Gastrofacts.ch – Wissensplattform, Marktplatz und Branchen-Netzwerk für Gastronomie, Hotellerie und deren Zulieferer*

vor allem die Möglichkeit, Überproduktion und ausgemusterte Güter trotzdem noch Gewinn bringend zu verkaufen, Lagerbestände abzubauen und kurzfristig Verkäufe zu tätigen. Marktcommunities eröffnen den Zugang zu vertikalen Angeboten. Hierbei legen Communities, also virtuelle Gemeinschaften, in der Regel viel Wert auf den Austausch zwischen den Teilnehmern. Hieraus können Einkaufsgemeinschaften ebenso entstehen wie virtuelle Wertschöpfungsketten, bei denen sich verschiedene Unternehmen zur Bündelung und Verstärkung der Marktmacht zu einem virtuellen Verbund zusammenschließen.

Eine (kostenpflichtige) B-to-B-Marktplatzdatenbank unterhält Berlecon Research (*www.berlecon.de*). Sie umfasst die Daten und Profile von über tausend virtuellen Marktplätzen in aller Welt. Die Profile werden regelmäßig aktualisiert und enthalten unter anderem Angaben über URL, Branche(n), Markt- und Transaktionstyp, Gründung und Kontaktdaten der verschiedenen B-to-B-Onlineangebote.

9.2.4.2 Dynamische Preisfindung

Besonders Auktionsmodelle führen zu einem ganz neuen Businessverständnis in vielen Branchen. War man es bisher gewohnt, dass der Anbieter den Preis diktiert, so werden nun Warenbestände zum Spielball dynamischer Preisfindungsprozesse wie man sie bisher nur von Rohstoffbörsen kannte. Dementsprechend waren auch die Branchen Stahl und Chemie Vorreiter beim Aufbau virtueller B-to-B-Auktionsplattformen. Der Abgleich von Angebot und Nachfrage zwischen mehreren Anbietern und Abnehmern führt hier dazu, dass sich ständig ein neuer Marktpreis herausbildet – je nachdem, ob Anbieter oder Nachfrager gerade in der besseren Position sind, können sie den Preis zu ihren Gunsten beeinflussen.

Längst haben sich diese Konzepte allerdings auch in vielen anderen Branchen durchgesetzt. Für die Anbieter ergibt sich hier die Möglichkeit, Lagerbestände abzubauen, Produkte abzusetzen, die nicht den üblichen Qualitätsanforderungen entsprechen, oder Überkapazitäten in den Griff zu bekommen. Selbst renommierte Hotelketten vermarkten freie Bettenkapazitäten so bereits an Last-Minute-Reiseanbieter oder Geschäftskunden.

Marktcommunities wie Mysap.com eröffnen den Zugang zu vertikalen Angeboten, andere versuchen, zu einem horizontalen Schwergewicht zu werden und richten sich mit ihrem Angebot an zahlreiche Branchen. Ob Software-Forum (*www.software-forum.de*), CAD (*www.web2CAD.com*), Möbelindustrie (*www.homepoint.com*) etc. – die Angebote sind derart zahlreich, dass selbst ein Überblick nur schwer möglich ist.

9.2.4.3 Zukunft von Self-Service-Angeboten: E-Services

Vom „do it yourself“ zum „do it for me“. War vor kurzem noch das Thema Selbstbedienung allein ein wichtiger Aspekt von E-Commerce-Systemen, so geht der Trend verstärkt zu intelligenten Lösungen. Onlineangebote müssen nicht nur die Informationen bereitstellen, die der Nachfrager benötigt, sondern sie als leicht nutzbare Funktionen, so genannte E-Services, bereitstellen. Es reicht nicht mehr aus, eine Preisliste zur Einsicht und zum Download bereitzustellen – die Webseite selbst wird zum dynamischen Rechner, Konfigurator und Berater.

E-Services werden das Arbeiten für die Nachfrager stark vereinfachen. Sie liefern „Wissen“ und nicht nur „Information“. Letztlich ist dies die Voraussetzung für die weitgehende Automatisierung der zu Grunde liegenden Prozesse! Aus Sicht des Anwenders treten Computer und IT in den Hintergrund und werden einfach zum intelligenten Werkzeug. Ein E-Service ist eine Dienstleistung oder eine Ressource auf dem Netz, für Personen, für Unternehmen und sogar für „Dinge“. Sie bezeichnen alle Werte, die über das Internet verfügbar gemacht werden, um

1. neue Geschäftsfelder zu erschließen und
2. Geschäftsabläufe effizienter zu gestalten.

9.2.4.4 Mieten statt Kaufen?

Ein neuer Trend im B-to-B greift eine alte Idee auf. Warum soll man Produkte kaufen, wenn man sie nur sporadisch oder für eine bestimmte Periode benötigt? Auch im Internet hat diese Fragestellung zu neuen Konzepten geführt. Ob Software oder Fahrzeuge, Räumlichkeiten oder Personal – fast alles kann im B-to-B-Sektor über das Web gemietet werden!

Dabei spielt das Medium hier seine Stärken optimal aus – ständige Verfügbarkeit, Markttransparenz und sehr rasche Transaktionsabwicklung sind Trumpf. Besonders der Bereich Software könnte zu einer grundlegenden Veränderung führen, wenn die zur Verfügung stehenden Bandbreiten ausreichen. Alle großen Softwareanbieter denken darüber nach, ihre Produkte nicht nur zu verkaufen, sondern auch zu vermieten. Der Anwender bezieht die Software für die Dauer der Nutzung und bezahlt auch nur für die tatsächliche Nutzungsdauer Lizenzgebühren. Damit wäre ein leidiges Problem vieler Unternehmen hinfällig, nämlich die Frage danach, wie viele Lizenzen einer Software tatsächlich benötigt werden. Längst haben auch schon die ersten findigen Mittler diesen Zukunftsmarkt erkannt und wollen Software verschiedener Anbieter „unter einem Dach“ zur Kurzzeitmiete anbieten.

9.2.4.5 Automatisierte Bestellabwicklung: EDI im Onlinevertrieb

Eine große Bedeutung im B-to-B-Bereich kommt der automatischen Abwicklung von Bestellungen zwischen bekannten Partnern zu. Hier ergeben sich enorme Einsparpotenziale durch die direkte elektronische Übertragung der benötigten Daten durch ein standardisiertes Übertragungsformat: Die fehlerträchtige manuelle Eingabe und Kontrolle der Daten entfällt, die Durchlaufzeiten für eine Bestellung können drastisch reduziert und die entstehenden Transaktionskosten für beide Seiten gesenkt werden.

EDI bezeichnet einen Datenübertragungsstandard, der in diesem Bereich hohe Bedeutung besitzt. Über EDI können strukturierte Geschäftsinformationen direkt in elektronischer Form von Computer zu Computer übertragen werden. Hierzu gehören Bestellungen und Rechnungen ebenso wie Aufforderungen zur Angebotsabgabe und Angebote selbst. Es existieren verschiedene EDI-Varianten des Standards wie EDIFACT oder ANSI ASC 12, wobei eine EDI-Nachricht aus mehreren funktionalen Teilen besteht, die in einem elektronischen Umschlag verpackt werden. EDI wurde entwickelt zu einer Zeit, als das Internet für die Unternehmenskommunikation noch keine Bedeutung besaß. Mittlerweile existieren jedoch zahlreiche Implementierungen, die EDI bzw. EDIFACT in HTML oder XML einbetten und so internettauglich machen.

Die Gründe, EDI einzusetzen, sind vielfältig:

- Kostenvorteile für Besteller und Lieferant
- Gsteigerte Effizienz
- Verbesserte Kontrollmöglichkeiten
- Besserer Service für die Kunden.

Waren die frühen EDI-Implementierungen sehr teuer und unflexibel, so erlaubt die Kombination von EDI und Internet eine neue Qualität von B-to-B-Onlineanwendungen bei moderaten Kosten. Allerdings bietet das Internet als offenes Weitverkehrsnetz nicht die gleichen Voraussetzungen hinsichtlich Transaktionssicherheit und Zuverlässigkeit wie Lösungen, die auf geschlossene Netze aufbauen.

9.2.5 Bindeglied Extranet

Entscheidender Bestandteil vieler B-to-B-Systeme für den Onlinevertrieb sind so genannte Extranets. Hierbei handelt es sich um Informationsangebote auf der Basis der standardisierten Internettechnologie, die jedoch nur registrierten Nutzern zur Verfügung stehen. Um das ge-

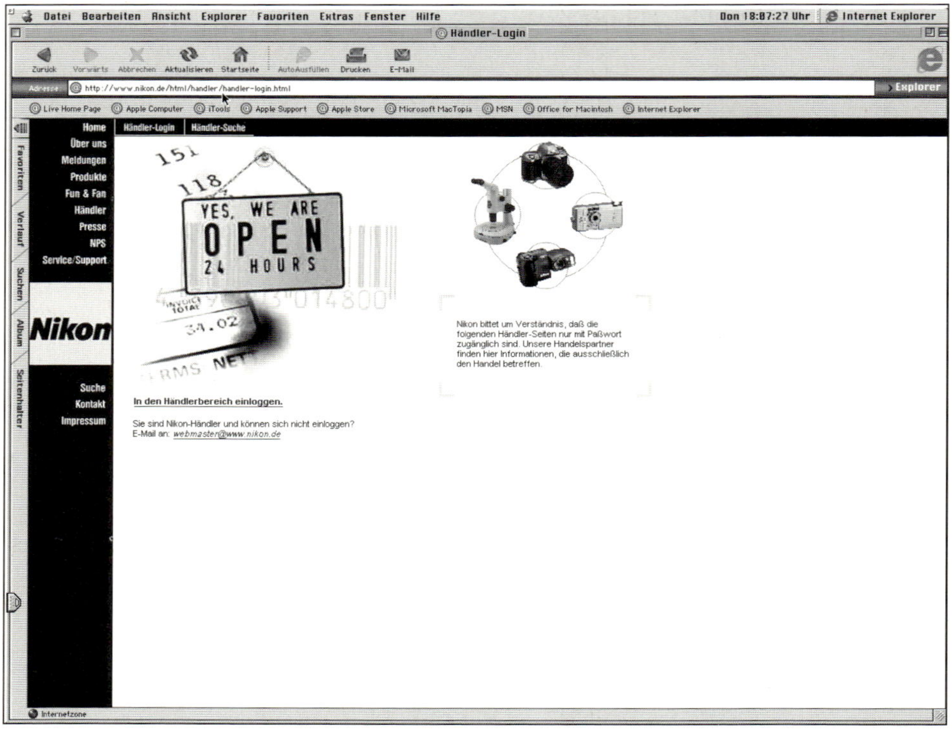

9.2 Abb. 4: *Ein geschlossener Extranet-Bereich bei Nikon – Zutritt nur für registrierte Händler*

schlossene Informationsangebot nutzen zu können, benötigt jeder Teilnehmer eine persönliche Zugangskennung samt Passwort.

Bei einfachen Angeboten dient diese Zugangsbeschränkung nur dazu, unerwünschte Besucher auszuschließen, bei komplexeren Anwendungen ist sie jedoch Voraussetzung für die Personalisierung der Angebote und das Tracking des Nutzerverhaltens, welches wiederum eine Basis für die Ermittlung der Kundenprofile darstellt. Kaum ein B-to-B-Angebot, das ohne Registrierung der Nutzer und damit die Erhebung von Stammdaten auskommt.

Aber die Nutzung von Extranetlösungen im B-to-B-Bereich kann auch technisch wenig aufwändig und trotzdem kreativ sein. Das Mietwagenunternehmen National Car Rental betreibt unter www.gebrauchtwagen.national.de ein Angebot, das sich ausschließlich an Autohändler richtet. Über die Website werden die Flottenfahrzeuge als Gebrauchtwagen zum Verkauf angeboten, erforderlich für die Abfrage der aktuellen Fahrzeugliste ist jedoch eine persönliche Nutzerkennung samt Kennwort.

9.2.6 Zusammenfassung

Bis zum Jahr 2004 wird nach einer Einschätzung der Gartner Group der B-to-B-Markt bei E-Commerce mit 7,3 Billionen Dollar einen Anteil von 6,9 % an dem gesamten globalen Umsatz erreichen. Schon im Jahr 2001 sollen die Umsätze im Corporate-Business zehnmal höher liegen als im Online-Consumer-Markt. Die Botschaft ist klar: Wer sich nicht neu orientiert und auf den B-to-B-Zug aufspringt, wird untergehen.

In der Konsequenz bedeutet der B-to-B-Onlinevertrieb die Umsetzung einer neuen Supply-Chain-Strategie, bei der sich Anbieter und Nachfrager als Partner verstehen und direkte Schnittstellen definieren, die den Informationsfluss und die Transaktionen effizienter, individueller und weniger fehleranfällig machen. Veränderte Geschäftsmodelle und neue Markterfordernisse verlangen ein Umdenken – im Gegensatz zu vielen B-to-C-E-Commerce-Lösungen, die den Verkauf als singuläres Event verstehen, benötigt der B-to-B-Ansatz das Verständnis und die Unterstützung komplexer Supply-Chains und die direkte Anbindung an die Backofficesysteme der Kunden. Dies bedeutet, viele der eigenen Geschäftsstrategien offen zu legen und geeignete Schnittstellen zu schaffen. Dafür sind die realisierbaren Einsparpotenziale gewaltig!

Neben der Effizienzsteigerung und Kostensenkung in den üblichen Geschäftsprozessen ermöglicht das Internet aber auch ganz neue Interaktionsformen. Virtuelle Marktplätze dienen der Erschließung neuer Kundenkreise, Auktions- und Börsenmodelle führen dynamische Preisgestaltungskomponenten ein und virtuelle Communities bündeln Anbieter und Nachfrager, erzeugen neue Machtverhältnisse, z. B. durch geänderte Informationsflüsse oder die Bildung von Einkaufs- aber auch Vertriebsgemeinschaften. Die Potenziale des B-to-B-Onlinevertriebs sind gewaltig, sie richtig zu nutzen bedeutet jedoch zu begreifen, dass E-Sales und E-Procurement aufeinander abgestimmt werden müssen.

Literatur

Amor (2000): Amor, Daniel: Online-Auktionen. Dynamischer Handel im Internet, Bonn

Haasis/Zerfaß (1999): Haasis, Klaus; Zerfaß, Ansgar: Digitale Wertschöpfung, Bonn

Mattes (1999): Mattes, Frank: „Electronic Business-to-Business“, Stuttgart

Pepels (1999): Pepels, Werner: Business-to-Business-Marketing. Handbuch für Vertrieb, Technik, Service, Neuwied-Kriftel

Sculley/Woods (1999): Sculley, Arthur/Woods, William: B2B Exchanges: The Killer Application in The Business-to-Business Internet Revolution

Stolpmann (2000): Stolpmann, Markus: Kundenbindung im E-Business, Bonn

Stolpmann (1999): Stolpmann, Markus: Online-Marketingmix, Bonn

Stolpmann/Wess (1998): Stolpmann, Markus/Wess, Stefan: Optimierung der Kundenbeziehung mit CBR-Systemen, Bonn

Timmers (1999): Timmers, Paul: Electronic Commerce. Strategies and Models for Business-to-Business Trading

9.3 Business-to-Consumer-Onlinevertrieb

Dirk Schneider

Der Onlinevertrieb an Endverbraucher per Internet (E-Commerce) ist ein umstrittener Wachstumsmarkt. Die Erfahrungen der ersten Euphorie haben gezeigt: E-Commerce ist nicht nur ein neuer Vertriebskanal, sondern ein völlig neues Geschäft. Es verlangt innovative Strategien und Instrumente, die den zukünftigen Kundenbedürfnissen und Wettbewerbsstrukturen gerecht werden. Daher werden wir in diesem Kapitel drei Aspekte betrachten:

1. Die realistischen Chancen des E-Commerce
2. Die Besonderheiten des Online-Vertriebs
3. Die Herausforderungen des Multi-Kanal-Managements

Die Ausführungen in diesem Kapitel orientieren sich zum Teil an den Monografien „Marketing 2.0 – Absatzstrategien in turbulenten Zeiten“ (*Schneider 2001*) und „E-Shopping – Erfolgsstrategien im Electronic Commerce“ (*Schneider/Gerbert 1999*).

9.3.1 Die realistischen Chancen des E-Commerce

9.3.1.1 Aufstieg und Fall der „New Economy“

Die Jahre 1998–2000 werden als „Aufstieg und Fall der New Economy“ in die Wirtschaftsgeschichte eingehen. Es ist wichtig, die Lektionen dieser außergewöhnlichen Entwicklung zu verstehen. Blicken wir daher kurz auf den turbulenten Start des Business-to-Consumer-(B-to-C)-Onlinevertriebs zurück.

Die öffentliche Freigabe des World Wide Web im Jahre 1993 und der überaus erfolgreiche Börsengang von Netscape im Jahre 1995 bereiteten den Boden für eine neue Start-up-Generation, der durch Risikokapital, vor allem aus dem Silicon Valley, genährt wurde. Zu Beginn dieser Zeit wurden die meisten späteren Protagonisten der „New Economy“ von Amazon.com bis Yahoo! gegründet. Das Beispiel von Netscape vor Augen gingen im Laufe der nächsten fünf Jahre zahlreiche neue Unternehmen mit nicht viel mehr als einer Geschäftsidee und einigen Anlaufverlusten an den Kapitalmarkt.

Im Jahre 1998 begann in den USA die allgemeine **Interneteuphorie** mit zahlreichen erfolgreichen Börsengängen, umfangreichen Presseberichten, explodierenden Nutzerzahlen und ersten Umsatzerfolgen der so genannten „dot.com“-Unternehmen. Der US-amerikanische Wirtschaftsboom und der Optimismus der Privatanleger stützten die Entwicklung. Das Weihnachtsgeschäft wurde landläufig als „E-Christmas“ bezeichnet, Unternehmen wie Amazon.com, AOL, eBay und Yahoo! standen im Mittelpunkt von Börsengeschehen und öffentlichem Interesse.

Die **Argumentation der Investoren** lautete folgendermaßen: Im Internet werden Marktführer eine viel größere Macht haben als bisher. Netzeffekte machen diese Marktführer weitgehend unangreifbar, die Skalierbarkeit der Systeme sorgt für steigende Grenzdeckungsbeiträge, so dass die zukünftigen Gewinne exorbitant sein werden. Die neuen Internetwettbewerber haben einen Vorsprung von mehreren Jahren, den etablierte Firmen nicht so leicht aufholen können. Der zeitliche Vorsprung muss für massive Investitionen in die Technologie und in das Wachstum der Marke ausgenutzt werden. Diese Investitionen lassen sich nicht über lange Zeiträume abschreiben, sondern gehen überwiegend direkt in den Aufwand, was kurzfristig zu massiven Verlusten führt. Unternehmen, die keine Verluste machen, investieren möglicherweise zu wenig in ihren Wettbewerbsvorsprung. Gewinne und die klassischen Aktienkennzahlen sind keine Maßstäbe, aber auch die wirtschaftlich korrekten Methoden der Unternehmensbewertung werden bei exorbitanten Wachstumsraten und den mit ihnen verbundenen Schätzunsicherheiten obsolet.

Die Verlockung einer „absoluten" Marktführerschaft erfolgreicher Internetunternehmen führte zu einer sich selbst erfüllenden Prophezeiung des Kapitalmarkts. Nicht nur die Investoren, sondern auch tausende von so genannten „High Potentials" folgten den Lockungen der „New Economy" und stiegen ins Internetgeschäft ein. Die hohe Börsennachfrage nach Zukunftswerten in einer vor Optimismus strotzenden US-Wirtschaft bewirkte bei niedrigen Handelsvolumina der einzelnen Werte und einem gleichzeitig hohen Eigeninteresse der Finanzinstitute an Platzierung und Vermarktung dieser Werte ein Wettrennen der Anleger um alles, was nach Internet klang. Dies trieb die Kurse in schwindelnde Höhen, der NASDAQ-Composite-Index verdoppelte und der Neue-Markt-Index Nemax 50 verdreifachte sich allein von Herbst 1999 bis Frühjahr 2000. Die Börse gab den Internetunternehmen eine neue Art von Währung in die Hand, mit deren Hilfe sie sich per Aktientausch etablierte Unternehmen der „Old Economy" einverleiben konnten. Dieser Trend gipfelte in der Übernahme des Mediengiganten Time-Warner durch AOL im Januar 2000 – für Aktien im Wert von $ 156 Milliarden.

Im Laufe des Jahres 1999 wurden erste **Alarmzeichen** erkennbar. Die fundamentalen Wachstumsprognosen zu Internetnutzern und -käufern traten zwar ein, aber Umsätze und Gewinne vieler Internetunternehmen blieben hinter den Erwartungen zurück. Tatsächlich gab es viele Internetanbieter, die überhaupt keine Einnahmen realisierten. Trotzdem schossen die Kurse der Technologiewerte über das rational nachvollziehbare Niveau hinaus, zumal sich kaum jemand fragte, ob z. B. von zehn deutschen Online-Buchhändlern jeder absoluter Marktführer werden kann. Aber auch die angeblich unangefochtenen Marktführer wie Amazon.com, AOL, eBay und Yahoo! mussten ihre Erwartungen zurückschrauben, und erste etablierte Unternehmen bewiesen, dass sie selbst die besten „dot.com's" innerhalb kurzer Zeit überholen können.

Es kam, wie es kommen musste: Das erste Fanal sorgte für einen massiven **Kurseinbruch**. Die Aktie von Amazon.com, sozusagen der „Big-Mac-Index“ der New Economy, brach Mitte April des Jahres 2000 nach widersprüchlichen Meldungen von Analysten ein und brachte weltweit den Stein ins Rollen. Innerhalb weniger Wochen sank z. B. der Neue-Markt-Index gegenüber seinem Höchststand um 40 %. Es begannen Monate eines Rückzuggefechtes, in dem nacheinander alle wichtigen Bastionen fielen. Die jeweiligen Rechtfertigungen lauteten wie folgt:

1. „Die B-to-C-Konzepte werden maßlos überschätzt und haben zu viel Marketinggelder verschleudert, aber die restliche New Economy ist gesund.“
2. „Neutrale elektronische Marktplätze haben Schwierigkeiten, aus eigener Kraft zu überleben, aber Business-to-Business (B-to-B) ist weiterhin ein Wachstumsmarkt.“
3. „E-Business-Dienstleister haben ein begrenzt skalierbares Geschäftsmodell und sind daher heillos überbewertet.“
4. „Leider haben alle Technologiefirmen für Internetinfrastruktur unter einem Nachfrageeinbruch zu leiden und müssen deswegen ihre Erwartungen zurückschrauben.“
5. „Alle Unternehmen der New Economy sind betroffen, außer denen, die heute schon Gewinne machen.“
6. „Die New Economy ist tot.“

Insgesamt hat die New Economy gigantische **Werte geschaffen und wieder vernichtet.** Innerhalb von zehn Monaten fiel der Neue-Markt-Index Nemax 50, in dem nicht nur Internetwerte berücksichtigt sind, um über 80 %.

Die Branche liegt am Boden, obwohl die ehrgeizigen Prognosen zur Internetnutzung eingetroffen sind. Nur ein paar Zahlen: Im Jahre 2000 stieg die Zahl der Internetnutzer weltweit auf über 300 Millionen. Sie griffen auf mehr als eine Milliarde Webseiten zu und verschickten über 2,6 Billionen E-Mails. Das E-Commerce-Volumen betrug allein in den USA $ 50 Milliarden. Der Otto Versand setzte weltweit mehr als eine Milliarde EUR online um. Absolut gesehen hat die New Economy allein durch ihre Marktführer wie Cisco, AOL, eBay, Yahoo! oder Amazon.com dauerhaft große Werte geschaffen, die weiterhin so manchen etablierten Konzern übertreffen.

E-Commerce ist also noch lange nicht tot.

9.3.1.2 Perspektiven des E-Commerce

Für das Jahr 2002 wird für die USA ein E-Commerce-Volumen von ca. $ 150 Milliarden prognostiziert. Die Prognosen für den deutschen Markt sind deutlich bescheidener: etwa acht

Milliarden Euro. Aber zeitversetzt wird für den deutschen Markt die gleiche Entwicklung wie in den USA erwartet. Die meisten Experten sind sich einig, dass langfristig Deutschland der attraktivste europäische Markt ist.

Seien wir ehrlich: Bisher gibt es noch gravierende Hindernisse für hohe Umsätze durch E-Commerce. Aber in den nächsten Jahren werden die wichtigsten Barrieren verschwinden:

1. Die Verbreitung privater Internetanschlüsse nimmt zu.
2. Komfort und Geschwindigkeit der Anschlüsse werden sich ständig verbessern.
3. Die Sicherheitsbedenken der Verbraucher nehmen ab.
4. Die Qualität der Shoppingangebote nimmt rasant zu.
5. Die Verknüpfung mit bestehenden Kundenbindungsprogrammen wird enger.

E-Commerce wird zur Normalität werden. Dabei gilt, dass Warengruppen für E-Commerce besonders geeignet sind, die

- eine hohe Qualitätssicherheit aufweisen, d. h. vom Kunden zur Kaufentscheidung nicht physisch geprüft werden müssen (z. B. Tonträger und die meisten Markenartikel),
- Kontextintensiv sind, d. h. erklärungsbedürftig sind und Zusatzinformationen benötigen (z. B. Reisen und Gesundheitsartikel),
- ein hohes Transaktionskostensenkungspotenzial aufweisen, d. h. kostengünstiger als bisher distribuiert oder digital übertragen werden können (z. B. Bücher oder Software),
- Kundenfeedback nutzen und kundenindividuelle Produkte anbieten (z. B. Computer und Automobile).

Als Paradebeispiele für E-Commerce gelten weiterhin Amazon.com, EBay und Yahoo!. Im Gegensatz zur frühen Interneteuphorie wird aber nur wenigen weiteren Newcomern eine Überlebenschance zugestanden. Die Gewinner im E-Commerce werden die etablierten Marken sein, die es verstehen, ihr Angebot über verschiedene Kanäle hinweg – physische und elektronische – erfolgreich zu vermarkten. Der Kunde der Zukunft muss also idealerweise über eine Kombination von physischen und virtuellen Kanälen und Kontaktpunkten angesprochen werden. Dies hat eine Reihe von Konsequenzen:

- Kein etabliertes Unternehmen kann auf eine angemessene virtuelle Präsenz verzichten.
- Unternehmen haben mit einer rein virtuellen Präsenz außerhalb von Nischen kaum eine Überlebenschance.
- Die virtuelle Präsenz muss eng mit der physischen Präsenz verknüpft werden.
- Starke Unternehmen in einem Kanal können in anderen Kanälen schneller erfolgreich sein.

Neben den Besonderheiten des Onlinevertriebs müssen wir also in der Folge auch die Herausforderungen des Multi-Kanal-Managements betrachten.

9.3.2 Besonderheiten des Onlinevertriebs

9.3.2.1 Internet als Medium für interaktive Kundenbeziehungen

In der digitalen Wirtschaft wird jede Transaktion in irgendeiner Phase mit dem Internet in Berührung kommen. In jedem Unternehmen wird daher die Pflege *elektronischer* Kundenbeziehungen zum wichtigen Erfolgsfaktor. Die bisherigen **Erfahrungen mit interaktiven Kundenbeziehungen** via Internet führen zu folgenden einfachen Empfehlungen:

- **Lernen Sie Ihre Kunden auf jeden Fall kennen!** Sie müssen unbedingt erreichen, dass Ihnen der Kunde seine wesentlichen Daten überlässt. Sie können hierzu Anreize ausloben, z. B. die Teilnahme an einem Gewinnspiel, die Einladung zu einem Event in der Nähe des Kunden, innovative Werbegeschenke oder einen Gutschein für die erste Onlinebestellung.
- **Speichern Sie alle Informationen über jeden Kundenkontakt!** Legen Sie für jeden Kunden einen umfassenden Datensatz mit allen verfügbaren Informationen an. Sorgen Sie dafür, dass die Daten jedes Kundenkontaktes erfasst werden – jeder Kauf, jede Lieferung, jeder Besuch, jede Reklamation. Der Kunde erwartet, dass sie alle relevanten Informationen über ihn präsent haben, wenn er sie Ihnen schon einmal gegeben hat.
- **Lernen Sie aus dem wachsenden Hort an Informationen!** Wenn Sie im Rahmen einer Kundenbeziehung im Zeitablauf jede einzelne Kundeninformation systematisch sammeln, so sind Sie nicht nur in der Lage, dem Kunden individuelle Angebote zu machen, sondern auch Ihr Gesamtangebot systematisch weiterzuentwickeln. Versuchen Sie auch anhand der gesammelten Informationen frühzeitig zu beurteilen, welche Kunden für Sie von hohem Wert sind.
- **Behandeln Sie jeden einzelnen Kunden als Individuum!** Sprechen Sie Ihre Kunden immer mit Namen an, wenn er zu Ihrer Website zurückkehrt. Denken Sie immer daran, dass Sie es mit Einzelpersonen zu tun haben, die als solche behandelt werden möchten. Es gibt heute die technischen Möglichkeiten, um dies sowohl effizient als auch zu moderaten Kosten zu gestalten. So werden z. B. Systeme angeboten, mit deren Hilfe die meisten E-Mails automatisch und gleichzeitig personalisiert beantwortet werden können.

- **Überlassen Sie dem Kunden die Kontrolle über die Geschäftsbeziehung!** Die meisten Kunden akzeptieren persönliche Angebote nur, wenn sie diese explizit gewünscht haben. Geben Sie dem Kunden die Freiheit, welche der vielfältigen Serviceleistungen er in Anspruch nehmen möchte. Nutzen Sie die Informationen, die Sie über ihn haben, nicht für elektronisches Hausieren. Stellen Sie dem Kunden die über ihn gespeicherten Informationen zur Verfügung und lassen Sie ihn jederzeit auf seine Daten zugreifen.
- **Geben Sie dem Kunden die Möglichkeit zur Selbsthilfe!** Lassen Sie Ihre Kunden für sich arbeiten und z. B. seine Bestellungen, Lieferungen und Rechnungen selbst prüfen. Viele Kunden betrachten die Selbstbedienung als einen zusätzlichen Nutzen. Erleichtern Sie dem Kunden unter Umständen den Zugang zur Technologie, z. B. indem Sie dem Anwender ein entsprechendes Gerät zur Verfügung stellen.
- **Bringen Sie die Kunden miteinander in Kontakt!** Stellen Sie Beziehungen zwischen den Kunden mit gleichen Interessen her. Menschen fühlen sich gern einer Gemeinschaft zugehörig, die die gleichen Interessen verfolgt. Derartige Kontakte zu Gleichgesinnten können Qualität und Interaktion der Kundenbeziehungen erhöhen.

Direkte Beziehungen über das Internet erzeugen mit der Zeit eine virtuelle Vertrautheit des Kunden mit dem Unternehmen. Professionell umgesetzt ergibt sich ein geschlossener, stets aktueller Regelkreis aus Kundenanalyse, Transaktionen und Kundenfeedback, der zu einer stetigen Intensivierung der Kundenbeziehungen führt. Das Internet wird zum vorrangigen Medium für die Pflege interaktiver Kundenbeziehungen.

9.3.2.2 E-Commerce und der Marketingmix

E-Commerce bedeutet für die vier traditionellen Elemente des Marketingmix („Product", „Price", „Place", „Promotion") radikale Veränderungen:

9.3.2.2.1 Produktpolitik

Individuelle Leistungsangebote per Internet können ein wesentliches Mittel zur Kundenbindung sein. **Massenindividualisierung** bedeutet die Erstellung individueller Produkte und Dienstleistungen in großer Zahl auf Basis eines Baukastensystems. Dabei können drei wesentliche Arten unterschieden werden:

1. Individualisierung digitaler Produkte
2. Individualisierung digitaler Zusatzleistungen
3. Individualisierung physischer Produkte und Dienstleistungen.

Jeder Unternehmer sollte in seiner Branche objektiv prüfen, inwieweit Potenziale für eine Massenindividualisierung bestehen. Voraussetzung ist allerdings, dass kostengünstige, modulare und flexible Prozesse in der gesamten Wertschöpfungskette realisiert werden. Gerade in reifen Märkten bietet Massenindividualisierung einen höheren Grenznutzen als Investitionen in eine weitere Erhöhung der Produktqualität. Die Konfiguration der Produkte durch die Kunden ist eine hervorragene Quelle für Kundenkenntnis. Vor allem aber lassen sich individuelle Produkte schlechter vergleichen und können insgesamt höhere Preise erzielen, weil sie ein individuelles Trading-up von Produkten ermöglichen und damit für den Kunden einen höheren Wert darstellen.
Die Produktpolitik wird darüber hinaus durch die Möglichkeiten einer **Marktforschung in Echtzeit** revolutioniert. Das Internet macht Umfragen und Erhebungen kurzfristig möglich. Statt wochenlanger Vorläufe und Erhebungszeiträume reichen wenige Tage aus. Dies beschleunigt die Entscheidungen des Marketings. Die elektronische Erfassung der Kundeninteraktion mit Websites und Call-Centers macht diese Informationen für die Marktforschung schnell und einfach zugänglich. Im Internet können die Unternehmen direkt beobachten, wie die Kunden handeln. Es lässt sich also nicht nur erheben, was potenzielle Kunden sagen, sondern vor allem auch wie sie sich konkret verhalten.

9.3.2.2.2 Preispolitik

Marketing in Echtzeit macht die Festlegung **kundenspezifischer Preise** möglich. Dies bedeutet nicht, dass alle Kunden unterschiedliche Preise bekommen werden, aber es eröffnet zahlreiche Ansatzpunkte für eine feinere Preisdifferenzierung. Da das Internet die Kundeninteraktion in Echtzeit herstellen kann, werden kundenindividuelle Preise vor allem in Verbindung mit Rahmenvereinbarungen, Kundenbindungsprogrammen, individuellen Produkten und Ausschreibungen relevant. Individuelle, nicht vergleichbare Produkte können grundsätzlich zu kundenspezifischen Preisen angeboten werden, insbesondere wenn das zu Grunde liegende Baukastensystem für den Kunden nicht transparent sein muss.

Die wichtigste Differenzierung erfolgt jedoch in zeitlicher Hinsicht. Viele Experten gehen davon aus, dass zukünftig die Mehrzahl der Preise nicht mehr für längere Zeiträume fest, sondern dynamisch sein werden. Über elektronische Medien ist eine einfache und kostengünstige **zeitliche Preisdifferenzierung** möglich. Während früher Preisänderungen erst auf Papier publiziert und im Markt bekannt gemacht werden mussten, können heute Preisänderungen in Echtzeit vorgenommen werden – wenn es sein muss täglich, stündlich oder minütlich. Der Versandhandel hat bisher seine Kataloge Monate im Voraus geplant, die Preise hatten für ein halbes Jahr ihre Gültigkeit – unabhängig von der Nachfrageentwicklung. Über das Internet kann er jederzeit seine Preise ändern und so auf die Marktgegebenheiten schnell reagieren.

Die elektronische Preisfindung fördert schließlich die **Verbreitung alternativer Preismodelle**: Auktionen, Preisvorgaben der Kunden und das so genannte Power-Shopping. Derartige Modelle gibt es seit Hunderten von Jahren, fanden aber überwiegend auf lokalen Märkten Anwendung. Das Internet macht den globalen Zugriff möglich und hat zur weltweiten Verbreitung derartiger Preisfindungsmechanismen beigetragen, die früher nur ein Schattendasein fristeten. eBay hat so z. B. einen neuen Markt geschaffen und Internetauktionen weltweit bekannt gemacht.

9.3.2.2.3 Distributionspolitik

Die **digitale Distribution** betrifft vor allem die Übermittlung digitaler Produkte über das Internet. Dabei entfällt nicht nur die gesamte physische Distribution, es erfolgt auch eine Distribution in Echtzeit. Das Produkt kann von einem Server irgendwo auf der Welt in wenigen Sekunden oder Minuten heruntergeladen werden. Die digitale Distribution von Software, Nachrichten, Fachzeitschriften, Buchgeld, Kleinanzeigen, Musik und Bildern ist heute schon ein großer Markt. Gleiches wird in Zukunft auch für Bücher, Reisedokumente, Spiele, Videos und Versicherungen gelten. Die digitalen Branchen bieten das extremste Spielfeld für E-Commerce. Ihr gemeinsames Problem ist die Frage, wie sich mit der digitalen Distribution Geld verdienen lässt, denn die Folgen für die Anbieter sind gravierend:

- **Alte Distributionsstrukturen verschwinden:** Von den meisten Videotheken, Musikläden und Buchhandlungen könnte unter Umständen langfristig nicht einmal die Logistik überleben.
- **Neue Distributionsformen entstehen:** Lizenzen und zeitabhängige Nutzungsgebühren werden den heute üblichen Verkauf digitaler Produkte schrittweise ersetzen.
- **Massenware ist out:** Kein akzeptabler Kopierschutz kann die heutige Massenware retten.
- **Individualisierung ist in:** Die kundenindividuelle Zusammenstellung digitaler Produkte wird zum Standard werden. Individualisierung erhöht, richtig betrieben, die Profitabilität, weil die Kosten individueller Produkte bei digitalen Waren gering sind, der Wert für den Kunden aber steigt.
- **Statische Waren haben sich überlebt:** Statische, digitale Waren bieten in Zukunft kein erfolgversprechendes Geschäftssystem, denn sie lassen sich nur einmal verkaufen.
- **Dynamische Services halten Einzug:** „Versioning", von Software und Spielen bekannt, wird auch bei anderen digitalen Produkten Einzug halten. Digitale Produkte werden sich zu Dienstleistungsangeboten entwickeln.

Auch für die **physische Distribution** ist die Digitalisierung relevant, und zwar hinsichtlich der Informationskette der Distribution. Alle aktuellen ERP-Systeme bieten eine elektronische Informationskette der Distribution. Die elektronische Überwachung von Bestellungen, Lieferungen und Rechnungen ist bei Geschäftskunden schon zum Standard geworden. Ebenso bieten alle leistungsfähigen Internetshops ihren Kunden die volle Transparenz über Bestell-, Liefer- und Rechnungsstatus. Die Digitalisierung wird sich auf diese Weise in der Distribution auf breiter Front durchsetzen.

9.3.2.2.4 Kommunikationspolitik

E-Commerce bedeutet gravierende Veränderungen für die Kundenkommunikation. Hierbei geht es nicht etwa um das Internet als neuen Werbeträger. Es handelt sich vielmehr um eine revolutionäre Verlagerung **vom Senden zum Empfangen**. Die Kommunikationspolitik umfasste bisher fast ausschließlich das Senden von (Werbe-)Botschaften in Richtung Kunde. E-Commerce stellt dieses Prinzip auf den Kopf und stellt vielmehr die **ubiquitäre Erreichbarkeit** in den Mittelpunkt. Statt den Kunden durch Werbebotschaften zu unterbrechen, geht es darum, für den Kunden jederzeit und überall erreichbar zu sein – zum gewünschten Zeitpunkt und zu den Bedingungen des Kunden.

Es ist zu betonen, dass es hierbei nicht mehr um Technologien geht. Mit der Zeit wird der Onlinezugriff über verschiedenste Geräte zum täglichen Leben gehören, genauso wie heute das Automobil, das Fernsehen, das Mobiltelefon oder der Geldautomat. Welcher Kunde denkt bei ihrer Nutzung heute noch bewusst an Technologie? Darüber hinaus sollten Sie bedenken, dass die Zugangskosten für den Kunden mit den Telekommunikationsgebühren stetig abnehmen. Hätte sonst heute jeder Teenager ein Handy?

Jederzeit und überall erreichbar zu sein, wird also für die Unternehmen immer wichtiger. Die Kommunikationspolitik der Zukunft wird deutlich komplexer, weil sie durch das Unternehmen nicht mehr voll beherrschbar ist. Die bisher wichtigste Antwort auf dieses Phänomen lautet **Netzwerkmarketing**. Der Begriff scheint in sich einen Widerspruch darzustellen, weil Vermarktung ein Maß an Kontrolle suggeriert, welches das Unternehmen im Internet nicht mehr unbedingt hat. Genau in diese Falle laufen viele Ansätze, die versuchen, alte Marketingmethoden auf das Internet als neues Medium zu übertragen. Genauso wie Bannerwerbung immer weniger funktioniert, ist Direktmarketing per Internet kaum der richtige Weg zur Pflege elektronischer Kundenbeziehungen. Die Kunst besteht darin, sich das Internet zur Pflege eines Netzwerkes von Kunden und Absatzmittlern zunutze zu machen. Für viele Branchen wie Medien und Unterhaltung, Spielzeug und Sportartikel, Mode und Reisen wird das Netzwerkmarketing fast schon überlebenswichtig.

Es sollte nicht vergessen werden, dass das frühe World Wide Web im Wesentlichen aus virtuellen Gemeinschaften bestand, häufig von Wissenschaftlern oder Technikern, die gemeinsame Erfahrungen und Interessen austauschten. Virtuelle Gemeinschaften bieten ein Forum für den weltweiten Dialog mit Gleichgesinnten zu minimalen monetären und emotionalen Kosten für die Teilnehmer. Netzwerkmarketing bestand zunächst aus der Pflege solcher Kundengemeinschaften („Communities"). Dabei geht es darum, Beziehungen zwischen Kunden mit gleichen Interessen in einem vom Unternehmen subtil gesteuerten Kontext herzustellen.

Alle genannten Auswirkungen des Internets auf den Marketingmix bedeuten gravierende Veränderungen für die Verantwortlichen in den Unternehmen.

9.3.3 Herausforderungen des Multi-Kanal-Managements

9.3.3.1 Anspruch und Wirklichkeit der Multi-Kanal-Anbieter

Das Internet hat das Thema Multi-Kanal-Management virulent gemacht. Jedes größere Unternehmen muss heute adäquat im Internet präsent sein. Dies ergibt einen direkten Koordinationsbedarf mit den etablierten Absatzkanälen. Das Internet macht darüber hinaus den Vertrieb weltweit transparent und zwingt die Unternehmen zu einer besseren Abstimmung ihrer Aktivitäten. In Zukunft wird der Mobile Commerce die Komplexität des Multi-Kanal-Marketings noch weiter erhöhen. Viele Unternehmen arbeiten daher fieberhaft an einer besseren Koordination ihrer Aktivitäten über die verschiedenen Absatzkanäle hinweg. Dies ist nicht nur ein Zwang, sondern eröffnet auch neue Chancen. Erste Untersuchungen belegen die großen **Vorteile** von Multi-Kanal-Management:

- Multi-Kanal-Anbieter mit etablierten Marken erzielen im E-Commerce durchgängig höhere Erst- und Wiederkaufsraten sowie höhere Durchschnittsumsätze pro Kunde.
- Multi-Kanal-Anbieter haben die reinen Internetanbieter im E-Commerce überholt. Während im Jahre 1998 noch fast 80 % der Umsätze durch reine Internetshops erzielt wurde, ist ihr Marktanteil inzwischen auf unter 30 % gesunken. Unter den zehn umsatzstärksten Internetshops ist in Deutschland nur noch ein reines Onlineunternehmen: Amazon.de. Als Ursache für den Siegeszug der Multi-Kanal-Anbieter gelten die Stärke etablierter Marken, die größere operative Leistungsfähigkeit und der zusätzliche Service, den eine Offlinepräsenz darstellen kann.

- Etwa ein Drittel aller Kunden informiert sich vor dem Kauf von Gebrauchsgütern auch in anderen Kanälen über die Produkte. Das Geschäftsvolumen, das durch Information der Kunden im Internet beeinflusst wird, ist viel größer als der eigentliche E-Commerce selbst.
- Multi-Kanal-Kunden bedeuten mehr Umsatz, wenn sie richtig angesprochen werden. So meldeten US-Händler wie JC Penney und Eddie Bauer, die ihre Produkte per Katalog, in Filialen und per Internet vertreiben, dass Kunden, die zwei Kanäle aktiv nutzen, durchschnittlich den vierfachen Umsatz und Kunden, die alle drei Kanäle nutzen, sogar den achtfachen Umsatz erzielen. Auch wenn sich hierzu argumentieren lässt, dass die ohnehin guten Kunden eher dazu neigen werden, mehrere Kanäle zu nutzen, scheinen Multi-Kanal-Anbieter ihr Geschäft nicht zu kannibalisieren, sondern Zusatzumsätze zu generieren.
- Multi-Kanal-Kunden pflegen durchschnittlich längere Kundenbeziehungen, was die beschriebenen positiven Effekte auf den Kundenwert hat. Dies haben Untersuchungen im Bankensektor ergeben.

Die Verknüpfung mehrerer Kanäle führt zu mehr Optionen für den Kunden, mit dem Unternehmen Geschäfte zu tätigen. Im Idealfall befruchten sich die Kanäle gegenseitig, und der Kunde wird zu jeder Zeit im eigenen Netzwerk gehalten. Gleichzeitig wird die Vertrautheit des Kunden mit dem Leistungsangebot mehrdimensional erhöht. Der Marktanteil bei den einzelnen Kunden steigt. Es ist also kein Wunder, dass Multi-Kanal-Marken wie der Otto Versand, Charles Schwab oder Gateway stark wachsen. In Deutschland sind allerdings nur wenige Unternehmen wie z. B. Lufthansa, Deutsche Bank, Tchibo oder Conrad Electronic im Multi-Kanal-Management weit fortgeschritten.

Auf Grund des allgemeinen Internetvorsprungs finden sich gute Beispiele sonst vor allem in den USA. Eddie Bauer im Textilbereich wurde bereits genannt. JC Penney, eines der führenden Warenhaus- und Versandunternehmen, erzielt einen Umsatz von über $ 30 Milliarden im stationären und $ vier Milliarden im Versandgeschäft. Im Internet wurden im Jahr 2001 über $ 400 Millionen umgesetzt. Das Unternehmen hat nach eigenen Angaben über zwei Millionen Onlinekunden, von denen etwa ein Viertel Neukunden sind. Multi-Kanal-Kunden, die alle drei Kanäle nutzen, erzielen mit jährlich über $ 1.000 pro Kunde über fünf Mal so hohe Umsätze wie der Durchschnitt.

Eines der berühmtesten Beispiele für Multi-Kanal-Management ist Charles Schwab. Das Besondere des „Discount Brokers“ ist:

- Schwab war das erste Unternehmen, das sowohl offline als auch online Marktführer in seiner Branche gewesen ist.

- Schwab hat sein Geschäft bewusst und aktiv kannibalisiert, weil es an die Überlegenheit von Onlinetransaktionen glaubte. Es baute das Online-Geschäft aus, obwohl es bei jeder Transaktion eine um 60 % niedrigere Marge akzeptieren musste.
- Schwab erkannte, das der Onlinevertrieb das Filialgeschäft nicht substiutieren, sondern synergetisch ergänzen würde und verfolgte daher eine konsequente Multi-Kanal-Strategie.

Wertpapiere sind ein digitales Gut. Aus diesem Grund ist das Internet für Standardtransaktionen der natürliche Vertriebsweg. Der Kunde kann von jedem Ort der Welt zu jedem Zeitpunkt – in diesem Geschäft besonders wichtig – seine Wertpapiergeschäfte tätigen, erhält im gleichen Zuge in Echtzeit alle Informationen und verwaltet sein Portfolio selbst. Hierdurch ergeben sich signifikante Kosten- und Nutzenvorteile in der Wertschöpfungskette. Die Migration in Richtung Internet ist also folgerichtig. Inzwischen werden bei Schwab 60 % der über sieben Millionen Kundenkonten online geführt. Die Onlinekonten verfügen über etwa 40 % des Kapitals. Bei den Transaktionen haben die Onlinegeschäfte mit über 80 % schon lange den Löwenanteil errungen.

Charles Schwab baute parallel sein Vertriebsnetz von über 300 Filialen. Die Filialen dienen zunehmend für die wichtigen Momente im Leben der Kunden: zur Eröffnung der Kundenbeziehung, im Zusammenhang mit größeren finanziellen Entscheidungen und bei externen Ereignissen wie z. B. Wertverlusten im persönlichen Portfolio. In diesen Momenten ist das Filialgeschäft dem Internet eindeutig überlegen. Die physische Präsenz schafft die in Finanzfragen so bedeutende Sicherheit und das notwendige Vertrauen, während sie bei den täglichen Transaktionen eher als Hemmnis betrachtet wird. Über 70 % der Kontoeröffnungen erfolgen bei Charles Schwab in einer der Filialen. Neben Internet und Filialen verfügt das Unternehmen über exzellente mehrsprachige Call-Center.

Im elektronischen Handel gibt es bei den meisten Unternehmen heute **kein konsistentes Zusammenwirken der Kanäle**. Die wenigsten sind auf das so genannte „Channel-Hopping" ihrer Kunden eingestellt. So sieht z. B. ein Kunde einen Artikel im Katalog des Unternehmens. Über die Website holt er sich Zusatzinformationen. Danach bestellt er das Produkt in einer Filiale des Unternehmens. Er erhält eine Lieferbestätigung per E-Mail und prüft nach einer Woche den Lieferstatus durch einen Anruf im Call-Center. Schließlich wird das Produkt per Postversand angeliefert. Dieses Szenario ist keineswegs weit hergeholt. Die Mehrzahl der Autokäufer informiert sich z. B. inzwischen vor dem Kauf im Internet. Daher kommt es durchaus vor, dass Kunden besser über Neuigkeiten des Herstellers oder Vergleichstests informiert sind als die Verkäufer im Autohandel. Kunden, die z. B. stark nachgefragte Aktionsartikel in einer Tchibo-Filiale nicht erhalten, versuchen eine Bestellung per Telefon oder Internet. Internetkunden haben häufig telefonische Anfragen, ebenso wie z. B. Kunden, die einen Mobilfunkvertrag in einer Filiale abgeschlossen haben. Der gleiche Bankkunde gibt seiner Bank Überweisungsaufträge in der Filiale, per Post, per Telefon und im Internet.

Die bestehenden **internen Strukturen und Prozesse** sind das wesentliche Hemmnis für Multi-Kanal-Management. Meistens sind die verschiedenen Kanäle eines Unternehmens eigene Gesellschaften oder Profitcenter und operieren häufig sogar unter unterschiedlichen Marken. Die angebotene Produktpalette ist über die Kanäle hinweg nicht einheitlich. Zwischen den Warenwirtschafts- und Logistiksystemen der einzelnen Kanäle besteht keine Verknüpfung. Eine kanalübergreifende Warenverfügbarkeitsprüfung ist für die Kunden nicht möglich. Schließlich gibt es auch keine kanalübergreifende Geschäftshistorie der einzelnen Kunden, in der Regel nicht einmal einheitliche Kundennummern. Machen wir uns nichts vor: Multi-Kanal-Management steckt bei fast allen Unternehmen im Endverbrauchergeschäft noch in den Kinderschuhen.

Besonders gravierend sind die Abstimmungsprobleme zwischen verschiedenen Kanälen, wenn diese nicht in der Kontrolle des eigenen Unternehmens liegen, sondern externe Partner eingebunden sind. Der Mobilfunknutzer von D2 wird sich z. B. möglicherweise auch dann bei Mannesmann Vodafone beschweren, wenn er seinen Vertrag bei einem unabhängigen Provider abgeschlossen hat. Genauso wenig kann z. B. Audi in jedem Fall auf den lokalen Händler verweisen, wenn ein Audi-Fahrer sich mit einem Problem direkt an das Unternehmen wendet. Das Gleiche gilt für den Reisebürokunden, der bei der Fluggesellschaft anfragt, oder den Kunden eines Softwarehauses, der sich mit einem PC-Problem direkt an den Hersteller wendet. Multi-Kanal-Marketing erfordert nicht nur eine horizontale, sondern auch eine **vertikale Koordination der Kanäle**.

Die Vorteile multipler Kanäle und die gleichzeitigen Schwächen der meisten Unternehmen mit deren Umgang ergeben ein großes Potenzial für diejenigen, die Multi-Kanal-Management professionell betreiben.

9.3.3.2 Drei Säulen des Multi-Kanal-Managements

Der Erfolg im Multi-Kanal-Management beruht im Wesentlichen auf drei Säulen:

1. Schaffung eines nahtlosen Kundenerlebnisses
2. Erzeugung von Crossfrequenz
3. Nutzung der jeweiligen Stärken der Kanäle.

Schaffung eines nahtlosen Kundenerlebnisses bedeutet, dass das Unternehmen überall einheitlich auftritt und nicht durch das Vorhandensein multipler Kanäle kognitive Dissonanzen bei den Kunden erzeugt. Die Diskrepanzen, die die meisten Kunden bei der Verwendung mehrerer Kanäle erleben, werden fast immer nur von diesen wahrgenommen. Den isoliert für ihren Kanal Verantwortlichen des Unternehmens fallen sie nicht auf.

Ein nahtloses Kundenerlebnis beginnt bei der angebotenen Produktpalette, die über die Kanäle hinweg ohne für den Kunden klar nachvollziehbaren Grund nicht variieren sollte. Auch wenn das Unternehmen intern gute wirtschaftliche Gründe aufweisen kann, warum das Sortiment sich in den verschiedenen Kanälen unterscheidet, bedeutet dies noch lange nicht, dass der Kunde es auch akzeptieren muss. Stellen Sie sich vor, Sie könnten bei McDonald's im Internet bestellen und müssten akzeptieren, dass es keinen Big Mac, dafür aber Spaghetti gibt. Bei Tchibo gibt es dagegen „jede Woche eine neue Welt", die selbstverständlich für Filiale, Internet und Telefonversand einheitlich ist. Der Kunde kann frei wählen, wann er welchen Kanal nutzen möchte. Dort, wo nicht alle Artikel in einem Kanal geführt werden können, sollte innerhalb dieses Kanals die Bestellung der fehlenden Produkte über einen anderen Kanal möglich sein.

Ein weiteres Problem sind unterschiedliche Preise in den Kanälen. Dies gilt besonders für den Einzelhandel, der seine Waren häufig in den verschiedenen Filialen zu unterschiedlichen Preisen verkauft. Im Internet erwarten die Kunden einheitliche, überregionale Preise. Dies bedeutete z. B. für Douglas bei der Eröffnung des Internetshops douglasbeauty.com erhebliche interne Diskussionen. Viele Industrieunternehmen haben auf internationaler Ebene mit ähnlichen Problemen zu kämpfen, wenn Preisunterschiede in verschiedenen Ländern mit wenigen Klicks transparent werden können. Grundsätzlich empfehlen sich daher für das Stammsortiment einheitliche Produkte und Preise.

Auch die Kundenkommunikation ist nicht immer einheitlich. Dies bedeutet bei manchen Unternehmen je nach Kanal unterschiedliche Marken, Logos, Farben, Schrifttypen und Werbeaussagen. Einheitliches Corporate Design ist aber eine Grundvoraussetzung für Multi-Kanal-Management. In der Distribution beklagen sich viele Kunden über widersprüchliche Servicelevels. Warum sollte z. B. ein Internetkunde von Quelle seine Retoure schneller zurückgeben müssen als der Katalogkunde, und warum sollte er den Telefonservice nicht nutzen dürfen. Dies wäre nicht nachvollziehbar. Derartig unterschiedliche Servicestandards sind aber in vielen Unternehmen Realität. Das Unternehmen muss den Kunden stattdessen als die **gleiche Persönlichkeit in allen Kanälen** wahrnehmen und behandeln. Es sollte z. B. durch einheitliche Kundennummern dem Kunden den nahtlosen Übergang zwischen den Kanälen ermöglichen.

Es ist wichtig zu bemerken, dass das nahtlose Kundenerlebnis auch für die **Vertriebspartner** eines Unternehmens gelten muss. Alle Kontaktpunkte, die der Kunde zu einer Marke hat, müssen dem kompletten Leistungsversprechen gerecht werden. Der schmutzige Servicemitarbeiter in der Hinterhofwerkstatt eines Autohändlers fällt auf die Marke des Herstellers zurück. Das demotivierte und ständig überlastete Call-Center, an das ein Unternehmen seinen Kundenservice outgesourct hat, gefährdet das Image dieses Unternehmens und nicht das eigene. Einzelhändler, die die Ware eines Herstellers verramschen, demontieren die Markenposition des Herstellers. Franchisenehmer, die sich nicht an die vorgegebenen Qualitätsstandards halten, beeinträchtigen das Markenimage des Franchisegebers. Da immer mehr Marken über Distributionsnetzwerke geführt werden, in denen die Absatzkanäle rechtlich nicht zu dem markenführenden Unternehmen gehören, muss das Marketing nicht nur die Kunden-, sondern auch die Partnerbeziehungen professionell steuern. Dies gilt übrigens auch für die Verfügbarkeit und den Schutz von Kundendaten.

Die **Erzeugung von Crossfrequenz** soll Synergien zwischen den Kanälen ausschöpfen. Kunden, die mehrere Kanäle nutzen, sind in der Regel deutlich wertiger. Dies ist intuitiv plausibel, weil sie das Unternehmen ganzheitlicher erleben und jederzeit in der Lage sind, Transaktionen zu tätigen. So kann der Kunde einen Artikel, zu dessen Kauf er sich beim samstäglichen Einkauf nicht entschließen konnte, am Sonntag per Internet bestellen, wenn er sich doch noch anders entschieden hat oder die Informationen im Internet seine Kaufentscheidung bestärkt haben. Umgekehrt kann der Kunde das Produkt, über das er sich online informiert hat, in einer Filiale mit allen Sinnen erleben. Versandhändler lösen das Problem fehlender physischer Präsenz, indem sie eine kulante Rückgabepolitik verfolgen, nach der jeder Kunde einen Artikel zunächst auf Probe bestellen kann – mit der Folge steigender Kundenakzeptanz, aber auch hoher Retourenquoten. Gerade Versandhändler profitieren vom Internet als zweitem Kanal, nicht nur weil er für sie kostengünstiger ist. Sie regen in der Regel ihre Kunden zur Nutzung von Print- und Internetkatalog an.

Alle Unternehmen sollten ihre Kunden aktiv zur Nutzung der verschiedenen Kanäle auffordern. Die Erzeugung von Crossfrequenz beginnt mit dem klar sichtbaren Hinweis auf die Website in allen Medien eines Unternehmens. Neue Wege geht hier z. B. Schlecker mit seinem Filial-TV, das die Kunden aktiv auf die Aktionen des Internetshops hinweist. Auf der Website sollten alle Filialen oder Niederlassungen mit Wegbeschreibung, Öffnungszeiten, dem angebotenen Leistungsspektrum und im Idealfall mit einer Online-Warenverfügbarkeitsprüfung verzeichnet sein. Wichtige Events und Sonderaktionen müssen sich in allen Kanälen wiederfinden. Kanalspezifische Aktionen und Gewinnspiele sollten dagegen die Kunden in einen neuen Kanal lenken. Neue Kanäle können auch durch exklusive Angebote gefördert werden, sofern sie den einheitlichen Gesamtauftritt nicht beeinträchtigen. Ebenso sollten die Kataloge eines Unternehmens oder die Call-Center-Nummer nicht in den Filialen bzw. auf der Website versteckt, sondern an prominenter Stelle für die Kunden bereitgestellt werden. Geschulte Verkaufsmitarbeiter können über spezielle Anreize zur Förderung der übrigen Kanäle bei den Kunden motiviert werden. Internetbasierte Kiosksysteme sind wiederum in der Lage, das Filialgeschäft hervorragend zu ergänzen. Schließlich müssen Call-Center und Loyalitätsprogramme selbstverständlich alle Kanäle mit einbeziehen.

Der Kreativität bei der Entwicklung von Anreizen für die Nutzung multipler Kanäle sind keine Grenzen gesetzt. Beispielhaft für die Erzeugung von Crossfrequenz sind Lifestyleunternehmen wie Douglas, Gap oder Eddie Bauer. Sie richten sich über alle Kanäle hinweg an die gleichen Zielgruppen und bieten spezielle Anreize für den Kunden, z. B. Gutscheine oder den Verweis auf spezielle Aktionen, um andere Kanäle zu nutzen. Douglas setzt darüber hinaus seine Kundenkarte zunehmend kanalübergreifend ein.

Die **Nutzung der jeweiligen Stärken der Kanäle** ist die dritte Säule des Multi-Kanal-Marketings. Nahtloses Kundenerlebnis bedeutet nicht automatisch Gleichförmigkeit. Stattdessen sollten die Vorteile der einzelnen Kanäle synergetisch genutzt werden. Dies haben wir am Beispiel von Charles Schwab gesehen. Das Internet ist ein hervorragendes Such- und Informationsmedium, auf das rund um die Uhr von überall zugegriffen werden kann. Darüber hinaus ermöglicht es die Anreicherung des Angebots durch digitale Unterhaltung und den einfachen Austausch mit Gleichgesinnten. Die physische Präsenz einer Filiale ist unersetzlich zur Erfahrung des Produktes und des Umfeldes, in dem es präsentiert wird, mit allen Sinnen. Die Filiale bietet ein multidimensionales Einkaufserlebnis, in dem der persönliche Kontakt zu einem Mitarbeiter eine wichtige Rolle spielen kann und das den Kunden inspirieren und Impulskäufe anregen kann. Ein Call-Center ist hervorragend geeignet, um ortsunabhängig Probleme zu lösen, die vom Kunden nicht per Internet gelöst werden – weil er es nicht kann oder will. Darüber hinaus bietet der Telefonkontakt eine Reihe von Möglichkeiten zu Ausbau und Vertiefung der Kundenbeziehung.

Die drei Säulen des Multi-Kanal-Marketings stellen jedes Unternehmen vor große **organisatorische Herausforderungen**. Dabei gibt es harte interne Kämpfe, die sich um so scheinbar einfache Fragen ranken wie:

- Wer besitzt die Markenhoheit über alle Kanäle hinweg?
- Welche Kanäle und Funktionen werden selbst betrieben oder fremd vergeben?
- Wie geschieht die Erfolgsmessung nach Kanälen, wenn die Kaufentscheidungen der Kunden über mehrere beeinflusst werden?

- Wer finanziert die Anreizsysteme für die Erzeugung von Cross-frequenz?
- Wie werden die internen Prozesse und Schnittstellen zwischen den Kanälen organisiert, wie werden sie in die Systeme eingebettet?
- Wer ist für die Pflege der Kundenbeziehungen verantwortlich?
- Wer stellt die Qualität der Markenführung sicher?

Im Zweifel gilt, dass sich jeder Kontakt mit dem Unternehmen optimal in den Kundenprozess einfügen sollte. Daher muss folgende Regel gelten: **Folgen Sie den Bedürfnissen des Kunden**, und versuchen Sie nicht, die Kanäle vorzugeben. Dies gilt besonders auch und gerade für unterschiedlich prädisponierte Kunden. Nicht alle Kunden nutzen das Internet, viele werden auch auf Dauer z. B. einen gedruckten Katalog bevorzugen. Die Internetnutzer verfügen über verschiedene Zugangsbandbreiten, so dass z. B. ihr Interesse an multimedialen Anwendungen sehr unterschiedlich ausfallen wird. Viele Kunden mögen den telefonischen Kundenkontakt, andere sind froh über jeden Anruf, den sie vermeiden können. Es hat keinen Sinn, die Kunden zur Nutzung bestimmter Kanäle zwingen zu wollen. Lassen Sie dem Kunden die Wahl.

Literatur

Schneider (2001): Schneider, Dirk: Marketing 2.0 – Absatzstrategien für turbulente Zeiten, Wiesbaden

Schneider/Gerbert (1999): Schneider, Dirk/Gerbert, Philipp: E-Shopping – Erfolg mit Electronic Commerce, Wiesbaden

9.4 Telefonverkauf

Marc Gobbetto

9.4.1 Grundlagen des professionellen Telemarketings

Wer hätte das gedacht?

Kein anderes Medium hat die Welt in einer so breiten Masse erobert wie das Telefon. Kein anderes Medium hat das in einer derartigen Geschwindigkeit und mit einer größeren Akzeptanz geschafft.

Als Johann Philipp Reis 1861 seinen ersten Satz über einen Vorgänger der Telefonleitung sprach (dieser lautete im Übrigen: „Das Pferd frisst keinen Gurkensalat") hat die damalige Fachwelt jedoch zunächst nur zögernd und fragend reagiert: Wer benötigt wirklich ein solches System zur Kommunikation, wo wir doch bereits Briefe versenden können und über die Möglichkeit des Morsens verfügen?

Ja, da hat sich die Fachwelt – wie so oft in der Geschichte von technischen Neuerungen – wohl eindeutig geirrt. Heute verfügen über 98 % der Bundesbevölkerung über ein Telefon und dieser Wert gilt für nahezu jede Industrienation weltweit. Der Siegeszug der Mobiltelefonie, die innerhalb weniger Jahre den Weltmarkt erobert haben, beweißt den Sinn und den Nutzen des Telefons einmal mehr.

Kein Medium nämlich ist direkter und persönlicher als das Telefon. Kein Medium ist so schnell und so unkompliziert wie das Telefon. Und kein anderes Medium kann so effektiv sein wie ein erfolgreiches Telefonat.

Kein Wunder also, dass dieses Medium mehr und mehr auch in die Geschäftswelt Einzug gehalten hat. Kein Wunder also, dass Marketing und Vertrieb sich dieses Wundermittels bedienen, um den gewachsenen Wünschen und Erwartungen ihrer Kunden und Interessenten gerecht zu werden.

Doch was genau macht das Telefon zu einem solchen Wundermedium im täglichen Kampf um die Gunst der Käufer? Warum genau schafft das Telefon im wahrsten Sinne des Wortes mehr Verbindungen als viele andere Instrumente?

Diesem Phänomen wollen wir gemeinsam auf den Grund gehen und Ansätze für den Einsatz des Telefon als Marketing- und Vertriebsinstrument in der Unternehmenspraxis aufzeigen.

Lassen Sie sich also ein auf eine Reise in die Wunderwelt des Telefons!

9.4.1.1 Medium Telefon in Marketing und Vertrieb

Die Massenmärkte der vergangenen Jahrzehnte sind zusammengebrochen. Heute teilen sich Zielgruppen für Unternehmen aus den unterschiedlichsten Branchen in viele kleine Segmentmärkte auf, die wiederum geprägt sind von spezifischen Anforderungen, Wünschen und Bedürfnissen.

Darüber hinaus führen die zunehmende Vergleichbarkeit von Produkten und Leistungen und die Internationalisierung der Märkte zu Wettbewerbsbedingungen, die in dieser Härte bislang unbekannt waren. Nicht mehr Produkte allein stehen also im Wettbewerb mit Produkten anderer Unternehmen, sondern Mitarbeiter stehen im direkten Wettbewerb mit Mitarbeitern anderer Unternehmen. Ehemals weiche Marketingfaktoren – wie Service und Kommunikation – werden somit zum Zünglein an der Waage.

Der Einsatz von Massenmedien kann diesen Zielgruppenerwartungen allein nicht mehr gerecht werden. Direktmarketing zieht also in jede Marketing- und Vertriebsabteilung als wesentliches Instrument ein. Der Deutsche Direktmarketing Verband (DDV) e.V. in Wiesbaden stellte für das Jahr 1999 rund 40 Milliarden DM Aufwendungen für Direktmarketing in Deutschland fest. Zum Vergleich: 1988 betrugen die Direktmarketing-Aufwendungen in Deutschland nur 12,8 Milliarden DM. Dies entspricht also einem Wachstum von nahezu 320 % in nur zehn Jahren. Und die Prognosen weisen weiteres Wachstum aus.

Mit Direktmarketing – und unter diese Kategorie fallen auch alle Telemarketingaufwendungen – erzielen Unternehmen einen direkten Dialog mit ihrer Zielgruppe. Und unter den genannten Eingangsvoraussetzungen der sich verändernden Märkte ist genau dieser Dialog mit Kunden und Interessenten das erklärte Ziel für jedes Unternehmen. Nur durch den persönlichen Kontakt zum Käufer können diese Segmentmärkte ermittelt und bedient werden. Nur durch diesen persönlichen Kontakt können Menschen miteinander kommunizieren und Bindungen schaffen.

Das Medium Telefon greift diese Aspekte direkt auf:

- Das Telefon ist ein „Allerweltsmedium“, mit dessen Umgang nahezu alle Kunden und Interessenten weltweit vertraut sind.
- Das Telefon schafft einen persönlichen Dialog mit der eigenen potenziellen Zielgruppe, der es ermöglicht, Wünsche, Erwartungen und Anforderungen jedes einzelnen Kunden schnell und unkompliziert zu ermitteln.
- Das Telefon ist schnell, direkt und effektiv, denn innerhalb kurzer Zeit können viele Kontakte regional, national oder sogar international generiert werden.
- Das Telefon kann ein Zeichen der Wertschätzung im Sinne eines „Ich habe an Dich gedacht“ sein und dem Kunden somit ein persönliches „Kümmern“ signalisieren.
- Das Telefon kann als Marketing- und Vertriebsinstrument mit geringen Investitionen und kalkulierbaren Kosten eingesetzt werden.

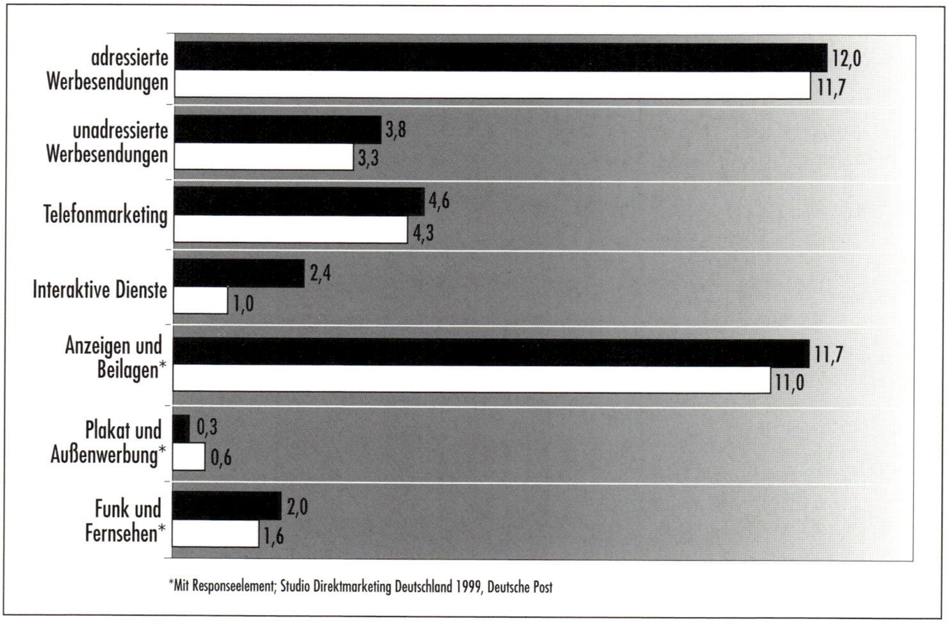

9.4 Abb. 1: ***Aufwendungen nach Direktmarketinginstrumenten 1997 und 1998 in Milliarden DM***

Die Statistiken des DDV e.V. machen die Bedeutung des Telefonmarketings innerhalb des Direktmarketings deutlich (siehe Abb. 1). Von 822.000 deutschen Unternehmen mit mehr als einer halben Million Jahresumsatz setzten 1998 rund 530.000 Unternehmen Direktmarketing ein. Das entspricht einem Anteil von 64,5 %. 39 % der Unternehmen setzen dabei auf Telemarketing.

Damit hatte das Telemarketing 1998 erstmals einen höheren prozentualen Anteil erlangt als das Mailing (37 %), auch wenn es im Gesamtvolumen der Direktmarketingaufwendungen hinter dem Mailing und den Anzeigen und Beilagen mit Responseelement noch deutlich an Platz drei liegt (siehe Abb. 2).

Neben den genannten Entwicklungen der Märkte kommt ein weiterer wesentlicher Faktor hinzu, der den Siegeszug des Mediums Telefon begründet: Unternehmen aller Branchen haben mit einem deutlich erhöhten Kostendruck zu kämpfen. Konnten in den vergangenen Jahrzehnten auch kleinere Kunden aus dem C- und D-Bereich kosteneffizient durch einen Außendienstmitarbeiter besucht werden, so ist dies heute kaum noch wirtschaftlich möglich:

- Der Vertrieb muss sich verstärkt um die Bindung der relevanten Key-Kunden aus dem A- und B-Bereich kümmern und besucht diese öfter und intensiver als in der Vergangenheit.

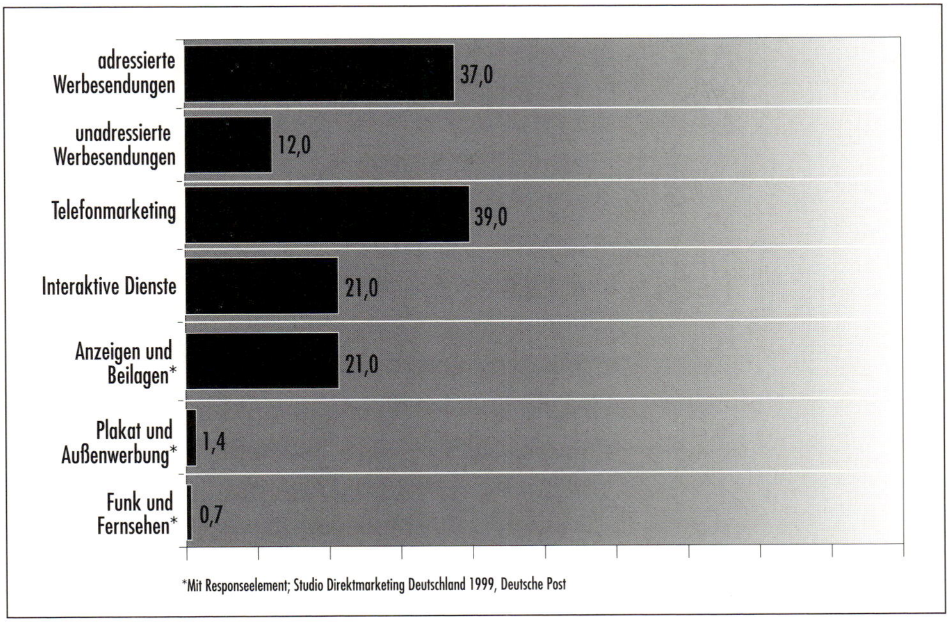

9.4 Abb. 2: ***Prozentualer Anteil der deutschen Unternehmen, die ein Direktmarketinginstrument nutzen***

- Die Qualifikation und damit die Vergütung der Vertriebsmitarbeiter ist deutlich gestiegen, um den Anforderungen der Kunden an die hohe Sach- und Fachkompetenz gerecht zu werden.
- Dies hat ebenso zur Folge, dass die begleitenden Personalnebenkosten gestiegen sind und somit die kalkulatorischen Werte für einen Außendienstbesuch den Besuch eines umsatzschwachen Kunden nicht mehr rechtfertigen.

Genau hier kann das Medium Telefon eine wesentliche Entlastung und Optimierung schaffen. Ein telefonischer Besuch kann zu einem Minimalsatz des persönlichen Besuches erfolgen. Erfahrungen zeigen darüber hinaus, dass dieser telefonische Besuch vom Kunden ebenso mit Kauf und Verbundenheit zum Unternehmen honoriert wird.

Diese veränderten Marktbedingungen machen deutlich, warum das Medium Telefon heute zu einem wesentlichen Element der Kundenfindung und Kundenbindung geworden ist. Im weiteren Verlauf werden Sie erfahren, in welchen konkreten Aufgabenstellungen das Telefon seinen Einsatz in Marketing und Vertrieb finden kann.

Im Übrigen sollten wir auch einen Versuch unternehmen, Telemarketing zu definieren: Unter den Oberbegriff Telefonmarketing fallen alle Aktivitäten eines Unternehmens, bei denen das Medium Telefon zur Förderung der Geschäftsaktivitäten genutzt wird.

Das bedeutet aber auch, dass Telemarketing immer dann stattfindet, wenn irgendein Mitarbeiter eines Unternehmens zum Telefon greift, um aktiv selbst einen Kunden, Interessenten oder Lieferanten anzurufen. Oder aber, es nimmt ein Mitarbeiter ein ankommendes Gespräch entgegen. Der Anrufer oder der Angerufene entscheidet dabei nicht, ob diese Aktivitäten gewollt, geplant und vielleicht sogar mit Konzept erfolgen oder nur das Ergebnis normaler Tagesarbeit sind. Am Telefon gilt also umso mehr: You never get a second chance to make your first impression!

Wenn Sie sich einmal vor Augen führen, in welcher Qualität diese Aktivitäten heute in Deutschland größtenteils geschehen, wird sehr schnell eines deutlich: Telemarketing ist – wenn es professionell, kompetent und herzlich durchgeführt wird – eine große Chance für jedes Unternehmen.

9.4.1.2 Typische Anwendungen im Inbound-Telemarketing

Immer dann, wenn ein Telefonat in einem Unternehmen entgegengenommen wird, passiert eine Form von Inbound-Telemarketing. Wir sprechen also von der Annahme von Telefonaten, so genannten Incoming Calls.

Das Inbound-Telemarketing ist die Urform des Telemarketings, da hier alle Aspekte eines funktionierenden und kompetenten Servicegedankens eines Unternehmens den Kunden und Interessenten gegenüber präsentiert werden können.

Wenn in den frühen Jahren des Inbound-Telemarketings primär Versandhandelsunternehmen das Telefon z. B. als Medium für die Bestellannahme eingesetzt haben, so gibt es heute fast kein Unternehmen mehr, das nicht eine Hotline oder ein Servicetelefon führt, um für Kunden und Interessenten jederzeit, oftmals sogar rund um die Uhr erreichbar zu sein.

Typische Einsatzgebiete sind:

- Annahme von Bestellungen von Neu- und Altkunden,
- Informations-Hotlines zur Beratung von Kunden und Interessenten (z. B. Bezugsnachweise, Produktberatung, Preisauskünfte etc.),
- Kundenbetreuung zur Erledigung aller kundenbezogenen Vorgänge (z. B. Rechnungsanfragen, Lieferzeiten, Datenänderungen, etc.),
- Reklamationsmanagement zur schnellen, unbürokratischen und service-orientierten Erledigung von Vorgängen,
- Notruf-Hotlines zur Anforderung von Notdiensten oder Technikern,
- Gewinnspiel-Hotlines zur Begleitung von Werbekampagnen und Gewinnspielaktionen
- etc.

Der Einsatz von Service-Rufnummern und moderner Telekommunikationstechnologien hat die Möglichkeiten des Inbound-Telemarketing erweitert. Über die Rufnummern 0800 (gebührenfrei für den Anrufer), 0180-x (verschiedene Tarife für den Anrufer von 0,06 EUR je Anruf bis zu 0,24 EUR je Minute) und 0190-x (kostenpflichtige Service-Rufnummer von 0,21 EUR bis 1,93 EUR je Anrufminute) können Dienstleistungen der unterschiedlichsten Art angeboten werden. Die heute wohl gängigste Rufnummer in Deutschland ist die 0180-x, da diese über den Service der Telefonprovider auch regional geroutet werden kann. So sind Unternehmen über eine einheitliche Rufnummer bundesweit und sogar international erreichbar und können die Anrufer je nach Region über die Rufnummernerkennung in die entsprechenden Niederlassungen oder Servicezentralen leiten. Darüber hinaus ist diese Rufnummer beim Verbraucher als Synonym für Service-Rufnummern bekannt und akzeptiert. Die 0800er-Service-Rufnummer hingegen, die als gebührenfreie Nummer noch mehr Service am Kunden demonstriert, unterliegt vor allem bei Anzeigen- oder Werbekampagnen, die eine breite Masse erreichen, leider immer wieder so genannten Nonsense-Calls. Anrufern, die kein echtes Interesse haben, sondern die gebührenfreie Rufnummer nur für allerlei Scherze missbrauchen. Der Einsatz der 0190er-Service-Rufnummer liegt leider immer noch im Bereich der Gewinnspiele und Erotiklines und genießt daher keine breite Akzeptanz. Dies ist um so bedauerlicher für Unternehmen, da diese Rufnummer, die eine Refinanzierung der Aufwendungen über die Gebührenteilung mit dem Telefonprovider ermöglicht, gerade in Bereichen der hoch qualifizierten Beratungsdienste (z. B. technische Hotlines, Support-Lines für Hard- und Softwareprogramme, o. Ä.) idealen Einsatz finden könnte. Verstärkt setzen Unternehmen auf die in Deutschland noch weitgehend ungenutzten Vanitynummern, die analog zur Buchstabenhinterlegung auf den Telefontasten, eine Rufnummer gemäß des Firmen- oder Produktnamens ermöglichen. In den USA beispielsweise ist diese Art der Service-Rufnummern die meist genutzte (z. B. 800-FLOWERS = 800-3569377). So werden Telefonnummern auf direktem Wege zum echten Werbeträger und die Notwendigkeit sich Nummernfolgen einzuprägen entfällt. Sicher wird diese Art der Rufnummern auch in Deutschland mehr und mehr Einzug halten. Wenn man den bereits vergebenen Namen und entsprechenden Rufnummern folgt, dann gibt es kaum noch eine Produkt- oder bekannte Firmenbezeichnung, die nicht bereits reserviert ist. Ähnlich wie im Bereich der Internetdomains haben sich allerdings häufig Serviceunternehmen oder pfiffige Studenten diese Rufnummern reservieren lassen.

Durch die Entwicklung der so genannten Automatic-Call-Distribution-Technologie (ACD) sind für die Anwendungen des Inbound-Telemarketings neue Chancen und Möglichkeiten entstanden. Diese Technologie ermöglicht die gleichmäßige Verteilung einkommender Anrufe auf entsprechende Mitarbeiter, die in einer sog. ACD-Gruppe angemeldet sind. Diese Verteilung ist nicht nur nach Summen möglich, sondern durch die Integration von Sprachcomputern heute sogar gemäß der Qualifikationen der eingesetzten Mitarbeiter (Skill Based Routing). Eine solche ACD-Gruppe kann zentral in einem Call-Center sitzen, aber auch in einer virtuellen ACD-Umgebung in einem Gebäude oder sogar innerhalb einer nationalen und internationalen Firmenstruktur verteilt sein. International agierende Unternehmen setzen bereits sog. „Follow-the-Sun"-Call-Center ein. Das bedeutet, dass Anrufer rund um die Uhr jeweils in ihrer Muttersprache durch ein Call-Center-Team in dem Land bedient werden, in dem gerade Tag ist. So setzt Microsoft beispielsweise Call-Center-Teams in England, Deutschland, Australien und den USA ein, die alle virtuell miteinander verbunden sind. Für den Anrufer bleibt diese Organisation i. d. R. unbemerkt.

Leider kennen wir alle aus eigenem Erleben auch die Nachteile der oftmals überlasteten Inbound-Call-Center: Endlos lange Warteschleifen mit mehr oder weniger unterhaltsamen Musik- und Texteinspielungen. Der wohl schwierigste Aspekt einer Inboundanwendung nämlich ist das korrekte Forecast des Anrufvolumens und des dafür notwendigen Personals, um einen hohen Servicelevel und somit geringe Wartezeiten für den Anrufer zu realisieren. Auch moderne Planungsmethoden für Anrufvolumen und Personaleinsatz unterliegen immer wieder ungeahnten Reaktionen der Kunden und Interessenten. Wer rechnet schon bei einem Internetanbieter mit einem plötzlich auftretenden Computervirus, der die eingesetzten Call-Center an den Rand der Leistungsfähigkeiten bringt? Grundsätzlich ist zu bemerken, dass es auch hier keine Wirkung ohne Nebenwirkung gibt: Jede Aufforderung an Kunden und Interessenten über Mailings, Anzeigen, Postwurfsendungen, Beilagen, Plakate, TV-Spots o. Ä. schafft eine Aufmerksamkeit, die zu einem erhöhten Anrufvolumen führt. Neben einer relativen Planbarkeit von Grundauslastungen für ein Call-Center-Team führen also alle begleitenden Aktivitäten zu Anrufschwankungen.

Über den Einsatz von Inbound-Telemarketing erzielen Unternehmen

- eine schnelle und direkte Kontaktmöglichkeit für ihre Kunden und Interessenten,
- eine persönliche Betreuung aller Anrufer und somit das Gefühl des berühmten „Kümmerns",
- die Chance, Cross-Selling-Möglichkeiten bei allen Anrufern zu nutzen,
- die Möglichkeit, Kunden und Interessenten individuell zu beraten,
- die optimale Verbindung aller Unternehmensbereiche durch eine einheitliche Anlaufstelle für Kunden und Interessenten,
- eine höhere Kundenbindung.

Da im Zeitalter der sich verändernden Märkte alle Kontakte zur Zielgruppe zählen, um eine langfristige Kundenbeziehung aufbauen zu können, sollte kein Unternehmen auf den Einsatz eines Inbound-Telemarketings verzichten.

Die Veränderungen in den Bereichen der Organisation und der Work-Flows eines Unternehmens sind jedoch enorm, wenn ein Unternehmen sich entscheidet, ein Call-Center aufzubauen. Auf diesen Aspekt geht der Abschnitt 9.4.2.3 „Aufbau einer Inhouselösung" detailliert ein.

Entscheidend für die Wirkung ist jedoch nicht die ausgereifte technische Lösung, die auf den neusten Erkenntnissen und Entwicklungen der Telekommunikationsindustrie basiert und z. T. hohe Investitionen erfordert. Vielmehr gilt es, Mitarbeiter zu finden, die diese Aufgaben mit Herzlichkeit und dem gewissen Gespür für den Kunden und seine Wünsche erfüllen. Wir alle kennen die Erlebnisse, dass auch eine negative Information z. B. zu einem Liefertermin mit so viel persönlicher Wärme und mit einem so positiven Servicebewusstsein erfolgte, dass uns dieses Unternehmen angenehm in Erinnerung bleibt. Und wie heißt es so schön: Jedes Telefonat ist immer nur so gut, wie das Gefühl, das es beim anderen hinterlässt.

9.4.1.3 Typische Anwendungen im Outbound-Telemarketing

Immer dann, wenn ein Mitarbeiter zum Telefon greift, um einen Kunden, Interessenten oder Unternehmenspartner (Lieferant, Dienstleister, Mitarbeiter etc.) anzurufen, passiert eine Form von Outbound-Telemarketing. Es handelt sich also um ausgehende Telefonate, so genannte Outgoing-Calls.

Das Outbound-Telemarketing ist erst in den letzten Jahren zum wirklich anerkannten Marketing- und Vertriebsinstrument geworden. Leider galt es lange als schwarzes Schaf des Telemarketings und wurde immer wieder als „Drückerkolonne am Telefon" bezeichnet. Völlig zu unrecht, da es dem Unternehmen zahlreiche professionelle, seriöse und kompetente Wege der zielorientierten Ansprache ermöglicht. Typische Einsatzgebiete für Outbound-Telemarketing sind

- Adressqualifizierungen zur Eruierung von Entscheiderstrukturen in potenziellen Zielunternehmen und zur Validierung von Kundendaten,
- Informationserhebungen zur Ermittlung der Kundenzufriedenheit, zur Ermittlung von Produkt- und Leistungsanforderungen o. Ä.,
- Kundenpotenzialanalysen zur Ermittlung von Kauf- und Verkaufspotenzialen und anschließender Klassifikation,

- Vertriebsunterstützung im Sinne einer professionellen Neukundenakquisition und einer funktionierenden C- und D-Kunden-Betreuung,
- Einladung von Kunden und Interessenten zu Messen, Tagungen, o. Ä. und Nachbereitung dieser Veranstaltungen durch kompetente Nachfasstelefonate,
- Vorbereitung und Nachfassen von Mailingaktivitäten,
- Verkauf von Produkten und Dienstleistungen über einen professionellen Telefonverkauf (siehe auch Abschnitt 9.4.2 „Telefonverkauf in der Unternehmenspraxis“) und Nutzung von Cross-Selling-Möglichkeiten,
- Reaktivierung von Altkunden über die kompetente Ansprache und die Unterbreitung von Wiedereinstiegsangeboten,
- Kündigerrückgewinnung
- etc.

Auch für die Weiterentwicklung des Outbound-Telemarketings waren die genannten Veränderungen der Marktsituation ein wesentlicher Motor. Über die direkte Ansprache von Kunden und Interessenten kann ein Unternehmen die verschärften Wettbewerbsbedingungen teilweise auffangen und eine persönliche Bindung zur Zielgruppe aufbauen, die andernorts verloren geht. Outbound-Telemarketing-Aktionen geschehen i. d. R. unbemerkt vom Wettbewerb, so dass ein Unternehmen durch diese gezielte Ansprache von potenziellen Neukunden einen deutlichen zeitlichen und inhaltlichen Vorsprung erzielen kann. Darüber hinaus liefern sämtliche Informationen aus den Gesprächen – auch die der negativen – wichtige Daten für Marketing und Vertrieb. Kaum ein anderes Medium kann so viele Wünsche und Erwartungen ermitteln bis hin zu Detailanforderungen an zukünftige Produktleistungs-Merkmale wie das Telefongespräch.

Allerdings gelten für ein professionelles Outbound-Telemarketing einige relevante Grundvoraussetzungen für Erfolg:

- Das zu bearbeitende Adressmaterial sollte aktuell sein oder im Vorfeld in Zusammenarbeit mit einem Adressverlag aktualisiert werden.
- Es sollte eine exakte Definition der Ziele der Telemarketingaktion erfolgen,
- Sämtliche zu ermittelnden Daten sollten in einer entsprechenden Database festgehalten werden, um im Anschluss eine Auswertung und Aufbereitung der Ergebnisse zu ermöglichen.
- Gerade für die direkte und aktive Ansprache Telefon bedarf es entsprechend qualifizierter Mitarbeiter, die über ein fundiertes Wissen der Telefonkommunikation und über ein ausreichendes Belastungspotenzial verfügen.

- Bei allen Aktivitäten, die das Gesamtunternehmen betreffen bzw. die abteilungsübergreifend agieren, sollte im Vorfeld eine Einbindung aller Verantwortlichen erfolgen.
- Sämtliche Ergebnisse eines Telefongespräches führen i. d. R. zu Folgeaktivitäten (z. B. Versendung von Unterlagen, E-Mail-Bestätigungen, Terminweiterleitungen, o. Ä.). Es muss daher sichergestellt sein, dass auch diese Aktivitäten durchführbar sind.
- Es sollte ein realistisches Forecast über die quantitativen und qualitativen Ziele der Aktion erfolgen, um Fehlinvestitionen zu vermeiden bzw. bei starken Abweichungen von diesen Zielen gegensteuern zu können,
- Telemarketingaktionen sind keine „Wunderheiler" für alle bisherigen Versäumnisse in der Kundenbindung und sollten nicht als „Ultima Ratio" verstanden werden, sondern langfristig in Marketing- und Vertriebskonzeptionen eingebaut werden, um erfolgreich zu sein.

Häufig führt die Einführung eines funktionierenden Outbound-Telemarketings in Unternehmen zu größeren Umstrukturierungen und häufig reagieren Kunden und Interessenten auf diese neue Art der Ansprache zunächst mit einer gesunden Skepsis. Wenn diese Anfangshürden allerdings überwunden wurden, dann steht einem dauerhaften Erfolg i. d. R. nichts mehr im Wege. So ist Telemarketing heute nicht mehr nur im Buisness-to-Consumer-(B-to-C), sondern vor allem im Business-to-Business-(B-to-B)-Bereich ein Medium, das in nahezu alle Branchen Einzug gehalten hat.

9.4.2 Telefonverkauf in der Unternehmenspraxis

9.4.2.1 Überblick

Der professionelle Telefonverkauf bietet Unternehmen aller Branchen bisher ungeahnte Möglichkeiten, erfolgreiche Kundenfindung und Kundenbindung zu betreiben und dabei effektive und wirtschaftliche Umsätze zu erzielen. Es besteht heute eine hohe Bereitschaft, Produkte am Telefon zu kaufen. Dieses wird darüber hinaus durch die zunehmende Vernetzung der Kommunikationsmedien Telefon, Fax, Brief, Internet verstärkt (siehe dazu auch Abschnitt 9.4.3 „Entwicklung des Call-CenterMarkts (Vom Call-Center zum Customer-Care-Center)"). Nicht mehr nur einfache Produkte und überschaubare Produktvielfalten sind dadurch über das Telefon zu verkaufen, sondern auch vernetzte Produktportfolios mit einem hohen Erklärungsbedarf werden mehr und mehr „telefonfähig".

Der aktive Telefonverkauf wird sowohl im B-to-B wie im B-to-C-Bereich praktiziert. Die rechtlichen Grundlagen werden im weiteren Verlauf geschildert. Die Gesetzmäßigkeiten der Wirkung und der Grundlagen für Erfolg jedoch unterliegen in beiden Bereichen gleichen Parametern:

- Grundsätzlich ist der Erfolg bei einem Verkauf von Produkten an bestehende Kunden höher. Ein qualifizierter Telefonverkäufer ist in der Lage, Erfolgsquoten von ca. 20–25 % auf Basis der geführten Entscheidergespräche zu erzielen. Die Ansprache von Neukunden wiederum kann Erfolgsquoten von 15–20 % erzielen; allerdings sind in diesem Bereich erfahrungsgemäß die Stornoquoten höher.
- Die Ansprache der Zielpersonen muss durch qualifiziertes Personal erfolgen. Nicht jeder Sachbearbeiter ist automatisch auch ein guter und erfolgreicher Verkäufer. Die Fähigkeit, Menschen zum Zuhören zu bewegen und gleichzeitig ein guter Zuhörer zu sein. Die Fähigkeit, die eigene Stimme als Instrument zu nutzen. Das Wissen um verkaufspsychologische Mechanismen und der professionelle Einsatz von Sprache. All das sind wesentliche Faktoren für einen erfolgreichen Telefonverkäufer. Schulung und Trainings sind daher eine Grundvoraussetzung für jeden Mitarbeiter am Telefon.
- Jedes Telefonat gleicht einem Überfall. Im Augenblick des Anrufes dringt der Anrufer in die persönliche Sphäre der Zielperson ein, ohne dass er zuvor angemeldet war und ohne dass die Zielperson sich vorbereiten konnte. Diese Situation ist gleichermaßen Chance und Gefahr. Gefahr, weil es Feingespür für diesen Störmoment bedarf, um nicht gleich wieder „vor die Tür" komplimentiert zu werden. Chance, weil eine seriöse und höfliche Ansprache und die Frage nach Zeit für ein kurzes Telefonat, der Grundstein für ein offenes, herzliches und persönliches Gespräch sein kann, das oft der Anfang einer dauerhaften Kundenbeziehung ist.

Heute ist nahezu jedes Produkt geeignet, über das Medium Telefon verkauft zu werden. Auch Wertgrenzen, die in der Vergangenheit als unüberwindbar galten, scheinen an Gültigkeit verloren zu haben. Wenn auch nicht in allen Fällen direkt am Telefon verkauft werden kann, so kann ein entsprechend kompetentes Telefonat zumindest einen Verkauf vorbereiten und über ein professionelles After Sales sichern.

Outbound-Telemarketing unterliegt aber nicht nur qualitativen Aspekten, sondern auch klaren quantitativen Faktoren:

- Innerhalb einer Stunde können realistisch sechs bis acht echte Entscheidergespräche geführt werden. Um diese Anzahl an Gesprächen zu führen, werden etwa 25–30 Anwählversuche benötigt. Um also einen Entscheider persönlich zu erreichen, müssen heute rund vier bis fünf Wählversuche getätigt werden. Der reine Gesprächsanteil reduziert sich dabei auf eine Zeit von ca. 20–25 Minuten je Arbeitsstunde. Durch den Einsatz moderner Wählhilfen wie Preview- oder Predictive-Dialing, bei denen ein mit der Telefonanlage verbundener Computer die Anwahl der einzelnen Telefonnummern aus der Datenbank heraus tätigt, können diese Zeiten um bis zu 15 Minuten erhöht werden.

- Auch vorqualifiziertes Adressmaterial führt nicht zu einer Erreichbarkeitsquote von 100 %. Realistisch können innerhalb einer definierten Aktionszeit 80–85 % aller Adressen mit einem Entscheiderkontakt (= Nettokontakt) ausgeschöpft werden. Alle übrigen Adressen (man spricht hier im Fachjargon von Bruttokontakten) sind im Aktionszeitraum nicht erreichbar.
- Ein gutes und professionelles Telefonverkaufsgespräch dauert durchschnittlich nicht länger als drei bis vier Minuten. Entgegen den Befragungen durch Markt- und Meinungsforschungsinstitute benötigt ein Telefonverkaufsgespräch eine hohe Aufmerksamkeitskurve auf beiden Seiten. Diese kann nicht viel länger dauern, da die Mechanismen der nonverbalen Kommunikation zur Sicherung der Aufmerksamkeit nicht zur Verfügung stehen.
- Auch ein geübter und erfahrener Telefonverkäufer kann nicht wesentlich länger als etwa vier Stunden aktiv telefonieren. Innerhalb dieser Zeit werden 30–50 echte Kundengespräche geführt, die ein hohes Maß an Konzentration und Engagement erfordern. In Unternehmen geht man daher mehr und mehr dazu über, reine Telefonverkaufsaufgaben mit sachbearbeitenden Tätigkeiten zu mischen, so dass Mitarbeiter im Tagesverlauf auf einen Wert von etwa vier Stunden reiner Telefonie kommen.

Wenn diese Mechanismen beachtet werden, dann steht einem erfolgreichen Telefonverkauf nichts mehr im Wege. Die Kunden und Interessenten werden diese neue Art der persönlichen Ansprache sehr schnell akzeptieren und sogar schätzen. Für Neukunden ist ein konsequent durchgeführter Telefonverkauf bereits zu Beginn einer Geschäftsbeziehung ein Zeichen von Modernität, Engagement und Effektivität.

9.4.2.2 Rechtliche Grundlagen

Auch wenn es sich im Bereich des Telefonmarketings insgesamt um einen aufstrebenden Wirtschaftszweig handelt, der in den kommenden Jahren eine große Zahl an neuen Arbeitsplätzen schaffen wird, sucht man in deutschen Paragrafenwerken nach wie vor vergeblich nach konkreten Bestimmungen über die Zulässigkeit des Telefonmarketings. Das ist umso verwunderlicher, da es in Deutschland für nahezu jede Begebenheit einen Paragrafen und eine Gesetzesregelung gibt. Das deutsche Wettbewerbsrecht kennt keine spezielle Regelungen für diesen Bereich des Direktmarketings. Vielmehr wurde von den deutschen Gerichten auf der Grundlage des § 1 UWG (Gesetz gegen unlauteren Wettbewerb) über viele Jahre hinweg eine in den Einzelheiten sehr differenzierte Rechtsprechung entwickelt. Diese hatte zwar bestimmte Grundlinien und Unterscheidungen herausgebildet, ist aber keineswegs zu einem Abschluss gekommen, der nun eine endgültige und dauerhaft geltende Rechtslage markieren würde (dazu ausführlich Beitrag 11.1).

Die bis heute zum Bereich Telefonmarketing ergangene Rechtsprechung baut zunächst einmal auf einigen grundsätzlichen Unterscheidungen auf. Die Gerichte unterscheiden eindeutig den Outbound-Bereich und den Inbound-Bereich (in der Rechtsprechung häufig zu finden als aktives und passives Telefonmarketing). Das Inbound-Telemarketing ist aus juristischer Sicht grundsätzlich unproblematischer. Das ist leicht verständlich, denn wer selbst zum Hörer greift, bei dem stellen sich naturgemäß von vornherein nicht Fragen der Einwilligung oder der Verletzung der schutzwürdigen Privatsphäre. Eine ganze Reihe rechtlicher Besonderheiten weist jedoch das Outbound-Telemarketing auf, das die Gerichte immer wieder beschäftigt hat. Ein weiterer sehr wichtiger Unterschied betrifft die Sphäre, in die hinein der Anruf erfolgt. Unterschieden wird im Telefonmarketing in Privatbereich (B-to-C) und Geschäftsbereich (B-to-B). Die Gerichte setzen hier – ausgehend vom Grad des jeweiligen Schutzbedürfnisses – unterschiedliche Maßstäbe an. Die deutsche Rechtsprechung erachtet das Telefonmarketing vom Grundsatz her als unzulässig. Dieses „grundsätzlich" bedeutet allerdings, dass unter bestimmten Bedingungen Telefonmarketing auch auf rechtlich zulässigem Boden betrieben werden kann. Folgt man den Urteilen der vergangenen Jahre, so stellt man fest, dass die Argumente der Gerichte gegen das Telefonmarketing im Wesentlichen auf immer wiederkehrenden Grundsätzen basieren:

- Belästigung im Privatbereich (eine Privatperson gibt mit der Einrichtung eines häuslichen Telefonanschlusses nicht sich selbst und ihre Privatsphäre unbeschränkt der Öffentlichkeit preis). Diesem Schutz der Privat- oder auch Individualsphäre räumt die Rechtsprechung immer Vorrang gegenüber dem wirtschaftlichen Gewinnstreben eines Unternehmens ein. Der unerbetene Anruf verletzt also somit die verfassungsrechtlich geschützte Privatsphäre des Angerufenen.
- Störung des Betriebsablaufs im gewerblichen Bereich. Der Gewerbetreibende und seine Mitarbeiter werden im gewerblichen Bereich durch Werbeanrufe gestört und belästigt.

  Der Telefonanschluss der Gewerbetreibenden wird für die Dauer des Werbeanrufs für die eigentlichen Zwecke blockiert. Wer also einen gewerblichen Telefonanschluss hat, möchte damit seine täglichen Geschäfte abwickeln und seine Unternehmensziele fördern. Angebote, die allerdings nicht in diesen Bereich gehören, erwartet er, schriftlich zu erhalten. In Zeiten einer modernen und multimedialen Kommunikation sind vor allem diese Argumente sehr schwer nachvollziehbar.

- Verwilderung der Wettbewerbssitten. Die unbeschränkte Freigabe des Telefonmarketings würde aus Konkurrenzgründen viele Unternehmen veranlassen, dieses Mittel der direkten Kommunikation im Wettbewerb einzusetzen. Deshalb trägt die unbeschränkte Erlaubnis des Telefonmarketings den „Keim des Umsichgreifens" in sich und kann zu einer „Verwilderung der Wettbewerbssitten" führen.
- Telefonmarketing im Privatbereich. Hier gilt im Grundsatz: Wer jedes Risiko einer Abmahnung durch Outbound-Telemarketing vermeiden will, darf diese nur anrufen, wenn zuvor das ausdrückliche oder konkludente Einverständnis erteilt wurde. Wenn also ein ausdrückliches Einverständnis vorliegt, dann gilt der juristische Grundsatz: „Volenti non fit iniuria" – „Demjenigen, der einwilligt, geschieht kein Unrecht." Das Einverständnis kann dabei schriftlich, mündlich oder auch fernmündlich erteilt werden. Eine besondere Wirksamkeitsvoraussetzung stellt die Rechtsprechung dabei nicht auf. Empfehlenswert ist es, zumindest eine schriftliche Aktennotiz über die Erteilung des Einverständnisses anzufertigen. Häufig geschieht dies durch Einholen eines schriftlichen Einverständnisses durch das Ankreuzen auf einem Antwortcoupon oder einer Mitgliedschaft: „Ja, ich möchte zur näheren Information angerufen werden" oder auch „Ja, ich möchte mich über die vielfältigen Vorzüge des Produktes XY gern telefonisch beraten lassen".
- Vom Grundsatz her ist festzustellen, dass allein die Tatsache einer bestehenden Geschäftsbeziehung noch keinen ausreichenden Grund für einen Anruf darstellen kann. Dies stellt der BGH ausdrücklich in der so genannten Weinhändler-Entscheidung (Urteil vom 08.06.1989 – AZ: I ZR 179/87) klar. Ein Weinhändler hatte nach einer zwei Jahre zurückliegenden Bestellung einen Kunden nochmals angerufen und sich nach seinem erneuten Bedarf erkundigt. Das Argument des Weinhändlers, sein Anruf sei im Rahmen einer bestehenden Geschäftsbeziehung erfolgt, zählte letztendlich vor dem BGH nicht. Dieser stellte fest, dass Telefonwerbung gegenüber Privatpersonen nur dann zulässig ist, wenn der Angerufe zuvor ausdrücklich oder stillschweigend sein Einverständnis erklärt hat, zu Werbezwecken angerufen zu werden.

Im B-to-B-Bereich sind die Restriktionen bei weitem nicht so intensiv wie im Privatbereich. Telefonmarketing ist im gewerblichen Bereich unter folgenden Voraussetzungen zulässig:

- Der Angerufene hat sich ausdrücklich oder konkludent mit dem Anruf einverstanden erklärt (wie im Privatbereich) oder aber es liegt ein vermutetes Einverständnis des Angerufenen vor. Vermutet werden kann das Einverständnis regelmäßig dann, wenn zwischen den Parteien eine Geschäftsbeziehung besteht (anders als im Privatbereich), oder andere konkrete, aus dem Interessenbereich des angerufenen Gewerbetreibenden herzuleitende Gründe vorliegen, die die Annahme rechtfertigen, dass der Angerufene dem Anruf positiv gegenübersteht.
- Nach früherer Rechtsprechung musste der Akquisitionsanruf den „eigentlichen Geschäftsbereich" betreffen (z. B. das telefonische Angebot von PKW-Fußmatten für einen Autozubehörhändler). Nach neuer Rechtsprechung jedoch ist darüber hinaus auch der Akquisitionsanruf für so genannte Hilfsgeschäfte zulässig (z. B. dem Autozubehörhändler wird telefonisch ein Angebot über Computerkassen unterbreitet). Hilfsgeschäfte sind solche Geschäfte, die der eigentlichen Geschäftstätigkeit dienen, im genannten Beispiel also der reibungslosen Abwicklung des Geschäftsbetriebs des Autozubehörhändlers. Nach Ansicht des BGH lassen sich „unschwer zahlreiche Fälle bilden, in denen auch bei Hilfsmitteln das Einverständnis des Angerufenen vermutet werden kann". Entscheidend ist, dass nach den Umständen des Einzelfalles die Annahme gerechtfertigt ist.

Es ist unschwer zu erkennen, dass das Thema Telemarketing in Deutschland mit zahlreichen rechtlichen Schwierigkeiten verbunden ist, die sich glücklicherweise in der Praxis als durchaus tragbar erweisen. Aktionen, die auf ihre rechtliche Durchführbarkeit hin überprüft werden, zeigen sich meist als tatsächlich legal. Natürlich jedoch bedarf diese Prüfung einer genauen Kenntnis der Materie, die leider nur wenige Fachanwälte für sich verzeichnen können. Der Deutsche Direktmarketing Verband e.V. mit Sitz in Wiesbaden kann hierbei entsprechende Anwälte mit Know-how nennen.

9.4.2.3 Aufbau einer Inhouselösung

Bei allen Aktivitäten, die ein Unternehmen zielgerichtet im Bereich Telemarketing starten will, steht am Anfang die Frage „Make or Buy", denn es gibt wesentliche Faktoren, die im Vorfeld einer Kampagne bzw. einer langfristigen Integration von Telemarketingleistungen in Marketing und Vertrieb berücksichtigt werden sollten. Folgende Fragen sollte ein Unternehmen daher stellen, analysieren und beantworten:

- Welchen Umfang sollen Telemarketingleistungen zukünftig einnehmen (wie viele Adressen werden monatlich oder jährlich bearbeitet, mit welchem Callvolumen muss gerechnet werden, handelt es sich um dauerhafte Aktivitäten oder sind projektbezogene Aufgaben geplant etc.)?

- Gibt es Kontinuität oder unterliegt das Anruf- und Arbeitsaufkommen starken Schwankungen?
- Welche Aufgabe wird das Telemarketing im Unternehmen übernehmen und welche Schnittstellen sind für eine reibungslose Integration erforderlich?
- Können diese Schnittstellen extern geschaffen werden und wenn ja mit welchen Lösungen?
- Wie hoch sind erforderliche Investitionen in die Bereiche Telefonanlagen-Technik (z. B. Schaffung einer ACD-Lösung für Inbound-Telemarketing), EDV-Hardware, EDV-Software, Raumausstattung etc. bei einer Inhouselösung?
- Wie lassen sich diese Investitionen in Bezug auf die Aufgabenstellung und die damit zu realisierenden Mehrumsätze darstellen?
- Wie hoch sind die Anforderungen an die Sach- und Fachkompetenz der Mitarbeiter für die geplanten Telemarketingaufgaben?
- Welche Leistungspotenziale im Bereich der Kommunikation sind in der heutigen Unternehmensstruktur bei einzelnen Mitarbeitern vorhanden?

Grundsätzlich spricht für eine Inhouselösung die vorhandene hohe Kompetenz der Mitarbeiter in allen relevanten Sach- und Fachfragen und die optimale Integration eines Call-Centers in unternehmensinterne Abläufe. Wenn diese Faktoren für den Erfolg des Telemarketings nur intern geleistet werden können, dann spricht alles für die Realisation einer Inhouselösung. Je mehr diese Faktoren jedoch auch extern abgebildet werden können und die erforderliche Sach- und Fachkompetenz durch Schulung und Training geschaffen werden kann, kann jedoch auch ein Outsourcing sinnvoll sein.

Eines muss beim Aufbau einer Inhouselösung im Vorfeld klar sein: Die Integration eines professionellen Telemarketings schafft nicht nur Chancen und Optimierung, sondern ist mehr als ein Lippenbekenntnis für Service und Kommunikation. Die Chancen, die darin liegen sind:

- Mit einem Call-Center/Customer-Care-Center sind Sie für Ihre Kunden und Interessenten stets erreichbar.
- Sie verfügen über kompetentes und serviceorientiertes Personal.
- Sie haben das „Ohr“ am Markt und erfahren detailliert die Wünsche und Erwartungen Ihrer Zielgruppe.
- Sie können auf Kundenwünsche und/oder Veränderungen schnell und umfassend reagieren.

- Sie demonstrieren Ihrer Zielgruppe echte Dienstleistung.
- Sie gestatten den Mitarbeitern ein Höchstmaß an Kompetenz und Verantwortung.
- Sie präsentieren sich kommunikativ nach Außen etc.

Im gleichen Atemzug müssen Sie jedoch im Unternehmen auch dafür Bewusstsein schaffen, dass ein Call-Center maßgebliche Veränderungen der Unternehmenskommunikation bringt:

- Ein Call-Center/Customer-Care-Center ist mehr als ein Raum mit Mitarbeitern und Telefonen.
- Zu einem Call-Center gehören neben perfekt ausgebildeten Mitarbeitern auch moderne und nutzenorientierte Kommunikationsmedien.
- Ein Call-Center verändert die gesamte Informationslandschaft Ihres Unternehmens.
- Sie müssen zu dieser Veränderung bereit sein, denn sonst bleibt das Call-Center nur ein „Erfüllungsgehilfe".
- Ein Call-Center benötigt auch im technischen Bereich Investitionen, die i. d. R. sechsstellig sind.

Neben diesen qualitativen Fragen muss dem Aufbau einer Inhouselösung aber vor allem eine quantitative Bestandsaufnahme aller relevanten Arbeits- und Aufgabenbereiche vorangehen. Sehr leicht kann ein Inhouse-Call-Center sonst über- oder unterdimensioniert sein. Hierbei ist besonders zu analysieren, wie hoch die Volumen der einzelnen Aufgabenbereiche sind, wie leicht sich diese Aufgabengebiete zu einer Einheit zusammenfassen lassen und wie diese Aufgaben heute verteilt und strukturiert sind. Sehr schnell ergeben sich dann Antworten für oder gegen eine Inhouselösung. Der Aufbau der Inhouselösung wird dann im Wesentlichen von den drei Faktoren Personal, moderne TK-Technik und Datenbanken und neue Organisationsformen bestimmt.

Grundlage für eine erfolgreiche Organisation ist dabei in einem Call-Center nicht die bis ins Detail bestimmte Work-Flow-Definition oder die modernste Technik, die einer ständigen Erneuerung bedarf. Der Faktor Mensch bildet für ein erfolgreiches und kompetentes Call-Center die entscheidende Grundlage. Nur wenn eine Inhouselösung über Mitarbeiter verfügen kann, die ein entsprechendes Dienstleistungs- und Servicebewusstsein haben, die über eine hohe Verkaufs- und Kommunikationskompetenz verfügen und die auf ihre neuen Aufgaben im Call-Center konsequent vorbereitet wurden, wird ein Inhouse-Call-Center Erfolg haben. Die Ausbildung des Personals kann daher im Idealfall über einen erfahrenen Trainingspartner erfolgen, der sich im Rahmen eines Briefings in die branchen- und firmenspezifische Materie des Unternehmens einarbeitet und diese in ein individuelles und praxisorientiertes Training umsetzt.

Die vorhandene Technik im Bereich der Telefonanlage, der Hard- und Softwarekomponenten muss entsprechend der Aufgabenstellung auf ihre Nutzbarkeit hin überprüft werden. Gerade der Aspekt einer funktionierenden und aussagefähigen Database für alle Telemarketingaufgaben genießt dabei einen besonderen Stellenwert.

- Können relevante Informationen zu Kunden und Interessenten erfasst und damit für alle Beteiligten zugänglich gemacht werden?
- Können sämtliche kundenbezogenen Daten ausgewertet werden, und besteht die Möglichkeit, diese für verschiedene Kampagnen nach spezifischen Anforderungen als Zielgruppen zu selektieren?
- Unterstützt das Datenbankprogramm eine zügige und unkomplizierte Bearbeitung des Datenmaterials und ist es an weiterführende Systeme (Textverarbeitung, Tabellenkalkulation, Marketing- und Vertriebsdaten, etc.) angebunden?
- Lässt die Database Anpassungen an Sonderanforderungen zu und wie leicht sind diese umzusetzen?

Im Bereich der Telemarketingsoftware gibt es täglich neue Entwicklungen, die unterschiedliche Anforderungen erfüllen können und einen optimalen Work-Flow-Hintergrund liefern. Auch hier kann über den DDV e.V. entsprechendes Informationsmaterial zu kompetenten Partnern bezogen werden.

Last but not least muss die bestehende Organisationsform im Unternehmen auf ihre Machbarkeit für eine Call-Center Organisation überprüft werden. Nur wenn der einzelne Mitarbeiter im Call-Center (Call-Center-Agent) über entsprechende Kompetenzen verfügt, wird dieser Service mehr als ein Lippenbekenntnis. Bisherige Strukturen von Abteilungsaufgaben werden im Call-Center bei einzelnen Mitarbeitern zusammengefasst und stellen somit neue Möglichkeiten und Anforderungen dar. Geschwindigkeit wird dabei ein wesentlicher Faktor, da lange Entscheidungs- und Bearbeitungswege entfallen.

Zu diesen Veränderungen muss ein Unternehmen bereit sein, bevor ein Inhouse-Call-Center aufgebaut wird. Nur dann können die genannten Chancen genutzt werden und erkennen Kunden und Interessenten ein Call-Center als Bereicherung und als Nutzen für sich persönlich.

9.4.2.4 Zusammenarbeit mit einem Dienstleister

Wenn die Aufgabenstellung nicht zwingend durch erfahrene interne Mitarbeiter erfüllt werden muss empfiehlt sich häufig die Zusammenarbeit mit einem Telemarketingdienstleister. Wesentliche Gründe dafür können sein:

- Die Telemarketingaufgabe stellt erlernbare Anforderungen an die erforderliche Sach- und Fachkompetenz.
- Die Aufgabe ist projektbezogen und schafft daher keine konstante Auslastung für ein Inhouse-Call-Center im Jahresverlauf.
- Die Aufgabe schafft derartige Anrufspitzen (z. B. Schaltung von DRTV-Spots mit Einblendung einer Service-Rufnummer, o. Ä.), dass diese nicht durch eine Inhouse-Organisation bearbeitet werden können.
- Das erforderliche kommunikative Know-how (z. B. deutliche Erfahrung im Telefondirektverkauf) kann durch eigene Mitarbeiter nicht abgebildet werden,
- Der Aufbau einer Inhouselösung würde auf zu große interne Kontroversen (z. B. betriebsverfassungsrechtliche Veränderungen) stoßen, so dass ein Outsourcing geboten ist.
- Die Outsourcinglösung ist wirtschaftlicher, da große Vorabinvestitionen in Technik und Software entfallen etc.

Die Auswahl eines geeigneten Call-Center-Partners ist eine anspruchsvolle Aufgabe und sollte mit der erforderlichen Sorgfalt erfolgen, um bereits dadurch den Grundstein für eine kompetente Bearbeitung der zukünftigen Telemarketing-Aufgaben zu legen. Nach Schätzungen des DDV gibt es in Deutschland derzeit etwa 1.800 Call-Center-Dienstleister, die Leistungen im Inbound- oder Outbound-Telemarketing anbieten. Zwei Grundsatzfragen sollte ein Unternehmen vor der Auswahl des Dienstleisters beantworten: Ist eine Branchen-Erfahrung erforderlich und ist eine regionale Nähe des Dienstleisters zum Unternehmen für die erfolgreiche Bearbeitung der Aufgaben notwendig? Wenn daraufhin einige Call-Center-Dienstleister in eine erste Auswahl kommen (eine Auflistung aller Call-Center im Verband bietet der DDV e.V.), muss eine exakte Definition der zukünftigen Telemarketingaufgabe erfolgen. Je genauer die Aufgabenstellung beschrieben ist, je detaillierter die Anforderungen an Statistiken, Erfolge, Ziele u. Ä. definiert werden, um so besser sind die Dienstleister auf ihre Angebote und Lösungsvorschläge hin zu vergleichen. Bei der Auswahl des schließlich geeigneten Dienstleisters spielen folgende Fragen und Beobachtungen eine wesentliche Rolle:

- Verfügt das Call-Center über Erfahrung und Referenzen im Branchenumfeld oder mit der definierten Aufgabenstellung?
- Werden Referenzen namentlich genannt und besteht die Möglichkeit zum Austausch mit diesen Kunden?
- Wie lange ist das Call-Center bereits am Markt aktiv. (Allerdings können auch Newcomer

eine professionelle Leistung bieten, wenn sie über den entsprechenden Erfahrungshintergrund im Call-Center-Markt verfügen.)
- Wie hoch ist die Beratungskompetenz der verantwortlichen Mitarbeiter?
- Werden konkrete Konzeptvorschläge unterbreitet und diskutiert?
- Vermittelt diese Beratung tatsächlich den Eindruck einer Marketing- und Vertriebs-Kompetenz?
- Wie klar und verständlich werden Angebote strukturiert und erläutert?
- Berechnet das Call-Center für die vorbereitenden Leistungen (Einarbeitung in die spezifische Materie, Erstellung der Konzepte und Projektunterlagen, Schulung und Training der Call-Center-Agents für die konkrete Aufgabenstellung etc.) eine Vorabsumme? (Call-Center, die dieses nicht tun, können i. d. R. nicht seriös und kompetent arbeiten!)
- Wie viele Call-Center-Agents werden im Call-Center beschäftigt?
- Welchen Ausbildungshintergrund haben diese Mitarbeiter und wie werden sie durch das Call-Center auf ihre Aufgaben vorbereitet?
- In welchem Beschäftigungsverhältnis stehen die Mitarbeiter zum Unternehmen (Besonders die Zusammenarbeit mit ausschließlich freien Mitarbeitern stellt große rechtliche Hürden für den Call-Center-Betreiber dar, die sich sehr schnell auf die Qualität der Bearbeitung auswirken kann!)?
- Wie werden die Call-Center-Agents im Tagesgeschäft begleitet und kontrolliert?
- Gibt es regelmäßige Trainingsmaßnahmen und Schulungen in allen relevanten kommunikativen Themen und in allen technischen Fragen?
- Über welche technischen Ausstattungen verfügt das Call-Center im Bereich der Telefonanlage, EDV, Software etc.?
- Wie werden durch den Call-Center-Betreiber die notwendigen Schnittstellen in das Unternehmen hinein definiert und gelöst?
- Wie intensiv denkt sich der Call-Center-Dienstleister in die spezifische Aufgabenstellung hinein und unterbreitet konkrete Lösungsansätze, die das zukünftige Telemarketing-Thema nicht singulär sondern integriert in die Gesamtabläufe positioniert?
- Welchen Gesamteindruck macht die Einrichtung des Call-Centers?
- Wie angenehm ist die Atmosphäre der Beratung und der Zusammenarbeit? (Gerade die Chemie der Zusammenarbeit ist ein wesentlicher Faktor für Erfolg!)

Um eine kompetente Entscheidung über den geeigneten Call-Center-Dienstleister zu treffen, ist es empfehlenswert, mindestens drei Angebote einzuholen und sich von diesen Dienstleistern auch einen persönlichen Vor-Ort-Eindruck zu machen. Wenn es sich um ein großes

Volumen handelt, das zukünftig durch Dienstleister bearbeitet werden soll, kann auch ein Splitting des Volumens auf zwei bis drei Call-Center sinnvoll sein, wenn hausintern genügend Kapazitäten zur Steuerung der externen Partner vorhanden sind. Dadurch können wiederholt Wettbewerbsvergleiche gezogen werden, die auch die einzelnen Dienstleister selbst zu Höchstleistungen führt. Bei allen Entscheidungen ist zu bedenken, dass ein Dienstleisterwechsel i. d. R. eine große Hürde darstellt, da komplett eine neue Einarbeitung und eine neue Definition von Schnittstellen und Abläufen notwendig wird.

Die Entscheidung „Make or Buy" ist also nicht zwingend immer ein „Entweder-oder". Gerade die Integration beider Lösungen (z. B. Inbound-Telemarketing als Inhouselösung und Telefonverkauf im Outsourcing) kann eine Ideallösung für das Unternehmen darstellen, die zu neuen Chancen und einer erfolgreichen Marktbearbeitung führt.

9.4.3 Entwicklung des Call-CenterMarkts („Vom Call-Center zum Customer-Care-Center")

Kommunikationsmedien wachsen mehr und mehr zusammen. Internettelefonie wird in wenigen Jahren Märkte erobert haben. Bildtelefonie wird finanzierbar und für die Breite zugänglich. Die Entwicklungszyklen technischer Errungenschaften werden immer kürzer. Ein Fachmann hat einmal gesagt: „Im Zeitalter des Multimedia dauert ein Jahr nur noch drei Monate." Damit wird klar, dass heute Unvorstellbares morgen möglich wird. Diese rasante Entwicklung wird vor allem den Call-Center-Markt betreffen.

Durch den Wandel von der Industrie- zur Informationsgesellschaft entwickeln sich Märkte stetig weiter und erlangen neue – bisher unbekannte – Komplexität. Der größte Teil der Wertschöpfung erfolgt in einer Informations- und Dienstleistungsgesellschaft aus den Bereichen Geistes- und Wissensarbeit. Das Anspruchsdenken von Kunden und Interessenten, die Unternehmen für sich gewinnen oder an sich binden wollen, hat sich mit zunehmendem Bewusstsein für Service und Qualität gravierend verändert. Wurden Märkte in der Vergangenheit von Preiskämpfen bestimmt, so zählen heute ehemals „weiche" Faktoren wie Qualität, Service, Zuverlässigkeit und das berühmte „Umsorgtwerden". Im Zuge der immer stärker werdenden Vergleichbarkeit von Produkten stehen heute also nicht mehr nur Produkte im Wettbewerb mit Produkten anderer Unternehmen.

Heute stehen vielmehr Mitarbeiter im Wettbewerb mit Mitarbeitern anderer Unternehmen. Der Faktor Mensch wird damit im Zuge der Kommunikation zum Wettbewerbsfaktor Nummer eins.

Die Qualifizierung von Service und Kommunikation rückt in den Mittelpunkt der Unternehmensinteressen. Unternehmen suchen nach neuen Chancen und Wegen, Wettbewerbsvorteile durch besseren Service und durch bessere – nicht vergleichbare – Mitarbeiter zu erlangen. Der Call-Center-Markt in Deutschland befindet sich jedoch gerade in einer Umbruchphase: Wie in Wachstumsbranchen üblich haben sich in den vergangenen Jahren viele Unternehmer selbst zu Profis in diesem Bereich ernannt, ohne tatsächlich über den erforderlichen Erfahrungshintergrund oder das spezifische Know-how zu verfügen. Diese Unternehmen selektiert der Markt mittelfristig selbst.

Der Gesamtmarkt wiederum entwickelt sich derzeit in zwei wesentliche Bereiche:

- Unternehmen schließen sich zu großen strategischen Allianzen zusammen, um den hohen Anforderungen an technischer Entwicklung im Call-Center und dem z. T. hohen Personalbedarf für Großprojekte gerecht zu werden. Diese Unternehmen steigen darüber hinaus in einen gnadenlosen Preiskampf ein, um Marktanteile zu „erkaufen". Gerade diese großen Organisationen trennen sich jedoch auch von einem hohen Qualitätsanspruch ihrer Telemarketingleistungen und konzentrieren sich auf den Bedarf des Massenmarkts.
- Als zweiter wichtiger Bereich dieser Branche entwickeln sich kleinere, überschaubare Organisationen, die hochprofitable Telemarketing- und Trainingsleistungen mit einem sehr großen Qualitätsanspruch erbringen und i. d. R. inhabergeführt sind. Diese Unternehmen agieren mit hoher Geschwindigkeit und hoher Kreativität auf Grund enormer Erfahrung und Know-how der „Macher" und bieten somit die entscheidende Alternative zu den „Großen".
- Ein Großteil der Telemarketing-Dienstleister agiert als Full-Service-Anbieter, d. h., die Center erbringen sowohl Outbound- als auch Inboundleistungen. Auch hier wird sich die Nachfrage nach Leistungen der Call-Center verändern.
- Unternehmen suchen in der Zukunft verstärkt Outbound-Spezialisten im Outsourcing, die hoch-anspruchsvolle Projekte durchführen, für die im eigenen Hause keine oder nicht ausreichende Personal- und Technikkapazitäten vorhanden sind.
- Inboundleistungen – also die Annahme von Telefonaten im Sinne eines klassischen Customer-Care-Centers – werden mehr und mehr von den Unternehmen selbst erbracht. Für den Aufbau dieser Inhouse Call-Center, für die eine hohe Sach- und Fachkompetenz und eine enge Einbindung in die Gesamtkommunikation des Unternehmens notwendig sind, wird zukünftig verstärkt Beratungsbedarf bestehen. Das Outsourcing von Inboundleistungen wird nur dann erfolgen, wenn der externe Dienstleister neben der Telefonie auch ein komplettes Fullfillment liefern kann.

Im Zuge der Erweiterung der Inhouse-Call-Center wird als Folgegeschäft eine erhöhte Nachfrage nach qualifiziertem und professionellem Training bestehen. Mitarbeiter müssen auf die neuen oder veränderten Aufgaben vorbereitet werden und müssen durch kompetente Trainer gecoacht und begleitet werden. Auch für das Führungspersonal entstehen neue Herausforderungen.

Darüber hinaus werden die Veränderungen im Bereich der Kommunikation den Call-Center-Markt beeinflussen. Wenn es zunächst scheint, als wenn sich die Märkte mehr und mehr zu einer anonymen Kommunikationsplattform entwickeln (im Internet ist man bekanntlich meist mit sich und den Seiten allein), dann führt genau diese Anonymität zur großen Chance für die, die sich auf das miteinander Kommunizieren verstehen. Denn um es mit den Worten von Lee Iacocca zu sagen: „Zu viele Menschen machen sich nicht klar, dass wirkliche Kommunikation eine wechselseitige Sache ist.“ Ein Beweiß mehr, dass Call-Center ein Medium für heute und morgen sind, das den Dialog zwischen Menschen, den Dialog zwischen Unternehmen und ihren Kunden und Interessenten fördert.

Literatur

DDV (Hrsg.): Deutscher Direktmarketing-Verband: Facts & Figures, Loseblattsammlung

Henn/Kruse/Strawe (1999): Harald Henn/J. Peter Kruse/Olav V. Strawe: Handbuch Call-Center Management, Frankfurt

Webadressen

www.callcenterprofi.de
www.ddv.de
www.teletalk.de

9.5 Verkauf per Printkatalog und elektronische Alternativformen

Werner Pepels

9.5.1 Katalogarten

Direktmarketing betrifft sowohl alle Aktivitäten des Direktabsatzes als auch alle Aktivitäten der Direktwerbung. Das Direktmarketing hat sich in den letzten Jahren zu einem fest etablierten Bereich entwickelt. Die Gründe sind vielfältig und betreffen auch die Möglichkeit, eine hohe Affinität zwischen dem Angebot, den Medieninhalten und den Interessen der Zielgruppe herzustellen, was vor allem zu Zeiten von Informationsüberlastung, Marktsättigung und Zielgruppenfragmentierung von hoher Bedeutung ist.

Direktabsatz erfolgt unter Ausschaltung zwischengestufter Absatzmittler/-helfer vom Hersteller/Importeur unmittelbar an seine privaten oder gewerblichen Endabnehmer. Gleichfalls wird darunter der Absatz von (Versand-)Händlern an ihre privaten oder gewerblichen Endabnehmer verstanden (Distanzabsatz).

Direktwerbung erfolgt unter Ausschaltung von Massenmedien durch Einzelansprache in unmittelbarer, teils persönlicher Adressierung. Gleichfalls wird darunter Werbung in Massenmedien verstanden, sofern diese eine Möglichkeit/Aufforderung zu unmittelbarem Response an den Direktwerbenden enthält.

Die Aktivitäten des Direktabsatzes und der Direktwerbung laufen im Medium Katalog zusammen, der sowohl als Bestellunterlage als auch als Werbemittel dient. Die Definition des Katalogs ist allerdings nicht ganz einheitlich. (So werden auch Wechselvokabeln wie Prospekt, Broschüre, Leaflet verwendet.) Im Rahmen dieses Beitrags unterscheidet sich der Katalog von diesen Wechselvokabeln dadurch, dass er Transaktionsmittel ist, also die Kunde-Abnehmer-Beziehung herstellen kann, wohin gegen die Wechselvokabeln „nur" Werbemittel sind, die Transaktionsbasis also zusätzlich (z. B. durch Händlerbesuch) hergestellt werden muss.

Man unterscheidet im Einzelnen verschiedene Katalogtypen:

- Der **Erlebniskatalog** hat neben der Funktion der Sortimentsdarstellung auch eine unterhaltende Aufgabe. Dies kommt in den Gestaltungselementen und im Inhaltsaufbau zum Ausdruck. Der Warenkatalog hingegen ist ein technisches Transaktionshilfsmittel ohne akquisitorische Aufmachung (z. B. Preisliste, Verzeichnis). Zwischenformen werden auch **Katazin** (mit Betonung auf dem Warenaspekt) oder **Magalog** (mit Betonung auf dem Erlebnisaspekt) genannt.
- Der **Universalkatalog** enthält Teilsortimente aus verschiedenen Produktgruppen, das Angebot hat eine hohe Sortimentsbreite. Der **Spezialkatalog** enthält nur ein oder wenige Teilsortimente, das Angebot hat eine geringe Sortimentsbreite. Meist verhält sich die Dimen-

sion der Sortimentstiefe genau entgegengesetzt dazu, d. h. sie ist im Universalkatalog eher gering, im Spezialkatalog eher hoch.

- Der **Business-to-Business-(B-to-B)-Katalog** richtet sich an gewerbliche Empfänger, der **Business-to-Consumer-(B-to-C)-Katalog** richtet sich an private Empfänger. Analog handelt es sich bei Ersterem um einen Industriegüterkatalog, bei Letzterem um einen Konsumgüterkatalog. Der Anbieter erbringt entsprechend investive oder konsumtive Dienstleistungen.
- Der **Printkatalog** besteht aus bedrucktem Papier und ist die traditionelle Form des Katalogs. Er wird zunehmend abgelöst durch den (virtuellen) **Elektronikkatalog**, der nur über Computerzugriff (offline via CD-ROM oder online via Internet) erschlossen werden kann.

Zur zielgerichteten Ansprache der Empfänger dient zumeist eine Database. Darunter ist die Sammlung, Speicherung und Auswertung aller für die Kunden-/Interessenansprache relevanten Daten auf Basis einer kontinuierlich aktualisierten (gepflegten) Datenbank zu verstehen. Vor allem sind dabei Daten zur Transaktionshistorie hilfreich, um zukünftige Nachfragerbedarfe und entsprechend problemlösende Produkte zu identifizieren.

9.5.2 Katalogplanung

In der Katalogplanung im derzeit noch dominierenden **Printbereich** werden die Rahmendaten für die Kataloggestaltung festgelegt. Zu den wichtigsten Elementen gehört das **Format** als Form und Größe des Katalogs.

Am weitesten verbreitet sind Kataloge im DIN-Format, vor allem als DIN-A4- oder DIN-A5-Kataloge. Größere Formate helfen, die Wertanmutung der ausgelobten Produkte zu steigern. Von DIN-Formaten abweichende Formate (wie Quadratform, ausgeprägtes Hoch- oder Querformat) haben zwar möglicherweise einen höheren Aufmerksamkeitsgrad, dem stehen jedoch nennenswerte Handlingnachteile gegenüber. Hinzu kommen höhere Kosten durch Papierverschnitt und Portogebühren bei Postversand.

Die Festlegung des **Seitenumfangs** ist vom ausgelobten Sortiment abhängig. Als Erfahrungswert gilt, dass maximal sieben Produkte wahrnehmungsverträglich auf einer Seite untergebracht werden können. Ein weiterer Anhaltspunkt ist die Teilung der Druckbogen (meist als 16er-, 24er- oder 32er-Teilung). Dadurch erhält man eine praktische Größenordnung (z. B. ca. 200 Produkte bei 32 Seiten, ca 300 Produkte bei 48 Seiten). Die Obergrenze der Seitenzahl ergibt sich aus der Handhabung. (So wiegt der Otto-Hauptkatalog über 2 kg und ist knapp 1.400 Seiten stark). Die Untergrenze liegt wohl bei vier Seiten, darunter fehlt es ansonsten an der Kataloganmutung.

Wichtig ist zu beachten, dass Kunden/Interessenten oft vereinfachend vom Umfang des Katalogs auf die Leistungsfähigkeit des Absenders schließen, und umfangreichere Kataloge für gewöhnlich länger aufbewahrt werden, weil die Entsorgungsschwelle höher ist.

Unter **Pagination** versteht man die Verteilung der Produkte auf die einzelnen Seiten, vor allem in Bezug auf die Dichte der Produkte je Seite. Je mehr Produkte einer Seite zugeteilt werden, desto kürzer kann die durchschnittliche Betrachtungsdauer werden, weil der Leser angesichts Informationsüberlastung die Wahrnehmung vermeidet. Außerdem treten diese Produkte in Konkurrenz zueinander um die verbleibende Wahrnehmung.

Neben der Wahrnehmung spielt vor allem die Umsatzerwartung der betreffenden, zu paginierenden Produkte eine große Rolle. Je umsatzträchtiger (genauer gewinnträchtiger) ein Produkt ist, desto mehr Präsentationsfläche verträgt es, je weniger Umsatz/Gewinn zu erwarten ist, desto weniger Fläche darf es zugeteilt erhalten. Allerdings ist gerade bei Neuprodukten die Marktgängigkeit durchaus ungewiss, so dass die Pagination spekulativ erfolgen muss. Eine gewisse Großzügigkeit der Pagination wirkt sich jedoch in aller Regel förderlich auf die Qualitätsanmutung aus.

Außerdem ist auch eine Verteilung der Produkte auf die einzelnen Seiten/Katalogabschnitte erforderlich. Hier sind vor allem die **Hot Spots** von Bedeutung, also Coverseite, Rückcoverseite, 2. Umschlagseite, 3. Umschlagseite, Mittelbruchseiten (bei gehefteten Katalogen). Die Coverseite stellt zumeist den ersten Kontakt zum Adressaten dar und stellt daher hohe Ansprüche an die Gestaltung. Sie soll auf den Kataloginhalt einstimmen (z. B. durch Pagination eines sortimentsrepräsentativen, eher am oberen Leistungsniveau angesiedelten Produkts). Es kann aber auch auf die Präsentation eines Verkaufsangebots verzichtet und stattdessen eine klassische Titelseite vorgesehen werden.

Die Rückcoverseite hat ebenso eine hohe Bedeutung, weil sie aufliegt, wenn die Coverseite verdeckt ist oder wenn der Katalog zur ersten Übersicht von hinten nach vorn durchgeblättert wird. Daher bietet sich dafür neben der Präsentation von Verkaufsartikeln die Auslobung kaufmotivierender Argumente an (wie Bestellservice, Garantieaussagen etc.).

Die 2. Umschlagseite enthält häufig einen einleitenden, persönlichen Katalogbrief des Inhabers/Geschäftsführers sowie eine Auflistung kaufentscheidender Vorteile. Gleichfalls finden sich Erläuterungen zu neuen Produkten im Katalog oder Besonderheiten (wie kaufbegleitende Services). Ebenso soll durch einen Index eine leichte Orientierung im Katalog möglich werden. Auf Grund des verbreiteten Primacyeffekts wirken diese Eingangsseiten prägend für den gesamten späteren Eindruck des Katalogs.

Die 3. Umschlagseite wird häufig genutzt, um die Menschen, die den Anbieter tatsächlich ausmachen, vorzustellen. Dies fördert zum einen die Vertrauensatmosphäre zwischen Kunden/Interessenten und Anbieter und wirkt zum anderen motivierend auf die Mitarbeiter.

Bei gehefteten Katalogen öffnen sich die Mittelbruchseiten besonders leicht und bieten sich daher für die Präsentation von Produkten an, die forciert werden sollen.

Bestellformulare befinden sich zumeist im vorderen oder hinteren Teil des Katalogs. Hier können zugleich Impuls- und Kleinartikel paginiert werden, die den Bonwert erhöhen, weil sie absichtslos mitbestellt werden (häufig auch durch Vordruck im Bestellformular).

Unter **Pacing** versteht man die Dramaturgie des Ablaufs auf den Doppelseiten des Katalogs. Zumeist werden Kataloge eher zufällig durchgeblättert. Daher kommt es bereits hier auf einen Spannungsbogen an, der dem Nutzer durch abwechslungsreiche Gestaltung die Angebotsvielfalt transparent macht und wahrnehmbare Highlights setzt. Dafür eignen sich vor allem Neuheiten, Preisknüller, exklusive Produkte oder Trendwaren. Verschiedene Teilsortimente sollten durch Auftaktseiten voneinander abgetrennt sein. Hinzu kommen Stopperseiten, die durch auffällige Gestaltung Akzentuierungen schaffen.

Allerdings darf diese Dramaturgie nicht mit Beliebigkeit im Layout verwechselt werden. Im Gegenteil ist es erforderlich, ein standardisiertes Layoutraster einzuhalten, um die Übersichtlichkeit der Inhalte zu gewährleisten. Im Rahmen dieses Rasters kann beispielsweise zwischen mehreren hell gestalteten Seiten eine dunkle Doppelseite herausstechen, die Anordnung vieler kleiner Abbildungen durch die Einbindung einer großformatigen Abbildung durchbrochen werden oder zwischen mehreren freigestellten Aufnahmen eine Milieuseite platziert werden.

Gleichwohl darf durch diese Dramaturgie keine Überreizung erfolgen, die kontraproduktiv wirkt. Wird alles akzentuiert, ist tatsächlich nichts mehr akzentuiert. Gerade konstant eingesetzte Gestaltungselemente helfen darüber hinaus, einen konzeptionellen Zusammenhalt trotz Reizdarbietung zu erreichen.

In Bezug auf die **Periodizität** unterscheidet man jährliche und unterjährige Kataloge. Die Periodizität hängt vor allem von der Aktualität des Angebots ab. Häufig ist auch die Kombination aus einem ganzjährig aufliegenden Hauptkatalog und unterjährig regelmäßig oder fallweise hinzukommenden Sonderkatalogen anzutreffen. Damit ist es möglich, taktisch auf aktuelle Marktbewegungen oder Preisveränderungen zu reagieren.

Allerdings führt dies neben einer Flut von Katalogen, die zur Reaktanz bei den Adressaten führen, auch zu einer gewissen Unübersichtlichkeit des Angebots, da häufig nicht klar ist, welcher Katalog mit welchen Teilsortimenten und Konditionen denn nun der aktuell gültige ist. Dies gilt erst recht, weil ein Trend zu immer frühzeitigerem Versand der Kataloge besteht, um Konkurrenzanbieter faktisch zu preempten.

Bei den Sonderkatalogen kann es sich um Sortimentsauszüge aus dem Hauptkatalog handeln oder ergänzende oder auch Inhalte des Hauptkatalogs ersetzende Produkte. Häufig handelt es sich um schnell drehende Produkte, die ein hohes Bestellpotenzial darstellen, um Auslaufprodukte, Neuprodukte oder Langsamdreher, die auf diese Weise forciert werden sollen. Hinzu kommen Themenkataloge, etwa zu Saisonzeiten oder Messeanlässen. Gelegentlich werden Sonderkataloge auch nur als Nachfass an seitherige Nichtbesteller versandt, um diese zu aktivieren oder aus der Datenbank auszusteuern oder einem niedrigeren Aktivitätenlevel in der Datenbank zuzuweisen.

Der Katalog wird im Allgemeinen nicht allein versandt, sondern im **Package** mit weiteren Informationsmitteln. Ein wahrnehmungsstarkes Katalogumfeld wirkt hier generell bestellauslösend. Zu einem solchen Package zählen mindestens die Versandhülle (die ihrerseits bedruckt werden kann), Stuffer als aktuelle Beilagen oder um Portogrenzen auszuschöpfen, ein Anschreiben, das möglichst personalisiert formuliert sein soll, sowie ein Responseelement (Bestellmittel).

Das Package kann zielgruppenindividuell zusammengestellt und abgestimmt sein. Wichtig ist dabei, dass nicht zu viele Einzelelemente auftauchen, die das Handling rasch unübersichtlich werden lassen, und dass eine formale (gestalterische) und inhaltliche (bestellverkettende) Ordnung innerhalb dieser Einzelelemente besteht.

Die **Versandhülle** stellt dabei den ersten Kontakt mit Adressaten her. Sie muss Neugier auslösend wirken und die erste Wegwerfschwelle überwinden. Häufig wird dazu ein Teaser vorgesehen, der die Sendung als besonders wichtig, persönlich, Gewinn bringend etc. auslobt. Hilfreich ist auch ein Terminhinweis. Materialmäßig kann die Versandhülle alternativ aus verstärktem Papier, Karton, Folienschlauch oder Plastik bestehen. Neben der werblichen Aufmachung sind auch alle versandtechnischen Erfordernisse (Adressfelder etc.) zu berücksichtigen. Je umfangreicher der Katalog bzw. das Package, desto stabiler hat die Verpackung dafür zu sein. Außerdem wird von der Stabilität der Verpackung leicht auf die Werthaltigkeit des Inhalts geschlossen. Zu berücksichtigen ist auch die Transportbeanspruchung (z. B. durch Witterung, Lagerung). Durchsichtige Verpackungen bieten den Vorteil, dass das Packageinnere von außen bereits sichtbar ist und insofern die Aufmerksamkeit weckt.

Nach dem Öffnen wird zunächst das **Anschreiben** genutzt. Es hat, im Unterschied zu Direct Mailings, nicht die Funktion des Verkaufens von Produkten, sondern des „Verkaufens" des Transaktionsmittels Katalogs, in aller Regel durch Nutzenauslobung. Diese Nutzenauslobung wird dann zweckmäßigerweise auf dem Cover des Katalogs aufgefangen und weitergeführt. Der Briefstil soll persönlich und partnerschaftlich gehalten sein. Inhalte sind eine kurze Firmen- bzw. Kataloggeschichte, Einblicke in das betriebliche Geschehen, die Philosophie des Unternehmens sowie besondere Angebotsattribute wie Rückgaberecht etc.

Stuffer bieten die Chance, aktuelle Angebote, die im Katalog nicht mehr berücksichtigt werden konnten, oder Sonderangebote, die verstärkt penetriert werden sollen, hervorgehoben zu präsentieren. Denkbar sind auch handlungsauslösende Elemente (Action Getter), die stark aktivieren. Dazu gehören kleine Werbegeschenke, Anreize für Frühbesteller (Early Bird), Preisausschreiben ohne oder mit vorausgelosten Gewinnen (Sweepstake) oder Valutaofferten (besonders langes Zahlungsziel).

Ein **Responseelement** ist nur notwendig, falls dieses im Katalog selbst nicht vorgesehen ist; es kann aber auch zusätzlich beigepackt werden, um die Reaktionschancen zu erhöhen. Es muss eine besonders bequeme Bestellform anbieten, möglichst mit vorgedruckten Stammdaten, optionierten Bestellartikeln (Orderstart-Artikel) und einfacher Übermittlung (Faxantwort, Adressfenster). In Bezug auf die Funktionalität des Responseelements werden in der Praxis häufig leicht vermeidbare Fehler gemacht. So ist bei den Bestellzeilen darauf zu achten, dass diese ausreichend breit sind. In Bezug auf die Bestellspalten ist auf eine ausreichende Länge zu achten, damit alle gewünschten Artikel auch wirklich unterzubringen sind. Insgesamt darf die Bestellausführung so wenig Arbeit wie möglich machen.

Alle Responseelemente sollten kodiert sein, entweder mit den vorgedruckten Stammdaten des Bestellers oder mit einem neutralen Kode, der Rückschlüsse auf die Leistungsfähigkeit des Katalogs bzw. der zu Grunde liegenden Adressliste zulässt. Denkbar ist auch die Beilage eines voradressierten und vorfrankierten Rückumschlags oder die Beilage eines Fax-Antwortformulars.

9.5.3 Katalogdesign

Zum Katalogdesign gehört die Anordnung der Abbildungs- und Textelemente im Kataloginneren. Dem **Bildmaterial** kommt dabei besondere Bedeutung zu, da die Imageryforschung beweist, dass Bilder schneller wahrgenommen, besser verarbeitet, vollständiger abgespeichert und leichter aus dem Gedächtnis reaktiviert werden können als Texte. Ein Bild sagt eben mehr als tausend Worte. Bilder sind auch besser zur (wohl verstandenen) Manipulation der Adressaten in der Lage und wirken als Aufmerksamkeitsstopper. Bildinformationen werden ganzheitlich in der rechten Gehirnhälfte (bei Rechtshändern) und getrennt von Textinformationen, die in die linke Gehirnhälfte gelangen, gespeichert. Beim Informationsabruf (etwa bei der Bestellung) werden Bild- und Textinformationen daher getrennt abgerufen und, falls beide zutreffend abgespeichert sind, wieder zu einem Ganzen verbunden. Auf Grund der Überlegenheit von Bildinformationen ist jedoch der Abruf von Bildinformationen zuverlässiger und umfassender als der von Textinformationen.

Dies ist gerade für technische Produkte wichtig, die dazu tendieren, mit dominanter Textinformation ausgelobt zu werden. Diese Texte sind zwar als Spezifikation unerlässlich, können jedoch nicht als Wahrnehmungsanker dienen.

Zur Illustration der Bilder sollten Produkte nicht „nackt" dargeboten, sondern um Requisiten anschaulich ergänzt werden. Möglichst sollte es sich dabei wiederum um Produkte aus dem Sortiment handeln oder um Anwendungshilfsmittel. Dabei ist jedoch mit der Anzahl und Auswahl dieser Requisiten sparsam umzugehen, um Ablenkungseffekte (Vampireeffekt) zu vermeiden und sicherzustellen, dass das ausgelobte Produkt tatsächlich im Mittelpunkt steht.

Vor allem ist auf eine hinreichende Figur-Grund-Differenzierung zu achten, d. h. eine Abhebung des ausgelobten Produktes vom Fond. Hilfreich ist dazu eine starke Kontrastierung, d. h. helle Gegenstände vor dunklem Grund, kaltfarbige Produkte vor warmfarbigem Grund etc. Hinsichtlich der Farben ist auf eine komplementäre Abstimmung zwischen Vorder- und Hintergrund zu achten. Bei der Farbwahl ist zudem der Symbolcharakter der meisten Farben zu beachten (aus der Farbenlehre). Auffällige Farben eignen sich dabei nicht als Fondfarben, eine aggressive Farbgebung bietet sich nur zur Akzentuierung an.

Zu prüfen ist, ob Fotoaufnahmen outdoor, also in natürlicher Location, oder indoor, also im Studio, erstellt werden sollen. Außenaufnahmen sind in aller Regel aufwändiger, dafür wirken Innenaufnahmen häufig gestellt und steril. Wenngleich durch geschickte Dekoration des Studios dieser langweilige und leblose Eindruck vermieden werden kann.

Die Motive sollten nicht nur Sachaufnahmen (Stills) darstellen, sondern auch Menschen als Präsentatoren oder Nutzer einbinden. Bei der Modelauswahl sollte berücksichtigt werden, dass Leser dazu neigen, sich mit der im Katalog abgebildeten Person zu identifizieren. Daher sollte der Modeltyp sich nicht zu weit vom vermuteten Typus der Zielpersonen entfernen. Allerdings ist es hilfreich, wenn Models sich innerhalb dieses Rahmens an der oberen Grenze in Bezug auf Attraktivität und Jugendlichkeit bewegen.

Von Illustrationen zur Visualisierung ist abzusehen, da es ihnen an Authentizität fehlt. Sie können allenfalls unterstützende Funktion einnehmen. Hilfreich sind hingegen Detailabbildungen (Zoomeffekt), die interessante Produktfeatures zeigen oder eine nähere Wareninformation bieten.

Das **Layout** betrifft die Seitenaufteilung nach Text- und Bildelementen. Zur Unterlegung der Seiten ist eine Rasterung sinnvoll, die als Ordnungshilfsmittel dient. Durch dieses Layoutraster erhalten die Seiten Halt und bleiben trotz aller Variationen wahrnehmungsstabil. Um jedoch eine schablonenhafte Anmutung zu vermeiden, werden im allgemeinen Rasterfelder unterschiedlicher Größe zu Grunde gelegt, die allein schon für eine abwechslungsreiche Anmutung sorgen. Zudem ist es dann einfacher, innerhalb eines Layoutrasters einzelne Produkte auszutauschen oder ihrer Bedeutung gemäß neu anzuordnen. Bei einem Katalogaufbau nach Doppelseiten hat das Layoutraster beide gegenüber liegenden Katalogseiten einzubeziehen. Allerdings ist Vorsicht bei Abbildungen, die in gelumbeckten Katalogen über Bund gehen, geboten. Dabei dürfen keine wichtigen Details im Bundsteg verschwinden. Andere Hervorhebungen sind durch Umrahmungen oder asymmetrische Formate möglich.

Eine hohe Aufmerksamkeit kommt erfahrungsgemäß der rechten oberen Ecke einer Doppelseite zu. Nach gemeinhin unterstelltem Leseverhalten geht der Blickverlauf von rechts oben quer über das Blatt nach links unten. Platzierungen im oberen Drittel der Seite gelten somit allgemein als wahrnehmungsstärker.

Alle Abbildungen sollen mit kurzen Untertexten (Captures) versehen sein, die erfahrungsgemäß stark genutzt werden. Dabei soll der Text nicht den Bildinhalt wiederholen („Neger vor Hütte"), sondern ergänzende Informationen bieten. Alternativ ist eine Platzierung der Texterläuterungen rechts vom Bild vorteilhaft. Möglichst soll eine Zuordnung von Bildern und Texten durch Ziffern vermieden werden, da dies recht umständlich in der Nutzung durch Leser wirkt.

Personen und Produkte in Abbildungen sollen möglichst in Richtung der Textbeschreibung zeigen bzw. in Richtung des inneren Seitenrandes. Man weiß, dass Leser dazu tendieren, der Perspektive der Personen oder Produkte in Abbildungen zu folgen. So kann die Brücke zur Textbeschreibung bzw. zu anderen Angeboten im Katalog geschlagen werden.

Der **Text** nimmt primär die Aufgabe wahr, das Interesse des Lesers zu wecken und konkrete Sachinformationen zu liefern. Eine besondere Aufgabe kommt ihm bei erklärungsbedürftigen Produkten zu. Ebenfalls kann der Text als erzählendes Element einen Unterhaltungswert bieten, wobei darauf zu achten ist, dass die Textinhalte sich immer eng an die Verkaufsfunktion des Katalogs anlehnen.

Wie dem Textinhalt kommt auch der Textgestaltung hohe Bedeutung zu. Hier geht es um Schriftgröße und Schrifttyp, Satz- und Spaltenbreite, Laufweite der Schrift, Wortabstand und Durchschuss. Hinsichtlich der Schrifttypen ist zwischen serifenbetonten (Antiqua-)Schriften und serifenlosen (Grotesk-)Schriften zu unterscheiden. Serifen sind kleine, abschließende Querstriche am oberen oder unteren Rand der Lettern, die für die Lesbarkeit stabilisierend wirken. Andererseits wirken serifenlose Schriften meist moderner und sachlicher, was sich vor allem für technische Produkte anbietet.

Flattersatz ist gegenüber Blocksatz (bei dem alle Textzeilen immer gleich lang sind, indem die Wortzwischenräume variiert werden) besser lesbar, wenngleich der rechte Textrand unruhig wirkt (rechtsbündiger Flattersatz ist zu vermeiden). Als optimale Spaltenbreite in Katalogen gelten 40–60 Anschläge pro Zeile. Bei engeren Spalten ergeben sich unnötige Worttrennungen, bei längeren Textspalten geht die Orientierung in den einzelnen Zeilen leichter verloren.

Die Laufweite der Schrift gibt den Letternabstand an. Dabei sind sowohl eng als auch gesperrt laufende Schriften zu vermeiden. Der Durchschuss gibt den Abstand zwischen benachbarten Zeilen ober- und unterhalb an. Als optimal hat sich ein Durchschuss, der einen Punkt über der Typogröße liegt, erwiesen. Bei größerem Durchschuss wirkt das Satzbild zerrissen, bei kleinerem Durchschuss entsteht ein gedrängter Eindruck. Schriftauszeichnungen wie Fettung oder Kursivierung springen zwar ins Auge, müssen jedoch gezielt eingesetzt werden, da ansonsten eine Überaktivierung beim Lesen entsteht, die nicht leistungsfördernd, sondern leistungsmindernd wirkt (Lambdahypothese). Dies gilt auch für farbliche Hervorhebungen.

Die Textformulierungen sollen klar, einfach und verständlich sein. Hilfreich ist eine erlebnisbetonte, bildhafte und spritzige Formulierung. Sinnvoll sind dabei kurze, pointierte Sätze und ein ehrlicher, überzeugender Stil.

Besondere Bedeutung kommt der Formulierung von Headlines und Slogans zu, die eindeutig werbliche Aufgaben haben. Der Slogan ist die auf einen Satz verdichtete, immer wiederkehrende Kernaussage über den Anbieter und sein Angebot. Die Headline bildet den Einstieg in das Bildverständnis. Dabei sind vertraute, aktivierende und informative Formulierungen zu bevorzugen. Wichtige Schlüsselwörter wie „neu“, „gratis“, „exklusiv“, „jetzt“, „Gütesiegel“ o. Ä. sollen gezielt eingestreut werden. Entscheidend ist, dass die Headline das Nutzenversprechen des Angebots transportiert.

Eindeutig erklärende Aufgaben haben hingegen warenkundliche und abwicklungstechnische Aussagen. Hier ist eher eine ausführlichere, detailliertere Formulierung zu wählen, um Unklarheiten und Zweifel, die responsehemmend wirken, zu vermeiden. Vor allem sind alle behaupteten Leistungsmerkmale durch Begründungen zu untermauern. Hinzu kommen unvermeidliche Bestelldaten und sonstige administrative Angaben.

Denkbar ist auch der Abdruck nachprüfbarer Dankesschreiben (sog. Applause-Mail) zufriedener Kunden oder die Angabe von Zuverlässigkeits- und Verbreitungsdaten, die dem Sicherheitsbedürfnis des Adressaten gerecht werden. Wichtig ist des Weiteren die Einbindung von Cross-selling-Hinweisen. Diese können neben dem verbalen Hinweis auch durch benachbarte Platzierung im Katalog unterstützt werden (analog zum Categorymanagement im stationären Handel).

Weiterhin ist das Inhaltsverzeichnis obligatorisch. Es soll neben der administrativen Vollständigkeit auch eine Orientierungshilfe in der Angebotsvielfalt bieten. So können Suchbegriffe auch mehrfach, jeweils an ihrer alphabetisierten Stelle, aufgeführt werden. Gleichfalls sind Synonyme getrennt aufzuführen, um den Zugriff in jedem Fall sicherzustellen.

Hilfreich sind auch Erläuterungen von Fachbegriffen, um ein gleiches Verständnis sicherzustellen, sowie die Verwendung von Symbolen für häufig wiederkehrende oder besonders wichtige Features. In gleicher Weise können Spezialleistungen (wie Eillieferung) und neue Produkte akzentuiert werden. Dafür haben sich Piktogramme als sehr praktisch erwiesen.

Die „Nicht-Angebots-Seiten" des Katalogs betreffen Verkaufsbedingungen, Maß- und Umrechnungstabellen etc. Hilfreich ist dabei eine Anordnung in Tabellen- oder Listenform. Die Allgemeinen Geschäftsbedingungen schließlich sind unvermeidlich und gehorchen eher juristischen als sprachlichen Belangen. Dennoch kann auch hier durch geschickte Formulierung (Sie-gerichtet, positiv, nicht zwingend etc.) Einfluss genommen werden. Dabei dürfen jedoch nicht die rechtlichen Konsequenzen tangiert werden. Dies gilt auch für Bestelleinschränkungen (wie Mindermengenzuschläge, Mindestbestellmengen etc.).

Wichtig ist in diesem Zusammenhang auch die Verwendung kaufbestätigender Formulierungen zur Reduzierung unvermeidlich auftretender kognitiver Dissonanzen vor Abgabe der Bestellung. Hier gilt es, die letzte Schwelle im kundenseitigen Kaufprozess zu überwinden.

9.5.4 Katalogproduktion

Zur Katalogproduktion gehören die Anzahl der Druckfarben, die verwendete Papierqualität und die buchbinderische Verarbeitung. Eine farbige Aufmachung ist einer schwarz-weißen im Regelfall überlegen. Drucktechnisch lassen sich alle Farben aus vier Grundfarben (Cyan, Magenta, Yellow, Schwarz/Tiefe/Kontrast) erzeugen. Gerade techniklastige Kataloginhalte können im eintönigen Umfeld durch Farbe entscheidend aufgewertet werden, bei erlebnislastigen Inhalten ist sie geradezu unverzichtbar. Denkbar ist zudem die Betonung einer dominierenden Farbe, etwa als Hausfarbe.

Auch die Papierwahl hat erheblichen Einfluss auf die Anmutung des Katalogs. So wird von der Haptik des Papiers auf die Wertigkeit der dort angebotenen Produkte geschlossen. Für brillante Abbildungen ist zudem ohnehin eine höhere Papierqualität erforderlich. Holzfreie Papiere sind Standard (sie vergilben nicht unter Lichteinwirkung), ebenso chlorfrei gebleichte hochweiße Papiere (die allerdings teurer sind als vergleichbare chlorierte Papiere). Gestrichene Papiere wirken qualitativ hochwertiger (klarere Konturen, leuchtendere Farben). Abweichendes gilt nur, wenn der Katalog in seiner Aufmachung bereits die Preisgünstigkeit der angebotenen Produkte unterstreichen soll.

Weiterhin ist die Reißfestigkeit des Papiers angesichts des oft unsensiblen Umgangs mit Katalogen als Arbeitsmittel wichtig. Diese ist im Wesentlichen von der Papierdicke, gemessen in gr/m², abhängig (empfohlen ist mindestens 90 gr/m² spezifisches Papiergewicht, außer bei Discountangeboten). Dies bietet sich auch angesichts der regelmäßig vorzufindenden beidseitigen Bedruckung der Blätter an. Sinnvoll ist ein stärkerer Schutzumschlag, der die Widerstandsfähigkeit des Katalogs ebenso erhöht wie seine Präsentationsqualität.

Für reine Textseiten empfiehlt sich die Verwendung leicht getönten Gelb-Weiß-Papiers, das den Kontrast zur Schrift relativiert und damit die Lesebequemlichkeit erhöht. Alternativ ist auch die Wahl einer farbigen Schrift (tiefblau) denkbar.

Kataloge sind geklammert bzw. geheftet oder geklebt (gelumbeckt). Letzteres bietet sich vor allem bei umfangreicheren Katalogen an. Ringösenheftungen haben darüber hinaus Ausbuchtungen in den Klammern, die eine Ablage in Aktenordnern ermöglicht, Plastikeffekt-(Spiral-)Heftungen lassen sich leicht wieder öffnen, um zusätzliche Seiten hinzuzufügen oder Seiten auszutauschen. Geklebte Kataloge sind tendenziell anfällig gegen ein Aufbrechen der Falz bei starkem Auseinanderfallen der Seiten, die sich dann evtl. einzeln herauslösen lassen.

Der Katalogdruck erfolgt, je nach Auflagenhöhe, im Offset- oder Tiefdruck. Bogenoffsetdruck erfolgt von einzelnen Papierbogen, Rollenoffsetdruck von der Papierbahn, die erst anschließend geschnitten wird. Tiefdruck erfolgt immer ab Rolle, lohnt aber gemeinhin erst bei sehr hohen Auflagen (ab zehn Mio. Exemplare). Der Druck erfordert eine extreme Sorgfalt, um Fehler zu vermeiden, aus denen irradiierend auf mindere Leistungsfähigkeit des Absenders geschlossen wird.

Danach muss der Katalog mit den anderen Packagebestandteilen zusammengeführt werden. Dies erfolgt beim **Konfektionieren**. Dies umfasst im Einzelnen das Falzen, Kleben und Schneiden der Werbemittel, die Einkuvertierung und Adressierung der Packages, das Freimachen und Ausliefern der Sendungen. Diese Aufgaben übernehmen Lettershops, zumeist als freie Dienstleister. Dort werden auch Kataloganforderungen bearbeitet. Die **Distribution** der Aussendungen erfolgt durch die Post oder private Zustelldienste. Endverbraucherkataloge werden zwischenzeitlich aber auch über den Zeitschriftenhandel gegen Entgelt abgegeben (z. B. D&W-Autozubehör).

9.5.5 Fulfillment

Unter Fulfillment versteht man die Abwicklung des gesamten Bestellvorgangs von der Bestellannahme über die Bearbeitung bis hin zur physischen Auslieferung der Waren. Dafür können eigene Abteilungen oder fremde Dienstleister (Service-Provider) eingesetzt werden. Das Outsourcing empfiehlt sich vor allem für Klein- und Mittelunternehmen wegen der Vermeidung fixer zugunsten variabler Kosten, bei neuen Anbietern, welche die Nachfrage noch nur ungenügend einzuschätzen vermögen, und für Anbieter, die professionelles Know-how von Spezialisten nutzen wollen oder eigene Lager- und Transportarbeiten (Logistik) nicht zu ihren Kernkompetenzen zählen. Die feste Kalkulationsbasis und die Flexibilität der Inanspruchnahme sind wichtige Vorteile. Dafür entsteht ein erhöhter Abstimmungsaufwand, und die häufig lebensnotwendige Marktnähe leidet, wenn nicht entsprechende Vorkehrungen getroffen werden.

Die **Bestellannahme** sollte so einfach und transparent wie irgendmöglich gehalten werden. Dafür werden meist mehrere Kommunikationswege angeboten: Telefon, Telefax, Antwortkarte/Brief als Bestellformular oder Onlineauftrag (E-Commerce oder E-Mail). Bei vorausgehender Informationsanforderung kann durch Einbau bewusster Hürden eine Selektion der Reagierer erreicht werden, z. B. durch Frankierung, persönliche Angaben, Unterschrift.

Die telefonische Bestellannahme erfolgt über Call-Centers oder durch gebührenfreie Leitungen (0800). Davon sind Servicerufnummern zu unterscheiden (0180...), die für den Anrufer gebührenpflichtig sind. Die Bestellannahme per Telefax ist vor allem im B-to-b-Bereich üblich und kann durch entsprechend vorformatierte Bestellformulare erheblich erleichtert werden. Die Zukunft wird jedoch sicherlich der Online-Bestellannahme gehören (s.u.). In allen Fällen ist eine Bestätigung des Eingangs der Bestellung möglich.

Bei der **Zahlungsabwicklung** stellen sich ebenfalls mehrere Optionen. Häufig erfolgt die Bezahlung per Nachnahme, d. h. nach Aushändigung der Ware durch die Post an den Auftraggeber (Zug um Zug). Der Rechnungspreis setzt sich dann aus dem Warenwert, den (anteiligen) Porto- und Versandkosten sowie der postseitigen Nachnahmegebühr zusammen. Dies verteuert vor allem Sendungen mit geringem Warenwert. Außerdem muss der Auftraggeber bei Anlieferung zu Hause sein oder die hinterlegte Sendung später bei der Post abholen. Dafür ist das Risiko für den Absender gering, da Zahlungsausfälle vermieden werden.

Eine andere Option ist die Ablieferung gegen Rechnung. Mit der Aushändigung der Ware übernimmt der Auftraggeber die Verpflichtung, den Rechnungsbetrag innerhalb einer Zahlungsfrist zu begleichen. Dies impliziert allerdings ein Zahlungsausfallrisiko, das vom Absender durch Einholung von Zahlungsfähigkeitsauskünften (Schufa-Listen, brancheninterne Negativlisten etc.) allenfalls unzulänglich verringert werden kann.

Als weitere Option stellt sich die Forderung der Vorauskasse (etwa durch Abbuchungsauftrag, Schecküberlassung, Kreditkartennummer etc.). Damit ist das Zahlungsrisiko behoben, dafür werden aber hohe Bestellhürden aufgebaut. Daher werden häufig im Gegenzug Sonderkonditionen (wie porto-/versandkostenfreie Lieferung) oder Anreize (wie Gewinnspielteilnahme) geboten. Die Kreditkartenzahlung impliziert zudem im Dreiparteiensystem die Abführung einer Mittlerprovision an die Kreditkartenorganisation.

Schließlich kann auch eine vollständige oder teilweise Kreditierung des Kaufbetrags erfolgen. Die Kreditierung kann durch den Anbieter selbst, durch Banken gegen Gestellung von Sicherheiten in der Person oder Sache oder durch Kreditdienstleister (wie Leasing- und Factoringunternehmen) erfolgen. Im Onlinebereich kommen zudem digitale Zahlungsvarianten in Form des Electronic Cash zum Zuge (Cyber Cash, E-Cash etc.).

Zu den weit verbreiteten **Serviceangeboten** gehören die 24-Stunden-Bestellannahme an sieben Tagen pro Woche, die Auswahl unter mehreren Kanälen zur Bestellannahme und Zahlungsabwicklung sowie Umtausch-/Rückgabegarantien. Diese Serviceangebote sind jedoch mit mehr oder minder hohen Kosten für den Anbieter bewehrt, z. B. höhere Retourenrate. Denn sie erfordern betriebliche Vorkehrungen, die Schnelligkeit und Zuverlässigkeit in der Auslieferung sichern, was wiederum nur durch prozessorientiertes Beschaffungs- und Lagermanagement möglich ist. Die Kommissionierung muss Just in Time erfolgen. Dazu wiederum ist ein leistungsfähiges Warenwirtschaftssystem erforderlich. Wichtig ist auch die „Auspackqualität" der Sendung, d. h. der unversehrte Zustand der Sendung und deren akquisitorisch ansprechende Aufmachung, denn es gilt, kognitiven Nachkaufdissonanzen zuvorzukommen.

Erwartet wird darüber hinaus eine Zustellung spätestens am darauf folgenden Tag. Dies verlangt den Einsatz leistungsfähiger Frachtführer (Deutsche Post oder DHL, DPD, FE, GP, Hermes, TNT, UPS etc.). Die Dauer zwischen Aufgabe und Empfang der Sendung ist wesentlich für die Zufriedenheit mit dem Versand. Zur Anlieferung werden mehrere Zustellversuche unternommen, bevor die Ware retourniert oder posthinterlegt wird.

9.5.6 Erfolgsmessung

Die Erfolgsmessung wird zentral an der Bestellquote festgemacht. Sie errechnet sich aus der Relation von „Menge der eingegangenen Bestellungen" zu „Streumenge der ausgesandten Kataloge". Für den Erfolg ist jedoch weiterhin der durchschnittliche Auftragswert von Bedeutung. Dies ist auch für die Erreichung des Break-Even-Punkts bedeutsam.

Eine weitere Kennzahl ist die Retourenquote, denn nicht alle Bestellungen sind umsatzsteigernd. Retouren entstehen aus fehlerhafter Ware, Falschzustellungen oder Nutzung von Umtauschgarantien. Hohe Retouren sind ein Alarmsignal und müssen unbedingt auf ihre Ursachen hin analysiert werden. Zumal daraus konkrete Hinweise auf Fehlerquellen im betrieblichen Leistungsprozess abgeleitet werden können (mangelhafte Wareneingangskontrolle, missverständliche Katalogbeschreibung, schlechte Zustellqualität etc.).

Die Überwachung der Bestellzeit- und Auslieferungszeitkontrolle hilft, die betrieblichen Kapazitäten zu planen. So wird ein bis zwei Tage nach Erzielung des Bestellmaximums die „Halbwertszeit" erreicht, d. h. bis zu diesem Zeitpunkt liegt etwa die Hälfte der insgesamt zu erwartenden Bestellungen vor. Aus diesem Erfahrungswert kann eine Grobplanung der Kapazitäten vorgenommen werden. In gleicher Weise muss die Auslieferungszeit überwacht werden, da sie wesentlicher Parameter für die Kundenzufriedenheit ist, erst recht, wenn entsprechende Ankündigungen an potenzielle Kunden gemacht worden sind. Dies gilt in gleicher Weise für die Lieferung von Waren wie auch die Lieferung von Katalogen auf eingegangene Anforderung hin. Zur Kontrolle können verdeckte Testbestellungen an eigene Kontrolladressen sowie Laufzeitanalysen eingesetzt werden.

Eine wesentliche Kennzahl ist der Recency-Frequency-Monetary-Ratio-Wert als wichtigste Scoringkennzahl. Recency steht dabei für die Aktualität des Kaufverhaltens, Frequency für die Kaufhäufigkeit und Monetary Ratio für den Wert der getätigten Käufe. Entsprechend dieser Methode werden alle Kunden nach diesen Kriterien klassifiziert. Die Kriterien können gleichgewichtig oder gewichtet (z. B. 50 : 35 : 15) in diese Kennzahl eingehen. Daraus ergibt sich für jeden Kunden eine Punktsumme, die seine Attraktivität für den Anbieter kennzeichnet und damit Ausgangspunkt für entsprechende Aktivitätslevels ist. Vorher ist eine Transformation in Form einer Nutzwertanalyse erforderlich, d. h. unterschiedlichen qualitativen Ausprägungen je Kriterium (z. B. Kontaktintensität, Konditionen) sind entsprechende Punktwerte zuzuordnen. Somit ergibt sich aus dem individuellen Bestellverhalten jedes Kunden sein Punktwert je Kriterium. Werden die Kriterien addiert bzw. entsprechend gewichtet, ergibt sich seine Punktsumme. Diese wiederum ermöglicht die Zuordnung seiner Daten zu einem vordefinierten Aktivitätslevel. Zumeist führt dies zu einer Einteilung in A-, B- und C-Kunden. Problematisch ist dabei allerdings, dass es sich um eine Zeitpunktaufnahme handelt, es sei denn, das Entwicklungspotenzial von Kunden wird ausdrücklich in die Analyse mit aufgenommen. Ansonsten kann es gut sein, dass Kunden im Zenit ihres Lebenszyklus bevorzugt behandelt werden, obwohl ihre Prognose (Grenzumsatz) negativ ist, während Kunden am Start ihres Lebenszyklus, also mit großem Entwicklungspotenzial, vernachlässigt werden. Zudem sagen Umsätze nicht unbedingt etwas über die Gewinnträchtigkeit von Kundenbeziehungen aus (so klaffen bei A-Kunden nicht selten Umsatz und Gewinn auseinander.)

Die Nutzungshäufigkeit von Katalogen kann über die Auswertung der Kodierung von Bestellkarten nach Kataloggenerationen bzw. Teilkatalogen festgestellt werden. Für den Fall der Ansprache über Massenmedien kann zudem ein Anhaltspunkt über die Mediaeffizienz gewonnen werden. Allerdings ist eine aussagefähige Zuordnung von Ursachen und Wirkungen generell kaum möglich, selbst durch eine kostenaufwändige Direktbefragung nicht. Denkbar ist allerdings die Erweiterung der Bestellnummer um ein dem Werbemittel zuordenbares Kürzel (Präfix oder Suffix), so dass auch die Auswertung für in mehreren Katalogen angebotene Produkte möglich wird.

Der Artikel-Deckungsbeitrag ergibt sich als Differenz zwischen den eindeutig einem Artikel zurechenbaren Erlösen und den durch ihn verursachten Kosten. Dieser Deckungsbeitrag steht für die Deckung der nicht exakt zurechenbaren Kosten sowie zur Erzielung eines angemessenen Gewinns zur Verfügung. Über den Artikel-Deckungsbeitrag lässt sich unmittelbar die ökonomisch gerechtfertigte Präsentationsfläche im Katalog (Seite/Seitenanteil) ermitteln, indem je Flächeneinheit des Katalogs ein erforderlicher Deckungsbeitrag vorgegeben wird. Produkte, die diese Vorgabe nicht erreichen, müssen im nächsten Katalog mit geringerer Präsentationsfläche auskommen, Produkte, die diese Vorgabe überschreiten, können rational mehr Präsentationsfläche zugewiesen erhalten.

Allerdings ist diese ökonomische Zurechnung um die Notwendigkeit der gestalterischen Einflussnahme zu ergänzen, so dass sich letztlich wohl immer ein Kompromiss aus beiden Aspekten im Katalog finden wird.

9.5.7 Neue-Medien-Kataloge

Bei Neue-Medien-Katalogen ist sowohl an Offline- als auch an Online-Transaktionsmittel zu denken. Der Offlinekatalog in Form der CD-ROM dürfte nur eine vorübergehende Episode auf dem Weg zum Onlinekatalog sein. Wenn schon Neue Medien, dann ist der Onlinekatalog (E-Commerce) die konsequentere Alternative. Denn der Katalog auf CD-ROM unterliegt vergleichsweise rascher Veralterung und bietet nur eine eingeschränkte Interaktivität. Dafür entstehen für den Nutzer zumindest keine laufenden Kosten und der Aufbau von Katalogseiten geht wegen der hohen Datenbusgeschwindigkeit schneller als über Kabel vonstatten. Doch diese Vorteile werden erodieren, sobald, was absehbar ist, die Übertragungskosten bei Onlinenutzung hier zu Lande durch eine Pauschalgebühr (Flat Fee) und die herkömmlichen Kabel durch leistungsfähigere Netze oder zumindest Übertragungstechnologien (ADSL) ersetzt werden.

Daher erfolgt im Folgenden eine Konzentration auf E-Commerce-Kataloge. Neben der personalisierten Ansprache (über Cookies und Datenbankauswertung) kann ein umfangreiches Serviceangebot realisiert werden (etwa E-Mail, Chat-Foren, Newsletters etc.). Dadurch kann dem Ideal eines Segment-of-One-Marketing nahezu entsprochen werden. Für Nutzer ist der Zugriff bequem von zu Hause aus und rund um die Uhr möglich, die Daten sind stets aktuell und vergleichbar. Den Engpass stellt nunmehr die physische Distribution dar, die mit der rapiden Geschwindigkeitsentwicklung im Internet nur mühsam Schritt halten kann.

Das Layout des Printkatalogs bedarf allerdings für die Onlinepräsentation einer gründlichen Überarbeitung. Zwar können möglicherweise dieselben Bildvorlagen verwendet werden, aber die Dramaturgie (Screendesign) erfordert ein deduktives Vorgehen (vom Allgemeinen zum Besonderen). Hilfreich ist dabei der Aufbau einer Bilddatenbank, in der zentral alle Bildvorlagen digital abgespeichert sind. Die Strukturierung ist durch Links (Querverweise in der Website) möglich, hinzu sollten intelligente Hilfefunktionen wie Navigatoren, Abfrageformulare, Indexe etc. treten.

Die Entwicklung des Onlineauftritts kann zumeist in fünf Phasen eingeteilt werden:

- **Selbstdarstellung bzw. Produktpräsentation im Internet.** Dabei handelt es sich um statische Websites, die meist nur einen Kontakt über E-Mail zulassen. Häufig dominiert dabei noch die absenderorientierte Strukturierung des Auftritts, also nach Produkten. Dies ist nicht mediengerecht. Vielmehr bedarf es dazu einer adressatenorientierten Strukturierung, also nach Bedarfen. Dabei kann die Nutzerführung etwa durch geschickte Filter erfolgen.
- **Interaktive Website.** Damit können vor allem wiederkehrende Besucher eingebunden werden. Zumindest ist eine Personalisierung der Ansprache möglich. Besser noch wird durch Auswertung der Transaktionshistorie dem Besucher ein Angebot zusammengestellt, das seinem vermuteten Nutzerprofil entspricht. Auch können vergleichende Produktübersichten und Selbsthilfen für Anfragen geboten werden. Evtl. ist die E-Mailbox mit Servicemitarbeitern verbunden.
- **Transaktionsfähigkeit.** Hier wird über die Kommunikationsfunktion hinaus auch die konkrete Distributionsfunktion geboten, etwa durch Aussagen über Vorräte und Liefertermine. Auch kann der Status der Auftragsabwicklung vom Kunden jederzeit verfolgt werden. Durch Einbindung von EDI-Systemen kann der gesamte geschäftliche Datentransfer in Zusammenhang mit der Transaktion über Internet abgewickelt werden.
- **Einbindung externer Partner.** Hierbei wird neben dem unternehmenseigenen Angebot das Angebot Externer aufgesetzt, das im Sinne einer integrierten Lösung das Leistungsprofil der Anbieter in maximale Übereinstimmung mit dem Bedarfsprofil des Kunden bringt (z. B. produktbegleitende Dienstleistungen). Wegen der hohen Bedeutung kommt nur eine feste Einbindung dieser Partner, evtl. auf Gegenseitigkeit, in Betracht.
- **Virtuelle Unternehmen.** Dabei wird die gesamte Wertschöpfungskette in allen Verzahnungen über Internet eingebunden, dargestellt und gesteuert. Dies ist vor allem bei mehr-

stufigen Lieferketten und komplexen Produktionsbedingungen infolge Kostenersparnis und Zeiteinsparung hilfreich. Kunden können dann ganze Lieferketten oder nur Ausschnitte davon ordern.

Die Projektphasen sind im Allgemeinen übereinstimmend folgende: die Konzeption des Auftritts, das Strukturdesign der Site, die Erstellung der Inhalte und Gestaltung, der Test der Anwendung, die Optimierung von Auftritt und Struktur sowie die Öffnung des Zutritts.

9.5.8 Website-Gestaltung

Der Gestaltung des Onlineauftritts erfordert die Einhaltung einiger Grundsätze (*De Zoeten/Hasenböhler/Ammann 1999, S. 194*). So bedarf es der Integration der Onlinewerbung in den gesamten Kommunikationsmix. Dazu muss die WWW-Adresse auf allen Publikationen und Unterlagen ausgewiesen sein, um Traffic zu erzeugen. Zusätzlich ist die Aufnahme in Verweise (Links) anderer Adressen und eigener Verweis auf diese anderen Adressen notwendig. Hinzu kommt evtl. Werbung auf Portalseiten (trotz hoher Kosten). Der Elektronikkatalog erfordert eine medienspezifische Adaptation, nicht einfach eine bloße Kopie des Printauftritts. Auch ist die Bereitstellung interessanter Informationen über den engen Kreis des eigenen Angebots hinaus erforderlich. Hinzu kommt die Notwendigkeit einer stetigen inhaltlichen Aktualisierung der Inhalte, um Wiederholungsbesuche zu motivieren und eine Kontaktaufnahme mit dem Unternehmen/Repräsentanten zu ermöglichen. Auch ist eine stetige Anpassung an technische Aktualisierungen erforderlich, um auf der Höhe der Zeit zu bleiben. Große Abbildungen sollten erst nach einer erneuten Anwahl laden, hilfreich ist auch der Verzicht auf Tonuntermalung (wegen Speicherbedarf). Eine „Under-Construction“-Meldung ist in jedem Fall zu vermeiden, besser ist es, mit einem zwar reduzierten, aber arbeitsfähigen Auftritt zu starten und auf den Ausbau hinzuweisen.

Die Bedingungen der Website-Gestaltung werden gelegentlich durch folgende Allegorie im Vergleich zu traditioneller Medienwerbung beschrieben (z. B. *Krause 1999, S. 221*). Die Gestaltung in der Medienwerbung gleicht einem Wasserschlauch, mit dem der Absender möglichst viele Personen nass spritzen will (Kontakte). Das gelingt ihm umso besser, je mehr (Werbe-)Druck im Schlauch ist. Dann kann man mehr in die Tiefe oder mehr in die Breite zielen, erreicht aber in jedem Fall mehr Personen (Effektivität). Dabei kommt es darauf an, wie viele Zielpersonen unter den so Erreichten sind (Effizienz). Die Trefferquote ist jedoch generell eher bescheiden, weil die Personen versuchen, außerhalb der Reichweite des Wasserstrahls zu bleiben oder ihm zumindest auszuweichen (Zapping). Da hilft dann meist nur noch mehr Druck, was wiederum noch mehr Reaktanz erzeugt.

Die Gestaltung in der Onlinewerbung gleicht hingegen einem Swimmingpool. Die Personen entscheiden, ob sie sich zu ihm hinbegeben, vielleicht sogar hineinspringen und wie lange sie dabeibleiben. Der Swimmingpool kann aber im Unterschied zum Wasserschlauch nicht selbst aktiv werden, sondern ist darauf angewiesen, möglichst viele Passanten zu attrahieren. Also muss er, ähnlich wie ortsfeste Pflanzen durch ihre Blüten Bienen anziehen, sich begehrenswert präsentieren, d. h. Nutzen versprechen. Das muss als Leitlinie für jegliche Gestaltung von Websites gelten.

Entscheidend ist im B-to-C-Bereich eher die Unterhaltung, im B-to-B-Bereich eher die Effizienz des Zugriffs als Nutzenversprechen. Als Maßgaben für die Gestaltung eines Website-Angebots im B-to-B-Bereich gelten folgende: logische Angebotsstruktur (bedarfsorientiert), übersichtliches Bildschirmlayout, maximal drei Mausklicks bis zum ersten Produkt, Aktionsseite mit Sonderangeboten, tagesgenaue Preisangaben, komplette Programmübersicht, klare Angaben zu Lieferungs- und Zahlungskonditionen, Preiszuschläge für Bestellungen nur bei Gegenleistung, Bestellanreize bieten, einfache, automatisch erzeugte Bestellformulare mit Warenkorb, Abtrennung von Sonderkundenbereichen (*Krause 1999, S. 462*).

9.5.9 Direktbeschaffung im Business-to-Business-Bereich

Die unternehmensübergreifende Integration auch der Beschaffungsseite im **Supply-Chain-Management** ist vor allem deshalb wichtig, weil Unternehmen über Jahre hinweg immer mehr Volumen outgesourced haben. Sie konzentrieren sich gemäß der Philosophie von der Nutzung der Kernkompetenzen auf immer schmalere Sektoren der Wertschöpfung, bis hin zu Brand-Net-Companies, die nur noch den Absatz ihrer Leistungen selbst übernehmen, wohingegen alle anderen Aktivitäten innerhalb eines Netzwerks ausgelagert sind. In dem Maße, wie die Waren-, Geld- und Informationsströme mit Zulieferern intensiviert werden, ist deren integrative Einbindung in die eigene Wertschöpfung unverzichtbar. Dies betrifft sowohl die Weitergabe von Bedarfsprognosen an diese als auch die Sicherstellung der jederzeitigen Warenverfügbarkeit. Hinzu kommen wie bisher die formale Auftragserteilung und die physische Distribution.

Problematisch ist, dass vielfach Beschaffungen außerhalb der formalisierten Anweisungen erfolgen, etwa infolge Dringlichkeit oder wegen vermeintlich geringen Warenwerts. Diese Vorgänge kumulieren zu enormen Beträgen hoch, was gravierende Unwirtschaftlichkeit bedeutet.

E-Commerce kann hier der Zeitpräferenz entsprechen. Durch Zugangsebenen kann eine unauthorisierte Beschaffung vermieden oder durch Einbindung in vorprogrammierte Rahmenvereinbarungen mit Lieferanten zumindest kanalisiert werden. Denkbar ist vor allem der fallweise oder regelmäßige **Bestellabruf** auf Basis einer Rahmenvereinbarung, wie das in der Beziehung Industrie–Handel bereits weit verbreitet ist.

Das für Beschaffer ideale Katalogprofil sieht folgende Bausteine vor:

- Extrem effiziente, d. h. übersichtliche und flach strukturierte, Kundenschnittstelle,
- vergleichende Darstellung von Produkten und Dienstleistungen,
- elaborierte Suchmöglichkeiten (vom Produkt oder Begriff aus),
- Anzeige meistverkaufter Produkte, neuer Produkte und aktionierter Produkte,
- einfache Bestell- und Bezahlverfahren auf Grund kundendefinierter Kriterien,
- automatische Benachrichtigung über Angebote aufgrund kundendefinierter Parameter,
- intelligente Verknüpfung begleitender Dienstleistungsangebote,
- Auftragsverfolgung in jedem Stadium der Abwicklung,
- aktive Beratung während des Einkaufsvorgangs, evtl. mit Durchgriff auf Vertriebsmitarbeiter,
- Onlineauktionen von Rest- und Sonderposten,
- Multimediaunterstützung auf Wunsch (z. B. 3-D-Darstellung, Videospots),
- Download von einfachen Produktkatalogen,
- Nachfragegerechte Informationsbündelung (also nicht nach Produkten, sondern nach Bedarfen),
- Online-Transaktionshistorie.

Für den Zugriff auf Angebotsinformationen in Elektronikkatalogform kommen Inside-out- oder Outside-in-Lösungen in Betracht. Erstere (**Inside-out-Lösungen**) stellen kundenspezifische Shops nach personalisierter Anforderung auf Anbieterseite zur Verfügung (z. B. SAP R/3). Allerdings wird das Computersystem bei vielen gleichzeitigen Zugriffen auf die Shops leicht überfordert. Dies führt zu Einschränkungen in der Funktionalität oder zur Notwendigkeit hoher Hardwareinvestitionen.

Letztere (**Outside-in-Lösungen**) ermöglichen es dem Kunden, sich spezifische Shops auf Basis von ihm gewählter Kriterien zusammenzustellen (z. B. Intershop). Dazu werden zur Kollektion vor allem Datenbankabfragen und Suchmaschinen eingesetzt. Diese sind aber derzeit noch lückenhaft im Zugriff. Dabei stellen Content-Broker die dabei jeweils berücksichtigten Lieferanten gegen Gebühr zusammen. Content-Provider aktualisieren alle einbezogenen Daten regelmäßig ebenfalls gegen Gebühr (Datenpflege).

Das **Nutzenversprechen** kann sich dabei in zwei Richtungen bewegen. Es kann eine hohe Angebotsbreite und -tiefe versprechen, also die Gewissheit, wirklich alle relevanten Angebote einer Kategorie im Katalog zu finden. Der Zugriff wird dann durch ausgefeilte Suchroutinen so effektiv wie möglich gestaltet. Oder es kann eine hohe Effektivität versprechen, d. h. einen maßgeschneiderten Ausschnitt aus dem Universum der Angebote gemäß Kundenprofil präsentieren. Dies verkürzt das Auswahlprozedere entscheidend und dient damit der Zeitpräferenz im gewerblichen Bereich.

9.5.10 Fallbeispiel der E-Commerce-Anwendung

Ein Werkzeuggroßhändler sieht sich in seinem Einzugsgebiet 5.000 Handwerkern und Kleinbetrieben (Kunden) gegenüber, die mehr oder minder regelmäßig Werkzeuge und Kleinteile bei ihm kaufen. Der Vertrieb erfolgt derzeit über (in Anlehnung an *Krause 1999, S. 497*)

- Printkataloge, die meist vom Hersteller zur Verfügung gestellt werden, also keine zusätzlichen Kosten verursachen,
- Telefonverkauf (mit sechs Telefonverkäufern in der Auftragsannahme für Bestandskunden),
- Verkaufsaußendienst (mit drei Mitarbeitern für Neukunden).

Es wird stichprobenartig festgestellt, dass 80 % dieser Kunden über PC mit CD-ROM-Laufwerk verfügen, 40 % der Kunden nutzen Onlinedienste, 10 % der Kunden nutzen das Internet.

Die Online- und Internetnutzer werden als Zielgruppe definiert (= 2.000 Kunden). Die übrigen Kunden werden weiterhin konventionell bedient.

Als Lösung wird der Programmkatalog auf CD-ROM (offline) und im Internet (online) erstellt. Jeweils sind Produktabbildungen und umfangreiche technische Beschreibungen gegeben, die den Herstellerkatalogen entnommen bzw. als Datei von Herstellern digitalisiert zur Verfügung gestellt werden. Die Auflage beträgt 2.000 CDs, jeweils mit Internetzugang und personalisiertem Browser. Diese Elektronikkataloglösung wird auf dem Server eines Providers installiert, der 2.000 Zugriffe pro Tag bedient. Zusätzlich wird auf online-bestellte Waren ein 2 %iger Preisnachlass gewährt.

Die Erstinvestitionen belaufen sich auf 47.500 EUR, d. h.:

- 3.000 EUR für Serveranschaffung, 4.500 EUR für Shopsystem-Lizenz, 20.000 EUR für Katalogentwicklung auf CD, 10.000 EUR für adaptierte Katalogentwicklung im Internet, 10.000 EUR für Kontoeinrichtungen bei 2.000 Kunden (5 EUR/Kunde).

Hinzu kommen laufende Kosten von 2.400 EUR pro Monat für die reine Datenübertragung (9,6 GB/1 EUR je MB Übertragung). Die Rabatte auf die Bestellungen belaufen sich bei einem durchschnittlichen Bestellwert von 250 EUR pro Monat auf 10.000 total (250 EUR x 0,02 x 2.000 Kunden). Die Zugangskosten werden Kunden gleichzeitig mit je 5 EUR/Monat (= 10.000 EUR total) berechnet.

Zugleich kann ein Drittel der Kosten im Telefonverkauf entfallen (= zwei Telefonverkäufer/6.000 EUR pro Monat Personalkosteneinsparung). Weiterhin entfällt der Versand neuer Preislisten (sechs Mal p.a./400 EUR pro Monat).

Die zusätzlichen Ausgaben betragen also 12.400 EUR pro Monat, die zusätzlichen Einsparungen 16.400 EUR pro Monat, macht 4.000 EUR pro Monat Einsparungssaldo.

Bei einer Erstinvestition von 47.500 EUR ergibt sich ein statischer Break Even bereits binnen Jahresfrist. Zugleich bestehen alle gattungstypischen Onlinevorteile (Rund-um-die-Uhr-Zugriff, sofortige Auftragsabwicklung, unmittelbare Lagerinformation, kein Aufwand für „Nur-Anfrager" etc.). Geliefert wird die Ware wie bisher mit Paketdienst, der per Datenübertragung eingebunden ist, die Bezahlung erfolgt gegen offene Rechnung, dies mit der Möglichkeit zur Preisfeinsteuerung durch Konditionenpolitik.

9.5.11 Direct-Response-Television im Business-to-Consumer-Bereich

Direct Response Television (DR-TV) gehört ebenfalls zur Gruppe der zumeist als „Neue Medien" umschriebenen nicht-klassischen Werbegattungen. „Unter dem Begriff DRTV … werden alle Werbeformen im Fernsehen zusammengefasst, bei denen der Zuschauer Produkte oder Dienstleistungen über eingeblendete Rufnummern/Adressen bestellen kann" (*Auer/Bauer 1997, S. 8*). Es nimmt besonders die Funktionen der Kundenakquisition und der Gewinnung von Interessentenadressen zum Aufbau einer Kundendatenbank wahr. Daher weist DR-TV hohe Zuwachsraten auf.

Alternativ zu DR-TV werden auch die Begriffe „Infomercial" und „Homeshopping" verwendet. **Infomercials** sind Verkaufsshows mit einer Mischung aus Information und Commercial. Man unterscheidet dabei zwei Arten: kurze Shows mit bis zu sieben Minuten Dauer, die sich meist auf die Präsentation eines einzigen Produktes konzentrieren. Und längere Shows mit bis zu 30 Minuten Dauer, die mehrere (meist verwandte) Produkte nacheinander vorstellen. Der Aufbau der Sendung ähnelt dabei Informations- bzw. Dokumentationssendungen, in denen Zuschauer ausführlich über Eigenschaften und Nutzen der offerierten Produkte informiert werden. Der Einstieg erfolgt dabei meist über Probleme des Alltags, zur Unterstützung werden häufig zufriedene Anwender als Testimonials zitiert. Insofern ist diese Art der Präsentation vor allem für erklärungsbedürftige und höherpreisige Produkte geeignet, da eine eingehende Argumentation, auch im Detail, möglich ist.

Vorteile von Infomercials liegen in der Möglichkeit zur ausführlichen Erläuterung der Alleinstellungsmerkmale, in der Demonstrationsmöglichkeit, die sich auch für erklärungsbedürftige Produkte eignet, sowie in Synergieeffekten für im traditionellen Handel befindliche Produkte. Nachteile liegen in der Begrenzung auf eine Stunde tägliche Sendezeit im Free TV, in der Notwendigkeit zur Erzeugung eines emotionalen Umfelds und der geringen Reichweite bei Schaltung in Randzeiten des Programms und bei kleinen Sendern wie auch in der Vorgabe von Sendeplätzen.

Bei **Homeshopping** handelt es sich hingegen um 24-stündige Verkaufskanäle, die rund um die Uhr in Livesendungen Produkte zum direkten Kauf anbieten. Das gesamte Programm wird dabei in meist einstündige Sendeformate unterteilt, in denen unterschiedliche Produktgruppen von Moderatoren präsentiert werden. Je Produkt werden meist 8–15 Minuten investiert. Die Produkte werden großformatig gezeigt und detailliert erläutert, zusätzlich werden Artikelbezeichnung, Artikelnummer, Preis und Telefonnummer zur Bestellung eingeblendet. Zuschauer können sich z. T. per Telefonanruf mit Fragen in die Sendung einwählen, ein Experte des Herstellers gibt dann Auskunft.

Vorteile von Homeshopping liegen in der generellen Akzeptanz dieser Werbeform in der Bevölkerung, in der Möglichkeit, rund um die Uhr auf Sendung zu sein und in der Herbeiführung bewussten Interesses, das ein aufwändiges, ablenkendes emotionales Umfeld erübrigt. Nachteile liegen in der immer noch begrenzten Reichweite über Kabel oder Satellit bei derzeit bestehender rundfunkrechtlicher Reglementierung sowie in der Notwendigkeit zur Bindung des Zuschauerinteresses über die Sendezeit eines Verkaufsblocks hinweg.

Zum Spektrum des DR-TV gehören auch **DR-TV-Spots**, die als Response-Spots in den allgegenwärtigen Werbeblöcken eingestreut sind. Bevorzugte Platzierungen sind wochentags außerhalb der Prime Time. DR-TV-Spots haben meist eine Länge von 45 bis 90 Sekunden, sie weisen gegenüber unidirektionalen Spots vor allem ein verstärktes Aufforderungselement zur telefonischen Kontaktaufnahme mit dem Anbieter auf. Häufig weisen ein Teaser-Spot vorab oder Reminder-Spot danach zusätzlich auf das angebotene Produkt hin. Die Kontaktaufnahme bezieht sich zumeist auf die Bestellung des angebotenen Produktes, denkbar ist aber auch die Aufforderung zum Abruf von Informationen oder die Teilnahme an Gewinnspielen. (In diesen Fällen steht die Adressgenerierung im Vordergrund.)

Vorteile liegen in der vielfältigen Platzierbarkeit innerhalb des Programms/Werbeblocks, in der Kostengünstigkeit durch begrenzte Dauer, in der Möglichkeit zur gezielten Platzierung im Programmumfeld (Programming), in Synergieeffekten zu im traditionellen Handel befindlichen Produkten, in der Realisierbarkeit hoher Reichweiten und der umfassenden Interesseweckung. Nachteile liegen in der spottypischen niedrigen Beachtungschance (Zapping), in der nur kurzen zur Verfügung stehenden Zeitspanne zur Zuschaueraktivierung und der Notwendigkeit der Schaffung eines stark emotionalisierenden Umfelds.

Neuerdings kommt noch **interaktives DR-TV** hinzu. Diese Form des Direktvertriebs nutzt das Zusammenwachsen von Telekommunikation, Informationstechnologie, Multimediaangebot und Entertainment (TIME-Industries). Voraussetzung ist Interaktives Fernsehen (I-TV) als Ergänzung des linearen (üblichen) Programmes um digitale, multimediale Dienste, die durch einen Rückkanal gesteuert, beeinflusst und/oder übertragen werden. Über diesen Rückkanal können Zuschauer mit dem Sender interagieren, z. B. durch individuelle Programmzusammenstellung (Video on Demand), Homeservices (Tele-Banking) oder eben TV-Shopping.

DR-TV kann parallel zum Absatz über den stationären Handel eingesetzt werden oder auch als alleiniger Absatzkanal. Voraussetzung für ein Erfolg versprechendes Angebot ist jedoch ein einfach erklärbares allein stellendes Angebot, eine emotionale Produktvermittlung, die Einhaltung erkennbarer Qualitätsstandards und ein attraktives Preis-Leistungs-Verhältnis. Vor allem die multisensorische (visuelle und akustische) Auslobung und die Chance zum unkomplizierten, spontanen Response sind Erfolgsfaktoren.

Die Ursprünge des DR-TV liegen auf dem amerikanischen Markt, wo es seit 1985 national verbreitet ist. Seit Mitte der 80er-Jahre auch in Deutschland privatwirtschaftlich finanzierte Fernsehsender Verbreitung fanden, wurde DR-TV auch hierzulande eingesetzt: 1987 durch Eureka TV (in Pro 7 aufgegangen, Versandhaus Quelle, Reiseveranstalter Tjaereborg, Darstellung über Standdias) sowie 1988 durch SAT.1 (Otto Versand, Darstellung über Video, Live-Artikelpräsentation, Showeinlage), beide Anfang der 90er-Jahre eingestellt).

Zu Beginn dienten die Dauerwerbesendungen vor allem der Füllung der damals noch nicht ausverkauften Kontingente an Werbezeit (20 % der Sendezeit bei 24-Stunden-Programm), die Begrenzung auf max. eine Stunde je Tag wurde erst später eingeführt. Diese Begrenzung ist das hauptsächliche Hindernis für eine weitere Verbreitung von DR-TV im Free TV.

1989 folgten Spots von Direktversendern wie Teleshop Versand&Video, Dominion, Best Direct, Göde, Time-Life Int'l (Sortimentsschwerpunkte: Fitnessgeräte, Unterhaltungs- und Haushaltsprodukte, Briefmarken/Münzen) sowie die Kooperation von RTL und Versandhaus Quelle (Anfang der 90er-Jahre eingestellt).

Die Nachfrage nach Werbezeit bei den privatwirtschaftlich finanzierten Fernsehsendern stieg infolge erhöhter Reichweiten drastisch. Die Dauerwerbezeiten wurden daher entweder erheblich reduziert oder auf kleine Sender mit absolut niedrigeren Preisen oder reichweitenschwache Sendezeiten verlagert.

1994 folgten dann Infomercials (z. B. K-Tel, Dominion, zunehmend aber auch Finanzdienstleister und Reiseveranstalter), 1995 ging H.O.T. mit eigenen Verkaufsshows on air (Zusammenschluss von Pro 7 und Quelle), 1996 folgte QVC ebenfalls mit eigenen Verkaufsshows (Motto: Quality Value Convenience).

Der große Durchbruch für Verkaufen über Fernsehen ist in Deutschland bislang jedoch versagt geblieben. Vor allem die marktschreierischen Präsentationen zu Beginn, die durch einfache Übertragung der US-amerikanischen Präsentationen kostengünstig entstanden, haben das Image für Verkaufen über Fernsehen nachhaltig beeinträchtigt. Insofern mussten zunächst eigenständige, auf deutsche Seh- und Kaufgewohnheiten abgestimmte Präsentationsstile entwickelt werden, um eine Grundakzeptanz zu erreichen. Als wesentliches Hemmnis wirken eingeschätzte Probleme bei Reklamationen und Retouren. Zudem ist für viele Käufer das taktile Erlebnis der Produktmusterung und -prüfung von hoher Bedeutung. Auch ist eine Preisschwelle bei ca. 75 EUR festzustellen. Der Wunsch nach Risikoreduktion drückt sich auch in der bevorzugten Wahl standardisierter, risikoloser Produkte wie Musikträger, Münzen, Videofilme etc. aus. Imageschädigend war auch das früher anzutreffende Angebot gering qualitativer Produkte zu optisch niedrigen Preisen.

Wichtig ist vor allem, die Schwelle zum erstmaligen Bestellen zu überwinden. Nach erlebtem Erfolg, d. h. sauberer Bestellabwicklung, rascher Anlieferung und guter Ware, sind Wiederholungskäufe wahrscheinlich. Ein wichtiger Kritikpunkt ist das oftmals unzureichende Handling der Telefonanrufe. So rufen unmittelbar nach Präsentation attraktiver Produkte zahlreiche Interessenten an, die dann auf lange Warteschleifen treffen, die sie zum Abbruch des Kontaktversuchs und zur Verärgerung veranlassen. Zudem berichten die Medien immer wieder über unzufriedene, enttäuschte Kunden, die DR-TV-Angebote genutzt haben und damit abschreckend auf weitere Kaufinteressenten wirken.

Über das aktuelle Volumen des DR-TV-Markts liegen kaum Veröffentlichungen vor. H.O.T. prognostiziert für seinen Sender 2000 ein Umsatzvolumen zwischen 150 und 250 Mio. EUR. Das Marktpotenzial wird von H.O.T. im deutschsprachigen Raum auf 500 Mio. bis 1 Mrd. EUR geschätzt. QVC werden für das Jahr 2000 Umsätze von 250 Mio. EUR zugetraut.

Literatur

Auer/Bauer (1997): Auer, H.-D./Bauer, A.: Direct Response TV, Ettlingen

De Zoeten/Hasenböhler/Ammann (1999): de Zoeten, Robert/Hasenböhler, Robert/Ammann, Paul: Industrial Marketing – Praxis des Business-to-Business-Geschäfts, Stuttgart

Krause (1999): Krause, Jörg: Electronic Commerce und Online-Marketing – Chancen, Risiken und Strategien, München-Wien

Hauptkapitel 10

Spezialthemen des Vertriebs

10.1 Gewerbliches Beschaffungsverhalten

Peter Godefroid

Firmen und Organisationen verhalten sich bei der Beschaffung anders als private Konsumenten. Dieser gesamte Themenbereich wird unter dem Begriff „Business-to-Business-Marketing“ (B-to-B) zusammengefasst. Unter B-to-B-Marketing werden daher alle Bereiche des Marketings verstanden, die nicht zum Konsumgütermarketing gehören. Eine sehr einfache Abgrenzung besteht darin, dass sich auf beiden Seiten von Markttransaktionen ausschließlich Organisationen befinden, auf keinen Fall private Konsumenten.

10.1.1 Nachfrager auf Businessmärkten

Wenn Abläufe auf Märkten untersucht werden sollen, ist es zunächst erforderlich, die potenziellen Teilnehmer auf diesen Märkten zu identifizieren und ihre Ziele und speziellen Verhaltensweisen zu analysieren. Es lassen sich verschiedene Gruppen unterscheiden, bei denen z. T. wesentliche Unterschiede im Beschaffungsverhalten bestehen. Dabei ist es zweckmäßig, diese Kunden nach der Art zu unterscheiden, wie sie die zu beschaffenden Produkte verwenden.

10.1.1.1 Benutzer, Verbraucher

Der „klassische“ gewerbliche Kunde erwirbt ein Produkt, um es zur Erstellung seiner eigenen Leistungen zu benutzen. Zu diesen Gütern gehören die eigentlichen Investitions- und Anlagegüter (wie Fertigungsmaschinen, Computer, Büromöbel, Kraftfahrzeuge im Fuhrpark), aber auch die für deren Einsatz erforderlichen Roh-, Hilfs- und Betriebsstoffe sowie entsprechende Dienstleistungen. Diese Produkte werden nicht – oder nur in sehr stark veränderter Form – Bestandteil der Leistungen des Unternehmens.

10.1.1.2 Verwender, „OEM“

Unternehmen, die Produkte kaufen, um sie nahezu unverändert in ihre eigenen Produkte einzubauen, bezeichnet man als Verwender oder OEM („Original Equipment Manufacturer“). Ein typisches Beispiel ist die Automobilindustrie. Aus Sicht der Zulieferer sind die Automobilhersteller OEMs. Die eingebauten Komponenten sind für den Käufer des Endproduktes häufig durchaus als Zulieferteile zu erkennen (z. B. Reifen von Conti, Tachometer von VDO, Scheinwerfer von Hella); die Herkunft der Komponenten kann für die Käufer des Endprodukts eine sehr unterschiedlich Bedeutung haben. Bei Personal Computern ist es für Kunden zurzeit von großer Bedeutung, wer der Hersteller des Mikroprozessors ist („intel inside“).

10.1.1.3 Händler, Distributoren

Neben den Benutzern und den Verwendern können im B-to-B-Marketing die Händler bzw. Distributoren eine erhebliche Bedeutung haben. Diese Organisationen kaufen Produkte eines (oder meist mehrerer) Hersteller und vertreiben diese Produkte – auch zusammen mit eigenen Produkten und Dienstleistungen – an Benutzer oder Verwender.

10.1.1.4 Beratungs-, Projektierungs- und Ingenieurgesellschaften

Bei komplexeren Produktsegmenten sind am Markt eine Fülle von Beratungs-, Projektierungs- und Ingenieurgesellschaften tätig. Die Bedeutung dieser Unternehmen ist in vielen Branchen von erheblicher Bedeutung, obwohl sie formal im Beschaffungsprozess nur eine „beratende" Funktion haben. Sie sind im Auftrag des Kunden tätig und entwerfen für ihn das Anforderungsprofil für eine neue Anlage oder Anwendung. Da sie kein finanzielles Interesse an der Auswahl des oder der Lieferanten haben (sollten), sondern vom Kunden nach ihrer Leistung bezahlt werden, genießen sie beim Kunden ein hohes Ansehen, vor allem in Bezug auf ihre fachliche Qualifikation und ihre Herstellerneutralität.

Umso wichtiger ist es für einen Hersteller, zu diesen Organisationen einen engen Kontakt zu pflegen, sie ständig über den aktuellen Stand des eigenen Angebots und auch über Entwicklungstendenzen der eigenen Produkte zu informieren. Nur auf diese Weise kann sichergestellt werden, dass diese Beratungsunternehmen die Produkte des Herstellers bei dem Entwurf ihrer Systeme und Pflichtenhefte angemessen berücksichtigen.

Da bei Beteiligung derartiger Unternehmen die Herstellerentscheidung oft schon in einem frühen Stadium fällt, sind spätere Versuche eines eigenen Direktvertriebs oder der entsprechenden Händler wenig Erfolg versprechend. Die Betreuung von Beratungsunternehmen ist vom Hersteller allerdings sehr schwierig zu organisieren: eine „normale" Vertriebsorganisation kann an ihren Vertriebszielen gemessen werden. Demgegenüber ist das Ergebnis einer solchen Betreuungsarbeit nur schwer messbar, da in vielen Situationen nicht erkennbar wird, welches Beratungsunternehmen eine Kundenentscheidung beeinflusst hat.

10.1.2 Kaufklassen (Buygrid-Modell)

Die gewerblichen Kunden kaufen aber nicht in jeder Situation in gleicher Form ein.

Zur Beschreibung und Analyse des organisationalen Beschaffungsverhaltens wurden verschiedene Modelle und Ansätze entwickelt. Üblicherweise unterscheidet man drei Klassen von Beschaffungen:

- Neukauf (new task)
- Modifizierter Wiederkauf (modified rebuy)
- Identischer Wiederkauf (straight rebuy).

Beim **Neukauf** ist im Unternehmen zum ersten Mal ein bestimmtes Produkt zu beschaffen. Da definitionsgemäß keine eigenen Erfahrungen im Unternehmen vorhanden sind, besteht hierbei ein besonders großer Informationsbedarf wie auch eine erhebliche Unsicherheit über die zu treffende Beschaffungsentscheidung.

Der Neukauf lässt sich weitergehend unterscheiden in Neubeschaffungen von Standardprodukten und Beschaffungen von bisher noch nicht etablierten Innovationen. Bei Neubeschaffungen von Standardprodukten (z. B. die erstmalige Beschaffung eines bereits bei vielen Unternehmen eingesetzten Computersystems) besteht das Risiko für das Unternehmen lediglich in der Auswahl des sachlich passenden und kostenmäßig akzeptablen Produktes, da es grundsätzlich bereits funktionierende Systeme gibt. Schwieriger ist es, wenn das gewünschte Produkt noch keine große Reife entwickeln konnte oder erst noch entwickelt werden muss. Bei einer solchen Beschaffung ist es sehr viel risikoreicher, den geeigneten Lieferanten auszuwählen, da Fehler in der Funktionalität des Produktes fatale Folgen für das beschaffende Unternehmen haben können.

Beim **modifizierten Wiederkauf** geht es darum, bereits vom Unternehmen ge- oder benutzte Produkte durch Neubeschaffungen auf den neuesten Stand zu bringen oder durch Er-gänzungen die Kapazität zu erweitern. Bei dieser Form der Beschaffung sind im Unternehmen viele Erfahrungen über den Einsatz derartiger Produkte vorhanden, so dass sich der Informationsbedarf auf die Unterschiede zu den bereits bekannten Produkten reduziert.

Eine modifizierte Wiederkaufsituation kann auch aus einer Situation des identischen Wiederkaufs entstehen, wenn Zweifel an der Richtigkeit der ursprünglichen Entscheidung für den bisherigen Lieferanten auftraten (z. B. durch Qualitätsmängel, Lieferverzögerungen, Preiserhöhungen).

Beim **identischen Wiederkauf** wird im Prinzip eine einmal getroffene Beschaffungsent-scheidung wiederholt. Solange der Lieferant keine wesentlichen Produkteigenschaften oder Preise ändert und am Markt keine wesentlich geänderte Situation herrscht, besteht kein Grund für eine Revision der getroffenen Entscheidung. Derartige Beschaffungen können dann unter Nutzung von Bestelloptimierungssystemen und entsprechender elektronischer Kommunikation (z. B. EDI, E-Commerce) quasiautomatisch durchgeführt werden.

Aus Marketingsicht ist die Situation des identischen Wiederkaufs für den ausgewählten Lieferanten („In-Supplier") sehr günstig: Er kann mit relativ geringem Marketingaufwand sein Geschäft fortführen. Die potenziellen Lieferanten, die nicht berücksichtigt werden („Out-Supplier"), werden daher versuchen, diese identische Wiederkaufsituation durch Betonung ihrer Produktinnovationen oder preislichen Änderungen wieder auf die Stufe eines modifzierten Wiederkaufs zu heben, um einen neuen Entscheidungsprozess in Gang zu setzen.

10.1.3 Kaufphasen

Neben der Einteilung in drei Kaufklassen ist es sinnvoll, den Entscheidungsprozess einer organisationalen Beschaffung näher zu analysieren und in folgende Klassen einzuteilen:

1. Problemerkennung
2. Festlegung der Produkteigenschaften
3. Beschreibung der Produkteigenschaften
4. Suche nach Lieferanten, Lieferantenbeurteilung
5. Einholen und Bewerten von Angeboten
6. Auswahl des Lieferanten
7. Bestell- und Abwicklungsphase
8. Leistungsfeedback und Neubewertung

Die einzelnen Phasen und ihre Implikationen für das B-to-B-Marketing sollen für die Situation eines Neukaufs ausführlicher erläutert werden.

10.1.3.1 Problemerkennung

Der Anstoß für eine neue Beschaffung kann von sehr vielen verschiedenen Seiten aus erfolgen. Dazu gehören:

- Zwang zur Neubeschaffung, weil die alten Anlagen dringend ersetzt werden müssen (z. B. wegen Abnutzung oder auch wegen nicht mehr akzeptabler Emissions- oder Verbrauchswerte).
- Eine geplante neue Produktion des Unternehmens erfordert neue Anlagen.
- Neue Anlagen sollten kostensenkend wirken.
- Wettbewerber setzen bereits eine neue Technologie ein.
- Kommunikation durch Anbieter (insbesondere Messen, Werbung, persönlicher Verkauf).

Wenn es einem Anbieter im B-to-B-Marketing gelingt, in dieser Phase bei einem potenziellen Kunden aktiv zu werden, kann das erhebliche Vorteile bieten, weil der Anbieter die Gelegenheit hat, die noch relativ offenen Vorstellungen und Anforderungen des Kunden in Richtung auf Lösungsfelder zu beeinflussen, auf denen er über ein besonders leistungsfähiges Produktangebot verfügt. Darüber hinaus kann ein Anbieter in einer frühen Phase einen Kundenbedarf erkennen und gegebenenfalls spezielle Produkte für diese Kundensituation entwickeln oder modifizieren. Es ist allerdings außerordentlich schwierig, in einer so frühen Situation bei Unternehmen präsent zu sein, wenn diese nicht bereits Kunden sind. Zwei Beispiele: Der Anbieter eines CAD-Systems kann durch seinen Außendienst systematisch die für den Einsatz seiner Systeme in Frage kommenden Unternehmen besuchen lassen und bei den Unternehmen, die noch kein derartiges System im Einsatz haben, den Bedarf dafür wecken. Ein Automobilzulieferer kann eigene Innovationen den Automobilherstellern vorstellen und den Einbau in die nächste Fahrzeuggeneration anregen.

10.1.3.2 Festlegung der Produkteigenschaften

Sobald ein Grundproblem erkannt ist, sind innerhalb der beschaffenden Organisation die möglichen Handlungsalternativen zu definieren und zu analysieren. In dieser Phase ist zunächst die Frage des „Make-or-Buy“ zu klären (sofern eine Selbsterstellung für das Unternehmen überhaupt möglich ist). Dabei geht es nicht nur um die Frage, ob bestimmte Produkte selbst hergestellt oder fremdbezogen werden sollen; in letzter Zeit ist vielmehr auch die Frage hinzugekommen, ob ein gesamter Leistungsprozess des Unternehmens an eine andere Organisation ausgelagert werden kann („Outsourcing“). Der Trend zu einer Verringerung der Fertigungstiefe spricht in vielen Fällen für eine solche Auslagerung. Für den Kauf einer Spezialmaschine gibt es demnach folgende drei Alternativen:

- Die Maschine wird selbst gebaut.
- Die Maschine wird gekauft.
- Die gesamte Fertigung der mit der Maschine zu fertigenden Teile wird einem anderen Unternehmen übertragen.

Es soll an dieser Stelle nicht über Vor- und Nachteile verschiedener Outsourcing-Alternativen diskutiert werden. Es sollen lediglich die Konsequenzen für das B-to-B-Marketing erwähnt werden: Einerseits fällt ein Unternehmen, dass sich für das Outsourcing eines bestimmten Projektes entschließt, für den Anbieter als Kunde aus; andererseits kann der Anbieter versuchen, dem auftragnehmenden Unternehmen („Insourcing“) seine Produkte anzubieten – sofern dort nicht bereits ausreichende Kapazitäten bereitstehen. Das Outsourcing kann auch als aktives Marketinginstrument eingesetzt werden. Beim Einsatz von Informationssystemen bieten die EDV-Hersteller in letzter Zeit ihren Kunden vermehrt das Outsourcing der gesamten Informationsverarbeitungsdienstleistung (einschließlich der Übernahme der entsprechenden Mitarbeiter) an. Auch auf diese Weise kann der Anbieter eine langfristige Kundenbindung und den Absatz seiner Produkte sichern.

Entschließt sich das Unternehmen für den Kauf der entsprechenden Produkte, so besteht die Aufgabe des B-to-B-Marketings in dieser Phase darin, den potenziellen Kunden weitgehend über die Eigenschaften der Produkte zu informieren und durch entsprechende Bewertungshilfen und Argumente eine Vorentscheidung in Richtung auf diejenigen Eigenschaften herbeizuführen, bei denen der Anbieter über besondere Stärken verfügt. Spätestens in dieser Phase muss der Anbieter die Struktur des beschaffenden Unternehmens analysieren und Mitglieder und Funktion des Buying Centers identifizieren.

10.1.3.3 Beschreibung der Produkteigenschaften

Nachdem die „Make or Buy"-Frage mit der Entscheidung für einen Kauf beantwortet wurde, können nun die Produkteigenschaften genauer beschrieben werden. In dieser Phase wird das Unternehmen von sich aus auf potenzielle Anbieter zugehen und um Informationen bitten, sofern nicht durch eigene Mitarbeiter oder bereits etablierte Anbieter ein guter Informationsstand erreicht wurde. Es kommt daher vor, dass Anbieter, die nicht von sich aus bei dem Unternehmen präsent waren, in diese Phase nicht einbezogen werden und daher keine Gelegenheit haben, die Gestaltung der Produkteigenschaften zu beeinflussen.

In dieser Phase muss der Anbieter erhebliche Anstrengungen unternehmen, das beschaffende Unternehmen von seiner Problemlösungskompetenz zu überzeugen. Dazu sind vor allem Besuche bei Referenzkunden oder auch Kontakte zur eigenen Forschungs- und Entwicklungsabteilung geeignet.

Bei komplexen oder sehr neuartigen Projekten wird das beschaffende Unternehmen sich nicht nur auf eigenes Personal und/oder Anbieterinformationen verlassen wollen. In derartigen Situationen werden daher häufig Beratungsunternehmen eingesetzt, die Erfahrung mit Beschaffung und Einsatz entsprechender Produkte haben. Da diese Beratungsunternehmen durch die Festlegung von Beschaffungskriterien erheblichen Einfluss auf eine Beschaffung ausüben, ist ein frühzeitiger und regelmäßiger Kontakt zwischen Anbieter und den relevanten Beratungsunternehmen für das B-to-B-Marketing in diesem Bereich unerlässlich.

Das Ergebnis dieser Phase wird in der Regel schriftlich festgelegt und als Lastenheft oder Pflichtenheft bezeichnet.

10.1.3.4 Suche nach Lieferanten, Lieferantenbeurteilung

Auf Basis dieses Pflichtenhefts wird das Unternehmen mögliche Lieferanten suchen. Dabei haben diejenigen Anbieter einen Vorteil, die bereits in mindestens einer der Phasen 1, 2 oder 3 beim Unternehmen aktiv waren. Diese Anbieter haben insbesondere auch einen zeitlichen Vorteil, weil sie bereits früher über das Projekt informiert waren und durch eigene Aktivitäten (z. B. Bau von Prototypen) sich von ihren Wettbewerbern abheben können.

Bei der Auswahl der potenziellen Lieferanten wird das beschaffende Unternehmen auch bisherige Lieferanten anderer – aber ähnlicher – Produkte zum Angebot auffordern, wenn die bisherigen Leistungen dieser Lieferanten insgesamt gut beurteilt wurden. Bei der Auswahl von Anbietern, mit denen bisher keine Geschäftsbeziehung bestand, wird sich das beschaffende Unternehmen vor allem beim Neukauf von kritischen Produkten sehr zurückhalten und eher auf etablierte Anbieter zurückgreifen

10.1.3.5 Einholen und Bewertung von Angeboten

Bei komplexen Beschaffungen ist es äußerst selten, dass Anbieter alle Anforderungen des Beschaffers erfüllen und dabei gleichzeitig die preislichen Vorstellungen nicht überschreiten. In der Regel werden dem Beschaffer eine Reihe von Angeboten vorliegen, die sehr unterschiedliche Leistungsspektra zu sehr unterschiedlichen Preisen beinhalten. Für eine vergleichende Bewertung derartiger Angebote haben sich eine Reihe von Verfahren entwickelt, die bei Godefroid (2000) näher erläutert sind.

Die Phase 5 wird bei wichtigen Beschaffungen mehrfach durchlaufen, da eine intensive Verhandlungsphase zwischen Anbietern und Beschaffer einsetzt, die zu Modifikation des Pflichtenheftes und der Angebote führen kann. Bei bedeutsamen Projekten kann diese Phase mehrere Monate oder gar Jahre andauern.

In dieser Vorabschlussphase muss der Anbieter sehr flexibel auf Modifikationen der Kundenanforderungen reagieren. Er muss auch bereit sein, sein Angebot in einigen Teilen sowohl technisch als auch preislich zu variieren. Er muss versuchen, die aus Kundensicht kaufentscheidenden Faktoren von den eher unwesentlichen Dingen zu trennen, denn oft sind Produkteigenschaften, die der Anbieter für wesentlich hält, für den Kunden weniger bedeutend, verteuern aber das Produkt unnötig. Nur wenn es dem Anbieter gelingt, zwischen seinem Lösungsangebot und den Kundenerwartungen eine sehr weit gehende Gleichheit zu entwickeln, wird er eine Abschlusschance haben. Übererfüllungen einzelner Anforderungen („Technical Overkill") werden vom Kunden oft nicht bewertet – häufig sogar negativ, weil auf Grund der nicht benötigten Komplexität mit höheren Folgekosten zu rechnen ist (Schulungsaufwand, erhöhte Fehleranfälligkeit).

10.1.3.6 Auswahl des Lieferanten

Aus der Fülle der Anbieter werden sich am Ende der Entscheidungsphase nur noch wenige im Auswahlverfahren befinden („Short List"). In der entscheidenden Phase liegt der Schwerpunkt der Verhandlungen meist nicht mehr bei den technischen Eigenschaften der Produkte – diese wurden bereits in den früheren Phasen hinreichend evaluiert –, sondern in eher kaufmännischen Details wie Preise, Vertragsbestimmungen, Liefertermine, Gegenseitigkeitsgeschäfte etc.

10.1.3.7 Bestell- und Bestellabwicklungsphase

Diese Phase beginnt mit der Erteilung des Auftrags und umfasst die Lieferzeit, die Auslieferung und Installation bis hin zur betriebsbereiten Übergabe. Da diese Phase mit dem für den Vertrieb entscheidenden Erfolg, dem Auftrag, beginnt, ist das Interesse der Vertriebsorganisation des Anbieters an dieser Phase gering; vielmehr wendet sich die Vertriebsorganisation bereits der nächsten Beschaffung zu. Eine Vernachlässigung dieser wichtigen Phase kann für den Anbieter erhebliche – vor allem langfristige – Konsequenzen haben. Hinzu kommt, dass in dieser Phase völlig andere Abteilungen bei Anbieter (z. B. technische Serviceabteilungen) und Beschaffer (z. B. Produktionsvorbereitung) aufeinander treffen, die häufig an der Entscheidungsfindung nicht beteiligt waren und daher möglicherweise sehr unterschiedliche Vorstellungen vom Projektziel haben. Negative Erfahrungen in dieser Phase können die Akquisition zukünftiger Geschäfte sehr erschweren. Hinzu kommt, dass in dieser Phase weiterhin mit Angeboten von Wettbewerbern zu rechnen ist, die versuchen, die Entscheidung noch in ihre Richtung zu beeinflussen.

Für das B-to-B-Marketing folgt daraus, dass in dieser Phase eine eindeutige Kundenverantwortlichkeit definiert werden muss, die jede auftretende Divergenz kurzfristig zusammen mit dem Kundenmanagement klärt. Bei länger andauernden Installationsprojekten empfiehlt es sich, die entsprechenden Methoden und Techniken des Projektmanagements einzusetzen, um Planabweichungen rechtzeitig erkennen und Korrekturmaßnahmen einleiten zu können. Außerdem kann der Anbieter durch eine konsequente Begleitung dieser Projektphase das

Vertrauen des Kunden weiter ver-tiefen und damit eine gute Grundlage für zukünftige Geschäfte legen.

Da die an der Beschaffung beteiligten Personen beim beschaffenden Unternehmen keine Vorteile von der Entscheidung für den einen oder anderen Lieferanten haben (sollten!), ist diese Liefer- und Installationsphase die erste Gelegenheit für den Lieferanten, Präferenzen für sich zu erzeugen – oder aber nicht. Wenn in dieser Zeit Probleme durch Lieferverzögerung, schlechte Qualität o. Ä. auftreten, die für die Mitarbeiter des Kunden auf jeden Fall eine zusätzliche und unnötige Belastung beinhalten, wird der Anbieter bei späteren Folgebeschaffungen große Schwierigkeiten haben, wieder in die engere Wahl gezogen zu werden. Erfahrungsgemäß treten derartige Probleme vor allem dann auf, wenn der Vertrieb in den Phasen 5 und 6 leichtfertige Zusagen gemacht, deren Erfüllung in Phase 7 durch andere Bereiche des Anbieters (Serviceabteilungen) auf Schwierigkeiten stößt. Da zudem die Mitarbeiter dieser Abteilung nicht sehr stark akquisitorisch geschult sind, eskalieren derartige Konflikte zuweilen heftig und können sogar die gesamte Auftragserteilung in Frage stellen.

10.1.3.8 Leistungsfeedback und Neubewertung

In dieser Phase sollte das beschaffende Unternehmen einige Zeit nach Inbetriebnahme der Produkte und Systeme eine kritische Analyse der Ziele der Beschaffung und des eingetretenen Nutzens sowie der aufgetretenen Kosten durchführen. Dabei sollte neben dem technischen Soll-/Ist-Vergleich auch eine Beurteilung des Lieferanten insgesamt durchgeführt werden. Eine solche Analyse kann bei einer starken Abweichung zum Negativen eine Grundlage für eine Nachverhandlung mit dem Lieferanten sein; auf jeden Fall ist sie eine Grundlage für zukünftige gleiche oder ähnliche Beschaffungssituationen.

Leider wird eine derartige Analyse in der Praxis nicht regelmäßig und formal durchgeführt und dokumentiert. Dies mag auch damit zusammenhängen, dass negative Aspekte aus einer solchen Analyse nicht nur auf den Lieferanten, sondern auch auf den an der Auswahl der Produkte und Lieferanten beteiligten Personenkreis (Buying Center) zurückfallen. Wird eine solche Analyse daher vom Buying Center selbst durchgeführt, wird allenfalls über gravierende – und nicht vorhersehbare – Fehler des Lieferanten berichtet werden. In vielen Unternehmen wird daher eine solche Analyse von einer neutraleren Abteilung (Controlling, Revision, im öffentlichen Bereich: Rechnungshof) durchgeführt. Es fragt sich allerdings, ob damit eine deutlich bessere Qualität der Analyse erreicht werden kann. Eine Revisionsabteilung kann lediglich die Einhaltung formaler Beschaffungsrichtlinien überprüfen; bei der Beurteilung quali-tativer sachlicher Fragen ist eine sachfremde Abteilung nach wie vor von dem Sachverstand der Personen abhängig, die an der Beschaffung beteiligt waren, so dass auch hier mit einer geringen Bereitschaft zu rechnen ist, eigene Fehler zuzugeben.

Ein Anbieter von Investitionsgütern, der bei der Beschaffung nicht berücksichtigt wurde, kann versuchen, über eigene Kanäle zur Geschäftsleitung des Kunden eine gründliche Überprüfung einer aus seiner Sicht fehlerhaften Beschaffungsentscheidung zu veranlassen. Dies ist allerdings eine sehr gefährliche Vorgehensweise, da im Erfolgsfall einige Mitglieder des Buying Centers erhebliche Schwierigkeiten bekommen können; ob dies eine gute Grundlage für eine weitere Zusammenarbeit mit dem Kunden ist, sei dahingestellt. Sinnvoll kann eine solche Vorgehensweise sein, wenn im Buying Center mindestens zwei Fraktionen bestehen und die unterlegene Fraktion versucht, mit Hilfe des ebenfalls unterlegenen Wettbewerbers einige Personen aus der erfolgreichen Fraktion anzugreifen, um in Zukunft ihre Auffassungen durchsetzen zu können.

10.1.4 Buying Center

Eine Erfolg versprechende Strategie im B-to-B-Marketing darf nicht nur die Abläufe einer Beschaffung analysieren, um die in jeder Phase adäquaten Aktionsparameter bestimmen zu können. Vielmehr ist auch eine intensive Beschäftigung mit den organisatorischen und personellen Abläufen auf der Beschafferseite notwendig. Im Gegensatz zum Konsumgütermarketing, bei dem Kaufentscheidungen überwiegend von einer Person getroffen werden, hat das B-to-B-Marketing zu berücksichtigen, dass Beschaffungsentscheidungen – von extremen Ausnahmen abgesehen – stets von mehreren Personen getroffen werden (auch bei den seltenen Fällen, in denen nur eine Person an der Beschaffung beteiligt ist, wird von dieser Person in der Regel eine nachvollziehbare Rechtfertigung der Entscheidung verlangt). Die Gruppe der mit einer Beschaffung befassten Personen (und ggf. Organisationen) bezeichnet man als Buying Center (BC); eine andere Bezeichnung in der englischsprachigen Literatur ist „Decision-Making-Unit" (DMU).

Das Buying Center ist eine informelle Gruppe, die nur für jeweils eine anstehende Beschaffungsentscheidung gebildet wird (dies schließt nicht aus, dass ein großer Teil der Mitglieder des Buying Centers regelmäßig oder grundsätzlich an Beschaffungen beteiligt ist).

Für den Vertrieb ist es wichtig, eine möglichst vollständige Übersicht über das Buying Center zu bekommen. Dazu gehört:

- Welche Personen mit welchen Funktionen gehören zum Buying Center?
- Welche sachlichen und persönlichen Interessen verfolgen diese Mitglieder?

- Welches aktive und passive Informationsverhalten zeigen diese Personen?
- Welches Entscheidungsverhalten haben die einzelnen Buying-Center-Mitglieder?
- Welche Bedeutung hat jedes einzelne Mitglied in den verschiedenen Phasen des Kaufprozesses?

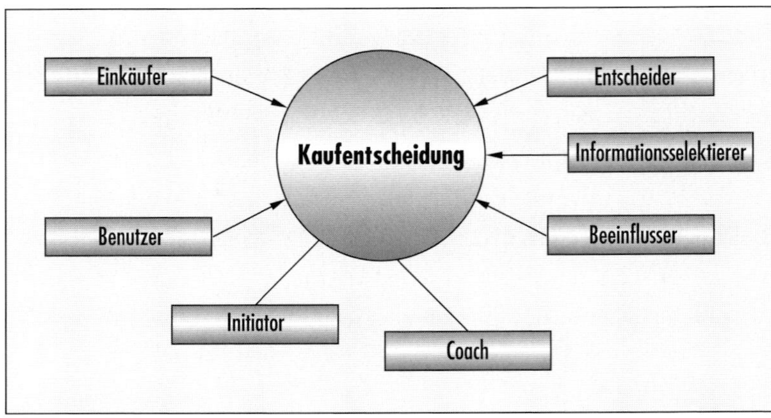

10.1 Abb. 1: *Rollen im Buying Center*

Folgende Rollen können im Buying Center angetroffen werden:

Entscheider (Decider): Entscheider sind vordergründig diejenigen Personen, die formal oder informell die letztendliche Kaufentscheidung fällen können. Bei identischen Wiederkauf kann das auch ein Mitarbeiter der Einkaufsabteilung sein, bei wichtigen Neukäufen wird eine solche Entscheidung von der Geschäftsleitung beschlossen werden. Da sich die Geschäftsleitung nur in den seltensten Fällen mit den technischen Details einer Beschaffung beschäftigen wird, können zu den Entscheidern auch die Personen gezählt werden, die den Beschaffungsvorgang in eine wichtige und irreversible Richtung lenken können; dies kann bereits in einer frühen Phase (z. B. Phase 2) geschehen, wenn K.-o.-Bedingungen definiert werden, die viele Anbieter aus der weiteren Betrach-tung ausschließen.

Beeinflusser (Influencer): Beeinflusser sind Personen im Buying Center, die erheblichen Einfluss auf die Auswahl der Beschaffungskriterien und -alternativen haben. Da diese Personen den Entscheidungsprozess maßgeblich beeinflussen, ist es für die Anbieterorganisation sehr wichtig, einen guten Kontakt zu diesen Mitgliedern des Buying Centers herzustellen und zu halten.

Informationsselektierer (Gate-Keeper) haben Einfluss auf den Informationsfluss im Buying Center; sie haben zwar keinen oder nur einen ganz geringen direkten Einfluss auf die zu treffende Entscheidung, sind aber wegen ihrer guten Übersicht über den Informationsstand im Beschaffungsprozess ein wichtiger Kontaktpartner für die Anbieterorganisation. Informationsselektierer können Assistenten von Entscheidungsträgern sein – aber auch Sekretärinnen.

Die Bedeutung der **Benutzer (User)** im Beschaffungsprozess ist sehr unterschiedlich: In manchen extremen Fällen werden die Benutzer im Buying Center überhaupt nicht vertreten sein, während in anderen Fällen die Benutzer von entscheidender Bedeutung sind. Es gehört zum Instrumentarium eines Anbieters, ggf. Benutzer oder Benutzergruppen von sich aus zu informieren und so in die Beschaffung einzuschalten, wenn er den Eindruck hat, dass die Berücksichtigung der Interessen der Benutzer für ihn vorteilhaft sein kann. Er muss dabei allerdings die negativen Effekte einer solchen Information auf andere Mitglieder des Buying Centers berücksichtigen (z. B. wenn der Anbieter von sich aus den Betriebsrat informiert).

Der **Einkäufer (Buyer)** spielt bei einem echten Neukauf eine untergeordnete Rolle, während er beim modifizierten oder identischen Wiederkauf oft völlig selbstständig entscheiden kann. Aus diesem Grund ist auch beim Neukauf eine Kontaktaufnahme zum Einkäufer anzuraten.

Der **Initiator** ist die Person oder Abteilung, die die ersten Ideen zu dem Projekt entwickelt hat – kann auch außerhalb des Unternehmens sein, z. B. Anbieter, eigener Wettbewerber.

Der **Coach** schließlich ist eine Person im Buying Center, die besonders vertrauensvoll mit einem Anbieter zusammenarbeitet.

10.1.5 Zielstruktur im Buying Center

Neben der Kenntnis der Rollen, die in einem Buying Center wahrgenommen werden, ist es für den Anbieter wichtig, die – möglicherweise sehr unterschiedlichen – Ziele der einzelnen im Buying Center vertretenen Funktionen und Personen zu kennen und deren Konsequenzen auf die Beschaffung zu berücksichtigen.

Neben rein aufgabenbezogenen sachlichen Zielen wie Preis, Qualität, Liefertreue, Service etc. gibt es eine Reihe von personenbezogenen „unsachlichen" Kriterien, die gleichwohl das Verhalten von Buying-Center-Mitgliedern beeinflussen können. Dazu gehören positive Aspekte wie mögliche Beförderungen oder Gehaltserhöhungen auf Grund eines erfolgreich durchgeführten Beschaffungsprojektes wie auch die Furcht vor negativen persönlichen Auswirkungen einer Beschaffung, die die Erwartungen nicht erfüllt.

Die unterschiedlichen aufgabenbezogenen Ziele sind nicht bei allen Mitgliedern des Buying Centers in gleicher Form vertreten – es ist im Gegenteil eher die Regel, dass im Buying

Center unterschiedliche Ziele und Vorstellungen der verschiedenen Unternehmensfunktionen scharf aufeinander prallen: ein Benutzer wird vor allem Funktionalität, Leistung und Qualität des neuen Produktes maximieren wollen, während der Vertreter der Finanzabteilung die Wirtschaftlichkeit in den Vordergrund stellen wird.

Diese Ziel- und Kriteriendivergenz kann in unterschiedlichen Unternehmen sehr ver-schieden ausgeprägt sein. Ein Computerbenutzer in einer Bank wird auf die Stabilität und den Komfort des eingesetzten Computersystems den höchsten Wert legen, während für einen Informatiker, der einen Computer in einem Informatikinstitut benutzt, diese Kriterien von geringer Bedeutung sind, und Novität und Leistung des Systems von entscheidender Bedeutung sind.

Diese eher qualitative Analyse der Beschaffungsziele und Kriterien eines Buying Centers können quantifiziert werden, um in einer einfachen Übersicht darstellen zu können, welche Kriterien für welche Mitglieder des Buying Centers von besonderer Bedeutung sind. Das folgende Beispiel einer Beschaffungsanalyse für ein neues Softwaremodules für den Marketingbereich eines Unternehmens versucht eine solche Quantifizierung:

Gewichtung einzelner Kriterien in den unterschiedlichen Bereichen

	Entwicklung	IT-Bereich	Geschäfts-führung	Finanz	Einkauf
Buying-Center-Rolle	Benutzer	Informations-selektierer	Entscheider	Beeinflusser	Einkäufer
Kompetenz des Anbieters	20	20	40		
Erweiterbarkeit des Produktes, Kompatibilität	10	20	10	10	40
Installation des Produktes		10			10
Zahlungsbedingungen				20	
Ausbildung	30	30	50		10
Funktionsumfang der Software	40	20			
Rentabilität				70	
Wartung					40

10.1 Tab. 1: *Beispiel einer Beschaffungsanalyse für ein neues Softwaremodul für den Marketingbereich eines Unternehmens*

Aus dieser Darstellung folgt, dass die einzelnen Funktionsbereiche des beschaffenden Unternehmens mit besonderer Intensität auf die Kriterien und Produkteigenschaften angesprochen werden sollten, bei denen 40 oder mehr Punkte erreicht wurden, während die anderen Kombinationen von sekundärer Bedeutung sind. Mit der Geschäftsführung wird man mehr über die Lösungskompetenz und die notwendige Ausbildung sprechen müssen, während den Finanzbereich vor allem die Wirtschaftlichkeit und den Einkauf die Erweiterbarkeit und die Wartung interessieren.

Es ist allerdings zu fragen, wie diese Angaben gewonnen und quantifiziert werden sollen. Die einfachste Möglichkeit besteht darin, diese Angaben durch Befragen der Einkäufer und anderer wichtiger Personen beim Kunden, aber auch auf Grund eigener Erfahrung festzusetzen. Insofern handelt es sich um ein subjektives Verfahren, das keinen hohen Anspruch an quantitative Genauigkeit erheben kann. Andererseits zwingt sich der Anbieter bei Anwendung des Verfahrens, jede mögliche Kombination zu durchdenken; er hat dadurch die Chance, wichtige Kriterien/Funktionsgruppenkombinationen zu identifizieren, die sonst möglicherweise übersehen worden wären.

10.1.6 Zugang zu den Mitgliedern des Buying Centers

Bei der bisherigen Diskussion wurde implizit davon ausgegangen, dass die Mitglieder des Buying Centers dem anbietenden Unternehmen bekannt und zugänglich sind. Diese Situation ist aber in der Praxis nur in den seltensten Fällen anzutreffen.

Zunächst ist es wichtig, die Mitglieder des Buying Centers zu **identifizieren**. Dies wird nur bei relativ kleinen Unternehmen gelingen; bei größeren Kundenorganisationen haben oft nicht alle Mitglieder des Buying Centers einen genauen Überblick darüber, welche Funktionen in ihrem Unternehmen in welcher Stufe der Beschaffung miteinbezogen werden müssen – eine für den Beschaffer selbst oft recht schmerzliche Erfahrung. Es muss jedenfalls davon ausgegangen werden, dass es nicht gelingt, alle Mitglieder des Buying Centers zu identifizieren.

Innerhalb der Mitglieder des Buying Centers gibt es **dominierende** und weniger wichtige Personen; da es ohnehin nur in den seltensten Fällen möglich ist, mit allen Personen Kontakt aufzunehmen, sind die dominierenden Personen aus dem Buying Center zunächst von besonderer Bedeutung.

Der dritte Faktor, der bei dieser Betrachtung wichtig ist, ist die **Ansprechbarkeit** dieses Personensegments. Nicht jedes Mitglied des Buying Centers ist für den Anbieter in gleicher Weise ansprechbar. Gerade besonders wichtige Personen, insbesondere die Entscheider auf hohem hierarchischen Level im beschaffenden Unternehmen, haben weder die Zeit noch ein ausgeprägtes Interesse, sich mit Mitarbeitern des anbietenden Unternehmens eingehend zu beschäftigen. Sollte dies dennoch notwendig sein, ist im Selling Center der geeignete Gesprächspartner – möglichst auf gleichem oder sogar höheren hierarchischen Level – auszuwählen, der die entsprechenden Gespräche führt. (Leider haben diese Personen beim anbietenden Unternehmen häufig ebenfalls keine Zeit oder kein Interesse, sich bei relativ kleinen Projekten persönlich zu engagieren.).

Diese drei Einschränkungen des Zugangs kann man in folgender Darstellung veranschaulichen:

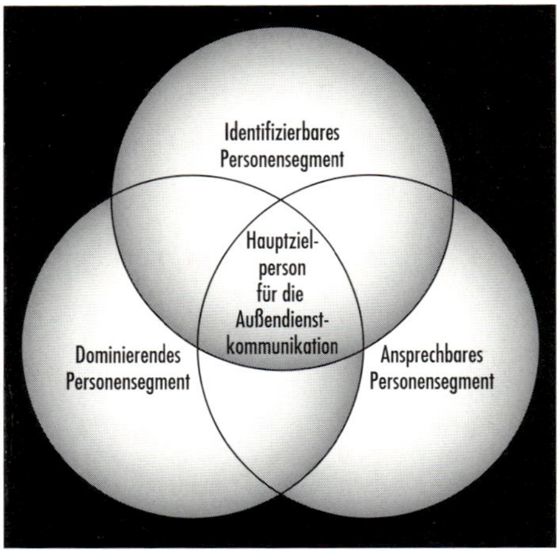

10.1 Abb. 2: ***Zugänglichkeit der Personen im Buying Center***

Wichtig sind die Personenkreise, bei denen eine Überschneidung der Eigenschaften vorliegt. Zunächst wird sich der Vertrieb auf die Personen konzentrieren, die identifizierbar sind, die eine dominierende Rolle spielen und die auch ansprechbar sind. Ausgehend von dieser Basis muss versucht werden, den Kreis der identifizierten Personen zu erweitern und auch zu bisher nicht ansprechbaren Personen einen Zugang zu finden.

10.1.7 Persönliche Faktoren bei der Entscheidungsfindung

Neben den unterschiedlichen fachlichen Zielen, die jedes Mitglied eines Buying Centers auf Grund seiner speziellen Position im Unternehmen verfolgen muss, kommen personenbezogene Faktoren hinzu, die bei einer fachlich identischen Situation zu einer unterschiedlichen

Entscheidungspräferenz führen können. Ein großer Teil dieser Differenzen lässt sich im weitesten Sinn erklären durch die Art und Weise, wie ein Individuum im Buying Center mit Risiko umgeht.

Da nicht triviale Entscheidungen stets Entscheidungen unter (z. T. erheblicher) Unsicherheit sind, entsteht aus jeder Beschaffungsentscheidung ein mehr oder weniger großes Risiko, und zwar einerseits ein wirtschaftliches Risiko für das Unternehmen, aber auch ein persönliches Risiko für jede der an der Beschaffungsentscheidung beteiligten Personen.

Das Risiko des Unternehmens soll hier in diesem Zusammenhang nicht weiter vertieft werden; vielmehr soll versucht werden, die objektiven und subjektiven persönlichen Risiken der Mitglieder des Buying Centers zu analysieren und entsprechende Implikationen für das B-to-B-Marketing daraus zu entwickeln.

In einer Beschaffungssituation mit Unsicherheit gibt es eine Reihe von unterschiedlichen Lösungsstrategien:

- Reduktion der Unsicherheit durch Beschaffen von zusätzlichen Informationen oder durch Ausschluss von Risikoelementen (meist mit höheren Kosten),
- Verteilung des Risikos durch Aufteilung der Beschaffung auf mehrere Lieferanten (soweit möglich),
- Auswahl der intern „vertretbarsten" Beschaffungsalternative.

Während die ersten beiden Lösungsstrategien keiner weiteren Erläuterung bedürfen, soll die dritte Strategie – und ihre erhebliche Konsequenz für den Anbieter – ausführlicher dargestellt werden:

Für jedes am Beschaffungsprozess beteiligte Mitglied des Buying Centers stellt sich die – nach Position und Aufgabe unterschiedlich bedeutsame – Frage: Welche Konsequenz hat ein positiver oder negativer Ausgang dieser Beschaffung auf meine persönliche berufliche Position?

Es ist offensichtlich, dass eine Beschaffung mit einem positiven Ergebnis eher positive Konsequenzen für die Beteiligten hat, während eine Beschaffung, deren Ergebnis nicht den Erwartungen entsprach, eher negative – möglicherweise sehr negative – Effekte für die Beteiligten haben kann.

Insbesondere bei einem negativen Ausgang stellt sich für jeden Beteiligten die Frage der Verantwortung. Verantwortung trägt jeder Mitarbeiter eines Unternehmens vor allem dann, wenn er eindeutige und nachvollziehbare Fehler gemacht hat. Daraus lässt sich ableiten, dass es für viele Beschaffer vor allem darauf ankommt, keine Fehler zu machen.

In den meisten Beschaffungssituationen ist zwischen Beschaffungsalternativen auszuwählen, die sich einerseits durch ihr Risiko, andererseits durch die Kosten unterscheiden. Ein kostengünstigeres Angebot wird eher mit einem höheren Risiko behaftet sein (unbekannter Anbieter, einfachere Komponenten), während das risikoärmere Angebot eines Marktführers entsprechend höhere Kosten verursacht.

Die Entscheidungssituation lässt sich in folgender Matrix darstellen (Tab. 2):

	Beschaffungsrisiko: *hoch* Kosten: *niedrig*	
Ergebnis: positiv	Fall 1	Fall 2
Ergebnis: negativ	Fall 3	Fall 4

10.1 Tab. 2: ***Risikomatrix für einen Entscheider bei unterschiedlichen Beschaffungsalternativen***

Zu den einzelnen Situationen:

1. Es wurde eine kostengünstige, aber risikoreiche Alternative gewählt; das Ergebnis der Be schaffung ist positiv. Konsequenz für den Beschaffer: eine positive Beurteilung:
2. Es wurde eine risikoarme, aber teure Alternative gewählt; positives Ergebnis der Beschaffung. Konsequenz für den Beschaffer: keine besonderen Konsequenzen; der Vorwurf, dass die kostengünstigere Alternative ebenfalls ausgereicht hätte, kann einerseits nicht definitiv bewiesen werden und andererseits mit dem Argument zurückgewiesen werden, dass der Erfolg der Beschaffung dann nicht sichergestellt gewesen sei; zudem ist bei einmaligen Beschaffungen der Beweis des Gegenteils grundsätzlich nicht möglich, da selbst erfolgreiche Beschaffungen der alternativen Anbieter in anderen Bereichen des Unternehmens oder bei anderen Kunden nicht beweisen, dass in diesem konkreten Fall der Erfolg eingetreten wäre.
3. Risikoreiche und kostengünstige Beschaffung; Ergebnis negativ. Der Beschaffer hat mit erheblichen negativen Konsequenzen zu rechnen. Er wird insbesondere die Übernahme des (erheblichen) Risikos gegenüber einer (niedrigen) Kosteneinsparung zu vertreten haben. Vor allem bei Beschaffungen, deren Leistung für das Unternehmen von vitaler Bedeutung sind („Mission Critical") wird dem Beschaffer selbst bei erheblichen Kostenunterschieden der Alternativen seine Entscheidung nachträglich als Fehler vorgeworfen werden, zumal das Argument „die teurere Lösung hätte die erwartete Leistung erbracht" nicht widerlegt werden kann.

4. Risikoarme, aber teure Alternative, Ergebnis negativ. Konsequenz für den Beschaffer: Es ist die Frage zu stellen, ob er einen Fehler gemacht hat. Bei einer gründlichen Vorbereitung der Beschaffung und der ordnungsgemäßen Vergabe an einen Marktführer ist dem Beschaffer normalerweise kein Fehler nachzuweisen, denn wenn selbst der Marktführer versagt – welcher andere Anbieter hätte beauftragt werden sollen? Die Annahme, ein kleinerer und unbekannter Anbieter hätte die Leistung besser (und günstiger) erbringen können, kann nachträglich nicht bewiesen werden. Der Beschaffer wird aus dieser Situation ohne erhebliche negative Konsequenzen hervorgehen.

Aus diesen Überlegungen ergibt sich, dass Mitglieder des Buying Centers sich häufig – gerade in Großunternehmen – für die risikoärmere (aber kostenungünstigere) Alternative entscheiden werden.

Für das Marketing eines Marktführers ist dies ein ganz wesentliches Argument, welches in der Praxis von besonderer Bedeutung ist. Für IBM war (und ist?) dies das entscheidende Verkaufsargument („No one ever got the sack for buying IBM“).

Literatur

Backhaus (1999): Backhaus, Klaus: Industriegütermarketing, 6. Aufl., München
Godefroid (2000): Godefroid, Peter: Business-to-Business-Marketing, 2. Aufl., Ludwigshafen

10.2 Verkaufen in fremden Kulturkreisen

Hans-Peter Rentzsch

10.2.1 Neue Wahrheiten

10.2.1.1 Kulturelle Hürden der Globalisierung

Verkaufen heißt kommunizieren. Dabei kommt es darauf an, dass sich Sender und Empfänger auf der gleichen Wellenlänge befinden.

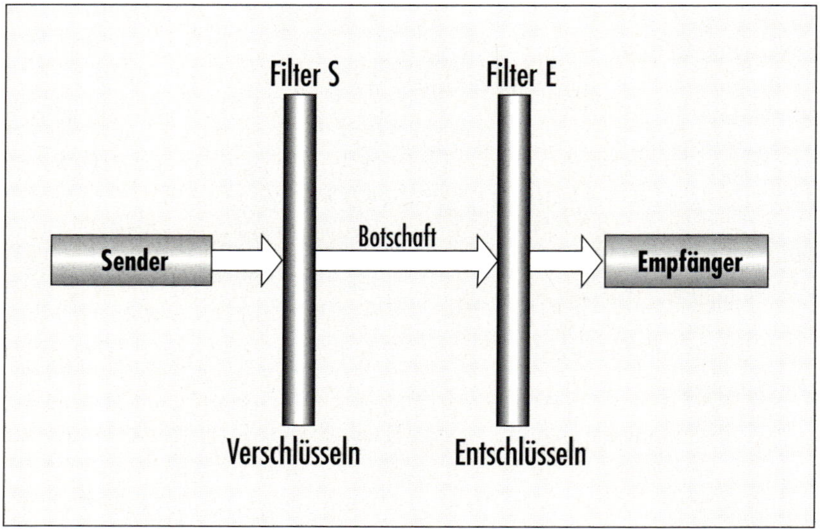

10.2 Abb. 1: ***Übermittlung einer Botschaft zwischen Sender und Empfänger***

Der Sender möchte an den Empfänger eine Botschaft übermitteln, die aus Worten und Gesten besteht. Er verschlüsselt sie deshalb mit Hilfe des Filters S in Form von Schallwellen und optischen Signalen, die das Ohr bzw. das Auge des Empfängers erreichen. Der Empfänger versucht, diese Schallwellen und Signale wiederum über seinen Filter E zu entschlüsseln, um die Botschaft zu verstehen.

Die Filter beider Seiten sind mit Wissen, Ansichten und Gewohnheiten ausgestattet. Wir machen uns darüber im Alltag wenig Gedanken, da wir davon ausgehen, dass der Empfänger ein ähnliches Wissen, ähnliche Erfahrungen und nicht völlig andere Ansichten hat als wir, wenn wir als Sender auftreten. Obwohl wir auch in lokalen Breiten nicht vor Missverständnissen gefeit sind, wird die Kommunikation zwischen Vertretern verschiedener Kulturen wesentlich erschwert, da die Filter von Sender und Empfänger meist recht unterschiedlich ausgestattet sind, wie die folgenden Beispiele zeigen.

10.2.1.1.1 Unterschiedliches Wissen

Die größte Hürde sind hier die unterschiedlichen Sprachkenntnisse. Oft müssen beide Partner in einer fremden Sprache reden, zum Beispiel wenn ein Deutscher und ein Japaner in Englisch miteinander sprechen. Beliebte Fehler der englischen Sprache von Vertretern verschiedener Kulturen zeigen die folgenden Beispiele (nach Lewis):

- **Deutsche**
  - Next week I shall become a new car (get).
  - Thank you for your kidneys (kindness).
- **Japaner**
  - I have split up my boyfriend (split up with).
  - My father is a doctor, my mother is a typewriter (typist).
- **Finnen**
  - He took two trucks every night (drugs = Pillen).
  - We are sitting in the glass room (classroom).

Aber auch unterschiedliche Anwendungen von Worten und Zahlen in der gleichen Sprache führen zu Missverständnissen, wie das folgende Beispiel zeigt:

> Ein US-Unternehmen hatte einer deutschen Firma einen Auftrag mit dem Liefertermin 3/6/99 erteilt. Das amerikanische Unternehmen reklamierte, als in der ersten Märzwoche noch immer keine Lieferung eingegangen war. Die Deutschen reagierten mit Unverständnis. Hatten die Amerikaner nicht ausdrücklich den 3. Juni als Liefertermin angegeben? Hatten sie nicht, denn in den USA wird zuerst der Monat und dann der Tag angegeben. Deswegen wurde die Lieferung spätestens für den 6. März erwartet.

Aber nicht nur sprachliche Probleme sind beispielhaft für unterschiedliches Wissen, auch technisches Wissen und Können sind oft recht verschieden. In den meisten Ländern gibt es keine technische Ausbildung – oder nur eine mangelhafte –, die den Anforderungen deutschen Qualitätsmanagements standhält. Während ein deutscher Werker bemerkt, wenn eine Maschine nicht richtig läuft und er diese sofort stilllegt, um größeren Schaden zu vermeiden, wird ein afrikanischer Operator sich kaum daran stören, wenn es irgendwo qualmt.

10.2.1.1.2 Unterschiedliche Ansichten

Was wir hier vereinfachend mit dem Wort Ansichten ausdrücken, betrifft ein großes Spektrum kultureller Unterschiede, auf die wir in den folgenden Abschnitten näher eingehen werden.

Unterschiedliche Ansichten betreffen zum Beispiel Religionen, regionale Bräuche und gesellschaftliche Prinzipien. Persönliche Beziehungen werden in den meisten Ländern höher geschätzt als juristische Verträge. Aber auch politische und ideologische Ansichten spielen eine große Rolle. In China sollte man nicht über Taiwan als „Republik" reden, wenn man sich nicht den Zorn der chinesischen Geschäftspartner zuziehen will.

Ebenso wichtig ist die Beachtung des Aberglaubens. Eine chinesische Mitarbeiterin in Singapur weigerte sich, in ein Büro einzuziehen, durch das eine Säule ging. Eine solche, gen Himmel zeigende Einfügung stört nach chinesischem Verständnis die Harmonie und bringt Unglück.

10.2.1.1.3 Unterschiedliche Gewohnheiten

> Als vor Jahren ein amerikanischer Tourist in Nigeria per Anhalter fahren wollte, stellte er sich an den Straßenrand und hielt mit ausgestrecktem Arm den Daumen in die Höhe. Ein Auto stoppte, die Insassen stiegen aus und verabreichten ihm eine gehörige Tracht Prügel. Der Grund: Der nach oben zeigende Daumen hat in Nigeria die gleiche Bedeutung wie bei uns der dazu benutzte Mittelfinger.

Gewohnheiten sind meist über einen sehr langen Zeitraum gewachsen und spielen eine Rolle in vielen Situationen im Ausland, sei es bei den mehrfachen Gebeten der Moslems tagsüber, der Siesta in Spanien und lateinamerikanischen Ländern oder der Besiegelung eines Geschäftsabschlusses mit gewaltigen Mengen Wodka in Russland.

> Unterschiedliches Wissen, unterschiedliche Ansichten und Gewohnheiten sind Hürden in der interkulturellen Kommunikation. Wer erfolgreich sein will, muss diese Unterschiede kennen und sich in seinem Verhalten anpassen.

10.2.1.2 Lernen Sie Ihre Kunden kennen

„Kennen Sie Ihre Kunden" ist der Schlachtruf eines jeden Marketingprofessors. Aber über ihre Kunden im Ausland wissen die Mitarbeiter meist erstaunlich wenig Bescheid.

> Vor einiger Zeit hatte die amerikanische Fluggesellschaft Pan American World Airways eine Werbekampagne mit Plakaten und Anzeigenentwürfen gestartet, auf denen eine Japanerin im Kimono,

die sich in einem Sitz zurücklehnt, zu sehen war. Man hatte sich aber nicht darüber informiert, dass sich nur Prostituierte im Kimono zurücklehnen. Die ganzen Werbedrucke mussten eingestampft werden.

Derartige Fehler, die auf mangelnde Vertrautheit mit der fremden Zielgruppe zurückzuführen sind, haben die Firmen schon viel Geld gekostet. Bevor Sie sich anschicken, in ein fremdes Land zu reisen, um Geschäfte zu machen, sollten Sie folgende Mindestinformationen über Ihren möglichen Absatzmarkt einholen (siehe nachfolgende Checkliste):

Erkundigungen über neue Märkte

- Welches Absatzpotential besteht?
- Was sind die wichtigsten Kaufgründe für unsere Produkte?
- Wie werden die Produkte eingesetzt?
- Wie stark ist der Wettbewerb?
- Was sind die hauptsächlichsten ökonomischen, politischen, sozialen, technologischen und andere Umfeldfaktoren und wie sind die Trends?
- Welche kulturellen Besonderheiten sind zu beachten bei den Produkten, in der Werbung, bei Verkaufsgesprächen und Preisverhandlungen?
- Wer trifft die Kaufentscheidungen?
- Wer zieht die Fäden hinter den Kulissen?
- Welche Bedingungen bestehen für einen Export und Import?
- Welche Lizenzbedingungen sind zu beachten?
- Welche Vertriebswege sollten wir nutzen bzw. aufbauen?
- Wie teuer sind Reisen vor Ort?
- Wie sind Transport und Lagerhaltung organisiert?
- Steht qualifiziertes heimisches Personal zur Verfügung?
- Welche Zollbedingungen existieren?
- Welche relevanten staatlichen Regelungen sind zu beachten?
- Welches Rechtssystem mit welchen Auswirkungen besteht?
- Wie können lokale Gewinne transferiert werden?
- Wie gut sind die elektronischen Kommunikationsmöglichkeiten?

Dabei ist es gar nicht so leicht, die aktuellen Bedürfnisse richtig einzuschätzen, wie die folgende Story zeigt:

Der Marketingmanager eines deutschen Unternehmens reist in einen afrikanischen Staat, um den Absatzmarkt einzuschätzen. Er stellt fest, dass die Menschen dort alle barfuß laufen. Er sendet ein Fax an seine Firma mit den Worten: Keine Absatzchancen, fast niemand trägt hier Schuhe.

Bald darauf fährt der Vertriebsleiter eines Wettbewerbsunternehmen in den gleichen Staat. Er sieht, dass niemand Schuhe trägt und faxt zurück: Tolle Absatzchancen, fast niemand besitzt hier Schuhe.

Es ist also oft eine Frage der Sichtweise.

10.2.2 Kulturelles Interface

An Vertriebsingenieure mit Auslandstätigkeit, sei es für Reisetätigkeiten, einen längeren Aufenthalt vor Ort oder auch mit häufigen telefonischen und schriftlichen Kontakten im Innendienst, werden hohe Anforderungen gestellt. Sie müssen nicht nur ihr Fach und die entsprechende Fremdsprache beherrschen, sondern auch den Umgang mit Menschen anderer Kulturen. Von allen Gründen für gescheiterte Auslandstätigkeiten stehen die kulturellen Probleme an der Spitze. Es ist wie bei der Schwerkraft, man merkt sie erst, wenn man irgendwo hinunterspringt. Auch die kulturellen Probleme spürt man erst, wenn man sich in einer anderen Umgebung befindet. Damit Kommunikation funktioniert, muss man, um es in der Sprache des Ingenieurs auszudrücken, ein Interface zum anderen herstellen, d. h., man muss sich der Art der Kommunikation des anderen anpassen.

10.2.2.1 Interkulturelle Dimensionen

Um sich mit den interkulturellen Besonderheiten von Bewohnern eines Landes vertraut zu machen, ist es zweckmäßig, deren vorherrschende Verhaltensformen unter bestimmten Umständen zu testen und auszuwerten. Besonders verdient gemacht haben sich hier zwei holländische Autoren, Fons Trompenaars und Geert Hofstede, die aus vielen Befragungen von Vertretern verschiedener Kulturen Verteilungskurven erstellt haben, die einen guten Anhalt für das wahrscheinliche Verhalten der Geschäftspartner in den einzelnen Kulturen bieten. Dies hat den praktischen Vorteil, dass man mit einiger Übung recht gute Einschätzungen für die zweckmäßige Durchführung von Verkaufsgesprächen, Präsentationen und Preisverhandlungen machen und sich entsprechend vorbereiten kann.

Natürlich kann man Menschen nicht nach starren Kriterien beurteilen. Genauso wenig wie die Deutschen alle gleich sind, trifft dies auch nicht für Japaner oder Franzosen zu. Wenn wir zum Beispiel die Ausprägung einer bestimmten Eigenschaft zwischen Franzosen und Deutschen vergleichen, so erhalten wir in etwa folgendes Bild (Abb. 2).

In vielen Fällen würden Franzosen ähnlich reagieren wie Deutsche, d. h. dort, wo sich die beiden Kurven überlappen. In anderen Fällen gibt es Unterschiede. Franzosen reagieren zum

Beispiel in vielen Fällen emotionaler als Deutsche. Und in beiden Ländern gibt es einige Vertreter, die diese Verhaltensformen relativ extrem vertreten, wie in den Feldern ganz links oder ganz rechts in den Kurven dargestellt. Dies sind Klischees, die, wie wir wissen, nur auf einen kleinen Teil der kulturellen Gruppe zutreffen.

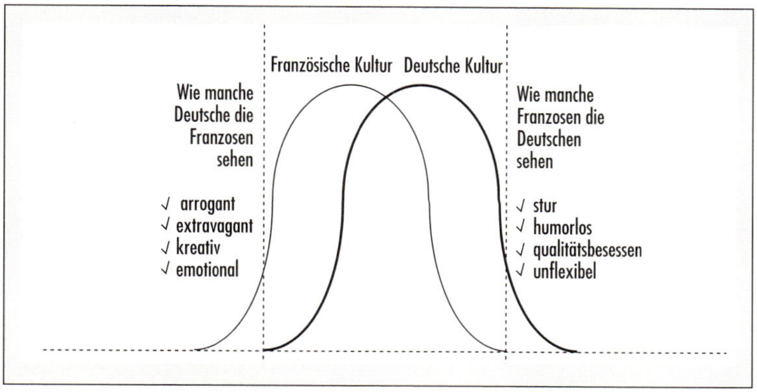

10.2 Abb. 2: ***Kulturelle Eigenschaften als Normalverteilung (nach Trompenaars/Hampden-Turner)***

Ein typisches Klischee finden wir in der humorvollen Beschreibung von Himmel und Hölle: Was ist der Himmel? Ein schweizerisches Hotel, die französische Küche, eine italienische Geliebte, ein deutscher Mechaniker und ein englischer Polizist. Was ist die Hölle? Ein französisches Hotel, die englische Küche, eine schweizerische Geliebte, ein italienischer Mechaniker und ein deutscher Polizist.

Wir unterscheiden einzelne Kulturgruppen nach fünf „Dimensionen": nach dem Temperament, der persönlichen Anteilnahme, der Regeltreue, der Gruppenorientierung und der Machtdistanz. Diese fünf Dimensionen beeinflussen in starkem Maße die Kommunikationsprozesse im Vertrieb (Abb. 3).

10.2.2.2 Temperament

Wenn eine Italienerin ihren Mann vom Flughafen abholt, gibt es erst einmal ein Herzen und Küssen, bevor man sich auf den Heimweg begibt. Der gleiche Anlass in Japan würde kaum zu einer Berührung zwischen beiden Ehepartnern führen, da sich ein emotionaler Empfang in der Öffentlichkeit in Japan nicht gehört. Ein Japaner sagte einmal scherzhaft, dass Italiener ihre Frauen öffentlich küssen und zu Hause verprügeln, während die Japaner ihre Frauen in der Öffentlichkeit prügeln und zu Hause küssen. Trompenaars/Hampden-Turner unterscheiden in ihren Untersuchungen emotionale und neutrale Kulturen.

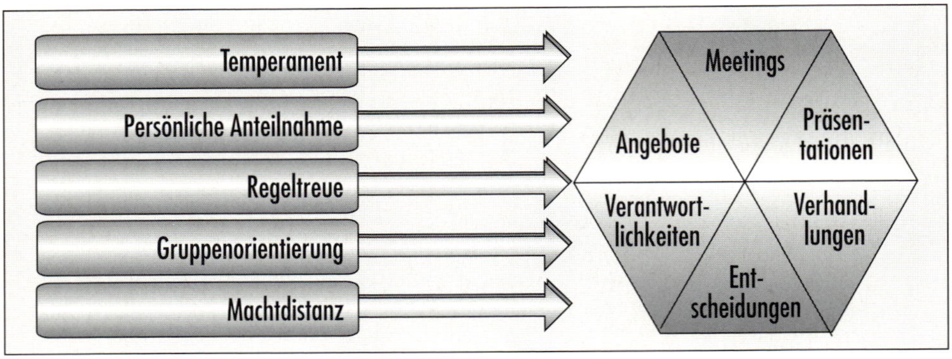

10.2 Abb. 3: *Die kulturellen Dimensionen und ihr Einfluss auf den Vertriebsprozess*

Vertreter **emotionaler Kulturen** verhalten sich lebhaft und lautstark in Gesprächen und zeigen viel Gestik und mimischen Ausdruck.

Neutrale Kulturen sind zurückhaltend, eher ruhig, und zeigen wenig Gestik und Mimik. In der folgenden Tabelle sind die wichtigsten Unterschiede im Verhalten von und im Umgang mit unterschiedlichen Kulturen beschrieben.

Emotionale Kulturen	Neutrale Kulturen
Typische Länder Ägypten, Argentinien, Frankreich, Irland, Italien, Saudi-Arabien, Spanien, Philippinen, Russland, Venezuela.	**Typische Länder** China, Deutschland, Großbritannien, Indien, Indonesien, Japan, Niederlande, Schweden, Norwegen, Thailand, USA.
Typisches Verhalten Temperamentvoll, angeregtes Debattieren, Reaktion auf Äußerlichkeiten, viel Gestik und Mimik, geringere Körperdistanz, starke Stimmvariation, Hang zum Übertreiben und Dramatisieren, starke Schwankungen der Stimmung.	**Typisches Verhalten** Zurückhaltend und cool, ruhig und beherrscht, besonnen reagierend, reden oft monoton, wenig Körpersprache und Mimik, größere Körperdistanz, schätzen Zahlen und Fakten, rationaler Verhandlungsstil.
Zu beachten im Umgang mit ihnen Präsentationen kurz halten, schwungvolle Darbietung, bildliche Darstellungen, Konzentration auf Personen, keine Bange bei hitzigen Debatten, freundlich und herzlich verhalten, Gestik und Bewegung zeigen, geringere Körperdistanz akzeptieren.	**Zu beachten im Umgang mit ihnen** Fachliche Details sind gefragt, Konzentration auf Sachthema, „roten Faden" beachten, kühl und beherrscht bleiben, freundlich, aber nicht überschwänglich verhalten, Logik und Zusammenhänge hervorheben, Präsentation und Unterlagen müssen strikt übereinstimmen.

10.2 Tab. 1: *Emotionale Kulturen – neutrale Kulturen*

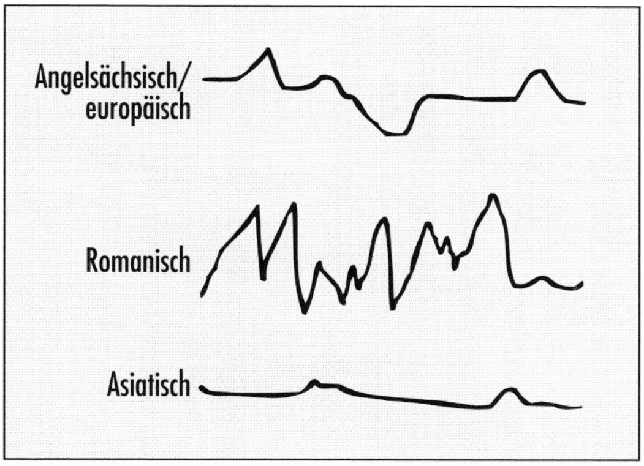

10.2 Abb. 4: ***Variation der Stimmlagen verschiedener Temperamente (nach Trompenaars/Hampden-Turner)***

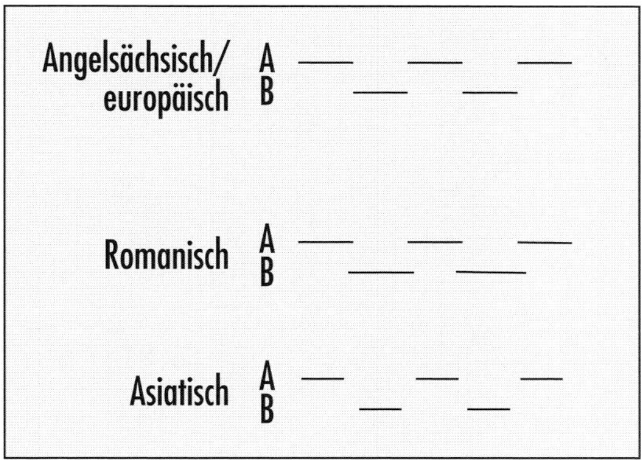

10.2 Abb. 5: ***Überlappungen und Gesprächspausen verschiedener Temperamente (nach Trompenaars/Hampden-Turner)***

Kulturschock

Das folgende Beispiel zeigt die Gefahr von Missverständnissen im Umgang mit Menschen emotionaler Kulturen:

Robert Lehmann war Projektingenieur eines deutschen Softwareunternehmens. Nachdem er zwei Jahre in seinem Unternehmen in Deutschland tätig war, erhielt er eine neue berufliche Chance für eine Überseeposition als Areamanager für Lateinamerika, mit Büro in San José, Costa Rica.
Robert nahm dieses Angebot freudig an und begann bald darauf, die ersten Kontakte in Costa Rica zu knüpfen. Eines Tages war er zu einer privaten Party beim Vertriebsleiter einer lokalen Handelsfirma eingeladen. Als er am Abend zur Party eintraf, fand er eine weit größere Gesellschaft vor, als er erwartet hatte. Er wurde vom Gastgeber und seiner Frau herzlich empfangen und freute sich, als er auch noch andere bekannte Gesichter sah. Er war gerade im Gespräch mit einem Serviceingenieur der Handelsfirma, als er einer attraktiven jungen Dame, Gabriella Herrera, vorgestellt wurde. Robert war sofort gefangen von ihrer herzlichen Art und ihren strahlenden Augen. Sie stand recht nah bei ihm und berührte ihn beim Erzählen gelegentlich am Arm und an der Schulter. Als Robert sie ebenfalls ab und zu berührte, wich sie nicht zurück. Er hatte den Eindruck, dass sie ebenfalls von ihm sehr angetan war und wollte sie gerade um eine Verabredung bitten, als sein Gastgeber mit einem Herrn zu ihnen kam und sagte: „Wie ich sehe, haben Sie Señora Herrera bereits kennen gelernt. Darf ich Sie noch mit Señor Herrera bekannt machen?" Robert verbarg seine Überraschung, dass sie verheiratet war, und war heilfroh, sie nicht nach einem Stelldichein gefragt zu haben. Offensichtlich hatte er nicht beachtet, dass in einer emotional geprägten Kultur die direkte Herzlichkeit und körperliche Nähe etwas ganz Natürliches sind (Brislin / Yoshida).

10.2.2.3 Persönliche Anteilnahme

Wenn Sie bei einem US-Amerikaner zu Hause eingeladen sind, können Sie sich in seinem Heim recht ungezwungen bewegen. Er sieht es als ganz natürlich an, wenn Sie sich aus seinem Kühlschrank eine Flasche Bier holen und würde ihnen auch bereitwillig seinen Wagen leihen, wenn Sie ihn darum bäten. Diese Art von Kontakt bedeutet jedoch keineswegs, dass Sie damit eine tiefere Freundschaft geschlossen haben.

Anders bei einem Partner in Indonesien. Kontakte zu knüpfen und eine gewisse Vertrautheit zu erreichen, braucht Zeit. Jeder geschäftliche Kontakt bringt gleichzeitig auch eine persönliche Verpflichtung mit sich. Er wird genau beachten, wie weit Sie ihm persönlich entgegenkommen und sich entsprechend verhalten.

Je nach dem Grad der persönlichen Anteilnahme bei Kontakten (oder des „seelischen Tiefgangs") unterscheiden wir **diffuse** und **spezifische** Kulturen.

Diffuse Kulturen	Spezifische Kulturen
Typische Länder Ägypten, China, Indien, Indonesien, Japan, Kuwait, Mexiko, Nigeria, Spanien, Thailand, Venezuela, Südkorea, Österreich.	**Typische Länder** Belgien, Deutschland, Frankreich, Großbritannien, Kanada, Niederlande, Norwegen, Russland, Schweden, USA.
Typisches Verhalten Vor geschäftlichen Gesprächen stehen private Beziehungen, indirektes Vorgehen bei Diskussionen, sind wenig flexibel, stark von Autoritäten abhängig, Dienstliches und Privates werden vermischt, Titel gelten auch im privaten Bereich, machen mehrere Dinge gleichzeitig, empfindlich gegen Kritik und negative Aussagen (Gesichtsverlust).	**Typisches Verhalten** Kommen direkt zur Sache, sind flexibel, haben großen Entscheidungsspielraum, trennen geschäftliche und private Dinge, Titel gelten nur im dienstlichen Bereich, gehen direkt und sequenziell vor, konzentrieren sich immer nur auf eine Sache, jüngere Leute haben oft viel Kompetenz.
Zu beachten im Umgang mit ihnen Viel Zeit einplanen, erst persönliche Beziehungen pflegen, Small Talk notwendig, bei Verzögerungen Geduld bewahren, Titel, Alter und Herkunft respektieren, zwischen den Zeilen lesen, keine Kritik äußern, diplomatisch „nein" sagen, Geschenke vorsehen.	**Zu beachten im Umgang mit ihnen** Schnell zur Sache kommen, Small Talk kurz halten, zeitbewusst verhalten, zügig argumentieren, klar und deutlich sprechen, nicht weitschweifig reden, Widerspruch ohne Zögern äußern, übersichtliche Tabellen/Dokumentation beifügen.

10.2 Tab. 2: *Diffuse Kulturen – spezifische Kulturen*

Diffuse Kulturen verknüpfen Kontakte und Geschäfte mit persönlicher Anteilnahme und privaten Verpflichtungen. Persönliche Beziehungen sind Grundlage geschäftlicher Erfolge.

Spezifische Kulturen trennen zwischen geschäftlichen und privaten Dingen. Kontakte gehen zumindest in der ersten Zeit persönlich nicht tief.

Die nachstehende Tabelle zeigt die wichtigsten Unterschiede im Verhalten von und im Umgang mit unterschiedlichen Kulturen.

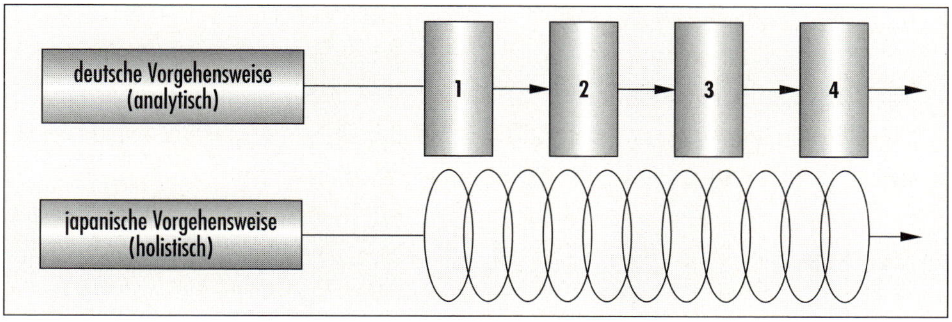

10.2 Abb. 6: ***Verschiedene Vorgehensweisen bei der Projektbearbeitung: Deutsche (spezifisch) gehen Schritt für Schritt direkt auf das Ziel zu, Japaner (diffus) nähern sich dem Ziel in Schleifen (nach Hoecklin).***

Kulturschock

Das folgende Beispiel zeigt die Gefahr von Missverständnissen im Umgang mit Menschen diffuser Kulturen:

> Ein holländischer Chefarzt an einem Krankenhaus in Hongkong hatte einen chinesischen Assistenzarzt, von dem er als Chef und Vaterfigur regelrecht verehrt wurde. Eines Tages kritisierte der Holländer den Chinesen wegen eines Behandlungsfehlers. Das Problem hätte leicht durch ein Training behoben werden können. Der chinesische Assistent war jedoch so außer sich wegen dieser Kritik, dass er seinen Chef in den frühen Morgenstunden des anderen Tages mit einem Messer umbrachte. Der Holländer, der zu einem spezifischen Kulturkreis gehörte, hatte seine Kritik direkt vorgebracht, ohne diese als persönlich kränkend für den anderen zu empfinden.

10.2.2.1.3 Regeltreue

Wenn man in Deutschland irgendwo falsch parkt, muss man davon ausgehen, dass man von einem aufmerksamen Anwohner angezeigt wird. Ein Engländer drückte es so aus: In jedem Deutschen steckt ein heimlicher Polizist.

Ein französischer Freund in Paris, von mir darauf aufmerksam gemacht, dass er vor dem Bahnhof im Parkverbot stehe, meinte: „Kein Problem, jetzt vor den Wahlen gibt es keine Strafzettel von der Polizei."

Wir unterscheiden, je nach dem Grad der Regeltreue, **universalistische und partikularistische** Kulturen. Universalistisch heißt: universelle Regeln für alle. Partikularistisch bedeutet: Alles hängt von der Situation ab.

Partikularistische Kulturen sehen alles vom Gesichtspunkt der persönlichen Beziehung. Im Falle einer Straftat eines Freundes macht man vor Gericht schon mal eine falsche Aussage, da man dies dem Freund schuldig ist. In partikularistischen Gesellschaften blühen oft Korruption und Vetternwirtschaft. Streitfälle regelt man nicht vor Gericht, sondern privat über Mittelsleute.

Universalistische Kulturen sehen alles vom Standpunkt der Gleichheit und Gerechtigkeit. Selbst ein amerikanischer Präsident wird nicht geschont, wenn er eine außereheliche Affäre hat. Gesetze müssen befolgt und Verträge eingehalten werden.

Die nächste Tabelle zeigt die wichtigsten Unterschiede im Verhalten von und im Umgang mit unterschiedlichen Kulturen.

Partikularistische Kulturen	Universalistische Kulturen
Typische Länder Venezuela, Südkorea, Russland, China, Indien, Indonesien, Mexiko, Japan, Argentinien, Nigeria, Frankreich.	**Typische Länder** Australien, Großbritannien, Irland, Kanada, Niederlande, Schweden, Deutschland, Schweiz, USA.
Typisches Verhalten Achten auf persönliche Bindungen, schätzen mündliche Verabredungen, sind flexibel, passen sich den Umständen an, erwarten Vertragsänderungen, wenn sich die Umstände ändern, behandeln Menschen nach Rang und Status unterschiedlich, mögen keine Juristen.	**Typisches Verhalten** Achten auf Einhaltung von Regeln und Gesetzen, schätzen Juristen und ausführliche Verträge, betrachten Pünktlichkeit und Zuverlässigkeit als hohe Tugend, achten auf Zeiteinhaltung und Tagesordnungen, halten sich strikt an Verträge, betrachten alle Menschen als gleich.
Zu beachten im Umgang mit ihnen Besondere Umstände berücksichtigen, Muster und Handouts während oder nach Präsentationen verteilen, Verträge kurz halten, auf Entwicklung persönlicher Beziehungen konzentrieren, nicht zu sehr auf Fakten pochen, Juristen hinter der Bühne wirken lassen.	**Zu beachten im Umgang mit ihnen** Behauptungen durch Fakten belegen, übersichtliche Handouts vorbereiten und vor der Präsentation verteilen, detaillierte Verträge vorbereiten, gegebenenfalls Juristen hinzuziehen, auf Fakten, Regeln und Vereinbarungen hinweisen.

10.2 Tab. 3: *Partikularistische Kulturen – universalistische Kulturen*

Kulturschock

Das folgende Beispiel zeigt die Gefahr von Missverständnissen im Umgang mit Menschen partikularistischer Kulturen:

> Vor einigen Jahren bezog eine saudi-arabische Handelsfirma regelmäßig Bleistifte von einem US-amerikanischen Unternehmen. Die Araber schätzten den amerikanischen Vertreter, der sie regelmäßig besuchte. Dieser wurde später mit einer neuen Aufgabe in den skandinavischen Ländern betraut und ein neuer Mitarbeiter wurde für die arabischen Länder eingesetzt. Von da ab bestellte die saudische Firma keine Bleistifte mehr. Die Amerikaner pochten auf ihren Vertrag; vergeblich. Die Araber waren der Meinung, dass dieser Vertrag unter der Beteiligung eines anderen amerikanischen Vertreters geschlossen worden war und sahen ihn jetzt nicht mehr als gültig an. Erst als die US-Firma den früheren Vertreter wieder einsetzte, gingen wieder Bestellungen der Araber ein. Nebenbei bemerkt hatten die Araber Mühe, die Bleistifte im heimischen Markt zu verkaufen. Aber ihr Gefühl für Loyalität gegenüber dem Vertreter war so groß, dass sie mehr Bleistifte bestellten, als sie verkaufen konnten (*Copeland/Griggs*).

10.2.2.5 Gruppenorientierung

Warum werden in westlichen Ländern so gern Westernfilme gesehen und Westernsongs gehört wie „I'm a lonesome cowboy ..."? In unseren Breiten schätzt man die Leistung, die Persönlichkeit und die Macht des Einzelnen. Wir nennen diese Kulturen, in denen in jedem Mann ein kleiner John Wayne schlummert, **individualistisch**. In anderen Kulturen wird vor allem die Gruppe, und nicht so sehr der Einzelne, geschätzt. Ein chinesisches Sprichwort lautet: „Ein Nagel, der heraussteht, wird eingeschlagen." Gruppenorientierte Kulturen nennen wir **kollektivistisch**.

Individualistische Kulturen setzen auf die Verantwortung und den Erfolg des Einzelnen.

In westlichen Verkaufsorganisationen spielen individuelle Bonussysteme, Wettbewerbe und Karrierestreben eine große Rolle.

Kollektivistische Kulturen halten die Harmonie und den Zusammenhalt der Gruppe für wichtiger als den Einzelerfolg.

Als ein amerikanischer Zigarettenkonzern eine Werbekampagne mit den Bildern des einsamen Cowboys in Hongkong durchführen wollte, stießen die Marketingleute auf Unverständnis. In Hongkong wird nicht der Einzelne zum Vorbild in der Werbung, sondern die Gemeinschaft. Man hat diese Werbung dann schnell wieder fallen gelassen. Die nächste Tabelle zeigt die wichtigsten Unterschiede im Verhalten von und im Umgang mit unterschiedlichen Kulturen.

Individualistische Kulturen	Kollektivistische Kulturen
Typische Länder Australien, Belgien, Deutschland, Frankreich, Großbritannien, Irland, Israel, Italien, Kanada, Niederlande, Norwegen, Schweden, Schweiz, Spanien, USA. **Typisches Verhalten** Sagen öfter „ich" als „wir", Entscheidungen werden oft von einer Person getroffen, Verhandlungen gehen zügig voran, Einzelne übernehmen volle Verantwortung, verhandeln oft allein, Vertragsentwürfe können leicht geändert werden, Beförderungen nach Tüchtigkeit, Bezahlung nach Einzelleistung. **Zu beachten im Umgang mit ihnen** Persönliche Entscheidungskompetenz wird erwartet, Achtung ist abhängig von persönlichen Erfolgen, schnelles Verhandeln wird erwartet, Risiken werden in Kauf genommen, konzentrieren auf nächstliegende Ziele.	**Typische Länder** Arabische, Länder, Brasilien, China, Griechenland, Indien, Indonesien, Iran, Japan, Kolumbien, Malaysia, Mexiko, Philippinen, Südkorea, Thailand, Türkei. **Typisches Verhalten** Sagen öfter „wir" als „ich", Entscheidungen werden mit allen Beteiligten abgestimmt, lange Verhandlungszeiten, Verantwortung trägt die Gruppe, Verhandlungen meistens im Team, Vertragsentwürfe nur schwer zu ändern, Beförderung nach Seniorität, Bezahlung nach Dienstjahren. **Zu beachten im Umgang mit ihnen** Rückfragen in der Firmenzentrale sind üblich, als Einzelperson wird man weniger geachtet, Verhandlungen brauchen Zeit, Risiken werden durch Abstimmungen vermieden, dauerhaftes Interesse an Beziehungen wird erwartet.

10.2 Tab. 4: *Individualistische Kulturen – kollektivistische Kulturen*

Kulturschock

Das folgende Beispiel zeigt die Gefahr von Missverständnissen im Umgang mit Menschen kollektivistischer Kulturen:

> Michael Redlich wurde als Vertriebsingenieur nach Griechenland geschickt, um die Marktchancen der Produkte seiner Firma zu erkunden. Er freute sich auf diesen Job. Ein Elternteil von ihm stammte aus Griechenland und er beherrschte ein paar griechische Sätze. Er hatte auch keine Mühe, mit Geschäftspartnern und anderen Leuten seines Umfelds in Kontakt zu kommen. Es irritierte ihn jedoch etwas, dass seine neuen Partner nach etwa einem Monat recht persönliche Fragen stellten, wie zum Beispiel nach seinem Gehalt, seiner Religion, wo er studiert habe und sogar nach seinem Liebesleben.
>
> Eines Tages bat ihn der Verkäufer einer örtlichen Handelsfirma, mit dem er oft gemeinsame Kundenbesuche machte, ein Interview seines Sohnes mit dem Dekan des Fachbereiches der Universität in Deutschland, an der Michael studiert hatte, zu arrangieren. Er wollte erreichen, dass sein Sohn an dieser Uni aufgenommen wird und eine Aufenthaltserlaubnis erhalten solle.

Das Eindringen in sein Privatleben und die Fragen nach persönlichen Gefälligkeiten wurden Michael schließlich zu viel. Er sagte ihm, dass er den Dekan kaum kenne und so etwas nicht machen könne. Der griechische Partner war daraufhin sehr verstimmt und die Kontakte wurden frostiger und seltener.
Man geht in kollektivistischen Ländern davon aus, dass man sich gegenseitig, das heißt in der Gruppe auch privat unterstützt. Die direkte Ablehnung des Wunsches wurde von dem griechischen Partner als persönliche Zurückweisung angesehen. Es ist immer besser, einen Wunsch wenigstens ansatzweise zu akzeptieren, als ihn rundweg abzulehnen (Brislin/Yoshida).

10.2.2.6 Machtdistanz

Es ist in den USA relativ gefahrlos, in einem Tennisturnier nach Feierabend gegen seinen Chef zu gewinnen, auch in Deutschland mag dies keine negativen Auswirkungen haben. In Frankreich hätte der Chef so etwas weniger gern, und in Japan wäre es undenkbar, denn der Chef würde sich auf so etwas gar nicht erst einlassen.

In Indien und in arabischen Ländern sollte man darauf achten, möglichst nur Teilnehmer ähnlicher Hierarchie zu einem Meeting einzuladen.

Man unterscheidet, je nach der Rolle, die der Chef spielt, Kulturen mit hoher und niedriger Machtdistanz.

In Ländern mit **niedriger Machtdistanz** muss man sich die Macht in einer Organisation durch Tüchtigkeit erwerben. Sie kann einem schnell wieder genommen werden, wenn die Ergebnisse nicht zufrieden stellend sind. Man muss sich praktisch seine Macht immer wieder neu erarbeiten. Dafür kann man es in Ländern mit niedriger Machtdistanz buchstäblich vom Tellerwäscher zum Millionär bringen.

In Ländern mit **hoher Machtdistanz** erhält man Macht in einer Organisation zum größten Teil auf Grund seiner Abstammung, seines Alters, seiner Zugehörigkeit zu bestimmten Gruppen oder des Studienabschlusses an einer Eliteuniversität. Die einmal erhaltene Macht wird dann nicht mehr durch die Ergebnisse beeinflusst, sie muss nur durch Wohlverhalten gegenüber der höheren Hierarchie gepflegt werden. Diese Macht hat auch Gültigkeit außerhalb des Unternehmens, d. h., der Mitarbeiter wird seinen Chef nach Feierabend genauso ehrerbietig behandeln wie während der Dienstzeit. Dafür hat der Chef aber auch eine Art väterlicher Fürsorgepflicht gegenüber dem Mitarbeiter.

Die folgende Tabelle zeigt die wichtigsten Unterschiede im Verhalten von und im Umgang mit Kulturen unterschiedlicher Machtdistanz. Deutschland ist dabei den Ländern mit unterdurchschnittlicher Machtdistanz zuzurechnen, wie die meisten anderen westeuropäischen Länder auch.

Kulturen mit hoher Machtdistanz	Kulturen mit niedriger Machtdistanz
Typische Länder Arabische Länder, Brasilien, China, Frankreich, Griechenland, Indien, Indonesien, Italien, Japan, Jugoslawien, Kolumbien, Malaysia, Mexiko, Philippinen, Spanien, Südkorea, Thailand, Türkei, Venezuela.	**Typische Länder** Australien, Dänemark, Deutschland, Großbritannien, Finnland, Israel, Irland, Kanada, Niederlande, Schweden, Norwegen, Österreich, USA, Schweiz.
Typisches Verhalten Titel sind wichtig, Respekt gegenüber Vorgesetzten ist Maßstab für Firmenverbundenheit, Manager sind dominant männlich, Alter ist oft Maßstab für Macht, Widerspruch gegenüber Chef ist unziemlich.	**Typisches Verhalten** Titel werden nur in relevanter Situation gebraucht, Respekt gegenüber Chef hängt von dessen Tüchtigkeit ab, Alter und Geschlecht lassen wenig Rückschlüsse auf Machtposition zu, Widerspruch gegenüber Chef ist durchaus üblich, Respekt gilt nur innerhalb des Unternehmens.
Zu beachten im Umgang mit ihnen Ihr Verhandlungsteam sollte aus genügend Managern mit entsprechender Position bestehen, Status der Manager der anderen Seite respektieren, auch wenn sie nicht Recht haben, Titel beachten und ansprechen, Unterschiede machen beim Umgang mit Managern unterschiedlicher Hierarchiestufen.	**Zu beachten im Umgang mit ihnen** Ihr Verhandlungsteam sollte genügend Leute mit technischem Spezialwissen haben, Wissen und Erfahrung der anderen Seite respektieren, auch wenn sie anderer Meinung ist, Titel benutzen, sofern sie fachlich relevant sind, Visitenkarten sollen Tätigkeitsbereich klar erkennen lassen.

10.2 Tab. 5: *Kulturen mit hoher Machtdistanz – Kulturen mit niedriger Machtdistanz*

Kulturschock

Das folgende Beispiel zeigt die Gefahr von Missverständnissen im Umgang mit Kulturen hoher Machtdistanz:

> Ein deutscher Vertriebsmanager in Indien wollte in seinem neuen Job seine Mitarbeiter vor allem durch Einbeziehung bei Entscheidungen motivieren. Er pflegte einen demokratischen Führungsstil und setzte auf Unkompliziertheit im Umgang mit anderen und eine Politik der offenen Tür. Sein erstes Meeting mit seinen Verkaufsmitarbeitern setzte er bereits früh um acht Uhr an. Er bat um Vorschläge für die Neuorganisation des Vertriebs und erwartete eine rege Diskussion. Zu seiner Verwunderung kamen kaum Beiträge. Nach einer Weile brach er das Meeting ab und bat den dienstältesten Mitarbeiter, mit ihm in sein Büro zu kommen. Dort fragte er ihn, wieso die anderen so verschlossen waren und was er anders machen sollte.
> Erst nach langem Widerstreben gab der andere ihm einige Hinweise über die Gepflogenheiten in Indien.

Ein Manager in Indien wird dafür bezahlt, dass er Entscheidungen trifft. Diskussionen sind nicht gefragt und verwirren die Mitarbeiter. Ein Manager kommt auch nicht früh um acht Uhr in die Firma, sondern gegen zehn. Und eine Politik der offenen Tür wird auch nicht verstanden, denn Hierarchien müssen respektiert werden. Mit seiner Art des „volksnahen Managements" hat er den Respekt seiner Mitarbeiter aufs Spiel gesetzt.

Literatur

Brislin/Yoshida (1994): Brislin, Richard W./Yoshida, Tomoko: Improving Intercultural Interactions, Thousand Oaks Calif.

Copeland/Griggs (1986): Copeland, Lennie/Griggs, Lewis: Going International, How to Make Friends and Deal Effectively in the Global Marketplace, New York

Hoecklin (1995): Hoecklin, Lisa: Managing Cultural Differences, Strategies for Competitive Advantage, Wokingham England

Hofsteede (1993): Hofstede, Geert: Interkulturelle Zusammenarbeit, Kulturen – Organisationen – Management, Wiesbaden

Lewis (1996): Lewis, Richard D.: When Cultures Collide, Managing Successfully Across Cultures, London

Trompenaars/Hampden-Turner (1997): Trompenaars, Fons/Hampden-Turner, Charles: Riding the Waves of Culture, Understanding Cultural Diversity in Business, London

10.3 Auslandsmarkterschließung

Werner Schurawitzki

Die Fragen des Vertriebs im Allgemeinen sowie die Fragen des Vertriebs auf Auslandsmärkten im Speziellen haben in den letzten Jahren in der einschlägigen Literatur – gemessen an anderen Themenbereichen – eine eher untergeordnete Behandlung erfahren. Fragen des Auslandsmarketings und andere Sachverhalte haben im Vergleich zu Vertriebsfragestellungen lange Zeit eine deutlich gewichtigere Position innegehabt als die Fragen, die sich aus dem adäquaten Verkauf von Produkten und Dienstleistungen an Handelspartner, Zwischenhändler und Endverbraucher ergeben.

Die Geringschätzung der Vertriebsthematik hat sich erst in den letzten Jahren mit dem gestiegenen Interesse an dem Begriff der Kundenzufriedenheit und ihren Voraussetzungen und Folgen in eine hohe Wertschätzung verwandelt. In der Diskussion um die Kundenzufriedenheit und die Methoden zu ihrer Herstellung trat die Frage nach der Vertrauen schaffenden Interaktion mit dem Handelspartner und Endverbraucher in der Vorverkaufs-, der Kauf- und der Nachkaufphase in den Vordergrund des Interesses.

Die Auseinandersetzung um die Konzepte der Kundenzufriedenheit bezog sich in ihrer Anfangsphase zunächst auf die besonders interaktionsintensive Branche der Dienstleistungsunternehmen (*Bieberstein 1998, S. 252ff.*), obwohl Meffert bereits 1994 gezeigt hatte, dass die Frage nach der Bedeutung der Kundenzufriedenheit nicht strikt typologisierend dahingehend entschieden werden kann, dass diese für Dienstleistungsunternehmen sehr wichtig, für Nichtdienstleistungsunternehmen hingegen von untergeordneter Bedeutung sei (*Meffert 1994, S. 519–541*). Er vertrat vielmehr die Auffassung, eine marktorientierte Führung von Unternehmen mit dem Ziel der Kundenzufriedenheit sei weniger von der Branchenzugehörigkeit eines Unternehmens, sondern vielmehr von dem „Interaktionsgrad, der zu einer Differenzierung zwischen quasiindustriellem und interaktionsorientiertem Management führt (...) sowie ... (dem) Individualisierungsgrad, der ein Kontinuum zwischen der Standardisierung von Leistungen und der individuellen Kundenorientierung im Sinne einer 'Customization' aufspannt (...)“ abhängig (*Meffert 1994, S. 523*).

Interaktions- und Individualisierungsgrad sind seiner Meinung nach Unterformen des Integrationsgrades, mit dessen Hilfe beschrieben werden kann, wie stark die Zwischenhändler und Endverbraucher in die Herstellung und den Vertrieb eines Produktes oder einer Dienstleistung, deren Immaterialitätsgrad unterschiedlich ausgeprägt sein kann, einbezogen werden müssen, damit Kundenzufriedenheit entstehen kann (*Meffert 1994, S. 524f.*).

Erst vor dem Hintergrund der so neu eröffneten Diskussion ergab sich ein erweitertes Verständnis dafür, dass eine individualisierende und interaktive Kundenbetreuung nicht nur bei der Herstellung und dem Vertrieb von im Wesentlichen immateriellen Dienstleistungen, sondern ebenfalls bei der Herstellung und dem Vertrieb überwiegend materieller Produkte einen nicht unerheblichen Erfolgsfaktor darstellt, in dessen Rahmen den entsprechenden Aktivitäten des Vertriebs – und hier insbesondere der Verkaufsvorbereitung und der Verkaufsnachbereitung – ein erweitertes Interesse eingeräumt wurde, das sich erwartungsgemäß besonders im Bereich des internationalen Vertriebs manifestierte, obwohl dieser mit den zunehmenden Möglichkeiten des Vertriebs über elektronische Medien wie das Internet zumindest im Bereich standardisierter Produkte vielen Betrachtern zunächst unproblematisch erschien.

10.3.1 Voraussetzungen und Grundlagen der Vertriebstätigkeit im Ausland

Es ist unschwer nachvollziehbar, dass gerade der internationale Vertrieb von Produkten und Dienstleistungen in eine Vielzahl unterschiedlicher Länder mit zum Teil stark differierenden kulturellen, historischen und religiösen Hintergründen besondere Anforderungen an den Interaktions- und Individualisierungsgrad der Vertriebsleistungen stellt, da hier folglich auch die Qualitäts- und Serviceerwartungen sowie die Verkaufs- und Verbrauchsverhaltensweisen der Handelsmittler und Endverbraucher stark unterschiedlich sein können.

Die vertriebsseitige Rücksichtnahme auf die unterschiedlichen Erwartungshaltungen und Verhaltensweisen der Handelspartner und Endverbraucher in verschiedenen Ländern wird hierbei umso stärker ausgeprägt sein müssen, je mehr eine Unternehmung bemüht ist, aus Kostengründen möglichst weitgehend international standardisierte Produkte und Dienstleistungen auf den unterschiedlichen Märkten zu vertreiben. In diesem Falle verschiebt sich die Anpassung der Unternehmensleistung an die Erfordernisse des Absatzmarkts von der Ebene der Produktpolitik auf die Ebene der Vertriebspolitik, wodurch eine „Gleichzeitigkeit des Ungleichzeitigen" hergestellt werden soll, nämlich eine aus Kostengründen möglichst standardisierte Produktpolitik mit einer aus Erlösgründen möglichst differenzierten Kundenansprache zu verbinden (*Schurawitzki 1995, S. 106*).

Der Versuch der Standardisierung der Unternehmensleistung bei gleichzeitiger Aufrechterhaltung eines möglichst hohen Differenzierungsgrades zeigt zutreffend das Dilemma der Betätigung auf internationalen Märkten auf, die als eine ständige Gradwanderung zwischen beiden Extremen der Standardisierungs-Differenzierungsskala nach dem Motto: „So viel Standardisierung wie möglich, so viel Differenzierung wie nötig" (*Schurawitzki 1995, S. 27*) angesehen werden kann.

Die Vorschläge zur Lösung dieses Dilemmas sind ebenso zahlreich wie untereinander widersprüchlich. Während in den Anfangszeiten der Internationalisierungsdiskussion noch darüber gestritten wurde, ob Differenzierung tatsächlich immer zu Erlöserhöhungswirkungen führen müsse, oder ob sie nur diese Möglichkeit beinhalte, beziehungsweise, ob eine Standardisierung zwangsläufig zu Kosteneinsparungen führe, oder diese nur potenziell ermögliche

(*Berekoven 1985, S. 138*), setzte sich in der zeitlich späteren Diskussion die empirische Erkenntnis durch, dass die in der Wertkette eines Unternehmens vorgelagerten Funktionen – so zum Beispiel die interne und teilweise externe Logistik und die unterstützenden Funktionen – nicht an den Kundenstandort gebunden seien und deswegen an einem gemeinsamen Erbringungsort standardisiert werden können, während die nachgelagerten Funktionen – so zum Beispiel das Marketing, der Verkauf und der Kundendienst – an einem kundennahen Standort differenziert zu erbringen seien (*Porter 1989, S. 17ff.*).

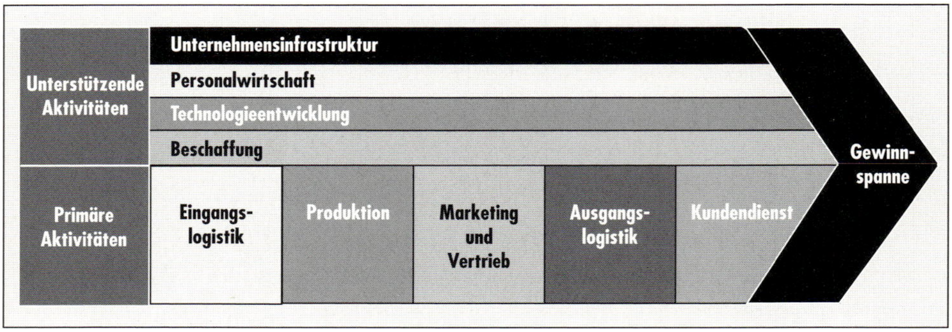

10.3 Abb. 1: ***Wertkette nach Porter***
Quelle: Porter 1989, S. 25

Die neueren Entwicklungen insbesondere im Bereich der elektronischen Kommunikation – E-Communication – und des elektronischen Handels – E-Commerce – zeigen aber, dass auch direkt kundenbezogene Aktivitäten wie zum Beispiel die Auftragsannahme, die Auftragsabwicklung oder das Beschwerdemanagement zu großen Teilen – wenn nicht sogar vollständig – durch Call-Center, Hotlines oder internetbasierte „Market-Spaces" abgewickelt werden können, die weit entfernt vom Kundenstandort betrieben werden, ohne dass der Kunde dies auf Grund der verbesserten Kommunikationsinfrastruktur und der weltweit gesunkenen Kommunikationskosten überhaupt bemerkt.

In diesen Fällen wird die klassische Kundenzufriedenheit, die auf der Vor-Ort-Präsenz eines Ansprechpartners für den Kunden beruht, ersetzt durch eine Kundenzufriedenheit, die auf der Ubiquität und Omnipräsenz der nachgefragten Leistungen, unabhängig vom Ort ihrer Entstehung, basiert (*Tiedtke 1998, S. 81*).

Insofern werden durch die derzeit gegebenen und immer stärker genutzten Möglichkeiten der elektronischen Kommunikation sowie durch die veränderten Voraussetzungen zur Schaffung von Kundenzufriedenheit die klassischen Grundprinzipien der internationalen Marktbearbeitung derart nachhaltig in Frage gestellt, dass es geboten erscheint, an dieser Stelle in aller gebotenen Kürze auf die grundlegenden strategischen Probleme der Auslandsmarkterschließung einzugehen, bevor Ansätze zu ihrer Lösung aufgezeigt werden sollen.

10.3.2 Strategische Probleme der Auslandsmarkterschließung

Die unterschiedlichen Probleme der Auslandsmarkterschließung lassen sich bei genauerer Betrachtung auf die strategische Fragestellung zurückführen, wie die durch das angestrebte Auslandsengagement und die durch die Differenzierung oder Standardisierung der auf diesen Märkten zu vertreibenden Produkte entstehenden Kosten der Unternehmung sich durch entsprechende Umsätze in den betreffenden Auslandsmärkten soweit decken lassen, dass auch im Rahmen des Auslandsengagements das von Gutenberg so genannte betriebliche Gleichgewicht hergestellt werden kann (*Gutenberg 1998, S. 95ff.*).

Diese zunächst sehr einfach klingende Problematik weist bei genauerer Betrachtung ein hohes Maß an Komplexität auf, denn die Betätigung auf Auslandsmärkten ist im Vergleich zu einer entsprechenden Aktivitätsausweitung im Heimatmarkt auf Grund einer Vielzahl von Besonderheiten sehr viel schwieriger zu planen, zu strukturieren und zu kalkulieren.

So werden in einem Auslandsmarkt viele Entscheidungsfelder – wie zum Beispiel die Verhaltenserwartungen der Verhandlungspartner oder die juristischen Rahmenbedingungen der Geschäftsanbahnung und -abwicklung – als problematisch und mit einem hohen Risiko behaftet angesehen, die bei einer entsprechenden Entscheidung im Inlandsmarkt allein deswegen weniger problematisch erscheinen, weil die zu beurteilenden Sachverhalte den Entscheidern intuitiv durchschaubar und kalkulierbar vorkommen.

Die Herstellung eines betrieblichen Gleichgewichts auf ausländischen Märkten ist somit als wesentlich schwieriger anzusehen als in einem Heimatmarkt, weil insbesondere die Frage nach der adäquaten Integration kulturell und historisch in ihren Verhaltensmustern anders sozialisierter Handelspartner und Endverbraucher für einen Entscheider aus einem anderen Kulturkreis nur sehr schwer zutreffend zu beantworten ist und sich eine Fehleinschätzung nachhaltig negativ auf die Kauf- und Preisbereitschaft auswirken kann.

Die besonderen strategischen Schwierigkeiten der Auslandsmarkterschließung ergeben sich in Weiterführung des Modells von Meffert also insbesondere in der zutreffenden Beantwortung der Frage, wie die Ansprache der zu integrierenden Handelspartner und Kunden vor dem Hintergrund ihrer Sozialisation so individualisierend und interaktivierend ausgestaltet werden kann, dass Kundenzufriedenheit auch in anderen Kulturkreisen hergestellt werden kann.

Nur in dem Maße aber, wie einem Unternehmen die Herstellung von Kundenzufriedenheit in einem Auslandsmarkt als Voraussetzung für eine entsprechende Renditeerzielung aus seinen Aktivitäten zufrieden stellend möglich erscheint, wird es bereit sein, Kapital auf diesem Auslandsmarkt auch unter Risikogesichtspunkten zu investieren.

10.3.2.1 Risikominimierung und Kapitalbindung

Das Risiko des Auslandsengagements eines Unternehmens steigt logischerweise mit der Höhe des im Ausland gebundenen Kapitals, das einer Reihe von Verwertungsrisiken unterliegt, die von ungenügender Ertragsträchtigkeit bis – im Extremfall – zur Enteignung oder Vernichtung des investierten Kapitals durch politische oder ethnische Konflikte innerhalb des Auslandsmarkts reichen können. Demzufolge wird ein Unternehmen bei der Entscheidung über die Form seines Auslandsengagements jene Form der Kapitalbindung wählen, die dem von ihm wahrgenommenen Risiko am ehesten entspricht.

Die Wirtschaftlichkeit der im Ausland vorgenommenen Investition kann mit Hilfe der Kapitalwertmethode ermittelt werden, die auf der Basis der nachstehenden Formel auch den Vergleich zwischen verschiedenen Formen des Auslandsengagements – wie zum Beispiel des direkten Exports, des Exports über Agenten, der Lizenzvergabe, der Gründung einer Verkaufsniederlassung etc. – ermöglicht (*Perlitz 1993, S. 227*).

$$C_s = -\sum_{t=0}^{T} \frac{I_{s,t}}{(1+i)^t} + \sum_{t=0}^{T} \frac{E_{s,t}}{(1+i)^t} + \frac{L_s}{(1+i)^T}$$

Hierbei bedeuten:

C_s: Kapitalwert der Gestaltungsform s

$I_{s,t}$: Notwendige Investition für die Gestaltungsform s zum Zeitpunkt t

$E_{s,t}$: Einzahlungsüberschuss im Jahr t für die Gestaltungsform s

T: Planungshorizont

L_s: Liquidationserlös am Ende des Planungshorizonts T

i: Kalkulationszinsfuss

Wie aus der vorstehenden Formel direkt ablesbar wird die Renditeerwartung eines Auslandsengagements im Wesentlichen von der Höhe der hierfür nötigen Investitionen sowie von den realistischerweise erwartbaren Einzahlungsüberschüssen aus dieser Investition, d. h. den erzielbaren Umsätzen abzüglich der hierfür anfallenden Kosten, bestimmt. Ist das Auslandsengagement nur für eine bestimmte Laufzeit geplant, deren Ende innerhalb der Planungsperiode erreicht wird, ist ebenfalls noch der Liquidationserlös aus der Veräußerung der getätigten Investitionen zu berücksichtigen.

Wenn man realistischerweise unterstellt, dass der Kapitalwert eines Auslandsmarktsengagements neben den Marktgegebenheiten – wie dem gesamten Absatzpotenzial oder der vorfindbaren Konkurrenzintensität – mehr oder minder direkt auch von dem Ausmaß der dort getätigten Investitionen abhängt, dann sind zu seiner Optimierung entweder die Höhe der benötigten Investitionen beziehungsweise die Summe laufend anfallenden Kosten zu minimieren oder die erwartbaren Umsatzerlöse zu maximieren.

Bezieht man an dieser Stelle erneut die schon geäußerte Überlegung mit ein, dass sich die Risikohaftigkeit eines Auslandsengagements insbesondere darin äußern kann, dass im Ausland getätigten Investitionen – im Wege der Zerstörung oder Enteignung – sich als nicht mehr nutzbar erweisen, bevor sich der investierte Betrag durch entsprechende Einzahlungsüberschüsse amortisiert hat oder durch die Erzielung eines Liquidationserlöses gedeckt werden kann, dann wird offenbar, dass sich die Chancen-Risiko-Erwägungen eines Unternehmens bei der Planung einer Auslandsmarkterschließung insbesondere auf die Art und den Umfang der im Ausland zu tätigenden Investitionen beziehen werden.

Da auf der anderen Seite aber auch die Tiefe und Breite des Auslandsengagements von der Höhe der getätigten Investitionen abhängt, die selbst wiederum die erzielbaren Einzahlungsüberschüsse wesentlich mit beeinflussen, zeichnet sich im Bereich der zu planenden Auslandsinvestitionen deutlich der von dem Unternehmen zu lösende Konflikt zwischen der Risikominimierung und der Ertragsmaximierung durch eine entsprechende Kapitalbindungsentscheidung ab.

10.3.2.2 Vertriebsvorbereitung und -nachbereitung

Wie bereits angedeutet beeinflusst die Höhe des in ein Auslandsengagement investierten Kapitals auch wesentlich die Möglichkeiten eines Unternehmens, insbesondere im Bereich der Verkaufsvor- und -nachbereitung, vertrauensschaffend mit seinen Zwischenhändlern und Endverbrauchern zu interagieren.

So sind bei der wenig Kapital bindenden und kaum risikoträchtigen Entscheidung, einen Auslandsmarkt durch einen indirekten Export in Zusammenarbeit mit einem ausländischen Importeur zu beliefern, kaum verkaufsvorbereitende oder -nachbereitende Aktivitäten vorstellbar, da der Importeur lediglich für den reinen Verkauf der importierten Ware bezahlt wird und kaum weitere Aktivitäten entfalten wird. Der Aufbau einer eigenen Vertriebsniederlassung im Ausland hingegen ermöglicht vielfältige Formen verkaufsbegleitender Aktivitäten, ist aber im Vergleich zum indirekten Export wesentlich kapital- und risikointensiver.

Anhand der nachfolgenden Grafik kann unschwer verdeutlicht werden, dass der Verkauf eines standardisierten Produktes oder einer standardisierten Dienstleistung wie zum Beispiel eines reproduzierten Teils oder einer standardisierbaren Datenbankdienstleistung auch ohne wesentliche verkaufsvor- und -nachbereitende Maßnahmen erfolgen kann, während die Erstellung eines Versicherungspaketes, die Durchführung eines Gruppensprachkurses oder einer Unternehmensberatung sowohl im Hinblick auf ihren Individualisierungs- als auch auf ihren Interaktionsgrad so hohe Anforderungen an die individuelle Kundenbetreuung stellt, dass diese kaum in standardisierbarer Form erbracht werden können.

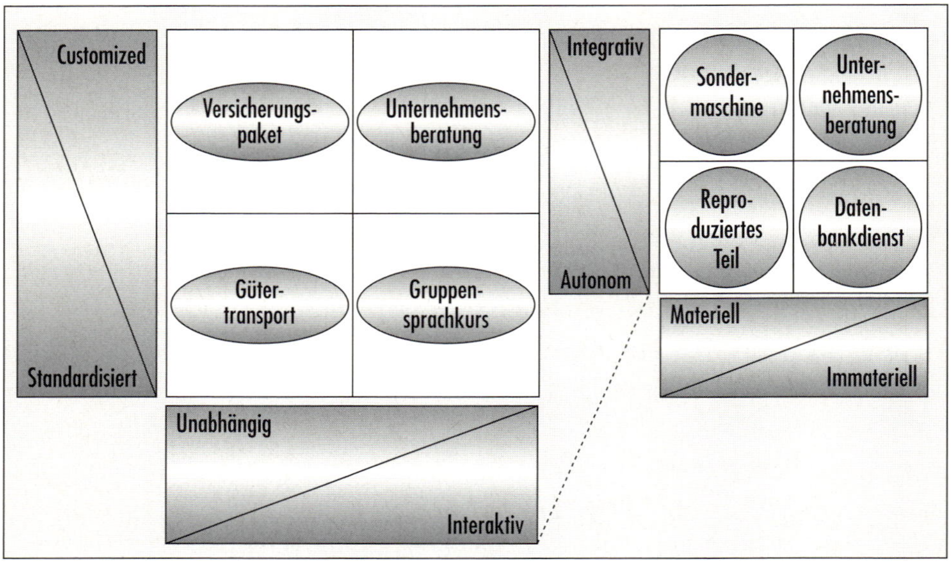

10.3 Abb. 2: ***Erweiterte Leistungstypologie***
Quelle: Meffert 1994, S. 524

Je stärker der Individualisierungsgrad und der Interaktionsgrad der auf einem Auslandsmarkt anzubietenden Unternehmensleistung ist, umso mehr müssen zunehmend Teile der Wertschöpfungskette des Unternehmens in dem jeweiligen Auslandsmarkt angesiedelt werden, damit ein interaktives Marketing und ein interaktiver Verkauf als Folge der zunehmenden Integration externer Partner wie der Zwischenhändler und der Endverbraucher (*Bieberstein 1998, S. 221*) möglich wird.

Folglich bestimmen die Individualisierungs- und Interaktionsnotwendigkeiten, die aus dem Angebot von Unternehmensleistungen auf einem Auslandsmarkt resultieren, grundsätzlich das Ausmaß der notwendigen Kapitalbindung in diesem Markt, solange keine äquifunktionalen Möglichkeiten der Kundenintegration verfügbar sind. Die Integration des Kunden oder Zwischenhändlers in den Leistungsprozess des Unternehmens verfolgt unter anderem das Ziel, durch die Schaffung spezieller Mehrwerte für einen Kunden einen Added Value zu schaffen, der in mindestens zwei Hinsichten ertragssteigernd wirken und somit das oben erwähnte Investitions-Einzahlungsüberschuss-Verhältnis der Auslandsinvestition deutlich verbessern kann.

Zum einen ist die Gewinnung eines Neukunden im Verhältnis zur Pflege und Bindung eines schon vorhandenen Kunden um circa das Fünf- bis Siebenfache teurer (*Becker 1998, S. 631*), zum zweiten ist ein langfristig mit einer Unternehmensleistung zufriedener Kunde deutlich eher bereit, für eine Dienstleistung oder ein Produkt höhere Preise zu bezahlen als ein Kunde, der als Neukunde bezüglich der zu erwartenden Dienstleistungs- oder Produktqualität noch unsicher ist. Die langfristige, erfolgreiche Stabilisierung von Lieferanten-Kunden-Beziehungen kann dann als Kundenbindung bezeichnet werden. Die diesbezüglichen Beziehungszusammenhänge verdeutlicht die nachstehende Grafik.

10.3.2.3 Kundenzufriedenheit und Kundenbindung

Nachdem gezeigt werden konnte, welchen mittel- und langfristig Einzahlungsüberschuss erhöhenden Effekt die Kundenbindung zeitigen kann, soll an dieser Stelle versucht werden, das Konstrukt der Kundenbindung und seine Folgewirkungen zu verdeutlichen.

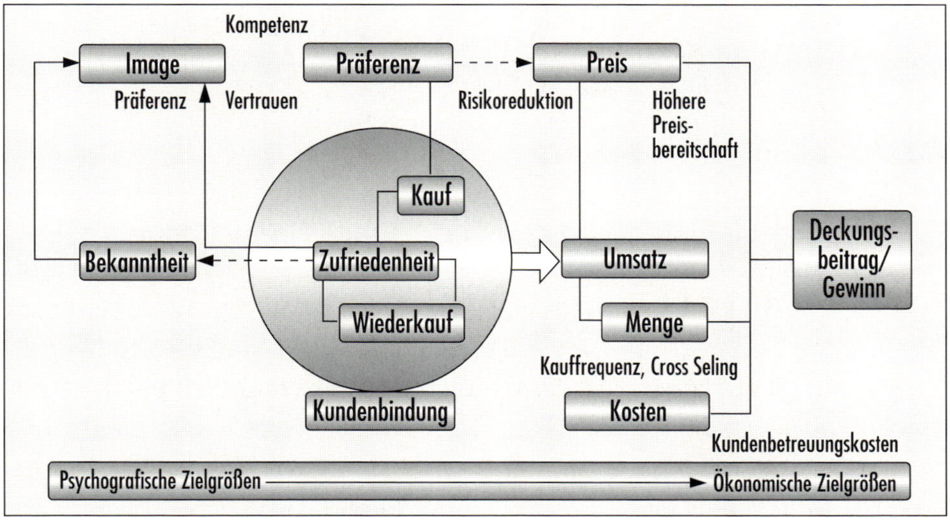

10.3 Abb. 3: ***Kundenbindung im Zielsystem der Unternehmung***
Quelle: Meffert 1994, S. 526

Nach der Definition von Becker beinhaltet die Kundenbindung „alle Ansätze des Anbieters, die dazu führen, dass Kunden Wiederkäufe tätigen und nicht zu den Angeboten der Wettbewerber wechseln“ (*Becker 1998, S. 885*), was insbesondere bei Angeboten ausländischer Hersteller mit nur geringen Marktanteilen und einem geringen Bekanntheitsgrad auf dem ausländischen Markt eine erhebliche Gefahr darstellen kann.

Nach der Definition von Diller umfasst Kundenbindung aus der Sicht des Herstellers alle Maßnahmen, die dazu beitragen, sowohl die bisherigen Verhaltensweisen als auch die zukünftigen Verhaltensabsichten eines Kunden so positiv zu gestalten, dass die Kunden-Lieferanten-Beziehung langfristig stabilisiert und ausgeweitet werden kann. Dies kann durch den Aufbau von Wechselbarrieren oder von Kontaktstellen geschehen (*Diller 1996, S. 82f.*), was grundsätzlich in der Form von Sachinvestitionen im Auslandsmarkt – zum Beispiel durch den Aufbau von Verkaufsniederlassungen und Ähnlichem – durchführbar ist.

Aus der Kundensicht beruht die Bindung an einen Hersteller auf einer positiven kundenseitigen Einstellung, die aus der subjektiv wahrgenommenen Eignung der Produkte und Dienstleistungen des Herstellers zur Befriedigung eigener Motive des Kunden resultiert und sich üblicherweise in Form von Folgekäufen äußert (*Diller 1996, S. 83f.*), die insbesondere auf entsprechende kundenspezifische Marketingaufwendungen zurückgeführt werden kann.

Die hieraus resultierende Kundenbindung kann nach Bliemel und Eggert in die Form der Kundengebundenheit sowie in die Form der Kundenverbundenheit unterschieden werden. Hierbei entsteht Gebundenheit durch den Aufbau von Wechselbarrieren, die die Freiheit des Kunden bei der Entscheidung für oder gegen das Angebot eines Herstellers einschränken (*Bliemel/Eggert 1998, S. 41*). Kundenverbundenheit hingegen basiert auf einer freiwilligen und tiefer gehenden Beziehung, die durch das Zusammenwirken von Zufriedenheit und Vertrauen entsteht, wie die nachfolgende Grafik zeigt.

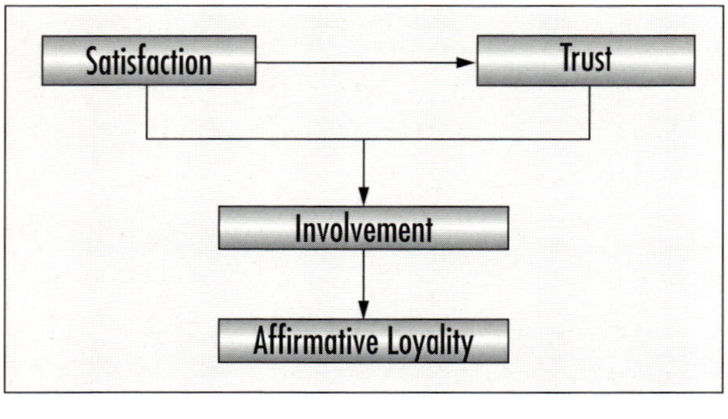

10.3 Abb. 4: ***Involvement-Strategy***
Quelle: Koerner/Zimmermann 1999, S. 5

Wie der Grafik zu entnehmen ist, bildet die Zufriedenheit, die als „the extent to which benefits actually receive, meet or exceed the perceived equitable level of benefits“ (*Bauer/Grether/Leach 1998, S. 6*) definiert werden kann, die Basis für ein Vertrauen gegenüber einem Unternehmen und dem von ihm

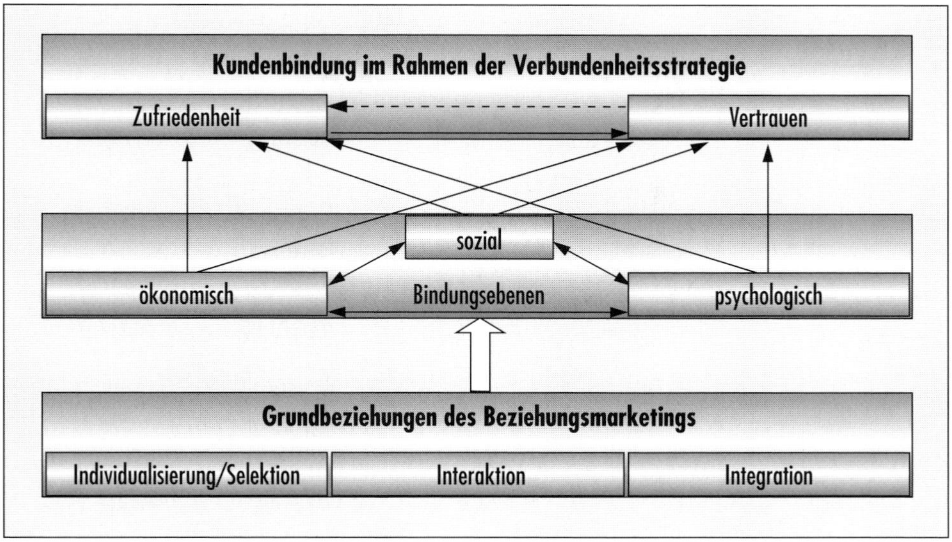

10.3 Abb. 5: ***Kundenbindung, Bindungsebenen und Grundprinzipien***
Quelle: Schilling 1999, S. 35

angebotenen Produkten und Dienstleistungen, die die schon erwähnten Einzahlungsüberschusssteigerungen durch eine erhöhte Preisbereitschaft, gestiegene Kauffrequenz und Cross-Selling möglich macht. Das Kundenvertrauen selbst kann als Form einer psychologischen Einstellung verstanden werden, die sowohl konative Elemente (Verhaltenskomponenten) als auch affektive (emotionale Komponenten) und kognitive (erkenntnismäßige Komponenten) Elemente enthält (*Weinberg 1998, S. 45*). Während nun zunächst angenommen werden kann, dass die Herstellung von Zufriedenheit und Vertrauen in kulturell unterschiedlich geprägten Umwelten eine Schwierigkeit besonderen Ausmaßes darstellt, da insbesondere die ökonomischen und sozialen Ebenen der Bindung in kulturell unterschiedlichen Umwelten einer völlig unterschiedlichen Prägung unterliegen, zeigen die der Kundenbindung zugrunde liegenden Grundprinzipien des Beziehungsmarketings – die bereits eingangs erwähnte Individualisierung, die Interaktion und die Integration des Kunden – eine bemerkenswert kulturkreisübergreifende, weil auf den Grundbedürfnissen des Individuums aufbauende Qualität.

Hierdurch ergibt sich ein Verweis auf die zu Anfang dieses Kapitels herausgearbeiteten Konzepte der Interaktion, Integration und der Individualisierung, die ursprünglich für die Branche der Dienstleistungsunternehmen entwickelt worden waren, bis Meffert zeigen konnte, dass diese auch auf andere Branchen übertragbar sind. Die zuvor gemachten Ausführungen dieses Kapitels zeigen nun, dass diese Konzepte ebenfalls auf die Fragestellungen des internationalen Marketings und Vertriebs angewendet werden und einen Zugang zu den oftmals schwierigen Fragen optimaler Betreuung kulturell unterschiedlich geprägter Kunden liefern können.

Verfolgt man das Konzept der Kundenbindung durch Kundenzufriedenheit weiter, findet sich ein weiterer Anknüpfungspunkt zu den Fragen des internationalen Vertriebs. Wie bereits gezeigt besteht die zentrale Aufgabe der internationalen Vertriebsorganisation darin, eine Form des Engagements auf Auslandsmärkten zu finden, die eine Relation zwischen Anfangsinvestitionen und erzielbaren Einnahmeüberschüssen dergestalt herstellt, dass ein rentabler Betrieb des Auslandsengagements mittel- und langfristig möglich wird.

Wie die Formel zur Berechnung des Kapitalwerts der Gestaltungsform des Auslandsengagements zeigt, hängt ihr Ertrag – neben dem möglichen Veräußerungserlös am Ende der Nutzungsperiode – im Wesentlichen von den Einzahlungsüberschüssen ab, die während der Laufzeit der wirtschaftlichen Aktivitäten erzielt werden. Diese können als die Summe der Einzelkundenumsätze abzüglich der hierfür anfallenden Herstellungskosten und der kundenspezifischen Marktingaufwendungen verstanden werden, die in individualisierter Form ebenfalls zur Berechnung des diskontierten Lebenszeitwerts (*Link/Hildebrand 1997, S. 165*) eines mit einem Unternehmen verbundenen Kunden verwendet werden kann:

$$V_i = \sum_{t=0}^{T} \frac{x_t \cdot (p-k) - M_t}{(1+i)^t}$$

Hierbei bedeuten:

V_i: Barwert der zukünftigen Nettoeinnahmen des Kunden

t: Jahr

T: Voraussichtliche Zahl der Jahre, in denen der Umworbene Kunde bleibt

x_t: Abnahmeprognose für das Jahr t

p: (Kundenindividueller) Produktpreis

k: Stückkosten

M_t: Kundenspezifische Marketingaufwendungen im Jahr t

i: Kalkulationszinsfuß

Verzichtet man in der obigen Formel auf die direkte Diskontierung des Lebenszeitwerts eines Kunden, so erhält man mit der Summe der einfachen Lebenszeitwerte aller Kunden eine Rechengröße, die als dem Einzahlungsüberschuss äquivalente Rechengröße angesehen werden und in die weitere Berechnung des gesamten Kapitalwerts des Auslandsengagements eingehen kann:

$$E_{s,t} = \sum_{t=0}^{T}\sum_{n=1}^{N} V_{n,t} = \sum_{t=0}^{T}\sum_{n=1}^{N} x_{n,t} \cdot (p-k) - M_{n,t}$$

In diesem Falle können die mit einem Auslandsengagement verbundenen Aufwendungen und Erträge als hinreichend genau beschrieben angesehen werden, um einen Entscheidungsrahmen für die Bewertung der unterschiedlichen Formen des Auslandsengagements mit Hilfe der erweiterten Formel zur Ermittlung des Kapitalwerts abzugeben:

$$C_s = -\sum_{t=0}^{T} \frac{I_{s,t}}{(1+i)^t} + \sum_{t=0}^{T} \frac{\sum_{n=1}^{N} (x_{n,t} \cdot (p-k) - M_{n,t})}{(1+i)^t} + \frac{L_s}{(1+i)^T}$$

Fasst man diese Ergebnisse mit den bereits erwähnten Grundprinzipien des Kundenbindungs- und -beziehungsmarketings zusammen, so lässt sich als grundlegende Erkenntnis festhalten, dass der Erfolg eines Auslandsengagements grundsätzlich davon abhängt,

- in welcher Höhe ein Unternehmen in einem Auslandsmarkt bereit ist, in Sachanlagen zu investieren,
- in welcher Höhe ein Unternehmen in einem Auslandsmarkt bereit ist, in kundenspezifische Marketingaufwendungen zu investieren, und
- in welchem Maße die Investition in Sachanlagen und in Marketingaufwendungen dafür geeignet ist, langfristige Bindungen zwischen dem Unternehmen und seinen Kunden im Sinne einer Verbundenheitsstrategie herzustellen.

10.3.3 Operationale Probleme der Auslandsmarkterschließung

Bei genauerer Betrachtung der obigen Formel zeigt sich, dass die Investitionen eines Unternehmens in eine im Ausland befindliche Sachanlage und die laufenden Aufwendungen für die kundenspezifische Betreuung im Auslandsmarkt als die wesentlichen Aufwandsfaktoren und die prognostizierten Abnahmemengen je Kunde multipliziert mit den hieraus resultierenden Deckungsbeiträgen die wesentlichen Ertragsfaktoren des Auslandsengagements sind.

Folgt man diesem Grundgedanken weiter, so lässt sich unter der Voraussetzung der Pareto-Optimalität schlussfolgern, dass die Investitionen in die entsprechenden Sachanlagen beziehungsweise in die kundenspezifischen Marketingaufwendungen als substitutiv angesehen werden müssten. In diesem Falle müsste – bei einem mehr oder minder feststehenden und bekannten Ertragspotenzial eines Auslandsmarktes – ein Auslandsengagement mit nur geringen Investitionen in Sachanlagen entsprechend höhere Aufwendungen für die kundenspezifische Betreuung nach sich ziehen, wie im Umkehrschluss eine höhere Investition in Sachanlagen geringere Aufwendungen für kundenspezifische Marketingaufwendungen bedeuten würde.

Die genauere Betrachtung der empirischen Vorgehensweise bei der Auslandsmarkterschließung zeigt jedoch, dass ein solcher Substitutionssachverhalt keinesfalls immer vorgefunden werden kann. Vielmehr zeigt sich in der Mehrzahl der Fälle, dass die mit der Erschließung eines Auslandsmarkts befassten Unternehmen die Investitions- und laufenden Aufwendungen für ein Auslandsengagement immer nur in einem bestimmten Verhältnis zueinander variieren, so dass steigende Aufwendungen für Sachanlagen auch steigende Aufwendungen für kundenspezifische Marketingmaßannahmen nach sich ziehen et vice versa.

10.3.3.1 Klassische Formen der Auslandsmarktschließung

Das Verhältnis der Gesamtaufwendungen für ein Auslandsengagement – ohne Unterscheidung zwischen Sachanlageinvestitionen und laufenden Marketingaufwendungen – im Verhältnis zu den zu erwartenden Einzahlungsüberschüssen und den hierauf bezogenen Risikoerwägungen scheint demzufolge in der Praxis der Auslandsmarkterschließung deutlich bestimmender gewesen zu sein als die obige Frage nach der Zusammensetzung der diesbezüglichen Aufwendungen, wie es auch die nachfolgende Grafik zeigt (Abb. 6).

Folgt man dieser historisch belegbaren Stufenfolge des Auf- und Ausbaus von Auslandsengagements, so wird ersichtlich, dass die mit nur geringem Investitionsmittelbedarf verbundenen Formen der Auslandsmarkterschließung – wie zum Beispiel der direkte oder indirekte Export – kaum Möglichkeiten zu kundenbezogenen Marketingmaßnahmen offenlassen, da bei direktem Export die eigenen und bei indirektem Export die rechtlich selbständigen oder nur mittelbar an das exportierende Unternehmen gebundenen Vertriebsmitarbeiter im Auslandsmarkt ihre Hauptaufgabe im Verkauf der exportierten Produkte und nicht im Bereich der vertriebsvorbereitenden und -nachbereitenden Maßnahmen sehen, weil sie auch dementsprechend über verkaufsbezogene Provisionen entlohnt werden (*Schurawitzki 1995, S. 70ff.*).

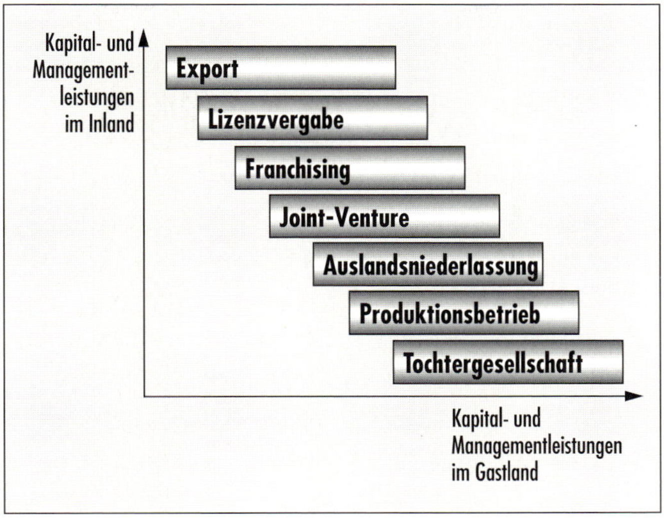

10.3 Abb. 6: ***Realisierungsstufen des internationalen Marketing***
Quelle: Becker 1998, S. 324

Die anderen Formen der Auslandsmarkterschließung hingegen erfordern entweder – wie zum Beispiel die Auslandsniederlassung, der Produktionsbetrieb oder die Tochtergesellschaft – bedeutend höhere Investitionen in Sachanlagekapital, um kundenbezogene Marketingaufwendungen möglich zu machen, oder sie machen – wie die Lizenzvergabe, das Franchising oder das Joint-Venture – die Beteiligung Dritter nötig, die zwar das Risiko bezüglich des investierten Kapitals unter den Beteiligten aufteilen, aber aus Gründen der jeweils eingeschränkten Entscheidungsfreiheit der Beteiligten oder auch aus Gründen der Geheimhaltung vertraulicher Firmeninformationen nicht immer gerne gewählt werden. (*Schurawitzki 1995, S. 70ff.*)

Demzufolge bestand das Dilemma der erfolgreichen Auslandsmarkterschließung mit klassischen Methoden darin, dass das Erzielen von zufrieden stellenden Einzahlungsüberschüssen in ausländischen Märkten grundsätzlich immer mit der Investition in Sachanlagen wie Vertriebsniederlassungen oder Tochtergesellschaften verbunden war, bevor Aufwendungen für eine kundenspezifische Marketingbetreuung möglich und sinnvoll wurden.

Diese Investitionen wurden jedoch in vielen Fällen als extrem risikobehaftet empfunden und demzufolge in deutlich geringerem Maße getätigt, als es dem Umsatzpotential dieses Auslandsmarkts entsprochen hätte, oder sie unterblieben vollständig. Der Mittelweg bestand dann häufig im Eingehen strategischer Allianzen mit unabhängigen Dritten, die unter dem Aspekt der Entscheidungsfreiheit der beteiligten Partner aber ebenfalls als nicht unkritisch angesehen wurden (*Meffert/Bolz 1994, S. 66ff.*).

10.3.3.2 Innovative Formen der Auslandsmarkterschließung

Wie bereits schon an früherer Stelle angedeutet, beruht die Kundennähe der internetbasierten Formen der Auslandsmarkterschließung auf dem Konzept der medialen Ubiquität und Omnipräsenz statt auf dem Konzept der physischen Vor-Ort-Verfügbarkeit der Unternehmensleistungen.

Hierdurch werden die Möglichkeiten der kundenspezifischen Marketingbetreuung von Handelsmittlern und Endverbrauchern im Ausland weitgehend von der Notwendigkeit, vorher Investitionen in Sachanlagegüter im Ausland zu tätigen, entkoppelt und das Investitionsrisiko des Unternehmens erheblich vermindert.

Demzufolge entsteht für die Unternehmen nun die Möglichkeit, deutlich höhere kundenspezifische Marketingaufwendungen in den jeweiligen Märkten zu tätigen, die vor dem Hintergrund einer stark gestiegenen Konkurrenzintensität im Bereich der internationalen, digitalen Kommunikation mit den Kunden und ihrer im Wesentlichen ebenfalls digitalisierten, internationalen Vertriebsbetreuung in Zukunft wohl als ebenso erfolgsentscheidend und risikobehaftet angesehen werden müssen wie die Investition in Sachanlagen im Bereich der klassischen Auslandsmarkterschließungsstrategien.

So lässt sich die – wiederholte – Ansprache eines Kundenkreises in einem Auslandsmarkt zur Herstellung von Kundenzufriedenheit auf Grund guter, kundenspezifischer Betreuung mit den Möglichkeiten des Internets wesentlich einfacher realisieren als mit den klassischen Mitteln des Auslandsvertriebs, zumal sich bei richtiger Handhabung hier auch die Möglichkeiten der Disintermediation, d. h. der vollständigen Ausschaltung von Zwischenhändlern durch die Hersteller ergeben (*Strauß/Schoder 1999, S. 67*).

Es darf hierbei jedoch nicht übersehen werden, dass das Internet als omnipräsentes und datenmächtiges Medium (*Gerth 1998, S. 138*) diese Betreuungsmöglichkeiten nicht nur dem eigenen Unternehmen, sondern auch allen seinen Konkurrenten bietet, die bereit sind, sich auf diesen Kommunikations- und Distributionsweg ernsthaft einzulassen. Hinzu kommt die Tatsache, dass der Market-Space des Internets im Gegensatz zum klassischen Market-Place eine im Wesentlichen auf der Freiwilligkeit und dem Aktionismus des Verbrauchers basierende Kommunikations- und Vertriebsplattform darstellt, auf der der nächste Wettbewerber immer nur einen „Mausklick" weit entfernt ist. Angesichts der nicht hierarchischen Struktur des Internets versagen hier oftmals die klassischen Strategien, Kunden durch den Aufbau von Wechselbarrieren an einen einzigen Hersteller zu binden.

Im Umkehrschluss führt die aus der nicht hierarchischen Struktur resultierende Unüberschaubarkeit des gesamten Internetangebots zu Hilfsangeboten durch „Info-Preneure", die durch die Bereitstellung von Suchmaschinen und ähnlichen Angeboten die Orientierung der Kunden innerhalb des Internets vereinfachen (*Rothe 1999, S 78*) und sich für diese Dienstleistung entweder durch die Kunden direkt oder durch die Anbieter im Internet entlohnen lassen.

Diese Dienstleister können sich – je nach Weiterentwicklung der elektronischen Kommunikation – für den Bereich der E-Communication und des E-Commerce als ähnliche Kommunikations- und Distributionsbarrieren (Gate-Keeper) bei der Erschließung von Märkten herausstellen, wie es die Handelsketten und Zwischenvertriebsorganisationen im klassischen Markterschließungsmodell bereits sind.

Insbesondere in den Fällen, in denen die Internet-Dienstleister den Kunden nicht nur das Auffinden geeigneter Webadressen, sondern darüber hinaus Zusatzdienstleistungen wie internationale Preisvergleiche u. Ä. ermöglichen, werden sie ähnliche Preis- und Marktgestaltungsfunktionen im Internet übernehmen wie die Handelsketten durch ihre Sortimentsausgleichsfunktion im klassischen Vertriebsmodell.

10.3.3.3 Störungen des betrieblichen Gleichgewichts

Ebenso, wie sich die Erfolgsbedingungen der klassischen Auslandsmarkterschließungsstrategien von denen der innovativen Strategien maßgeblich unterscheiden, können auch die Störungen des betrieblichen Gleichgewichts bei der inadäquaten Erschließung eines Auslandsmarkts bei klassischen und innovativen Strategien auf sehr unterschiedliche Bedingungskonstellationen zurückgeführt werden.

Wie bereits weiter oben gezeigt besteht die Optimierungsaufgabe klassischer Markterschließungsstrategien in der Minimierung der Investitionskosten bei gleichzeitiger Maximierung der erwartbaren Einzahlungsüberschüsse. Nach diesem Modell ist der höchste Erfolgsbeitrag einer solchen klassischen Strategie dann gegeben, wenn hohe Einzahlungsüberschüsse bei Investitionskosten realisiert werden können, die bei oder knapp über null liegen, wie es bei der Strategie der Auslandsmarktbearbeitung durch direkte oder indirekte Exporte der Fall ist.

Wird in einem solchen Fall der Auslandsmarkt aus den vorhandenen, nicht genutzten Produktionskapazitäten eines Unternehmens im Inlandsmarkt beliefert, besteht nach der Zielsetzung klassischer Strategien für die Unternehmen ein Anreiz, die erwartbaren Einzahlungsüberschüsse aus dem Auslandsmarktengagement dadurch zu steigern, dass die exportierten Produkte zu Preisen auf Grenzkostenbasis auf dem Auslandsmarkt angeboten werden, da die Produktionskapazitäten ja ohnehin vorhanden waren und nicht erst im Sinne einer Investition in Sachanlagen für das Exportgeschäft extra geschaffen werden mussten.

In diesem Falle werden die Erlöse aus dem Auslandsmarkt als „Zusatzgeschäft" verstanden, das keinen Beitrag zur Deckung der Fixkosten im Inlandsmarkt leisten muss, da diese Fixkosten ja ohnehin vorhanden waren und durch die Inlandsmarktumsätze gedeckt werden. In diesen Fällen kann eine solche Strategie dazu führen, dass die auf dem Auslandsmarkt angebotenen Produkte trotz der hierauf entfallenden Logistik- und Distributionskosten im Vergleich zu den Konkurrenzprodukten so günstig angeboten werden, dass das exportierende Unternehmen auf Grund der Preisstellung sozusagen zum Erfolg im Auslandsmarkt verdammt ist (*Schurawitzki 1995, S. 131*).

Solange der Auslandsmarktumsatz gemessen am Gesamtumsatz des Unternehmens einen bestimmten Schwellenwert nicht überschreitet, ist eine solche Bedingungskonstellation unkritisch. Steigt jedoch der Auslandsumsatz des Unternehmens wegen der günstigen Preisstellung über einen bestimmten Schwellenwert, entsteht aus einer solchen Anfangskonstellation unter Umständen eine internationale Preiseskalation (*Simon 1992, S. 462*), die zu einer Unterdeckungssituation innerhalb des Unternehmens führt. Das Unternehmen wäre in einem solchen Falle durch seinen Erfolg im Auslandsmarkt zur Erfolglosigkeit verurteilt, wenn es seine Preisstellung auf dem Auslandsmarkt nicht von der Grenzkosten- zur Vollkostenkalkulation umstellt und damit auf einen erheblichen Teil seiner erwartbaren Einzahlungsüberschüsse verzichtet.

Die Risiken für das betriebliche Gleichgewicht in innovativen Auslandsmarkterschließungsstrategien sind hingegen gänzlich anders zu lokalisieren, da – wie erwähnt – hier kaum oder keine Investitionen in gebundenes Sachkapital auf Auslandsmärkten getätigt werden muss. Das Erfolgspotenzial innovativer Strategien ergibt sich vielmehr aus der Relation der erwartbaren Einzahlungsüberschüsse im Verhältnis zu der aus den kundenindividuellen Marketingaufwendungen entstehenden Kundenbindung.

Da die innovativen Markterschließungsstrategien auf dem Konzept der medialen Omnipräsenz statt auf dem Konzept der physischen Vor-Ort-Verfügbarkeit basieren, sind diese im Gegensatz zu den klassischen Strategien in jedem Falle immer als internationale Strategien zu konzipieren, für die die Unterscheidung in Investitionen in Inlands- und Auslandsmärkte per definitionem keinen Sinn macht. Ein Internetangebot für ein Produkt oder eine Dienstleistung ist – unabhängig davon, ob die Homepage-Adresse eines Anbieters eine .de-, eine .uk- oder eine .com-Kennung trägt – immer ein international zugängliches Angebot, das sich nur einen Mausklick weit entfernt vom nächsten Konkurrenzangebot befindet. Demzufolge lässt sich bei Internetangeboten auch eine internationale Preisdifferenzierung zwischen den Angeboten auf verschiedenen Märkten kaum oder gar nicht realisieren, d. h., Inlandsangebote sind gegenüber Auslandsangeboten weder preispolitisch noch anderweitig abgrenzbar oder kommunizierbar.

Bei dem Entwurf entsprechender, auf dem Konzept der Kundenbindung basierender innovativer Strategien muss die unmittelbar grenzüberschreitende Wirkung dieser Strategien ebenso bedacht werden wie die Tatsache, dass die klassischen Mittel der Kundenkommunikation wie zum Beispiel Prospekte und Preislisten mehr oder minder obsolet werden. Wie in dem Modell der Kundenbindung bereits gezeigt kann diese nur entstehen, wenn sich der Kunde mit dem Angebot eines Unternehmens sowohl ökonomisch als auch sozial und psychologisch verbunden fühlt.

Demzufolge muss eine innovative Strategie nicht nur auf der Basis der ökonomischen, sondern auch auf den Ebenen der sozialen und psychologischen Kundenbindung so konzipiert werden, dass sich die Kunden durch ein solches Angebot langfristig angesprochen fühlen, weil ihnen dieses Angebot im Sinne der „Drei C" neben dem Commerce (=Bestellmöglichkeiten, Lieferungsabwicklung) auch noch die Aspekte des Contents (= produkt- und produktumfeldbezogene Informationen) und der Communication (= Austausch von Meinungen des Kunden mit dem Hersteller und anderen Kunden) liefern muss.

Wie insbesondere Hagel und Armstrong zeigen konnten, sind für diese Zwecke virtuelle Communities besonders geeignet (*Hagel/Armstrong 1997*), weil sie alle Aspekte der erwähnten Kundenbindung abdecken können. Konsequent umgesetzt, bedeutet eine innovative Kundenbindungsstrategie jedoch auch erhebliche Rückwirkungen auf das Unternehmen und seine Risikobereitschaft bei der Erschließung neuer Märkte, denn die entsprechenden Angebote lassen sich weder auf einzelne Märkte begrenzen, noch kann zwischen direkt vertriebsbezogenen ökonomischen und unterstützenden sozialen und psychologischen Kommunikations- und Bindungsinhalten unterschieden werden.

Gerade die unterhaltende Attraktivität der Inhalte einer virtuellen Community ist aber angesichts des unüberschaubaren Konkurrenzumfelds des Internets und der Datenmächtigkeit der Konsumenten eine erfolgsentscheidende Größe bei der Erschließung von Märkten und der Herstellung von Kundenverbundenheit (*Hagel/Armstrong 1997, S. 67*).

10.3.4 Zusammenfassung und Ausblick

Wie in den vorangegangenen Ausführungen gezeigt unterliegen sowohl die Mechanismen der Vertriebskonzeption generell wie auch die Mechanismen der Auslandsmarkterschließung speziell einem revolutionären Wandel durch die Entwicklungen im Bereich der Kundenbindungmaßnahmen und der elektronischen Kommunikation sowie des elektronischen Vertriebs.

Klassische Unterscheidungen in inlandsbezogene und auslandsbezogene Vertriebsaktivitäten werden hierdurch ebenso hinfällig wie die Unterscheidung zwischen direkt vertriebsfördernden und lediglich imagestabilisierenden Kommunikationsinhalten, während die gegenseitige Bedingtheit von Investitionen in Sachanlagen als Voraussetzung für die Durchführung von kundenbezogenen Marketingaktivitäten nahezu vollständig aufgehoben wird.

Hierdurch werden die Zutrittsbeschränkungen auf ausländischen Märkten in Form von hohen zu tätigenden Sachanlageinvestitionen, die für kleine und mittlere Unternehmen bisher prohibitiv wirkten, hinfällig, da nun jedes Unternehmen – unabhängig von seiner Größe – mit überschaubaren Mitteln in direkten Kontakt mit seinen in- und ausländischen Kunden treten kann.

Der Wettbewerb zwischen großen, finanzkräftigen Unternehmen auf den internationalen Märkten wird demzufolge überlagert von einem Wettbewerb zwischen schnellen, innovativen Unternehmen, denen es erfolgreich gelingt, Kunden aus unterschiedlichen Kulturkreisen sozial, psychologisch und ökonomisch an sich zu binden.

Literatur

Bauer/Grether/Leach (1998): Bauer, Hans H./Grether, Mark/Leach, Mark: Customer Relations through the Internet, Mannheim

Becker (1998): Becker, Jochen: Marketing-Konzeption, 6. Aufl., München

Berekoven (1985): Berekoven, Ludwig: Internationales Marketing, Herne/Berlin

Bieberstein (1998): Bieberstein, Ingo: Dienstleistungs-Marketing, Ludwigshafen

Bliemel (1998): Bliemel, Friedhelm/Eggert, Andreas: Kundenbindung – die neue Sollstrategie, in: Marketing ZfP, Heft 1/1998, S. 37–44

Diller (1996): Diller, Hermann: Kundenbindung als Marketingziel, in: Marketing ZfP, Heft 2/1996, S. 81–92

Gerth (1998): Gerth, Norbert: Die Bedeutung des Online-Marketing für die Distributionspolitik, in: Link, Jörg (Hrsg.): Wettbewerbsvorteile durch Online-Marketing, Berlin-Heidelberg-New York, S. 135–179

Gutenberg (1998): Gutenberg, Erich: Die Unternehmung als Gegenstand betriebswirtschaftlicher Theorie, Faksimile-Nachdruck, Wiesbaden

Hagel/Armstrong (1997): Hagel, John/Armstrong, Arthur G.: Net Gain – Märkte erobern mit virtuellen Communities, Wiesbaden

Koerner/Zimmermann (1999): Koerner, Veith/Zimmermann, Hans-Dieter: Management of Customer Relationship in Business Media, St. Gallen

Link/Hildebrand (1997): Link, Jörg/Hildebrand, Volker G.: Ausgewählte Konzepte der Kundenbewertung im Rahmen des Database Marketing, in: Link, Jörg/Brändli, Dieter/Schleuning, Christian/Kehl, Roger E. (Hrsg.): Handbuch Database Marketing, Ettlingen, S. 160–172

Meffert (1994): Meffert, Heribert: Marktorientierte Führung von Dienstleistungsunternehmen – neuere Entwicklungen in Theorie und Praxis, in: Die Betriebswirtschaft, Heft 54/1994, S. 519–541

Meffert/Bolz (1994): Meffert, Heribert/Bolz, Joachim: Internationales Marketing-Management, Stuttgart-Berlin-Köln

Perlitz (1993): Perlitz, Manfred: Internationales Management, Stuttgart-Jena

Porter (1989): Porter, Michael E.: Globaler Wettbewerb, Wiesbaden

Rothe (1999): Rothe, Christian: Benutzerbindung als strategisches Managementziel im E-Commerce, in: Industrie-Management, Heft 15/1999, S. 78–80

Schilling (1999): Schilling, Matthias: Kundenbindung im Internet, Flensburg

Schurawitzki (1995): Schurawitzki, Werner: Praxis des internationalen Marketing, Wiesbaden

Simon (1992): Simon, Hermann: Preismanagement, Wiesbaden

Strauß/Schoder (1999): Strauß, Ralf E./Schoder, Detlef: Electronic Commerce, in: Hermanns, Arnold/Sauter, Michael (Hrsg.): Management-Handbuch Electronic Commerce, München, S. 61–74

Tiedtke (1998): Tiedtke, Michaela: Bedeutung des Online-Marketing für die Kommunikationspolitik, in: Link, Jörg (Hrsg.): Wettbewerbsvorteile durch Online-Marketing, Berlin-Heidelberg-New York

Weinberg (1998): Weinberg, Peter: Verhaltenswissenschaftliche Aspekte der Kundenbindung, in: Bruhn, Manfred/Homburg, Christian (Hrsg.): Handbuch Kundenbindungsmanagement, Wiesbaden, S. 39–51

10.4 Vertriebsmanagement und Controllingfunktionen

Gunter Dehr

Die Begriffe „Unternehmenscontrolling", „Marketingcontrolling" und „Vertriebscontrolling" stehen für markt- und kundennahe Planungsprozesse in Unternehmen. Controllingfunktionen beinhalten immer eine zielgerichtete Steuerung und spielen im Sozialsystem des Unternehmens eine moderierende Rolle. Besondere Aspekte dabei sind informierende und koordinierende Planungstätigkeiten, die sich in Kennzahlensystemen zur Steuerung von Geschäftsprozessen ausdrücken sollen (*Dehr/Donath 1999, S. 30ff.*). Die Güte der unternehmensspezifischen Controllingfunktionen hat wesentlichen Einfluss auf die Wettbewerbsfähigkeit und trägt damit zur Herausbildung von komparativen Konkurrenzvorteilen bei. In den nachfolgenden Ausführungen wird insbesondere die Konzeptionsebene des Vertriebsmanagements hervorgehoben, d. h., es werden kundenrelevante Planungsinhalte vor dem Hintergrund eines integrierten Marketingsystems diskutiert. Besondere Beachtung kommt dabei einem vertriebsrelevanten Kennzahlengebäude zu.

10.4.1 Planung und Steuerung des Vertriebs über Controllingfunktionen

Ein prozessorientiertes Vertriebsmanagement baut Schlüsselfaktoren entlang der Prozesskette auf und definiert Regelgrößen zur Überwachung von Planungsschritten. An ein vertriebsorientiertes Planungssystem ist eben diese Forderung zu stellen, d. h. es ist ein Planungssystem zu gestalten, was den Bedingungen nach Steuerbarkeit und Transparenz gerecht wird (vgl. Abb. 1).

In diesem Sinn werden Ziele vorgegeben und es werden die Resultate aus Kundenbeziehungen in einem Soll-Ist-Vergleich gemessen.

10.4.1.1 Balanced Scorecard

Hinter dem Begriff der Balanced Scorecard (BSC) verbirgt sich ein erweitertes und verfeinertes Controllinginstrument zur Führung in Unternehmen. Ein Kennzahlengerüst in übersichtlicher und ausgewogener Form (balanced) kombiniert betriebswirtschaftlich relevante Kennzahlen miteinander. Das BSC-Konzept schafft einen methodischen Rahmen, in dem finanzielle und nicht finanzielle Kennziffern miteinander korrespondieren. Eine ausschließlich finanzbezogene Betrachtung wird ergänzt durch Dimensionen wie Kunden, Interne Geschäftsprozesse und Lernsysteme, wie sie im Data-Warehouse bzw. Data-Mining-Konzept vorgestellt werden (*Friedag/Schmidt 1999, S. 19ff.*). In einem BSC-Konzept können ver-

Vertriebsmanagement und Controllingfunktionen

Balanced Scorecard
- Managementsystem und Kennzahlensystem für vertriebspolitische Entscheidungen

Konzept des Kundenbindungsportfolio
- Strategische Einordnung und Klassifizierung von Kunden in Märkten

Relative Umsatz- und Marktanteile

Konzeptionsebene der numerischen und gewichteten Distribution

Interne Lieferanten-Kunden-Profile
- Beschaffung-Produktion-Vertrieb-Kundendienst
- Darstellung im Intranet

E-Commerce-Strategie als Verstärkung bzw. Erweiterung herkömmlicher Vertriebsstrategien
- Call Center und E-Commerce
- Data Warehouse
- Data Mining

Was ist zu controllen?
- Auftragsdurchflusszeiten
- Kundendienstleistungen
- Reklamationen
- Anzahl und Entwicklung der Stammkunden
- Anzahl und Entwicklung von Neukunden
- Entwicklung der Umsatzanteile in Kundengruppen
- Entwicklung von Marktanteilen im Zeitablauf
- Gesamtmarktwachstum u. Unternehmensmarktwachstum
- Unternehmenswachstum und Konkurrenzwachstum
- Geschäftsprozessmanagement im Vertrieb
- Ist-Strukturen und Soll-Strukturen im Vertrieb
- Vertriebsprozesse im E-Business
- Zusammenspiel von E-Commerce und Call-Center
- Datengenerierung aus dem E-Commerce

10.4 Abb. 1: *Vertriebsmanagement und Controllingfunktionen*

triebsrelevante Perspektiven entwickelt und gemessen werden. Wie ist nun die Vorgehensweise im Detail? Ist es ratsam, bestimmte Stufen des Entwicklungsprozesses einzuhalten? Nachfolgend werden in vier Schritten die Arbeitsweise der BSC erläutert und die vertriebsrelevanten Aspekte betont:

Schritt 1

Die BSC-Architektur legt zu Beginn z. B. die Grunddimensionen Kundenperspektive, interne Geschäftsprozessperspektive bzw. Lernperspektive fest. Daraus leiten sich für das Management Ursache-Wirkungsketten ab. In diesen Ursache-Wirkungs-Ketten stehen relevante Elemente in einem Systemzusammenhang. Die Gewinnung von Neukunden oder eine Erweiterung von Marktanteilen in definierten Segmenten wird sich zwangsläufig auf Umsatz, Deckungsbeitrag oder Cash-flow des Unternehmens auswirken. Dieser Aspekt verdeutlicht in besonderer Weise die „Balance" im BSC-Ansatz. Das involvierte Management hat darauf aufbauend einen Maßnahmenkatalog zu entwickeln, der geeignet ist, den Zielen zu entsprechen. Der sich anschließende Soll-Ist-Vergleich ist eine Erfolgsmessung und möglicherweise Anlass für erneute Maßnahmenbündel oder neue Zielfestlegungen (vgl. Abb. 2).

Schritt 2

Ausgewählte Grunddimensionen wie z. B. Kundenperspektive oder Geschäftsprozessperspektive werden im Unternehmen veröffentlicht. Diese Maßnahme verschafft der BSC mit ihren Inhalten eine diskussionsfördernde Transparenz, die zur Verbreitung und Aufklärung des Ansatzes beiträgt. Unter verhaltenswissenschaftlichen Gesichtspunkten trägt diese Maßnahme auch zu destruktiven Verhaltensweisen bei, d. h. nicht jedem Organisationsmitglied wird es recht sein, seine Taten oder Untaten veröffentlicht zu sehen. Der im Unternehmen entstehende „Jahrmarkt des Wissens" muss sicherlich verstanden und akzeptiert werden, es geht schließlich nicht um individuelle Eitelkeiten, sondern um die Prosperität des Unternehmens. Die Machtpromotoren „Vorstand" bzw. „Geschäftsführer" haben neben dem „Controlling" eine ganz wesentliche Funktion zu erfüllen. Sie treiben den Analyse- und Veröffentlichungsprozess im Unternehmen, sie drängen das Management, aussagefähige Kennzahlen zu ent-

Balanced Scorecard: Vertriebsmanagement und Controllingfunktionen
Grundaufbau der Perspektiven, Ursache-Wirkungsketten, Vorgehen im Unternehmen

Grundaufbau der Perspektiven

1. Kundenperspektive
   - Wie sollen wir aus Kundensicht dastehen?
   - Basis: Themen aus Kundenparlamenten
2. Interne Geschäftsprozessperspektive
   - Bei welchen kundennahen Prozessen haben wir "Bestes zu leisten"
3. Lernperspektive
   - Wie können wir "Best Practice" und "Business Excellence" ausbauen?

Konsequenz:
Erfüllung der Finanzperspektiven,
Erfüllung der Erwartungshaltung der Kapitalgeber

Ursache-Wirkungsketten
- Alle Elemente stehen in wechselseitiger Beziehung

Kunden	Neukunden Marktanteile
Geschäfts-prozesse	Neuproduktentwicklung
Lernen	Methodenwissen Methodenbanken Vertriebsdatenbanken
Innovationen	Teams als organisatorische Innovation
Finanzen	Umsatz, DB, Cashflow Umsatzrendite, Eigenkapitalrendite

Vorgehen

Aufbereitung der Ziele

Ableitung erster Maßnahmen

Aufbereitung der Kennzahlen

Festlegung der IST-Kennzahlen

Ableitung von Soll-Größen

Einbindung in Zielvereinbarungs-gespräche

Einbinden in pay for performance

10.4 Abb. 2: ***Balanced Scorecard und Vertriebsmanagement***
Quelle: Fink/Grundler 1998, S. 226–235

wickeln. Der IT-Bereich spielt dabei eine zentrale Rolle, die zahlreichen Datenbanken mit relevanten Informationen sind dem Management zur Verfügung zu stellen. Die „vergrabenen" Schätze des Unternehmens sind entscheidungsgerecht den BSC-Betreibern anzubieten. Vielfach müssen Unternehmen in dieser Situation eine spezielle Software entwickeln oder am Markt kaufen.

Schritt 3

In dieser Momentaufnahme zeigt die BSC ausgewählte unternehmensspezifische Grunddimensionen (Kunde, Geschäftsprozess, Innovation) und verdeutlicht inhaltlich auch die Abhängigkeiten. Sehr konkret werden dem Betrachter jetzt die vertriebsrelevanten Ansätze aufgefächert. In einem Prozessgitter 1 werden die Dimensionen zerlegt und es können spezifische Kosten und Durchlaufzeiten bzw. Ergebnisse ermittelt werden. In einem noch detaillierteren Prozessgitter 2 wird der Unterprozess „Kundenauftrag bearbeiten" weiter zerlegt und spezifische Kosten, Durchlaufzeiten und Qualitätskennziffern ermittelt.

Unterprozess „Kundenauftrag bearbeiten"

- Auftragseröffnung
  - Kosten des Prozesses: 112 EUR
  - Durchlaufzeit(h): 12
  - Qualitätskennziffer: Anteil zufriedener Kunden mit Auftragsannahme = 0.99 %
- Auftragserstellung/Auftragsmitteilung
  - Kosten des Prozesses: 54 EUR
  - Durchlaufzeit (h): 5
  - Qualitätskennziffer: Anteil fehlerhafter Lieferumfänge = 0.03 %
- Beschaffung/Materialwirtschaft
  - Kosten des Prozesses: 290 EUR
  - Durchlaufzeit (h): 18
  - Qualitätskennziffer: Fehlteile/Teile = 0.19 %

Dieses Planungsverfahren hat in seiner Konsequenz sehr häufig unmittelbare Auswirkungen auf die Zufriedenheit der internen und externen Kunden sowie auf die Marktanteilsentwicklung des Unternehmens (vgl. Abb. 3).

Kennzahlen sind in diesem Kontext messbare Größen, von qualitativen Aussagen ist am besten ganzabzusehen. Entscheidend für die Wirkung der Überlegungen ist die Orientierung an Wettbewerbern und Kunden. Es ist äußerst hilfreich, wenn man auf bewährte Instrumente

Balanced Scorecard als Führungsinstrument im Vertriebsmanagement

Konkretisierung eines Controllingkonzepts am Beispiel

- **Kunde**
- **Geschäftsprozess**
- **Innovation**

	Kunde	**Geschäftsprozess**	**Innovation**
Ziel	Service- und Zufriedenheitsverbesserung	Innovationsprozess Auftragsabwicklungsprozess	Neuproduktentwicklung Marktführerschaft Lernprozess im Vertrieb
Kennzahl	Bearbeitungszeit in Stunden Anzahl Beschwerden	Anzahl Neuprodukte in einem Zeitablauf Entwicklungszeit	Anzahl Ideen
Maßnahmen (Kosten)	Technischer Vertrieb E-Commerce Call-Center	Teamstrukturen Prozess-Units und Prozess-Owner	Kreativ-Teams Ideenmanagement
Soll/Ist	Soll-Bearbeitung = 2,5 h Ist-Bearbeitung = 6,1 h	Soll-Entwicklungszeit <8 Monate Ist-Entwicklungszeit 13 Monate	Soll-Anzahl Ideen: 187 Ist-Anzahl Ideen: 60

10.4 Abb. 3: *Balanced Scorecard als Führungsinstrument*

wie „Vertriebs-Benchmarking", „Critical Incident Technique" oder „Frequenz-Relevanz-Betrachtungen" zurückgreift, um Sachverhalte zu hinterfragen bzw. erste Handlungsempfehlungen geben zu können.

Schritt 4

Die BSC wird nach der Veröffentlichung im Intranet einer Prüfung auf der Basis von Monaten, Quartalen und Jahren standzuhalten haben. Ohne Frage werden neue Erkenntnisse oder neue Grunddimensionen einzufügen sein, d. h. eine Revision der einmal getroffenen Entscheidungen ist im Zeitablauf vorzunehmen.

10.4.1.2 Kundenbindungsportfolio

Im Kontext einer langfristig orientierten Unternehmenspolitik wird für den Vertriebsbereich eine Planungshilfe genutzt (vgl. Abb. 4), die vor allem durch einige große, international agierende Unternehmensberatungen Eingang in die Unternehmen fand (Boston

Consulting Group, McKinsey, Mercuri). Vorrangige Aufgabe war es, die maßgeblichen unternehmenspolitischen Grundlagen einer Marktfeld-Produktfeld-Betrachtung zu identifizieren. Marktfelder, definiert durch Marktattraktivität bzw. Marktwachstum und den relativen Marktanteil bzw. Wettbewerbsvorteile des planenden Unternehmens verdeutlichen den Hintergrund für mögliche Controllingaspekte der Kundenbindung (*Dehr/Biermann 1998, S. 81 ff.*). Das Konstrukt „Kundenbindung" hat sicherzustellen, dass Kunden beim Unternehmen bleiben bzw. nicht abwandern und/oder Kunden vermehrt beim Unternehmen kaufen. Betrachtet man das Spannungsfeld zwischen industriellen Anbietern und deren Handelspartnern, so ergeben sich Controllingaspekte aus den bestehenden Marktgegebenheiten:

- Marktanteil (relativer Marktanteil)
- Bekanntheit
- Beliebtheit
- Sympathie und
- Kompetenz.

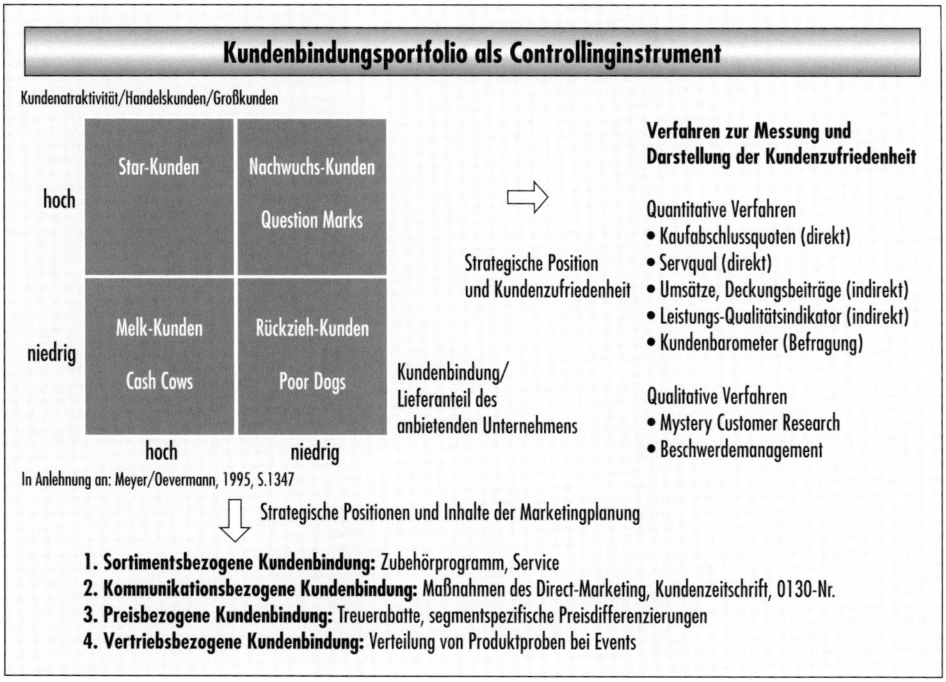

10.4 Abb. 4: *Kundenbindungsportfolio als Controllinginstrument*

Es sind vornehmlich ökonomische Faktoren wie z. B. Marktanteile oder Ertragspotenziale, die eine Bindung geradezu erzwingen, was nicht immer zu einer „Liebe“ führen muss. Es können Fesseln aus Eisen sein, aber auch „Goldene Fesseln“ wie z. B. im Beziehungssystem „Ferrero/Handel“ oder „Gillette/Handel“. Eine Auslistung einzelner Sortimentsbausteine wäre möglicherweise mit fatalen finanziellen Folgen verbunden.

Auf der persönlichen, kundenindividuellen Ebene sind psychologische und faktische Elemente zu beobachten. Solange der Verbraucher die Faktoren Zufriedenheit, Vertrauen, innere Verpflichtung und einen gewissen Sammeltrieb in sich trägt, wird eine tragfähige Lieferanten-Kunden-Beziehung dominieren. Faktische Elemente begründen sich aus technisch-funktionalen Bestimmungen, einer Bindung über verwendungsorientierte Aspekte und möglicherweise vertragliche Rahmenbedingungen (*Tomczak 1999*). Die Erfassung der individuellen Zufriedenheit kann als Ergebnis eines Vergleichsprozesses zwischen Kundenerwartungen und subjektiv wahrgenommenen Leistungen interpretiert werden, wobei die Erwartungshaltung sehr stark vom individuellen Anspruchsniveau und von den werblichen Versprechungen des Anbieters gelenkt wird. Die Methode Servqual ist eine quantitative Methode, die in den USA ausgearbeitet wurde und das Kundenurteil über die Qualität einer Dienstleistung misst. Die entwickelten Servqual-Dimensionen

- materielle Elemente: Räume, Ausrüstung, Kommunikationsmittel
- Zuverlässigkeit: Serviceniveau, Rechnungsstellung, Terminabsprachen
- Reaktionsfähigkeit: Entgegenkommen, Hilfsbereitschaft
- Vermittlung von Sicherheit: Höflichkeit, Entgegenkommen, Vermittlung von Vertrauen,
- Einfühlungsvermögen: Verständnis für Kundenprobleme

dienen in diesem Zusammenhang als Basis für eine Kontaktanalyse (*Quartapelle/Larsen 1996, S. 152 ff.*).

Die Methode Servqual weist eine Vielzahl interessanter Aspekte und Ideen auf, so sind die Fragen leicht festzulegen und die Methode erlaubt eine getrennte Erfassung von Erwartungen und Wahrnehmungen.

Das psychologische Konstrukt „Kundenzufriedenheit“ wird durch konkrete Inhalte der Marketingplanung mutmaßlich beeinflusst. Es sind kundenbezogene Kombinationen von Marketinginstrumenten, die Kundenzufriedenheit beeinflussen können (vgl. Abb. 4).

10.4.1.3 Relative Umsatz- und Marktanteile

Eine wichtige Hilfestellung bei der Formulierung von Produkt-Markt-Strategien bekommt das Vertriebsmanagement durch die Analyse aller am Markt operierenden Unternehmen. Als ein zentrales ökonomisches Marketingziel ist der Marktanteil zu interpretieren. Das Umfeld eines Unternehmens, die Chancen und Begrenzungen auf den Absatzmärkten determinieren die Handlungsfähigkeit des Managements. Neben dem absoluten Marktanteil (%-Anteil am Marktvolumen) kommt gerade in den Portfoliobetrachtungen dem relativen Marktanteil (Verhältnis des eigenen Marktanteils im Vergleich zu dem Marktanteil des stärksten Konkurrenten) ein besonderes Gewicht zu. Marktanteilsbetrachtungen sind Grundlagen für die Formulierung von Zielen in Teilmärkten vor dem Hintergrund des Konkurrenzverhaltens. Ebenso dient eine solche Vorgehensweise der Hervorhebung der komparativen Konkurrenzvorteile. In einem Muster für eine Kreuzauswertung, einer so genannten Wettbewerbermatrix, ergeben sich folgende Fragestellungen:

- Welches Unternehmen macht mit welchem Produkt welchen Umsatz?
- In welchem Verhältnis steht der Umsatz dieses Produktes zum Gesamtumsatz des anbietenden Unternehmens?
- Welchen Anteil hat das Produkt in dem entsprechenden Produktmarkt?

Eine solche Marktanteilbetrachtung spiegelt den Grad der Ausschöpfung des Marktvolumens wieder. Im Wettbewerbsvergleich wird die Stärke der Marktposition eines Unternehmens hervorgehoben (vgl. Abb. 5).

Marktanalyse und strategische Geschäftsfelder

Wettbewerbs-situation	SGF	SGF 1 Umsatz/Mio.	SGF 2 Umsatz/Mio.	SGF 3 Umsatz/Mio.	SGF 4 Umsatz/Mio.	Umsatz/Summe Mio.
Unternehmen A	**absolut**	5	30	10	15	60 (100 %)
	relativer Umsatzanteil	8 %	50 %	17 %	25 %	100 %
	Marktanteil	17 %	46 %	15 %	30 %	29 %
Unternehmen B	**absolut**	15	20	15	30	80 (100 %)
	relativer Umsatzanteil	19 %	25 %	19 %	38 %	100 %
	Marktanteil	50 %	31 %	23 %	60 %	38 %
Unternehmen C	**absolut**	10	15	40	5	70 (100 %)
	relativer Umsatzanteil	14 %	21 %	57 %	7 %	100 %
	Marktanteil	33 %	23 %	62 %	10 %	33 %
Summe/absolut		30	65	65	50	210 (100 %)
Relatives Marktvolumen		14%	31 %	31 %	24 %	Volumen/Wert

10.4 Abb. 5: *Marktanalyse und strategische Geschäftsfelder*
Quelle: Dehr/Donath 1999, S. 23f.

10.4.1.4 Konzeptionsebene der numerischen und gewichteten Distribution

Aus entscheidungsorientierter Sichtweise umfasst die Distributionsstrategie die Ableitung von Zielen, um dem Vetriebsmanagement, im Rahmen der Zielvereinbarungsgespräche, ein erweitertes Bezugssystem geben zu können. Dieser Rahmen entsteht über die Ermittlung von Distributionswerten auf der Basis von handelsbezogenen Ausgangswerten. Die Diskussion um nummerische und gewichtete Anteile macht auch deutlich, wie die Marktanteildiskussion in Unternehmen geführt werden kann. Aus der Gegenüberstellung bzw. gegenseitigen Abhängigkeit der Faktoren num./gew. Distribution und Marktanteilsentwicklung ergeben sich wichtige Entscheidungsgrundlagen. Folgende Aufstellung verdeutlicht die Sichtweise und die strategische und operative Zielsetzung für das Vertriebsmanagement:

- Zahl der (die Marke) führenden Geschäfte = 20.000
- Zahl der (die Warengruppe) führenden Vertriebsstellen = 40.000
- Umsatz der (die Marke) führenden Geschäfte = 200 Mio.
- Umsatz der (die Warengruppe) führenden Geschäfte = 800 Mio.

Ermittlung der Distributionswerte:
Numerische Distribution = 20 x 100/40 = 50 %
Gewichtete Distribution = 200 x 100/800 = 25 %
und
Distribution (num/gew.)

	Jan./Febr.	März/April	Mai/Juni
Produkt A	40/80	42/81	39/78
Produkt B			
Produkt C			
Marktanteil in %			
Produkt A	22	24	23
Produkt B			
Produkt C			

Das Beispiel soll verdeutlichen, wie aus der operativen Kraft des Vertriebsmanagements Marktanteile generiert werden können. Eine Marktanteilsplanung hat unter allen Umständen die nummerischen und gewichteten Distributionswerte zu berücksichtigen und damit als Controllingaspekte zu interpretieren.

10.4.1.5 Electronic-Commerce-Strategie (E-Commerce)

Bei E-Commerce handelt es sich im weitesten Sinn um Transaktionen auf elektronischen Marktplätzen. Informations- und Kommunikationsbeziehungen unterstützen die wertschöpfenden Aktivitäten der Organisation. E-Commerce führt zu erheblichen Strukturveränderungen im Vertriebsmanagement, es zeigen sich enorme Fragenkomplexe, wenn es um die Integration bzw. die Abgrenzung gegenüber herkömmlichen Vertriebsstrukturen geht (vgl. Abb. 6). Folgende Themen werden in diesem Zusammenhang vorrangig diskutiert (Vgl. hierzu insbesondere *Belz/Bussmann 2000, S. 15 ff.* und *Albers/Clement/Peters/Skiera 1999, S. 79 ff.*):

- Ergänzt die E-Commerce-Lösung die bisherige Vertriebsstruktur?
- Tritt die E-Commerce-Lösung in Konkurrenz zur bisherigen Vertriebsstruktur?

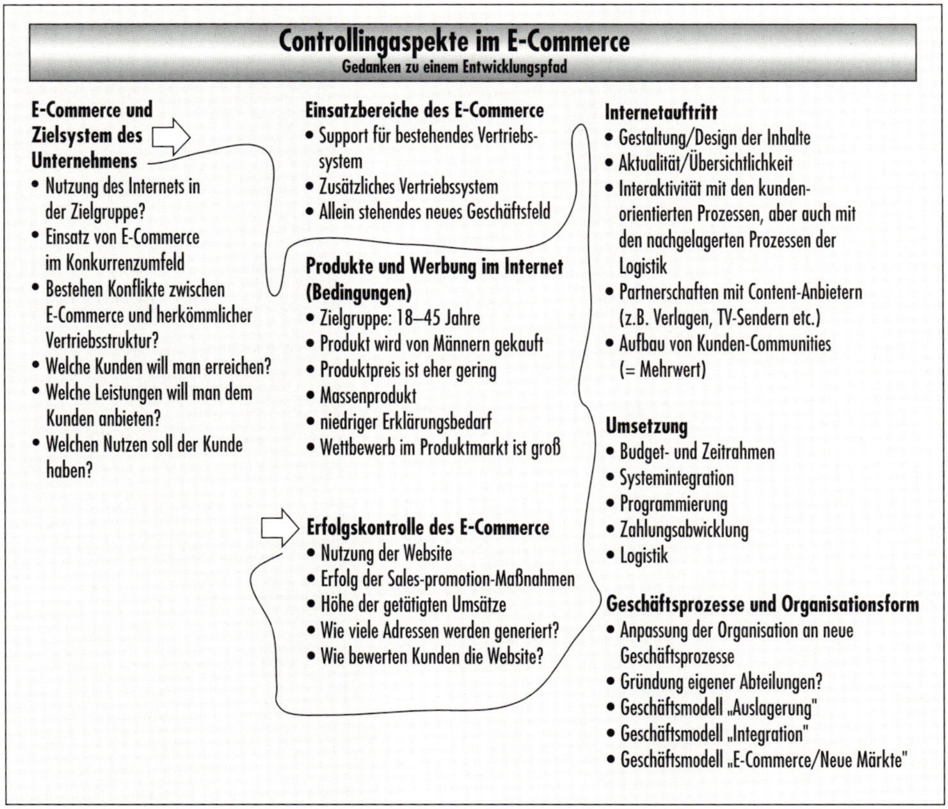

10.4 Abb. 6: *Controlling und E-Commerce*
Quelle: in Anlehnung an Schlögel/Schlieper 2000, S. 70–79, und Dehr/Donath 1999

- Wie baut sich eine kundenindividuelle Marketinglösung auf? (One-to-One-Marketing)?
- Welche Daten gewinnen wir aus Informationsbeziehungen mit dem Kunden?
- Welche Kundenbindung kann E-Commerce erzeugen?

Durch die oben angesprochenen Kommunikationstechnologien werden für den Verbraucher erhebliche Vorteile durch die unmittelbare Verfügung von Informationen erreicht. Es kommen folgende Merkmale zum Tragen:

- Ubiquität: Permanenter Zugang zum Markt
- Leichte Informationsbeschaffung: Die Marktpartner erhalten schneller die benötigten Informationen für deren Austauschbeziehungen
- Niedrigere Transaktionskosten: Die Kosten in allen Phasen des Kauf- bzw Verkaufsprozesses sind geringer als auf traditionellen Märkten (*Schögel/Birkhofer/Tomczak 2000, S. 11 f.*)

10.4.1.5.1 E-Commerce und traditionelle Vertriebsstruktur

Die gegenwärtige Diskussion um die jeweilige Ausprägung des E-Commerce behandelt das Thema zum einen unter dem Gesichtspunkt der existenziellen Bedrohung der Händler, zum anderen wird die Vertriebsunterstützung für die bestehenden Händler hervorgehoben. Eine unterstützende Funktion wird immer dann gegeben sein, wenn der E-Commerce-Ansatz sich ausschließlich an neue Kundengruppen wenden wird oder zur Etablierung einer Zweitmarke dienen soll. Eine existenzielle Bedrohung wird sich dort zeigen, wo identische Angebote vorliegen und wo die Provisionssysteme an ortsansässige Händler stark beschnitten werden.

10.4.1.5.2 One-to-One-Marketing

In der One-to-One-Betrachtung zeigt sich die verstärkte Individualisierung des Marketingansatzes. Der Konsument wird in einem interaktiven Ansatz (Internet) in den Produktplanungsprozess eingebunden, er wird zum **Prosumenten** und damit zum Partner des anbietenden Unternehmens. Aus Unternehmenssicht verspricht diese Individualisierung

- erhöhte Kundenloyalität und Kundenbindung durch Mehrwertangebote,
- Abgleich mit den Profilen anderer Konsumentengruppen,
- Generierung von Kundendaten aus der individuellen Beziehungsebene.

E-Commerce bedeutet in diesem Kontext nicht nur die Bereitstellung von Informationsangeboten im Internet, sondern auch die operative Einbindung des Verbrauchers in die einzelnen Geschäftsprozesse. Damit werden erst die Potenziale des anbietenden Unternehmens ausgeschöpft.

10.4.1.5.3 Datengewinnung aus Informationsbeziehungen mit dem Kunden

Die herkömmliche Sichtweise der wertschöpfenden Aktivitäten bezieht sich auf eine **Vorwärtsbewegung**, beginnend bei der Beschaffungsfunktion und endend in einer Kundenbeziehung, die durch Service- oder Kundendienstfunktionen beschrieben wird. E-Commerce-Lösungen haben aber eine gezielte Organisation der **Rückwärtsbewegung** bereitzustellen. Über diesen Ansatz entstehen Datenbestände (Data-Warehouse), die ausgewertet werden können, wobei die Datenqualität wesentlich von der Aktualität, der Vollständigkeit und der Korrektheit abhängen wird. Data-Mining-Werkzeuge fassen Kunden und ihre Verhaltensweisen selbstständig zusammen. Zielsetzung dieser Vorgehensweise ist eine auf Kundensegmente bezogene Nutzerprofilerzeugung.

10.4.1.6 Interne Lieferanten-Kunden-Profile

In einem kundenorientierten Unternehmen gilt sowohl im internen Prozessablauf als auch im Verhältnis zum Markt das „Zugprinzip", d. h., der Nutzer einer Leistung muss selbst über ihre Inanspruchnahme entscheiden können und sollte zugleich zu deren Bezahlung, auf der Basis interner Verrechnungspreise, herangezogen werden. Man kann sich leicht vorstellen, innerhalb des Unternehmens Sub-Firmen zu gründen und in ihnen ein Lieferanten-Kundensystem zu sehen. Es wird in diesem Zusammenhang auch von einem kundenorientierten Geschäftsprozessmanagement gesprochen und gleichzeitig sichergestellt, dass Leistungen zwischen Lieferanten und Kunden vereinbart und eingehalten werden. Der Controllingaspekt liegt in der gegenseitigen Überwachung der avisierten Leistungen.

Im Rahmen einer solchen Diskussion werden mehrere Ziele verfolgt (*Biermann/Dehr 1998, S. 93–99*):

- Prozesszeiten werden durch den internen Lieferanten-Kunden-Ansatz minimiert. Einzelne Tätigkeiten oder Tätigkeitsbündel unterliegen der Überprüfung auf wertschöpfende Inhalte.
- Jegliche Mittelverschwendung auf allen Ebenen der Organisation ist zu vermeiden (Unnötige Ablagen, unzweckmäßige Verteiler, etc.).
- Überwindung der Schnittstellen innerhalb des Unternehmens.
- Interne Durchsetzung bereichsübergreifender Organisationsstrukturen (Entwicklung von Problemlösungsteams).

Und so funktioniert eine interne Lieferanten-Kunden-Beziehung am Beispiel Auftragsannahme (vgl. Abb. 7).

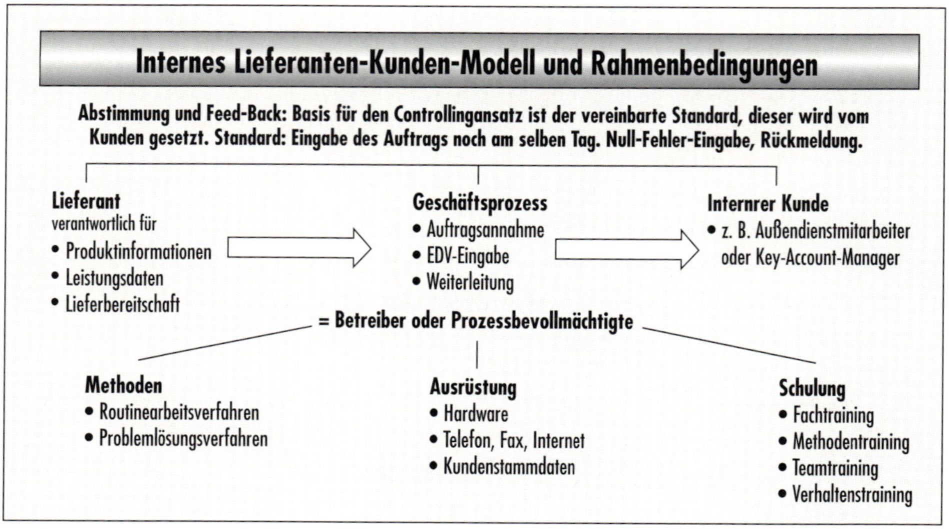

10.4 Abb. 7: *Internes Lieferanten-Kunden-Modell und Rahmenbedingungen*
Quelle: in Anlehnung an Biermann/Dehr 1998, S. 96

10.4.2 Zusammenfassung

Die diskutierten Erkenntnisbereiche können als Grundlage für ein attraktives und zukunftsträchtiges Vertriebsmanagement interpretiert werden. Kundenorientierung ist Ausdruck eines Führungssystems, welches auf strategischer wie operativer Ebene die Vorstellungen des Verbrauchers realisiert. Kundenorientierung wird über den Kunden und die Konkurrenz mit ihren Angeboten definiert. Beide Einflussgrößen sorgen für eine marktorientierte Unternehmensführung. Marktkonformes Verhalten lässt sich sehr wirkungsvoll durch vorzusehende Controllingaspekte unterstützen. Damit entstehen Möglichkeiten, rechtzeitig zu agieren, anstatt im Nachhinein zu reagieren.

Literatur

Albers/Clement/Peters/Skiera (1999): Albers, S./Clement, M./Peters, K./Skiera, B.(Hrsg.): E-Commerce, Frankfurt

Belz/Bussmann (2000): Belz, C./Bussmann, W.: Vertriebsszenarien 2005, Verkaufen im 21. Jahrhundert, Wien

Biermann/Dehr (1998): Biermann, T./Dehr, G,: Wenn Arbeitskollegen zu Kunden werden, in: HBM 3/98

Dehr/Biermann (1998): Dehr, G./Biermann, T.: Marketing Management, München-Wien

Dehr/Donath (1999): Dehr, G./ Donath, P.: Vertriebsmanagement, München-Wien

Fink/Grundler (1998): Fink, C. A./ Grundler, C.: Strategieimplementierung im turbulenten Umfeld, in: Controlling 4/98, S. 226–235

Friedag/Schmidt (1999): Friedag, H. R./Schmidt, W.: Balanced Scorecard – Mehr als ein Kennzahlensystem, Freiburg

Meyer/Oevermann (1995): Meyer, A./Oevermann, D.: Kundenbindung, in: Tietz, B./Köhler, R./Zentes, J. (Hrsg.): Handwörterbuch des Marketing. 2. Aufl., Stuttgart, S. 1340–1351

Quartapelle/Larsen (1996): Quartapelle, A.Q./Larsen, G.: Kundenzufriedenheit, Heidelberg-Berlin

Schögel/Birkhofer/Tomczak (2000): Schögel, M./Birkhofer, B./Tomczak, T.: E-Commerce im Distributionsmanagement. Fachbericht für Marketing 2000/2, Forschungsbericht für Absatz und Handel an der Universität St.Gallen, S. 9–79

Tomczak (1999): Tomczak, T.: Kundenzufriedenheit und Kundenbindung. Forschungsinstitut für Absatz und Handel an der Universität St. Gallen, HSG, Seminar für Einkaufsleiter, Juli 1999

10.5 Vertriebscontrolling und -budget

Harald Ehrmann

Die Aufgabe des Vertriebs ist es, sicherzustellen, dass die Leistungen des Unternehmens stets verfügbar sind. Das primäre Ziel des Vertriebsmanagements besteht darin, die Präsenz der Unternehmensleistungen auf dem Markt zu gewährleisten (*Schögel 1998, S. 224*).

Die Aufgaben des Vertriebsmanagements innerhalb des Marketings haben in den letzten Jahren stark an Bedeutung gewonnen. Bei der Aufgabenstellung, sicherzustellen, dass die angebotenen Erzeugnisse und Leistungen zur richtigen Zeit, in der richtigen Qualität, in der richtigen Menge dem Käufer zur Verfügung stehen, ergeben sich immer höhere Anforderungen an die Vertriebsmanager. Entscheidungen über die Wahl und Gestaltung der Absatzwege oder Entscheidungen im Bereich der Logistik setzen immer mehr Fachkenntnisse und Flexibilität voraus.

Die Bedeutung des Vertriebs wird dokumentiert durch den ständig steigenden Anteil der Vertriebskosten an dem Gemeinkostenblock. Je nach Branche, Unternehmensgröße, Kundenstruktur u.Ä. betragen sie mittlerweile 15 %–25 % der produktbezogenen Gemeinkosten.

Um die Kunden optimal betreuen zu können, ist das Vertriebsmanagement auf eine Vielzahl von Informationen angewiesen. Es benötigt Daten der Wettbewerber und aus dem eigenen Unternehmen. Der Vertriebsmanager braucht Informationen aus der Vergangenheit und in die Zukunft gerichtete Prognosedaten. Er muss qualitative und quantitative Methoden beherrschen, er muss über fundierte Marketingkenntnisse, aber auch über Kenntnisse des Rechnungswesens verfügen.

Die Fülle der Entscheidungen der vielfältigsten Art, die das Vertriebsmanagement treffen muss, kann es erforderlich machen, ein System zu installieren, das ihm zuarbeitet, seine Entscheidungen vorbereitet und es in seiner Managementfunktion begleitet. Die sich dabei ergebenden Aufgaben der Information, Analyse, Planung, Kontrolle und Steuerung sind dann Gegenstand des Vertriebscontrollings.

10.5.1 Hauptaufgaben des Vertriebscontrollings

Die typischen Aufgaben des Vertriebscontrollings haben rein formal große Ähnlichkeit mit Managementaufgaben im Vertrieb. Aus diesem Grund begegnet man gelegentlich dem Einwand, ein Controlling sei eigentlich überflüssig. Dem muss entgegengehalten werden, dass der Vertriebsmanager eine große Entscheidungsbefugnis hat, der Controller den Entscheidungsprozess nicht leitet, sondern ihn vorbereitet und begleitet.

Der Controller hat folgende Hauptaufgaben, die je nach der Unternehmensgröße, der Unternehmensstruktur, der Unternehmensorganisation und auch der Unternehmenskultur erweitert oder auch eingeschränkt werden können:

- Feststellung des Informationsbedarfs, Unterstützung bei der Informationsbeschaffung und Informationsverwendung
- Schaffung von Grundlagen für die Planung
- Aufbau von Planungssystemen
- Entwicklung von Planungstechniken
- Koordinierung der Planung
- Aufdecken von Schwachstellen
- Aufbau von Frühwarnsystemen
- Wirtschaftlichkeitsuntersuchungen
- Diverse betriebswirtschaftliche Untersuchungen.

Es kann hier nicht Aufgabe sein, die verschiedenen Auffassungen über das Controlling darzustellen, seine vielfältigen Aufgaben im Unternehmen zu beschreiben und seine organisatorischen Eingliederungsmöglichkeiten darzulegen. Dazu wird auf die sehr umfangreiche Literatur hingewiesen, z. B. Bramsemann, Ehrmann, Horvath, Reinecke/Tomczak/Dittrich, Schröder.

Die Feststellung muss jedoch getroffen werden, dass man die Controlleraufgaben im Vertriebsbereich nicht zu eng fassen darf. Sie müssen immer in einem Gesamtzusammenhang gesehen werden. Das Vertriebscontrolling ist ein Bestandteil des Marketingcontrollings innerhalb des Unternehmenscontrollings. Der Controller kann seine Funktionen im Vertriebsbereich nicht zu schmal sehen, sondern muss immer die Gesamtfunktion des Controllings und speziell die des Marketingcontrollings vor Augen haben. Vertriebscontrolling ist nicht nur Steuerung und Kontrolle des Vertriebs, sondern ist eingebunden in die Marketingplanung.

„Kundenorientiertes Vertriebscontrolling erfordert eine Kenntnis des Marktes, der nicht nur den Namen des Kunden, der Ansprechpartner und der gewünschten Produkte beinhaltet. Gerade Wettbewerbspositionen und Kundenanalysen ermöglichen eine effiziente Steuerung des Vertriebs zum Nutzen des Kunden und des Anbieters“ (*Fließ/Marra 1998, S. 222*).

Modernes Vertriebscontrolling benötigt Informationen über die Erfolg bringenden Kunden. Nicht der Umsatz allein, sondern auch die Deckungsbeiträge und die Erfassung der Aktivitäten für den Kunden sind von Bedeutung.

Die folgenden Ausführungen berücksichtigen die Anforderungen an ein effizientes Controlling.

10.5.2 Informationen als Basis des Controllings

Jede Entscheidung im Unternehmen setzt Informationen voraus. Bei allen betriebswirtschaftlichen Entscheidungsprozessen werden Informationen verarbeitet. Dies trifft im besonderen Maße auf den Marketingbereich und da wiederum auf den Vertriebsbereich zu. Da das Vertriebscontrolling das entscheidungsvorbereitende und entscheidungsbegleitende Instrument ist, fällt ihm das „Informationsmanagement" zu.

Befasst man sich mit der Beschaffung und Verarbeitung von Informationen muss einerseits der Informationsbedarf und andererseits das Informationsangebot bekannt sein.

Bevor der Informationsbedarf festgestellt wird, sollte erst der **Informationsstand** ermittelt werden. Dazu eigenen sich Checklisten, die folgende Fragen enthalten können:

1. Welche externen Informationen werden regelmäßig, welche nur sporadisch gewonnen?
2. Welche internen Informationen werden regelmäßig, welche nur gelegentlich gewonnen?
3. Sind die Informationen vollkommen?
4. Worauf bezieht sich die Unvollkommenheit?
5. Erfüllen die vorhandenen Informationen ihren Zweck?
6. Werden die Informationen als entscheidungsrelevant angesehen?
7. Sind die Informationen zuverlässig und richtig?
8. Sind die Informationen präzise?
9. Sind die Informationen ohne weiteres auswertbar?
10. Sind die Informationen mit dem Informationsbedarf anderer Bereiche abgestimmt?
11. Müssen Informationen noch verändert werden (z. B. durch Translation oder Transformation)?
12. Welche Informationen liegen vor, die nicht auswertbar sind?
13. Welche vorhandenen Informationen sind überflüssig?
14. Welche Angaben werden als kaum beschaffbar angesehen (Beschaffung zu teuer, zu kompliziert, zu langwierig)?

Aus dem Informationsstand lässt sich der Informationsbedarf ableiten.

Die **Informationsbedarfsermittlung** stellt eine nicht zu unterschätzende Aufgabe dar, da zwischen dem objektiven Bedarf und den nachgefragten Informationen oft Diskrepanz besteht. Der Controller kann bei der Ermittlung des Informationsbedarfs datenorientiert oder entscheidungsorientiert vorgehen.

10.5 Tab. 1: Informationsquellen

Informationsquellen

Interne Informationsquellen

Allgemeines Rechnungswesen (Finanzbuchhaltung und Jahresabschluss)	• Umsätze • Finanzielle Mittel • Erträge • Lagerbestände • Außenstände • Verbindlichkeiten • Kapitalquellen • Aufwendungen für die Produktionsfaktoren
Kostenrechnung	• Entstandene Kosten insgesamt • Kosten verschiedener Funktionen • Kosten einzelner Instrumente • Kosten und Deckungsbeiträge je Produkt, Produktgruppe, Kunde, Kundengruppe, Verkaufsgebiet etc. • Daten für die Selbstkostenpreisbildung • Daten für die Ermittlung von Preisuntergrenzen • Daten für die Ermittlung des Break-even-Points • Daten für die Berechnung des optimalen Sortiments • Daten für diverse Wirtschaftlichkeitsberechnungen • Daten für die Erfolgsermittlung u. Ä.
Statistiken	Statistiken aus den einzelnen Unternehmensbereichen und über einzelne Funktionen und Ereignisse (z. B. Materialstatistiken, Produktionsstatistiken, Personalstatistiken, Absatz-und Umsatzstatistiken, Reklamationsstatistiken)
Berichtswesen	Berichte lassen sich einteilen nach • Sachgebieten • Funktionen • dem Grad der Verdichtung • der Darstellungsart • dem Berichtszeitpunkt • dem Empfänger etc.
Sonstige Informationsquellen	• Kundendateien • Interessentendateien • Lagerbestandsdateien • Kapitalbedarfsrechnungen • Investitionsrechnungen • Liquiditätsübersichten

Externe Informationsquellen

- Externe Datenbanken
- Veröffentlichungen staatlicher und überstaatlicher Behörden, von Wirtschaftsverbänden, Kammern und Instituten
- Veröffentlichungen von Informationsdiensten
- Veröffentlichungen der statistischen Ämter
- Geschäftsberichte, Firmenveröffentlichungen
- Wissenschaftliche Veröffentlichungen
- Gutachten
- Banken, Auskunfteien

Beim **datenorientierten Ansatz** geht man von vorhandenen Stellenbeschreibungen, Aufgabenbeschreibungen, Organisationsplänen u. Ä. aus, analysiert sie und ergänzt sie durch die Analyse von schriftlichen Befragungen, Interviews, Beobachtung des Arbeitsablaufs und des Datenflusses.

Der **entscheidungsorientierte Ansatz** unterstellt, dass der Entscheidungsträger in der Lage ist, den Informationsbedarf eindeutig zu erkennen und zu äußern.

Ist die Informationsnachfrage geklärt, muss das Informationsangebot festgestellt werden. Es geht dabei um die Erschließung der Informationsquellen.

Informationsquellen können als eigene Informationssysteme oder als Elemente von Informationssystemen betrachtet werden.

Es sind

- interne Informationsquellen und
- externe Informationsquellen

zu unterscheiden.

Die Übersicht in Tab. 1 gibt einen Überblick über wichtige vertriebsrelevante interne und externe Informationsquellen.

Die Beschaffung, Speicherung, Bearbeitung und Weitergabe von Informationen wird als Informationsprozess bezeichnet. Das planvolle, zielgerichtete, systematische Vorgehen bei dem Initiieren, Organisieren und Steuern von Informationsprozessen stellt ein Informationssystem dar. Es würde den Rahmen dieses Beitrages sprengen, ginge man näher auf das komplexe Thema ein. Es wird auf die sehr umfangreiche Literatur hingewiesen.

10.5.3 Darstellung wichtiger Controllingaufgaben

Von den zahlreichen Controllingaufgaben innerhalb des Vertriebs kann aus Platzgründen nur eine Auswahl getroffen werden. Weiter oben in diesem Buch wurde bereits intensiv auf Fragen der Vertriebsplanung eingegangen, so dass dieser Bereich nicht in den Mittelpunkt der Überlegungen gestellt wird.

Es wird im Bereich der Planung lediglich auf grundsätzliche Fragen der Controllertätigkeit eingegangen. Der Schwerpunkt wird auf Wirtschaftlichkeitsuntersuchungen, die Schwachstellenanalyse und die Budgetierung gelegt.

10.5.3.1 Mitwirkung des Controllers an der Planung

Im Rahmen der Planung im Vertriebsbereich ergeben sich für den Controller zahlreiche Aufgaben, die sich zu den folgenden Blöcken zusammenfassen lassen:

- Schaffung von Grundlagen für die Planung
- Vorbereitung der Planung
- Koordinierung der Planung
- Kontrolle der Planung
- Mitwirkung an der Planung.

Die Inhalte dieser Blöcke werden im Folgenden kurz skizziert.

1. Schaffung von Grundlagen für die Planung
Zu den Grundlagen der Planung zählen:

- die Verfügbarkeit geschulter Mitarbeiter,
- die Verfügbarkeit der erforderlichen technischen Hilfsmittel,
- die Verfügbarkeit der benötigten Informationen,
- die Förderung der Einsicht in die Notwendigkeit der Planung.

Das Controlling muss durch geeignete organisatorische Maßnahmen, Gespräche mit dem Management und durch die Initiierung bzw. Durchführung von Schulungsmaßnahmen dafür Sorge tragen, dass die genannten Grundlagen für die Planung geschaffen werden.

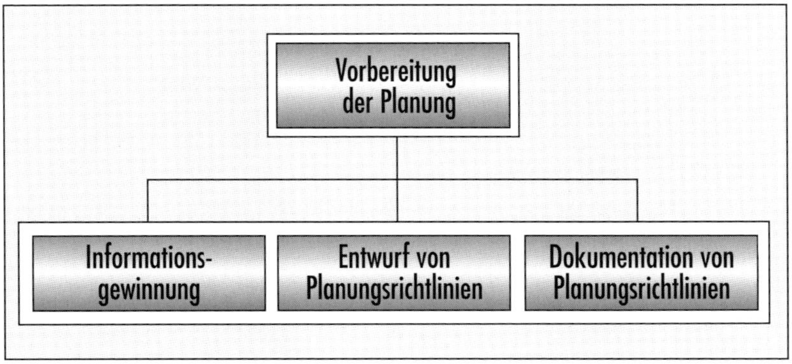

10.5 Abb. 1: *Vorbereitung der Planung*

2. Vorbereitung der Planung

Die Vorbereitung der Planung erstreckt sich auf die folgenden Bereiche. Auf die Informationsgewinnung wurde bereits ausführlich eingegangen.

Der **Entwurf von Planungsrichtlinien** soll bewirken, dass die Planung zwangsläufig, richtig, sachlich, vollständig, pünktlich und koordiniert abläuft.

Die Richtlinien betreffen

- den Aufbau der Planung
- den Ablauf der Planung.

Der Teil der Planungsrichtlinien, der sich mit dem **Aufbau der Planung** befasst, legt die Planungsträger fest und gibt an, welche Teilpläne zu erstellen sind.

Die Regelung über den **Planungsablauf** erstreckt sich auf

- die Planungsrichtung,
- den inhaltlichen Planungsablauf,
- den zeitlichen Planungsablauf,
- die Planungstechniken.

Unter der **Planungsrichtung** ist die Art der Zuordnung der Planprozesse zu den hierarchischen Ebenen zu verstehen. Grundsätzlich ergeben sich drei Richtungen:

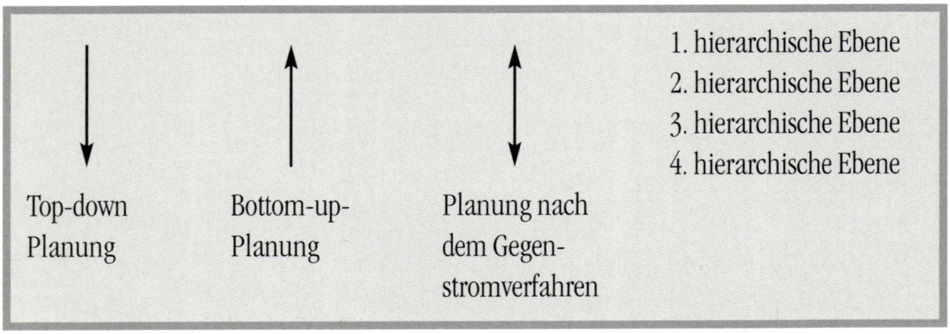

Der inhaltliche Planungsablauf bedeutet die Organisation des Planungsprozesses. In den Planungsrichtlinien sind zu diesem Zweck Anweisungen zu geben, die erreichen sollen, dass bei der Planung folgende Anforderungen erfüllt werden:

- Vollständigkeit
- Klarheit

- Transparenz
- Exaktheit
- Anpassungsfähigkeit
- Stabilität
- Verbindlichkeit
- Fristigkeit
- Kontrollierbarkeit.

Für den zeitlichen Planungsablauf wird ein Planungsterminkalender erstellt, der

- die zeitliche Reihenfolge,
- die Dauer und
- die Anfangs- und Endergebnisse

der einzelnen Teilprozesse und des gesamten Planungsprozesses enthält. Er wird nach dem in Abb. 2 wiedergegebenen Schema aufgebaut.

Planungskalender 200.		Termine	
Planungschritte	Für die einzelnen Schritte verantwortlicher Planer	Beginn	Ende
1. 2. 3.			

10.5 Abb. 2: ***Planungsterminkalender***

Die **Planungstechniken** haben die Aufgabe, die Planungsträger bei ihrer Arbeit zu unterstützen. Aus der Vielzahl der Techniken muss der Controller die geeigneten vorschlagen.

Tab. 2 gibt einen Überblick über verbreitete Planungstechniken.

Die **Dokumentation der Planungsrichtlinien** erfolgt zweckmäßigerweise in einem „Planungshandbuch". Es enthält alle Essentials des Aufbaus und des Ablaufs der Planung.

3. Koordinierung der Planung

Eine der wichtigsten Aufgaben des Controllers bei der Planung ist die Koordinierung der Pläne. Unter Koordinierung versteht man

Planungstechniken	
Qualitative Planungstechniken	**Quantitative Planungstechniken**
• Entscheidungsbaumverfahren • Entscheidungstabellen • Delphi-Modelle • Szenariotechnik • Kreativitätstechniken – Brainstorming – Methode 635 – Synektik – Morphologische Analyse	• Zeitreihenanalysen – Exponenzielle Glättung – Trendextrapolation – Technik der gleitenden Durchschnitte • Regressionsanalyse • Mathematische Optimierungsverfahren – Lineare Programmierung – Nicht lineare Programmierung – Dynamische Programmierung – Parametrische und stochastische Programmierung • Experimentelle Verfahren des Operations-Research – Heuristische Programmierung – Simulation • Spezielle Optimierungsverfahren • Netzplantechnik • Nutzwertanalyse

10.5 Tab. 2: *Planungstechniken*

- die Planaufstellung nach einheitlichen Kriterien,
- die Einbeziehung der Ergebnisse der Teilpläne in einen Gesamtplan,
- die sachliche und terminmäßige Abstimmung der Teilpläne unter sich und mit dem Gesamtplan,
- die Verknüpfung der Teilpläne unter sich, damit Rückwirkungen und andere Einflüsse berücksichtigt werden können (*Horvath 1996*).

4. Kontrolle der Planung

Die Kontrolle der Planung besteht in der Vornahme von Soll-/Ist-Vergleichen, der Überprüfung der Planannahmen sowie der Überprüfung der Probleme bei der Umsetzung der Planung.

5. Mitwirkung des Controllers bei der Planung

Der Controller ist für die Vorbereitung der Planung zuständig, ihm obliegt in der Regel nicht die Plandurchführung. Er gilt als Begleiter der Planung, der diese

- beobachtet,
- koordiniert
- korrigiert,
- ergänzt,
- analysiert,
- unterstützt.

In einem mittelgroßen Industrieunternehmen sah die Unterstützung des Controllers bei der Absatzplanung im Hinblick auf die Festlegung des Inhaltes des Absatzplans und den Ablauf der Planung wie folgt aus.

Der **Inhalt** ergibt sich aus der Beantwortung der folgenden Fragen:

- Welche Produkte sollen verkauft werden?
- In welchem Umfang sollen die Produkte verkauft werden?
- An wen sollen die Produkte verkauft werden?
- Wann sollen die Produkte verkauft werden?
- Wo sollen die Produkte verkauft werden?
- Zu welchem Preis sollen die Produkte verkauft werden?
- Mit welchem Ergebnis sollen die Produkte verkauft werden?

Der Absatzplan hat demnach eine

- sachliche (Verkaufsprogramm),
- räumliche (Verkaufsgebiet),
- zeitliche (Jahr, Monat),
- zielgruppenorientierte (Abnehmer),
- mengenmäßige (Stückzahl),
- wertmäßige (Preisstellung, Ergebnisplanung)

Komponente.

Der **Ablauf** der Absatzplanung sieht folgendermaßen aus:

1. Übernahme der Ergebnisse der Umweltanalyse
2. Untersuchung der Aufnahmefähigkeit des Markts und des Konkurrenzverhaltens
3. Analyse des bisherigen Absatzes (Umsatzes)
4. Feststellung der Struktur der Abnehmer

5. Erstellung von Absatzprognosen
6. Gegenüberstellung von Absatzpotenzial und Leistungspotenzial des Unternehmens
7. Aufstellen des Absatzplans
   – sachlich nach Produkten oder Produktgruppen
   – räumlich nach Verkaufsgebieten
   – zeitlich pro Monat, Quartal, Jahr
8. Berücksichtigung der logistischen Möglichkeiten und Zweckmäßigkeiten
9. Abstimmung des Absatzplans mit anderen Teilplänen
10. Verabschiedung des Plans
11. Überprüfung des Absatzplans.

10.5.3.2 Analyse der Kosten- und Ertragssituation

Entscheidungen im Unternehmen werden durch eine Vielzahl von Faktoren finanzieller und nicht finanzieller Art beeinflusst. Je nach strategischer Ausrichtung, Umweltbedingungen sowie der zum Entscheidungszeitpunkt vorhandenen betrieblichen Möglichkeiten dominieren einzelne Faktoren bei der Entscheidungsfindung. Unter langfristigem Aspekt müssen sämtliche wesentlichen Entscheidungen auf ihre Kosten-/Ertragsauswirkungen hin untersucht werden.

Die Zielbestimmung und damit auch die zur Zielerfüllung erforderlichen Maßnahmen und die damit verbundenen Entscheidungen werden in der Regel nicht allein aus der finanziellen Perspektive betrachtet. Die Kundenperspektive, die Perspektive der internen Prozesse, um nur zwei weitere Perspektiven zu nennen, sind mit zu berücksichtigen. Dabei ist aber immer die Frage zu beantworten, wie sich ihre Ziele auf die Erfüllung des finanziellen Zieles auswirken. Damit ist letztendlich die kosten-/ertragsmäßige Auswirkung gemeint.

Daraus ist der Schluss zu ziehen, dass ein Instrument vorhanden sein muss, mit dessen Hilfe die Kosten- und Ertragssituation eines Unternehmens und seiner Bereiche festgestellt und analysiert werden kann. Es kann die Behauptung aufgestellt werden, dass ohne die Ergebnisse der genannten Analyse weit reichende Entscheidungen nicht getroffen werden können.

Das Instrument, das einzusetzen ist, ist die betriebliche Kostenrechnung. Für Marketingentscheidungen, die auch den Vertriebsbereich betreffen, ist die Ausgestaltung des Basissystems Kostenrechnung zur Marketingkosten und -erfolgsrechnung heranzuziehen. Diese hat die Aufgaben:

- Ermittlung der gesamten Marketingkosten
- Gliederung der Marketingkosten nach einzelnen Marketingfunktionen
- Durchführung von Zeit- und Branchenvergleichen
- Ermittlung von Marketingkosten in Abhängigkeit zu einzelnen Kostenbestimmungsfaktoren
- Ermittlung der Kosten einzelner Marketinginstrumente
- Feststellung der Kosten von
  - Produkten und Produktgruppen
  - Kunden und Kundengruppen
  - Auftragsgrößen
  - Verkaufsgebieten etc.
- Ermittlung der Ergebnisse je Absatzsegment
- Durchführung von Soll-/Ist-Vergleichen.

Da es in zahlreichen Unternehmen noch keine Marketingkostenrechnung gibt, die auch die Kosten des Vertriebs enthalten muss, ist es sehr wichtig, im Basissystem Kostenrechnung die Marketingkosten zu identifizieren.

Eine Gliederung der Marketingkosten nach den Funktionen, die Kosten verursachen, die aus den USA stammt, hat sich auch in Deutschland bewährt. Demnach gliedert man die Kosten in

- Umsatz erzielende Marketingkosten (Order Getting)

Dazu gehören die Außendienstkosten, die Kosten der Werbung, der Verkaufsförderung, der Öffentlichkeitsarbeit u. Ä.

- Umsatz durchführende Marketingkosten (Order Filling)

Zu diesen Kosten zählen die Kosten der Auftragsbearbeitung und Fakturierung, die Verpackungskosten, Versandkosten, Lagerkosten oder Kosten der Zahlungsabwicklung.

- Kosten der Marketingverwaltung (General Administration)

Diese Kosten setzen sich aus Verwaltungskosten, Kosten der Planung und Kontrolle, Mietkosten, Leitungskosten u. Ä. zusammen.

Selbstverständlich können die Kosten des Marketingbereichs auch nach anderen Gesichtspunkten gegliedert werden, etwa nach der Zuweisung zu den einzelnen Instrumenten, dann erhält man beispielsweise Kosten der Verkaufsförderung, Kosten der Werbung, Kosten des persönlichen Verkaufs, Logistikkosten u. Ä.

Nach der Ermittlung der Marketingkostenarten werden diese zu Kontrollzwecken und zur Weiterverrechnung auf die Erzeugnisse den Kostenstellen zugeordnet. Bei diesen handelt es sich um die Kostenverursachungsbereiche, die zweckmäßigerweise nach Funktionen oder gleichartigen Tätigkeiten gegliedert werden. Mit Hilfe von Kalkulationssätzen werden die nicht oder nicht ohne weiteres den Erzeugnissen zuordenbaren Kosten (= Gemeinkosten) diesen zugeschlagen.

Unternehmen, die auf Kostenstellenbildungen bei den Marketingkosten verzichten wollen, können dies durch eine Kostenanalyse ersetzen.

Alle relevanten Kosten müssen auf ihre Entstehung und Zurechenbarkeit auf bestimmte Kostenträger überprüft werden. Für die Analyse rücken dabei die Funktionen in den Vordergrund. Es gilt festzustellen, für welche Funktionen ein Leistungsmaßstab gefunden werden kann, um die Kosten später verrechnen zu können. Für einige Funktionen werden sich Leistungsmaßstäbe zur Bildung von Verrechnungssätzen ohne weiteres finden lassen, z. B. können die Kosten der Angebotsabteilung an den ausgearbeiteten Offerten, die der Auftragsbearbeitung an der Zahl der Bestellungen oder Bestellpositionen gemessen werden, Kosten anderer Bereiche wiederum, wie die der Leitungsfunktionen oder der Werbung, können nur schwer bestimmten Leistungsmaßstäben zugeordnet werden, so dass sie mit allgemeinen Schlüsseln zugerechnet werden müssen.

Entscheidungen dürfen nicht nur hinsichtlich ihrer Auswirkungen auf die Kosten betrachtet werden, auch die Ertragsseite ist zu berücksichtigen.

Unter Ertrag ist der Wertzuwachs durch erstellte Güter und Leistungen innerhalb einer Abrechnungsperiode zu verstehen. Zu berücksichtigen ist in erster Linie der betriebliche Ertrag, der bei der Erfüllung des Betriebszweckes entsteht. Er wird als Leistung den Kosten gegenübergestellt.

Der Betriebsertrag besteht hauptsächlich aus den Umsatzerlösen; die Erträge aus innerbetrieblichen Eigenleistungen und Nebenerlösen spielen in der Regel keine entscheidende Rolle.

10.5.3.3 Wirtschaftlichkeitsuntersuchungen

Der Begriff der Wirtschaftlichkeitsuntersuchung wird in diesem Kapitel weit gefasst. Er erstreckt sich auf die Feststellung/Überprüfung des angestrebten Erfolges von Objekten, Maßnahmen oder Ereignissen, beinhaltet also auch die Kontrolle.

Wegen der Fülle der im Vertriebsbereich möglichen Wirtschaftlichkeitsuntersuchungen kann auch in diesem Bereich lediglich eine Auswahl getroffen werden.

Die Auswahl wird so vorgenommen, dass zum einen Untersuchungen dargestellt werden, für die sich die Kostenrechnung besonders eignet und zum anderen die Wirtschaftlichkeitsermittlung mit Hilfe von Kennzahlen angebracht ist.

10.5.3.3.1 Wirtschaftlichkeitsuntersuchungen mit Hilfe der Kostenrechnung

Die Kostenrechnung eignet sich besonders gut für die **Marktsegmenterfolgsrechnung**. Dabei wird der Erfolg von Produkten und Produktgruppen, Kunden und Kundengruppen sowie Aufträgen und Absatzkanälen in erster Linie mit Hilfe der Deckungsbeitragsrechnung ermittelt.

10.5.3.3.2 Produkterfolgsrechnung

Die **Produkterfolgsrechnung** verfolgt den gesamten Wertefluss bis zum Absatz des Produktes. Für diese Rechnung ist die die fixen Kosten proportionalisierende Vollkostenrechnung nicht geeignet, vielmehr ist eine Deckungsbeitragsrechnung zu verwenden.

Der Deckungsbeitrag weist den „Rohertrag" aus, den ein Produkt erwirtschaftet. Er zeigt, in welchem Ausmaß die proportionalen Kosten, also auch die Vertriebskosten, abgedeckt sind. Ein positiver Deckungsbeitrag deckt die fixen Kosten und den Gewinn ab.

In manchen Unternehmen arbeitet man gerne mit der **mehrstufigen Deckungsbeitragsrechnung**. Nach der Aufspaltung der Kosten in ihre fixen und proportionalen Teile werden stufenweise mehrere Schichten von fixen Kosten vom Nettoumsatz abgezogen, etwa produkt-, produktgruppen- oder bereichsspezifische fixe Kosten. Durch diese Vorgehensweise erhält man mehrere Deckungsbeiträge, die eine detaillierte Erfolgsbeurteilung ermöglichen.

	Produkt I	Produkt II	Summe
Kunde M			
Nettoumsatz	300	70	370
./. proportionale Kosten	150	46	196
= Deckungsbeitrag	150	24	174
Kunde N			
Nettoumsatz	76	210	286
./. proportionale Kosten	38	138	176
= Deckungsbeitrag	38	72	110

10.5 Tab. 3: *Deckungsbeiträge sortiert nach Kunden und Produkten*

Auch mit Hilfe der Riebel'schen Deckungsbeitragsrechnung lässt sich eine genaue Beurteilung des Produkterfolges vornehmen.

Eine weitere Möglichkeit, die in Tab. 3 dargestellt wird, besteht darin, dass man die Deckungsbeiträge nach bestimmten Kriterien sortiert. Ein Kriterium könnten die Kunden sein.

Diese ohne großen Aufwand durchzuführende Rechnung kann die „Umsatzfanatiker" belehren. Sie zeigt, dass nicht Kunde N mit dem höheren Umsatz, sondern Kunde M mit dem höheren Deckungsbeitrag der bessere Erfolgsbringer ist.

10.5.3.3.3 Kundenerfolgsrechnung

Die **Kundenerfolgsrechnung** erfasst die Kosten, Erlöse und Erlösschmälerungen als die Erfolgsfaktoren, die im Zusammenhang mit dem Kunden gesehen werden.

Die kundenbezogene Erfolgsrechnung darf nicht nur als Kontrollinstrument angesehen werden, das nach Ablauf von Prozessen ihre Ergebnisse feststellt, sondern ist gleichzeitig ein

Bruttoumsatz ./. Rabatte, Skonti
= Nettoumsatz I ./. Kalkulatorische Erlösschmälerungen
= Nettoumsatz II ./. Wareneinsatz
= Rohertrag ./. Proportionale Produktionskosten
= Deckungsbeitrag I ./. Proportionale, dem Kunden direkt zurechenbare Kosten wie Delkredere, Wechselspesen u. Ä.
= Deckungsbeitrag II ./. dem Kunden direkt zurechenbare Marketingetats
= Deckungsbeitrag III ./. dem Kunden direkt zurechenbare Verkaufskosten (z. B. Besuchskosten)
= Deckungsbeitrag IV ./. dem Kunden direkt zurechenbare Logistik-/Servicekosten
= Deckungsbeitrag V ./. Kosten für Sonderleistungen (z. B. Einrichtungsgegenstände, besonderer Service)
= Deckungsbeitrag VI

10.5 Tab. 4: *Kundenerfolgsrechnung*

wichtiges Analyseinstrument, das dem Vertriebsmanager wertvolle Informationen darüber liefert, ob sich Geschäftsbeziehungen lohnen.

Bei der Ermittlung des Kundenerfolges kann eine Kundendeckungsbeitragsrechnung mit modifizierten Einzelkosten in Anlehnung an Riebel verwendet werden.

Riebel versucht die Mängel der Vollkostenrechnung und der klassischen Deckungsbeitragsrechnung, dem Direct Costing, zu vermeiden.

Riebels System basiert auf dem **entscheidungsorientierten Kostenbegriff**. Es wird danach getrachtet, nach Möglichkeit alle kostenrelevanten Entscheidungstatbestände als Ursache der Kostenentstehung zu berücksichtigen.

Zentralpunkt der Rechnung ist die Kostenzurechnung nach dem **Identitätsprinzip**. Zwei Größen sind nur dann aufeinander zurechenbar, wenn sie sich auf dieselbe Entscheidung für eine bestimmte Maßnahme reduzieren lassen. Dieses Prinzip gilt auch für die Zuordnung von Ausgaben auf Kostengüter und von Einnahmen auf Leistungsgüter.

Damit die von Riebel kritisierte Kostenschlüsselung herkömmlicher Art vermieden wird, werden die **Einzelkosten relativiert**. Entsprechend dem Identitätsprinzip gliedert man die entstandenen Kosten nach ihrer unmittelbaren Zurechenbarkeit auf die jeweiligen Berechnungsobjekte oder Entscheidungstatbestände in relative Einzelkosten. Diese können nur einem einzigen Entscheidungstatbestand zugeordnet werden.

Was für einen „Kalkulationsgegenstand“ „relative Einzelkosten“ sind, stellen für alle übrigen „relative Gemeinkosten“ dar.

Zurechnungsobjekte können sein:

- jede Funktion
- jeder Vorgang
- jede Leistungsart
- jede organisatorische Einheit
- jede räumliche Einheit.

Wenn in einem Unternehmen die richtigen Bezugsgrößen ermittelt werden, können alle Kosten als Einzelkosten der Berechnungsobjekte erfasst werden.

Eine Kundenerfolgsrechnung kann das in Tab. 4 wiedergegebene Aussehen haben.

Die Kundenerfolgsrechnung in der gezeigten Form baut auf eine gründliche Kostenanalyse auf. Wird sorgfältig vorgegangen, ist sie wegen der Möglichkeit der differenzierten Betrachtung von Umsatz, Erlösschmälerungen und kundentypischen Kosten ein wichtiges Kontroll- und Steuerungsinstrument.

10.5.3.3.4 Vertriebserfolgsrechnung

Die **Vertriebserfolgsrechnung** kann ähnlich wie die Produkterfolgsrechnung vorgenommen werden. Entweder arbeitet man mit Stufendeckungsbeiträgen oder in Anlehnung an Riebel mit relativen Einzelkosten. Tab. 5 verdeutlicht die Vorgehensweise.

	Verkaufsbezirk 1	Verkaufsbezirk 2	Verkaufsbezirk 3
Nettoumsatz	1.109,44	647,17	667,21
./. Skonti, Herstellkosten	855,43	468,89	492,56
Artikelbetrag	254,01	178,28	174,65
./. Fracht	69,42	33,13	38,97
./. sonstige direkte Kosten der Auftragsabwicklung	5,68	3,79	4,26
Auftragsbeitrag	178,91	141,36	131,42
./. direkt den Verkaufsgebieten zurechenbare Kosten	17,35	3,15	5,20
Bezirksbeitrag	161,56	138,21	126,22
Summe der Bezirksbeiträge		425,99	
Alle Zahlen in TEUR			

10.5 Tab. 5: *Vertriebserfolgsrechnung (I)*

In Tab. 6 wird das Beispiel ergänzt. Aus dem Auftragsbeitrag werden spezifische Deckungsbeiträge abgeleitet.

	Verkaufsbezirk 1	Verkaufsbezirk 2	Verkaufsbezirk 3
Auftragsbeitrag (TEUR)	178,91	141,36	131,42
in % vom Nettoumsatz	16,13	21,84	19,70
je Auftrag (EUR)	156,53	164,95	127,72
je Kunde (EUR)	1569,40	826,68	657,11
Bezirksbeitrag (TEUR)	161,56	138,21	126,22
in % vom Nettoumsatz	14,56	21,36	18,92
Anzahl der Aufträge	1143	857	1029
Anzahl der Kunden	114	171	200

10.5 Tab. 6: *Vertriebserfolgsrechnung (II)*

Die Vertriebserfolgsrechnung kann dem Unternehmen wertvolle Hinweise für die Zukunft geben. Man kann feststellen, dass der Kundenbeitrag zur Deckung der noch offenen Kosten und des Gewinns im Verkaufsbezirk I 1569,40 EUR ausmacht, im Verkaufsbezirk III jedoch nur 657,11 EUR. Der prozentuale Auftragsdeckungsbeitrag ist im Verkaufsbezirk I um 3,57 % niedriger als im Verkaufsbezirk III. Bei den Bezirksbeiträgen dominiert der Verkaufsbezirk I bei den absoluten Zahlen deutlich. Bei den relativen Anteilen weisen die Verkaufsbezirke II und III Vorteile gegenüber Verkaufsbezirk I aus.

10.5.3.3.5 Absatzkanalbezogene Wirtschaftlichkeitsrechnung

Die Kostenrechnung in Form der Deckungsbeitragsrechnung kann sehr aussagefähig in der Erfolgsanalyse der Absatzkanäle eingesetzt werden, wie die folgenden Beispiele zeigen.

Tab. 7 geht auf das Grundschema ein.

	Absatzkanal 1	Absatzkanal 2	Absatzkanal 3
Nettoumsatz			
./. Herstellkosten			
DB I			
./. direkt zurechenbare Vertriebskosten für			
• Kommunikation und Verhandlungen			
• Verkaufsförderung			
• Beratung und Service			
DB II			
./. Lager- und Logistikkosten			
DB III			

10.5 Tab. 7: ***Absatzkanalbezogene Deckungsbeitragsrechnung***

Das nächste Beispiel zeigt mögliche Vorgehensweisen bei der Wahl optimaler Vertriebswege im Außenhandel (*Stahr 1991, S. 173/174*) in den Abb. 3–5.

In einem Unternehmen wurde für bestimmte Produkte in bestimmten Ländern eine Vorselektion der Vertriebswege vorgenommen. Im Land X bestehen für ein Investitionsgut sechs mögliche Vertriebswege. Für diese wurden für eine Planperiode Absatzprognosen vorgenommen, die in der letzten Spalte der folgenden Darstellung ausgewiesen sind.

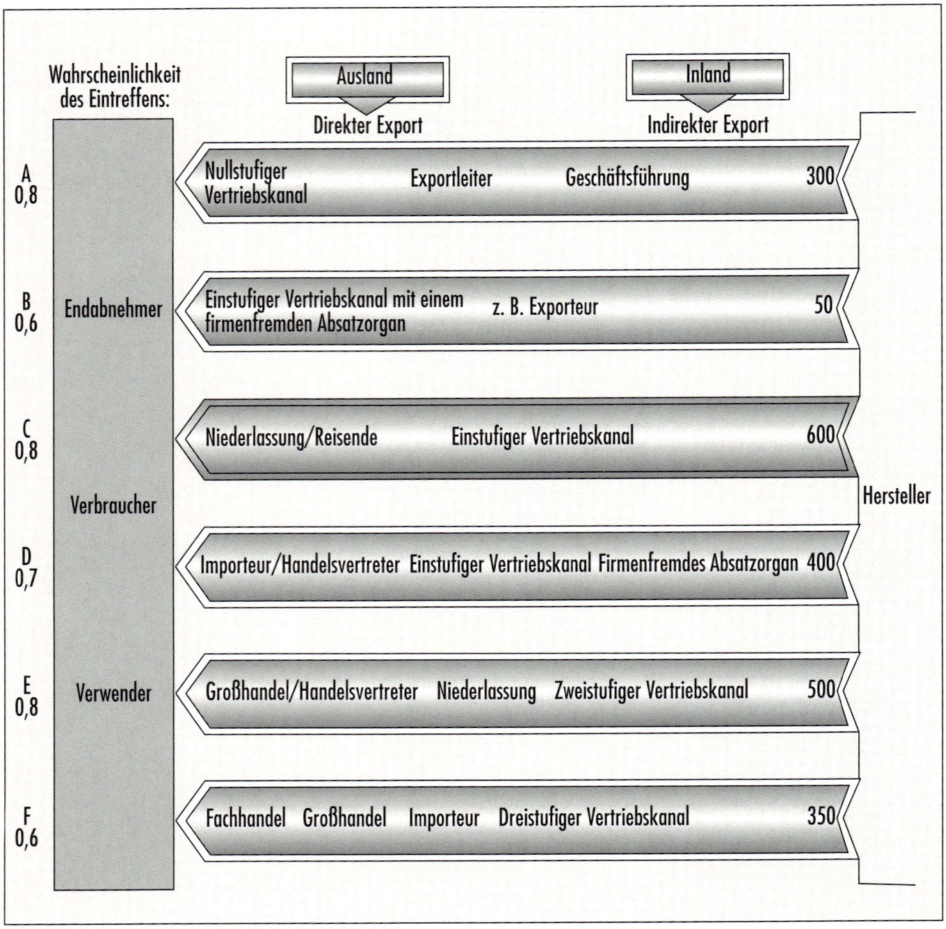

10.5 Abb. 3: ***Vertriebswegewahl (I)***

Im folgenden Schritt wurden die proportionalen (variablen) Kosten für die Vertriebswege ausgewiesen und die erzielbaren Preise prognostiziert. Für jeden Vertriebsweg ließen sich auf diese Art die Deckungsbeitragsvolumina bestimmen. Abb. 4 zeigt ein vereinfachtes Beispiel der Vorgehensweise.

Nach Abb. 4 sind die Vertriebswegalternativen C und E gleichrangig. Dies gilt allerdings nur unter der Voraussetzung, dass keine betrieblichen Engpässe vorliegen und die beiden Vertriebswege auch tatsächlich eingesetzt werden können.

Bei der Entscheidung über den optimalen Vertriebsweg können neben quantifizierbaren auch qualitative Kriterien herangezogen werden. Ein Punktbewertungsverfahren beispielsweise lässt konkrete Ergebnisse erwarten.

Vertriebskanal-alternative (1)	Absatzprognose des 1. Jahres in Stück (2)	Wahrschein-lichkeitsgrad (3)	Wahrscheinlicher Absatz in Stück (4) = (2) x (3)	Erzielbarer Stückpreis (in 1.000) (5)	Erlöse (in 1.000) (6) = (4) x (5)	Variable Kosten		DB Volumen (9) = (6) – (8)
						je Stück (7)	Gesamt (8) = (7) x (4)	
A	300	0,8	240	1.000	240.000	850	204.000	36.000
B	50	0,6	30	900	27.000	600	18.000	9.000
C	600	0,8	480	800	384.000	700	336.000	48.000
D	400	0,7	280	750	210.000	650	182.000	28.000
E	500	0,8	400	950	380.000	830	332.000	48.000
F	350	0,6	210	650	136.500	620	130.200	6.300

10.5 Abb. 4: ***Vertriebswegewahl (II)***

Für die einzelnen möglichen Entscheidungskriterien werden Skalen mit derselben Intervallanzahl, z. B. 1 = sehr gut bis 5 = schlecht, gebildet. Legt man den einzelnen Kriterien unterschiedliche Bedeutung zu, muss zusätzlich noch eine Gewichtung vorgenommen werden. Dieses Vorgehen führt zu einem Bewertungsprofil für die beiden Vertriebswege.

Abb. 5 verdeutlicht das Prozedere.

10.5.3.3.6 Wirtschaftlichkeitsberechnungen mit Hilfe der Prozesskostenrechnung

Die Prozesskostenrechnung ist ein System, das nicht die Kostenträgereinheit absolut in den Vordergrund stellt, sondern sie widmet den Aktivitäten ein besonderes Augenmerk, die die Produkte in Anspruch nehmen. Die Kosten werden den Kostenträgern auf Grund der von ihnen beanspruchten Aktivitäten zugeordnet. Deshalb ist es erforderlich, die Kostenwirkung der Tätigkeiten bzw. Prozesse zu ermitteln, die von den Produkten in Anspruch genommen werden.

Durch Gespräche und Analysen ist festzustellen, von welchen Faktoren im fertigungsunterstützenden Bereich die Kosten abhängen. In der Materialprüfung z. B. kann eine Abhängigkeit von der Anzahl der Lose bestehen, im Vertrieb von der Anzahl der Produkte. Die **Kostentreiber** sind in diesen Fällen also die Zahl der Lose bzw. Produkte.

Die Prozesskostenrechnung lässt sich zu einer Analyse von Kostentreibern in der multiplen Distribution verwenden. Kostentreiber können sowohl in der Verwaltung als auch im Bereich der Warenwirtschaft bestimmt werden. Typische Prozesskostenanalysen im Vertrieb können beispielsweise sein (*Schögel 1998, S. 233*):

Intensität der Zielerreichung	5 4 3 2 1	Bemerkungen
1. Marktabdeckungsgrad - numerisch - gewichtet	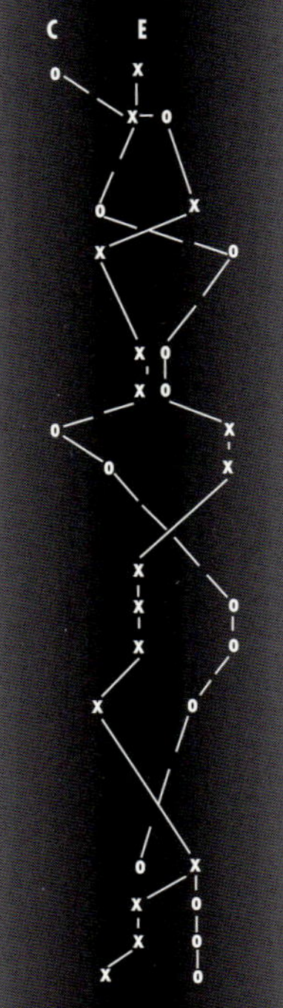	**Handelsunternehmen** - großer Vertreter-Stab mit regionalen Niederlassungen
2. Umsatzexpansion - Gewinnung neuer Kunden - Erhaltung bisheriger Kunden		
3. Erreichung sonstiger Vertriebsziele - Serviceniveau - Lieferbereitschaft - Investitionen - Laufende Kosten		**Eigene Vertriebsgesellschaft** - Wenige Akquisitionsingenieure
4. Kooperation - Informationsfluss - gemeinsame Absatzplanung - Kooperative Werbung		
5. Kontrollspanne		
6. Wahrnehmung der Vertriebsfunktionen		
6.1 Vorakquisition **6.2 Akquisition** **6.3 Logistische Funktionen** **6.4 Kundendienst**		

10.5 Abb. 5: *Vertriebswegewahl (III)*

- Lagerhaltungskosten für verschiedene Produktvarianten
- Transportkosten für die Distribution innerhalb einzelner Absatzkanäle
- Kosten in der Auftragsabwicklung über mehrere Kanäle
- Doppelspurigkeit zwischen verschiedenen Kanälen bei der Kundenbearbeitung.

Maß- und Bezugsgrößen sind die jeweiligen Produkte, Marken und Kundengruppen sowie der eigentliche Absatzkanal oder eine einzelne Distributionsfunktion.

10.5.3.3.7 Wirtschaftlichkeitsuntersuchungen mit Hilfe von Kennzahlen

Kennzahlen sind Informationen in verdichteter Form über betriebswirtschaftliche Fakten, Prozesse und Zusammenhänge. Sie werden in der Zielvorgabe, in der Analyse und in der Kontrolle eingesetzt.

Sowohl in der Praxis als auch in der Literatur findet man eine Vielzahl von Kennzahlen. Aus der großen Menge der Kennzahlen seien einige wichtige Gruppen genannt:

- Unternehmenskennzahlen

Sie werden für ein ganzes Unternehmen ermittelt wie z. B. Rentabilitätskennzahlen, Produktivitätskennzahlen, Wirtschaftlichkeitskennzahlen, Cash-flow-Kennzahlen u. Ä.

- Bereichskennzahlen

Sie spiegeln bereichstypische Entscheidungen wider. Es handelt sich bei ihnen häufig um Wirtschaftlichkeits- und Produktivitätskennzahlen sowie um leistungsausdrückende Zahlen.

- Spätindikatoren

Sie sind Ergebniskennzahlen und bauen auf Daten auf, die erst am Ende von betriebswirtschaftlichen Prozessen vorliegen. Sie werden häufig aus Daten des Jahresabschlusses ermittelt.

- Frühindikatoren

Sie werden auch Leistungstreiber genannt und spielen in der in der letzten Zeit viel diskutierten **Balanced Scorecard** (BSC) eine wichtige Rolle. Diese Kennzahlen sind bereits auf frühe Phasen von Prozessen gerichtet. Bereits zu einem frühen Zeitpunkt sollen Vorgänge betrachtet werden, die zum gegenwärtigen Zeitpunkt dazu beitragen sollen, dass viel später bestimmte Ereignisse eintreten. Wachstumskennzahlen sind typische Frühindikatoren.

Die rechnerische Ermittlung von Kennzahlen bereitet normalerweise keine Schwierigkeiten. Sie werden errechnet als

- Grundzahlen (absolute Zahlen, die im Vergleich zu anderen Zahlen gesetzt werden)
- Verhältniszahlen (bestimmte Zahlen werden in Relation zu anderen Größen gesetzt)
  - Gliederungszahlen (z. B. Bezirksumsatz zu Gesamtumsatz)
  - Beziehungszahlen (z. B. Umsatz je Kunde)
  - Messzahlen (z. B. aufeinander folgende Umsätze werden auf den Umsatz eines Basisjahres bezogen).

Einzelne Kennzahlen sagen in der Regel nicht viel aus, sie gewinnen erst im Vergleich an Aussagekraft.

Kennzahlen sind ein wertvolles Instrument bei Wirtschaftlichkeitsuntersuchungen und lassen sich in mehreren Bereichen einsetzen. Im Folgenden wird eine Auswahl getroffen, die lediglich exemplarischen Charakter haben kann.

1. Beurteilung der Vertriebsleistung allgemein mit Kennzahlen

Kundenpenetration =	Prozentsatz der Kunden, die von unserem Unternehmen kaufen
Kundentreue =	Die Einkäufe der Kunden in unserem Unternehmen, ausgedrückt als Prozentsatz ihrer gesamten Einkäufe von allen Anbietern desselben Produktes
Kundenselektivität =	Höhe des durchschnittlichen Einkaufs eines Kunden, ausgedrückt als Prozentsatz der Höhe des Einkaufs eines durchschnittlichen Kunden von einem durchschnittlichen Unternehmen
Preisselektivität =	Der Durchschnittspreis des Unternehmens, ausgedrückt als Prozentsatz des Preisdurchschnitts aller Unternehmen
Konzentration =	Anteil einzelner Produkte oder Kunden zu Deckungsbeitrag
Kundenumsatz =	Umsatz des Kunden gemäß Plan zu Gesamtumsatz gemäß Plan
Angebotserfolg =	Erteilte Aufträge zu abgegebenen Angeboten
Bekanntheitsgrad =	Zahl der positiven Reaktionen zu Gesamtzahl der Kunden
Anzahl der Stammkunden =	Alter Kundenbestand zu Gesamtzahl der Kunden
Beurteilung des Außendienstes (AD) =	Deckungsbeitrag pro AD und Zeiteinheit zu Gesamtkosten des AD pro Zeiteinheit
Break-even-Punkt des AD =	Zuordenbare Kosten des AD zu prozentualem Deckungsbeitrag
Innovationsgrad =	x % aller Umsätze/Deckungsbeiträge werden mit y % aller Erzeugnisse erreicht, die jünger sind als z Jahre oder: x % aller Umsätze/Deckungsbeiträge stellen Neuumsätze/Deckungsbeiträge infolge – neuer Kunden – neuer Produkte – neuer Märkte usw. dar.
Intensität der Kundenbetreuung =	Zahl der Kundenbesuche zu Zahl der Kunden Anzahl der Kunden pro Verkäufer und Tag Besuchszeit pro Kontakt Erzielter Umsatz pro Besuch Kosten pro Besuch

Erwirkte Aufträge pro hundert Besuche
Zahl der neuen Kunden pro Periode
Zahl der verloren gegangenen Kunden pro Periode
Kosten der Vertriebsorganisation als Prozentsatz des Gesamtumsatzes (*Kotler/Bliemel 1995, S. 1165*).

2. *Beurteilung der Logistikleistung mit Kennzahlen*

Lagerkostensatz =	Lagerkosten zu durchschnittlichem Lagerbestand
Lagerreichweite =	Lagerbestand + offene Bestellungen zu Planverbrauch der Periode
Kosten pro Lagerbewegung =	Lagerpersonal- und Sachkosten zu Zahl der Lagerzugänge und -abgänge
Kommissionierzeit je Auftrag =	Kommissionierzeit zu Zahl der Kommissionieraufträge
Kommissionierkosten je Auftrag =	Kommisionierkosten zu Zahl der Kommissionieraufträge
Transportkosten je Transportauftrag =	Transportkosten zu Zahl der Transportaufträge
Transportleistung =	Transporteinheiten zu Zeiteinheiten
Anteil der Transportkosten an den Herstellkosten =	Transportkosten zu Herstellkosten des Produktes
Bearbeitungskosten einer Auftragsposition =	Kosten der Auftragsabwicklung zu Zahl der bearbeiteten Auftragspositionen
Distributionskosten je Auftrag =	Kosten der Distribution zu Zahl der Aufträge
Lieferbereitschaft =	Summe der sofort bedienten Mengen zu Summe der angeforderten Mengen
Quote der Beanstandungen =	Zahl der beanstandeten Lieferungen zu Zahl der Lieferungen insgesamt
Logistikkosten je Absatzeinheit =	Gesamte Logistikkosten zu Ausbringungsmenge
Logistikkosten je Mitarbeiter =	Logistikkosten zu Zahl der Mitarbeiter.

Bildet man eine Gesamtheit von Kennzahlen, die zueinander in Beziehung stehen und erst die Gesamtheit vollständig über Sachverhalte informiert, erhält man ein **Kennzahlensystem**.

Kennzahlensysteme sind

- Ordnungssysteme und
- Rechensysteme.

Ordnungssysteme enthalten Kennzahlen, die sich auf bestimmte Sachverhalte beziehen. Sie betreffen also bestimmte Aspekte des Unternehmens.

Rechensysteme sind durch ein rechnerisches Zerlegen der Kennzahlen charakterisiert, das in eine Pyramidenbildung mündet. Die meist verbreiteten Rechensysteme sind

- das Du-Pont-System und
- das ZVEI-Kennzahlensystem.

Abb. 6 zeigt ein komplexes Vertriebscontrolling-Kennzahlensystem von Reichmann (*Reichmann 1997, S. 403*).

Wirtschaftlichkeitsuntersuchungen können sich noch auf weitere Gebiete im Vertriebsbereich erstrecken, etwa auf die

- Ermittlung kostendeckender Auftragsgrößen,
- Vorteilhaftigkeit von Eigen- oder Fremdlägern,
- Vorteilhaftigkeit von Eigen- oder Fremdtransport,
- Frage Vertreter oder Reisende,
- Ausgliederung bestimmter Leistungen.

Für die Wirtschaftlichkeitsuntersuchungen in den genannten Bereichen werden die gleichen Instrumente eingesetzt wie in den dargestellten Beispielen.

10.5.3.3.8 Wirtschaftlichkeitsuntersuchungen mit Hilfe anderer Instrumente

In den bisherigen Ausführungen wurde der Schwerpunkt auf Wirtschaftlichkeitsuntersuchungen mit Hilfe der Kostenrechnung und der Kennzahlenanalyse gelegt, quantitative Überlegungen standen damit im Vordergrund. Will man die qualitativen Aspekte berücksichtigen, empfiehlt sich die Vornahme von

- Potenzialanalysen zwecks Überprüfung der Marktabdeckung
- Kundenzufriedenheitsanalysen zur Analyse der Anbieterleistung aus Kundensicht

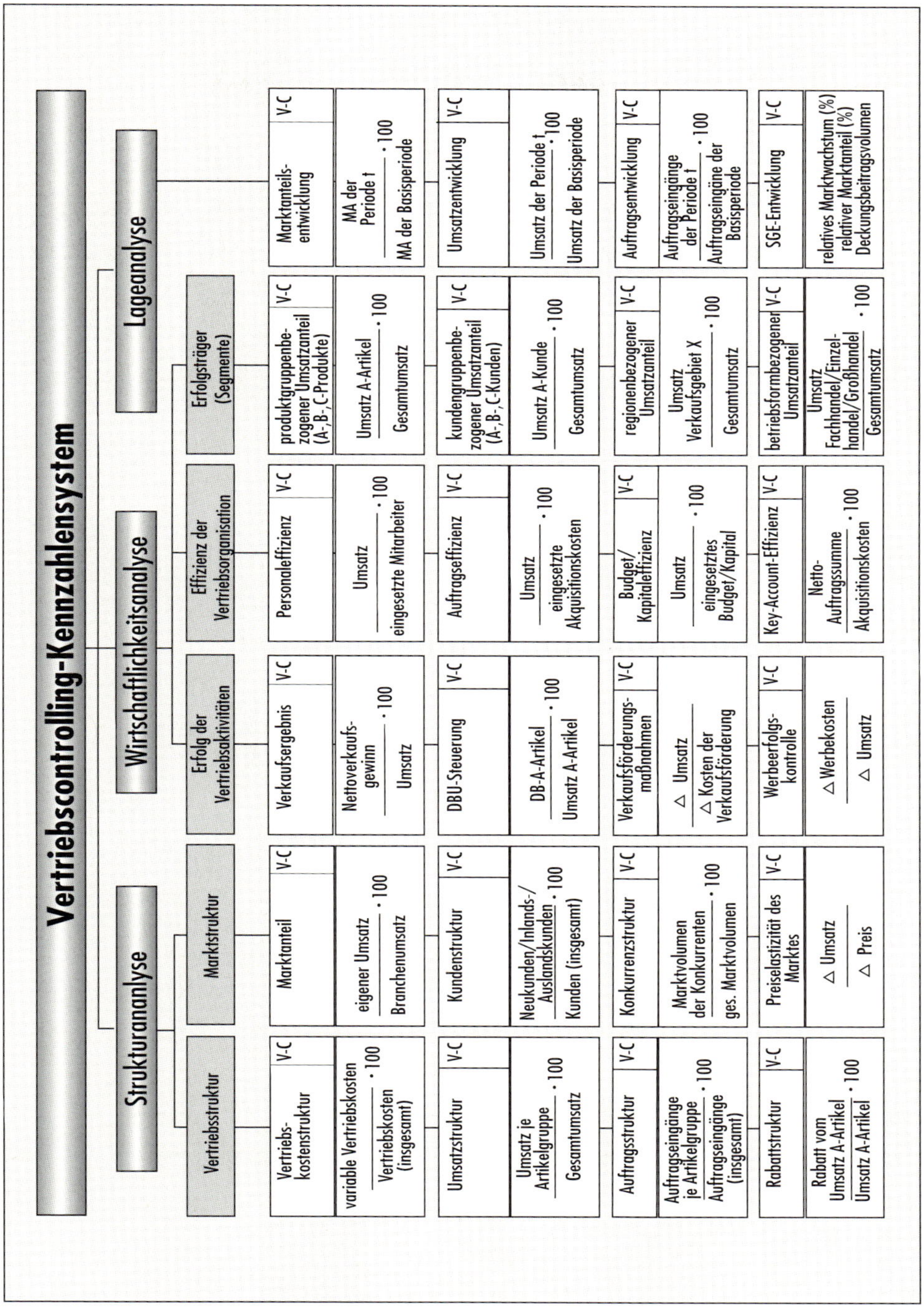

10.5 Abb. 6: *Vertriebscontrolling-Kennzahlensystem*

- externem Distributionscoaching zur Überwachung des Verhaltens der Absatzmittler und Absatzkanäle.

10.5.3.4 Schwachstellenanalyse

Das Erkennen von Schwachstellen ist eine Aufgabe, die auch dem Controlling übertragen werden kann. Im Gegensatz zu Kontrollen, die häufig erst am Endpunkt von Perioden oder Aktivitäten stattfinden, werden Schwachstellenanalysen permanent vorgenommen.

Als Schwachstellen sind Störungen und Verlustquellen zu verstehen, die ihre Ursachen entweder im Unternehmen selbst oder in der Umwelt haben.

Interne Ursachen lassen sich häufig finden und sind etwa:

- unklar formulierte Ziele,
- ein schlechter Führungsstil,
- mangelhafte Mitarbeiterauswahl,
- mangelhafte Mitarbeiterführung,
- nicht ausreichende oder falsche Planung,
- schlechte Organisation,
- mangelhafte Kontrolle,
- zu wenig oder zu stark ausgeprägte Risikobereitschaft,
- schlechte oder fehlende Marktforschung,
- Nichtbeachtung wichtiger betriebswirtschaftlicher Grundsätze,
- Nichtbeachtung wichtiger Interdependenzen,
- schlecht vorbereitete oder intuitive Entscheidungen,
- falsche Investitionspolitik,
- schlechtes Rechnungswesen,
- falsche Kapazitätsbelegung,
- zu starkes Umsatzdenken,
- zu geringer Einsatz technischer Hilfsmittel u. Ä.

Von Schwachstellen im Vertriebsbereich im weitesten Sinne kann man sprechen, wenn folgende Mängel vorliegen:

- Entscheidungsrelevante Kosten sind nicht bekannt.
- Konkurrenzbeziehungen zwischen wichtigen Größen wie Gewinn, Umsatz und Kosten sind nicht bekannt.

- Noch Erfolg bringende Mindestauftragsgrößen werden nicht ermittelt.
- Es ist nicht ermittelbar, in welchem Ausmaß einzelne Produkte, Käufer, Verkaufsgebiete, Absatzkanäle u. Ä. am Erfolg beteiligt sind.
- Es liegen organisatorische Mängel vor.
- Planvorgaben sind unrealistisch.
- Wirtschaftlichkeitsuntersuchungen finden nicht statt etc.

Externe Ursachen von Schwachstellen sind u. a. staatliche und überstaatliche Maßnahmen und Unterlassungen sowie Marktentwicklungen.

Um Schwachstellen rechtzeitig entdecken zu können, müssen Verfahren entwickelt und Indikatoren erkannt werden, die Störungen und Fehlerquellen identifizieren.

Instrumente, die eingesetzt werden können, sind u. a.:

- Schwachstellenkataloge
- Checklisten
- Mängel- und Wunschlisten
- ABC-Analyse
- Deckungsbeitragsrechnung
- Kennzahlen.

Schwachstellenkataloge, Checklisten, Mängel- und Wunschlisten werden wegen ihrer Unkompliziertheit häufig angewandt. Sie können in allen Unternehmensbereichen eingesetzt werden. Ihnen ist gemeinsam, dass die Stichworte bzw. Fragen, die sie enthalten, auf Tatbestände und Ereignisse der einzelnen Unternehmensbereiche gerichtet sind, mit dem Ziel, Schwachstellen aufzudecken, indem Abweichungen vom Soll-Zustand ermittelt werden. Voraussetzung für das Funktionieren dieser Instrumente ist die genaue Formulierung der Soll-Zustände. Da diese Mittel sehr leicht zu handhaben sind, soll nicht näher darauf eingegangen werden.

10.5.4 Budgetierung

10.5.4.1 Vorgehensweise bei der Budgeterstellung

Der Begriff „Budgetierung" wird in der Literatur und in der Praxis nicht einheitlich verwendet. Gelegentlich wird der Fehler begangen, die Planung und die Budgetierung miteinander zu verwechseln. Das Budget wird dann mit dem Marketingplan verwechselt.

Planung ist der Entwurf einer Ordnung, nach der sich das betriebliche Geschehen in der Zukunft vollziehen soll, sie ist das gedankliche, systematische Gestalten des zukünftigen Handelns.

„Ein Budget kann als die schriftlich dokumentierte Zusammenfassung der in Geldeinheiten quantifizierten Vorgaben für bestimmte Organisationseinheiten (Funktionen, Sparten, Objekte bzw. Strategische Geschäftsfelder) in einem bestimmten Zeitraum verstanden werden. Dafür kommen sowohl Leistungs- (Erlös-) als auch Kostengrößen in Betracht" (*Becker 1998 S. 770*). Jede Planung findet letztendlich ihren Niederschlag in einem Budget.

Das Budget wird bei konsequenter Vorgehensweise aus den strategischen Zielen bzw. den daraus resultierenden strategischen Aktionen abgeleitet; es schließt damit praktisch den Planungsprozess ab.

Ein Budget ist ein Führungsinstrument mit folgenden Funktionen:

- **Orientierung und Entscheidung**
- Das Budget stellt einen Richtwert für Führungskräfte dar, der zielorientiertes Handeln und Entscheiden erleichtert.
- **Koordination und Integration**
  Das Budget dient der Abstimmung und Verteilung knapper Ressourcen.
- **Motivation**
  Das Budget gilt als ein Anreizmittel zur Zielerreichung.
- **Kontrolle**
  Das Budget ist ein Mittel der Leistungsmessung und Ergebniskontrolle.

Die Erstellung des Budgets kann auf unterschiedliche Weise vorgenommen werden, nach

- dem Top-down-Verfahren und
- dem Bottom-up-Verfahren (vgl. 10.5.3.1).

Beim **Top-down-Verfahren** wird der Planungsweg progressiv von oben nach unten gestaltet. Das Management macht bereits vor der eigentlichen Budgetierung Vorgaben, die bei der Erstellung des Budgets auf den folgenden hierarchischen Ebenen berücksichtigt werden müssen. Koordinierungsaufgaben werden bei dieser Vorgehensweise überflüssig, die Akzeptanz der Planvorgaben kann jedoch leiden.

Beim **Bottom-up-Verfahren** verläuft der Planungsweg retrograd von unten nach oben. Die zuständigen Planungsinstanzen machen Budgetvorschläge, die mit den jeweils übergeordneten Hierarchieebenen abgestimmt werden. Der Vorteil des Verfahrens besteht in der höheren Motivation auf den untergeordneten Ebenen, allerdings besteht die Gefahr, dass die Planer Sicherheitszonen einbauen. In der Praxis werden beide Verfahren häufig kombiniert.

Ein Budget kann starr oder flexibel erstellt werden. Bei unsicheren Erwartungen ist ein **flexibles Budget** unbedingt zu empfehlen. Unterschiedliche Konjunkturverläufe, Konkurrenzaktionen und -reaktionen können darin berücksichtigt werden.

10.5.4.2 Gestaltung des Budgets

Inhalte des Budgets können

- Absatzgrößen,
- Umsatzgrößen,
- Kostengrößen,
- Deckungsbeiträge

sein.

Wegen des Bezuges dieser Größen zum Rechnungswesen sollten die Budgetierenden über einschlägige Kenntnisse verfügen.

Die Budgetierung im Vertriebsbereich kann nach mehreren Methoden vorgenommen werden:

- Budget als Prozentsatz des Umsatzes
- Budget gemäß Aufwendungen der Hauptkonkurrenten
- Budget gemäß verfügbarer Mittel
- Budget gemäß Ziel und zu lösenden Aufgaben.

Die Budgetierung eines Prozentsatzes vom Umsatz entbehrt des sachlogischen Zusammenhangs. Die Orientierung an den Aufwendungen der Konkurrenz kann problematisch sein, da Vergleichsdaten nur selten verfügbar sein werden. Ein Budget gemäß verfügbarer Mittel führt zu einem prozyklischen Verhalten und kann Ursache und Wirkung umkehren.

Festlegung der Ziele der Verkaufspolitik

↓

Bestimmung der verkaufspolitischen Maßnahmen

↓

Festlegung der anfallenden Kosten

↓

Feststellung der Finanzierbarkeit

Am Günstigsten stellt sich die Budgetierung gemäß Ziel und zu lösender Aufgabe dar. Die Aufwendungen für Vertriebsaufgaben werden aus Oberzielen und Strategien abgeleitet. Es ergibt sich dabei vorstehender Ablauf:

Abb. 7 zeigt die grundsätzliche Vorgehensweise bei der Erstellung eines Budgets für eine produktbezogene organisatorische Einheit.

Das Beispiel weist die Leistungen (Erlöse) und die Kosten aus. Die Kosten erstrecken sich sowohl auf die Kosten des Managements und des Marketinginstrumenteneinsatzes als auch auf die anteiligen Kosten in anderen Funktionsbereichen, die vom eigenen Bereich zu verantworten sind.

Ein weiteres Beispiel zeigt die Vorgehensweise bei einem gewinnzielorientierten Ansatz mit Ermittlung des Marketingbudgets nach einem „Restwertverfahren" in Anlehnung an *Kotler/Bliemel (1999):*

1.	Schätzung des Gesamtmarktes	12.000.000 ME
2.	Planung des Marktanteils	25 %
3.	Planung des eigenen Absatzes (1. x 2.)	3.000.000 ME
4.	Kalkulierter Preis je ME	5,00
5.	Geplanter Umsatz (3. x 4.)	15.000.000
6.	Planung der proportionalen Kosten (Materialkosten, Verpackung, Lohnkosten) je ME	3,10
7.	Ermittlung des Deckungsbeitrages zur Deckung der fixen Kosten, des Gewinns und der Marketingausgaben (5. – 3. x 6.)	5.700.000
8.	Planung der fixen Kosten	3.300.000
9.	Ermittlung des Beitrages zur Deckung des Gewinns und der Marketingausgaben (7. – 8.)	2.400.000
10.	Planung des Gewinnziels	900.000
11.	Für Marketingausgaben verfügbare Mittel (9. – 10.)	1.500.000
12.	Aufteilung des Marketingbudgets z. B.	
	Marketingforschung	140.000
	Werbung	600.000
	Verkaufsförderung	200.000
	Logistik	560.000

10.5 Abb. 7: ***Budgeterstellung***
Quelle: Becker 1998, S. 772

Produkt:	Verantwortl.:	genehm. Dat.:

I. Produkt-Erlöse

	Quartale				
	Jahr	I	II	III	IV
1. Umsatz-Erlöse (gesamt) 2. Erlösschmälerungen (./.) • Rabatte • bes. Preisnachlässe, Boni • Retouren • Skonti					
Netto-Erlöse:					
3. Netto-Erlöse nach • Kundengruppen • Regionen • Vertriebswegen					

II. Kosten des Product-Managemant (eigener Etat):

	Quartale				
	Jahr	I	II	III	IV
1. Gehälter 2. Sozialabgaben 3. Büromaterial 4. Raumkosten 5. Telefon, Fernschreiben 6. Porti 7. Reisekosten 8. Bücher, Zeitschriften 9. Fremdleistungen (Beratung etc.) 10. Gemeinkostenumlage/Verwaltung					
eigene Kosten:					

III. Produkt-Kosten in anderen Abteilungen (Kostenstellen) als anteilige variable Kosten (Grenzplankosten, Stellenumlage)

	Quartale				
	Jahr	I	II	III	IV
1. Bereich: Marketing a) Marktforschung • Marktanalysen • spez. Tests • Umfragen b) Werbung • Werbemaßnahmen/-medien • Sachmittel • Muster/Kataloge etc. • Werbeforschung c) Verkaufsförderung • Verkaufsförderungsmaßnahmen • Verpackungsmuster • Displaymaterial d) Vertrieb • Dienstleistungen • Verkäuferschulung					
gesamt					
2. Bereich: Forschung/Entwicklung • Entwicklungsaufträge					
gesamt					
3. Bereich: Beschaffung • Beschaffungsaufträge					
gesamt					
4. Bereich: Produktion • Sondereinzelkosten					
gesamt					
gesamt					

IV. Kennzahlen Gewinnspanne, Umsatzrentabilität, Kosten-Umsatz-Relationen, gebundene Bestände, Verkaufssatz, Werbungssatz etc.

Genau wie bei der Planung Einzelpläne zu einer Gesamtplanung zusammengefasst werden, werden auch bei der Budgetierung Einzelbudgets nach dem Baukostenprinzip zu einem Gesamtbudget zusammengefügt.

Literatur

Becker (1998): Becker, J.: Marketing-Konzeption, 6. Aufl., München

Bramsemann (1993): Bramsemann, R.: Handbuch Controlling, Methoden und Techniken, 3. Aufl., München-Wien

Ehrmann (1997): Ehrmann, H.: Kostenrechnung, 2. Aufl., München-Wien

Ehrmann (1999): Ehrmann, H.: Unternehmensplanung, 3. Aufl., Ludwigshafen

Ehrmann (1999): Ehrmann, H.: Marketing-Controlling, 3. Aufl., Ludwigshafen

Ehrmann (1999): Ehrmann, H.: Logistik, 2. Aufl., Ludwigshafen

Ehrmann (2000): Ehrmann, H.: Kompakttraining Balanced Scorecard, Ludwigshafen

Fließ/Marra (1998): Fließ, S., Marra, A.: Kundenorientiertes Vertriebscontrolling im Business to Business-Marketing, in: Reinecke, S./Tomczak, T./Dittrich, S. (Hrsg.): Marketingcontrolling, St. Gallen

Horvath (1996): Horvath, P.: Controlling, 6. Aufl., München

Kotler/Bliemel (1999): Kotler, Ph., Bliemel, F.: Marketing-Management, 9. Aufl., Stuttgart

Nieschlag/Dichtl/Hörschgen (1997): Nieschlag, R./Dichtl, E./Hörschgen, H.: Marketing, 18. Aufl., Berlin

Pepels (1998): Pepels, W.: Technischer Vertrieb, Berlin

Reichmann (1997): Reichmann, Th.: Controlling mit Kennzahlen, 5. Aufl., München

Reinecke/Tomczak/Dittrich (1998): Reinecke, S./Tomczak, T./Dittrich, S.: Marketingcontrolling, St. Gallen

Schögel (1998): Schögel, M.: Controlling der Distribution, in: Reinecke, S./Tomczak, T./Dittrich, S. (Hrsg.), Marketingcontrolling, St. Gallen

Schröder (2000): Schröder, E. F.: Modernes Unternehmens-Controlling, 7. Aufl., Ludwigshafen

Stahr (1991): Stahr, G.: Internationales Marketing, Ludwigshafen

Weis (1999): Weis, H. Ch.: Marketing, 11. Aufl., Ludwigshafen

Hauptkapitel 11

Rechtsaspekte des Vertriebs

11.1 Wettbewerbsrecht und Privatrecht

11.2 Datenschutzrecht

11.3 Absatzhelferrecht

11.1 Wettbewerbsrecht und Privatrecht

Tobias Lettl

11.1.1 Einführung

Rechtlich unzulässige Maßnahmen beim Vertrieb können zur Folge haben, dass dieser bedeutende Bereich eines Unternehmens erheblich gestört wird oder gar völlig zusammenbricht, wenn sich auch nur ein Kunde oder Mitbewerber hiergegen erfolgreich zur Wehr setzt und dem Unternehmen die weitere Durchführung der jeweiligen Maßnahme gerichtlich untersagt wird. Dies kann nicht nur bis zu einer Gefährdung des Unternehmenbestandes führen, sondern erzeugt zudem in der Öffentlichkeit in erheblichem Umfang eine geschäftsschädigende Wirkung. Hinzu kommt, dass das Unternehmen für vorprogrammierte Rechtsstreitigkeiten dieser Art nicht zu vernachlässigende personelle und finanzielle Ressourcen aktivieren muss, die für die eigentliche operative Geschäftstätigkeit des Unternehmens nicht mehr zur Verfügung stehen und die im Falle des Unterliegens im Prozess darüber hinaus vergeblich aufgewendet werden mussten. Daraus ergibt sich, dass die jeweiligen Maßnahmen des Vertriebs unter Berücksichtigung der hierfür geltenden rechtlichen Vorgaben entwickelt werden sollten. Da sich hierbei je nach den jeweiligen rechtlichen Stadien der Kundenbeziehung unterschiedliche Anforderungen ergeben, sind diese der Darstellung voranzustellen.

11.1.2 Rechtliche Stadien der Kundenbeziehung

Ausgangspunkt des Beginns der Beziehung des Kunden zum Unternehmen ist die Situation, in der das **Unternehmen werbend am Markt** auftritt, um Kunden für sich zu gewinnen (**Akquisition**). Gelingt es dem Unternehmen hierbei, den potentiellen Kunden von seinen angebotenen Leistungen in der Weise zu überzeugen, dass der potenzielle Kunde diese Leistungen für sich in Anspruch nehmen möchte, kommt es regelmäßig zum **Abschluss eines Vertrages** und damit zu einer **rechtlichen Bindung**. Darin verpflichtet sich das Unternehmen, bestimmte Leistungen gegen eine bestimmte Gegenleistung (zumeist Geld) zu erbringen. Im Rahmen dieser Leistungserbringung können **Störungen** auftreten, die etwa darin bestehen können, dass das Unternehmen die vereinbarte Leistung nicht, schlecht oder verspätet erbringt. Dies führt dazu, dass dem zumeist höchst **unzufriedenen Kunden bestimmte Rechte** wie das Recht auf Minderung der Gegenleistung, auf Rückforderung der Gegenleistung oder Schadensersatz zustehen. Bei einem fortlaufenden mehrmaligen Leistungsaustausch wie bei Bank-, Versicherungs- oder Energieversorgungsverträgen wird die Unzufriedenheit des Kunden häufig insbesondere dazu führen, dass er das Vertragsverhältnis durch **Kündigung** für die Zukunft beendet. Ist der Kunde unzufrieden oder hat er das Vertragsverhältnis bereits für die Zukunft beendet, stellt sich für das Unternehmen die Herausforderung, innerhalb des rechtlich zulässigen Rahmens Maßnahmen zur **Kundenbindung** oder **Kundenrückgewinnung** zu ergreifen. Zusammenfassend seien die vorstehenden Ausführungen zur rechtlichen Einstufung des jeweiligen Stadiums der Kundenbeziehung wie folgt veranschaulicht:

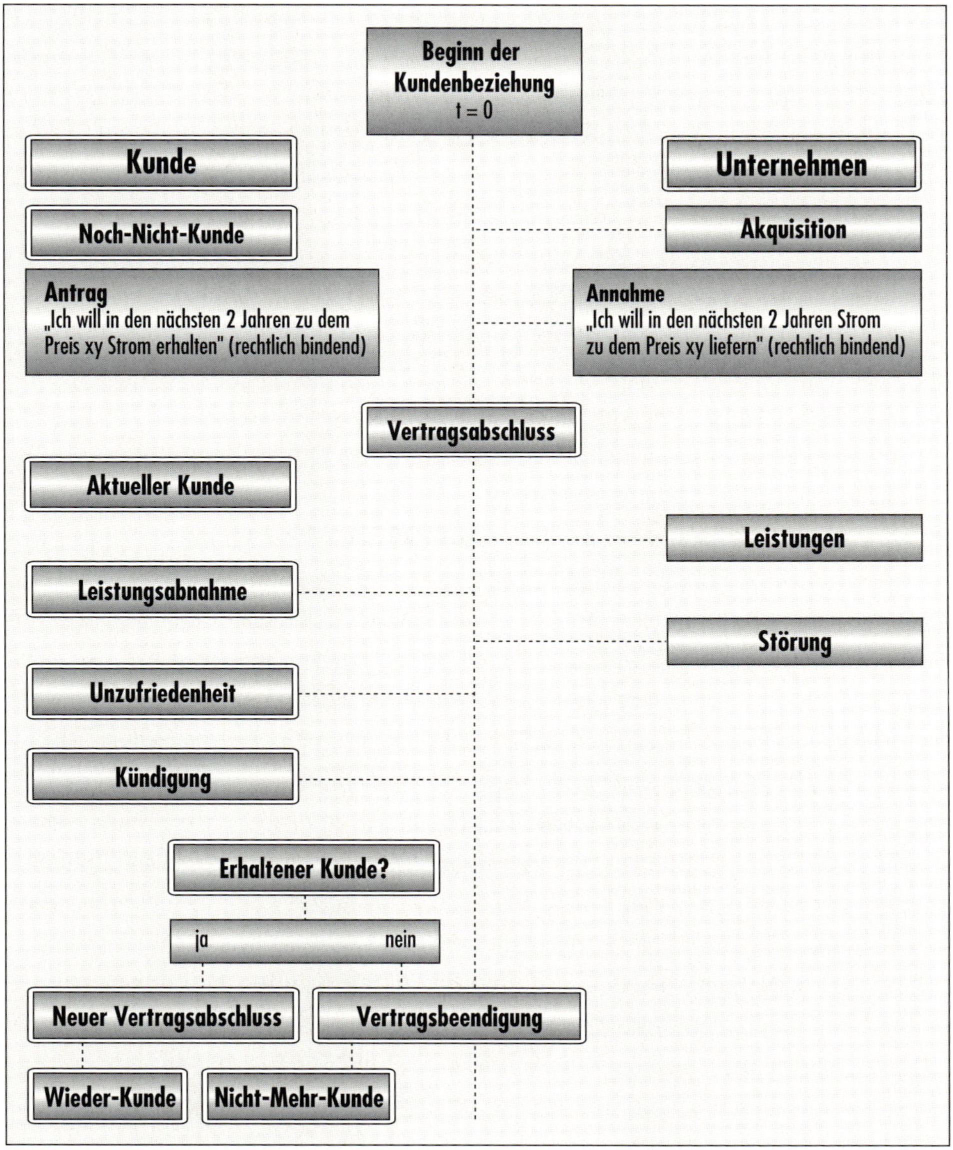

11.1 Abb. 1: *Stadien der Kundenbeziehung*

11.1.3 Rechtsgrundlagen

Das **Gesetz gegen den unlauteren Wettbewerb (UWG)** schützt die Mitbewerber eines Unternehmens vor dessen unlauterem Wettbewerb. Zu diesem Zweck bestimmt § 1 UWG wie folgt:

„Wer **im geschäftlichen Verkehr zu Zwecken des Wettbewerbs** Handlungen vornimmt, die gegen **die guten Sitten** verstoßen, kann von Mitbewerbern auf **Unterlassung** und **Schadensersatz** in Anspruch genommen werden."

Das **Bürgerliche Gesetzbuch (BGB)** schützt private Verbraucher und sämtliche Gewerbetreibende in ihrer Privat- bzw. gewerblichen Sphäre. Dazu bestimmen die §§ 823 Abs. 1, 1004 des BGB wie folgt:

„Wer vorsätzlich oder fahrlässig das Leben, den Körper, die Gesundheit, die Freiheit, das **Eigentum** oder **ein sonstiges Recht** eines anderen widerrechtlich verletzt, ist dem anderen zum **Ersatz des daraus entstehenden Schadens** bzw. zur **Unterlassung** verpflichtet."

Als **sonstige Rechte** in diesem Sinne sind das **allgemeine Persönlichkeitsrecht** und das **Recht am eingerichteten und ausgeübten Gewerbebetrieb** anerkannt. Das allgemeine Persönlichkeitsrecht umfasst das Recht, in der Privatsphäre nicht unaufgefordert gestört zu werden. Das Recht am eingerichteten Gewerbebetrieb schützt den Betriebsinhaber gegen Beeinträchtigungen gegenüber der Fortsetzung der bisher rechtmäßig ausgeübten, gewerblichen Tätigkeit. Diesen Rechten steht das **Interesse des werbenden Unternehmens** gegenüber, seine Waren und Dienstleistungen absatzfördernd potenziellen oder bereits bestehenden Kunden zu präsentieren. Die Beurteilung der Frage, ob ein bestimmtes Handeln beim Vertrieb gegen die vorstehend genannten Bestimmungen verstößt, setzt stets eine **Ermittlung und Abwägung dieser Interessen der Beteiligten** unter Berücksichtigung der Umstände des konkreten Einzelfalls voraus. Hierfür können der nachfolgend im Einzelnen darzustellenden Rechtsprechung weiterführende Anhaltspunkte entnommen werden.

In der Phase der Kundenakquisition stellt sich u. a. die derzeit äußerst aktuelle Frage, ob und gegebenenfalls in welchem Rahmen vergleichende Werbung zulässig ist. Daher soll zunächst dies näher untersucht werden.

Allerdings darf nicht unerwähnt bleiben, dass die Effizienz vergleichender Werbung durchaus strittig ist und die Wirkungen, die man sich von ihr erwartet, selten eintreten. Insofern ist der Einsatz vergleichender Werbung nicht nur juristisch problematisch.

11.1.4 Rechtliche Zulässigkeit von vergleichender Werbung

11.1.4.1 Rechtsentwicklung

Sinn und Zweck jeder Werbung ist es, die Vorzüge der eigenen Waren und Dienstleistungen gebührend herauszustellen, um ihren Absatz oder ihre Verwertung zu fördern. **Vergleichende Werbung** kann persönlich vergleichend, kritisierend vergleichend oder anlehnend vergleichend erfolgen. Ihre Zulässigkeit war bisher auf der Grundlage von § 1 UWG zu beurteilen. Nach **bisheriger Rechtslage** war Werbung stets unzulässig, wenn die vergleichenden Angaben irreführend waren. War vergleichende Werbung inhaltlich wahr und der Form nach sachlich, war die Werbung zulässig, wenn ein hinreichender Anlass bestand und sich die vergleichenden Angaben nach Art und Maß in den Grenzen des Erforderlichen hielten (*BGH NJW 1968, 746*). Am 6. Oktober 1997 ist indes die **„Richtlinie 97/55/EG zur Änderung der Richtlinie 84/450/EWG über irreführende Werbung zwecks Einbeziehung der vergleichenden Werbung“** in Kraft getreten, wonach die Mitgliedstaaten der Europäischen Union (EU) ihr nationales Recht an die Richtlinie anpassen müssen.

Nach der Rechtsprechung des Europäischen Gerichtshofes (EuGH) sind jedoch unabhängig davon die in der Richtlinie enthaltenen Grundsätze durch die Mitgliedstaaten und deren nationale Gerichte bereits ab ihrem Inkrafttreten zu beachten und nicht erst nach deren Umsetzung in nationales Recht. Dies hat der BGH ausdrücklich bestätigt (*BGHZ 138, 55; BGH NJW 1998, 3561*). Die allgemeinen Grundsätze der Richtlinie hat der Bundesgesetzgeber mittlerweile umgesetzt, um die Werbung als zentralen Punkt im Alltag aller Verbraucher in der Europäischen Union zu harmonisieren (BGBl. I 2000, 1374ff.)

Hierfür erhielt **§ 2 UWG ab 14. September 2000** folgenden Wortlaut (*BGBl. I 2000, S. 1374ff.*; dazu auch *Plaß, NJW 2000, 3161ff.*):

(1) Vergleichende Werbung ist jede Werbung, die unmittelbar oder mittelbar einen Mitbewerber oder die von einem Mitbewerber angebotenen Waren oder Dienstleistungen erkennbar macht.

(2) Vergleichende Werbung verstößt gegen die guten Sitten im Sinne von § 1, wenn der Vergleich

1. sich nicht auf Waren oder Dienstleistungen für den gleichen Bedarf oder dieselbe Zweckbestimmung bezieht;
2. nicht objektiv auf eine oder mehrere wesentliche, relevante, nachprüfbare und typische Eigenschaften oder den Preis dieser Waren oder Dienstleistungen bezogen ist;

3. im geschäftlichen Verkehr zu Verwechslungen zwischen dem Werbenden und einem Mitbewerber oder zwischen den von diesen angebotenen Waren oder Dienstleistungen oder den von ihnen verwendeten Kennzeichen führt;
4. die Wertschätzung des von einem Mitbewerber verwendeten Kennzeichens in unlauterer Weise ausnutzt oder beeinträchtigt;
5. die Waren, Dienstleistungen, Tätigkeiten oder persönlichen oder geschäftlichen Verhältnisse eines Mitbewerbers herabsetzt oder verunglimpft oder
6. eine Ware oder Dienstleistung als Imitation oder Nachahmung einer unter einem geschützten Kennzeichen vertriebenen Ware oder Dienstleistung darstellt.

(3) Bezieht sich der Vergleich auf ein Angebot mit einem besonderen Preis oder anderen besonderen Bedingungen, so sind der Zeitpunkt des Endes des Angebots und, wenn dieses noch nicht gilt, der Zeitpunkt des Beginns des Angebots eindeutig anzugeben. Gilt das Angebot nur so lange, wie die Waren oder Dienstleistungen verfügbar sind, so ist darauf hinzuweisen.

11.1.4.2 Rechtsprechung des Bundesgerichtshofs (BGH)

In der bloß allgemein gehaltenen Aufforderung an das angesprochene Publikum, einen Vergleich vorzunehmen, ist nicht ohne weiteres bereits ein Vergleich im Sinne von § 2 Abs. 1 zu sehen. Dies ändert sich erst, wenn erkennbar zu einem Vergleich zwischen den Eigenschaften von eigenen Erzeugnissen (Preis, Qualität etc.) mit den entsprechenden Eigenschaften von Konkurrenzerzeugnissen aufgefordert wird. Das Tatbestandsmerkmal **„Waren oder Dienstleistungen für den gleichen Bedarf oder dieselbe Zweckbestimmung“** lässt einen Werbevergleich grundsätzlich auch bei nicht identischen Produkten zu, sofern diese nur funktionsidentisch sind und aus der Sicht der angesprochenen Verbraucher als Substitutionsprodukte in Betracht kommen (*BGH NJW 1999, 948 (949)*). Unbedenklich ist es auch, wenn sich der Vergleich nicht auf einzelne konkrete Waren bezieht, sondern auf eine bestimmte überschaubare und abgrenzbare Warengattung insgesamt. Für eine **Herabsetzung** lediglich **auf Grund eines Preisvergleiches** reicht es nicht aus, dass die eigenen Erzeugnisse als preisgünstiger herausgestellt werden und dies zu Lasten der Mitbewerber geschieht. Vielmehr müssen über die mit jedem Werbevergleich verbundenen (negativen) Wirkungen hinaus **besondere Umstände** hinzutreten, die den Vergleich in unangemessener Weise abfällig, abwertend und unsachlich erscheinen lassen (*BGH NJW 1999, 948 (950)*). Dies ist insbesondere dann der Fall, wenn das **Konkurrenzangebot** im Vergleich mit dem eigenen Angebot etwa mit der Werbeaussage „Billige Composite Rackets (Graphite-Fiberglas) muten wir Ihnen nicht zu“ als **minderwertig** herausgestellt wird (*BGH NJW 1998, 2208 (2212)*). Auch eine **unlautere Rufausnutzung** setzt besondere, über die bloße Nennung der Marke des Handelsnamens oder anderer Unterscheidungszeichen eines Mitbewerbers hinausgehende Unlauterkeitsumstände voraus, mittels derer der von einem Mitbewerber begründete, gute Ruf und dessen Ausstrahlungswirkung ausgenutzt werden soll (*BGH NJW 1999, 948 (950)*). Für die erforderliche Nachprüfbarkeit der verglichenen Eigenschaften ist es nicht erforderlich, dass die beteiligten Verkehrskreise die im Werbevergleich angeführten Eigenschaften ohne weiteres und ohne jeden Aufwand nachprüfen können (*BGH NJW 1998, 3561*). **Vergleichende Werbung** wurde als **zulässig** erachtet, wenn in dem Schreiben eines Unternehmens an einen Dritten, der als Mitarbeiter im Rahmen der Vertriebsorganisation angeworben werden sollte, folgende Aussage enthalten ist: „Es handelt sich dabei um hochwertigen Designer-Modeschmuck zu akzeptablen Preisen. Vergleichen Sie einmal mit dem Katalog von P.... L......“ (*BGH NJW 1999, 948 (949f.)*).

11.1.5 Einzelne Formen der Kontaktaufnahme: Direktmarketing

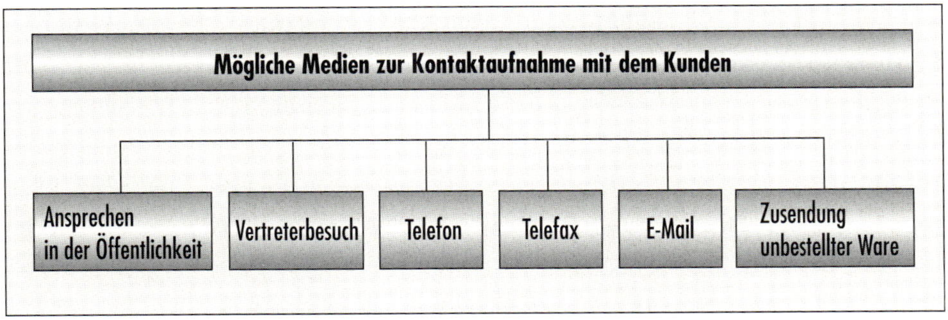

11.1 Abb. 2: *Kontaktaufnahme mit dem Kunden*

11.1.5.1 Ansprechen in der Öffentlichkeit

Das **gezielte und individuelle Ansprechen von Passanten in der Öffentlichkeit** wie z. B. auf öffentlichen Straßen, auf Bahnhöfen oder Flughäfen setzt die Angesprochenen ohne ihren Willen einer intensiven persönlichen Einwirkung aus und bringt sie in eine **Zwangslage**, sich plötzlich mit einem bestimmten Angebot befassen zu müssen. Dabei haben die Angesprochenen meist Hemmungen, einen lästigen Werbenden einfach abzuweisen und finden sich häufig nur deshalb zum Vertragsschluss bereit, um weiteren Gesprächen zu entgehen. Das **individuelle Ansprechen von Passanten in der Öffentlichkeit** wird daher als **wettbewerbswidrig** qualifiziert (*BGH GRUR 1960, 431*). Werden hingegen mündliche Kaufaufforderungen zum Betreten eines Geschäfts nicht an einzelne Passanten, sondern ungezielt an das Publikum gerichtet, ist der Einzelne nur als anonymer Teil der Menge angesprochen und gerät nicht in die Zwangslage, auf eine persönliche Ansprache reagieren zu müssen. Auch ein individuelles Ansprechen eines Passanten kann im Einzelfall ausnahmsweise zulässig sein, wenn der Passant ein besonderes Interesse an dem Angebot des Gewerbetreibenden und die Bereitschaft, von diesem beworben zu werden, erkennen lässt. Der Bundesgerichtshof hat es jedoch einem Hersteller von Kfz-Nummernschildern nicht gestattet, die Personen anzusprechen, die aus der Kfz-Zulassungstelle kamen, ein Zulassungsformular in der Hand hielten und dadurch als Interessenten für Nummernschilder erkennbar waren (*BGH GRUR 1960, 431*).

11.1.5.2 Hausbesuch eines Vertriebsmitarbeiters

11.1.5.2.1 Wettbewerbsrechtliche Zulässigkeit

So genannte **Vertreterbesuche** sind nach Auffassung des BGH eine historische Gegebenheit im Sinne einer „traditionell gewerblichen Betätigung“, deren Sozialverträglichkeit sich seit Jahrzehnten erwiesen hat und die durch die Berufsfreiheit gemäß Artikel 12 des Grundgesetzes (GG) geschützt ist. Dies gilt umso mehr, als diese Besuche im Allgemeinen tagsüber stattfinden und sich auf Werktage beschränken. Der Besuch eines Vertriebsmitarbeiters ist daher unabhängig davon, um welche Produkte es sich dabei handelt, **grundsätzlich zulässig**, es sei denn, dass **ausnahmsweise** auf Grund **besonderer Umstände** die Gefahr einer untragbaren oder sonst wettbewerbswidrigen Belästigung und Beunruhigung des privaten Lebensbereichs gegeben ist (*BGH GRUR 1955, 41*). Besondere Umstände dieser Art können vorliegen, wenn der **Besuch erzwungen oder erschlichen** wird oder wenn Außendienstmitarbeiterinnen vorzugsweise in der eigenen Nachbarschaft und im Kreise ihrer persönlichen Bekannten Geschäftsabschlüsse anzubahnen suchen. Der Umstand allein, dass der Besuch unvermutet stattfindet, ist unbeachtlich, da der potenzielle Kunde den Vertreter nicht zu empfangen braucht und so eine Belästigung, die seine Entscheidungsfreiheit beeinträchtigen könnte, vor vornherein abwehren kann (*BGH GRUR 1959, 277 (280)*). **Telefonate bei Privatpersonen zum Zwecke der Ankündigung oder Vereinbarung von Vertreterbesuchen** sind wettbewerbsrechtlich unzulässig, wenn nicht der Angerufene sein **Einverständnis** damit zuvor **ausdrücklich** oder **konkludent** erklärt hat (*BGH GRUR 1994, 380;*

BGH GRUR 1995, 220). Konkludent nennt man ein durch schlüssiges Handeln erteiltes Einverständnis, d. h. das Verhalten des Erklärenden kann etwa wie ein „Ja, ich will einen Telefonanruf zur Anmeldung eines Vertreterbesuches" ausgelegt werden. Weil sich der Anschlussinhaber gegen das Eindringen in seine Privatsphäre nicht von vornherein wehren kann, ist schon das Anrufen als solches anstößig. Dies gilt auch dann, wenn es zuvor brieflich angekündigt worden ist (*KG WRP 1978, 373*). Zulässig sind Vertreterbesuche nach vorheriger schriftlicher Anmeldung dann, wenn der Angeschriebene mittels einer der Besuchsanmeldung beigefügten frankierten Rückantwortkarte den Besuch ohne weiteres ablehnen kann (*BGH GRUR 1994, 818 (819)*).

11.1.5.2.2 Wirksamkeit geschlossener Verträge

Gelingt es einem Vertriebsmitarbeiter, bei einem Hausbesuch einen Vertrag abzuschließen, so ist dieser **Vertrag grundsätzlich rechtswirksam** zustande gekommen. Dem Kunden steht jedoch ein **Recht zum Widerruf** seiner Erklärung zu, **wenn** der Kunde zur Abgabe seiner Erklärung

- durch mündliche Verhandlungen an seinem **Arbeitsplatz** oder im Bereich seiner **Privatwohnung** bestimmt worden ist, **es sei denn**, dass
- diese Verhandlungen auf v**orhergehende mündliche Bestellung des Kunden** geführt wurden oder
- die **Leistung** bei Abschluss des Vertrages **sofort erbracht** und **bezahlt** wird und das **Entgelt 40,00 EUR** nicht übersteigt (§ 1 des Gesetzes über den Widerruf von Haustürgeschäften und ähnlichen Geschäften (HWiG)).

Eine **vorhergehende mündliche Bestellung des Kunden** in diesem Sinne setzt eine Einladung zu einem Hausbesuch zur Führung von Vertragsverhandlungen voraus. Daran fehlt es, wenn sich der Kunde im Verlauf eines nicht von ihm veranlassten Telefonanrufs des Anbieters mit einem Hausbesuch einverstanden erklärt hat oder eine Einladung von sich aus ausspricht, auch wenn der Kunde vorher auf einer Werbeantwortkarte um Zusendung von Prospekten gebeten und dabei seine Telefonnummer zwecks Rückruf angegeben hat (*BGH GRUR 1990, 46*). Die **Frist zur Ausübung des Widerrufsrechts** beträgt bei ordnungsgemäßer schriftlicher Belehrung über das Widerrufsrecht eine Woche (§ 1 Abs. 1 des Gesetzes über den Widerruf von Haustürgeschäften und ähnlichen Geschäften (HWiG)). Bei Unterbleiben der Belehrung erlischt das Widerrufsrecht des Kunden erst einen Monat nach beiderseits vollständiger Erbringung der Leistung (§ 2 Abs. 1 Satz 4 des Gesetzes über den Widerruf von Haustürgeschäften und ähnlichen Geschäften (HWiG)). Das Unterlassen der ordnungsgemäßen Belehrung ist wettbewerbswidrig im Sinne des § 1 des Gesetzes gegen den unlauteren Wettbewerb (UWG).

11.1.5.2.3 Nachbearbeitung

Das Aufsuchen von ehemaligen Kunden, die einen Vertrag wirksam widerrufen haben, um sie nach den **Gründen für den Widerruf** zu befragen, ist zulässig, es sei denn, dass im Einzelfall Gründe für eine unsachliche Einwirkung auf den ehemaligen Kunden vorliegen (*BGH GRUR 1994, 380*). Für den Verkehr besteht kein allgemeines Schutzbedürfnis, nicht mit geschäftsgewandten Personen in Kontakt treten zu müssen (*BGH GRUR 1993, 761 (763)*). Diese Überlegungen lassen sich auf den Fall übertragen, dass ein Vertreterbesuch zu dem Zweck durchgeführt wird, um nach **Gründen für die Kündigung** des Vertrages zu fragen.

11.1.5.3 Briefwerbung sowie Einwurf von Handzetteln, Prospekten, Katalogen

Werbung durch die Versendung von **Werbebriefen** oder den Einwurf von **Handzetteln** in die Briefkästen potenzieller Kunden ist **grundsätzlich zulässig**, da sie nicht zuletzt dem Interesse des Verbrauchers dient, über das Leistungsangebot des werbenden Unternehmens einen Überblick zu erhalten und der Brief beim Aufmachen zumeist sofort als Werbung erkannt und ohne weiteres weggeworfen werden kann (*BGH NJW 1973, 1119; BGH NJW 1989, 903*). Daran fehlt es, wenn der **Werbebrief als Privatbrief getarnt** und dessen Werbecharakter erst nach näherem Befassen erkennbar ist (*BGH GRUR 1992, 622*) oder der **Empfänger ausdrücklich zu erkennen gibt, dass er derartiges Werbematerial nicht zu erhalten wünscht**. Fordert etwa der Empfänger einer individuell gestalteten Briefwerbung das werbende Unternehmen auf, von weiteren Werbesendungen dieser Art an ihn abzusehen, kann in der Missachtung seines Verlangens eine Verletzung des Persönlichkeitsrechts des Kunden liegen, wenn nicht spätestens nach dem Öffnen des mit der Absenderangabe versehenen Werbebriefes etwa angesichts des dem Begleitschreiben beigefügten Informationsmaterials erkennbar ist, dass es sich um eine Werbesendung handelt (*BGH NJW 1973, 1119*). Die Beachtung des Widerspruchs des Betroffenen gegen die Werbemaßnahme ist lediglich dann nicht geboten, wenn dies wegen der Art und Anlage der Werbeaktion für das werbende Unternehmen mit einem Arbeits- und Kostenaufwand verbunden ist, der in keinem angemessenen Verhältnis zu der mit der Werbung verbundenen Belästigung des Umworbenen steht (*BGH NJW 1973, 1119*). Als weiteres Beispiel für einen entgegenstehenden Willen des Verbrauchers ist die etwa durch Aufkleber auf dem Briefkasten betreffend Werbesendungen und Prospekte zum Ausdruck gebrachte Ablehnung zu nennen. Der Einwurf von Zeitungen mit Prospekten als Beilage, Zeitschriften oder Anzeigenblättern ist freilich auch in diesem Fall weiterhin zulässig. Wird einem Empfänger, der durch die Aufschrift auf seinem Briefkasten Werbeeinwurf ablehnt, ein Werbeprospekt in Form eines nicht adressierten Briefes als Beilage der von ihm abonnierten Zeitschrift in den Briefkasten eingeworfen, ist dies nicht nur auf Grund des Abonnementvertrages im Verhältnis zwischen dem Abonnenten und dem Verlag, sondern auch im Verhältnis zwischen Abonnenten und dem mit einer Beilage werbenden Unternehmen zulässig (*LG Bonn, AfP 92, 88*). Zulässig ist es auch, wenn Kreditinstitute am unteren Rand der von ihnen erstellten und verschickten **Kontoauszüge** für eigene Leistungen werben, da die dadurch möglicherweise entstehenden Belästigungen gering sind und sich im Rahmen dessen halten, was heutzutage üblich ist. Insbesondere führt eine derartige Werbemaßnahme zu keiner zusätzlichen Belastung von Briefkästen. Wird gegen die vorstehenden Regeln verstoßen, steht Mitbewerbern und dem von der Maßnahme konkret Betroffenen grundsätzlich ein **Unterlassungsanspruch** gegenüber dem werbenden Unternehmen bzw. im Falle der Postzustellung gegen die Deutsche Post AG (*OLG Frankfurt a.M. NJW 1996, 934*) zu. Dieser Unterlassungsanspruch besteht auch gegenüber einem werbenden Unternehmen, das ein Werbeunternehmen mit der Verteilung des Werbematerials beauftragt hat. Das werbende Unternehmen ist verpflichtet, gegenüber dem Werbeunternehmen alle möglichen rechtlichen und wirtschaftlichen Maßnahmen zu ergreifen, die eine Beeinträchtigung des Betroffenen zu verhindern geeignet sind. Hierzu gehört etwa:

- das Werbeunternehmen eindringlich auf die Notwendigkeit einer entsprechenden Organisation und Kontrolle der Werbeaktion hinzuweisen,
- sich über den Einsatz geeigneter Schutzvorkehrungen zu vergewissern,
- Beanstandungen nachzugehen und
- ggf. dem Anliegen durch Androhung wirtschaftlicher oder/und rechtlicher Sanktionen etwa durch eine Vertragsstrafenvereinbarung Nachdruck zu verleihen.

11.1.5.4 Werbung per Telefon

Da der Anrufende beim Telefonat im Gegensatz zu schriftlicher Werbung die Chance hat, auf die jeweilige Reaktion des Angerufenen individuell einzugehen, die Werbeargumente anzupassen und eine ablehnende Haltung des Angerufenen zu beseitigen, ist **Werbung per Telefon für die Vertriebspraxis besonders interessant**. Wegen der Beeinträchtigung der Privatsphäre oder der geschäftlichen Interessen des Angerufenen werden durch die Rechtsprechung an Verkaufsbemühungen dieser Art jedoch strenge Anforderungen gestellt, wobei zwischen der Telefonwerbung gegenüber Privatpersonen und gegenüber Gewerbetreibenden unterschieden wird.

11.1.5.4.1 Telefonwerbung gegenüber Privatpersonen

a) Ausdrückliches oder konkludentes Einverständnis des (potenziellen) Kunden als Voraussetzung

Telefonwerbung ist gegenüber Privaten grundsätzlich unzulässig, da Private in ihrem verfassungsrechtlich geschützten privaten Bereich nicht belästigt werden dürfen, indem Fremde in diesen unaufgefordert eindringen (*BGH NJW 1991, 2087f.*). Die berechtigten Interessen der gewerblichen Wirtschaft, ihre Produkte werbemäßig anzupreisen, erfordern es angesichts der Vielfalt der Werbemethoden nicht, mit Werbemaßnahmen auch in den privaten Bereich des umworbenen Verbrauchers einzudringen. Dies gilt unabhängig davon, ob zwischen den Gesprächspartnern bereits geschäftliche Beziehungen bestehen oder nicht, da allein in der Aufnahme eines geschäftlichen Kontakts des Privaten nicht dessen Einverständnis liegt, über Telefon beworben zu werden (*BGH GRUR 1990, 280*). Es ist ferner unzulässig, einen potentiellen Kunden anzurufen, um sein Einverständnis zu Werbeanrufen zu erhalten. Denn schon dieser erste Anruf dient der Werbung, so dass die vorstehenden Regeln zu beachten sind und der potenzielle Kunde bereits **vor** diesem Anruf sein Einverständnis erklärt haben muss (vgl. *BGH NJW 1994, 1071*). Unzulässig ist es auch, wenn der Anruf vorher brieflich angekündigt wird (*BGH GR 1989, 753*). Daraus ergibt sich, dass **Telefonwerbung gegenüber Privaten nur dann zulässig ist, wenn der Angerufene zu dem konkreten Zweck des Anrufes zuvor, also vor dem ersten Telefonat, ausdrücklich oder konkludent sein Einverständnis erklärt hat** (*Baumbach/Hefermehl, Wettbewerbsrecht, UWG, § 1, Rdnr. 67*). Ein **ausdrückliches Einverständnis** liegt etwa dann vor, wenn der Adressat den Anbietenden selbst um die telefonische Information ersucht oder bei Aufnahme des Geschäftskontakts verdeutlicht hat, mit einer telefonischen „Betreuung" einverstanden zu sein (*Wolff, RDV 1999, 9*). Auch das auf einem ordnungsgemäß unterzeichneten Bestellformular eigenhändig erklärte Einverständnis einer Privatperson mit Telefonwerbung („Ja, ich möchte mich über neue Produkte telefonisch beraten lassen") schließt ein rechtswidriges Verhalten des Unternehmens durch telefonische Kontaktaufnahme grundsätzlich aus. **Konkludent** bedeutet in diesem Zusammenhang schlüssiges Handeln des Kunden, aus dem sich der eindeutige Wille des Kunden ergibt, mit Telefonwerbung einverstanden zu sein. Wer also in Kenntnis der Tatsache, dass er mit Telefonwerbung zu rechnen hat, an einer Verlosung teilnimmt, erklärt damit konkludent sein Einverständnis, wenn künftige Telefonwerbung hinreichend deutlich gemacht worden ist. Ein konkludentes Einverständnis kann auch dann vorliegen, wenn der Kunde neben seiner Adresse auch seine Telefonnummer in Kenntnis davon mitteilt, dass seine Telefonnummer von dem betreffenden Unternehmen zur Fortführung des geschäftlichen Kontakts genutzt wird (*BGH GRUR 1989, 753*). Füllt der Kunde etwa auf einer vorgedruckten Anforderungskarte für Informationsmaterial die Zeile „Telefonnummer" aus, kann von einem konkludenten Einverständnis ausgegangen werden. Streicht der Kunde hingegen diese Rubrik, wird damit auch eine telefonische Kontaktaufnahme abgelehnt (*BGH GRUR 1990, 280 (281)*). **Kein konkludentes Einverständnis** liegt ferner vor, wenn:

- der (potenzielle) Kunde Informationsmaterial nicht auf einem Vordruck des werbenden Unternehmens anfordert, sondern durch ein Schreiben mit eigenem privaten Briefbogen, auf dem neben der Adresse auch die Telefonnummer vorgefertigt angegeben ist (*BGH GRUR 1990, 280 (281)*),
- der (potenzielle) Kunde seine Telefonnummer im Telefonbuch oder auf CD-ROM angibt (*BGH NJW 1970, 1738*),
- der (potenzielle) Kunde auf eine vorherige briefliche Ankündigung des Telefonanrufes durch das werbende Unternehmen („Wir rufen Sie in den nächsten Tagen an") nicht reagiert (*KG WRP 1978, 378*),
- dem (potenziellen) Kunden lediglich eine Negativoption etwa wie folgt eingeräumt wird: „Bitte kreuzen Sie hier an, wenn sie nicht von uns angerufen werden wollen.",
- der (potenzielle) Kunde seine Telefonnummer in einer Zeitungsanzeige angibt (*OLG Stuttgart NJW-RR 1994, 1534*) oder
- bei „erklärungsbedürftigem" Anliegen des Kunden (*KG GRUR 1995, 107*).

Zur Vermeidung der Unwägbarkeiten im Zusammenhang mit der Frage, ob ein konkludentes Einverständnis vorliegt oder nicht, sollte das **Einverständnis stets ausdrücklich sowie aus Beweisgründen schriftlich** erfolgen.

b) Gegenstand des Einverständnisses

Ein konkludentes Einverständnis für **Telefonwerbung betreffend Waren oder Dienstleistungen, die nicht bereits Gegenstand der konkreten Vertragsbeziehung sind**, liegt nicht vor, wenn die Angabe der Telefonnummer durch den Betroffenen lediglich auf dem Vertrag oder einer Antwortkarte erfolgt ist. Denn dieser Angabe der Telefonnummer kann nur das Einverständnis entnommen werden, im Rahmen des bestehenden Vertrages und des durch ihn begründeten Bereiches angerufen zu werden. Für die Zulässigkeit von Telefonwerbung, die über den Gegenstand der konkret bestehenden Vertragsbeziehung hinausgeht, bedarf es des Einverständnisses des Kunden zur Telefonwerbung mit diesem konkreten, erweiterten Gegenstand. Demnach sind **unaufgeforderte Anrufe etwa einer Versicherung bei ihren Versicherungsnehmern nur dann zulässig, wenn Gegenstand des Gespräches der bestehende Versicherungsvertrag ist** (*BGH RDV 1995, 170 (171)*). Hierzu zählt beispielsweise das Nachfragen hinsichtlich eines Schadensfalles, um die Abwicklung beschleunigen zu können oder der Hinweis auf die mangelnde Absicherung eines großen Risikos, das bisher nur vermeintlich versichert war. Dies gilt unabhängig davon, ob diese „Versicherungslücken" seit dem Zeitpunkt des Vertragsschlusses bestehen oder erst später entstanden sind. Weitergehende telefonische Angebote oder das Einbeziehen von Familienmitgliedern dürfen nicht Zweck des Anrufes sein, sofern der Versicherungsnehmer hierzu nicht zuvor sein Einverständnis erteilt hat. Die bloße Möglichkeit, dass beim Versicherungsnehmer weiterer Versicherungsbedarf gegeben sein kann, berechtigt nicht dazu, telefonische Anfragen mit dem Ziel einer Ausdehnung des Versicherungsschutzes vorzunehmen. Es ist ferner unzulässig, etwa den Abonnenten einer Zeitschrift ohne dessen Einverständnis **nach** seiner **Kündigung** anzurufen, um

- nach den Kündigungsgründen zu fragen (*OLG Koblenz WRP 1991,332 (334)*),
- den Kündigenden zu bewegen, das bestehende Vertragsverhältnis fortzuführen oder
- die Geschäftsbeziehung wieder aufzunehmen (*BGH Beschluss v. 07.11.1991 – ZR 40/91*),

auch wenn der **Kunde bei Vertragsabschluss seine Telefonnummer angegeben** hatte. Denn mit der Angabe der Telefonnummer bei Vertragsabschluss hat der Kunde zwar sein konkludentes Einverständnis mit **vertragsbezogenen Anrufen**, zu denen auch die Frage nach den Kündigungsgründen gehört, erteilt. Der Kunde macht sich aber in der Regel bei für ihn nicht allzu bedeutenden Vertragsabschlüssen bei der Angabe der Telefonnummer keine Gedanken, im Fall der Kündigung ein Objekt einer Nachbearbeitung oder sonstigen Werbemaßnahme zu sein. Die Kündigung stellt vielmehr eine Zäsur im Vertragsverhältnis dar. Zulässig ist es hingegen, auch ohne das Einverständnis des Kunden ausschließlich zur **Feststellung von Mängeln im Vertriebssystem** wie etwa aufdringlichem Verhalten eines Vertriebsmitarbeiters oder verspäteten Lieferungen anzurufen (*OLG Karlsruhe WRP 1992, 125*). Diese Ausnahme bietet in der Praxis allerdings große Risiken, da die Begrenzung auf derartige Fragen nur schwer nachzuweisen sein wird.

c) Unwirksamkeit des Einverständnisses in Allgemeinen Geschäftsbedingungen (AGB)

Eine deutsche Großbank hatte Kontoeröffnungsformulare verwendet, in denen unter der Zeile für die Unterschrift des Kunden und einer durchgezogenen Linie folgende Klausel enthalten war:

- „Telefonwerbung. Ich erkläre mich hiermit einverstanden, dass die C. AG oder eine von ihr beauftragte Stelle mich telefonisch zum Zwecke der Beratung anspricht. Dieses Einverständnis umfasst über die bestehende Geschäftsbeziehung hinaus die Werbung für Produkte der Bank und ihrer Kooperationspartner .... Dieses Einverständnis ist jederzeit widerrufbar ....“
  Der Bundesgerichtshof (*BGH RDV 1999, 163 (164)*) hat diese Klausel für unwirksam gemäß § 9 des Gesetzes zur Regelung des Rechts der Allgemeinen Geschäftsbedingungen (AGBG) erklärt und zur Begründung ausgeführt, dass **Telefonwerbung „eine besonders schwer wiegende Beeinträchtigung der verfassungsrechtlich geschützten Privatsphäre“** darstelle und das wegen des Schutzes der Individualsphäre bestehende Erfordernis des ausdrücklichen oder konkludenten Einverständnisses des Kunden eine Herbeiführung der „Einverständniserklärung“ durch Allgemeine Geschäftsbedingungen ausschließe. Andernfalls würden Wettbewerber zu einer entsprechenden Angleichung ihrer Allgemeinen Geschäftsbedingungen ermuntert und gerade die erhebliche Belästigung entstehen, der das Erfordernis des ausdrücklichen oder konkludenten Einverständnisses entgegenwirken solle. An der Unwirksamkeit der Klausel ändere auch die jederzeitige Widerrufbarkeit des Einverständnisses nichts, da sie den Verwender von der Notwendigkeit befreie, das Einverständnis des Kunden durch Individualvereinbarung herbeizuführen und die Initiative zur Wiederherstellung der ungestörten Privatsphäre auf den Betroffenen verlagerte.

Der Bundesgerichtshof (BGH) hat in seiner **neuesten Grundsatzentscheidung zur Telefonwerbung** (*„Telefonwerbung VI“, BGH NJW 2000, 2677*) entschieden, dass es grundsätzlich wettbewerbswidrig sei, den Inhaber eines Fernsprechanschlusses in dessen privatem Bereich ohne dessen zuvor ausdrücklich oder konkludent erklärtes Einverständnis anzurufen, etwa um einen Besuchstermin zu vereinbaren, der dem Neuabschluss eines Versicherungsvertrages dienen solle. Eine vorformulierte Klausel in einem Antrag auf Eröffnung eines Sparkontos, in der der Kunde sich mit der persönlichen und telefonischen Beratung in Geldangelegenheiten durch die Bank widerruflich einverstanden erkläre, stelle, so der BGH weiter, kein wirksames Einverständnis zu einer solchen Telefonwerbung dar, auch wenn der Begriff der Geldangelegenheiten weit auszulegen sei und insbesondere den Abschluss eines Versicherungsvertrages bei einem Kooperationspartner des Verwenders erfasse. Dies gelte selbst dann, wenn der Kunde die Wahl zwischen bestimmten, vom Verwender vorgegebenen Alternativen habe und durch das Ankreuzen der Option „Der Konto-/Depotinhaber ist mit der persönlichen und telefonischen Beratung in Geldangelegenheiten durch die Bank ☒ einverstanden ☐ nicht einverstanden“ das Einverständnis zu der Telefonwerbung erklärt habe.

Aus dieser Rechtsprechung des Bundesgerichtshofes ergibt sich für die Praxis, dass allein eine auf den jeweiligen Einzelfall zugeschnittene, konkrete und individuelle Einverständniserklärung des (potentiellen) Kunden in rechtlich zulässiger Weise Telefonwerbung ermöglicht. Zur **Vermeidung des Risikos von Unterlassungs- und Schadensersatzansprüchen** von Mitbewerbern oder (potenziellen) Kunden sollte hierbei insbesondere berücksichtigt werden, dass

- der eigentliche Antrag (hier: Kontoeröffnungsantrag) und die individuell für den beabsichtigten Zweck formulierte Einverständniserklärung auf zwei voneinander getrennten Schriftstücken enthalten sind,
- dem Kunden Einfluss auf den Inhalt der Einverständniserklärung eingeräumt wird und
- ein Zusatz erfolgt, dass die Einverständniserklärung freiwillig erfolgt und nicht die Wirksamkeit des abgeschlossenen Vertrages beeinflusst.

d) Wegfall des Einverständnisses

Das **Einverständnis** kann **jederzeit widerrufen** werden (*OLG München, BB 1994, 1456*). Ab dem Zeitpunkt des Widerrufs ist Telefonwerbung unzulässig. Das werbende Unternehmen muss das Vorliegen und die andauernde Wirksamkeit des Einverständnisses im Streitfall vor Gericht darlegen und beweisen. Jede Ungewissheit geht zu seinen Lasten. Umgekehrt muss der Betroffene den Wegfall eines einmal erteilten Einverständnisses – etwa durch Widerruf – darlegen und beweisen. Freilich kann oftmals bereits die Kündigung des Vertragsverhältnisses als ein solcher Widerruf ausgelegt werden.

e) Wirksamkeit von Verträgen bei unzulässiger Telefonwerbung

Der **Vertrag, der unter Verstoß gegen die vorstehenden Grundsätze zur Telefonwerbung abgeschlossen** worden ist, ist grundsätzlich wirksam. Das Gesetz über den Widerruf von Haustürgeschäften und ähnlichen Geschäften (HWiG) ist auf Telefonwerbung – auch auf längere Gespräche – nicht anwendbar (*BGH NJW 1996, 929*). Wird also der durch die Telefonwerbung vorbereitete Vertrag sogleich telefonisch oder später an anderem Ort geschlossen, besteht kein Widerrufsrecht nach dem Gesetz über den Widerruf von Haustürgeschäften und ähnlichen Geschäften (HWiG).

11.1.5.4.2 Telefonwerbung gegenüber Gewerbetreibenden

Es ist **grundsätzlich unzulässig**, einen Gewerbetreibenden zu Werbezwecken anzurufen, weil damit regelmäßig eine Belästigung und eine Störung der beruflichen Tätigkeit verbunden ist, es **sei denn**, dass der Gewerbetreibende damit **vorher einverstanden** ist oder sein **Einverständnis auf Grund konkreter tatsächlicher Umstände** vom Anrufenden

vermutet werden kann (*BGH NJW 1991, 2088 (2089f.)*). Das Einverständnis eines Gewerbetreibenden kann vermutet werden, wenn eine Geschäftsverbindung besteht oder nach den Umständen des Einzelfalles die Annahme gerechtfertigt ist, dass der Anzurufende den Anruf erwartet oder ihm jedenfalls positiv gegenübersteht, weil er den **eigentlichen Geschäftsbereich** des Gewerbetreibenden oder aber zumindest ein so genanntes **„Hilfsgeschäft"** betrifft. Für diese Annahme des Einverständnisses zu einem Werbeanruf betreffend ein so genanntes „Hilfsgeschäft" braucht der Anrufende konkrete, aus dem Interessenbereich des anzurufenden Gewerbetreibenden herzuleitende Gründe. Ein allgemeiner Sachbezug, der schlechthin zu jedem Gewerbebetrieb bestünde, reicht nicht aus (*Baumbach/Hefermehl, Wettbewerbsrecht, UWG, § 1, Rdnr. 68*). Demnach darf etwa ein Unternehmen, das Reifen vertreibt, einem Automobilhersteller ein telefonisches Angebot unterbreiten („eigentlicher Geschäftsbereich"). Auch darf einem Automobilhersteller telefonisch ein Angebot über ein Computersystem gemacht werden, das die Vertriebswege verbessert („Hilfsgeschäft"). Unzulässig ist es hingegen, einen Rechtsanwalt telefonisch zu einer Probefahrt mit einem Kraftfahrzeug einzuladen (*BGH NJW 1991, 2088 (2089f.)*). Der vorstehend dargestellte Schutz Gewerbetreibender vor Telefonwerbung gilt auch für den Geschäftsbereich eines Mitarbeiters, der in seinem täglichen Aufgabenbereich durch Werbeanrufe gestört wird, weil er in dieser Zeit seinen eigenen Kunden nicht mehr zur Verfügung steht.

Das OLG Stuttgart hat entschieden, dass eine **telefonische Mitarbeiterabwerbung** sittenwidrig im Sinne des § 1 des Gesetzes gegen den unlauteren Wettbewerb (UWG) sei, da der vom betroffenen Unternehmen erst ermöglichte Zutritt in Betriebssysteme und betriebliche Zuständigkeiten unter deren Mißbrauch geschehe. Zudem greife der Werbende durch den Inhalt des Gesprächs in das Loyalitätsverhältnis zwischen Arbeitgeber und Arbeitnehmer ein (*OLG Stuttgart, WRP 2000, 318 (321); a.A.: Quiring, WRP 2000, 33ff.*, der zu dem Ergebnis gelangt, dass gegen die Zulässigkeit zumindest einer kurzen telefonischen Kontaktaufnahme zu Mitarbeitern an deren Arbeitsplatz zum Zweck der An- oder Abwerbung keine rechtlichen Bedenken bestehen.).

Rechtsprechung zu der Frage, ob ein unerwarteter Anruf im Geschäftsbereich zulässig ist, wenn damit ein **konkreter Ansprechpartner für eine spätere Briefwerbung ermittelt** werden soll, ist bislang nicht bekannt. Für die Zulässigkeit dieses Vorgehens spricht, dass ein zielgenaues Adressenfeld dazu beitragen kann, unnötige Verwaltungsarbeit und Verzögerungen bei der Postbearbeitung zu vermeiden, was vermutlich auch im Interesse des Umworbenen liegt (*Wolff, RDV 1999, 9 (10)*). Auch der Anruf innerhalb der Kündigungsfrist zur Befragung nach den Kündigungsgründen müsste im gewerblichen Bereich zulässig sein, weil die Geschäftsbeziehung bis zum Ende des Vertrages dauert, der gewerbliche Kunde nicht in seiner Privatsphäre gestört wird und sich gewerbliche Kunden bei der Angabe der Telefonnummer mehr Gedanken machen als Private.

11.1.5.4.3 Telefonwerbung aus dem Ausland

Für **Telefonwerbung aus dem europäischen Ausland** nach Deutschland gilt Art. 59 EWG-Vertrag, wonach Beschränkungen des freien Dienstleistungsverkehrs innerhalb der Gemeinschaft für Angehörige der Mitgliedstaaten schrittweise aufzuheben sind. Der Europäische Gerichtshof (EuGH) hat dies für Telefonwerbung dahingehend ausgelegt, dass nationale Beschränkungen zulässig seien, soweit sie auf Märkte beschränkt werden, auf denen Missbräuche festgestellt worden seien. Demnach ist **Telefonwerbung nach Deutschland nicht grundsätzlich verboten**. Eine gerichtliche Untersagung ist aber zulässig, soweit es zu **konkreten Fällen von Missbrauch** kommt.

11.1.5.5 Werbung per Telefax, Telex, Btx

Für die Werbemittel Telefax, Telex und Btx gelten dieselben Grundsätze wie für Telefonwerbung (*BGH NJW 1996, 660: Telefax*). Demnach ist Telefax-, Telex- und Btx-Werbung im Privatkundenbereich unzulässig, wenn der Kunde hierzu nicht vorher sein Einverständnis erklärt hat. Telefax-, Telex- und Btx-Werbung ist im gewerblichen Bereich unzulässig, wenn der Kunde hierzu nicht vorher sein Einverständnis erklärt hat oder zwischen dem Absender und dem Empfänger keine Geschäftsverbindung besteht und auch sonst der Absender nicht annehmen darf, die Zusendung erfolge mit dem mutmaßlichen Einverständnis des Empfängers (*BGH NJW 1996, 660*). Denn eine Ausweitung derartiger unaufgeforderter Werbesendungen blockiert die Anlage des Empfängers und bringt eine zunehmende Beeinträchtigung des Arbeitsablaufs sowie eine nicht zumutbare Kostenbelastung des Empfängers durch Papierkosten, Personalkosten und die Anschaffung zusätzlicher Geräte mit sich. An dieser Beurteilung ändert sich auch nichts dadurch, dass es nach dem neuesten Stand der Technik möglich ist, die Empfangnahme von unaufgeforderten Telefax-Schreiben auszuschließen (*OLG Oldenburg, NJW 1998, 3208*). Ein konkludent erklärtes Einverständnis oder Umstände, die ein solches vermuten lassen, können nicht daraus hergeleitet werden, dass Firmen unter Angabe ihrer Telefax-Nummer in einem Adressbuch oder einer dazugehörenden Adressdiskette aufgeführt sind (*OLG Koblenz, Urteil vom 19.11.1996, Az.: 4 U 1314/96*). Werbung per Telefax ist hingegen dann zulässig, wenn der Adressat sowohl auf den Inhalt der Werbung als auch auf deren schnelle Übermittlung per Telefax tatsächlich Wert legt oder dies aufgrund sachlicher Erwägungen vermutet werden kann (OLG München RDV 1994,93 (94)). Die erforderliche **Eilbedürftigkeit** liegt jedoch nicht vor, wenn das Angebot – ohne seinen Sinn zu verlieren – auch mit der weniger beeinträchtigenden Briefpost hätte verschickt werden können.

11.1.5.6 Werbung per E-Mail

Die **unaufgeforderte Zusendung von E-Mail-Werbung ist im Privatkundenbereich grundsätzlich unzulässig**, sofern der Empfänger sich nicht damit zuvor ausdrücklich oder konkludent einverstanden erklärt hat. Bei Privatpersonen liegt ein solches konkludentes Einverständnis nur vor, wenn der Adressat eine Verteilerliste (Mailing-List) vorausbestellt hat und ein direkter Themenbezug zum Gegenstand der Verteilerliste besteht. Nicht ausreichend für ein konkludentes Einverständnis einer Privatperson ist es, wenn der Adressat seine E-Mail-Adresse auf seiner Visitenkarte oder einem jedermann zugänglichen Verzeichnis angibt. Die **unaufgeforderte Zusendung von E-Mail-Werbung ist im gewerblichen Bereich grundsätzlich unzulässig**, sofern der Empfänger sich nicht damit zuvor ausdrücklich oder konkludent einverstanden erklärt hat oder sein Einverständnis nicht vermutet werden kann (*LG Berlin, NJW 1998,3208f.; AG Brakel, NJW 1998, 3209*). Eine Werbung per E-Mail ist jedoch dann nicht unaufgefordert übersandt, wenn der Adressat der Werbung zuvor mit der über einen Internetzugang erreichbaren Datenbank des Werbenden Kontakt aufnimmt und hierfür ein besonderes Entgelt entrichtet, da der Werbende in diesem Fall auf ein fortbestehendes Interesse des Adressaten vertrauen und mit dessen Einverständnis rechnen darf (*LG Augsburg NJW 2000, 593*).

11.1.5.7 Fernabsatzrichtlinie der EU

Für den Bereich der EU ist die am 4. Juni 1997 in Kraft getretene **Fernabsatzrichtlinie – Richtlinie 97/9/EG** – zu beachten, die einerseits die Stellung des Verbrauchers stärken, andererseits den grenzüberschreitenden Absatz von Waren und Dienstleistungen fördern soll. Die Richtlinie bedarf noch der Umsetzung in nationales Recht, wobei Frist hierfür bis 4. Juni 2000 gesetzt worden ist. Die **Fernabsatzrichtlinie gilt für Private wie für Gewerbetreibende**, soweit für die Angebote zu einem Vertrag bis zu dessen Abschluss, einschließlich des Vertragsabschlusses selbst, ausschließlich eine oder mehrere Fernkommunikationstechniken wie Telefon oder Internet verwendet werden. Ausgenommen von den Regelungen der Richtlinie sind Finanzdienstleistungen, der Immobilienhandel, der Verkauf von Warenautomaten und Verträge, die mit Betreibern von Fernkommunikationsmitteln auf Grund der Benutzung von öffentlichen Fernsprechern geschlossen werden. Für die Telefonwerbung enthält die Richtlinie folgende Regeln:

- Bei Benutzung des Telefons sollte der Verbraucher zu Beginn des Gesprächs genügend Informationen erhalten, um zu entscheiden, ob er das Gespräch fortsetzen will oder nicht.
- Bei Telefongesprächen mit Verbrauchern sind zu Beginn des Gesprächs die Identität des Lieferers und der kommerzielle Zweck des Gesprächs ausdrücklich offen zu legen.
- Die Verbraucher müssen eine Bestätigung der wesentlichen Vertragsinhalte (u. a. Preis, Lieferkosten, einwöchiges Widerrufsrecht) schriftlich oder auf einem anderen dauerhaften Datenträger erhalten, soweit ihnen diese Informationen nicht bereits vor Vertragsabschluss schriftlich oder auf einem anderen für ihn verfügbaren dauerhaften Datenträger erteilt wurden.

In Art. 10 der Richtlinie ist geregelt, dass lediglich die Benutzung von Voice-Mail und Telefax der vorherigen Zustimmung des Verbrauchers bedarf und andere Techniken als Voice-Mail und Telefax nur dann verwendet werden dürfen, wenn sie der Verbraucher nicht offenkundig abgelehnt hat. Daraus wird teilweise die Schlussfolgerung gezogen, dass Telefon und E-Mail-Werbung bereits zum jetzigen Zeitpunkt zulässig sei, sofern nicht der einzelne Verbraucher seine Ablehnung offenkundig mache (*Vehslage, GRUR 1999, 656 (659)*). Damit wäre das Erfordernis des vorherigen Einverständnisses bei diesen Kommunikationsmitteln beseitigt. Andere verstehen Art. 10 der Richtlinie dahin, dass Telefon- und E-Mail-Werbung dann nicht verwendet werden dürfe, wenn die Masse der Verbraucher diese Kommunikationsmittel für Werbung offensichtlich ablehne (*Fikentscher/Möllers, NJW 1998, 1337 (1343)*). Dies sei vor allem bei der Werbung per E-Mail wegen der Blockade der Mailboxen und der anfallenden Kosten der Fall. Diese unterschiedlichen Ansätze belegen, dass die Fernabsatzrichtlinie verschiedene Auslegungsergebnisse zulässt. Der deutsche Gesetzgeber hat bei der Umsetzung der Fernabsatzrichtlinie (97/7/EG) über die Voraussetzungen zur Werbung per Briefpost, Telefon, Telefax, Btx und E-Mail geäußert, dass die in Deutschland bestehende Rechtslage, insbesondere die ständige Rechtsprechung zu § 1 des Gesetzes gegen den unlauteren Wettbewerb (UWG) und §§ 823, 1004 des Bürgerlichen Gesetzbuches (BGB) den Vorgaben der Richtlinie entspreche und teilweise darüber hinaus gehe (*BT-Drucks. 14/2658 v. 09.02.2000, S. 24f.*). Daher erübrigten sich weitere Maßnahmen zum Schutze des Verbrauchers, der keine Kontaktaufnahme durch bestimmte Kommunikationsmittel wünsche, zumal die Richtlinie ohnehin nur Mindeststandards enthalte.

11.1.5.8 Zusendung unbestellter Ware

Die **Zusendung unbestellter Ware** oder die **Erbringung nicht bestellter Dienstleistung** ist **grundsätzlich unzulässig**, weil dem Empfänger der Besitz einer nicht bestellten Ware aufgedrängt und er genötigt wird, sich zu entschließen, ob er die Ware behalten will oder nicht (*BGH GRUR 1960, 382*). Unerheblich ist für diese Beurteilung, ob

- Umschlag und Porto für die Rücksendung beiliegen,
- zunächst unentgeltliche Probesendungen erfolgen mit dem Hinweis, dass von einer Bestellung ausgegangen wird, wenn nicht innerhalb einer bestimmten Frist Ablehnung erfolgt oder
- ein Vertreterbesuch angekündigt wird, der die Rückgabe ermöglicht.

In Umsetzung der Fernabsatzrichtlinie (97/7/EG) wurden nunmehr durch **§ 241 a BGB Ansprüche des Zusendenden** aus Eigentümer-Besitzer-Verhältnis, Delikt oder Geschäftsführung ohne Auftrag vorbehaltlich einer irrtümlichen Lieferung oder einer aliud-Lieferung **ausgeschlossen** (eingehend hierzu *Casper, ZIP 2000, 1602ff.*).

Unentgeltliche Probesendungen sind nur erlaubt, wenn sie sich darauf beschränken, zur Abgabe einer Bezugserklärung aufzufordern. Zulässig ist etwa die Werbung eines Verlages, wonach Interessenten zwei **Probehefte kostenlos** auf Anforderung erhalten und unübersehbar darauf hingewiesen werden, dass ihre Anforderung als Bestellung eines Abonnements gilt, wenn nicht binnen zwei Wochen nach Zusendung des ersten Probeheftes gekündigt wird (*OLG Düsseldorf, DB 1979, 255*). Erbittet ein Kunde unter Einsendung einer reparaturbedürftigen Kamera vom technischen Kundendienst eines Versand- und Warenhausunternehmens einen **Reparaturkostenvoranschlag**, liegt in der – mit Hinweisen auf die Unmöglichkeit der Reparatur und mit Kameraangeboten des Unternehmens verbundenen – Übersendung eines Gutscheins über 15,00 EUR ohne Rückgabe der Kamera eine mit dem Fall der Zusendung unbestellter Ware vergleichbare wettbewerbswidrige Belästigung (*BGH NJW 1992, 3040*). Nur wenn der Empfänger durch die Zusendung unbestellter Ware nicht über das Maß des noch Zumutbaren beeinträchtigt wird, kann sie zulässig sein. Dies setzt besondere Umstände voraus, die nur in Ausnahmefällen vorliegen werden. Die psychologische Zwangssituation kann etwa dann entfallen, wenn bei Erhalt der Sendung eindeutig darauf hingewiesen wird, dass den Empfänger weder eine Zahlungs- noch eine Aufbewahrungspflicht trifft und er sich daher nicht zu scheuen braucht, die Ware ohne Bezahlung zu vernichten oder zu verbrauchen. Dann muss es sich aber um geringwertige Waren des täglichen Bedarfs handeln.

11.1.6 Fazit

Die vorstehend skizzierte Rechtsprechung zur rechtlichen Zulässigkeit verschiedener Medien für die Kontaktaufnahme mit dem Kunden ist nicht frei von Widersprüchen. So ist es kaum verständlich, warum das gezielte und individuelle Ansprechen in der Öffentlichkeit unzulässig, das Aufsuchen des Betroffenen in dessen Wohnung hingegen zulässig sein soll. In beiden Fällen befindet sich der Betroffene in der Zwangslage, das Gespräch kurzerhand zu beenden oder aus Anstand über sich ergehen zu lassen. Beim Besuch eines Vertriebsmitarbeiters kommt sogar noch die Zwangslage hinzu, dass der Betroffene vor die Entscheidung gestellt ist, den Vertriebsmitarbeiter anstandshalber in die Wohnung zu bitten oder diesen sofort abzuweisen. Auch ein Telefonanruf dürfte gegenüber dem Besuch eines Vertriebsmitarbeiters eine weniger in die Privatsphäre des Betroffenen eingreifende Maßnahme sein, weil am Telefon eine gewisse Anonymität gewahrt bleibt und die innere Hemmschwelle des Betroffenen, ein unerwünschtes Gespräch zu beenden, deutlich geringer sein wird. Gleichwohl sind die in diesem Abschnitt skizzierten, von der Rechtsprechung entwickelten Regeln zu beachten, da sich andere Gerichte in einem konkreten Streitfall an dieser Rechtsprechung orientieren werden. Damit ist bereits die sogleich abschließend zu erörternde Frage nach dem Verfahrensablauf zur Durchsetzung der Rechte von Mitbewerbern oder Betroffenen bei Verletzung dieser Regeln aufgeworfen.

11.1.7 Verfahren

Die Ansprüche von Mitbewerbern oder des von der jeweiligen rechtswidrigen Maßnahme Betroffenen werden in der Rechtspraxis regelmäßig zunächst durch eine Abmahnung gegenüber dem werbenden Unternehmen durchgesetzt. Die **Abmahnung** ist ein formloses Schreiben, in dem der Sachverhalt und die Rechtslage so dargestellt werden müssen, dass der Abgemahnte eindeutig erkennen kann, was ihm vorgeworfen wird. Der Abgemahnte muss außerdem eindeutig zur Unterlassung weiterer, ähnlicher Verhaltensweisen aufgefordert werden. In der Regel wird daher die Abmahnung mit einer vorformulierten **Unterlassungserklärung** verbunden, die der Abgemahnte nur noch unterschreiben muss und in der er sich für den Fall der Wiederholung zu einer bestimmten Leistung (z. B. Vertragsstrafe) verpflichtet. Unterschreibt der Abgemahnte die Unterlassungserklärung nicht oder nicht hinreichend vollständig, kann der Verletzte innerhalb von vier Wochen (unterschiedliche Spruchpraxis der Gerichte) nach Kenntnis der Verletzung eine **einstweilige Verfügung** durch das Gericht beantragen, die dem Abgemahnten mit sofortiger Wirkung eine bestimmte Verhaltensweise unter Androhung von Geld- oder Freiheitsstrafe untersagt. Auch nach der Frist von vier Wochen kann **Klage auf Unterlassung und ggf. Schadensersatz** vor Gericht erhoben werden.

11.1.8 Strukturelle Übersicht

Erlaubt ist	Verboten ist
	das gezielte unaufgeforderte Ansprechen in der Öffentlichkeit zu Werbezwecken
grundsätzlich ein Vertreterbesuch	ein Vertreterbesuch bei Vorliegen besonderer Umstände, z. B. Täuschung, Drohung
grundsätzlich Briefwerbung	Briefwerbung, wenn der Brief als Privatbrief getarnt ist oder der Kunde erkennbar keine derartige Werbung zu erhalten wünscht
Telefonwerbung gegenüber Privaten, wenn der Angerufene zuvor hierzu ausdrücklich oder konkludent sein Einverständnis erklärt hat	unaufgeforderte Werbung per Telefon Telefax E-Mail
Telefonwerbung gegenüber Gewerbetreibenden, wenn der Angerufene zuvor hierzu ausdrücklich oder konkludent sein Einverständnis erklärt hat oder das Einverständnis vermutet werden kann	
Telefax-, Btx- Telex- und E-Mail-Werbung, wenn die jeweils für Telefonwerbung geltenden Voraussetzungen vorliegen, wobei sich das Einverständnis gerade auf die Übermittlung durch diese Medien erstrecken muss	
Zusendung unbestellter Ware, wenn die psychische Zwangssituation des Kunden beseitigt wird und es sich um geringwertige Ware handelt	grundsätzlich die Zusendung unbestellter Ware

11.1 Abb. 3: *Strukturelle Übersicht*

11.1.9 Fernabsatzgesetz

Zur Umsetzung der Fernabsatzrichtlinie (97/7/EG), die den Verbraucher vor irreführenden und aggressiven Verkaufsmethoden schützen soll, welche durch die besondere Situation im Fernabsatz drohen, dass sich Anbieter und Verbraucher nicht physisch begegnen und der Verbraucher die Ware vor dem Vertragsschluss regelmäßig nicht in Augenschein nehmen kann, hat der deutsche Gesetzgeber das so genannte Fernabsatzgesetz verabschiedet (*BGBl. I, 2000, S. 897ff.*). Dieses ist seit dem 30.06.2000 in Kraft und soll den Verbraucher beim Fernabsatz durch Informationspflichten des Unternehmens und durch ein Widerrufsrecht des Verbrauchers schützen (*Bülow/Artz, NJW 2000, 2049 (2053)*).

Anwendung findet das Gesetz lediglich auf Verträge, die ausschließlich auf dem Wege der Fernkommunikation zustande gekommen sind und dies geschah, weil der Unternehmer über ein Vertriebs- und Dienstleistungssystem verfügt, welches **auf den Fernabsatz seiner Produkte ausgerichtet** ist. Anknüpfungspunkt ist somit die Struktur des anbietenden Unternehmens, wobei bereits angesichts eines derart unbestimmten Anwendungsbereichs zahlreichen Abgrenzungsfragen offenbar werden. Kumulativ zu der betrieblichen Organisation setzt die Anwendung des Gesetzes voraus, dass der konkrete Vertrag ausschließlich durch den Einsatz von Fernkommunikationsmitteln zustande kommt.

Ein **Unternehmer**, auf den das Fernabsatzgesetz anwendbar ist, muss dem Verbraucher

- schon **bei der Anbahnung des Geschäfts** den **gewerblichen Zweck, seine Identität und wesentliche Informationen** über die Ware und die Rechte des Verbrauchers **offenbaren** und
- alsbald, spätestens bis zur vollständigen Erfüllung des Vertrags, auf einem „dauerhaften Datenträger" **die wesentlichen Informationen über den Vertrag zur Verfügung stellen** (§ 2 Abs. 3 Fernabsatzgesetz).

Gemäß § 3 Abs. 1, 2 Fernabsatzgesetz ist der Verbraucher an seine auf den Abschluss eines Vertrages gerichtete Willenserklärung nicht mehr gebunden, wenn er sie fristgerecht **widerrufen** hat. Hierzu ist der Verbraucher ohne weiteres berechtigt. Besonderer Gründe bedarf es hierfür nicht. Anstelle des Widerrufsrechts kann dem Verbraucher das **Recht zur Rückgabe der Ware** eingeräumt werden (§ 3 Abs. 3 Fernabsatzgesetz). Das Rückgaberecht kann zwanglos in der Weise gedeutet werden, dass durch Rücksendung oder Rücknahmeverlangen die Bindung des Verbrauchers an seine Bestellung endet.

Zur Beweissicherung ist zu empfehlen, den Verbraucher den Erhalt der Informationen, welche u. a. eine Widerrufsbelehrung zu enthalten haben, quittieren zu lassen. Der Zugang der Informationen gemäß § 2 Abs. 3 Fernabsatzgesetz setzt mit dem Eingang die Widerrufsfrist in Gang. Unterbleibt die Belehrung, verlängert sich die Widerrufsfrist auf vier Monate (§ 3 Abs. 1 Satz 3 Nrn. 1, 2a Fernabsatzgesetz).

Eine von den Vorschriften des Fernabsatzgesetzes zum Nachteil des Verbrauchers abweichende Vereinbarung ist unwirksam (§ 5 Abs. 1 Fernabsatzgesetz).

Das Fernabsatzgesetz findet keine Anwendung auf Verträge, die vor dem 30. Juni 2000 abgeschlossen wurden.

11.1.10 E-Commerce-Richtlinie

Das Europaparlament hat die – bereits am 17. Juli 2000 in Kraft getretene – **Richtlinie über den elektronischen Rechtsverkehr** (*2000/31/EG*; abgedruckt im *Amtsblatt der Europäischen Gemeinschaft Nr. L 178 vom 17.07.2000*), die so genannte E-Commerce-Richtlinie, verabschiedet und damit die Grundlage für eine Liberalisierung des elektronischen Handels in der Europäischen Union sowie einer darauf gerichteten Harmonisierung der nationalen Rechtsvorschriften geschaffen. Die Richtlinie ist von der Zielvorstellung getragen, einen angemessenen Ausgleich zwischen dem Interesse an der Sicherstellung des freien Dienstleistungsverkehrs und der Niederlassungsfreiheit für den Handel im Internet einerseits sowie dem Bedürfnis nach einer effektiven Gewährleistung des Verbraucherschutzes andererseits zu regeln. Regelungsgegenstand sind sowohl die Kernbereiche des elektronischen Geschäftsverkehrs, insbesondere die Onlinewerbung. Insofern eröffnet die Richtlinie die Möglichkeit der Eintragung in so genannte „opt-out"-Register zum Schutz vor **kommerzieller Kommunikation**. Dieser Begriff der „kommerziellen Kommunikation" erfasst gemäß Art. 2 der Richtlinie

> „alle Formen der Kommunikation, die der unmittelbaren oder mittelbaren Förderung des Absatzes von Waren und Dienstleistungen oder des Erscheinungsbilds eines Unternehmens, einer Organisation oder einer natürlichen Person dienen, die eine Tätigkeit im Handel, Gewerbe oder Handwerk oder einem reglementierten Beruf ausübt".

Hiervon sind ausdrücklich ausgenommen der Domain-Name und die E-Mail-Adresse der Unternehmen, Personen und Organisationen sowie Angaben über Waren und Dienstleistungen oder das Erscheinungsbild eines Unternehmens, die von einem unabhängigen Dritten ohne finanzielle Gegenleistung gemacht werden.

Die Schaffung eines einheitlichen Rechtsrahmens für den Bereich des E-Commerce – durch Koordinierung bestimmter innerstaatlicher Rechtsvorschriften – ist daher eines der wesentlichen Ziele, denen sich die Kommission mit dem Entwurf der E-Commerce-Richtlinie gewidmet hat. Der erforderliche einheitliche Rechtsrahmen soll durch die Einführung des Herkunftslandprinzips geschaffen werden (Art. 3 der Richtlinie). Dies gilt insbesondere für das nationale Werberecht. Das Herkunftslandprinzip führt dazu, dass auch bei grenzüberschreitenden Operationen das Unternehmen diejenige Rechtslage zu beachten hat, die an dem Ort seiner Niederlassung gilt. Angesichts des im Vergleich zu anderen Staaten äußerst restriktiven deutschen Wettbewerbsrechts sind damit Standortnachteile in Deutschland zu befürchten.

Art. 6 der Richtlinie verpflichtet die Mitgliedstaaten nur dazu, durch geeignete Umsetzungsakte bestimmte Mindeststandards für kommerzielle Kommunikation sicherzustellen. Insbesondere müsse kommerzielle Kommunikation für den Verbraucher eindeutig als solche erkennbar sein und der jeweilige Auftraggeber klar identifiziert werden können (Art. 6 lit. a und b der Richtlinie). Art. 7 Abs. 2 der Richtlinie verpflichtet die Mitgliedstaaten, Maßnahmen zu ergreifen, dass Diensteanbieter, die nicht angeforderte E-Mail-Werbung versenden, regelmäßig „opt-out"-Register überprüfen. In diese Listen können sich natürliche Personen eintragen, die keine derartigen kommerziellen Kommunikationen zu erhalten wünschen. Den Mitgliedstaaten bleibt es unbenommen, Regelungen zu treffen, die über die in der Richtlinie normierten Anforderungen hinausgehen. Damit wird deutlich, dass die Entscheidungskompetenz für die grundsätzliche Zulässigkeit nicht angeforderter kommerzieller Kommunikation bei den Mitgliedstaaten liegt. Dies wird in der Bundesrepublik Deutschland in der Weise erfolgen, dass das bisherige Schutzniveau erhalten bleibt, zumal bereits bei der Umsetzung der Fernabsatzrichtlinie in nationales Recht vom Bundesgesetzgeber ausgeführt wurde, es bestünde auch rechtspolitisch kein Anlass, auf Grund der Richtlinie regulierend einzugreifen und das Schutzniveau zu unterschreiten, auf das sich Anbieter, Verbraucher und Werbewirtschaft in Deutschland eingestellt hätten (*BT-Drucksache 25/00, S. 70*).

Literatur

Baumbach/Hefermehl (1999): Baumbach/Hefermehl: Wettbewerbsrecht, 21. Aufl., München
Gola/Schomerus (1997): Gola/Schomerus: Bundesdatenschutzgesetz, 6. Aufl., München
Hopt (1999): Hopt: Handelsvertreterrecht, 2. Aufl., München
Palandt (2000): Palandt/Bearbeiter: Bürgerliches Gesetzbuch und Nebengesetze, 59. Aufl., München
Simitis/Dammann/Geiger/Mallmann/Walz (1997): Simitis/Dammann/Geiger/Mallmann/Walz: Bundesdatenschutzgesetz, 4. Aufl., Köln
Wolff (1999): Wolff, Dietmar: Direktwerbung und Datenschutz, in: Recht der Datenverarbeitung (RDV) 1999, 9

11.2 Datenschutzrecht

Tobias Lettl

11.2.1 Rechtsgrundlagen

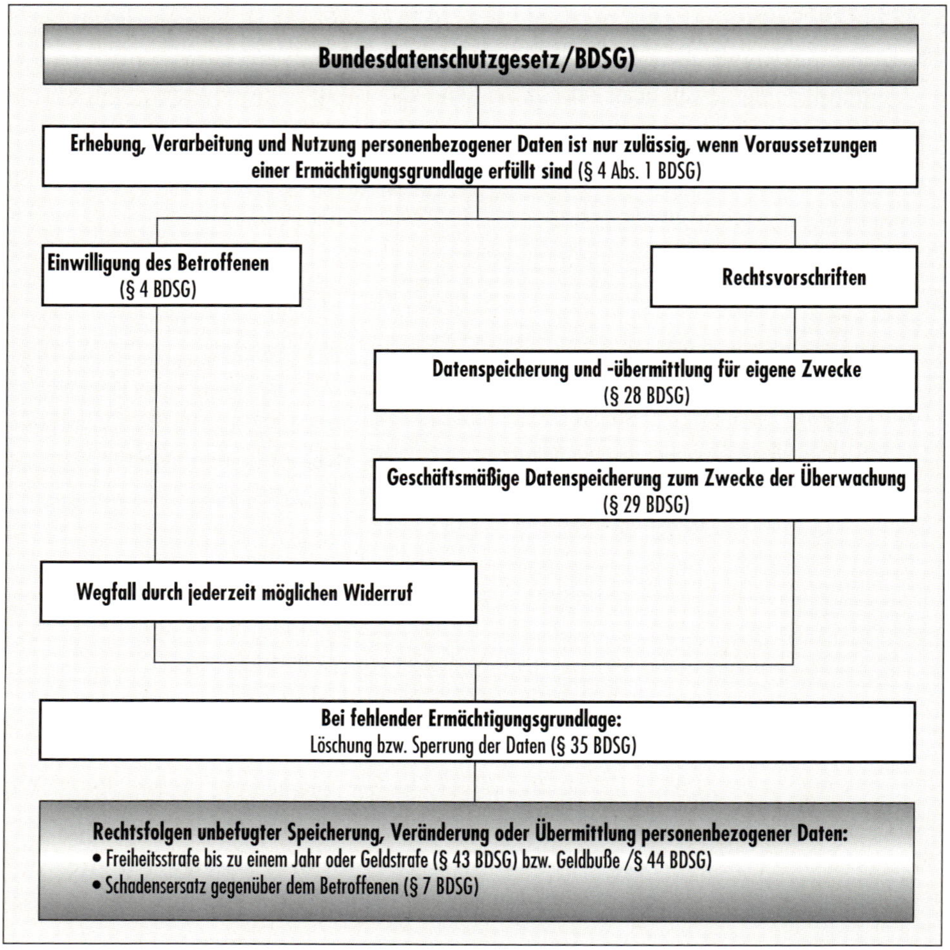

11.2 Abb. 1: *Strukturelle Übersicht*

Vor dem Hintergrund des technischen Fortschritts wird die „Information", insbesondere diejenige über den Kunden, immer mehr zum strategischen Wettbewerbsfaktor für viele Unternehmen. Insbesondere das Direktmarketing hat sich vor dem Hintergrund zunehmenden technischen und operativen Wissens als ein Marktbearbeitungssystem etabliert, dessen Erfolg wesentlich von der Verfügbarkeit zielgruppengenauer Adressenkollektionen abhängt. Insoweit sind jedoch die gesetzlichen Vorgaben zu beachten, so dass auch und gerade Fragen des Datenschutzes einen beachtlichen Einfluss auf moderne Managementkonzepte erlangt haben.

Diese Fragen sollen im folgenden Beitrag näher erörtert werden, wobei hierfür zunächst die maßgeblichen Rechtsgrundlagen zu nennen sind. Mit den Regelungen des **Teledienstdatenschutzgesetzes (TDDSG)** und dem **Telekommunikationsgesetz (TKG)** hat der Gesetzgeber bereichsspezifische Regelungen für den Datenschutz betreffend Teledienste und Telekommunikation geschaffen, die gegenüber den allgemeinen Bestimmungen des **Bundesdatenschutzgesetzes (BDSG)** vorrangig sind (§ 1 Abs. 4 Satz 1 BDSG). Da eine nähere Erörterung dieser bereichsspezifischen Regelungen außerhalb des hier vorgegebenen Rahmens liegen würde, sollen nachfolgend im Einzelnen lediglich die allgemeinen Grundlinien des Datenschutzes auf der Grundlage des BDSG erörtert werden. Die möglichen **Rechtsfolgen** unbefugter Speicherung, Veränderung oder Übermittlung personenbezogener Daten, die durch das Bundesdatenschutzgesetz geschützt werden und die nicht offenkundig sind, belegt die erhebliche praktische Relevanz dieser Fragestellung für die Vertriebspraxis. Es drohen nämlich bei der Begehung bestimmter Verletzungshandlungen **Freiheitsstrafe bis zu einem Jahr oder Geldstrafe** (§ 43 BDSG) bzw. **Geldbuße bis zu 25.000,00 EUR** (§ 44 BDSG) sowie Schadensersatzpflichten gegenüber dem Betroffenen (§ 7 BDSG).

11.2.2 Rechtliche Grundlagen des BDSG

11.2.2.1 Rechtlicher Rahmen und Begriffsbestimmung

Das BDSG gilt auch für die Verarbeitung und Nutzung personenbezogener Daten durch nichtöffentliche Stellen wie **privatrechtliche Unternehmen**, soweit diese die Daten in oder aus Dateien geschäftsmäßig oder für berufliche oder gewerbliche Zwecke erheben, verarbeiten oder nutzen (§ 1 Abs. 2 Nr. 3 BDSG). Diese Voraussetzungen sind bei der Verwendung von Kundendaten für Zwecke des Vertriebs von Waren oder Dienstleistungen durch ein Unternehmen regelmäßig erfüllt. **Personenbezogene Daten** sind Einzelangaben über persönliche und sachliche Verhältnisse einer bestimmten oder bestimmbaren natürlichen Person (Betroffener) (§ 3 Abs. 1 BDSG). Hierzu gehören sämtliche Informationen, die sich auf eine bestimmte – einzelne – Person beziehen oder geeignet sind, einen Bezug zu ihr herzustellen. Persönliche Verhältnisse sind der Name, der Familienstand, das Geburtsdatum, die Staatsangehörigkeit, die Konfession, der Beruf, die Anschrift, die Telefonnummer, das Aussehen oder der Gesundheitszustand einer bestimmten natürlichen Person. Sachliche Verhältnisse werden beschrieben durch Angaben über einen auf den Betroffenen beziehbaren Sachverhalt wie beispielsweise Grundbesitz oder vertragliche oder sonstige Beziehungen zu Dritten. Im Umkehrschluss ergibt sich aus der Regelung des § 3 Abs. 1 BDSG, dass das BDSG nicht für die Daten juristischer Personen (z. B. Kapitalgesellschaften wie die Aktiengesellschaft und die GmbH) gilt, sofern kein Bezug zu den „hinter" der juristischen Person stehenden natürlichen Personen besteht (*BGH NJW 1985, 2505*). Enthält also eine Datei Angaben über die X-Aktiengesellschaft und Herrn A Gesellschafter dieser Aktiengesellschaft, sind die Daten gleichzeitig auf Herrn A als natürliche Person bezogen und kann Herr A die sich aus dem BDSG ergebenden Rechte geltend machen. Die **Erhebung von Daten** ist das Beschaffen von Daten über den Betroffenen (§ 3 Abs. 4 BDSG). Die **Verarbeitung von Daten** umfasst das Speichern, Verändern, Übermitteln, Sperren und Löschen personenbezogener Daten (§ 3 Abs. 5 Satz 1 BDSG). **Übermitteln von Daten** ist das Bekanntgeben gespeicherter oder durch Datenverarbeitung gewonnener personenbezogener Daten an einen Dritten (Empfänger) in der Weise, dass die Daten durch die speichernde Stelle an den Empfänger weitergegeben werden (§ 3 Abs. 5 Satz 2 Nr. 3 a BDSG) oder der Empfänger von der speichernden Stelle zur Einsicht oder zum Abruf bereitgehaltene Daten einsieht oder abruft (§ 3 Abs. 5 Satz 2 Nr. 3 b BDSG). Die **Nutzung von Daten** betrifft jede Verwendung personenbezogener Daten, die nicht Datenverarbeitung ist (§ 3 Abs. 6 BDSG), also insbesondere die Datenauswertung und Datenverwertung (§ 3 BDSG). Das BDSG geht zur Wahrung der Persönlichkeitsrechte in Gestalt des informationellen Selbstbestimmungsrechts des Betroffenen von dem **grundsätzlichen Verbot der Verarbeitung und Nutzung personenbezogener Daten** aus. Für jede Verarbeitung oder Nutzung muss daher als Rechtfertigung jeweils konkret eine **Ermächtigungsgrundlage** vorhanden sein, die durch Rechtsvorschrift oder Einwilligung des Betroffenen begründet werden kann (Verbot mit Erlaubnisvorbehalt) (§ 4 Abs. 1 BDSG).

11.2.2.2 Einwilligung des Betroffenen

11.2.2.2.1 Voraussetzungen

Eine **rechtswirksame Einwilligung**, also die **vor der Datenverarbeitung** erfolgte **Einverständniserklärung** des Betroffenen im Sinne des BDSG zur Erhebung, Verarbeitung und Nutzung seiner personenbezogenen Daten, setzt voraus, dass der **Betroffene**

- **die geplante Nutzung** bestimmter Daten durch das diese Daten generierende Unternehmen – insbesondere über den Zweck der betreffenden Maßnahme – **konkret unterrichtet** worden ist (§ 4 Abs. 2 Satz 1 BDSG), wobei ein ausführliches Informationsblatt über die Zweckbestimmung und die Freiwilligkeit der Erhebung für den erforderlichen Hinweis über den Zweck der Speicherung und einer vorgesehenen Übermittlung nicht genügt (*LG Stuttgart RDV 1998, 268*),

- auf Verlangen auf die **Folgen der Verweigerung der Einwilligung hingewiesen** wird (§ 4 Abs. 2 Satz 1 BDSG),
- die Einwilligung zur jeweiligen Maßnahme **schriftlich** erklärt wird, sofern nicht wegen besonderer Umstände (z. B. Eilbedürftigkeit wegen unaufschiebbarer Behandlung bei Einlieferung in das Krankenhaus oder telefonische Bestellung mit der Aufforderung zu sofortiger Lieferung) eine andere Form angemessen ist (§ 4 Abs. 2 Satz 2 BDSG) und
- sofern die Einwilligung zusammen mit anderen Erklärungen schriftlich erteilt werden soll, die Einwilligungserklärung im äußeren Erscheinungsbild der Erklärung hervorgehoben und **nicht unter einer Vielzahl anderer Erklärungsinhalte** versteckt wird (§ 4 Abs. 2 Satz 3 BDSG), die Erklärung mithin drucktechnisch so gestaltet ist, dass die Aufmerksamkeit des Betroffenen gezielt auf die geforderte Einwilligung in die Verarbeitung seiner Daten gelenkt wird.

Durch diese Wirksamkeitsvoraussetzungen soll der Betroffene vor Überraschungen bewahrt und ihm die **Tragweite seiner Erklärung vor Augen geführt** werden. Ausgeschlossen sind daher Formulierungen, die den Verwendungszusammenhang nicht in einer für den durchschnittlichen Betroffenen ohne weiteres sofort erkennbaren Weise eindeutig offen legen. Eine wirksame Einwilligung bedarf daher eines eindeutig formulierten, sich auf die Darstellung eines genau umschriebenen und den gesamten künftig beabsichtigten Verwendungszusammenhang sich erstreckenden Wortlautes, aus dem **alle entscheidungsrelevanten Tatsachen erkennbar** sind (*Simitis, in: Simitis/Dammann u. a., BDSG, § 4, Rdnr. 55*). Nur wenn die Einwilligung in ihrem Wortlaut diesen Vorgaben entspricht, hinreichend bestimmt ist und Auskunft darüber gibt, unter welchen Bedingungen sich der jeweils Betroffene mit der Verarbeitung und Verwendung welcher Informationen und welcher Informationsmengen einverstanden erklärt, ist die ihr zugewiesene Aufgabe erfüllt. Die Einwilligung ist als Ermächtigungsgrundlage lediglich solange tauglich, als der Betroffene **auch wirklich die Möglichkeit hat, selbst darüber zu befinden**, ob und unter welchen Bedingungen die sich auf seine Person beziehenden Angaben benutzt werden dürfen (*BVerfG NJW 1992, 1875 (1876)*). Im Falle einer **Übermittlung von Daten** muss sich aus der Einwilligung ergeben, wer der zumindest potentielle Empfänger ist und wem konkret die Daten zugänglich gemacht werden dürfen. Eine generelle Einwilligung in die Übermittlung personenbezogener Angaben für Werbe- oder Meinungsforschungs-, mithin Marketingzwecke, genügt den Anforderungen von § 4 Abs. 2 BDSG nicht. Denn ein wirksamer Schutz des Betroffenen hängt hier in ganz besonderem Maße von der **rechtzeitigen Begrenzung des möglichen Empfängerkreises** ab.

11.2.2.2.2 Unwirksamkeit der Einwilligung

Die **uneingeschränkte Einwilligung** zur Datenspeicherung und Übermittlung **in Allgemeinen Geschäftsbedingungen** ist **unwirksam** (*OLG Karlsruhe MDR 1996, 1230* für Leasingvertrag; *OLG Düsseldorf NJW-RR 1997, 374* und *OLG Schleswig NJW-RR 1998, 54* jeweils für Mobilfunkvertrag; *BGH NJW 1999, 1864* für Bankvertrag). Dies gilt namentlich für die pauschale Erstreckung der Einwilligung auf sämtliche Daten des Kreditnehmers einschließlich einseitiger Maßnahmen des Kreditgebers zur Durchsetzung möglicherweise nur vermeintlicher Ansprüche ohne jede Interessenabwägung (*BGHZ 95, 362 (368)*).

11.2.2.2.3 Widerruf der Einwilligung

Die Einwilligung des Betroffenen in die Verarbeitung und Nutzung seiner Daten kann **jederzeit widerrufen** werden. Dies kann ausdrücklich, aber auch durch schlüssiges Handeln (konkludent) erfolgen. Soweit der Kunde die Einwilligung zur Verarbeitung und Nutzung seiner Daten widerruft, führt dies nicht rückwirkend dazu, dass die erfolgten Verarbeitungen und Nutzungen rechtswidrig werden (*OLG Düsseldorf WPM 1985, 1220*). Besondere Bedeutung kommt in diesem Zusammenhang der Kündigung des Vertragsverhältnisses zu, die gegebenenfalls als Widerruf der Einwilligung ausgelegt werden kann.

11.2.2.3 Gesetzliche Ermächtigungsgrundlagen

Das BDSG erlaubt die Verarbeitung und Nutzung von gesetzlich zulässig erhobenen Kundendaten unabhängig von einer Einwilligung des Betroffenen in bestimmten Fällen, wobei u. a. zwischen der **Datenspeicherung, -übermittlung und -nutzung für eigene Zwecke** (§ 28 BDSG) und der **geschäftsmäßigen Datenspeicherung zum Zwecke der Übermittlung** (§ 29 BDSG) unterschieden wird. Die Verarbeitung und Nutzung personenbezogener Daten für eigene Geschäftszwecke erfasst Datenverarbeitungen, die als Hilfsmittel zur Erfüllung bestimmter eigener Zwecke des Unternehmens erfolgen. Dies ist zum Beispiel bei der Abwicklung eingegangener Verträge, bei der Betreuung von Kunden und Interessenten oder dann der Fall, wenn eine Marketingfirma für das werbende Unternehmen die Aufgabe übernimmt, Werbemaßnahmen für dessen Geschäftsbetrieb durchzuführen und das werbende Unternehmen der Marketingfirma zu diesem Zweck Kundendaten übermittelt. Das Unternehmen hat also an den Daten ein **eigenes Interesse, weil es mit dem Betroffenen in Kontakt steht oder treten will**. Demgegenüber gilt § 29 BDSG etwa für den Fall, dass ein Unternehmen selbst generierte und verarbeitete Kundendaten an ein anderes Unternehmen zum Zweck der weisungsunabhängigen und eigennützigen Nutzung und Verarbeitung durch das empfangende Unternehmen übermittelt wie etwa so genannte Adressenhändler.

11.2.2.3.1 Verfolgung eigener Zwecke des Unternehmens: § 28 BDSG

a) Datenerhebung

Personenbezogene Daten können rechtswirksam nur unter Beachtung des Grundsatzes von **Treu und Glauben** und auf rechtmäßige Weise erhoben werden (§ 28 Abs. 1 Satz 2 BDSG). Dabei ist es ohne Bedeutung, auf Grund welcher Verstöße die Erhebung rechtswidrig ist. Wann eine Datenerhebung unrechtmäßig ist, kann nur unter Betrachtung des jeweiligen Einzelfalles entschieden werden. Dies kann der Fall sein, wenn eine wirtschaftliche Macht- oder Monopolstellung ausgenutzt wird, um Daten von dem Betroffenen zu erlangen. Als weiteres Beispiel sei eine Entscheidung des Bundesgerichtshofes (*BGH NJW 1992, 2419*) zur Generierung von personenbezogenen Daten durch Automobilhändler genannt, die folgenden Leitsatz enthält:

> „Richtet ein Automobilhändler an Käufer der von ihm vertriebenen Fahrzeuge brieflich die Aufforderung, ihm Adressen anderer potentieller Kaufinteressenten mitzuteilen, und verbindet er diese Aufforderung mit dem Versprechen, die Mitteilung den eventuellen Interessenten bei der beabsichtigten Zusendung von Werbeschreiben und -prospekten zu verschweigen und dem Informanten im Falle des Zustandekommens eines Kaufvertrages eine Geldprämie von 100 DM zu zahlen, so ist dies unter mehreren Gesichtspunkten – in erster Linie wegen der damit angestrebten Laienwerbung in verdeckter Form – wettbewerbsrechtlich bedenklich und bei Würdigung der Bedenken in ihrer Gesamtheit sowie der bestehenden Nachahmungsgefahr wettbewerbswidrig i.S. des § 1 UWG."

Dies hat zur Folge, dass ein Automobilhändler wegen eines solchen Verhaltens von Mitbewerbern gemäß dem Gesetz gegen den unlauteren Wettbewerb (UWG) auf Unterlassung und Schadensersatz in Anspruch genommen werden kann. Die Datenerhebung ist auch dann nicht rechtmäßig, wenn sie z. B. unter Verstoß gegen die **wettbewerbsrechtlichen Grundregeln** über die Kontaktaufnahme wie etwa zur Telefonwerbung (dazu bereits eingehend unter Abschnitt 11.1) oder auf Grund **unwirksamer Klauseln in Allgemeinen Geschäftsbedingungen** erlangt worden sind. Gegen Treu und Glauben kann auch eine übermäßige Datenerhebung verstoßen. Für den Abschluss einer Hausratsversicherung ist beispielsweise nicht die Angabe des Arbeitgebers erforderlich. Keine wettbewerbsrechtlichen Bedenken wurden hingegen erhoben, wenn der Endverbraucher im Rahmen einer Verbraucherbefragung zur Preisgabe seiner personenbezogenen Daten durch die Teilnahme an einem Gewinnspiel ohne überzogene Anreizwirkung motiviert werden soll (*OLG Stuttgart RDV 1999, 77*).

b) Ermächtigungsgrundlage: § 28 Abs. 1 Satz 1 Nr. 1 BDSG

Das Speichern, Verändern oder Übermitteln rechtmäßig erlangter personenbezogener Daten oder ihre Nutzung als Mittel **für die Erfüllung eigener Geschäftszwecke** ist zulässig im Rahmen der (konkreten) **Zweckbestimmung eines bestimmten Vertragsverhältnisses** oder eines **vertragsähnlichen bestimmten Vertrauensverhältnisses** mit dem Betroffenen (§ 28 Abs. 1 Satz 1 Nr. 1 BDSG).

aa) Zweckbestimmung eines bestimmten Vertragsverhältnisses

Die **Zweckbestimmung eines bestimmten Vertragsverhältnisses** setzt Maßnahmen zur Erfüllung der Pflichten oder zur Wahrnehmung der Rechte aus diesem Vertrag, für welche die jeweiligen Daten gespeichert werden müssen, voraus (*Gola/Schomerus, BDSG, § 28, Anm. 5.1.*). Welche Daten im Rahmen der Zweckbestimmung eines Vertrages gespeichert werden dürfen, wird demnach durch den Vertragstyp und die insoweit im Einzelnen vereinbarten Rechte und Pflichten, mithin maßgeblich durch das **Gebot der Erforderlichkeit** bestimmt. Bei **Kaufverträgen aller Art** ist demnach etwa die Speicherung der Konten- und Kundenangaben und der Angaben über den Kaufgegenstand bis zur nicht rückholbaren Gutschrift auf dem Konto des Verkäufers zulässig. Danach ist die Speicherung der Daten nur solange und soweit zulässig, als die Gewährleistungsfristen bestehen. Anknüpfungspunkt für die Speicherung (und Löschung) ist der **einzelne Kauf**. Selbst bei langfristigen Beziehungen zwischen Verkäufer und Käufer als Kunde sind die jeweils aktuell nicht mehr erforderlichen Daten über einzelne Käufe zu löschen. Auch die **Übermittlung** der Kaufvertragsdaten ist nur im Rahmen der Zweckbestimmung des Vertrages gestattet. Deshalb ist es etwa nicht zulässig, die Daten der Käufer und des Produktes an **andere Personen bzw. Unternehmen** wie beispielsweise Tochtergesellschaften weiterzugeben. Die vorbezeichneten Grundsätze gelten auch für den **Versandhandel**. Bei einem **Reisevertrag**, der über ein Reisebüro abgeschlossen wird, ist zur Erfüllung des Vertragszwecks regelmäßig erforderlich, dass die Daten des Kunden an die Fluggesellschaft, das Hotel etc., nicht aber an verbundene Unternehmen oder Reiseagenturen übermittelt werden. Ein **Adressenverkauf** ist nicht vom Vertragszweck erfasst. Bei der Eingehung eines **Kreditvertrages** oder der Abwicklung eines Geschäfts gegen Rechnung zählt grundsätzlich die Einholung und Speicherung von Daten über die Bonität des Kunden zur Zweckbestimmung des Vertrages oder des gegebenenfalls noch bestehenden vorvertraglichen Vertrauensverhältnisses (*BGH BB 1978, 1278*). Demgegenüber darf eine Bank mangels anderslautender Vollmacht weder dem Ehegatten noch dem Arbeitgeber die Bankverbindung mitteilen. Auch eine Übermittlung zu Werbezwecken ist nicht erlaubt. Ferner ist der zweigstellenübergreifende Zugriff auf Bankdaten unzulässig, weil für den Kunden zunächst die Möglichkeit bestehen muss, den bankinternen Zugriff zu beschränken. Schließlich wird das Gebot der Erforderlichkeit etwa dann überschritten, wenn der Netzbetreiber bei Bezahlung mit ec-Karte oder bei Homebanking neben dem Kaufbetrag und -zeitpunkt auch die Artikelbezeichnung und Umsatzmenge speichert, zumal sich für die Gesamtdauer der Speicherung das individuelle Kaufverhalten nachvollziehen ließe. Werden einzelne Transport- oder Beförderungsleistungen infolge des Erwerbs von „Nachweispapieren" (Karten) durch die speichernde Stelle ermäßigt (z. B. **Bahncard**) oder sonstige Vergünstigungen gewährt (z. B. **„miles & more-Programm"** der Deutschen Lufthansa AG), ist zwischen den Daten für den Erwerb der Karten und den für die einzelnen Leistungen zur Beförderung zu unterscheiden: Während die Kartendaten bis zum Ende der Gültigkeitsdauer gespeichert werden dürfen, gilt dies für die Daten der Einzelreisen nach Reiseende nur noch im „kartennotwendigen" Umfang. Hierzu gehören regelmäßig Abfahrts- und Zielort sowie Reisekategorie (1. oder 2. Klasse), nicht jedoch z. B. die Art der Bezahlung, die Sitzplatznummer etc.

bb) Zweckbestimmung eines vertragsähnlichen Vertrauensverhältnisses

Ein **vertragsähnliches Vertrauensverhältnis** im Sinne des § 28 Abs. 1 Satz 1 Nr. 1 BDSG kann als sog. vorvertragliches Vertrauensverhältnis zwischen den Parteien eines potenziellen Vertrages mit dem Eintritt in die Vertragsverhandlungen, aber auch nach der Beendigung vertraglicher Beziehungen auf Grund nachwirkender Rechte und Pflichten entstehen. Ein vertragsähnliches Vertrauensverhältnis liegt auch vor, wenn der von den Parteien beabsichtigte Vertragsabschluss nicht wirksam geworden oder z. B. rückwirkend durch Anfechtung beseitigt worden ist. Das Speichern der „Personalien" eines potenziellen Kunden oder Interessenten nach einem ersten Verkaufsgespräch oder nach der individuellen Anforderung von Informationsmaterial – bei der bloßen Anforderung eines Versandhauskatalogs ist ein vorvertragliches Vertrauensverhältnis in der Regel noch nicht begründet – ist daher regelmäßig unter dieser Zulässigkeitsalternative gestattet. Zulässig ist auch das Speichern von Bankauskünften oder anderen Bonitätsdaten, da diese für die Entscheidung des Geschäftspartners hinsichtlich des Ob und des Wie des Vertragsabschlusses entscheidend sein können. Selbst wenn der Vertrag beendet ist, kann die Speicherung bestimmter Daten weiterhin gerechtfertigt sein, wenn noch eine weitere Betreuung des Kunden (z. B. Rückrufaktionen der Autofirmen) erforderlich ist. Dies wird aber nicht die Regel sein. Die Struktur und Intensität eines Versandhandelskaufes begründet keine besonders engen Verbindungen zwischen dem Käufer und dem Verkäufer für die Folgezeit, sofern sich ein Kunde nicht auf Grund wiederholter Bestellungen als „Stammkunde" erwiesen hat.

c) Ermächtigungsgrundlage: § 28 Abs. 1 Satz 1 Nr. 2 BDSG

Das Speichern, Verändern oder Übermitteln rechtmäßig erlangter personenbezogener Daten oder ihre Nutzung als Mittel für die Erfüllung eigener Geschäftszwecke ist zulässig, soweit es **zur Wahrung berechtigter Interessen der speichernden Stelle erforderlich ist** und kein Grund zu der Annahme besteht, dass das schutzwürdige Interesse des Betroffenen an dem Ausschluss der Verarbeitung oder Nutzung überwiegt (§ 28 Abs. 1 Nr. 2 BDSG). Ein **berechtigtes Interesse** der speichernden Stelle setzt ein nach vernünftiger Erwägung durch die Sachlage gerechtfertigtes Interesse voraus, das wirtschaftlicher oder ideeller Natur sein kann (*Gola/Schomerus, BDSG, § 28, Anm. 7.1.*). Inwieweit die schutzwürdigen Interessen des Betroffenen den berechtigten Interessen der speichernden Stelle oder der Empfänger von Daten vorrangig sind, kann nur im Rahmen einer **Interessenabwägung** ermittelt werden. Dabei sind Art, Inhalt und Aussagekraft der Daten an den Angaben und Zwecken zu messen, denen ihre Speicherung dient. Zur Abwägung zählt auch die Frage, ob anonymisierte Daten ausreichend sind. Nur wenn diese Abwägung, welche die speichernde Stelle vorzunehmen hat, keinen Grund zu der Annahme bietet, dass die Speicherung der in Frage stehenden Daten zu dem damit verfolgten Zweck schutzwürdige Belange des Betroffenen beeinträchtigt, ist die Speicherung zulässig. Im Anwendungsgebiet der Werbung und des Marketings ist eine Abwägung dahingehend anerkannt, ob der jeweilige Sachverhalt entweder einen Eingriff in das Recht auf **informationelle Selbstbestimmung** des Einzelnen oder lediglich eine geringfügige und hinnehmbare Belästigung darstellt. Nach der Ermächtigungsgrundlage des § 28 Abs. 1 Satz 1 Nr. 2 BDSG sind etwa – sofern nicht bereits oder noch ein vertragsähnliches Vertrauensverhältnis vorliegt – die **Speicherung und Nutzung von Adressdaten potenzieller Interessenten bzw. früherer Kunden** bei Versandhäusern etc. zu beurteilen. Ein **Versorgungsunternehmen** hat ein berechtigtes Interesse daran, Kundendaten zweck **Beitreibung von Forderungen** die für den Einzug konkret notwendigen Daten an andere Unternehmen zu übermitteln. **Kein berechtigtes Interesse** besteht für die Speicherung von Daten, die für **rechtswidrige Zwecke** übermittelt und genutzt werden sollen (z. B. für **wettbewerbswidrige Telefonwerbung**).

d) Ermächtigungsgrundlage: § 28 Abs. 1 Satz 1 Nr. 3 BDSG

Das Speichern, Verändern oder Übermitteln rechtmäßig erlangter personenbezogener Daten oder ihre Nutzung als Mittel für die Erfüllung eigener Geschäftszwecke ist zulässig, wenn die **Daten aus allgemein zugänglichen Quellen entnommen** werden können oder die speichernde Stelle sie **veröffentlichen** dürfte, es sei denn, dass das **schutzwürdige Interesse des Betroffenen** an dem Ausschluss der Verarbeitung oder Nutzung **offensichtlich**

überwiegt (§ 28 Abs. 1 Satz 1 Nr. 3 BDSG). Für die Datenverarbeitung auf Grund dieser Ermächtigungsgrundlage durch das Unternehmen gelten somit deutlich leichtere Zulässigkeitsvoraussetzungen. Das Unternehmen ist nicht zu einer intensiven Einzelfallprüfung verpflichtet, es sei denn, dass sich ein schutzwürdiges Gegeninteresse des Betroffenen geradezu aufdrängt. Denn wer sich aus allgemein zugänglichen Quellen unterrichten darf, dem muss es grundsätzlich auch gestattet sein, die dort zugänglichen Daten zu speichern. Allgemein zugängliche Quellen in diesem Sinne sind Informationsquellen, die sich sowohl ihrer technischen Ausgestaltung als auch ihrer Zielsetzung nach dazu eignen, einem individuell nicht bestimmbaren Personenkreis Informationen zu vermitteln (*BVerfGE 27, 73*). Hierzu gehören Zeitungen, Zeitschriften, Rundfunk- und Fernsehsendungen, Ausstellungen, Messen oder öffentliche Vorträge. Auch dann, wenn aus öffentlichen Quellen (z. B. Telefonbüchern oder öffentlichen Datenbanken wie etwa Internet) entnommene Adressdaten etwa durch Beschreibungen der dazu gehörigen Wohngebäude, die durch Augenschein vor Ort gewonnen werden, ergänzt werden, sind die Daten aus allgemein zugänglichen Quellen entnommen.

e) Ermächtigungsgrundlage: § 28 Abs. 2 BDSG

Die Übermittlung oder Nutzung personenbezogener Daten ist zulässig,

- soweit es zur Wahrung berechtigter Interessen eines Dritten oder öffentlicher Interessen erforderlich ist (§ 28 Abs. 2 Nr. 1 a BDSG) **oder**
- wenn es sich um listenmäßig oder sonst zusammengefasste Daten über Angehörige einer Personengruppe handelt, die sich auf
  - eine Angabe über die Zugehörigkeit des Betroffenen zu dieser Personengruppe,
  - Berufs-, Branchen- oder Geschäftsbezeichnung,
  - Namen, Titel, akademische Grade, Anschrift, Geburtsjahr beschränken und
- kein Grund zu der Annahme besteht, dass der Betroffene ein schutzwürdiges Interesse an dem Ausschluss der Übermittlung hat (§ 28 Abs. 2 Nr. 1 b Satz 1 BDSG).

Diese zuletzt genannte, listenmäßige Übermittlung bzw. Nutzung ist eine im **Interesse der werbetreibenden Wirtschaft** erlassene Sonderbestimmung, die die Übermittlung und Nutzung von listenmäßig oder sonst zusammengefassten Daten mit dem vorgegebenen Inhalt weitgehend erlaubt und von den Restriktionen des BDSG befreit. **Listenmäßig** bedeutet, dass nach der Struktur oder der äußeren Form der Eindruck einer Liste, also einer fortlaufend nach einem Merkmal geordneten Datensammlung etwa auf Einzelblättern, Magnetband, Kassette, CD-ROM, Diskette etc. besteht. Die Angabe der Zugehörigkeit des Betroffenen zu einer Personengruppe als verbindendes Merkmal erlaubt lediglich die Angabe **eines** solchen Merkmals, nicht aber die Verknüpfung mehrerer Merkmale etwa wie folgt: „Alle einen **bestimmten Pkw** fahrenden **Mitglieder des Tennisvereins XY** mit **Familie** und **Jahreseinkommen über 225.000,00 EUR.**“

11.2.2.3.2 Geschäftsmäßige Speicherung zum Zwecke der Übermittlung: § 29 BDSG

Das geschäftsmäßige **Speichern oder Verändern** rechtmäßig erlangter, personenbezogener Daten **zum Zwecke der Übermittlung** ist zulässig, wenn

- kein Grund zu der Annahme besteht, dass der Betroffene ein schutzwürdiges Interesse an dem Ausschluss der Speicherung oder Veränderung hat (§ 29 Abs. 1 Satz 1 Nr. 1 BDSG) oder
- die Daten aus allgemein zugänglichen Quellen entnommen werden können oder die speichernde Stelle sie veröffentlichen dürfte, es sei denn, dass das schutzwürdige Interesse des Betroffenen an dem Ausschluss der Speicherung oder Veränderung offensichtlich überwiegt (§ 29 Abs. 1 Satz 1 Nr. 2 BDSG).

Die **Übermittlung** ist zulässig, wenn

- der Empfänger ein berechtigtes Interesse an ihrer Kenntnis glaubhaft gemacht hat (§ 29 Abs. 2 Satz 1 Nr. 1 a) oder
- es sich um listenmäßig oder sonst zusammengefasste Daten nach § 28 Abs. 2 Nr. 1 Buchstabe b (BDSG) handelt, die für Zwecke der Werbung oder der Markt- oder Meinungsforschung übermittelt werden sollen (§ 29 Abs. 2 Satz 1 Nr. 1 b) BDSG) und kein Grund zu der Annahme besteht, dass der Betroffene ein schutzwürdiges Interesse an dem Ausschluss der Übermittlung hat (§ 29 Abs. 2 Nr. 2 BDSG).

Die geschäftsmäßige Datenverarbeitung in Form der Speicherung und Veränderung zum Zwecke der Übermittlung ist in dem hier interessierenden Anwendungsbereich der Werbung also dann zulässig, wenn nicht **schutzwürdige Interessen** am Ausschluss dieser Form der Verarbeitung personenbezogener Daten des **Betroffenen** erkennbar sind. **Geschäftsmäßig** bedeutet in diesem Zusammenhang jede mit Wiederholungsabsicht auf eine gewisse Dauer verfolgte Datenverarbeitung für andere Stellen oder Personen, wobei die Verarbeitung in Form der Speicherung oder Veränderung der personenbezogenen Daten den eigentlichen Geschäftszweck und nicht nur das bloße Hilfsmittel der speichernden Stelle hierzu darstellen muss (*Simitis, in: Simitis/Dammann, u. a., BDSG, § 27, Rdnr. 32*). Dieser Art der Datenverarbeitung sind mithin **Adressenmakler und -händler, Auskunfteien** und **Listbro-**

ker, aber auch **brancheninterne Warndienste** (z. B. SCHUFA) zu unterstellen, sofern sie ihre Geschäfte auf die zur Ware gemachte Information aufbauen. Für ein **berechtigtes Interesse** können **auch** rein **wirtschaftliche Interessen** genügen. Ein berechtigtes Interesse kann aber immer nur dann und nur insoweit vorliegen, als die Kenntnis der Daten für die von dem Empfänger beabsichtigten Ziele und Zwecke erforderlich ist (*BGHZ 91, 233 (240)*). Es fehlt daher stets bezüglich solcher Informationen, die der Empfänger nicht benötigt. Die Definition und Auslegung dessen, was **schutzwürdige Interessen des Betroffenen** sind, ist wie bei § 28 Abs. 1 BDSG dem Sinngehalt des Rechts auf informationelle Selbstbestimmung zu entnehmen. Die in diesem Zusammenhang zu berücksichtigenden Interessen sind die jeweilige Datenart, aber auch die je Betroffenem gegebene Datenmenge sowie der Verwendungs- und Geschäftszweck der speichernden Stelle.

11.2.2.3.3 Zwischenergebnis

Ist eine Verarbeitung, Nutzung oder Übermittlung von Kundendaten nicht durch eine Einwilligung des Kunden, den Zweck des Vertrages oder eines vertragsähnlichen Vertrauensverhältnisses gerechtfertigt, ist zur Beurteilung der datenschutzrechtlichen Zulässigkeit der jeweiligen Maßnahme eine **Abwägung der jeweiligen Interessen** vorzunehmen. Zwar ist Werbung bzw. Direktmarketing als berechtigtes Interesse eines Unternehmens, die von ihm angebotenen Waren und Dienstleistungen gegenüber potenziellen Kunden zu präsentieren, anerkannt. Stets bedarf es jedoch auch der Berücksichtigung der jeweiligen Interessen des Betroffenen, insbesondere seines **Persönlichkeitsrechts in Form des Rechts auf informationelle Selbstbestimmung**, dessen **herausragende Bedeutung** das Bundesverfassungsgericht bereits mehrmals ausdrücklich betont hat (BVerfGE 65, 1). Denn das BDSG zielt maßgeblich auf die Sicherung dieses durch die Verfassung (Art. 2 Abs. 1 GG) geschützten Rechts. Da es mithin stets einer Abwägung unter Berücksichtigung aller Umstände des Einzelfalles bedarf, können pauschale Aussagen nicht getroffen, sondern muss vielmehr der jeweils maßgebliche Sachverhalt in sämtlichen Details zugrunde gelegt und beurteilt werden. Dabei besteht die Unwägbarkeit, dass ein Gericht im Streitfall zu einem anderen Ergebnis gelangt.

11.2.2.3.4 Umfang der Ermächtigung

Der Empfänger darf die übermittelten Daten für den Zweck verarbeiten oder nutzen, zu dessen Erfüllung sie ihm übermittelt werden. Eine Verarbeitung oder Nutzung für andere Zwecke ist nur unter den Voraussetzungen der vorstehend genannten Voraussetzungen zulässig (§§ 28 Abs. 4 Satz 1, 29 Abs. 3 BDSG). Die übermittelnde Stelle hat den Empfänger darauf hinzuweisen (§§ 28 Abs. 4 Satz 2, 29 Abs. 3 BDSG).

11.2.2.3.5 Wegfall der Ermächtigungsgrundlage

Widerspricht der Betroffene bei der speichernden Stelle der Nutzung oder Übermittlung seiner Daten etwa für Zwecke der **Werbung** oder der **Markt- oder Meinungsforschung**, ist eine Nutzung oder Übermittlung für diese Zwecke unzulässig (§§ 28 Abs. 3 Satz 1, 29 Abs. 3 BDSG). Nicht zur Werbung zählen Informationen bzw. Unterrichtungen des Betroffenen im Rahmen bestehender Verträge oder vertragsähnlicher Vertrauensverhältnisse. Widerspricht der Betroffene beim Empfänger der übermittelten Daten der Verarbeitung oder Nutzung etwa für Zwecke der Werbung oder der Markt- oder Meinungsforschung, hat dieser die **Daten für diese Zwecke zu sperren** (§§ 28 Abs. 3 Satz 2, 29 Abs. 3 BDSG). Der Widerspruch des Betroffenen braucht nicht begründet zu werden und kann auch mündlich (z. B. per Telefon), elektronisch (z. B. per E-Mail) oder konkludent (z. B. Mitteilung des Abbruchs der Geschäftsbeziehungen) erklärt werden. Die dadurch eintretende Verzögerung bei der Sperrung muss von den Betroffenen hingenommen werden, weil ein sofortiger Abgleichlauf in aller Regel einen unverhältnismäßigen wirtschaftlichen Aufwand darstellen würde (*Gola/Schomerus, BDSG, § 28, Anm. 3.1.*). Soweit der Kunde die Einwilligung zur Verarbeitung und Nutzung seiner Daten widerruft, steht dem von einer gesetzlich nicht gedeckten Datenübermittlung Betroffenen ein Anspruch auf Widerruf der unzulässig übermittelten Daten durch die übermittelnde Stelle zu, wenn die übermittelnde Stelle im konkreten Einzelfall – nach dem Verhältnismäßigkeitsgrundsatz – gegen das Gebot, zwischen den berechtigten Interessen der speichernden Stelle bzw. berechtigten Interessen der Allgemeinheit sowie etwa in Betracht kommender Dritter auf der einen Seite und den schutzwürdigen Belangen des Betroffenen auf der anderen Seite abzuwägen, verstoßen hat (*BGH NJW 1984, 436 (437)*) für § 24 BDSG a.F. (Banken)).

11.2.2.4 Löschungs- und Sperrpflichten

Personenbezogene Daten sind u. a. dann zu **löschen**, wenn

- ihre Speicherung unzulässig ist (§ 35 Abs. 2 Nr. 1 BDSG),
- sie für eigene Zwecke verarbeitet werden, sobald ihre Kenntnis für die Erfüllung des Zwecks der Speicherung nicht mehr erforderlich ist (§ 35 Abs. 2 Nr. 3 BDSG), was bei der Beendigung des Vertrages zwischen dem Unternehmen und dem Kunden regelmäßig der Fall sein wird,
- sie geschäftsmäßig zum Zwecke der Übermittlung verarbeitet werden und eine Prüfung am Ende des fünften Kalenderjahres nach ihrer erstmaligen Speicherung ergibt, dass eine länger währende Speicherung nicht mehr erforderlich ist (§ 35 Abs. 2 Nr. 4 BDSG).

An die Stelle einer Löschung tritt eine **Sperrung**, soweit u. a.

- im Falle des § 35 Abs. 2 Nr. 3 oder 4 BDSG einer Löschung gesetzliche, satzungsmäßige oder vertragliche Aufbewahrungsfristen entgegenstehen (§ 35 Abs. 3 Nr. 1 BDSG),
- Grund zu der Annahme besteht, dass durch eine Löschung schutzwürdige Interessen des Betroffenen beeinträchtigt würden (§ 35 Abs. 3 Nr. 2 BDSG).

Gesperrte Daten dürfen ohne die Einwilligung des Betroffenen nur übermittelt oder genutzt werden, wenn

- es zu wissenschaftlichen Zwecken, zur Behebung einer bestehenden Beweisnot oder aus sonstigen im überwiegenden Interesse der speichernden Stelle oder eines Dritten liegenden Gründe unerlässlich ist und
- die Daten hierfür übermittelt oder genutzt werden dürften, wenn sie nicht gesperrt wären (§ 35 Abs. 7 BDSG).

11.2.2.5 Verpflichtung zu Unterlassung und Schadensersatz gegenüber Mitbewerbern bzw. dem Betroffenen

Verstöße gegen § 4 Abs. 1 BDSG, also die Verarbeitung, Nutzung oder Übermittlung personenbezogener Daten, ohne dass hierfür die Voraussetzungen einer Ermächtigungsgrundlage vorliegen, führen nicht nur zu den eingangs genannten staatlichen Sanktionen, sondern darüber hinaus zu einem **unlauteren Verhalten im Sinne des § 1 des Gesetzes gegen den unlauteren Wettbewerb (UWG)**, ohne dass es dafür noch auf das Vorliegen weiterer Umstände ankäme (*BGH NJW 1996, 1829 (1831)*). Dies hat zur Folge, dass das verstoßende Unternehmen von Mitbewerbern auf **Unterlassung und Schadensersatz** in Anspruch genommen werden kann. Verstöße gegen das BDSG können ferner zu einer Verletzung des Rechts des Betroffenen auf informationelle Selbstbestimmung und somit zu Unterlassungs- und Schadensersatzpflichten des verstoßenden Unternehmens gegenüber dem Betroffenen gemäß §§ 7 BDSG, 823, 1004 BGB führen.

11.2.2.6 Rechtsverhältnis zwischen dem personenbezogene Daten übermittelnden Unternehmen und dem diese Daten empfangenden Unternehmen

In der Vertriebspraxis insbesondere derjenigen von Konzernen mit mehreren Tochtergesellschaften stellt sich häufig die nachfolgend zu erörternde Frage, welche rechtlichen Grundlagen für das Rechtsverhältnis zwischen dem personenbezogene Daten übermittelnden Unternehmen und dem diese Daten empfangenden Unternehmen maßgeblich sind.

11.2.2.6.1 Allgemeine zivilrechtliche Grundlagen

Das Rechtsverhältnis zwischen dem personenbezogene Daten übermittelnden Unternehmen und dem diese Daten empfangenden Unternehmen richtet sich nach den vertraglichen Vereinbarungen dieser beiden Unternehmen, sofern diese **vertraglichen Vereinbarungen** rechtswirksam sind. Voraussetzung ist hierfür insbesondere, dass der vorstehend skizzierte, durch das BDSG gezogene Rahmen nicht überschritten wird. So ist ein Vertrag über die Übermittlung personenbezogener Daten, ohne daß die jeweils Betroffenen in diese Weitergabe ihrer Daten eingewilligt haben, gemäß § 134 BGB nichtig ist (*BGH NJW 1992, 737 (739f.)* für die Weitergabe von Patientendaten bei Praxisverkauf; *BGH NJW 1995, 2060 (2027)* für die Weitergabe von Akten bei Verkauf von Rechtsanwaltskanzlei). Bei der Vertragsgestaltung sollten daher u. a. folgende Gesichtspunkte besondere Beachtung finden:

- Die konkrete Umschreibung des Nutzungsrechts des empfangenden Unternehmens an den übermittelten Kundendaten und die hierfür zu erbringende Gegenleistung (Vertragszweck und -gegenstand),
- der Nachweis der Berechtigung des übermittelnden Unternehmens zur Übermittlung der jeweiligen Kundendaten,
- die Berechtigung des übermittelnden Unternehmens, die übermittelten Kundendaten selbst weiterhin zu verarbeiten und zu nutzen,
- die Klarstellung, dass das empfangende Unternehmen zur Einhaltung der Vorschriften des BDSG und anderer Vorschriften über den Datenschutz verpflichtet ist,
- die Festlegung der Datenverarbeitung oder -nutzung sowie der technischen und organisatorischen Maßnahmen,
- Mitteilungspflichten des übermittelnden Unternehmens bei der Änderung von Kundendaten gegenüber dem empfangenden Unternehmen.
- Die Fallgestaltung, dass der Kunde seine Einwilligung zur Verarbeitung und Nutzung seiner Daten gegenüber dem übermittelnden und/oder gegenüber dem übernehmenden Unternehmen widerruft,
- Die Beendigung des Vertrages zwischen dem übermittelnden Unternehmen und dem empfangenden Unternehmen.

Dabei sei auf eine Entscheidung des Bundesgerichtshofes (*BGH NJW 1996, 2159*) hingewiesen, die u. a. folgenden Leitsatz formuliert hat:

> „Hat der Kraftfahrzeug-Vertragshändler aufgrund einer Verpflichtung aus dem Händlervertrag seine Kundendaten einem Marketingunternehmen mit der Weisung mitgeteilt, diese zum Zwecke der Werbung und Kundenkontaktpflege zu nutzen, so ist die Marketingfirma nach Beendigung des Händlervertrages und der eigenen Vertragsbeziehungen zum Vertragshändler verpflichtet, die Kundendaten wieder an den Vertragshändler zu übermitteln und bei sich zu löschen."

Diese Löschungspflicht ergab sich in dem konkreten Fall (Toyota) u. a. aus dem BDSG, dessen Auflagen sich die Marketingfirma nach dem Teilnahmevertrag gegenüber dem Händler unterworfen hatte.

11.2.2.6.2 Sonderfall: Verarbeitung oder Nutzung personenbezogener Daten im Auftrag (§ 11 BDSG)

Eine Auftragsdatenverarbeitung gemäß § 11 BDSG erfordert, dass die Aufgabe an sich vom Auftraggeber erfüllt wird und der Auftragnehmer nur gewisse **Hilfs- bzw. Unterstützungsfunktionen** wahrnimmt. Unter Auftragsdatenverarbeitung ist nicht die Übertragung der eigentlichen Aufgabe an eine andere Stelle, sondern lediglich die technische Ausführung dieser Aufgabe zu verstehen. Die nachfolgenden Voraussetzungen gelten daher etwa dann, wenn eine Marketingfirma für das Unternehmen etwa durch das Führen einer Kundendatei und das Aussenden von Werbeschreiben an dessen Kunden lediglich eine verwaltungstechnische Hilfsfunktion für deren Geschäftszwecke übernimmt (*Walz, in: Simitis/Dammann u. a., BDSG, § 11, Rdnr. 18*). § 11 BDSG regelt, unter welchen Bedingungen diese Auftragsdatenverarbeitung zu erfolgen hat, und legt die Verantwortung und die Aufgaben für den Auftraggeber und den Auftragnehmer fest.

a) Pflichten des Auftraggebers

Werden personenbezogene Daten im Auftrag durch andere Stellen verarbeitet oder genutzt, ist der Auftraggeber für die Einhaltung der Vorschriften des BDSG und anderer Vorschriften über den Datenschutz verantwortlich (§ 11 Abs. 1 Satz 1 BDSG), nachdem der Auftragnehmer lediglich Erfüllungsgehilfe ist und der **Auftraggeber Herr der Daten** bleibt. Der Auftragnehmer ist unter besonderer Berücksichtigung der Eignung der von ihm getroffenen technischen und organisatorischen Maßnahmen sorgfältig auszuwählen (§ 11 Abs. 1 Satz 2 BDSG). Der Auftraggeber hat also zu prüfen, welche Maßnahmen zur Datensicherung beim Auftragnehmer getroffen werden und ob diese dem Schutzzweck des BDSG entsprechen. Der Auftraggeber hat insbesondere durch vertragliche Regelungen sicherzustellen, dass die Datenverarbeitung beim Auftragnehmer ebenso sicher durchgeführt wird, wie dies bei Erledigung durch den Auftraggeber selbst erfolgte. Der Auftrag ist **schriftlich** zu erteilen, wobei die Datenverarbeitung oder -nutzung, die technischen und organisatorischen Maßnahmen und etwaige Unterauftragsverhältnisse festzulegen sind (§ 11 Abs. 2 Satz 2 BDSG). Sollen Datenübermittlungen durchgeführt werden, sind die Datenempfänger und der Umfang der zu übermittelnden Daten festzulegen. Aus dem Auftrag muss auch ersichtlich sein, ob die Auftragsdatenverarbeitung über einen längeren Zeitraum mit wiederkehrenden Aufträgen angelegt ist oder ob es sich um einen einmaligen Auftrag handelt. Empfehlenswert ist es, weitere Regelungen etwa über

- die Freistellung des Auftraggebers durch den Auftragnehmer bei Inanspruchnahme des Auftraggebers wegen schuldhaftem, rechtswidrigem Verhalten des Auftragnehmers und/oder
- eine Vertragsstrafe des Auftragnehmers bei wiederholtem weisungswidrigem Verhalten oder eine Vertragsstrafe des Auftraggebers bei Verletzung einer Unterstützungspflicht

in den Vertrag aufzunehmen.

b) Pflichten des Auftragnehmers

Der Auftragnehmer darf die Daten nur im Rahmen der Weisungen des Auftraggebers verarbeiten oder nutzen (§ 11 Abs. 3 Satz 1 BDSG). Ist er der Ansicht, dass eine Weisung des Auftraggebers gegen dieses Gesetz oder andere Vorschriften über den Datenschutz verstößt, hat er den Auftraggeber unverzüglich darauf hinzuweisen (§ 11 Abs. 3 Satz 2 BDSG). Der Auftragnehmer hat keine Verfügungsgewalt über die Daten und darf diese nicht außerhalb des Auftrages verwenden.

11.2.2.7 Zulässigkeit von Data-Warehouse und Data-Mining

Mit **Data-Warehouse** wird die Strategie umschrieben, Daten zeit- und funktionsgerecht zur Verfügung zu halten. **Data-Mining** hat als Ziel, Daten aufzuspüren und zu kombinieren, um neue, bisher unbekannte Informationen zu finden. Viele Unternehmen investieren hohe Summen in diesen Prozess, um in einem zunehmend gesättigten Markt die Bindung des einzelnen Kunden an das Unternehmen im Sinne des **„One-to-one-Marketing“** mit zusätzlichen Informationen über dessen Verhalten **zielgerichtet und effizient** zu festigen. Da die gesetzlichen Ermächtigungsgrundlagen diese Vorgehensweisen regelmäßig nicht zulassen, weil die Zweckbindung als zwingende Schutzfunktion der begrenzten Nutzung jeder personenbezogenen Information aufgehoben wird, muss der Kunde seine **Einwilligung** hierzu erteilen. Dabei sind umso höhere Anforderungen an eine solche Einwilligung in Bezug auf die erforderliche **Transparenz** zu stellen, je sensibler die verarbeiteten Daten sind, je weiter entfernt sie vom ursprünglichen Verarbeitungszweck sind und je weiter der Zugriffsbereich auf diese Daten ausgedehnt wird. Diese Anforderungen stellen für die Praxis eine große Herausforderung dar. Die Diskussion um die datenschutzrechtlichen Aspekte des Data-Warehouse und Data-Mining steht noch am Anfang. Festzuhalten ist jedoch bereits heute, dass zwar eine eindeutige Rechtslage, aber ebenso eine weitgehende Praxis besteht, die diesen Grundsätzen wenig Beachtung schenkt und sogar neue Risiken für die Betroffenen schafft. Als eine Lösung zur Vermeidung dieses Spannungsverhältnisses wird teilweise vorgeschlagen, dass sich das Unternehmen einen **Datenschutzstandard** geben sollte. Hierbei müsse der Kunde die Möglichkeit haben, darüber zu entscheiden, wie weit er seine Privatsphäre für bestimmte geschäftliche Transaktionen aufgeben wolle. Dies bedinge etwa, dass

- das Unternehmen über das gesetzlich erforderliche Maß hinaus Transparenz über die Verwendung seiner Kundendaten schaffe und insbesondere über die Änderung in der Verwendung oder der Weitergabe dieser Daten informiere,
- die Kunden einen angemessenen Gegenwert für die Verwendung ihrer Daten erhalten und
- die Kunden jederzeit das Recht hätten, sämtliche ihrer Daten zurückzuziehen oder zu löschen (*Baeriswyl, RDV 2000,6 (11)*).

11.2.2.8 Erstellung von Kundenprofilen und deren kommerzielle Verwendung

Gerade im Bereich der Onlinewerbung werden verstärkt Kundenprofile erstellt, etwa um dem Kunden beim nächsten Besuch auf einer bestimmten Website mittels Banner-Werbung ein auf die individuellen Neigungen und Gewohnheiten des jeweiligen Nutzers zugeschnittenes Werbeangebot zu unterbreiten. Damit ist die Frage nach den Konsequenzen datenschutzrechtlicher Verstöße unter Berücksichtigung der Anwendbarkeit des Gesetzes gegen den unlauteren Wettbewerb (UWG) aufgeworfen. Die sich in diesem Zusammenhang ergebenden Fragestellungen werden nachfolgend kurz wie folgt skizziert: Aus technischen Gründen sind Internetverbindungen grundsätzlich anonym. Der Anbieter einer Website im Internet kann daher in der Regel die Identität der Nutzer weder feststellen noch erkennen, ob ein Nutzer die Website schon einmal besucht hat. Ein solcher Zugriff kann indes durch Dateien (sog. Cookies) ermöglicht werden, die von dem Server einer Website erzeugt, im Rahmen der bestehenden Internetverbindung vermittels des HTTP-Codes zusammen mit den sonstigen Daten – namentlich dem Inhalt der Website – an das Browserprogramm des Nutzers übersandt und dann auf dessen Rechner abgespeichert werden. Die Datei enthält eine Zahlenfolge, anhand derer die Website bei künftigen Besuchen automatisch erkennen kann, dass sie von dem betreffenden Computer des Nutzers aus bereits einmal zu einem früheren Zeitpunkt besucht worden ist und welche Einstellungen dabei gewählt wurden. Durch die Vielfalt mittels Cookies erfassbaren personenbezogenen Daten können genaue Bewegungs- und Interessenprofile, für deren Bereitstellung die werbende Wirtschaft erhebliche Geldbeträge zu zahlen bereit ist, erstellt werden. Die Individualisierbarkeit von Angeboten ist für die meisten Internetanbieter ein elementarer Wettbewerbsfaktor. Gleichwohl ist bislang nicht geklärt, wie Cookie-Dateien unter datenschutzrechtlichen Gesichtspunkten einzuordnen sind. Rechtsprechung hierzu existiert nicht, die Diskussion im Schrifttum steht erst am Anfang (vgl. etwa *Ihde, CR 2000, 413ff.*). Die einschlägigen datenschutzrechtlichen Bestimmungen schreiben vor, dass Nutzerprofile nur bei Verwendung von Pseudonymen zulässig sind. Wenn man davon ausgeht, dass Nutzerprofile bereits dann vorliegen, wenn mehr als ein Datum einer bestimmten Person zugeordnet werden kann, fallen alle personenbezogenen Cookie-Dateien in diesen Anwendungsbereich. Soweit keine ausreichende Pseudonymisierung vorliegt, können die genannten Vorschriften nur so verstanden werden, dass mittels eines Cookies Nutzerprofile in rechtlich zulässiger Weise nur dann erstellt werden können, wenn der betroffene Nutzer hierzu seine Einwilligung erteilt hat (Wittig hält die Anfertigung von Persönlichkeitsprofilen bei personenbezogenen Daten wegen der darin liegenden Verletzung des Grundrechts auf informationelle Selbstbestimmung datenschutzrechtlich auch bei Einwilligung des Betroffenen für unzulässig, vgl. *RDV 2000, 59 (60ff.)*). Die Verwendung von Cookie-Dateien ohne die Einwilligung des betroffenen Nutzers stellt zugleich einen Verstoß gegen § 1 UWG etwa infolge eines Vorsprungs im geschäftlichen Verkehr durch Rechtsbruch dar, wenn der Schutzzweck der verletzten Norm – hier datenschutzrechtliche Bestimmungen – und eine Einzelfallbetrachtung dies rechtfertigen. Dieselbe Frage stellt sich bei rechtswidrigem Erlangen von Kundendaten und gar Kundenprofilen. Die Entwicklung der Rechtsprechung zu diesem Themenkreis darf daher gespannt erwartet werden.

11.2.2.9 Datenschutzrichtlinie der Europäischen Union

Abschließend sei auf die in Deutschland nicht rechtzeitig zum Erfolg gekommenen Bemühungen zur Umsetzung der europäischen Datenschutzrichtlinie 95/46/EG vom 24. Oktober 1995 und eine damit gegebenenfalls einhergehende Neugestaltung des bundesdeutschen Datenschutzes hingewiesen. Die Richtlinie schafft einen einheitlichen Rahmen für den Datenaustausch innerhalb der Staaten der Europäischen Union. Zu den wesentlichen Eckpunkten der Richtlinie zählt ein Zweckbindung, die die Zugriffsmöglichkeiten beschränkt, den Verarbeitungsradius eingrenzt und die Verwendungsdauer festlegt. Sie sieht ferner u. a. vor, dass der **grenzüberschreitende Datenverkehr** innerhalb der Europäischen Union nicht mehr behindert werden dürfe, die Übermittlung personenbezogener Daten in Drittländer jedoch voraussetze, dass dort ein **angemessenes Schutzniveau** besteht. Sollen nämlich Daten in ein ausländisches Gebiet transferiert werden, das kein oder kein dem europäischen Recht vergleichbares Datenschutzrecht kennt, können schutzwürdige Interessen des Betroffenen bereits dadurch beeinträchtigt werden, dass die Daten nunmehr ungeschützt verarbeitet werden können. Um diesem „Ausgeliefertsein" des Betroffenen abzuhelfen, sind im Wege **vertraglicher Absprachen** zwischen der übermittelnden europäischen Stelle und dem Empfänger **Datenschutzverpflichtungen** des Empfängers festzuschreiben (*Gola/Schomerus, BDSG, § 28, Anm. 8.1.*). Bei unselbstständigen Betriebsteilen können hierzu auch Betriebsanweisungen oder Richtlinien dienen. Wann ein angemessenes Schutzniveau besteht, muss anhand der Umstände des Einzelfalls wie etwa

- der Art der Daten,
- der Zweckbestimmung der Datenübermittlung,
- die Dauer der geplanten Verarbeitung,
- das Herkunfts- und Endbestimmungsland sowie deren Rechtsnormen

festgestellt werden. Sofern das angemessene Schutzniveau durch mit dem Empfänger getroffene Vereinbarung erreicht werden soll, bedarf die Übermittlung staatlicher Genehmigung. Aus diesen Vorgaben sind **individuelle Lösungsansätze für die Praxis** zum gebietsüberschreitenden Datenverkehr zu entwickeln.

11.2.3 Fazit

Für die Verarbeitung, Nutzung und Übermittlung rechtmäßig erlangter, personenbezogener Daten durch das diese Daten generierende Unternehmen zu unternehmenseigenen Zwecken, die über den Rahmen der Zweckbestimmung des Vertragsverhältnisses hinausgeht, sollte aus Gründen der Rechtssicherheit der Betroffene hierzu rechtswirksam im Sinne des § 4 Abs. 2 BDSG seine Einwilligung erklärt und diese nicht widerrufen haben. Dies gilt auch für die geschäftsmäßige Speicherung oder Veränderung personenbezogener Daten zum Zwecke der Übermittlung und die Übermittlung geschäftsmäßig gespeicherter personenbezogener Daten an andere rechtlich selbstständige Organisationseinheiten zur eigennützigen Verarbeitung und -nutzung dieser Daten, sofern die engen Grenzen der gesetzlichen Ermächtigungsgrundlage überschritten sind. Dadruch können die mit den gesetzlichen Ermächtigungsgrundlagen, namentlich der darin meist vorgesehenen Interessenabwägung, verbundenen Unwägbarkeiten vermieden werden.

Literatur

Baumbach/Hefermehl (1999): Baumbach/Hefermehl: Wettbewerbsrecht, 21. Auflage, München

Gola/Schomerus (1997): Gola/Schomerus: Bundesdatenschutzgesetz, 6. Aufl., München

Hopt (1999): Hopt: Handelsvertreterrecht, 2. Aufl., München

Palandt (2000): Palandt/Bearbeiter: Bürgerliches Gesetzbuch und Nebengesetze, 59. Aufl., München

Simitis/Dammann/Geiger/Mallmann/Walz (1997): Simitis/Dammann/Geiger/Mallmann/Walz: Bundesdatenschutzgesetz, 4. Aufl., Köln

Wolff (1999): Wolff, Dietmar: Direktwerbung und Datenschutz, in: Recht der Datenverarbeitung (RDV) 1999, 9

11.3 Absatzhelferrecht

Tobias Lettl

11.3.1 Multi-Level-Marketing

Unter Multi-Level-Marketing (MLM) versteht man das Anwerben von Privaten, die die Produkte oder Dienstleistungen eines Unternehmens unter Gewährung von Vorteilen an andere Private weiterverkaufen sollen. Dieses auch als **so genanntes Schneeballsystem** bezeichnete Vertriebssystem funktioniert ähnlich wie Kettenbriefe. Wer zuerst angeworben wird, kann gute Geschäfte machen, wenn er möglichst viele andere anwirbt, die dann wiederum möglichst viele andere anwerben. Dieses Vertriebssystem ist jedoch **unzulässig, wenn die Angeworbenen Private** sind. Neben einem Verstoß gegen § 1 des Gesetzes gegen den unlauteren Wettbewerb (UWG) liegt gemäß § 6 c UWG häufig sogar eine Straftat vor, da diese Regelung folgenden Inhalt hat:

> „Wer es im geschäftlichen Verkehr selbst oder durch andere unternimmt, Nichtkaufleute zur Abnahme von Waren, gewerblichen Leistungen oder Rechten durch das Versprechen zu veranlassen, sie würden entweder von dem Veranlasser selbst oder von einem Dritten besondere Vorteile erlangen, wenn sie andere zum Abschluss gleichartiger Geschäfte veranlassen, denen ihrerseits nach der Art dieser Werbung derartige Vorteile für eine entsprechende Werbung weiterer Abnehmer erlangen sollen, wird mit Freiheitsstrafe bis zu zwei Jahren oder mit Geldstrafe bestraft."

Handelt es sich dagegen bei den **Angeworbenen** um **Kaufleute** im Sinne des Handelsgesetzbuches (HGB), liegt ein **übliches, mehrstufiges Vertriebssystem** vor. Im Rahmen eines solchen mehrstufigen Vertriebssystems werden regelmäßig Absatzhelfer wie Handelsvertreter, Kommissionäre, Handelsmakler, Franchisenehmer oder Vertragshändler eingesetzt. Nachfolgend sollen die rechtlichen Grundlagen, die für die Zusammenarbeit des Unternehmens mit diesen Absatzhelfern gelten, dargestellt und näher interpretiert werden.

11.3.2 Handelsvertreter

11.3.2.1 Einführung

Der Handelsvertreter ist ständiger Absatzmittler eines anderen Unternehmers und als solcher selbstständiger Gewerbetreibender (§ 84 Abs. 1 HGB). Es ist dies neben dem Vertrieb durch einen Groß- bzw. Einzelhändler oder durch einen Franchisenehmer/Vertragshändler einer von drei typischen Vertriebswegen vom Hersteller zum Endkäufer. Rechtlich ist der Handelsvertreter – anders als Groß- und Einzelhändler – in die Absatz- und Vertriebsorganisation eines anderen Unternehmens eingegliedert, und zwar im Gegensatz zum Makler ständig. Der Handelsvertreter behält dabei aber anders als der Arbeitnehmer seine rechtliche Selbstständigkeit. Das Erscheinungsbild des Handelsvertreters ist in der Praxis sehr vielgestaltig. Es reicht vom großen Vertriebsunternehmer mit Marktmacht, auf den der jeweilige Hersteller angewiesen ist, über den nur rechtlich selbstständigen, aber wirtschaftlich abhängigen Handelsvertreter bis zum Handelsvertreter im Nebenberuf. Wesentlich ist für das Handelsvertretergeschäft, dass Gewinne und Verluste aus den vom Handelsvertreter vermittelten oder getätigten Abschlüssen grundsätzlich den Geschäftsherrn treffen. Mit dieser Risikoverteilung korrespondiert das Weisungsrecht des Geschäftsherrn, das ihm gegenüber dem Handelsvertreter zusteht und es ihm ermöglicht, das ihn treffende Risiko zu steuern. Zwar ist der Vertrieb über Handelsvertreter nur eine Erscheinungsform in einer Vielfalt von Absatzmittlungs- und Vertriebssystemen. Da zahlreiche der anderen Absatzmittlungs- und Vertriebssysteme wie das Franchising oder das Vertragshändlerrecht gesetzlich nicht geregelt sind und die Regelungen des Handelsvertreterrechts teilweise auch für diese Organisationsformen entsprechend herangezogen werden können, ist das **Handelsvertreterrecht als wesentlicher Teil des Rechts der Absatzhelfer** anzusehen. Daher sollen dessen Regelungen zunächst nachfolgend erörtert werden.

11.3.2.2 Begriff des Handelsvertreters

Die Bezeichnung „Handelsvertreter" ist als Berufsbezeichnung nicht speziell gesetzlich geschützt und steht damit grundsätzlich auch Personen offen, die nicht Handelsvertreter im Sinne des § 84 HGB sind. Wenn aber die unrichtige Bezeichnung des Nichthandelsvertreters als Handelsvertreter eine besondere Qualifikation vorspiegelt, die Kunden bei ihrer Entscheidung beeinflussen kann, können die Voraussetzungen der §§ 1, 3 UWG mit der Folge von Unterlassungs- und Schadensersatzansprüchen vorliegen. Der **Begriff des Handelsvertreters** ist in § 84 Abs. 1 Satz 1 HGB definiert und damit von ähnlichen Vertriebsmittlern wie Kommissionär und Handelsmakler abgegrenzt. Dieser Begriff wird durch **folgende Merkmale** gekennzeichnet:

- Vermittlung und/oder Abschluss von Geschäften für einen anderen Unternehmer
- Selbstständiger Gewerbetreibender
- Ständige Betrauung mit solcher Vermittlung und/oder Abschluss.

11.3.2.2.1 Vermittlung oder Abschluss von Geschäften für einen anderen Unternehmer

Der **Handelsvertreter vermittelt Geschäfte des Unternehmers mit Dritten**, indem er ihren **Abschluss durch Einwirkung auf den Dritten fördert**. Die persönliche Mitwirkung beim Abschluss ist nicht erforderlich. Wie der Vertreter auf den Dritten einwirken will, ist grundsätzlich seiner Entscheidung überlassen. In der Regel ist der Handelsvertreter auch ermächtigt, Vertragsangebote Dritter entgegenzunehmen. **Nicht ausreichend** ist das bloße Schaffen von Geschäftsbeziehungen (z. B. mit dem Ausland), allgemeine Markt-, Produkt- oder Kontaktpflege und Kundenbetreuung ohne Vermittlung von Einzelgeschäften. In diesem Fall gelten nicht die Regelungen des Handelsvertreterrechts, sondern die Regelungen der §§ 675, 611 des Bürgerlichen Gesetzbuches (BGB) und damit ganz andere Rechtsgrundlagen. Auch für das bloße Nachweisen von der Gelegenheit zu Geschäften wie beispielsweise durch die Angabe von Personen, die für Vertragsabschlüsse in Betracht kommen, gelten nicht die Regelungen des Handelsvertreterrechts, sondern die Maklerregelung in § 652 BGB. Als **„Geschäft“** kommt jeder Vertrag, gleich welcher Art, in Betracht. Als **Beispiele** sind hierfür zu nennen: Warenverkauf, Werk- und Werklieferungsverträge, Dienstverträge, Mietverträge, Versicherungsverträge, Vertrieb von Kapitalanlagen.

11.3.2.2.2 Selbstständiger Gewerbetreibender

Die **Abgrenzung zwischen selbstständiger und unselbstständiger Tätigkeit** erfolgt nach der **persönlichen Freiheit** des Absatzmittlers (§ 84 Abs. 1 Satz 2 HGB). Entscheidend ist die rechtliche persönliche Freiheit, auf Grund derer die Möglichkeit besteht, **„im Wesentlichen frei seine Tätigkeit gestalten und seine Arbeitszeit bestimmen zu können“**, also regelmäßig ohne bestimmten Tagesplan oder eine bestimmte Mindestarbeitszeit. Entscheidend ist das Gesamtbild der **vertraglichen Gestaltung und tatsächlichen Handhabung** (*BAG BB 1990, 1064*). Hierzu wurden viele einzelne Abgrenzungskriterien entwickelt, vor allem zu Ort, Zeit, Art der Tätigkeit, Unternehmerrisiko und Modalitäten der Vergütung. **Für Selbstständigkeit** sprechen z. B.:

- das Vorliegen eines eigenen Unternehmens,
- die eigene Tragung der Kosten und Risiken der Geschäftstätigkeit (*BAG ZIP 1997, 1715*),
- eigene Geschäftsräume (*BVerfG NJW 1978, 365*),
- das Auftreten unter eigener Firma (*BGH VersR 1964, 331; BAG BB 1980, 1471*),
- die Vertretung mehrerer Unternehmer (*OLG Celle MDR 1958, 341*),
- selbst ausgesuchtes, eigenes Personal (*BAG DB 1997, 2437*),

- reine (erfolgsabhängige) Provisionszahlungen ohne festes Entgelt (*BGH NJW 1982, 1758*),
- unternehmerische Chancen im Hinblick auf die Gesamtvergütung und
- die Freiheit in Arbeitsumfang und Arbeitsgestaltung.

Gegen Selbstständigkeit sprechen z. B.:

- die Vorgabe des Tätigkeitsorts (*BGH ZIP 1998, 963; BAG DB 1978, 1035*),
- die Vorgabe eines genauen Arbeitsplans (*BAG DB 1997, 2437*),
- die Bestimmung der täglichen Arbeitszeit (*BAG DB 1997, 2437*: „jeden Tag voll eingesetzt"),
- eine Klausel über ständige Anwesenheit im Geschäftslokal während der üblichen Ladenöffnungszeit,
- feste Urlaubszeiten, auch bei einvernehmlicher Bestimmung (*BAG DB 1998, 625*),
- die Genehmigungspflicht für jede Nebentätigkeit (*OLG Düsseldorf WM 1985, 526*),
- das Bestehen eines Arbeitsplatzes in den Geschäftsräumen des Unternehmers (*BGH BB 1982, 1876*),
- das Führen von Korrespondenz nur auf Firmenpapier des Unternehmers (*BGH BB 1982, 1876*).

Als eher **abgrenzungsneutral** sind folgende Umstände zu bewerten:

- Mangelnder eigener Kapitaleinsatz (*BGHZ 34, 291*),
- vertragliches Verbot von Mehrfirmenvertretung (*BGH VersR 1964, 331*),
- feste Vergütungsbestandteile wie z. B. Fixum oder Mindestprovision (*OLG Nürnberg BB 1960, 956*),
- fester Spesenzuschuss (*OLG Stuttgart BB 1962, 156*).
- Anmeldung zum Gewerbeamt oder Eintragung in das Handelsregister.

Für die Abgrenzung von selbstständiger und nicht selbstständiger Tätigkeit kann auch ein **Statusvergleich** dahingehend angestellt werden, ob andere Personen mit vergleichbarer Tätigkeit als Arbeitnehmer beschäftigt werden. Das Maß der Freiheit in der Tätigkeitsgestaltung entscheidet freilich nicht allein, zumal diese durch die Anforderungen der Geschäftsart – wie beispielsweise bei einer Verkaufsmitarbeiterin im Kaufhaus eines Dritten bezüglich Öffnungszeit und Arbeitsablauf – eingeengt sein können (*BGH NJW 1982, 1758*). Die **Weisungen des Unternehmers**, an die der Handelsvertreter mangels einer abweichenden vertraglichen Regelung gebunden ist, sind für den Handelsvertreter essenziell. Denn er ist in den Vertrieb des Unternehmers eingeschaltet, nimmt dessen Interessen war und ist ihm laufend zur Berichterstattung verpflichtet (§ 86 HGB). Der Handelsvertreter muss lediglich **„im Wesentlichen" frei** sein. Die Bestimmung der **Vertriebspolitik ist Sache des Unternehmers**. Dieser kann deshalb dem Handelsvertreter Anweisung erteilen etwa bezüglich

- der Ausweitung des Kundenkreises (*BGH DB 1981, 1772*),
- der Nichtaufnahme von Verhandlungen mit bestimmten Kunden (*BGH DB 1960, 574*),
- der Preisgestaltung einschließlich Rabatten und Skonti,
- der Vertragskonditionen,
- der Darstellung des Produktes,
- regelmäßiger Rücksprache oder ständiger telefonischer Erreichbarkeit sowie
- der im modernen Vertrieb wichtigen Einheitlichkeit der Präsentation, z. B. Werbung, Dekoration und Verkaufsaktionen, einheitliche Geschäftsformulare und Visitenkarten.

Insgesamt dürfen die Weisungen aber nicht so eng sein, dass die Tätigkeit des Handelsvertreters nicht mehr „im Wesentlichen frei gestaltet" wird (*BAG NZA 1995, 649*). Tendenziell **schädlich** sind daher Weisungen etwa über

- Art und Umfang der Kundenbesuche,
- die Reiseroute oder
- einen bestimmten Mindestumsatz.

Zu **Weisungen** des Unternehmers bezüglich der **Gestaltung von Preisen oder Geschäftsbedingungen** ist auf § 15 des Gesetzes gegen Wettbewerbsbeschränkungen (GWB) hinzuweisen. Danach sind Verträge zwischen Unternehmen über Waren oder gewerbliche Leistungen nichtig, soweit sie einen Vertragsbeteiligten in der Freiheit der **Gestaltung von Preisen oder Geschäftsbedingungen bei Zweitverträgen** eines dieser Unternehmen mit einem Dritten beschränken. Durch diese Vorschrift soll einem Missbrauch der grundsätzlich bestehenden Vertrags- und Vertragsgestaltungsfreiheit entgegengewirkt und die Entschließungsfreiheit des Vertragspartners für die Gestaltung des Zweitvertrages im Interesse eines freien Wettbewerbs bewahrt werden. Nach seinem Wortlaut und Zweck findet § 15 GWB keine Anwendung auf das Weisungsrecht des Unternehmers gegenüber dem Handelsvertreter. Dies gilt nicht nur für den Vermittlungsvertreter, der an dem Vertragsschluss mit dem Abnehmer überhaupt nicht beteiligt ist, sondern auch für den Abschlussvertreter, der den Vertrag mit dem Endabnehmer der Ware oder Dienstleistung als Stellvertreter des Unternehmers, also in dessen Namen, abschließt (*BGH NJW 1986, 2954f.*). Da auch der Abschlussvertreter nicht selbst Vertragspartner seiner Kunden ist, fehlt das Tatbestandsmerkmal der „Zweitverträge über die gelieferten Waren".

11.3.2.2.3 Ständige Betrauung

Ständige Betrauung bedeutet nicht auf immer oder langfristig oder auch nur auf unbestimmte Zeit (*BGH NJW 1992, 2818*). Es reicht die Betrauung auf gewisse Zeit aus, etwa kalendermäßig oder mit anderer Bestimmung, z. B. für eine Saison, für eine Kampagne, für die Dauer einer Messe oder Ausstellung. Entscheidend ist also, dass sich der Handelsvertreter um eine unbestimmte Vielzahl von Abschlüssen bemühen muss. Die Betrauung mit der Vermittlung nur bestimmter einzelner Geschäfte genügt selbst bei längerer Tätigkeit nicht. Die ständige Betrauung bedeutet in der Regel die Eingliederung des Handelsvertreters in die Absatzorganisation des Unternehmers.

11.3.2.2.4 Verhältnis zu Kunden und Dritten

Der Handelsvertreter steht als Vermittler und auch als Abschlussvertreter in Vertragsbeziehungen nur zum Unternehmer (Innenverhältnis), nicht zum Kunden oder Dritten (Außenverhältnis). Nur wenn er einen Vertrag abschließt, ohne dazu vom Unternehmer bevollmächtigt zu sein, und der Unternehmer diesen Vertragsabschluss nicht nachträglich genehmigt, kann der Vertragspartner den Handelsvertreter auf Erfüllung des Vertrages oder auf Schadensersatz wegen Nichterfüllung des Vertrages in Anspruch nehmen (§ 179 BGB). Der Handelsvertreter kann ferner gegenüber dem Vertragspartner des Unternehmers aus **Verschulden bei Vertragsschluss** etwa infolge falscher Angaben über die verkaufte Ware oder Dienstleistung insbesondere dann haften, wenn er am Vertragsschluss ein eigenes wirtschaftliches Interesse hat oder wenn er ein besonderes persönliches Vertrauen in Anspruch genommen und hierdurch die Vertragsverhandlungen beeinflusst hat (*BGH NJW 1990, 1907*). Ein eigenes wirtschaftliches Interesse des Handelsvertreters am Vertragsabschluß in diesem Sinne liegt nur dann vor, wenn der Handelsvertreter gleichsam in eigener Sache dergestalt tätig wurde, dass er als eigentlicher wirtschaftlicher Interessenträger anzusehen ist (*BGH NJW-RR 1992, 1242*). Ein bloß mittelbares Interesse des Handelsvertreters wie etwa die Aussicht auf eine Provision oder ein Entgelt genügt hierfür nicht (*BGH NJW 1990, 506*). Eine Eigenhaftung des Handelsvertreters gegenüber dem Vertragspartner des Unternehmers besteht auch bei der **eigenen Übernahme der Gewähr** für bestimmte Umstände (*BGH WM 1991, 1730*: Versicherungsmakler; *BGH ZIP 1990, 43*: Anlagevermittler). Da der Unternehmer den Handelsvertreter zur Förderung des eigenen Absatzes einsetzt, muss er sich das Wissen und die Handlungen des Handelsvertreters zurechnen lassen (*BGH NJW 1985, 1080*). Eine Täuschung des Kunden durch den Handelsvertreter berechtigt den Kunden zur Anfechtung des mit dem Unternehmer abgeschlossenen Vertrages gemäß § 123 BGB. Dies gilt unabhängig davon, ob

- der Handelsvertreter den Vertrag selbst namens und im Auftrag des Unternehmers abschloss oder diesen nur vermittelte und
- der Unternehmer die Täuschung weder kannte noch kennen musste (*Hopt, Handelsvertreterrecht, HGB, § 84, Rdnr. 54*).

11.3.2.3 Rechtsfolgen

11.3.2.3.1 Anspruch auf Provision

a) Gesetzliche Regelung

Der Handelsvertretervertrag ist ein Dauerschuldverhältnis, durch das wie bei anderen Dienstverträgen Rechte und Pflichten über einen längeren Zeitraum begründet werden. Als zentrales Recht des Handelsvertreters ist hierbei der **Anspruch auf Provision** (Erfolgsvergütung) zu nennen. Dieser Anspruch entsteht für alle während des Vertragsverhältnisses abgeschlossenen Geschäfte, die auf die Tätigkeit des Handelsvertreters zurückzuführen sind oder mit Dritten abgeschlossen werden, die er als Kunden für Geschäfte der gleichen Art (Nachbestellungen und Folgeaufträge) geworben hat (§ 87 Abs. 1 Satz 2 HGB). Ist dem Handelsvertreter ein bestimmter Bezirk oder ein bestimmter Kundenkreis zugewiesen, hat er Anspruch auf Provision auch für die Geschäfte, die ohne seine Mitwirkung mit Personen seines Bezirks oder seines Kundenkreises während des Vertragsverhältnisses abgeschlossen werden (§ 87 Abs. 2 Satz 1 HGB). Für ein Geschäft, das erst nach der Beendigung des Vertragsverhältnisses zwischen dem Unternehmer und dem Handelsvertreter abgeschlossen wird, hat der Handelsvertreter Anspruch auf Provision nur dann, wenn

- er das Geschäft vermittelt hat oder es eingeleitet und so vorbereitet hat, dass der Abschluss überwiegend auf seine Tätigkeit zurückzuführen ist, und das Geschäft innerhalb einer angemessenen Frist nach Beendigung des Vertragsverhältnisses abgeschlossen worden ist oder
- vor Beendigung des Vertragsverhältnisses das Angebot des Dritten zum Abschluss eines Geschäfts, für das der Handelsvertreter eine Provision zu erhalten hat, dem Handelsvertreter oder dem Unternehmer zugegangen ist (§ 87 Abs. 3 HGB).

b) Abweichende vertragliche Regelungen

Der Anspruch des Handelsvertreters auf Provision gemäß § 87ff. HGB ist nicht zwingend, sondern kann **durch Vereinbarung abweichend geregelt** werden. Statt der auf einzelne Geschäfte bezogenen Provision kann der Handelsvertretervertrag daher auch andere Vergütungsformen vorsehen wie etwa

- eine feste Vergütung,
- eine Prämie für besondere Leistungen (*BAG BB 82, 1486*),
- eine Umsatz- oder Gewinnbeteiligung am Gesamtumsatz oder Gewinn des vertretenen Unternehmens.

In diesen Fällen sind die §§ 87ff. des Handelsgesetzbuches (HGB) nicht anwendbar.

Als Pflicht des Handelsvertreters kann durch entsprechende vertragliche Vereinbarung eine Umsatzgarantie vereinbart werden. Eine solche vertragliche Vereinbarung kann unter bestimmten Voraussetzungen darauf gerichtet sein, dass bei dem Nichterreichen des durch den Handelsvertreter garantierten Umsatzes

- der Handelsvertreter alle Schäden zu ersetzen hat, die dem Unternehmer z. B. durch vorbereitende Aufwendungen hieraus entstehen,
- der Handelsvertreter auf die vermittelten (den Garantiebetrag nicht erreichenden) Geschäfte keine oder nur eine verminderte Provision erhält oder
- der Unternehmer den Vertrag unter Umständen außerordentlich kündigen, also mit Wirkung für die Zukunft beenden kann.

11.3.2.3.2 Wettbewerbsverbot

Für den Handelsvertreter gilt auch ohne besondere Vereinbarung während der Vertragszeit ein **Wettbewerbsverbot** (§ 86 Abs. 1 HGB). Dieses Wettbewerbsverbot kann vertraglich erweitert werden, aber nur unter Rücksichtnahme auf die schutzwürdigen Belange des Handelsvertreters (*BGH BB 1968, 60*) und die Grenzen des Kartellrechts. Ein Wettbewerbsverbot nach Vertragsende bedarf dagegen einer besonderen Vereinbarung (§ 90 a HGB). Ein Verstoß gegen das während der Vertragszeit kraft Gesetzes bestehende Wettbewerbsverbot liegt nicht erst im Tätigwerden für einen anderen Unternehmer, sondern kann bereits

- im Angebot des Handelsvertreters zur Übernahme der Konkurrenzvertretung ohne die Zustimmung des Unternehmers oder
- in der Ausführung mittelbarer Tätigkeiten oder Hilfstätigkeiten für Mitbewerber wie beispielsweise durch Beratung, Überlassung von Geschäftsräumen oder Zugänglichmachung von Kundenlisten, die der Handelsvertreter vom Unternehmer erhalten hat,

liegen. Die bloße Vorbereitung des nachvertraglichen Wettbewerbs während der Vertragszeit etwa durch die Gründung einer Konkurrenzfirma schon vor Vertragsende verstößt hingegen nicht gegen das gesetzliche Wettbewerbsverbot. Bei einer **Verletzung des Wettbe-**

werbsverbots ist der Handelsvertreter gegenüber dem Unternehmer schadensersatzpflichtig. Außerdem kann eine außerordentliche, fristlose Kündigung des Unternehmers, also die sofortige Beendigung des Vertragsverhältnisses für die Zukunft, gerechtfertigt sein. Der Handelsvertreter braucht jedoch nicht den durch den Verstoß erzielten Verdienst herauszugeben. Bei der **Verwertung von Kundenanschriften** durch einen ausgeschiedenen Handelsvertreter ist zu beachten, dass ein vertrags- oder wettbewerbswidriges Verhalten dann nicht vorliegt, wenn ein ausgeschiedener Handelsvertreter Kundenadressen verwertet, die in seinem Gedächtnis geblieben sind, oder er sich solche Anschriften von Kunden nutzbar macht, die keinen dauerhaften geschäftlichen Kontakt zu dem bisher vertretenen Unternehmer aufgenommen haben (*BGH NJW 1993, 1786 (1787)*). Anders ist es freilich, wenn der Handelsvertreter Aufzeichnungen aus der ihm von dem Geschäftsherrn überlassenen Kundenkartei zum Zwecke der Verwertung im Wettbewerb für ein Konkurrenzunternehmen macht (*BGH RDV 2000,19 (20)*).

11.3.2.3.3 Laufzeit des Handelsvertretervertrags, Beendigung und Ausgleichsanspruch

Der Handelsvertretervertrag hat eine Laufzeit mit bestimmtem Anfang und bestimmtem Ende und kann gekündigt werden (§§ 89, 89 a HGB, 620ff. BGB). Das zentrale Recht des Handelsvertreters **nach der Beendigung des Vertrages** ist der **Ausgleichsanspruch** gemäß § 89 b HGB. Danach kann der Handelsvertreter von dem Unternehmer nach der Beendigung des Vertragsverhältnisses unter bestimmten Voraussetzungen einen angemessenen, jedoch der Höhe nach begrenzten Ausgleich verlangen, wenn und soweit

- der Unternehmer aus der Geschäftsverbindung mit neuen Kunden, die der Handelsvertreter geworben hat, auch nach Beendigung des Vertragsverhältnisses erhebliche Vorteile hat,
- der Handelsvertreter infolge der Beendigung des Vertragsverhältnisses Ansprüche auf Provision verliert, die er bei Fortsetzung desselben aus bereits abgeschlossenen oder künftig zustande kommenden Geschäften mit den von ihm geworbenen Kunden hätte, und
- die Zahlung eines Ausgleichs unter Berücksichtigung aller Umstände der Billigkeit entspricht.

Dieser Ausgleichsanspruch ist eine Gegenleistung für die durch die Provision noch nicht voll abgegoltene Leistung des Handelsvertreters, die darin besteht, einen Kundenstamm geschaffen zu haben, den der Unternehmer nunmehr alleine nutzen kann (*BGHZ 24, 222*). Er entsteht und wird fällig mit der Beendigung des Handelsvertretervertrages (*BGH NJW 1998, 75*). Anspruchsberechtigt sind alle Handelsvertreter im vorstehend dargestellten Sinne wie etwa Toto-Lotto-Bezirksstellenleiter (*BGHZ 59, 87*), Tankstellenpächter (*BGHZ 42, 245*) oder Versicherungs- und Bausparkassenvertreter.

11.3.3 Kommissionär

Wer im eigenen Namen für andere gewerbsmäßig Geschäfte abschließt, ist nicht Handelsvertreter, sondern Kommissionär (§§ 383ff. HGB), wenn es sich um Geschäfte bestimmter Art handelt, besonders Käufe und Verkäufe. Ist er aber vertraglich ständig mit solchen Abschlüssen betraut, ist er Kommissionsagent, für den im Verhältnis zu seinem Auftraggeber weitgehend Handelsvertreterrecht entsprechend anzuwenden ist.

11.3.4 Handelsmakler

Wer ohne vertragliche ständige Betrauung und Verpflichtung zum Tätigwerden gewerbsmäßig in fremdem Namen Geschäfte abschließt, ist nicht Handelsvertreter, sondern Makler (§§ 652ff. BGB) bzw. Handelsmakler (§§ 93ff. HGB).

11.3.5 Franchising

11.3.5.1 Begriffsbestimmung

Unter Franchising wird ein vertikal-kooperatives organisiertes Absatzsystem rechtlich selbstständiger Unternehmen auf der Basis eines vertraglichen Dauerschuldverhältnisses bezeichnet. Dieses System tritt am Markt einheitlich auf und wird geprägt durch das arbeitsteilige Leistungsprogramm der Systempartner sowie ein Weisungs- und Kontrollsystem zur Sicherung eines systemkonformen Verhaltens. Das Leistungsprogramm des Franchisegebers besteht in einem Beschaffungs-, Absatz- und Organisationskonzept, der Nutzung von Schutzrechten, der Ausbildung des Franchisenehmers und der Verpflichtung des Franchisegebers, den Franchisenehmer aktiv und laufend zu unterstützen sowie das Konzept ständig weiter zu entwikkeln. Der Franchisenehmer wird im eigenen Namen und auf eigene Rechnung tätig. Er hat das Recht und die Pflicht, das Franchisepaket gegen Entgelt zu nutzen. Als seinen Leistungsbeitrag stellt er Arbeit, Kapital und Informationen zur Verfügung. Der **Franchisenehmer** wird somit als **Absatzhelfer einer Absatzzentrale** tätig.

11.3.5.2 Wirtschaftliche Vorteile des Franchising

Die **wirtschaftlichen Vorteile** dieses Vertriebssystems lassen sich wie folgt zusammenfassen:

- Der Franchisegeber kann ein Vertriebsnetz nach eigenen Vorstellungen aufbauen, ohne erheblichen finanziellen Aufwand etwa für den Aufbau eines eigenen Filialnetzes erbringen zu müssen. Er hat somit die Möglichkeit, seine eingeführte Marke und sein Know-how mit relativ geringem Kapitaleinsatz zu vermarkten.
- Dem Franchisenehmer kommt der Bekanntheitsgrad und die Erprobtheit des Franchisegebers etwa in Fragen der Gründung und bei dem Betrieb eines Geschäfts, der Werbung oder des Einkaufs zugute. Er erspart sich erhebliche Anlaufkosten im Vergleich zum Aufbau einer eigenen Marke und eigenem Know-how. Außerdem kann der Franchisegeber auf Grund seiner regelmäßig bestehenden Marktmacht und Mengenabnahmen zumeist wesentlich günstigere Einkaufspreise erzielen als eine Einzelfirma.
- Für den Verbraucher entstehen Vorteile insofern, als er von einem zusammenhängenden Verteilungsnetz profitiert. Die Einheitlichkeit des Systems macht das Angebot der Systempartner überregional transparent. Der Verbraucher kann bei jedem Franchisenehmer grundsätzlich dasselbe Angebot und dieselbe Qualität erwarten.

11.3.5.3 Grundlagen des Franchisevertrags

11.3.5.3.1 Rechtsnatur und Gegenstand

Ein **Franchisevertrag** wird als ein **Vertrag eigener Art** beurteilt, dessen genaue begriffliche Umschreibung in allgemein anerkannter Weise noch nicht gelungen ist. Seine Rechtsnatur wird überwiegend als **„Mischvertrag"** charakterisiert, der neben **stets vorhandenen Elementen** wie beispielsweise lizenzvertraglichen Elementen, Know-how-Elementen oder Handelsvertreter-Vertragselementen zusätzlich Elemente wie mietvertragliche Elemente oder finanzierungsvertragliche Elemente enthalten kann. Für die Wirksamkeit eines Franchisevertrages gelten die allgemeinen zivilrechtlichen Grundsätze. Die **Unwirksamkeit eines Franchisevertrages** hat nur dann die Unwirksamkeit der erst später geschlossenen einzelnen Kaufverträge zwischen dem Franchisenehmer und seinen Kunden zur Folge, wenn der Franchisevertrag und die Einzelkaufverträge trotz ihrer äußerlichen Trennung nach dem Willen des Franchisegebers und Franchisenehmers in der Weise miteinander verknüpft worden sind, dass sie miteinander stehen und fallen sollen (*BGHZ 50, 8 (13)*).

11.3.5.3.2 Auswahlfreiheit des Franchisegebers

Mit wem der Franchisegeber einen Franchisevertrag schließt, steht grundsätzlich in seiner Entscheidungsfreiheit. Der Europäische Gerichtshof (EuGH) hat diesbezüglich ausdrücklich das **Recht des Franchisegebers auf „freie Auswahl des Franchisenehmers“** anerkannt, „dessen fachliche Qualifikation eine Voraussetzung für die Begründung und Wahrung des guten Rufs der Vertriebsorganisation“ sei (*EuGH GRUR Int. 1986, 193 (196 Rdnr. 20)*).

11.3.5.3.3 Durchsetzung von Richtlinien

Das Franchisesystem ist wie alle Unternehmen den Zwängen zur Anpassung an den Markt unterworfen. Der Franchisevertrag kann daher nur als Rahmen dienen, in dem sich die laufenden Austauschverhältnisse ereignen. Der Franchisegeber erfüllt seine Betriebseingliederungs- und Förderungspflichten außer durch die persönliche Beratung insbesondere durch die Überlassung von **Richtliniensammlungen**, die die Elemente und Funktionsweisen und insbesondere das gesamte Know-how umfassend darstellen. Neben dem Eigeninteresse des Franchisegebers an einer Weiterentwicklung des Systems verpflichtet ihn auch die Betriebsförderpflicht zu einer ständigen Anpassung der Richtlinien und Grundsätze an die wechselnden wirtschaftlichen und technischen Erfordernisse des Marktes. Umgekehrt ist der Franchisenehmer bei entsprechender Einbeziehung von Richtlinien des Franchisegebers in den Vertrag verpflichtet, diese Richtlinien zu beachten. Für den Fall der Nichtbeachtung kann der Franchisegeber zur außerordentlichen, fristlosen Kündigung berechtigt sein (*BGH NJW 1985, 1894 (1895)*: „McDonald's“). Freilich dürfen die Vorgaben des Franchisegebers nicht soweit gehen, dass der Franchisenehmer einem völlig weisungsgebundenen Angestellten ohne eigene Entscheidungsbefugnisse gleichsteht, der gerade den besonderen Einsatz, den ein Franchisegeber und andere Franchisenehmer als seine Systempartner von einem Franchisenehmer erwarten, meist nicht zu leisten bereit ist. Damit wäre der Franchise-Vertrag auch rechtlich gefährdet, weil er gemäß § 138 BGB wegen Knebelung durch völlige Entblößung des Franchisenehmers von jeglicher wesentlicher Entscheidungsberechtigung bei gleichzeitiger Aufbürdung des vollen wirtschaftlichen Risikos jedenfalls insoweit als sittenwidrig und damit als nichtig angesehen werden könnte.

11.3.5.3.4 Preisvorgaben

Verbindliche Preisvorgaben darf der Franchisegeber dem Franchisenehmer nicht erteilen, da § 15 GWB auf den Franchisevertrag anwendbar ist. Dies gilt jedenfalls dann, wenn der Franchisenehmer das wirtschaftliche Risiko seines Unternehmens selbst trägt (*BGH NJW*

1999, 2671). Lediglich unverbindliche Preisempfehlungen für die Veräußerung von Markenwaren, die mit gleichartigen Waren anderer Hersteller im Preiswettbewerb stehen, sind zulässig, wenn diese Empfehlungen

- ausdrücklich als unverbindlich bezeichnet sind, ausschließlich eine bestimmte Preisangabe enthalten und zu ihrer Durchsetzung kein wirtschaftlicher, gesellschaftlicher oder sonstiger Druck angewendet wird und
- in der Erwartung ausgesprochen werden, dass der empfohlene Preis dem von der Mehrheit der Empfehlungsempfänger voraussichtlich geforderten Preis entspricht (§ 38 a Abs. 1 GWB).

Für die Beurteilung der Frage, ob eine Empfehlung von Preisen eine Umgehung des Preisbindungsverbotes enthält, ist auf den gesamten Inhalt der von den Beteiligten getroffenen Absprachen abzustellen (*BGH NJW 1999, 2671*).

11.3.5.3.5 Entsprechende Anwendung des Handelsvertreterrechts?

Insbesondere im Zusammenhang mit der Frage nach einer entsprechenden Anwendung des Ausgleichsanspruchs gemäß § 89 b HGB auf Franchise-Verträge wird häufig eine **Verwandtschaft des Franchisenehmers mit dem Handelsvertreter** betont (*Köhler, NJW 1990, 1689ff.*). Der Bundesgerichtshof hat jedoch festgestellt, dass die Bestimmungen des Handelsvertreterrechts nicht generell entsprechend auf die Rechtsbeziehungen zwischen Franchisenehmer und Franchisegeber angewendet werden können. Vielmehr sei jeweils zu prüfen, ob der hinter der Einzelbestimmung des Handelsvertreterrechts stehende gesetzgeberische Grundgedanke auf Grund der Gleichheit der Interessenlage anwendbar sei (*BGH DB 1987, 1039 (1040)*). Hierbei ist zu beachten, dass der Franchisenehmer auf eigene Rechnung und im eigenen Namen auf eigenes Risiko mit eigener Möglichkeit, den Gewinn zu bestimmen, handelt. Seine Ausgangsbasis ist auch insofern anders als die des Handelsvertreters, als er sich als selbstständiger Kaufmann dem Franchisesystem anschließt, um sich der Vorteile und Funktionen eines Großunternehmens zu bedienen. In diesem Rahmen tätigt er eigenverantwortlich erhebliche Investitionen zur Nutzung des Systems. Statt Provisionen von dem Geschäftsherrn zu erhalten, zahlt er Franchisegebühren an den Franchisegeber. Angesichts dieser Situation kann das Vorliegen von **handelsvertretervertraglichen Elementen in einem Franchisevertrag nur von Fall zu Fall** geprüft und eine entsprechende Anwendung des Handelsvertreterrechts nur individuell von Vorschrift zu Vorschrift in Erwägung gezogen werden. Für den Fall des § 89 b HGB ist dies durch den Bundesgerichtshof, soweit ersichtlich, bisher noch nicht entschieden worden.

11.3.6 Vertragshändler

11.3.6.1 Begriffsbestimmung

Wer unter Dauervertrag Waren kauft und sie im eigenen Namen und auf eigene Rechnung weiterverkauft, ist Vertragshändler bzw. Eigenhändler. Vertragshändlerverträge finden sich besonders häufig beim Vertrieb hochwertiger Markenartikel wie etwa Pkws.

11.3.6.2 Anwendbares Recht

Die Vertriebsorganisation über Vertragshändler ist **gesetzlich nicht geregelt**, so dass sich wie beim Franchisevertrag auch hier die Frage nach einer entsprechenden Anwendung des Handelsvertreterrechts stellt. Die für eine solche entsprechende Anwendung erforderliche Ähnlichkeit der Interessenlage setzt voraus, dass zwischen dem Hersteller und dem Vertragshändler mehr als eine reine Käufer-Verkäufer-Beziehung besteht. Hierzu ist es erforderlich, dass

- zwischen dem Hersteller und dem Vertragshändler ein Vertragsverhältnis (z. B. Rahmenvertrag, Vertragshändlervertrag) besteht,
- der Vertragshändler in die Absatzorganisation des Herstellers oder Lieferanten eingegliedert ist und
- die Aufgaben und Pflichten im Wesentlichen denjenigen eines Handelsvertreters (z. B. Interessenwahrungspflicht) entsprechen.

Insbesondere der **Ausgleichsanspruch** des § 89 b HGB steht unter diesen Voraussetzungen auch dem Vertragshändler zu (*BGH NJW 2000, 515 (516)*), wenn bei der Beendigung des Vertragsverhältnisses zwischen dem Hersteller oder Lieferanten und dem Vertragshändler

- eine Vertragspflicht des Vertragshändlers besteht, den Kundenstamm dem Hersteller oder Lieferanten zu übertragen, d. h. seine Kundendaten bei Vertragsende oder laufend durch Mitteilungen über die Kundschaft an den Hersteller oder Lieferanten zu übermitteln, so dass dieser sich bei Vertragsende die Vorteile des Kundenstamms sofort und ohne weiteres etwa durch den Rückgriff auf die Kundendaten für Produktpflegemaßnahmen und damit zur Förderung des Unternehmensziels nutzbar machen kann (*BGH NJW 2000, 515 (517)*) und

- der Vertragshändler dem Hersteller oder Lieferanten den Kundenstamm auch tatsächlich überlassen hat (*BGH NJW 1996, 2159*). Hierfür reicht es aus, wenn etwa ein Vertragshändler der Kraftfahrzeugbranche gegenüber dem Hersteller Garantiekarten zu übersenden hat oder der Hersteller in sonstiger Weise Kenntnis von den Kundendaten erhält.

Ein Alleinvertriebsrecht mit Gebietsschutz oder ein Konkurrenzverbot sind zwar nicht erforderlich, können aber als weitere Indizien herangezogen werden (*BGH NJW 1983, 2877*). Zu beachten ist freilich, dass § 89 b HGB für den Vertragshändler lediglich mit erheblichen Besonderheiten, insbesondere bei der Berechnung des Ausgleichsanspruchs, gilt. Wirtschaftlich betrachtet nehmen die Rabatte, die ein Vertragshändler auf den Listenpreis von dem Herstellers von diesem erhält, die Stelle der Provisionen eines Handelsvertreters ein. Um eine Vergleichbarkeit beider zu erzielen, ist es jedoch notwendig, diejenigen Teile des Rabatts herauszurechnen, die der Vertragshändler auf Grund seiner vom Handelsvertreter abweichenden Stellung für Leistungen erhält, die der Handelsvertreter üblicherweise nicht zu erbringen hat (*BGHZ 68, 340 (348)*). Händlertypisch und damit bei der entsprechenden Anwendung des § 89 b HGB auf den Vertragshändler nicht ausgleichspflichtig sind Gegenleistungen für das Absatz-, Lager-, Preisschwankungs- und Kreditrisiko sowie der Gegenwert für die sonstigen Kosten des Absatzes wie variable Verkaufskosten, Produktwerbung, Halten von Vorführware, Vergütung für Werbekosten, Unterhaltung von Ausstellungsräumen oder Teile der Personalkosten.

11.3.6.3 Preisvorgaben durch den Hersteller

Der Hersteller oder Lieferant darf dem Vertragshändler grundsätzlich **keine Beschränkungen in Bezug auf dessen Preise und Bedingungen** auferlegen (§ 15 GWB). Die Einhaltung bestimmter Preise kann auch nicht in anderer Weise, etwa durch Rückvergütungen bei Nichtüberschreiten unverbindlich empfohlener Preise, durchgesetzt werden (*BGH NJW-RR 1990,1190*). Zulässig sind unter bestimmten Voraussetzungen lediglich unverbindliche Preisempfehlungen bei Markenerzeugnissen (§ 38 a GWB). § 15 GWB ist auch dann nicht anwendbar, wenn formal ein Handelsvertreter- oder Kommissionsverhältnis geschaffen wird, inhaltlich aber eine Vertragshändlerbeziehung besteht (*BGH NJW 1986, 2954*: „Telefunken“). Doch ist für die kartellrechtliche Beurteilung des Herstellerverhaltens gleichwohl eine Abwägung der (rechtlich anerkannten) wirtschaftlichen Interessen der Beteiligten durchzuführen. Für den Hersteller ist dabei zu beachten, dass er zwar grundsätzlich nicht gehindert ist, sein Vertriebssystem nach eigenem Ermessen zu gestalten, wie er es für wirtschaftlich richtig und sinnvoll hält (*BGH NJW 1981, 2355*). Doch wird etwa sein bloßes Interesse, durch den Vertrieb über Handelsvertreter dem Preisbindungsverbot des § 15 GWB zu entgehen, im allgemeinen nicht als schützenswert anerkannt werden können (*BGH NJW 1986, 2956*). Es besteht somit kartellrechtlich im Einzelfall die Möglichkeit, die Umstellung auf einen Handelsvertretervertrieb mit einheitlicher Preisgestaltung zu untersagen.

11.3.6.4 Wirksamkeit von Allgemeinen Geschäftsbedingungen in Vertragshändlerverträgen

Vorformulierte Vertragsbestimmungen mit einseitigen Eingriffsbefugnissen des Herstellers oder Lieferanten in die vertragliche Rechtsposition von Händlern mit Alleinvertriebsrecht etwa durch die Verkleinerung des Vertragsgebietes sind nur dann unter Berücksichtigung von § 9 Abs. 1 AGBG (Gesetz zur Regelung des Rechts der Allgemeinen Geschäftsbedingungen) wirksam, wenn sie schwer wiegende Gründe für die Änderung nennen und die Interessen der Händler erkennbar in angemessener Form berücksichtigen, insbesondere ihnen einen angemessenen Ausgleich etwa durch eine Entschädigung einräumen (*BGHZ 124, 351 (354f.); BGH NJW 2000, 515 (516)*). Daran fehlt es etwa dann, wenn der Hersteller die Verdienstmöglichkeiten seiner Vertragshändler als deren wichtigstes vertragliches Recht etwa durch die jederzeitige Befugnis zur Veränderung von Preisen, Rabatten, Boni, Finanzierungsbedingungen oder Zuschüssen zu verringern berechtigt ist, ohne dafür an einschränkende Voraussetzungen gebunden zu sein und ohne den Vertragshändlern einen angemessenen Ausgleich etwa durch das Recht zur Lösung vom Vertrag zu gewähren (*BGH NJW 2000, 515 (521)*). Ferner ist die in einem formularmäßigen Kraftfahrzeug-Händlervertrag enthaltene Klausel, in der sich der Kraftfahrzeug-Importeur das Recht zum „Rückkauf" der an den Vertragshändler verkauften und gelieferten Kraftfahrzeuge vorbehält, unwirksam (*BGH NJW 2000, 1191 (1192f.)*: Ferrari). Denn sie käme in ihren Auswirkungen einem Recht des Herstellers gleich, sich aus der bestehenden Vertragsbindung zu lösen. Schließlich ist auch der Ausschluss des Ausgleichsanspruchs des § 89 b HGB in Allgemeinen Geschäftsbedingungen unwirksam (*BGHZ 93, 29 (59f.)*). Dasselbe gilt dann, wenn die Geltendmachung dieses Ausgleichsanspruchs unangemessen erschwert und damit die Regelung des § 89 b HGB umgangen wird (*BGH NJW 2000, 515 (518)*). Dies könnte etwa durch das Recht des Herstellers zur Teilkündigung des Vertragshändlervertrages (z. B. Beschränkung der Händlertätigkeit des Vertragshändlers auf einen oder mehrere der genehmigten Händlerstandorte) mit sechsmonatiger Frist für den Fall, dass der Zulassungsanteil der vom Vertragshändler verkauften Motorräder unterdurchschnittlich ist, geschehen.

11.3.7 Rücksichtnahmegebot des Unternehmens auf seine Absatzhelfer

Im Bereich des Vertriebs durch Handelsvertreter, Franchisenehmer oder Vertragshändler ist das Unternehmen (Hersteller, Lieferant bzw. Franchisegeber) verpflichtet, den **schutzwürdigen Belangen seiner Absatzhelfer angemessen Rechnung zu tragen** und deren Interessen nicht ohne begründeten Anlass zuwiderzuhandeln (*BGHZ 26, 161 (174ff.)*): Handelsvertreter; *BGH NJW 1985, 623*: Vertragshändler). Denn die Absatzhelfer haben Zeit und Geld in eine auf längere Zeit angelegte Vermittlungstätigkeit investiert. Bei einem Verstoß gegen diese Pflicht kann das Unternehmen zum Schadensersatz gegenüber dem betroffenen Absatzhelfer verpflichtet sein. Die Pflicht zur Rücksichtnahme auf die Belange des Absatzhelfers darf jedoch nicht dazu führen, dass das Unternehmen bei seinen Entscheidungen etwa auf bewährte Maßnahmen beschränkt ist oder gar den jeweils „sichersten Weg" gehen muss. Vielmehr erfordert die Eigenart gewinnorientierter unternehmerischer Tätigkeit vielfach, dass neue Wege gesucht und auch **risikobehaftete Entscheidungen** getroffen werden. Ist dem Unternehmen etwa die Werbung übertragen, profitieren die Absatzhelfer von einer erfolgreichen Werbung bzw. erleiden geschäftliche Nachteile, wenn sich die Werbung als Fehlschlag erweist. Daraus ergibt sich, dass nicht jede weniger erfolgreiche oder erfolglose Werbung des Unternehmens zu Schadensersatzansprüchen seiner Absatzhelfer führt. Unter anderem mit dieser Begründung wurden die Schadensersatzklagen von Franchisenehmern bzw. Vertragshändlern der Firma Benetton, die wegen der **Schockwerbung** durch die Absatzzentrale („Ölverschmutzte Ente", „Kinderarbeit", „HIV-Positive") erhebliche Umsatzeinbußen erlitten hatten und die hierfür Ersatz verlangten, abgewiesen (*BGH NJW 1997, 3302ff, 3309ff.*). Denn die Firma Benetton als Absatzzentrale war zur Änderung oder Unterlassung dieser Werbekampagne allenfalls von dem Zeitpunkt an verpflichtet, in dem sie wusste oder damit rechnen musste, dass diese Art der Werbung anders als erwartet ihren Absatzhelfern Schaden zufügen konnte. Ein Schadensersatzanspruch der Absatzhelfer (Franchisenehmer, Vertragshändler) gegen das Unternehmen kann sich aber etwa daraus ergeben, dass die Absatzzentrale in der Werbung für eine gewisse Zeit gegen Mitbewerber einen **gezielten Verdrängungswettbewerb mit Dumpingpreispolitik** führt, den sie als großes Unternehmen durchstehen kann, der aber die Absatzhelfer in wirtschaftliche Schwierigkeiten bringt (*OLG München BB 1997, 1429 (1431); Böhner, BB 1997, 1427*: Franchising).

11.3.8 Arbeitnehmerstatus des Franchisenehmers oder Vertragshändlers?

Das BGB und andere Gesetze (z. B. Kündigungsschutzgesetz (KSchG), Bundesurlaubsgesetz (BUrlG), Gesetz zur Entgeltfortzahlung (EFZG), Sozialgesetzbuch (SGB)) sehen nur für Arbeitsverträge Sondervorschriften zum Schutz der Dienstverpflichteten vor. Zudem sind die Arbeitsgerichte grundsätzlich nur für Rechtsstreitigkeiten aus Arbeitsverhältnissen zuständig (§ 2 des Arbeitsgerichtsgesetzes (ArbGG)). „Selbstständigen" hingegen kommt kein Kündigungsschutz zugute. Darüber hinaus sind für sie vom Dienstberechtigten keine Sozialabgaben (z. B. Kranken-, Pflege-, Renten- und Arbeitslosenversicherungsbeiträge) oder Gehaltsfortzahlungen im Krankheitsfalle, an Feiertagen oder während Erholungszeiten des Dienstverpflichteten, in denen die vertraglich geschuldete Leistung nicht erbracht wird, zu leisten. Dem Mehr an unternehmerischer Freiheit entspricht also ein Weniger an rechtlichem Schutz. Der **Abgrenzung des Arbeitnehmers vom „Selbstständigen"** kommt daher wegen der völlig unterschiedlichen Rechtsfolgen **große praktische Bedeutung** zu. Dies gilt umso mehr, als der Dienstberechtigte für den Fall, dass sich hinter der Beschäftigung eines „Selbstständigen" in Wirklichkeit ein Arbeitsverhältnis (so genannte Scheinselbstständigkeit) verbirgt, zu erheblichen, auch rückwirkenden, Nachzahlungen an die gesetzliche Sozialversicherung verpflichtet ist und dies den Ruin eines Unternehmens bedeuten kann. Für den Handelsvertreter ist gesetzlich bestimmt, unter welchen Voraussetzungen von einer selbständigen Tätigkeit auszugehen ist. Liegen diese Voraussetzungen vor, kann der Betroffene daher nicht Arbeitnehmer sein. Für den Vertragshändler oder Franchisenehmer fehlt eine derartige Regelung, so dass hierfür auf die von der Rechtsprechung entwickelten Kriterien abzustellen ist. Eine **unselbstständige Tätigkeit eines Franchisenehmers und dessen wirtschaftliche Abhängigkeit vom Franchisegeber** wurde etwa dann angenommen, wenn der Franchisenehmer bei vollständiger Einbindung in das Vertriebssystem des Franchisegebers nicht mehr in der Lage ist, das Marktgeschehen durch eigene unternehmerische Entscheidungen zu steuern. Daran fehlt es, wenn der Franchisenehmer selbst Werbung betreibt oder durch Binnenkommunikation mit der Absatzzentrale auf den Markt Einfluss nehmen kann (*OLG Düsseldorf NJW 1998,2978*). Als Voraussetzung für die Eigenschaft eines Franchisenehmers als Arbeitnehmer oder zumindest als arbeitnehmerähnliche Person hat das Bundesarbeitsgericht die **persönliche Abhängigkeit und die Weisungsgebundenheit bzw. die wirtschaftliche Abhängigkeit** als Kriterien herangezogen (*BAG NJW 218 (220)*). Für eine persönliche Abhängigkeit in diesem Sinne sprächen die Umstände, dass:

- dem Betroffenen neben dem Verdienst aus der Tätigkeit für das Unternehmen keine anderweitigen Einkünfte verblieben und diese Einkünfte somit seine alleinige Existenzgrundlage darstellten,
- der Betroffene seine Arbeitskraft voll und ganz für das Unternehmen einsetze,
- für den Betroffenen eine weitere Erwerbstätigkeit nach der Ausgestaltung des Vertragsverhältnisses weder während noch außerhalb seiner Tätigkeit für das Unternehmen in nennenswertem Umfang möglich sei (z. B. wenn der Betroffene das speziell für den Transport von Tiefkühlkost ausgelegte Verkaufsfahrzeug zu benutzen hat, das nach dem äußeren Erscheinungsbild den Verkauf anderer Waren als Tiefkühlkostprodukte, die der Betroffene ausschließlich vom Unternehmen zu beziehen hat, nicht zulässt).

Der wirtschaftlichen Abhängigkeit in diesem Sinne steht nicht entgegen, dass der Betroffene – anders als etwa ein selbstständiger Handelsvertreter, der im Namen und für Rechnung des von ihm repräsentierten Unternehmers tätig wird – sämtliche Geschäfte im eigenen Namen und auf eigene Rechnung abschließt, wenn ihm gegenüber dem Unternehmer **keine nennenswerte Selbstständigkeit** verbleibt. An einer solchen Selbstständigkeit fehlt es etwa dann, wenn:

- der Betroffene an die Einsatzzeiten und Umsatzvorgaben des Unternehmer gebunden ist,
- der Unternehmer die Verkaufstätigkeit durch verbindliche Vorgaben des Handbuchs, deren Einhaltung der Unternehmer auf Grund umfangreicher Berichts- und Vorlagepflichten genau überprüfen kann, etwa über die Tourenplanung, die Beladung des Fahrzeugs und die Gestaltung des Verkaufsgesprächs im einzelnen reglementiert ist,
- das Abrechnungssystem des Unternehmers dem Betroffenen keine wirtschaftliche Selbstständigkeit lässt, weil die Endverbraucherpreise der Waren, die der Betroffene vom Unternehmer zum Weiterverkauf erwirbt, auf Grund einer dem Unternehmer erteilten Abbuchungsermächtigung vom Konto des Betroffenen abgebucht werden und
- der Betroffene gleich einem Arbeitnehmer sozial schutzbedürftig ist, d. h. der Betroffene nach Abzug von Steuern, privaten Versicherungen sowie Alters- und Krankheitsvorsorge gegenüber einem Angestellten mit gleichem Aufgabengebiet trotz größerem Zeitaufwand und höherem persönlichen Einsatz kaum bessere Verdienstmöglichkeiten hat, jedoch das volle wirtschaftliche Risiko seiner Tätigkeit tragen muss (*BAG NJW 1999, 218 (220f)*).

Aus sozialversicherungsrechtlicher Sicht sind in diesem Zusammenhang ferner die Regelungen des Gesetzes zur Bekämpfung der Scheinselbstständigkeit (§§ 7 Abs. 4 des 4. Sozialgesetzbuches (SGB IV), 2 Nr. 9 des 6. Sozialgesetzbuches (SGB VI) zu beachten. Danach wird widerlegbar eine **unselbstständige** Tätigkeit vermutet, wenn zwei der nachfolgenden Kriterien erfüllt sind:

- Der Betroffene beschäftigt im Zusammenhang mit seiner Tätigkeit mit Ausnahme von Familienangehörigen keinen versicherungsrechtlichen Arbeitnehmer (sog. Alleinunternehmer).
- Der Betroffene ist regelmäßig und im Wesentlichen nur für einen Auftraggeber tätig.
- Der Betroffene erbringt für Beschäftigte typische Arbeitsleistungen, unterliegt insbesondere Weisungen des Auftraggebers und ist in die Arbeitsorganisation des Auftraggebers eingegliedert.
- Der Betroffene tritt nicht auf Grund unternehmerischer Tätigkeit am Markt auf.

Es sind daher bei der Vertragsgestaltung **und** dessen tatsächlicher Durchführung die gesetzlichen Vorgaben genauestens einzuhalten, wenn wirtschaftlich äußerst nachteilige Überraschungen vermieden werden sollen.

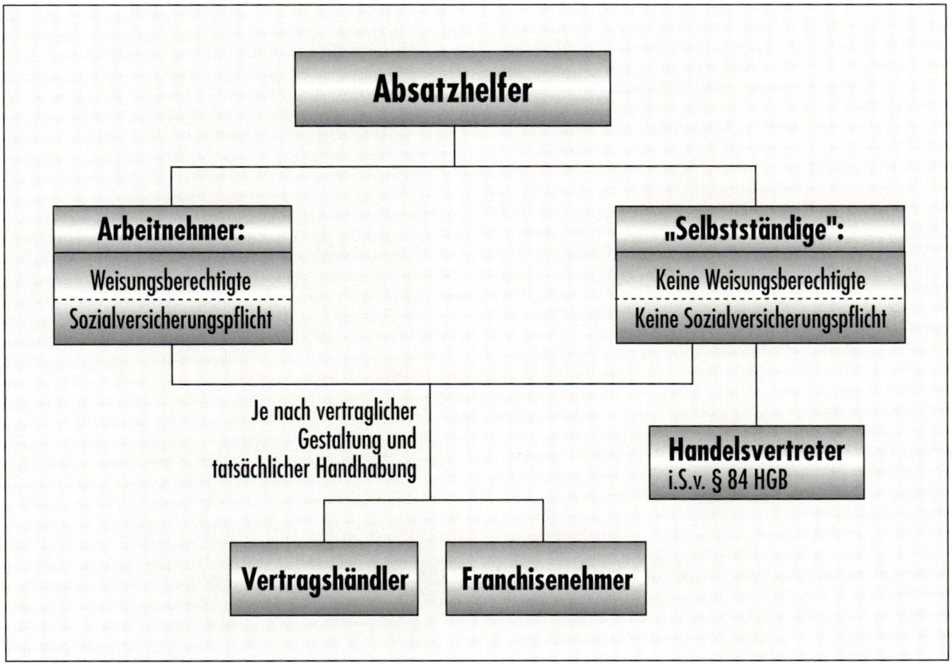

11.3 Abb. 1: *Strukturelle Übersicht*

Literatur

Baumbach/Hefermehl (1999): Baumbach/Hefermehl: Wettbewerbsrecht, 21. Auflage, München

Gola/Schomerus (1997): Gola/Schomerus: Bundesdatenschutzgesetz, 6. Aufl., München

Hopt (1999): Hopt: Handelsvertreterrecht, 2. Aufl., München

Palandt (2000): Palandt/Bearbeiter: Bürgerliches Gesetzbuch und Nebengesetze, 59. Aufl., München

Simitis/Dammann/Geiger/Mallmann/Walz (1997): Simitis/Dammann/Geiger/Mallmann/Walz: Bundesdatenschutzgesetz, 4. Aufl., Köln

Wolff (1999): Wolff, D.: Direktwerbung und Datenschutz, in: Recht der Datenverarbeitung (RDV) 1999, 9

Autorenverzeichnis

Peter Bauditz ist Unternehmensberater für Investitionsgütermarketing und führt Management-, Vertriebs- und Existenzgründungsseminare durch. Er ist Honorarprofessor an der FH Frankfurt. Zuvor war er als Fachberater und Projektleiter sowie Vertriebsbeauftragter bei der Siemens AG, der Philips GmbH und der Siemens-Nixdorf-Informationssysteme AG tätig.

Dr. Michael Bernecker lehrt als Professor im Schwerpunkt Marketing an der FH der Wirtschaft Bergisch-Gladbach. Zudem ist er Vorstand der PGPA Werbeagentur AG, Lünen. Er verfügt über langjährige Erfahrungen in der Weiterbildung und ist vielfacher Autor von Fachbüchern und -aufsätzen.

Dr. Reiner Bröckermann lehrt als Professor mit Schwerpunkt Personalwirtschaft an der FH Niederrhein. Zuvor war er als Personalbeauftragter (IBM Deutschland) und als Personalleiter in der Bekleidungsindustrie tätig. Seine Veröffentlichungen gehören zu den Standardwerken ihres Fachs im deutschsprachigen Raum.

Klaus Chojnacki ist Geschäftsführer der Kunden Club GmbH und Abteilungsleiter Kundenbindungskonzepte im Volkswagen-Konzern. Zuvor bekleidete er dort verschiedene leitende Positionen, so als Abteilungsleiter Kundendienst-Organisation im VZ Wedemark und als Leiter der weltweiten Kundenbetreuung.

Dr. Susanne Czech-Winkelmann lehrt als Professorin mit Schwerpunkt Vertriebsmanagement an der FH Wiesbaden. Zuvor war sie langjährig in leitenden Positionen des Marketing- und Vertriebsmanagement für internationale Unternehmen der Markenartikelindustrie tätig.

Holger Dannenberg ist Partner und Geschäftsführer von Mercuri International Deutschland GmbH. Zuvor war er Mitgründer und Co-Geschäftsführer der Clean Car AG sowie Unternehmensberater bei Mercuri und Trainee bei Unilever Deutschland GmbH. Er ist Autor bzw. Mitautor mehrerer Management-Bestseller.

Dr. Gunter Dehr lehrt als Professor mit Schwerpunkt Marketing an der FH Anhalt. Er nimmt verschiedene Beratungsmandate wahr und ist Autor zahlreicher Fachpublikationen.

Nadia Durante arbeitet als Marketing-Managerin für mediaspezifische Software-Lösungen im Branchen-Marketing bei der SAP AG. Nebenberuflich studierte sie, nach einer Ausbildung als Industriekauffrau, Betriebswirtschaftslehre an der FH Ludwigshafen. Sie ist Autorin bzw. Co-Autorin mehrerer Fachbücher und -aufsätze.

Dr. Harald Ehrmann lehrte als Professor mit Schwerpunkt Controlling an der FH Bielefeld und ist im Rahmen von Vortragstätigkeiten, Unternehmensberatungsprojekten und Veröffentlichungen von Fachbüchern, die durchweg in höheren Auflagen aufliegen, aktiv.

Dr. Henning Fuchs verfügt über langjährige Industrieerfahrung, derzeit als Geschäftsführer (Vice President) in einem internationalen Autozulieferer-Konzern.

Elisabeth Fuchs-Brüninghoff arbeitet als Trainerin und Beraterin in der betrieblichen Weiterbildung. Sie ist Autorin erfolgreicher Sachbücher.

Marc Gobbetto ist Geschäftsführender Gesellschafter eines Call-Centers mit Standorten in Bielefeld und Braunschweig. Zuvor hat er als Call-Center-Agent bei führenden C-C-Dienstleistern und Trainingsinstituten gearbeitet, u.a. bei der Walter TeleMedien-Organisation. Er führt Beratungs- und Qualifizierungsprojekte durch.

Dr. Peter Godefroid lehrt als Professor mit Schwerpunkt Marketing an der FHW Berlin. Er verfügt über langjährige Berufserfahrung bei IBM in Frankreich, USA und Deutschland, wo er verschiedene leitende Positionen in Vertrieb und Marketing innehatte. Er ist Autor erfolgreicher Fachbücher und -aufsätze.

Dr. Volker Harms lehrt als Professor mit Schwerpunkt Fertigungswirtschaft, Materialwirtschaft und Wirtschaftsinformatik an der FH Oldenburg/Ostfriesland. Er war langjährig in Managementpositionen der Wirtschaft, u.a. bei SEL, Otto-Versand, Hermes Versand, tätig. Er ist vielfacher Buch- und Aufsatzautor.

Stefan Helmke arbeitet als Unternehmensberater sowie als Trainer und Referent bei Hochschulen und Seminarveranstaltern. Zuvor war er bei der Cton GmbH Vallendar/Düsseldorf als Unternehmensberater tätig. Er ist Leiter des Competence Center CRM-Systeme und Kundenmanagement des Fraunhofer Anwendungszentrums Logistikorientierte Betriebswirtschaft.

Hedwig Kellner ist Unternehmensberaterin und Management-Trainerin für Rhetorik, Präsentation, Verhandlung, Führung, Selbstmanagement, Verkauf, Moderation und Konfliktmanagement. Sie ist durch zahlreiche erfolgreiche Veröffentlichungen in Buch- und Aufsatzform ausgewiesen.

Dr. Heinz-Peter Kieser ist Inhaber der Dr. Finkenrath, Dr. Kieser + Partner Unternehmensberatung, die Klienten aus Industrie, Handel und Dienstleistung in Sachen Marketing und Controlling berät. Zuvor nahm er leitende Positionen in der Wirtschaft ein, u.a. als Geschäftsführer eines Konsumgüterunternehmens.

Dr. Dieter Kluck lehrt als Professor für Material- und Produktionswirtschaft an der FH Esslingen und ist als Lehrbeauftragter an Akademien im In- und Ausland tätig.

Dr. Tobias Lettl habilitiert an der juristischen Fakultät der Universität München. Zuvor war er als Mitglied einer Rechtsanwaltssozietät mit den Rechtsgebieten Gewerblicher Rechtsschutz, Zivil-, Handels- und Gesellschaftsrechts sowie in der Geschäftsleitung eines Markt führenden mittelständischen Unternehmens tätig.

Dr. Christine Lötters ist als Beraterin für KMUs tätig. Außerdem nimmt sie Lehrtätigkeiten an verschiedenen Hochschulen und Weiterbildungseinrichtungen wie Akademien und IHKs wahr.

Herbert Namokel ist Geschäftsführender Gesellschafter der Contrain GmbH und berät bzw. trainiert international und nachweislich erfolgreich in den Bereichen Führung, Vertrieb und Organisationsentwicklung. Zuvor war er langjährig in der Computerindustrie sowie als selbstständiger Trainer, Berater und Coach tätig.

Werner Pepels lehrt als Professor für Marketing an der FH Gelsenkirchen. Zuvor war er 12 Jahre als Marketingberater für renommierte Markenartikler tätig, zuletzt als Geschäftsführender Gesellschafter in einer der größten deutschen Werbeagenturgruppen.

Dr. Iris Ramme lehrt als Professorin mit Schwerpunkt Marketing und Marktforschung an der FH Nürtingen. Zuvor arbeitete sie in leitenden Positionen im Marketing der Medien- und Finanzdienstleistungsbranchen. Sie ist Autorin zahlreicher Veröffentlichungen zu Themen des Marketing und Dienstleistungsmanagement.

Dr. Jürgen Reichel lehrt als Professor für Marketing- und Vertriebsmanagement an der FH Aalen und ist an schwedischen Universitäten als Gastprofessor und Forschungsleiter eines Handelsinstituts tätig.

Hans-Peter Rentzsch ist freier Trainer und Buchautor mit den Schwerpunkten Verkaufen und Management in nationalen und internationalen Märkten. Zuvor hat er langjährig als Verkaufs- und Marketingleiter in amerikanischen Unternehmen und in Fernost gearbeitet.

Theres Schichta-Langhals ist Inhaberin der TSL-Training und trainiert Topmanager und Arbeitsteams in den Bereichen Zeit- und Selbstmanagement, Präsentations- und Moderationspraxis. Zuvor war sie als angestellte Trainerin eines Markenartikelkonzerns für dessen internationale Trainings zuständig.

Jochen Schmahl arbeitet als Manager in der Unternehmensberatung für Marketing-Kommunikation BBDO Consulting. Zuvor sammelte er Berufserfahrung in der Werbeagenturgruppe Grey und bei 3M Deutschland. Davor schloss er ein internationales BWL-Studium mit Schwerpunkt Marketing und Werbung ab.

Dr. Dirk Schneider ist Partner bei Roland Berger & Partner Unternehmensberatung. Seine Arbeitsschwerpunkte sind Handel, E-Commerce und Verkehr/Touristik. Darin ist er auch durch zahlreiche erfolgreiche Veröffentlichungen ausgewiesen.

Dr. Manfred Schnekenburger lehrt als Professor im internationalen Studiengang IBS an der FH Weser-Ems. Er war über mehrere Jahre in den Bereichen Vertrieb und Marketing auf Industrieseite tätig, zuletzt als Profit-Center-Leiter sowie Teilhaber einer Unternehmensberatung.

Dr. Henning Schulze lehrt als Professor für Marketing und Dienstleistungsmanagement an der FH Deggendorf. Zuvor hat er berufspraktische Erfahrungen gesammelt und u.a. an einer ausländischen Universität gelehrt.

Dr. Werner Schurawitzki lehrt als Professor mit Schwerpunkt Internationales Management an der FH Flensburg. Zuvor hatte er leitende Positionen im internationalen Marketing und als Marketinggeschäftsführer inne.

Jochen Sengpiehl arbeitet als Director of Business Development bei der BBDO Group Germany. Zuvor sammelte er Erfahrung als Trainee und Manager Relationship Marketing bei Nissan Europe und Nissan Germany. Er studierte BWL mit Schwerpunkt Marketing und Unternehmensführung.

Markus Stolpmann ist E-Business-Consultant und gehört zu den Online-Pionieren in Deutschland. Er hat zahlreiche wegweisende Publikationen zu E-Business-Strategien und Online-Marketing verfasst und ist als Dozent im In- und Ausland gefragt.

Dr. Christian-Rainer Weisbach forscht als Professor an den Universitäten Hohenheim und Tübingen. Außerdem ist er als Referent und Autor in der betrieblichen Fort- und Weiterbildung sowie als Supervisor und Coach in den Bereichen Kommunikation, Teamentwicklung, Konfliktbewältigung, Selbstmanagement, Stressbewältigung, Führung, Motivation, Moderation und Präsentation tätig.

Dr. Peter Winkelmann lehrt als Professor mit Schwerpunkt marktorientierte Unternehmensführung, Marketing und Vertrieb an der FH Landshut. Zuvor war er langjährig als Führungskraft im internationalen Marketing und Vertrieb von Industrieunternehmen, zuletzt als Geschäftsführer, tätig. Er gilt als Experte für Vertriebssteuerung.

Jürgen Witt lehrt als Professor an der FH Bielefeld mit Spezialisierung Strategisches Marketing, Produktinnovation und Verkaufsmanagement. Zuvor war er als Unternehmensberater tätig. Er ist Autor zahlreicher Publikationen, Dozent in Firmenseminaren und Vorstand des Marketing-Clubs Bielefeld e.V.

Stichwortverzeichnis

B

C

D

E

F

J

K

L

M

N

O

P

W

Z

Der Schlüssel zum Erfolg:
Kommunikation nach Maß.
TENOVIS
Business Communications.
Services
Internet
Call / Contact Center
CTI / CRM
Messaging
Telephony
Networking
www.tenovis.com
Nehmen Sie sich noch mehr Zeit für Ihre Kunden!
Wir unterstützen Sie mit unseren individuellen
und modularen Lösungen für die Telekommunikation
und die webbasierte Informationstechnologie.
So wird aus intelligenter Technik Ihr Wettbewerbsvorteil!
Wir freuen uns auf Ihren Anruf: 0800/2661000
TENOVIS
Business Communications.